Lexikon der Musik der Renaissance

HANDBUCH DER MUSIK DER RENAISSANCE

Herausgegeben von
Andrea Lindmayr-Brandl, Elisabeth Schmierer und Joshua Rifkin

Band 6

LEXIKON DER
MUSIK DER RENAISSANCE

Herausgegeben von Elisabeth Schmierer

Band 2
L – Z

Mit 1.153 Stichwörtern,
113 Abbildungen,
und 30 Notenbeispielen

Laaber

Bibliographische Information der Deutschen Bibliothek
Die Deutsche Bibliothek verzeichnet diese Publikation
in der Deutschen Nationalbibliographie;
detaillierte bibliographische Daten sind im Internet über
<http://dnb.ddb.de/> abrufbar.

© 2012 by Laaber-Verlag, Laaber
Alle Rechte vorbehalten
Printed in Germany / Imprimé en Allemagne
ISBN 978-3-89007-700-0 (Reihe)
ISBN 978-3-89007-706-2 (Band 6)
ISBN 978-3-89007-822-9 (Teilband 2)
Umschlaggestaltung: Sonja Weinmann, Augsburg
Umschlagmotiv: Meister der weiblichen Halbfiguren,
Musizierende junge Frauen, Öl auf Holz (1520/25)
Layout: Emmerig DTP, Lappersdorf
Druck und buchbinderische Verarbeitung:
Friedrich Pustet, Regensburg

www.laaber-verlag.de

Inhalt

Büchereien Wien
Magistratsabteilung 13
7, Urban-Loritz-Platz 2a
A-1070 Wien

Verzeichnisse 7
   Autorenverzeichnis 7
   Artikelverzeichnis 11
   Abkürzungen 24

Lexikon L–Z 25

Personenregister 657

Autorenverzeichnis

Alphabetisch nach Kürzel:

AB	Armin Brinzing (München)	FK	Franz Körndle (Augsburg)
ABR	Adrian Brown (Amsterdam)	FS	Franziska Schneider (Wien)
AD	Aurel Damerius (Essen)	GB	Gundula Bobeth (Wien)
AG	Alfred Gross (Trossingen)	GV	Gabi Vettermann (Wien)
AGR	Armin Groh (Essen)	HFP	Heinrich F. Plett (Essen)
AJ	Andreas Jacob (Essen)	HW	Horst Weber (Berlin)
AKH	Annette Kreutziger-Herr (Köln)	JB	Jonas Becker (Essen)
ALB	Andrea Lindmayr-Brandl (Salzburg)	JR	Jesse Rodin (Stanford)
AM	Agostino Magro (Tours)	JS	Johannes Schwarz (Wien)
AME	Alwyn Metzelder (Essen)	KA	Klaus Aringer (Graz)
AO	Annette Otterstedt (Berlin)	KJS	Klaus-Jürgen Sachs (Erlangen)
AP	Annette Padberg (Düsseldorf)	KP	Klaus Pietschmann (Mainz)
APA	Arno Paduch (Münster)	KS	Katelijne Schiltz (Löwen)
AR	Alexander Rausch (Wien)	LK	Luise Kimm (Essen)
AW	Anke Westermann (Essen)	LMK	Linda M. Koldau (Frankfurt)
AWO	Annette Wojtowicz (Haan Gruiten)	LS	Lothar Schmidt (Marburg)
AZ	Alexandra Ziane (Regensburg)	MAC	Marie-Alexis Colin (Tours)
BEH	Benedikt Hager (Wien)	MB	Marion Beyer (Essen)
BJ	Bernhard Janz (Würzburg)	MBR	Matthias Brzoska (Essen)
BL	Birgit Lodes (Wien)	MF	Mareike Faber (Köln)
BLO	Biljana Lovric (Gelsenkirchen)	MG	Manuel Gervink (Dresden)
BS	Bernhold Schmid (München)	MK	Martin Klotz (Tübingen)
BW	Britta Wandschneider (Münster)	ML	Mark Lindley (Boston)
CB	Christian Bettels (Münster)	MM	Michael Malkiewicz (Salzburg)
CHB	Christine Ballman (Brüssel)	MP	Malte Puls (Wien)
CHD	Christian Dabrowski (Berlin)	MR	Markus Rathey (New Haven)
CBO	Christina Boenicke (Regensburg)	MRO	Markus Roth (Essen)
CR	Claus Raab (Essen)	MZ	Michael Zywietz (Bremen)
CS	Christoph Sielczak (Herten)	NIS	Nina Schroeder (Bochum)
CTL	Christian Leitmeir (Bangor)	NKS	Nicole Katharina Strohmann (Hannover)
CV	Christiane Voth (Essen)	NSCH	Nicole Schwindt (Trossingen)
DF	David Fiala (Lüttich)	PF	Philip Feldhordt (Bochum)
DG	Daniel Glowotz (Münster)	PHV	Philippe Vendrix (Tours)
DH	Dietrich Helms (Dortmund)	PN	Patrice Nicolas (Tours)
DS	Dominik Šedivý (Salzburg)	RK	Regina Kauschat (Jena)
EH	Eberhard Hüppe (Münster)	RKF	Ronald Kornfeil (Wien)
EK	Esther Kunze (Essen)	RMJ	Ralf Martin Jäger (Münster)
ES	Elisabeth Schmierer (Essen)	RS	Rebekka Sandmeier (Cape Town)
FD	Frank Dobbins (Tours)	SF	Stefan Fitzke (Nienstädt)
FG	Fabien Guilloux (Paris)	SG	Stefan Gasch (Wien)
		ST	Sonja Tröster (Wien)

Autorenverzeichnis

STK	Stefan Klöckner (Essen)	Jäger, Ralf Martin	RMJ
SW	Silvia Wälli (Salzburg)	Janz, Bernhard	BJ
TC	Tim Carter (Chapel Hill)	Kauschat, Regina	RK
TD	Tobias Dalhof (Bochum)	Kimm, Luise	LK
TR	Tobias Reisige (Essen)	Klöckner, Stefan	STK
TRI	Tobias Rimek (Weimar)	Klotz, Martin	MK
TRÖ	Thomas Röder (Erlangen)	Koldau, Linda M.	LMK
TS	Tilman Seebaß (Innsbruck)	Körndle, Franz	FK
TSB	Thomas Schmidt-Beste (Bangor)	Kornfeil, Ronald	RKF
UHB	Ulrike Hascher-Burger (Amsterdam)	Kreutziger-Herr, Annette	AKH
UK	Ulrike Küpper (Grevenbroich)	Kunze, Esther	EK
UN	Ulrich Nefzger (Salzburg)	Küpper, Ulrike	UK
US	Udo Sirker (Bergheim)	Leitmeir, Christian	CTL
UV	Ulrike Volkhardt (Essen)	Lindley, Mark	ML
VZ	Vasco Zara (Dijon)	Lindmayr-Brandl, Andrea	ALB
		Lodes, Birgit	BL
		Lovric, Biljana	BLO

Alphabetisch nach Name:

		Magro, Agostino	AM
		Malkiewicz, Michael	MM
Aringer, Klaus	KA	Metzelder, Alwyn	AME
Ballman, Christine	CHB	Nefzger, Ulrich	UN
Becker, Jonas	JB	Nicolas, Patrice	PN
Bettels, Christian	CB	Otterstedt, Annette	AO
Beyer, Marion	MB	Padberg, Annette	AP
Bobeth, Gundula	GB	Paduch, Arno	APA
Boenicke, Christina	CBO	Pietschmann, Klaus	KP
Brinzing, Armin	AB	Plett, Heinrich F.	HFP
Brown, Adrian	ABR	Puls, Malte	MP
Brzoska, Matthias	MBR	Raab, Claus	CR
Carter, Tim	TC	Rathey, Markus	MR
Colin, Marie-Alexis	MAC	Rausch, Alexander	AR
Dabrowski, Christian	CHD	Reisige, Tobias	TR
Dalhof, Tobias	TD	Rimek, Tobias	TRI
Damerius, Aurel	AD	Röder, Thomas	TRÖ
Dobbins, Frank	FD	Rodin, Jesse	JR
Feldhordt, Philip	PF	Roth, Markus	MRO
Faber, Mareike	MF	Sachs, Klaus Jürgen	KJS
Fiala, David	DF	Sandmeier, Rebekka	RS
Fitzke, Stefan	SF	Schiltz, Katelijne	KS
Gasch, Stefan	SG	Schmidt, Bernhold	BS
Gervink, Manuel	MG	Schmidt, Lothar	LS
Glowotz, Daniel	DG	Schmidt-Beste, Thomas	TSB
Groh, Armin	AGR	Schmierer, Elisabeth	ES
Gross, Alfred	AG	Schneider, Franziska	FS
Guilloux, Fabien	FG	Schroeder, Nina	NIS
Hager, Benedikt	BEH	Schwarz, Johannes	JS
Hascher-Burger, Ulrike	UHB	Schwindt, Nicole	NSCH
Helms, Dietrich	DH	Šedivý, Dominik	DS
Hüppe, Eberhard	EH	Seebaß, Tilman	TS
Jacob, Andreas	AJ	Sielczak, Christoph	CS

Autorenverzeichnis

Sirker, Udo	US	Wandschneider, Britta	BW
Strohmann, Nicole Katharina	NKS	Weber, Horst	HW
Tröster, Sonja	ST	Westermann, Anke	AW
Vendrix, Philippe	PHV	Wojtowicz, Annette	AWO
Vettermann, Gabi	GV	Zara, Vasco	VZ
Volkhardt, Ulrike	UV	Ziane, Alexandra	AZ
Voth, Christiane	CV	Zywietz, Michael	MZ
Walli, Silvia	SW		

Artikelverzeichnis

A

Aaron, Pietro
Académie de Musique et de Poésie
Accademia Alfonsina ▶ Akademie
Accademia degli Addormentati ▶ Akademie
Accademia degli Alterati ▶ Akademie
Accademia degli Infiammati ▶ Akademie
Accademia degli Infocati ▶ Akademie
Accademia degli Immobili ▶ Akademie
Accademia degli Intronati ▶ Akademie
Accademia della Crusca ▶ Akademie
Accademia Filarmonica ▶ Akademie
Accademia Pontaniana ▶ Akademie
Adam von Fulda
Adel ▶ Sozialgeschichte
Affekt
Agnus Dei ▶ Messe
Agricola, Alexander
Agricola, Martin
Agricola, Rudolphus
Agrippa von Nettesheim, Heinrich Cornelius
Aich, Arnt von
Aichinger, Gregor
Air de cour
Aix-en-Provence ▶ Frankreich
Akademie
Akzidentien
Alamire, Petrus
Alberti, Gasparo
Alberti, Leon Battista
Albrecht II.
Albrecht V.
Albrecht VI.
Alfonso V.
Alleluia
Allemande
Alta musica
Alternatim
Amerbach, Bonifacius
Amiens ▶ Frankreich
Amon, Blasius

Amour courtois
Amsterdam ▶ Niederlande
Anatomie
Andachtsmusik
Aneau, Barthélemy
Anerio, Felice
Anerio, Giovanni Francesco
Angers ▶ Frankreich
Animuccia, Giovanni
Annibale Padovano
Anonymi
Anthem
Antico, Andrea
Antiphon
Antisemitismus ▶ Jüdische Musik
Appenzeller, Benedictus
Aragon ▶ Spanien
Arbeau, Thoinot
Arcadelt, Jacques
Archicembalo
Architektur
Aretino, Pietro
Aria / Air
Ariosto, Ludovico
Aristokratie ▶ Sozialgeschichte
Aristotelische Philosophie
Aristoxenismus
Arnault de Zwolle, Henri
Arnold von Bruck
Arras ▶ Frankreich
Ars nova
Ars subtilior
Artes liberales
Artes mechanicae
Artusi, Giovanni Maria
Astrologie ▶ Kabbalistik, ▶ Magie
Astronomie
Attaingnant, Pierre
Augsburg
Autun ▶ Frankreich
Avignon

Artikelverzeichnis

B

Baïf, Jean-Antoine de
Baldung, Hans, genannt Grien
Baldwin, John
Ballade
Ballard, Robert ▶ Le Roy & Ballard
Ballata
Ballet de cour
Balletto (vokal)
Ballo / Balletto
Banchieri, Adriano
Bandora / Pandora / Orpharion
Barbingant
Barbireau, Jacobus
Barcelona ▶ Spanien
Bardi, Giovanni Maria de' [Conte di Vernio]
Barform / Bar
Bartholomaeus de Bononia
Bartolomeo degli Organi
Barzeletta
Basel ▶ Schweiz
Basiron, Philippe
Bassadanza / Bassedanse
Bassano
Bassklausel ▶ Klausel
Basso continuo ▶ Generalbass
Basso pro organo ▶ Basso seguente
Basso seguente / Basso cavato / Basso pro organo
Basso cavato ▶ Basso seguente
Battaglia / Bataille
Bauernstand ▶ Sozialgeschichte
Beaujoyeulx, Balthasar de
Beauvais ▶ Frankreich
Bedyngham, Johannes
Beheim, Michel
Belleau, Rémy
Bellini, Giovanni
Bembo, Pietro
Benet, John
Beolco, Angelo [gen. Il Ruz(z)ante]
Berchem, Jacquet de
Berg, Adam
Bergamasca
Bergerette
Bergreihen
Bermudo, Juan
Bern ▶ Schweiz
Bertrand, Antoine de
Bèze, Théodore de
Bianchini, Dominico
Bicinium
Bildmotette
Binchois, Gilles
Blitheman, John
Blockflöte
Bocchi, Francesco
Bodin, Jean
Bogentantz, Bernhard
Bologna
Bombard / Bombarde / Bomhart ▶ Schalmei
Boni, Guillaume
Bonnet, Pierre
Bordeaux ▶ Frankreich
Borgia, Familie
Bottegari, Cosimo
Bourgeois, Loys
Bourgeoisie ▶ Sozialgeschichte
Bourges ▶ Frankreich
Branle
Brassart, Johannes
Brebis, Johannes
Brescia
Brevis
Browning
Bruderschaften / Brüdergemeinen
Brügge
Bruhier, Antoine
Brumel, Antoine
Brüssel
Bucer, Martin
Buchillustration ▶ Druckgraphik
Buchner, Hans
Bugenhagen, Johannes
Bühnenbild
Bull, John
Buontalenti, Bernardo
Burgkmair, Hans
Burgund
Burmeister, Joachim
Burzio, Nicolò
Busnoys, Antoine
Bußpsalmen ▶ Psalmvertonungen
Byrd, William

C

Cabezón, Antonio de
Caccini, Giulio Romolo

Cadenza ▸ Klausel
Caecilia
Caietain, Fabrice Marin
Calvin, Jean
Calvinistische Musik
Calvisius, Sethus
Cambio, Perissone
Cambrai ▸ Frankreich
Camerata fiorentina
Campion, Thomas
Canario
Canción
Cancionero ▸ Canción
Canis, Cornelius
Canisius, Petrus
Canova da Milano, Francesco
Cantare al liuto
Cantastorie
Cantatorium ▸ Gesangbuch, liturgisches
Canti carnascialeschi
Cantique spirituel
Canto de òrgano
Cantor / Cantor principalis ▸ Kapelle
Cantoris ▸ Decani und Cantoris
Cantrix
Cantus coronatus ▸ Puy
Cantus figuratus / Musica figuralis
Cantus firmus
Cantus fractus
Cantus planus ▸ Cantus figuratus
Cantus prius factus ▸ Cantus firmus
Canzone / Canzon da sonar
Canzonetta
Capella ▸ Kapelle
Capilla espanola ▸ Kapelle
Capilla flamenca ▸ Kapelle
Capirola, Vincenzo
Capreoli, Antonio
Capriccio
Cara, Marchetto
Caravaggio, Michelangelo Merisi da
Carol
Caron, Firminus
Caroso, Fabritio
Carpentras [eigentlich Elzéar Genet]
Carver, Robert
Cascarda
Castiglione, Baldassare
Casulana, Maddalena
Cavalieri, Emilio de'

Celtis, Conrad
Cembalo
Cerone, Domenico Pietro
Cersne, Eberhard von
Certon, Pierre
Cesaris, Johannes
Ceterone ▸ Cister
Chambéry ▸ Frankreich
Chanson
Chanson rustique
Chanson spirituelle
Chapel Royal
Chapelain ▸ Kapelle
Chardavoine, Jean
Chartres ▸ Frankreich
Chitarrone
Chor ▸ Kapelle
Choral ▸ Gregorianischer Choral, ▸ Kirchenlied
Chorales ▸ Kapelle
Choralmesse ▸ Messe
Choralmotette
Choralnotation
Choralvariation ▸ Variation
Christine de Pizan
Ciconia, Johannes
Cister / Citole
Clausula ▸ Klausel
Clavichord
Clavicytherium
Clemens non Papa, Jacobus
Cleve, Johann de
Cochlaeus, Johannes
Colascione
Color
Commissura
Common Prayer Book ▸ Cranmer
Compagnie di laudesi ▸ Lauda
Compère, Loyset
Concerto delle dame / delle donne / di donne
Confréries ▸ Bruderschaften
Conrad von Zabern
Consort
Consort song
Contenance angloise
Contrapunctus ▸ Kontrapunkt
Contrapunctus simplex / diminutus
Contratenor, Contratenor altus, Contratenor bassus ▸ Stimmengattungen
Copernicus, Nicolaus
Cordier, Baude

Cori spezzati
Cornago, Juan
Cornamuse
Cornazzano, Antonio
Cornysh, William der Jüngere
Correggio, Antonio Allegri da
Corsi, Jacopo
Corteccia, Francesco
Cortesi, Paolo
Corvinus, Matthias I.
Costeley, Guillaume
Courante
Courville, Joachim Thibault de
Cousin, Jean
Cranmer, Thomas
Crecquillon, Thomas
Crétin, Guillaume

D

Dänemark
Dalla Viola, Familie
Danckerts, Ghiselin
D'Arco, Livia ▸ Concerto delle dame
Daser, Ludwig
Decani und Cantoris
Dedekind, Euricius
Dedekind, Henning
Dell'Arpa, Giovanni Leonardo
Della Robbia, Luca
Demantius, Christoph
Déploration
Dering, Richard
Desportes, Philippe
Devisenmotette
Devotio moderna ▸ Andachtsmusik
Dietrich, Sixtus
Diferencia ▸ Variation
Dijon ▸ Frankreich, ▸ Burgund
Diminution
Diruta, Girolamo
Discantus / Diskant ▸ Stimmengattungen
Diskantklausel ▸ Klausel
Divitis, Antonius
Domarto, Petrus de
Domenico da Piacenza
Donato, Baldassare
Doni, Antonfrancesco
Dorico, Valerio

Douai ▸ Frankreich
Dowland, John
Drehleier
Dresden (Hof)
Dressler, Gallus
Druckgraphik in der Musikikonographie
Du Bellay, Joachim
Du Caurroy, François-Eustache
Du Chemin, Nicolas
Du Tertre, E(s)tienne
Dubrovnik
Dufay, Guillaume
Dulzian
Dunstaple, John

E

Eberhard von Cersne ▸ Cersne, Eberhard von
Eccard, Johannes
Effekt / Wirkung
Egenolff, Christian
Einstimmigkeit ▸ Gregorianischer Choral
Elisabeth I.
Eloy d'Amerval
Emblem
Encina, Juan de
Engelsmusik
England
Ensalada ▸ Quodlibet
Entrée
Enzyklopädien / Lexika
Epos
Erasmus von Rotterdam, Desiderius
Erbach, Christian (der Ältere)
Escobar, Pedro de
Esquivel Barahona, Juan de
Estampie
Este, Familie
Estocart, Paschal de L'
Evreux ▸ Frankreich
Eyck, Jacob van
Eyck, Jan van

F

Faber, Heinrich
Faber Stapulensis, Jacobus

Faburden ▶ Fauxbourdon
Fagott ▶ Dulzian
Falso bordone ▶ Fauxbourdon
Fancy ▶ Fantasia
Fantasia
Fantasia (Bildende Kunst) ▶ Poesia und Fantasia
Farnaby, Giles
Farnese, Familie
Faugues, Guillaume
Fauxbourdon / Faburden / Falsobordone
Fayrfax, Robert
Felis, Stefano
Ferdinand I.
Ferrabosco, Familie
Ferrante (Ferdinand) I.
Ferrara
Festa, Costanzo
Févin, Antoine de
Ficino, Marsilio
Fidel
Figuren ▶ Madrigalismen, ▶ Rhetorik, ▶ Burmeister
Finalis ▶ Klausel
Finck, Heinrich
Finck, Hermann
Florenz
Flöte ▶ Blockflöte
Fludd, Robert
Fogliano, Lodovico
Folia
Fontaine, Pierre
Forme fixe
Formschneider, Hieronymus
Forster, Georg
Fossa, Johannes de
Franck, Melchior
Frankoflämische Musik
Frankreich
Franz I.
Frauen in der Musikkultur
Fresneau, Henry
Fresneau, Jean
Fricassée ▶ Quodlibet
Friedrich III.
Friedrich der Weise ▶ Wittenberg
Frottola
Frye, Walter
Fugger, Familie
Fundamentbuch

G

Gabrieli, Andrea
Gabrieli, Giovanni
Gaffurio, Franchino
Galilei, Galileo
Galilei, Vincenzo
Galliarde
Galliculus, Johannes
Gallicus, Johannes
Gallus, Jacobus
Gambe ▶ Viola da gamba
Ganassi del Fontego, Sylvestro
Gardano, Antonio
Gareth, Benedetto [genannt Il Cariteo]
Gascongne, Mathieu
Gaspar van Weerbeke
Gastoldi, Giovanni Giacomo
Gavotte
Geigenwerk
Geistliches Drama
Generalbass
Genet, Elzéar ▶ Carpentras
Genf ▶ Schweiz
Genrebild
Genua
Gerlach, Katharina
Gesualdo, Don Carlo [Graf von Consa, Fürst von Venosa]
Gerson, Jean Charlier de
Gesangbuch, liturgisches
Geschichte im 15. und 16. Jahrhundert
Ghiselin, Johannes
Gibbons, Orlando
Gigue
Giorgione da Castelfranco
Gitarre
Giunta
Giustiniana / Justiniana
Glarean(us), Heinrich
Glocken
Glosa ▶ Variation
Gombert, Nicolas
Gonzaga, Familie
Gosswin, Antonius
Goudimel, Claude
Goulart, Simon
Graduale ▶ Gesangbuch, liturgisches
Graf, Urs
Granjon, Robert

Greghesca
Gregorianischer Choral / Einstimmigkeit
Greiter, Mathias
Grenoble ▶ Frankreich
Grenon, Nicholas
Grimm & Wirsung
Grossin, Etienne
Ground
Guami, Gioseffo
Guarini, Anna ▶ Concerto delle dame
Guarini, Giovanni Battista
Guarino Veronese
Guerrero, Francisco
Guglielmo Ebreo da Pesaro
Gumpelzhaimer, Adam
Gutenberg, Johannes
Guyot de Châtelet, Jean
Gymel

H

Harfe
Haßler, Hans Leo
Hausmusik
Haußmann, Valentin
Hayne van Ghizeghem
Heidelberg
Heinrich II.
Heinrich III.
Heinrich IV.
Heinrich VIII.
Hellinck, Lupus
Hexachord
Heyden, Sebald
Heymair, Magdalena
Hofhaimer, Paul
Hofkapelle ▶ Kapelle
Hofweise
Holbein, Hans, der Jüngere
Holborne, Antony
Hollander, Christian
Horn
Howard, Henry
Hufnagel-Notation
Hugenotten
Hugenottenpsalter ▶ Calvin, ▶ Calvinistische Musik, ▶ Hugenotten
Humanismus

Hymnar ▶ Gesangbuch, liturgisches
Hymnus

I

Imitation
Imperfectio
Improvisation
In Nomine
Individualdruck
Individualismus
Ingegneri, Marc'Antonio
Innsbruck
Instrumentalmusik
Instrumente: Familienbildung
Instrumentenstimmung ▶ Stimmung und Temperatur
Intavolierung
Intermedium
Inversio / Umkehrung
Ioculatores
Isaac, Heinrich
Isnardi, Paolo [genannt Ferrarese]
Isomelie
Isorhythmie

J

Jacotin
Janequin, Clement
Jean de Hollande ▶ Hollander, Christian
Jesuitenschulen
Joachim a Burck
Jodelle, Étienne
Johannes de Lymburgia
Johannes de Muris
Johannes von Lublin
Johann(es) von Soest
Josquin Desprez
Joye, Gilles
Judenkünig, Hans
Jüdische Musik
Justiniana ▶ Giustiniana

K

Kabbalistik
Kadenz ▸ Klausel
Kanon
Kantionalsatz
Kantorei / Cantoria
Kapelle
Karl der Kühne
Karl V.
Karl VII.
Karl VIII.
Karl IX.
Kassel
Katholische Erneuerungsbewegung
Kepler, Johannes
Kerle, Jacobus de
Kirbye, George
Kirchenlied
Kirchentonarten ▸ Tonsystem
Kithara ▸ Leier
Klausel / Kadenz
Klerus ▸ Sozialgeschichte
Kleve / Düsseldorf
Knöfel, Johann
Köln
Kolorierung
Kombinative Chanson
Komposition
Königsberg
Konstantinopel
Konstanz
Kontrapunkt / Satztechnik
Konzil von Basel ▸ Konzilien
Konzil von Cividale ▸ Konzilien
Konzil von Ferrara
Konzil von Florenz
Konzil von Konstanz
Konzil von Pavia und Siena ▸ Konzilien
Konzil von Trient ▸ Konzilien
Konzilien
Kopernikus ▸ Copernicus
Kortholt
Kotter, Hans
Krakau
Krebsgang
Krebskanon ▸ Kanon
Kriegstein, Melchior
Krummhorn
Kugelmann, Paul
Kurrende
Kyriale ▸ Gesangbuch, liturgisches

L

La Grotte, Nicolas de
Labé, Louise
Lamentatio
Landino, Cristoforo
Lanfranco, Giovanni Maria
Langres ▸ Frankreich
Lantins, Familie
Lassus, Orlande de
Lassus, Rudolph de
Lauda
Laute
Lautenlied
Lautentabulatur
Laval ▸ Frankreich
Layolle, Francesco de
L'Estocart, Paschal de ▸ Estocart, Pschal de L'
Le Franc, Martin
Le Jeune, Claude
Le Maistre, Mattheus
Le Roy & Ballard
Lechner, Leonhard [Beiname »Athesinus«]
Legrensis, Johannes ▸ Gallicus, Johannes
Leier
Leipzig
Leisentrit, Johann
Lemaire de Belges, Jean
Le Mans ▸ Frankreich
Leonardo da Vinci
Lexika ▸ Enzyklopädien
L'homme armé
Liedmotette
Ligatur
Lindner, Friedrich
Lira / Lira da braccio / Lira da gamba / Lirone
Listenius, Nicolaus
Liturgisches Drama ▸ Geistliches Drama
London ▸ England
Longa
Longueval, Antoine de
Lossius, Lucas
Lotto, Lorenzo
Loyola, Ignatius von
Lucca
Ludford, Nicholas

18 Artikelverzeichnis

Ludovico
Ludwig XI.
Ludwig XII.
Lupi, Johannes
Lupi, Livio
Luther, Martin
Lüttich
Luzzaschi, Luzzasco
Lyon
Lyra ▶ Leier, ▶ Lira

M

Machaut, Guillaume de
Machiavelli, Niccolò
Madrigal
Madrigalismus
Madrigalkomödie
Mäzenatentum / Patronage
Magie
Magnificat
Mailand
Maillard, Jean
Maître de chapelle, Maître de chant ▶ Kapelle
Maîtrise
Malatesta, Familie
Malvezzi, Cristofano
Mandola
Manierismus
Mantua
Marenzio, Luca
Margarete von Österreich
Marienantiphon ▶ Antiphon
Marot, Clément
Marseille ▶ Frankreich
Martin, Claude
Martin le Franc ▶ Le Franc, Martin
Martini, Johannes
Maschera, Florenzo
Masque
Mathematik ▶ Artes liberales, ▶ Quadrivium, ▶ Sphärenharmonie, ▶ Metaphysik, ▶ Tinctoris, ▶ Zarlino, ▶ Kepler ▶ Johannes de Muris, ▶ Galilei, Galileo, ▶ Ramos de Pareja, ▶ Faber Stapulensis
Mauduit, Jacques
Maximilian I.
Maximilian II.
Mecheln

Medici, Familie
Medizin ▶ Anatomie
Mehrchörigkeit
Mehrstimmigkeit ▶ Polyphonie
Mei, Girolamo
Meiland, Jacob
Meistergesang
Melancholie
Melanchthon, Philipp
Ménestrel ▶ Spielleute, ▶ Ioculatores
Mensur
Mensuralnotation
Mensurkanon ▶ Kanon
Mentalitätsgeschichte
Mersenne, Marin
Merula, Tarquinio
Merulo, Claudio
Messe
Metaphysik
Metz ▶ Frankreich
Mewes, Gregor
Milán, Luis de
Milton, John
Minima
Minstrel ▶ Ioculatores, ▶ Spielmann
Missa de salve ▶ Messe
Missale ▶ Gesangbuch, liturgisches
Modena
Moderne, Jacques
Modus ▶ Tonsystem
Molinet, Jean
Molza, Tarquinia ▶ Concerto delle dame
Monodie
Montanus, Johannes
Monte, Philippe de
Monteverdi, Claudio
Montpellier ▶ Frankreich
Morales, Cristóbal de
Moralphilosophie
More, Thomas
Moresca
Morley, Thomas
Morton, Robert
Motette
Motettenchanson
Motetti missales
Motetus
Moulu, Pierre
Mouton, Jean
Mozarabisch

Mudarra, Alonso
München
Mündlichkeit / Oralität
Müntzer, Thomas
Mundy, William
Musica coelestis / humana / instrumentalis
Musica ficta / falsa
Musica mundana ▸ Musica coelestis
Musica plana ▸ Cantus planus
Musica poetica
Musica practica (activa)
Musica reservata
Musica segreta
Musica theor(et)ica (speculativa)
Musikdruck ▸ Notendruck
Musikerporträts
Musiktheorie
Musique mesurée à l'antique
Mysterienspiel ▸ Geistliche Dramen

N

Nancy ▸ Frankreich
Nanino, Giovanni Bernardino
Nanino, Giovanni Maria
Nantes ▸ Frankreich
Narbonne ▸ Frankreich
Narváez, Luis de
Naturphilosophie
Neapel
Negri, Cesare
Neostoizismus
Neri, Filippo
Neupythagoreismus ▸ Pythagoreisches System
Neusiedler, Familie
Nicholson, Richard
Niederlande
Ninot le Petit
Noël
Noëma
Norwegen ▸ Dänemark
Notation
Note nere ▸ Mensuralnotation
Notendruck
Noyon ▸ Frankreich
Nürnberg

O

Obrecht, Jacob
Ockeghem, Johannes
Ode
Öglin, Erhard
Oper ▸ Camerata fiorentina, ▸ Intermedien
Oratorium
Orden, religiöse
Ordinarium missae ▸ Messe
Orgel
Orgelmesse ▸ Alternatim
Orgeltabulatur
Orléans ▸ Frankreich
Ornithoparchus, Andreas
Orpheoreon ▸ Bandora / Pandora / Orpharion
Orpheus
Ortiz, Diego
Orto, Marbrianus de
Osiander, Lucas
Osmanisches Reich
Oswald von Wolkenstein
Othmayr, Caspar
Ott, Hans

P

Padovana
Padua
Paenultima ▸ Klausel
Paix, Jacob
Palestrina, Giovanni Pierluigi da
Palestrinastil
Pandora ▸ Bandora
Pandurina ▸ Laute
Papst ▸ Rom
Parabosco, Girolamo
Paracelsus
Parallelführungsverbot
Paris
Pariser Chanson
Parma
Parodiemesse ▸ Messe
Parsons, Robert
Part Song
Passamezzo
Passepied
Passereau, Pierre
Passion

Passionsmotette
Pastorale
Pathie, Rogier
Patronage ▶ Mäzenatentum
Paulirinus, Paulus
Paumann, Conrad
Pavane
Pavaniglia
Payen, Nicolas
Pedersøn, Mogens
Peletier du Mans, Jacques
Peñalosa, Francisco de
Perfectio
Peri, Jacopo
Perspektive ▶ Bühnenbild
Perugia
Petrarca, Francesco ▶ Petrarkismus
Petrarkismus
Petreius, Johannes
Petrucci, Ottaviano
Peverara, Laura
Pevernage, Andreas
Pfeifen (Pfeiffen)
Phalèse, Familie
Philipp der Gute
Philipp II.
Philips, Peter
Philosophie ▶ Naturphilosophie, ▶ Moralphilosophie
Physik ▶ Naturphilosophie, ▶ Pythagoreisches System
Pico della Mirandola, Giovanni
Pietro Bono de Burzellis
Piffero (Piffaro)
Pilgertum
Pipelare, Matthaeus
Pisano, Bernardo
Piva
Planson, Jean
Plantin, Christoffel
Pléiade, La
Plenarmesse ▶ Messe
Poesia und Fantasia
Poitiers ▶ Frankreich
Polen
Politik ▶ Bodin, ▶ Bocchi, ▶ Effekt
Poliziano, Angelo
Polonaise
Polyphonie ▶ Kontrapunkt, ▶ Vokalpolyphonie
Pommer ▶ Schalmei

Pontio, Pietro
Porta, Costanzo
Posaune
Power, Leonel
Präludium / Praeambulum
Praetorius, Michael
Prioris, Johannes
Prolatio minor/maior
Proportionen
Proportionskanon ▶ Kanon
Proprietas ▶ Mensuralnotation
Proprium missae ▶ Messe
Prosdocimus de Beldemandis
Protestantismus ▶ Luther
Prozession
Psalmlied ▶ Psalmvertonungen
Psalmmotette
Psalmvertonungen
Psalter ▶ Gesangbuch, liturgisches
Pullois, Johannes
Punctus
Puy
Pythagoreisches System

Q

Quadernaria
Quadran pavan ▶ Passamezzo
Quadrivium
Quatreble ▶ Stimmengattungen
Querflöte ▶ Pfeifen
Quodlibet

R

Rab, Valentin
Rabelais, François
Ramos de Pareja, Bartolomé
Rampollini, Mattio Romolo
Rackett
Rappresentazione sacra ▶ Geistliches Drama
Ratio Studiorum
Rätselkanon ▶ Kanon
Rebec
Reformation ▶ Luther ▶ Calvin
Regiomontanus, Johannes
Regis, Johannes
Regnart, Jacob

Regnault, Pierre ▸ Sandrin
Renaissance
Rener, Adam
Reprisenmotette
Requiem
Reson, Johannes
Responsorium
Reusch, Johann
Rezeption der Renaissance
Rhau, Georg
Rhetorik, musikalische
Rhythmus ▸ Mensuralnotation
Ricercar
Richafort, Jean
Rinuccini, Ottavio
Rittertum ▸ Sozialgeschichte
Rogier, Philippe
Rom
Romance
Romanesca
Rondeau / Rondellus
Ronsard, Pierre de
Rore, Cipriano de
Rosseter, Philip
Rotenbucher, Erasmus
Rouen ▸ Frankreich
Round ▸ Kanon
Rudolf II.
Rue, Pierre de la
Ruffo, Vincenzo
Ruggiero ▸ Aria, ▸ Ariosto
Ruzzante ▸ Beolco, Angelo

S

Sacco di Roma
Sachs, Hans
Sackbut ▸ Posaune
Salinas, Francisco de
Saltarello
Sandrin [Regnault, Pierre]
Sarabande / Zarabanda
Sarum rite / Use of Sarum
Satzlehre / Satztechnik ▸ Kontrapunkt, ▸ Komposition
Savonarola, Girolamo
Scandello, Antonio
Scève, Maurice
Schäferspiel ▸ Pastorale

Schalmei
Schanppecher, Melchior
Schisma
Schlick, Arnolt
Schlüsselung
Schmeltzl, Wolfgang
Schöffer, Peter (der Jüngere)
Scholastik
Schuldrama ▸ Geistliches Drama
Schweden
Schweiz
Scotto, Familie
Semibrevis
Semiminima
Senfl, Ludwig
Serafino de' Ciminelli dall'Aquila
Serlio, Sebastiano
Sermisy, Claudin de
Serpent
Service
Servin, Jean
Sforza, Familie
Shakespeare, William
Sheppard, John
Siena
Sight
Sigismund
Signalmusik
Sinfonia
Skelton, John
Soggetto / Soggetto cavato
Solmisation
Sonett
Sopranklausel ▸ Klausel
Sordun ▸ Kortholt
Soriano, Francesco
Sortisatio ▸ Improvisation
Soto de Langa, Francisco
Sozialgeschichte
Spagnoletto
Spangenberg, Johann
Spanien
Spataro, Giovanni
Spenser, Edmund
Sphärenharmonie
Spielleute / Ménestrels / Minstrels
Spinett
Sponsorentum ▸ Mäzenatentum
Spruchmotette
Squarcialupi, Antonio

Staatsmotette
Stabat mater
Stadtmusikanten / Stadtpfeifer ▶ Spielleute
Stegreifausübung ▶ Improvisation
Stilleben mit Musik
Stimmengattungen / Stimmambitus
Stimmung und Temperatur
Stobaeus, Johann
Stokem, Johannes de
Stoltzer, Thomas
Stomius, Johannes
Strambotto
Straßburg
Striggio, Alessandro der Ältere
Striggio, Alessandro der Jüngere
Strozzi, Piero
Studia humanitatis
Sturm, Caspar
Stuttgart
Stylus motecticus
Succentor
Superius ▶ Stimmengattungen
Susato, Tylman
Sweelinck, Jan Pieterszoon
Super librum cantare ▶ Improvisation

T

Tabulatur
Tactus
Tafelmusik
Talea ▶ Isorhythmie
Tallis, Thomas
Tanz
Tanznotation
Tapissier, Johannes
Tasso, Torquato
Tasteninstrumente ▶ Orgel, ▶ Cembalo, ▶ Clavichord, ▶ Virginal, ▶ Spinett, ▶ Clavicytherium
Taverner, John
Te Deum
Tempus perfectum/imperfectum
Tenor ▶ Stimmengattungen
Tenorklausel ▶ Klausel
Tenorlied
Tenormesse ▶ Messe
Tenormotette
Tessier, Charles

Tessier, Guillaume
Textunterlegung
Theorbe
Thibault de Courville ▶ Courville
Tiento ▶ Ricercar
Tinctoris, Johannes
Tintoretto
Tizian
Toccata
Tomkins, Thomas
Tonsystem / Modus
Tordiglione
Totentanz
Toulouse ▶ Frankreich
Tourdion
Tours ▶ Frankreich
Transitus ▶ Commissura
Trauermusik ▶ Déploration
Treble ▶ Stimmengattungen
Trienter Codices
Triplum ▶ Stimmengattungen
Tritonius, Petrus
Trivium
Tromboncino, Bartolomeo
Trompete
Turbae ▶ Passion
Türkenpsalm
Tyard, Pontus de
Tye, Christopher

U

Ugolino de Orvieto
Ulenberg, Caspar
Ungarn
Universität
Urbino
Urrede, Juan de
Utendal, Alexander

V

Vaet, Jacobus
Vagans ▶ Stimmengattungen
Van Eyck, Jacob ▶ Eyck, Jacob van
Van Eyck, Jan ▶ Eyck, Jan van
Vanneo, Stefano
Variation / Variationen

Varietas ▸ Variation
Vasari, Giorgio
Vásquez, Juan
Vaudeville ▸ Voix de ville
Vautrollier, Thomas
Vecchi, Orazio
Vehe, Michael
Venedig
Venegas de Henestrosa, Luis
Vento, Ivo de
Verdelot, Philippe de
Verdonck, Cornelis ▸ Bildmotette
Verovio, Simone
Vers mesurés ▸ Musique mesurée à l'antique
Verzierungen ▸ Diminution
Vesperantiphon ▸ Antiphon
Vesperpsalm ▸ Psalmvertonungen
Viadana, Ludovico
Vicentino, Nicola
Victoria, Tomás Luis de
Vide, Jacobus
Vihuela
Villancico
Villanella
Villon, François
Villotta
Viola da gamba
Violine
Violone
Virdung, Sebastian
Virelai
Virginal
Virginalmusik
Virtu
Vittorino da Feltre
Voix de ville / Vaudeville
Vokalpolyphonie
Volkslied
Voluntary
Votivantiphon ▸ Antiphon
Votivmesse ▸ Messe
Vulpius, Melchior

W

Waelrant, Hubert
Wait
Walter, Johann
Wannenmacher, Johannes
Ward, John
Watson, Thomas
Weelkes, Thomas
Wert, Giaches de
White, Robert
Wien
Wilbye, John
Wilder, Philip van
Willaert, Adrian
Wittenberg
Wollick, Nicolaus
Wyatt, Sir Thomas

Y

Yonge, Nicholas

Z

Zabarella, Franciscus
Zacara da Teramo, Antonio
Zacconi, Lodovico
Zarabanda ▸ Sarabande
Zarlino, Gioseffo
Zell, Katharina
Zink
Zirkelkanon ▸ Kanon
Zoilo, Annibale
Zunft ▸ Sozialgeschichte
Zwingli, Huldrych
Zwolle ▸ Arnault de Zwolle

Abkürzungen

aufgef.	aufgeführt		*tici de musica sacra potissimum*, 3 Bde., St. Blasien 1784
bearb.	bearbeitet		
CMM	Corpus mensurabilis musicae	Habil.	Habilitationsschrift
CSM	Corpus scriptorum de musica	hrsg.	herausgegeben
D.M.A.	Dissertation Magister Artium	Hs.	Handschrift
Diss.	Dissertation	IMS	International Musicological Society
DKL	*Das deutsche Kirchenlied. Kritische Gesamtausgabe der Melodien*, hrsg. von K. Ameln, M. Jenny und W. Lipphardt, Bd. 1/1 Verzeichnis der Drucke (RISM B/VIII/1), Kassel und Basel 1975	ital.	italienisch
		MGG²	*Die Musik in Geschichte und Gegenwart*, 2. Ausgabe, hrsg. von Ludwig Finscher, Kassel u.a. 1994–2008
		MGG	*Die Musik in Geschichte und Gegenwart. Allgemeine Enzyklopädie der Musik*, hrsg. von Friedrich Blume, Kassel 1949–1986
i. Vorb.	in Vorbereitung		
dt.	deutsch		
engl.	englisch		
entst.	entstanden	Ms.	Manuskript
fl.	floruit (Wirkungszeit einer Person)	o.J.	ohne Jahr
frz.	französisch	o.O.	ohne Ort
gedr.	gedruckt	op.	Opus
Grove	*The New Grove Dictionary of Music and Musicians*, 2. Auflage, hrsg. von Stanley Sadie, London 2001	reg.	regierte
		S.	Seite
		Sp.	Spalte
Grove	*The New Grove Dictionary of Music and Musicians*, hrsg. von Stanley Sadie, London 1980	span.	spanisch
		T.	Takt
		Univ.	University
GS	Martin Gerbert, *Scriptores ecclesias-*	zit.	zitiert

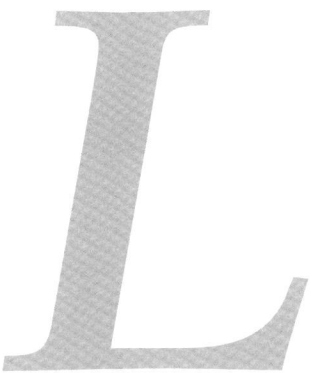

La Grotte, Nicolas de
* um 1530, † um 1600

Das Werk des Komponisten und Instrumentalisten besteht überwiegend aus Chansons verschiedener Ausprägung. La Grotte wurde 1557 am Königshof von Navarra angestellt und 1562 bei Heinrich von Anjou, dem späteren französischen König Heinrich III. 1581 war er neben Claude ▸ Le Jeune an der Aufführung des *Balet de la Royne* beteiligt, das zur Hochzeit des Duc de Joyeuse mit Marguerite de Vaudemont aufgeführt wurde.

La Grotte ist vor allem für seine Chansons bekannt, deren Mehrzahl im Individualdruck *Premier livre d'airs et chansons* (1583) publiziert ist; ihre Faktur entspricht den zeitgenössischen Tendenzen der Liedkompositon in Frankreich.

Die bereits 1560 erschienene *Meslanges de chanson*, deren La Grotte zugeschriebene Chansons auf früheren Modellen beruhen (Orlande de ▸ Lassus, Cipriano de ▸ Rore, Claudin de ▸ Sermisy), zeigen in ihrer Bearbeitung kontrapunktische Verdichtung oder sind bei Beibehaltung des Superius durch einen neuen Satz ausgezeichnet. Die Sammlung enthält auch ▸ Musique mesurée.

Ausgaben:
16 Chansons… (The Sixteenth Century Chanson 15), hrsg. von J.A. Bernstein, New York u.a. 1992.

Literatur:
Chr. Bettels, *La Grotte*, in: *MGG*², Bd. 10 (Personenteil), 2003, Sp. 1022–1024.

Labé, Louise
* um 1523 bei Lyon, † 1566 Lyon

Die französische Autorin, auch »La Belle Cordière« (»Die schöne Seilerin«) genannt, verfasste 24 Sonette, drei Elegien und einen Prosadialog, *Le Débat de Folie et d'Amour* (*Streitgespräch zwischen Torheit und Liebe*), der 1555 gedruckt wurde. Louise Labé besaß eine breite humanistische Bildung und nahm aktiv am intellektuellen Leben des blühenden ▸ Lyon teil.

Über die Tochter einer wohlhabenden Seilerfamilie in Lyon ist nur wenig überliefert. Schon früh war sie für ihre Talente und ihre Schönheit bekannt; zu ihren Fähigkeiten gehörte u.a. der durch Lautenspiel begleitete Gesang, den mehrere Zeitgenossen rühmten. Im *Débat* stellte sie die Musik als Erfindung der Liebe dar und richtete ihr 12. Sonett an ihre Laute, die als Symbol für die Poesie steht. Das Hauptthema ihres Werkes ist jedoch die Liebe, über die sie leidenschaftlich und mit einer ihr eigenen Direktheit schreibt, nicht zuletzt unter dem Einfluss der Lyrik ▸ Petrarcas und des Neoplatonismus.

Ausgaben:
Œuvres complètes. Sonnets. Élégies. Débat de Folie et d'Amour, Paris 1986.

Literatur:
K. Cameron, *Louise Labé. Feminist and Poet of the Renaissance*, Oxford 1990 • F. Rigolot, *Louise Labé Lyonnaise ou la Renaissance au féminin*, Paris 1997 • M. Lazard, *Louise Labé*, Paris 2005 • B. Alonso / É. Viennot (Hrsg.), *Louise Labé 2005*, Publications de l'Université de Saint-Etienne 2004.

RK

Lamentatio

Im Nachtoffizium des Stundengebetes (Matutin) werden im Verlauf des Jahres idealerweise sämtliche Bücher der Bibel gelesen. Während des Karwochentriduums treffen in den drei Lesungen der jeweils ersten Nokturn die Klagelieder des Propheten Jeremias (*Lamentationes Jeremiae*), die vor dem Hintergrund der Zerstörung Jerusalems (ca. 586 v. Chr.) entstanden sind. Bereits in den ältesten Lektionsordnungen musste aufgrund der Länge der Gesänge eine Anzahl ausgewählt werden, die jedoch regional differieren konnte und erst mit dem ▸ Konzil von Trient vereinheitlicht wurde. Der Bibeltext gliedert sich in fünf Kapitel, wobei der letzte Abschnitt als Gebet (*Oratio Jeremiae Prophetae*) formuliert ist.

Die einzelnen Abschnitte werden auf eine einfache, leicht auf den Text anpassbare Formel, den ›tonus lamentationum‹, gesungen. Sie sind charakterisiert durch die gesungene Überschrift *Incipit lamentatio Jeremiae prophetae* am Beginn, sowie dem nicht biblischen Refrain *Jerusalem, Jerusalem convertere ad Dominum, deum tuum* am Ende der Lektion. Darüber hinaus werden auch die Buchstaben des hebräischen Alphabets (*Aleph*, *Beth*, *Gimel*, […]) musikalisch ausgeführt. Zur Vertiefung folgt jeder Lektion ein Responsorium mit Vers.

Erste polyphone Sätze sind, ähnlich dem ▸ Magnificat, seit der Mitte des 15. Jahrhunderts tradiert (Johannes de Quadris), und zahlreiche Komponisten lieferten ihren Beitrag zu diesem Genre (u.a. Antoine de ▸ Févin, Heinrich ▸ Isaac, Pierre de la ▸ Rue). Zwar liegt bereits zu Beginn des 16. Jahrhunderts ein erster gedruckter Zyklus vor (Ottaviano ▸ Petrucci, 1506), doch dauert es nahezu 30 Jahre, bis eine weitere Sammlung von Lamentationen im Druck erscheint (Pierre ▸ Attaingnant, 1534); eine regelrechte Blüte setzt erst in der zweiten Jahrhunderthälfte ein.

Während der Lamentationston in den frühen Vertonungen noch eine zentrale Rolle spielt und sowohl in der Oberstimme als auch als Soggetto gebendes Motiv eingesetzt wird, verliert er nach und nach an Bedeutung. Ähnlich der Motette herrscht zunächst auch hier der vierstimmige Satz mit Imitationstechnik vor. Im Laufe des Jahrhunderts wird er zugunsten eines üppigeren Klangideals für eine reichere Besetzung aufgegeben, verbunden mit einer Tendenz zu homorhythmischer Textdeklamation (Orlande de ▸ Lassus 1585; Giovanni Pierluigi da ▸ Palestrina; Iacobus ▸ Gallus).

Ausgaben:
Treize Livres de motets parus chez P. Attaingnant en 1534 et 1535, hrsg. von A. Tillman Merritt, Bd. 10, Monaco 1962 • *Mehrstimmige Lamentationen aus der ersten Hälfte des 16. Jahrhunderts*, hrsg. von G. Massenkeil (Musikalische Denkmäler 6), Mainz 1965 • *Officium hebdomadae sanctae de T.L. de Victoria*, hrsg. von S. Rubio (Ediciones del Instituto de música religiosa), Cuenca 1977 • Orlando di Lasso, *Lamentationes Jeremiae Prophetae*, hrsg. von P. Bergquist (Gesamtausgabe, Neue Reihe 22), Kassel u.a. 1992.

Literatur:
G. Massenkeil, *Zur Lamentationskomposition des 15. Jahrhunderts*, in: Archiv für Musikwissenschaft

18 (1961), S. 103–114 • L. Finscher, *Liturgische Gebrauchsmusik: Lamentationen*, in: *Die Musik des 15. und 16. Jahrhunderts*, hrsg. von dems. (Neues Handbuch der Musikwissenschaft 3,2), Laaber 1990, S. 404–414 • M. Marx-Weber, *Die Entwicklung des Karwochenrepertoires der päpstlichen Kapelle, insbesondere der Lamentationen*, in: *Collectanea III. Der Fondo Cappella Sistina als musikgeschichtliche Quelle. Tagungsbericht Heidelberg 1993* (Capellae apostolicae sixtinaeque collectanea acta monumenta 6), Città del Vaticano 1996, S. 91–112 • M. Marx-Weber, *Lamentatio*, in: *MGG²*, Bd. 5 (Sachteil), 1996, Sp. 893–904.

SG

Landino, Cristoforo
* 1424 Casentino, † 24.9.1498 Casentino

Mit seinen Schülern Angelo ▸ Poliziano und Marsilio ▸ Ficino zählt Landino zu den wohl angesehensten Dichtern und Humanisten des 15. Jahrhunderts. In der Musikforschung ist er vor allem als Biograph seines Großonkels, des Trecento-Organisten und Madrigalkomponisten Francesco Landini (1325–1397), und des Florentiner Organisten Antonio ▸ Squarcialupi bekannt geworden. Darüber hinaus verfasste er eine zeittypische Wissenschaftssystematik, die für die Standortbestimmung der mathematischen Fächer des ▸ Quadriviums wie der Musiktheorie in der italienischen Musikkultur des 15. Jahrhunderts signifikant ist.

Nach juristischer Ausbildung in Volterra und Pavia 1437–1439 studierte Landino an der Universität Florenz bei dem Humanisten Carlo Marsuppini (1398–1453) lateinische Rhetorik, Literatur und Philosophie, bis er im Oktober 1441 den Wettbewerb Certame coronario für volkssprachige Dichtung gewinnen konnte und zum Poeta laureatus gekrönt wurde. Nach weiteren Studien- und Wanderjahren wurde Landino 1456 als Nachfolger Marsuppinis auf den Florentiner Humaniora-Lehrstuhl für die Bereiche Rhetorik und Poetik berufen und zum Erzieher des jungen ▸ Lorenzo de' Medici bestellt. Seit 1462 gehörte er der Platonischen Akademie von Cosimo de' ▸ Medici in Careggi an, 1467 wurde er Sekretär der Guelfenpartei und Kanzler der Signoria von Florenz. Seine Professur hielt er bis zu seinem altersbedingten Rückzug im Jahre 1496, doch waren seine wichtigsten philologischen, philosophischen und poetischen Werke bereits in den Jahren 1471–1490 entstanden.

Landinos Aufgaben an der Florentiner Universität umfassten die Lehre der Theorie, Interpretation und Kommentierung der klassischen und spätantiken lateinischen sowie der volkssprachigen italienischen Dichtung und Philosophie. In diesem Rahmen verfasste er einen schon zu seiner Entstehungszeit (1481) vielgerühmten Kommentar zur *Divina Commedia* Dante Alighieris, in dessen Vorwort sich die beiden enkomiastischen Parallelviten der Organisten Landini und Squarcialupi befinden. Schon kurz nach seiner Berufung hatte Landino als Antrittsvorlesung eine Einführungsrede in die *Tusculanae Disputationes* Ciceros gehalten, in der auf traditionelle Weise der Musiktheorie als Fach der angewandten Arithmetik ihr Platz im Quadrivium zugewiesen wird. Diese konservative Haltung deckt sich mit der Präferenz der spekulativen Fächer im Florentiner Geistesleben um die Mitte des 15. Jahrhunderts, die wegen ihrer Traditionsbindung gleichzeitig auch eine Chance für die Pflege der Musiktheorie als mathematisch-naturwissenschaftliches Fach bedeutete. In der Bevorzugung der ›vita contemplativa‹ des Gelehrten gegenüber der ›vita activa‹ des politisch Tätigen hat diese Geisteshaltung in Landinos philosophischen Schriften wie den *Disputationes Camaldulenses* (1472) eine weitere Ausdrucksform gefunden.

Schriften:
Christophori Landini viri clarissimi praefatio in Tusculanas Ciceronis habita in gymnasio Florentino, in: *Reden und Briefe italienischer Humanisten*, hrsg. von K. Müllner, *Nachdruck der Ausgabe Wien 1899, mit einer Einleitung, analytischer Inhaltsübersicht, Biblio-

graphie und Indices von Barbara Gerl, München 1970, S. 118–129; *Cristoforo Landino, Disputationes Camaldulenses, c. 1473*, hrsg. von P. Lohe, Firenze 1980 (Instituto nazionale di studi sul rinascimento, studi e testi 6); *Comento di Christophoro Landino Fiorentino sopra la Comedia di Danthe*, hrsg. von P. Procaccioli, 4 Bde., Rom 2001.

Literatur:
M. Lentzen, *Cristoforo Landinos Antrittsvorlesung im Studio Fiorentino*, in: Romanische Forschungen 81 (1969), S. 60–88 • Ders., *Studien zur Dante-Exegese Cristoforo Landinos*, Köln und Wien 1971 • B.W. Häuptli, *Landino, Cristoforo*, in: *Biographisch-Bibliographisches Kirchenlexikon*, hrsg. von T. Bautz, Bd. 24, Hamm 2005, Sp. 991–998 • D. Glowotz, *Byzantinische Gelehrte in Italien zur Zeit des Renaissance-Humanismus, Musikauffassung – Vermittlung antiker Musiktheorie – Exil und Integration*, Schneverdingen 2006 (Schriften zur Musikwissenschaft aus Münster 22).

DG

Lanfranco, Giovanni Maria
* um 1490 Terenzo bei Parma, † November 1545 Parma

Der italienische Musiker und Musiktheoretiker war von 1528 bis um 1536 Maestro di cappella an der Kathedrale in Brescia, wo 1533 seine Schrift *Scintille di musica* erschien; anschließend befand er sich in gleicher Stellung zu Verona, aus der er 1538 inkriminiert fliehen musste; er wurde Augustinermönch in einem Kloster bei Bergamo; zwei Jahre später jedoch erhielt er das Amt des Maestro di cappella an Santa Maria della Steccata zu Parma, das er bis zum Tode innehatte.

Lanfrancos Musiktraktat, ein vielseitiges praktisches Lehrwerk, zu dem eine ergänzende Theorieschrift zumindest geplant war, enthält wichtige Erörterungen der ▸ Textunterlegung, ist aber auch als Kompendium über ▸ Mensuralnotation, ▸ Satzlehre und ▸ Instrumentenstimmung wertvoll. Obwohl außer dieser Schrift von Lanfranco nur zwei Briefe an Adrian ▸ Willaert, darin der Rätselkanon *Threicium* (1531), ein Reimwörterkatalog zu Francesco Petrarcas Dichtungen (*Rimario*, 1531) und ein Brief an Pietro ▸ Aaron (1534) überkommen sind, ragte Lanfranco anscheinend unter den Musikern seiner Zeit heraus.

Ausgaben:
Scintille di musica, Faksimile-Ausgabe Bologna 1970 (Bibliotheca musica Bononiensis II/15); Briefe in: Blackborn / Lowinsky / Miller 1991, S. 957–960, 951–953.

Literatur:
B. Lee, *Giovanni Maria Lanfranco's* Scintille di Musica *and Its Relation to 16th-century Music Theory*, Diss. Cornell Univ. Ithaka/New York 1961 • G. Massera, *Musica inspettiva e accordatura strumentale nelle »Scintille« di Lanfranco da Terenzo*, in: Quadrivium 6 (1964), S. 85–105 • D. Harrán, *Word-Tone Relations in musical Thought from Antiquity to the Seventeenth Century*, Neuhausen-Stuttgart 1986 (Musicological Studies and Documents 40) • J.B. Blackburn / E.E. Lowinsky / Cl. Miller, *A Correspondence of Renaissance Musicians*, Oxford 1991 • A.M. Busse-Berger, *Mensuration and Proportion Signs. Origin and Evolution*, Oxford 1993 • Kl.-J. Sachs, *Lanfranco*, in: *MGG²*, Bd. 10 (Personenteil), 2003, Sp. 1146f.

KJS

Langres ▸ Frankreich

Lantins, Familie

Arnold de Lantins
fl. 1420er und frühe 1430er Jahre, † vor 2.7. 1432 Rom

Der wahrscheinlich aus Lantin (nördlich von Lüttich) stammende Komponist war wohl in den 1420er Jahren vorwiegend in Italien; dokumentiert ist eine Anstellung 1423 in der Kapelle der Malatesta in Pesaro und 1431/1432 in der Kapelle von Papst Eugen IV.; aus zwei seiner Lieder geht hervor, dass er auch in Venedig war. Zusammen mit Hugo wird er in der Chansons *Hé compagnons* von Guillaume ▸ Dufay erwähnt.

Von Arnold de Lantins sind eine Messe und Messensätze, Chansons, eine Lauda und zwei Hoheliedvertonungen überliefert. Seine bedeutendste Komposition ist die in drei Handschrften (I-Bc Q 15, I-Bu 2216, GB-Ob 213) erhaltene *Missa »Verbum incarnatum«*, wahrscheinlich eine Votivmesse für den Advent: Sie zeigt die für die Zeit typischen Vereinheitlichungstendenzen durch gleiche Incipits aller Sätze, zusätzlich jedoch auch durch Bezüge zu Arnolds Hoheliedvertonung *O pulcherrima mulierum*; Kyrie und Sanctus sind zudem tropiert. Die Messensätze stehen, wie es zu der Zeit üblich war, in den Handschriften getrennt unter den jeweiligen Satzgruppen (▶ Messe). Die beiden Vertonungen von Texten aus dem Hohelied *O pulcherrima mulierum* und *Tota pulchra es* gehören zu den ersten, die als marianische Andachtswerke komponiert wurden. Seine Chansons, überwiegend dreistimmige ▶ Rondeaus und einige ▶ Balladen mit Cantus-Tenor-Contratenor-Gerüst, alle in französischer Sprache, haben eine einfache, meist homophone Faktur. Die Contratenorstimme ist überwiegend nicht, die Tenorstimme in einigen Liedern nicht textiert, so dass eine Ausführung entweder als zweistimmig-vokales oder einstimmig-vokales Lied mit instrumentaler Begleitung naheliegt.

Hugo de Lantins
fl. 1420er Jahre

Wie Arnold de Lantins stammte er wohl aus Lantin, hatte 1423 eine Anstellung am Hof der ▶ Malatesta in Pesaro und verbrachte die meiste Zeit seines Lebens in Italien. Aus Widmungen kann man schließen, dass er möglicherweise bei den Colonna in Rom, dem Dogen Francesco Foscari in Venedig sowie beim Bischof Pietro Emiliani in Vicenza angestellt war. Einige seiner Kompositionen stehen aufgrund des Anlasses in engem Zusammenhang mit Werken Dufays (Allsen, 2002, Sp. 1193).

Zu Hugo de Lantins überlieferten Kompositionen gehören Messesätze, ▶ Motetten und ▶ Chansons. Ein Grundprinzip seiner Kompositionsweise sind Imitationen, meist zwischen Cantus und Tenor, die alle Gattungen durchziehen. Als exemplarisch gilt eine Gloriakomposition (GB-Ob 213, Nr. 123, Allsen, Sp. 1193–1194), das Prinzip lässt sich jedoch auch an seinen Chansons nachvollziehen. Das Rondeau *A ma damme playsant et belle* (Nr. 15 in Borren, 1950) beginnt in jeder Zeile mit einer Imitation zwischen Cantus und Tenor, die Stimmen enden am Schluss der Zeilen mit einer gemeinsamen Zäsur; der Contratenor beginnt jeweils mit einem anderen Motiv und versetztem Einsatz. Neben französischen ▶ Rondeaus komponierte er italienische ▶ Balladen. Die Motetten sind denjenigen Dufays ähnlich, die isoryhthmische *Celsa sublimatur/Sabine presul* könnte Modell für Dufays *O gemma, lux et speculum* gewesen sein (Allsen, Sp. 1194), andere wiederum umgekehrt von Dufay beeinflusst sein. Auch in den Motetten sind Imitationsstrukturen prägend.

Ausgaben:
Ch. van den Borren (Hrsg.), *Polyphonia Sacra: a Continental Miscellany of the Fifteenth Century*, University Park/Pensylvania 1963 (2. Auflage); Ders., *Pièces polyphoniques profanes de provenance liégoise*, Brüssel 1950.

Literatur:
J. Widaman, *The Mass settings of Arnold de Lantins: a Case Study in the Transmission of Early Fifteenth-Century Italy*, Diss. Univ. of North Carolina 1992 • J.M. Allsen, *Intertextuality and Compositional Process in Two Cantilena-Motets by Hugo de Lantins*, in: Journal of Musicology 11 (1993), S. 174–202 • Ders., *Lantins*, in: MGG², Bd. 10 (Personenteil), 2002, Sp. 1190–1195.

Lassus, Orlande de
* 1532 (?) Mons (Hennegau), † 14.6.1594 München

Lassus kann als der berühmteste Komponist der zweiten Hälfte des 16. Jahrhunderts gelten. Der »princeps musicorum«, wie er verschiedentlich genannt wurde, hat alle relevanten Gattungen seiner Zeit in ihren jeweiligen satztechnischen Idiomen bedient, dabei jedoch häufig die stilistischen Gattungsgrenzen überschritten. Berühmt war er noch weit ins 17. Jahrhundert hinein insbesondere für seine Motetten. Ebenso wurde er u.a. von Michael ▸ Praetorius für seine ausdrucksstarke, oft assoziative, von Phantasie geprägte Textausdeutung hoch geschätzt und von den Theoretikern der Figurenlehre (Joachim ▸ Burmeister) reichlich herangezogen. Das stilistisch vielfältige, in seiner Faktur von starken Kontrasten geprägte und nur ausnahmsweise (vgl. etwa die Bicinien von 1577) an durchgehend strenger Imitation orientierte Schaffen findet seine Vorbilder in Komponisten wie Adrian ▸ Willaert, Jacobus ▸ Clemens non Papa, Giovanni ▸ Animuccia, Antonius Barrè etc. Die wenigen, hauptsächlich im Frühwerk zu findenden chromatischen Kompositionen wie die *Prophetiae Sibyllarum* oder Motetten wie *Anna, mihi dilecta, veni* und *Alma nemes* dürften von Cipriano de ▸ Rore beeinflusst sein. Lassus ist der mit Abstand meistgedruckte Autor seiner Zeit: Über 470 hauptsächlich bei ▸ Berg (München), ▸ Montanus und ▸ Neuber bzw. ▸ Gerlach (Nürnberg), ▸ Le Roy & Ballard (Paris), ▸ Gardano und ▸ Scotto (Venedig) und ▸ Phalèse (Leuven und Antwerpen) verlegte Einzeldrucke und Sammelwerke aus den Jahren 1555–1687 enthalten seine ca. 1.200 gedruckten Kompositionen, und nur etwa 160 Werke sind ausschließlich in Manuskripten überliefert (die Gesamtzahl an handschriftlichen Quellen beläuft sich auf ca. 600). Einige Chansons sind in mehr als 30 Drucken publiziert, verschiedene Sätze wurden drei- und viermal kontrafaziert, zur geistlichen Chanson *Susanne un jour* sind 22 gedruckte Intavolierungen erhalten.

Als Siebenjähriger kam Lassus in ein Chorknaben-Internat, aus dem er wegen seiner Fähigkeiten als Sänger dreimal entführt wurde. Die Eltern holten ihn zweimal zurück, im Jahr 1544 folgte er mit Einverständnis der Eltern dem Vizekönig von Sizilien Ferrante ▸ Gonzaga nach Italien, wo er ab 1545 in dessen Kapelle zuerst in Palermo und später in Mailand diente. Die Jahre 1549–1551 lebte er in Neapel; anschließend ging er nach Rom, wo er zunächst Gast beim in Rom residierenden Erzbischof von Florenz Antonio Altoviti war und danach bis 1554 die Stellung des Kapellmeisters an San Giovanni in Laterano bekleidete. Diese Position verließ er, um seine erkrankten Eltern in Mons zu besuchen, die er aber nicht mehr lebend antraf. Es folgte eine Reise nach Frankreich und mutmaßlich nach England mit Giulio Cesare Brancaccio, bevor er sich für zwei Jahre in Antwerpen niederließ und im Jahr 1555 seine ersten Werke in Druck gab, die in Antwerpen, Rom und Venedig erschienen. Auf Vermittlung der ▸ Fugger ging Lassus im Herbst 1556 als Tenorist an den Hof ▸ Albrechts V. nach München, wiewohl ein Briefwechsel mit Antoine Perrenot de Granvelle belegt, dass er an einer höherwertigen Stelle (evtl. bei ▸ Philipp II. von Spanien?) interessiert war. Allerdings erhielt er schon im Jahr 1557 ein Gehalt von 180 und einem halben Gulden, während der Kapellmeister Ludwig ▸ Daser nur mit 150 Gulden vergütet wurde. 1558 heiratete er die Tochter des Stadtschreibers von Landshut Regina Wäckinger, die in Diensten der Herzogin Anna stand. Von sieben Kindern weiß man; darunter sind die Musiker Ferdinand († 1609) und ▸ Rudolph († 1625), die 1604 zusammen das *Magnum opus musicum* (mit 516 Sätzen eine Art Gesamtausgabe der Motetten ihres Vaters) herausgegeben haben. 1562 wurde Lassus als Nachfolger Ludwig Dasers zum »Obersten in der Music Kapell« ernannt. Unter seiner Leitung avancierte die Hofkapelle Albrechts zu einer der bedeutendsten in Europa; ihre stärkste Besetzung mit ca. 60 Sängern und Instrumentalisten hatte die Kapelle 1568 zur Zeit der Hochzeit des Thronfolgers Wilhelm mit Renata von Lothringen (22. Februar), bei der Musik und Theater eine bedeutende Rolle spielten, wie aus dem Bericht des Altisten Massimo Troiano hervorgeht; Lassus selbst hat bei der Comedia dell'Arte mitgewirkt. 1567 erwarb er mit Hilfe des Herzogs ein Haus im Münchner Stadtviertel Graggenau (am heutigen Platzl); in späteren Jahren kamen weitere Immobilien dazu, so u.a. 1578 ein Grund in Maisach und 1587 in Schöngeising. Sein Landbesitz war eines der Argumente, mit denen er 1580 einen Ruf als Hofkapellmeister nach Dresden ablehnte. Am 7. Dezember 1570 wurde er während des Reichstags zu Speyer auf Vorschlag seines Dienstherrn von Kaiser ▸ Maximilian II. in den erblichen Adelsstand versetzt; ob Lassus in Speyer selbst anwesend war, ist unbekannt. 1571 erhielt er ein persönliches Druckprivileg für Frankreich von König ▸ Karl IX., dem Kaiser ▸ Rudolf II. im Jahr 1581 ein Privileg für das Reichsgebiet folgen ließ. Beim Puy d'Evreux, einem Komponistenwettbewerb, errang er 1575 und 1583 jeweils den ersten Preis für die beste Motette. 1590 oder 1591 erlitt Lassus einen gesundheitlichen Zusammenbruch (Schlaganfall?), am 14. Juni 1594 starb er und wurde im Friedhof des Münchner Franziskanerklosters (auf dem heutigen Max-Joseph-Platz) beigesetzt. Das Epitaph befindet sich jetzt im Bayerischen Nationalmuseum.

Während seiner Münchner Zeit unternahm Lassus zahlreiche Reisen. Häufig war er mit ausgewählten Mitgliedern der Hofkapelle aus Gründen der Repräsentation im Gefolge des Herzogs unterwegs. So war er bei den Reichstagen in Augsburg 1566, Regensburg 1567 und 1582 in Augsburg anwesend. 1562 begleitete er Herzog Albrecht V. zu den Krönungsfeierlichkeiten Maximilians II. nach Prag, wo dieser die böhmische Krone erhielt, und anschließend nach Frankfurt, wo Maximilian deutscher König wurde. 1570 war Lassus wiederum im Gefolge des Herzogs in Prag bei Maximilian II.; dort wurde möglicherweise seine Nobilitierung vorbereitet. Lassus war im September 1574 in Neuburg bei der Hochzeit des Pfalzgrafen Philipp von Neuburg mit Prinzessin Anna von Jülich, Kleve und Berg. 1581 unternahm er zusammen mit Herzog ▸ Wilhelm V. eine Wallfahrt nach Altötting. Mit Wilhelm V. besuchte er zweimal den Innsbrucker Hof Erzherzog Ferdinands: zuerst 1582, sodann 1584, wo er mit dem bayerischen Herzogspaar den Tauffeierlichkeiten für Ferdinands Tochter Maria (18. Juni) beiwohnte. Weitere Reisen im herzoglichen Gefolge sind für 1583 (Freising), für 1585 (Landshut und Rosenheim), schließlich für 1586 (Dachau) belegt. Mehrmals hatte Lassus im Auftrag des Herzogs Sänger anzuwerben: 1560 und angeblich auch 1564 ging er deshalb in die Niederlande, 1574 unternahm er eine Werbereise nach Italien bis Neapel, während der er (im April 1574) von Papst Gregor XIII. zum Ritter des Goldenen Sporns erhoben wurde. Auch sonst war Lassus im Dienst des Herzogs unterwegs: so hielt er sich im Mai 1573 in Venedig auf, wofür ihm am 15. Juli die Reisekosten mit 50 Gulden erstattet wurden. Im Oktober 1573 sandte Albrecht V. seinen Kapellmeister als Boten an den Kaiserhof nach Wien mit Geschenken für Maximilian II., der ihm vermutlich dafür eine goldene Gnadenkette übersandte. Auch private Reisen sind bekannt: Im Mai 1571 war er in Paris und wohl aus Angst, Lassus könnte an den französischen Hof abgeworben werden, erhielt er ab dem dritten Quartal 1571 jährlich 400 statt bisher 325 Gulden Gehalt. Noch 1574 versuchte Karl IX., Lassus auf Vermittlung des mit ihm bekannten Verlegers und Lautenisten Adrian ▸ Le Roy nach Paris zu holen. Seine vielleicht letzte große Reise führte Lassus zusammen mit dem Hoforganisten Gioseffo Ascanio und einigen weiteren Hofmusikern im September/Oktober 1585 nach Loreto zur Wallfahrt.

Als Lassus' Hauptwerk wurden schon zeitgenössisch seine ▶ Motetten angesehen. Praetorius sieht sie als repräsentativ für die Gattung, da er schreibt: »quem [Lassum] in isto genere hac nostrâ memoriâ Primas tenere arbitror« (»von dem ich denke, dass er seit Menschengedenken der bedeutendste Komponist in dieser Gattung ist«; *Syntagma musicum*, Bd. III, S. 9). Auffallend ist das inhaltlich und gattungsmäßig breite Spektrum der vertonten Texte, das sich musikalisch in stilistischer Vielfalt niederschlägt. Es finden sich für die Liturgie bestimmte Sätze, etwa die im Zusammenhang der Liturgiereform seit Wilhelms Regierungsantritt (1579) am Münchner Hof entstandenen, 1582 und 1585 gedruckten Offertorien oder an der gregorianischen Vorlage orientierte Kompositionen wie das *Pater noster* oder das *Salve Regina* aus dem ersten Band des *Patrocinium musices* (1573), des weiteren Motetten nach Hymnen- und Sequenztexten. Mitunter groß besetzte, mehrchörige Huldigungs- und Staatsmotetten wie das achtstimmige *Edite Caesareo* begleiten das gesamte Schaffen von Lassus; schon das Antwerpener Motettenbuch von 1556 enthält mehrere Sätze diesen Typs. Antike Vorlagen (so *Stet quicumque volet* nach Seneca) hat er ebenso vertont wie Humanistenlatein (vgl. die Chöre für jesuitische Theaterstücke wie das auch musikalisch im sapphischen Versmaß gehaltene *Flemus extremos hominum labores* zu Stefano Tuccis *Christus Iudex*), daneben Liebes- und Trinklieder (auch Parodien auf liturgische Texte wie *Iam lucis orto sidere statim oportet bibere*), die sich stilistisch bisweilen weit vom motettischen Satz entfernen, madrigalische oder chansonhafte Elemente aufgreifen und nicht selten in Chansondrucken enthalten sind.

Als Madrigalist war Lassus vor allem in früheren Jahren tätig und erfolgreich; einer seiner ersten Drucke, der bei Gardano entstandene *Primo libro di Madrigali* a 5 (1555),

Porträt von Orlande de Lassus, aus: Jean-Jacques Boissard, *Bibliotheca sive Thesaurus virtutis et gloriae*, Frankfurt 1592. Laut Vorwort des Werks wurden die Stiche von Theodor de Bry (1561–1623) angefertigt. Von Lassus existieren zahlreiche zeitgenössische Porträts (vgl. die Abbildungen bei Horst Leuchtmann, *Orlando di Lasso. Sein Leben*, Wiesbaden 1976). Privatbesitz München.

erlebte insgesamt 14 Auflagen und Nachdrucke. Während seines Italienaufenthalts (1544-1554), wo er Einflüsse von Komponisten wie Animuccia und Willaert aufnahm, kam er auch mit Gattungen wie der ▶ Villanella oder der ▶ Moresca in Kontakt, von denen er (unter Anspielung auf seine Jugend in der Widmung) noch 1581 eine Sammlung herausgab. In seiner Münchner Zeit ging sein Interesse am ▶ Madrigal zurück, wiewohl es nie erlahmte: Nach dem dritten und vierten Buch (1563 und 1567) entstanden z.B. die sechs Madrigale des Viersprachendrucks (1573). Einen stilistischen Wandel zeigen seine beiden letzten, in Nürnberg gedruckten Madrigalbücher (1585 und 1587): Neben seinem bevorzugten Dichter Petrarca griff er jetzt ernsthafte, oft moralisierende Texte von Pietro ▸ Bembo und Gabriele Fiamma auf; bemerkenswert ist die Dichte des mit kleinen Motiven arbeitenden Satzes.

Lassus' ▸ Chansons entsprechen den gängigen Spielarten der Zeit: Den Pariser Typus in der Nachfolge Clement ▸ Janequins pflegte er ebenso wie die an Imitation orientierte niederländische Tradition. Dem entspricht die Vielfalt der vertonten Texte: Dichter der ▸ Pléiade (Pierre de ▸ Ronsard) stehen neben oft anonymen Quatrains von mitunter schlüpfrigem Inhalt. Besonders diese Texte wurden von den Hugenotten durch geistliche Kontrafakta ersetzt und in großen Sammlungen wie dem mehrmals aufgelegten *Thresor de Musique* (1576) herausgegeben, die ihr Vorbild in der ebenfalls in mehreren Auflagen gedruckten *Mellange* (1570, Le Roy et Ballard) haben, in der die vorher in kleineren Publikationen veröffentlichten Sätze mit Originaltext zusammengefasst wurden.

Vergleichsweise spät hat Lassus deutsche Lieder komponiert; das erste Buch erschien 1567, weitere Drucke folgen 1572, 1576, 1583 und 1590. Ohne radikal mit dem traditionellen Typ des ▸ Tenorlieds zu brechen, greifen die Sätze Stilmittel der Chanson und des Madrigals auf, was schließlich die Möglichkeit geschaffen hat, Lassus-Chansons in deutscher Kontrafazierung zu publizieren (Johann Pühler, 1582).

An sonstigen liturgischen Werken sind die 70 ihm (zum kleinen Teil falsch) zugeschriebenen ▸ Messen und die ca. 100 ▸ Magnificats zu nennen; letztere hat Rudolph de ▸ Lassus 1619 zum *Jubilus Beatae Virginis* zusammengefasst.

Schließlich sei auf die für Lassus' Schaffen charakteristischen Zyklen hingewiesen: Das sind zunächst die wohl aus seiner frühen Münchner Zeit stammenden *Prophetiae Sibyllarum*, die wie kaum ein anderes Werk Lassus' (ansonsten sparsamen) Umgang mit der Chromatik repräsentieren. Zu nennen sind die beiden Lektionszyklen nach Hiob, von denen der erste handschriftlich zusammen mit den *Prophetiae Sibyllarum* im Wiener Ms. 18.744 und ab 1565 zwölfmal gedruckt überliefert ist, während der zweite erstmals 1582 gedruckt wurde. Zweimal hat Lassus auch die *Lamentationes Hieremiae Prophetae* vertont: die 1585 gedruckte Fassung fünfstimmig im motettischem Stil, sehr viel schlichter die im Münchner Mus.ms. 2745 überlieferte vierstimmige Version. Die um 1560 entstandenen Bußpsalmen sind in einer von Hans Mielich reich illustrierten Prachthandschrift (D-Mbs, Mus.ms. A) überliefert. Ein Kommentar des Humanisten Samuel Quickelberg erläutert die Illuminationen nach biblischen Geschichten und deren Bezug zu den Psalmtexten, so dass mit der musikalischen und bildlichen Ausdeutung der Psalmen eine Art Gesamtkunstwerk vorliegt. Die Handschrift war für die herzogliche Kunstkammer bestimmt, die Musik im Sinne von ▸ Musica reservata der Aufführung bei Hof vorbehalten, Lassus durfte seine Psalmen erst 1584 (fünf Jahre nach Albrechts V. Tod) drucken lassen. Der 1595 erschienene, dem Papst gewidmete Zyklus geistlicher Madigale der *Lagrime di San Pietro* (nach Luigi Tansillo) mag als Lassus' Schwanengesang und Ausdruck persönlicher Bußfertigkeit gelten.

Ausgaben:
Orlando di Lasso. Sämmtliche Werke, 21 Bde., hrsg. von F.X. Haberl / A. Sandberger, Leipzig [1894–1926], Nachdruck New York 1973; *Orlando di Lasso. Sämtliche Werke*, zweite, nach den Quellen revidierte Auflage, Bde. II, IV, VI, XII, XIV, XVI, XVIII und XX neu hrsg. von H. Leuchtmann, Wiesbaden 1968–1990, Bde. I, III und V neu hrsg. von B. Schmid, Wiesbaden, Leipzig und Paris 2003–2006; *Orlando di Lasso. Sämtliche Werke, Neue Reihe*, 26 Bde., hrsg. von W. Boetticher u.a., Kassel u.a. 1956–1995; *Orlando di Lasso. Sämtliche Werke, Neue Reihe*, Bd. 1, Neuauflage mit Nachtrag 1989, hrsg. von W. Boetticher, Kassel u.a. 1989; *Orlande de Lassus. Chansons*,

4 Bde. (The Sixteenth-Century Chanson 11–14), hrsg. von J.A. Bernstein, New York und London 1987; *Orlando di Lasso. Two Motet Cycles for Matins for the Death* (Recent Researches in the Music of the Renaissance 55), hrsg. von P. Bergquist, Madison 1983; *Orlando di Lasso. The Seven Penitential Psalms and Laudate Dominum de caelis* (Recent Researches in the Music of the Renaissance 86-87), hrsg. von P. Bergquist, Madison 1990; *Orlando di Lasso et al.. Canzoni villanesche and Villanelle* (Recent Researches in the Music of the Renaissance 82–83), hrsg. von D. G. Cardamone, Madison 1991; *Orlando di Lasso. The Complete Motets*, 21 Bde. (Recent Researches in the Music of the Renaissance 102–103, 105, 109–112, 114–115, 117–118, 120, 124, 128, 130–133, 141, 137–148), hrsg. von P. Bergquist u.a., Madison 1995–2007.

Literatur:
S. Quickelberg, *Orlandus de Lassus Musicus*, in: *Prosopographiae heroum atque illustrium virorum totius Germaniae*, pars tertia, hrsg. von H. Pantaleon, Basel 1566, S. 541 • S.W. Dehn, *Biographische Notiz über Roland de Lattre, bekannt unter dem Namen: Orland de Lassus*, Berlin 1837 • A. Sandberger, *Beiträge zur Geschichte der bayerischen Hofkapelle unter Orlando di Lasso. In drei Büchern*, Leipzig 1894/1895 (erschienen sind nur die Bücher 1 und 3) • Ch. v. d. Borren, *Orlande de Lassus*, Paris 1920 • W. Boetticher, *Orlando di Lasso und seine Zeit 1532–1594, Repertoire-Untersuchungen zur Musik der Spätrenaissance*, Bd. I: Monographie, Kassel und Basel 1958, Wilhelmshaven ²1999. Bd. II: *Verzeichnis der Werke*, Wilhelmshaven 1998 • Ders., *Aus Orlando di Lassos Wirkungskreis. Neue archivalische Studien zur Münchener Musikgeschichte*, Kassel u.a. 1963 • H. Leuchtmann, *Orlando di Lasso. I. Sein Leben. Versuch einer Bestandsaufnahme der biographischen Einzelheiten*. II. *Briefe*, Wiesbaden 1976/1977 • Ders. (Hrsg.), *Die Münchner Fürstenhochzeit von 1568. Massimo Troiano, Dialoge italienisch/deutsch*, München und Salzburg 1980 • H. Hell / H. Leuchtmann, *Orlando di Lasso. Musik der Renaissance am Münchner Fürstenhof. Ausstellung zum 450. Geburtstag 27. Mai – 31. Juli 1982* (Bayerische Staatsbibliothek, Ausstellungskataloge 26), Wiesbaden 1982 • J. Erb, *Orlando di Lasso. A Guide to Research*, New York und London 1990 (Literatur bis 1990) • H. Leuchtmann / H. Schaefer, *Orlando di Lasso, Prachthandschriften und Quellenüberlieferung. Aus den Beständen der Bayerischen Staatsbibliothek München* (Bayerische Staatsbibliothek, Ausstellungskataloge 62), Tutzing 1994 • I. Bossuyt, E. Schreurs und A. Wouters (Hrsg.), *Orlandus Lassus and his Time. Colloquium Proceedings Antwerpen 24–26. 08. 1994* (Yearbook of the Alamire Foundation 1), Peer 1995 • B. Schmid (Hrsg.), *Orlando di Lasso in der Musikgeschichte. Bericht über das Symposion der Bayerischen Akademie der Wissenschaften, München, 4.–6. Juli 1994* (Bayerische Akademie der Wissenschaften, Philosophisch-historische Klasse, Abhandlungen, Neue Folge, Heft 111), München 1996 • P. Bergquist, *Orlando di Lasso Studies*, Cambridge 1999 • J. Haar, *Orlande [Roland] de Lassus [Orlando di Lasso]*, in: *Grove*, Bd. 14, 2001, S. 295–322 • H. Leuchtmann / B. Schmid, *Orlando di Lasso. Seine Werke in zeitgenössischen Drucken 1555–1687* (Orlando di Lasso, Sämtliche Werke. Supplement), 3 Bde., Kassel u.a. 2001 • F. Körndle, *Perspektiven der Lasso-Forschung*, in: Musik in Bayern 63 (2002), S. 7–22 • I. Bossuyt / B. Schmid, *Lassus 1. Orlande de*, in: MGG^2, Bd. 10 (Personenteil), hrsg. von L. Finscher, Kassel u.a. 2003, Sp. 1244–1310 • A. Coeurdevey, *Roland de Lassus*, Paris 2003 • Th. Göllner / B. Schmid (Hrsg.), *Die Münchner Hofkapelle des 16. Jahrhunderts im europäischen Kontext. Bericht über das internationale Symposion der Musikhistorischen Kommission der Bayerischen Akademie der Wissenschaften in Verbindung mit der Gesellschaft für Bayerische Musikgeschichte, München, 2.–4. August 2004* (Bayerische Akademie der Wissenschaften, Philosophisch-historische Klasse, Abhandlungen, Neue Folge, Heft 128), München 2006.

BS

Lassus, Rudolph de
* um 1563 München, † 1625 München

Rudolph de Lassus steht zunächst unter dem Einfluss seines Vaters ▸ Orlande, greift aber später die venezianische ▸ Mehrchörigkeit und den solistisch-konzertierenden Stil Ludovico ▸ Viadanas auf.

Er war von 1585 bis zu seinem Tod Mitglied der Münchner Hofkapelle, lediglich 1586/1587 wirkte er in Hechingen. 1589 heiratete er Ursula Ainhofer, im selben Jahr wurde er in München Hoforganist, 1609 Hofkomponist. Zusammen mit seinem Bruder Ferdinand erstellte er eine Gesamtausgabe der Motetten seines Vaters, das *Magnum opus musicum* (München 1604).

Ausgaben:
Rudolph di Lasso, *Virginalia Eucharistica (1615)*, hrsg. von A. Fisher, Madison 2002 (Recent Researches in

the Music of the Baroque Era 114) • *Orlando und Rudolph di Lasso, Cantiones sacrae sex vocibus* (Munich 1601), hrsg. von D. Crook, Madison 2007 (Recent Researches in the Music of the Renaissance 147).

Literatur:
E. Ritter, *Ein Heiratsvertrag in der Familie di Lasso*, in: Genealogie 20 (1971), S. 650–653 • H. Leuchtmann, *Orlando di Lasso. Sein Leben*, Wiesbaden 1976, S. 202 • I. Bossuyt, *Lassus 3. Rudolph de*, in: MGG², Bd. 10 (Personenteil), 2003, Sp. 1307–1308.

BS

Lauda [Laude]

Die Lauda ist ein ein- oder mehrstimmiges geistliches Lied in italienischer, bisweilen auch lateinischer Sprache.

Die Ausbildung, die unterschiedliche Ausprägung und die Veränderungen des Laudenrepertoires sind eng an den jeweiligen (institutionellen) Kontext gebunden. Im 13. Jahrhundert unterstützten die Bettelorden (▸ Orden) besonders in den toskanischen Städten die Gründung von Laienbruderschaften, die in ihren Andachten geistliche Lieder in der Volkssprache sangen. Diese Tradition setzte sich bis in das 16. Jahrhundert fort. Daneben war für die Lauda die Bewegung der »Diciplinati« (Flagellanten), die gleichfalls im 13. Jahrhundert entstand, von Bedeutung, und schließlich gab in Venedig am Beginn des 15. Jahrhunderts eine Benediktinische Reformkongregation einen weiteren Impuls zum Laudengesang, hier aber in klerikalem Umfeld statt im handwerklich-kaufmännischen der toskanischen Städte.

Während zahlreiche Handschriften aus der älteren Zeit Laudentexte überliefern, sind nur zwei größere Manuskripte vom Ende des 13. bzw. Anfang des 14. Jahrhunderts mit einstimmigen Melodien erhalten. Polyphone Lauden begegnen, von einzelnen Stücken aus dem 14. Jahrhundert abgesehen (z.B. Jacopo da Bolognas *Nel mio parlar di questa donna eterna*), zunächst in Quellen ab der ersten Hälfte des 15. Jahrhunderts, die dem venezianischen Kontext entstammen. Die Komponisten sind meist nicht bekannt, der wichtigste venezianische Laudendichter war Leonardo Giustinian (ca. 1387–1446). Florentiner Lauden wurden polyphon nach Cantasi come-Verweisen in Textquellen ausgeführt, d.h. man sang die Texte auf weltliche Polyphonie des 14. Jahrhunderts, was wegen der festen Zeilenmodelle der Lauda-Ballata leicht möglich war. Diese Praxis des Travestimento spirituale blieb bis ins 16. Jahrhundert hinein ein Charakteristikum der Florentiner Laudentradition. Daneben traten auch neue Sätze auf. Wichtige Dichter von Laudentexten waren hier Feo Belcari, Lorenzo de' ▸ Medici u.a. Am Ende des Jahrhunderts wurde das Travestimento spirituale noch auf besondere Weise forciert, als Girolamo ▸ Savonarola versuchte, die oft erotisch-anzüglichen ▸ Canti carnascialeschi zu verdrängen. Ein höfisches Repertoire von Lauden entstand um 1500 u.a. in Mantua in Anlehnung an die ▸ Frottola (Kompositionen von Marchetto ▸ Cara, Bartolomeo ▸ Tromboncino u.a.). Auch in Florenz zeigte sich während des 15. Jahrhunderts insofern eine Tendenz zur Professionalisierung des Genres, als die Laienbruderschaften dazu übergingen, für besondere Feste oder auch ständig Sänger zur Ausführung der Lauden zu engagieren. Lauden wurden auch in geistlichen Schauspielen als Einlagen verwendet. Im Laufe des 16. Jahrhunderts erfuhr die Lauda eine entscheidende Veränderung in institutioneller und regionaler Hinsicht. Die älteren Traditionen außerhalb von Florenz liefen aus, und auch in Florenz gerieten die Institutionen seit der ersten Vertreibung der Medici (1494–1498) in eine Krise. Zunächst wirkte sich die instabile politische und wirtschaftliche Situation aus. Dann wurde die Laudenpflege, die gerade im Umkreis der Florentiner Dominikaner eng an die Savonarola-Verehrung gebunden war, unterdrückt. Die Laienbruderschaften selbst wandten ihre Aktivitäten stärker karitativen Zwecken zu, die Andachten wurden zunehmend klerikal kontrolliert. 1563 gab der Florentiner Dominikaner Serafino Razzi eine retrospektive Sammlung heraus. Im Vorwort beklagte er den Niedergang der Florentiner Praxis. Stattdessen etablierte sich die Lauda in der Florentiner Kolonie in Rom, besonders gefördert durch Filippo ▸ Neri und die entstehende Kongregation der Oratorianer. 1563 gab Giovanni ▸ Animuccia sein erstes (römisches) Laudenbuch in den Druck, 1570 folgte eine umfangreiche, bis zu achtstimmige Sammlung. Animuccia adaptierte vielfach ältere Florentiner Melodien und bot sie in einem anspruchsvolleren Satz. Auf Initiative der Congregazione dell'Oratorio erschienen dann bis zum Jahr 1600 mehrere Serien von Laudenbüchern, die späteren herausgegeben von Giovenale Ancina. Sie dienten nicht allein den oratorianischen Andachten, sondern verfolgten vorrangig das erklärte Ziel einer Verchristlichung der (privaten) Musikübung. Daher entfernten sie sich zunehmend vom ursprünglichen Florentiner Repertoire und griffen neue Vers- und musikalische Formen der leichteren weltlichen Musik, der ▸ Canzonetta, der ▸ Villanella usf. auf, oft auch als Travestimento spirituale. Die Aktivitäten der Congregazione wurden auch durch Niederlassungen außerhalb Roms (z.B. in Neapel oder Mailand) verbreitet und sie wurden von anderen Orden, besonders der Societas Jesu, aufgegriffen. Das Repertoire, das sich auf diese Weise ausbildete, wurde durch das 17. und auch das 18. Jahrhundert hindurch mit Drucken tradiert und ist so in die populäre Musikpflege eingegangen.

Literatur:
B. Wilson, *Music and Merchants. The Laudesi Companies of Republican Florence*, Oxford 1982 • E. Diederichs, *Die Anfänge der mehrstimmigen Lauda vom Ende des 14. bis zur Mitte des 15. Jahrhunderts* (Münchner Veröffentlichungen zur Musikgeschichte 41), Tutzing 1986 • W.F. Prizer, *Laude di Popolo, Laude di Corte: Some Thoughts on the Style and Function of the Renaissance Lauda*, in: *La musica a Firenze al Tempo di Lorenzo il Magnifico* (Quaderni della Rivista italiana di musicologia 30), hrsg. von P. Gargiulo, Florenz 1993, S. 167–194 • M. Dürrer, *Altitalienische Laudenmelodien. Das einstimmige Repertoire der Handschriften Cortona und Florenz* (Bochumer Arbeiten zur Musikwissenschaft 3), 2 Bde., Kassel 1996 • P. Macey, *Bonfire Songs. Savonarola's Musical Legacy*, Oxford 1998 • *La lauda spirituale tra Cinque e Seicento. Poesie e canti devozionali nell'Italia della Controriforma. Volume offerto a Giancarlo Rostirolla nel suo sessantesimo compleanno* (Studi, cataloghi e sussidi dell'Istituto di Bibliografia Musicale 6), hrsg. von D. Zardin und O. Mischiati, Roma 2001 [enthält die wichtigsten Arbeiten von G. Rostirolla zur Lauda] • L. Schmidt, *Die römische Lauda und die Verchristlichung von Musik im 16. Jahrhundert* (Schweizer Beiträge zur Musikforschung 2), Kassel 2003.

LS

Laute

Die Laute ist ein Saiteninstrument, das gezupft wird, mit einem Korpus in Form einer Birne, einem durch Bünde in Halbtöne geteilten Hals und einem geknickten Wirbelkasten. Die Anzahl der Chöre (doppelte Saiten) ist je nach Zeit variabel. Im 15. Jahrhundert sind es fünf Chöre, am Beginn des 16. Jahrhundert bildet sich ein Standard von sechs Chören heraus und sie erhält dann sieben, allmählich bis zu zehn Chören am Beginn des 17. Jahrhunderts. Hier wird die Renaissance-Laute behandelt, deren aus Quarten und einer Terz bestehenden Stimmung (G c f a d' g'), genannt der ›alte Ton‹, sich von der in Frankreich gegen 1620 aufkommenden barocken Stimmung unterscheidet, bevor sie auf eine Standardstimmung in d-Moll (A d f a d' f') festgelegt wurde; diese wurde auch in Deutschland bis zum Niedergang des Instruments gegen 1650 gebraucht. Die Barocklaute umfasst 11 bis 13 Chöre. Die beiden Instrumente haben eine gemeinsame Basis von sechs Chören, zu denen Bass-Saiten hinzukommen, die in der Zeit meist in gleichen Tönen gestimmt sind. Vom Mittelalter bis zur Renaissance werden verschiedene Größen an Lauten gebaut, die in ungefähr den menschlichen Stimmlagen entsprechen. Im 16. Jahrhundert ist die Laute ein herausragendes Instrument. Sie ließ zu, Polyphonie solo zu spielen, den Gesang zu begleiten und in Instrumentenensembles mitzuwirken. Die Laute profitierte bei ihrer Entwicklung vom Aufkommen des Drucks und gelangte somit jenseits der professionellen Musiker in die bürgerlichen Schichten der Gesellschaft. Die spezifische Notation der Musik für Laute wird Tabulatur (▶ Lautentabulatur) genannt. Notiert wird die instrumentale Geste, der Fingersatz. Je nach geographischem Ursprung kann der Typus der Tabulatur variieren (französisch, italienisch, deutsch, spanisch). In der Renaissance besteht das Lautenrepertoire aus drei Kategorien: Polyphone Vokalmusik, die für das Instrument adaptiert wird, Tanzmusik und Musik, die eigens für das Instrument geschrieben wird wie Fantasien. Dank der Laute hat die Instrumentalmusik im 16. Jahrhundert ihre Wertschätzung erlangt, eine Instrumentalmusik, die mit den Tanzsuiten das bevorzugte Repertoire der Barocklaute werden sollte.

Die europäische Laute ist ein Derivat der arabischen Laute, sowohl bezüglich des Namens (›ud‹) als auch bezüglich der Form. Das arabische Modell wurde in Europa über Spanien während der Eroberung und Besetzung der Mauren von 711 bis 1492 eingeführt. Im 13. Jahrhundert, in einer Miniatur der *Cantigas de Santa Maria* von Alfons dem Weisen, kann man Lautenisten im christlichen Kostüm sehen, aber man musste bis zur Mitte des 14. Jahrhunderts warten, bis sich die Laute in ganz Europa ausbreitete und nicht mehr an die arabische Welt gebunden war. Wie jedes Instrument dieser Epoche hat kein Exemplar überlebt, man muss sich nach Sekundärquellen richten wie bildlichen oder literarischen Darstellungen, um die Geschichte zu rekonstruieren. Die älteste schriftliche Quelle ist diejenige von Arnault de ▶ Zwolle (um 1440), die eine Beschreibung und Diagramme enthält. Sie nennt keine Maßstäbe, aber durch das Verhältnis der Proportionen kann man sich eine Vorstellung von den verschiedenen Größen der Instrumente machen, wie durch die Ikonographie bestätigt wird. Im Mittelalter ist die Laute hauptsächlich ein monodisches Instrument und wird mit einem Plektrum gespielt. Es ist kein einziges schriftliches Zeugnis überliefert von dem, was gespielt wurde. Nicht vor Mitte des 15. Jahrhunderts kam das Spiel mit den Fingern auf, wie es der Theoretiker Johannes ▶ Tinctoris (um 1480) bezeugt. Die beiden Techniken haben wahrscheinlich eine gewisse Zeit nebeneinander existiert, aber der unleugbare Vorteil des Spiels mit den Fingern war, dass die Verwirklichung von Polyphonie möglich wurde, und dahin tendierte die Praxis am Beginn der Renaissance. Die polyphone Vokalmusik, sowohl die geistliche als auch die weltliche, wurde einem einzigen Instrument zugänglich gemacht. Dies führte zur Entstehung der ▶ Tabulatur, die die Kreuzung der Chöre und Bünde aufzeichnete. Die französischen, italienischen und spanischen (sogenannten »alla napolitana«) Tabulaturen beruhen auf horizontalen Linien, die die verschiedenen Chöre darstellen und auf denen mit Hilfe von Buchstaben (französisch) oder Ziffern (die beiden anderen) der Bund angegeben wird, der gespielt werden soll. Von diesen verschiedenen Notationssystemen überlebte im Barockzeitalter allein die französische Tabulatur und wurde deshalb universell.

Gegen 1500 sind die ersten Familien von Lautenmachern in der Umgebung von Füssen und im Lech-Tal verzeichnet. Der Lautenbau ist eine familiäre Tradition, die ihre Mitglieder sogar dazu brachte, Heiraten innerhalb der Verwandtschaft zu schließen. Die begrenzte Anzahl der Ateliers bewirkte, dass einige Lautenmacher gezwungen waren zu emigrieren, und zahlreiche von ihnen setzten sich im Norden von Italien fest, wo sie in Kongregationen lebten. Luca Maler arbeitete in Bologna seit Anfang des Jahrhunderts, und wurde ab 1530 der führende Kopf einer regelrechten Industrie. Sein Inventar nach seinem Tod verzeichnet 1100 fertige Lauten und mehr als 1300 Abbildungen von Lauten, die gebaut werden sollten (es ist erstaunlich, dass von diesem Lautenmacher heute nicht mehr als eine Handvoll Instrumente erhalten sind). Erwähnenswert sind noch Marx Undervorben und Hans Frei in Bologna sowie die Familie Tieffenbrucker in Venedig und in Padua. Gewöhnlich haben die Lauten einen Rücken, der aus 11 oder 13 Rippen besteht, aber aufgrund des verwendeten Holzes konnte die Anzahl auf mehr als 51 steigen (es handelt sich immer um eine ungerade Zahl). Die Laute nahm durch ihre verschiedenen Größen gleichfalls an der in Mode gekommenen Familienbildung der ▸ Instrumente teil: Im 16. Jahrhundert konnte man Bass-, Tenor-, Alt oder Sopranlauten bekommen, und einige Komponisten wie Emanuel Adriansen aus Antwerpen veröffentlichten Lautenquartette für diese Besetzung. Das geläufigste Instrument war entweder in g' oder in a' gestimmt, aber man findet auch sehr hoch, in c" und d" gestimmte Instrumente und sehr tief gestimmte in c und d. Andere Möglichkeiten sind nicht ausgeschlossen. Die Lautenmacher wendeten auch die ›Scordatura‹ an – einen Wechsel der Grundstimmung des Instruments (am häufigsten wurde diese Änderung in der Tiefe vorgenommen). Die Technik der ›cordes avallées‹ erschien in Frankreich am Beginn des 17. Jahrhunderts bei Antoine Francisque (1600) und Jean-Baptiste Besard (1603). Sie bestand darin, die drei tiefsten Chöre so nach unten zu stimmen, dass ein Bordun-Effekt für die rustikale Tanzmusik entstand. Man spricht auch von ›cordes avalées‹, wenn die hohen Chöre niederer gestimmt sind als die folgenden. Im 17. Jahrhundert veränderten die Italiener die Lauten, indem sie ihnen neue Bässe hinzufügten, aber prinzipiell die Stimmung der Renaissance erhielten. Man spricht dann von der ›luth théorbé‹ und der Erzlaute. Letztere wird als Soloinstrument oder im Continuo verwendet. Der deutsche Lautenmacher Matteo Sellas in Venedig und sein Bruder Giorgio in Rom bauten diesen Instrumententypus. Am Anfang des 17. Jahrhunderts wurde Frankreich das neue Zentrum der Lautenmusik. Von ca. 1620 bis ca. 1670 entstanden über 20 ›neue Stimmungen‹, unter denen die Stimmung in d-Moll die barocke Standardstimmung wurde. Nur wenige französische Instrumente aus dieser Epoche sind erhalten (wir nennen hier den Lautenmacher Jean Desmoulins), aber die Anzahl der Bologneser Instrumente wurden im 17. Jahrhundert noch von Franzosen gekauft und verändert, um dem Repertoire der Epoche Rechnung zu tragen. Im 18. Jahrhundert verlegte sich die musikalische Aktivität nach Deutschland und Böhmen. Die zeitgenössische Laute Johann Sebastian Bachs und Silvius Leopold Weiss besaß 13 Chöre. Martin Hoffmann und sein Sohn Johann Christian in Leipzig genauso wie Joachim Tielke in Hamburg repräsentierten eine neue Generation von deutschen Lautenmachern, die nun in ihrem eigenen Land aktiv waren. Angesichts der wachsenden Bedeutung der Geige und des fortschreitenden Niedergangs der barocken Laute bauten diese Lautenmacher auch Violinen.

Seit die Laute tiefe Chöre in aufeinander folgenden Noten erhielt, schickte es sich, vor dem Spiel das Instrument im Ton des Stückes zu stimmen (der Einfachheit halber spielte man mehrere Stücke in derselben Stimmung, was die Grundlage der barocken Suite wurde). Diese Stimmung wird manchmal am Beginn oder Ende der Tabulaturen erwähnt. Die Hinzufügung des Basses bereitete außerdem ein Problem bezüglich der Saiten. Die Saiten, die am Anfang nur aus Darm bestanden (Saiten mit umwickeltem Darm oder in Metall kamen erst in der Mitte des 17. Jahrhunderts auf), mussten in der Tiefe zunehmend dicker werden. Eine dünne Saite klang aber besser. Die erste Lösung bestand darin, die Bässe mit der oberen Oktave zu verdoppeln, um ihnen mehr Klarheit zu verleihen, die andere Lösung war, das Instrument zu verändern, indem man ihm einen zusätzlichen Wirbelkasten gab, wodurch die Bässe dünnere, aber längere Saiten haben konnten, um die gleiche Tonhöhe zu erreichen. Die barocken Lauten sind so mit zusätzlichen Wirbelkästen versehen.

Abgesehen von einigen Lautenisten am Hof der Fürsten und Könige wie ▸ Karls des Kühnen oder Karls VIII. wurde der Rang der ›ménétriers‹ oder ›jongleurs‹ (▸ Ioculator) im Mittelalter als niedriger angesehen als derjenige eines Fleischers oder Apothekers. Am Ende des 15. und hauptsächlich im 16. Jahrhundert hat sich die Situation geändert. Man fragte nicht mehr unbekannte Musiker, die die musikalische Unterhaltung des täglichen Lebens oder der Festlichkeiten bestreiten sollten. Man empfand die Notwendigkeit, die musikalische Praxis in die persönliche kulturelle Bildung zu integrieren, wie Baldassare ▸ Castiglione in seinem *Cortigiano* 1528 anregte. Der spezialisierte Beruf der Lautenisten befreite sich mehr und mehr vom allgemeinen ›Instrumentenspieler‹. Sie wurden ›Lautenspieler‹ oder ›Meister des Lautenspiels‹ und unterrichteten. Der Beruf fand seine Bestätigung in dem ständigen Dienst bei Fürsten und Königen, die sich um die besten Virtuosen stritten. Am Hof von Ferrara war von ungefähr 1440 bis zu seinem Tod der Lautenist ▸ Pietro Bono de Burzellis tätig, der sang und sich zur Laute begleitete. Sein Renommee war so groß, dass zahlreiche Höfe versuchten, ihn an sich zu ziehen. Was die Amateur-Musiker betraf, war das Erlernen integrativer Bestandteil des höfischen wie auch studentischen Lebens. Gegen 1470 spielten Studenten an der Sorbonne Laute, um sich zu unterhalten. Im 16. Jahrhundert machten sich die Bourgeoisie, die Kaufleute und der Adel daran, die Aristokratie zu imitieren. Diese Schwärmerei für die musikalische Praxis führte zur Entstehung eines didaktischen Repertoires. Es handelte sich um einfache Musik, oft geschmückt mit Kommentaren und Ratschlägen, um ›ohne Meister und zu günstigeren Preisen‹ ›auf leichte Weise‹ das Lautenspiel zu erlernen. Dort wurden unter anderem die Grundlagen des Solfège erklärt, wie man das Instrument hält, welche Finger man benutzt oder wie man Vokalmusik in Instrumentalmusik transkribiert. Erwähnt seien in Frankreich *Tres breve et familière introduction* von Pierre ▸ Attaingnant (1529), in Deutschland *Ain schone kunstliche Underweisung* von Hans ▸ Judenkünig (1523), und hauptsächlich die *Tabulatur auff die Laudten* von Hans ▸ Neusiedler (1536), in der sich ein wirkliches pädagogisches Talent zeigte. Neusiedler fügte eine allgemeine Anweisung der Stücke hinzu, die klassifiziert und nach Schwierigkeitsgraden angeordnet waren. So findet man dasselbe Stück am Beginn zweistimmig mit Fingersatz beider Hände, dann dreistimmig und schließlich vierstimmig.

Betreffs des Repertoires wurde bereits erwähnt, dass auf der Laute im Mittelalter hauptsächlich einstimmig gespielt wurde. Sie verdoppelte die Stimmen in der Vokalmusik und wird in Kombination mit anderen Instrumenten gespielt, wie in der Ikonographie reichlich dargestellt wird. Der Lautenist hat auch eine bedeutende Rolle als Improvisator, wahrscheinlich ein Grund, weshalb uns keine einzige Quelle überliefert ist. Die älteste italienische Quelle ist ein Manuskript vom Ende des 15. Jahrhunderts (I-PESo 1144), das in rudimentärer französischer Tabulatur notiert ist. Es enthält Bearbeitungen von Liedern, unter denen *De tous biens plaine* von ▸ Hayne van Ghizeghem das berühmteste ist, Ricercare in improvisatorischem Duktus und eine Bassedanse *La spagna*. Dieses berühmte Manuskript hat das für die Renaissance-Laute typisch dreigeteilte Repertoire: polyphone Vokalmusik, die für das Instrument transkribiert wurde, Tanzmusik und ein sogenanntes ›abstraktes‹ Repertoire, das Fantasien, Ricercare, Toccaten etc. enthielt. Die Transkriptionen polyphoner sowohl weltlicher als auch geistlicher Vokalmusik bilden die Mehrzahl. Die Komponisten, die von den Lautenisten gewählt wurden, zählen unter die renommiertesten Künstler. Der Fall von Orlande de ▸ Lassus ist beispielhaft: Die Lautenisten intavolierten seine Musik in nicht weniger als 29 edierten Quellen und einigen 40 Manuskripten während mehr als 40 Jahren. So erschienen zwischen 1563 und 1603 21 Versionen des berühmten fünfstimmigen geistlichen Liedes *Susanne un jour* (1560 veröffentlicht), Fassungen, die verschiedene Stile der Adaptation für die Laute exponierten von der getreuen Transkription bis zum Duo oder zur Fantasie. Die Verzierungen sind Schlüsselelemente der instrumentalen Praxis und bilden selbst eines der Strukturmerkmale in der Renaissance. Die Verzierungen, die man gleichermaßen in der Tanzmusik oder im abstrakten Repertoire findet, vielleicht mehr oder weniger komplex, reichen von einem Gebrauch von stereotypen Formeln zu einer freien, individuellen und kreativen Behandlung. Bereits 1532 erklärte Hans ▸ Judenkünig in seiner *Ain schone kunstliche underweisung auff der Lautten und Geygen*, dass man sich nicht an die Noten halten müsse und dass man sich der Kunst der Laute zuwenden müsse. Vincenzo ▸ Galilei redigierte 1568 die ersten Versionen seines *Fronimo dialogo*, die den Lautenisten gewidmet ist, der ein wahres Plädoyer zur Meisterung des Kontrapunkts für die Lautenisten ist. Er will den Instrumentalisten mit dem ›Kontrapunktisten‹ gleichsetzen. Durch ihre Erfahrungen auf dem Gebiet der vokalen Transkriptionen gestärkt, eigneten sich die Lautenisten die Regeln des Kontrapunktes und der Verzierungskunst an und verschafften der Laute Zugang zu einer persönlichen Musik, die der Vokalmusik gleich würdig war.

Im 16. Jahrhundert nahm die Lautenmusik einen privilegierten Platz mit etwa 65% der gesamten veröffentlichten Produktion ein, während die Musik für Tasteninstrumente nur 22% repräsentierte; der Rest verteilte sich auf andere Instrumente (es ist unmöglich, hier alle Lautenisten zu zitieren, die edierten, deshalb wird der Leser auf die Bibliographie von Howard M. Brown verwiesen). Die Herausgabe von Tabulaturen begann 1507 in Venedig mit Francesco Spinacino. Einige Jahre später schlossen sich die deutschen Länder an, und die erste Edition, schon in der regionalen Sprache, sind die *Tabulaturen etlicher Lobgesang und Liedlein* von Arnolt Schlick von 1512 (für

Laute (3), Theorbe (1), Cister (6 und 7), aus: Michael Praetorius, *Syntagma musicum*, Bd. 2, *De Organographia*, Wolfenbüttel 1619, Tafel XVI.

Laute und Orgel). Frankreich folgte mit den Veröffentlichungen Pierre Attaingnants gegen 1530, und später, 1545, traten die alten Niederlande mit Editionen von Pierre ▸ Phalèse hinzu. England, das mit den Werken John ▸ Dowlands den Höhepunkt der Laute erlebte, produzierte Tabulaturen erst 1574, und hierbei handelte es sich noch um Übersetzungen der Bücher von Adrian ▸ Le Roy. Auf dem Gebiet der Edition dominierte Italien in der Lautenlandschaft im 16. Jahrhundert (Marco dall'Aquila, ▸ Francesco Canova da Milano, Giacomo ▸ Gorzanis, Giulio Cesare Barbetta, Girolamo Kapsperger, Pietro Paolo Melli). In Frankreich folgte nach den zwei einzigen Sammlungen von Attaingnant 1529–1530 eine reiche Periode seit 1550 (Adrian Le Roy, Guillaume Morlaye, Albert de Rippe, Antoine Francisque, Robert ▸ Ballard). Dort erschien ein neues Genre: das Air de cour, das von der Technik des ›vers mesuré à l'antique‹ (▸ Musique mesurée à l'antique) beeinflusst war und in dem die Polyphonie dem Duktus der begleiteten Melodie weicht (Gabriel Bataille, Pierre Guédron). Fürs 17. Jahrhundert kann man Denis Gautier, Charles Mouton, Jacques Gallot erwähnen. Deutschland nimmt einen mittleren, aber ordentlichen Platz ein (Matthäus Waissel, Adrian Denss, Jean Baptiste Besard). Fürs 18. Jahrhundert kann man Losy von Losinthal und hauptsächlich Silvius Leopold Weiss nennen. Was die alten Niederlande betrifft, so ist die dominierende Figur Phalèse, der zahlreiche Anthologien herausgab. Ebenfalls zu nennen sind die Lautenisten Emmanuel Adriansen und Joachim van den Hove.

Literatur:
H.M. Brown, *Instrumental Music printed before 1600. A Bibliography*, Cambridge/Massachusetts und London 1965 • E. Pohlmann, *Laute, Theorbe, Chitarrone: die Instrumente, ihre Musik und Literatur von 1500 bis zur Gegenwart*, Bremen 1968–1982 • J. Jacquot (Hrsg.), *Le luth et sa musique*, Paris 1976 • D.B. Lyons, *Lute Vihuela, Guitar to 1800. A Bibliography* (Detroit Studies in Music Bibliography 40), Detroit 1978 • P. Päffgen, *Laute und Lautenspiel in der erste Hälfte des 16. Jahrhunderts*, Regensburg 1978 • J.M. Vaccaro, *La musique de luth en France au XVIe siècle*, Paris 1981 • M. Lindley, *Lutes, viols and temperaments*, Cambridge und New York 1984 • *Le luth et sa musique*, II, Paris 1984 • L.P. Grijp / W. Mook (Hrsg.), *Proceedings of the International Lute Symposium. Utrecht 1986*, Utrecht 1988 • H. Minamino, *Sixteenth-Century Lute Treatises with Emphasis on Process and Techniques of Intabulation*, Diss. Univ. of Chicago 1988 • J.M. Vaccaro (Hrsg.), *Le Concert des Voix et des Instruments à la Renaissance*, Paris 1995 • V.A. Coelho (Hrsg.), *Performance on Lute, Guitar and Vihuela. Historical Practice and modern Interpretation*, Cambridge 1997 • C. Ballman, *Les œuvres de Roland de Lassus mises en tablature pour le luth. Catalogue, Transcription, Analyse*, 4 Bde., Diss. Université libre de Bruxelles 2002.

CHB

Lautenlied

Die in Renaissance und Frühbarock universelle Praxis, zur Laute zu singen (▸ Cantare al liuto), verdichtete sich gegen Ende des 16. Jahrhunderts zu einer eigenen Gattung des solistischen, instrumental begleiteten Kunstlieds, das sich in Frankreich als ▸ Air de cour entwickelte und insbesondere in England ein wichtiges, umfangreiches und textlich wie musikalisch teilweise anspruchsvolles Corpus von ›lute songs‹ bzw. ›lute airs‹ hervorbrachte.

Während sich auch in England vor allem in handschriftlichen Quellen viele ▸ Consort und ▸ Part songs hinter dem Format des usuellen lautenbegleiteten Sologesangs verstecken, treten die Lieder, die nicht arrangiert, sondern eigens für den Vortrag durch einen Sänger bzw. eine Sängerin (seltener mehr) zur Begleitung eines Zupfinstruments und häufig einer Bassgambe komponiert wurden, sehr konzentriert in gedruckter Form auf. An der Formulierung der Sammlungstitel ist zu erkennen, dass starke Impulse vom französischen Schwestertypus ausgingen; vielleicht wurde sogar der Name direkt von John ▸ Dowland, der sich seit 1580 mehrere Jahre in Paris aufgehalten hatte, importiert. Die Reihe von Publikationen wurde 1597 mit Dowlands *First Booke of Songes or Ayres* eröffnet und 1622 von John Atteys *The First Booke of Ayres* beschlossen. Auch andere Komponisten, die Lautenlieder in Individual- und Sammeldrucken veröffentlichten (Robert Jones, Thomas ▶ Campion, Philip ▶ Rosseter, John Bartlet, Robert Dowland, William Corkine), bevorzugten die Bezeichnung ›Ayre‹ gegenüber dem unspezifischeren ›Song for the Lute‹ (John Danyel).

Der große verlegerische Erfolg des Repertoires macht deutlich, dass den höfischen Ursprüngen der Gattung zum Trotz die eigentliche Trägerschicht im städtischen Milieu zu finden ist, wo gleichzeitig das extrovertiertere englische Madrigal florierte. Dort schätzte man nicht nur die sehr private Art des Musizierens, die zum charakteristischen ›tablebook‹ Layout führte (neben den partiturweise angeordneten Partien für Gesang und Laute in Tabulatur, die als Kern der Idealbesetzung verstanden wurden, sind die anderen Stimmen von anderen Tischseiten her einsehbar, siehe Abbildung), sondern fühlte sich auch durch die facettenreiche Thematik repräsentiert, in der es – stets in den Miniaturausmaßen eines kleinen Liedes – zwischen spielerischer Attitüde

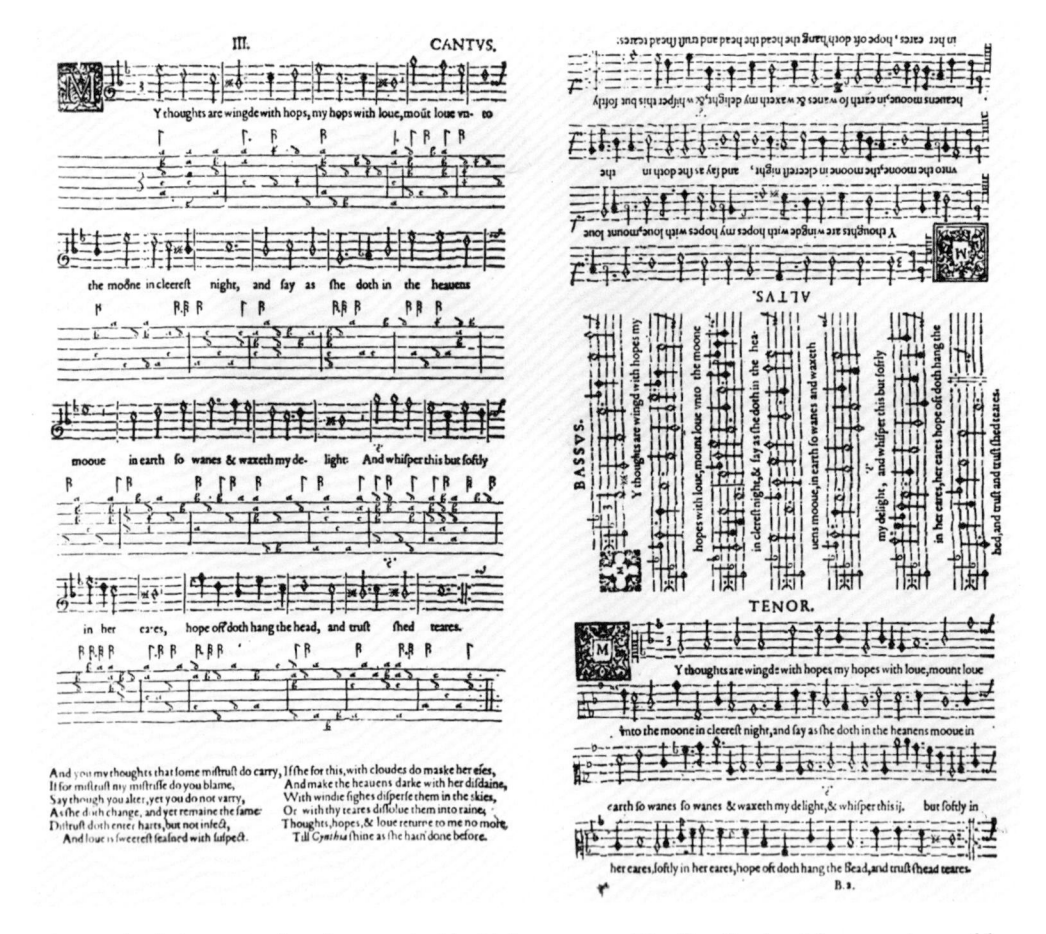

John Dowland, Ayre »My thoughts are wing'd with hopes«, aus: *The First Booke of Songs or Ayres of four Parts with Tableture for the Lute*, London 1597: ›Tablebook‹-Layout.

und tiefgründiger Grübelei um das differenzierte, die eigene Befindlichkeit umkreisende ›self-fashioning‹ einer Gesellschaft in Umbruchszeiten zwischen traditioneller aristokratischer und neuer bürgerlicher Gesinnung geht. Aus diesem Grund sind die geistlichen Materien des ›devotional song‹ sehr in der Minderzahl, aber das mentale Modethema der Zeit, die Melancholie, vielfältig vertreten; die nach wie vor dominierende Liebesthematik rückt öfters in die Nähe einer modernen Seelenanatomie, wie auch das lyrische Ich oft auf der Suche nach sich selbst zu allegorischen autopoetischen Reflexionen über Dichtung und Musik Zuflucht sucht.

Die große Bedeutung der Textschicht prägte für das Wort-Ton-Verhältnis tendenziell zwei alternative Vertonungsweisen aus, deren ästhetische Konzepte auch in Vorworten polarisierend verteidigt wurden. Auf der einen Seite der Skala steht der Typus des Lautenlieds, in dem die Musik die literarische Sprache sanft trägt. Er wird vor allem vom Dichter-Musiker Campion, der das Ayre einem literarischen Epigramm verglich, sowie seinem Mitstreiter Rosseter vertreten. Die poetisch elaborierten und sprachlich ausgefeilten Gedichte verlangen nach einer zurückhaltenden, wenngleich subtilen Umsetzung, die nach Campions Wunsch vom »naked Ayre«, der ›reinen‹ (aber keinesfalls notwendigerweise liedhaft-melodisch geführten) Gesangsstimme, gelenkt werden. Die syllabische Prosodie ist nur begrenzt deklamatorisch und eher rhythmisch und periodisch ausgewogen, die formalen Elemente der Vers- und Strophenanlage bestimmen die musikalische Struktur, Textwiederholungen, Gesten und Wortmalerei werden allenfalls dezent eingesetzt, die Instrumentalbegleitung bleibt homophon und im Hintergrund, eigenständige Vor-, Zwischen- und Nachspiele sind dem Lautenisten versagt.

Dagegen fand der kunstfertige und durch Reisen auch mit der kontinentalen, gerade auch italienischen Kultur vertraute Lautenist John Dowland von der musikalischen Seite zur Gattung, dessen Hauptvertreter er schon zu Lebzeiten wurde. Obwohl er in seinem umfangreichen Œuvre Lute Ayres in vielen differenzierten Qualitäten komponierte, liegt das Schwergewicht stets auf der komplexen Gesamtwirkung von Vokal- und Instrumentalpart. Schon die von ihm vertonten Gedichte meist anonymer Autoren scheinen wie *Can shee excuse my wrongs* mit der bzw. für die Musik gemacht zu sein, wobei sie diverse unorthodoxe Vers- und Strophenprinzipien realisieren. Wie der ebenfalls professionelle Lautenist Danyel (1606) machte Dowland bisweilen den Schritt zur Durchkomposition (1610, 1612).

Dowlands Tonsatz ist musikalisch komplex, indem er nicht nur, aber vorzugsweise in den ernsthaften Liedern eine gehaltvolle Harmonik, ein kontrapunktisch inspiriertes Innenleben mit Sequenzen und Imitationen sowie eine gestische Melodik (etwa mit phrygischen Tetrachorden wie in *I must complain* und *Flow my teares*), auch eingestreute chromatische Linien für farbige oder pathetische Akzente (z.B. in *From silent night*) nutzt. Die rhetorisch, ausdrucksstark und expansiv angelegte Musik tritt dem Gedicht, dessen eher syntaktische denn formale Struktur es hervorkehrt, ebenbürtig zur Seite, nicht selten aber auch in Konkurrenz zu ihm.

Literatur:
E. Doughtie, *English Renaissance Song*, Boston 1986, insbes. S. 122–157 • I. Spink, *English Song. Dowland to Purcell*, London 1986 • U. Sommerrock, *Das englische Lautenlied (1597–1622). Eine literaturwissenschaftlich-musikologische Untersuchung*, Regensburg 1990 • S. Klotz, *»Music with her silver sound«. Kommunikationsformen im Goldenen Zeitalter der englischen Musik*, Kassel 1998, insbes. S. 193–290 • Chr. Kelnberger, *Text und Musik bei John Dowland. Eine Untersuchung zu den Vokalkompositionen des bedeutendsten Lautenvirtuosen der englischen Renaissance*, Passau 1999.

NSCH

Lautentabulatur

Lautentabulaturen sind auf die Spieltechnik des Instruments abgestimmte Griffschriften, die mit Hilfe von Buchstaben oder Zahlen den Spieler informieren, welche Saiten bzw. Kreuzungspunkte zwischen Saite und Bund er zu greifen hat. Der Rhythmus wird mit aus der ▸ Mensuralnotation entlehnten Symbolen festgehalten. Dieses Prinzip eint die drei im 16. Jahrhundert verbreiteten Aufzeichnungsformen, die in der konkreten Verschriftlichung voneinander abweichen. Italienische und spanische Tabulatur verwenden zur Benennung der Griffpositionen Zahlen, die französische Buchstaben. In der deutschen Lautentabulatur mischen sich Zahlen, Buchstaben und Sonderzeichen. Während in den beiden anderen Systemen für die einzelnen Saiten dieselben Zeichen zum Einsatz kommen, definiert die deutsche Tabulatur jeden Griff mit einem einzigen Symbol.
▸ Tabulatur

Literatur:
W. Apel, *Die Notation der polyphonen Musik 900–1600*, Leipzig 1962.

KA

Laval ▸ Frankreich

Layolle, Francesco de [Francesco dell'Aiolle]
* 4.3.1492 Florenz, † um 1540 Lyon

Der italienische Komponist und Organist begann seine Karriere 1505 als Chorknabe in der Florentiner Kirche SS Annunziata, wo er Unterricht von dem Organisten und Komponisten ▸ Bartolomeo degli Organi erhielt. 1511 malte Andrea del Sarto sein Porträt mit demjenigen von sich selbst und dem des Architekten Jacopo Sansovino auf einem Fresco, das die Heiligen drei Könige im Atrium von SS Annunziata darstellt. Laut seinem Schüler Benvenuto Cellini verließ er Florenz 1518 und ließ sich 1521 in Lyon nieder, wo er bis zu seinem Tod lebte. Er war mit einigen republikanischen und gegen die Medici eingestellten Dichtern befreundet, darunter Filippo Strozzi und Luigi Alamanni, der das Sonett *Aiolle mio gentil cortese amico* veröffentlichte und ihm mit zwei weiteren Gedichten in seinem *Opere toscane* (Lyon 1532) schmeichelte. Antonio Brucioli führte ihn mit Luigi Alamanni und Zanobi Buondelmonte in seinen *Dialoghi della morale philosophia* (Venedig 1538) ein. In Lyon komponierte, sammelte und veröffentlichte er Musik für die lokalen Drucker, Etienne Gueynard (*Contrapunctus seu figurata musica*, Messproprien, die Bernardo Altovita, dem Konsul der florentinischen Gemeinde, 1528 gewidmet waren) und Jacques ▸ Moderne (*Liber decem missarum*, 10 Messordinarien für den Kanoniker der Kirche, Charles d'Estaing, 1532, wieder abgedruckt 1540, und *Motetti del fiori* 1532–1538). Moderne publizierte auch sechs Bände seiner geistlichen Werke, die heute verloren sind, und zwei Bücher Madrigale – *Venticinque canzoni a cinque voci* (1540) und die *Cinquanta canzoni a quatro voci*, die mit einer Lamentation auf seinen Tod schließen. 1537 veröffentlichte der Dichter und Musiker Eustorg de Beaulieu zwei Rondeaux, die seinen am Ufer der Saône gelegenen Garten, ein Treffpunkt von Musikern, preisen, und ein weiteres diskutiert seine und Layolles Einstellung gegenüber Himmel und Hölle.

Layolle komponierte sechs Bände von je zwölf Werke enthaltenden Motetten, die verloren sind und von denen nur elf Motetten überlebten. Er hat möglicherweise einige der Mess-Proprien im Fauxbourdon-Stil und drei damit verbundene Motetten in Gueynards *Contrapunctus* (1528) komponiert, die für den Chor an der florentinischen Kirche Notre-Dame de Confort in Lyon geschaffen wurden.

Seine drei Messen und 43 Motetten, die großenteils von Moderne publiziert wurden, zeigen seine Meisterschaft in zeitgenössischen Techniken in der Verbindung italienischer harmonischer Klarheit mit frankoflämischem Kontrapunkt. Die *Missa »Adieu mes amours«* wurde über die ersten fünf Noten (d-f-e-d-a) einer von ▸ Josquin Desprez und Jean ▸ Mouton mehrstimmig gesetzten Chanson komponiert, die als wiederkehrendes Ostinato eingesetzt sind. Die vollständige Melodie bleibt für den letzten Teil des Agnus Dei reserviert, wo es im Kanon in zwei der fünf Stimmen geführt wird. Diese Messe hat Ähnlichkeiten in Modus, Melodie und Schlüsselung mit der Motette *Libera me, Domine*, die dem Agnus Dei im *Liber decem missarum* folgt. Die Motetten *Beata Dei genitrix* und *Stephanum autem* wurden gleichermaßen mit den vorangehenden Messen im *Liber decem missarum* (Jean Richaforts *Veni sponsa Christi* und Pierre Moulus *Stephani gloriosa*) verbunden; *O salutaris hostia* und *Ces fascheux sotz* sind Parodiemessen über zeitgenössische polyphone Modelle. Viele Motetten, die imitierende Anfänge und seltene homophone Passagen mit einer Variabilität kontrapunktischer Techniken und Texturen, feinen Melodien und geschmeidigen Harmonien verbinden, sind würdige Nachfolger von Josquins Motetten. Cantus firmus-Technik wird in *Media vita* und *Salve, virgo singularis*, Kanontechnik in *Ave virgo sanctissima*, *Libera me, Domine*, *Congregati sunt* und in der dreistimmigen *Ave Maria*, Ostinato-Technik (d-f-e-d) in einer der vierstimmigen *Ave Maria* gebraucht; zwei Weihnachtsmotetten beginnen mit demselben Refrain – *Noe, noe, noe* (gesungen auf c-e-f-g = do-mi-fa-sol). Die prachtvolle sechsstimmige Antiphon, *Da pacem domine*, könnte für das Treffen von ▸ Franz I. und ▸ Karl V. in Aigues-Mortes im Jahre 1538 komponiert worden sein.

Moderne druckte zwei Bücher *Canzoni* auf Texte von Petrarca (16, meist Fragmente von Kanzonen), von Giovanni Boccaccio, von Angelo ▸ Poliziano, Pietro ▸ Bembo, Niccolò ▸ Machiavelli oder von seinen Freunden Niccolò Martelli, Filippo Buonaccorsi, Luigi Alamanni, Filippo und Lorenzo Strozzi. Seine vierstimmigen *Canzoni* haben die melodische Einfachheit und zurückhaltende Ornamentik, die für die erste Generation von Madrigalisten typisch sind; einige wurden in Venedig gedruckt mit falschen Zuschreibungen zu Jacques ▸ Arcadelt, darunter ein populäres Werk, *Lasciar il velo*, das in Antonfrancesco ▸ Donis *Dialogo della musica* (Venice 1554) erwähnt wurde und von Giovanni Maria da Crema (1546) und Simon Gintzler (1547) für Laute arrangiert wurde. Zwei der fünfstimmigen *Canzoni* sind französische Chansons, die auf alten volkstümlichen Melodien basieren – *J'ay mis mon cueur* und *En douleur et tristesse*. Modernes *Le parangon des chansons* enthält vier vierstimmige, drei dreistimmige und drei zweistimmige Lieder in verschiedenen Stilen, darunter das kanonische Duo *Les Bourguignons*, das den französischen Sieg in Péronne 1536 feiert, *Ce me semblent*, das den Superius von Claudin de ▸ Sermisys vierstimmigem Modell übernimmt, und *Doulce memoire*, das Pierre ▸ Sandrins berühmtes Quartett reduziert.

Ausgaben:
Music of the Florentine Renaissance: Francesco de Layolle, Collected Works, hrsg. von F.A. D'Accone (Corpus mensurabilis musicae 32/3–6), Rom 1969–1973.

Literatur:
D. Sutherland, *Francesco de Layolle (1492–1540): Life and Secular Works*, Diss. Univ. of Michigan 1968 • S.F. Pogue, *Jacques Moderne, Lyons Music Printer of the Sixteenth Century*, Genf 1969 • F. Dobbins, *Music in Renaissance Lyons*, Oxford 1992.
FD

L'Estocart, Paschal de ▸ Estocart, Paschal de L'

Le Franc, Martin
* um 1410 Aumale (Normandie), † 8.11.1461, Ort unbekannt

Die Bedeutung des Dichters und Humanisten Le Franc für die Musikgeschichte liegt insbesondere im Abschnitt über die Musik im IV. Buch seines literarischen Hauptwerks *Le champion des dames* (ca. 1440–1442) begründet. Beim Herausstellen der neuesten Fortschritte in Kunst und Wissenschaft wird der Musik große Bedeutung beigemessen: Gelobt werden der am burgundischen Hof tätige Musiker Gilles ▶ Binchois und der zu großem Renomee gelangte Guillaume ▶ Dufay, die ihre Vorgänger durch eine neue Praxis (»nouvelle pratique«, Kompositions- und Aufführungspraxis) weit überholt hätten. Le Francs Behauptung, sie seien darin der ▶ »Contenance angloise« von John ▶ Dunstaple gefolgt, hat die ältere Musikgeschichtsschreibung des 15. Jahrhunderts maßgeblich geprägt und wird in der jüngeren zunehmend problematisiert (▶ Frankoflämische Musik, ▶ England). Wenn auch der Kontext zu berücksichtigen ist – *Le champion des dames* ist Philipp dem Guten von ▶ Burgund gewidmet, dessen musikalische Hofkultur insbesondere auch durch Erwähnung der Aufführungspraxis hochgepriesen wird –, so ist nicht abzustreiten, dass englischer Einfluss für die kontinentale Kompositionspraxis von Bedeutung war und dass der Begriff wahrscheinlich nicht von Le Franc geprägt wurde, sondern ein gängiger Terminus gewesen sein muss.

Le Franc, der seit spätestens 1438 Herzog Amadeus VIII. von Savoyen (1439 in Basel zum Gegenpapst Felix V. gewählt) diente, wird mehrfach Dufay begegnet sein, der zweimal am Hof von Savoyen war und zwischen 1437 und 1439 das ▶ Basler Konzil besuchte.

Ausgaben:
Le champion des dames, hrsg. von R. Deschaux, 5 Bde. (Classiques français du moyen âge 127–131), Paris und Genf 1999.

Literatur:
D. Fallows, *The contenance angloise: English Influence on Continental Composers of the Fifteenth Century*, in: Renaissance Studies 1 (1987), S. 189–208 • R. Strohm, *Le Franc*, in: *MGG²*, Bd. 10 (Personenteil), 2003, Sp. 1470–1471.

ES

Le Jeune, Claude [Claudin]
* um 1530 Valenciennes, begr. 26.9.1600 Paris

Der Komponist Le Jeune – über dessen Ausbildung nichts bekannt ist – arbeitete, da er reformierten Glaubens war, für eine Reihe von Mäzenen, die oft selbst protestantisch waren (u.a. François und Odet de La Noue, Louis und Elisabeth de Nassau), und denen er zuweilen Musikstunden gab. Dies verbot ihm jedoch nicht den Kontakt mit dem königlichen Hof: Hierzu gehört die Teilnahme an Experimenten von Poesie und ▶ Musique mesurées à l'antique um 1570, in unmittelbarer Nähe von Jean Antoine de ▶ Baïf und ▶ Thibault de Courville inmitten der ▶ Académie de musique et de poésie (die unter dem Schutz von Karl IX. stand); und dazu zählen auch Beiträge zu den Hochzeitsfestlichkeiten des Duc de Joyeuse und der Halbschwester der Königin (in deren Verlauf wahrscheinlich *La Guerre* gesungen wurde). Nachdem er gegen 1580 in den Dienst des Duc François d'Alençon (des Bruders Heinrichs III.) getreten war, folgte er ihm wahrscheinlich (mit dem Titel ›maistre de la Musicque‹ und ›maistre des enfants Musicque‹) zwischen 1580 und 1583 auf verschiedenen Reisen (Gascogne, London, Antwerpen). 1590 mied er Paris und die ultrakatholische Liga und fasste schließlich in La Rochelle Fuß (dort ist er 1598 als Residierender vermerkt). Gleichzeitig wird er im Privileg des *Dodécachorde* von 1596 als »Compositeur de la chambre du Roy« bezeichnet, und ein Dokument von 1600 nennt ihn im Gefolge des Hofes. Seiner Schwester Cécile ist zu verdanken, dass seine Musik nach seinem Tod weiterhin publiziert wurde.

Le Jeune interessierte sich für die meisten Genres, die in seiner Epoche gepflegt wurden und komponierte für eine Besetzung von zwei bis zehn Stimmen: mindestens eine Messe, ein Magnificat, 11 Motetten, 3 instrumentale Fantasien, 42 Chansons spirituelles, 43 italienische Canzonetten, 133 Airs (von denen er mehrere überarbeitete) und insbesondere 348 musikalische Versionen von Psalmparaphrasen.

Sein Werk im Ganzen zeigt, dass der Komponist zugleich traditionelle Verfahrensweisen meisterte, sogar solche, die im Schwinden begriffen waren, wie den ▸ Kanon oder die ▸ Cantus-firmus-Technik (beides gebraucht in der sechsstimmigen Motette *Veni sancte Spiritus*), sowie ganz und gar zeitgenössische Techniken wie die ▸ Musique mesurée à l'antique (Chansons und Psalmen). Er ist derjenige Komponist, der dieses Genre dank seiner engen und dauerhaften Zusammenarbeit mit Baïf am intensivsten praktizierte. *L'un apreste la glu* zeugt von seiner Fähigkeit, mitunter die rhythmische Monotonie zu brechen, die durch die besondere Schreibweise dieses Genre bedingt war. Seine Sorgfalt bezüglich der Prosodie erscheint auch in weiteren Chansons auf Texte, die nicht den ›vers mesurés‹ folgen (die überarbeitete fünfstimmige Version von *Rosignol mon mignon* von 1585).

Le Jeune hinterließ eine vollständige Version des ▸ Hugenottenpsalters zu vier und fünf Stimmen, homophon und mit der Melodie im Tenor oder im Superius; nachdem sie 1601 zum ersten Mal publiziert wurde, wurde sie mehrere Male in Frankreich (Paris, Lyon), aber auch im Ausland bis zum Ende des 18. Jahrhunderts (Genf, Leyde, Schiedam, Straeda) wieder aufgelegt. Die zweite Version (ohne die Psalmen 135, 138 und 145–149) wurde in drei Bänden publiziert (1602, 1608, 1610); sie ist für drei Stimmen komponiert und präsentiert einen mehr kontrapunktischen Stil, der zuweilen vom Choral des Hugenottenpsalters durchzogen wird (in einer einzigen Stimme oder in mehreren). Diesem Korpus sind die 12 Psalmen des *Dodécacorde* (1598) hinzugefügt, die auch auf den Hugenottenchoral komponiert sind, der als Cantus firmus behandelt wird; gleichermaßen auf Texte von Clément ▸ Marot und Théodore de ▸ Bèze ist diese Sammlung wie auch die *Octonaires* (1606, auf Texte der calvinistischen Dichter Antoine de la Roche Chandieu, Simon Goulart und Joseph du Chesne) nach der Folge der zwölf Modi komponiert und dargestellt, wie sie bei Gioseffo ▸ Zarlino beschrieben werden.

Seine 43 ▸ Villanellen und ▸ Canzonetten zeigen seine Fähigkeit, Versionen von vier und fünf Stimmen zu komponieren ausgehend von Modellen für drei Stimmen von neapolitanischen und venezianischen Komponisten der 1550er und 1560er Jahre (wie Domenico del Giovane de Nola). – Le Jeune ist gleichermaßen für den Gebrauch von Chromatismen bekannt, die in der Folge der Bemühungen der ▸ Académie de Musique et de Poésie stehen, die griechischen Genres wiederherzustellen (z.B. die Elegie *Qu'est devenu ce bel œuil?*, 1608).

Der Ruf des Komponisten reichte über seinen Tod hinaus. Nicht nur sein *Dodécacorde* brachte ihm die Bewunderung vieler Theoretiker und Komponisten des 17. und 18. Jahrhunderts ein, sondern sein Werk bildet auch den Ausgangspunkt von Kontrafakturen moralischen Inhalts (Paris 1618), die für Katholiken bestimmt waren; zudem wurde ein Auszug des Psalms 76 (*C'est en Judee*) im Gemälde *Les Cinq Sens* des Straßburger Malers Sébastien Stoskopff (1633) wiedergegeben. Diesen Zeugnissen fügen sich zahlreiche Wiederauflagen von verschiedenen seiner Psalmen oder seiner Airs mesurés an (eine Version daraus ist bretonisch, 1642). In späterer Zeit, 1853, veröffentlichte Eugène Ponchard die Oper in vier Bildern *Claudin Lejeune*, und 1948 komponierte Olivier Messiean *Cinq rechants* in Erinnerung an *Printemps*.

Ausgaben:
Dodecacorde, 2-7v (1598) (Recent Research in the Music of the Renaissance IXXIV–IXXVI), hrsg. von A.H. Heider, Madison 1989; *Les 150 pseaumes*, 4–5v (1601) (dass. XCVIII), hrsg. von A.H. Heider, Madison 1995; *Octonaires de la vanité et inconstance du monde*, 3–4v (1606) (Monuments de la Musique Française au Temps de la Renaissance I und VIII), hrsg. von H. Expert Paris 1924 et 1928; *Psaumes à trois voix (1602–1610)* hrsg. von D. Lamothe, Tours 2000; *Pseaumes en vers mesurez*, 2–8v (1606), hrsg. von H. Expert Paris, 1905–1906; (Maîtres Musiciens de la Renaissance Française XX–XXII), hrsg. von I. His, Turnhout 2007; *Airs of 1608*, hrsg. von D.P. Walker, 4 Bde., Rom 1951–1959; *Le printemps*, 2–8v (1603) (Maîtres Musiciens de la Renaissance Française XII–XIV), hrsg. von H. Expert Paris 1900–1901; *Livre de melanges*, 4–10v (1585), hrsg. von I. His, Turnhout, 2003; *2 psaumes, Magnificat, 3 motets*, 3–10v (extraits du Second livre des meslanges, 1612) (Monuments de la Musique Française au Temps de la Renaissance VIII), hrsg. von H. Expert, Paris 1928; 6 chansons in: *Anthologie de la chanson parisienne au XVIe siècle*, hrsg. F. Lesure, Monaco 1953.

Literatur:
I. His, *Claude Le Jeune (v.1530–1600): Un compositeur entre Renaissance et baroque*, Arles 2000 • F. Dobbins / I. His, *Le Jeune*, in: *Grove*, Bd. 14, 2001, S. 531–534.

MAC

Le Maistre, Mattheus
* vermutlich um 1505, möglicherweise Roclenge-sur-Geer (Lüttich), † vor April 1577 Dresden

Le Maistres musikalisches Schaffen erstreckt sich auf alle Gattungen seiner Zeit und reicht von ▸ Quodlibets und ▸ Tenorliedern über alle Bereiche liturgischer Gebrauchsmusik bis hin zu Sammlungen für den Unterricht der protestantischen Kirche.

Hinweise auf Le Maistres musikalische Erziehung und eventuelle Anstellungen vor der Dresdener Zeit haben sich nicht erhalten. Dass er sich aber bereits in jungen Jahren der Musik widmete, geht aus dem Vorwort seines Druckes von 1577 hervor. Die zahlreichen, als Unika überlieferten Kompositionen in den Chorbüchern der Münchner Hofkapelle und eine Hofzahlamtsrechnung von 1552, in der ein »*Mathesz Nidlender*« genannt wird, machen es wahrscheinlich, dass Le Maistre nach der Thronbesteigung Albrechts V. in München beschäftigt war. Die Widmung eines Zyklus von ▸ Magnificats an den Leipziger Rat lassen auch eine Verbindung zu dieser Stadt vermuten. 1554 folgt Le Maistre als Kapellmeister in Dresden Johann ▸ Walter nach, wo er selbst wiederum am 24. Juni 1568 durch Antonio ▸ Scandello abgelöst wird.

Le Maistre, der von Theoretikern der Zeit wie etwa Hermann ▸ Finck zu den herausragendsten Musikern seiner Zeit gezählt wird (*Practica Musica*, Wittenberg 1556), arbeitet mit Techniken wie Parodie, Kontrafaktur, ▸ Cantus-firmus-Verwendung und ▸ Kanon. Ein besonderes Werk ist seine *Missa Praeter rerum seriem*, in der Le Maistre als erster Komponist ca. 30 Jahre nach dem Tod von ▸ Josquin Desprez dessen gleichnamige Motette parodiert. Seine Konvertierung zum Protestantismus, die in Zusammenhang mit der Dresdner Anstellung steht, kommt auch in einem neuen Kompositionsstil (*Missa Ich weiß mir ein fest gebawets Haus*) zum Ausdruck.

Mit der Anstellung Le Maistres begründet der Münchner Hof die Reihe ausländischer Musiker und Instrumentalisten. Seine Werke werden noch lange nach seinem Tod als Vorlagen für ▸ Intavolierungen verwendet.

Ausgaben:
Umfassendes Verzeichnis einzelner edierter Werke bei G. Reese, *Music in the Renaissance*, London 1954, S. 682; *Catechesis numeris musicis inclusa. Nürnberg 1559 / Schöne und auserlesene deudsche und lateini-*

sche geistliche Gesenge. Dresden 1577, hrsg. von D.C. Gresch, Madison 1982 (Recent Researches in the Music of the Renaissance 39).

Literatur:
O. Kade, *Mattheus le Maistre, Niederländischer Tonsetzer und Churfürstlich Sächsischer Kapellmeister*, Mainz 1862 • D.C. Gresch, *Mattheus Le Maistre: a Netherlander at the Dresden Court Chapel*, Diss. Univ. of Michigan 1970 • H. Pottie, *Mattheus Le Maistre's Motettenbundel van 1570*, in: Revue Belgique 43 (1989), S. 197–210 • St. Gasch, *Die Fastenzeitproprien Mattheus Le Maistres für den Münchner Hof*, in: *Die Münchner Hofkapelle des 16. Jahrhunderts im europäischen Kontext*, Kongressbericht über das internationale Symposium der Musikhistorischen Kommission der Bayerischen Akademie der Wissenschaften in Verbindung mit der Gesellschaft für Bayerische Musikgeschichte, München, 2.–4. August 2004, hrsg. von Th. Göllner und B. Schmid, München 2006, S. 334–363.

SG

Le Roy & Ballard

Le Roy & Ballard war ein Musikdruck- und Verlagshaus in Paris, das in der 2. Hälfte des 16. Jahrhunderts aktiv war. Die Gründer der Firma, Adrian Le Roy († 1598) und sein Cousin Robert Ballard († 1588), erhielten 1551 das königliche Privileg, alle Arten von Musikbüchern zu drucken und zu verkaufen. Ab 1553 durften sie sich in der Nachfolge von Pierre ▸ Attaingnant als ›königliche Musikdrucker‹ bezeichnen. Le Roy übernahm die künstlerische Leitung, Ballard war für die geschäftlichen Belange zuständig. Unmittelbar nach der Zusicherung des Privilegs wurde mit dem Druck von ausschließlich Musikalien begonnen. Beide hatten Zugang zu höfischen Kreisen und standen im regen Kontakt mit den dort verkehrenden Musikern wie Pierre ▸ Certon, Jacques ▸ Arcadelt, Claude ▸ Le Jeune und Claude ▸ Goudimel, deren Werke sie auch druckten und verlegten. Innerhalb von knapp 50 Jahren erschienen mindestens 350 Publikationen, Le Roy & Ballard waren eines der erfolgreichsten Verlagshäuser Europas. Innerhalb ihrer vielseitigen Produktion, die alle Gattungen der aktuellen Vokal- und Instrumentalmusik umfasste, publizierten sie ab 1570 auf Wunsch des französischen Königs zahlreiche Werke von Orlande de ▸ Lassus und trugen somit wesentlich zur Verbreitung seines Schaffens im französischsprachigen Raum bei. Mit Ballards Tod reduzierte sich die Drucktätigkeit des Hauses deutlich. Le Roy, der mit Ballards Witwe den Betrieb weiterführte, war zudem ein virtuoser Lautenspieler, der für verschiedene Lauteninstrumente auch erfolgreich komponierte.

Literatur:
F. Lesure / G. Thibault, *Bibliographie des éditions d'Adrian Le Roy et Robert Ballard (1551–1598)*, Paris 1955 • D. Heartz, *Parisian Music Publishing under Henry II: a propos of Four Recently Discovered Guitar Books*, in: The Musical Quarterly 46 (1960), S. 448–467.

ALB

Lechner, Leonhard [Beiname »Athesinus«]
* um 1553 Etschtal (Südtirol), † 9.9.1606 Stuttgart

Leonhard Lechner ist mit Johannes ▸ Eccard und Hans Leo ▸ Haßler – bei aller Verschiedenheit in Amt, Stil und Wirkungsort – der wichtigste Vertreter eines dezidiert deutschprotestantischen Ablegers der späten niederländischen Vokalpolyphonie in der zweiten Hälfte des 16. Jahrhunderts. Lechner betonte seine Herkunft zeitlebens durch den Zusatz »Athesinus«.

Vielleicht schon in Tirol musikalisch ausgebildet war Lechner seit etwa 1565 zunächst Sängerknabe an der Münchner Kapelle Herzog ▸ Albrechts V., die der Leitung Orlande de ▸ Lassus' unterstand. 1568 folgte er Albrechts Sohn Wilhelm nach Landshut, wo Ivo de ▸ Vento die neugegründete Kapelle leitete. Nachdem Lechner 1570 mit dem Erhalt von 10 Gulden aus den Diensten des Herrscherhauses ausgeschieden war, verliert sich für ein halbes Jahrzehnt seine Spur, wobei die gelegentlich vorgebrachten Spekulationen einer musikalischen Bildungsreise nach Italien nach wie vor der dokumentarischen Evidenz ermangeln. Gesichert ist dagegen seine Konversion zum protestantischen Bekenntnis im Alter von 18 Jahren. 1575 nahm er Wohnsitz in Nürnberg, heiratete Dorothea Kast und erhielt das Amt des Schuldieners an der evangelischen Stadtkirche St. Lorenz. Erste öffentliche Aufmerksamkeit erwarb er sich durch die Publikation der *Motectae sacrae* (1575), woraufhin der Rat der Stadt in mehreren Schritten sein Gehalt und auch seine Stellung verbesserte. Aber weder dies noch Lechners Bekanntschaften mit bedeutenden Bürgern der Stadt vermochten es, sein missliches Empfinden gegenüber der eigenen Situation zu mildern, so dass er 1583 einer Einladung Graf Eitelfriedrichs IV. von Hohenzollern-Hechingen folgte, um dort im Frühjahr 1584 Kapellmeister zu werden. Die Begrenztheit der dortigen Möglichkeiten vielleicht schon bald vor Augen, bewarb er sich ein Jahr später auf den Dresdener Kapellmeisterposten, wozu er mit Lassus und seinem ehemaligen Dienstherrn Wilhelm bedeutende Fürsprecher gewinnen konnte. Seine unbefugte Abreise aus Hechingen im Juli 1585 führte in der Folge aber nicht nur zum heftigen Zerwürfnis mit Eitelfriedrich und damit zum Verlust seines Kapellmeisterpostens, sondern machte zugleich auch seine Bemühungen in Dresden zunichte. Dennoch fand er bereits am 1. August 1585 eine Anstellung als Sänger an der Stuttgarter Kapelle Herzog Ludwigs von Württemberg, wo er schließlich nach zehn Jahren abermals zum Kapellmeister berufen wurde. Dieses Amt, zu dem neben der Musikpraxis auch die Ausbildung der Knaben gehörte, versah er, in den letzten Jahren gesundheitlich eingeschränkt, bis zu seinem Tod. Zehn Monate danach erwarb Herzog Friedrich Lechners musikalischen Nachlass, was nicht nur Wertschätzung dokumentierte, sondern offenbar auch aus konservatorischen Gründen geschah. Dennoch dürfte ein kaum bestimmbarer Teil von Lechners Œuvre verloren gegangen sein.

Angesichts der unsicheren und wechselnden Lebensumstände erstaunt es, mit welcher Zielstrebigkeit und letztlich auch welchem Erfolg Lechner die Verbreitung seiner Kompositionen verfolgte. Zu beinahe gleichen Teilen gilt sein Interesse den lateinischsprachigen, in der katholischen Liturgie verwurzelten Gattungen der ▸ Messe und ▸ Motette sowie dem deutschen polyphonen Lied weltlicher und geistlicher Prägung. Bereits 1577 in einem Nürnberger Ratsprotokoll als »gewaltiger Componist und Musicus« (zit. nach Werke, Bd. 1, S. V) bezeichnet und in Kontakt mit einflussreichen Nürnberger Bürgern, entwickelte Lechner offenkundig früh ein starkes Selbstbewusstsein. Musikalisch bezieht er sich auf seinen Münchner Lehrer Lassus, wobei er schon früh zu einem eigenen Personalstil findet, in dem die klassische niederländische Polyphonie mit einem der Wortverkündung und -ausdeutung gehorchenden Satz zu einer Synthese aus Klanglichkeit und relativ frei gehandhabter Imitation verschmelzen. Der erste Individualdruck, die *Motectae sacrae* (Nürnberg 1575), ist Lechners Dienstherrn Hieronymus Baumgartner jr. gewidmet, der in der Nachfolge seines Vaters die Reformation – unter Beibehaltung einer vorreformatorischen Liturgie – in Nürnberg fortführte. Die vier- bis sechsstimmigen Werke zeigen eine bereits sichere Beherrschung des polyphonen Stils, der sich in Motivik und Linienführung ganz dem Duktus des Textes fügt, eine kontrapunktische Faktur aber nicht missen lässt. Mit dem planvollen Arrangement der Stücke nach Thema, Stimmzahl und Tonart gibt der Komponist hier ganz bewusst eine »Visitenkarte« seines Könnens ab (Werke, Bd. 1, S. IX). Eine Zurücknahme der Polyphonie ist im zweiten Motetten-Band (*Sacrarum cantionum Liber secundus*, Nürnberg 1581) zu beobachten, denn durch die Sechsstimmigkeit rückt nun das stete Umgruppieren der Stimmen in den Vordergrund. Einzelne Worte werden aber dennoch musikalisch gedeutet, so beispielsweise das auffordernde »Surge« zu Beginn der ersten Motette mit den für Lechner typischen weitgespannten melodischen Verläufen und häufigen großen Intervallsprüngen. In den chronologisch dazwischenliegenden, dem katholischen Fürstbischof Julius von Würzburg gewidmeten ▶ Magnificat-Vertonungen *Sanctissimae Virginis Mariae Canticum* (Nürnberg 1578) in allen acht kirchentonalen Modi (▶ Tonsystem) wird der in den Motetten entwickelte polyphone Stil zugunsten der Textverständlichkeit und der liturgisch notwendigen Straffung noch stärker zurückgenommen. Der Wechsel von choraliter und chorisch gesungenen Versen weist auf den Praxisbezug hin. Trotz der insgesamt homorhythmischen Faktur, die durch das horizontale Verschieben einzelner Stimmen jede Monotonie vermeidet, gelingt es Lechner dennoch auf kleinstem Raum, einzelne Worte tonmalerisch auszudeuten (»dispersit superbos«). Mit dem Druck der drei Messen und zehn Introiten für das Kirchenjahr (*Liber Missarum*, Nürnberg 1584) erweist Lechner seinem zukünftigen Dienstherrn Eitelfriedrich IV. die Ehre. Generell bevorzugt er wiederum die Vollklanglichkeit, von der er nur gelegentlich abrückt. In der sechsstimmigen *Missa prima* (nach Lassus' Motette *Domine Dominus noster*) dominiert der syllabisch-homorhythmische Stil, der durch das Gegenüberstellen unterschiedlicher Stimmgruppen aufgelockert wird. In der fünfstimmigen *Missa secunda* (nach Luca ▶ Marenzios Madrigal *Non fu mai cervo*) steht mit klassischen Noëmata bei »Et incarnatus est« und einer madrigalesk-virtuosen Wortausdeutung bei »descendit« im Credo oder dem weitschweifigen »gloria tua« im Sanctus die Wortausdeutung im Vordergrund (▶ Madrigalismen). Die textarmen Rahmensätze werden dagegen etwas polyphoner gestaltet. Die fünfstimmige *Missa tertia* (nach Cipriano de ▶ Rores Madrigal *Non e lasso martire*) ist wesentlich statischer in der Bewegung, gibt dafür aber der Variation in der Harmonik breiten Raum. Diesem Stil folgen auch die Introiten. Mit den *Septem Psalmi Poenitentiales* (Nürnberg 1587) schließt sich der Kreis der großen lateinischsprachigen Drucke. Da die Bußpsalmen (▶ Psalmvertonungen) im 16. Jahrhundert fast den Rang eines Topos im religiösen Leben für sich in Anspruch nehmen konnten, muss Lechners Beitrag nicht unbedingt einen Bezug zur berühmten Vertonung durch Lassus haben. Melodisch zurückhaltend stehen die einzelnen Sätze im Zeichen der Wechselwirkung von tonalem Modus und Text. Die im Anhang der Sammlung publizierte dreichörige, achtzehnstimmige Psalmvertonung *Cantate Domino* ist eine gewaltige Klangmassierung, die von der 24-stimmigen Hochzeitsmotette *Quid Chaos* (1582), in der sich ein Dialog zwischen Gott und den Allegorien Amor und Chaos entspinnt, noch übertroffen wird.

Ebenso zielstrebig wie systematisch beschäftigte sich Lechner mit den deutschsprachigen Liedformen. Gattungsgeschichtlich auf der Höhe der Zeit ist bereits die Sammlung *Newe Teutsche Lieder* (Nürnberg 1576). Ohne die melodietragende Oberstimme zu dominant werden zu lassen, gelingt ihm hier eine Symbiose von dosiertem Einsatz anspruchsvoller kompositorischer Techniken wie der imitierenden Polyphonie und einer betonten Beiläufigkeit, die vor allem die Texte um (enttäuschte) Liebe, Musik, Humor und andere Tugenden wirkungsvoll in Szene zu setzen vermag. Mit der Folgesammlung *Newe Teutsche Lieder* (Nürnberg 1577) beschreitet der Komponist neue Wege, indem er nicht nur die musikalischen Mittel deutlich erweitert, sondern auch weltliche und geistliche Gesänge konsequent vermischt. Nach teilweise imitierendem Beginn münden die Sätze zumeist in deklamierende Abschnitte, die die Quintessenz des Textes mehrfach wiederholen. Durch die Erweiterung zur Fünfstimmigkeit geht die Leichtigkeit der älteren dreistimmigen Sätze nach Art der italienischen Villanella aber verloren. Mit Reduktion der polyphonen Verflechtung steht die durchgehend fünfstimmige Sammlung *Newe Teutsche Lieder* (Nürnberg 1579), die im Anhang noch vier italienische ▸ Madrigale enthält, ganz im Zeichen der Textverständlichkeit, kaum jedoch der punktuellen Wortausdeutung. Durch die vergrößerte Stimmzahl gelingt eine Abwechslung mittels der immer wieder neu kombinierten Stimmpaarungen. Textlich kehrt Lechner nach der zweiten Sammlung wieder zu den weltlichen Vorlagen zurück. In den späten Drucken *Newe Teutsche Lieder* (Nürnberg 1582) und *Neue lustige teutsche Lieder* (Nürnberg 1586) führt Lechner seine Auseinandersetzung mit der Gattung fort, wobei er offenkundig nicht zu einer allgemeingültigen Lösung gelangen will, sondern eine fein austarierte Mischung aus Textverständlichkeit, konsequenter Linienführung und harmonischem Gespür für die Ausdeutung der Texte in ein konstruktives Spannungsverhältnis setzt zu einfachen vierstimmigen Sätzen. In der vollständig chorisch gehaltenen *Historia der Passion und Leidens unsers einigen Erlösers Jesu Christi* (1594) wird der altertümliche liturgische Rezitationston des Evangelisten und der Turbae, rhythmisch dem vierstimmigen Satz angeglichen, durchgehend im Tenor zitiert, freilich »eher in symbolisch assoziativer denn in konstruktiver Hinsicht« (Aringer 2003, Sp. 1412). Es entsteht so nicht nur in der musikalischen Konstruktion, sondern auch der Idee nach eine interessante Versöhnung von katholischem ▸ Gregorianischem Choral und deutsch-protestantischer Mehrstimmigkeit. Von bemerkenswerter Ausdruckskraft sind die in einer posthumen Handschrift von 1606 überlieferten *Sprüche von Leben und Tod*. In 15 je nur wenige Takte umfassenden Teilen wird das menschliche Dasein zwischen Freude und Trauer als Widerspruch thematisiert, der sich nur in Gotteszuversicht auflösen kann. Dabei gelingt es Lechner, die in jeder Strophe angelegten Kontraste in aller Schärfe auch in die Musik zu übertragen, wobei der Ausdeutung einzelner Worte überragende Bedeutung zukommt.

Die im Dienste einer protestantischen Geschichtsdeutung stehende Wiederentdeckung Lechners im 19. und 20. Jahrhunderts hat ihn wechselnd als evangelischen Lassus-Antipoden oder -epigonen gesehen, verkennt dabei jedoch seine stilistische Originalität und zugleich auch seine planvolle und umsichtige Auseinandersetzung mit den Gattungen der Zeit.

Ausgabe:
Kritische Gesamtausgabe *Leonhard Lechner, Werke*, hrsg. von K. Ameln, 14 Bde., Kassel 1954–1998.

Literatur:
K. Ameln, *Leonhard Lechner* (Lüdenscheider Beiträge, Heft 4), Lüdenscheid 1957 • H. Weber, Die Beziehungen zwischen Musik und Text in den lateinischen Motetten Leonhard Lechners, Diss. Univ. Hamburg 1961 • E.F. Schmid, *Musik an den schwäbischen Zollernhöfen der Renaissance*, Kassel 1962 • W. Blankenburg, *Zu den Johannes-Passionen von Ludwig Daser (1578) und Leonhard Lechner (1593)*, in: *Musa – Mens – Musici. Im Gedenken an Walther Vetter*, Leipzig 1969, S. 63–66 • F. Körndle, *Untersuchungen zu Leonhard Lechners »Missa secunda, non fu mai cervo«*, in: Augsburger Jahrbuch für Musikwissenschaft 1986, hrsg. von Franz Krautwurst, Tutzing 1986, S. 93–159 • M. Klein, *Neuere Studien über Leonhard Lechner*, in: Schütz-Jahrbuch 14 (1992), S. 62–77 • D. Golly-Becker, *Die Stuttgarter Hofkapelle unter Herzog Ludwig III. 1554–1593*, Stuttgart 1999 • K. Ameln, *Lechner, Leonhard*, in: Grove, Bd. 14, 2001, S. 441–444 • K. Aringer, *Lechner, Leonhard*, in: MGG^2, Bd. 10 (Personenteil), 2003, Sp. 1409–1414.

CB

Legrensis, Johannes ▸ Gallicus, Johannes

Leier

Leiern sind Zupfinstrumente mit schalen- oder kastenförmigem Schallkörper und mit zwei seitlichen Jocharmen, die durch ein oberes Joch verbunden sind. Die parallel zum Schallkörper verlaufenden Saiten sind am oberen Joch mit Vorrichtungen zum Stimmen versehen, am Schallkörper laufen sie über einen Steg und sind zum unteren Rand hin an einem Saitenhalter befestigt. Leiern gehören zu den ältesten Musikinstrumenten und existieren seit dem 3. Jahrtausend v.Chr. in Syrien, am Persischen Golf, in Anatolien, Zypern, Ägypten, Palästina und im ägäischen Raum. In der griechisch-römischen Antike war die Leier unter der Bezeichnung Kithara (oder auch der Lyra) das bedeutendste Instrument schlechthin und in der Mythologie mit den Personen verbunden, die die Musik verkörpern (Apollon, ▸ Orpheus). Im Mittelalter wurde sie in Psalterillustrationen das Instrument König Davids, und wenn Harfen erwähnt wurden, handelte es sich meist um Leiern; im realen Musizieren wurde sie zum Instrument der ▸ Spielleute.

In der Renaissance meinte die Bezeichnung Leier oder Lyra meist nicht das antike Instrument, sondern sie wurde auf verschiedene Zupf- oder auch Streichinstrumente übertragen. Unter anderem wurde mit Lyra auch die ▸ Lira da braccio bezeichnet, ein Streichinstrument, das mit dem antiken Zupfinstrument Lyra jedoch nichts zu tun hat; es empfiehlt sich für das Streichinstrument deshalb immer die Schreibweise Lira. Auch auf die ▸ Drehleier wurde der Begriff angewandt. Im Zuge der Rückbesinnung auf antike Musik in der zweiten Hälfte des 16. Jahrhundert wurden im Umfeld der ▸ Académie de Musique et de Poésie in Paris antike Leiern konstruiert, u.a. von Antoine Potin. Als Leierspieler waren Joachim Thibault de ▸ Courville und Lambert de Beaulieu bekannt.

Literatur:
B. Lawergren / M. Bröcker, *Leier*, in: *MGG*^{2}, Bd. 5 (Sachteil), 1996, Sp. 1011–1038.

Leipzig

Leipzig ist im 15. und 16. Jahrhundert insbesondere durch die geistliche Musik an St. Thomas und St. Nikolai geprägt. An der Thomaskirche gab es seit 1435 Succentoren bzw. Kantoren; Johannes Steffani de Orba ist als der erste nachgewiesen, zu Beginn des 16. Jahrhundert war Georg ▸ Rhau zwischen 1518 und 1520 und möglicherweise auch Johannes ▸ Galliculus Kantor. Die Kantoren unterwiesen die Schüler in der Liturgie und dem Singen und leiteten auch den Gesang der Kleriker. Die Schüler wirkten im Gottesdienst mit, seit 1390 ist eine Alternatimpraxis mit der 1384 eingebauten Orgel bezeugt. Stiftungen bereicherten die musikalische Ausgestaltung der Gottesdienste, allerdings zumeist an St. Nikolai, wo zunächst zwei Choralisten für den gregorianischen Gesang verantwortlich waren. Gelegentlich wirkte an Sonn- und Feiertagen auch die Thomasschule in St. Nikolai mit. Zwischen 1495 und 1516 wurde die Anzahl der Choralisten auf 14 erhöht, meistenteils aus bedürftigen Studenten bestehend, die sich damit ihren Lebensunterhalt mit finanzierten. Eine Orgel bestand an St. Nikolai nachgewiesenermaßen ab 1457. Mehrstimmige Musik frankoflämischer Provenienz erklang im 15. Jahrhundert wahrscheinlich auch, jedenfalls enthält der 1504 in Leipzig abgeschlossene Apel-Codex – benannt nach Nicolaus Apel, ehemals Student und später Rektor der Leipziger Universität – Kompositionen von ▸ Adam von Fulda, Heinrich ▸ Finck, Heinrich ▸ Isaac und Jacob ▸ Obrecht. Die Aufführung eines Te Deum und einer zwölfstimmigen Messe 1519 durch die Thomaner unter Leitung von Rhau lässt jedenfalls auf eine schon bestehende mehrstimmige Praxis schließen.

In der Zeit der Reformation war Leipzig vor allem Ort des Druckes reformatorischen Schrifttums. 1530 wurde ein erstes evangelisches Gesangbuch, *Enchiridion geistlicher gesenge und Psalmen für die leien* mit einer Vorrede von Martin ▶ Luther bei Michael Blum d.J. publiziert; ihm folgte als Gegenzug 1537 das erste gedruckte katholische Gesangbuch bei Nickel Wolrab, Michael ▶ Vehes *Ein new Gesangbüchlin Geystlicher Lieder*. 1539 wurde ein neues evangelisches Gesangbuch von Valentin Schumann publiziert, 1545 kam das berühmte Gesangbuch von Valentin Bapst *Geystliche Lieder* heraus, das vielfache Auflagen erfuhr. Gegen Ende des 16. Jahrhunderts folgten Kantionale mit schlichten mehrstimmigen Sätzen, beispielsweise das Kantional von Sethus ▶ Calvisius (1597). Fand die Verbreitung der reformatorischen Lehre bereits unter dem noch katholischen Herzog Georg statt, so führte nach dessen Tod 1539 Herzog Heinrich der Fromme in Sachsen die Reformation ein. Alle kirchlichen und schulischen Organisationen wurden wie andernorts dem Rat der Stadt unterstellt. Erhalten blieb die Tradition, dass die Thomaner mehrstimmige Musik nicht nur in der Thomas- sondern auch in der Nikoalikirche aufführten (neu festgelegt durch die Kirchenordnung von 1549). Dazu hatte sich bereits 1521 eine große und eine kleine Kantorei ausgebildet. Die große Kantorei wurde im späten 16. Jahrhundert durch Stadtpfeifer unterstützt.

An der 1409 gegründeten Leipziger Universität studierten viele Persönlichkeiten, die dann als Komponisten oder Musiktheoretiker bekannt wurden, darunter Heinrich Finck, Melchior ▶ Schanppecher, Johannes ▶ Galliculus, Balthasar Resinarius, Johann Heugel, Andreas ▶ Ornithoparchus, Georg ▶ Rhau ebenso wie Hartmann Schedel, der spätere Nürnberger Arzt und Besitzer einer umfangreichen Bibliothek, der am Ende seiner Studienzeit zwischen 1459/1460 und 1463 das *Schedelsche Liederbuch* niederschrieb, dessen ca. 130 dreistimmige Lieder eine bedeutende Quelle für die polyphone weltliche Musik im deutschsprachigen Bereich sind. Rhau ist 1518 auch in der universitären Lehre (Musik) tätig gewesen. Bei der musikalischen Ausgestaltung der Gottesdienste der Universität halfen Lehrer und Schüler der Thomasschule und Sänger der Nikolai-Kirche aus, wie auch umgekehrt Studenten in den Kantoreien der Kirchen mitwirkten. Nachdem der Universität 1543 das Dominikanerkloster für die Unterkunft von Studenten zur Verfügung gestellt wurde, bildete sich dort eine Paulinerkantorei aus, die u.a. auch von Sethus Calvisius geleitet wurde. An der Universität wurde auch musiziert, wovon eine Anzahl Sammlungen von Lautenmusik zeugt, die von Leipziger Lautenisten publiziert wurde. – Instrumentalisten mit primär musikalischen Aufgaben – zuvor waren Trommler und Pfeifer insbesondere als Wächter und Turmbläser angestellt – wurden erst ab 1479 bestallt, die die musikalische Ausgestaltung von Festen bestritten und gegen Ende des 16. Jahrhunderts auch in der Kirchenmusik mitwirkten. Ebenfalls gegen Ende des 16. Jahrhunderts wurden Streicher immer beliebter, die zu Beginn des 17. Jahrhunderts Anstellung in den Kantoreien fanden. Vokale und instrumentale Musik wurde vielfach nicht nur zu festlichen Anlässen aufgeführt, sondern auch in der ▶ Hausmusik gepflegt. In Leipzig waren seit der zweiten Hälfte des 15. Jahrhunderts Instrumentenbauer und seit der 1520er Jahre auch Drucker tätig.

Literatur:
P. Krause, *Leipzig. II. Vom Mittelalter bis zum Ende des Dreißigjährigen Krieges*, in: MGG², Bd. 5 (Sachteil), 1996, Sp. 1050–1055.

Leisentrit[t], Johann[es]
* Mai 1527 Olmütz, † 24.11.1586 Bautzen

Leisentrit war Domdechant zu Bautzen, Administrator der Lausitz und Herausgeber des prachtvollsten katholischen Gesangbuchs im 16. Jahrhundert. Er studierte Theologie und Philosophie in Krakau und erhielt 1549 die Priesterweihe. Ab 1551 war er Kanoniker in Bautzen und wurde 1559 zum Dekan gewählt. 1561 übernahm Leisentrit den neu geschaffenen Posten des apostolischen Administrators der beiden Lausitzen. Das großteils noch dem vorreformatorischen Glauben verpflichtete Gebiet konnte sich so aus der Diözese Meißen und damit aus dem Einflussbereich des evangelischen Kurfürsten lösen. In vielen Schriften Leisentrits (ein Verzeichnis findet sich bei Gerblich, 1959) offenbart sich seine mäßigende Kirchenpolitik, aus der noch die Hoffnung auf eine Wiedergewinnung der geistlichen Einheit durch kirchliche Reformen spricht.

Eine der bemerkenswertesten Leistungen in diesem Bemühen war die Herausgabe der *Geistliche[n] Lieder und Psalmen*, gedruckt 1567 zu Bautzen von Hans Wolrab (*DKL* 1567[05]). Das mit 249 Liedern zu 181 Melodien umfangreichste Gesangbuch des 16. Jahrhunderts, das auch Gebete und erbauliche Texte enthält, ist mit Zierleisten und illustrierenden Holzschnitten ausgestattet. Es übertrifft an Lied- und Bildreichtum sogar noch das als Vorlage dienende protestantische Gesangbuch, das 1545 von Valentin Babst in Leipzig gedruckt wurde. Als Quellen dienten Leisentrit vorreformatorische böhmische Kantionalien, das erste katholische Gesangbuch von Michael ▸ Vehe und Liedvorlagen von Hecyrus (Christoph Schweher, Pfarrer und Stadtschreiber von Budweis), die dieser erst 1581 in Prag veröffentlichte. Als nichtkatholische Quellen standen ihm neben dem Babstschen Gesangbuch (1545) u.a. das *Schlesisch singebüchlein* von Valentin Triller (1555) und *Die Sontags Euangelia* von Nikolaus Hermann (1560) zur Verfügung. Anderweitig nicht nachweisbare Melodien (teilweise zu übernommenen Liedtexten) und Texte sowie Textadaptionen könnten von Leisentrit selbst stammen.

Das Gesangbuch besteht aus zwei Teilen. Der erste mit einer Widmungsvorrede an Kaiser Maximilian II. enthält nach dem Kirchenjahr geordnete Lieder, an die sich Liedgruppen zu unterschiedlichen religiösen Themen und Anlässen anschließen. Im zweiten Teil, der dem Abt Balthasar des Zisterzienserklosters Ossegk gewidmet ist, sind Marien- und Heiligenlieder versammelt. Zu der Funktion der Lieder auch im Gottesdienst gibt Leisentrit weit deutlichere Angaben als Vehe. Das Gesangbuch wurde 1573 und in erweiterter Form 1584 als *Catholisch Gesangbuch* neu aufgelegt (*DKL* 1573[02], 1584[05]). Es fand in ganz Deutschland Verbreitung, und auf Veranlassung des Bischofs von Bamberg erschien 1576 in Dillingen ein *Kurtzer Außzug* daraus als erstes deutsches Diözesangesangbuch.

Ausgaben:
J. Leisentrit, *Geistliche Lieder und Psalmen (1567)*, Faksimile, hrsg. von W. Lipphardt, Kassel und Leipzig 1966 • *Das deutsche Kirchenlied. Kritische Gesamtausgabe der Melodien*, Abteilung III, Bd. 1/1, hrsg. von J. Stalmann, Kassel u.a. 1993, Textband a53, Notenband A327–401.

Literatur:
W. Gerblich, *J. Leisentrit und die Administratur des Bistums Meißen in den Lausitzen*, Leipzig 1931, ²1959 • M. Hoberg, *Die Gesangbuchillustration des 16. Jahrhunderts. Ein Beitrag zum Problem Reformation und Kunst*, Straßburg 1933 • J. Gülden, *J. Leisentrits pastoralliturgische Schriften*, Leipzig 1963 • W. Lipphardt, *J. Leisentrits Gesangbuch von 1567*, Leipzig 1963 • S. Seifert (Hrsg.), *J. Leisentrit 1527–1586 zum 400. Todestag*, Leipzig 1987 • E. Heitmeyer, *Das Gesangbuch von J. Leisentrit 1567. Adaption als Merkmal von Struktur und Genese früher deutscher Gesangbuchlieder* (Pietas liturgica / Studia 5), St. Ottilien 1988 • M. Rathey / W. Lipphardt, *Leisentrit*, in: *MGG*², Bd. 10 (Personenteil), 2003, Sp. 1529f.

ST

Lemaire de Belges, Jean
* um 1473 Bavai, Hainaut, † nach März 1514

Der französische Dichter und Historiograph, Patensohn und Schüler von Jean ▸ Molinet, wurde wahrscheinlich als Chorknabe an Notre-Dame-la-Grande in Valenciennes erzogen; er diente später als Sekretär des Herzogs Pierre II. von Bourbon (1498), dem Grafen Louis de Ligny (1503), Margarete von Österreich (1504) und Anne de Bretagne (1512). Das letzte Dokument seines Lebens ist ein Brief vom 18. März 1514.

La plainte du désiré beklagt den Tod Louis de Lignys im Dezember 1503 und beschwört mehrere Sänger, ▶ Josquin Desprez, Hilaire Bernoneau, Alexander ▶ Agricola, Evrart, Conrad Remiger und Pregent herauf, um zur Allianz von Musik und Dichtung aufzurufen. Seine Allegorie auf die geistige Harmonie von Frankreich und Italien, *La concorde des deux langages*, wimmelt von musikalischen Bildern, die altes und neues vermischen – Monochorde, Psalterien und Gitarren, Sapphische Oden und Virelais – und zitiert die Namen Amphion, Arion, Orpheus, Johannes ▶ Ockeghem, Josquin Desprez, Alexander ▶ Agricola und Loyset ▶ Compère. Er beschreibt die Stile der zeitgenössischen Komponisten: Agricolas »Technik des Stimmtausches«, Josquins »farbige Worte«, Ockeghems »auserlesene Harmonik«, Compères »sanften Ausdruck«. Pierre ▶ Attaingnant schreibt die vierstimmige Chanson *Mille regretz* »J. Lemaire« zu (1533[1]); spätere Quellen schreiben die Komposition dieses Liedes Josquin zu, der Lemaires *Plus nulz regretz* (1508) und vielleicht *Soubz ce tumbel qui est dur conclave* (anonym in Brüssels Ms 228; eher von Pierre de La ▶ Rue, siehe Picker, 1965) vertonte. Lemaire hat möglicherweise auch den französischen Text der Motetten-Chansons *Cueurs desolez* geschrieben.

Literatur:
M. Picker, *The Chanson Albums of Marguerite of Austria*, Berkeley 1965 • Ders., *Josquin and Jean Lemaire: Four Chansons Re-examined*, in: *Essays presented to Myron P. Gilmore*, hrsg. von S. Bertelli und G. Ramakus, Florenz 1978, Bd. 2, S. 447–456 • F. Dobbins, *Music in Renaissance Lyons*, Oxford 1992, S. 17, 27–31.

FD

Le Mans ▶ Frankreich

Leonardo da Vinci
* 15.4.1452 Vinci, † 2.5.1519 Cloux (bei Amboise)

Leonardo erhielt seine künstlerische Ausbildung in Florenz bei Andrea del Verrocchio und war als Maler seit 1472 Mitglied der Gilde von San Luca. Seine wichtigsten Aufenthalts- bzw. Anstellungsorte waren der Hof der ▶ Sforza in Mailand zwischen 1482 und 1499, der Hof Cesare Borgias 1502–1503, Florenz (Aufträge der ▶ Medici) mit Unterbrechungen bis 1507, der Hof des französischen Königs ▶ Ludwig XII. 1507, die Kurie in Rom unter Papst Leo X. 1513–1515 und schließlich wieder der französische Hof König ▶ Franz' I. seit 1516, wo er in Schloss Cloux die letzten drei Jahre seines Lebens verbrachte. – Die Bedeutung des berühmten Malers, Bildhauers, Architekten, Forschers und Musikers für die Musikgeschichte in der Renaissance liegt zum einen in der Erfindung von Instrumenten, zum anderen in seinen Ausführungen zur Rolle der Musik im Vergleich zu den anderen Künsten. Durch Giorgio ▶ Vasari und weitere Zeugnisse ist überliefert, dass Leonardo Sänger und Spieler der ▶ Lira da braccio war (nicht der Lyra bzw. Leier, wie oft zu lesen ist) und dass seine – wahrscheinlich improvisatorischen – Darbietungen sehr geschätzt waren. Zur Verbesserung der Lira konstruierte Leonardo die sogenannte ›Pferdekopflira‹, laut Vasari eine silberne Lira in Form eines Pferdeschädels, deren Klang kraftvoller und wohltönender als derjenige der üblichen Lira-Instrumente gewesen sein soll; laut Vasari hat er sie in Mailand 1494 Herzog Lodovico il Moro Sforza vorgespielt, dem Nachfolger Gian Galeazzo Sforzas. Auch für weitere Musikinstrumente schuf er zahlreiche Entwürfe, darunter beispielsweise die frühesten zum ▶ Geigenwerk und zu einem diesem ähnlichen Instrument, der ›Viola Organista‹ (siehe hierzu Winternitz), die aber nie gebaut wurde. Die Beschäftigung mit Instrumenten ist die praktische Konsequenz seiner akustischen Studien zur Tonerzeugung, deren Übertragung, ihrer Lautstärke und ihrer Resonanz. – In seinen Schriften äußerte sich Leonardo vielfach über Musik, insbesondere in einem Teil seines *Trattato della pittura* (nachträglich zusammengestellt und 1651 in Paris gedruckt), dem *Paragone* (die Musik betreffenden Ausschnitte sind bei Winternitz wieder abgedruckt). Leonardo behauptete die Überlegenheit der Malerei über die Poesie und die Musik, um die Bedeutung der Bildenden Künste gegenüber der Musik hervorzuheben: Malerei und Architektur waren nicht im traditionellen System der ▸ Artes liberales verankert und sollten deshalb stärker legitimiert werden. Die Feststellung Leonardos, dass beide Künste auf Proportionen basierten, gehörte zum Bestreben der Aufwertung der Malerei, denn die Verankerung der Musik im ▸ Quadrivium der Artes liberales beruhte auf ihrer Relevanz im ▸ pythagoreischen System, das trotz humanistischer Bestrebungen (▸ Humanismus) um 1500 noch seine Geltung bewahrte. Leonardo betonte jedoch ebenso die Ausdruckskraft der Musik und die ihr innewohnenden inhaltlichen Implikationen: Die Musik stelle Dinge dar, die man nicht sehen könne (»Musica, la Figurazione delle cose Invisibili«). Musik gehörte somit zu den nachahmenden Künsten. Dass die Musik der Malerei unterlegen sei, weil sie sich in der Zeit ereigne und deshalb vergehe, die Malerei jedoch bleibe, könnte darauf schließen lassen, dass Leonardo wohl hauptsächlich improvisierend musizierte bzw. dass Musik für ihn nicht in der niedergeschriebenen Komposition, sondern im Erklingenden bestand: eine sehr moderne Auffassung, die Thema ästhetischer Auseinandersetzungen der folgenden Jahrhunderte werden sollte.

Literatur:
E. Winternitz, *Leonardo da Vinci as a Musician*, New Haven 1982 • R. Dragstra, *Leonardo, Vitruv und Pythagoras*, in: *Töne – Farben – Formen. Über Musik und die Bildenden Künste, Festschrift für Elmar Budde*, Laaber ²1995, S. 287–310 • M. Calella, *Leonardo da Vinci*, in: *MGG²*, Bd. 10 (Personenteil), 2003, Sp. 1598–1600 • S. Feser (Hrsg.), *Giorgio Vasari. Das Leben des Leonardo da Vinci*, übersetzt von V. Lorini, Berlin 2006.

ES

Lexika ▸ Enzyklopädien

L'homme armé

Dies ist der Textanfang einer Melodie, vermutlich aus der Mitte des 15. Jahrhunderts, der vom späten 15. bis ins 16. Jahrhundert als ▸ Cantus firmus zahlreichen Kompositionen zugrunde gelegt wird und besonders in ▸ Ordinariumszyklen Verwendung findet. Trotz zahlreicher Kontroversen ist nicht zu klären, ob *L'homme armé* ein Volkslied ist oder als mehrstimmige Chanson oder für einen Ordinariumszyklus komponiert worden ist; offenbar ist die Melodie besonders für kontrapunktische Bearbeitungen geeignet. Sie wird in ca. 40 Messen (von einigen Komponisten auch mehrfach), außerdem in einigen weltlichen vokalen und instrumentalen Bearbeitungen genutzt. Die Komposition von ▸ Messen über eine bekannte Melodie begründete eine Tradition, vor allem seit den *L'homme armé*-Messen ▸ Josquin Desprez'. So konnten sich sowohl chronologisch als auch kompositorisch zusammenhängende Werkgruppen bilden: Beziehungen lassen sich zwischen den Messen von Antoine ▸ Busnoys und Johannes ▸ Ockeghem sowie zwischen der Messe von Busnoys und der jüngeren von Jacob ▸ Obrecht nachweisen.

Die älteste Niederschrift des Textes, die eine anonyme Sammlung von sechs Messen enthält, findet sich in einer Handschrift, die vermutlich um 1470 am ▸ burgundischen Hof entstand und 1476 zu einer Hochzeit nach ▸ Neapel geschickt wurde (I-Nn, Ms.VI.E.40, fol.58v). Die ersten fünf Werke benutzen je einen Teil der Melodie mit Mensurkanons, Transpositionen, Umkehrungen und krebsgängigen Bewegungen, erst die sechste Messe bringt den vollständigen Cantus firmus und verdoppelt ihn im Unterquintkanon durch eine fünfte Stimme.

L'homme armé weist eine dreiteilige Liedform A-B-A' auf. Strukturelle Kennzeichen sind Quartsprung, mehrmaliger Quintfall und gesangliche Sekundintervalle, der Ambitus beträgt eine Oktave.

Melodie *L'homme armé*

Inhaltlich steht der »Ruf zu den Waffen« im Mittelpunkt, wahrscheinlich ist eine Verbindung zu den letzten Kreuzzügen, deren Initiativen vom burgundischen Hof ausgingen. So hat ▸ Philipp der Gute als Ordensgründer des Ordens vom Goldenen Vlies auf dem Fasanenbankett 1454 in Lille zum Kreuzzug gegen die Türken aufgerufen, die 1453 ▸ Konstantinopel erobert hatten.

L'homme-armé-Messen sind öfters mit Verweisen auf Herrscher verbunden, vielfach wurden sie zu offiziellen Anlässen aufgeführt. Ihre Symbolik verweist auf Inhalte allgemein gültiger Art, nicht auf subjektive Aussagen. Als Ausdruck höchster Staatskunst mussten sie auch durch ihre musikalische Darstellung repräsentativ wirken; Bedeutungsreichtum, kompositionstechnischer Anspruch, auch Gelehrsamkeit sind ihre Kennzeichen. In diesem Sinne sind die technisch verzwickten Mensurkanons von Josquin und Pierre de la ▸ Rue zu interpretieren, aber auch die beiden Palestrina-Vertonungen mit ihrem konservativen Rückgriff auf eine Tradition, die sich zu Zeiten Giovanni Pierluigi ▸ Palestrinas bereits erschöpft hatte und nur ein bewährtes Gestaltungsmuster fortführte. Denn bereits bis um 1520 waren mehr als die Hälfte der *L'homme armé*-Vertonungen geschrieben worden. Zu den veränderten Bedingungen, die es den Komponisten nicht mehr angebracht erscheinen ließen, sich des etablierten Messetypus mit dem berühmten Cantus firmus zu bedienen, gehörten das Vordringen der Parodietechnik, die abnehmende Bedeutung von Messkompositionen auch aufgrund der Beschlüsse des Konzils zu Trient. Hiermit endete die Faszination der *L'homme armé*-Tradition.

Komponisten, die L'homme armé *vertont haben (nur Messen)*:
Juan de Anchieta (im *Agnus dei*, z.T. auch im *Kyrie, Sanctus und Benedictus der Missa sine nomine*); Philippe ▸ Basiron; Antoine ▸ Bruhier; Antoine ▸ Brumel; Antoine ▸ Busnoys; Firmius ▸ Caron; Robert ▸ Carver; Loyset ▸ Compère; Guillaume ▸ Dufay; Guillaume ▸ Faugues; Costanzo ▸ Festa oder Andreas de Silva (*Missa carminum*, nur im *Kyrie*); Mathurin Forestier; Francisco ▸ Guerrero (I,II); ▸ Josquin Desprez (I,II); Pierre de la ▸ Rue (I,II: Zuschreibung strittig); Cristóbal de ▸ Morales (I,II); Jacob ▸ Obrecht; Johannes ▸ Ockeghem; Marbrianus de ▸ Orto; Giovanni Pierluigi da ▸ Palestrina (I,II); Francisco de ▸ Peñalosa; Matthaeus ▸ Pipelare; Johannes ▸ Regis (I: *Missa Dum sacrum mysterium*; II vermutl. verloren); Ludwig ▸ Senfl; Johannes ▸ Tinctoris (*Missa Cunctorum plasmator*); Bertrandus de Vaqueras; Vitalis Venedier (nur Alt und Bass).
Anonym: I-Bc, Ms.Q16, fol.100-110 (86-96; dreist.), *Missa de l'am ormi*; I-Nn, Ms.VI E 40 (6 Messen als Zyklus); I-Cmac, Ms.M(D), fol.51-60, *Missa Elle est bien malade*, zitiert *L'homme armé*; F-Pn, D.1844 (strittige Zuschreibung an Giacomo Carissimi, 12 st., 16 st. Bearbeitungen von Nicolò Stamigna und G.B. Berretta).

Literatur:
M. Brenet, »*L'homme armé*«, in: Monatshefte für Musikgeschichte 30 (1898), S. 124–127 • O. Gombosi, *Bemerkungen zur »L'homme armé«-Frage*, in: Zeitschrift für Musikwissenschaft 10 (1928), S. 609–612 • M. Bukofzer, *Studies in Medieval and Renaissance Music*, New York 1959, S. 159–169 • J. Cohen, *The six anonymous »L'homme armé« Masses in Naples, Biblioteca Nazionale, MS VI E 40*, in: Musicological Studies and Documents 21, Rom 1968 (Edition in Corpus mensurabilis musicae 85) • L. Lockwood, *Aspects of the »L'homme armé« Tradition*, in: Proceedings of the Royal Musical Association 100 (1973/1974), S. 97–122 • W. Haass, *Studie zu den »L'homme armé«-Messen des 15. und 16. Jahrhunderts*, Regensburg 1984 • R. Taruskin, *A. Busnois and the »L'homme armé« Tradition*, in: Journal of the American Musicological Society 39 (1986), S. 272–281 • P. Higgins, *A. Busnois and Musical Culture in Late Fifteenth-Century France and Burgundy*, Diss. Princeton Univ., Princeton / New York 1987 • A. Roth, »*L'homme armé, le doubté turcq, l'ordre de la toison d'or*«. Zur ›Begleitmusik‹ der letzten großen Kreuzzugsbewegung nach dem Fall von Konstantinopel, in: *Feste und Feiern im Mittelalter. Paderborner Symposion des Mediävistenverbandes*, hrsg. von D. Altenburg, J. Jarnut und H.-H. Steinhoff, Sigmaringen 1991, S. 469–479 • C. Gottwald, *Palestrina: »L'homme armé«*, in: Musikkonzepte 86 (1994), S. 43–59 • R. Sherr, *Notes on the Biography and Music of Bertrandus Vaqueras (ca. 1450–1507)*, in: Festschrift Ludwig Finscher, hrsg. von A. Laubenthal, Kassel 1995, S. 111–122 • M. Staehelin, *Eine wiedergefundene Messen-Hs. des frühen 16. Jh.*, in: dass. S. 133–144 • A. Laubenthal, *L'homme armé*, in: MGG², Bd. 5 (Sachteil), 1996, S. 1110–1116 • L. Lütteken, *Ritual und Krise. Die neapolitanischen »L'homme armé-Zyklen« und die Semantik der Cantus firmus-Messe*, in: *Musik als Text. Bericht über den internationalen Kongreß der Gesellschaft für Musikforschung Freiburg im Breisgau 1993*, hrsg. von H. Danuser und T. Plebuch, Bd. 1, Kassel 1999, S. 207–218 • A.E. Planchart, *The origins and early history of* L'homme armé, in: The journal of musicology 20 (2003), S. 305–357.

US

Liedmotette

Der Begriff ›Liedmotette‹ wird in der Literatur etwas unscharf für mehrere Motettentypen vor allem des 15. Jahrhunderts verwendet, die in der einen oder anderen Art als ›liedhaft‹ anzusehen sind. Sie stehen im Gegensatz zu den größer angelegten, repräsentativen Gattungen der ▸ Tenormotette und der isorhythmischen Motette (▸ Isorhythmie); ihre oft marianischen Texte (▸ Antiphonen etc.) und die intimere musikalische Faktur verweisen auf den liturgischen Alltag bzw. einen tendenziell privaten Andachtscharakter. Satztechnisch sind zu unterscheiden: die dreistimmige Motette, die sich an die französische ▸ Chanson der Epoche anlehnt, mit stark melismatisch-verzierter Oberstimme und begleitenden, meist untextierten Unterstimmen (die ›Diskantmotette‹, z.B. Guillaume ▸ Dufays *Flos florum*); die vor allem in Italien, Deutschland und Ostmitteleuropa verbreitete drei- oder vierstimmige ›Kantionalmotette‹ in homophonem Oberstimmensatz mit syllabischer oder annähernd syllabischer

Textdeklamation (z.B. die ▸ Motetti missales in Mailand am Ende des 15. Jh.); und die dreistimmige englische ›cantilena motet‹ des 14. und 15. Jahrhunderts, ebenfalls homophon. Im 16. Jahrhundert bezieht sich der Begriff oft auch auf motettische Bearbeitungen lutherischer ▸ Kirchenlieder (z.B. Georg ▸ Rhaus *Neue deudsche geistliche Gesenge*, Wittenberg 1544).

Literatur:
P.M. Lefferts, *The Motet in England in the Fourteenth Century* (Studies in Musicology 94), Ann Arbor 1986 • A. Laubenthal, *Choralbearbeitung und freie Motette*, in: *Die Musik des 15. und 16. Jahrhunderts* (Neues Handbuch der Musikwissenschaft 3), hrsg. von L. Finscher, Laaber 1989, S. 325–366 • R.M. Nosow, *The Florid and Equal-Discantus Motet Styles of Fifteenth-Century Italy*, Diss. Univ. of North Carolina, Chapel Hill 1992 • J.E. Cumming, *The Motet in the Age of Du Fay*, Cambridge 1999 • Th. Schmidt-Beste, *Textdeklamation in der Motette des 15. Jahrhunderts*, Turnhout 2003.

TSB

Ligatur

Eine Ligatur, lat. verbunden(e Noten), ist eine graphisch zusammenhängende Notengruppe, deren Form aus der ▸ Choralnotation stammt und in die ▸ Mensuralnotation übernommen wurde. Ligaturen verbinden Noten, denen nur eine einzige Textsilbe zugeordnet ist. Die einzelnen Noten einer solchen Tongruppe sind in ihren rhythmischen Werten systematisch festgelegt und entsprechen der Dauer einer ▸ Longa, einer ▸ Brevis oder einer ▸ Semibrevis (▸ Mensuralnotation, Abb.). In den zeitgenössischen Musiktheorien wurden zu deren Bestimmung eine Anzahl von weitschweifigen Regeln formuliert, bei denen neben der Form auch die Bewegungsrichtung der Figur berücksichtigt wird (aufsteigend, absteigend). Ligaturen verloren gegen Ende des 16. Jahrhunderts zunehmend an Bedeutung. Nur die ›ligatura cum opposita proprietate‹, die den Wert von zwei Semibreven anzeigt, blieb noch länger im Gebrauch.

ALB

Lindner, Friedrich
* um 1542 Liegnitz (Schlesien), † 13.9.1597 Nürnberg

Friedrich Lindner war ein Sänger, Kantor und Herausgeber, der in der Hofkapelle zu Dresden seine musikalische Ausbildung erfuhr. Ab 1565 diente er in der Ansbacher Hofkapelle unter der Leitung von Jacob ▸ Meiland, dessen Nachfolger er wurde. 1574 wurde Lindner als Kantor an Gymnasium und Kirche St. Egiden in Nürnberg verpflichtet, wo er für die anspruchsvolle liturgische Musikgestaltung dieser Institution verantwortlich war. In den 25 erhaltenen Chorbüchern überwiegen Werke von Orlande de ▸ Lassus. 1585 begann Lindner mit der Publikation von zahlreichen Sammelwerken mit italienischer Musik im Verlag Katharina ▸ Gerlach. In den Motettendrucken von 1585–1590 ragen die Werke von Giovanni Pierluigi da ▸ Palestrina und Andrea ▸ Gabrieli besonders hervor. Die Madrigaldrucke vereinen 190 Kompositionen, darunter Werke von Luca ▸ Marenzio und Orazio ▸ Vecchi. Bei der Gründung der privaten Nürnberger musikalischen ›Kränzleinsgesellschaft‹ engagierte man Lindner als professionellen Musiker.

Literatur:
B.R. Butler, *Liturgical Music in Sixteenth-Century Nürnberg: a Socio-musical Study*, Ann Arbor 1971.

ALB

Lira / Lira da braccio / Lira da gamba / Lirone

Die Lira ist im europäischen musikalischen Kontext stets ein Streichinstrument, im Unterschied zur antiken gezupften Lyra, mit der das

Instrument keinerlei Verwandtschaft hat. Diese veränderte Nomenklatur stammt aus Byzanz, gelangt über Venedig nach Italien und ist vor allem dort, aber auch in einzelnen nichtitalienischen Quellen (z. B. im *Hortus deliciarum* der Äbtissin Herrad von Landsberg aus dem späten 12. Jahrhundert) seit dem Hochmittelalter in Gebrauch. Dieses Instrument wurde entweder zwischen den Knien gespielt, wie heute noch die Instrumente auf Kreta und dem Balkan, oder – bereits in Byzanz üblich – gegen die Schulter gehalten. Die byzantinische Tradition bewirkte in humanistischen Zirkeln in Italien die Vorstellung, Orpheus habe ein Streichinstrument gespielt, und dieses führte zu einem Aufschwung des Lira da braccio-Spiels, weil man annahm, damit die antike Musikwirkung wiederzubeleben. Erst gegen Ende des 16. Jahrhunderts – zum ersten Mal formuliert im *Dialogo* von Vicentino ▶ Galilei (1581) – setzte sich die Erkenntnis durch, dass die antike Lyra und die Lira der Renaissance zwei grundverschiedene Instrumente sind.

Die mittelalterliche Lira glich der heute noch gespielten kretischen Lira: ein einsaitiges birnenförmiges Instrument, mit einem Bogen gestrichen. Eine organologische Verwandtschaft besteht allenfalls zum westeuropäischen ▶ Rebec, nicht aber zur ▶ Fidel oder Lira da braccio. Im allgemeinen Sprachgebrauch des unter byzantinischem Einfluss stehenden Ost-Italiens bezeichnete der Begriff jede Art von Streichinstrument; insbesondere in Venedig waren bis zum Ende des 16. Jahrhunderts damit vor allem Violinen gemeint. Diese Nomenklatur lässt sich bis nach Mittelitalien verfolgen, wo sie mit dem aus Westeuropa stammenden Begriff ›viola‹ für dieselben Instrumente zusammentrifft, so dass hier eine allgemeingültige Festlegung der Nomenklatur unmöglich wird. Nach 1600 setzte sich allerdings der Terminus ›viola‹ für die Streichinstrumente durch, während ›lira‹ der Lira da braccio und Lira da gamba vorbehalten blieb. Solange die Lira da braccio das einzige Instrument seiner Art war, wurde es schlicht als ›lira‹ bezeichnet. So sang im Jahr 1471 Baccio Ugolino ›ad lyram‹, und auch Leonardo da Vinci spielte die Lira, ohne dass sie eines beschreibenden Zusatzes bedurfte. Das änderte sich im frühen 16. Jahrhundert, als ein größeres Pendant in der Lira da gamba hinzutrat.

Lira da braccio
Organologisch hat die Lira da braccio mit dem birnenförmigen mittelalterlichen Instrument lediglich den Namen gemein, nicht jedoch deren Bauweise und Spieltechnik, sondern sie ist die Nachfolgerin der mittelalterlichen ▶ Fidel, mit der sie bautechnisch und in der Spielweise zusammenhängt. Beide Instrumente wurden für akkordische Liedbegleitung eingesetzt, und es steht zu vermuten, dass die Frühform der Lira da braccio gleich der Fidel aus einem massiven Stück Holz ausgestochen wurde. Gemäß ihrer Bauweise war sie materialaufwendig und dürfte ziemlich dicke Wände gehabt haben, vor allem, solange sie aus einem Stück bestand. Der Hals saß senkrecht auf und erlaubte keinen hohen Steg. Die Saiten wurden an einem Wirbelkasten mit vorderständigen Wirbeln befestigt. Gegenüber den fünf Saiten der Fidel erhielt die Lira da braccio sieben Saiten. Diese werden von allen Zeitgenossen derartig einhellig als Adaption der antiken Vorstellung der siebensaitigen Lyra des Orpheus verstanden, dass man für diese Erweiterung der Fidel wohl eine entsprechend antikisierende Vorstellung zugrunde legen darf. Wie bei der Fidel blieben zwei Bordunsaiten weiterhin außerhalb des Griffbrettes, die nicht gegriffen werden konnten, sondern leer mit dem Bogen angestrichen oder mit dem Daumen der linken Hand gezupft werden konnten. Der Steg war nicht mehr plan wie bei der Fidel, sondern leicht gewölbt. Damit wurden nicht mehr sämtliche Saiten gleichzeitig angestrichen, sondern es wurde möglich, Melodien

zu spielen und Akkorde zu arpeggieren. Die Stimmung der Melodiesaiten in Quinten bzw. Quarten und Quinten zeigt an, dass man mehr Aufmerksamkeit auf melodisches Spiel zu richten begann.

Die Stimmung weicht ab von der der Fidel und wird von Giovanni Maria ▶ Lanfranco (1533) und Michael ▶ Praetorius (1619), der sich wahrscheinlich auf Lanfranco stützt, angegeben. Sie ist eine nominelle Stimmung und sagt nichts aus über eine absolute Tonhöhe, da die Lira da braccio nicht von einem Ensemble-Stimmton abhängig war, und dementsprechend bietet Lanfranco keinerlei Notennamen, sondern lediglich die Intervalle:

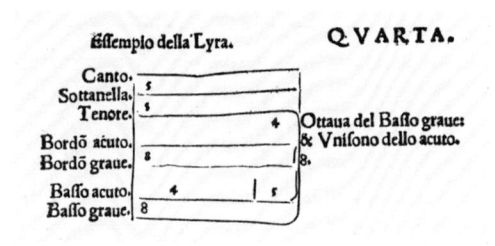

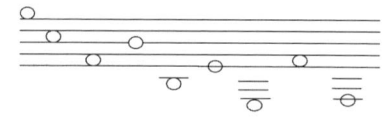

Stimmung der Lira nach Giovanni Maria Lanfranco, *Scintille di musica*, Brescia 1533.

Praetorius hingegen gibt Notennamen an: d^2 a^1 d^1 g^1 g d^1 d. Damit gleicht die Stimmung mit Ausnahme der obersten Saite der Stimmung der Violine. Aber auch hier können nicht absolute Tonhöhen gemeint sein, denn Praetorius stellt eine Lira da braccio dar mit einer Corpuslänge von ungefähr 47 cm, womit das Instrument einer großen Bratsche entspricht, die man nicht auf die hohe Stimmung der Violine ziehen kann. Es steht daher zu vermuten, dass auch die von Praetorius überlieferte Stimmung eher nominell aufzufassen ist. Aber gerade bei Praetorius ist es zweifelhaft, ob er selber überhaupt eine Lira da braccio gesehen hat, oder ob er sie lediglich aus Beschreibungen kannte. Im Vergleich mit seiner Lira da gamba nämlich, die plastisch als Instrument dargestellt ist, erscheint seine Lira da braccio wie eine flach gezeichnete Übernahme, der man anstelle von zwölf Saiten nur sieben Saiten gegeben hat. Im übrigen sind alle Details identisch: Verhältnis von Hals und Corpus, f-Löcher, sogar der angesetzte Steg für die Bordunsaiten, von denen ausgerechnet bei der Lira da braccio, die diese nun wirklich benötigte, kein Gebrauch gemacht wird.

Michael Praetorius, *Syntagma Musicum*, Bd. II, *De Organographia*, Wolfenbüttel 1619.

Die Begleitungen der Lira da braccio wurden improvisiert, daher gibt es nur sehr wenige erhaltene Notenbeispiele in einer Handschrift, die heute in Pesaro (Ms. 1144) aufbewahrt wird. Aus ihnen geht hervor, dass die Lira unvollständige Akkorde über der (Männer-)Stimme spielte, also umgekehrt zur heutigen Vorstellung, bei der die Singstimme von einem darunter liegenden Instrument gestützt wird. Da nach 1500 zunehmend die Oberstimme als

Solostimme Bedeutung erhielt – Ausnahmen sind das deutsche ▸ Tenorlied oder der englische ▸ Consort Song –, dürfte die spezifische Begleitung der Lira da braccio auf ältere Praxis zurückgehen, die im Lauf des 16. Jahrhunderts aus der Mode kam, vor allem, als mit der Florentiner ▸ Camerata die Begleitung des Rezitativs nunmehr von tiefen Instrumenten geleistet wurde. Diese spielten dann ihre Begleitung grundsätzlich unter der Singstimme. Den Klang müssen wir uns zart, obertonreich und näselnd vorstellen, ausgerichtet darauf, den Sänger, der sich selber begleitete und dadurch bereits in seiner vollen Stimmentfaltung eingeschränkt war, auf keinen Fall zu übertönen. Oft dürfte dieser Gesang zur Lira ein Sprechgesang gewesen sein, wie wir ihn auch heute noch aus der Folklore des Balkan bis hin nach Zentralasien kennen. Je nach Können des Musikers dürfte die Darbietung elegant und reizvoll oder auch musikalisch und klanglich dürftig gewesen sein, jedoch niemals laut. Selbst in seiner Blütezeit vom ausgehenden 15. bis ins späte 16. Jahrhundert erschien das Instrument nur in Ausnahmefällen auf einer Bühne, z.B. wenn es um eine antikisierende Darstellung ging. Das Fehlen der Lira da braccio in dieser Umgebung deutet darauf hin, dass sie nicht klangstark genug war, um die Räume für repräsentative Theateraufführungen ausreichend zu füllen, denn gerade hier finden wir andere, kräftigere Instrumente. So spielt Orpheus in Claudio ▸ Monteverdis Oper *Orfeo* eine Arpa doppia (▸ Harfe), eine zu dieser Zeit neu entwickelte chromatische Harfe von bedeutender Größe und entsprechender Klangkraft, und in den frühen Opern der Florentiner Camerata kam der ebenfalls neu entwickelte ▸ Chitarrone zum Einsatz.

Die Lira da braccio wurde nie in Familien gebaut. Das schließt nicht aus, dass sie in variierenden Größen gebaut wurde, aber sie bezog sich dabei stets auf die Kompatibilität mit der menschlichen Stimme, nicht mit einem Instrumentalensemble, und entsprechend ihrer zuweilen beachtlichen Größe ergab sich dann auch ihr Stimmton. Das Instrument wurde mit einem sehr langen Bogen – vielleicht byzantinischem Erbe, wo diese langen Bögen seit dem Mittelalter üblich waren – gestrichen, und zwar in einer Technik des Legato, die anscheinend von der getrennten, von Blasinstrumenten inspirierten abendländischen Artikulation abwich und dementsprechend ›lireggiare‹ genannt und von anderen Streichinstrumenten nachgeahmt wurde. Wir finden diese Technik heute noch im levantinischen Bereich: Zahlreiche schnelle Noten werden auf einem Bogenstrich gespielt, wobei der Bogen stets in voller Länge hin und hergezogen wird. Damit wurde das Lireggiare zu einem der ersten instrumentaltechnischen Ausdrucksmittel, das nicht von vokalen Vorlagen abhängig war. Auf dieses Spiel des ununterbrochenen Tones dürfte auch der Ausdruck des ›leiern‹ im Deutschen zurückzuführen sein, und zwar über die Drehleier, die im Mittalalter auch gelegentlich als ›Lira‹ begegnet, jedoch im Lauf des 15. und 16. Jahrhunderts zu missachteten ›Bawrenleyer‹ (Praetorius) absank.

Während man in nordalpinen Ländern die Laute zur Gesangsbegleitung bevorzugte, wurde die Lira da braccio zum italienischen Humanisteninstrument schlechthin, und selbst die Zeitgenossen sind sich einig darin, dass die Lira da braccio ein italienisches Instrument ist. Zahlreich sind die Darstellungen in Italien, und sie reichen von mythologisierend verschnörkelter Ästhetik mit wenig glaubhaftem instrumentenkundlichen Hintergrund bis zu organologischer Exaktheit, die einen plausiblen Begriff von Struktur und Spielweise des Instrumentes gestatten. Dabei ist charakteristisch, dass die Lira stets als Einzelinstrument auftaucht, meist in Szenen mythologischen Charakters bei Orpheus, Arion oder Apollon mit den Musen. Zahlreich sind auch Holzschnitte und Kupferstiche in Buchvignetten, in denen die Lira da braccio als Begleitinstrument von Philosophen, und in einigen Fällen auch in biblischen Szenen – etwa als Illustration zum Psalm *Super flumina Babylonis* – abgebildet ist. Die Lira da braccio ist somit mehr als ein Musikinstrument. Sie steht für eine humanistische Lebensauffassung, die sich an der Antike orientierte. Dass das Instrument mit dem tatsächlichen antiken Instrument keine Verwandtschaft hatte, ist als eine fruchtbare Ironie der Geschichte zu schätzen, die der Musikentwicklung neue und andersgeartete Impulse gegeben hat.

In verschiedenen Sammlungen sind Exemplare der Lira da braccio zu sehen. Soweit sie jedoch bisher einer Untersuchung unterzogen werden konnten, hat sich die Echtheit dieser Instrumente bisher nicht erweisen lassen. Entweder sind sie umgebaute Bratschen, wie z.B. das Instrument in Berlin, bei dem der Unterbügel später eingezogen und eine neue Randeinlage eingesetzt wurde (Berlin, Kat.-Nr. 2578), oder sie sind aus Teilen aus unterschiedlichen Epochen zusammengesetzt und verraten daher nichts über ihren Originalzustand.

Lira da gamba / Lirone

Die Lira da gamba oder der Lirone bezeichnete ein im frühen 16. Jahrhundert neu entwickeltes, größeres Instrument, das analog zu den gleichzeitig entstehenden ▶ Gamben zwischen den Beinen gehalten wurde und sich in einigen spieltechnischen Details von diesen ableitete. Das Suffix ›-one‹ bezeichnet das größere Instrument und erweist per implicationem eine spätere Entwicklung als das Ausgangsinstrument. Diese Vergrößerung ist allerdings nicht zu verstehen als Versuch zur Familienbildung, sondern dem Zug der Zeit folgend als das Bedürfnis nach der Bassregion im zunehmend Oberstimmen-ausgerichteten Gesang nach dem Vorbild des lautenbegleiteten Liedes. Der Lirone gehört zu den sich im Lauf des 16. Jahrhunderts zahlreich und rapide entwickelnden ›Fundamentinstrumenten‹ (Praetorius), der seinen Platz bei den Continuoinstrumenten erhielt und vorwiegend in gemischten Besetzungen im Theater und in der Kirche erklang. Damit unterscheidet er sich von der Lira da braccio, und klanglich muss er den anderen Fundamentinstrumenten, die ja dazu dienten, den Orchesterapparat zusammenzuhalten, ebenbürtig, d.h. klangstärker als die Lira da braccio, gewesen sein.

Das große Instrument wurde nicht mehr aus einem soliden Block gestochen, sondern in einer frühen Geigenbautechnik gebaut, mit großer Wahrscheinlichkeit mit durchgesetztem Hals (Viola da braccio), denn die erhaltenen Abbildungen zeigen nur ein sehr kleines oder gar nicht vorhandenes Bodenblatt. Daher saß der Hals gerade auf und erlaubte keinen hohen, aber einen sehr breiten Steg, dessen flache Rundung ausschließlich Akkordspiel zuließ. Mit dieser Bauweise aber steht die Lira da gamba trotz ihres irreführenden Namens nicht der Familie der Gamben nahe, sondern den Violinen. Aber auch dieses Instrument hatte noch vorderständige Wirbel, und erst im 17. Jahrhundert scheinen auch seitenständige Wirbel vorgekommen zu sein, wie sich aus einer Abbildung bei Marin ▶ Mersenne erweist.

Auffällig ist, dass die Lira da gamba oft von Frauen gespielt wurde, womit die Gesangsstimme höher als die Begleitung lag. Auch wurden nunmehr vollständige Akkorde möglich. Damit unterscheiden sich Lira da braccio und Lira da gamba signifikant in ihrer musikalischen Rolle. Die Lira da gamba unterschied sich von der Lira da braccio auch in der erhöhten Saitenzahl zwischen 11 und 15 Saiten, die in einem Stimmsystem angeordnet waren, das in der europäischen Instrumentenkunde nur eine einzige Parallele in der von Michael Praetorius mitgeteilten ›Zwölfchörichten Zither‹ (Basszister) hat: Die Saiten wurden in Quart- oder Quintpaaren gestimmt (siehe Otterstedt, Sp. 1358).

Aus dieser Anordnung ergibt sich die akkordische Verwendung, denn Melodien ließen sich auf diese Weise nicht realisieren, wohl aber reiche Zusammenklänge. Weder bei der Lira da braccio, noch bei der Lira da gamba waren Lagenwechsel üblich; erst bei Mersenne (1636) finden wir die regelmäßige Verwendung des Quintbundes, was auch einen längeren Hals voraussetzt als der bei Praetorius dargestellte. Es ging vielmehr um volltönende langgestrichene Akkorde, zu denen ein langer Bogen unverzichtbar war, der bereits von Sylvestro di ▸ Ganassi (1543/1543) ausdrücklich gefordert wurde.

Die zuweilen vertretene Vorstellung, dass die Bögen der Zeit eine niedrige Spannung gehabt hätten und daher das simultane Akkordspiel erleichtert hätten, hat sich nicht bestätigt; allenfalls sind Bögen von überdurchschnittlicher Länge – bei der Lira da gamba bis zu einem Meter – flexibler in der Handhabung und legen sich leichter um die Saiten als ein kurzer Violinbogen. Von den »langen, klar= vnd hellautenden Strichen« spricht Praetorius in direkter Übersetzung von Agostino Agazzari (1607), d.h. der Bogen wurde langsam und gleichmäßig geführt. Die Akkordaufbauten erscheinen modernen Ohren überraschend, da sie nicht immer mit dem Grundton starteten, und durch das Stimmsystem interessante Akkordbrechungen mit vielen Verdoppelungen boten. Dabei hing es von der Geschicklichkeit der Spieler ab, wie weit sie diese Brechungen ausdrucksvoll gestalteten. Die Frage nach dem Arpeggieren der Akkorde ist strittig. Die frühe Lira da braccio kannte es anscheinend noch nicht. Im Laufe des 16. Jahrhunderts aber scheint sich das Interesse daran ständig vergrößert zu haben, ausgehend von der zunehmenden Saitenzahl der Laute, die nicht mehr mit vier Fingern simultan zu schlagen war. Auch die zunehmende Bedeutung des Tasteninstrumentes, besonders des ▸ Cembalos, förderte auf lange Sicht die Beschäftigung

mit Akkordbrechungen auf der Lira. Dabei ließ der Lirone mit seinen zahlreichen Saiten die Lira da braccio hinter sich. Er besaß um 1600 keine Bordunsaiten mehr, und in den Beispielen von Scipione Cerreto (1601) und Mersenne (1636) ist zu erkennen, dass man mittlerweile mit Akkordbrechungen spielte. Der sich entfaltende ▸ Basso continuo tat ein übriges, und die Lira da gamba des Barock dürfte ein reich bewegtes Akkordleben fern aller Statik geführt haben. Diese spezifische Art der Akkordik wurde als so reizvoll empfunden, dass sie z.T. vom ▸ Chitarrone übernommen wurde.

Während die Lira da braccio in die humanistisch-literarische Sphäre gehört, wurde die Lira da gamba zunehmend im Bereich des Theaters und der frühen Oper eingesetzt. Diese Rolle behielt sie bis zu ihrem endgültigen Abschied im späten 17. Jahrhundert bei. Sie gehörte damit in den Bereich der Continuo-Instrumente, zusammen mit den Tasteninstrumenten ▸ Orgel/ Regal und ▸ Cembalo, ▸ Lauten, ▸ Chitarroni und Zistern, und ganz vereinzelt einer akkordisch spielenden ▸ Viola da gamba. Es war auch üblich, dass sich Opernsängerinnen auf der Bühne selber begleiteten, und neben dem Chitarrone war die Lira da gamba ein beliebtes Klangmittel. Hier kamen allerdings auch die Spieltechnik und die Klangästhetik der Viola da gamba zur Geltung, die im 16. Jahrhundert eine rasante Entwicklung erfahren hatte: Die Bogentechnik wurde weiterentwickelt, und auf der Schwelle zum Barock wurden gezielt Ausdrucksmittel erforscht und verfeinert: Dynamisch abgestufte Lautstärke, Spiel mit Akkordbrechungen wurde zunehmend ausprobiert und führte im 17. Jahrhundert zu einem neuen Aufführungsstil.

Literatur:
G.M. Lanfranco, *Scintille di musica*, Brescia 1533, Faksimile hrsg. von G. Massera, Bologna 1970 • V. Galilei, *Dialogo della musica antica et della moderna*,

Firenze 1581, Faksimile (Monuments of Music and Music Literature in Facsimile 2/XX) New York 1967 • S. Cerreto, *Della Prattica musica vocale et strumentale opera necessaria a caloro, che di musica si dilettano*, Neapel 1601 • A. Agazzari, *Del sonare sopra il basso*, Rom 1607 • M. Praetorius, *Syntagma musicum* Bd. II (*De Organographia*) und III (*Termini musici*), Wolfenbüttel 1619, Faksimile hrsg. von W. Gurlitt, Kassel 1958 • F. Rognoni Taegio, *Selva di varii passaggi secondo l'vso moderno, per cantare, & suonare con ogni sorte di Stromenti […]*, Mailand 1620, Faksimile hrsg. von G. Barblan, Bologna o.D. • M. Mersenne, *Harmonie Universelle, contenant La Théorie et la Pratique de la Musique*, Paris 1636, Faksimile, hrsg. von Centre National de la Recherche Scientifique, Paris 1965 • A. Otterstedt, *Lira*, in: *MGG*², Bd. 5 (Sachteil), 1996, Sp. 1348–1362.

AO

Listenius, Nicolaus
* um 1510 Hamburg, Sterbedatum unbekannt

Listenius hat eine der richtungsgebenden und meist verbreitetsten theoretischen Lehren für den Musikunterricht in Schulen des 16. Jahrhunderts verfasst; darin hat er den Begriff der ▸ Musica poetica eingeführt, dessen Implikationen in der älteren Forschung immense musikhistorische Bedeutung zugeschrieben wurde. – Er studierte ab 1529 an der Universität in Wittenberg, wo er Martin ▸ Luther, Philipp ▸ Melanchthon und Johannes ▸ Bugenhagen hörte; durch die Reformatoren beeinflusst geriet er auf seiner Stelle als Lehrer an der Lateinschule in Salzwedel (1536) in Konflikt zu Kurfürst Joachim I., der sich jedoch nach Übertritt seines Nachfolgers Kurfürst Joachim II. zur Reformation (1539) löste. Listenius war wahrscheinlich auch an der Neugestaltung des Schulunterrichts beteiligt, in der der Musikunterricht eine bedeutende Rolle einnahm; im Idealfall war zwei Stunden Musiktheorie in der Woche (nach dem Lehrbuch des Listenius) und täglicher Singunterricht vorgeschrieben (Schünemann, S. XVII), da die Schüler auch an Sonn- und Feiertagen in Messe und Vesper singen mussten.

Die *Musica* (1537) ist eine überarbeitete Fassung der älteren, ein Vorwort Bugenhagens enthaltenden *Rudimenta musicae* (1533). Sie ist eine Elementarlehre, die, bedingt durch ihren Anspruch, sich vor allem für den fortgeschritteneren Unterricht eignete; sie war mit über 50 Auflagen neben Heinrich ▸ Fabers *Compendiolum* (1548, gedr. 1551), das für den Anfänger gedacht war, die meistverbreitete Musiktheorielehre für den Schulunterricht im 16. Jahrhundert. Sie ist, wie in musiktheoretischen Schriften der Zeit üblich (z.B. Johannes ▸ Cochlaeus, Georg ▸ Rhau, Bernhard ▸ Bogentanz, Martin ▸ Agricola, der seine *Musica choralis deudsch* 1528 bzw. 1533 und seine *Musica figuralis deudsch* 1532 separat druckte), in ▸ Choral- und ▸ Mensuralmusik gegliedert. Im Detail lehnt sie sich an Agricolas erwähnte Schriften und noch enger an Rhaus *Enchiridion utriusque Musicae Practicae* (1530) an: Im ersten Teil werden Skalen, Schlüssel, Stimmlagen, Mutationslehre, ▸ Hexachorde (›cantus genera‹) und ▸ Musica ficta, ▸ Solmisation, Transposition, Intervalle und ▸ Kirchentonarten behandelt, im zweiten Teil wird die Notationsweise der Musica mensurabilis erklärt (Notenwerte, Pausen, Ligaturen, Teilung der Notenwerte und Mensurzeichen, Augmentation, Diminution, Imperfektion, Alteration, Punctum additionis, divisionis, alterationis, Tactus, Syncopatio, Proportionen). Da auch schon im ersten Teil mehrstimmige Beispiele in ▸ Mensuralnotation stehen, ist zu vermuten, dass beide Teile parallel gelehrt wurden. Gemäß den neuesten didaktischen Prinzipien der Zeit enthält die Lehre viele Musikbeispiele bei reduziertem, zum leichteren Begreifen formuliertem Text.

Listenius geht über Rhau insbesondere darin hinaus, als er zu Beginn der üblichen Einteilung der Musik in ▸ Musica theorica und ▸ Musica practica den Begriff der ▸ Musica poetica hinzufügt und damit nicht nur eine Dreigliederung vornimmt, sondern nach Meinung der älteren Forschung mit den Formulierungen »carmen conscribitur, cuius finis est opus consummatum et effectum« und »opus perfectum absolutum« den Werkbegriff und die »Geburtsstunde des Komponisten« (Gurlitt) inauguriert habe. Wie Peter Cahn nachgewiesen hat, gehen Dreigliedrigkeit und Begriff auf Quintilian zurück, dessen Theorie an der Wittenberger Universität insbesondere von Luther geschätzt wurde und Listenius bekannt gewesen sein muss; der Begriff des »opus perfectum et absolutum« habe seine Vorgeschichte zudem in Johannes ▸ Tinctoris »res facta«. Hinzu kommt, dass Melanchthon die Öffnung der Musik nach der Poetik hin thematisiert hat. In jüngster Zeit hat Heinz von Loesch dargelegt, dass Musica poetica weniger auf das kompositorische Werk ziele als vielmehr auf das Herstellen überhaupt (in *Rudimenta* als »musica fabricativa« bezeichnet) und kann sich somit auch auf einen theoretischen Traktat beziehen.

Wenn der Sachverhalt mitsamt seiner Begrifflichkeit zweifellos vor dem Hintergrund des emphatischen Werkbegriffs des 19. Jahrhunderts überschätzt wurde und der Relativierung bedurfte, so behält er unter dem Aspekt der zunehmenden Bedeutung von Komposition und Komponistenpersönlichkeit im 16. Jahrhundert seine Relevanz. Als Begriff für Kompositions- bzw. Kontrapunktlehren, wie er in der Nachfolge Listenius' von Faber (*Musica poetica*, ca. 1548), Gallus ▸ Dressler (*Praeceptae musicae poeticae*, 1563) u.a. gebraucht wurde, zielt er auf die Aneignung der Beherrschung der Kontrapunktregeln, um ein qualitätvolles Stück Musik – eine Komposition – hervorzubringen.

Ausgaben:
Rudimenta musicae in gratiam studiosae juventutis diligenter comportata A.M. Nicolao Listenio, Wittenberg 1533 und weitere Auflagen; *Musica Nicolai Listenii...*, Wittenberg 1537 und weitere Auflagen, hrsg. von G. Schünemann (Veröffentlichungen der Musik-Bibliothek Paul Hirsch 8), Berlin 1972, englische Übersetzung von A. Seay (Colorado College Music Press), Colorado Springs 1975.

Literatur:
W. Gurlitt, *Musik und Rhetorik*, 1944 (Beihefte zum Archiv für Musikwissenschaft 1), Wiesbaden 1966, S. 62–81 • Kl.W. Niemöller, *Untersuchungen zur Musikpflege und Musikunterricht an den deutschen Lateinschulen vom ausgehenden Mittelalter bis um 1600* (Kölner Beiträge zur Musikforschung 54), Regensburg 1969 • P. Cahn, *Zur Vorgeschichte des »Opus perfectum et absolutum« um 1500*, in: *Zeichen und Struktur in der Musik der Renaissance*, hrsg. von Kl. Hortschansky, Kassel u.a. 1989, S. 11–26 • H. von Loesch, *Der Werkbegriff in der protestantischen Musiktheorie des 16. und 17. Jahrhunderts: Ein Mißverständnis* (Studien zur Geschichte der Musiktheorie 1), Hildesheim u.a. 2001 • Ders., *Musica poetica – die Geburtsstunde des Komponisten?*, in: Jahrbuch des Staatlichen Instituts für Musikforschung Preußischer Kulturbesitz 2001, S. 84–91 • Th. Göllner / Kl. W. Niemöller / H. von Loesch, *Deutsche Musiktheorie des 15. bis 17. Jahrhunderts, Erster Teil von Paumann bis Calvisius* (Geschichte der Musiktheorie 8/1), Darmstadt 2003.

ES

Liturgisches Drama ▸ Geistliches Drama

London ▸ England

Longa

Die Longa, lat. lang(e) Note), ist die Bezeichnung eines Notenzeichens, mit dem ein lang auszuhaltender Ton notiert wird. Der Gegenbegriff dazu ist die ▸ Brevis. Eine Longa hat einen quadratischen Notenkopf mit Notenhals nach rechts unten oder rechts oben. In der ▸ Mensuralnotation kann sie je nach ▸ Mensur aus zwei oder drei Brevis-Einheiten bestehen; die entsprechende Pause ist ein senkrechter Strich durch zwei oder drei Zwischenräume des Liniensystems. Sie wird häufig als Schlussnote (›finalis‹) verwendet.

ALB

Longueval, Antoine de
* Longueval (?), fl. 1498–1525

Der Komponist von adliger Abstammung durchlief eine erfolgreiche Karriere. Erstmals 1498 am Hof von Anne de Bretange nachweisbar, stieg er nach verschiedenen Anstellungen (Hof von Savoyen 1502–1504, danach Hof in Ferrara) in die Privatkapelle ▸ Ludwigs XII. auf und wurde unter ▸ Franz I. zum Kapellmeister und ersten Kaplan des Königs ernannt. Ab 1519 leitete er das Benediktinerkloster in St. Pierre de Longueville, blieb aber bis 1525 Mitglied der französischen Hofkapelle.

Von den Kompositionen Longuevals sind nur eine ▸ Chanson (*Alle regres*), zwei ▸ Motetten (*Benedicat nos imperialis maiestas* und *Benedicite Deum caeli*) und seine Passionsmotette *Passio Domini nostri Jesu Christi* erhalten; letztere gilt als sein wichtigstes Werk, da sie, in mehreren deutschen protestantischen Quellen überliefert, zum Modell einer Passionsvertonung wurde (▸ Passion siehe Capelle). Seine Motetten (eine erschien in Pierre ▸ Attaingnants 11. Motettenbuch) sind ebenso wie seine Chanson (alle vierstimmig) im Stil der frankoflämischen Polyphonie (▸ frankoflämische Musik) gehalten.

Ausgaben:
Benedicite Deum caeli, in: *Pierre Attaignant, Treize livres de motets*, Bd. 11, hrsg. von A.T. Merritt, Paris 1962, S. 14–19; *Passio Domini nostri Jesu Christi*, in: *New Obrecht Edition*, Bd. 18, hrsg. von C. Maas, Utrecht 1999.

Literatur:
R. Heyink, *Die Passionsmotette von A. de Longueval. Herkunft, Zuschreibung und Überlieferung*, in: Archiv für Musikwissenschaft 47 (1990), S. 217–244 • I. Capelle, *Zur Bedeutung der Longueval-Passion für die Passionsvertonungen im protestantischen Deutschland im 16. Jahrhundert*, in: *Aneigung durch Verwandlung: Aufsätze zur deutschen Musik und Architektur des 16. und 17. Jahrhunderts*, hrsg. von W. Steude, Laaber 1998, S. 73–78 • K. Pietschmann, *Longueval*, in: *MGG²*, Bd. 11 (Personenteil), 2004, Sp. 433–444.

ES

Lossius [Lotze], Lucas
* 18.10.1508 Vaake an der Weser, † 18.6.1582 Lüneburg

Nachdem Lossius seine Schulbildung in Hessisch Oldendorf, Göttingen und Lüneburg abgeschlossen hatte, studierte er zunächst in Leipzig und ab 1530 in Wittenberg. Dort knüpfte er Kontakte zu Martin ▸ Luther und Philipp ▸ Melanchthon, letzterer wurde sein Lehrer, Mentor und Freund.

Bereits 1533 ins Kollegium des Lüneburger Johanneum berufen, wirkte Lossius von 1540 bis zu seinem Tod als Konrektor dieser bedeutenden protestantischen Lateinschule. Dieses Amt verknüpfte Verwaltungs- und Lehraufgaben: Zum einen oblag Lossius die Oberaufsicht über die liturgische und musikalische Gestaltung der Gottesdienste an der Schule und der ihr angeschlossenen Kirche. Zum anderen war er für die Ausbildung der Schüler in ▸ Quadrivium, ▸ Trivium, Theologie sowie Musiktheorie und -praxis zuständig. Aus letzterer Tätigkeit erwuchsen eine Reihe einschlägiger Lehrbücher (einschließlich der *Erotemata musicae practicae*, 1563), die sogar zu einem (von Lossius abgelehnten) Ruf an die königliche Akademie der Wissenschaften in Dänemark führten.

Als Mitarbeiter von Urbanus Rhegius leistete er einen maßgeblichen Beitrag zur Reform der Lüneburger Liturgie. Seine *Psalmodia* (1553), eine für den Gebrauch an Lateinschulen eingerichtete Sammlung von Kirchengesängen, fand große Beliebtheit im gesamten, insbesondere aber norddeutschen Raum. Sie stellt eine Reform im Sinne der jungen lutherischen Kirche vor: Statt die überkommenen gregorianischen Melodien grundsätzlich zu verwerfen, brachte Lossius sie durch gezielte inhaltliche Änderungen lateinischer Texte, vereinzelte Übersetzungen (v.a. des ▸ Te Deum), die Texterung von Melismen in Übereinstimmung mit den Zielen der Wittenberger Reformatoren.

Ausgaben:
Psalmodia (Heilbronner Musikschatz 12), Stuttgart 1996 (Faksimile der Ausgabe Wittenberg 1561); *Erotemata*, Faksimile Bologna 1996; deutsche Lieder, hrsg. in *Das Deutsche Kirchenlied*, Kassel u.a. 1975ff.

Literatur:
Th. Schrems, *Die Geschichte des gregorianischen Gesangs in den protestantischen Gottesdiensten* (Veröffentlichungen der gregorianischen Akademie 15), Fribourg 1930 • F. Blume, *Geschichte der evangelischen Kirchenmusik*, Zweite, neubearbeitete Auflage, hrsg. von L. Finscher u.a., Kassel u.a. 1965 • F. Onkelbach, *Lucas Lossius und seine Musiklehre* (Kölner Beiträge zur Musikforschung 17), Regensburg 1960 • W. Merten, *Die Psalmodia des Lucas Lossius*, in: Jahrbuch für Liturgik und Hymnologie 19 (1975), S. 1–18; 20 (1976), S. 63–90; 21 (1977), S. 39–67.

CTL

Lotto, Lorenzo
* ca. 1480 Venedig, † 1556 Loreto

Lorenzo Lotto bildete gemeinsam mit ▸ Giorgione und ▸ Tizian am Beginn des 16. Jahrhunderts eine bedeutende venezianische Malergeneration, war jedoch einen Großteil seines Lebens außerhalb von Venedig in Treviso, Bergamo und den Marken (Ancona, Recanati, Loreto) tätig. Sein Leben und Schaffen sind aufgrund von erhaltenen Schriften sehr gut dokumentiert. Zu seinem Werk gehören in erster Linie traditionelle Altargemälde, religiöse Bilder für private Auftraggeber und Portraits. Lotto stand unter dem Einfluss des Venezianers Giovanni ▸ Bellini und deutscher Kunst, bewegte sich aber insgesamt abseits der idealisierenden, klassischen Hochrenaissance und schuf sehr eigenwillige Gemälde, die ikonographisch teilweise sehr schwer zu entschlüsseln sind und sich durch eine charakteristische Farbigkeit auszeichnen. Die Figuren sowohl der Portraits als auch der religiösen Gestalten heben sich von den in seiner Zeit üblichen Idealbildnissen ab, indem Lotto ihnen einen feinsinnig-persönlichen Ausdruck verleiht.

Von seinem ersten überlieferten Auftraggeber, Bischof Bernardo Rossi, schuf Lotto 1505 ein Portrait mit einer allegorischen Deckplatte, deren ikonographische Bedeutung bis heute nicht eindeutig geklärt ist (*Allegorische Landschaft*, Washington, National Gallery of Art, Samuel H. Kress Collection). Das Gemälde teilt sich in zwei opponierende Hälften, womit es sich in die Darstellungstradition der Tugenden und Laster bzw. des Herkules am Scheidewege einordnen lässt. Auf der einen Seite ist ein kleiner Knabe mit den Instrumenten der Wissenschaft (Zirkel, Winkel u.a.) und Musik zu sehen, auf der anderen Seite sitzt der bocksbeinige Pan inmitten ausfließender Amphoren und leerer Trinkschalen. Bei den Musikinstrumenten handelt es sich aber um Blasinstrumente (Blockflöte, Panflöte, Zink und ein Notenblatt), die traditionell nicht der Vernunft

Lorenzo Lotto, *Allegorische Landschaft*, Öl auf Holz, 1505, Washington, National Gallery of Art, Samuel H. Kress Collection

und Tugend, sondern der Sphäre des Pan zugeordnet werden.

Musik taucht bei Lotto nicht nur in allegorischen und mythologischen, sondern auch in religiösen Gemälden auf. In der für ihn wohl bekanntesten Bildgattung, der ›Sacra Conversazione‹, in der Maria und das Jesuskind von anderen Heiligen umgeben sind, trifft man auf musizierende Engel. Im *San Domenico Polyptichon* (1506–1508, Recanati, Pinacoteca Comunale) sitzen auf der Mitteltafel nach venezianischer Tradition im Vordergrund auf dem Altarsockel zwei Putten mit Rebec und Laute vor dem Marienthron. Das Gemälde *Jungfrau mit Kind und Heiligen* (1521, Bergamo, Santo Spirito) zeigt eine musizierende Engelsschar mit einem mannigfaltigen Instrumentarium im Himmel. Für die Kirche Santa Maria Maggiore in Bergamo entwarf Lotto Zeichnungen als Vorlage für die Intarsien des Chorgestühls mit Geschichten aus dem Alten Testament. Außerdem beinhaltet das Bildprogramm sich darauf beziehende Imprese, symbolische Darstellungen mit erläuternden Sprüchen, darunter eine Darstellung von Tubalkain als Erfinder der Musik, Musikinstrumenten und einem Notenbuch.

Literatur:
B. Berenson, *Lorenzo Lotto*, Köln 1957 • U. Groos, *Musik bei Lorenzo Lotto*, in: *Musikalische Ikonographie*, hrsg. von H. Heckmann, M. Holl und H.J. Marx (Hamburger Jahrbuch für Musikwissenschaft 12), Laaber 1994, S. 103–110 • *Lorenzo Lotto*, hrsg. von D.A. Brown (Ausstellungskatalog Washington, Bergamo und Paris 1997/1998/1999), Washington 1997 • P. Humfrey, *Lorenzo Lotto*, New Haven u.a. 1997.

AZ

Loyola, Ignatius von
* 1491 Loyola, † 31.7.1556 Rom

Aus der spanischen Adelsaristokratie stammend wurde Ignatius von Loyola – Heiliger, katholischer Reformator und Gründer des Jesuitenordens (Compagnie de Jésus, 1540) – im elterlichen Haus erzogen. Er begann seine Ausbildung zum Junker in Avilla als Page von Juan Velasquez de Cuellar, ›contado Mayor‹ der katholischen Könige, den er auf seinen zahlreichen Reisen begleitete. Nach dem Tod seines Schutzherrn verfolgte er seine Karriere im Dienst von Antonio Manrique de Lara, Herzog von Najera und Vizekönig von Navarra (1517–1520).

Nachdem er bei der Belagerung von Pampelune (20.5.1521) am Bein schwer verwundet wurde, bekehrte er sich zum Glauben und unternahm eine Pilgerreise zur Heiligen Erde. Er zog sich nach Manrese zurück (1522), wo er seine *Geistlichen Übungen* (veröffentlicht 1544) skizzierte, und ging dann nach Rom und Venedig; danach reiste er nach Jerusalem, aber es gelang ihm nicht, die Stadt zu betreten. Nach Europa zurückgekehrt studierte er an der Universität: ›Estudio general‹ in Barcelona (1524), Philosophie in Salamanca und Alcala (1526–1527), dann alte Sprachen, Künste und Theologie in Paris (1528–1535). Dort gründete er am Montmartre mit einigen seiner Studienkollegen eine erste religiöse Gemeinschaft (15.8.1534); sie legten gemeinsam den Schwur der Armut und der Keuschheit ab und versprachen, sich nach Jerusalem zu begeben. Nach einem kurzen Aufenthalt in Spanien beendete er seine theologische Ausbildung in Bologna, dann in Venedig (1536–1537), wo er seine Kollegen wieder traf. Daran gehindert, die Heilige Erde erneut zu betreten, entschied er, sich zum Papst zu begeben, um seine Gemeinschaft anerkennen zu lassen. Von 1537 bis zu seinem Tod lebte er in Rom, wo er der Gründung und der Organisation des Jesuitenordens vorstand, der von Paul III. am 27.9.1540 genehmigt wurde. Schnell zum Haupt des Ordens gewählt, redigierte Loyola die Verfassung (1541–1550), die von Julius III. 1550 bestätigt wurde. Von Krankheit heimgesucht starb er in Rom am 31.7.1556. Er wurde am

27.7.1609 selig gesprochen, am 12.3.1622 heilig gesprochen.

Loyolas Aussagen über die Musik sind zweideutig. Nach seiner *Autobiographie* und dem Zeugnis seines ersten Biographen, Gonçalves de Câmara (*Memoriale*), schätzte der Heilige die Musik. Durch seine Mutter war er der Neffe des Komponisten Juan del ▸ Encina und erhielt möglicherweise eine musikalische Erziehung wie jeder junge spanische Aristokrat. Darüberhinaus hatte er die Gelegenheit, die Musiker des königlichen spanischen Hofes zu frequentieren und dort unter anderem die Werke von Nicolas ▸ Gombert und Antonio de ▸ Cabezón wertzuschätzen. Gleichermaßen hat er, wie viele Gründer religiöser ▸ Orden der Renaissance, den Jesuitenorden mit strikten Regeln versehen, die gegen die Musik gerichtet waren. Tatsächlich untersagte die Verfassung (1541) den Mitgliedern des Ordens den Gebrauch von Musikinstrumenten (*Const.* II.1) ebenso wie das Singen des ▸ Gregorianischen Chorals (*Const.* VI.3). Diese Vorschriften wurden auch in den vom Orden unterhaltenen schulischen Einrichtungen angewandt, in denen die Offizien »weder mit Orgelmusik noch mit Gregorianischem Choral, aber in einem religiösen angenehmen und einfachen Ton« abgehalten wurden« (*Const.* VI.3). In seiner privaten Korrespondenz wurde Loyola jedoch seit 1547 nuancierter, er tolerierte, dass einige Kollegien Musik zu erzieherischen, seelsorgerischen und liturgischen Zwecken gebrauchten. Die Gründung des Kollegs von Messina (1548) und die Eröffnung des Collegio Germanico (1552) in Rom verallgemeinerten diese Praxis und verbreiteten das Modell auf die Gesamtheit der Einrichtungen des Ordens, womit sie den Weg zu der reichen musikalischen jesuitischen Tradition des 17. Jahrhunderts öffneten.

Schriften:
Obras completas de san Ignacio de Loyola, Madrid 1952.

Literatur:
Epistolae mixtae ex variis Europae locis (Monumenta Historica Societatis Jesu), Madrid 1898–1900 • A. Guillermon, *S. Ignace de Loyola et la Compagnie de Jésus*, Paris 1960 • T.D. Culley, / C.J. McNapsy, *Music and the Early Jesuits (1540–1565)*, in: Archivium Historicum Societatis Jesu 40 (1971), S. 213–245 • T.F. Kennedy, *Jesuits and Music: The European Tradition 1547–1622*, Diss. Univ. of California 1982 • T.F. Kennedy, *Jesuit and Music: Reconsidering the Early Year's*, in: Studi Musicali 17 (1988), S. 71–100.
FG

Lucca

In Lucca, seit 1369 unabhängige Republik (mit Ausnahme 1400–1430), entwickelte sich das Musikleben seit dem 14. Jahrhundert unter der städtischen Regierung und am Dom. Seit Beginn des 14. Jahrhunderts waren Instrumentalisten bei der Stadt angestellt, und 1372 wurde die Cappella della Signoria gegründet, die das ganze 15. Jahrhundert bestand. Nach einer Unterbrechung – die Cappella war 1517 aufgelöst worden – wurde 1543, ebenfalls als Organ der Republikanischen Regierung, die Cappella di Palazzo neu aufgebaut, bestehend aus fünf Instrumentalisten, die bei Bedarf auch als Sänger fungierten. Diese Kapelle gewann großes Ansehen unter Nicolò Dorati, der seit 1543 als Posaunist angestellt und von 1557 bis zu seinem Tode 1593 Maestro di cappella war. Unter Dorati wurde die Kapelle auch für kirchliche Zwecke und zu Anlässen außerhalb Luccas herangezogen (z.B. zur Hochzeit Carlo Emanueles I. von Savoyen mit Maria Katharina von Österreich/Spanien in Zaragoza 1585). Dorati komponierte auch für kirchliche Feste (dokumentiert ist ein Auftrag über eine Messe und eine Vesper für das Heilig-Kreuz-Fest) sowie für weltliche Anlässe (mehrere Madrigal-Bücher).

Im Dom San Martino wurden im 14. Jahrhundert zwei ▸ Orgeln gebaut, zwischen 1481 und 1484 ein neues Werk aufgestellt, das zu den wichtigsten Orgeln der Renaissance gehört; auch an anderen Kirchen Luccas wurden im 15. Jahrhundert Orgeln installiert. Organisten an San Martino waren im 16. Jahrhundert u.a. Niccolò Malvezzi (1537), Vater von Cristofano ▸ Malvezzi, und Gioseffo ▸ Guami (1591). 1467–1486 war der Komponist und Musiktheoretiker John ▸ Hothby als Maestro di canto e Cantore am Dom angestellt; er unterrichtete auch Musik, Grammatik und Arithmetik an der Domschule und war hochangesehen.

Literatur:
L. Nerici, *Storia della musica in Lucca*, Lucca 1879 • G.B. Ravenni, *Lucca*, in: *Grove*, Bd. 15, S. 267–268.

Ludford [Ludforde, Ludforth], Nicholas
* um 1490 vermutlich London, † 9.8.1557 London

Ludford war Küster und Organist an der St. Stephen's Kirche im Palast von Westminster und einer der wichtigsten Komponisten zur Zeit ▸ Heinrichs VIII. Er komponierte ▸ Messen, ein ▸ Magnificat und ▸ Marienantiphone.
1521 wurde Ludford Mitglied der Gilde der Gemeindebediensteten in London. Vermutlich war er ab den frühen 1520er Jahren an der St. Stephen's Kirche tätig. 1527 wurde er dort zum Küster ernannt. Seine Aufgaben umfassten den liturgischen Gesang bei Gottesdiensten, Orgelspiel, das Anführen der Prozessionen und Hausmeisterdienste. Nach der Auflösung der Kapelle 1548 erhielt er eine Jahresrente und war in der Kirchenleitung von St. Margarete's in Westminster aktiv.
Ludfords Festtagsmessen basieren auf ▸ Cantus firmi zu bestimmten Feiertagen. Die meisten, wie z.B. die Patroziniumsmesse *Lapidaverum Stephanum*, entstanden vermutlich für die St. Stephen's Kirche. Die sieben Marienmessen, eine für jeden Wochentag, sind in vier ▸ Stimmbüchern überliefert, die zwischen 1515 und 1525 datiert werden können. Im vierten Stimmbuch sind die Cantus firmi der Messen notiert, über die vermutlich – im Wechsel mit den komponierten Stücken im Chor – an der Orgel improvisiert wurde. Von den Antiphonvertonungen sind einige rein liturgisch ausgerichtet, andere stellen Bezüge zum aktuellen politischen Geschehen her.
Ludfords Werk zeigt den Wandel vom melismatischen Stil des späten 15. zur homogenen Klanglichkeit des 16. Jahrhunderts. In den zeitgenössischen Sammlungen von John ▸ Baldwin oder John Sadler sind seine Kompositionen zwar nicht vertreten, Thomas ▸ Morley aber nennt ihn in der *Introduction to Practicall Musicke* (London 1597) als prägend für sein Werk.

Ausgaben:
Nicholas Ludford. Collected Works (Corpus mensurabilis musicae 27), hrsg. von J.D. Bergsagel, [Rom] 1963–1977; *Nicholas Ludford. Mass »Inclina cor meum Deu« and Antiphons* (Early English Church Music 44), hrsg. von D. Skinner, London 2003; *Nicholas Ludford. Five- and Six-part Masses and Magnificat* (Early English Church Music 46), hrsg. von D. Skinner, London 2005.

Literatur:
J. Bergsagel, *An Introduction to Ludford*, in: Musica Disciplina 14 (1960), S. 105–130 • N. Sandon, *The Henrician Partbooks at Peterhouse, Cambridge*, in: Proceedings of the Royal Musical Association 103 (1976/1977), S. 106–140 • D. Skinner, *At the Mynde of Nycholas Ludford. New Light on Ludford from the Churchwardens' Accounts of St. Margaret's, Westminster*, in: Early Music 22 (1994), S. 393–413 • F. Kisby, *Music and Musicians of Early Tudor Westminster*, in: Early Music 23 (1995), S. 223–240 • D. Skinner, *Nicholas Ludford (c. 1490–1557). A Biography and Critical Edition of the Antiphons [...] and a History of the Caius and Lambeth Choirbooks*, Diss. Oxford Univ. 1995 • Ders., *Discovering the Provenance and History of the Caius and Lambeth Choirbooks*, in: Early Music 25 (1997), S. 245–266 • Ders., *Ludford*, in: *Grove*, Bd. 15, 2001, S. 278ff. • Ders., *Ludford*, in: *MGG²*, Bd. 11 (Personenteil), 2004, Sp. 555ff.

RS

Ludovico
fl. 1. Hälfte 16. Jh.

Ludovico war ein vermutlich aus Italien stammender Harfenist, der in Spanien tätig war. Es gab einen Harfenspieler desselben Namens am Hof Ferdinands von Aragonien, der 1504 König von Neapel wurde.

Zwei Quellen von der Mitte des 16. Jahrhunderts nehmen Bezug auf Ludovico. 1546 veröffentlichte Alonso ▶ Mudarra in *Libro primero de música en cifras para vihuela* eine »Fantasía que contrahaze la harpa en la manera de Ludovico«. Dabei handelt es sich um ▶ Folia-Variationen, die die chromatische Spielweise Ludovicos nachahmen. 1555 beschrieb Juan ▶ Bermudo in seiner *Declaración de instrumentos musicales* Ludovicos Art, Halbtöne auf der diatonischen Harfe zu erzeugen: Indem der Harfenist während des Spiels die Saiten nahe am Resonanzkörper abgriff und so verkürzte, erreichte er die gewünschten ▶ Akzidentien.

Literatur:
H. Devaere, *The Baroque Double Harp in the Kingdom of Naples*, in: *Aspects of the Historical Harp. Proceedings of the International Historical Harp Symposium*, hrsg. von M. Schaik, Utrecht 1994, S. 13–30 • J. Griffiths, *Mudarra, Alonso*, in: *MGG²*, Bd. 12 (Personenteil), 2004, Sp. 763–764.

CV

Ludwig XI.
* 3.7.1423 Bourges, † 30.8.1483 Plessis-les-Tours

Seit 1461 französischer König, wird Ludwig XI. in der Dichtung als grausamer Tyrann dargestellt, da er schon als Dauphin zusammen mit dem Adel gegen seinen Vater ▶ Karl VII. konspirierte. Innenpolitisch vollzog er einen Schritt weiter zum Absolutismus, indem er das Pariser Parlament schwächte. Im Burgunderkrieg (1474–1477) schloss er sich mit dem Kaiser und den Schweizer Eidgenossen gegen ▶ Karl den Kühnen zusammen, der 1477 besiegt wurde und im Kampf fiel, was das Ende des Burgundischen Reiches bedeutete (▶ Burgund). Im Streit um das burgundische Erbe wurde er von ▶ Maximilian I. besiegt, der die Erbtochter Maria von Burgund 1477 geheiratet hatte, und erhielt im Vertrag von Arras (1482) nur die Picardie (mit Amiens) und das Herzogtum Burgund. Zuvor hatte Ludwig XI. Berry (wo er die Universität von Bourges gründete), Maine und Provence für die französische Krone erobert.

Ludwig XI. übernahm die Hofkapelle seines Vaters Karl VII., die unter seiner Herrschaft mindestens zwölf Sänger umfasste – darunter Jean Sordier, Jean ▶ Cousin und Jean ▶ Fresneau und insbesondere Johannes ▶ Ockeghem, der weiterhin ›premier chapellain‹ war.

Wie bei Einzügen von Herrschern üblich, erklangen auch zu ▶ Entrées Ludwigs XI. mehrstimmige Kompositionen; zur Rückkehr Amiens' ins französische Königreich wurde in Amiens eine Messe gesungen, die als früheste mehrstimmige Komposition an der Kathedrale dokumentiert ist (Johnson, *Amiens*, in: *MGG²*, Bd. 1 [Sachteil], 1994, Sp. 570); Antoine ▶ Busnoys komponierte vermutlich seine ▶ Ballade *Resjois toi terre de France / Rex pacificus* zu einer Entrée Ludwigs XI.

Aus Ludwigs Einflussbereich stammen wohl auch vier Chansonniers, die früher dem burgundischen Hof zugeordnet wurden (Kopenhagener Chansonnier, Dijon-Chansonnier, Laborde-Chansonnier, Wolfenbütteler Chansonnier; ▶ Chanson). Ludwig förderte zudem musikalische Einrichtungen, wie aus der Dokumentation einer Geldspende zum Neubau einer ▶ Maîtrise an der Kathedrale von Rouen hervorgeht (1462).

Literatur:
▶ Frankreich, ▶ Paris.

Ludwig XII.
* 27.6.1462 Blois, † 1.1.1515 Paris

Ludwig XII. (Louis d'Orléans) wurde 1498 König durch Heirat mit der Witwe Karls VIII., Anne de Bretagne. Er setzte die offensive Italienpolitik Karls VIII. fort, herrschte vorübergehend in Mailand, Neapel und Venedig, konnte seine Eroberungen jedoch nicht halten. Innenpolitisch war er beliebt, da er Steuersenkungen vornahm. Wie seine Vorgänger residierte er meist in den Schlössern des Loire-Tals, in Blois und Orléans.

Die Hofkapelle unter Ludwig XII. umfasste wie diejenige Karls VIII. zwölf Sänger, unter denen sich berühmte Komponisten finden; erster Kapellmeister war 1503–1507 Johannes ▸ Prioris, dem Hilaire Bernonneau 1509 folgte; des weiteren waren Antoine ▸ Brumel, Antoine de ▸ Févin, Matthieu ▸ Gascongne, Antoine de ▸ Longeval, Elzéar ▸ Carpentras und Johannes ▸ Ghiselin, zeitweilig auch ▸ Josquin Desprez in der Kapelle.

Anne de Bretagne hatte ihre eigene Kapelle mit 16 Sängern, darunter Antonius ▸ Divitis, Claudin de ▸ Sermisy und Jean ▸ Mouton.

Ludwig brachte zudem Instrumentalisten aus Italien mit (Posaunisten, Hornisten, Oboisten, Lauten); es gab ein Instrumentalensemble für die Militärmusik (›écurie‹) mit Trompeten, Zinken, Oboen, Querpfeifen und Trommeln sowie ein Ensemble für die ›maison du roi‹ mit Lauten, Gamben, Spinetten und Regalen, die bei Banketten oder Unterhaltungen spielten. – Im Besitz Ludwigs befanden sich einige Chanson-Handschriften mit Kompositionen u.a. von Loyset ▸ Compère, Alexander ▸ Agricola, Henry ▸ Fresneau, Hayne van Ghizeghem, Josquin Desprez, Johannes ▸ Ockegem, Johannes ▸ Prioris.

Literatur:
▸ Frankreich, ▸ Paris.

Lupi [Leleu], Johannes [Jehan, Jennot]
* ca. 1506 Cambrai (?), † 20.12.1539 ebenda

Der Komponist Lupi war 1514 bis 1521 Chorknabe an der Kathedrale Notre-Dame in Cambrai, danach am örtlichen Collège und studierte ab 1522 an der Universität in Löwen. Nach seiner Rückkehr nach Cambrai 1526 wurde er am Dom als ›parvus vicarius‹ aufgenommen und übernahm bereits 1527 die Stelle von Jean Rémy als Magister puerorum, die er bis 1537 innehatte.

Von Lupi sind zwei ▸ Messen sowie eine größere Anzahl an ▸ Motetten und ▸ Chansons überliefert. Besonders kunstvoll sind seine Motetten im durchimitierenden Stil mit sorgfältiger Beachtung der Textvertonung. Seine Chansons zeigen Einflüsse sowohl der ▸ Pariser Chanson als auch der kontrapunktischen Schreibweise der ▸ frankoflämischen Musik und wurden als Vorlagen für Parodien genommen, u.a. von Orlande de ▸ Lassus, Jean de Hollande, Tylman ▸ Susato.

Ausgaben:
Johannis Lupi Opera omnia, hrsg. von B.J. Blackburn (Corpus mensurabilis musicae 84/1–3), o.O 1980–1989.

Literatur:
B.J. Blackburn, *Lupi, Johannes*, in: Grove, Bd. 15 (2001), S. 317f. • P. Wright, *Lupi, Johannes*, in: MGG², Bd. 11 (Personenteil), 2004, Sp. 616f.

Lupi, Livio
fl. um 1600

Livio Lupi da Caravaggio ist der Verfasser des Traktates *Mutanze di Gagliarda, Tordiglione, Passo è Mezzo, Canari, è Passeggi* (Palermo 1600), welcher 1607 in einer erweiterten Auflage erschien. Darin befinden sich über 100 Schrittvariationen zu den improvisatorisch angelegten Tanztypen ▸ Galliarde, ▸ Tordiglione, ▸ Passamezzo sowie ▸ Canario. Zu

Beginn des Traktates wird die Ausführung von Schritten aus dem damals üblichen Repertoire erklärt. Manche davon, wie etwa *Riverenza alla Francese*, *Fioretto fugato* und *Sottopiede sollevato* sind zudem aus keiner anderen Quelle bekannt.

Anschließend an das Schrittmaterial beschreibt Lupi dann zahlreiche Mutanze – das sind längere solistisch auszuführende und aus den einzelnen Schritten zusammengesetzte Schrittvariationen – sowie die von den Partnern gemeinsam getanzten Passeggi. Die choreographische Struktur dieser zumeist improvisierend ausgeführten Tänze kann aus den Traktaten von Fabritio ▸ Caroso und Cesare ▸ Negri abgeleitet werden. Zu Beginn steht eine von beiden Partnern gemeinsam getanzte Einleitungsvariation (Passeggio). Anschließend werden solistisch alternierend zahlreiche Mutanze ausgeführt, die immer wieder durch gemeinsame Passeggi unterbrochen werden. Der Tanz endet mit einem gemeinsamen Passeggio. Diese zumeist einfacheren Passeggi und teils sehr virtuosen Mutanze können aus einem zunächst erlernten Repertoire, wie es bei Lupi dargestellt ist, im Tanz dann momentan abgerufen werden.

1607 erschien die zweite Auflage unter dem Titel *Libro di Gagliarda, Tordiglione, Passo è Mezzo, Canario è Passeggi*. Der Traktat ist dem damals erst zehnjährigen Don Geronimo del Carretto gewidmet und wurde um zwei Donna Maria del Carretto zugeeignete Choreographien erweitert. Diese beiden Tänze, der Balletto *Alta Carretta* sowie die Cascarda *Leggiadra Pargoletto*, gehören nun nicht zu den improvisierenden Tänzen, sondern sind durchchoreographiert, indem hier sämtliche Schritte und Raumfiguren vom Tanzmeister vorgegeben sind. Bemerkenswerterweise widmete Fabritio Caroso der Widmungsträgerin seines ersten Traktates *Il Ballarino* (Venedig 1581), Bianca Cappello de' ▸ Medici, ebenfalls je einen Balletto (*Alba Novella*) sowie eine Cascarda (*Alta Regina*).

Über Lupis Biographie ist, abgesehen von Caravaggio als seinem möglichen Geburtsort oder einem längerem Aufenthalts- bzw. Arbeitsort, bislang nichts bekannt.

Literatur:
M. Lutz, *Zur Choreographie der Renaissance-Tänze in der Instrumentalmusik zur Zeit Heinrich Ignaz Franz Bibers*, in: Tagungsbericht Heinrich Ignaz Franz Biber, Salzburg 9.–12. April 1994, hrsg. vom Forschungsinstitut für Salzburger Musikgeschichte, Salzburg 1997, S. 159–176 • M. Malkiewicz, *Fabritio Caroso: Il Ballarino (Venetia 1581) – Studien zu Leben und Werk eines Tanzmeisters des 16. Jahrhunderts*, 2 Bde., Diss. mschr. Univ. Salzburg 2001.

MM

Luther, Martin
* 10.11.1483 Eisleben, † 18.2.1546 Eisleben

Der als Sohn eines thüringischen Hüttenmeisters und Miteigentümers eines Bergwerksbetriebs geborene Luther besuchte zunächst Schulen in Mansfeld und Magdeburg, bevor er seine Schulausbildung an der St. Georgenschule in Eisenach abschloss. An den beiden letzten Orten sang er in der Kurrende und sicherte so einen Teil seines Lebensunterhalts. Die eigenen Erfahrungen als Kurrendaner sollten sich später in einer Verteidigung des umstrittenen Kurrendenwesens äußern. In *Eine Predigt Martin Luthers, das man Kinder zur Schulen halten solle* (Wittenberg 1530) wendet sich der Reformator gegen die Verspottung jener Knaben, »die fur der thur ›Panem propter Deum‹ sagen und den brot reihen singen«.

1501 immatrikulierte sich Luther an der Artistenfakultät der Universität Erfurt, wo er den Grad eines Bakkalaureus und 1505 eines Magister Artium erwarb, um anschießend dem Wunsch seines Vaters entsprechend ein Studium der Jurisprudenz zu beginnen. Nach nur zwei Monaten brach er das Studium jedoch ab, da er während eines starken Gewitters aus Furcht das Gelübde abgelegt hatte, Mönch zu werden. Am 17.6.1505 trat er in das Erfurter Augustiner-Eremiten Kloster ein. Am 3.4.1507 wurde er zum Priester geweiht. Der intellektuell und sprachlich gewandte Luther machte schnell Karriere in seinem Orden und wurde 1510/1511 von seinem Abt zu Verhandlungen nach Rom entsandt. Er war jedoch geschockt von der Weltlichkeit und der Kommerzialisierung der Stadt wie der Frömmigkeit und sollte später, nach seinem reformatorischen Durchbruch, auf die verstörenden römischen Erlebnisse mit scharfer Kritik regieren.

1512 wurde Luther zum Doktor der Theologie promoviert und übernahm eine Professur für Heilige Schrift an der Wittenberger Universität, eine Stelle, die er bis zum Ende seines Lebens behalten sollte. Überdies stieg er in seinem Kloster zum Subprior auf.

Zwischen 1512 und 1518 hielt er zahlreiche Vorlesungen über verschiedene biblische Bücher, wobei ihn theologisch vor allem die Auslegungen der Psalmen, des Römerbriefes sowie des Galaterbriefes prägten. Während dieser Zeit wandelte sich seine Theologie, und er gab mehr und mehr die theologischen Maximen der Scholastik auf zugunsten einer biblischen Theologie, die vor allem an den Paulinischen Briefen geschult war. Symbol für den reformatorischen Durchbruch ist dabei das so genannte »Turmerlebnis«, Luthers Erkenntnis, dass einzig der gekreuzigte und auferstandene Christus das Zentrum des Evangeliums ist und der Sünder nur durch den Glauben an ihn gerechtfertigt wird.

Luthers schriftbasierte Theologie musste zwangsläufig mit der Traditionsgebundenheit der katholischen Kirche kollidieren. Wichtigster Konfliktpunkt war die Frage der Rechtfertigung. Luther kritisierte den Verkauf von Ablassbriefen, die es dem Käufer ermöglichen sollten, ihre Bußzeit im Fegefeuer zu verkürzen. Dies wurde von Luther scharf kritisiert und er veröffentlichte am 31.10.1517 seine 95 Thesen, die sich vor allem um die Frage des Ablasses drehten. Wenngleich die Thesen wohl nicht in einer Nacht- und Nebelaktion an die Tür der Schlosskirche zu Wittenberg genagelt wurden, wie es der Mythos will, so verbreiteten sich die Thesen doch recht bald über den Wittenberger Raum hinaus in ganz Deutschland. Dabei sorgten sie nicht nur theologisch für Aufsehen, sondern behinderten auch den Verkauf von Ablassbriefen, die zu dieser Zeit eine nicht zu unterschätzende Einnahmequelle der Kirche waren.

Vom 12. bis zum 14. Oktober 1518 wurde Luther daraufhin vom päpstlichen Legaten Kardinal Cajetan in Augsburg vernommen. Im folgenden Jahr folgte eine Disputation mit dem Theologen Johann Eck in Leipzig (27.6.–15.7.). Zu dieser Gelegenheit komponierte der Thomaskantor Georg ▸ Rhau (der später zu einem der wichtigsten Musikverleger der Reformation werden sollte) die zwölfstimmige Messe *De Spiritu Sancto*, die leider verschollen ist.

Die Versuche, den Wittenberger Mönch zum Schweigen zu bringen, scheiterten, und Luther sagte sich schließlich mit der Verbrennung der Bannbulle am 10.12.1520 endgültig von der römisch-katholischen Kirche los. Im selben Jahr veröffentlichte er drei seiner zentralen Schriften, die die Grundanliegen der Reformation formulierten. Es sind dies *An den christlichen Adel deutscher Nation von des christlichen Standes Besserung*, eine massive Kritik des Papsttums und seiner Macht; *De captivitate Babylonica ecclesiae praeludium*, ein Entwurf einer Sakramentstheologie (vor allem des Abendmahls), die die Sakramentspraxis der Kirche und ihrer Tradition kritisiert und ein an den biblischen Schriften geschultes Sakramentsverständnis entwirft; und schließlich *Von der Freiheit eines Christenmenschen*, eine Schrift, die das Verhältnis von Glaube und

Werken, von evangelischer Freiheit und ethischer Verantwortung, darlegt und biblisch-theologisch fundiert.

Im folgenden Jahr wurde Luther exkommuniziert und musste sich auf dem Reichstag zu Worms auch vor der weltlichen Obrigkeit verantworten. Als er sich weigerte, seine Schriften und Äußerungen zu widerrufen, wurde er vogelfrei erklärt und unter Reichsacht gesetzt (Wormser Edikt vom 25.5.1521). Freunde (wohl unter Federführung des sächsischen Kurfürsten) retteten ihm das Leben, als sie ihn auf dem Rückweg entführten und auf der Wartburg versteckten. Dort übersetzte Luther in den kommenden Monaten das Neue Testament ins Deutsche und verfasste weitere theologische Schriften.

Nach seiner Rückkehr nach Wittenberg sah er sich zunächst genötigt, radikale Reformen der dortigen Kirche und Gottesdienstordnung zu stoppen und in der Folge ein eigenes Konzept zur Neuorganisation der Kirche wie der Liturgie zu formulieren. Aus dieser Situation heraus verfasste Luther seine ersten liturgischen Schriften.

Die zweite Hälfte der 1520er Jahre ist vor allem geprägt durch Auseinandersetzungen innerhalb des reformatorischen Lagers wie mit Schwärmern und mit Ulrich ▶ Zwingli, dem Vertreter der schweizerischen Reformation. Das Marburger Religionsgespräch (1529) mit Zwingli führte zu zahlreichen Kompromissen, jedoch wurden diese durch einen tiefen Dissens in der Abendmahlstheologie überschattet, der letztlich zur Trennung der beiden reformatorischen Lager führte.

Im selben Jahr erschienen mit dem Großen und dem Kleinen Katechismus zwei fundamentale Dokumente lutherischer Theologie, die 1530 noch durch die *Confessio Augustana* (CA, verfasst durch Philipp ▶ Melanchthon) ergänzt wurde. Die CA entstand als Zusammenfassung der reformatorischen Lehre und wurde auf dem Reichstag zu Augsburg dem Kaiser präsentiert. Sie zählt bis heute, zusammen mit der ebenfalls von Melanchthon verfassten Apologie der CA, zum Kanon der lutherischen Bekenntnisschriften.

Die letzten 16 Jahre von Luthers Leben waren einerseits geprägt von zahlreichen Auseinandersetzungen mit der katholischen Kirche, aber auch innerhalb des reformatorischen Lagers, andererseits ist aber auch eine Konsolidierung lutherischer Theologie und der Organisationsstrukturen der lutherischen Kirche festzustellen. Der Reformator selbst verfasste zahlreiche Schriften, Predigten und Lieder, die weiterhin das Profil der Kirche prägten. Zwei Tage vor seinem Tod schrieb Luther den Satz nieder: »Wir sind Bettler. Das ist wahr.«, der nochmals prägnant die reformatorische Maxime zusammenfasst, die am Anfang seines Schaffens als Reformator gestanden hatte und von der Erkenntnis getragen war, dass der Mensch nicht zu seiner Rettung beitragen kann, sondern dass einzig die Gnade Gottes (um die er »betteln« kann) zur Erlösung führt.

Dass der Musik in der lutherischen Kirche ein so hoher Stellenwert zukommt, liegt zumindest zum Teil in Luthers Liebe zu dieser Kunst und seiner eigenen musikalischen Sozialisation begründet. Seine Fähigkeiten wurden schon früh erkannt, und er erhielt während seiner Schulzeit einen Freitisch bei einer älteren Frau, die seine schöne Stimme bewunderte. Überdies war er Mitglied der Kurrenden in Magdeburg und Eisenach. Während seines Studiums erwarb er sich grundlegende Kenntnisse der Musik als Teil des Quadriviums (also der ›mathematischen‹ Diszipinen). An der Erfurter Artistenfakultät kam er in Berührung mit der *Musica speculativa* des ▶ Johannes de Muris sowie den musiktheoretischen Lehren des Boethius. Zudem benutzte man an der Universität die Schriften von Jean Charlier de ▶ Gerson und Johannes ▶ Tinctoris, die beide in Luthers Musikanschauung deutliche Spuren hinterlassen haben. Neben dieser musiktheoretischen Fachliteratur kannte Luther auch Augustins *De Musica* sowie die aristotelische Musikanschauung.

Neben seinen theoretischen Studien nahm jedoch auch die praktische Musikausübung einen wichtigen Stellenwert während seiner Studienzeit in Erfurt ein. Luther spielte die ▸ Laute, intavolierte Vokalwerke für sein Instrument, spielte die ▸ Flöte, und sang mit seinen Kommilitonen. Auch später noch enthalten die von seinen Freunden aufgezeichneten Tischreden zahlreiche Hinweise darauf, dass Luther bei Tisch gesungen, die Laute gespielt sowie sich sehr positiv über Musik geäußert hat.

Überdies zeigte sich Luther interessiert an der zeitgenössischen Kunstmusik und kannte und schätzte die Werke von Komponisten wie ▸ Josquin Desprez, Ludwig ▸ Senfl und Heinrich ▸ Finck. Mit Senfl stand er sogar in Briefkontakt. Zu den Musikern seines Umkreises gehörten Johann ▸ Walter, Sixtus ▸ Dietrich, Conrad Raupsch sowie der ehemalige Thomaskantor Georg ▸ Rhau. Daneben ist auch ein Kontakt zu den Organisten Georg Planck und Wolf Heinz belegt.

Luthers Musikanschauung ist eng mit seiner Kosmologie und seiner Schöpfungstheologie verknüpft. Die Musik in ihrer Gesamtheit (vokal wie instrumental) ist Teil der göttlichen Schöpfung und damit gut. Er bezeichnet sie als ausgezeichnete Gabe Gottes (WA TR, Nr. 4441) und räumt ihr einen Platz nächst der Theologie ein (WA TR, Nr. 7034). Diese Gabe Gottes kann allerdings vom Menschen missbraucht werden, etwa durch unmoralische Texte. Dies ändert jedoch nichts daran, dass die Musik generell gut ist. Wie bei jedem anderen Teil der Schöpfung auch liegt es am ›usus‹ (Gebrauch) durch den Einzelnen, ob durch sie Gutes oder Schlechtes bewirkt wird.

Die Musik wurde, so Luther, durch Gott mit besonderen Kräften ausgestattet; so kann sie etwa Traurige fröhlich oder den Menschen zur Aufnahme des Wortes im Gottesdienst bereit machen. Damit steht Luther in direkter Tradition von Tinctoris, der der Musik ähnliche Fähigkeiten zumaß. Zumindest im Hintergrund wird jedoch auch noch die mittelalterliche Vorstellung der ▸ Musica speculativa von einer ▸ Sphärenharmonie in Luthers Musikanschauung greifbar und die Korrespondenz von Musica mundana (▸ Musica coelestis) als kosmologischer Instanz, der Musica humana als ihrem Pendant im menschlichen Körper sowie der Musica instrumentalis als vernehmbarer Musik. So beklagt er noch in seiner Psalmenvorlesung aus den 1530er Jahren, dass seine Zeitgenossen taub geworden seien für die pythagoreische Idee einer kosmologischen Harmonie. Jedoch verzichtet Luther darauf, diese systematisch auszuarbeiten. Vielmehr geht es ihm primär um die konkreten Wirkungen von Musik, sei es im Gottesdienst, in der Schule oder als Mittel, um Depressionen zu bekämpfen.

Wie für Melanchthon war auch für Luther die Musik ein wichtiges didaktisches Mittel und integraler Bestandteil des schulischen Unterrichts. Bei der Reform des Schulwesens achteten beide darauf, dass jede Schule über einen Kantor verfügte und Musik regelmäßig (idealiter täglich) unterrichtet wurde. Musik galt beiden als Mittel zur Mnemotechnik wie auch zur Mäßigung des Gemüts. Zudem war der schulische Musikunterricht der Ort, an dem die Schulkantoreien, die Hauptträger der gottesdienstlichen Musik in der lutherischen Kirche waren, ihr Repertoire probten, und wo die Schüler auf ihren Dienst in der Kantorei praktisch wie theoretisch vorbereitet wurden.

Es ist charakteristisch für Luthers Gottesdienstverständnis (und der ihm zugrunde liegenden Rechtfertigungstheologie), dass ›Gottesdienst‹ primär als Handeln Gottes, die Beteiligung des Menschen als Reaktion darauf verstanden wird. Im Zentrum des lutherischen Gottesdienstes steht das ›Wort‹ Gottes, das als Schriftlesung und Sakrament (letzteres verstanden in Augustinischer Tradition als ›verbum visibile‹, sichtbares Wort) präsent ist. In ihm handelt Gott, und alle anderen Teile des Gottesdienstes, die Predigt, die Gebete wie auch die Musik, sind auf die im ›Wort‹ geschehene Verkündigung ausgerichtet: Sie sind Erklärung, Reflektion, Antwort. Ganz aufgegeben wurde von Luther das Verständnis des Gottesdienstes als ›Opfer‹ oder als Wiederholung des Opfers Christi. Vielmehr polemisiert er zeitlebens gegen dieses Verständnis und entwickelt in drei größeren liturgischen Schriften sein eigenes Konzept des Gottesdienstes. Die früheste Schrift, *Von Ordnung Gottesdiensts in der Gemeine* (WA 12, S. 32ff.) von 1523 ist dabei noch zunächst eine Reaktion auf die liturgischen Veränderungen während seiner Abwesenheit nach dem Wormser Reichstag. Ausgefeilter ist sein Liturgieverständnis in der ebenfalls 1523 erschienenen Schrift *Formula Missae et communionis* (WA 12, S. 206ff.), die Luthers Gottesdienstverständnis umreißt und etwa bereits den Wunsch nach Liedern in deutscher Sprache betont. Insgesamt geht es Luther jedoch nicht um die Schaffung eines gänzlich neuen gottesdienstlichen Formulars, sondern vielmehr um die Bereinigung des traditionellen Gottesdienstes von jenen Teilen, die seiner Ansicht nach der Schrift widersprachen, wie etwa die Anrufung der Heiligen oder das Verständnis des Abendmahls als Opfer. Diesem Verzicht auf einen radikalen Neubeginn entspricht auch, dass Luther den Gottesdienst in lateinischer Sprache erhalten wissen wollte, ihm jedoch gleichberechtigt die Feier in der Landessprache zur Seite stellte.

Luthers ausführlichste Schrift zum Gottesdienst ist die 1526 erschienene *Deutsche Messe und Ordnung Gottesdienstes* (WA 19, S. 53ff.), die nun auch Melodien für die liturgischen Gesänge sowie Melodiemodelle zum Vortrag der biblischen und liturgischen Lesungen enthält. Bei diesen musikalischen Teilen wurde Luther von Johann Walter unterstützt.

Luthers Musikanschauung entsprechend dient die Musik im Gottesdienst dazu, die Texte zu interpretieren, zu memorieren und Gott durch den Gesang zu loben. Sie ist integraler Bestandteil der Verkündigung und – wie alles in der Liturgie – an das Wort gebunden. Eines der letzten Zeugnisse von Luthers Musikanschauung, seine Vorrede zum *Babstschen Gesangbuch* von 1545, fasst dies knapp zusammen: »Denn Gott hat unser hertz und mut frölich gemacht, durch seinen lieben Son, welchen er für uns gegeben hat zur erlösung von sunden, tod und Teuffel. Wer solchs mit ernst gleubet, der kans nicht lassen, er muß fröhlich und mit lust davon singen und sagen, das es andere auch hören und herzu komen. Wer aber nicht davon singen und sagen will, das ist ein zeichen, das ers nicht gleubet und nicht ins new fröhliche testament, Sondern das alte, faule, unlustige Testament gehöret.« (WA 35, S. 477).

Bereits in seiner *Formula Missae* hatte Luther den Wunsch geäußert, mehr deutsche Lieder zum Gebrauch im Gottesdienst zur Verfügung zu haben. Ende 1523 bat er seinen Freund Georg Spalatin in einem Brief darum, er möge Lieder in deutscher Sprache dichten. Vorbild solle nicht die höfische Lyrik sein, sondern die Sprache des Volkes. Wenngleich Luther nur über den Text spricht, so schließt dies auch die Melodien ein, die sich häufig an Modelle der Volksmusik anlehnten oder sogar direkt Volksmelodien parodierten. Die Lieder sollten, so Luther weiter, möglichst biblische Texte zum Vorbild haben (vor allem Psalmen), die dann paraphrasiert (und zugleich interpretiert) werden sollten. Luther selbst veröffentlichte in den folgenden Jahren zahlreiche Lieder, zu denen er die Texte und zum Teil auch die Melodien schuf. Wie viele der letzteren tatsächlich von ihm stammen, ist in der Forschung weiterhin umstritten. Bei einigen kommt auch sein enger Mitarbeiter Johann Walter in Frage. Wichtiger als die tatsächliche Zuschreibung ist jedoch die Wirkung, die die Lieder Luthers gehabt haben. Sie trugen maßgeblich zur Verbreitung der Reformation und ihrer Theologie bei.

Das erste lutherische Gesangbuch erschien bereits 1524, genannt *Achtliederbuch* (RISM DKL 1524[9-11]); es enthielt vier Lieder Luthers. In den kommenden Jahren folgten weitere, deutlich umfangreichere Gesangbücher. Mehrere vor ihnen wurden von ihm mit Vorworten versehen, die eine wichtige Quelle für Luthers Musikanschauung darstellen.

Neben den Melodien seiner Lieder gilt Luther auch als Urheber mehrerer polyphoner Sätze. Seine Urheberschaft des Satzes *Höre Gott meine Stimm* (WA 35, S. 543) ist umstritten. Wahrscheinlicher ist sie hingegen in dem kurzen Stück *Non moriar, sed vivam* (WA 35, S. 537), in dem das im Tenor liegende Psalmtonmodell durch simpel geführte Begleitstimmen umspielt wird.

Ungeachtet seiner Verdienste als Dichter und Komponist geistlicher Lieder liegt Luthers Bedeutung für die Musikgeschichte vor allem darin, das theologische Fundament geschaffen zu haben für die reiche Musikpraxis in der lutherischen Kirche. Dadurch, dass er den Gebrauch von Musik kaum eingeschränkt hat (im Gegensatz etwa zu den reformierten Kirchen der Schweiz in der Tradition Zwinglis und Johannes ▸ Calvins), konnte sich die Musik in der lutherischen Kirche sehr frei entfalten und leicht auf neuere musikhistorische Entwicklungen (wie etwa das Oratorium oder die Kantate) reagieren. Überdies war Luthers Bibelübersetzung eine wichtige Anregung für zahlreiche Musiker, und dies nicht nur im protestantischen Lager, sondern auch darüber hinaus, wie etwa das Beispiel Thomas ▸ Stoltzers zeigt, der Luthers Psalmtexte ihrer sprachlichen Qualität wegen vertonte.

Schriften (Texte über Musik):
Περὶ τῆς μουσικῆς (WA 30/2, S. 695), 1530; *Encomion musices*: Vorwort zu Rhaus *Symphoniae iucundae* (WA 1, S. 368), Wittenberg 1538; Vorwort zu J. Walters *Geystliche Gesangk Buchleyn* (WA 35, S. 474), Wittenberg 1524; Vorwort zu J. Klugs *Gesangbuch* WA 35, S. 475), Wittenberg 1529; *Vorrhede auff alle gute Gesangbücher*: Vorwort zu J. Walters *Lob und Preis der löblichen Kunst Musica* (WA 35, S. 483), Wittenberg 1538; Vorwort zu J. Klugs *Begräbnisliedern* (WA 35, S. 478), Wittenberg 1542; Vorwort zu V. Bapsts *Geistliche Lieder* (WA 35, S. 476), Leipzig 1545.

Ausgaben:
D. Martin Luthers Werke [WA], Weimar 1883–2003 • *Luthers geistliche Lieder und Kirchengesänge*, hrsg. von M. Jenny, Köln und Wien 1985 • *Das Deutsche Kirchenlied. Kritische Gesamtausgabe der Melodien. Abteilung III. Die Melodien aus gedruckten Quellen bis 1680*, hrsg. von J. Stalmann u.a., Kassel 1997ff.

Literatur:
J. Rautenstrauch, *Luther und die Pflege der Kirchlichen Musik in Sachsen*, Leipzig 1907, Reprint Hildesheim 1970 • V. Vajta, *Die Theologie des Gottesdienstes bei Luther*, Göttingen ³1959 • O. Söhngen, *Theologie der Musik*, Kassel 1967 • P. Veit, *Das Kirchenlied in der Reformation Martin Luthers*, Wiesbaden 1986 • M. Brecht, *Martin Luther*, 3 Bände, Stuttgart 1981–1987 • B.A. Föllmi, *Das Weiterwirken der Musikanschauung Augustins im 16. Jahrhundert*, Bern 1994 • R.W. Oettinger, *Music as propaganda in the German Reformation*, Aldershot 2004 • C.B. Brown, *Singing the Gospel. Lutheran hymns and the success of the Reformation*, Cambridge 2005 • R.A. Leaver, *Luther's Liturgical Music. Principles and Implications*, Grand Rapids 2007.

MR

Lüttich

Als Sitz eines bischöflichen Fürstentums nahm Lüttich eine hervorgehobene Situation für Handelsbeziehungen ein, war aber auch empfänglich für Spannungen, eine Art Pufferzone zwischen dem französischen Königreich, den südlichen Niederlanden und dem Heiligen Römischen Reich. Wie für zahlreiche Städte im Norden Europas ist es nicht einfach, die genauen Verwicklungen aktiver Musiker im Hinblick auf die neuesten Tendenzen der Renaissance in Lüttich zu ermessen, auch wenn die Komponisten, die aus Lüttich stammen, eine bedeutende Rolle in der musikalischen europäischen Landschaft einnahmen.

Die wesentlichen musikalischen Aktivitäten konzentrierten sich um zwei Pole: den Hof des Fürst-Bischofs und die Kathedrale, denen man üblicherweise sieben Kollegiatkirchen hinzuzählen kann. Vom Mäzenat des Fürst-Bischofs sind keine direkten Spuren erhalten. An Unruhen mangelte es nicht, die die Fürsten von Lüttich dazu bewogen, vom künstlerischen Mäzenatentum Abstand zu nehmen. Die Rivalitäten zwischen Clementisten und Urbanisten boten am Ende des 14. Jahrhunderts schon Gelegenheit zu Konflikten. 1468 nahm ▸ Karl der Kühne die Stadt vollständig in Besitz und unterbrach für eine gewisse Zeit die künstlerischen Aktivitäten. Die zweite Hälfte des 16. Jahrhunderts ist durch die Unruhe zwischen Katholiken und Protestanten geprägt, und die Fürst-Bischöfe der Gegenreformation, Glieder der Familie Wittelsbach, Ernst und Ferdinand von Bayern, teilten ihre Zeit zwischen ihren zahlreichen Sitzen und bevorzugten oft ihren Bischofssitz in Köln (im Fall von Ferdinand in Bonn) vor demjenigen in Lüttich. Hinzu kommt die geringe Quantität an Archivquellen, eine Tendenz der jungen Musiker, bevorzugterweise auswärtige Rufe anzunehmen oder es anderswo zu versuchen: Johannes ▸ Ciconia am Ende des 14. Jahrhunderts, Hugo und Arnold ▸ Lantins am Beginn des 15. Jahrhunderts, Johannes ▸ Stokem am Ende des 15. Jahrhunderts, Hubert Naich am Beginn des 16. Jahrhunderts. Die Bewegung intensivierte sich während der zweiten Hälfte des 16. Jahrhunderts: Antoine ▸ Gosswin und Johannes ▸ Fossa gingen nach München; Jean ▸ Guyot, Adamus de Ponta, Arnold Salco, Gérard Hayne und Lambert de Sayve nach Wien; Simon Lohet nach Stuttgart; Martin Peu d'Argent nach Düsseldorf; Petit Jean de Latre nach Utrecht; Johannes Mangon nach Aachen. So konnten die Fürst-Bischöfe weder das Talent bedeutender Komponisten ausnützen noch ein intensives musikalisches Leben unterhalten. Kein Instrumentalstück und vergleichsweise sehr wenige weltliche Stücke, einzig Lieder, scheinen von in Lüttich aktiven Musikern während der beiden Jahrhunderte komponiert worden zu sein. Der Band von Petit Jean de Latre (1552) macht eine Ausnahme. In der gleichen Zeit schrieb und publizierte Jean ▸ Guyot de Châtelet, ein Komponist, der in Lüttich und im Reich geschätzt wurde, eine Tragödie, die *Minervalia artium liberalium* (1554), die von einer humanistischen kulturellen Praxis zeugt, gleichermaßen wie die Chansons, die einen gewissen Erfolg verbuchen konnten. Die Abwesenheit einer Druckerei von Musikalien in Lüttich während des 16. Jahrhunderts kann jedoch nicht dafür geltend gemacht werden, um die eine oder andere Lücke zu erklären. Pierre ▸ Phalèse, Tilman ▸ Susato und Hubert ▸ Waelrant waren nicht weit, und die Komponisten aus Lüttich ließen ihre Werke in berühmten Häusern ebenso wie in anderen drucken. Die einzige Ausnahme ist Jacob Baethen.

In Löwen aktiv seit 1545 erhielt dieser Drucker zwei Jahre später von Georg von Österreich für eine Zeit von drei Jahren das exklusive Recht, ein Brevier zum Gebrauch des Bischofs von Lüttich zu drucken, zu verkaufen und zu verbreiten. Ende 1551 oder Anfang 1552 verließ Baethen Löwen, um sich in Maastricht zu installieren, dessen Fürst-Bischof einer der beiden Herrscher war. Eine der ersten musikalischen Drucke bestand aus dem Motettenbuch von Pierre de Rocourt (1546). In Maastricht druckte Baethen neben dem Stück von Jean Guyot, den *Minervalia*, zwei musikalische Werke: die *Lamentations de Jérémie* von Petit Jean de Latre und die *Duytsche Liedekens*, beide 1554. Letztere Publikation enthielt auch zwei niederländische Chansons von Petit Jean de Latre. Drei Jahre später jedoch verließ Baethen Maastricht.

Die Lütticher Karriere von Baethen bestätigte die Verbindungen, die zwischen dem Geschmack eines Fürst-Bischofs und der musikalischen Entwicklung der Stadt bestanden. Fünf Fürst-Bischöfe folgten während des 16. Jahrhunderts: Erard de la Marck (1505–1538), Georges d'Autriche (1544–1557), Robert de Berghes (1557–1564), Gérard de Groesbeeck (1564–1580) und Ernest de Bavière (1580–1612). Das Mäzenat von d'Erard de la Marck hinterließ Spuren in der Architektur, in den Kirchenfenstern, aber keine in der Musik. Wenn Nicolaus ▸ Wollick ihm sein *Enchiridion musices* widmete, so deshalb, weil die beiden Männer sich in Köln kennenlernten und Erard ein sehr reicher und einflussreicher Fürst war. Hingegen kennt man kein Werk eines Komponisten, der in Lüttich während seines Episkopats aktiv war. Die beiden dichtesten Perioden betreffs musikalischer Mäzenate sind an die Persönlichkeiten von Georg von Österreich und Ernst von Bayern gebunden. Ersterer war in einem außergewöhnlichen musikalischen Milieu aufgewachsen und unterstützte Lütticher Musiker seines Geschmacks (Petit Jean de Latre, Guyot, Rocourt). 1556 widmete Phalèse dem Fürsten ein vierstimmiges Messenbuch von Jacobus ▸ Clemens non Papa. Der Fall von Ernst ist komplexer. Gleichermaßen in einem die Künste begünstigenden Milieu erzogen, hat er bald versucht, Musiker zu rekrutieren, die der Familie Wittelsbach nahe standen oder die er während seiner Jugend in München kennengelernt hatte (Antonius ▸ Gosswin, Giovanni Battista Mosto). Seit seinem Regierungsbeginn erhielt Ernst Zeichen musikalischer Aufmerksamkeit. André Pape, ein Humanist und ehemaliger Gefährte von Juste Lipse, der sich in Lüttich niederließ, widmete ihm 1581 einen musikalischen Traktat: *De Consonantiis seu pro Diatessaron* (Phalèse). Dieser Text ist unter anderen einer der seltenen Traktate, die in Lüttich im 15. und 16. Jahrhundert herausgegeben wurden, zusammen mit *De natura cantus ac miraculis vocis*, den Matthieu Herben in Maastricht redigierte (wo er von 1480 bis zu seinem Tod 1538 wohnte). Lüttich besaß keine Universität und die jungen Studierenden begaben sich nach Löwen, nach Paris, nach Douai oder auch nach Köln, um ihre universitäre Ausbildung zu erhalten.

Das musikalische Herz der Stadt sind während des 15. und 16. Jahrhunderts die Kathedrale und daneben die sieben Kollegiatkirchen. Seit dem 13. Jahrhundert wurde die ▸ Maîtrise der Kathedrale sehr strikt organisiert, und dies blieb auch weiterhin so. Offiziell ist der für die Musik Verantwortliche an der Kathedrale der ›cantor‹. In Wirklichkeit delegierte dieser seine Verantwortlichkeit dem ›succentor‹ oder dem ›phonascus‹. Diese kümmerten sich um die Erziehung der ›duodeni‹. Die Anzahl der ›Choraux‹ (Choralsänger) wechselte leicht von einem Jahr zum anderen, aber annäherungsweise waren es immer ein Dutzend. Aus ihrer Reihe wurden im allgemeinen die zukünftigen ›maîtres de musique‹, sei es für die Kathedrale, sei es für die Kollegiatkirchen, rekrutiert. Die ›duodeni‹, die vom Stimmbruch eingeholt wurden, hatten die Möglichkeit, ihrer musikalischen Ausbildung weiter zu folgen. Sie wurden ›duodeni mutati‹. Zu diesem Ganzen wurden schnell zwölf weitere Sänger hinzugezogen, oft Geistliche, um polyphone Werke auszuführen. Die Maîtrisen der Kollegiatkirchen waren wie diejenigen der Kathedrale aufgebaut. Nicht alle jedoch verfügten über die notwendigen Mittel, um eine qualitätvolle musikalische Praxis aufblühen zu lassen. Die Kollegiatkirche Saint-Jean l'Évangélist nahm eine Außenseiterposition ein, denn ihre musikalische Ausbildung war seit dem 14. Jahrhundert von hervorragender Qualität. Ciconia war dort Sänger, als er jung war. Die Funktionen des ›succentor‹ an Saint-Jean auszuüben, war manchmal ein Sprungbrett, um an die Kathedrale zu gelangen. Die sechs anderen Kollegiatkirchen nahmen eine weniger zentrale Stellung ein und verfügten selten über Komponisten von hohem Rang.

Andere Städte im Fürstentum von Lüttich hatten ein relativ intensives musikalisches Leben. Tongres ist dafür das beste Beispiel. Am Austausch von Musikern zwischen Tongres und Lüttich mangelte es überdies nicht, und die Qualität der Musik in der Kollegiatkirche der nahen Stadt war somit verbürgt. Die Stadt Aachen unterhielt an ihrem Dom auch eine hervorragende musikalische Kapelle, die eine Zeitlang von Johannes Mangon geleitet wurde, dessen Werke in der Mehrzahl in zwei Chorbüchern kopiert wurden, zusammen mit einigen Stücken von Lütticher Musikern (Johannes Claix).

Die Produktion von geistlicher Musik durch Komponisten, die in Lüttich tätig waren, entfaltete sich in unsteter Weise: Der relativen Intensität in der ersten Hälfte des 15. Jahrhunderts folgte, nach der Plünderung der Stadt durch die Burgunder, eine lange, fast stille Periode. Johannes de Stokem hatte keine große Anzahl an Werken hinterlassen, und kein Stück vor dem Erscheinen der ersten Motetten von Jean Guyot ist erhalten. Und selbst während der zweiten Hälfte des 16. Jahrhunderts scheint die genuine Lütticher Produktion oder die für Lüttich bestimmte Produktion sehr selten zu sein bis zur Kompilation eines Chorbuchs in den 1640er Jahren, das für die Kathedrale Saint-Lambert bestimmt war.

Weshalb es am Ende des 14. und 15. Jahrhundert ein Überangebot an talentierten Musikern aus Lüttich gab, ist schwierig zu erklären: Auf Johannes Ciconia, der Chorknabe in Saint-Jean l'Évangéliste war, folgten in verschiedenen Positionen Johannes de Sarto, Johannes de Lymburgia, Jacques de Romedenne, Johannes ▶ Brassart (der nach Saint-Lambert ging). Andere Kollegiatkirchen verfügten ebenfalls über einige talentierte Sänger und vielleicht auch Komponisten: Thomas de Namurco (der Mitglied der Kapelle von Gregor XII. 1408 wurde) und Johannes Franchois de Gemblaco. Benachbarte Städte, Tongres oder Maastricht, hatten gleichermaßen exzellente Musiker, die augenscheinlich an der Lütticher Maîtrise ausgebildet worden waren (zum Beispiel Tzamen oder Mangon).

Zahlreiche liturgische Bücher zum Gebrauch der Diözese von Lüttich wurden während des 16. Jahrhunderts gedruckt (in Antwerpen und in Paris). Von den liturgischen Büchern, die im 15. Jahrhundert kopiert wurden, gibt es nur wenige Spuren. Hingegen bot die Reform des Breviers, die zu Beginn des 17. Jahrhunderts ihren Platz hatte (gedruckt 1623), die Gelegenheit, ein Gleichgewicht zwischen lokalen und römischen Forderungen herzustellen, als Bild dessen, was während der Renaissance praktiziert wurde.

Literatur:
E. Schreurs, *Het muziekleven in de Onze-Lieve-Vrouwekerk van Tongeren (circa 1400–1797)*, Diss. Katholieke Universiteit Leuven 1990 • Ph. Vendrix (Hrsg.), *Johannes Ciconia, musicien de la transition*, Turnhout 2003 • M. Howe, *The motets of the Domarchiv Aachen, Choirbook II: patterns of style and adaptation*, Diss. Univ. New York 2004 • V. Besson / E. Schreurs / Ph. Vendrix (Hrsg.), *Le Grand livre de chœur de la cathédrale Saint-Lambert*, Turnhout 2005, S. XLII–352 • C. Saucier, *Sacred Music and Musicians at the Cathedral and Collegiate Churches of Liège, 1330–1500*, Diss. Univ. of Chicago 2005 • E. Corswarem / D. Fiala / E. Schreurs / Ph. Vendrix, *La musique à Liège au temps de Lambert Lombard*, in: *Lambert Lombard et son temps*, hrsg. von D. Allard, Genf 2007 • É. Corwarem / K. Schiltz / Ph. Vendrix, *Der Lütticher Fürstbischof Ernst von Bayer als Musik-Mäzen (1580–1612)*, in: *Das Erzbistum Köln in der Musikgeschichte des 15. und 16. Jahrhunderts*, hrsg. von K. Pietschmann, Kassel 2008.

PHV

Luzzaschi, Luzzasco
* 1544/1545 Ferrara, † 10.9.1607 Ferrara

Der Organist und Komponist war Schüler von Cipriano de ▶ Rore und trat 1561 in den Dienst der ▶ Este in ▶ Ferrara. 1564 wurde er Hoforganist, 1572 zusätzlich Organist am Dom, 1574 Leiter der Instrumentalmusik in der Nachfolge Alfonso ▸ dalla Violas. Luzzaschi komponierte insbesondere nach 1570 für das ▸ Concerto delle dame. Während der Besetzung Ferraras durch päpstliche Truppen am Ende des 16. Jahrhunderts wurde er wahrscheinlich von Kardinal Carlo Borromeo protegiert, nach dem Tod Alfonsos II. und der Übernahme Ferraras durch den Kirchenstaat blieb Luzzaschi in Ferrara und trat in den Dienst des Kardinals Pietro Aldobrandini, der päpstlicher Statthalter war.

Von Luzzaschi sind sieben in Ferrara und Venedig publizierte Madrigalbücher überliefert (1571 bis 1604). Zwei weitere posthum in Neapel publizierte Sammlungen bestehen aus einer Auswahl schon publizierter ▸ Madrigale und einiger Madrigale von anderen Komponisten (1611 und 1613, darüber ausführlich Durante und Martelotti); in der ersten Sammlung befinden sich Madrigale aus dem 3. und 5. Madrigalbuch Luzzaschis, in der zweiten aus dem 4., 5., 6. und 7. Buch. Die Textdichter sind neben anonym überlieferten Gedichten Giovanni Battista ▸ Gurini, Orsina Cavaletta, R. Arlotti; ein Text aus der zweiten Sammlung, *Dolce mia fiamma*, stammt von Torquato ▸ Tasso. Daneben steht eine Sammlung geistlicher Lieder *Sacrarum cantionum liber primus* (1598), die für Aldobrandini komponiert wurde. – Das Madrigalschaffen Luzzaschis ist noch nicht ausreichend erforscht; die Neuausgabe seiner Madrigalbücher steht erst am Beginn (Recent Researches 136), und die Datierung seiner Madrigale bereitet Schwierigkeiten, da er zum Teil früher komponierte Madrigale in später publizierten Sammlungen veröffentlichte. Dass Luzzaschi jedoch eine bedeutende Rolle bei der Entwicklung des neuen chromatischen Stils einnahm, ist offensichtlich, und die Wechselwirkung mit den Madrigalen Carlo ▸ Gesualdos wurde zumindest in einem Fall zu Luzzaschis Gunsten entschieden: Den Text *Gioite voi col canto* (bei Luzzaschi zwar erst 1604 gedruckt, jedoch schon für das Madrigalbuch von 1582 vorgesehen) hat zuerst Luzzaschi und dann erst Gesualdo vertont (siehe dazu Niedermüller). Im vierten, fünften und sechsten Madrigalbuch (1594, 1595, 1596 gedruckt) ist der Wandel zu einem neuen Stil bemerkbar, die Widmung des sechsten Madrigalbuchs, verfasst von Alessandro Guarini, gilt als »Manifest der Seconda prattica« (Morche). Die Bücher stehen im Kontext von insgesamt acht bei dem Ferrareser Drucker Vittorio Baldini publizierten und wahrscheinlich von Gesualdo finanzierten Madrigalbüchern, Individualdrucken von Gesualdo, Luzzaschi und Alfonso Fontanellis (erstes Madrigalbuch), die einen chromatischen Stil aufweisen, wie er jedoch wahrscheinlich in Ferrara schon sehr viel früher praktiziert wurde (siehe hierzu das Madrigal Luzzaschis *Quivi sospiri* von 1576/1577). – Die Kompositionsweise von Luzzaschis Madrigalen ist durchweg anspruchsvoll und zeigt nicht die Tendenz – wie bei anderen Madrigalkomponisten der Zeit – zur Annäherung an ▸ Villanella und ▸ Canzonetta. Neben chromatischen Kühnheiten (siehe z.B. die Aufeinanderfolge von – modern ausgedrückt – c-Moll, C-Dur, A-Dur, d-Moll auf den Text *Ecco mosso a pietà de' tuoi martiri* im Madrigal *Ecco o dolce*) herrscht großer Abwechslungsreichtum in der Kombination der Stimmen, homophonen und polyphonen Partien, in Mensurwechseln sowie verschieden angelegter madrigalistischer Textausdeutung. Das Madrigal *Dolce mia fiamma* auf einen Text Tassos beispielsweise, das mit dem homophonen Einsatz der vier untersten Stimmen in langen Notenwerten beginnt und dann im zweiten Takt in eine das Wort »fiamma« ausdeutende Figur übergeht, die imitatorisch von je einem Stimmenpaar gebracht wird, wird im folgenden durch die verschiedensten Stimmkombinationen fortgesetzt, deren Überlagerungen und Kombinationen (die fünfte, oberste Stimme setzt mit der zweiten Textzeile auf das letzte Wort der ersten ein) neben den Madrigalismen der Textausdeutung dienen.

Die in Rom 1601 publizierten *Madrigali […] per cantare, et sonare a uno e doi e tre soprani*, die für das ▸ Concerto delle dame geschrieben wurden, geben einen Einblick in die Praxis dieses berühmten Frauenensembles, wenn die nachträgliche Publikation auch nur einen sehr kleinen Teil (drei Madrigale für einen Sopran, vier für zwei und fünf für drei Soprane) des in einer verschollenen Handschrift enthaltenen Repertoires bietet (wohl ungefähr 330 Madrigale; Durante, Martelotti, Bd. 1, S. 51); der Druck war wahrscheinlich für Ensembles gedacht, die sich nach dem Modell des Concerto delle dame gebildet hatten. Die enthaltenen Madrigale dokumentieren sowohl die reiche Verzierungskunst als auch den neuen monodischen Stil. Die virtuosen ›passaggi‹ wie auch die instrumentale Begleitstimme sind ausgeschrieben. Die kompositorische Faktur zeigt starke, textlich bedingte und in ▸ Madrigalismen umgesetzte Gegensätze, im ersten einstimmigen Madrigal auch mit Mensurwechseln. In den Madrigalen für zwei oder drei Solostimmen sind die ›passaggi‹ oft imitatorisch nacheinander angebracht, damit jede Sängerin ihre Brillanz zeigen konnte. Im ersten und letzten Madrigal für drei Soprane (Nr. 8 und Nr. 12) wechseln homophone mit imitatorischen Partien und solche mit reichen Verzierungen, die ebenfalls polyphon imitatorisch gehalten sind. Sieben Texte sind von Giovanni Battista Guarini, die anderen sind anonym überliefert. Die ersten drei Madrigale gehören wahrscheinlich zum älteren Bestand, als Laura ▸ Peverara die alleinige Interpretin war.

An Instrumentalmusik sind eine ▸ Toccata (publiziert in Girolamo Dirutas *Il Transilvano*, 1593) als einzige Komposition speziell für Tasteninstrumente sowie mehrere Werke »per ogni sorte di strumenti« überliefert: zwei ▸ Ricercare (ebenfalls in *Il Transilvano*), eine ▸ Canzona, zwei ▸ Fantasien, sowie *Il secondo libro di recercar a quattro voci* mit 12 Ricercaren, die in frankoflämischem Stil komponiert sind, wie ihn Jacques ▸ Brumel in Ferrara eingeführt hatte (Borghi, S. V). Das zweite Ricercar hat als einziges einen Mensurwechsel und damit einen deutlich abgehobenen zweiten Teil, dem sich ein dritter in der Ausgangsmensur anschließt. Die beiden Fantasien sind über ▸ Cantus firmi (*Ave maris stella* und *La Spagna*) geschrieben, die in langen Notenwerten zugrunde liegen. Die Canzona ist ein vom Charakter her fröhliches Stück; die um eine Quinte aufwärts gehenden Läufe, die den Beginn in mehrfacher Wiederholung auf verschiedenen Tonstufen prägen, deuten eher auf eine originale Instrumentalkomposition als auf ein Chansontranskription.

Ausgaben:
Madrigali per cantare e sonare a uno, due, e tre soprani (1601) (Monumenti di musica Italiana II/2), hrsg. von A. Cavicchi, Brescia und Kassel 1965; *Opera strumentale. Toccata, canzone, ricercare e fantasie intavolati per organo o clavicembalo*, hrsg. von D. Borghi, Bologna 1998; *Le due »scelte« napoletane*, 2 Bde., hrsg. von E. Durante und A. Martellotti, Florenz 1998; *Complete Unaccompanied Madrigals Part 1* (Recent Researches of the Music of the Renaissance 136), hrsg. von A. Newcomb, Middleton/Wisconsin 2003.

Literatur:
A. Newcomb, *The Madrigal at Ferrara 1579–1597*, 2 Bde., Princeton/ New York 1989 • S. Döhring, *Concerto delle Dame. Die Madrigale Luzzaschis am Hof von Ferrara*, in: *Traditionen – Neuansätze: Für Anna Amalie Abert (1906–1996)*, hrsg. von K. Hortschansky, Tutzing 1996, S. 193–202 • P. Niedermüller, *»Contrapunto« und »effetto«. Studien zu den Madrigalen C. Gesualdos* (Abhandlungen zur Musikgeschichte 9), Göttingen 2001 • P. Fabbri, *I teatri di Ferrara*, Lucca 2003, S. 31–32 • G. Morche, *Luzzaschi*, in: MGG², Bd. 11 (Personenteil), 2004, Sp. 666–668.

ES

Lyon

Als Erzbischofssitz von Frankreich und seit 1271 an die französische Krone gebunden, genoss die dicht besiedelte Stadt während des Mittelalters Steuer- und Handels-Freiheit und profitierte von der geographischen Situation der Zusammenflüsse von Saône und Rhône, dem halben Weg zwischen Italien, Spanien, Deutschland und den Niederlanden. Industrie (Seide, Textilien, luxuriöse Güter, Druck), Banken und Kommerz, unterstützt vom freien Handel auf den internationalen Messen, florierten während der französisch-italienischen Kriege des frühen 16. Jahrhunderts. Banker und Händler aus Florenz, Genua und Luca finanzierten die expansionistischen Ambitionen der Valois, unterstützten den Import italienischer Kultur und die Entdeckung der römischen Antike in Fourvière, während evangelische Humanisten oder Neo-Platoniker wie Symphorien Champier, Jean ▸ Lemaire, Etienne Dolet, Bonaventure Des Periers, Barthélemy Aneau, François ▸ Rabelais frei bei den neuen und geschäftstüchtigen Verlegern publizierten. Renaissance-Ideen und Reformen wurden in der reichlichen Literatur, die in Lyon entstand, reflektiert, wobei die lyrische und philosophische Dichtung von Jean ▸ Lemaire, Maurice ▸ Scève, Pontus de ▸ Tyard, Pernette du Guillet und Louise ▸ Labé der Musik eine wichtige Rolle zusprach. Nach 1560 rief die Verbreitung des Protestantismus und die lockere Verbindung mit dem calvinistischen Genf den Druck vieler Psalmen und geistlicher Lieder hervor; die folgenden Religionskriege verminderten jedoch die kulturelle Vitalität und den kommerziellen Reichtum der Stadt.

Die Liturgie von Lyon ist eine der ältesten in Europa; die Chorschule (›manécanterie‹) an der Kathedrale von St. Jean datiert aus dem 12. Jahrhundert; Polyphonie war jedoch verboten und nur der einstimmige Gesang und ▸ Fauxbourdon erlaubt. Im 16. Jahrhundert unterhielten die Kirchen von St. Nizier, St. Paul und Notre Dame de Fourvière Chöre, während in den Kirchen der augustinischen, jakobinischen und franziskanischen Orden Orgeln gespielt wurden. Aber polyphone Musik wurde regulär nur von den Organisten der florentinischen Gemeinschaft in ihrer Kapelle von Notre Dame de Confort gesungen und gespielt, unter ihnen Francesco de ▸ Layolle (in Lyon von ca. 1523 bis zu seinem Tod ca. 1540), Piero Mannucci (der Musik für sechs Intermedien von Luigi Alamanni komponierte, die während eines Revivals von Bibbienas *Calandra* 1548 aufgeführt wurden), Matthieu de Fleurs (1559), Philibert Ydeux (1573) und Jehan Duprey (1595).

Einige berühmte Komponisten besuchten Lyon, darunter ▸ Ninot le Petit 1478, Loyset ▸ Compère 1494–1495, Alexander ▸ Agricola, Johannes ▸ Ghiselin und ▸ Josquin Desprez 1503, Antoine ▸ Brumel 1506; einige Sänger Karls VIII., Ludwigs XII., Franz' I., falls nicht die ganze königliche Kapelle, verweilten in Lyon während der italienischen Kriege (1494–1525). Vieles von ihrer Musik wurde dort um 1525 in einem umfangreichen Manuskript kopiert, das sich jetzt in der königlichen Bibliothek in Kopenhagen befindet (Ms.1848/2°). Die Stadtverwaltung veranlasste musikalische Aufführungen für die Besuche von ▸ Karl VIII. 1494, ▸ Ludwig XII. 1503, ▸ Franz I. 1515, ▸ Heinrich II. 1548, ▸ Karl IX. 1564 und ▸ Heinrich IV. 1595 und 1600.

Lyoneser Dichter stellten Liebesgedichte für polyphone Chansons bereit und Gedichte, die Musik und Musiker beschrieben: So pries Bonaventure Des Périers Albert de Rippe, Barthélemy Aneau und Charles de Sainte-Marthe lobten Pierre de Villiers; Luigi Alamanni und Eustorg de Beaulieu rühmten François de ▸ Layolle. Chansons und Tänze wurden auf Schalmeien, Zinken und Violinen von Stadtmusikanten wie Charles Cordeilles, Guillaume de La Moeulle und Regolo Vecoli gespielt, die somit öffentliche und private Festlichkeiten belebten – Karnevalveranstaltungen, königliche Entrées, Schauspielaufführungen, Bankette und Hochzeiten. Aneaus Moralitäten enthielten möglicherweise Musik, die von seinem Freund Villiers geschrieben wurde, während sein Weihnachtsspiel, *Genethliac* (1558), vollständig in polyphonen ▸ Noëls von Etienne ▸ Du Tertre, Didier ▸ Lupi und Claude ▸ Goudimel gesungen wurde. Einige lokale Musiker verbanden sich mit den Hofkomponisten, um Chansons, Motetten, Tänze und Fantasien Jacques ▸ Moderne zur Verfügung zu stellen, der den Musikdruck in der Stadt zwischen 1532 und 1547 monopolisierte. Residierende Komponisten waren Charles Cordeilles, Guillaume de La Moeulle, Francesco Layolle, Loys ▸ Bourgeois, Didier Lupi, Claude Goudimel, Giovanni Paolo Paladino, Philibert Jambe de Fer, Paschal de L'▸Estocart und Jean de Maletty. Steuerlisten enthalten über 100 Instrumentalisten, darunter 27 Organisten, 12 Lautenisten, 8 Violinisten, 8 Trompeter, 7 Flötisten, 7 Trommler, 6 Schalmei-Spieler und Zinkenisten sowie 6 Rebec-Spieler. Die Stadt wurde ebenso ein berühmtes Zentrum für die Herstellung und den Verkauf von Musikinstrumenten mit mehr als 50 Herstellern, viele von auswärts, wie der berühmte Lautenbauer Gaspar Tieffenbrucker und der Flötenbauer Claude Rafi.

Ein Chorbuch mit vierstimmigen Fauxbourdon-Sätzen von Messproprien, das von Etienne Guaynard 1528 gedruckt wurde, enthält ▸ Motetten von Layolle, der später zwischen 1532 und 1540 Messordinarien, Motetten, ▸ Madrigale und ▸ Chansons für Moderne edierte und komponierte. Alemanno Layolle war als Instrumentalist und Organist an St. Nizier zwischen 1551 und 1565 aktiv. Modernes 56 musikalische Sammlungen enthalten 12 ▸ Messen, 8 Bücher mit Motetten, 11 Bücher *Le Parangon des Chansons*, und zwei Bücher *Le Difficile des Chansons*. Diese Sammlungen Modernes enthielten 3 Chansons des Dichter-Musikers Eustorg de Beaulieu (in Lyon 1534–1537), 26 Lieder, 3 Motetten und eine Messe von Pierre de Villiers mit vielen Werken anderer lokaler Komponisten wie Gabriel Coste, Henry ▸ Fresneau, Antoine Gardane, Pierre de La Farge, F. de Lys, Guillaume de La Moeulle, Loys Bourgeois und Charles Cordeilles. Moderne druckte auch Einzeldrucke mit Werken von Layolle, Loyset ▸ Piéton, Pierre Colin, Mattio ▸ Rampollini und Giovanni Paolo Paladino. Zwischen 1544 und 1559 gaben die deutschen Protestanten, Godefroy und Marcellin Beringen, 13 musikalische Bücher mit polyphonen Psalmen, Motetten und Chansons von Bourgeois, Simon Joly, Didier Lupi und Dominique Phinot heraus. 1558–1559 druckte Robert Granjon Motetten und Chansons des Marseiller Chorknaben Barthélemy Beaulaigue, Psalmen von Michel Ferrier von Cahors und zwei *Trophée de Musicque* mit Liedern von Philibert Jambe de Fer, Didier Lupi, François Roussel und Pierre de Villiers wie von internationalen Meistern. 1555 publizierte Macé Bonhomme ▸ Noëls und Chansons in französischem oder savoyardischem Dialekt von Nicolas Martin aus St. Jean de Maurienne. 1555 und 1559 publizierte Michel du Bois eine praktische Abhandlung (*Epitome musical*) und Psalmen von Jambe de Fer, der in Lyon zwischen 1553 und 1564 lebte, als er musikalische Veranstaltungen für die Entrée von Karl IX. organisierte. Der Gitarrist und Lautenist Simon Gorlier gab ▸ Tabulaturen für die deutsche Flöte, Spinett, Gitarre und Zitter heraus (alles verloren), eine Lautenbuch von Giovanni Paolo Paladino (1560[27]), ▸ Chansons spirituelles (mit Titel *La lyre chrestienne*) von Antoine de Hauville (1560) und Chansons und Voix de ville (▸ Vaudeville) von Alemanno Layolle (1561ff., verloren). Der italienische Geschmack in Lyon ist in den Lautenbüchern von Francesco Bianchini (1547[27]), Bálint Bakfark (1552[20]) und Paladino (1549[40] und 1560[27]) wiedergegeben, die eher in italienischer als in französischer Tabulatur notiert sind (Paladino lebte in Lyon bis zu seinem Tod 1566). Die lokale Lautentradition wurde später von

Ennemond Gaultier (um 1575–1651) fortgeführt.

Die Reformation, die ihre Spitze in den frühen 1560er Jahren erreichte, hinterließ ihre Spuren in vielen Psalm-Drucken, meist mit calvinistischen Melodien und einige wenige in polyphonen Sätzen. Der hauptsächliche Verleger, Antoine Vincent, war originär aus Lyon, aber er kollaborierte von Genf aus mit seinen Teilhabern François Perrin, Jean de Tournes, Jean Mareschal, Charles Pesnot, Augustin Marlorot, Gabriel Cottier, Claude Ravot, Antoine Cercia & Pierre de Mia, die seine Interessen in Lyon vertraten. Die letzen beiden arbeiteten bei der Ausgabe von Jambe de Fers einfachen vierstimmigen Sätzen des vollständigen Psalters von 1564 zusammen. Eine weitere vierstimmige Psalmfassung von Richard Crassot wurde 1564 von Thomas de Straton publiziert, der eine Anthologie von Chansons spirituelles von Didier Lupi und anderen 1561 herausgegeben hatte. Cercia veröffentliche ebenfalls ein vierstimmiges Madrigalbuch des Neapolitaners Giovanni Antonio di Mayo 1567. 1572 druckte Jean de Tournes 45 Chansons von Jacques ▸ Arcadelt mit geistlichen, von Goudimel herausgegebenen kontrafizierten Texten, 1573 die *Instruction de musique* und 1579 *Le II jardin de musique* von dem Mediziner und Astrologen Corneille de Blockland; 1581 veröffentlichte De Tournes ein Buch mit Chansons von Gilles Maillard de Thérouanne (er lebte in Lyon bis 1584). Er versorgte auch Jean Bavent mit Musik-Typen, der 1574 zwei Bücher mit Titel *La Fleur des Chansons* (44 Stücke von Lassus und 9 von Goudimel) publizierte. 1577 gab Clement Baudin 20 fünfstimmige Madrigale des Luccaner Regolo Vecoli (1577[10]) heraus, während Gasparo Fiorino 61 Canzonelle alla neapolitana publizierte, die den Frauen und Töchtern prominenter Lyoneser gewidmet waren. 1578 druckte Charles Pesnot Psalmparaphrasen von George Buchanan und vier- bis achtstimmige Chansons von Jean Servin. Die Gegenreformation schlug sich in populären Hymnen des Jesuiten Michel Coyssard nieder, gedruckt von Jean Pillehotte (RISM 1592[6]), und in sakralen Anthologien, herausgegeben von Jean Didier (RISM 1610[11]) und Louis Muguet (RISM 1615[7]).

Literatur:
L. Guillo, *Les éditions musicales de la Renaissance lyonnaise*, Paris 1991 • F. Dobbins, *Music in Renaissance Lyons*, Oxford 1992.

FD

Lyra ▸ **Leier,** ▸ **Lira**

Machaut, Guillaume de

* um 1300 Reims oder Machault (Champagne), † April 1377 Reims

Machaut, Dichter und Komponist, ist neben Philippe de Vitry der bedeutendste Vertreter der ▶ Ars nova und durch das Fortwirken seines Werkes ein Wegbereiter der Musik der Renaissance. – Herkunft und Ausbildung Machauts sind nicht belegbar, literarische und musikalische Kenntnisse dürfte er in Reims oder Paris erworben haben. Von 1323 an diente er dem böhmischen König Johann von Luxemburg in verschiedenen administrativen Funktionen und folgte diesem durch Europa, war aber zugleich bereits als Dichter am Hof tätig. Ab 1340 war Machaut dann Kanoniker an der Kathedrale von Reims, wo die ihm obliegenden liturgischen Dienste genug Raum für eine umfassende künstlerische Tätigkeit ließen.

Machaut gilt mit seinem gattungs- und stiltechnisch differenzierten Œuvre, das in eigenen Handschriften erhalten ist, und seinen reflektierten musiktheoretischen Aussagen als für die Renaissance wegweisende Figur des der eigenen Person und ihres Schaffens bewussten Künstlers. Zahlenmäßig überwiegen seine literarischen Werke, unter denen die 15 Dits imponieren, großangelegte allegorische Dichtungen mit teilweise sehr konkretem Bezug zur historischen Situation. Die Überlieferung der Kompositionen in systematischer Anordnung nach Gattungs- und Werkgruppen ermöglicht sowohl eine stilgeschichtliche wie gelegentlich auch konkret historische Einordnung. Mit der Ausformung der Modelle der weltlichen ▶ Formes fixes Ballade, Rondeau und Virelai greift Machaut offenbar bewusst vorherrschende Traditionen auf, um sie auf musikalischer wie textlicher Eben strukturell zu differenzieren und zu festigen. Auch die 23 ▶ Motetten sind geprägt von der entschieden artifiziellen Kombination von Text und Musik, die isorhythmische Anlage wird nun regelmäßig angewandt; auf ihren Entstehungsanlass bezogen gehen die späten Motetten »in kirchlich-politischer Funktion auf« (W. Arlt, Sp. 733.). Mit der als Zyklus konzipierten *Messe de Nostre Dame* tritt erstmals die Idee einer musikalisch einheitlichen Vertonung aller Sätze des Ordinarium missae in Erscheinung.

Ausgaben:
The Works of Guillaume de Machaut, hrsg. von L. Schrade, Monaco 1956.

Literatur:
L. Earp, *Guillaume de Machaut*, New York 1995 • W. Arlt, *Machaut, Guillaume de*, in: *MGG²*, Bd. 11 (Personenteil), 2004, Sp. 719–749.

CB

Machiavelli, Niccolò
* 3.5.1469 Florenz, † 22.6.1527 Florenz

Der italienische Schriftsteller und Politiker wuchs unter der Herrschaft der Medici auf und machte seine politische Karriere während der Florentinischen Republik um die Wende des 15. Jahrhunderts; er wurde 1498 Sekretär der zweiten Kanzlei des Rates der Zehn, wurde als Gesandter an italienische Höfe, den französischen Königs- und den deutschen Kaiserhof geschickt und errichtete ab 1506 eine Bürgerwehr zur Verteidigung der Stadt, die jedoch 1512 von den spanischen Truppen zur Wiedereinsetzung der ▸ Medici geschlagen wurden. 1512 wurde er seines Amtes enthoben und 1513 im Zusammenhang mit einer Verschwörung schuldlos eingekerkert; nach seiner Freilassung im gleichen Jahr zog er sich mit seiner Familie auf sein Landgut nahe Florenz zurück, wo er seine politischen, militärischen und belletristischen Schriften verfasste (*Il principe*, 1513, 1532 gedruckt). 1520 erhielt er von den Medici den Auftrag, die *Historie fiorentine* (*Geschichte der Stadt Florenz*, 1520–1525, 1531 gedruckt) zu schreiben. 1525 wurde er Kanzler der Baukommission für die Befestigung von Florenz, verlor dieses Amt jedoch wieder nach erneuter Vertreibung der Medici.

Neben der herausragenden Bedeutung seiner politischen Theorien – die Ersetzung christlicher Tugenden des Herrschers durch Erwerb und Erhaltung politischer Macht zur Stabilisierung des Staates, die sowohl Spiegel der Machtpolitik seiner Zeit als auch wegweisend für die Folgezeit wurde, sowie die in neuerer Literatur betonten republikanischen Bestrebungen – hat Machiavelli auch zur literarischen und damit zur musikalischen Kultur beigetragen. Zwar hat er sich selbst nicht musikalisch betätigt, jedoch wurden einige seiner literarischen Texte vertont, und aus einem Brief an seinen Sohn Guido geht hervor, dass er die Musik schätzte (siehe Chiesa, S. 5). Auch beteiligte er sich an den Gesprächen des Humanistenkreises in den Orti Oricellari der Familie Rucellai, dem auch Philippe de ▸ Verdelot angehörte, dem er freundschaftlich verbunden war. Zu den Vertonungen gehören sechs ▸ Canti carnascialeschi, die wohl um 1514 entstanden sind in einer Zeit, als die Gattung in Florenz ihren Höhepunkt erreicht hatte. Die Musik ist nur von einem Canto, *Giá fummo, or non siam più spirti beati* erhalten und wurde von Alessandro Coppini komponiert (»Alex. Coppinus«, publiziert und analysiert bei Chiesa, S. 9f.). Weitere vertonte Texte stammen aus seinen Komödien *La Mandragola* (1518 geschrieben, 1526 aufgeführt) und *La Clizia* (1525 aufgeführt); Machiavelli gilt als Mitbegründer der Commedia erudita, der gelehrten Komödie der Renaissance. Die Musik von fünf von Verdelot komponierten Liedern aus den Komödien ist in den Newberry-Oscott-Stimmbüchern erhalten (Chiesa, S. 20–31, S. 15). *Quanto sia liet' il giorno* (publ. in Cummings, S. 124–127) und *O dolce notte, o sacr' hore* finden sich auch in Verdelots Madrigalbüchern auf etwas veränderte Texte; *Chi no fa prova* und *Si suave è l'inganno* sowie das fünfte Madrigal *Amor io sento l'alma* sind nur in den Newberry-Oscott-Stimmbüchern überliefert. Der Text des fünften Madrigals wurde in den 1540er Jahren nochmals von Jehan Gero vertont in einer imitatorischen Satzstruktur gegenüber der überwiegend homophonen Satzweise der Komposition Verdelots.

Literatur:
R. Chiesa, *Machiavelli e la musica*, in: Rivista italiana di musicologia 4 (1969), S. 3–31 • A.-W. Schmitz, *Musical settings of the canzoni from Niccolo Machia-*

velli's La Mandragola: *an original composition and essay*, Diss. Rutgers Univ. 1979 • A.M. Cummings, *The politicized muse. Music for Medici Festivals, 1512-1537*, Princeton/New Jersey 1992, S. 123–127.

ES

Madrigal

Als eng an den kunstvollen mehrstimmigen Gesangsvortrag gebundene Form eines Gedichts gab es Madrigale (von ital. ›matricale‹, Gesang in der Muttersprache) bereits im 14. Jahrhundert, und auch im 17. und 18. Jahrhundert werden gewisse landessprachliche Vokalsätze bzw. die ihnen zugrundeliegenden lyrischen Texte als Madrigale bezeichnet. Als Kernzeit des Madrigals sind jedoch die gut hundert Jahre zwischen 1520 und 1630 anzusehen, in der es sich als quantitativ und qualitativ bedeutende polyphone Gattung mit hohem literarischem und musikalischem Anspruch, differenzierter Entwicklung und – von Italien ausgehend – europaweiter Verbreitung ausprägte. Dem Madrigal wurde nicht nur Modellcharakter für die weltlichen Vokalgattungen zugeschrieben, vielmehr beeinflusste es die Stilistik auch anderer Musikarten.

Während sich das Trecento-Madrigal noch über eine zwar relativ unkomplizierte, aber fest umrissene, Text und Musik bestimmende Form definiert hatte (einer aus zwei gleich gebauten Dreizeilern bestehenden Strophe folgt ein kürzeres Ritornell), ist die Geschichte des Cinquecento-Madrigals eng mit der dichterischen und musikalischen Lösung von den liedtypischen Strophenformen verknüpft. Diese, oft in Gestalt von Refrainformen, hatten bis um 1500 generell alle musikalische Lyrik dominiert; zunehmend strebte man aber, auch im Bereich der in Italien weit verbreiteten französischsprachigen Chanson, freiere metrische Formen an, was eine Entfernung der komponierten weltlichen Vokalmusik vom Liedprinzip bedeutete. Der musikalische Gegenentwurf zum strophischen Lied bestand daher in der individualisierenden Durchkomposition des Textverlaufs. Dieses alternative Konzept, das mit der Lockerung der formalen Bezüge zwischen Text und Musik eine Stärkung der sprachlichen und inhaltlichen Beziehung unter den beiden Bestandteilen bewirkte, ist auch für die Ausbildung des Madrigals entscheidend, und zwar zum Zeitpunkt seiner Entstehung wie als Motor seiner weiteren Evolution. Konsequent ist, dass an Scharnierstellen der Gattungsgeschichte immer wieder Gedichte erstrangiger Poeten eine große Rolle spielten (Francesco Petrarca, Ludovico ▸ Ariost, Giovanni Della Casa, Torquato ▸ Tasso, Giovanni Battista ▸ Guarini, Giambattista Marino, Gabriello Chiabrera), deren selbst epigonale und blasse Geschwister noch die Imagination der Komponisten befeuerte. Ganz generell gehört die gesteigerte Sensibilisierung der Epoche für sprachliche und speziell textuelle Belange im Zuge des Renaissance-Humanismus mit zu den tieferen Begründungsschichten, die die Entwicklung trugen. Auf musikalischer Seite erhöhte es die Bedeutung des Komponierten und relativierte diejenige der liedhaften Praxis des Stegreif-Singens nach Modellen wie auch von Gattungskonzepten, die auf einer pauschaleren Beziehung zwischen Worttext und musikalischer Realisation beruhten.

Dieser Prozess wurde durch die Tatsache beschleunigt, dass die Gattung Madrigal fast von Anfang an und nahezu untrennbar mit der expansiven, am Markt orientierten Phase des Notendrucks zusammenfiel und effektiv mit der neuen Technologie verbunden war. Der emphatische Werkcharakter gehört zur Gattungsdefinition dazu und manifestiert sich einerseits in der immensen Menge der für die Öffentlichkeit publizierten Madrigalbücher, andererseits im vielfältig realisierten, doch stets zugespitzten Wort-Ton-Verhältnis. Die Geschichte des Madrigals vollzieht sich daher über weite Strecken und sowohl in Italien wie bei der Rezeption im Ausland als dialektische Auseinandersetzung mit den liedhaften anderen Gattungen der Vokalpolyphonie. Obwohl das Madrigal – insbesondere durch Auskunft des überlieferten Quellenmaterials in Form von Kompositionen – zunehmend große Relevanz für die praktische Musikkultur der gehobenen (aristokratischen wie bürgerlichen) Schichten erhielt und obwohl die Vermittlung von Gefühlswerten eine zentrale Aufgabe des Madrigals darstellt, bleibt ihm, nicht zuletzt aufgrund der intensiven, analytisch-diskursiven Hinwendung der Musik zu ihren Gedichttexten, ein intellektueller Zug eigen, so dass Gioseffo ▸ Zarlino Madrigalen die Eigenschaft, zu großem Vergnügen beizutragen, konzediert, nicht aber die Kraft zu bewegen, wie dem solistischen Gesang zur Instrumentalbegleitung (*Le istitutioni harmoniche*, Venedig 1558, S. 75). Auffälligerweise wurde das Madrigal dennoch nur sehr verstreut und wenig detailliert zum Gegenstand theoretischer Reflexion. Zarlinos Charakterisierung impliziert übrigens die normale (wenngleich nicht einzig mögliche) Aufführungsweise des Madrigals im einfach besetzten Vokalensemble. Weibliche Ausführung der Sopranstimme(n) ist zwar längst nicht so gut belegt wie die rein männliche Besetzung, existierte aber.

Die Anfänge der Gattung sind nur schemenhaft erkennbar. Sicher ist allerdings, dass es so gut wie keine Verbindung zur vor allem unter weiblicher Patronage wie in Mantua gepflegten ▸ Frottola gab. Vielmehr führen die Spuren in der zweiten Dekade des 16. Jahrhunderts vor allem nach Florenz und (seit der Übernahme der Papstwürde durch den musikliebenden Florentiner Giovanni de' Medici) nach Rom. Weltliche Musikarten, die in Florenz von frankoflämischen und italienischen Komponisten gepflegt wurden (die französische ▸ Chanson, die ▸ Canti carnascialeschi und ▸ Ballata-Vertonungen), standen Pate für weniger kontrapunktisch ausgeklügelte und eher durch ihre (vokale) Sonorität charakterisierte vierstimmige Sätze auf volkssprachliche Texte, die als Proto-Madrigale gelten können (z.B. ▸ Bartolomeo degli Organi, Costanzo ▸ Festa). In welchem Ausmaß musikalische Kreise dieser Zeit bereits die neue petrarkistische Literaturtheorie von Pietro ▸ Bembo rezipierten und aktiv umsetzten, ist zwar nicht konkret nachzuvollziehen. Seine Sanktionierung der Poesie Petrarcas, mit der eine Klangtheorie der italienischen Sprache einherging, sowie seine Formdiskussion werden dann aber bei den Dichtern, deren Texte die ersten bedeutenden Madrigalisten, Philippe ▸ Verdelot in den 1520er Jahren und Jacques ▸ Arcadelt in den 1530ern setzten, immer deutlicher erkennbar. Manche der traditionellen Strophenformen wie die Ballata und die ▸ Canzone sind zwar noch beliebt, werden aber durch Manipulationen von innen ausgehöhlt. Die Tendenz geht zu wiederholungslosen, asymmetrischen Formen, die auf musikalischer Seite die Umsetzung eines stringenten, linearen Text-Musik-Verhältnisses per Durchkomposition nahelegen. Dichtungstheoretisch stand der Formtypus dieses neuen Madrigals, der in ›rime libere‹ (freier Reimstellung) und in ›versi sciolti‹ (lockerem Wechsel von Sieben- und Elfsilblern) eine zusammenhängende, nicht mehr als zehn Verse umfassende Gedichteinheit gestaltete, wegen seiner Neigung zur Irregularität nicht sehr hoch in Kurs, als ›poesia per musica‹ (Dichtung, die vertont werden soll) dafür umso mehr. Dieser Umstand erklärt auch die Tatsache, dass die neu etablierte musikalische Gattung – unabhängig von der jeweils vertonten Gedichtform – pauschal als »madrigale« tituliert wurde, anfangs nur im inoffiziellen Sprachgebrauch, dann auch als Drucktitel (*Madrigali de diversi musici. Libro primo de la Serena*, Rom: Valerio Dorico 1530).

In Florenz und Rom, in ursprünglich höfischem und patrizischem Milieu waren (Liebes-)Thematiken aus dem gehobenen mittleren Stilregister angesagt, die mit den eher entspannt-klangsinnlich angelegten, bisweilen durch ihre Melodieführung einen elegischen Tonfall annehmenden Vokalsätzen korrespondierten. Schon bald verlagerte sich das Zentrum innovativer Madrigalproduktion nach Venedig, nachdem mehrere Florentiner Familien nach der Erhebung der Stadt zum Herzogtum 1530 ihren Wohnsitz dorthin verlegt hatten. In Florenz selbst blieb das Madrigal im Kontext dramatischer Produktionen, als Vortragsmusik in Intermedien zu Schauspielen wichtig; für diese Funktion, die es schon von Anbeginn erfüllt hatte und die in seiner Geschichte auch weiterhin relevant bleiben sollte, eignete es sich insbesondere aufgrund seiner tendenziell syllabisch-akkordischen Faktur.

In Venedig, erneut unter dem starken Einfluss des literarischen ▸ Petrarkismus, in der gesellschaftlichen Sphäre der städtischen Salons und in den Händen der Musiker des Markusdoms um Adrian ▸ Willaert erlebte die Gattung in den 1530er bis 1550er Jahren eine systematische Ausdifferenzierung nach drei Stilhöhen: Für die niedere Ebene wurde die neapolitanische Liedgattung der ▸ Villanella madrigalisch nobilitiert, das stilistisch modernisierte Florentiner Modell repräsentierte das gängige mittlere Niveau und wurde durch einen lebhaften, in vielen kleinen Notenwerten flexibel agierenden Typus ergänzt (wegen der Häufung schwarzer Notenwerte auch »a note nere« bzw. »cromatico« genannt), und für das Genus sublime entfaltete sich ein an der zeitgenössischen Motettenkonzeption orientierter Zweig des Madrigals: vornehmlich auf tiefgründige Petrarca-Sonette, zweiteilig, fünf- oder sechsstimmig dicht, kontrapunktisch kompakt mit freier Imitation, sehr genau die komplexe Syntax des Textes reflektierend und damit das liedhafte formalistische Prinzip des zeilenweisen Vortrags suspendierend.

Cipriano de ▸ Rore, wie Willaert Frankoflame, der sich in Vorworten als (zumindest geistiger) Schüler Willaerts bezeichnet, fügte diesen Gattungsvarietäten noch eine entscheidende Dimension bei, indem er das Konzept des Textausdrucks, das dem Madrigal von Anfang an latent innewohnte, radikalisierte. Seine äußerst intensive, permanente Interpretation des Gedichtes vollzieht sich auf mehreren Ebenen und vielgestaltig, wobei er über die bereits von seinen Vorgängern praktizierten Techniken der punktuellen Abbildung von Wörtern und Inhalten und die Umsetzung syntaktischer Verhältnisse hinaus vor allem auf die viele Farbwerte auslotende, expressive Ausdeutung setzte und dazu den Tonsatz in klanglich-harmonischer Hinsicht (auch mit chromatischen Tonbewegungen) und gestisch-motivischer Melodik anreicherte sowie wechselnde, teils kontrastive Satzbilder wirksam werden ließ.

Rores emotionalisiertes und an einem diskontinuierlichen Verlauf orientiertes Madrigalkonzept blieb auch nach seinem Tod 1565 für viele Komponisten, zu denen als besonders produktive Autoren Orlande de ▸ Lassus, Philippe de ▸ Monte sowie (als gebürtige Italiener) Luca ▸ Marenzio und Claudio ▸ Monteverdi zählten, die mehr oder weniger gültige Leitlinie ihrer Auseinandersetzung mit der Gattung, die gleichwohl das Potenzial hatte, viele Wege einzuschlagen. Giaches de ▸ Wert beispielsweise, der früh Erfahrungen in Neapel machte und die in Rom in der Jahrhundertmitte von dorther übernommene Art deklamationsnaher »madrigali ariosi« (▸ Aria) praktizierte, ergänzte seine Palette nicht nur mit Rore überbietenden Madrigalen, sondern schließlich mit einer sehr wirkungsvollen Spielart, seit er in regelmäßigem Kontakt mit Sängern und vor allem Sängerinnen am Ferrareser Hof stand.

Die künstlerisch wie stimmlich hochvirtuosen Mitglieder des von Herzog Alfonso d'Este als Paradetruppe protegierten ▸ Concerto delle donne (drei Musikerinnen, die ad hoc von einem Tenor und Bass ergänzt werden konnten oder zum Cembalo oder zur Harfe sangen) ließen ihn seit den fortgeschrittenen 1570er Jahren Madrigale von großer technischer Brillanz, ausladenden melodischen und texturalen Konturen, gewagten Satztechniken, frappierenden Affektbildern und fast dramatischem Ablauf verfassen, für die sich petrarkistische Literatur längst nicht mehr so gut eignete wie pastorale Sujets aus Guarinis *Pastor fido* oder die heroische Lyrik aus Tassos *Gerusalemme liberata*. Die Vortragssituation durch quasi-professionelle Musiker bzw. Musikerinnen im elitären höfischen Rahmen vor wenigen illustren Gästen beleuchtet den kontinuierlichen sozialen Wandel des Madrigals zur anforderungsreichen Darbietungsmusik vor Publikum. Daneben blieb allerdings das umgangsmäßige Selbst-Musizieren in geschulten Kreisen eine vollgültige (und sicher die häufigste) Option, wovon die vielen Hundert bis weit nach 1600 erschienenen Madrigaldrucke zeugen.

Zu den Kennzeichen der Gattung gehört ihre Anpassungs- und Entwicklungsfähigkeit, die sich nicht allein darin zeigte, dass Annäherungen zwischen Madrigal und schlichteren Gattungstrabanten wie der ▸ Canzonetta möglich waren oder dass sie sich, ursprünglich dezidiert für weltliche Gegenstände reserviert, im Zuge der ▸ Katholischen Erneuerungsbewegung im Madrigale spirituale auch geistlichen Inhalten öffnete, sondern auch darin, dass das Madrigal kompositionstechnische und stilistische Neuerungen problemlos aufnehmen konnte. Nach 1600 absorbierte es die gewandelten satztechnischen und besetzungsmäßigen Bedingungen, die das nun propagierte monodische Singen, der agile konzertierende Stil und die Ergänzung voll-, aber vor allem auch geringstimmiger Sätze mit einem instrumentalen Generalbass hervorbrachten. Alle diese Veränderungen bis hin zu vollgültigen dramatischen Szenen vollziehen die kontinuierlich von Claudio ▸ Monteverdi zwischen 1587 und 1638 herausgebrachten acht Madrigalbücher mit. Mit Bezug auf eines seiner im fünften Buch veröffentlichten Madrigale formuliert sein Bruder 1607 die berühmt gewordene Metapher, die Musik sei Herrin, nicht Dienerin der Sprache. Bezeichnenderweise differenziert auch Giulio ▸ Caccini in seiner bahnbrechenden Monodiensammlung (*Le nuove musiche*, 1602) zwischen den Kategorien der strophischen ›arie‹ und der durchkomponierten ›madrigali‹.

Zu den signifikanten Adaptionsprozessen gehört nicht zuletzt die Ausstrahlung des Madrigals in der zweiten Hälfte des 16. Jahrhunderts auf die französische, niederländische, spanische, deutsche und zuletzt englische Musikkultur. Fast überall ging der Übertragung des madrigalischen Konzepts auf Hervorbringungen in der Landessprache die Rezeption der italienischen Modelle voraus, denen man – wie einer Mode – interessiert und passioniert, aber auch immer reserviert begegnete.

Literatur:
A. Einstein, *The Italian Madrigal*, Princeton 1949 • J. Kerman, *The Elizabethan Madrigal. A Comparative Study*, New York 1962 • U. Schulz-Buschhaus, *Das Madrigal. Zur Stilgeschichte der italienischen Lyrik zwischen Renaissance und Barock*, Hamburg 1969 • A. Newcomb, *The madrigal at Ferrara, 1579–1597*, Princeton 1980 • J. Haar / I. Fenlon, *The Italian madrigal in the early sixteenth century. Sources and interpretation*, Cambridge 1988 • St. La Via, *Madrigale e rapporto fra poesia e musica nella critica letteraria del Cinquecento*, in: Studi musicali 19 (1990), S. 33–70 • M. Feldman, *City Culture and the Madrigal at Venice*, Berkeley 1995 • N. Schwindt, *Musikalische Lyrik in der Renaissance*, in: *Musikalische Lyrik* (Handbuch der musikalischen Gattungen 8), hrsg. von H. Danuser, Laaber 2004, S. 200–249 • S. Ehrmann-Herfort, *Madrigal*, in: *Handwörterbuch der musikalischen Terminologie*, 40. Auslieferung, Wiesbaden 2005.

NSCH

Madrigalismus

Der Begriff wird seit dem frühen 20. Jahrhundert verwendet, um textabbildende Verfahren in der Komposition zu bezeichnen. Hintergrund ist die seit der Mitte des 16. Jahrhunderts stark wachsende Tendenz der Madrigalkomponisten, einzelne Worte oder kürzere Textpassagen der vertonten Gedichte mit musikalischen Mitteln wiederzugeben. Dabei kann der metaphorische Bezug auf unterschiedlichen Ebenen liegen.

Meistens sind bildhafte Ausdrücke gemeint, die illustrativ umgesetzt werden (z.B. »zum Himmel« mit hoch aufsteigenden Tönen), z.T. aber auch eine stärkere Abstraktion verlangen (z.B. ein Melisma auf »schön«) und bis zur so genannten Augenmusik reichen können, bei der nicht die akustische, sondern optische Erfassung intendiert ist (z.B. die Vorzeichnung eines b-molle bei »weich«); die Negation eines Begriffs wird dennoch positiv umgesetzt (z.B. eine ausgeflohene Kadenz auf »nicht fliehen«).

Es bildete sich ein stabiles musikalisches Kernvokabular aus, das dennoch großen Spielraum für freie Erweiterung bot. Die Technik verdankt sich der Poetik des Madrigals, in der die Nachahmung des Textes (»imitare la natura delle parole«) immer stärker gefordert wurde. Der Höhepunkt als künstlerisches Konzept ist bei Luca ▸ Marenzio erreicht. Einerseits wegen banalisierenden Missbrauchs, andererseits wegen einer ästhetischen Umorientierung hin zu einer umfassenderen Realisierung von Leidenschaften und Sprechhaltungen wurde das Prinzip schon von Vincenzo ▸ Galilei (1581) kritisiert. Als moderner Fachausdruck wurde Madrigalismus auch auf Bereiche jenseits des Cinquecento-Madrigals übertragen (z.B. Ch. van den Borren, »Le madrigalisme avant le madrigal«, 1930), damit aber auch seiner Spezifik beraubt.

Literatur:
A. Forchert, *Madrigalismus und musikalisch-rhetorische Figur*, in: *Die Sprache der Natur*, hrsg. von J.P. Fricke, Regensburg 1989, S. 151–169.

NSCH

Madrigalkomödie

Eine Madrigalkomödie ist ein Theaterstück, das aus einer Reihe madrigalähnlicher Vokalsätze besteht, die durch einfache Dialoge verbunden werden. Sie wurde im 16. und 17. Jahrhundert in Italien gepflegt und bediente sich der typischen Figuren der Commedia dell'arte, also des Stegreiftheaters, in Kombination mit verschriftlichter Musik. Die Musik beschreibt dabei die Charaktere und die Handlung, die allerdings stilistisch und strukturell bei weitem nicht das Niveau der Commedia dell'arte erreicht. Als wichtigste Komponisten gelten Orazio ▸ Vecchi, Adriano ▸ Banchieri und Alessandro ▸ Striggio.

Der Ursprung des Begriffs liegt im Untertitel der wohl berühmtesten Madrigalkomödie, *L'Amfiparnasso* von Vecchi, der den Begriff ›comedia harmonica‹ beinhaltet, im Vorwort taucht auch der Ausdruck ›comedia musicale‹ auf. Die verschiedenen für diese Form gebräuchlichen Namen reflektieren vor allem Unterschiede in Bezug auf Inhalt und Sprache, weniger im Hinblick auf die Musik.

Das früheste und vollständigste Zeugnis für die Madrigalkomödie ist der *Dialogo della musica* von Antonfrancesco ▸ Doni (1544): Die Musik ist in Stimmbüchern notiert, und auch die den Alltag betreffenden Dialoge finden sich dort eingetragen. Besetzt wurde stets ein Sänger pro Stimme, die Cantus-Stimme wurde bisweilen auch von einer Frau gesungen. Dies entspricht der typischen Besetzung für das zumeist fünfstimmige ▸ Madrigal, wenngleich die Stimmenzahl auch variieren konnte. So sind etwa die Madrigalkomödien Banchieris wegen ihrer Dreistimmigkeit und ihrer äußeren musikalischen Form eher den ▸ Canzonetten-Kompositionen zuzuordnen, die Vertonung als Madrigal war also nicht bindend.

Auch die Einordnung der dramatischen Form muss etwas unscharf bleiben. Vecchis *L'Amfiparnasso* steht etwa durch Inhalt und Aufbau (13 Szenen in drei Akten) näher an der zeitgenössischen Farsa oder der dreiaktigen Commedia dell'arte, die von Massimo Troiano und Orlande de ▸ Lassus in München gepflegt wurde, als an der fünfaktigen Commedia erudita. Der Komponist verlangt für das Werk nicht unbedingt eine szenische Darstellung: Das Schauspiel solle vor allem durch die Ohren erfasst werden, nicht durch die Augen. Dies wird auch durch einige überlieferte Holzschnitte belegt. Banchieris *La pazzia senile* (1598), *Il studio dilettevole* (1600) und *Prudenza giovenile* (1607, dann 1628 kaum verändert als *Saviezza giovenile* neu veröffentlicht) folgen Vecchis Vorstellung.

Die Madrigalkomödie ist üblicherweise heiteren Inhalts, dennoch sollte die Commedia nicht mit dem Begriff der Komödie vermischt werden, da Vecchi ausdrücklich sowohl den heiteren (›piacevole‹) als auch den ernsten Typ (›grave‹) definiert, wobei beide alltägliche Personen und Szenen zum Gegenstand haben. Die Madrigalkomödie war als Teil einer Abendveranstaltung für unterschiedlichstes Publikum gedacht. Sie diente laut Banchieri dem Zeitvertreib und sollte, ähnlich wie Gesellschaftsspiele, für Zerstreuung sorgen. Von Banchieri stammt auch die Anordnung, vor jedem Musikstück seien Titel und Inhalt laut vorzulesen, damit das Publikum sich problemlos orientieren könne.

Literatur:
N. Pirrotta, *Commedia dell'arte and Opera*, in: Musical Quarterly 41 (1955), S. 305–324 • J. Haar, *On Musical Games in the 16th Century*, in: Journal of the American Musicological Society 15 (1962), S. 22–34 • L. Detenbeck, *Dramatized Madrigals*, in: The Science of Buffoonery: Theory and History of the Commedia dell'Arte, hrsg. von D. Pietropaolo, Toronto 1989, S. 59–68 • M.W. Farahat, *On the staging of madrigal comedies*, in: Early Music History 10 (1991), S. 123–144 • M.W. Farahat, *Adriano Banchieri and the madrigal comedy*, Diss. Michigan 1991 • J. Haar, *Madrigal*, in: MGG², Bd. 5 (Sachteil), 1996, Sp. 1541–1569 • D. Nutter, *Madrigal comedy*, in: Grove, Bd. 15, 2001, S. 57–58.

MP

Mäzenatentum / Patronage

Das Mäzenatentum in der Musik – die Förderung und großzügige finanzielle Unterstützung von Musikern – spielte in der Renaissance eine außerordentliche Rolle. Da die Musik zur Prachtentfaltung eines Hofes gehörte, wurden Musiker unterstützt und gefördert, um möglichst renommierte Persönlichkeiten als Komponisten, Sänger und Instrumentalisten zu gewinnen. Sowohl Musikausübung als auch das Verfügen über eine Hofkapelle und private Musikensembles waren für das Selbstverständnis der Herrscher und als Funktion der Repräsentation nach außen von hervorgehobener Bedeutung, so dass die Förderung von Musikern zu den erstrangigen Aufgaben gehörte. In der Zeit der Renaissance traten auch zahlreiche weibliche Mäzenatinnen hervor. Über das Mäzenatentum in der Musik (engl. patronage) existiert mittlerweile eine umfangreiche Literatur, deren Forschungsgegenstand meist auf eine Stadt, eine Region, oder einen Herrscher eingegrenzt ist; die neueste Literatur behandelt insbesondere Mäzenatinnen.

Literatur:
I. Fenlon, *Music and patronage in sixteenth-century Mantua*, Cambridge 1980 • K. Polk, *Civic patronage and instrumental ensemble in renaissance Florence*, in: Augsburger Jahrbuch für Musikwissenschaft 3 (1986), S. 51–68 • G.M. Ongaro, *Sixteenth-century patronage at St. Mark's, Venice*, in: Early music history 8 (1988), S. 81–115 • P.A. Merkley, *Music and Patronage in the Sforza Court*, Turnhout 1999 • J. Carter, *Music, patronage and printing in late renaissance Florence*, Aldershot 2001 • D. Fiala, *Le Mécénat musical des ducs de Bourgogne et des princes de*

la maison de Habsbourg, 1467–1506, Diss. Tours 2002 (mschr.) • A.H. Weaver, *Piety, politics and patronage: Motets at the Habsburg Court in Vienna during the reign of Ferdinand III (1637–1657)*, New haven/connecticut 2002 • C. López / J. José (Hrsg.), *The Royal Chapel in the time of the Habsburgs: music and ceremony in early modern European court*, Woodbridge 2005 • J. Thomas, *Patronage and personal narrative in a music manuscript: Marguerite of Austria, Katherine of Aragon and London Royal 8 G.vii*, in: *Musical voices of early modern women* (2005), S. 337–364 • S. Niwa, *»Madama« Margaret of Parma's patronage of music*, in: Early music 33 (2005), S. 25, 27–30 und 37 • K. Harness, *Echoes of women's voices: music, art and female patronage in early modern Florence*, Chicago 2006 • R. Strohm, *Hofkapellen: Die Institutionalisierung der Musikpflege im Zusammenwirken von Hof und Kirchen*, in: *Institutionalisierung als Prozess – Organisationsformen musikalischer Eliten im Europa des 15. und 16. Jahrhunderts*, hrsg. von B. Lodes und L. Lütteken, Laaber 2009, S. S. 79–102 • J. Ruiz Jiménez, *Power and musical exchange: the dukes of Medina Sidonia in Renaissance Seville*, in: Early Music 37 (2009), S. 401–415.

Magie

Als Pontus de ▶ Tyard im *Solitaire second* auf eine »geheime Energie« hinwies, führte er den Leser in ein der Renaissance eigenes Universum ein, dasjenige der Relationen zwischen Musik und Magie. Die wunderbaren Wirkungen (▶ Effekt) gingen aus der Magie hervor. Aber die Magie ist in der Renaissance mehr als eine Beschreibung der außerordentlichen Phänomene, die durch spezifische Vorgehensweisen hervorgerufen werden. Sie kommt aus der ▶ Naturphilosophie, die nicht notwendigerweise in Konflikt zu den Naturwissenschaften tritt. ▶ Paracelsus und Marsilio ▶ Ficino interessierten sich sowohl für die Physik als auch für die Magie. In seinem *Natural Magick* hat John Baptista Porta (1540–1615) die Magie als eine Erforschung der Weisheit beschrieben, die dazu bestimmt ist, »den ganzen Lauf der Natur zu überfliegen«. Für Heinrich Cornelius ▶ Agrippa ist die Magie das Vollkommenste des Wissens (*De occulta philosophia libri tres*, 1533). Die Magie schließt nicht einmal das Religiöse aus. Denn wie die Religion will sie die himmlischen Wahrheiten erforschen, wie sie in der Natur geschaffen wurden. Genauso wie die Wiederentdecker der hermetischen Tradition verwarfen die Adepten der ›magie naturelle‹ das Werk des Aristoteles (▶ Aristotelische Philosophie), das, wie sie behaupteten, von häretischen Konzepten befleckt sei, und versuchten, sie genauso wie diejenige von Galen (Claudius Galenus) durch eine andere Interpretation der Natur zu ersetzen, die auf die Magie und die okkulte Philosophie rekurrierte. Für die Befürworter der Magie konnte Wissen nur durch göttliche Gnade erworben werden, sei es durch mystische Erfahrung, sei es durch Experimentieren.

Die Musik nahm ganz das Hauptinteresse der Magie in Anspruch, denn sie ist Harmonie. Die Harmonie, im weiten Sinne des Terminus, ist ein oft gebrauchtes Konzept der Magiker in der Renaissance zur Darstellung der Struktur der Welt. Die Harmonie zirkuliert und hilft bei der Zirkulation durch alle ontologischen Ebenen. Wenn Agrippa den Geist der Welt beschreibt, geht er auf das Konzept der Harmonie zurück: »Dies [der Mechanismus der Welt] ist wie eine Monochord, das drei ›species‹ der geschaffenen Dinge enthält, das geistige, das himmlische und das begriffliche in einem einzigen Atem und in einem einzigen Leben« (II:57). Dasselbe harmonische System bestimmt die Mächte der irdischen Dinge, Mächte, die sich von den Sternen herleiten. In solch einem Schema ist der Ort der Musik komplex, denn ihre Macht ist zugleich konzentriert und verstreut. Sie handelt in den drei Typen der Magie, die Agrippa definiert hatte, als natürliche Magie, als himmlische Magie und als zeremoniale Magie.

Die erste Wirkung der Musik scheint in der himmlischen Magie durch, denn diese ist die Magie der Zahlen und Figuren und entspricht der Musik, die im höchsten Grade eine mathematische Kunst ist (▶ Sphärenmusik). Die Musik ist für Agrippa eine tönende Zahl, die ihre Macht aus den besonderen Mächten der Zahlen zieht, die der himmlischen Domäne inhärent sind. Dank ihrer Fähigkeit der Imitation zieht die Musik, die gerade so organisiert ist, um die himmlischen Zahlen wiederzuspiegeln, daraus ihre Kraft. Die Rolle der Musik besteht augenscheinlich nicht einzig darin, die Gnade des Himmels zu erwirken. Sie kann auch die sublunaren Körper dafür vorbereiten, diese Gnade besser zu empfangen (II:26). Die Musik mischt sich jedoch nicht nur in die himmlische Magie und die natürliche Magie ein, sondern auch in die zeremoniale Magie. Sie erlaubt zuvörderst, gewisse Dämonen und Geister des Todes zu erwecken (III:32–42). Es gelingt ihr gleichermaßen, die Bande zwischen Körper und Seele zu entspannen, um die Seele in direkten Kontakt mit Gott treten zu lassen und selbst in die überirdische Welt ihrer Ursprünge zurückzukehren. Schließlich spielt die Musik eine Rolle in zwei der drei Typen der göttlichen Inspiration: im Furor divinus und in der Extase.

Agrippa zog einen guten Teil seiner Argumente aus dem Werk von Marsilio ▶ Ficino. In *De divino furore* (1457) versuchte Ficino zu präzisieren, was Platon unter Furor poeticus verstand, einer der vier Typen durch Gott inspirierten Furors. Dieser Furor bekundet, unter dem gleichen Titel wie die anderen, das Verlangen der menschlichen Seele, aus dem Körper zu entkommen, um die himmlischen Ursprünge wieder zu erlangen. Die Seele zieht ihre Inspiration aus dem Ausströmen der göttlichen Schönheit, die sie in der äußerlichen Welt wahrnehmen kann dank der nobelsten Sinne, des Sehens und des Hörens. Wenn die visuell wahrgenommene Schönheit die Leidenschaft des Liebens inspiriert, führt die gehörte Schönheit zum Furor poeticus. In diesem Nachforschen muss das menschliche Wesen versuchen, die himmlische Sphärenharmonie in seinen irdischen Praktiken zu imitieren. Ficino kam zwischen 1469 und 1474, als er das *Symposium* von Platon kommentierte, auf den Furor des Liebens zurück, um hier gleichermaßen der Musik eine Rolle zuzuschreiben. Die Liebe definiert sich bei Ficino als ein Verlangen nach Schönheit. Sie existiert in drei Formen irdischer Schönheit: der Schönheit der Seelen, die durch den Geist wahrgenommen wird, der Schönheit des Körpers, die durch das Auge wahrgenommen wird, und der Schönheit der Töne, die durch das Ohr wahrgenommen wird. So schreibt Ficino der Musik die Rolle zu, irdische Reflexion des Himmlischen zu sein. Im gleichen Text verbindet Ficino die Liebe, die Musik und ihre magische Konzeption des Universums. Die Kraft der Liebe ist die Anziehungskraft zwischen zwei Dingen aufgrund ihrer Ähnlichkeit, und in diesem Fall handelt die Liebe wie die Magie. Aus der Magie erhebt sich gleichermaßen die Kraft, durch die ein Liebender von sanften Gesängen und Reden des geliebten Wesens angezogen wird.

Unter den musikalischen Phänomenen, die die Gelehrten der Renaissance als aus der Magie kommende einschätzten, nimmt diejenige der sympathischen Schwingung eine besondere Stellung ein und bezieht sich auf die Anziehungskraft durch Ähnlichkeit, die Ficino in seiner Konzeption der Liebe entwickelte. Alle Theoretiker haben festgestellt, dass eine Saite, die nicht berührt wird, zu vibrieren beginnt, wenn sie im Unisono oder in der Oktave einer schwingenden Saite gestimmt ist. Das Phänomen wurde als unerklärbar, als magisch beschrieben. Girolamo Fracatoro nahm als erster eine wissenschaftliche Erklärung in *De sympathia et antipathia rerum liber unus* (1546) wahr, und skizzierte das, was später die Theorie der Resonanz wurde. Diese wurde erst 1617 formuliert. Beeckman schloss aus seinen Beobachtungen, dass die umgebende Luft die Fähigkeit hatte, die Bewegung zu übermitteln, die den Ton hörbar werden lässt. Die Bewegung der Luft veranlasst die Bewegung der Saite, die nicht berührt wird, der Klang entsteht aus dem Nichts. Wenn dieses Phänomen für Konsonanzen beobachtet werden kann, geht dies darauf zurück, dass die Luft auf eine Saite trifft, die in der gleichen Frequenz schwingen kann und so die Wirkungen der Luftschwingung auf der zweiten Saite verstärkt.

Die Vorantreibung des Konzepts des ›spiritus‹ gab Ficino auch die Gelegenheit, über die Musik zu reflektieren. In der Folge von Aristoteles und Galen stellte Ficino eine Fähigkeit des Menschen fest, zwischen Körper und Seele zu vermitteln, eine Art von Substanz, die im Herzen durch einen Teil des Blutes generiert wird, die er ›spiritus‹ nennt. Dieser ›spiritus‹ funktioniert wie ein Medium, in dem die Qualitäten der Seele den Körper und die sensorischen Eindrücke die Seele begleiten. Der ›spiritus‹ spielt auf jeden Fall eine Rolle in der musikalischen Perzeption. Ficino bestätigte dies in seinem Brief *De Musica*, den der Autor um 1470 verfasste: Die Musik berührt alle Lebewesen, aber sie berührt sie über den ›spiritus‹. Der auf diese Weise hervorgehobene Bezug zwischen Musik und ›spiritus‹ geht auf die ähnliche ätherische Qualität zurück, eine Art der magischen Kraft, deren Bedeutung er schon in seiner Konzeption der Liebe unterstrichen hatte. In *De vita triplici* (1489) entwickelte Ficino Ideen, die er in seinen Kommentaren zum *Symposium* vorgestellt hatte, um die Musik mit einem lebenden Organismus zu vergleichen. Die Musik wird wie eine zentrale belebende Kraft im Universum betrachtet. Von daher rührt die Zuschreibung aller Musik an Apollon, den Gott der Sonne, die den zentralen Platz im kosmischen System einnimmt. Diese Konzeption erlaubte Ficino, detaillierter auf die Interaktionen zwischen Musik, die vom Menschen geschaffen wurde, und derjenigen des Kosmos zurückzukommen

Die Ideen von Ficino waren weit verbreitet, besonders dank des Erfolges von *De vita triplici* und durch die Vermittlung anderer Wissenschaftler, die von der Magie angetan waren wie seine Schüler Francesco Cattani da Diacceto, Cornelius Agrippa, Zarlino, Fabio Paolini. Sie kulminierten in den Experimenten, die Tommaso Campanella zwischen 1628 und 1630 vornahm und die in seinen *Six livres d'astrologie* (1629) ihr Echo fanden. Im 16. Jahrhundert hörte man nicht auf, die Verbindung zwischen der Kunst des Magikers und der Kunst des Musikers zu bestätigen, denn der eine wie der andere besaß eine spezielle Kenntnis der verdeckten okkulten Kräfte, um die Lebewesen zu affizieren. (▸ Kabbalistik)

Literatur:
D.P. Walker, *Spirit and Language in the Renaissance*, London 1985 • G. Tommlinson, *Music in Renaissance Magic. Toward a Historiography of Others*, Chicago 1993.

PHV

Magnificat

Das Magnificat (Lk 1, 46–55; lat. von magnificare = hochschätzen, groß machen), betitelt nach dem Text des ersten Verses (»Magnificat anima mea dominum«), ist eines der drei bedeutenden neutestamentlichen Cantica. Es ist der Lobgesang Marias, den sie bei Elisabeth, welche sie als »Mutter des Herrn« preist, anstimmt.

Das Magnificat ist in mehrfacher Hinsicht für die westlichen Kirchen von Bedeutung: 1) als Bestandteil der Weihnachtsgeschichte, 2) als Evangelientext z.B. beim Fest der »Heimsuchung Marias« sowie 3) als fester Teil in der Liturgie der Vesper. Das Magnificat und die beiden anderen Cantica (Benedictus und Nunc dimittis) des NT können als neutestamentliche Psalmen bezeichnet werden. Dies unterstreichen die zahlreichen Gemeinsamkeiten zwischen den alttestamentlichen und neutestamentlichen Texten hinsichtlich Aufbau und Sprachstilistik: Die formale Struktur des Magnificat ist die eines Dankpsalms (Lobpreis – Begründung des Lobes – Projektion in die Glaubenstradition); als rhetorisches Mittel wird vor allem der Parallelismus membrorum (inhaltlich gleichlautende Aussagen innerhalb von zwei Doppelversen) eingesetzt.

Gegliedert wird das Magnificat in 10 Doppelverse, die mit der Doxologie abgeschlossen werden. Dem Magnificat wird, dem Anlass entsprechend, eine Antiphon zugeordnet. Die vorangestellte Antiphon bestimmt den Psalmton, in dem dann die Psalmodie rezitiert wird. Es können alle acht Psalmtöne verwendet werden. Zunächst wird das Magnificat einstimmig gesungen. Das früheste mehrstimmige Magnificat eines anonymen Verfassers stammt aus der zweiten Hälfte des 14. Jahrhunderts. Mit dem 15. Jahrhundert beginnt die Blütezeit der Gattung. Vor allem die Komponisten der frankoflämischen Schule, darunter die bedeutendsten wie Guillaume ▶ Dufay, ▶ Josquin Desprez und Orlande de ▶ Lassus, treiben die Entwicklung der Gattung voran. Weitere renommierte Komponisten sind Giovanni Pierluigi da ▶ Palestrina, Tomás Luis de ▶ Victoria, Cristóbal de ▶ Morales und Thomas ▶ Tallis.

Kompositorische Vielfalt ist das Charakteristikum der Vertonungen: So kann die Magnificat-Melodie (im entsprechenden Ton) als ▶ Cantus firmus Verwendung finden, wobei auf die Angabe des Psalmtons verzichtet wird. Fauxbourdon-Satz prägt die kompositorische Struktur der frühen Vertonungen. In der motettischen Satzweise bilden ▶ Soggetti die Grundlage. Da hier eine genaue Bestimmung des Tons erschwert ist, wird er im Titel eines Werkes, z.B. *Magnificat octavi toni*, angegeben. Die Verse werden oftmals alternatim vertont, wobei die ungeradzahligen Verse einstimmig, die geradzahligen mehrstimmig vorgetragen werden. Neben dem rein vokalen Vortrag entsteht im 15. Jahrhundert mit den sogenannten Orgel-Versetten eine neue kirchenmusikalische Praxis. Dabei alternieren die choraliter vorgetragenen Verse mit instrumentalen Versetten. Das Buxheimer Orgelbuch (1460/1470) ist ein frühes Zeugnis dieser Praxis, die besonders im 16. und 17. Jahrhundert gepflegt wird. Im Zuge der Reformation vertonen einige protestantische Komponisten die deutsche Übersetzung des lateinischen Textes (»Meine Seele erhebt den Herrn«); in der anglikanischen Kirche wird die englische Übersetzung (»My soul doth magnify the Lord«) eingeführt.

Literatur:
P.-G. Nohl, *Lateinische Kirchenmusiktexte. Geschichte – Übersetzung – Kommentar*, Kassel u.a. ²1998.

AW

Mailand

Mailand, Hauptstadt der norditalienischen Region Lombardei, war neben Rom, Venedig und Ferrara eines der Zentren, in denen sich die Renaissance in Architektur, Malerei, Musik und Literatur in ihrer größten Pracht entfalten konnte.

Seit der Antike Bischofssitz und seit Beginn des 14. Jahrhunderts – unter der Herrschaft des ghibellinischen Geschlechts der Visconti – auch von Zerstörungen verschont, hatten sich mit kirchlicher und weltlicher Herrschaft jene beiden Machtzentren gebildet, die bis zum Ende des Mittelalters gemeinhin notwendig waren, um ein kulturelles Leben von überregionaler Bedeutung zu etablieren. Mailands wachsende wirtschaftliche Potenz sorgte zudem dafür, dass vermehrt Künstler und Intellektuelle Anbindung an die Stadt suchten und das geistige Leben prägten. Aufgrund der wechselnden politischen Verhältnisse bis 1311 ist ein sich zur Tradition entwickelndes Musikleben zunächst aber nur im Umfeld der Bischofskirche zu finden. Mit Rekurs auf den Hl. Ambrosius stand die Pflege des ▸ Gregorianischen Chorals im Vordergrund, bevor ab 1100 auch die Mehrstimmigkeit Eingang in Liturgie und geistliches Leben fand. 1395 wurde Monti da Prato als erster Organist an die seit 1386 im Bau befindliche Kathedrale berufen, 1402 dann mit Matteo da Perugia als erstem Biscantor auch die Vokalmusik an ein Amt gebunden, das er mit Unterbrechung bis 1418 versah. Ihm folgten Ambrosino da Pessano (seit 1411), Bertrand Ferragut (1425–1430) und Santino Taverna (seit 1431). Nach längerer Vakanz wurde 1477 Giovanni Molli als Biscantor und Kapellmeister an die Kathedrale berufen, dem dann für 38 Jahre Franchino ▸ Gaffurio (1484–1522) nachfolgte. Mit Hermann Matthias Werrecoren, dem ersten Niederländer am Dom, wurde die personelle Dominanz der Italiener etwas zurückgedrängt, wenngleich im Repertoire italienische Komponisten tonangebend blieben, zumal unter Werrecorens Nachfolgern Olivero de Phalanis (1550–1551), Simon Boyleau (1551–1557 und 1572–1577), Bartolomeo Torresani (1558–1563) und Vincenzo ▸ Ruffo (1563–1572) auch wieder Italiener zu finden sind. Die Reihe der Domorganisten kann nicht lückenlos verfolgt werden, gleichwohl belegt der Bau einer Orgel durch Bartolomeo Antegnati im Jahr 1491 den Stellenwert der Instrumentalmusik. Der gegenreformatorisch gesinnte Mailänder Kardinal Carlo Borromeo (reg. 1565–1584) verpflichtete die Dommusik mit einigem Erfolg, die vom Tridentiner Konzil (▸ Konzil von Trient) beschlossenen kirchenmusikalischen Reformen umzusetzen, wobei die Kluft zwischen reiner Lehre und bestehender Praxis nicht ganz geschlossen werden konnte, denn auch in der Folgezeit hatte die Instrumentalmusik einen gewissen Stellenwert in den Mailänder Kirchen jenseits des Domes (Cattoretti 1996, Sp. 1584). Im Vergleich zum Hof bestanden an der Kathedrale stabilere Verhältnisse, woran die Tatsache, dass mehrere Domkapellmeister über Jahrzehnte im Amt waren, erheblichen Anteil hat. Die Verhältnisse vor Ort regten einige der Sänger zu größeren Werken an, worunter Gaffurios musiktheoretische Abhandlungen wie die *Theorica musicae* (1492), der *Tractato vulgare del canto figurato* (1492), die *Practica musicae* (1496) und der Traktat *De harmonia musicorum instrumentorum opus* (1508) oder Ruffos im Geist des Konzils komponierte homorhythmische *Missae quatuor* (1570) herausragen.

Obwohl der Initiator des Kathedralbaus, Herzog Gian Galeazzo Visconti, mit der Einrichtung einer geregelten Kirchenmusik einen dauerhaften Erfolg erzielte, konnte sich am Hof aufgrund fortwährender politischer Instabilitäten zunächst kein ausgeprägtes Kulturleben etablieren. Dies änderte sich letztlich erst mit dem Wechsel des Herrschergeschlechts. Ab 1450 unter Francesco ▸ Sforza, besonders aber unter dem kunstaffinen Galeazzo Maria Sforza (reg. 1466–1476) nahm die höfische Musik einen enormen Aufschwung, was ganz allgemein an der seit 1473 im Aufbau sich befindenden Kapelle, konkret aber auch an der gestiegenen Prominenz der am Hof musikalisch Tätigen deutlich wird. Konsequent wurden ausländische Sänger in Dienst genommen, und fortan stand die Kapelle bei Hof unter niederländischer, jene an der Kathedrale unter italienischer Dominanz, wobei zwischen beiden ein kontinuierlicher Austausch von Personen und Repertoire stattfand. Bei allen Gemeinsamkeiten sind für die kommenden Jahrzehnte aber immer wieder auch Bestrebungen zu beobachten, das jeweilige Profil der beiden Kapellen in musikalischem Bestand, Stil und Auftreten unterscheidbar zu machen.

Während sich die Annahme, bei dem 1459 verzeichneten Biscantor »Josquin« handele es sich bereits um ▸ Josquin Desprez, noch als

Verwechslung herausgestellt hat, findet sich unter der Regentschaft Galeazzo Sforzas eine illustre Riege erstrangiger Komponisten der Zeit ein. Als die Kapelle im Jahr 1474 mit 40 Musikern ihren Zenit erreichte (18 Cantori di camera und 22 Cantori di cappella), waren mit Josquin Desprez, Gaspar van ▶ Werbeeke und Loyset ▶ Compère wichtige Vertreter der dritten frankoflämischen Generation in Mailand versammelt. Die Nachfolger Galeazzos versuchten mit wechselndem Erfolg, das erreichte Niveau zu halten. Wichtige Anlässe zu außergewöhnlichen musikalischen Bemühungen bildeten oft die Hochzeiten im Herrscherhaus. Zur Vermählung von Isabella von Aragon mit Gian Galeazzo Sforza erklangen 1489 die *Festa del Paradiso* des Dichters Bernardo Bellincioni in der Vertonung Gaffurios, wozu der von 1482 bis 1499 in Mailand lebende ▶ Leonardo da Vinci die Bühnenbilder und Kostüme entwarf.

Mit der Machtübernahme durch die spanischen Habsburger 1535 verlor die kulturelle Attraktivität des Hofes an Kraft. Schrittweise entwickelte sich in Kreisen des gehobenen Bürgertums eine innovative Musikpraxis, was aufgrund der zumeist reduzierten Aufführungsmöglichkeiten zur Entstehung neuer Gattungen wie der Canzona da sonar (▶ Canzone) ab 1570 führte. Von 1546 bis 1549 weilte Orlande de ▶ Lassus als junger Kapellsänger des mantuanischen Herzogs Ferrante ▶ Gonzaga in Mailand, ohne zu dieser Zeit nennenswerte Kompositionen zu Papier zu bringen. Bereits 1471 hatte sich unter Antonio Zarotto und seinem Schwiegersohn Giovanni Antonio da Castiglione der Buch- und später auch Musikdruck in der Stadt etabliert, der im Vergleich zu der Offizin eines Ottaviano ▶ Petrucci in Venedig jedoch nur von lokaler Bedeutung war.

Im Zuge der Entwicklung einer ästhetisch und gattungstechnisch eigenständigen, säkularen Instrumentalmusik um 1500 bildeten sich auch in Mailand Gruppen und Schulen, die in den kommenden Jahrzehnten europaweite Verbreitung fanden. Besondere Akzente gehen von der mit Mailand assoziierten Entwicklung der Violinmusik aus. Beim Friedenschluss von Nizza 1538 spielten »violini milanesi« vor den habsburgischen und französischen Delegierten. Zu einer Gruppe sechs jüdischer Violinisten, die um 1540 auch am Hof ▶ Heinrichs VIII. gastierten, gehörten einige Mailänder. Riccardo Rognoni verfasste mit den *Passaggi* (Venedig 1592) eine der frühesten Violinschulen.

Es ist schwierig, eine eigene mailändische Musiktradition von der anderer Orte abzugrenzen, da bei allem Lokalpatriotismus die Idee der europäischen Mobilität und damit des intellektuellen Austausches sowohl auf Seiten der Herrschenden als auch der angestellten Musiker dominierend blieb.

Literatur:
C. Sartori, *La cappella musicale del duomo di Milano. Catalogo delle musiche dell'archivio*, Mailand 1957 • C. Sartori, *Organs, Organ-Builders and Organists in Milan 1450–1476. New and Unpublished Documents*, in: Musical Quarterly 43 (1957), S. 57–67 • W.F. Prizer, *Music at the Court of the Sforza: The Birth and the Death of a Musical Center*, in: Musica disciplina 43 (1989), S. 141–193 • C.S. Getz, *Music and Patronage in Milan, 1535–1550, and Vincenzo Ruffo's First Motet Book*, Diss. Univ. of North Texas 1991 • G. Lubkin, *A Renaissance Court: Milan under Galeazzo Maria Sforza*, Berkeley 1994 • M. Brusa, *Hermann Matthias Werrecoren »Maestro di capella del Duomo di Milano« 1522–1550*, in: Rivista internazionale di musica sacra 15 (1994), S. 173–229 • T. Bailey / A. Cattoretti, *Mailand*, in: MGG², Bd. 5 (Sachteil), 1996, Sp. 1579–1592 • P.A. Merkley / L.M. Merkley, *Music and Patronage in the Sforza Court*, Turnhout 1999 • M. Donà, *Milan*, in: Grove, Bd. 16, 2001, S. 657–668.

CB

Maillard, Jean
* um 1515 (?), † um 1570 (?)

Nichts ist über die Vita des französischen Komponisten, dessen Name sehr verbreitet war, bekannt. Da keine französischen Publikationen neuerer Werke seit 1565 vorliegen, jedoch Unica in spanischen Manuskripten vorkommen, die ungefähr in dieser Periode kopiert wurden, wird vermutet, dass er Frankreich verlassen hat, um sich auf der Halbinsel niederzulassen. Er ist Autor von sechs vier- bis fünfstimmigen Messen, einem achtstimmigen Credo, 86 vier- bis siebenstimmigen Motetten, vier Magnificat-Vertonungen, einem Te Deum, einer vierstimmigen Lamentatio und ungefähr 60 zwei- und vier- bis sechsstimmigen Chansons.

Seine Kompositionen waren größtenteils erfolgreich, wie ihre Verbreitung in Frankreich wie im Ausland (Niederlande, Deutschland, Italien, Spanien) sowohl in handschriftlicher wie in gedruckter Form, sowohl in ihrer Originalversion als auch in instrumentalen Bearbeitungen (hauptsächlich für Laute, Gitarre, Cister), bezeugt. Zudem waren einige unter ihnen von neuen Stücken anderer Komponisten inspiriert (Claude ▸ Goudimel, Giovanni Pierluigi da ▸ Palestrina). Wie Pierre de ▸ Ronsard und François ▸ Rabelais im Vorwort zum *Livre de Meslanges*, das von Adrian ▸ Le Roy und Robert ▸ Ballard 1560 gedruckt wurde, zitieren, war er nach Orlande de ▸ Lassus der beliebteste Komponist der genannten Drucker. Heute noch ungeklärte Bezüge zwischen dem Komponisten und dem französischen Hof sind aus mehreren ▸ Motetten ersichtlich, die 1565 gedruckt wurden, so die Bitte für den König *Domine salvum fac regem* am Beginn seines ersten, Karl IX. gewidmeten Buches, und die der Königinmutter Katharina de Medici gewidmete marianische Hymne *Ave maris stella* im zweiten Band, deren tropierter Text die Metapher der Königin als Mutter Gottes, »Quelle de Heils und Ursprung des Friedens«, entwickelt.

Wie bei Nicolas ▸ Gombert und Jacobus ▸ Clemens non Papa ist die Schreibweise seiner ▸ Motetten (oft auf Responsorien, Psalmen und Antiphonen komponiert) meist imitatorisch auf Kosten der Gliederung des Textes (*Ave stella matutina*, fünfstimmig). Der gleichzeitige Gebrauch von mehreren melodischen oder rhythmischen Gedanken und die Variation der Motive sind Verfahrensweisen, die Maillard bevorzugt. Insbesondere bei der Verwendung präexistenten Materials erscheinen in seinen Motetten gewisse Archaismen: Es wird in langen Notenwerten gebracht (*Surrexit Dominus*, sechsstimmig); manchmal wird es als Ostinato verarbeitet (die erste Phrase von *Faulte d'argent* von ▸ Josquin Desprez, die im fünfstimmigen *Quinta pars d'Exaudi Domine orationem nostram* gebracht wird) oder als Kanon (zwischen *Quinta pars* und dem Tenor des sechsstimmigen *Fratres mei elongaverunt*). Gleichermaßen bieten *Magnificat*, *Te Deum*, *Credo*, die *Missa Virginis Mariae* und *Missa pro mortuis* weiter entwickelte Paraphrasen liturgischer Melodien. Vier seiner ▸ Messen parodieren ein polyphones Modell (Motette oder Chanson, wie *Missa M'amie un jour* auf eine Chansons von Pierre ▸ Certon).

Seine meist vierstimmigen ▸ Chansons sind auf zehn- und achtzeilige Decasyllabi komponiert, oft lyrisch (wie *Ce doux regard*), aber auch anzüglich (*Margot ung jour*), auf Texte von Clément ▸ Marot (*Ne vous forcez, Dame*), Mellin de Saint-Gelais (*j'ay aultrefois*), Pernette Du Guillet (*C'est un grand mal*). Er schrieb auch mehrere ▸ Chansons spirituelles, unter ihnen das berühmte *Hélas mon Dieu*.

Maillard ersetzte oft die an Claudin de ▸ Sermisy angenäherte, vorherrschend homophone Schreibweise (*Si mon vouloir*), um imitatorische Polyphonie einzubringen, manchmal auf Kosten der Schönheit der melodischen Linie (*Tant plus je mets*). Die erzählenden Chansons, manchmal mit anzüglichen Texten, erinnern an Stücke gleichen Typs von Clement ▸ Janequin, mit einem imitatorischen Kontrapunkt und einer Lebhaftigkeit des Rhythmus, die mit dessen onomatopoetischen Kompositionen zusammenstimmen (*Souffrés ung peu que je vous baise*). Schließlich reservierte er sich für Texte schweren dramatischen Charakters eine größere Stimmenanzahl, generell tiefere Stimmlagen und eine ausgearbeitete imitatorische Schreibweise (*Si comme espoir*).

Ausgaben:
Modulorum Joannis Maillardi, hrsg. von R.H. Rosenstock, 3 Bde. (Recent Research in the Music of the Renaissance 73, S. 95–96), Madison 1987 und 1993; *Sixteenth-Century Chanson*, hrsg. von J. Bernstein, Bd. 18, 25, 26, 27, 28, New York 1990 und 1993; *Jean Maillard. The Masses*, hrsg. von R.H. Rosenstock, Ottawa 1997; *Georg Rhau. Bicinia gallica, latina, germanica*, hrsg. von B. Bellingham, Kassel 1980, S. 160.

Literatur:
M.A. Colin, *Eustache Du Caurroy et le motet en France à la fin du XVIe siècle*, Diss. Univ. Tours 2001, Bd. 1, S. 55–65 • M.A. Colin, *Maillard, Jean*, in: MGG², Bd. 11 (Personenteil), 2004 Sp. 870–872.

MAC

Maître de chapelle, Maître de chant
▸ Kapelle

Maîtrise

Eine Maîtrise ist die seit dem 15. Jahrhundert geläufige Bezeichnung für die Institution einer Singschule an den Kathedralen oder Kollegiatkirchen in Frankreich und im frankoflämischen Bereich. Sie umfasst die Gesamtheit der an der Kirche tätigen Musiker wie auch das Haus, in dem die Sängerknaben untergebracht waren. Sie bekamen Unterricht beim Maître des enfants oder beim Maître de chapelle, in nicht musikalischen Fächern bei einem Maître de grammaire. Die qualitätvolle Ausbildung hat zur Vorrangstellung der frankoflämischen Musik im 15. Jahrhundert beigetragen (Lütteken). Die besonderen institutionsgeschichtlichen Bedingungen wurden erst jüngst erforscht (Kirkman, Planchart, Dumont in Boynton).

Literatur:
P. Pimsleur, *The French Maîtrise*, in: The musical times 95 (1954), S. 361f. • L. Lütteken, *Die maîtrise im 15. Jahrhundert: Zum institutionsgeschichtlichen Hintergrund der Vorrangstellung franko-flämischer Musiker*, in: *Professionalismus in der Musik*, hrsg. von von Chr. Kaden, Essen 1999, S. 132–144 • S. Boynton (Hrsg.), *Young choristers, 650–1700*, Woodbridge 2008, darin: A. Kirkman, *The seeds of medieval music: choirboys and musical training in a late-medieval maîtrise*, S. 104–122; A.E. Planchart, *Choirboys in Cambrai in the fifteenth century*, S. 123–145; S. Dumont, *Choirboys and »vicaires« in the maîtrise of Cambrai: a socio-anthropological study (1550–1670)*, S. 146–162.

Malatesta, Familie

Mit dem Namen der in Rimini und Pesaro herrschenden Familie, insbesondere mit Sigismondo Malatesta (1417–1468), verbindet sich mehr als mit anderen Herrschern der Zeit das Paradigma des skrupellosen Renaissancefürsten. Dass Sigismondo mehrere Morde begangen haben soll, ist jedoch widerlegt, und seine kriegerischen Auseinandersetzungen zur Erweiterung seines Machtbereiches mit dem Papst und Neapel – nach einer Niederlage blieb ihm nur Rimini – überragen die üblichen Machtkämpfe nicht. – Wie alle Renaissancefürsten förderten die Malatesta Kunst und Wissenschaften, seit dem 15. Jahrhundert zunehmend zur Demonstration von Macht und Ruhm. Pandolfo II. (1325–1373) unterstützte Francesco Petrarca, mit dem er zudem freundschaftlich verbunden war. Sigismondo beschäftigte Künstler, die seine Person in Bildern, Medaillen, Schriften und Bauten verherrlichten (Tempio Malatestiano in Rimini von Leon Battista ▸ Alberti, Fresken von Piero della Francesca).

Musikgeschichtlich ist mit den Malatesta insbesondere der Name Guillaume ▸ Dufays verbunden, der wahrscheinlich von Carlo Malatesta da Rimini (1368–1429), Bruder des jüngeren Pandolfo (1370–1427) und Onkel Sigismondos, auf dem ▸ Konzil von Konstanz engagiert wurde und zwischen 1420 und 1426 an den Höfen in Rimini und Pesaro weilte: Die Motette *Vasilissa ergo gaude* entstand zur Hochzeit Cleophe Malatestas da Pesaro mit dem Sohn des byzantinischen Kaisers Theodoros Palaiologos 1420; *Apostolo glorioso* wurde zur Weihe der Andreaskirche über dem Apostelgrab 1426 in Patras geschrieben, das als letzte westkirchliche Diözese Erzbischof Pandolfo Malatesta, dem Bruder Cleofes, unterstand; Dufays Chanson *Resvellies vous* wurde zur Hochzeit von Carlo Malatesta da Pesaro mit Vittoria Colonna 1423 komponiert. Auch Hugo und Arnold de Lantins waren zur gleichen Zeit im Dienst der Malatesta, ein großer Teil des Œuvres von Hugo ist Pesaro zuzuordnen (Lütteken, S. 218). Die Hofkapelle, deren Struktur noch nicht ausreichend erforscht ist, bestand aus mindestens acht bis neun Sängern, die die Aufführungen repräsentativer Musik wie der Motetten Dufays ermöglichten (Lütteken, S. 219/220).

Literatur:
V. Reinhardt, *Die großen Familien Italiens*, Stuttgart 1992 • L. Lütteken, *Der Malatesta-Hof* und *Werke für den Malatesta-Hof*, in: ders., *Guillaume Dufay und die isorhythmische Motette. Gattungstraditon und Werkcharakter an der Schwelle zur Neuzeit*, Hamburg 1993, S. 217–222 und S. 267–278.

Malvezzi, Cristofano
Getauft 28.6.1547 Lucca, † 22.1.1599 Florenz

Malvezzi war Komponist, Organist und Sänger, der insbesondere durch die florentinischen ▸ Intermedien von 1589 bekannt ist. Durch Förderung Isabella de' ▸ Medicis wurde er 1562 Canonicus supranumerarius und ab 1572 Canonicus regularis an der Medici-Kirche San Lorenzo in ▸ Florenz. 1565 bis 1579 war er Organist an Santa Trinità und bekam 1573 den renommierten Posten des Maestro di cappella am Florentiner Dom und dem Baptisterium San Giovanni. 1574 wurde er Organist an San Lorenzo in der Nachfolge seines Vaters, des Organisten und Orgelbauers Niccolò Malvezzi. Spätestens ab 1586 war er auch am Hof verpflichtet und schrieb Musik zu Intermedien. 1594 wurde er dritter Organist am Dom, ab 1596 erhielt er eine lebenslange Rente. Jacopo ▸ Corsi und Jacopo ▸ Peri gehörten zu seinen Schülern.

Malvezzis Name ist vor allem mit den Intermedien von 1589 verbunden, die zu den Hochzeitsfeierlichkeiten von Ferdinando de' Medici und Christine von Lothringen aufgeführt wurden. Er trug den größten Teil der Musik bei und besorgte die von Ferdinando angeordnete und 1591 erschienene Druckausgabe der *Intermedi et concerti*. Er komponierte für die Intermedien I, IV, V und VI mehrstimmige ▸ Madrigale, Sinfonie und grandiose mehrchörige Stücke, während die Sologesänge von Giulio ▸ Caccini, Jacopo Peri und Emilio de' ▸ Cavalieri geschrieben wurden mit Ausnahme von V/1, das die Reduktion eines mehrstimmigen Madrigals für Solostimme und Begleitinstrument ist. Wahrscheinlich wurden auch weitere von Malvezzis mehrstimmigen Madrigalen als Solomadrigale dargeboten. Seine Musik ist äußerst wirkungsvoll, jedoch wenig innovativ. Malvezzi hatte bereits zuvor kompositorische Beiträge zu Intermedien am Medici-Hof geleistet: 1583 das Intermedium V (*Le nove muse*) zur Komödie *Le due persilie* von Giovanni Fedini, 1586 die Intermedien III und IV zur Komödie *L'amico fido* von Giovanni ▸ Bardi anlässlich der Hochzeit von Cesare d'▸Este und Virginia de' Medici und das Intermedium III zu *Il Sammaritano* von Giovanni Cecchi (Datum unbekannt). Vorausgegangen war die Publikation zweier Madrigalsammlungen von 1582 und

1584. Erhalten sind zudem neun vierstimmige *Ricercari* (1577) für Ensemble oder Tasteninstrumente sowie zwei Motetten.

Ausgaben:
Intermedien et concerti (1589) in: *Feste musicali della Firenze medicea*, hrsg. von F. Ghisi, Florenz 1939 • *Musique des intermèdes de* La pellegrina, hrsg. von D.P. Walker, Paris 1963.

Literatur:
W. Kirkendale, *The Court Musicians in Florence during the Principate of the Medici*, Florenz 1993, S. 181–188 • F.A. D'Accone (mit T. Carter), *Malvezzi*, in: *Grove*, Bd. 15, 2001, S. 715–1716.

ES

Mandola
(Mandora / Pandurina)

Die Mandola ist ein Instrument der Familie der Lauten oder der Mandolinen, die aus einem gerundeten Korpus in Form einer Birne und einem Hals besteht. Mandolen können aus einem einzigen ausgehöhlten Holzblock gebaut sein wie das Rebec, oder in der Art der Laute aus einem Hals und einem zusammengesetzten Korpus bestehen. Der Hals kann mit Bünden versehen sein oder nicht. Die Saiten sind einfach oder doppelt und ihre Anzahl ist variabel. Juan ▶ Bermudo zitiert in seinem Traktat von 1555 ein Instrument in Form eines Rebecs mit drei Saiten unter dem Namen der ›bandurria comun‹. Pierre Brunet veröffentlichte eine *Tablature de Mandore* 1578 in Paris, und Adrian ▶ Le Roy soll eine *Instruction pour la mandorre* 1585 publiziert haben, beide Quellen sind jedoch heute verloren. Praetorius (1619) nennt sie ›Pandurina‹. Das Instrument ist in Quinten und Quarten gestimmt, das heißt bei vier Chören in c' g' c" g" oder bei fünf Chören in c f c' f' c".

Literatur:
E. Pohlmann, *Laute, Theorbe, Chitarrone: die Instrumente, ihre Musik und Literatur von 1500 bis zur Gegenwart*, Bremen 1968–1982 • J. Tyler, *The Mandore in the 16th and 17th Centuries*, in: Early Music 9 (1981), S. 22.

CHB

Manierismus

Die Musikwissenschaft hat sich als eine der letzten kulturgeschichtlichen Disziplinen mit Begriff und Inhalt des Manierismus auseinandergesetzt.

Das Interesse an der Fragestellung, ob es einen musikalischen Manierismus gibt und wie er konkret zu definieren sei, hat nach intensiver Diskussion in den ersten Jahrzehnten nach dem Zweiten Weltkrieg, mit deutlicher Verspätung gegenüber der Manierismus-Diskussion in Kunstgeschichte und Literaturwissenschaft, merklich nachgelassen. Dies sollte aber nicht zu der Annahme führen, als wäre die Kategorie des Manierismus für die Musikwissenschaft unbrauchbar oder alle Probleme abschließend erörtert.

Vielmehr scheint eine erneute Diskussion wünschenswert, da dem Begriff und seinen möglichen Perspektivierungen ein erhebliches Erkenntnispotential innezuwohnen scheint. Im wesentlichen sind es drei Zusammenhänge, in denen der Manierismus-Begriff erörtert wird:
1. als Epochenbezeichnung der Musikgeschichte zwischen Spätrenaissance und Frühbarock;
2. als Wertungskategorie, wobei häufig nicht genug zwischen dem pejorativen Gebrauch des Wortes ›maniriert‹ und der wertneutralen historischen Kategorie ›manieristisch‹ unterschieden wird;
3. als musikalischer Stilbegriff, vor allem seit erkannt wurde, dass der Manierismus seine Wurzeln in der Rhetorik hat.

1. Epochenbegriff
Die deutschsprachige Forschung der vergangenen 50 Jahre hat den Manierismus-Begriff

als Epochenbegriff der Musikgeschichte als weitgehend ungeeignet verworfen. Argumentiert wurde mit der Ungleichzeitigkeit der Phänomene in Kunst und Musik, aber auch mit dem Fehlen einer vorhergehenden Klassik, gegen die der Manierismus vermeintlich eine Gegenreaktion darstelle. Im Gegensatz hierzu hat sich Manierismus als Epochenbegriff in der angelsächsischen Welt schon lange durchgesetzt. Vor allem die kanadische Musikwissenschaftlerin Maria Rika Maniates hat durch ihre Forschungen gezeigt, dass es kaum Alternativen zum Manierismus gibt, um diejenigen Phänomene, die die Musik des Zeitraums zwischen 1580–1620 charakterisieren, adäquat zu erfassen, und dass Begriffe wie Spätrenaissance und Frühbarock weitaus ungeeigneter sind.

2. *Wertungsbegriff*
Der sozialgeschichtlich fundierte Manierismusbegriff sieht im Manierismus den Ausdruck einer Krise und die künstlerischen Produkte als Verfallserscheinungen. So beruht die Formulierung Heinrich Besselers, dass die artifizielle Polyphonie in den Werken Nicolas ▸ Gomberts »von der Tonalität und vom Menschlichen« wegführe, weshalb für dieses Phänomen der »kunsthistorische Begriff Manierismus angebracht« erscheine, auf der Entgegensetzung von ›maniera‹ und ›natura‹. Wertungen dieser Art, die nicht der Haftpunkte in der musikgeschichtlichen Wirklichkeit entbehren, beruhen zwar auf zu diskutierenden Kategorien, führen aber in der Zugespitztheit der subjektiven Wertung von intersubjektiven, historisch nachvollziehbaren Kategorien weg und bleiben der Sphäre des Geschmacksurteils verhaftet. Eine weiterführende wissenschaftliche Diskussion ist anhand dieser Kategorien kaum möglich.

3. *Stilbegriff*
Als stilistisches Konzept resultiert der Manierismus aus einer spezifischen ästhetischen Haltung, die sich in einer spezifischen Kompositionstechnik sowie Gattungen und formalen Strukturen manifestiert und so historisch nachvollziehbar ist. In der älteren Musikgeschichte existieren stilistische Haltungen und Tendenzen, die den inhaltlichen Befund von Manierismus erfüllen, aber gegenwärtig mit einer anderen Terminologie belegt werden. Dies gilt etwa für die ostentative Künstlichkeit der ▸ Ars subtilior des 14. Jahrhunderts wie für die ▸ Musica reservata des 16. und 17. Jahrhunderts, die eine poetisch-musikalische Kompositionspraxis bezeichnet, die sich primär an Kenner wendet.

Wenn auch die Neigung, einen kunsthistorischen Manierismus-Begriff als gegeben anzunehmen und Argumentationen hierauf aufzubauen, höchst problematisch ist, muss doch festgehalten werden, dass es die Musikgeschichtsschreibung bislang versäumt hat, in Frage kommende Merkmale der Musik des Zeitraums systematisch zu erfassen. Dies würde von simplen und in der Tat höchst fragwürdigen Analogieschlüssen wegführen und der Diskussion die notwendige historische Fundierung verleihen.

Unzweifelhafte Berührungspunkte bestehen zwischen manieristischen Phänomenen in der Literatur und der Musik. Da es sich bei der für den betreffenden Zeitraum in Frage kommenden Musik noch nahezu ausschließlich um Vokalmusik handelt, liegt das Vorgehen auf der Hand, partizipiert sie damit doch unmittelbar an der Literaturgeschichte und deren Tendenzen. Es wird aber auch deutlich, dass das Zusammentreffen von manieristischer Madrigaldichtung und manieristischer Komposition in den späten Madrigalen Carlo ▸ Gesualdos einen Sonderfall und nicht die Regel darstellt.

Manierismus bezeichnet Tendenzen der Kompositionsgeschichte jener Jahre wie den Gebrauch von Chromatik und Enharmonik als Abweichung vom diatonischen Stil der Hochrenaissance und eine spezielle Dissonanztechnik, die als Mittel der Textausdeutung auffällige Verstöße gegen die Satznormen zulässt. Noch gar nicht in den Blick genommen wurde die Frage, inwieweit Manierismus auch ein aufführungspraktisches Phänomen ist. Weiterhin gelten bestimmte musikalische Gattungen, in erster Linie das ▶ Madrigal, als in besonderem Maße dem Manierismus zugehörig. Grundsätzlich sollte aber bedacht werden, dass der Manierismus als Ideenkomplex zu verschiedenen Stiltendenzen in Relation treten konnte, damit der stilistischen Pluralität einer jeden historischen Epoche Rechnung tragend. Schließlich sind die Parallelen zwischen ▶ Humanismus und Manierismus als musikgeschichtliche Kategorien evident: Beide Begriffe lassen sich nur schwer in interdisziplinär verbindliche Definitionen gießen. Vielmehr befinden sich unterschiedliche Disziplinen auf der Suche nach ihrem Humanismus. Eine derartige Suche nach dem Manierismus der Musikwissenschaft ist derzeit, wenn überhaupt, nur in Ansätzen erkennbar.

Literatur:
M.R. Maniates, *Mannerism in Italian Music and Culture, 1530–1630*, Chapel Hill, North Carolina 1979 • H.E. Rubio, *Der Manierismus in der Vokalpolyphonie des 16. Jahrhunderts*, Tutzing 1982 • L. Finscher, *Manierismus*, in: MGG², Sachteil, Bd. 5 (1996), Sp. 1627–1635• S. Schmalzriedt, *Manierismus (Musik)*, in: *Historisches Wörterbuch der Rhetorik*, hrsg. von Gert Ueding, Bd. 5, Darmstadt2001, Sp. 920–926.

MZ

Mantua

Das zum Heiligen Römischen Reich gehörige Mantua (seit 1362 Grafschaft, 1433 Markgrafschaft, 1530 Herzogtum) wurde seit 1328 von den ▶ Gonzaga regiert, die die Stadt im 15. und 16. Jahrhundert zu einem kulturellen Zentrum von europäischer Bedeutung ausbauten. Neben Bauwerken wie dem Palazzo Ducale mit der Kirche Santa Barbara, dem Palazzo del Tè, dem Dom und der Basilika S. Andrea, die die italienische Renaissance mitprägten, kam der Stadt auch musikgeschichtlich insbesondere seit dem ausgehenden 15. Jahrhundert eine grundlegende Rolle zu, die um 1600 in dem Wirken Claudio ▶ Monteverdis gipfelte.

Durch die Lehrtätigkeit von Vittorino da ▶ Feltre, den Herzog Gianfrancesco I. (1395–1444) im Jahre 1425 mit dem Ausbau der Casa Giocosa zur Humanistenschule von überregionalem Rang beauftragt hatte, wurde Mantua langfristig zu einem Zentrum der Musiktheorie, das als früher Umschlagplatz byzantinischer Traditionen fungierte und bedeutende Theoretiker wie Johannes Gallicus Legrense, Nicolò ▶ Burzio sowie später Franchino ▶ Gaffurio hervorbrachte. Die höfische Musikpflege wurde im 15. Jahrhundert in üblichem Umfang durch teils festangestellte, teils fallweise engagierte Sänger und Instrumentalisten garantiert; einzelne Höhepunkte bildeten etwa die Feierlichkeiten zur Hochzeit Federicos I. (1441–1484) mit Margarethe von Bayern im Jahre 1463 oder die Aufführung der *Fabula di Orfeo* von Angelo ▶ Poliziano vermutlich zum Karneval des Jahres 1480, die als wichtiger Vorläufer der Oper charakterisiert wurde, deren Musik sich jedoch nicht erhalten hat. Einen bedeutenden Schub erfuhr das Musikleben am Gonzaga-Hof durch die musikbegeisterte Gemahlin von Gianfrancesco II. (1466–1519), Isabella d'Este, mit der Kultivierung der ▶ Frottola, die die Musikhistoriographie als richtungsweisend für die Ausprägung komponierter italienischsprachiger Vokalmusik und letztlich des Madrigals ansieht. Die als Hofmusiker angestellten Marchetto ▶ Cara und Bartolomeo ▶ Tromboncino waren die Hauptvertreter dieser Entwicklung, die durch die zwischen 1504 und 1514 in Venedig erschienenen Frottolendrucke Ottaviano ▸ Petruccis ihre prägende Ausstrahlung entfalten konnte.

Die kirchliche Reformtätigkeit des Kardinals Ercole Gonzaga (1505–1563), der seit 1534 als Bischof in der Stadt residierte und im Jahre 1540 auch die Regentschaft in dem seit 1536 um die Markgrafschaft Monferrato (mit der qualitätvollen Kathedralkapelle in Casale) erweiterten Herzogtum übernahm, brachte einen wichtigen Schub für die kirchenmusikalische Pflege in Mantua namentlich an der Kathedrale S. Pietro mit sich, wo seit der Mitte des 15. Jahrhunderts regelmäßig Organisten tätig gewesen waren und 1511 vom Hof eine ca. 25köpfige Sängerkapelle eingesetzt worden war, die vor allem zu den großen Gottesdiensten in Anwesenheit des Herzogs sang. Mit der im Jahre 1534 erfolgten Verpflichtung des zuvor vermutlich in der päpstlichen Kapelle tätigen Komponisten Jacquet de Mantua als Kapellmeister mit weitreichenden Kompetenzen und der gleichzeitigen Verleihung des Bürgerrechts wurde einer der bedeutendsten in Italien tätigen Komponisten in der Josquin-Nachfolge langfristig an die Stadt gebunden und ihm eine lediglich mit Adrian ▸ Willaerts Position in Venedig vergleichbare Zentralgewalt in kirchenmusikalischen Fragen zugebilligt, die jedoch der Ausbildung von Sängernachwuchs nur untergeordnete Bedeutung beimaß und dementsprechend nach seinem Tod 1559 ein gewisses Vakuum hinterließ; erst 1594 wurde mit Lodovico ▸ Viadana neuerlich eine bedeutende Komponistenpersönlichkeit für drei Jahre Maestro di cappella am Dom.

Stattdessen verlagerte sich in der zweiten Hälfte des 16. Jahrhunderts die kirchenmusikalische Aktivität des nunmehr regierenden Herzogs Guglielmo (1538–1587), der auch selbst komponierte, auf die zwischen 1557 und 1587 erbaute Basilica palatina di Santa Barbara, die eine Orgel von Graziadio Antegnati erhielt und der eine eigene Musikkapelle angegliedert wurde. Diese wurde zum Bestandteil einer umfassenden, vom ▸ Konzil von Trient unabhängigen Liturgiereform an S. Barbara, die auch eine grundlegende textliche und musikalische Bearbeitung des Choralrepertoires beinhaltete. Diese liturgischen Gesänge sind ebenso umfänglich dokumentiert wie das Mantuaner Figuralmusikrepertoire der zweiten Hälfte des 16. Jahrhunderts. Als Organist wirkte Girolamo Cavazzoni an S. Barbara, zum Kapellmeister wurde 1565 Giaches de ▸ Wert ernannt, der bis zu seinem Tod 1595 am Gonzaga-Hof verblieb, jedoch aufgrund einer Malaria-Erkrankung bereits 1588 in der Kapellmeisterposition an S. Barbara durch Giovanni Giacomo ▸ Gastoldi abgelöst wurde. Wert prägte den herausragenden Ruf Mantuas als Musikzentrum sowie den insbesondere nach der Hochzeit von Guglielmos Tochter Margherita mit Alfonso II. d'Este im Jahre 1579 intensivierten musikalischen Austausch mit Ferrara wesentlich mit. Weitere namhafte Komponisten am Hof waren in diesen Jahren Alessandro ▸ Striggio und Francesco ▸ Soriano. Guglielmo stand ferner in engem Kontakt mit prominenten, in Italien tätigen Komponisten wie etwa Giovanni Maria ▸ Nanino, Francisco ▸ Guerrero, Luca ▸ Marenzio und Giovanni Pierluigi da ▸ Palestrina, der für den Herzog seine neun sogenannten Mantuaner Alternatim-Messen komponierte, die auf dem reformierten Mantuaner Choral basierten.

Das ohnehin hohe Niveau der Mantuaner Musikpflege erfuhr unter Vincenzo I. (1562–1612) eine weitere Steigerung, die vor allem in dem Ausbau der Hofkapelle zu einem Virtuosenensemble bestand, das dem Vorbild des Ferrareser ▸ Concerto delle dame folgte. In seinem ersten Regierungsjahr erschien der Druck *L'amorosa caccia* (Venedig 1588), der eine Leistungsschau von in Mantua gebürtigen Komponisten darstellte. Um 1590 gelangte Monteverdi an den Hof, wo er als junger Musiker noch von dem Einfluss Werts profitierte und sich bis zur Position des Hofkapellmeisters (Kapellmeister an S. Barbara blieb bis zu seinem Tod im Jahre 1609 Gastoldi) hocharbeitete, die er 1601 von Werts 1596 ernanntem Nachfolger Benedetto Pallavicino übernahm. Während seiner Tätigkeit am Hof von Mantua, den er erst nach Vincenzos Tod verließ, machte er diesen zu einem der zentralen musikgeschichtlichen Schauplätze um 1600, dessen innovative Experimentierfreudigkeit in seinen Madrigalen, Opern sowie den wenigen kirchenmusikalischen Werken (deren Komposition nicht zu seinem Aufgabenbereich gehörte) exemplarischen Niederschlag gefunden hat.

Literatur:
P. Tagmann, *Archivalische Studien zur Musikpflege am Dom von Mantua (1500–1627)*, Bern 1967 • Ders., *La cappella dei maestri cantori della basilica palatina di Santa Barbara a Mantova (1565-1630): nuovo materiale scoperto negli archivi mantovani*, in: Civiltà Mantovana 4 (1970), S. 376–400 • G. Barblan (Hrsg.), *Conservatorio di musica ›Giuseppe Verdi‹, Milano: Catalogo della biblioteca, Fondi speciali*, i: *Musiche della cappella di Santa Barbara in Mantova*, Florenz 1972 • G. Nugent, *The Jacquet Motets and their Authors*, Diss. Princeton 1973 • M. Levri, *Gli organi di Mantova: ricerche d'archivio*, Trient 1976 • W. Prizer, *La cappella di Francesco II Gonzaga e la musica sacra a Mantova nel primo ventennio del cinquecento*, in: *Mantova e i Gonzaga nella civiltà del rinascimento*, Rom 1978, S. 267–276 • I. Fenlon, *Music and patronage in sixteenth-century Mantua*, 2 Bde., Cambridge 1980 • P. Besutti, *Testi e melodie per la liturgia della cappella di Santa Barbara in Mantova*, in: Kongreßbericht Bologna 1987, S. 68–77 • S. Parisi, *Ducal Patronage of Music in Mantua, 1587–1627: an Archival Study*, Diss. Univ. of Illinois 1989 • P. Besutti, *Giovanni Pierluigi da Palestrina e la liturgia mantovana*, in: Atti del II convegno internazionale di studi palestriniani (Palermo, 3–5 maggio 1986), hrsg. von L. Bianchi und G. Rostirolla, Palestrina 1991, S. 157–164 • I. Fenlon, *Giaches de Wert and the Palatine Basilica of Santa Barbara: Music, liturgy and design*, in: Yearbook of the Alamire Foundation 3 (1999), S. 27–51 • R. Sherr, *Music and musicians in Renaissance Rome and other courts*, Aldershot 1999 • C. Burattelli, *Spettacoli di corte a Mantova tra Cinque e Seicento*, Florenz 1999 • C. Gallico, *Sopra li fondamenti della verità: Musica italiana fra XV e XVII secolo*, Rom 2001.

KP

Marenzio, Luca
* 18.10.(?)1553 oder 1554 Coccaglio bei Brescia, † 22.8.1599 Rom

Marenzio ist neben Carlo ▸ Gesualdo und Claudio ▸ Monteverdi der bedeutendste Madrigalkomponist des 16. Jahrhunderts. Er schuf eine große Anzahl von vier-, fünf- und sechsstimmigen Madrigalbüchern, die in ganz Europa als mustergültig galten und bis in die Mitte des 17. Jahrhunderts immer wieder nachgedruckt wurden. Daneben komponierte er mehrere Bücher eher volkstümlicher Villanellen und Canzonetten und ein beachtliches kirchenmusikalisches Œuvre, das den Regeln der nachtridentinischen Kirchenmusik verpflichtet ist.

Der Sohn eines Notariatsangestellten aus bescheidenen Verhältnissen in Brescia erhielt seine erste Ausbildung offensichtlich bei Giovanni Contino, dem er spätestens in den frühen 1570er Jahren an den Hof der ▸ Gonzaga nach ▸ Mantua folgte. Dort traf er auf Giaches de ▸ Wert, der seit 1565 Kapellmeister in Mantua war und offenkundig zu Marenzios zweitem Lehrer wurde, denn Marenzios frühe Werke stehen in der Tradition der Werke de Werts und dessen Lehrers Cipriano de ▸ Rore.

Mitte der siebziger Jahre wechselte Marenzio – vermutlich auf Vermittlung Continos – in die Dienste des Kardinals Cristoforo Madruzzo nach Rom. 1577 erschien hier sein erstes Madrigal im Druck. Bis dahin war Marenzio vor allem als exzellenter Lautenist und Sänger bekannt geworden, so dass er nach dem Tod Madruzzos 1578 in die Dienste des Kardinals Luigi d'▸ Este wechseln konnte, dem er 1580 sein erstes Buch fünfstimmiger ▸ Madrigale widmete. Im Dienste D'Estes verlagerte sich Marenzios Schaffen auf die Komposition, da bis zu dessen Tod im Dezember 1586 noch 10 weitere Madrigalbücher, ein Buch ▸ Motetten und drei Bücher ▸ Canzonetten und ▸ Villanellen – mithin etwa zwei

Drittel des im Druck erhaltenen Gesamtwerks – erschienen.

Für Marenzios Entwicklung wurde insbesondere eine längere Reise wichtig, die er 1580/1581 mit dem Kardinal an den Hof von dessen musikliebendem Bruder Alfonso d'Este nach ▸ Ferrara unternahm. Hier lernte er dessen Kapellmeister Luzzasco ▸ Luzzaschi kennen und hörte das berühmteste Gesangsensemble der Epoche, das ▸ Concerto delle dame. Abstecher führten ihn nach ▸ Venedig und an den Hof der Gonzaga in Mantua, die ihn später – wenn auch vergeblich – anzuwerben versuchten. In ▸ Rom fand Marenzio hervorragende Wirkungs- und Verdienstmöglichkeiten; er wirkte nicht nur als Maestro di capella Luigi d'Estes, sondern auch an vielen ▸ Akademien und leitete verschiedene kirchliche Feierlichkeiten.

Sein europäischer Ruhm wuchs: Nachdrucke seiner Madrigale erschienen in Antwerpen und Luigi d'Este hatte sogar vor, ihn an den französischen Königshof zu entsenden. In den Jahren 1584 und 1585 erschienen 10 Individualdrucke mit Madrigalen, ▸ Messen, Motetten, Canzonetten und Vilanellen: Marenzio war zweifellos einer der berühmtesten Komponisten Europas geworden. Damit mag zusammenhängen, dass er sich auch nach dem Tod des Kardinals 1586 nicht dauerhaft an einen anderen Arbeitgeber band. Die Verhandlungen mit den Gonzagas scheiterten an Marenzios hohen Gehaltsforderungen; die Engagements an der Accademia filarmonica 1587 in Verona und am Hof der Medici in Florenz im Februar 1588 waren kurzfristiger Art. Das Florentiner Engagement erfolgte zur Vorbereitung der Hochzeit des Großherzogs Ferdinando di Medici mit Christina von Lothringen am 2. Mai 1589. Marenzio wirkte an den prunkvollen Hochzeitsfeierlichkeiten mit und komponierte das zweite und das dritte Intermezzo zu Girolamo Bargaglis Komödie *La Pellegrina*, dem wohl spektakulärsten Bühnenevent der Epoche. Nach dieser Großveranstaltung kehrte Marenzio im November nach Rom zurück, wo er vermutlich zunächst bei Virginio Orsini und später bei Kardinal Cinzio Aldobrandini im Vatikanspalast wohnte. Ob er in einem offiziellen Dienstverhältnis stand oder sich als freischaffender Komponist bei verschiedenen Auftraggebern verdingte, ist umstritten. Sicher aber ist, dass Aldobrandini, der als vatikanischer Staatssekretär auch für die Außenpolitik der Kurie zuständig war, ihm eine Abordnung an den Hof des polnischen Königs nach Krakau vermittelte. Marenzio kam dort im März 1596 mit einer Kapelle von 22 italienischen Musikern an. Die Dauer des Aufenthaltes ist ungesichert, jedenfalls war er bei der Drucklegung des achten Buchs fünfstimmiger Madrigale im Oktober 1598 wieder in Venedig. Das neunte und letzte fünfstimmige Madrigalbuch erschien im Mai 1599 in Rom. Marenzio starb am 22. August in den Gärten der Villa Medici in Rom und wurde in der benachbarten Kirche San Lorenzo in Lucina beigesetzt.

Marenzio stellte sämtliche Parameter des musikalischen Satzes in den Dienst subtilster Textausdeutung. Schon in seinen frühen Büchern begegnet kaum ein Wort, das er nicht musikalisch umzusetzen gewußt hätte. In *Gia torna a rallegrar* aus dem zweiten Buch fünfstimmiger Madrigale von 1581 charakterisiert die unvermittelt auf- und abspringende Eingangswendung das Drehen (»torna«), eine kleine Koloratur das Erfreuen (»rallegrar«), der jugendliche April (»giovinetto April«) erhält einen hüpfenden Rhythmus, das sich beruhigende Meer (»Il mar s'acquetta«) wird mit einer gleichmäßigen Wellenbewegung und einem anschließenden Ganzschluß mit folgender Generalpause umgesetzt, die Flucht des Frostes unter die Erde (»Il giel fugge sotterra«) wird mit einem dichten Fugato in absteigender Skalenbewegung dargestellt, das Scherzen der Nymphen (»scherzan le vaghe Ninfe«) in rhythmisch bewegtem Satz der drei Oberstimmen, das frohe Singen der Vögel (»lieti a cantar«) durch homophone Koloratur und der Schlusskontrast, das Weinen des lyrischen Ichs (»Et io piango«) durch ausgedehnte chromatische Durchgänge und phrygische Klauseln. In dem bereits 1580 gedruckten achtstimmigen Echo-Madrigal *O tu che fra le selve* nutzt Marenzio die Doppelchörigkeit, um die hintersinnigen und witzigen Antworten des Echos auf die Fragen des verlassenen Liebhabers raumklanglich zu präsentieren. Giulio Monteverdi zählte Marenzio zu den Vertretern der ›seconda pratica‹.

Marenzio formulierte seine Musikanschauung in einem Madrigal Francesco Petrarcas, dessen Text er von »O voi che sospirate a miglior notti« (»Oh die ihr nach besseren Nächsten seufzt«) in »a miglior note« änderte (»Oh die ihr nach besseren Noten seufzt«). In diesem Madrigal geht es um die von Gioseffo ▸ Zarlino gelehrte Behandlung der phrygischen Klausel, der Marenzio nur an negativ behafteten Textzeilen folgt. Auf der Textzeile »Muti una volta quel suo antico stile« (»Ändre einmal seine alte Weise«) setzt Marenzio eine Quintfallsequenz, die am Ende auf die enharmonisch umgedeuteten absurden mi-Töne ces und fes führen müßte; Monteverdi beendet die Modulation aber hier durch eine regelwidrige übermäßige Terz. Das Madrigal lässt sich als hintergründiger und witziger musikalischer Kommentar zu der von Zarlino aufgeworfenen musiktheoretischen Debatte interpretieren. Auch das Notenbild setzt Marenzio zum Textausdruck um. Vielzitierte Beispiele für diese sogenannte ›Augenmusik‹ sind die häufige Verwendung von Tönen, deren Solmisationssilben die Textsilben spiegeln, etwa in *Se la mia fiamma* (3. Buch à 5) die Töne sol-la-mi, die Darstellung von Zahlwörtern wie etwa die fünf Perlen (»cinque perle«) durch fünf weiße Semibreven in *O bella man* (1. Buch à 4) oder die Darstellung der spitzen Dornen (»dure spine«) durch zwei an der Notenlinie hängende Semibrevis-Pausen in *L'aura che in verde Lauro* (9. Buch à 5). Auch die Wahl des Modus wird nicht selten vom Text indiziert, beispielsweise steht das Madrigal *Due rose fresche* (5. Buch à 5) im zweiten Modus. Marenzios Madrigale wurden in ganz Europa verbreitet. In Ländern wie Deutschland, in denen man mit den subtilen italienischen Dichtungen weniger vertraut war, wurde seine Musik in Form geistlicher Kontrafakturen überliefert. In England erschienen einige Madrigale auch in Übersetzungen. John ▸ Dowland plante, bei Marenzio in Rom zu studieren und korrespondierte mit dem Meister; und für Claudio Monteverdi war Marenzio ein wichtiges Vorbild.

Ausgaben:
Sämtliche Werke (Publikationen älterer Musik 4), hrsg. von A. Einstein, Leipzig 1929–1931; *The Complete Four Voice Madrigals*, hrsg. von J. Steele, New York 1995; *The Complete Five Voice Madrigals*, hrsg. von J. Steele, 6 Bde., New York 1996; *Opera omnia* (Corpus Mensurabilis Musica 72), hrsg. von B. Meier und R. Jackson, Neuhausen-Stuttgart 1976–2000.

Literatur:
E.H. Fellowes, *The Englisch Madrigal Composers*, Oxford 1921 • A. Einstein, *The Italian Madrigal*, Princeton 1949 • J. Kerman, *The Elizabethan Madrigal*, New York 1962 • A. Denis, *Marenzio*, Oxford 1974 • A. Newcomb, *The Madrigal at Ferrara*, 2 Bde., Princeton 1980 • S. Leopold, *Claudio Monteverdi und seine Zeit*, Laaber 1982 • H.E. Rubio, *Der Manierismus in der Vokalpolyphonie des 16. Jahrhunderts* (Frankfurter Beiträge zur Musikwissenschaft 1), Frankfurt/Main 1982 • B. Janz, *Die Petrarca-Vertonungen von Luca Marenzio*, Tutzing 1992 • H.K. Metzger / R. Riehn (Hrsg.), *Claudio Monteverdi: Vom Madrigal zur Monodie* (Musik-Konzepte 83/84), München 1994 • M. Feldman, *City Culture and the Madrigal at Venice*, Berkeley 1995 • H. Schick, *Musikalische Einheit im Madrigal von Rore bis Monteverdi: Phänomene, Formen und Entwicklungslinien*, Tutzing 1998 • H. Schönecker, *Das ästhetische Dilemma der italienischen Komponisten in den 1590er Jahren: die Chromatik in den späten Madrigalen von Luca Marenzio und Carlo Gesualdo*, Frankfurt am Main 2000.

MBR

Margarete von Österreich
* 10.1.1480 Brüssel, † 1.12.1530 Mecheln

Margarete war die Tochter aus der Ehe Maximilians I. mit Maria von Burgund. Sie wurde in Frankreich erzogen, da sie Karl VIII. vertraglich als Gattin versprochen war, der jedoch Anne de Bretagne heiratete; sie kehrte 1493 in die Niederlande zurück, war durch Heirat Fürstin von Asturien und Herzogin von Savoyen (ihre Ehegatten starben nach kurzer Zeit) und wurde 1507 Statthalterin der Niederlande. Margarete förderte die Musik in ▸ Mecheln.

Marienantiphon ▸ Antiphon

Marot, Clément
* 1496 Cahors, † September 1544 Turin

Der französische Dichter Clément Marot lebte seit 1504/1505 in Paris, wohin er seinen Vater, Jean Marot († 1526) begleitete, der gerade Sekretär und Historiograph der Königin Anne de Bretagne geworden war. Seine Erziehung wurde verschiedenen Lehrern anvertraut, bis er 1514 als Page in den Dienst von Nicolas de Neufville, Seigneur de Villeroy, trat. Er arbeitete dann als Kanzleiangestellter und begann, sich in der Öffentlichkeit mit Gedichten bekannt zu machen, die die antike Dichtung nachahmten: *La Première églogue de Virgile* (1514?), *Le Jugement de Minos* (1514?) nach Lucien, *Le Temple de Cupido* (1515) und die ersten Balladen und Rondeaux in *Adolescence clémentine*. In ähnlicher Funktion wie sein Vater trat er 1519 als Sekretär und Historiograph in den Dienst der Marguerite d'Angoulême, der Schwester ▸ Franz' I. und der zukünftigen Königin von Navarra. Er begleitete seitdem den Hof bei dessen Deplacements, die ihm Gelegenheit zu einem umfangreichen offiziellen Schrifttum boten. Des Luthertums verdächtigt wurde er ein erstes Mal 1526 eingesperrt – während der Zeit dieser Gefangenschaft schrieb er *L'Enfer* – und ein zweites Mal 1527, aber er wurde vom König begnadigt, der in zum Kammerdiener ernannte. Von 1527 bis 1534 genoss Marot die Gunst des Hofes, musste aber nach der Affaire des placards (17.–18.10.1534) schnell aus der Stadt fliehen und nahm Zuflucht in Nérac bei Marguerite d'Angoulême. 1535 wurde er in Abwesenheit verurteilt, er verließ Navarra und fand Asyl in Ferrara am Hof von Renée de France, der Kusine des Königs und Ehegattin des Fürsten Ercole II. d'Este; er traf dort Jean ▸ Calvin. Nachdem er die Gunst des Königs und des Hofes wiedererlangt hatte, kehrte er 1537 nach Paris zurück und ließ in Lyon seine *Œuvres de Clément Marot* (1538) veröffentlichen, die ihm lebhaften Erfolg eintrugen. Von Calvin und Marguerite d'Angoulême ermutigt begab er sich an die versifizierte Übersetzung des Psalters. *Trente Pseaumes* erschienen 1541 und wurden im folgenden Jahr verboten, wodurch Marot gezwungen wurde, sich zu Calvin nach Genf zurückzuziehen (1542). Er verfolgte seine Arbeit weiter mit *Vingt autres Psaumes* (1543), denen im gleichen Jahr eine Anthologie von *Cinquante Psaumes en français* folgte. Seinem Wunsch folgend, nach Frankreich zurückzukehren, verließ er Genf und ging nach Savoyen, wo er in Turin im September 1544 starb.

Zu seinen Lebzeiten und nach seinem Tod war Marot außerordentlich renommiert. Obwohl er sich in Fortsetzung der mittelalterlichen ›Rhétoriqueurs‹ sah, sprach man ihm zu, in Frankreich die poetischen Formen eingeführt zu haben, die die antiken und die italienischen imitierten wie das Sonett und die Epigramme.

Man schätzte besonders seine kurzen lyrischen Formen, seine rhythmische Vitalität, seine prosodische Präzision und seine metrische Schlichtheit. Die Mehrzahl seiner Psalmen und Chansons sind zum Beispiel auf dem System von isometrischen Strophen gebaut, in denen sich regelmäßig männlicher und weiblicher Reim abwechseln, und die sich somit für eine Vertonung eigneten. Die Komponisten, die sich seiner Chansons bedienten, waren überdies zahlreich. Die wichtigsten unter ihnen sind Claudin de ▸ Sermisy und Clement ▸ Janequin, aber auch Jacques ▸ Arcadelt, Antonio ▸ Gardano, Pierre ▸y Certon, Adrian ▸ Willaert, Nicolas ▸ Gombert, Thomas ▸ Crecquillon, Jacobus ▸ Clemens non Papa, Jean de ▸ Castro, Andreas ▸ Pevernage und zudem Jan Pieterzoon ▸ Sweelinck.

Seine Psalmen erhielten lebhaften Beifall in religiösen Milieus, sowohl in calvinistischen als auch in katholischen. Sogar vor ihrer Publikation erschienen 30 von ihnen mit einer Melodie in *Aulcuns pseaulmes* (1539), die in Straßburg unter der Leitung von Calvin veröffentlicht wurden. Sie wurden nacheinander erneut publiziert und vervollständigt in *La forme des prieres et chantz ecclesiastiques* (1542) von Calvin und den *Cinquante pseaumes* (1543).

Nach dem Tod von Marot war es Théodore de ▸ Bèze, der damit beauftragt wurde, die Übersetzung der Psalmen zu vollendet. Die Gesamtheit der Psalmen mit ihren Melodien erschien in *Les Pseaumes mis en rime françoise* (1562). Ihr Gebrauch im reformierten französischen Kultus und ihre polyphone Vertonung durch Loys ▸ Bourgeois, Guillaume Mornable, Certon, Philibert Jambe de Fer, Janequin oder Claude ▸ Goudimel in den folgenden Jahrzehnten bestätigen ihre immense Popularität.

Schriften:
Œuvres poétiques complètes, hrsg. von G. Defaux, Paris 1990–1993.

Literatur:
F. Lesure, *Autour de Clément Marot et de ses musiciens*, in: Revue de Musicologie 30 (1951), S. 109–119 • V.L. Saulnier, *Dominique Phinot et Didier Lupi, musiciens de Clément Marot et des marotiques*, in: Revue de Musicologie 43 (1959), S. 61–80 • P. Pidoux, *Le Psautier Huguenot du XVIe siècle. Mélodies et documents*, Basel 1962 • J.L. Déjean, *Clément Marot*, Paris 1990 • A. Coeurdevey, *Bibliographie des œuvres poétiques de Clément Marot mises en musique dans les recueils profanes du XVIe siècle*, Paris 1997.

FG

Marseille ▸ Frankreich

Martin, Claude
* in Conches (Burgund), fl. 1549–1557

Martin war Komponist und Musiktheoretiker. Von ihm sind neun weitgehend homophone zwischen 1549 und 1557 in verschiedenen Anthologien veröffentlichte Chansons sowie ein *Magnificat quinti toni* erhalten, das 1553 in der Sammlung *Canticum Beatae Mariae Virginis* neben Werken von Maximilien Guilliaud, Pierre Colin und Claude ▸ Goudimel erschien. Daneben verfasste er zwei musiktheoretische Abhandlungen. *Elementorum musices practicae* behandelt in zwei Büchern die theoretischen Grundlagen melodischer bzw. rhythmischer Notation. *Institutio musicale* ist eine gekürzte, allgemeinverständlichere Fassung seines ersten Traktates in französischer Sprache zum praktischen Verständnis der Musik seiner Zeit. Letztere Schrift enthält ferner zwei als Kompositionsbeispiele angeführte vierstimmige Stücke über *Dulces exuviae, dum fata deus*. Alle erhaltenen theoretischen und praktischen Werke Martins wurden von Nicolas ▸ Du Chemin verlegt. In der Widmung seines Traktates *Elementorum musices practicae* an den ›conseiller‹ am Pariser Parlament, Jean de Brinon, einen Kunstförderer, wies Martin diesen selbst als seinen Gönner aus. Über dauerhafte Anstellungen Martins an Kirchen, Kapellen, etc. ist nichts bekannt.

Ausgaben:
Second [*Tiers, Quart, Cinquiesme, Septiesme, Huitiesme, Unziesme, Douziesme*] *livre de Chansons à quatre*, hrsg. von Nicolas Du Chemin, Paris 1549–1557; Faksimileedition (bis *Huitiesme livre*), Tours (Centre de musique ancienne) 1994–2000.

Schriften:
Claudi Martini Colchensis elementorum musices practicae pars prior, Paris 1550; *Institution musicale, non moins breve que facile, suffisante pour apprendre à chanter ce, qui ha cours au iour-d'huy entre les Musiciens: extraicte de la premiere partie des Elemens de Musique Practique de Claude Martin, et par luy mesmes abregée*, Paris 1556.

Literatur:
F. Lesure / G. Thibault, *Bibliographie des éditions musicales publiée par Nicolas Du Chemin*, in: Annales Musicologiques 1 (1953), S. 269–373 • F. Dobbins, *Martin*, in: MGG², Bd. 11 (Personenteil), 2004, Sp. 1166f.

SF

Martin Le Franc ▸ Le Franc, Martin

Martini, Johannes
* um 1430/1440 (?), † 1497 (?)

Die musikalische Karriere des reifen Komponisten Johannes Martini vollzog sich an einem der renommiertesten italienischen Höfe, dem des Herzogs Ercole D'▸ Este in Ferrara. Über Martinis frühe Ausbildung jedoch ist auch deshalb wenig bekannt, weil sein Name ein geläufiger war, von dem die Archive angefüllt sind und daher die Gefahr groß ist, den Komponisten mit Namensvettern zu verwechseln. Ein Johannes Martini ist von 1443–1444 Sänger an der Kathedrale Notre-Dame in Antwerpen, ein anderer 1454–1455 an St. Gudula in Brüssel. Es ist schwer zu entscheiden, ob es sich dabei um den Komponisten Johannes Martini handelt, der einem Ferrareser Dokument zufolge aus Brabant stammte. Die erste sichere biographische Notiz findet sich in einem Brief von Ercole D'Este an den Bischof von Konstanz (10.12.1471), in dem der Herzog seine Absicht verkündet, Martini für den Dienst in der Kathedrale von Ferrara und für seine eigene Kapelle anzuwerben. Ab Januar 1473 übt Martini seine gesamte Tätigkeit als Musiker in der berühmten Kapelle des Herzogs von Ferrara aus. Lediglich im Jahr 1474 pausiert er kurz, als er vorübergehend in die Kapelle des Mailänger Herzogs Galeazzo Maria Sforza wechselt. Er kehrt im November 1474 nach Ferrara zurück und bis 1497 erscheint sein Name regelmäßig in den Archiven dieser Stadt (*Zoanne Martini, Zohane Martini de Barbante* oder *d'Alemagna* oder *todesco*).

Einige Reisen Martinis sind dokumentiert: Im Februar 1487 und November 1488 hält er sich in Rom auf, um wegen einiger seiner Pfründen zu verhandeln. Im selben Jahr 1487 begleitet Martini den Hof des Ippolito D'Este, vierter Sohn des Ercole, nach Ungarn, damit dieser das ungarische Erzbistum Esztergom in Besitz nehmen kann. Zum Jahresende kehrt er bereits nach Ferrara zurück. In der Korrespondenz zwischen Ercole und der Königin von Ungarn, Beatrice D'Aragon, wird Martini im Jahr 1489 als Freund des Organisten Paul ▸ Hofhaimer erwähnt. Martini ist vollkommen in das Leben des Ferrareser Hofes integriert und vielleicht war er auch Hauslehrer von Isabella D'Este, der Tochter des Herzogs, die später wie ihr Vater mit großem Engagement die Künste förderte. Wie der aus den Jahren 1491 und 1492 erhaltene Briefwechsel bestätigt, hielt Martini die Verbindung zu Isabella auch nach deren Hochzeit mit Francesco ▸ Gonzaga (1490) aufrecht.

Ein Exemplar musikalischer Handschriften für die Kapelle des Herzogs und die des Hofes ist sehr reichhaltig und Martini hat mit Sicherheit zur Entstehung eines Teiles des Repertoires der privaten Kapelle des Herzogs beigetragen. Der Kodex von Modena α.M.1. 11–12, der 1479 verfasst wurde, enthält zweichörige Kompositionen von Martini. Es handelt sich um ▸ Psalmen und ▸ Hymnen, die, hauptsächlich im ▸ Fauxbourdon geschrieben, zum Singen während der Vesper bestimmt waren. Ein weiterer Kodex (Modena, *α.M. 1.13*) beinhaltet Musik für die Messe und wurde wahrscheinlich unter Aufsicht desselben Martini kopiert.

Das uns bekannte Werk von Martini ist vielfältig. Abgesehen vom umfassenden, oben bereits erwähnten Corpus der Psalmen und Hymnen, komponierte er elf ▸ Messen, die ihm ohne Zweifel zugeschrieben werden können, sechs ▸ Magnificatkompositionen, etwa zehn ▸ Motetten und ungefähr vierzig weltliche Stücke, die überwiegend dreistimmig vertont sind.

Was seine profane Musik anbelangt, so ist es Ironie der Geschichte, dass ausgerechnet diese Kompositionen komplett ohne Text überliefert sind. Der Umstand lässt vermuten, dass es in der Absicht Martinis gelegen haben könnte, ein rein instrumentales Œuvre zu schaffen (das gleiche Schicksal betrifft Antoine ▸ Brumel). Wahrscheinlich ist, dass ein Teil dieser Stücke tatsächlich französische ▸ Chansons sind, die lediglich mit Incipits erhalten sind.

Einen anderen Teil der Kompositionen jedoch kennzeichnet eine stilistische Charakteristik, die instrumental geprägt ist. In diesem Teil des Werks finden sich einige Neubearbeitungen von populären Stücken, wie zum Beispiel *Fortuna desperata*, worin dem Cantus dieses äußerst beliebten Stückes drei Kontrapunkte von einer gewissen virtuosen Gestaltungskraft hinzugefügt sind; oder auch eine neue Fassung der Chanson *J'ay pris amour*, in der Martini zu den beiden strukturell wichtigen Stimmen des Originals (Cantus/Tenor) einen zweistimmigen instrumentalen ▸ Kanon setzt. Weitere instrumentale Stücke entstanden ›ex novo‹, wie die *Fuga ad quatuor*, deren Titel keinen Zweifel an der kontrapunktischen Anlage eines strengen vierstimmigen Kanons (›fuga‹) aufkommen lässt. Ein weiteres Beispiel ist das merkwürdige dreistimmige Stück *Cayphas*, das in derselben Quelle sowohl Martini als auch Loyset ▸ Compère als Autor nennt, so, als handele es sich um eine Art Zusammenarbeit der beiden Komponisten (das erinnert an ein instrumentales Duo, das in einem Manuskript in Perugia Alexander ▸ Agricola und Johannes ▸ Ghiselin Verbonnet zugeschrieben ist). *La Martinella*, der Titel verweist auf den Namen des Komponisten, ist das von Martini am weitesten verbreitete Instrumentalstück (in etwa 12 Quellen erhalten) und im Ursprung als ▸ Ricercar oder ▸ Fantasie angelegt. Die Stilistik Martinis ist gewöhnlich reich an Imitation, melodisch-harmonischen Auf- und Abgängen und an häufigen Kontrasten von zwei- und dreizeitigen Rhythmen am Ende der Kompositionen.

Ein anderes, ebenfalls populäres Stück, war zweifellos eine vokale, ohne Text überlieferte Chanson: *Malheur me bat*, die als Modell für drei Messen von ▸ Josquin Desprez, Jacob ▸ Obrecht und Agricola diente. Leider ist die Zuschreibung des Stücks unsicher, denn die verschiedenen Quellen nennen Martini, Johannes ▸ Ockeghem und Malcort als Komponisten.

Die Messvertonungen Martinis sind die bedeutendsten seines Werkbestandes. Das den Messen zugrunde liegende musikalische Material ist vielfältig, ebenso wie die Behandlung und die Art der Paraphrasierung des ▸ Cantus firmus. Die *Missa Dominicalis* und die *Missa Ferialis* paraphrasieren innerhalb eines jeden Abschnitts den betreffenden liturgischen Gesang des Ordinariums.

Die Messen *Dio te salvi Gotterello* und *Io ne tengo quanto te* zeigen das Interesse Martinis an der wiederholten Ausarbeitung von populären italienischen Melodien, während die Messen *Cela sans plus*, *Ma bouche rit* und *Orsus, orsus* französische Liedgesänge aufgreifen. Die kurze dreistimmige Messvertonung *In feuers hitz* ist vom ▸ Tenorlied inspiriert. Merkwürdig ist die *Missa Cucù* wegen des lautmalerischen Motivs von zwei Noten, das im Cantus firmus den Ruf des Kuckucks beschwört. *La Martinella* basiert auf dem bereits genannten Instrumentalstück. Martini verwendet hier den »geteilten« Cantus firmus, eine Technik, die besonders von Obrecht entwickelt wurde. Der Tenor der originalen Vorlage wird in verschiedene Bestandteile zerlegt und in der Folge jedes Fragment in einem Abschnitt der Messe verarbeitet.

Insbesondere zwei Messen heben sich wegen ihrer Modernität in der polyphonen Behandlung von den übrigen Werken ab: *Coda di pavon* basiert auf *Der Pfobenschwanz* von ▸ Barbingant und *Ma bouche rit* auf einer Chanson von Ockeghem. In dieser Zeit sind die Messen, die einem polyphonen Gestaltungsprinzip folgen, gewöhnlich als Messen über einem Cantus firmus zu betrachten, die nur sporadisch, hier und da, kontrapunktische Technik anwenden. Die systematische Herangehensweise dieses imitativen polyphonen Verfahrens jedoch findet sich bei Martini; sie ist einzigartig, ungebräuchlich und macht ihn zum Vorreiter für bestimmte Parodietechniken (▸ Messe), die ihre Blütezeit erst im neuen Jahrhundert erleben sollten.

Ausgaben:
Johannes Martini, Masses, hrsg. von E. Moohan und M. Steib, 2 Bde., Madison 1999 (Recent Researches in the Music of the Middle Ages and Early Renaissance 34); *Johannes Martini, Secular Pieces*, hrsg. von E.G. Evans, Jr., A-R Editions 1975.

Literatur:
J.P. Burkholder, *Johannes Martini and the Imitation Mass of the Late Fifteenth Century*, in: Journal of the American Musicological Society 38 (1985), S. 470–523 • L. Lockwood, *Music in Renaissance Ferrara (1400–1505)*, Oxford 1984.

AM

Maschera, Fiorenzo
* um 1540 Brescia (?), † nach 1584 ebenda (?)

Der Organist, Gambenspieler und Komponist Maschera, über dessen Vita nur wenig bekannt ist (Organistenstellen in Venedig und Brescia), gilt mit seiner wahrscheinlich in den 1550er und 1560er Jahren entstandenen Canzonensammlung (publ. 1582 verschollen, ^{2}1584) als einer der ersten Komponisten von selbständiger Instrumentalmusik in Italien. Zwar ist eine Anlehnung an vokales Komponieren noch deutlich, insbesondere wenn Soggetti bekannter Chansons verwendet werden (die neunte Canzone nimmt das Soggetto von Clement ▸ Janequins Chanson *On vous est allé rapporter* auf, siehe Heidlberger 2004, Sp. 1255); es handelt sich jedoch nicht mehr um Intavolierungen bestehender Vokalkompositionen. Einige Stücke weisen auch außermusikalische Titel wie *La Foresta, La Rosa, La Villachiara* auf, die aber nicht auf vokale Vorlagen deuten. Die Sammlung wirkte wegbereitend für spätere Canzonensammlungen betreffs des Titels, der Anzahl der Stücke und der außermusikalischen Bezeichnungen. Der Stimmendruck deutet darauf hin, dass die Canzonen wohl für ein Ensemble von Melodieinstrumenten, insbesondere für Gamben, gedacht waren, wenngleich Intavolierungen von anderen Komponisten und Instrumentalisten angefertigt wurden.

Ausgaben:
Libro primo di Canzoni a 4 Voci, Brescia 1584 (Thesaurus Musicus Nova series, Série A: Manuscrits 6), Reprint Brüssel 1979; dass., *Brescia 1584*, hrsg. von D. Lo Cicero, (Archivum musicum. Collana di testi rari 69), Reprint Florenz 1988; dass., Neuausgabe, hrsg. von R. Judd (Italian Instrumental Music of the Sixteenth and Early Seventeenth Centuries 9), New York 1995.

Literatur:
F. Heidlberger, *Canzon da sonar. Studien zur Terminologie, Gattungsproblematik und Stilwandel in der Instrumentalmusik Oberitaliens um 1600* (Würzbur-

ger Musikhistorische Beiträge 19), Tutzing 2000 • Ders., *Maschera*, in: *MGG²*, Bd. 11 (Personenteil), 2004, Sp. 1254–1256. Sp. 1687–1693 • G. Scholz, *Tanzfeste der Könige: die englische Court Masque im Spiegel der europäischen Kulturgeschichte*, Wien 2005.

Masque

Die Masque ist eine Tanzdarbietung am englischen Hof im 16. und 17. Jahrhundert, deren Wurzeln in folkloristischen Umzügen des 14. und 15. Jahrhunderts gründen. Sie blühte vom letzten Viertel des 16. Jahrhundert bis ca. 1640. Die Masques entwickelten sich in der zweiten Hälfte des 15. Jahrhunderts unter kontinentalem Einfluss – französischem Ballets de cour, italienischem Bühnenbild und höfischer Festkultur – zu einem Spiel mit komplexen allegorisch-mythologischen Sujets, meist als Huldigung an den König oder an andere hohe Persönlichkeiten. Sie bestanden aus fünf Tanzepisoden (entries), wobei die Adligen die ersten drei Tänze ausführten und sich in der vierten Partner aus dem Publikum nahmen (revel); die fünfte Episode (erstmals in *The Masque of Queens* mit Musik des Hofkomponisten Robert Johnson, 1609) war ein eigenständiges, komisches Stück meist mit grotesken Kostümen, das von professionellen Darstellern ausgeführt wurde. Unter den Komponisten, die Musik zu den Masques schrieben, befanden sich Thomas ▸ Campion und ▸ Ferrabosco d.J. Eine Masque wurde nur einmal zu einem bestimmten Anlass aufgeführt. – Masques wurden vom späten 17. bis zum frühen 18. Jahrhundert als eine Art ▸ Intermedien zwischen den Akten eines Schauspiels oder auch selbständig weiter tradiert; diese bestanden meist aus nur einem ›entrie‹, die ›revels‹ fehlten ganz.

Literatur:
D. Lindley (Hrsg.), *The Court Masque*, Manchester 1984 • P. Holman / C. Price, Artikel *Masque*, in: *Grove Opera*, Bd. 3 (1992), S. 253–254 • P. Walls, *Music in the English Courtly Masque*, Oxford 1995 • W. Braun, Artikel *Masque*, in: *MGG²*, Bd. 5 (Sachteil), 1996,

Mathematik ▸ Artes liberales,
▸ Quadrivium, ▸ Sphärenharmonie,
▸ Metaphysik, ▸ Tinctoris, ▸ Zarlino,
▸ Kepler, ▸ Johannes de Muris,
▸ Galilei, Galileo, ▸ Ramos de Pareja,
▸ Faber Stapulensis

Mauduit, Jacques
* 16.9.1557 Paris, † 21.8.1627 Paris

Mauduit war französischer Komponist und Mitglied der königlichen ▸ Académie de poésie et de musique. Neben Motetten und Psalmvertonungen, die jedoch überwiegend verschollen sind und deren Existenz nur durch zeitgenössische Berichte bekannt ist, komponierte Mauduit sogenannte ›Chansonnettes mesurées‹ (▸ Musique mesurée) zu vier Stimmen nach Texten des Dichters und Akademiegründers Jean-Antoine de ▸ Baïf.

Nach dem Zeugnis von Marin ▸ Mersenne im 7. Buch seiner *Harmonie universelle* (1636) studierte Mauduit Philosophie und Sprachen, war aber musikalisch wohl Audodidakt. Um 1581 begegnete er Baïf und den Mitgliedern der Académie de poésie et de musique. Seinen musikalischen Ruhm begründete Mauduit nach Mersenne 1586 mit einem für das Begräbnis Pierre de Ronsards komponierten Requiem, das später noch zum Jahrestag des Todes König Heinrich IV. und zum Begräbnis Mauduits selbst aufgeführt wurde (Mersenne druckt in seiner *Harmonie universelle* ein Fragment dieses Requiems ab). Mauduits historische Rolle scheint die des Bewahrers und Fortsetzers zu sein. So rettete er nach Baïfs Tod (1589) dessen Manuskripte vor der Zerstörung, setzte die Zusammenkünfte und Konzerte der *Académie* kurze Zeit in seinem Haus fort und rettete bei der Belagerung von Paris das Manuskript des *Dodecacorde* von Claude ▸ Le Jeune und verhalf diesem zur Flucht.

Im französischen Musikleben nahm Mauduit eine prominente Position ein; als Mitarbeiter und gleichzeitig Erbe all dessen, was die Académie de poésie et de musique hinterlassen hatte, kommt ihm das Verdienst zu, die Prinzipien der ▸ Musique mesurée nach Baïf am konsequentesten und gleichzeitig musikalisch am praktikabelsten angewandt zu haben. Hierbei handelt es sich um überwiegend homophone mehrstimmige Textvertonungen, in denen Wort- und musikalischer Rhythmus in weitgehende Übereinstimmung gebracht werden. Die so konzipierte Musique mesurée à l'antique beruht auf der Rezeption des Aufbaus, besonders aber der Wirkungen der Musik der griechischen Antike, die von den Dichtern der ▸ Pléiade-Gruppe um Pierre de ▸ Ronsard intensiv studiert wurde. Mauduits Chansonnettes können als ein Modell der Gattung angesehen werden. Sie sind fast durchgehend vierstimmig, vermeiden Wortwiederholungen und vertonen mehrere Strophen mit derselben Musik, alles rhythmisch sehr flüssig und durchgearbeitet. Für Überlegungen zu einem ›ballet mesuré‹, die Mauduit zusammen mit Baïf angestellt hat und bei dem die Wirkung der Musik durch die Hinzufügung des in Frankreich stets populären Tanzes verstärkt werden sollte, gibt es zwar Hinweise, aber keinerlei Quellen. Ebenso wie große Teile seines übrigen Werks ist die möglicherweise von Mauduit stammende Musik zu dem groß dimensionierten Ballett *La Délivrance de Renaud* verschollen, dessen Uraufführung Mauduit 1617 leitete. Die Einführung großer Ensembles (das Ballett erforderte 64 Singstimmen, 28 Violen und 14 Lauten), Verbindung von Singstimme und Instrument in weltlicher wie geistlicher Musik, Gruppierung der Instrumente nach Familien (besonders Lauten und Violen), prinzipiell also die Übernahme des italienischen mehrchörigen Konzerts in dieser Zeit, gehen ebenfalls auf Mauduit zurück.

Ausgaben:
23 Chansonnettes mesurées de Jean-Antoine de Baïf mises en musique à quatre parties, Paris 1586, auch in: *Les Maîtres musiciens de la Renaissance française*, Bd. 10, Paris 1899; 7 Psalmen und geistliche Lieder (4–5 Stimmen) und 4 lateinische Motetten (3–4 Stimmen) in: Marin Mersenne, *Quaestiones celeberrimae in Genesim*, Paris 1623; Psalmen und Motetten in: *Florilège du concert vocal de la Renaissance*, Bd. 7, Paris 1928.

Literatur:
D.P. Walker, *Some Aspects and Problems of Musique Mesurée à l'antique. The Rhythm and Notation of Musique Mesurée*, in: Musica Disciplina 4 (1950), S. 163–186 • B. Genestier-Chemin, *Jacques Mauduit (1557–1627), l'homme et l'œuvre*, Diss. Paris 1989 • V. Anne Wessel Prill, *The Union of Poetry and Music in the Collaborations of Jean-Antoine de Baïf and Jacques Mauduit*, Diss. Nashville/Tennesee 1994 • M. Gervink, *Die musikalisch-poetischen Renaissancebestrebungen des 16. Jahrhunderts in Frankreich und ihre Bedeutung für die Entwicklung einer nationalen französischen Musiktradition* (Europäische Hochschulschriften Reihe XXXVI/160), Frankfurt 1996.

MG

Maximilian I.
* 22.3.1459 Wiener Neustadt, † 1.1.1519 Wels

Maximilian war Sohn Kaiser Friedrichs III. und wurde 1486 römischer König und 1508 Kaiser. Durch die Heirat mit Maria von Burgund (1477, Maria stirbt 1482) erbte er die Niederlande; im Frieden von Arras (1482) musste er an Frankreich Artois, Picardie und Franche-Comté abtreten. Im Osten eroberte er die habsburgischen Erblande sowie Böhmen und Ungarn von Matthias ▸ Corvinus zurück. Eine geplante Heirat mit der ihm durch Ehevertrag zugesprochenen Anne de Bretagne, um französische Gebiete zu gewinnen, wird von ▸ Karl VIII. verhindert, nach einem Sieg über diesen gewinnt er jedoch weite Teile von Burgund zurück. Von wenig Erfolg trotz Heirat mit Bianca Maria Sforza war seine Italienpolitik. Maximilian stand in engem Kontakt zu den Fuggern, die ihm Kredite bewilligten. – Maximilian förderte Kunst und Wissenschaften – er sicherte auch die Berufung des Humanisten Conrad ▸ Celtis an die Wiener Universität (▸ Wien) – und war an literarischen Werken zu seiner und Marias von Burgund Lobpreisung maßgebend beteiligt (*Theuerdank* und *Weißkunig*, beide mit zahlreichen Holzschnitten). Am bekanntesten ist der *Triumphzug*, in dem auch viele Musiker abgebildet sind (▸ Burgkmair). Zu den berühmtesten Musikern in Maximilians Hofhaltung gehören der Organist Paul ▸ Hofhaimer, Heinrich ▸ Isaac und Ludwig ▸ Senfl, im Triumphzug namentlich erwähnt werden noch der ▸ Pfeifer Anthonius von Dornstätt und Maximilians Kapellmeister Georg Slatkonia. In der Hofkapelle, die den Mittelpunkt des Musizierens am Hofe bildete, wurden zunehmend frankoflämische Musiker eingestellt. An Musikdrucken wurde Maximilian Benedictus de Opitiis *Lofzangen* (1515) gewidmet, die zum Einzug Erzherzog ▸ Karls (▸ Karl V.) in Antwerpen hergestellt wurden. Eine Widerspiegelung der Musikpflege am Hof Maximilians I. bietet der Codex Perner (1518–1521) mit Kompositionen u.a. von Heinrich Isaac und Ludwig Senfl. Im Umfeld des Hofes entstand wohl auch die Handschrift des Magisters Nicolaus Leopold mit Kompositionen berühmter Musiker der Zeit wie ▸ Josquin Desprez, Isaac, Johannes ▸ Obrecht, Alexander ▸ Agricola, Loyset ▸ Compère, die vor und nach 1650 verfasst wurde, deren Schreiber überwiegend Mitglieder der Hofkapelle Maximilians waren. Nachdem Maximilian die burgundische Kapelle, die ihm seit der Hochzeit mit Maria von Burgund 1477 unterstand, an seinen Sohn Philipp den Schönen weitergab, war er bestrebt, für seinen Hofstaat eine Kapelle gleichen Niveaus zu errichten. Auf der Basis der Hofkapelle Friedrichs III. erweiterte er den Bestand um Musiker aus der Kapelle Sigmunds des Münzreichen, holte Paul Hofhaimer, Heinrich Isaac als Hofkomponist, Ludwig Senfl und Heinrich ▸ Finck an seinen Hof und berief Slatkonia zum Hofkapellmeister. Gleich wie schon die burgundische Kapelle, die seine Krönungen in Frankfurt und Aachen musikalisch bereicherte, nahm er seine Musiker auf Reisen mit, die Kapelle, deren Qualität laut zeitgenössischen Aussagen immer in Erstaunen setzte, diente der Repräsentation von Macht und Reichtum. Neben der großen Kapelle, die für die geistliche Musik zuständig war, existierte ein kleineres Vokalensemble, möglicherweise auch mit Frauenstimmen, das auf weltliches Repertoire spezialisiert war; die Vorliebe Maximilians für mehrstimmige Lieder spiegelt sich im Liedœuvre Isaacs und Senfls wider (▸ Tenorlied, ▸ Hofweise). Die Abbildungen der zahlreichen Instrumentalisten im *Triumphzug* verweist auf reiche Instrumentalensembles am Hof Maximilians; die Zahl der angestellten Musiker ist jedoch weit geringer als diejenige im auf Repräsentation ausgerichteten *Triumphzug*. Maximilian hatte ungefähr 27 Instrumentalisten eingestellt, die öffentliche Auftritte wirkungsvoll begleiteten. In seiner späten Regierungszeit bestanden sie aus 5 Schalmeienspielern, 12 Trompetern, 2 Posaunisten, 4 Geigern, als zusätzliche Instrumente kamen Zink, Blockflöte, Krummhorn und Rauschpfeife hinzu. Dass Maximilian Musik im Sinne der Staatspolitik eingesetzt hat (Polk, S. 639), zeigt die Unterstützung, die er seinem Sohn Philipp zukommen ließ, dem er Musiker von Innsbruck zur Vervollkommnung von dessen Ruhm zusandte, darunter Alexander ▸ Agricola, der von 1500 bis zu seinem Tod 1506 in Diensten Philipps blieb. Als Repertoire wurde neben der frankoflämischen Musik diejenige der eigenen Komponisten gespielt (Pierre de la Rue, Issac, Senfl).

Literatur:
R. Birkendorf, *Der Codex Pernner: Quellenkundliche Studien zu einer Musikhandschrift des frühen 16. Jahrhunderts*, 3 Bde., Augsburg 1994 • K. Polk, *Musik am Hof Maximilians I.*, in: *Musikgeschichte Tirols, Bd. 1: Von den Anfängen bis zur Frühen Neuzeit*, hrsg. von K. Drexel und Monika Fink, Innsbruck 2000, S. 629–652 • Th. Antonicek / E.Th. Hilscher / H. Krones, *Die Wiener Hofmusikkapelle I. Georg von Slatkonia und die Wiener Hofmusikkapelle*, Wien 1999 • S. Hartmann / U. Müller / F. Löser (Hrsg.), *Kaiser Maximilian I. (1459 bis 1519) und die Hofkultur seiner Zeit. Interdisziplinäres Symposion Brixen, 26. bis 30. September 2007* (Jahrbuch der Oswald von Wolkenstein-Gesellschaft 17), Wiesbaden 2009.

Maximilian II.
* 31.7.1527 Wien, † 12.10.1576 Regensburg

Maximilian II. war seit 1562 römischer König und König von Böhmen, seit 1564 Kaiser. Mit der Religionskonzession (1568) und der Religionsassekuration (1571) machte er den Protestanten Zugeständnisse, um sie bei Türkenkriegen auf seiner Seite zu haben; ein konfessioneller Ausgleich gelang jedoch nicht. – Maximilian residierte überwiegend in Prag, die kaiserliche Hofkapelle (▸ Kapelle) galt zu seiner Zeit als eine der besten nach der päpstlichen Kapelle. Führende Musiker waren Jacobus ▸ Vaet und Philippe de ▸ Monte (seit 1569); aufgrund der wachsenden Anzahl der Mitglieder (13 Bassisten, 11 Tenoristen, 10 Altisten, 4 Diskantisten auf dem Höchststand) wurde 1569 auch ein Vizekapellmeister angestellt (Alard du Gaucquier). Dem Kaiser (und seinen Brüdern Ferdinand II. von Österreich und Karl II. von Innerösterreich) ist der *Novus thesaurus musicus* (Venedig 1568) gewidmet, ein fünfbändiges Sammelwerk mit über 250 Motetten überwiegend von Musikern, die um 1560 in Diensten von habsburgischen Herrschern standen. Maximilian II. beschäftigte auch Orgelbauer, den Trompetenmacher Paumhauer und den Lautenmacher Bartholomäus Merck. Auch von der Existenz einer umfangreichen Instrumentensammlung ist auszugehen.

Literatur:
R. Flotzinger / G. Gruber (Hrsg.), *Musikgeschichte Österreichs*, 2 Bde., Graz u.a. 1977–1979, 3 Bde. Wien u.a. ²1995 • W. Pass, *Musik und Musiker am Hof Maximilians II.* (Wiener Veröffentlichungen zur Musikwissenschaft 20), Tutzing 1980.

Mecheln

Mecheln (ndl. Mechelen, frz. Malines) wurde wahrscheinlich Ende des 8. Jahrhunderts von einer Abtei zum Gedächtnis des Hl. Rumoldus (St. Rombout) gegründet und gehörte bis 1356 zum Fürstbistum Lüttich und seit 1384 zum Herzogtum Brabant. Nach dem Tode Karls des Kühnen (reg. 1467–1477) wechselte der Hof von Brüssel nach Mecheln, bis ihn Maria von Ungarn als Regentin der Niederlande (1531–1556) endgültig nach Brüssel zurückverlegte. Als ▸ Margarete von Österreich (Witwe des 1504 gestorbenen Philibert II. von Savoyen) die Statthalterschaft der Niederlande antrat, brachte sie zumindest einen Teil der savoyischen Hofmusik mit. Da sie zugleich die Regentschaft für den Erzherzog Karl (später ▸ Karl V.) übernahm, wurden zwei Hofhaltungen eingerichtet. Die Hofmusik konzentrierte sich auf den Hof des Erzherzogs in Mecheln; 1509 hatte sie schon wieder die Stärke der Hofkapelle Philipps des Schönen erreicht. Die Hofkapelle Margaretes war demgegenüber von untergeordneter Bedeutung; erst 1515 wurde sie etwas erweitert, als Karl, nun volljährig mit seinem Hof nach Brüssel zog, während der Hof Margaretes von 1507 bis 1530 in Mecheln blieb. Bis 1559 zählte Mecheln zum Bistum Cambrai und wurde dann selbst Sitz eines Erzbischofs.

Bereits seit dem 14. Jahrhundert erklang polyphone Musik an der um das Jahr 992 entstandenen Kollegiatskirche St. Rombout. Im Laufe des 15. Jahrhunderts betrug die Zahl der Sänger neun, um bis zum Jahre 1571 auf zwölf anzusteigen.

Die Namen der ›Zangmeester‹ sind vor allem seit dem 16. Jahrhundert bekannt. In den ersten beiden Jahrzehnten wirkten dort Noel Bauldeweyn als Kapellmeister bevor er 1513 nach Antwerpen ging, weiterhin Antonius ▸ Divitis, Jean ▸ Richafort und Jacques Champion. Nach der Erhebung zur Kathedrale wirken dort u.a. Severin Cornet, Georges de la Hêle und Nicolas Rogier. Die Förderung der Musik in dieser Zeit war vermutlich das Werk des kunstsinnigen Erzbischofs und Kardinal de Granvelle.

Margarete von Österreich war besonders musikliebend und umgab sich mit den besten Musikern, zu denen der Kapellmeister Mabrianus de ▸ Orto, der Organist Henri Bredemers (zugleich Lehrer des Erzherzogs Karl und seiner Schwestern) und Pierre de la ▸ Rue gehörten.

Zwischen der Hofkapelle und den städtischen Institutionen bestanden nachweislich Kontakte, da die Sänger von St. Rombaut wiederholt für Margarete sangen. Die am Hofe Margaretes in Mecheln besonders gepflegte Form der ▸ Mottetenchanson, mit ihrer starken Anbindung an Klage- und Trauertopoi, spielt in der Geschichte der Gattung Motette eine Sonderrolle.

Mecheln war ein wichtiges Zentrum des Handels mit Musikalien. Besonders berühmt war Pierre ▸ Alamire, der etwa zwischen 1495 und 1534 hauptsächlich am Hofe Margaretes von Österreich und Karls V. in Mecheln und Brüssel wirkte. Von ihm und zwei Mitarbeitern sind ca. 45 Chorbücher erhalten, die einen umfangreichen Bestand an Messen und Motetten zeitgenössischer Meister wie Pierre de la Rue, ▸ Josquin Desprez, Heinrich ▸ Isaac, Jean ▸ Mouton u.a. überliefern.

MZ

Medici, Familie

Die Medici regierten von 1434 bis ins 18. Jahrhundert in ▸ Florenz und förderten insbesondere in der Renaissance Kunst und Wissenschaft. Herausragende Herrscher waren Cosimo der Ältere (reg. 1434–1464), Lorenzo il Magnifico (reg. 1469–1492) und Cosimo I. (reg. 1537–1574). Grundlage ihrer Macht und ihres Reichtums war zum einen ihr Bankhaus, das als das größte in Europa galt, zum anderen ihre Verbindung mit der Kirche: Im 16. Jahrhundert wurden zwei Medici Päpste, Giovannni als Leo X. (1513–1521) und Giulio als Clemens VII. (1523-1534), 1605 wurde ein entfernterer Verwandter Papst Leo XI.; jede Generation der Medici seit dem späten 15. Jahrhundert hatte einen Kardinal. Hinzu kam eine kluge Heiratspolitik, um Versöhnung mit verfeindeten Familien herbeizuführen und um Verbündete unter den Herrschern in Europa zu gewinnen; Katharina de' Medici (1519–1589), verheiratet seit 1533 mit Heinrich II., und Maria de' Medici (1573–1642), verheiratet seit 1600 mit Heinrich IV., hatten als Regentinnen bedeutenden politischen Einfluss in Frankreich. Bereits Cosimo der Ältere und insbesondere Lorenzo il Magnifico wandelten die republikanische Verfassung der Stadt in eine monarchische um. Die Republik wurde zweimal wiederhergestellt (1494–1512 und 1527–1530), nachdem die Medici vorübergehend aus Florenz vertrieben worden waren. 1531 erhielt Alessandro de' Medici den Herzogstitel, Cosimo I. dehnte die florentinische Herrschaft auf die Toskana aus und wurde 1569 Großherzog der Toskana. Die Herrscherfolge in Florenz war: Cosimo der Ältere (reg. 1434–1464), Piero der Ältere (reg. 1464–1469), Lorenzo il Magnifico (reg. 1469–1492), Piero der Jüngere (reg. 1492–1494), Giovanni, Sohn von Lorenzo il Magnifico, Kardinal seit 1489, (reg. 1512–1513, ab 1513–1521 Papst Leo X.), Lorenzo (Sohn von Piero), dann Giuliano (Sohn von Lorenzo il Magnifico, reg. 1514–1519), Kardinal Giulio (reg. 1519–1527, ab 1523–1534 Papst Clemens VII.), Alessandro (reg. 1530–1537, wurde von Lorenzaccio ermordet), Cosimo I (reg. 1537–1574), Francesco (reg. 1574-1587), Ferdinando I. (reg. 1587–1609).

Die Medici unterstützten nicht nur bedeutende Literaten und Philosophen (u.a. Cristoforo Landino, Marcilio Ficino, Niccolò ▸ Machiavelli) sowie Künstler wie Brunelleschi, Filippo Lippi, Domenico Ghirlandaio, ▸ Della Robbia, Verrocchio, Michelangelo, Benvenuto Cellini, Botticelli, Giorgio ▸ Vasari, die die Architektur (die Uffizien, viele Palazzi und Kirchen) und Kunst der Renaissance in Florenz prägten. Sie trugen auch wesentlich zur Entwicklung der florentinischen Musikkultur bei. Die Einrichtung einer Kapelle an Dom und Baptisterium von San Giovanni wurde 1438 von Cosimo dem Älteren initiiert, nachdem durch die Verlegung des ▸ Konzils nach Florenz Bedarf an gut ausgebildeten Sängern entstand. Papst Eugen IV. hatte bei seinen Aufenthalten in Florenz seine Kapelle mitgebracht, in der auch Guillaume ▸ Dufay Sänger war, dessen berühmte Domweihmotette *Nuper rosarum flores* 1436 zur Weihe der Brunelleschi-Kuppel des Florenzer Doms aufgeführt wurde. Die Anzahl der Mitglieder (zunächst nur vier) der Kapelle an S. Giovanni wuchs stetig an, sie wurde unter Lorenzo il Magnifico stark gefördert, und mit Hilfe seiner wirtschaftlichen Macht wurden Musiker aus dem flämischen Bereich angeworben. Unter Lorenzo il Magnifico konnte sie sich sowohl quantitativ als auch qualitativ mit den renommiertesten europäischen Ensembles messen: Sie hatte zwischen 15 und 20 Sänger, berühmte Musiker wie Heinrich ▸ Isaac traten 1484/1485, Alexander ▸ Agricola und Johannes ▸ Ghiselin 1491 in die Kapelle ein. Agricola weilte nur kurz, Ghiselin bis 1493 in Florenz, während Isaac über 10 Jahre bis zur vorübergehenden Auflösung in der Kapelle war, den Medici lebenslang verbunden blieb, nach der Vertreibung ebenfalls wieder nach Florenz zurückkehrte und noch von Giovanni (Papst Leo X.) eine Rente erhielt; er vertonte Texte von Lorenzo de' Medici und verfasste das Instrumentalstück *Palle, palle*, die erste ›Wappenkomposition‹, in der heraldische Merkmale wie die Anordnung der Bälle des Medici-Wappens tonmalerisch dargestellt wurden. – Nach der Rückkehr der Medici nach Florenz 1512 wurde die Kapelle wieder eingerichtet und der während der Vertreibung von der Wollzunft eingesetzte Maestro di capella Giovanni Serragli am Baptisterium durch Bernardo ▸ Pisano ersetzt; 1520 wurde Mattio ▸ Rampollini Kapellmeister, seit 1522 war Philippe ▸ Verdelot Kapellmeister des Baptisteriums und seit 1523 des Doms; unter Cosimo I. (ab 1537), später Francesco (ab 1574) und Ferdinando I. (ab 1587) wurde die Kapelle weiter ausgebaut und hatte namhafte Maestri di capella wie Francesco ▸ Corteccia (seit 1540) und Cristofano ▸ Malvezzi (seit 1574). Insbesondere Ferdinando I. engagierte eine große Anzahl an Musikern, darunter Jacopo ▸ Peri, Luca ▸ Marenzio, Cosimo ▸ Bottegari, Francesca Caccini und die berühmte Sängerin Vittoria Archilei. Durch die beiden Pontifikate (1513–1521 und 1523–1534) hatte sich die Musikpatronage zwar nach Rom verlegt, wo Leo X. die päpstliche Sängerkapelle erweiterte und Musikhandschriften anlegen liess, u.a. den Medici-Codex von 1518, den Leo X. Lorenzo de' Medici zur Hochzeit mit Madeleine de la Tour d'Auvergne schenkte (I-Fl acq. e doni 666, hrsg. von E.E. Lowinsky, Chicago und London 1968); durch den musikalischen Austausch profitierte jedoch auch Florenz, wo seit ca. 1520 das Madrigal als neue Gattung entstand. Unter dem Pontifikat von Clemens VII. war Costanzo ▸ Festa einer der führenden Musiker, der über drei Jahrzehnte lang Mitglied der päpstlichen Kapelle war (vier seiner

Motetten sind auch schon im Medici-Codex von 1518 erhalten). Cosimo I. hatte in Florenz ▶ Akademien gegründet, und in der zweiten Hälfte des 16. Jahrhunderts waren sie von großer Bedeutung für die Künste, für die Musik insbesondere die ▶ Camerata fiorentina.

Die Medici spielten bei der Entstehung und Entwicklung italienischer Gattungen eine bedeutende Rolle. Die ▶ Canti carnascialeschi entstanden in der Regierungszeit Lorenzo il Magnificos, wurden von ihm propagiert und bei öffentlichen Umzügen von Wagen aus gesungen. Eine Vielzahl findet sich in dem für Lorenzos Sohn Giuliano angefertigten Capella-Giulia-Chansonnier. Die Kompositionen sind überwiegend anonym, Isaac, Alessandro Coppini und später Verdelot haben jedoch auch zur Gattung beigetragen. – Auch die ▶ Rappresentazione sacra muss erwähnt werden, wenn auch keine Musik erhalten ist. Sie blühte zwischen 1450 und 1525 in Florenz, Lorenzo il Magnifico und Leo Belcari gehörten zu den berühmtesten Autoren. Sie wurden innerhalb der Laienbruderschaften aufgeführt, die auch die ▶ Lauda pflegten. Die Musik bestand laut den Anweisungen wohl aus ▶ Gregorianischem Choral, Lauden, mehrstimmigen weltlichen Liedern und Instrumentalstücken.

Der seit 1523 in der Medici-Kapelle wirkende Verdelot gilt als »Pionier« der Gattung des ▶ Madrigals; er hat wohl die römischen Quellen (die Chorbücher der päpstlichen Kapelle und Musikhandschriften Kardinal Giulio de' Medicis, später Clemens VII.) gekannt, die als Wegbereiter des Madrigals gelten, und die Hinwendung des Medici-Musiklebens nach Rom durch die Medici-Päpste haben somit vermutlich die Entstehung des Madrigals beeinflusst. Neben Verdelot gehören Francesco ▶ Corteccia, Mattio ▶ Rampollini, Jacques ▶ Arcadelt und Costanzo ▶ Festa zu den ersten Madrigalkomponisten (Festa war Kollege Pietro ▶ Bembos am päpstlichen Hof Leos X.). Aus Florenz kamen auch viele spätere Madrigalkomponisten wie Alessandro ▶ Striggio, Vincenzo ▶ Galilei, Cristofano ▶ Malvezzi, Marco da Gagliano, Filippo Vitali.

Noch bedeutender ist die Rolle der Medici für die Entwicklung der ▶ Intermedien und die Entstehung der ▶ Oper. 1536 wurden drei Madrigale, wahrscheinlich von Verdelot, als Intermedien zum Schauspiel *L'Ariodoso* (Lorenzino de' Medici) anlässlich der Hochzeit Alessandros mit Margarete von Österreich aufgeführt; 1539 wurden Antonio Landis *Il Commodo* mit Intermedien aufgeführt, zu denen u.a. Corteccia und Festa die Musik schrieben. Weitere Intermedien folgten in den Jahren 1544, 1548, 1550, 1565, 1566, 1568, 1569; 1583, 1586 und fanden ihren Höhepunkt in den berühmten Intermedien zu *La pellegrina* anlässlich der Hochzeit von Ferdinando I. und Christine von Lothringen 1589 (Kompositionen von Jacopo ▶ Peri, Giulio ▶ Caccini, Luca ▶ Marenzio u.a.). Francesco, Sohn Cosimos I., holte Giulio Caccini an seinen Hof und betraute Giovanni de' ▶ Bardi mit der Organisation von höfischen Festen. 1584 wurde nach dem Beispiel Ferraras auch ein Concerto delle donne eingerichtet, dessen Mitglieder ursprünglich Vittoria Archilei, Laura Bovia, Giulio Caccinis Frau Lucia waren. Das Ensemble wurde zwar unter Ferdinando wieder aufgelöst, trotzdem waren sehr viele Frauen als Musikerinnen bei den Medici beschäftigt (als berühmteste Francesca Caccini). Der Nachfolger Bardis unter dem nächsten Herrscher Ferdinando I. war Emilio de' ▶ Cavalieri, da Bardi in Ungnade gefallen war. Als musikgeschichtlicher Höhepunkt kann gelten, dass in Florenz die ersten Opern in dem von Bernardo ▶ Buontalenti erbauten Theater in den Uffizien, Caccinis *Il rapimento di Cefalo* und Peris *Euridice*, aufgeführt wurden.

Literatur:
W. Kirkendale, *The Court Musicians in Florence During the Principate of the Medici*, Florenz 1993 • F.A. d'Accone, *Medici*, in: *Grove*, 2001, S. 217–221 • K.

Pietschmann, *Medici*, in: *MGG*, Bd. 11, 2004, Sp. 1449–1452.

ES

Medizin ▸ Anatomie

Mehrchörigkeit

Die Mehrchörigkeit hat ihren Ursprung in der antiphonalen Aufführungspraxis der jüdischen und frühchristlichen liturgischen Musik. Zu Beginn des 15. Jahrhunderts wird sie auf die Polyphonie übertragen: vgl. z.B. die von Johannes ▸ Martini und Johannes ▸ Brebis zusammengestellte Doppelhandschrift I-Moe, á.M.l., 11-12, die zwei- bis vierstimmige Vertonungen enthält. Nördlich der Alpen deuten die Messehandschriften aus Cambrai (F-CA, 6 und 11) ebenfalls auf eine ▸ Alternatim-Aufführung hin.

Am Anfang des 16. Jahrhunderts scheint die Mehrchörigkeit im Allgemeinen und die Technik der ▸ Cori spezzati im Besonderen vor allem im Veneto beliebt gewesen zu sein. Ruffino d'Assisi, der als ›magister cantus‹ an der Paduaner Kathedrale tätig war, experimentierte in der *Missa Verbum bonum et suave* und in seinen Psalmvertonungen mit zwei im Raum getrennt aufgestellten Chören. Die Verseinteilungen werden in den letztgenannten Werken eher frei behandelt, und im Gegensatz zum üblichen doppelchörigen Psalmrepertoire aus dieser Zeit reserviert Ruffino die Tutti-Passagen nicht für die Doxologie, sondern er lässt sie die gesamte Komposition durchdringen. Francesco Santa Croce, der 1511/1512 ebenfalls in Padua arbeitete, importierte die Doppelchörigkeit nach Treviso. Wie wir einem Brief Pietro ▸ Aarons an Giovanni Del Lago (12.3.1536) entnehmen, führte Gasparo ▸ Alberti mit seinen Sängern mehrchörige Vesperpsalmen in Bergamo auf.

Mit Adrian ▸ Willaerts doppelchörigen Psalmvertonungen von 1550, die sowohl dem Typus ›salmi spezzati‹ als auch ›salmi a versi‹ entsprechen, erlangte diese Technik breite Bekanntheit. Für dieses Projekt arbeitete er mit Jacquet de Mantua zusammen. Auf einer theoretischen Ebene wird die Mehrchörigkeit u.a. von Gioseffo ▸ Zarlino (*Le istitutioni harmoniche*, Venedig 1558, Buch III) und Nicola ▸ Vicentino (*L'antica musica ridotta alla moderna prattica*, Rom 1555, Buch IV) besprochen, wobei insbesondere auf kompositorische bzw. aufführungspraktische Elemente eingegangen wird.

Um die Mitte des 16. Jahrhunderts fand die Mehrchörigkeit eine Ausbreitung außerhalb des Veneto. 1548, also kurz vor der Veröffentlichung von Willaerts Sammlung, erschienen im zweiten Motettenbuch Dominique Phinots fünf doppelchörige Werke. Sie sind von einer ständigen motivischen Interaktion zwischen den beiden Chören gekennzeichnet. Von Orlande de ▸ Lassus, der die Praxis im süddeutschen Raum etablierte, sind mehrchörige ▸ Psalmen, ▸ Messen und ▸ Magnificats sowie geistliche und weltliche Motetten überliefert. In dem 1568 von Pietro Giovanelli herausgegebenen, fünfbändigen *Novus thesaurus musicus* wird die Mehrchörigkeit erstmals für Staatsmusik verwendet. In Rom trugen u.a. Giovanni Pierluigi da ▸ Palestrina, Giovanni ▸ Animuccia und Tomás Luis da ▸ Victoria zur Verbreitung der Technik bei.

Nach Willaert wird die Mehrchörigkeit in Venedig von Andrea und Giovanni ▸ Gabrieli weiterentwickelt, von denen sie meistens mit wichtigen Festtagen assoziiert wird. In den Werken der Gabrielis wird der Raum als konstitutives Element in das kompositorische Konzept einbezogen und die damit verbundene Klangpracht ausgeschöpft. In den Chören wechseln z.B. hohe und tiefe Stimmlagen sowie vokale und instrumentale Besetzungen einander ab. Auch Giovanni Croce und Baldassare ▸ Donato komponierten mehrchörige Werke. Nach 1620 verlor das mehrchörige Musizieren an Beliebtheit.

Literatur:
A.F. Carver, *The Psalms of Willaert and his North Italian Contemporaries*, in: Acta Musicologica 47 (1975), S. 270–83 • Ders., *The Development of Sacred Polychoral Music to 1580*, Diss. University of Birmingham 1980 • Ders., *Polychoral Music: a Venetian Phenomenon?*, in: Proceedings of the Royal Musical Association 108 (1981–1982), S. 1–24 • V. Ravizza, *Ruffino d'Assisi: der Begründer der venezianischen Mehrchörigkeit*, in: Die Musikforschung 42 (1989), S. 325–40 • Ders., *Musikalischer Satz und räumliche Disposition. Zur frühen venezianischen Mehrchörigkeit*, in: *Festschrift Max Lütolf zum 60. Geburtstag*, hrsg. von B. Hangartner und U. Fischer, Basel 1994, S. 117–134.

KS

Mehrstimmigkeit ▸ Polyphonie

Mei, Girolamo
* 27.5.1519 Florenz, † im Juli 1594 Rom

Als erster Musiktheoretiker der Neuzeit entwickelte Mei auf der Grundlage historischer und textkritischer Interpretationen aller einschlägigen Musiktraktate aus antiker und byzantinischer Zeit ein korrektes Verständnis der klassischen griechischen Musiktheorie, insbesondere ihres Tonartensystems. Das vierte Buch seiner zu diesem Thema 1566–1573 verfassten Abhandlung *De modis musicis antiquorum* sowie sein in den Jahren 1572–1581 mit Vincenzo ▸ Galilei und Giovanni ▸ Bardi unterhaltener Briefwechsel lieferten der ▸ Florentiner Camerata die entscheidenden Denkanstöße zur Kritik an der zeitgenössischen Vokalpolyphonie und zur Entwicklung von Theorien über die antike und moderne Tonartenlehre, die Musik im antiken Drama sowie über Monodie und Rezitativ. Unter anderem überzeugte Mei die Vertreter der Camerata davon, dass das altgriechische Drama durchgehend gesungen worden sei; darüber hinaus entdeckte er bei seinen Forschungen mit den drei Hymnen des Kitharoden Mesomedes die ältesten erhaltenen Dokumente antiker Musik.

Für seine Rolle als Fachberater der Camerata war Mei als Humanist und klassischer Philologe prädestiniert. Schon während seines Studiums an der Florentiner Universität bei Piero Vettori (1499–1582) war er an der kritischen Edition von Dramen und Poetiken der klassischen Antike beteiligt. Als Mitglied der Florentiner Akademien der Umidi (Accademia Fiorentina), der Piangiani und der Alterati wirkte er seit den 1540er Jahren an der Entwicklung von Theorien zur antiken und modernen Prosodie mit.

Während seiner Zeit als Hofmann, Bankier, Privatgelehrter und -lehrer in Lyon, Florenz und Padua beschäftigte er sich in den Jahren 1546–1559 in Mußestunden mit der Musiktheorie der Antike. Erst nach seiner Übersiedlung nach Rom im Jahre 1559 aber fand er in seinen beiden letzten Stellungen als Sekretär des Kardinals Giovanni Ricci da Montepulciano und als Hauslehrer der Kinder des römischen Adeligen Giovanni Francesco Ridolfi die notwendige Zeit zum intensiven Studium der antiken Theoretiker und zur Abfassung seines Hauptwerks *De modis musicis antiquorum*. Dieses blieb bis in die 1990er Jahre unpubliziert, doch wurden Meis dort vertretene Lehrmeinungen durch ihre Verwendung in Vincenzo Galileis *Dialogo della musica antica et della moderna* (1581) noch zu seinen Lebzeiten weiteren Kreisen zugänglich gemacht. Ähnlich wie Galilei ging es Mei in seinem 1602 postum veröffentlichten *Discorso sopra la musica antica e moderna* auch um die Frage nach den Möglichkeiten einer Anwendung seiner Forschungsergebnisse zur Musenkunst der Antike auf die zeitgenössische Musik.

Schriften:
Letters on Ancient and Modern Music to Vincenzo Galilei and Giovanni Bardi, hrsg. von C.V. Palisca (Musicological Studies and Documents 3), Neuhausen-Stuttgart 1960, ²1977; *Discorso sopra la musica antica e moderna*, Venezia 1602, Faksimile, hrsg. von G. Massera, Bologna 1968; *De modis musicis antiquorum libri IV*, hrsg. von E. Tsugami, Tokyo 1991, Faksimile Bloomington/Indiana 2000.

Literatur:
C.V. Palisca, *Humanism in Italian Renaissance Musical Thought*, New Haven (Connecticut) 1985 • Ders., *Die Jahrzehnte um 1600 in Italien*, in: *Italienische Musiktheorie im 16. und 17. Jahrhundert, Antikenrezeption und Satzlehre*, hrsg. von F. Zaminer und F.A. Gallo (Geschichte der Musiktheorie 7), Darmstadt 1989, S. 221–306 • J. Steinheuer, *Mei*, in: MGG², Bd. 11 (Personenteil), 2004, Sp. 1477–1479.

DG

Meiland [Mayland, Meyland], Jacob [Jakob]
* 1542 Senftenberg, † 31.12.1577 Hechingen

Meiland wurde 1550 als Chorknabe in die Dresdner Hofkapelle aufgenommen, wo er wahrscheinlich Schüler von Johann ▶ Walter d.Ä. (bis 1554) und seinem Nachfolger Matthaeus ▶ Le Maistre wurde. Einem Studium in Leipzig (Immatrikulation 1558) schloss sich eine musikalische Studienreise nach Flandern sowie vermutlich Italien an. Nach kurzem Aufenthalt in Nürnberg verpflichtete ihn Markgraf Georg Friedrich von Brandenburg-Ansbach 1563 für seine neu gegründete Kantorei. 1564 wurde Meiland zu deren Leiter ernannt, im Jahr darauf zum Kapellmeister der ebenfalls neu eingerichteten Hofkapelle. Seine angeschlagene Gesundheit zwang ihn nach Jahren emsigen Wirkens 1572 dazu, die Ansbacher Stellung aufzugeben und nach Frankfurt zu ziehen, wo sich der schwer erkrankte Komponist durch freischaffende Tätigkeit (also durch Anlasskompositionen und Widmungsdrucke) einen kläglichen Lebensunterhalt zu verdienen suchte. Nach einem einjährigen Aufenthalt ab 1576 am Hof in Celle, wo er möglicherweise ein Salär bezog, trat er im Sommer 1577 eine Kapellmeisterstelle am Hechinger Hof des Grafen Eitelfriedrichs IV. von Hohenzollern an. Nur sechs Monate, nachdem er seine berufliche und finanzielle Sicherheit wiedererlangt hatte, verstarb er.

Im Zentrum von Mailands Schaffen stehen neben dem deutschen Lied (zwei Bände *Newe ausserlesene teutsche Liedlein* 1567 und 1570) vorrangig lateinische Motetten, die häufig genug für Hochzeiten und andere festliche Ereignisse von Patriziern und Adligen komponiert waren. Für Meiland stand eine sprachnahe, verständliche Deklamation im Vordergrund, weshalb seine Sätze meist die Oberstimme herausstellen und in schlichter Homophonie gehalten sind. Seine zwischen 1567 und 1570 für die Ansbacher Hofkapelle geschriebenen Passionen nach Matthäus, Markus und Johannes markieren eine wichtige Station in der Gattungsgeschichte lutherischer Passionsvertonungen, da sie erstmals in den Turba-Chören die Bindung an den Rezitationston aufgeben und frei komponiert sind.

Ausgaben:
Motette ›Salve Pieridum‹ (Huldigungsmotette an die Universität Tübingen), in: E.F. Schmid (1962), S. 669–679; *Passio secundum Marcum*, in: *Handbuch der evangelischen Kirchenmusik*, Bd. 1, Teil 3/4, hrsg. von K. Ameln, Ch. Mahrenholz und W. Thomas, Göttingen 1974; *Johannes-Passion (1568)*, hrsg. von M. Grüber, Hechingen 1985.

Literatur:
R. Oppel, *Jacob Meiland (1542–1577)*, Pfungstadt 1911 • G. Schmidt, *Die Musik am Hofe der Markgrafen von Brandenburg-Ansbach*, Kassel 1956 • G. Schmidt, *Zur Quellenlage der Passionen Jakob Meilands*, in: Jahrbuch für Liturgik und Hymnologie 3 (1957), S. 124–126 • E.F. Schmid, *Musik an den schwäbischen Zollernhöfen der Renaissance*, Kassel 1962 • W. Nitschke, *Eine schlesische Handschrift zur Passionsmusik des 15. bis 18. Jahrhunderts*, in: *Festschrift Ernst Pepping zu seinem 70. Geburtstag*, hrsg. von H. Poos, Berlin 1971, S. 219–239.

CTL

Meistergesang

Der Meistergesang kam im späten 14. Jahrhundert auf und hatte im 16. Jahrhundert zu Lebzeiten von Hans ▸ Sachs seine Blütezeit. Im Unterschied zu den meisten mittelalterlichen Sangspruchdichtern (zu den letzten gehörte Michel ▸ Beheim) waren die Meistersinger keine Berufssänger, sondern überwiegend Handwerker, manchmal auch Geistliche, Lehrer und Juristen, die sich in Gesellschaften zusammenschlossen, um ihre Meisterlieder auszuüben. Diese mussten einem komplexen Regelwerk gehorchen, das in den ›Tabulaturen‹ verzeichnet war und von den Merkern beim Vorsingen kontrolliert wurde. Tabulaturen sind vor allem aus dem 16. Jahrhundert überliefert, die nun auch durch Druck verbreitet wurden (Adam Puschmans *Grunntlicher Bericht des deutschen Meister Gesanges*, Görlitz 1572). Erhalten sind ca. 16.000 Lieder, die in ca. 150 Handschriften aufgezeichnet sind (von den Liedern selbst existieren nur wenig Drucke, da seit 1540 verboten wurde, gedruckte Lieder auf den ›Singschulen‹, d.h. den Veranstaltungen der Meistersinger, vorzutragen). Die Aufzeichnung der Texte überwiegt bei weitem die Aufzeichnung von Melodien, da wie in der Sangspruchdichtung verschiedene Texte auf gleiche Melodien gesungen wurden (zu den 4286 Texten von Hans Sachs sind 275 Melodien überliefert, von denen er 13 selbst komponierte); die wichtigsten Handschriften, in denen auch Melodien verzeichnet sind, sind die Kolmarer Liederhandschrift (Oberrhein 1480/1490; es ist auch die umfassendste Sammlung von Sangspruchdichtungen des 13.–15. Jahrhunderts), die Donaueschinger Liederhandschrift (Nürnberg 1526/1528 sowie 1526/1531), das *Singebuch* von Adam Puschmann (Straßburg 1588, seit 1945 verschollen). Bedeutend für die Rezeption des Meistergesangs im 19. Jahrhundert (bspw. durch Jean Paul, E.T.A. Hoffmann, Richard Wagner) ist Johann Christian Wagenseils *Buch von der Meister-Singer Holdseligen Kunst* (1697).

Die Meistersinger berufen sich auf historische Vorbilder aus dem Bereich des Minnesangs bzw. der Sangspruchdichtung; unter den zwölf verehrten Meistern befanden sich u.a. Walther von der Vogelweide, Reinmar von Zweter, Konrad von Würzburg, Heinrich von Mügeln, Heinrich Frauenlob. Im 15. und frühen 16. Jahrhundert gab es Meistersingergesellschaften u.a. in Mainz, Augsburg, Straßburg, Freiburg im Breisgau und Donauwörth; am berühmtesten ist die Meistersingergesellschaft in Nürnberg, da hier viele Autornamen überliefert sind, darunter Hans ▸ Sachs, der seit der Mitte der 1520er Jahre einen hervorgehobenen Rang unter den Meistersingern einnahm; vor Sachs war Hans Folz die führende Figur in Nürnberg. Der Meistergesang aus der vorreformatorischen Zeit behandelt meist religiöse Themen, er gewann durch Hans Sachs zentrale Bedeutung für die Reformation (u.a. Versifizierung von Texten aus Martin ▸ Luthers Bibelübersetzung). Daneben bekamen im 16. Jahrhundert Lieder mit weltlichem Inhalt, die historische Ereignisse und sonstige Begebenheiten darstellten, gleichwertigen Rang. Durchgängig wurden Lieder zum Lob des Meistergesangs gepflegt.

Vortragsort der Lieder war beim ›Hauptsingen‹ die Kirche, in der nur Lieder mit geistlichen Stoffen gesungen werden durften (in Nürnberg war es im 15. Jahrhundert die nach der Reformation säkularisierte Marthakirche, erst im 16. Jahrhundert die Katharinenkirche, die Wagner zum Darstellungsort nahm); der öffentliche Vortrag der Lieder, also das Konzert, wurde als ›Singschule‹ bezeichnet, der Vortrag im internen Kreis als ›Zechensingen‹, wo auch Lieder mit weltlichen Stoffen erlaubt waren. Beim ›Hauptsingen‹ prüften mehrere hinter einem Vorhang im ›Gemerk‹ sitzende Merker, ob die Regeln der ›Tabulatur‹ eingehalten wurden, wobei die Prüfung verschiedener Bestimmungen unter den Merkern aufgeteilt war. Bei einer bestimmten Anzahl von Fehlern hatte der Sänger ›versungen‹, der Sänger mit den wenigsten Fehlern bekam eine Belohnung.

So wie die Meistersinger Sangspruchdichter als ihre Vorbilder nahmen, lehnt sich auch das Verhältnis von Text und Musik sowie im 15. Jahrhundert auch die Thematik an diejenige der Sangspruchdichter an. Musikalische Grundlage der Meisterlieder sind die vorgefertigten Töne oder Weisen – Melodiemodelle, die ein bestimmtes metrisches Schema, Reimschema und Anzahl der Zeilen des auf sie zu singenden Textes festlegten; sie konnten auf einen bestimmten Text erfunden sein (Beheim) und wurden auf gleichgebaute Texte übertragen; den Texten waren die Weisen meist zugeordnet (z.B. *Der edelfalk. Im rosenton von Hans Sachs*). Bei der Zuordnung konnten inhaltliche Kriterien eine Rolle spielen (wie bspw. beim Sangspruchdichter Beheim) oder auch nicht (wie bspw. bei Sachs). Für die Meisterlieder sind ca. 1400 Melodien überliefert. Sie sind – wie in der Sangspruchdichtung – oft nach ihren Autoren sowie nach inhaltlichen Momenten benannt (z.B. Hans Sachs, *Silberweise*; Konrad Nachtigall, *Abendton*). Bis ins 16. Jahrhundert sollten nur Töne älterer Meister verwendet werden (von Sangspruchdichtern des 13. bis 15. Jahrhunderts), seit Hans Sachs wurden zunehmend Töne selbst geschaffen (Hans Sachs hatte 13 von 275 Melodien selbst erfunden). Die Töne bestehen aus sieben, meist zwölf oder auch mehr Verszeilen, die Endreim haben, deren Stellung frei ist, und eine maximale Länge von 13 Silben aufweisen. Die Gliederung der Melodie folgt dem Schema Stollen – Stollen (Aufgesang) – Abgesang, ein dritter Stollen kann folgen (AAB oder AABA). Die dreiteilige Form (auch Kanzonenform oder Barform) wurde ebenfalls aus der Sangspruchdichtung übernommen. Ein Meisterlied konnte beliebig viele Strophen haben; oft wurden jedoch zur stringenten Darstellung eines Stoffes nur wenige, meist drei gewählt. Die Lieder waren einstimmig und wurden ohne Instrumentalbegleitung, in der Regel solistisch und nur bei wenigen Gelegenheiten chorisch vorgetragen (z.B. bei Eröffnung einer ›Singschule‹). Die Melodien sind fast durchweg ohne Rhythmisierung aufgezeichnet. – Die Tradition des Meistergesang setzte sich im 17. Jahrhundert ungemindert fort, im 18. und 19. Jahrhundert finden sich noch vereinzelt Meistersingergesellschaften.

Ausgaben:
Adam Puschmann, *Grunntlicher Bericht des deutschen Meister Gesanges*, Görlitz 1572, ²1584, ³1596, 2 Bde., hrsg. von B. Taylor (Litterae 84/1–2), Göppingen 1984; Johann Christoph Wagenseil, *Ein Buch von der Meister-Singer Holdselinge Kunst*, Altdorf 1697, hrsg. von H. Brunner, Göppingen 1975; *Die Töne der Meistersinger*, hrsg. von H. Brunner und J. Rettelbach, Göppingen 1980 • Meisterlieder des 16. bis 18. Jahrhunderts, hrsg. von E. Klesatschke und H. Brunner, Tübingen 1993 • H. Brunner / B. Wachinger (Hrsg.), *Repertorium der Sangsprüche und Meisterlieder des 12. bis 18. Jahrhunderts*, 16 Bde., Tübingen 1986ff. (Gesamtausgabe).

Literatur:
C. Mey, *Der Meistergesang in Geschichte und Kunst. Ausführliche Erklärung der Tabulaturen, Schulregeln, Sitten und Gebräuche der Meistersinger, sowie deren Anwendung in Richard Wagners »Die Meistersinger von Nürnberg«*, Walluf bei Wiesbaden 1973 • H. Brunner, *Die alten Meister. Studien zur Überlieferung und Rezeption der mittelhochdeutschen Sangspruchdichter im Spätmittelalter und in der frühen Neuzeit*, München 1975 • J. Rettelbach, *Variation – Derivation – Imitation. Untersuchungen zu den Tönen der Sangspruchdichter und Meistersinger*, Tübingen 1993 • H. Brunner, *Meistergesang*, in: *MGG*², Bd. 6 (Sachteil), 1997, Sp. 5–16 • J. Rettelbach, *Aufführung und Schrift im Meistergesang des 16. Jahrhunderts*, in: Archiv für das Studium der neueren Sprachen und Literaturen 155 (2003), S. 241–258.

ES

Melancholie

Seit dem 15. Jahrhundert und vor allem in England gegen Ende des 16. Jahrhunderts wird die Melancholie in Kompositionen thematisiert. Sie zeigt sich insbesondere in ▸ Lautenliedern von John ▸ Dowland, aber auch in vielen Stücken der Virginalmusik (John ▸ Bull). Sie äußert sich in Vokalkompositionen in entsprechenden Texten (z.B. das bekannte *Flow my tears* von Dowland), in Instrumentalkompositionen in den durch Vokalkomposition bekannten Topoi und Figuren für den melancholischen Affektgehalt (▸ Madrigalismen).

Literatur:
W. Braun, *Melancholie als musikalisches Thema*, in: *Die Sprache der Musik: Festschrift Klaus Wolfgang Niemöller zum 60. Geburtstag* (Kölner Beiträge zur Musikwissenschaft), hrsg. von J.P. Fricke Regensburg 1989, S. 81–98 • S. Klotz, *Music with her silver sound: Kommunikationsformen im Goldenen Zeitalter der englischen Musik*, Kassel 1998.

Melanchthon [Schwarzerd], Philipp
* 16.2.1497 Bretten (Baden), † 19.4.1560 Wittenberg

Melanchthon war einer der führenden Theologen und Philosophen der Lutherischen Reformation. Er hat nicht nur Entscheidendes zur Formulierung einer protestantischen Dogmatik beigetragen, sondern er war durch seine philologischen Kenntnisse auch maßgeblich an der Genese des protestantischen Schriftverständnisses und der Bibelübersetzung Martin ▸ Luthers beteiligt.

Der Großneffe des Humanisten Johannes Reuchlin (1455–1522) besuchte zunächst die Lateinschule in Pforzheim und immatrikulierte sich 1509 an der Universität Heidelberg, wo er sich der philosophischen Richtung des Nominalismus zuwandte. Ab 1512 studierte Melanchthon in Tübingen, wo er 1514 den Magistergrad erwarb und anschließend selbst lehrte. Der Wechsel als Professor auf den neu errichteten Lehrstuhl für Griechisch an der Universität Wittenberg im Jahre 1517 sollte Melanchthons Leben grundlegend verändern, da er Kollege des sich gerade am Durchbruch zur Reformation befindlichen Martin Luther wurde. Luther zeigte sich von Beginn an angetan von dem jüngeren Kollegen, und beide arbeiteten bald eng zusammen. Auf Anregung Luthers erwarb Melanchthon 1519 den Grad eines ›baccalaureus biblicus‹ und wurde später Professor für Theologie.

Melanchthons Bedeutung für die Reformation liegt vor allem in seiner Fähigkeit, theologische Konzepte konzise und prägnant zu formulieren. Während Luther selbst oft auf das theologische und politische Tagesgeschehen reagierte – und dabei gelegentlich zu polemisch überspitzten Stellungnahmen neigte –, bemühte sich Melanchthon um eine systematische Formulierung des reformatorischen Bekenntnisses. So verfasste er bereits 1521 mit den *Loci Communes* die erste Lutherische Dogmatik, die in den kommenden Jahren in mehreren Überarbeitungen und Erweiterungen erschien. Er war auch Verfasser der *Confessio Augustana* (CA), des Lutherischen Bekenntnisses auf dem Reichstag zu Augsburg, das zusammen mit der Apologie der *Confessio Augustana* bis heute zum Kanon der Lutherischen Bekenntnisschriften zählt.

Neben seinen Verdiensten um die systematische Formulierung lutherischer Theologie war Melanchthon vor allem maßgeblich für die Reorganisation des deutschen Schulwesens verantwortlich, was ihm später den Titel eines ›Praeceptor Germaniae‹ (Lehrer Deutschlands) einbrachte. Er verfasste zusammen mit Luther und Johannes ▸ Bugenhagen die Schrift *Vnterricht der Visitatorn an die Pfarrhern ym Kurfurstenthum zu Sachssen* (Wittenberg 1528), in der die Grundlagen eines reformatorischen Schulsystems dargelegt wurden. Dazu gehörten u.a. Gottesdienste in deutscher und lateinischer Sprache (Lateinisch für die Schüler), das Singen von Vesper und Messe durch die Schüler, sowie täglich eine Stunde theoretischer wie praktischer Musikunterricht.

Es ist vor allem ihm zu verdanken, dass das humanistische Bildungskonzept, das auch der lutherischen Reformation zugrunde liegt, in die Praxis umgesetzt wurde. Der Musik kam dabei ein entscheidender Platz im schulischen Unterricht zu. Der von Melanchthon geforderte tägliche Musikunterricht reagierte dabei einerseits auf den neu erwachsenen Bedarf an praktischer Musik im Rahmen des reformatorischen Gottesdienstes (die Schulchöre waren Hauptträger der liturgischen Musik und die Schule mithin der Ort, an dem die Schüler für ihren liturgischen Dienst vorbereitet wurden). Andererseits maß Melanchthon der Musik aber auch eine generelle positive erzieherische Wirkung zu. Bereits in einer Schrift aus dem Jahre 1517 unter dem Titel *De artibus liberalibus* hatte er seine Musikanschauung knapp umrissen und die Musik als der Poetik nahe stehend definiert. Hatte die Musik das Mittelalter hindurch zu den mathematischen Künsten des ▸ Quadriviums gezählt, so öffnete sich die Musik nun auch den Künsten des ▸ Triviums. Dies bedeutet jedoch nicht, dass Melanchthon gänzlich die quadriviale Verortung der Musik aufgegeben hätte. Vielmehr basiert seine Sicht der Musik weiterhin auf der mittelalterlich-aristotelischen Musikanschauung, die die Musik als Ausdruck der idealen kosmologischen Harmonie sah. Überdies war Melanchthon davon überzeugt, dass die auf Zahlen und Proportionen basierende Musik das Gedächtnis und die Erinnerungsfähigkeit fördern könne, denn die Seele sei begierig nach Harmonie. Wenn sich somit die Musik in Melanchthons Anschauung zur Poetik hin öffnet, so geht es dabei vor allem um eine Erweiterung des Musikbegriffs, nicht jedoch um eine radikale Neudefinition. Melanchthon hat damit zur Konzeption einer ▸ Musica poetica beigetragen, wie sie die Musiktheorie des späten 16. und des 17. Jahrhunderts formuliert hat.

Neben der bereits genannten Schrift aus dem Jahre 1517 hat sich Melanchthon vor allem in mehreren Vorreden zu Musikdrucken zur Musik und ihren Eigenschaften geäußert: Rhau, *Selectae Harmoniae* (RISM 1538[1]); Rhau, *Officiorum … de nativitate* (RISM 1545[5]); Johannes ▸ Reusch, *Zehen deutsche Psalmen* (Wittenberg 1551); Lucas ▸ Lossius, *Psalmodia* (Nürnberg 1553).

Überdies hat er mehrfach Aristoteles' Schrift *De Anima* kommentiert, die nicht nur eine zentrale Quelle mittelalterlicher wie humanistischer Ethoslehre und Psychologie war, sondern auch als eine wichtige Grundlage für die Formulierung einer Wirkungslehre der Musik fungierte. Melanchthons Musikanschauung ist dementsprechend auch stark in dem Werk von Aristoteles verankert.

Sein Konzept sei hier nur knapp zusammengefasst: Nach Melanchthon wirkt Musik auf das Herz wie auf das Gedächtnis, umfasst somit sowohl Ratio als auch das Gefühl. Diese doppelte Qualität der Musik erfährt noch eine theologische Unterfütterung, indem Melanchthon zwar grundsätzlich der Musik eine positive, das Gemüt des Menschen beeinflussende Kraft zubilligt, und ihr, etwa in der Tradition eines Johannes ▸ Tinctoris, auch die Fähigkeit zugesteht, Traurige fröhlich zu machen, wie auch einen Eindruck von der Größe Gottes zu vermitteln. Jedoch kann die Musik selbst nicht als Offenbarung des Christlichen Gottes fungieren. Dazu muss sie, und hier ist Melanchthon auf einer Linie mit Luther, an das Wort (genauer, an das Wort Gottes) gekoppelt sein.

In ihrer Koppelung an das Wort hat die Musik eine zweifache Funktion. Zum einen dient sie als Mittel der Mnemotechnik. Texte, die mit Musik verknüpft sind, sind leichter zu memorieren. Daher bediente sich die reformatorische Bewegung des 16. Jahrhunderts intensiv des Liedes als katechetischem Hilfsmittel. Zum zweiten kann die Musik jedoch auch zu einem tieferen Verständnis des Wortes beitragen, indem sie die Affekte des Textes verstärkt und durch Determinanten wie Ambitus,

Klang und Modi reflektiert. Die mittelalterliche Moduslehre (▶ Modus), nach der den einzelnen Kirchentonarten eine bestimmte emotionale Qualität zukommt, ist bei Melanchthon noch weitgehend intakt.

Melanchthon prägt sowohl direkt durch seine Lehre, wie auch indirekt durch die Infrastruktur eines geregelten Musikunterrichtes zahlreiche Musiker und Komponisten. Zu seinem unmittelbaren Umfeld zählten Adrianus Petit Coclico, Sixtus ▶ Dietrich, Georg ▶ Forster und Lucas ▶ Lossius. Überdies war es sein Schüler Nicolaus ▶ Listenius, der Melanchthons Anschauung von der Musik als einer ›poetischen‹ Kunst erstmals 1537 in seiner Schrift *Musica* im Rahmen einer musikalischen Schullehre formulierte (vgl. dazu ausführlich Loesch 2001).

Melanchthon war ebenfalls bekannt für seine lateinische Prosa. Seine Texte wurden von mehreren Komponisten vertont, wie etwa Gallus ▶ Dressler, Martin ▶ Agricola oder Michael ▶ Praetorius. Neun seiner Gedichte haben liedhaften Charakter, und drei sind in das Repertoire der protestantischen Lateinschulen eingegangen: *Dicimus grateas tibi*, *Aeterne gratias tibi*, *Aeterno gratias Patri* (abgedruckt in Johannes ▶ Bugenhagens *Psalterium Davids*, Wittenberg 1544 und Lossius' *Psalmodia*, Nürnberg 1553).

Melanchthon verfasste ausschließlich Lyrik in lateinischer Sprache, allerdings hat Nicolaus Hermann Melanchthons Gebet *Vespera iam venit* als erste Strophe seines Liedes *Ach bleib bei uns, Herr Jesu Christ* (1579) übersetzt (Brown 2005).

Ausgaben:
P. Melanchthon, *Opera Omnia* (Corpus Reformatorum 1–28), Braunschweig 1834–186; *Melanchthon deutsch*, 2 Bände, hrsg. von M. Beyer u.a., Leipzig 1997.

Literatur:
W. Gurlitt, *Johannes Walter und die Musik der Reformationszeit*, in: Luther-Jahrbuch 15 (1933), S. 1–112 • F. Krautwurst, *Philipp Melanchthon und die Musik*, in: Gottesdienst und Kirchenmusik (1960), S. 109–121 • K.W. Niemöller, *Untersuchungen zu Musikpflege und Musikunterricht an den deutschen Lateinschulen vom ausgehenden Mittelalter bis zum 1600*, Regensburg 1969 • H. Scheible, *Melanchthon. Eine Biographie*, München 1997 • H. von Loesch, *Der Werkbegriff in der protestantischen Musiktheorie des 16. und 17. Jahrhunderts. Ein Mißverständnis*, Hildesheim 2001 • C.B. Brown, *Singing the Gospel. Lutheran hymns and the success of the Reformation*, Cambridge 2005.

MR

Ménestrel ▶ **Ioculatores,** ▶ **Spielleute**

Mensur

Mensur, lat. das (Zeit-)Maß, ist ein Begriff aus der ▶ Mensuralnotation, der die metrische Beziehung zwischen einer Note und dem nächstkleineren Notenwert angibt. Im Gegensatz zur modernen Notation, bei der alle Noten grundsätzlich dem Wert von zwei kleineren Noten entsprechen, können in der Mensuralnotation die ▶ Brevis und die ▶ Semibrevis auch dreiwertig sein. In der Musiktheorie wird diese Sachlage mit den Termini ▶ tempus perfectum/imperfectum (auf die Brevis bezogen) bzw. mit ▶ prolatio maior/minor (auf die Semibrevis bezogen) bezeichnet. Die konkrete Wertigkeit dieser beiden Notenzeichen zeigen die Mensurzeichen an, die am Beginn der Stimmen stehen. Ihre Form ist ein Kreis, ein Halbkreis, ein Kreis mit Punkt in der Mitte oder ein Halbkreis mit Punkt. Sie sind Vorläufer der modernen Taktzeichen.

ALB

Mensuralnotation

Unter Mensuralnotation versteht man die Notenschrift der mehrstimmigen Musik, die für die Aufzeichnung von Vokalmusik von der zweiten Hälfte des 13. Jahrhunderts bis etwa zum Ende des 16. Jahrhunderts in Verwendung war. Der Begriff, der modernen Ursprungs ist, leitet sich ab von dem zeitgenössischen Begriff der ›musica mensurabilis‹, die sich im Gegensatz zur ›musica plana‹ (einstimmiger Choralgesang) auf zeitlich mensurierte (lat. abgemessene) Notenwerte gründet. Längen und Kürzen der einzelnen Notenwerte hängen dabei im Unterschied zu früheren Notationen primär von der Form des Zeichens ab, sekundär von der vorgeschriebenen ▸ Mensur und den angrenzenden Zeichen (▸ Perfectio, Imperfectio). Die Grundlagen des Zeichensystems gehen auf den Musiktheoretiker Johannes de Garlandia (*De mensurabili musica*, um 1240) zurück und wurden von Franco von Köln (*Ars cantus mensurabilis*, 1280) weiterentwickelt. Als zeitgenössische Theoretiker der Mensuralnotation sind Johannes ▸ Tinctoris sowie Franchino ▸ Gafurius (*Practica musicae*, Mailand 1496) zu nennen.

Die in der Mensuralnotation verwendeten Zeichen sind als Vorstufe unserer neuzeitlichen Notenschrift den modernen Notenzeichen in vielerlei Hinsicht ähnlich. Die Grundlage bildete ein Fünfliniensystem mit darin gesetzten Schlüsseln zur Fixierung der Tonhöhe. Die f-, c' und g'-Schlüssel waren allerdings noch nicht standardisiert und konnten zur Vermeidung von Hilfslinien auf jeder beliebigen Notenzeile positioniert werden (▸ Schlüssel, Abb.). Die graphischen Formelemente von einzelnen Noten bestanden (so wie heute) aus Notenkopf, Notenhals und Fähnchen, wobei die Notenköpfe typischerweise eckig (statt später rund) sind. Die Namen der Notenzeichen deuten ihre relative Dauer an und lauten, der Länge nach geordnet: Maxima, Longa, Brevis, Semibrevis, Minima, Semiminima, Fusa, Semifusa. Zu jedem der genannten Zeichen wurden entsprechende Pausen eingeführt.

Notenbeispiel in Mensuralnotation, beginnend mit Semibrevis-Pause, Semibrevis, Ligatur aus 2 Semibreven und Minima sowie Brevis und Longa als Schlussnoten.

Zur Verdeutlichung des Zusammenhangs einer Tongruppe mit einer bestimmten Textsilbe können graphisch zusammenhängende Notenzeichen verwendet werden. Sie werden ▸ Ligaturen genannt und gehorchen bezüglich der Dauer der Einzeltöne einem eigenen Regelsystem. Bis zu Beginn des 15. Jahrhunderts waren die Notenköpfe schwarz ausgefüllt, ab ca. 1425/30 stellte man auf hohle, weiß gebliebene Notenköpfe um. Dem geänderten Erscheinungsbild nach spricht man von schwarzer und weißer Mensuralnotation. Von diesem rein pragmatischen Wechsel in der Notengraphik blieben die geltenden Regeln des Zeichensystems unberührt.

Die größte Herausforderung in der Geschichte der Notation war der zeichenmäßige Ausdruck der zeitlichen Dimension von Musik. Mit dem Wandel des Zeitbewusstseins ging das Bestreben nach einer gleichmäßigen Quantifizierung von Zeit einher. In der Mensuralnotation ist das Regulieren und ›Festhalten‹ von Zeit erstmals gelungen, indem verschiedene Parameter des Zeichensystems miteinander kombiniert wurden. Basis zur Fixierung der Zeit war die Form des einzelnen Notenzeichens, das sich in seiner Dauer auf den ›tactus‹ als die Einheit der musikalischen Zeitmessung bezog. Der tactus wurde beim Musizieren als Körperschlag empfunden und entsprach in der Regel dem immer gleich bleibenden notierten Wert einer Semibrevis (›integer valor notarum‹). In zeitgenössischen Abbildungen wurde er durch den Fingerschlag einer auf der Schulter des Musikerkollegens aufgelegten Hand bildlich dargestellt, in den theoretischen Schriften verband man damit den Herz- oder den Pulsschlag.

Die individuelle Strukturierung von Zeit gelang mit Hilfe der Mensurzeichen, die grob unseren modernen Taktzeichen entsprechen. Man kannte vier Grundmensuren, die zu Beginn einer Stimme durch einen Kreis (O), einen Kreis mit Punkt (⊙), einen Halbkreis (C) sowie einem Halbkreis mit Punkt (☉) angezeigt werden. Sie regeln das Verhältnis zwischen den mittleren Notenwerten Brevis, Semibrevis und Minima. Brevis und Semibrevis können demnach entweder aus zwei oder aus drei Notenwerten der nächstkleineren Einheit bestehen. Die konkrete Länge von dreiwertigen Noten wurde durch ein komplexes Regelwerk bestimmt.

Die Wertigkeit der Brevis ist in der Notation durch den Kreis bzw. den Halbkreis ausgedrückt und in der Musiktheorie durch den Begriff des ›tempus‹ bezeichnet. Dreiwertige Breven stehen im ›tempus perfectum‹, zweiwertige im ›tempus imperfectum‹. Entsprechendes gilt für die Wertigkeit des Semibrevis, die durch einen Punkt bzw. das Fehlen eines Punktes im Mensurzeichen angezeigt und mit dem Begriff der ›prolatio‹ sprachlich gefasst wird. Beispielsweise zeigt der Kreis ohne Punkt (O) an, dass eine Brevis in dieser Mensur sich aus 3 Semibreven, die Semibrevis hingegen aus 2 Minimae zusammensetzt. Das Mensurzeichen zeigt also ein ›tempus perfectum cum prolatione imperfecta‹ an. Alle kleineren Notenwerte sind ausnahmslos zweiwertig. Die Wertigkeit der Longa und Maxima, der sogenannte ›modus‹ bzw. ›maximodus‹, kann an der Form der verwendeten Pausen bzw. durch die Pausengruppierung erkannt werden und ist meist zweiwertig. Da sich die Häufigkeit der Einzelnoten nach und nach in Richtung kleinerer Notenwerte verschiebt, wird die Bestimmung der Wertigkeit der langen Noten zunehmend unwichtiger. Auch verliert die Dreiwertigkeit bereits im 16. Jahrhundert immer stärker an Bedeutung.

Dieses relativ starre metrische System konnte durch die Verwendung des Colors sowie den Einsatz von Proportion und Diminution durchbrochen werden. Beim Color werden kürzere Notengruppen mit schwarzen Notenköpfen dargestellt (in schwarzer Mensuralnotation sind sie rot), wodurch eine Triolierung erwirkt wird. Eine Proportion, angezeigt durch Zahlen im Notensystem, verändert die vorgeschriebene Struktur des Metrums (modern gesprochen: aus einem 6/4 Takt wird z.B. ein 3/2 Takt). Und bei der Diminution wird durch einen vertikalen Strich durch das Mensurzeichen (z.B. ₵) eine Beschleunigung des Zeitablaufes angedeutet, indem der ›tactus‹ von der Semibrevis auf die Brevis verlagert wird. Das moderne alla-breve-Zeichen hat darin seine Wurzeln.

Während in unserer neuzeitlichen Notenschrift Zeitdauern zusätzlich durch relative horizontale Abstände zwischen den Noten ausgedrückt wird, kannte man diese Schreibweise in der Mensuralnotation nicht. Verschiedenartige Notenzeichen wurden dort gleichförmig aneinandergereiht. Dadurch war die vertikale Kohärenz von gleichzeitig erklingenden Zeichen – einem Wesenszug der Partitur – nicht gegeben. Der gesamte Notentext einer Komposition ist daher in Stimmen notiert, die entweder auf einer Seite (oder einem Doppelblatt) eines Chorbuches Platz finden oder in einzelnen Stimmbüchern aufgezeichnet sind. Auch Taktstriche zur Gliederung der Mensureinheiten wurden nicht verwendet.

Die intellektuelle Komplexität des Zeichensystems ist Ausdruck des hohen artifiziellen Anspruchs der damit notierten Musik. Einzelne Komponisten haben diese Tatsache als Herausforderung empfunden und spezifische Elemente der Mensuralnotation selbst zum

Ansatzpunkt ihrer Komposition gemacht. So etwa verwendete Johannes ▸ Ockeghem in seiner *Missa Prolationum* auf zwei notierten Stimmen gleichzeitig vier verschiedene Mensurzeichen, und ▸ Josquin Desprez notierte in seiner Motette auf den Tod Ockeghems (*Nymphes des bois*) zum Zeichen der Trauer alle Noten in Schwarz.

Literatur:
W. Apel, *Die Notation der polyphonen Musik 900–1600*, Wiesbaden 1962 • F.A. Gallo, *Die Notationslehre im 14. und 15. Jahrhundert*, in: *Die mittelalterliche Lehre von der Mehrstimmigkeit* (Geschichte der Musiktheorie 5), hrsg. von H.H. Eggebrecht u.a., Darmstadt 1984, S. 257–356 • C. Dahlhaus, *Die Tactus- und Proportionenlehre des 15. bis 17. Jahrhunderts*, in: *Hören, Messen und Rechnen in der frühen Neuzeit* (Geschichte der Musiktheorie 6), hrsg. von C. Dahlhaus u.a., Darmstadt 1987, S. 333–361 • A.M. Busse Berger, *Mensuration and Proportion Signs. Origins and Evolution*, Oxford 1993 • K. Schnürl, *2000 Jahre europäische Musikschriften. Eine Einführung in die Notationskunde*, Wien 2000 • L. Lütteken, *Mensuralnotation*, in: *Notation* (MGG prisma), hrsg. von A. Jaschinsky, Kassel u.a. 2001, S. 105–135.
ALB

Mensurkanon ▸ Kanon

Mentalitätsgeschichte

Die Mentalitätsgeschichte entstand während der 1970er Jahre durch den Impuls der Mitglieder der Annales (Pierre Nora, Jacques Le Goff). Angelehnt an eine lang andauernde Geschichtskonzeption versteht sie sich als Reaktion auf die Wirtschafts- und Sozialgeschichte und versucht, die kollektiven Repräsentationen und Praktiken aufzuhellen. Nach und nach wurde die Zentierung auf das Kollektiv durch die Bestimmung des Verhältnisses des Einzelnen zum Kollektiv ersetzt (bis zum Ende der 1980er Jahren). Durch diese Orientierung ist die Mentalitätsgeschichte also zu einer Geschichte der Aneingung in herausragenden Momenten der Strukturierung geworden, d.h. in den Momenten der Erscheinung. Sie thematisiert somit das Ereignis und die Neuheit wieder, die Akteure der Geschichte werden wieder ernst genommen, und sie setzt voraus, dass diese auch in Funktion ihrer Repräsentationen handeln können. Diese Mentalitätsgeschichten erschienen in Frankreich in den 1970er und 1980er Jahren. Parallel dazu näherten sich italienische Historiker in der Mikrohistorie den Fallstudien, den Mikrokosmen, indem sie begrenzte Krisensituationen auswerteten; sie widmeten den individuellen Strategien, der Interaktivität, der Komplexität der Einsätze und dem Verflochtensein kollektiver Repräsentationen erneute Aufmerksamkeit.

Diese allgemeine Definition von Mentalitätsgeschichte verweist auf musikwissenschaftliche Arbeitsweisen, von denen einige direkt auf die Musikgeschichte der Renaissance übertragen werden können. Das grundlegende Werk, *Die Kultur der Renaissance in Italien* (1860) von Jacob Burckhardt, will gleichzeitig eine Kulturgeschichte und eine Mentalitätsgeschichte sein. Lange Zeit wurde die musikwissenschaftliche Debatte durch die Aspekte der Periodisierung (Kontinuität oder Bruch mit dem Mittelalter) und der Lokalisierung (die ›Renaissancen‹ des Südens und die des Nordens) geprägt. Allein Heinrich Besseler versuchte eine globale Annäherung, die in vielem auf das deutet, was später unter Mentalitätsgeschichte verstanden wurde. 1931 publizierte Besseler *Die Musik des Mittelalters und der Renaissance*. Seine Absicht war, in der Musik des Mittelalters und der Renaissance Spuren der Tendenz einer Humanisierung der Musik aufzusuchen. Besseler lieferte jedoch keine Erklärung, was er unter einer »Vermenschlichung der Musik« verstand.

Jeder Versuch, in globaler Weise eine Mentalitätsgeschichte der Renaissance bezüglich der Musik zu bestimmen, scheint zum Scheitern verurteilt oder der Kritik ausgeliefert zu sein. Einige Parameter können passend erscheinen und mit den Prinzipien übereinstimmen, die von den Kulturhistorikern verteidigt wurden: das Gefühl, einem neuen Zeitalter anzugehören, die Verbindung mit dem philologischen Elan, die Suche nach neuen Konzepten des Sprechens über Musik, die Dynamik der wissenschaftlichen Entdeckung oder die Wiederverortung der musikalischen Kunst im Ensemble des Wissens. Viele Parameter können genannt werden, die es vermeiden, die Musik in ein exklusives Feld einzukeilen und in ein retrospektives Konzept der Renaissance einzuschließen (derjenigen der Wiedergeburt), um ihr eine Rolle in den Veränderungen zuzuschreiben, die das Europa des 15. und 16. Jahrhunderts markieren. Zwei Versuche der Synthese wurden am Ende des 20. Jahrhunderts unternommen, um die Musikgeschichte der ›Renaissance‹ in der neueren Mentalitäts- oder Kulturgeschichte zu verankern: Der eine stammt von Ludwig Finscher, der andere von Reinhard Strohm.

Die verschiedenen Richtungen der Mentalitätsgeschichte in der Musikwissenschaft der Renaissance sind unvereinbar. Dank der Erneuerung des generellen historiographischen Rahmens durch Finscher und Strohm, und ganz auf der Linie Besselers, hat die Musikwissenschaft versucht, die Funktion des Hörens, der Lektüre und der musikalischen Praxis im 15. und 16. Jahrhundert verständlich zu machen. Sie hat auch die Orte der kollektiven Praktiken (Klöster, Abteien, Kongregationen) gründlich erforscht, nicht nur, um sie in einer gesellschaftlichen Studie darzulegen, sondern um zu enthüllen, dass sie auf ein Gruppenbewusstsein zurückgehen. Das Spezifische jeden Ortes erlaubt der Musikwissenschaft, Verbindungen mit der Mikrohistorie zu ziehen, indem das Einzelne ausgewertet wird. Die Anschauungen eignen sich ideal für eine Mentalitätsgeschichte. Die bedeutendsten Forschungen sind diesbezüglich diejenigen, die den musikalischen Transfer wie die »Spiritualisierungen« von Chansons und Madrigalen thematisieren, die als Mittel religiöser, katholischer oder reformatorischer Propaganda gebraucht wurden. Die Biographie entkommt diesen wissenschaftstheoretischen Neuformulierungen ebenfalls nicht. Dazu bestimmt, die Interrelation zwischen der Gruppe und dem Individuum zu hinterfragen, führt die Biographie dahin, denjenigen Typus der Rationalität zu betrachten, der von den Akteuren der Geschichte ins Werk gesetzt wird. Durch diese letztere Orientierung wurden in ganz besonderer Weise die ›großen‹ Figuren der zweiten Hälfte des 15. und des Beginns des 16. Jahrhunderts thematisiert (Johannes ▸ Ockeghem, Jacob ▸ Obrecht, ▸ Josquin Desprez, Martin ▸ Agricola).

Die Breite der zu erforschenden Gebiete ist immer noch immens. Die Fragen der Mentalitätsgeschichte oder der Geschichte der Repräsentationen formulieren, jede auf ihre Weise, die Studie des sozialen Handelns und ihrer Repräsentationen als Methoden differenzierter Annäherungsweisen nach einem intersubjektiven Rahmen neu. Zweifellos bleiben jedoch Themen wie die Tonartenpraxis, die rhetorischen Vorgänge, die Veränderlichkeiten der Notation und anderer Sachverhalte im Zentrum der Arbeit des Musikwissenschaftlers.

Literatur:
A.W. Ambros, *Geschichte der Musik im Zeitalter der Renaissance bis zu Palestrina*, Leipzig 1868, Bd. 3 • L. Schrade, *Renaissance. The historical conception of an epoch*, in: *Société internationale de musicologie. Cinquième congrès, Utrecht 1952*, Amsterdam 1953, S. 19–32 • G. Reese, *Music in the Renaissance*, New York, Norton, 1954 • N. Pirotta, *Music and culture in Italy from the Middle Ages to the Renaissance*, Cambridge 1984 • Cl. Palisca, *Humanism in Italian Renaissance musical thought*, New Haven 1985 • L. Finscher (Hrsg.), *Die Musik des 15. und 16. Jahrhunderts*, 2 Bde., Laaber 1989 • E. Lowinsky, *Music in the Culture of the Renaissance and Other Essays*, hrsg. von B.J. Blackburn, Chicago 1989 • R. Strohm,

The Rise of European Music, 1380–1500, Cambridge 1993 • Ph. Weller, *Frames and Images: Locating Music in Cultural Histories of the Middle Ages*, in: Journal of the American Musicological Society 50/1 (1997), S. 7–54 • L. Lütteken, *Das Musikwerk im Spannungsfeld von ›Ausdruck‹ und ›Erleben‹: Heinrich Besselers musikhistoriographischer Ansatz*, in: *Musikwissenschaft – eine verspätete Disziplin?*, hrsg. von A. Gerhard, Stuttgart 2000, S. 213–232 • Ph. Vendrix (Hrsg.), *La musique de la Renaissance au XIXe siècle*, Paris 2000 • Ph. Vendrix, *L'impossible Renaissance musicale. Les débats sur l'histoire de la musique de la Renaissance au XXe siècle*, in: Bibliothèque d'humanisme et Renaissance 66/1 (2004), S. 7–22.

PHV

Mersenne, Marin
* 8.9.1588 La Soultière, † 1.9.1648 Paris

Marin Mersenne war einer der bedeutendsten französischen Musiktheoretiker, dessen immenses theoretisches Œuvre eine nachhaltige Rezeption erfuhr. – Er erhielt eine solide musikalische Grundausbildung: zuerst im Collège von Mans, dann, zwischen 1604 und 1609 im Jesuitenkolleg von La Flèche. Er führte seine Ausbildung am Collège Royal und an der Sorbonne fort, bevor er 1611 in den Minoritenorden eintrat. Sein Noviziat legte er im Kloster von Nigeon, dann in demjenigen von Saint-Pierre de Fublaines nahe Meaux ab. Dort erhielt er am 17. Juli 1612 seine Weihen. Er trat dann in das Minoritenkloster ein, das nahe dem Place Royale in Paris gelegen war. Einige Zeit später wurde er Priester. Von 1614 bis 1619 verließ er Paris, um im Kloster von Nevers zu unterrichten (insbesondere Philosophie und Theologie). Nachdem er ins Kloster nach Paris zurückgekehrt war, blieb er dort bis zu seinem Tod und verließ es nur zu kurzen Aufenthalten in der Provinz, in den Niederlanden (wo er René Descartes besuchte) oder auch in Italien. Diese Sesshaftigkeit hielt ihn nicht davon ab, sich über die wissenschaftlichen Aktivitäten seiner französischen und ausländischen Zeitgenossen zu informieren, wie eine immense Korrespondenz bestätigt, die er mit einer beträchtlichen Anzahl markanter Persönlichkeiten des gelehrten Europa am Beginn des 17. Jahrhunderts unterhielt (René Descartes, Petrus Gassendi, Constantijn Huygens, Pierre de Fermat, Thomas Hobbes, Gilles Roberval, Giovanni Battista Doni, Galileo ▸ Galilei, François Arnauld, Nicolas Peiresc).

Das Schaffen von Marin Mersenne ist beeindruckend: Zehn zum Teil sehr voluminöse Werke, die verschiedene Gegenstände behandeln, ausgehend von theologischen Fragen über die Musik, die natürlich eine zentrale Stellung einnimmt, bis zur Mechanik. Mersenne zeigte dabei seine tiefgreifende Kenntnis philosophischer und wissenschaftlicher Traditionen. Die Modernität seines Denkens wurde dadurch nicht verdeckt, sondern zeigte sich vielmehr in der Art und Weise der Ausarbeitung seiner Musiktheorie, während seine nicht zu sättigende Neugierde ihn dazu trieb, die vernachlässigten Probleme seiner Vorgänger und Zeitgenossen anzugehen.

Die Art und Weise, in der Mersenne seine immense *Harmonie Universelle* konzipierte, markiert einen vollständigen Bruch mit einer ›Harmonie‹, wie sie seit Franchino ▸ Gaffurio gedacht wurde, und wie sie Athanasius Kircher noch nachahmte. Sein Interesse galt der Mechanik und der Klassifizierung. Die Organisation der 19 Bücher der *Harmonie Universelle* spiegelt dies wieder: Die Bücher 1 bis 5 handeln von physikalischen Eigenschaften des Klangs, von der Mechanik der Bewegungen, von der Physiologie der Stimme; die Bücher 6 bis 11 vom Wesen des Gesangs, von den Doktrinen der Theorie und von ›Systemen‹ der Komposition und der Aufführung; die Bücher 12 bis 18 handeln von der Beschaffenheit und von der Konstruktion der Musikinstrumente; Buch 19 bietet Argumente für eine Verteidigung des Prinzips der universalen Harmonie. Die Aufrechterhaltung einer Kosmologie, in der die Musik einen bevorzugten Platz einnimmt, weil sie uns »die Exzellenz und die Größe des Handwerkers zeigt« (Prélude), bedeutet für Mersenne jedoch keineswegs die Bindung an die theoretischen Methoden der Renaissance: Denn er versuchte, «die Gründe der Bewegung und des Klangs» aus den mechanischen Prinzipien heraus zu erforschen. Rationalität und Empirismus werden koordiniert, um eine neues wissenschaftstheoretisches Universum zu schaffen.

Die *Harmonie universelle* ist das Ziel eines Jahrzehnts der Reflexionen. Diese begannen mit Kommentaren über die Genesis: Die *Quaestiones celeberrimae in Genesim* (Paris 1523) erörtern die schwierige Frage über die Ursprünge der Musik. Es folgten diverse Abhandlungen, die schrittweise das Hauptwerk von 1636 skizzieren, aber auch den deutlichen Willen des Gelehrten zeigen, den kämpferischen Ton seiner ersten Abhandlungen hinter sich zu lassen: Der *Traité de l'harmonie universelle* (Paris 1627), *Les préludes de l'harmonie universelle* (Paris 1634) und *Harmonicorum libri* (Paris 1635) geben dafür beredte Zeugnisse ab. Parallel dazu diskutierte Mersenne in seiner Korrespondenz, hauptsächlich mit Descartes, wesentliche praktische und theoretische Fragen, für die er in der *Harmonie universelle* detaillierte Erklärungen gab.

Die Verankerung von Mersennes Denken in der musikalischen Praxis seiner Zeit zeigte sich in der Bedeutung, die er zwei Themen zusprach: einerseits der ▶ Musique mesurée à l'antique (die eine lange Reflexion über den Rhythmus voraussetzte) und andererseits dem Studium der Musikinstrumente. Mersenne stützte seine Ausführungen mit zahlreichen Musikbeispielen (die sorgfältig bei dem Drucker ▶ Ballard gestochen wurden). Seine Bücher bleiben eine wertvolle Informationsquelle über einige französische Komponisten des 16. und 17. Jahrhunderts, hauptsächlich Jacques ▶ Mauduit, aber auch Jehan Titelouze, Claude ▶ Le Jeune, Eustache ▶ Du Caurroy, Charles Raquet, Antoine Boësset und Étienne Moulinié. Mersenne schlug seinen Zeitgenossen gleichermaßen neue Wege vor. So bewog er sie dazu, sich eine spezifische Form der französischen Oper vorzustellen, dergestalt, dass sich die Musik als die höchste Kunst zeigt, da sie die Macht besitzt, besser als die anderen die Passionen ausdrücken zu können, aber auch zu entspannen und zu unterhalten (dies geht aus dem intensiven Disput mit Johannes Bannius hervor).

Mersenne thematisierte auch fundamentale Fragen, die in der Folge von italienischen Theoretikern der zweiten Hälfte des 16. Jahrhunderts wie Gioseffo ▶ Zarlino oder Vincenzo ▶ Galilei formuliert wurden, etwa der Bedeutung des Verstandes oder der Sinne bezüglich der Beurteilung der Intervalle. Auch hat er die Reihe der Obertöne als physikalisches Phänomen begründet.

Mersenne nimmt einen festen Platz sowohl in der Geschichte der Musiktheorie als auch in der europäischen Geistesgeschichte ein. Seine *Harmonie universelle* wurde vielfach zitiert und diskutiert; seine Ideen waren weit verbreitet. Er schuf die Basis dessen, was bei Joseph Sauveur die Akustik und bei Jean-Philippe Rameau die Theorie der Harmonie werden sollte.

Literatur:
R. Lenoble, *Mersenne ou la naissance du mécanisme*, Paris 1943 • P. Dear, *Mersenne and the Learning of the Schools*, Ithaca 1988 • D.A. Duncan, *Persuading the Affections: Rhetorical Theory and Mersenne's Advice to Harmonic Orators*, in: *French Musical Thought, 1600–1800*, hrsg. von G. Cowart, Ann Arbor 1989, S. 149–176 • W. Köhler, *Die Blasinstrumente aus der Harmonie Universelle des Marin Mersenne: Übersetzung und Kommentar des* Livre cinquiesme des instruments à vent *aus dem* Traité des instruments, Celle 1987 • Fr. de Buzon, *Harmonie et métaphysique: Mersenne face à Kepler*, in: *Les Études philosophiques* (1994), S. 119–128 • A. Beaulieu, *Mersenne, le grand minime*, Bruxelles 1995 • T. Psychoyou, *L'évolution de la pensée théorique, en France, de Marin Mersenne à Jean-Philippe Rameau*, Diss. Univ. Tours 2003.

PHV

Merula, Tarquinio
* 25.11.1595 Busseto, † 10.12.1665 Cremona

Tarquinio Merula war ein vornehmlich in der Lombardei, für einige Jahre auch in Polen wirkender Organist und Komponist. Der Schwerpunkt seines Schaffens lag im Bereich der Vokalmusik, es sind aber auch zahlreiche Kompositionen für Instrumentalensemble und für die Orgel überliefert. Darüber hinaus hat er in Zusammenarbeit mit fünf anderen Komponisten Filiberto Laurenzi, Arcangelo Crivelli, Alessandro Leardini, Vincenzo Torri und Benedetto Ferrari) die Oper *La finta savia* geschaffen.

Schon früh dürfte Merula seine erste musikalische Ausbildung, v.a. Orgelunterricht, von seinem Halbbruder Pellegrino erhalten haben. Nach einer Anstellung als Organist an S. Bartolomeo in Cremona wechselte er 1616 an seinen zweiten Posten in Lodi (Chiesa dell'Incoronata), den er fünf Jahre lang einnahm. Spätestens im Jahr 1622 trat er eine Stellung als ›Organista di Chiesa, e Camera‹ am Hof König Zygmunds III. in Warschau an und wirkte außerdem als ›Musico di Camera‹ des Kronprinzen Wladyslaw. Nach seiner Heimkehr im Jahr 1626 wurde Merula zum Kapellmeister an der Capella delle Laudi della Madonna der Kathedrale Cremonas gewählt, zwei Jahre darauf erhielt er zusätzlich eine Organistenstellung an S. Agata. Im Jahr 1631 unterzeichnete Merula einen Dreijahresvertrag in Bergamo, nachdem in Cremona sein Halbbruder sowie seine Familie an der 1630 in Norditalien grassierenden Pest gestorben waren. Er folgte dort Alessandro Grandi als Kapellmeister an S. Maria Maggiore nach, wie viele andere Mitglieder der Kapelle ebenfalls ein Opfer der Pestepidemie. Aufgrund der vielen Todesfälle kam Merula die Aufgabe zu, die Kapelle neu aufzubauen und zu organisieren. Nach Konflikten und folgenden gerichtlichen Auseinandersetzungen mit dem Konsortium wurde er jedoch vor Ablauf des Vertrags gekündigt und bewarb sich 1633 mit Erfolg ein zweites Mal um den Kapellmeisterposten an der Cappella delle Laudi in Cremona. Wegen enttäuschter Gehaltsvorstellungen kündigte er jedoch nach nur zwei Jahren.

Erst für 1638 ist die nächste Beschäftigung nachweisbar: Zurückgekehrt nach Bergamo, erfüllte er nun den Kapellmeister- und Organistenposten an der dortigen Kathedrale. Die früheren Konflikte mit S. Maria Maggiore waren offenbar noch nicht beigelegt: Im Jahr 1642 verbot das Konsortium seinen Bediensteten, unter Merula zu musizieren, womit der übliche Austausch von Musikern zwischen den Kirchen beendet wurde.

Man nimmt an, dass Merula an der Kathedrale von Bergamo geblieben ist, bis er 1646 nach Cremona zurückkehrte. Dort wurde er zum dritten Mal Kapellmeister, zudem Organist an der Cappella delle Laudi sowie darüber hinaus in der Kathedrale. Diese Stellungen hatte er bis zu seinem Tod inne.

Merulas Schaffen zeichnet sich in der Vokalmusik nicht nur durch seine stetige Auseinandersetzung mit modernen Ideen aus, sondern auch durch die auffallende Individualität der einzelnen Veröffentlichungen. Diese Vielfalt betrifft sowohl die Wahl der zugrunde gelegten Formen als auch die Besetzungen, die den wechselnden äußeren Bedingungen gerecht werden mussten. In der weltlichen Musik findet Merula bei der Vertonung der von ihm fachkundig gewählten Texte neuartige Wege zu einer musikalischen Reflexion der literarischen Vorlage, die in seiner Musik nicht nur wortgetreu ausgedeutet, sondern erweiternd kommentiert oder ironisiert wird (Analysen vgl. Steinheuer, *Chamäleon und Salamander*).

Wesentlich einheitlicher als das Korpus der Vokalmusik präsentiert sich die Instrumentalmusik Merulas. Ein großer Teil sind Canzonen, die er im Laufe seines Wirkens konsequent von den vierstimmigen Canzonen ›d'aria francese‹ in Richtung zwei- und dreistimmige Canzonen weiterentwickelte. Die einheitliche Konzeption der betreffenden Werke gilt als wesentlicher Beitrag zur Entwicklung und Stabilisierung der im Entstehen begriffenen Gattung der Triosonate.

Ausgaben:
T. Merula: *Opere complete*, hrsg. von A. Sutkowski, Brooklyn 1974.

Literatur:
C. Wilkinson, *The Sacred Music of Tarquinio Merula*, Diss. Rutgers Univ. 1977 • P. Allsop, *The Italian »Trio« Sonata*, Oxford 1992 • J. Steinheuer, *Chamäleon und Salamander – Neue Wege der Textvertonung bei Tarquinio Merula*, Kassel 1999 (mit ausführlichem biographischen Abschnitt und umfassendem Literaturverzeichnis).

BEH

Merulo, Claudio
* 8.4.1533 Corregio, † 4.5.1604 Parma

Merulo war Organist und Komponist. Eine Zeitlang besaß er einen eigenen Verlag und brachte seine Kompositionen in diesem Verlag heraus. Außerdem widmete er sich dem Orgelbau. Hauptsächlich bekannt als Komponist ist er durch seine Orgeltoccaten. Darüber hinaus komponierte er geistliche Vokalmusik und auch Madrigale.

Merulo stammt aus der angesehenen bürgerlichen Familie Merlotti. Seine ersten Lehrer waren vermutlich Tuttovale Menon, Girolamo Donati und Francesco Bordini. Am 21.10.1556 trat er seine erste Organistenstelle an der Kathedrale von Brescia an. Die Orgel im Duomo Vecchio ist erhalten geblieben und restauriert.

Am 2.7.1557 wechselte er – als Nachfolger von Girolamo ▶ Parabosco – nach Venedig an die zweite Orgel der Markuskirche. Am 30.9.1566 bekam er als Nachfolger Annibale ▶ Padovanos, der an den Hof des Erzherzogs Karl von Österreich nach Graz gegangen war, die Stelle eines ersten Organisten neben Andrea ▶ Gabrieli. In Venedig konnte er seine Tätigkeiten als Organist, Komponist, Drucker, Herausgeber und Orgelbauer entfalten. Als Musiker und Komponist war er in den Adelspalästen Venedigs gefragt. Des weiteren pflegte er Kontakte zu den Höfen von Mantua, Ferrara und Parma. Freundschaftliche Kontakte hatte er unter anderem zu Adrian ▶ Willaert, Cipriano de ▶ Rore, Costanzo ▶ Porta, Andrea und Giovanni ▶ Gabrieli und Gioseffo ▶ Zarlino. 1566 eröffnete Merulo in Gesellschaft mit Fausto Bethanio eine Druckerei. Schon am 21. November desselben Jahres wurde die Gesellschaft allerdings wieder aufgelöst. Bethanio bekam eine einmalige Abfindung; Merulo blieb alleiniger Besitzer und führte die Druckerei bis 1571 weiter. Danach ging sie in den Besitz von Giorgio Angelieri über. Aus der Zeit in Venedig sind folgende Werke teilweise im Eigenverlag erschienen: ein Band ▶ Messen, vier Bände ▶ Motetten, drei Bände ▶ Madrigale, ein Band ▶ Orgelmessen und zwei Bände ▶ Ricercare. Geplant war wesentlich mehr, wie beispielsweise die Ankündigung einer zwölfbändigen Serie von Orgelwerken von 1567 zeigt. 1568 erschien lediglich das ›libro quatro‹, die Orgelmessen. Einige angekündigte Titel, wie das Toccatenbuch, erschienen viel später in anderen Verlagshäusern. Merulo erhielt auch einige ehrenvolle Kompositionsaufträge. Am herausragendsten ist die Musik zu *Proteo, pastor del mare* von S. Cornelio Frangipani – es handelte sich um eine Ehrengabe für Heinrich III., der sich auf dem Weg von Polen nach Frankreich vom 17. bis 27. Juli in Venedig aufhielt. Merulos Tätigkeit als Organist und auch als Orgellehrer brachte es mit sich, dass er sich für den Orgelbau zu interessieren begann. Auf seine Veranlassung hin wurde in die erste Orgel der

Markuskirche eine ›flauto in ottava‹ eingebaut. Zusammen mit dem Mönch Urbano konstruierte er ein Orgelpositiv. Es besitzt vier Register: Principale, Ottava, Vigesimaseconda und Flauto. Sie können durch einen Registerhebel rechts von der Tastatur eingerastet werden. Die Pfeifen sind hauptsächlich aus Zinn gezogen; zehn Pfeifen sind aus Holz gefertigt. Das Manual hat 45 Tasten, das Pedal neun, die durch Schnüre mit den Manualtasten verbunden sind. Zwei Blasebälge an der Rückseite des Gehäuses werden durch Zugriemen betätigt. Zwar wurde die Orgel 1838 von Filip Frattini restauriert, ist allerdings heute nicht mehr spielbar. Im Konservatorium von Parma ist sie zu besichtigen. Darüber hinaus ist bekannt, dass Merulo 1561 ein Manichord (einer der italienischen Begriffe für ▶ Clavichord) nach München lieferte.

1584 verließ Merulo nach 27-jähriger Tätigkeit Venedig. 1586 folgte er dem Ruf des Herzogs Ottavio Farnese (1547–1586) nach Parma. Allerdings trat er seinen Dienst vermutlich unter dessen Nachfolger Allessandro Farnese (1586–1592) an. Was Merulo in der Zwischenzeit getan hat, ist nicht geklärt, zumal die fragliche Zeit mit einer Lücke in den Veröffentlichungen seiner Kompositionen zusammenfällt (Debes, S. XIf.). In Parma wird Merulo am 7.5.1587 Domorganist und am 19.4.1591 Organist der herzoglichen Chiesa della Madonna della Steccata (als Nachfolger von A. Ludovico Ramianis). Nach Rore ist Merulo der zweite bedeutende Künstler, den der Herzog von Venedig nach Parma geholt hat.

Merulo hat dreimal geheiratet. Aus der ersten Ehe ist die Tochter Antonia bekannt. Nach dem Tod seiner ersten Frau heiratete er am 10.7.1588 die Adelige Amabilia Banzola. Aus dieser Ehe ging die Tochter Aurelia Maria hervor (geboren am 18.4.1589). Sein sozialer Aufstieg wurde durch die Erhebung in den Stand eines ›cavaliere‹ noch deutlicher. In Parma sind einige Kompositionen entstanden: zwei mehrchörige Messen, drei Bände zum Teil mehrchöriger Motetten, ein Band Madrigale, drei Bände ▶ Canzonen, zwei Bände Ricercare und zwei Bände ▶ Toccaten. Zu seinen Schülern zählten unter anderem Camillo Angleria da Cremona (er veröffentlichte 1622 seine *Regola del contrappunto*) und Girolamo ▶ Diruta (er teilte 1593 in seinem *Transilvano* die Unterrichtspraxis Merulos mit). Zahlreiche deutsche und polnische Musiker sollen ebenfalls bei Merulo Unterricht genommen haben. Merulo starb im Alter von 71 Jahren am 4.5.1604. Die Wertschätzung, die Merulo schon zu Lebzeiten genossen hatte, zeigt sich besonders durch die Gestaltung des Leichenbegräbnisses, für das der Herzog sorgte. Er ließ den Toten mit Lorbeer und Efeu bekränzen und mit einem Kapuzinerhabit bekleiden. Außerdem wurden ihm Kompositionen zu Füßen gelegt. Die Bahre wurde mit Spruchbändern bedeckt, die italienische und lateinische Sonette enthielten. Einige seiner Schüler hielten mit Fackeln Ehrenwache. Am 10.5.1604 wurde Merulo nach einem festlichen Requiem im Dom zu Parma gegenüber von Rore neben dem Altar der Hl. Agata beigesetzt. Ein Gedenkstein aus weißgeädertem Marmor wurde über dem Sarg in den Fußboden des Domes eingelassen. Die Inschrift »Claudii Meruli Corrigiensis MDCIII« ist inzwischen verblichen (Debes, S. XIIf.). Die ersten Biographien Merulos stammen von Angelo Catelani (1859) und Qirinio Bigi (1861).

Kompositorisch hat Merulo in der Vokal- wie auch der Instrumentalmusik einen bedeutenden Beitrag geleistet. Er benutzte ähnliche Mittel wie seine Zeitgenossen: Die akkordischen, teils auch diminuierten Teile wechseln sich mit kontrapunktischen Abschnitten ab. Auffallend ist, dass sich die Teile nicht immer genau voneinander abgrenzen lassen, sondern sich gegenseitig durchdringen. Einige seiner Werke fallen durch ihre Länge aus dem Rahmen seiner Zeit (Dehmel, S. 15f.). Seine geistlichen Vokalwerke zeigen eine Entwicklung zur venezianischen ▸ Mehrchörigkeit. Beispielsweise zeichnet sich die posthum erschienene dreichörige Messe durch eine an Giovanni ▸ Gabrieli erinnernde Klangdifferenzierung aus (Seedorf S. 375f.).

Erwähnenswert ist seine Auseinandersetzung mit der in der zweiten Hälfte des 16. Jahrhunderts sehr aktuellen Gattung ▸ Madrigal. Bereits die Madrigale von 1566 zeigen eine sehr bewegliche Deklamation, d.h. kleinere Notenwerte treten als Silbenträger auf. Sein vordringlichstes Ziel war die Selbständigkeit der Einzelstimmen. Er arbeitete intensiv an deren individueller Entfaltung.

Seine beiden ▸ Messen sind unter Verwendung der Parodietechnik Kontrafaktur komponiert. Sie zeigen einen Hommage-Charakter, da sie ausdrücklich die Autoren der Vorlagen, Giaches de ▸ Wert und Andrea ▸ Gabrieli, nennen.

Merulos Parodietechnik an sich beweist besonderen Respekt vor seinen Vorlagen. So übernimmt er ausgedehnte Komplexe notengetreu, verfügt aber dennoch über eine breite Palette an Möglichkeiten, das benutzte Material eigenständig zu bearbeiten und zu verändern.

Im Bereich der Instrumentalmusik kommt Merulo neben Annibale Padovano und Andrea Gabrieli in der Frühgeschichte der Orgeltoccata eine Schlüsselfunktion zu. Seine ▸ Toccaten setzten einen technischen und ästhetischen Standard. Seine Bemühung um ein angemessenes Druckverfahren lässt vermuten, dass er selbst seine Leistung in ihrer historischen Dimension einschätzen konnte.

Ausgaben:
Claudii Meruli Musica sacra, Bde. 1–3, hrsg. von J. Bastian, Rom 1970, 1971; Bde. 4–6, Neuhausen-Stuttgart 1977, 1982, 1984; *Claudii Meruli Opera omnia* (Corpus mensurabilis musicae 51), Bde. 7–8, hrsg. von J. Bastian und B. Mitchell, Neuhausen-Stuttgart 1994, 1995; Bd. 9, hrsg. von J. Bastian, Neuhausen-Stuttgart 1996.

Literatur:
L.H. Debes, *die musikalischen Werke von Claudio Merulo, Quellennachweis und thematischer Katalog*, Diss. Würzburg 1964 (mschr.) • J. Dehmel, *Toccata und Präludium in der Orgelmusik von Merulo bis Bach*, Kassel 1989 • R.A. Edwards, *Claudio Merulo: Servant of the state and Musical Entrepreneur in Later Sixteenth-century Venice*, Diss. Princeton Univ. 1990 (mschr.) • G. Morche, *Merulo*, in: *MGG²*, Bd. 12 (Personenteil), 2004, Sp. 49–54 • M.A. Nealon, *Claudio Merulo (1533–1604) as Madrigalist*, 2 Bde., Diss. Northwestern Univ. 1997 • T. Seedorf, *Merulo, Claudio*, in: *Komponisten-Lexikon*, hrsg. von H. Weber, Stuttgart ²2003, S. 375–376 • A. Silbiger (Hrsg.), *Keyboard Music before 1700*, New York 2004, S. 256–261.

AP

Messe

Die Genese der Messe als musikalische Gattung nachzuvollziehen, wird durch gattungsgeschichtliche Diskontinuitäten und die große Vielfalt der regionalen Unterschiede wesentlich erschwert. Gerade weil die fünf Teile des Ordinarium missae – Kyrie, Gloria, Credo, Sanctus und Agnus Dei – in ihrem liturgischen Kontext unverbunden mit den übrigen Teilen sind und in ihrer theologisch-liturgischen Eigenbedeutung weitgehend für sich selbst stehen, ist jene autonom musikalische Setzung als Kunstleistung kaum hoch genug zu veranschlagen, die aus fünf Einzelteilen ein künstlerisches Ganzes zu formen bestrebt ist. Diese sich im späten 14. Jahrhundert anbahnende, aber im wesentlichen im 15. Jahrhundert vollzogene Errungenschaft gehört zu den herausragendsten Leistungen der Kompositionsgeschichte überhaupt. Der Entwurf einer Gattungsgeschichte der Messe im 15. und 16. Jahrhundert sieht sich mit einer keineswegs geradlinig verlaufenden Entwicklung der Kompositionstechnik als auch mit Schwankungen hinsichtlich der Gattungshierarchie konfrontiert. Eine systematische Darstellung der Entwicklung anhand der kompositionstechnischen Merkmale wie Tenor-, Parodie-, Cantus firmus-Messe usf. ist ebenfalls nur bedingt durchführbar, da die Entwicklung nicht linear verläuft. Oft ist in derselben Komponistengeneration ein Unterschied hinsichtlich der Auffassung von der jeweils wichtigsten Gattung erkennbar: Während etwa bei Cristóbal de ▸ Morales der Schwerpunkt der schöpferischen Tätigkeit eindeutig auf der Messe liegt, komponiert sein mindestens ebenso bedeutender Zeitgenosse Nicolas ▸ Gombert Motetten mit exzeptionellem Kunstanspruch, hinter denen seine Messen quantitativ zurücktreten. Immer wieder wird das berühmte Zitat aus dem *Terminorum Musicae Diffinitorium* (1472/1473) des Johannes ▸ Tinctoris angeführt, worin die Messe als »cantus magnus« bezeichnet wird »cui verba Kyrie. Et in terra. Patrem. Sanctus:& Agnus. Et interdum caeterae partes a pluribus canendae supponuntur: quae ab aliis officium dicitur.« Hieran sich anschließende weitreichende Spekulationen zur Gattungshierarchie verlieren leicht aus den Augen, dass Tinctoris einen ganz konkreten historischen Moment, an einem ganz bestimmten Ort (Neapel) vor Augen hatte, dessen Konstituenten nicht beliebig auf anders gelagerte Situationen übertragbar sind.

Zusammen mit der bekannten *Messe de Nostre Dame* des Guillaume de Machaut markiert die *Messe de Tournai* den Beginn der polyphonen Komposition aller fünf Teile des Ordinarium missae. Bei der *Messe de Tournai* handelt es sich wohl um eine um die Mitte des 14. Jahrhunderts vorgenommene Abschrift von Werken unterschiedlicher Provenienz, zusammengestellt für den Gebrauch an der Kathedrale von Tournai. Dort bestand eine besondere Bruderschaft ›de la messe de Nostre Dame‹, und eine Stiftung des Bischofs aus dem Jahre 1349 bestimmte die regelmäßige Aufführung von Marienmessen. Vergleichbares gilt wohl für die nach ihren Entstehungs- oder Fundorten so genannten ›Messen‹ von Toulouse, Barcelona und Besançon. Allen gemeinsam ist, dass sie nicht Teil einer alltäglichen Pflege des mehrstimmigen Ordinariums gewesen sind, sondern offenbar für außergewöhnliche Anlässe gedacht waren.

Die einzige im engeren Sinne komponierte Messe des 14. Jahrhunderts ist die Messe von Machaut (entstanden um 1350 und nicht – wie früher vermutet – zur Krönung ▸ Karls V. von Frankreich 1364). In ihrer Tendenz zur Vereinheitlichung vermittels musikalischer Techniken antizipiert die Messe von Machaut Entwicklungen nach 1400. Von entscheidender Bedeutung für die Genese der zyklischen Messkomposition war die Übertragung von Satztechniken, die zuvor in ▸ Motette und ▸ Chanson verwendet wurden. So findet die ▸ Isorhythmie in Gloria-Vertonungen des Kodex Ivrea den Weg von der Motette in die Messenkomposition. Und von den weltlichen Gattungen Chace und ▸ Caccia drangen Kanontechniken in die Messe ein. Zuerst fanden diese Techniken Anwendung auf einzelne Ordinariumsteile, die denn auch nicht zyklisch, sondern nach Texten geordnet überliefert wurden (also Kyriesätze, Gloriasätze, Credosätze je für sich). Die Zentren dieser Übertragung von Techniken der einen in die andere Gattung waren die päpstliche Kapelle in Avignon unter Clemens VII. (1378–1394) und Benedikt XIII. (1394–1417), der englische Hof zur Zeit Heinrichs IV. (1399–1413) und Heinrichs V. (1413–1422) und der päpstliche Hof Johannes' XXIII. (1410–1415).

Die im Old Hall Manuskript enthaltene Musik gibt einen repräsentativen Überblick über die englische Musik am Königshof in der Zeit um 1420. Dass es sich hierbei überwiegend um Messkompositionen handelt, ist an sich schon bemerkenswert. Aber während etwa die Handschrift Apt fast nur Einzelsätze des Ordinariums überliefert, enthält das Old Hall Manuskript die wahrscheinlich ältesten Satzpaare, die durch kompositorische Maßnahmen zusammengeschlossen sind. Angeordnet und zusammengestellt sind sie nach den einzelnen Teilen, also Gloria-Credo- und Sanctus-Agnus-Paare. Anders als im Manuskript Apt oder Modena A fehlen Kyrie-Vertonungen und dies, obwohl durchaus zeitgenössische Kyrie-Vertonungen aus England existieren. Vermutlich wurden diese in einem anderen Manuskript aufgezeichnet und nicht in Old Hall aufgenommen. Im wesentlichen handelt es sich um eng auf die Liturgie bezogene Kompositionen, die auf den entsprechenden Choralvorlagen aufgebaut sind. Einige Gloria- und Credo-Vertonungen sind deutlich als aufeinander bezogen konzipiert und bilden ein entsprechendes Paar. Unglücklicherweise sind die meisten französischen Quellen aus dieser Zeit verloren, so dass ein Vergleich unmöglich ist. Das Old Hall Manuskript ist aber vergleichbar mit dem italienischen Kodex Modena A, insbesondere hinsichtlich der neueren Faszikel, die Messvertonungen des Matteo da Perugia und anonymer Komponisten enthalten. Die Aufnahme von Kompositionstechniken der Motette in den Messenstil bedeutet einen wichtigen Schritt hin zur Entwicklung der späteren zyklischen Tenor-Messe.

Die Geschichte der Messe weist auch wegen eingetretener Quellenverluste zahlreiche weiße Flecken auf; so sind beispielsweise aus der Zeit zwischen 1440 und 1500 alle Messhandschriften der führenden englischen Institutionen verloren gegangen. Deshalb sind keine direkten Quellen für das Repertoire der königlichen Kapelle erhalten, das nur aus mittelbaren Quellen teilweise rekonstruiert werden kann. Lediglich aus der Provinz ist eine größere Zahl von Quellen überliefert, die aber ein eher dürftiges, sicher nicht generell zutreffendes Bild vermitteln.

Cantus firmus-Messe (▶ Cantus firmus)
Bei einzelnen Komponisten der ▶ Ars subtilior fand, von der Motette kommend, die Technik der Isorhythmie ihren Weg in die Messe. Dies ist insofern bemerkenswert, weil der viel längere, feststehende Text der Messe sich weniger für die Isorhythmie zu eignen scheint, als die ganz speziellen, in gewisser Hinsicht genormten Motettentexte. Im Gegensatz zu den verhältnismäßig simplen rhythmischen Strukturen in Kyrie, Sanctus und Agnus der Machaut-Messe findet sich genuine Isorhythmie in Gloriasätzen aus dem Kodex Ivrea (Nr. 44 und 61). Die Entwicklung der Übergangszeit zwischen der verschwindenden italienischen Tradition um Johannes ▶ Ciconia, Antonio ▶ Zacara da Teramo und ▶ Bartolomeo da Bologna und der Durchsetzung des Ordinariumszyklus ist aufgrund der sehr komplizierten Quellenlage und des fast völligen Fehlens sicherer Datierungsmöglichkeiten nur in Grundsätzen zu rekonstruieren, am ehesten noch anhand der Trienter Kodices. Der älteste, Trient 87, überliefert noch Stücke von Ciconia, bringt aber zu Beginn Leonel ▶ Powers Messe *Alma redemptoris mater*. Der Anfang von Trient 92, der vielleicht mit der Kapelle des Gegenpapstes Felix V. in Verbindung steht, enthält eine Zusammenstellung von Messen aus Einzelsätzen verschiedener Komponisten. Die Sätze stimmen jedoch nicht einmal immer in der Tonart und der Schlüsselung der Stimmen überein, was ein deutlicher Hinweis darauf ist, dass die zyklische Messe noch außerhalb des Horizontes der Kompilatoren lag.

Für die Gestalt der Messkomposition bei Guillaume ▶ Dufay mögen die erhaltenen Messsätze des Richard Loqueville, von 1413 bis zu seinem Tode 1418 in Cambrai tätig, von Bedeutung sein. In Gloria-Vertonungen Loquevilles findet sich nicht nur das Alternieren (›a versi‹) von zwei solistischen hohen Stimmen mit einer dreistimmigen Chansontextur, sondern beim vierstimmigen Sanctus *Vineux* handelt es sich um eine Cantus firmus-Bearbeitung mit dem Choral im Tenor. Dufay und seine Kollegen in Italien belebten das Konzept der zyklischen Messkomposition in den 1420er Jahren neu. Obwohl einzelne Messsätze aus der Zeit zwischen ca. 1380 und 1420 überliefert sind, die womöglich als Teile verlorener zyklischer Konzeptionen anzusehen sind, fehlen vollständige Messzyklen. In den 1420er Jahren komponierte Dufay, einem insbesondere norditalienischen Usus folgend, zwei Messzyklen (*Missa sine nomine* und *Missa Sancti Jacobi*); ähnliche Werke existieren von Arnold de ▸ Lantins, Johannes ▸ Reson, ▸ Johannes de Lymburgia, Reginald Liebert und Estienne ▸ Grossin. In seiner *Missa sine nomine* verwendet Dufay motivisches Material seiner Ballade *Resvelliés vous* von 1423 in der Art jener Messen von Antonio Zacara da Teramo und Bartolomeo da Bologna, die Züge der Parodiemesse antizipieren. Die Frage, welches Werk, die Messe oder die Ballade, zuerst existierte, bleibt hiervon unberührt. Wie im Falle Dufays, wo zunächst das Gloria und das Credo existiert zu haben scheinen, kommt es häufiger vor, dass derartig rudimentäre Messen in einem oder mehreren weiteren Arbeitsschritten zu einem vollständigen Messzyklus komplettiert wurden. Ähnlich verfuhren auch die Schreiber von Messkodices, die gemäß eigenem Judicium Messzyklen aus ihnen passend erscheinenden Werken zusammenstellten. Dies alles lässt darauf schließen, dass an bestimmten Institutionen ein Bedarf an Messzyklen bestand, dem dann Komponisten und Schreiber abzuhelfen sich bestrebt zeigten. Dieser sollte nicht generalisiert werden und gilt nur für besondere liturgische und/oder repräsentative sowie religiöse Erfordernisse (soweit diese Beweggründe überhaupt voneinander zu sondern sind). Genealogisch handelt es sich um den Schritt von einzelnen Messpaaren zum Messzyklus, der aber nichts hinsichtlich der Motivation an sich aussagt.

In den frühen 1450er Jahren komponierte Dufay, wohl in Verbindung mit einer Hochzeit im Hause Savoyen, seine erste Cantus-firmus-Messe *Se la face ay pale*, die in vieler Hinsicht die bisherigen Entwicklungen auf dem Gebiet der Messkomposition zusammenfasst und die Optionen für die Zukunft erkennen lässt. Im Tenor verwendet er den Tenor seiner berühmten Ballade, die womöglich selbst für eine Hochzeit des Hauses Savoyen 1434 komponiert wurde. Der Cantus firmus wird, unter strikter Beibehaltung des originalen Rhythmus, der zeitweise um das zwei- oder dreifache augmentiert erscheint, in allen fünf Teilen der Messe verwendet.

Allen Unsicherheiten der Biographie und der Werkchronologie zum Trotz scheint es so zu sein, dass die Idee des zyklischen Zusammenschlusses mehrerer Sätze durch einen einheitlichen, nicht den Ordinariumstexten zugehörigen Cantus firmus eine zunächst in England realisierte Idee gewesen ist. Dies gilt mutmaßlich ebenso für die zyklische Komposition eines vollständigen Ordinariums, ein Verfahren, das auf dem Kontinent nur zögerlich aufgegriffen wurde. Um 1450 finden sich weltliche Cantus firmi neben den bisher ausschließlich verwendeten liturgischen. Wichtiger als dieses eher äußerliche, erst nach dem ▸ Konzil von Trient zum Problem gewordene Phänomen, ist der sich insbesondere in den Werken Dufays dokumentierende gesteigerte kompositorische Anspruch. Für den Kunstwerkcharakter der Messe ist es hierbei von entscheidender Bedeutung, dass es sich um eine strikt immanent-kompositorische, nicht-liturgische Idee handelt, die Komposition der Ordinariumstexte von deren Melodien zu lösen und vermittels eines fremden Cantus firmus dem ganzen Ordinarium eine musikalische Form zu geben.

Die frühesten Satzpaare und Zyklen mit einem solchen fremden Cantus firmus dürften von John ▸ Dunstaple stammen, wie das isorhythmische Gloria-Credo-Paar über *Jesu Christe fili Dei*. In den Messen Gilles ▸ Binchois' ist der Choral grundsätzlich in der Oberstimme zu finden, mit Ausnahme in den Gloria- und Credo-Sätzen; er wird nur wenig ornamentiert. Die Dreistimmigkeit herrscht vor, doch finden sich auch häufig zweistimmige Unterabschnitte. Dass Binchois keine Cantus firmus-Messe geschrieben hat und keine entlehnten Tenores verwendete, dürfte mit seinem Desinteresse an gelehrter, in eigener Sicht kunstreicher Musik zusammenhängen. Hier besteht ein grundlegender Gegensatz zum Ansatz von Dufay oder später Johannes ▶ Ockeghem, die auch englische Musik studierten und deren Techniken ihrem eigenen kompositorischen Ansatz assimilierten.

Vielleicht wurden Petrus de ▶ Dormato (Pieter de Domaro) – *Missa Spiritus almus* – und Johannes Ockegehm – *Missa Caput* – an Unserer Lieben Frau in Antwerpen mit der englischen Caput-Messe vertraut. Bei Dormato ist der Cantus firmus notengetreu in allen fünf Teilen der Messe verwendet, doch einer strikten rhythmischen Veränderung anhand der Mensurzeichen unterworfen. Das Verfahren, aus der Motette der Ars nova bekannt, scheint zuvor nicht in der Messe verwendet worden zu sein. Domartos Verfahren machte u.a. bei zahlreichen Anonymi sowie Dufay und Ockeghem (*Missa Prolationum*) Schule.

Um 1450 adaptiert die Messe als Gattung die sogenannten ›Künste der Niederländer‹ und wird so zur führenden Gattung der Zeit, zum Experimentallabor für kompositorische Innovationen. Besondere Aufmerksamkeit und humanistischer Ehrgeiz im Übertreffen der Vorgänger wird hierbei der Aufbereitung des Cantus firmus gewidmet. Insofern schließt die Cantus firmus-Messe an den Anspruch der isorhythmischen Motette an. Die Idee des Individualität beanspruchenden Meisterwerkes nimmt an diesem Punkt der Musikgeschichte ihren Ausgangspunkt. Johannes ▶ Ockeghems *Missa prolationum* ist eine kompositorische tour de force, die in puncto Kanonkünste (▶ Kanon) nicht wieder erreicht wurde. Einzelne Nachfolger sind Einzelsätze wie das zweite Agnus Dei in ▶ Josquin Desprez' *Missa L'homme armé super voces musicales* (drei Stimmen aus einer) und das dritte Agnus in Pierre de la ▶ Rues Messe *L'homme armé* (vier Stimmen aus einer). Weniger komplexe Kanonmessen – mit reinen Melodie-, nicht Proportionskanons – begegnen häufiger, etwa in Pierre de la ▶ Rues Messe *O salutaris hostia* (4 ex 1), in ▶ Josquins Messen *Ad fugam* und *Sine nomine*, in den *L'homme armé*-Messen von Guillaume Faugues und Jean Mouton und noch in Giovanni Pierluigi da ▶ Palestrinas Messen *Ad fugam* (gedruckt 1567), *Ad coenam agni providi* (1570) und *Sine nomine* (1599).

Dufays *Missa Se la face ay pale* markiert den Beginn einer ganzen Gruppe von Messen auf weltliche Cantus firmi. Zu nennen sind etwa die drei heute noch bekannten Messen über John ▶ Bedynghams *O rosa bella*, von denen die beiden anonym überlieferten ein dialektisch aufeinander bezogenes Paar von Messkompositionen bilden. In den 1450er und frühen 1460er Jahren wurde die Messe mit frei variierend gehandhabten Cantus firmus die Hauptgattung der frankoflämischen Messkomposition, hierbei überwiegen die aus Chansons entlehnten Tenores bei weitem die liturgischen Cantus firmi. Zugleich beinhaltet die Gruppe dieser Werke, die rund 30, vor allem anonym überlieferte Messen umfasst, die Anfänge der sogenannten Parodiemesse, dann etwa, wenn mehr als eine Stimme des Modells in der neugeschaffenen Messe Verwendung gefunden hat. Frühe Beispiele für diese Technik sind Walter ▶ Fryes *Missa Dueil angoisseux* und ▶ Barbingants *Missa Terriblement*.

Bis zum Ende des 15. Jahrhunderts existieren zahlreiche Marien- oder Heiligenmessen, wogegen die Hochfeste des Kirchenjahres kaum mit entsprechendem polyphonen Repertoire versehen wurden. Dies hat sicher mit den spezifischen Interessen der Patrone und

Herrscher zu tun, die Messen für ihnen besonders wichtige Feste bevorzugten und somit einer spezifischen Laienfrömmigkeit Ausdruck verliehen, zugleich aber auch die Messkomposition in den Dienst eines spezifischen Repräsentationsbedürfnisses stellten. Nicht zu vergessen ist zudem, dass die etablierten und herkömmlichen Hochfeste des Kirchenjahres kaum mehr Spielraum für die Zurschaustellung individueller Frömmigkeit wie besonderer Patronage boten. Generell kann gesagt werden, dass die Untergattung der Cantus firmus-Messe mit einiger Sicherheit aus speziellen Stiftungen hervorgegangen ist, da sie in besonderer Weise geeignet ist, dem spezifischen Anliegen des oder der Stifter auf der Ebene der Allegorese Ausdruck zu geben. Das berühmteste Beispiel für einen von den Komponisten im Medium der Gattung geführten Akt symbolischer Kommunikation ist die Reihe von Messen über ▸ *L'homme armé*, die von 1450 bis zu einem wohl um 1630 entstandenen, Giacomo ▸ Carissimi zugeschriebenen Werk für drei vierstimmige Chöre und Generalbass reicht.

Der *L'homme armé*-Tradition vergleichbar sind einige kleinere Gruppen von Messen, die ihren Cantus firmus weitverbreiteten Chansons entlehnen, etwa die Messen über *Fors seulement*, *De tous biens plaine*, *Adieu, mes amours* oder *Doulce memoire*. Eine weitere Familie von Messen mit gesteigertem kompositorischen Anspruch repräsentieren die Messen, deren Cantus firmus aus Solmisationssilben besteht. So gibt es Messen über Ut re mi fa sol la von Antoine ▸ Brumel, Morales, Francesco ▸ Soriano, Juan de ▸ Esquivel und Palestrina. Die Möglichkeiten sind kaum begrenzt und der Anreiz zur Auseinandersetzung mit der Materie lag wohl in der möglichst vielseitigen Verarbeitung solcher Cantus firmi, deren Spektrum vom strengen Cantus firmus-Satz mit dem Solmisations-Tenor in großen Notenwerten bis zur Durchimitation reicht.

Nach ca. 1465 werden Messen über gregorianische Cantus firmi deutlich seltener, auch wenn man berücksichtigt, dass viele verloren gegangen sein könnten. Sowohl hinsichtlich der Semantik als auch der Akte symbolischer Kommunikation im Medium des Kunstwerkes, bilden jene Messen eine gesonderte Gruppe, die mittels Solmisation aus den Vokalen eines Huldigungsspruches eine Tonfolge ableiten – ein ›soggetto cavato delle parole‹, wie Gioseffo ▸ Zarlino es 1558 nannte. Die Solmisation dient nur als Hilfsmittel, anhand derer sich die Kunstfertigkeit des Komponisten zeigt und im selben Maße die Kennerschaft desjenigen dem gehuldigt wird. Im Zentrum steht der Huldigungsspruch selbst, der denn auch meist in breiten Notenwerten und sicherlich mit seinem eigenen Text gesungen wurde. Den Beginn dieser Tradition markiert allem Anschein nach Josquins Messe über *Hercules dux Ferrariae*, für Ercole I. d'Este (▸ Este), der eine ganze Reihe vergleichbarer Werke folgt. Spruchbänder nicht aus ▸ Soggetti cavati, sondern beziehungsvoll gewählten gregorianischen Melodien konnten dieselbe Huldigungsfunktion übernehmen, zumal dann, wenn es sich um einen geistlichen Würdenträger handelte.

Eine kleine, ästhetisch aber äußerst reizvolle Gruppe bilden jene Messen über mehrere Cantus firmi. Die *Missae carminum* von Heinrich ▸ Isaac, Jacob ▸ Obrecht und Costanzo ▸ Festa verwenden Lieder und Chansons. Der Reiz solcher Werke, die stets den Charakter von Ausnahmen behielten, lag in der spielerischen Leichtigkeit, mit der allbekannte Melodien zitiert und kombiniert wurden.

Plenarmesse
Die Zahl der mit Sicherheit nicht englischen Messen vor der Zäsur um 1450 ist klein. Die anspruchsvollsten gehören einem Typus an, der in England unbekannt gewesen zu sein

scheint: der Plenarmesse, die alle Teile des Propriums und des Ordinariums vertont. Ihre Einheit ist vor allem das Ergebnis der liturgischen Ordnung und weniger das kompositorischer Manipulationen. Tr 92-I, ursprünglich ein unabhängiger Codes, geschrieben um 1435–1437, enthält vor allem Ordinariums- und Propriumsvertonungen, angeordnet als Plenarmessen, aus der Feder von Dufay, Binchois, Power, Dunstable, John ▸ Benet, Forest, Nicholas de Merques und Johannes ▸ Brassart. Wie zahlreiche andere Kodices steht er auch in Verbindung mit der Rezeption englischer Musik auf dem Kontinent im Kontext des Konstanzer Konzils. Gleichsam eine Summe der Möglichkeiten der Messkomposition seiner Zeit, zieht Dufay in der *Missa Sancti Jacobi*, die vermutlich für die Franziskaner-Niederlassung S. Giacomo Maggiore in Bologna geschrieben wurde, da die Texte der Propriumsteile auf das Patrozinium der Kirche Bezug nehmen. Die beiden Haupttechniken der Choralbehandlung sind die Paraphrase des Chorals in der obersten Stimme des Satzes und die Verwendung des Chorals als nichtisorhythmisch behandelte Vorlage für den Tenor. Die Communio wurde von Heinrich Besseler für das erste Fauxbourdonstück überhaupt gehalten. Dufays Messe ist ein Werk von außerordentlichen Dimensionen und raffinierter stilistischer Vielfalt, für die in der gesamten Überlieferung kein Seitenstück existiert. Ein technisches Experiment ist Estienne Grossins *Missa Trompetta*, deren Tenor, weitgehend aus Signalmotiven konstruiert, auf einer Zugtrompete des 15. Jahrhunderts spielbar war. Für die Aufführungspraxis bedeutet dies jedoch keineswegs eine eindeutige Festlegung, da das Werk zur Gattung des ›trumpetum‹ gehört, die der Prager Magister Paulus ▸ Paulirinus um 1460 als einen vierstimmigen Satz beschrieben hat, in dem drei Stimmen normal singen, während die vierte »ad modum tubae gallicalis« ihren Part vorträgt. Eine Möglichkeit, die ebenfalls für Dufays etwa gleichzeitiges Gloria »ad modum tubae« oder Franchino ▸ Gaffurios *Missa trombetta* vom Ende des Jahrhunderts gilt.

Bis zum Vordringen der Gegenreformation war die ›komponierte Liturgie‹ in Gestalt des polyphonen Choral-Ordinariums der an den katholischen wie protestantischen Höfen im deutschsprachigen Süden bevorzugte Messtypus.

Isaacs Rolle für die Weiterentwicklung des Messzyklus' unter dem Aspekt der komponierten Liturgie dürfe kaum hoch genug veranschlagt werden. Vor der Übernahme des Amtes eines Hofkomponisten der kaiserlichen Hofkapelle ▸ Maximilians I. (1496/1497) hatte er ausschließlich die Gattung der formal und architektonisch anspruchsvollen Cantus firmus- und quasi-Parodiemesse gepflegt, nach diesem Zeitpunkt aber fast nur – in Parallele zu den Propriumszyklen des *Choralis constantinus* – Ordinariumszyklen für den Alternatimvortrag. Isaacs Propriumszyklen sind zudem der einzige Vergleichspunkt zu den *Gradualia* von William ▸ Byrd (109 Stücke in 2 Büchern, gedruckt 1605 und 1607) für beinahe alle Feste des katholischen Kirchenjahres. Zum Typus der Plenarmesse gehören auch die drei überlieferten Messen des Johannes ▸ Galliculus, der zur Generation der um 1490 geborenen gehört, und der sein Schaffen anders als seine Altergenossen Sixt ▸ Dietrich, Johann ▸ Walter und Ludwig ▸ Senfl nicht vordringlich der evangelischen Choralbearbeitung oder der Psalmenmotette in der Nachfolge Thomas ▸ Stoltzers widmete, sondern in den Dienst der lateinischen Kirchenmusik stellte. Sie bieten das Ordinarium und Proprium missae des Weihnachts- und Osterfestes, wobei das Offertorium nicht mehrstimmig vertont wird. Überliefert in den beiden von Georg ▸ Rhau 1539 und 1545 gedruckten Sammlungen, gehören die Ordinariumssätze zum Typus der Choralmesse, wobei als Cantus firmi zwei gregorianische Messen zugrunde liegen; es wird mit der Alternatimpraxis gerechnet.

Die Alternatim-Messe an sich stellt eine besondere Entwicklung um 1500 dar, zu der Isaac und Anonymi Beiträge beisteuerten, die für die Liturgie am Hof der Habsburger bestimmt waren. In diesen Werken wechseln gesungene polyphone mit gleichfalls polyphonen Abschnitten ab, die auf der Orgel zu spielen sind. Das Alternieren von Polyphonie und Choral war zuvor weitverbreitet; die Praxis lässt sich insbesondere für Augsburg nachweisen, wo Paul ▸ Hofhaimer in der Messe improvisierte, doch dürfte sie an zahlreichen anderen Orten ebenfalls gepflegt worden sein.

Tenormesse
Frühe, als Messpaare konzipierte Vertonungen von Gloria und Credo zeigen eine motettenähnliche Tenorkonstruktion, welche die Verbindung der beiden textreichsten Messteile bewirkt und genetisch zur Geschichte der Tenormesse gehören. Ein Hauptmittel der zyklischen Vereinheitlichung der Messe und damit der Konstituierung der Gattung im künstlerischen Sinne, war die Verwendung eines immer wiederkehrenden, in der Regel frei ausgeformten Tenors, der ebenso häufig dem ▸ gregorianischen Choral wie der höfischen Liedkunst entstammt. Oft wurde ein Tenor, ähnlich wie eine gregorianische Vorlage, entweder unverändert oder leicht figuriert oder zum Motettentenor in langen Notenwerten ausgedehnt, als Gerüststimme verwendet. Zusammen mit einer fragmentarischen *Nesciens mater* Messe von John Plummer ist Fryes *Flos regalis* wohl eines der frühesten Beispiele für die vierstimmige Tenormesse. Ihr Cantus firmus (der bisher nicht identifiziert werden konnte) ist einer jener Choräle im siebten Modus, der dem Caput-Tenor ähnlich ist. Reinhard Strohm argumentiert, dass die Aufnahme weltlicher Cantus firmi in Messzyklen auf eine englische Gepflogenheit zurückgehen könne, die dann auf dem Kontinent adaptiert wurde. Dies zeigt er etwa an Fryes fragmentarischem Kyrie *So ys emprentid*, das im Chorbuch Lucca (I-Las 238) überliefert ist.

Der Transfer isorhythmischer Cantus firmus-Techniken von der Motette in die Messe wie in Lionels *Alma redemptoris mater* und der *Caput*-Messe und die Verwendung weltlicher Gesänge als Mess-Tenores wie in Bedynghams *Dueil angouisseux*, scheinen ein originär englisches Phänomen gewesen zu sein.

In einigen Messen seit den 1480er Jahren kombiniert Obrecht verschiedene Cantus firmi oder zumindest neben dem liturgischen Cantus firmus noch weitere Gesänge, so in der *Missa de Sancto Martini*, *Missa de Sancto Donatiano* und *Missa Sub tuum presidium*.

Parodiemesse
Antonio ▸ Zacara da Teramo (um 1400 in Rom tätig) dürfte einer der ersten gewesen sein, der die Parodietechnik im Sinne der Entlehnung und Verwendung von Material gebrauchte. In seinem Messenpaar Gloria *Micinella* – Credo *Cursor* verwendet er Vorlagen, wie schon die Titel andeuten. Zyklische Vereinheitlichung und Parodietechnik zeigen sich in den Gloria-Credo-Paaren von Zacara da Teramo in verschiedenen Komplikationsgraden. Den Höhepunkt dieser frühen Parodietechnik, wenngleich nicht der zyklischen Paarbildung, bezeichnen das Gloria *Vince con lena* und das Credo *Morir desio* von Bartolomeo da Bologna, die zwar in ihrer einzigen Quelle zusammen überliefert, aber kein komponiertes Paar sind. Mit Sicherheit gehören die beiden großen Gloria-Credo-Paare von Johannes Ciconia zusammen. Vermittels kompositorischer Mittel, der Behandlung des Wortes und der musikalischen Formbildung aus der Textstruktur heraus, stiftet Ciconia eine zyklische Einheit.

Die Idee, aus einer Vorlage nicht nur den Tenor oder – seltener – den Superius zu entnehmen und als Cantus firmus zu verwenden, entfaltete sich gewissermaßen in drei Schritten. Bei Ockeghem in der *Missa Ma maitresse* (über eine eigene Chanson) zitieren nur Kyrie und Gloria den Anfang der Chanson, die anderen Sätze sind entlehnungsfrei. Hier, wie auch in der fünfstimmigen *Missa Fors seulement*, handelt es sich um eine emblemartige Mottotechnik. In diesen ›Zitatmessen‹ wird die ursprüngliche kontrapunktische Konstellation der Stimmen nicht angetastet. In einem zweiten Schritt werden Motive und Stimmen aus dieser Konstellation herausgelöst und – durch eben diese Vorgehensweise – in ein neues Licht gerückt. In gewisser Hinsicht stehen Ockeghems Messen abseits der gattungsgeschichtlichen Entwicklungslinie von Dufay über Busnoys zu Obrecht und Josquin, insbesondere im Hinblick auf seine Handhabung der großformalen Gestaltung. Die stilistische Bandbreite der Musik Ockeghems macht einen systematischen analytischen wie stilkritischen Zugriff nahezu unmöglich. Kaum eine Messe gleicht der anderen und ließe, fehlten die Autorschaftsangaben, auch auf völlig verschiedene Komponisten schließen.

Die Zeit der Generation von Josquin, Obrecht und de la Rue (ca. 1480-1520) ist eine Periode des Übergangs, in der die Cantus firmus-Messe zu Gunsten der Parodiemesse eher zurücktritt. Im Messchaffen dieser Komponisten sind die Formmodelle und Entwicklungstendenzen der Gattung exemplarisch und repräsentativ zusammengefasst.

Die achtzehn Josquin gegenwärtig zugeschriebenen Messen bilden in ihrer Mischung aus Kontinuität und Innovation ein Kompendium der Möglichkeiten der zeitgenössischen Messkomposition. Der Zahl nach werden sie vom Messenœuvre Isaacs, Obrechts und de la Rues übertroffen. *L'ami Baudichon*, *Di dadi*, *L'homme armé super voces musicales* und *Hercules Dux Ferrariae* sind Tenor-Cantus-firmus-Messen; *Faisant regretz*, *Gaudeamus* und *La sol fa re mi* verbinden Tenor-Cantus firmus mit Ostinatotechniken; *L'homme armé sexti toni* lässt den Cantus firmus durch die Stimmen wandern. *D'ung aultre amer*, *Fortuna desperata* und *Malheur me bat* nähern sich in unterschiedlichem Maße der Parodietechnik, die in *Mater Patris* konsequent durchgeführt und experimentell gehandhabt wird. Die Messen *Ad fugam* und *Sine nomine* verwenden auf unterschiedliche Weise Kanontechniken. *De Beata Virgine* ist eine Choralparaphrase, eine Technik, die in *Ave maris stella* und *Pange lingua* mit dem Prinzip der Durchimitation zusammengeführt wird. *Une mousse de Biscaye* schließlich verbindet die Paraphrase einer Liedmelodie mit der cantus firmus-Technik. Die Gruppierung nach Techniken suggeriert jedoch Gemeinsamkeiten, die nur sehr äußerlicher Natur sind. Vielmehr repräsentiert jedes Werk eine höchst individuelle Lösung innerhalb der durch das Genre insgesamt vorgezeichneten Problemstellungen. Es muss Spekulation bleiben, ob genau dies, die Schaffung und Ausprägung einzigartiger Werke Josquins Intentionen entsprach. Der exzeptionelle Kunstanspruch der meisten dieser Werke führte in der folgenden Generation womöglich auch dazu, dass die Gattung Messe zu Gunsten der Motette eher in den Hintergrund trat und die Komponisten der Generation Jacobus ▸ Clemens non Papa, Nicolas ▸ Gombert und Adrian ▸ Willaert auf diese Weise den direkten Wettbewerb um Ruhm und Nachruhm mit dem Vorbild vermieden. Bis heute werden die Werke de la Rues an denen Josquins gemessen, was völlig unangemessen ist, weil Rue einen ganz eigenen Stil entwickelt und kultiviert hat. Qualitativ stehen die Werke Rues hinter denen Josquins in keiner Weise zurück. Stilistisch ist die Verwandtschaft, insbesondere hinsichtlich der Melodiebildung, mit dem späteren Nicolas Gombert nicht zu übersehen. Bei den Messen fällt die extreme Bevorzugung liturgischer

Vorlagen (23 Werke) und vor allem marianischer Cantus firmi (11) auf. Einziger Anhaltspunkt für die Chronologie der Messen ist der Zeitpunkt der frühesten Überlieferung, wonach die im Chigi-Codes (I-Rvat CVIII 234), in Ottaviano Petruccis Individualdruck 1503 und in den wahrscheinlich auf 1504/1505 zu datierenden Handschriften A-Wn 1783 und B-Br 9126 überlieferten Messen früher entstanden wären. Generell scheint es so zu sein, dass in jeder Messe ein spezielles kompositorisches Problem und dessen diskursive Behandlung für Rue im Vordergrund stand. Kompositions- und gattungsgeschichtlich, aber auch ästhetisch behaupten die Messen Rues einen ebenbürtigen Platz neben dem ganz anders gearteten Messenschaffen Josquins.

Die rund 30 gesicherten und sechs mehr oder weniger überzeugend zugeschriebenen Messen bilden den künstlerisch gewichtigsten Teil von Obrechts Œuvre. Neben Heinrich Isaac und Pierre de La Rue ist Obrecht der fruchtbarste Komponist der Epoche. In Obrechts Messen-Œuvre finden sich neben konventionellen Werken im Stil der Messen von Busnoys und Ockeghem auch solche, die radikal mit herkömmlichen Tendenzen brechen. Dieser Bruch ist, dank der Möglichkeit einige Messen genauer zu datieren, mit ziemlicher Sicherheit um 1490 anzusiedeln. Eine gewisse Dichotomie scheint konstitutiv für die Kompositionstechnik der Messen zu sein. So bedient sich die Melodik einerseits vorzugsweise liedhafter Wendungen und Dreiklangsbrechungen, andererseits werden knappe Motive durch additive Verfahren und fantasievolle Variationen einem höchst komplexen Entwicklungsprozess unterworfen. Der Kontrapunkt ist in auffallender Weise durch Dezimenparallelen der Außenstimmen, Terz- und Sextparallelen sowie fauxbourdonartige Passagen und Kadenzen bestimmt. Hinzu treten Kanons, die aber, anders als in der ostentativen Weise Josquins, eher verborgen als herausgestellt werden. Ebenso im auffallenden Gegensatz zum Werk Josquins, spielt die konsequent gehandhabte Imitationstechnik so gut wie gar keine Rolle. Durch die Konzentration auf wenige Klangebenen und -zentren sowie die Dreiklangsbezogenheit entsteht ein zukunftsweisendes Klangbild. Die Bindung an Cantus prius facti ist vor dem Textbezug dominierend. Hierbei werden Choralmelodien in vielfacher Weise paraphrasierend gehandhabt, während Vorlagen aus weltlichen Kompositionen geradezu zitathaft verarbeitet werden. In jedem Falle ist die Zubereitung der Vorlagen das Feld, auf dem sich die Phantasie Obrechts am weitesten entfaltet und worin auch der qualitative Abstand zu den meisten seiner Zeitgenossen am deutlichsten greifbar wird. In seiner *Missa L'homme armé* verwendet Obrecht überraschenderweise nicht die bekannte Volksweise, sondern den Tenor aus Busnois' gleichnamiger Messe mit allen rhythmischen Besonderheiten. Ähnliche Bezugnahmen sind in seiner Messe *Je ne demande* (Busnois) und *Sicut spina rosam* (Ockeghem) zu bemerken. In der letztgenannten Messe bilden einzelne Stimmen Zitate aus Ockeghems *Missa Mi-mi*. Der Cantus firmus, ein Abschnitt aus dem Responsorium *Ad nutum Domini* zum Fest der Geburt Mariens, ist zugleich das Motto der Bruderschaft Unserer Lieben Frau in 'sHertogenbosch, womöglich ein Auftragswerk der genannten Bruderschaft. Rund 20 Messen Obrechts sind auf weltliche Gesänge gegründet. Die Messen *Petrus apostolus*, *Beata viscera*, *O lumen ecclesie* und *Sicut spina rosam* bilden im Œuvre Obrechts eine in sich geschlossene Gruppe mit spezifischen Charakteristika, die sich so in anderen Werken nicht finden. Alle vier Messen sind auf einer oder mehreren frei gehandhabten und entwickelten Versionen eines gregorianischen Cantus firmus aufgebaut.

Der sich in der Generation nach Josquin vollziehende Wandel der Vorlagen von der

Chanson zur Motette scheint vielfältig motiviert. Die Vorbildfunktion Josquins, die Verschiebung innerhalb der Gattungshierarchie zu Gunsten der Motette und die kulturellen und liturgischen Kontexte mit ihren Anforderungen an eine mehr oder weniger konkrete Semantik, dürften hierbei von ausschlaggebender Bedeutung gewesen sein. Die Verwendung imitatorisch-textdarstellender Vorlagen besitzt zudem den Vorteil, mit individuell geprägten Motiven arbeiten zu können. Satztechnisch ist zudem festzuhalten, dass der Chansonsatz generell weniger geeignet ist für die imitatorische Durchstrukturierung des Satzes. Die jüngere Parodiemesse wurde, ausgehend von den am französischen Hof tätigen Komponisten, überall dort zur beherrschenden Form, wo ein Bedarf an anspruchsvollen Messen bestand. Die beiden Messedrucke von Morales räumen der Parodiemesse schon einen erheblichen Raum ein. Kein anderer Komponist seiner Generation schuf eine derart große Anzahl. Von den 22 erhaltenen Messen erschienen 16 unter seiner Aufsicht 1544 in Rom, im monumentalen Folio-Format. Sieben seiner Messen bedienen sich Motetten frankoflämischer Meister als Parodievorlagen, sechs sind auf Choralvorlagen gegründet, drei basieren auf französischen weltlichen Cantus firmi (darunter zwei auf *L'homme armé* und eine auf dem Superius von Josquins *Mille regretz*), drei verwenden spanische weltliche Liedvorlagen und zwei sind auf Solmisations-Themen aufgebaut. Anders als oft behauptet, entwickelt er den Stil Josquins eigenständig, mit interessanten Parallelen zu dem ihm persönlich bekannten Gombert. Unter Gomberts Namen sind zwölf Messen überliefert. Für die Handhabung des Parodieverfahrens bei Gombert wie auch bei seinen Zeitgenossen ist charakteristisch, dass die gesamte musikalische Substanz der Vorlage und nicht nur einzelne Stimmen oder Abschnitte übernommen werden. Aus dieser Vorlage heraus werden dann ganze Abschnitte oder auch nur melodische Linien herausgegriffen und entwickelt. Die Bandbreite der Möglichkeiten reicht von notengleichen Übernahmen über die partielle Veränderung der Soggetti bis zur völligen Neuzusammenstellung und Erweiterung des Stimmengefüges. In der Mehrzahl der Fälle beendet die Schlusskadenz der Vorlage die einzelnen Sätze des Messordinariums. In einigen Messen ist das Bemühen erkennbar, das musikalische Material der Vorlage an solchen Textstellen der Messe zu verwenden, wo ein literarischer oder auch allegorischer Bezug vorhanden ist. Auf diese Weise wird der durch das Parodieverfahren gegebene musikalische Bezug auch auf der Ebene des Textes realisiert. Die Messe *Sur tous regretz* trägt im Gardano-Druck von 1547 den Zusatz »A la Incoronation« und mag zur Krönung Karls V. in Bologna 1530 erklungen sein. Die Messe *Quam pulchra es* könnte für einen Papst (Clemens VII.) komponiert worden sein (Aufenthalt Karls V. in Rom), da die Antiphon *Ecce sacerdos magnus* im Agnus Dei in Gestalt eines Kanons ad longum hinzutritt.

Der Grad des Bezuges auf die Vorlage ist ein Problem der musikgeschichtlichen Bewertung, wobei die Frage danach, ob gattungsgeschichtliche Entwicklungen oder personalstilistische Eigenarten den Ausschlag geben, kaum zu entscheiden ist. Inwiefern der Motettentext eine irgendwie semantisch oder strukturell determinierende Wirkung ausübt, gehört ebenso zu den ungeklärten Fragen, wie die Untersuchung der Ähnlichkeiten in der Textaussage zwischen Vorlage und Messentext. Ausdruck der Kommunikation der Komponisten im Medium der Gattung sind Messenfamilien wie die *Benedicta es* Messen von Willaert, Palestrina, de la Hèle und de Monte.

Im Falle de Montes wird etwa der schon in der Generation nach Josquin erhobene Vorwurf der Nuditas des Satzes bewusst durch eine dichte sechsstimmige Faktur aufgehoben.

Noch gegen Ende des 16. Jahrhunderts blieb die Messe ein bevorzugter Ort für formale Integrationsarbeit und formale Experimente.

In den Missae breves manifestiert sich in der 2. Hälfte des 16. Jahrhunderts eine Tendenz zur knapperen und schlichteren Komposition der Ordinariumstexte, die sich auch in der Kürzung und Vereinfachung von Sanctus und Agnus Dei niederschlägt. Zum einen wohl eine Reaktion auf den gesteigerten künstlerischen Anspruch der großen Messen und auf die Forderungen und Reformen des Trienter Konzils, knüpfen sie doch zum anderen auch an schon länger bestehende Tendenzen zu einfacheren Messen an, in denen syllabisch-akkordische, schnelle Textdeklamation in den textreichen Sätzen die Regel ist. In der Generation von Clemens non Papa, Gombert und Willaert kommt es zu einer Differenzierung zwischen dreiteiliger und zweiteiliger Anlage des Agnus Dei, ohne dass eindeutige Tendenzen erkennbar sind. Bei Palestrina ist dann die Zweiteiligkeit die Norm, während schon Clemens non Papa und später Orlando di Lasso und Philippe de Monte nur ein Agnus Dei komponieren, was aber nicht ausschließt, dass noch in diesem einzelnen Satz mit den bekannten Steigerungstechniken durch zusätzliche Stimmen, Kanons oder Cantus firmi gearbeitet wurde. Liturgisch war dies unbedenklich, da sich der jeweils nicht komponierte Textabschnitt – ›miserere nobis‹ oder ›dona nobis pacem‹ – aufgrund der gleichen Silbenzahl ohne Probleme der Musik unterlegen ließ. Die wesentlichste Vereinfachung des Sanctus war die Wiederholung des Osanna I als Osanna II, für das es im Choral Vorbilder gibt und wie es bereits von den Komponisten der Josquin-Generation praktiziert wurde. Die Zusammenziehung von Sanctus und Pleni bedeutet demgegenüber einen sehr viel folgenschwereren Eingriff in die Form, denn ihm fiel der regelmäßige Wechsel von vollstimmigen und geringstimmigen Teilen zum Opfer. Es ist nicht zu erkennen, inwiefern die Experimente mit der Verkürzung von Sanctus und Agnus Dei eine Beziehung zu den liturgischen Reformen besitzen. Vielmehr scheint der Wunsch nach Arbeitserleichterung vorrangig gewesen zu sein, zumal der Bedarf an Messen gerade in dieser Generation, die mit Sanctus und Agnus Dei experimentierte, stark anstieg. Die Kritik an säkularem Kunstaufwand und mangelndem Textverständnis begleitete die Messkomposition seit ihren Anfängen und stammte vor allem aus den Kreisen humanistisch und musikalisch gebildeter Theologen. Insbesondere die Messen auf nicht-liturgische Cantus firmi waren schon früh der Kritik ausgesetzt, was aber ihrer Beliebtheit zunächst keinen Abbruch tat. Die Forderungen des Konzils, alles Profane, Unreine und Laszive zu unterlassen, führten wohl in der zweiten Hälfte des 16. Jahrhundert zur starken Zunahme von Parodiemessen, welche die weltliche Vorlage hinter neutralen oder latinisierten Titeln verbergen. Ohne Zweifel bildete die Frage nach der Textverständlichkeit den Fokus der musikalischen Bemühungen der zuständigen Konzilskommission. Aufgrund seiner Beziehungen zu Kardinal Carlo Borromeo und seiner Tätigkeit als Domkapellmeister in Mailand (seit 1563) dürfen Vincenzo ▶ Ruffos Messen von 1570, die sich schon im Titel als reformorientiert erweisen, in besonderem Maße als repräsentativ für die Vorstellungen der kirchenmusikalischen Reformbewegungen betrachtet werden.

Bis heute wird die Wahrnehmung der Messkomposition in der zweiten Hälfte des 16. Jahrhunderts in verzerrender Art und Weise von Palestrina bestimmt. Ohne die von Mythenbildung umrankte Rezeption und die Kanonisierung seines Stils ist die Prädominanz Palestrinas nicht zu erklären. Der historischen Realität entspricht sie insofern keineswegs, als Lasso und Victoria mindestens ebenso bedeutende Komponisten sind. Sein über 100 Messen umfassendes Œuvre ist auch Ausdruck einer Schnelligkeit der Produktion, die selbstzweckhafte Züge besitzt. Die Vielzahl der Motivvarianten, der Modellbezug bei den Parodiemessen und die motivische Kohärenz können als Qualitätskriterien gelten, aber ebenso sehr auch als Ausdruck einer rationalisierten Produktionsweise, die einen klangvollen, polyphon strukturierten Satz entstehen lässt, die Werkindividualität im emphatischen Sinne aber geradezu verschwinden lässt. Oft ist nicht zu entscheiden, ob es sich um ein freikomponiertes Werk vom Typus der *Missa sine nomine* oder ob ein Bezug auf einen vorhandenen Cantus firmus existiert. Bestes Beispiel hierfür sind die divergierenden Einschätzungen zur allbekannten *Missa Papae Marcelli*. Dreh- und Angelpunkt ist in diesem Zusammenhang die Bewertung des aufsteigenden Quartsprungs mit anschließender stufenweiser Abwärtsbewegung zum Grundton und der zyklusbildenden Eigenschaften eines solchen Motivs. Die historische Sonderstellung der *Missa Papae Marcelli* ist analytisch nicht zu untermauern, sie ist vor allem Teil der Rezeptionsgeschichte Palestrinas und des Mythos' vom ›Retter der Kirchenmusik‹. In vieler Hinsicht wird das historische Verdienst Palestrinas auch durch den evidenten stilistischen Befund revidiert, der die Rückwärtsgewandtheit seiner Kunst auf den Stil der Generation von Clemens, Gombert und Willaert offenbart. Ohne deren Systematisierung der abschnittsweisen Durchimitation sind die Werke Palestrinas nicht denkbar.

Völlig zu Unrecht stehen Francisco ▶ Guerrero und Tomás Luis de ▶ Victoria im Schatten Palestrinas. Mit Ausnahme der *Missa L'homme armé* liegen alle Messen Guerreros im Druck (1566, 1582 und 1597) vor. Da die Behandlung der Parodietechnik in den Messen Guerreros dem von Cerone (*El melopeo*, 1613) beschriebenen weitgehend entspricht, ist anzunehmen, dass Cerone sich während seines Spanienaufenthaltes von Guerrero beeinflussen ließ. Der Kanontechnik räumt Guerrero in seinen Messen breiten Raum ein. Im Agnus Dei seiner Parodiemesse *Inter vestibulum* kombiniert er einen dreistimmigen Kanon mit Stimmen der Motette von Morales. Guerreros *Missa de la batalla escoutez* (1582), die zu der Gruppe von Messen über die Chanson *La bataille de Marignan* von Clement ▶ Janequin gehört, könnte im Zusammenhang mit dem spanischen Sieg bei San Quintin (1557) stehen. Im achtstimmigen Agnus Dei II dieser Messe experimentiert Guerrero mit Möglichkeiten der Chorteilung.

Victorias Stil verfeinert die überkommenen Techniken der Messkomposition der 1. Hälfte des 16. Jahrhunderts zu einem Perfektionsgrad, der einen Endpunkt markiert und zugleich ein Vorläufer des Stilwandels um 1600 ist. Die nicht aufrechtzuerhaltende Feststellung, Victoria habe gewissermaßen im ›Palestrina-Stil‹ komponiert, hat zur unzulässigen Vernachlässigung des Komponisten geführt. Anders als die Musik Palestrinas ist die Musik Victorias kaum oder gar nicht in ein systematisches und damit besser lehrbares Schema zu bringen. Seine Handhabung des Kontrapunkts ist eher unorthodox, und er duldet im Interesse der Textausdeutung auch Verstöße gegen die Regeln. Außer den vier Messen *Ave maris stella* (1576), *De beata Maria* (1576), *Pro defunctis* und *Officium defunctorum* (1605), deren polyphone Textur auf Choralvorlagen gegründet ist, verwenden alle übrigen Messen das Parodieverfahren. Victoria vermeidet weltliche Vorlagen und handhabt das Parodieverfahren in atemberaubend freier und unschematischer Art und Weise. Es entsteht der Eindruck, als habe Victoria in seinen Messen ein Kompendium der Möglichkeiten des Parodierens komponieren wollen.

Die Geschichte der Messe in der zweiten Hälfte des 16. Jahrhunderts außerhalb Italiens gehört zu den am wenigsten erforschten Kapiteln der Gattungsgeschichte. In England wurden die Quellen aus der zweiten Hälfte des 15. Jahrhunderts in den Rosenkriegen und den Wirren der Reformation nahezu völlig vernichtet. Auch die politische Instabilität wird der Kultivierung der anspruchsvollen Gattung kaum zuträglich gewesen sein. Erst unter Heinrich dem VII. und ▸ Heinrich dem VIII., als sich die politische Lage stabilisierte, erlebte die liturgische Musik im Land eine neue Blüte. Das professionelle Niveau der Chöre der Chapel Royal und an den Kathedralen (anders als auf dem Kontinent bestanden die Chöre nicht aus Geistlichen, sondern aus fest angestellten Berufsmusikern) begünstigte die Entstehung eines Stils, der durch virtuose Linearität und hohe Stimmenzahl charakterisiert ist. Zu den spezifischen, nicht zuletzt religiös motivierten Sonderentwicklungen in England gehört auch die Lady Mass, für die wir nur ein einziges Zeugnis besitzen, die sieben wohl um 1530 entstandenen dreistimmigen Messen von Nicholas Ludford für Votivmessen an den sieben Wochentagen. Alle sieben Werke haben genau dieselbe, außergewöhnliche Anlage: Kyrie, Gloria und Credo bedienen sich der Alternatim-Praxis, Sanctus und Agnus Dei sind vollständig vertont. Zwar ließ die relative Toleranz unter der Regierung ▸ Elisabeth I. gegenüber bedeutenden Komponisten die Komposition katholisch-liturgischer Musik durchaus zu, doch war dieser Musik einerseits der spirituelle Boden entzogen, und andererseits waren auch die finanziellen Rahmenbedingungen wenig förderlich. Am Ende des Jahrhunderts war die Komposition von Messen in England eine Privatangelegenheit geworden, die den Charakter konspirativer Untergrundtätigkeit angenommen hatte. Die zwischen 1592 und 1595 in unansehnlichen Stimmheften ohne Titel veröffentlichen drei Messen von William Byrd sind frei komponiert. Da keine liturgische Notwendigkeit zur Komposition von Messen bestand, ist der Bekenntnischarakter hier eindeutig. Hinzukommen unkonventionelle Teilungen des Textes in Gloria und Credo sowie die Kombination von motettischer Textvertonung (Abschnittbildung) und dem Bestreben satzübergreifende Zusammenhänge zu stiften und die Tendenz zur Vereinheitlichung.

Votivmesse
Die Praxis gestifteter Votivmessen, vor allem zu Ehren der Jungfrau Maria, ist reich dokumentiert in England und den Niederlanden. Oft begegnet die Bezeichnung Missa de Salve, wegen des Introitus *Salve sancta parens*, der die entsprechende Liturgie eröffnet. In vielen Kirchen gab es ausdrücklich der Gottesmutter geweihte Kapellen. Die Komponisten antworten auf das gesteigerte Interesse der städtischen Ober- und Mittelschicht an bestimmten Formen der Frömmigkeit u.a. mit der Komposition von Marienmessen.

Im Kontext dieser spezifischen Frömmigkeitsformen und gestifteten Messen ist vielleicht auch die Entstehung der Idee der zyklischen Einheit der Messe zu suchen. Anlässlich des jährlichen, monatlichen oder wöchentlichen Stiftungsfestes aufgeführt, war die zyklische Konzeption in besonderem Maße geeignet, den von Seiten der Auftraggeber und Stifter formulierten Anspruch des Besonderen und Herausgehobenen zu gewährleisten und hörbar einzulösen. Die erstaunlich hohe Zahl von Marienmessen unter den frühen Messzyklen ist hierfür ein starkes Indiz. Hinzu kommt, dass der wiederkehrende Gebrauch im Kontext der Stiftungsmessen auch die zusammenfassende Aufzeichnung begünstigte und geradezu erforderte. So stiftete Herzog Philipp der Gute von Burgund 1425 tägliche Marienmessen in Lille und Dijon. Hierbei ist davon auszugehen, daß auch bereits zusammengestellte Messen Verwendung fanden. Auffallend ist zudem, dass bis gegen Ende des 15. Jahrhunderts eine Reihe von Cantus firmus-Messen zu Ehren Mariens oder bestimmter Heiliger existieren, aber praktisch keine zu den Hochfesten des Kirchenjahres.

Zu den musikgeschichtlichen Folgen der Reformation gehört die von Anbeginn eher untergeordnete Rolle der lateinischen Ordinariumskomposition im lutherischen Bereich. In der handschriftlichen Überlieferung zeigt sich zudem die Tendenz die Ordinariumszyklen zunächst um das Agnus Dei, später um alle Sätze nach dem Gloria zu kürzen, wodurch der Weg zur lutherischen Kurzmesse des 17. Jahrhunderts vorgezeichnet war. Weil Georg Rhau in seinen Druckpublikationen auf das vorreformatorische Repertoire der Torgauer Hofkapelle zurückgriff, begann die frühprotestantische Repertoirebildung einerseits ausgesprochen konservativ, andererseits aber auch auf künstlerisch hohem Niveau. Der Import eines internationalen Repertoires wirkte sich alles andere als stimulierend auf die heimischen Kräfte aus. In keinem Bereich scheint die Musik der neuen Konfession so primär rezeptiv gewesen zu sein wie auf dem Sektor der Ordinariumsvertonung.

Für die entscheidenden Jahrzehnte der Entwicklung des Ordinariumszyklus zwischen 1450 und 1500 in Burgund, Frankreich und Italien besitzen wir aus dem deutschsprachigen Raum wie aus England nahezu keine Quellen. Im Gegensatz aber zu England, wo wir von Quellenverlusten in größerem Umfang ausgehen müssen, scheint es im deutschsprachigen Raum tatsächlich erst um 1500 Ansätze zur Kultivierung der Gattung gegeben zu haben. Die vierstimmige Messe von Adam von Fulda, des Kapellmeisters Friedrich des Weisen, ist insofern ein Anachronismus, als Adam sich (nach eigenem Bekenntnis) an Dufay und Busnoys orientierte. Adam Rener, Adams Nachfolger als kursächsischer Kapellmeister, betonte weniger den Kunstwerkcharakter der Messe als ihre Funktion als komponierte Liturgie; drei seiner neun überlieferten Messen sind polyphone Choralordinarien.

Die zweite Hälfte des 16. Jahrhunderts ist im katholischen süddeutschen Raum die große Zeit der Gattung. Die außerordentliche stilistische und technische Vielfalt der Messenkomposition an den Höfen in Graz, Innsbruck Prag, Wien u.a. ist noch nicht gründlich erforscht. Gattungsgeschichtlich fügen sich die Messen von Johann von ▸ Cleve, Jacobus ▸ Gallus, Philippe de ▸ Monte, Alexander ▸ Utendal und Jacobus ▸ Vaet in das für ihre Generationsgenossen typische gesamteuropäische Bild ein, doch sind wir – außer im Falle von Orlande de ▸ Lassus in München – noch nicht wirklich über den konkreten Kontext- und Anlassbezug informiert. Sicher ist nur, dass die alltägliche und allsonntägliche Messe aus Gründen der Glaubensdemonstration wie aus religiösem Bekenntnis zum künstlerischen Alltag der Komponisten und Ausführenden gehörte. Von den 63 vollständig und sicher Lassus zugewiesenen Messen sind 53 Parodiemessen, zu denen in 45 Fällen die Vorlagen ermittelt werden konnten. Lassus verwendet, im Gegensatz zu Palestrina, nahezu ausschließlich weltliche Vorlagen. Aufschlussreich für die gewissermaßen radikale Handhabung des Parodieverfahrens ist etwa die Messe *Osculetur me* auf die gleichnamige Motette Lassos. Zu Beginn des Kyrie entspricht keine Stimme der Vorlage; erst später wird ein Abschnitt aus der Mitte der Motette heraus notengleich verwendet. Im Christe fehlen motivische Bezüge zur Motette völlig, wogegen Kyrie II unübersehbar Material der Motette verwendet. Die Parodietechnik Lassos bewegt sich hier zwischen den Extremen einer bewusst und überdeutlich auf Nachvollziehbarkeit angelegten Bezugnahme auf die Vorlage und im nächsten Schritt nur vage und verklausuliert angebrachten Anklängen an dieselbe. Ein Vorgehen, das zum einen eindeutig im Dienste der Textausdeutung steht und zum anderen das Bemühen um Kontrast auch im Sinne von Gebundenheit und Neuschöpfung erkennen läßt. Die gängige Behauptung, dass die Parodiemessen de Montes und Lassos nicht den Forderungen des Tridentinums entsprächen, gehört vor allem in die Geschichte der Palestrina-Rezeption, zu deren Mythen die Präponderanz Palestrinas hinsichtlich eines als idealtypisch stilisierten Ausgleichs zwischen polyphoner Kunstfertigkeit und Textverständlichkeit, und damit auch zwischen autonom künstlerischem Anspruch und Erfordernissen der Liturgie gehört.

Zu Beginn des 17. Jahrhunderts war die Gattung der Parodiemesse eigentlich ausgestorben, nur in Rom, im Umkreis der Schüler und Nachfolger Palestrinas und in Norditalien erfuhr diese Gattung eine gewisse, anachronistische Pflege. Claudio ▸ Monteverdis *Missa In illo tempore* von 1610, auf eine Motette Gomberts, gehört zu den herausragenden Beispielen dieser Spätformen der Gattung. Monteverdi, in die Auseinandersetzung um die Prima und Seconda prattica verwickelt, legt in ihr gewissermaßen der Öffentlichkeit seine Fähigkeiten auf dem Gebiet der Prima prattica dar. Der Terminus Parodiemesse selbst ist gewissermaßen anachronistisch, findet er sich doch erst 1587 in einer Veröffentlichung des Jakob ▸ Paix (»missa parodia«). In der Regel wird eine Messe, die sich des Parodieverfahrens bedient, als Missa..., Missa super... oder Missa ad imitationem... bezeichnet. Es handelt sich demnach um eine ahistorische, gleichwohl dem humanistischen Denken der Zeit angemessene Bezeichnung. Im musikwissenschaftlichen Schrifttum durchgesetzt hat sich der Begriff erst durch August Ambros (1868), der sich auf die Veröffentlichung von Paix bezieht. Das antike Konzept der Imitatio war für Musiktheorie- und -praxis der Renaissance von so grundlegender Bedeutung, dass das Konzept der Imitation mit Recht als Lebensnerv aller renaissancehafter Bestrebungen bezeichnet werden kann. Wichtige Äußerungen zur Parodiemesse finden sich aus sehr viel späterer Zeit bei Pietro Pontio *Ragionamento di musica* (1588) und Petro Cerone *El melopeo y maestro* (1613). Der Grad der Kodifizierung und des didaktisch motivierten Schematismus bezeichnen hier zugleich einen Endpunkt der Gattungsentwicklung.

Literatur:
P. Wagner, *Geschichte der Messe*, Leipzig 1913, Reprint Hildesheim und Wiesbaden 1963 • K. Weinmann, *Das Konzil von Trient und die Kirchenmusik*, Leipzig 1919 • R. von Ficker, *Die frühen Messenkompositionen der Trienter Kodices*, in: Studien zur Musikwissenschaft 11 (1924), S. 3–58 • J. Schmidt, *Die Messen des Clemens non Papa*, in: Zeitschrift für Musikwissenschaft 9 (1926), S. 129–158 • W. Schulze, *Die mehrstimmige Messe im frühprotestantischen Gottesdienst*, Wolfenbüttel 1940 • M. Antonowytsch, *Die Motette ›Benedicta es‹ von Josquin des Prez und die Messen super ›Benedictus‹ von Willaert, Palestrina, de la Hêle und de Monte*, Utrecht 1951 • H. Beck, *Adrian Willaerts Messen*, in: Archiv für Musikwissenschaft 17 (1960), S. 215–242 • E.H. Sparks, *Cantus firmus in Mass and Motet 1420–1520*, Berkeley und Los Angeles 1963 • Ph. Gosset, *Techniques of Unification in Early Cyclic Masses and Mass Pairs*, in: Journal of the American Musicological Society 19 (1966), S. 205–231 • L. Lockwood, *On ›Parody‹ as Term and Concept in 16th-Century Music*, in: *Aspects of Medieval and Renaissance Music. A Birthday Offering to Gustave Reese*, hrsg. von J. LaRue, New York 1966, S. 560–575 • J. Cohen, *The six anonymus ›L'homme armé‹ Masses in Naples, Biblioteca Nazionale, MS VI E 40*, American Institute of Musicology 1968 • L. Lockwood, *The Counter-Reformation and the Masses of Vincenzo Ruffo*, Venedig 1970 • Ders., *Aspects of the ›L'homme armé‹ Tradition*, in: Proceeding of the Royal Musical Association 100 (1973/1974), S. 97–122 • J. Kerman, *The Masses and Motets of William Byrd*, London und Boston 1981 • D. Fallows, *Dufay*, London 1982, rev. 1987 • R. Orlich, *Die Parodiemessen von Orlando di Lasso*, München 1985 • C. Comberiati, *Late Renaissance Music at the Habsburg Court: Polyphonic Settings of the Mass Ordinary at the Court of Rudolf II. (1576-1612)*, New York 1987 • L. Finscher, *Die Messe als musikalisches Kunstwerk*, in: *Die Musik des 15. und 16. Jahrhunderts*, hrsg. von L. Finscher (Neues Handbuch der Musikwissenschaft 3,1), Laaber 1989, S. 193–275 • R. Strohm, *Einheit und Funktion früher Meßzyklen*, in: *Festschrift Rudolf Bockholdt zum 60. Geburtstag*, hrsg. von N. Dubowy und S. Meyer-Eller, Pfaffenhofen 1990, S. 141–160 • L. Lockwood,

Monteverdi and Gombert: the Missa ›In illo tempore‹ of 1610, in: *De Musica Et Cantu. Studien zur Geschichte der Kirchenmusik und der Oper. Helmut Hucke zum 60. Geburtstag*, hrsg. von P. Cahn und A.-K. Heimer, Hildesheim u.a. 1993, S. 457–469 • R. Strohm, *The Rise of European Music, 1380–1500*, Cambridge 1993 • R.C. Wegman, *Born for the Muses: the Life and Masses of Jacob Obrecht*, Oxford u.a. 1994.

MZ

Metaphysik

Das Programm einer Metaphysik der Musik beruhte im 15. und 16. Jahrhundert hauptsächlich auf dem Korpus der augustinischen Texte, sei es, dass sie direkt gelesen wurden, sei es, dass sie über Interpretationen geläufig waren (Thomas von Aquin, Bonaventura). Die Metaphysik der Musik manifestierte sich in Texten verschiedener Art, so auch in den Predigten und Gedichten von Jean ▸ Gerson oder den Traktaten von Marsilio ▸ Ficino. Alle Autoren nennen, ist jedoch unmöglich, da die Metaphysik der Musik manchmal eng an die Theologie gebunden ist (Carlerius, Martin ▸ Luther).

Nach Ansicht der Autoren einer Metaphysik der Musik kann sich nur die Philosophie bis zur göttlichen Vernunft, die alle Dinge auf die Harmonie gemäß der Ordnung der Zahlen bezieht, emporschwingen, indem sie das Niveau des sinnlichen Bewusstseins und der vorübergehenden und damit veränderlichen Schönheit hinter sich lässt. Sie scheint fähig, gemäß dem Schema einer typisch platonischen Progression, sich immer mehr von der Schönheit wechselnder Qualitäten zu derjenigen der unbeweglichen Proportionen zu erheben, um endlich zu der göttlichen Schönheit zu gelangen, dem Ort, wo ewig das übersinnliche Modell des Universums wohnt. Weil die Harmonie der Welt, wie sie in *Timaios* beschrieben wird, auf den Konzepten der ›ratio‹ und der ›proportio‹ beruht, also auf mathematischen Gegebenheiten, ist die Welt, so sehr wie sie Seele ist, auch musikalische Seele, dergestalt, dass sie nicht nur das Gesamte der klanglichen Realitäten, sondern alle Kreaturen umfasst. Wie sich jede Übereinstimmung durch den Bezug der Harmonie zwischen den unterschiedlichen Elementen bestimmt, ist die Harmonie dafür empfänglich, sich mit allen Dingen zu verbinden, den belebten und unbelebten Kreaturen, der Physiologie, den Künsten, der Moral etc. Das Ohr kann eine solch subtile Harmonie nicht wahrnehmen, nur die Vernunft kann sie letztendlich beurteilen, denn sie beansprucht für sich, nach dem Plan Gottes in der Schöpfung gemacht zu sein, nach seinem universalen Entwurf und seiner Liebe, die diese Rationalität manifestieren, eine Rationalität, die dem Menschen zum Betrachten und zum Erforschen gegeben ist, um seinen Platz im Makrokosmos besser begreifen zu können. Von der metaphysischen Harmonie zur Harmonie der Sinne, von den Beziehungen der mathematischen Proportionen zur immateriellen Übereinstimmung des Geistes war es nur ein Schritt, der für die Kommentatoren auf dem Hintergrund der Himmelfahrtsthematik, des »corporeis ad incorporea«, leicht zu bewältigen war. Hieraus resultiert die enge Verbindung zwischen Metaphysik und ▸ Naturphilosophie. Und wie die Musik nicht auf eine theoretische Dimension reduziert werden kann, hat sie gleichermaßen einen festen moralischen Bereich: Es ist schwer zu verleugnen, dass sie manchmal auf eine sehr eindrucksvolle Weise über die Dispositionen der Seele und über den Charakter verfügt.

Die metaphysische Natur der Musik erschien selbstverständlich auch im Diskurs über die Lobpreisungen. Makrokosmos und Mikrokosmos gehen auf das einzige und gleiche Abbild zurück, dasjenige des Schöpfers, der Prinzip und Quelle ihres Seins wie ihrer Ordnung ist. Für den Menschen, dessen Ohren hören können, entfalten Makrokosmos und Mikrokosmos harmonievolle Akkorde göttlicher Weisheit; sie besingen seine unerschöpfliche Großzügigkeit gleich wie seine Verwundbarkeit. Ein solches Zeugnis kann sich nicht anders ausdrücken als in der Form von Lobpreisungen, die an den Schöpfer selbst gerichtet sind. Gesang und Gnadenhandlung waren kaum zu trennen, die Musik findet sich einmal mehr im Herzen der Welt platziert. Wie soll jedoch die Sprache der Natur erklärt werden? Wie soll der einzigartige musikalische Diskurs wahrgenommen und übersetzt werden, den jede Kreatur auf ihre Weise anstimmt? Kann der Mensch seine Ohren dem Gesang des Universums verschließen und seine Stimme nicht mit dem Konzert des Lobgesangs vereinen, der über der ganzen Erde wiedererklönt? Auf diese Fragen antworteten die Theologen (auf der Suche nach einem »neuen Gesang« oder einem »Gesang des Herzens«), aber manchmal auch die Musiktheoretiker, wenn sie sich auf den Kommentar des Psalms 97 stürzen: *Cantate Dominum canticum novum* oder des Psalms 150, *Omnis spiritus laudet Dominum*.

Literatur:
B. Föllmi, *Das Weiterwirken der Musikanschauung Augustins im 16. Jahrhundert*, Bern 1994 • F. Hentschel, *Sinnlichkeit und Vernunft in der mittelalterlichen Musiktheorie*, Stuttgart 2000 • I. Fabre, *La doctrine du chant du cœur de Jean Gerson*, Genf 2005 • Ph. Vendrix (Hrsg.), *Music and mathematics from late Middle Age to early modern* Europe, Turnhout 2007.

PHV

Metz ▸ Frankreich

Mewes, Gregor [Gregorius Bartholomei von Brandenburg]
* (?) Neuangermünde (Brandenburg), † nach 8.10.1516 (?)

Gregor Mewes war ein Buchdrucker in Basel, der 1504 erstmals nachweisbar ist. Sein frühester bekannter Druck ist zugleich sein einziger Musikdruck und der früheste Notendruck mehrstimmiger Musik mit beweglichen Lettern nördlich der Alpen. Dabei handelt es sich um einen Satz von vier Stimmbüchern mit vier Messen von Johannes ▸ Obrecht (*Concentus harmonici quattuor missarum*). Eines der beiden erhaltenen Exemplare (Universitätsbibliothek Basel) zeigt interessante handschriftliche Eintragungen. Aufgrund von äußeren Merkmalen wird der Druck neuerdings mit 1507 datiert. Die verwendete Drucktechnik ist das zweistufige Doppeldruckverfahren, das sich von Ottaviano ▸ Petruccis Technik im Detail unterscheidet.

Ausgabe:
Jacob Obrecht. New Edition of the Collected Works, hrsg. von Ch. Maas u.a., Utrecht 1983–1999.

Literatur:
B. Lodes, *An anderem Ort, auf andere Art: Petruccis und Mewes' Obrecht-Drucke*, in: Basler Jahrbuch für historische Musikpraxis 25 (2001), S. 85–111.

ALB

Milán, Luis de [Luys]
* um 1500, † nach 1561

Milán war spanischer Dichter, Komponist und Vihuela-Spieler aus Valencia; er hat den ersten Tabulaturdruck für Vihuela in Spanien herausgegeben. – Seine Werke sind die einzigen Quellen, die etwas über sein Leben preisgeben. Die wenigen feststehenden Fakten sind, dass er ein Adliger von valencianischer Herkunft war, der sich die Musik als Autodidakt erschlossen hat. Miláns Flucht nach Portugal, die auf politischem Hintergrund basieren soll, sowie die Gunst des portugiesischen Königs Johann (João) III. ihm gegenüber konnten nicht nachgewiesen werden.

Miláns *El Maestro* (dt. *Der Lehrer*) ist der erste spanische Tabulaturdruck für Vihuela. Das zweibändige Werk ist eine für den Unterricht auf der Vihuela angelegte didaktische Abhandlung mit 72 Stücken. In der Einleitung des Buches erläutert Milán praktische Aspekte des Instrumentes, und beschreibt, worauf man bei der Wahl der Saiten sowie deren Stimmung achten muss. Dann geht er auf musiktheoretische Voraussetzungen ein und erklärt das Lesen der Tabulatur, den Takt und das Tempo. Interessanterweise ist auf die zu erwartende Beschreibung der Tonarten verzichtet worden, sie wird stattdessen am Ende des Werkes aufgegriffen. Das Lehrbuch baut auf fortschreitenden Schwierigkeitsstufen auf. Es fängt mit leichten Übungsstücken in den ersten Lagen an und steigert sich dann im Schwierigkeitsgrad. Als Ergänzung wurden Volkslieder mit Begleitung aus verschiedenen Sprachen angefügt. Bei diesen Stücken handelt es sich um die ältesten überlieferten Lieder mit eigenständiger instrumentaler Begleitung. Die portugiesischen und kastilischen Lieder (▶ Villancicos) sind jeweils mit zwei verschiedenen Aufführungsmöglichkeiten abgedruckt: zum einen mit auskomponierter Begleitung für die Vihuela und mit einer schlicht gehaltenen Gesangsmelodie, zum anderen mit einer simplen Instrumentalbegleitung und Anweisungen für den Sänger, der die Melodie verzieren soll. Die übrigen Stücke sind reine Instrumentalkompositionen (▶ Fantasien und ▶ Pavanen). Interessant ist, dass es sich um keine Intavolierungen von Vokalwerken, sondern ausschließlich um originale Instrumentalkompositionen handelt, was damals in Spanien etwas Einzigartiges war.

Ausgaben:
El Maestro, hrsg. von R. Chiesa, Genf 1974 • *El Cortesano* und *Libro de motes*, in: *Colección de libros españoles raros o curiosos VII.*, Madrid 1874 • Gedichte aus den Obras des Fernández de Heredia, hrsg. von A. Paz y Mélia, in: *Revista de Archivos, Bibliotecas y Museos VI*, Madrid 1876.

Literatur:
J.B. Trend, *Luis Milán and the Vihuelistas*, Oxford 1925 • G. Braun, *Die spanischen Vihuela-Lieder im 16. Jh.*, Diss. Universtität Heidelberg 1993 • J. Griffiths, *The Vihuela: Performance, Practise, Style and Context*, in: *Lute, Guitar and Vihuela. Historical Performance and Modern Interpretation*, hrsg. von V. Coelho, Cambridge 1997, S. 158–179 • J. Griffiths, *Improvisation and Composition in the Vihuela Songs of Luis Milán and Alonso Mudarra*, in: Troja 2 (2003), S. 111–131.

CHD

Milton, John
* 8.12.1608 London, † 8.11.1674 Chalfont St. Giles

Der englische Dichter entstammte einer musikalisch interessierten Familie. Die Musik durchzieht als Thema, Bild oder phonetisches Gestaltungselement fast alle seine poetischen Werke, und zwar von der frühen Lyrik bis zu dem Drama und den beiden Epen der späten Jahre. Die in der Frühen Neuzeit übliche Kavalierstour macht ihn in Italien bekannt mit den aktuellen musikalischen Gattungen und Stilen, der Monodie der Florentiner ▶ Camerata (etwa *Le Nuove Musiche* [1602] von Giulio ▶ Caccini), dem mythologisch-allegorischen Dramma per musica (etwa *La catena d'Adone* [1626/1627] von Ottavio Tronsarelli und Domenico Mazzocchi) und der Oper (etwa Claudio ▶ Monteverdis ›favola in musica‹ *L'Orfeo*), wozu noch Kenntnisse der englischen ▶ Court masque und des französischen ▶ Ballet de court hinzukommen. Von allen dürfte er Anregungen für seine eigenen musikbezogenen Werke empfangen haben. In seiner Ode *At a Solemn Music* (1633?), die von dem englischen Komponisten Sir Charles Hubert H. Parry (1848–1918) in einem monumentalen Werk für Chor und Orchester aus Anlass des goldenen Thronjubiläums der Königin Victoria (1887) vertont wurde, preist er die Macht der »harmonischen Schwestern« Musik und Dichtung (»Voice and Verse«) in einer Synthese von rhetorischem und neuplatonisch-kosmologischem Musikkonzept. Für die Pastoralelegie *Lycidas* (1637) benutzt Milton eine klassische Dichtungsform des hellenistischen Zeitalters in Einheit mit der kompositorischen Gattung der ▸ Monodie, um seinen gelehrten Dichter-Freund Henry King, der bei einer Schiffspassage in der Irischen See ertrunken war, zu betrauern. Einige Jahre vorher schreibt er das Libretto zu *Arcades*, einem Entertainment in Gestalt einer musikalischen Pastorale zu Ehren der Countess Dowager of Derby. 1634 entsteht das Libretto zu *Comus*, einem auf dem Gegensatz von ›amor profanus‹ und ›amor divinus‹ basierenden und zu tugendhaftem Leben mahnenden allegorischen Maskenspiel zur Musik von Henry Lawes (1596–1662), der als musikalischer Tutor der Töchter des Earl of Bridgewater tätig war, denen er sein erstes Buch der *Ayres and Dialogues* (1653) widmete. Das Maskenspiel, dessen Partitur nicht erhalten ist, wurde anlässlich der Ernennung des Earl of Bridgewater zum Präsidenten des Council of Wales in Ludlow Castle aufgeführt und später noch einmal (1738) von Thomas Arne (1710–1779) und in Teilen ein weiteres Mal (1745) unter der Bezeichnung Serenata von Georg Friedrich Händel (1685–1759) vertont. Von Händel sind noch andere Werke Miltons vertont worden: zunächst 1740 die beiden Oden *L'Allegro* und *Il Penseroso* (1631) über das heitere bzw. das melancholische Temperament, welche der Librettist Charles Jennens (1700–1773), der in gleicher Funktion für das Oratorium *The Messiah* (1742) verantwortlich zeichnete, mit einem für das Zeitalter der Aufklärung charakteristischen Zusatz »ed Il Moderato« (»und der Gemäßigte«) versah. Im Jahr 1741 schuf Händel auf der Grundlage von Miltons *Samson Agonistes* (1647–1653?), dessen Quelle hauptsächlich das alttestamentalische Buch der Richter, und zwar die Samson-Erzählung in ihren Schluss-Szenen bildet, das biblische Oratorium *Samson*. Sein Librettist Hamilton Newburgh strukturierte Miltons durch chorische Abschnitte gegliederte Tragödie »after the ancient manner« um in ein dreiaktiges »sacred drama«, wobei er die klassischen drei Einheiten beibehielt und die Rezitative, auf angemessene Länge verkürzt, fast ausschließlich Miltons Dichtung entnahm; auch für die eingefügten Arien und Chöre bediente er sich der Werke des englischen Autors, so dass der Text des Oratoriums in weiten Teilen als ein geschickt arrangiertes Pasticcio von Milton-Zitaten aufgefasst werden kann. – Miltons große Epen sind zwar nicht vertont worden, doch enthalten sie mehrfach Äußerungen zur Musik. So besitzt das II. Buch von *Paradise Lost* nach der Beschreibung der militärischen und athletischen Wettkämpfe der gefallenen Engel eine Schilderung ihrer musischen Aktivitäten (vv. 545–5565). In der Kontrastierung der ›vita contemplativa‹ mit der ›vita activa‹ wird der Ausübung von Musik die Fähigkeit zugesprochen, die Sinne der Zuhörer zu verzaubern. Dieses musikrhetorische ›movere‹ besitzt sogar eine solche Wirkung, dass seine Harmonie die Existenz der Hölle außer Kraft setzen kann, ähnlich wie Orpheus in der griechischen Mythologie mit der bezwingenden Macht seines Gesangs selbst den Herrscher der Unterwelt bewegen konnte. Dennoch besitzt die Rhetorizität des reinen Wortes bei Milton den höheren persuasiven Stellenwert; allerdings ist diese bei den gefallenen Geistern korrumpiert, so dass ihre Philosophie nichtig ist. Ein Vorgänger Satans und seiner Dämonen ist in Miltons Werk die Figur des Comus in dem gleichnamigen Maskenspiel, ein korrupter Orpheus, dessen unreine Rede die Lady zu verführen sucht, was allerdings in den musikalischen Versionen von Arne und Händel nicht deutlich hervortritt. Im IV. Buch von Miltons Epos *Paradise Regained* versucht Satan Jesus mit den geistigen Errungenschaften der klassischen griechischen Zivilisation zu verführen, vor allem mit den Lehren der großen Rhetoriker und Philosophen:

»The schools of ancient sages – his who bred
Great Alexander to subdue the world,
Lyceum there, and painted Stoa next:
There shalt thou hear and learn the secret power
Of harmony, in tones and numbers hit
By voice or hand, and various-measured verse,
Æolian charms and Dorian lyric odes,
And his who gave them breath, but higher sung
Blind Melesigenes, thence Homer called,
Whose poem Phœbus challenged for his own.«
(PR IV, 251–260)

Demnach sind die Griechen die Erfinder der Tonarten, wobei diese nicht in der Instrumentalmusik, sondern in der zur Musikbegleitung vorgetragenen Versdichtung, vornehmlich von Epen und Oden, realisiert gesehen werden. In seiner Erwiderung betont Jesus jedoch die höhere Wertigkeit des majestätischen und unaffektierten Stils (»majestic, unaffected style«) der Propheten, die der ganzen Redekunst von Griechenland und Rom überlegen sei. Allerdings erfährt die Musik in Miltons kürzerem Epos auch einen positiven Stellenwert zugewiesen, und zwar als Gesang der Engel bei Christi Geburt:

»At thy nativity a glorious quire
Of Angels in the fields of Bethlehem, sung
To shepherds, watching at their folds by night,
And told them the Messiah now was born,
Where they might see him; and to thee they came,
Directed to the manger where thou lay'st;
For in the inn was left no better room.«
(PR I, 242–248)

Mit diesen Worten redet der Morgenstern Jesus an, und damit verweist Milton in seiner letzten großen Dichtung zurück auf seine frühe Ode *On the Morning of Christ's Nativity*, die in einer Symbiose von Antike und Christentum die Musik als Abbild von kosmischer Harmonie der göttlichen Gnade und des Goldenen Zeitalters begreift:

»Ring out, ye crystal spheres,
Once bless our human ears
    (If ye have power to touch our senses so),
And let your silver chime
Move in melodious time,
And let the base of Heaven's deep organ blow,
And with your ninefold harmony
Make up full consort to th'angelic symphony.«

In dieser XIII. Strophe findet das pythagoreisch-neuplatonische Musikkonzept seinen angemessenen poetischen Ausdruck. Die Ode wurde zum Beginn des 20. Jahrhunderts von Sir John Blackwood McEwen (1868–1948) vertont, der damit in der Reihe der Milton-Vertonungen die Tradition von Arne und Händel fortsetzt.

Ausgaben:
Works, hrsg. von F.A. Patterson u.a., 20 Bde., New York 1931–1940; *Complete Poems and Major Prose*, hrsg. von M.Y. Hughes, New York 1957

Literatur:
P. Le Huray, *The fair musick that all creature made*, in: *The Age of Milton: Backgrounds to Seventeenth-Century Literature*, hrsg. von C.A. Patrides und R. Waddington, Manchester und Totowa/New Jersey, 1960, S. 241–272 • G. Ludke Finney, *Musical Backgrounds for English Literature, 1580–1650*, New Brunswick/New Jersey, 1961 • J. Hollander, *The Untuning of the Sky: Ideas of Music in English Poetry, 1500–1700*, New York 1970.

HFP

Minima

Minima, lat. die kleinste (Note), ist die Bezeichnung eines kurzen Notenwertes in der ▶ Mensuralnotation. Sie ist die nächstkleinere Note nach der ▶ Semibrevis und war bis zur Einführung der ▶ Semiminima tatsächlich die kleinste Note. In ihrer Form entspricht die Minima einer modernen Halbenote mit rautenförmigem Notenkopf. Die dazugehörige Pause ist ein kurzer senkrechter Strich in der unteren Hälfte eines Zwischenraums des Liniensystems.

ALB

Minstrel ▶ Ioculatores, ▶ Spielleute

Missa de salve ▶ Messe

Missale ▶ Gesangbuch, liturgisches

Modena

Das Musikleben Modenas – insbesondere das höfische – gewann erst im 17. Jahrhundert größere Bedeutung, nachdem der Hof der ▶ Este 1598 von Ferrara nach Modena verlegt wurde. Zuvor wurde am Dom geistliche Musik gepflegt; dort wurde 1438 eine Orgel gebaut und seit der Mitte des 15. Jahrhunderts ein kleineres Sängerensemble (Cappella) und ein Organist angestellt. Zur Musik am Dom trug auch die Bruderschaft der Mensa comune in ihren Gottesdiensten bei. Mehrstimmige Kirchenmusik ist vor allem aus dem 16. Jahrhundert überliefert (I-Mod, Cod. Mus. I–XIII), die den Einfluss Ferraras und Roms zeigt. Der Versuch Kardinal Giovanni Morones, bereits vor dem Trienter Konzil den einstimmigen Choral gegenüber der Polyphonie durchzusetzen, hatte keinen Erfolg.

Zu Beginn des 16. Jahrhunderts war Jacopo ▶ Fogliano Maestro di capella (1505–1520) am Dom und zeitweise auch Organist. Der bedeutendste, in Modena tätige Musiker war Orazio ▶ Vecchi, der 1583–1586 und 1593–1604 Maestro di cappella am Dom war; seine Madrigalkomödie *L'Amfiparnasso*, eine der wenigen erhaltenen Kompositionen dieser Gattung, wurde 1594 in der Sala della Spelta (ehemaliger Getreidespeicher des Palazzo Communale), dem 1539 eröffneten ersten öffentlichen Theater in Modena, aufgeführt.

Literatur:
G. Roncaglia, *La cappella musicale del duomo di Modena*, Florenz 1957 • A. Chiarelli / T.Chr. Schmidt-Beste / D. Sabaino, *Modena*, in: *MGG²*, Bd. 6 (Sachteil), 1997, Sp. 383–392.

Moderne, Jacques
* um 1500 Buzet (Kroatien), † nach 1561 Lyon

Jacques Moderne war ein Drucker und Verleger in Lyon, der möglicherweise in Venedig oder Florenz das Handwerk erlernt hat. Seine Firma ist nach der von Pierre ▶ Attaingnant die zweite, die in Frankreich und die erste, die außerhalb von Paris mehrstimmige Musik publizierte.

Nachdem Moderne ab 1528 Literatur zu einem breiten Themenkreis veröffentlichte, begann er 1532 mit dem Druck von Musikalien im einfachen Typendruck, den Attaingnant entwickelte hatte. Ein Band mit zehn Messkompositionen in großem Chorbuchformat eröffnete die Produktion. Zugleich begann Moderne eine Reihe von acht querformatigen Motettensammlungen (vier davon mit dem Titel *Motetti del fiore*), die besonders erfolgreich war.

1538 bis 1544 legte er mit über 500 Einzeltiteln eine neue Serie von elf Motettensammlungen (*Le Parangon des Chansons*) auf. Bemerkenswert ist dabei das neue, praktische ›Tischformat‹, bei dem in Chorbuchanordnung jeweils die oberen Stimmen am Kopf stehend gedruckt sind, so dass man gegenübersitzend aus einem Band musizieren konnte. In den 1540er Jahren erschienen zudem einige Bücher mit Lautentabulaturen, u.a. von Domenico ▶ Bianchini, Valentin Bakfark und Giovanni Paolo Paladino, sowie weitere großformatige Messendrucke.

Die umfangreiche Produktion von Moderne ist zum einen eine zentrale Quelle für das Werk von lokalen Komponisten aus Lyon. Zum anderen zeigt das Repertoire gegenüber Attaingnants Schaffen eine sehr viel breitere Vielfalt an Werken, die außerhalb Frankreichs entstanden sind. Lyon als internationales Handelszentrum bot die besten Voraussetzungen für eine europaweite Verbreitung der Musikdrucke.

Literatur:
S.F. Pogue, *Jacques Moderne. Lyons Music Printer of the Sixteenth Century*, Genf 1969 • F. Dobbins, *Music in Renaissance Lyons*, Oxford 1992.

ALB

Modus ▸ Tonsystem, ▸ Mensuralnotation

Molinet, Jean
* ca. 1435 Desvres, † 23.8.1507 Valenciennes

Der Dichter, Chronist und Komponist studierte in Paris (Magister) und war als Sekretär am Kolleg des Kardinals Lemoine tätig, bevor er um 1462 mit dem ▸ burgundischen Hof in Verbindung trat.

1475–1506 war er Chronist und Historiograph unter Herzog Karl dem Kühnen, Erzherzog Maximilian (▸ Maximilian I.), Maria von Burgund und Philipp dem Schönen. Er erhielt vor 1485 ein Kanonikat in Valenciennes.

In seinen Chroniken schildert Molinet auch musikalische Ereignisse, nennt Mitglieder der Kapelle und erwähnt Instrumente (1486 ein ›clavechimbalon‹) sowie Aufführungspraktiken.

Seine Dichtungen zitieren musikalische Termini und Chanson-Incipits. Als führender Vertreter der ›rhétoriqueurs‹ stand Molinet in persönlichem bzw. brieflich-literarischem Kontakt mit Antoine ▸ Busnoys, Loyset ▸ Compère und Johannes ▸ Ockeghem. Auf letzteren schrieb er zwei Totenklagen (lateinisch und französisch), von denen *Nymphes des boys* (ca. 1502) durch die Vertonung von ▸ Josquin Desprez zu einem Paradigma der Gattung wurde. Molinets vor 1470 entstandene, drei- und vierstimmig überlieferte Chanson *Tart ara mon cueur* (in: Denkmäler der Tonkunst in Österreich 28, 1907, S. 166ff., 197f.) hatte einen relativ hohen Bekanntheitsgrad.

Schriften:
Chroniques, hrsg. von G. Doutrepont und O. Jodogne, 3 Bde., Brüssel 1935–37 • *Les Faictz et dictz*, hrsg. von N. Dupire, 3 Bde., Paris 1936–39 • *L'Art de Rhétorique*, hrsg. von E. Langlois, Paris 1902.

Literatur:
N. Dupire, *Jean Molinet. La vie – les œuvres*, Paris 1932 • A. Van der Linden, *La musique dans les chroniques de Jean Molinet*, in: *Mélanges Ernest Closson*, Brüssel 1948, S. 166–180 • C. MacClintock, *Molinet, Music, and Medieval Rhetoric*, in: Musica disciplina 13 (1959), S. 109–121 • R. Strohm, *The Rise of European Music, 1380–1500*, Cambridge 1993 • D. Fallows, *A Catalogue of Polyphonic Songs, 1415–1480*, Oxford 1999 • K. Sewright, *Molinet*, in: *Grove*, Bd. 16, London 2001, S. 901 • O. Roth, *Molinet*, in: MGG^2, Bd. 12 (Personenteil), 2004, Sp. 309f.

AR

Molza, Tarquinia ▸ Concerto delle dame

Monodie

Monodie ist ein Begriff, der von Wissenschaftlern für das Repertoire des italienischen Gesangs für Solostimme und Basso continuo im Zeitraum von ca. 1590 bis 1640 gebraucht wurde. Er hat keine zeitgenössische Grundlage, aber hat, so scheint es, wegen der angenommenen Verbindung zwischen Giulio ▸ Caccinis ›neuer Musik‹ und der antiken griechischen Monodie große Beliebtheit erlangt (d.h. Musik nur für Solostimme). Theoretiker des frühen 17. Jahrhunderts wie Giovanni Battista Doni gebrauchten den italienischen Begriff ›monodia‹ in diesem klassischen Sinne). Es ist in verschiedener Hinsicht nicht hilfreich, die unhaltbaren Unterscheidungen zwischen frühem barockem Gesang und früherem Gebrauch in der Renaissance einerseits sowie Monodie und Kantate andererseits durchzusetzen.

Obwohl viel Renaissancemusik in polyphonem Format für mehrere Stimmen (meist fünf) erhalten ist, war die Aufführung für

Solostimme und instrumentale Begleitung in der Zeit üblich, etwa als Arrangement kontrapunktischer Stücke, als Komposition in überwiegend homophonem Stil oder als Improvisation. Baldassare ▸ Castiglione (in *Il cortegiano*, 1528) pries das selbstbegleitete Singen zur Viola oder zur Laute als Zeichen höfischer Verfeinerung und bewunderte die Aufführungen von Frottolisten wie Marchetto ▸ Cara. Die Verbindung zwischen Sologesang und Hofkultur wurde in der bekannten ▸ Musica segreta von Ferrara in den späten 1580er Jahren unter der Aegide von Herzog Alfonso II. d'Este fortgesetzt. Renaissancehumanisten mit stärkerer asketischer Neigung bevorzugten sogar den Sologesang vor der Polyphonie wegen der Klarheit der Textdarstellung, die die Musik dem Ideal der Kombination von Oratio, Harmonie und Rhythmus näher brachte, wie sie von Plato in seiner *Res publica* beschrieben wurde. Während der zweiten Hälfte des 16. Jahrhunderts und zum Teil aufgrund des ▸ Konzils von Trient verstärkten sich die Streitigkeiten zwischen denjenigen, die sich am sinnlichen klingenden Vergnügen des komplexen Kontrapunkts erfreuten und denjenigen, die dieses als rhetorisch und emotional verarmt empfanden. Florentinische Humanisten wie Giovanni de' ▸ Bardi drückten sich klar aus: Wenn moderne Musik die angebliche Macht der klassischen Antike erreichen sollte, musste der Kontrapunkt aufgegeben und durch den Sologesang ersetzt werden.

Bardis Schützlinge Vincenzo ▸ Galilei und Piero ▸ Strozzi und andere in den florentinischen Zirkeln (Cosimo ▸ Bottegari) komponierten und arrangierten Sologesänge für Stimme und Begleitung (für Violen oder Laute). Diese wurden von Wissenschaftlern als ›Pseudo-Monodien‹ (ein anderer problematischer Begriff) bezeichnet, und ihr einfacher Stil bewirkte ein entsprechend einfaches Notationsformat einer Gesangsstimme und einer Basslinie. Letztere bildete die Basis für eine improvisierte akkordische Begleitung, deren Harmonien durch Figuren oder andere Symbole angezeigt worden sein konnten (von hier kommt der Begriff ›figurierter Bass‹). Giulio ▸ Caccini übernahm dieses Format für die Gesänge, die er in *Le nuove musiche* (Florenz 1602) publizierte, von denen einige, wie er sagte, zuerst in Bardis ▸ Camerata in den frühen bis mittleren 1580er Jahren aufgeführt worden waren. Obwohl Caccinis humanistische Ansprüche klar dafür gedacht waren, sein eigenes Prestige zu sichern (und seinen Rivalen Jacopo ▸ Peri zu überrunden), sind die Gesänge aus *Le nuove musiche* weniger Versuche, die antike griechische Praxis wiederzubeleben, als vielmehr, einen virtuosen Stil des Sologesangs auszuspielen. Caccini zog auch die Verbindung zu Castiglione aufgrund des Begriffes ›Sprezzatura‹, eine Fähigkeit, Schwierigkeiten mit augenscheinlicher Leichtigkeit zu meistern und größtmöglichste Eleganz zu präsentieren. Seine Gesänge und ihre Verzierungen (einige sind notiert, von einigen wird erwartete, dass sie improvisiert werden) sind weder leicht zu singen, noch sind sie so einfach, wie Humanisten sie gewünscht haben mögen.

Caccini teilte *Le nuove musiche* in zwei Hälften, die einerseits Vertonungen poetischer Madrigale, andererseits strophische Texte enthielten; die letzteren nannte er Arien, die eher eine Form (strophische musikalische Wiederholung einbegreifend) als einen Stil anzeigen (obwohl Arien nicht streng melodisch sein müssen, sind es viele, und ein Sonett oder eine ›ottava rima‹-Strophe konnte oft als Arie vertont sein mit Untergliederungen, die gleiche oder ähnliche Musik enthielten). Die Unterscheidung wurde von späteren Monodisten beibehalten und entsprachen Gattungsunterschieden im Ensemble-Repertoire (zwischen Madrigalen und Canzonetten). Auch die Wahl der Poesie war ähnlich in den verschiedenen Medien: Einige der besten Monodisten wie Jacopo Peri und Sigismondo d'India waren willens, die Herausforderungen eines Francesco Petrarca, Torquato ▸ Tasso, Battista ▸ Guarini oder Giambattista Marino anzunehmen, obwohl viele andere, wie die Madrigalisten vor ihnen, poetische Knittelverse vertonten.

Caccinis *Le nuove musiche* etablierte nicht eine sofortige Mode, Sologesänge zu publizieren, da sie für einen weitgestreuten Gebrauch oft zu schwierig waren. Drei neue Publikationen, die Sologesänge enthielten, erschienen 1602 (die anderen beiden stammten von Domenico Maria Melli), zwei 1606 (Bartolomeo Barbarino, Domenico Brunetti), vier 1607 (Barbarino, Lodovico Bellanda, Severo Bonini, Francesco Lambardi), eine 1608 (Francesco Rasi), und fünf 1609 (Bonini, Giovanni Ghizzolo, d'India, Melli, Peri). Mit der Diversifikation des Repertoires ging eine weitere Verbreitung einher, oft zur Versorgung von Amateuren, und 1620 erschienen ungefähr 100 solcher Drucke. Zeitgenössische Theoretiker beklagten den Zerfall des Ensemble-Madrigals und damit gleichzeitig die Kunst der wirklichen Komposition (und des sozialen Musizierens), aber sie konnten nicht gegen die Flut anstemmen.

Obwohl Caccini seine Priorität für diesen neuen Stil des Sologesangs behauptete – und der Titel seiner Publikation von 1602 war offensichtlich programmatisch –, war er Teil eines breiteren stilistischen Wandels, der Norditalien und schließlich Europa überschwappte. Zweifellos schrieben andere Komponisten in Florenz, Rom und anderswo solche Sologesänge auch schon vor 1602, und was dieses Repertoire von den frühen Aufführungspraktiken unterscheidet, mag nicht so sehr ihr Stil als ihre notierte Präsentation sein. Viele Musikhistoriker würden diese Musik als ›barock‹ einstufen, aber dies ignoriert die Kontinuitäten zu früheren Traditionen und erlaubt auch – was interessanter ist – die Frage, ob das, was wir als ›Renaissance‹-Musik bezeichnen, in Stil und Intention wirklich zur Renaissance gehört.

Literatur:
F. Ghisi, *Alle fonti della monodia*, Milan 1940 • N. Fortune, *Italian Secular Monody from 1600 to 1635: an Introductory Survey*, in: *Musical Quarterly* 39 (1953), S. 171–195 • C.V. Palisca, *Vincenzo Galilei and some Links between »Pseudo-Monody« and Monody*, in: *Musical Quarterly* 46 (1960), S. 344–360; Nachdruck in: *Studies in the History of Italian Music and Music Theory*, Oxford 1994, S. 346–363 • J. Racek, *Stilprobleme der italienischen Monodie*, Prag 1965 • N. Pirrotta, *Novelty and Renewal in Italy: 1300–1600*, in: H.H. Eggebrecht und M. Lütolf (Hrsg.), *Studien zur Tradition in der Musik: Kurt von Fischer zum 60. Geburtstag*, München 1973, S. 49–63; Nachdruck in: *Music and Culture in Italy from the Middle Ages to the Baroque*, Cambridge/Massachusetts 1984, S. 159–174 • J.W. Hill, *Roman Monody, Cantata, and Opera from the Circles around Cardinal Montalto*, Oxford 1997.

TC

Montanus [vom Berg], Johannes [Johann]
* (?) Gent, † 7.8.1563 Nürnberg

Johannes Montanus war ein Musikdrucker und Verleger, der zusammen mit Ulrich Neuber († 1571 Nürnberg) das Druck- und Verlagshaus ›Montanus & Neuber‹ bzw. ›Berg & Neuber‹ in Nürnberg führte. Nach einem Studium in Paris wurde er Lutheraner, zog nach Nürnberg und heiratete 1541 Katharina ▸ Gerlach (damals Schmid). In deren Haus gründete er 1542 sein Unternehmen. Montanus setzte die Tradition der Nürnberger Drucker Johannes ▸ Petreius und Hieronymus ▸ Formschneider fort, indem er mit denselben Herausgebern (Hans ▸ Ott und Georg ▸ Forster) zusammenarbeitete und bestehende Anthologien zu Ende führte bzw. neu auflegte. Vier mehrbändige Motettensammlungen hat Berg selbst zusammengestellt. Weiter publizierte er Musiksammlungen für Lateinschulen, Individualdrucke verschiedener lokaler Meister und einen großen Anteil von Kompositionen Caspar ▸ Othmayrs. Ab den 1560er-Jahren gingen verstärkt Musiklehrbücher in Druck (Sebald ▸ Heyden, Adrian Petit ▸ Coclico). Mit den *Sacrae can-*

tiones quinque vocum (1562) erschien der erste Druck von Orlande de ▸ Lassus aus dessen Münchner Zeit. Nach Bergs Tod wurde die Firma unter Neubers Name (mit verschiedenen Teilhabern) bis 1573 weitergeführt.

Ausgaben:
Novum et insigne opus musicum […] Nuremberg, Johann Berg und Ulrich Neuber, 1558-1559, 6 Bde., hrsg. von H.M. Brown, New York 1986.

Literatur:
S. Jackson, *Berg und Neuber: Music Printers in Sixteenth-Century Nuremberg*, Diss. New York 1998 • M. Diefenbacher / W. Fischer-Pache (Hrsg.), *Das Nürnberger Buchgewerbe* (Quellen und Forschungen zur Geschichte und Kultur der Stadt Nürnberg 31), Nürnberg 2003.

ALB

Monte, Philippe de
* 1521 Mecheln, † 4.7.1603 Prag

Philippe de Monte ist neben ▸ Lassus der bedeutendste Komponist der letzten Generation der franko-flämischen Komponisten.

Das Geburtsjahr ergibt sich aus folgenden Quellen: Zum einen trägt der durch Rafael Sadeler gefertigte Kupferstich aus dem Jahre 1594 die Aufschrift »Aetat suae LXXIII« und zum anderen schreibt Monte selbst in der auf den 1. Januar 1600 datierten Widmung zu *Il Pastor Fido*, dass er nun 78 Jahre alt sei. – Vermutlich erhielt er den ersten Musikunterricht an der Kathedrale St. Rombout in Mecheln. Bis zu seiner Anstellung als Kapellmeister am Hofe ▸ Maximilians II. im Jahre 1568 fließen verlässliche biographische Informationen nur spärlich. Vieles lässt sich lediglich aus späteren Widmungsvorreden, Bildern und Briefen mittelbar erschließen. So geht aus der Widmung zum *XIX. Madrigalbuch a 5vv* hervor, dass Monte wohl schon früh nach Italien ging. Monte betont, dass er im Hause des Genoveser Bankiers Domenico Pinelli »viele Jahre meiner Jugend in äußerst angenehmen Diensten verbracht habe«. Zwischen 1547 und 1549 war Monte Chorsänger an der Kathedrale von Cambrai. Ob er nach 1549 nochmals in Italien weilte, ist nicht mit Sicherheit zu sagen. Der Druck seiner Werke in Italien könnte hierfür ein Indiz sein. 1554/1555 ist Monte im Gefolge der Kapelle ▸ Philipps II. von Spanien anlässlich dessen Vermählung mit Maria Tudor in England nachweisbar; in der Folge lebte er für unbestimmte Zeit in Antwerpen. Der wegen der Erwähnung der »musica reseruata« berühmte Brief Georg Selds an Herzog ▸ Albrecht V. von Bayern enthält auch eine Charakterisierung Montes (»ist ain stiller, eingezogener, züchtiger mensch wie ain Junckfraw«). Vermutlich in den Jahren danach nach Italien zurückgekehrt und 1567 in Neapel lebend, stand die Person Montes 1562 als Nachfolger Adrian ▸ Willaerts in Venedig und 1567/1568 zusammen mit Giovanni Pierluigi da ▸ Palestrina als Nachfolger Jacobus ▸ Vaets in der Leitung der Habsburgischen Hofkapelle zur Diskussion. Die Verhandlungen mit Palestrina scheiterten nicht zuletzt an dessen hohen Gehaltsforderungen, sodass Monte zum 1. Mai 1568 ernannt wurde, aber erst im Sommer des darauf folgenden Jahres seinen Dienst in Wien antrat. 1570 war er mit der Kapelle auf dem Reichstag zu Speyer und reiste von dort aus nach Flandern, um dort Kapellmitglieder zu rekrutieren.

Nach dem Tod Maximilians II. (1576) blieb Monte unter ▸ Rudolf II. in derselben Position tätig, auch als der Hof zwischen 1578 und 1580 von Wien nach Prag verlegt wurde. Nach langen, auch juristisch geführten Auseinandersetzungen gelangte Monte 1578 in den Besitz eines Benefiziums an der Kathedrale von Cambrai. Kaiser Rudolf II. wollte jedoch nicht auf seine Dienste verzichten, weshalb er nicht in Cambrai residieren konnte und in Prag verblieb. In der Widmung des *VIII. Madrigalbuches a 5vv* (1580) bezieht sich Monte auf Kritik, die an seinen Werken geübt worden war, und versucht eine Rechtfertigung seiner künstlerischen Position. Er betont, dass es Aufgabe des Schaffenden sei, nach neuen Wegen zu suchen und sich vor allem an diejenigen zu wenden, die über ein gegründetes Urteil verfügen. Ergänzend hierzu verdeutlicht die Widmung des X. Madrigalbuches zu fünf Stimmen (1581), dass es kontroverse Auseinandersetzungen am Habsburger Hof gegeben hat über Sinn und Berechtigung von Musik. Neben seiner Tätigkeit am Prager Hof war Monte zudem in den 1580er Jahren Korrespondent für einige norditalienische Fürstenhöfe, indem er regelmäßig Nachrichten vom Prager Hof an seinen ehemaligen Schüler Gianvincenzo Pinelli in Padua sandte.

Das Œuvre Philippe de Montes ist von wahrhaft imponierendem Umfang: etwa 40 Messen, ca. 250 Motetten, vor allem über 1200 geistliche und weltliche Madrigale. – Die meisten ▸ Messen basieren auf Parodiemodellen, wobei der freie Umgang mit dem Material der Vorlage und die freimütige Hinzufügung gänzlich neuen Materials eigene kompositorische Lösungsansätze verrät. Vergleicht man die ▸ Motetten mit den ▸ Madrigalen, so können Fehleinschätzungen nicht ausbleiben. Vordergründig sind Montes Motetten in der Tat durch Zurückhaltung und Verzicht auf die dem Madrigal eigenen Formen der Textausdeutung charakterisiert. Doch zeigt gerade die virtuose Handhabung der den Modi inhärenten textausdeutenden Qualitäten eine ganz eigene Meisterschaft.

Den größten Teil des Œuvres Montes machen die weltlichen Madrigale aus, die denn auch über lange Zeit der Hauptgegenstand der Rezeption gewesen sind. Mit den 34 veröffentlichten Madrigalbüchern, die während seiner ganzen musikalischen Laufbahn von 1554 bis 1603 erschienen, ist er der produktivste Komponist in der Geschichte der Gattung überhaupt. Die stilistische Entwicklung seines Madrigalschaffens vollzieht die zu seinen Lebzeiten statthabenden Entwicklungen der Gattung nach, verschmilzt sie aber zu höchst individuellen schöpferischen Lösungen.

Literatur:
A. Smijers, *Die kaiserliche Hofmusikkapelle von 1543–1619*, in: Studien zur Musikwissenschaft 6 (1919), S. 139–186; 7 (1920), S. 102–142 • G.A. Michael, *The Parody Mass Technique of Philippe de Monte*, New York 1958 • P. Nuten, *De madrigali spirituali van Filip de Monte*, Brüssel 1958 • W. Pass, *Musik und Musiker am Hof Maximilians II.* (Wiener Veröffentlichungen zur Musikwissenschaft 20), Tutzing 1980 • R. Lindell, *Studien zu den sechs- und siebenstimmigen Madrigalen von Filippo di Monte*, Ann Arbor/Michigan 1980 • Ders., *Die Neubesetzung der Hofkapellmeisterstelle am Kaiserhof in den Jahren 1567–1568: Palestrina oder Monte*, in: Studien zur Musikwissenschaft 36 (1985), S. 35–52 • C.P. Comberiati, *Late Renaissance Music at the Habsburg Court: Polyphonic Settings of the Mass Ordinary at the Court of Rudolf II (1576–1612)*, New York u.a. 1987 • R. Lindell, *An unknown letter of Filippo de Monte to Orlando die Lasso*, in: Festschrift für Horst Leuchtmann zum 65. Geburtstag, hrsg. von St. Hörner und B. Schmid, Tutzing 1993, S. 261–271 • Th. Hindrichs, *Philipp de Monte (1521–1603), Komponist, Kapellmeister, Korrespondent*, Göttingen 2002 • *Philippus De Monte and His Time*, Kongreßbericht Antwerpen 2003 (Yearbook of the Alamire Foundation 7), 2005.

MZ

Monteverdi, Claudio
* 15.5.1567 Cremona, † 29.11.1643 Venedig

Der norditalienische Komponist war vielleicht der bedeutendste und einflussreichste Musiker der späten Renaissance und des frühen Barock, und seine weltliche und geistliche Musik sowie seine Werke für Musiktheater überbrückten alte und neue musikalische Welten und halten mit Recht ihren Platz im heutigen Repertoire.

Monteverdi war der Sohn von Baldassare, einem Arzt, und Maddalena Zignani. Er erhielt seine frühe Ausbildung in Cremona von Marc' Antonio ▸ Ingegneri, dem Maestro di capella der Kathedrale, dessen sorgfältiger Kontrapunkt-Unterricht sich in Monteverdis frühen Veröffentlichungen niedergeschlagen hat: den dreistimmigen *Sacrae cantiunculae* (Venedig 1582), den vierstimmigen *Madrigali spirituali* (Brescia 1583; nur die Bass-Stimme blieb erhalten), und den *Canzonette a tre voci* (Venedig 1584). Er studierte auch Viola (da gamba und da braccio). Sein Erstes Buch fünfstimmiger Madrigale (Venedig 1587) – das übliche Eingangstor in den Beruf für einen jeden seriösen Komponisten – erschien zu dem Zeitpunkt, als er eine Anstellung finden musste: Er widmete das Buch dem prominenten Veroneser Mäzen Marco Verità. Ein Musiker aus Cremona würde normalerweise entweder in der Lombardei oder in nahe gelegenen Gegenden Anstellungen suchen. Monteverdi versuchte es in Mailand, indem er sein *Il secondo libro de madrigali a cinque voci* (Venedig 1590) Giacomo Ricardi widmete, dem Vorsitzenden des Senats und Rates der Stadt. 1591 jedoch oder zu Beginn des Jahres 1592 bekam er eine Stellung am Hof des Herzogs Vincenzo Gonzaga in Mantua als ›suonatore di vivuole‹; er reagierte darauf mit der Widmung seines Dritten Buchs an den Herzog am 27. Juni 1592. Dieses Buch wurde wie alle folgenden Mantuaner Bücher von Ricciardo Amadino in Venedig gedruckt, der außerordentlich von der Verbindung profitiert zu haben scheint.

Mantua war ein bedeutendes künstlerisches Zentrum: Unter den dortigen Musikern befanden sich Giaches de ▸ Wert, Benedetto Pallavicino und Salamone Rossi. Der Hof hatte auch enge Verbindungen mit Ferrara mit seinem bekannten ▸ Concerto di donne und anderen musikalischen Virtuosen. Monteverdi ging im wesentlichen zu Giacomo Cattaneo in die Lehre, einem Mitglied des Streicherensembles, und heiratete (am 20. Mai 1599) – für einen Hofmusiker typisch – Cattaneos Tochter, die Sängerin war; dies könnte seitens der ▸ Gonzaga ein Versuch gewesen sein, sie in aktivem Dienst zu behalten. Monteverdi befand sich jedoch schon auf seinem Weg zur Spitze des Hofdienstes: Er stand den drei anderen Musikern vor, die Herzog Vincenzo auf seiner Kampagne gegen die Türken in Ungarn (Juni bis November 1595) begleiteten, wo er den florentinischen Mäzen und Humanisten Giovanni de' ▸ Bardi getroffen haben mag (der in der päpstlichen Garde diente), und er war auch im Gefolge auf der Reise des Herzogs nach Spa in Flandern im Sommer 1599. Er war an der spektakulären Aufführung von Giovanni Battista ▸ Guarinis Schäferspiel *Il pastor fido* in Mantua im November 1598 beteiligt; die Wirkung, die das Stück auf ihn ausübte, ist an der Wahl von Texten aus dem Schauspiel für das nächste Buch von Madrigalen ersichtlich. Er mag auch den Herzog nach Florenz zu den Festlichkeiten der Hochzeit von Maria de' ▸ Medici und ▸ Heinrich IV. von Frankreich begleitet haben, wo er die Aufführung von Jacopo ▸ Peris Oper *Euridice* zumindest gehört (wenn nicht gesehen) haben könnte. Sein Ruf breitete sich mit der Publikation seiner Musik in Anthologien sowohl in Italien (bei Antonio Morsolino, 1594) als auch im Ausland (in der Nürnberger Sammlung *Fiori del giardino*, 1597) aus. Des weiteren würde er sein Viertes Madrigalbuch Herzog Alfonso II. d'Este gewidmet haben, wenn der Herzog nicht spät im Jahr 1597 gestorben wäre (stattdessen wurde das 1603 publizierte Buch der Accademia degli Intrepidi in Ferrara zugeeignet). Seine Verbindungen nach Ferrara bildeten einen unmittelbaren Kontext zu seiner Kontroverse mit dem Bologneser Musiktheoretiker Giovanni Maria Artusi (siehe unten).

Als Wert 1596 starb, wurde Pallavicino vor Monteverdi bevorzugt, nach Pallavicinos Tod am 26. November 1601 wurde jedoch Monteverdi zum ›Maestro della musica di camera‹ des Herzogs ernannt. Er zeigte seine Beförderung auf den Titelseiten seines Vierten und Fünften Buches an, das letztere wurde Herzog Vincenzo am 30. Juli 1605 gewidmet. Seine neuen Pflichten umfassten das Unterrichten der Sänger (den virtuosen Tenor Francesco Campagnolo und seit Mitte 1603 den jungen Sopran Caterina Martinelli), die Leitung eines weiblichen Vokalensembles und die Komposition und Leitung der Musik für höfische Aufführungen, darunter der Ballo *Gli amori di Diana ed Endimione* für den Karneval 1604–1605, und die Oper *Orfeo*, die von Prinz Francesco Gonzaga, dem Erben des Thrones, für den Karneval 1606–1607 in Auftrag gegeben wurde. *Orfeo* wurde vor der Accademia degli Invaghiti am 24. Februar 1607 aufgeführt und schließlich einmal am Hof wiederholt (am 1. März; eine dritte Aufführung war geplant). Es gab auch einige Aufführungen in Salzburg zwischen 1614 und 1619, möglicherweise dank der Anwesenheit des Tenores Francesco Rasi, der die Titelrolle in Mantua gesungen hatte.

Trotz des Todes seiner Frau im September 1607 war Monteverdi in außerordentlichem Maße in die Vorbereitungen der Festlichkeiten für die Hochzeit von Prinz Francesco und Margherita von Savoyen involviert, die schließlich (nach unzähligen Verschiebungen) im Mai 1608 gefeiert wurde. Zu den Darbietungen gehörten die Oper *Arianna* (die bis auf das berühmte Lamento verloren ist) und der *Ballo delle ingrate* (später im Achten Madrigalbuch publiziert, den *Madrigali guerrieri, et amorosi*, 1638). Martinelli sollte die Titelrolle in Arianna singen, aber ihr plötzlicher Tod machte eine Änderung notwendig, und so sprang die berühmte Komödiantin Virginia Andreini ein; das Lamento könnte für sie hinzukomponiert worden sein. Nach den Festlichkeiten war Monteverdi erschöpft, und er zog sich nach Cremona zurück, wo sein Groll gegen den Hofdienst überkochte: Er war überarbeitet, unterbezahlt und nicht genügend anerkannt, und so forderte er in einem Gesuch vom 2. Dezember 1608 seine Entlassung. Herzog Vincenzo antworte mit einem erhöhten Gehalt und auch einer jährlichen Pension. Die letztere wurde jedoch selten bezahlt und sorgte bei Monteverdi für Verstimmung bis zum Ende seines Lebens.

Er fuhr fort, für die Gonzaga zu arbeiten, obwohl er sich offensichtlich anderorts umsah. Im September 1610 publizierte er seine *Missa ... ac vespere* und ging anschließend nach Rom, um sie ihrem Widmungsträger, Papst Paul V., zu präsentieren. Es kam nichts dabei heraus, außer dass in Mantua der Verdacht der Untreue aufkam. Als dann Francesco Gonzaga nach Vincenzos Tod (18. Februar 1612) Herzog wurde, verkleinerte er dessen verschwenderischen Hof. Dieses wie auch eine Intrige von Kardinal Ferdinando Gonzagas favorisiertem Musiker, Santi Orlandi, führte zur plötzlichen Entlassung von Monteverdi und seinem Bruder am 29. Juli. Nur durch Glück wandten sich die Dinge in der Mitte des Jahres 1613 zum Besseren. Giulio Cesare Martinengo, Maestro von S. Marco in Venedig, starb am 10. Juli, und Monteverdi stellte sich für seinen Posten am 1. August vor. Er wurde am 19. August 1613 zu einem Gehalt von 300 Dukaten berufen und traf in Venedig Anfang Oktober ein, um eine der angesehendsten musikalischen Stellen in ganz Italien zu übernehmen. Sein Sechstes Madrigalbuch, 1614 veröffentlicht, markierte die Wende dadurch, dass es keinen Widmungsträger mehr hatte. Sicherlich enthält es Werke aus den Mantuaner Jahren, aber nun war der Komponist in neue kulturelle und musikalische Welten getreten.

Während Monteverdis venezianische Periode unzweifelhaft jenseits des Bereichs dieses Lexikons liegt, stellt seine mantuanische Musik fundamentale Voraussetzungen in Frage bezüglich dessen, was ›Renaissance‹-Musik sein könnte. Seine Karriere war bis zu diesem Punkt (und sogar darüber hinaus) sicherlich typisch für diejenige eines Renaissance-Komponisten, genauso wie die musikalischen Gattungen, mit denen er sich dem Publikum präsentierte (besonders die fünfstimmigen Madrigale). Die *Missa In illo tempore* im ›stile antico‹, die 1610 veröffentlicht wurde und eine Motette von Nicolas ▶ Gombert (1554) parodiert, zeigt Monteverdis sicheren Griff zu älteren (aber noch nicht altmodischen) polyphonen Idiomen. Er wurde jedoch zweifellos von dem Bologneser Theoretiker Giovanni Maria Artusi als Modernist angesehen. Dieser veröffentlichte 1600 und 1603 eine scharfe Kritik über die Madrigale, die Monteverdi in seinem Vierten und Fünften Buch publizierte, nachdem Artusi sie in Ferrara bereits im November 1598 gehört hatte. Die Argumentation drehte sich um die Dissonanzbehandlung und andere Lizenzen, von denen Artusi behauptete, dass sie die Regeln des guten Kontrapunkts verletzten. Monteverdi antwortete mit einer Erklärung im Fünften Buch, die von seinem Bruder Giulio Cesare 1607 in den *Scherzi musicali* glossiert wurde, wodurch die Begriffe der zwei musikalischen Praktiken geprägt wurden, einer ›prima pratica‹, in der die Musik die Herrin über die Worte war, und einer ›seconda pratica‹, in der sie die Dienerin war. Dissonanzen und andere Unregelmäßigkeiten waren in der ›seconda pratica‹ normal, da es vorrangig notwendig war, den poetischen Text zum Ausdruck zu bringen. Monteverdi verfolgte die Entstehung der ›seconda pratica‹ zurück zu Cipriano de ▶ Rore, und er behauptete, dass dies von allen Modernen bislang so angenommen worden war. An diesem Punkt konnte Artusi nicht mehr argumentieren.

Der textlich expressive Stil, verbunden mit neuen musikalischen Erfindungen wie der Aufnahme des Basso continuo in den letzten sechs Madrigalen des Fünften Buches, könnte viele Forscher dazu veranlassen, die reifen Mantuaner Madrigale in die stilistische Welt des frühen Barock zu setzen, obwohl der humanistische Hintergrund der ›seconda prattica‹ (Monteverdi bezieht sich speziell auf Plato) etwas anderes andeutet. Eine ähnliche Situation trifft auf seine Oper *Orfeo* zu. Sie ist, völlig zu Recht, die älteste Oper, die heute einen Platz im Repertoire erhalten hat. Zweifellos ist sie in einem ›barocken‹ Stil komponiert, mit all den Elementen der florentinischen ›neuen Musik‹, die von Jacopo ▶ Peri und Giulio ▶ Caccini verkündet wurden, aber ihr Sujet und auch ihre Chöre, Sinfonien und Tänze verankern das Werk in früheren musikalischen und theatralischen Traditionen. Es ist nicht klar, ob Monteverdi dies notwendigerweise als Zusammenstoß von ›alt‹ und ›neu‹, oder sogar als eine Art Vereinigung zwischen beiden betrachtet hat. Genauso wenig ist es klar, ob Monteverdi – wenn er es auch behauptete – an die Abhängigkeit der Musik vom Text glaubte, welches eher ein zweckmäßiges Argument als eine kohärente Darlegung einer ästhetischen Position darstellte.

Die Vespern von 1610 sind nicht weniger zweideutig. Sie teilen mehrere Züge mit *Orfeo*: Der Introitus nimmt die Toccata auf, die die Oper eröffnet, und an anderer Stelle gibt es Parallelen im figurierten Vokalstil. Aber während die Vespern im Stil unzweifelhaft modern sind oder wenigstens so klingen mit ihren flamboyanten vokalen und instrumentalen Partien, leidenschaftlichen Soli, Duetten und Trios und neuen strukturellen Verfahren (Ritornelle) und Techniken, gebrauchen die ▶ Psalmvertonungen nichtsdestoweniger einen ▶ Cantus firmus und zeigen kunstvollen Kontrapunkt. Diese klangliche Vielfalt kann man mit dem vergleichen, was wir an typischen Aufführungspraktiken in nördlichen italienischen Kirchen der letzten zwei und mehr Jahrzehnte des 16. Jahrhunderts kennen. Obwohl Renaissancemusik gewöhnlich in strenger Weise notiert war, konnte die spontane Hinzufügung von Instrumenten und improvisierten Verzierungen sie sehr viel bunter machen, als das Notenbild darstellt, und Monteverdi integrierte – wenn man es so will – einfach frühere improvisatorische Praktiken in seine kompositorische Praxis.

Eine Argumentation, die die Zugehörigkeit dieser Musik zur Renaissance oder zum Barock erörtert, vergisst, dass dies für Monteverdi beim Komponieren keinerlei Rolle spielte. Monteverdi als einen Komponisten des Übergangs zu bezeichnen, plaziert seine Musik in einer Zwischenwelt, was sie nicht verdient. Vielmehr besteht die Herausforderung, seine Kunst nicht in Begriffen ihres Kontextes, sondern um ihrer selbst zu verstehen, und hier haben die Forscher noch viel zu tun.

Ausgaben:
Claudio Monteverdi: Tutte le opere, hrsg. von G.F. Malipiero, Asolo, 1926–1942, ²1954–1968; *Claudio Monteverdi: Opera omnia*, hrsg. von Fondazione Claudio Monteverdi (Instituta et monumenta 5), Cremona 1970ff.

Literatur:
S. Leopold, *Claudio Monteverdi und seine Zeit*, Laaber 1982, ²1993 • L. Finscher (Hrsg.), *Claudio Monteverdi: Festschrift Reinhold Hammerstein*, Laaber 1986 • G. Tomlinson, *Monteverdi and the End of the Renaissance*, Berkeley 1987 • T. Carter, *Monteverdi's Musical Theatre*, New Haven and London 2002 • B. Gordon, *Monteverdi's Unruly Women: the Power of Song in Early Modern Italy*, Cambridge 2004.

TC

Montpellier ▸ Frankreich

Morales, Cristóbal de
* um 1500 Sevilla, † zwischen 4.9.1553 und 7.10.1553 in Marchena (Provinz Sevilla) (?)

Morales ist eine der zentralen Figuren der Generation nach ▸ Josquin Desprez, seine musikgeschichtliche Bedeutung ist vergleichbar mit der von Nicolas ▸ Gombert, Jacobus ▸ Clemens non Papa und Adrian ▸ Willaert.

Angesichts des Ruhmes zu Lebzeiten wie nach seinem Tode verwundert es, dass Morales' Geburtsdatum nur näherungsweise bestimmt werden kann. Es ist anzunehmen, dass er seine frühe musikalische Ausbildung als Chorknabe an der Kathedrale von Sevilla erhielt; ab einem unbekannten Zeitpunkt war er Priester des Bistums Sevilla. Anlässlich der Hochzeit ▸ Karls V. am 10. März 1526 könnte es zu einem Zusammentreffen von Morales und Gombert gekommen sein; späterhin wurden die Werke der beiden Komponisten häufig zusammen veröffentlicht. 1526 wurde er, einem heute verschollenen Dokument zufolge, Kapellmeister an der Kathedrale von Ávila, um bereits 1528/1529 an die Kathedrale von Plasencia zu wechseln. Da im Dezember 1531 eine Kommission eingesetzt wurde, um einen neuen Kapellmeister zu suchen, scheint Morales um diesen Zeitpunkt aus dem Dienst ausgeschieden zu sein. Über die Jahre zwischen 1531 und seiner Bestallung in Rom 1535 ist nichts sicheres bekannt. Es wird angenommen, dass Morales 1531 im Gefolge des Kardinals Alfonso Manrique von Sevilla nach Rom gereist sei, doch ist zwischen März 1532 und April 1533 ein Morales als ›Maestro de capilla‹ an der Kathedrale von Córdoba nachweisbar; nicht sicher ist jedoch, ob es sich um Cristobal de Morales handelt. Die römischen Jahre hingegen sind bestens dokumentiert und zeigen Morales als Mitglied der päpstlichen Kapelle teilhabend an allen wichtigen politischen und kirchlichen Festlichkeiten. Aber schon in diesen Jahren versäumte er häufiger aufgrund von Krankheit den Dienst.

Im Gegensatz zu Tomás Luis de ▸ Victoria, dessen erstes Motettenbuch von 1572 bereits ein Individualdruck war, erschienen Morales ▸ Motetten und ▸ Messen zunächst vor allem in Anthologien. Erst 1544 erschienen die beiden Messenbücher als Individualdrucke. Es liegt nahe anzunehmen, dass seine Entscheidung nach seinem zweiten Aufenthalt in Spanien im Jahre 1545 nicht wieder nach Rom zurückzukehren, mit seinen gravierenden gesundheitlichen Problemen zusammenhängt. Zudem waren seine römischen Jahre in finanzieller Hinsicht, was etwa den Erwerb von Pfründen betrifft, so wenig erfolgreich, dass er nach Spanien zurückgekehrt und, das Kapellmeisteramt an der Kathedrale von Toledo übernehmend, gezwungen war, Schulden zu machen. Die relative Kürze seines Wirkens in Toledo (1545–1547) erklärt sich zum einen aus dem verhältnismäßig geringen Gehalt, was bald zu beträchtlichen Problemen führte, und zum anderen aufgrund disziplinarischer Schwierigkeiten mit den ihm anvertrauten Chorknaben. Hinzu kamen, wie schon in Rom, die Beschwerden seiner wohl chronischen Erkrankung (Rheuma?). Die Wahl seiner weiteren Wirkungsstätten mag denn auch durch die Erfordernisse seiner Krankheit mitbestimmt worden sein.

Für drei Jahre (1548–1551) wirkte Morales in dem kleinen, sonnigen andalusischen Städtchen Marchena, rund 50 km östlich von Sevilla. Sein Dienstherr dort war der reiche Herzog von Arcos, Luis Cristóbal Ponce de León (1518–1573), der eine private Kapelle unterhielt und deren Kapellmeister Morales wurde. Der Herzog galt als Kenner und Liebhaber und war ein großzügiger Arbeitgeber. Seine letzte Anstellung hatte Morales in Málaga inne, der Stadt mit dem mildesten Klima in Spanien. Das Amt als Kapellmeister der dortigen Kathedrale trat er am 27. November 1551 an. Disziplinarische und künstlerische Probleme mit den Sängern führten dazu, dass Morales danach trachtete, sich beruflich zu verändern, doch verhinderte dies sein Tod.

Anders als viele seiner berühmten Zeitgenossen schrieb Morales nahezu keine weltliche Musik. Das wichtigste Feld seiner künstlerischen Wirksamkeit ist die Messkomposition. Kein anderer Komponist seiner Generation schuf eine derart große Anzahl von Messen. Von den 22 erhaltenen Messen erschienen 16 unter seiner Aufsicht in Rom 1544 im monumentalen Folio-Format. Die vierstimmige *Missa pro defunctis* und drei Messen auf spanische Vorlagen (*Caca*, *Desilde al cavallero* und *Tristezas me matan*) sind ausschließlich handschriftlich überliefert. Sieben seiner Messen bedienen sich Motetten franko-flämischer Meister als Parodievorlagen, sechs sind auf Choralvorlagen gegründet, drei basieren auf französischen weltlichen ▸ Cantus firmi (darunter zwei auf *L'Homme armé* und eine auf dem Superius von Josquins *Mille regretz*), drei verwenden spanische weltliche Liedvorlagen und zwei sind auf Solmisations-Themen aufgebaut. Zwölf Messen sind vier-, sieben sind fünf- und zwei sind sechsstimmig. Anders als oft behauptet, entwickelt Morales den Stil Josquins eigenständig mit interessanten Parallelen zu dem ihm persönlich bekannten Gombert. Überhaupt deutet manches auf engere Kontakte zur Hofkapelle Karls V. hin, und zumindest zeitweise scheint Morales erwogen zu haben, sein zweites Messenbuch dem Kaiser zu widmen.

Zu seinen am weitesten verbreiteten Werken gehören die für den Gebrauch der päpstlichen Kapelle geschriebenen, und deren aufführungspraktische Usancen reflektierenden 16 ▸ Magnificats.

Die in zahlreichen Sammeldrucken in ganz Europa veröffentlichten ▸ Motetten verwenden signifikant häufig Ostinatobildungen. So die auch zu den bekanntesten Kompositionen gehörende Motette *Jubilate Deo omnis terra*, welche anlässlich der Friedensverhandlungen in Nizza im Juni 1538 entstand.

Der Einfluss Gomberts auf die Textur der Werke von Morales ist unverkennbar. Zugleich wird etwa im Vergleich mit Francisco ▸ Guerrero und Victoria deutlich, dass Morales nicht nur keine Motetten zu Ehren in Spanien besonders verehrter Heiliger geschrieben hat, sondern dass sein Stil dem international dominierenden Stil der franko-flämischen Komponisten dieser Jahrzehnte weitgehend entspricht.

Ausgaben:
Cristóbal de Morales, *Opera omnia*, hrsg. von H. Anglés, Rom 1952–1971 (Monumentos de la musica española).

Literatur:
R. Stevenson, *Spanish Cathedral Music in the Golden Age*, Berkeley/California 1961 • A. MacFarland, *Cristóbal de Morales and the Imitation of the Past: Music for the Mass in Sixteenth-Century Rome*, Diss. Univ. of California, Santa Barbara 1999 • O. Rees / B. Nelson (Hrsg.), *Cristóbal de Morales: Sources, Inflences, Reception*, Rochester 2007.

MZ

Moralphilosophie

In der Renaissance wurde die Schönheit noch unter dem Deckmantel anderer Sachverhalte behandelt, dem Nützlichen, dem Guten und der Weisheit. Die Schönheit blieb bei zahlreichen Denkern etwas rein Rationales, der vierte Gegenstand nach dem Einzigen, dem Wahren und dem Guten, und wird manchmal sogar darauf reduziert, nur ein Aspekt des Guten zu sein. Der Diskurs über das Schöne, das unter dem Schutz des Guten steht, ist seitdem bevorzugterweise mit der Moral verbunden.

Die Wiederentdeckung der *Nicomachischen Ethik* des Aristoteles durch Robert Grosseteste rief eine Neuformulierung des Programms der Moralphilosophie hervor. Seit dem Ende des 13. Jahrhunderts waren die Ethik, die ›Ökonomie‹ und die Politik die drei Stoffe und die drei Stufen der Moralphilosophie. Die Ethik betraf, genauer ausgedrückt, die Ausbildung des moralischen Charakters des Menschen, seine ›Sitten‹. Im aristotelischen Denken war die Frage der Imitation, des fundamentalen Prinzips der Künste, moralisch und politisch, aber auch erzieherisch begründet. In *Politeia* wurde die Musik als ein Heilmittel dargestellt, als ein süßer Trost für die Sterblichen. Dies hinderte nicht, dass es eine Hierarchie des Vergnügens und so auch der Musik gab: Es handelte sich darum, dass weder die Vergnügungen noch die Arten der Musik vermischt werden sollten. Aristoteles befand es als richtig, dass die Musik nicht nur ein sinnlicher Eindruck, die künstlerische Manipulation der Töne nicht nur einfach eine »Bewegung der Sinne« sein sollten, sondern eine Transformation der Seele dank der Bewegung der Sinne. Das Prinzip der ästhetischen Distanzierung war Aristoteles fremd. Man konnte beispielsweise nicht Musik hören, ohne von den mimetischen Qualitäten ergriffen zu sein.

In den französischen akademischen Milieus des 16. Jahrhunderts, so in der ▸ Académie de Poésie et de Musique des Antoine de ▸ Baïf oder der Académie du Palais, bestand außerordentliches Interesse an der Erörterung der Beziehungen zwischen Ethik und Musik. Musiker und Musikschriftsteller übten dort juristische und administrative Funktionen aus: Jacques ▸ Mauduit war ›Clerc de la Cour des Requêtes‹, Guy du Faur de Pibrac ein angesehener Jurist, Nicolas Bergier, ›syndic‹ der Stadt Reims. In ihren Statuten präzisierte die Académie von Baïf, dass ihr Objekt – neben der Wiederbelebung einer nach antiker Praxis gestalteten Poesie und Musik (▸ Musique mesurée) – eine moralische Reform und damit gleichermaßen auch eine religiöse Reform beabsichtigte. In den *Lettres patentes*, den offiziellen Statuten der Académie, wurde nicht versäumt, an diese Mission zu erinnern: »Es ist für die Sitten der Bürger einer Stadt bedeutend, dass die im Land geläufige und gebrauchte Musik unter gewissen Gesetzen steht […]; wo die Musik ungeordnet ist, dort sind die Sitten verdorben, und wo sie gut geordnet ist, sind die Menschen moralischer.«

Die französischen Akademiker bezogen sich zur Rechtfertigung ihres moralischen Vorhabens auf einen umfassenden Katalog klassischer Quellen. Aristoteles und Platon nahmen selbstverständlich einen hervorgehobenen Platz ein, aber insbesondere Plutarch prägte den Diskurs der französischen Akademiker.

Die *Moralia* von Plutarch, der unter anderem Autor einer *De Musica* war, wo er detailliert das Verhältnis zwischen Musik und Moral behandelte, enthalten einen Abschnitt, der der Musik gewidmet ist. Dieses Werk wurde von Jacques Amyot ins Französische übersetzt (*Les œuvres morales et meslees de Plutarque*, 1572) und blieb bis ins 18. Jahrhundert Objekt der akademischen Diskussion, besonders in den Abhandlungen, die Pierre-Jean Burett an der Académie des Inscriptions et Belles-Lettres las. *De Musica* von Plutarch war in Italien bereits seit Beginn des 16. Jahrhunderts Forschungsgegenstand. 1507 bot Carlo Valgulio eine Übersetzung ins Lateinische an, die einen ziemlichen Erfolg hatte (sie sollte zahlreiche Wiederauflagen in verschiedenen Städten erfahren). Aus *De Musica* und anderen antiken griechischen Quellen (Platon, Aristoteles, Porphyrus, Martianus, Capella) zog Valgulio wirkungsvolle Argumente in einem Streit mit einem Verleumder der Musik. Der Traktat *Contra vituperatorem musicæ* (1509) stellt eine vollständige Synthese der ethischen Argumente zugunsten der Musik dar.

Wie die *Lettres patentes* der Académie de Poésie et de Musique von Antoine de Baïf bezeugen, standen die Bezüge zwischen Musik und Ethik im Mittelpunkt der Debatte, die in der zweiten Hälfte des 16. Jahrhunderts geführt wurde. Die Besonderheit dieser Debatte ist, dass sie eine bislang unbekannte Breite einnahm, die selbst noch Überlegungen über die Rolle der Musik in den religiösen Praktiken umfasste.

Literatur:
D. Koenigsberger, *Renaissance Man and Creative Thinking: A History of Concepts of Harmony, 1400–1700*, Brighton 1979 • Cl. Palisca, *Humanism in Italian Renaissance Musical Thought*, New Haven 1985 • D. Summers, *The Judgment of Sense. Renaissance Naturalism and the Rise of Aesthetics*, Cambridge 1987 • Fr.A. Yates, *Les académies en France au XVIe siècle*, Paris 1996 • Ph. Vendrix, *La musique à la Renaissance*, Paris 1999 • B. Boccadoro, *Ethos e varietas. Transformazione qualitative e metabole nella teoria armonica dell'antichità greca*, Florence 2002 • St. Lorenzetti, *Musica e identità nobiliare nell'Italia del Rinascimento*, Florence 2003.

PHV

More, Thomas
um 1477/1478 London, † 6.7.1535 London

Der englische Humanist und Staatsmann machte nach humanistischen, theologischen und juristischen Studien politische Karriere unter Heinrich VII. und ▶ Heinrich VIII. als Mitglied des Royal Council, als Sprecher des Parlaments und schließlich als Lord Chancellor. Er lehnte jedoch die Abspaltung der anglikanischen Kirche von der katholischen ab und wurde, da er den Suprematseid verweigerte, 1534 verhaftet und im folgenden Jahr hingerichtet. – Mores am Beginn der utopischen Literatur der Neuzeit stehende Hauptschrift *Utopia* (Louvain 1516), die in Kritik an europäischer Politik und Gesellschaft einen utopischen Staat entwirft, enthält auch einen längeren Abschnitt über Musik, in dem eine neue, text- und affektbetonte Kompositionsweise gefordert wird (siehe Helms), wie sie in Humanistenkreisen thematisiert wurde und wichtigstes Merkmal des italienischen Madrigals werden sollte. Mores Gedanken über die Musik blieben in England jedoch ohne Wirkung, denn das beschriebene Ideal hat sich erst gegen Ende des Jahrhunderts mit der Rezeption italienischer Musik und der Entstehung des englischen Madrigals ausgewirkt.

Ausgabe:
The Complete Works of St. Thomas More, hrsg. von E. Surtz u.a., New Haven/Connecticut 1963ff.

Literatur:
N.-C. Carpenter, *A song for all seasons: Sir Thomas More and music*, in: Comparative literature 33 (1981), S. 113–136 • D. Helms, *Die Rezeption der antiken Ethoslehre in staatstheoretischen und pädagogischen Schriften und die Beurteilung der zeitgenössischen Musik im Humanismus*, in: Festschrift für Martin

Geck zum 65. Geburtstag, hrsg. von U. Tadday und R. Ares, Dortmund 2001, S. 325–351.

ES

Moresca

Die Moresca (auch Moriskentanz) ist ein Tanz, der im 15. und 16. Jahrhundert sehr beliebt und verbreitet war, allerdings nicht nur in einer, sondern in mehreren Bedeutungen auftritt. Erstens handelt es sich um einen Preistanz, in dem eine Frau von groteske Verrenkungen ausführenden Männern umtanzt wird, die orientalische oder Narrenattribute tragen können, um mit ihrem Tanz einen Preis zu gewinnen. Zweitens wird Moresca bei Thoinot ▸ Arbeau als Solotanz eines Knaben mit geschwärztem Gesicht und mit Schellen an den Beinen beschrieben (möglicherweise eine Mauren-Maskierung oder zur Vertreibung böser Geister) und mit einer Melodie überliefert (4+4 Takte mit einfacher Melodie, die jeweils wiederholt werden), deren Modell sich auch bei Tylman ▸ Susato (1551), Orlande de ▸ Lassus (1581), Claudio ▸ Monteverdi (*Orfeo* 1607, Schlussballo), Michael ▸ Praetorius (*Terpsichore* 1619) findet. Drittens kann die Moresca ein Schwerttanz sein: ein Chortanz mit Doppelfrontaufstellung, in der sich kämpfende Christen und Mauren gegenüberstehen. Über die drei Bedeutungen hinweg wurde unter der Moresca zunehmend ein theatralischer Tanz generell verstanden.

Literatur:
M. Woitas, *Schwerttanz*, in: MGG², Bd. 8 (Sachteil), 1998, Sp. 1212–1214.

Morley, Thomas
* 1557 oder 1558 Norwich, † wahrsch. Oktober 1602 London

Morley gilt als herausragender Vertreter des englischen Madrigals, das im letzten Jahrzehnt des 16. Jahrhunderts unter Einfluss italienischer Musik seinen Höhepunkt erlebte. Nicht nur mit seinen eigenen Madrigalen, die in Sammlungen zwischen 1593 und 1601 erschienen, sondern auch mit Bearbeitungen und Ausgaben hat er wesentlich zur Verbreitung der Gattung in England beigetragen.

Morley bekam 1583 die Stelle eines Chorleiters und Organisten an der Kathedrale von Norwich, an der er wahrscheinlich zwischen 1562 und 1566 Kirchendiener und Chorknabe war. In seiner theoretischen Schrift *A plaine and Easie Introduction to Prackticall Musicke* nannte er William ▸ Byrd als seinen Lehrer. 1588 erhielt er den Bachelor of Music der Universität Oxford. 1591 wurde er Organist an der St. Pauls Cathedral in London. Obwohl Morley zum Katholizismus tendierte, arbeitete er als antikatholischer Spion und wurde 1591 bei einer Reise in die Niederlande, wohin sich englische katholische Exilanten begaben, enttarnt. Er entging nur knapp der Hinrichtung, da er behauptete, eigentlich immer ein Katholik gewesen zu sein. 1592 wurde Morley Gentleman of the Chapel Royal. Seit 1593 erschienen seine Werke im Druck. Möglicherweise hatte er persönliche Bekanntschaft mit William ▸ Shakespeare, da er in dessen Nähe wohnte und das Lied *It was a lover and his lass* vertonte, eine der wenigen erhaltenen Originalkompositionen aus Shakespeares Dramen. 1598 erhielt er von ▸ Elisabeth I. das einst an William ▸ Byrd und Thomas ▸ Tallis vergebene Privileg für Notendruck, liniertes Notenpapier und Notenvertrieb. Das Todesdatum Morleys kann nur aus seiner Nachfolge in der ▸ Chapel Royal geschlossen werden.

Die Komposition von ▸ Madrigalen, ▸ Canzonetten und ▸ Balletten Morleys sind weitgehend von italienischen Vorbildern beeinflusst, die in England nicht nur durch die Anwesenheit Alfonso ▸ Ferraboscos und dessen Sohn in London, sondern auch durch Drucke wie Nicholas Yonges *Musica Transalpina* (London 1588) und durch Thomas ▸ Watsons *First Sett of Italian Madrigalls Englished* (London 1590) verbreitet waren, die italienische Kompositionen in englischer Übersetzung enthielten. Morley folgte in seinen eigenen Kompositionen mehr dem unterhaltenden Genre der Canzonette und Ballette als dem ernsthaften Typus des Madrigals. Die Kompositionen der Bücher *Canzonets or Little Short Songs to Three Voyces* (1593) und *Madrigalls to Foure Voyces* (1594) gehen auf italienischen Modelle zurück, die er auf gelungene Weise mit der englischen Tradition verbindet. Die *Canzonets* haben im Unterschied zur italienischen ▸ Canzonetta nur eine Strophe, sie gleichen sich durch Länge, Kontrapunktik und kompositorischen Anspruch eher dem Madrigal an. Einige Stücke mit »Falala«-Abschnitten rekurrieren auf Ballette Giovanni Giacomo ▸ Gastoldis. Das Buch von 1593 war so beliebt, dass es 1606 und 1631 wieder aufgelegt wurde. Den gleichen Tendenzen folgen die vierstimmigen, nun als Madrigale bezeichneten Kompositionen, die aber eher dem nobilitierten Kanzonetten-Typus als italienischen Madrigalen folgen.

Nach den *Canzonets* und *Madrigalls* hat Morley das *First Booke of Balletts to Five Voyces* (1595) publiziert, das aus strengeren und freieren Bearbeitungen von italienischen vokalen ▸ Balletti, Canzonette und ▸ Villanelle besteht, darin enthalten das sehr bekannte *Now is the month of maying*. Die Balletti basieren auf dem Modell Gastoldis: Sie haben strophische Texte, zweiteilige Form mit Wiederholung beider Teile, an deren Ende jeweils ein »Falala«-Abschnitt steht. Während sich die Umarbeitungen der sieben Balletti Gastoldis auf eine Differenzierung der Satzstruktur, insbesondere der »Falala«-Abschnitte beschränken, sind Canzonetten von Giovanni Croce, Giovanni Ferretti, Luca ▸ Marenzio und Orazio ▸ Vecchi in Balletti umkomponiert und bekommen durch die hinzugefügten »Falala«-Abschnitte oft doppelte Länge. Die meisten Balletti sind homophon bei oft polyphoner Struktur der »Falala«-Teile, einige sind auch in den Strophen imitatorisch geprägt. Den Abschluss bildet ein »Dialogue to seven voices«, in dem ein drei- und ein vierstimmiger Abschnitt gegeneinander gesetzt sind. Die gleiche Publikation hat Morley auch als *Il primo libro dell ballette, 5vv* (ebenfalls 1595) auf italienisch herausgegeben. – Weitere Herausgaben sind *The First Book of Canzonets to Two Voyces* (1595, italienische Ausgabe verloren) und *Canzonets oder Little Short Aers to Five and Six Voices* (1597) und schließlich die *Canzonets [...] to Foure Voyces* (1597), Übersetzungen von italienischen Canzonetten und Madrigalen, die Stücke »Celected out of the Best Approved Italian Authors« enthielten. Die *Madrigales. The Triumphes of Oriana 5–6v.* (London 1601) hingegen ist eine Sammlung von 23 auserwählten englischen Madrigalen bekannter englischer Komponisten und stellt einen Höhepunkt der englischen Madrigalkomposition dar. Sie ist ▸ Elisabeth I. gewidmet und hat die italienische Madrigalsammlung *Il Trionfo di Dori* von 1592 als Vorbild.

Die Sammlung *The First Book of Ayres or Little Short Songs, to Sing and Play to the Lute, with the Base Viole* (1600) umfasst 20 ▸ Lautenlieder und zwei Instrumentalstücke (▸ Pavane und ▸ Galliarde), darunter den erwähnten Shakespeare-Song *It was a lover and his lass*. Die Stücke sind überwiegend Strophenlieder (bis zu acht Strophen), nur zwei haben eine musikalisch abweichende zweite Strophe. Die Form der Strophen ist entweder einteilig oder zweiteilig mit wiederholtem zweitem Teil und ›ouvert-clos‹. Einige Lieder sind von Mensurwechseln geprägt, die der Textausdeutung dienen, besonders auffällig in *What if my mistress now* zur Darstellung der Unbeständigkeit der Geliebten; einige tendieren zur Melancholie (*Comme, sorrow, come*), wie sie für die Lieder John ▸ Dowlands typisch werden wird, andere tragen den leichten Charakter seiner Ballets (*Will you buy a fine Dog?* mit »diddle-diddle-dildo«-Abschnitten).

Morleys Berühmtheit gründet sich nicht zuletzt auf seine theoretische Abhandlung *A plaine and Easie Introduction to Prackticall Musicke* (1597), die in seiner Zeit in England einzigartig ist und sich auf berühmte Schriften kontinentaler Musiktheoretiker wie Gioseffo ▸ Zarlino, Heinrich ▸ Glarean, Franchino ▸ Gaffurio und Sethus ▸ Calvisius beruft. Sie ist in drei Teile gegliedert: *Teaching to Sing* behandelt Elementarlehre, Tonsystem und Notation, *Treating of Descant* den zwei- und dreistimmigen Kontrapunkt; der dritte und interessanteste Teil, *Treating of Composing or Setting of Songes*, thematisiert nicht nur die Satztechnik des vier- und mehrstimmigen Kontrapunkts, sondern auch Fragen des Text-Musik-Verhältnisses sowie musikalische Gattungen. Sie enthält insbesondere einen ersten kurzen theoretischen Abriss des Madrigals (vor allem S. 294f.), dessen grundlegende Merkmale der Textbezogenheit und des Abwechslungsreichtums beschrieben werden: Es wird als kunstvollste und herrlichste Gattung nach der (als erste Gattung behandelten) Motette bezeichnet. Der Komponist müsse »amorous humour« haben und seine Musik den einzelnen Stimmungen des Textes genau anpassen durch ein Höchstmaß an »variety«; die besten Madrigal-Komponisten seien Ferrabosco und Marenzio. Im Anschluss werden die dem Madrigal verwandten italienischen und von Morley anglisierten Gattungen ▸ Canzonetta, ▸ Villanella und ▸ Balletto (samt Canzonetta Neapolitana, Vinate, ▸ Gustiniana, Pastorella) sowie die instrumentalen Gattungen ▸ Fantasie und Tänze (▸ Pavane, ▸ Galliarde, ▸ Allemande, ▸ Branle, Voltes, ▸ Courante, Country Dances) behandelt. Der Anhang enthält eine Liste der im Buch genannten Komponisten und Theoretiker. Morleys avancierte Behandlung der Tonarten in seinen Kompositionen (siehe Rebmann 1994) hat in sein theoretisches Werk noch keinen Eingang gefunden.

Wie alle ›Gentlemen of the Chapel Royal‹ lieferte auch Morley Beiträge zur anglikanischen Kirchenmusik, die allerdings quantitativ und qualitativ hinter seiner weltlichen Musik zurückstehen. Überliefert sind ein *First* und ein *Second* ▸ *Service*, beide fünfstimmig als Verse-Services (mit Ausnahme des Credo des ersten, das keine solistischen Partien hat), jedoch überwiegend homophon mit nur wenigen imitatorischen Partien. Der *First Service* ist ein vollständiger Service (*Venite, Te Deum, Benedictus; Kyrie, Credo; Magnificat, Nunc dimittis*), wobei *Venite* nicht in allen Quellen überliefert ist und *Kyrie* in einigen fehlt, in anderen jedoch bis zu vier Versionen aufweist, die möglicherweise nicht alle von Morley stammen (die vierte ist von William Child; siehe Morehen, S. X). Vom *Second Service* sind nur die Sätze für den Evening prayer, *Magnificat* und *Nunc dimittis*, überliefert; wahrscheinlich war er auch ein vollständiger Service. Hinzu kommen ein vierstimmiger *Short Service* (*Magnificat* und *Nunc Dimittis*) und ein *Burial Service*, der eigentlich ein mehrteiliges Anthem ist, dessen Teile zu verschiedenen Zeiten im Ablauf der Begräbniszeremonie zu singen sind, sowie *Preces*, Responsorien und die mehrteilige Vertonung von Psalm 119, Morleys einzigem Beitrag zum Repertoire der Festpsalmen. Seine drei erhaltenen Verse Anthems zeigen eine Entwicklung zu komplexerer Vertonungspraxis; *Out of the deep*, wahrscheinlich um 1580 entstanden, setzt noch, wie in den frühen Verse-Anthems üblich, nur eine Solostimme gegen den Chor, wohingegen die beiden weiteren (*How long wilt thou forget me* und *O Jesu meek*) mehrstimmige Verse-Vertonungen aufweisen. Die drei Full Anthems gehören jeweils anderen Kategorien an: *Out of the deep* ist eine Kontrafaktur der lateinischen Motette *De profundis clamavi* (nicht identisch mit dem gleichnamigen Verse Anthem), das nicht-liturgische *Nolo mortem peccatoris* ist ein gemischt lateinisch-englischsprachiges Stück (bei Morehen als »Sacred Madrigal« bezeichnet), *Teach me thy way* das einzig wirkliche Full Anthem. Dem Beispiel seines Lehrer Byrd folgend hat er auch einige lateinische Motetten komponiert, die zu seinen frühesten Stücken gehören: *Domine, Dominus noster* und *Domine, non exaltatum cor meum* sind auf 1576 datiert, die erwähnte *De profundis clamavi* und zwei weitere, die in seiner theoretischen Schrift überliefert sind; Andrews publizierte 14 Motetten. Morley hat, trotz seines Druck-Privilegs, seine anglikanische Kirchenmusik wie im 16. Jahrhundert üblich, nicht publiziert; möglicherweise war sie ihm kompositorisch nicht anspruchsvoll genug; sie erschien erst 1641 in *The First Book of Selected Church Musick*.

Ausgaben:
A plaine and Easie Introduction to Prackticall Musicke (1597), hrsg. von R.A. Harman, London 1952, ²1963, Faksimile Westmead u.a. 1971; *Canzonets to Two Voyces (1595)* und *Canzonets or Little Short Songs to Three Voyces (1593)*, *The Triumphs of Oriana (1601)*, *Madrigalls to Foure Voyces (1594)*, *First Booke of Balletts to Five Voyces (1595)*, *Canzonets to Five and Six Voices (1597)*, hrsg. von E.H. Fellowes, rev. von T. Dart, (The English Madrigal School 1, 32, 2, 4, 3), London ²1956, 1962, ²1963, ²1966, ²1966; *Collected Motets* hrsg. von H.K. Andrews und T. Dart, London 1959; *The first book of Consort Lessons*, hrsg. von W. Casey. Waco/Texas 1982; *Keyboard Works*, hrsg. von T. Dart (English Keyboard Music 12–13), London 1959; *English Anthems. Liturgical Music*, hrsg. von J. Morehen (Early English Church Music 38), London 1991; *Services*, hrsg. von dems. (Early English Church Music 41), London 1998.

Literatur:
E.H. Fellowes, *The Englisch Madrigal Composers*, Oxford 1921 • P. Baldwin, *The Latin Church Music of Thomas Morley*, Diss. Univ. of Cincinnati 1976 • M.W. Foster, *The Vocal Music of Thomas Morley (c.1557–c.1602): A Critical and Stylistic Study*, Diss. Univ. of Southhampton 1986 • S. Klotz, *William Shakespeare und Thomas Morley im Goldenen Zeitalter der Musik: Historische Koordinaten zu ihrem Schaffen*, in: Beiträge zur Musikwissenschaft 31 (1989), S. 24–38 • M. Rebmann, *Zur Modusbehandlung in Th. Morleys Vokalwerk*, Frankfurt 1994 • Ph. Brett / T. Murray, *Morley*, in: Grove, 2001, S. 126–133 • M. Rebmann, *Morley*, in: MGG², Bd. 12 (Personenteil), 2004, Sp. 486–492.

ES

Morton, Robert
* um 1430, † nach dem 13.3.1479

Der aus England stammende Komponist war ab 1457 bis 1471/1472 in der Hofkapelle Philipps des Guten angestellt, zunächst ungewöhnlich lange als ›clerc‹ (bis 1471/1472), danach erst als ›chapelain‹, wahrscheinlich bis 1476, als Pierre Basin seine Stelle übernahm. Das letzte auf ihn bezogene Dokument datiert von 1479.

Von Morton sind zwar nur wenige Chansons überliefert, *N'auray je jamais mieulx que j'aye* und *Le souvenir* sind jedoch in 16 bzw. 15 Quellen erhalten, was auf die außerordentliche Beliebtheit der Chansons und das große Renommee des Komponisten deutet. Seine Chansons zeigen weniger englische Merkmale als solche seiner burgundischen Zeitgenossen wie markante Diskantmelodik, die bei Morton zudem einen ungewöhnlich großen Ambitus aufweist. *N'auray je jamais* diente als Vorlage für Messen und Motetten von Johannes ▸ Ghiselin, Jacob ▸ Obrecht und ▸ Josquin Desprez.

Ausgaben:
The Collected Works, hrsg. von A.W. Atlas, New York 1981.

Literatur:
J. Marix, *Les Musiciens de la cour de Bourgogne au XVe siècle*, Paris 1937 • D. Fallows, *Robert Morton's Songs, a Study of Styles in the Mid-fifteenth Century*, Diss. University of California, Berkeley 1978 (mschr.) • ders., *Morton*, in: Grove, Bd. 17 (2001), S. 158–160 • A.E. Planchart, *Morton*, in: MGG², Bd. 12 (Personenteil), 2004, Sp. 511–514.

Motette

Die Motette ist eine Gattung mehrstimmiger Musik, in der ein oder mehrere Texte meist geistlicher oder zeremonieller (bis ca. 1400 auch weltlicher) Natur vertont werden. Ihre Funktion ist zumeist ›paraliturgisch‹, d.h. sie erklang im Gottesdienst, ohne (anders als die Messe, Proprien, Antiphonen etc.) fest vorgeschriebener Teil der Liturgie zu sein. Der Begriff Motette leitet sich höchstwahrscheinlich vom Diminutiv ›motet‹ des französischen ›mot‹ = ›Wort‹ her, das dann seinerseits seit Franko von Köln (um 1280) zu ›mote(c)tus‹ bzw. schon vorher zu ›motellus‹ latinisiert wurde; auch ›mote(c)ta‹ und ›mote(c)tum‹ sind belegt. Begriffsgemäß steht der Aspekt des Textes im Vordergrund – ganz am Anfang der Gattungsgeschichte wahrscheinlich ganz wörtlich im Sinne von ›Betextung‹, d.h. der nachträglichen Tropierung von textfreien Klauseln im frühen 13. Jahrhundert, aus der die Motette hervorging. Im späteren 13. und 14. Jahrhundert ist die Motette durch ihre Mehrtextigkeit definiert: Über einen choralbasierten Tenor werden ein oder zwei Stimmen (die direkt über dem Tenor gelegene ihrerseits häufig als ›motetus‹ bezeichnet) mit unterschiedlichen Texten komponiert – oft sogar in unterschiedlichen Sprachen (vor allem Französisch und Latein, so noch bei Guillaume de ▸ Machaut und Philippe de Vitry). Das damit fast untrennbar assoziierte Kompositionsprinzip ist das der ▸ Isorhythmie. Zumal in der ▸ Ars nova des 14. Jahrhunderts (bei Machaut, Vitry u.a.) wird die strukturell wie textuell hochkomplexe Gattung ferner zum Inbegriff der anspruchsvollen Mehrstimmigkeit einer höfisch-klerikalen Elite. Die vertonten Texte sind fast durchweg nicht geistlich-liturgisch, sondern entweder moralisierend oder politisch-anlassbezogen (▸ Staatsmotetten). Die Gattung ist in dieser Form vor allem in Frankreich und England verbreitet. In Italien herrscht noch bis ins frühe 15. Jahrhundert in den Werken Johannes ▸ Ciconias bei ähnlicher Funktionalität ein schlichterer Satz vor, mit zwei gleichen (oft auch gleich textierten) Oberstimmen und freiem (d.h. nicht isorhythmischem und nicht choralgebundenem) Tenor.

Noch in der ersten Hälfte des 15. Jahrhunderts erlebt die isorhythmische Motette eine »Spätblüte« (Finscher 1989, S. 284) mit immer weiter ins Extrem getriebenen Dimensionen und immer komplexeren proportionalen Einrichtungen der Tenor-Talea, gegen die allerdings eine Vereinfachung der textierten Oberstimmen steht: Diese sind nun ihrerseits (partiell oder vollständig) isorhythmisch gestaltet (›Panisorhythmie‹), manchmal sogar in Ansätzen isomelisch, was zusammen mit einer engen Ausrichtung der Gedichtstruktur an den Talea-Verlauf zu einer regelmäßig ›strophischen‹ Gliederung der Komposition mit sehr deutlich hörbarer Gesamtstruktur führt (ein Extrembeispiel hierfür ist Nicholas ▸ Grenons *Nova vobis gaudia*). Protagonisten dieses Stils sind Johannes ▸ Brassart (z.B. *Romanorum Rex*, 1439), John ▸ Dunstaple (*Albanus roseo / Quoque ferendus*) und vor allem Guillaume ▸ Dufay mit 15 isorhythmischen Motetten (zwischen 1420 und 1442, fast alle mit spezifischem politischen Anlass), die in dem fünfstimmigen *Ecclesiae militantis / Sanctorum arbitrio / Bella canunt gentes* (1431) oder der Florentiner Domweihmotette *Nuper rosarum flores* eine bis dahin nicht gekannte Monumentalität erreichen. Die unmittelbare Nachfolgegattung der isorhythmischen Motette nach der Jahrhundertmitte – als satztechnisch-kompositorisch anspruchsvollste und vor allem für spezifische politische oder sakrale Anlässe intendierte Teilgattung – ist die ▸ Tenormotette. Nach vereinzelten Anfängen (z.B. die anonyme fünftextige Motette *In ultimo lucente / Adoretur beata / Dies datur / Pacem Deus / Lilia nunc flores* aus dem Kodex Tr89, 1451) floriert die Tenormotette zunächst vor allem im nordfranzösisch-burgundischen Raum; der in den Motetten von Johannes ▸ Regis zuerst kodifizierte Standardtypus ist der fünfstimmige Satz mit Tenor-Cantus firmus in langen Notenwerten (›Pfundnoten‹) in einer der Mittelstimmen (oder mit kanonischem ▸ Cantus firmus in zwei Stimmen) und freien, bewegten Außenstimmen mit ebenfalls freiem Text. Weitere wichtige Vertreter der Gattung in derselben und der folgenden Generation sind Antoine ▸ Busnoys, Loyset ▸ Compère, Jacob ▸ Obrecht, Heinrich ▸ Isaac und ▸ Josquin Desprez. Gemäß der zentralen Funktion der Tenormotette als Staatsmotette ist der Außenstimmentext wie in der isorhythmischen Motette oft eine neuverfasste Panegyrik in humanistischen Metren. In dieser Art hält sich die Tenormotette bis weit ins 16. Jahrhundert hinein. Daneben treten aber auch zunehmend Tenormotetten eines mehr allgemein-sakralen Typs (z.B. von Josquin Desprez *Miserere nobis* oder *Stabat mater*, von Regis *O admirabile commercium*, von Obrecht *Factor orbis*, auch noch bei Costanzo ▸ Festa und Ludwig ▸ Senfl); vor allem in diesen beginnt auch die strenge Trennung von Cantus firmus und Außenstimmen zu verschwimmen, sowohl in musikalischer als auch in textlicher Hinsicht.

So lange die Motette eine weitgehend politische bzw. zeremonielle Gattung ist, stellt sich die Frage nach ihrer genauen Stellung in der Liturgie noch kaum – auch wenn die entsprechenden Stücke in Festgottesdiensten oder Prozessionen erklangen, so dienten sie doch dem Anlass, nicht der Liturgie im engeren Sinne. Dies ändert sich in dem Maße, in dem ab dem zweiten Drittel des 15. Jahrhundert einfachere Motettentypen aufkommen, die mehr der Sphäre des Gottesdienstes im engeren Sinne oder auch der privaten oder halböffentlichen Andacht zuzurechnen sind – Vertonungen, die etwa auch (wie Dufays *Ave regina caelorum* oder die meisten Motetten von John Dunstaple) liturgische oder zumindest liturgienahe Texte vertonen. Wiewohl nicht auszuschließen ist, dass solche Motetten im Einzelfall auch den Choral an der entsprechenden Stelle der Liturgie ersetzen konnten, so bleiben doch bis weit ins 16. Jahrhundert hinein die beiden Sphären funktional weitgehend getrennt: liturgische Mehrstimmigkeit (d.h. letztlich Choralharmonisierung) auf der einen Seite, Motetten (die sowohl mit dem Choral als auch dem liturgischen Text sehr frei umgehen konnten und dies auch taten) auf der anderen. Die Handschrift ModB (I-MOe a.X.1.11) macht dies in ihrem Inhaltsverzeichnis deutlich, dessen zweiter Teil (nach einem ersten mit liturgischer Mehrstimmigkeit) mit »Hic incipiunt motetti« (»Hier fangen die Motetten an«) betitelt ist, obwohl eine Reihe Vertonungen sakraler Texte folgt. Diese paraliturgischen Motetten erklangen zur Ergänzung des Gottesdienstes oder zur Ausfüllung stiller Passagen (in der Messe nach dem Offertorium, während der Elevation und nach dem Ite missa est oder im Offizium am Ende der Vesper), wenn nicht überhaupt in informellen Kontexten, wie in Prozessionen oder den verbreiteten (zumeist marianischen) Votivgottesdiensten und Andachten, die in den Seitenkapellen von Kirchen oder auch in privatem Rahmen stattfanden. Relativ klar getrennt ist die Motette in dieser Zeit ferner nicht nur von den Choralsätzen, sondern auch von den ›liedhaften‹, einfach-volkstümlichen Gattungen im engeren Sinne (d.h. der ▸ Carol in England, die ▸ Lauda in Italien, die lateinische Cantio im deutschsprachigen Raum).

In musikalischer Hinsicht aber beginnen die Gattungsgrenzen in dem Maße unscharf zu werden, in dem immer häufiger auch andere satztechnische Modelle als die Isorhythmie oder der Tenorsatz zur Grundlage von Motettenkompositionen genommen werden. In diesem unscharf ▸ Liedmotette genannten Bereich stehen Einflüsse aus der Chanson (in der ›Diskantmotette‹ mit bewegter Oberstimme über zwei langsamen Unterstimmen, z.B. Dufays *Flos Florum*, ähnlich aber auch z.T. in England bei Leonel ▸ Power und Dunstaple) neben homophonen Formen wie der englischen ›cantilena motet‹, der ›Diskant-Tenor-Motette‹ mit homophonem Gerüstsatz (z.B. von ▸ Johannes de Lymburgia) oder der zentraleuropäischen Kantionalmotette (z.B. von Petrus Wilhelmi). Am Ende des Jahrhunderts ist in dieser Hinsicht von besonders großer historischer Bedeutung die aus der Lauda hervorgegangene Deklamationsmotette in Oberitalien, die ihre charakteristischste Ausprägung in den ▸ Motetti missales des Mailänder Doms findet (Substitutionsmotetten für die Messe von Franchino ▸ Gaffurio, Compère und ▸ Gaspar van Weerbeke) und ihre historisch wirksamste in den entsprechenden Kompositionen von Josquin (z.B. *Qui velatus facie fuisti*).

Von wohl noch größerer Reichweite ist die zum Jahrhundertende immer stärker werdende Annäherung zwischen liturgischer Choralvertonung und motettischer Vertonung eines liturgischen Textes. Das liegt neben dem erwähnten Eindringen liturgischer Texte in das Motettenrepertoire vor allem daran, dass die liturgische Mehrstimmigkeit selbst in dieser Zeit zur Kunstmusik im engeren Sinne wird: An die Stelle der schlichten, improvisierten oder improvisierbaren Ausharmonisierungen des Chorals (in – je nach Region – ▸ Fauxbourdon, Falsobordone, Faburden etc.) tritt immer häufiger ein voll auskomponierter, den Choral teils recht frei manipulierender, eben ›motettischer‹ Satz. Eine Vorreiterrolle übernehmen hier die Vertonungen der marianischen Antiphonen, die vorzugsweise in den erwähnten Votivgottesdiensten gesungen wurden, allen voran *Salve Regina*, *Ave Maria*, *Regina coeli* und *Alma redemptoris mater*. Allemal in England (dort schon bei Power und Dunstaple), aber auch auf dem Kontinent verschwimmen hier die satztechnischen wie funktionalen Unterschiede nahezu vollkommen. Ab dem frühen 16. Jahrhundert gilt dasselbe auch für die aufkommenden Zyklen von mehrstimmigen Vertonungen des Proprium Missae; in Isaacs *Choralis Constantinus* etwa (komponiert ab ca. 1505, publiziert 1550/55) wird der zugrunde liegende Choral zwar durchgängig und vollständig vertont, wie sich das für liturgische Musik gehört, geht aber gleichzeitig in einem vollständig polyphon durchgeformten, eben ›motettischen‹, Satz auf. Diese Tendenz setzt sich im Verlauf des 16. Jahrhunderts immer weiter fort, bis selbst Gattungen wie etwa das ▸ Magnificat, die ▸ Passionen und die ▸ Lamentationen (die traditionell überhaupt nur partiell mehrstimmig vertont worden waren) in voll motettischem Satz erklingen.

Auf der anderen Seite steht das stetig anwachsende Motettenrepertoire auf Texte aus der Bibel oder der Liturgie (zunächst vor allem ▸ Antiphonen und ▸ Responsorien, bald aber auch ▸ Psalmen, ▸ Hymnen etc. sowie freie Kompilationen aus Texten unterschiedlicher Provenienz). Dies impliziert nicht nur das Eindringen von Elementen des gregorianischen Chorals (bzw. der einstimmigen Rezitation) in die Gattung, wiewohl das Ausmaß dieser Übernahmen immer im Ermessen des Komponisten bleibt: von vereinzelten Zitaten bis zur vollständigen Durchdringung des imitierenden Satzes mit Choralmotiven oder einer (der Tenormotette bzw. der Choralbearbeitung entlehnten) blockhaften Präsentation der Melodie in Pfundnoten in einer Stimme (alternativ auch wandernd durch mehrere Stimmen). Einher damit geht auch ein grundsätzlicher Wandel in der Form der Texte und implizit ihrer Vertonung: Während die Motettentexte des 15. Jahrhunderts weitgehend strophische Verstexte waren (neuverfasst oder aus dem reichen Repertoire mittelalterlicher Sakraldichtung entlehnt), handelt es sich nunmehr fast ausschließlich um Prosatexte. Entsprechend tritt in der Textvertonung auch an die Stelle der rhythmischen Versdeklamation (so z.B. noch in Josquins berühmtem *Ave Maria [...] virgo serena*) die Ausrichtung am Prosaakzent (am deutlichsten wiederum in Josquins ▸ Psalmmotetten). Es ist wohl kein Zufall, dass um dieselbe Zeit die dreizeitigen Mensuren (▸ Tempus perfectum, ▸ Prolatio maior) fast vollständig zugunsten des ▸ Tempus imperfectum (meist als Tempus imperfectum diminutum) verschwinden, da sich in der Dreizeitigkeit zwar ein alternierender Versrhythmus sehr gut darstellen lässt, aber für den freien Fluss des Prosaakzentes die weitaus flexibler zu handhabende Zweizeitigkeit weitaus geeigneter scheint.

Die Kombination von freiem Prosatext und freier Verarbeitung des Cantus firmus hat auch massive Auswirkungen auf die Gestaltung der musikalischen Struktur: Da auf diese Art weder der Text noch die entlehnte Melodie einen Abschnittsverlauf gewissermaßen von außen vorgeben (wie in der isorhythmischen Motette oder auch der Choralbearbeitung), muss sich der Komponist seine Struktur gewissermaßen selber schaffen. Das Resultat ist das, was später explizit ›motettischer Stil‹ genannt wird: die Gliederung des Textes in syntaktische Abschnitte, das Erfinden eines melodisch-rhythmischen Motivs auf der Basis des jeweiligen Textsegments und schließlich Abschnitt für Abschnitt die imitatorisch-polyphone Durcharbeitung dieser textgenerierten Motive. Es überrascht insofern nicht, dass sich die Durchimitation als essentielles, ja notwendiges kompositorisches Prinzip zuerst in der Motette durchsetzt, da in den anderen Gattungen der Mehrstimmigkeit noch lange andere Strukturprinzipien vorlagen (Cantus firmus in Messe und Choralbearbeitung; Strophen- und Refrainstruktur in der weltlichen Mehrstimmigkeit), auf die die Imitation allenfalls aufgesetzt wurde.

In den ersten Jahrzehnten des 16. Jahrhunderts steigt die Motette zur wichtigsten (oder zumindest zur zahlenmäßig stärksten) Gattung der geistlichen Mehrstimmigkeit auf. Dies hängt nicht zuletzt damit zusammen, dass mehrstimmiger Gesang als solcher in dieser Zeit immer mehr um sich greift. Wo im 15. Jahrhundert nur einige wenige Sängerkapellen an großen Institutionen regelmäßig polyphon sangen, sind entsprechende Ensembles nun auch an großen wie kleinen Stadtkirchen und an Schulen weit verbreitet. Die Motette war in diesem Kontext das naheliegendste, da am flexibelsten (in Gottesdienst, Andacht, privater Unterhaltung und Pädagogik) einsetzbare Medium: Sie war einerseits ›machbarer‹ als die groß angelegte ▸ Messe, die nach wie vor nur an größeren Institutionen regelmäßig polyphon ausgeführt wurde (ganz im Sinne von Johannes ▸ Tinctoris' Definition der Motette als »cantus mediocris« – als Musik mittlerer Länge und mittleren Anspruchs im Gegensatz zur Messe als »cantus magnus«) und andererseits nicht so spezifisch an einen bestimmten Gottesdienst und ggf. an einen bestimmten Usus (d.h. einen Ort oder eine Region) gebunden wie die liturgische Mehrstimmigkeit, die zudem in der Regel die Komposition ganzer Zyklen erforderte. Eine Psalmmotette ließ sich in fast jedem Kontext singen, und eine Motette auf einen Marientext immerhin zu jedem der (nach wie vor sehr zahlreichen) Marienfeste. Zudem handelte es sich um die sowohl für Komponisten als auch für Ausführende ›interessanteste‹ Gattung, da eben die Auswahl und Zusammenstellung der Texte weitgehend frei war. Bezeichnend ist etwa, dass Thomas ▸ Stoltzer 1526 schreibt, er habe den 29. Psalm (*Exaltabo te*) »auss sunderem Lust an den überschönen worten gesetzt«. Die bessere Überlieferungssituation (schon 1502 erschien mit *Motetti A* bei Ottaviano ▸ Petrucci der erste reine Motettendruck, und ab den 1530er Jahren setzt erst bei Pierre ▸ Attaingnant in Paris, dann europaweit eine regelrechte Massenproduktion ein) und die feste Funktionalisierung in paraliturgischen Kontexten, die ihrerseits (etwa an der päpstlichen Kapelle) ganze Zyklen auslöste, tat ein Übriges: So sind von Josquin 80–100 Motetten überliefert, von Ludwig Senfl ca. 110, von Jean ▸ Mouton ca. 100, von Jacquet de Mantua ca. 130, von Adrian ▸ Willaert ca. 170, von Nicolas ▸ Gombert ca. 160, von Jacobus ▸ Clemens non Papa ca. 230, von Philippe de ▸ Monte ca. 260, von Giovanni Pierluigi da ▸ Palestrina und Orlande de ▸ Lassus jeweils mehr als 400.

Bezeichnenderweise geht das quantitative Wachstum nicht mit einer größeren Vielfalt der Umsetzung einher – im Gegenteil: Wo in der Phase des Umbruchs um 1500 noch eine Vielzahl von Motetten-Typen nebeneinander gestanden hatte (die fünf- oder sechsstimmige Tenormotette; die vierstimmige, deklamatorische Psalm- oder Bibelmotette mit langem Text und häufigen Stimmpaarbildungen; die traditionelle vierstimmige Versmotette in der Tradition der Lauda, meist auf einen marianischen Text; die choralverarbeitende Motette in ihren verschiedenen Ausprägungen; die ›moderne‹ durchimitierte Motette; die Motettenchanson etc.), entwickelte sich nun eine Art Einheitsstil, der offenbar um 1500–1510 in Nordfrankreich seinen Ausgang nahm (bei Pierre de la ▸ Rue und Jean Mouton, wenig später aber auch schon bei den in Italien wirkenden Philippe ▸ Verdelot, Jacques ▸ Arcadelt, Jacquet de Mantua und Adrian ▸ Willaert). Dieser Stil setzte sich zunächst vor allem in Italien, Deutschland und dem frankoflämischen Raum durch, griff aber auch auf andere Regionen über. Unterschiede zwischen einem ›transparenteren‹ italienischen Stil und einem dichteren ›frankoflämischen‹ sind allenfalls graduell, zumal auch in Italien hauptsächlich Komponisten aus dem Norden wirkten. Textgrundlage ist ein liturgischer oder Bibeltext mittlerer Länge; auf den zugrundeliegenden Choral (oder auf das zugrundeliegende Rezitationsmodell) wird zwar gelegentlich angespielt, aber ohne strukturelle Konsequenzen; der Text wird in syntaktische Einheiten aufgeteilt und in einem vier- bis sechsstimmigen Satz (in Italien häufiger vier, nördlich der Alpen häufiger fünf) motivisch durchimitiert, wobei aufgrund der einerseits tendenziell wachsenden Dimensionen der Stücke und andererseits der tendenziell kürzeren Texte Platz bleibt, um den Text und sein Motiv innerhalb der jeweiligen Abschnitte mehrfach durchzuführen. Homophone Abschnitte und Tripla-Abschnitte gliedern nur gelegentlich den musikalischen Verlauf. Die Motetten sind meist zweiteilig; sehr beliebt (vor allem im franko-flämischen Raum, etwa bei Gombert und Clemens non Papa) ist die Reprisenmotette (zweiteilige Großform AB–CB), in der die beiden Teile refrainartig mit derselben Musik schließen – selbst dort, wo der Text kein Responsorium ist und damit die Form eigentlich nicht vorgegeben ist. Das klingt nicht besonders interessant, und in der Tat ist der oberflächliche Höreindruck dieser ›klassischen ▸ Vokalpolyphonie‹ vergleichsweise wenig abwechslungsreich. Auch inhaltlich abbildende bzw. emotional-expressive Textvertonung (wie in den zeitgenössischen weltlichen Gattungen, allemal dem ▸ Madrigal) bleibt die Ausnahme, beschränkt sich auf Ausnahmegattungen wie die Psalmmotette (ausgehend von Josquin – etwa im *Miserere mei Deus* – und gipfelnd in Lassus' Bußpsalmen-Zyklus) und die Trauermotette. Die Abstufungen sind meist sehr subtil – in der immensen Variabilität der Erfindung und Abwandlung von textgenerierten Motiven innerhalb eines eigentlich sehr engen Rahmens kann es ein einziger Spitzenton, eine einzige rhythmische Geste oder eine einzige harmonische Wendung sein, die der Phrase ihre Individualität und dem Text seine angemessene sprachmelodische und inhaltliche Realisierung widerfahren lassen. Für diese Ausgewogenheit und ›subtilitas‹ sind nach wie vor die Motetten Palestrinas das eindrucksvollste Beispiel.

Literatur:
H. Leichtentritt, *Geschichte der Motette*, Leipzig 1908 • W. Stephan, *Die burgundisch-niederländische Motette zur Zeit Ockeghems*, Würzburg-Aumühle/Kassel 1937 • E.H. Sparks, *Cantus Firmus in Mass and Motet, 1420–1520*, Berkeley und Los Angeles, 1963 • Albert Dunning, *Die Staatsmotette 1480–1555*, Utrecht 1970 • L. Finscher, *Zum Verhältnis von Imitationstechnik und Textbehandlung im Zeitalter Josquins*, in: *Renaissance-Studien. Helmuth Osthoff zum 80. Geburtstag*, hrsg. von L. Finscher, Tutzing 1979, S. 57–72 • A.M. Cummings, *Towards an Interpretation of the Sixteenth-Century Motet*, in: *Journal of the American Musicological Society* 34 (1981), S. 43–59 • L. Finscher / A. Laubenthal, *»Cantiones quae vulgo motectae vocantur«. Arten der Motette im 15. und 16. Jahrhundert*, in: *Die Musik des 15. und 16. Jahrhunderts* (Neues Handbuch der Musikwissenschaft 3), hrsg. von L. Finscher, Laaber 1989, S. 277–370 • H. Schneider / H.-J. Winkler, *Die Motette. Beiträge zu ihrer Gattungsgeschichte*, Mainz u.a. 1991 • L. Lütteken, *Guillaume Dufay und die isorhythmische Motette*, Hamburg und Eisenach 1993 • A. Wathey, *The motets of Philippe de Vitry and the fourteenth-century Renaissance*, in: Early Music History 12 (1993), S. 119–150 • K. Kügle / L. Lütteken / A. Forchert, *Motette*, in: *MGG²*, Bd. 6 (Sachteil), 1997, Sp. 499–546 •D. Pesce (Hrsg.), *Hearing the Motet. Essays on the Motet of the Middle Ages and Renaissance*, New York und Oxford 1997 • F. Körndle, *Die Motette vom 15. bis zum 17. Jahrhundert*, in: *Messe und Motette* (Handbuch der musikalischen Gattungen 9), hrsg. von H. Leuchtmann und S. Mauser, Laaber 1998, S. 91–153 • J.E. Cumming, *The Motet in the Age of Du Fay*, Cambridge 1999 • T. Schmidt-Beste, *Textdeklamation in der Motette des 15. Jahrhunderts*, Turnhout 2003 • M. Beiche, *Motet / motetus / mottetto / Motette*, in: *Handwörterbuch der musikalischen Terminologie*, 36. Auslieferung 2003/2004 • T. Schmidt-Beste (Hrsg.), *On the Relationship of Imitation and Text Treatment – The Motet around 1500*, Turnhout 2009.

TSB

Motettenchanson

Die Motettenchanson ist eine Chansongattung des 15. und frühen 16. Jahrhunderts, in der Regel dreistimmig, mit zwei französischen Oberstimmen und einem lateinischen Text in der untersten Stimme, meist einem (auch melodischen) Choralzitat. Nach Vorläufern bei Guillaume ▶ Dufay (*O tres piteulx – Omnes amici*) erlebt die Gattung ihre Blüte im letzten Viertel des 15. Jahrhunderts bei ▶ Josquin Desprez, Alexander ▶ Agricola und vor allem Loyset ▶ Compère (mit sechs Kompositionen); Josquin erweiterte den Satz zur Fünf- bzw. Sechsstimmigkeit (*Nymphes des bois*, *Cueurs desolez* und *Nymphes nappées*). Inhaltlich dominieren Trauertexte. Am Hof der habsburgischen Statthalterin ▶ Margarete von Österreich in Mecheln wurde die Motettenchanson auch in den ersten Jahrzehnten des 16. Jahrhunderts weiter gepflegt; die Chansonniers Margaretes sind die Hauptquellen der Gattung.

Literatur:
W. Stephan, *Die burgundisch-niederländische Motette zur Zeit Ockeghems*, Kassel 1937 • L. Finscher, *Volkssprachliche Ein- und Mehrstimmigkeit außerhalb Italiens*, in: *Die Musik des 15. und 16. Jahrhunderts* (Neues Handbuch der Musikwissenschaft 3), Laaber 1989, S. 498–564.

TSB

Motetti missales

Motetti missales sind Substitutionsmotetten »loco Missae« – »anstelle der ▶ Messe«, d.h. Zyklen von kurzen Motetten zum Ersatz der einzelnen Sätze eines Messordinariums. Ein vollständiger Zyklus besteht aus acht Sätzen: Introitus, Gloria, Credo, Offertorium, Sanctus, Elevation, Agnus Dei, Deo Gratias. Die eigentlichen Messtexte wurden vermutlich durch den Priester am Altar still gesprochen. Die Praxis beschränkt sich fast ausschließlich auf den Hof der ▶ Sforza in ▶ Mailand in den 1470er Jahren, die Überlieferung im wesentlichen auf die vier Chorbücher des Mailänder Doms (I-Md 1 bis I-Md 4). Insgesamt sind mindestens elf Zyklen erhalten, größtenteils komponiert von den ortsansässigen Komponisten ▶ Gaspar van Weerbeke, Loyset ▶ Compère und Franchino ▶ Gaffurio. Die Texte, oft zyklusintern aufeinander bezogen, entstammen der mittelalterlichen Andachtsdichtung; am häufigsten sind Marienmessen. Die Vertonungen sind größtenteils streng syntaktisch, homophon-deklamatorisch und liedhaft-schlicht; sie stehen in der Tradition der oberitalienischen ▸ Lauda. Zwei Motettenzyklen von ▸ Josquin Desprez, *Vultum tuum* und *O Domine Jesu Christe*, galten lange Zeit als Teil der Motetti-missales-Tradition; seit feststeht, dass sich Josquin erst Ende der 1480er Jahre und nur kurz in Mailand aufhielt, ist diese Zuordnung aber fragwürdig.

Literatur:
T.L. Noblitt, *The Ambrosian Motetti Missales Repertory*, in: Musica Disciplina 22 (1968), S. 77–103 • L.H. Ward, *The Motetti Missales Repertory Reconsidered*, in: Journal of the American Musicological Society 39 (1986), S. 491–523 • A. Laubenthal, *Choralbearbeitung und freie Motette*, in: *Die Musik des 15. und 16. Jahrhunderts* (Neues Handbuch der Musikwissenschaft 3), hrsg. von L. Finscher, Laaber 1989, S. 325–366 • P.A. Merkley / L.L.M. Merkley, *Music and Patronage in the Sforza Court* (Studi sulla storia della musica in Lombardia 3), Turnhout 1999.

TSB

Motetus

Motetus ist die latinisierte Form von frz. ›motet‹, ›Wörtchen‹. Als solche ist sie in lateinischen Schriften und Titeln der Terminus für ▸ Motette (auch ›mote[c/t]tus‹, ›mote[c/t]ta‹ oder ›mote[c/t]tum‹). Als spezifisch satztechnischer Terminus bezeichnet Motetus im theoretischen Schrifttum zur Mehrstimmigkeit des 13. bis frühen 15. Jahrhunderts die direkt über dem Tenor gelegene (d.h. die erste frei hinzukomponierte) Stimme: »Motetus vero est cantus ille, qui supra tenorem immediate ordinatur« (Johannes de Grocheo, *De musica*, um 1300). Alternativ wird diese Stimme analog zum darüber gelegenen Triplum auch als Duplum benannt. Im Cantus-Firmus-Satz (und allemal im frei kontrapunktischen Satz) des 15. Jahrhunderts, in dem der Tenor nicht mehr tiefste Stimme und Klangfundament ist, tritt an seine Stelle der Begriff ›Contratenor‹ (›altus‹ oder ›bassus‹, d.h. über oder unter dem Tenor).

Literatur:
M. Beiche, *Motet / motetus / mottetto / Motette*, in: *Handwörterbuch der musikalischen Terminologie*, 36. Auslieferung Stuttgart 2003/2004.

TSB

Moulu, Pierre
* um 1484, † um 1550

Der französische Komponist, der Priester der Kathedrale von Meaux vom 30. August 1505 bis mindestens 1513 war, hat wahrscheinlich dem französischen Hof während des ersten Viertels des 16. Jahrhunderts gedient. So legen jedenfalls zwei von drei Texten nahe, die im Medici-Codex von 1518 überliefert sind: Einerseits betrauert die fünfstimmige Chansonmotette *Fiere Atropos / Anxiatus* mit ziemlicher Sicherheit den Tod von Anne von Bretagne (1514); andererseits präsentiert *Mater floreat florescat* (vierstimmig) in chronologischer Ordnung eine Reihe von Komponisten und Sänger (von Guillaume ▸ Dufay bis zu Jean ▸ Mouton), die in der Mehrzahl an die Krone gebunden sind und die der Komponist ermunterte, den König und die Königin zu preisen, wahrscheinlich Franz I. und seine Gemahlin Claude anlässlich der Entree in Paris am 12. Mai 1517. Zusätzlich sind zwei Drittel seiner Chansons auf Melodien komponiert, die wahrscheinlich am Hof zirkulierten. Im Gegensatz dazu blieb das Schicksal zweier Motetten für die Heilige Barbara (*Salve Barabara martyr*, siebenstimmig; *Salve regina Barbara*, vierstimmig) und eine weitere für die Heilige Justina wie die *Missa Stephane gloriose* (vierstimmig, 1540 in Lyon publiziert) bis heute unbekannt.

Insgesamt hinterließ Moulu fünf ▸ Messen, 21 ▸ Motetten, sieben ▸ Chansons und zwei untextierte Stücke; seine Kompositionen sind am häufigsten für vier Stimmen geschrieben, die Motetten für zwei, drei, sechs oder sieben Stimmen sind eine Ausnahme. – Hat das Werk von ▸ Josquin Desprez Moulu wahrscheinlich beeinflusst (*Fiere Atropos*, das an *Nymphes des bois* erinnert; die *Missa Missus est Gabriel*, die als Modell die berühmte Motette von Josquin hat), so war ihm dasjenige von Mouton, dessen Karriere sich hauptsächlich am französischen Hof abspielte, wahrscheinlich gleichermaßen bekannt. Die Kompositionen von Moulu zeigen einen imitatorischen Kontrapunkt, der zeitweise von anderen Schreibarten (Note gegen Note, frei) und einer gewissen Varietas (▸ Variation) in der Stimmenkombination (Gegensatz von voller Stimmenanzahl und reduzierter, von tiefer und hoher Stimmlage) unterbrochen wird. Wenn seine Chansons generell für die erste Hälfte des 16. Jahrhunderts typisch sind, so zeugt *Hellas, hellas madame* jedoch von einer neuen Haltung, die im folgenden von Claudin de ▸ Sermisy systematisiert wurde: Dies betrifft eine klare Gliederung des Textes durch Halbverse, syllabische Behandlung des Textes, sowie die zunehmende Bedeutung des Kontrapunkts Note gegen Note. – Die Werke für fünf Stimmen und mehr bieten generell Besonderheiten in der Schreibweise: einen ▸ Cantus firmus in langen Notenwerten (*Vulnerasti cor meum*, fünfstimmig) oder Kanon (*In pace*, fünfstimmig; *J'ay mis mon cœur*, siebenstimmig). Seine *Missa Alma Redemptoris mater* (vierstimmig), eine Paraphrase über die gleichnamige Antiphon, kann entweder so gesungen werden, wie sie notiert wurde, oder mit Auslassung aller Pausen bis auf diejenigen der Minimen.

Ausgaben:
J. Chapman, *The Works of Pierre Moulu: A Stylistic Analysis*, 2 Bde., Diss. Univ. New York 1964; 3 Motetten in: *Treize Livres de motets parus chez Pierre Attaingnant en 1534 et 1535*, 13 Bde., hrsg. von A. Smijers und A.T. Merritt, Monaco 1934–1964, Bd. 10 und 12; 3 Stücke in *The Medici codex of 1518* (Monuments of Renaissance Music 3–5), hrsg. von E.L. Lowinsky, Chicago 1968; 3 Motetten in: *Sixteenth-Century Motet*, hrsg. R. Sherr, New York 1989, Bd. 6 und 7; 4 Chansons in: *Sixteenth-Century Chanson*, hrsg. J. Bernstein, New York 1991, Bd. 19.

Literatur:
J.T. Brobeck, *Moulu, Pierre*, in: MGG^2, Bd. 12 (Personenteil), 2004, Sp. 553–555.

MAC

Mouton, Jean
* vor 1459 Holluigue (haut-Wignes), † 30.10. 1522 Saint-Quentin

Jean Mouton, der an der Wende vom 15. zum 16. Jahrhundert aktiv war, ist einer der repräsentativsten Komponisten der Renaissance. Die musikalische Laufbahn von »Jean de Holluigue dit Mouton« spielte sich ausschließlich in Frankreich ab. Er stammte aus Nord-Pas de Calais und war im Jahr 1477 ›écolâtre-chantre‹ an der Kollegiatskirche Notre-Dame von Nesle, ein paar Kilometer von Saint-Quentin entfernt. Ein Dokument aus dem Jahr 1483 gibt darüber Aufschluss, dass er zu diesem Zeitpunkt dort bereits die Rolle des Kapellmeisters eingenommen und dass er in der Zwischenzeit Zutritt zum Priesteramt erlangt hatte. Von 1494 bis 1495 wirkte Mouton an der Kathedrale von Saint-Omer als Sänger und Kopist. 1500 befindet er sich in Amiens, wo er das Amt des ›maître des enfants‹ an der Kathedrale bekleidet, während er sich 1501 bereits in Grenoble aufhält, wo er an der ▸ Maîtrise der Kollegiatskirche Saint-André Musik unterrichtet. 1502 verlässt er die Stadt ohne die Erlaubnis des Kapitels. Ab diesem Zeitpunkt beginnt die lange Karriere Moutons am königlichen Hof von ▸ Frankreich, dem Hof, an den er bis ans Ende seiner Tage gebunden bleiben wird. Das genaue Datum seines Eintritts in den Dienst der Königin Anne de Bretagne ist unbekannt, aber es gibt berechtigte Hinweise, die darauf schließen lassen, dass dieses Datum mit seiner Abreise von Grenoble zusammenfällt (König ▸ Ludwig XII. und Anne de Bretagne reisen im Juni 1502 an Grenoble vorbei). In einem Dokument aus dem Jahr 1509, das an das Kapitel Saint-André von Grenoble gerichtet ist, wird darum gebeten, dass Mouton – ›maitre de la chapelle‹ – von seiner Pfründe ›in absentia‹ profitieren könne, da er am königlichen Hof beschäftigt sei. Zu diesem Zeitpunkt häuft Mouton weitere Pfründen an, darunter ein Kanonikat an der Kathedrale von Tours (1511), im Austausch zu einem weiteren in Saint-Dolay (Bretagne). Nach dem Tod der Königin am 9.1.1514 wechselt Mouton in den Dienst von Ludwig XII. Auf diesen Zeitraum geht seine berühmte ▸ Lamentation *Quis dabit oculis nostris* auf den Tod der Königin zurück. Ein Jahr später, beim Tod Ludwigs XII. († 1.1.1515), wechselt Mouton zur Kapelle von ▸ Franz I., der am 25.1.1515 in Reims gekrönt wurde.

In dieser Zeit hat Mouton die Möglichkeit, verschiedene Gelegenheitsmotetten zu schreiben, die an politische Aktivitäten und an den italienischen Feldzug des neuen Königs von Frankreich gebunden sind. Mouton war nämlich Teil der Gefolgschaft, die Franz I. nach Italien begleitete, eine Reise, die es ihm erlaubte, mit den prunkvollsten Höfen der Halbinsel in Kontakt zu treten: denjenigen von Mailand, Ferrara und Bologna, wo er in Kontakt mit der päpstlichen Kapelle kommt. Nach Heinrich ▸ Glarean (*Dodecachordon*, 1547) schätzte Papst Leo X. die Musik Moutons sehr. Ab diesem Zeitpunkt gibt es quasi keine überlieferten Nachrichten über den Komponisten mehr. Der einzige bekannte Beleg aus seiner späten Zeit ist ein Brief des Botschafters von Ferrara in Frankreich, Aldrovandini Sacrati, geschrieben in Angers am 14.5.1518, der besagt, dass Mouton in die Picardie aufgebrochen ist, um nach Hause zu reisen, wahrscheinlich nach Saint-Quentin, wo er zu diesem Zeitpunkt ein Kanonikat besaß. Mouton starb ebendort am 30.10.1522.

Der Ruhm Moutons überquerte mit Leichtigkeit die Alpen, und seine Musik wurde praktisch das gesamte 16. Jahrhundert über gedruckt, in Italien ebenso wie in Frankreich und in Deutschland. Glarean lobt an ihm im *Dodecachordon* (1547) die Flüssigkeit und den Reichtum des musikalischen Einfalls (»facili fluentem filo cantum«). Der Stil Moutons ist in der Tat sehr modern und seine kontrapunktische Schreibweise ist häufig sehr beweglich und transparent. Mouton ist sicherlich der fruchtbarste Motettenkomponist dieser Komponistengeneration. Es lassen sich etwa 100 ▸ Motetten zählen, im Vergleich zu etwa 15 ▸ Messen und etwas mehr als 20 ▸ Chansons. Es gibt Motetten für verschiedene liturgische Anlässe hinsichtlich der Zeit (Sequenzen, Antiphone, Responsorien, Hymnen) und für verschiedene Heilige (Hl. Nikolaus, Hl. Barbara, Hl. Katherina etc.), andere beziehen sich auf Evangelistentexte, aber der größte Teil der Motetten Moutons ist für die Marienverehrung bestimmt. Das ist zum Beispiel der Fall bei der Motette *Ave fuit prima salus*, die einen Jacopone da Todi zugeschriebenen Hymnus vertont, einen in den mittelalterlichen Stundenbüchern gemeinsam mit den wichtigsten Mariengebeten (*Salve Regina*, *Regina celi*, *Ave Regina* etc.) relativ verbreiteten Text. Das erste Wort jeder Strophe bildet den Text des *Ave Maria*. Alle für die Schreibweise der Zeit typischen Fortschreitungen sind hier ausgewogen und mit Bedacht verwendet: vier sich imitierende Stimmen, abwechselnd in Passagen von Bicinien und Passagen ›a voce piena‹, vertikale Schreibweise in Passagen mit wichtigen Texten, rhythmische Kontraste zwischen Abschnitten in geradem und ungeradem Metrum. Dieselbe Schreibweise findet man in anderen Motetten, beispielsweise in *Factum est silentium*, einer Zusammenstellung von ▸ Antiphonen, die dem Erzengel Michael gewidmet sind und von einem Textzitat des 148. Psalms (*Laudate Dominum*) begleitet werden, oder dagegen in der Motette *Corde et animo* für das Fest der Geburt Mariens (8.9.). Andere Motetten Moutons sind dagegen vollständig imitatorisch. Die Motette *Domine, Dominus noster* (Psalm 8) ist dafür ein gutes Beispiel: Die vier Stimmen verfolgen einander die gesamte Komposition über in einer Abfolge von kleinen, imitatorischen Phrasen. Mouton gibt dieser Motette eine zyklische Ordnung, die – die Struktur des Textes berücksichtigend (dieser Psalm beginnt und endet mit demselben Vers) – am Ende der Komposition dieselben musikalischen Motive wiederholt, die auch den Beginn angekündigt hatten. Eine textlich-musikalische Wiederholung findet man auch in *Jocundare Jerusalem*, einer Imitationsmotette zum Fest der Epiphanie, in der die beiden Teile in derselben Weise auf »alleluia« (Form aB cB) enden. Von den imitierenden Motetten heben sich zwei besonders durch ihre weite Verbreitung und ihre Modernität von den anderen ab. *In illo tempore Maria Magdalena* findet sich in etwa einem Dutzend Quellen. Es handelt sich um eine Zusammenstellung von Textauszügen aus dem Evangelium und von Ostergesängen, darunter die Sequenz *Victime paschali*, die am Beginn der »secunda pars« (*Dic nobis Maria*) musikalisch paraphrasiert wird. Der Stil dieser Motette ist sehr reif. Kurze, in den vier Stimmen oder in Bicinien imitatorisch angelegte Motive, werden mehrmals wiederholt und in allen Stimmen abwechselnd vorgetragen. Die Struktur der dialogischen Mottete vom Ende des 16. Jahrhunderts scheint hier in nuce bereits angelegt zu sein. Die andere zur Frage stehende Motette ist *Quaeramus cum pastoribus* für den Weihnachtstag. In mehr als zwanzig Quellen überliefert, handelt es sich dabei um eine der bekanntesten Motetten Moutons, wahrscheinlich aufgrund der Schlichtheit und der Ausgewogenheit des imitatorischen musikalischen Zuschnitts. Auf die Worte »noe, noe« verwirklicht Mouton ein weiteres Mal eine Anlage mit dialogischem Effekt zwischen den Stimmen. Diese Motette war die Inspirationsquelle für zwei Messen von Cristobal de ▶ Morales und Adrian ▶ Willaert, der Schüler Moutons war. Wenn im größten Teil der Motetten Schlichtheit des musikalischen Ausdrucks vorherrscht, so verwendet Mouton gelegentlich doch komplexere kontrapunktische Techniken, beispielsweise kanonische Schreibweise. Diese Motetten zählen in der Regel mehr als vier Stimmen. Als eine der interessantesten soll das sechsstimmige *Salva nos, Domine* angeführt werden, das einen Kanon im Quintintervall zwischen den beiden Altstimmen enthält; außerdem das fünfstimmige *Tua est potentia*, von dem sich Mouton selbst zur Komposition einer der reifsten Parodiemessen dieser Generation anregen lässt. Diese Motette, die auf einem Textauszug des ▶ Magnificat basiert, enthält zwischen den beiden Tenorstimmen einen Quartkanon (▶ Kanon). Als eine seiner komplexesten Kompositionen sollen das fünfstimmige *Peccata mea* und das achtstimmige *Nesciens Mater* angeführt werden. In ersterer verwendet Mouton eine sehr tiefe Tessitura, liturgisch üblich für die Bußzeit, für die es wahrscheinlich geschrieben worden ist (eine Prozessionsantiphon für den dritten Sonntag der Fastenzeit). Der Kanon befindet sich zwischen Tenor und Alt im ungewöhnlichen Intervall einer Septime, vielleicht in Bezug auf die sieben Todsünden. *Nesciens Mater* ist eines der bezeichnendsten Werke Moutons, beispielhaft für seine kontrapunktischen Fähigkeiten. Es handelt sich um einen vierfachen Kanon (4 + 4 = 8), in dem die beiden Tenorstimmen die gregorianische Antiphon zur Oktav Weihnachtens paraphrasieren. Mouton macht auch in der Motette *Ave Maria, gemma virginum* (acht Stimmen) von einem vierfachen Kanon Gebrauch.

Eine Handvoll Motetten sind für besondere Gelegenheiten, üblicherweise im Zusammenhang mit dem königlichen Hof (Staatsmotetten), komponiert worden. *Domine, salvum fac regem* entstand wahrscheinlich für die Krönung Franz' I. (25.1.1515) in Reims. Der Satz des Textes, der der Motette den Titel gibt (ein Gebet, das während der Krönungsfeierlichkeiten der Könige mindestens seit dem 13. Jahrhundert zur Anwendung kam), wird im Verlauf der Komposition mehrmals auf demselben syllabischen Motiv wiederholt. Es handelt sich um dieselbe Vorgehensweise, die von ▶ Josquin Desprez in seinem *Miserere mei Deus* verwendet wird, in dem das Eröffnungsmotiv eine Art Refrain wird, dazu geeignet, die Anrufung des Herrn zu unterstreichen.

Demselben Zeitraum gehören zwei weitere Gelegenheitsmotetten an: *Exalta regina Galliae*, das den Sieg von Marignano (September 1515) feiert und *Exultet conjubilando Deo*, das die Begegnung zwischen dem König von Frankreich und Papst Leo X. im Dezember 1515 in Bologna feiert. Die Motette *Non nobis, Domine* (1510) feiert die Geburt von Renée, der Tochter von Anne von Bretagne und Ludwig XII. Die Motette *Quis dabit oculis nostris fontem lacrymarum* – deren Text an *Quis dabit capiti meo aquam* von Angelo ▶ Poliziano erinnert, das zum Tod von Lorenzo il Magnifico († 1492) geschrieben und von Heinrich ▶ Isaac vertont wurde – wurde als Klage um den Tod von Anne († 1514) komponiert.

Die Messen von Jean Mouton verdienen im Vergleich zu zeitgenössischen Werken noch eines sorgfältigen Studiums. Die Sprache Moutons ist sehr originell, die Abwandlung der Vorlage und die motivische Bearbeitung sind seine bevorzugten Techniken. Die Messen *Alma Redemptoris Mater* (vier/fünf Stimmen) und *Tu es Petrus* (fünf Stimmen) sind unserer Kenntnis nach die einzigen, die einstimmigen liturgischen Gesang verwenden: erstere die berühmte Marienantiphon von Hermannus Contractus, letztere eine Antiphon für das Fest der Apostel Petrus und Paulus (29.6.). In beiden ist die gregorianische Melodie der Ausgangspunkt, der alle Stimmen bestimmt, sie wird paraphrasiert und mit großer Selbständigkeit und Kunstfertigkeit abgewandelt. Mouton spielt auf eine strenge Behandlung des ▶ Cantus firmus, einer von den alten Meistern geschätzten Technik, nur im letzten Agnus Dei der *Missa Tu es Petrus* an, die – was im Schaffen Moutons sehr außergewöhnlich ist – den Cantus prius factus (▶ Cantus firmus) Note für Note in langen Notenwerten vorführt. Die Messe *Faulte d'argent* verwendet eine damals äußerst berühmte ▶ Chanson rustique, deren Melodie auch Komponisten wie Josquin Desprez, Antoine ▶ Févin und Willaert inspirierte.

Die anderen Messen Moutons benützen normalerweise eine polyphone Vorlage. Die Techniken Moutons sind in diesem Fall unterschiedlich. Er kann aus einer einzigen Stimme der Vorlage schöpfen oder deren gesamten Kontrapunkt bearbeiten. Zum Beispiel verwendet Mouton in der *Missa Dictes moy toutes vos pensées*, die auf einer dreistimmigen Chanson von Compère basiert, eine Technik der motivischen Bearbeitung von Teilen des Superius und des Tenors der Vorlage; die Motive durchlaufen alle Stimmen der Messe, wodurch eine imitatorische Komposition entsteht, die von einer polyphonen, nicht-imitatorischen Vorlage ausgeht.

Jean Mouton ist einer der wenigen Komponisten dieser Generation, der Motetten als Vorlage für seine Messen auswählt. In der *Missa Benedictus Dominus Deus* verwendet Mouton nur die Stimme des Tenor (vereinzelt auch des Superius) einer Motette von Févin, die manchmal imitatorisch in allen Stimmen paraphrasiert wird, während die *Missa Quem dicunt homines* eine richtige Parodiemesse ist (eine Wiederbearbeitung des gesamten Kontrapunkts der Vorlage), wie sie während des ganzen 16. Jahrhunderts geschrieben werden, basierend auf einer berühmten Motette von Richafort. Die *Missa Verbum bonum* bedient sich einer Motette von Thérache. Die *Missa Tua est potentia* auf eine fünfstimmige Motette von Mouton selbst ist eine der reifsten Messen dieses Komponisten, und sie stellt einen der seltenen Fälle dar, in denen er eine polyphone Vorlage mit mehr als vier Stimmen verwendet.

Von einer gewissen Anzahl von Messen ist der Cantus prius factus nicht bekannt. Das ist der Fall bei der *Missa Alleluya*, einer sehr modernen Komposition, die die Imitation auf vier Stimmen anwendet und die der richtigen Deklamation des sakralen Textes besondere Aufmerksamkeit schenkt. Der Titel der *Missa Sans cadence* bleibt, so wie er in der einzigen bekannten Quelle auftaucht (Cambrai, Ms. 3), ohne überzeugende Erklärung. Kürzlich wurde entdeckt, dass sie nicht frei komponiert ist, sondern dass es sich um eine Messe über einem Cantus firmus handelt, der auf dem Tenor der Chanson *Elle l'a pris* basiert, die Johannes ▸ Prioris zugeschrieben wird.

Der in den Chansons verwendete Stimmbestand reicht von drei bis sechs Stimmen, und eine gute Anzahl davon basiert auf populären Themen. Mouton verwendet gerne Kanontechniken, wie in *Adieu mes amours* oder in *En venant de Lyon*. Die kanonische Chanson *Qui ne regrettoit le gentil Févin* (Doppelkanon) ist ein Klagegesang auf den Tod von Antoine Févin, seinen Kollegen an der königlichen Kapelle.

Ausgaben:
Johannes Mouton, *Opera omnia*, hrsg. von A.C. Minor, 4 Bde., American Institute of Musicology, Rom 1967–1974 (CMM 43); E.E. Lowinsky (Hrsg.), *The Medici Codex of 1518*, in: Monuments of Renaissance Music 3, Chicago 1968.

Literatur:
Chr. Cazaux, *La musique à la cour de François Ier*, Paris 2002.

AM

Mozarabisch

Der Begriff Mozarabisch (arab. *musta'rib*) bezeichnet die in Spanien unter arabischer Herrschaft lebenden und romanisch sprechenden Christen und umfasst drei verschiedene Bereiche: Sprache, Riten und Architektur.

Die heute ausgestorbene mozarabische Sprache wurde aus verschiedenen Dialekten gebildet, die sich vor der Reconquista auf der iberischen Insel etablieren konnten. Es handelte sich dabei im Prinzip um die Verschriftlichung einer romanischen Sprache in arabischer Schrift, bei der der Wortschatz sehr viele Entlehnungen aus dem Arabischen aufzeigte.

Die mozarabischen Riten sind Liturgieformen in der römisch-katholischen Kirche in Spanien, die sich hauptsächlich in ihren Formen und Abfolgen unterscheiden; hierzu gehört auch die musikalische Komponente, der mozarabische Gesang, dessen Überlieferung in die Zeit der Mauren zurückgeht (711–1492).

Die Anwendung findet man heute nur noch vereinzelt und vor allem in Toledo und seiner Umgebung.

Das mozarabische Element in der Architektur manifestiert sich überwiegend in geometrischen Figuren wie zum Beispiel dem Bogen oder geometrischen Verzierungen. In Spanien findet sich vor allem im Süden Architektur mit diesen Einflüssen.

Literatur:
L. Vones, *Geschichte der Iberischen Halbinsel im Mittelalter 711–1480: Reiche – Kronen – Regionen*, Sigmaringen 1993, S. 83ff • A. Clot, *Das maurische Spanien – 800 Jahre islamische Hochkultur in Al-Andalus*, Düsseldorf ³2004 • W. Dietrich / H. Geckeler, *Einführung in die spanische Sprachwissenschaft. Ein Lehr- und Arbeitsbuch*, Berlin 2007, S. 149–153, 157–159 • I.F. de la Cuesta, *Mozarabischer Gesang*, in: MGG², Bd. 6 (Sachteil), 1997, Sp. 552–575.

CHD

Mudarra, Alonso
* um 1510, † 1.4.1580 Sevilla

Mudarra war Vihuela-Spieler und Komponist. Er wuchs in Guadalajara auf, im Haushalt des dritten und vierten Herzogs von Infantado. 1529 begleitete er wahrscheinlich den vierten Herzog nach Italien zur Kaiserkrönung Karls V. Danach wurde er Priester, vermutlich in Palencia. Ab dem 18.12.1546 war er als Kanoniker an der Kathedrale von Sevilla tätig. Dort versah er wichtige organisatorische Aufgaben wie die Neuanschaffung einer Orgel.

1546 erschienen in Sevilla Mudarras *Tres libros de música en cifras para vihuela*. Sie enthalten 43 Solowerke für Vihuela, 27 Lieder mit unabhängiger Instrumentalbegleitung, sechs Stücke für Gitarre, die ältesten überlieferten für dieses Instrument, sowie ein ▸ Tiento in neuer Tabulatur für Harfe oder Orgel. Die meisten seiner Kompositionen sind Fantasien, von denen viele von Venegas de Henestrosa für Tasteninstrumente adaptiert wurden.

Ausgaben:
Alonso Mudarra.*Tres libros de música en cifra para vihuela*, hrsg. von E. Pujol, Barcelona 1949, ²1984.

Literatur:
J. Griffiths, *Mudarra*, in: *Grove*, Bd. 17, 2001, S. 357 • ders., *Mudarra*, in: *MGG*², Bd. 12 (Personenteil), 2004, Sp. 763–764.

CV

München

Die 1158 gegründete Stadt erlebte ihren ersten kulturellen Höhepunkt, als Kaiser Ludwig IV. 1330 Marsilius von Padua, William von Ockham, dem ehemaligen Franziskanergeneral Michael von Cesena und einigen weiteren Exkommunizierten und von der Inquisition Verfolgten an seinem Hof Exil gewährte. Als Musikstadt von hohem Rang etablierte sich München ab dem 16. Jahrhundert mit Ludwig ▸ Senfl; unter Orlande de ▸ Lassus erreichte die Münchner Hofkapelle eine europäische Spitzenstellung.

Über das Münchner Musikleben vor dem 16. Jahrhundert ist wenig bekannt. Im Jahr 1384 hat Lorenz von Polling eine neue, vermutlich zweimanualige Orgel für St. Peter angefertigt. Um 1430 beschäftigte Herzog Ernst den Orgelbauer Erhard Schmid aus Peißenberg, der eine Orgel für die Frauenkirche baute; dort stellte 1491 ein unbekannter Orgelbauer ein neues Instrument auf. Bei der Hochzeit Herzog Ernsts (1373–1438, Herzog ab 1397) im Jahr 1396 spielten Musiker seines Onkels Herzog Stephan III. von Ingolstadt. Ein nur von Trompetern ausgeübtes Spielgrafenamt bestand in Oberbayern seit 1438. 1450 kam der Nürnberger Organist Conrad ▸ Paumann (um 1410–1473) auf Wunsch Herzog Albrechts III. (1401–1460, ab 1438 Herzog) nach München, 1467 wurde er Hoforganist. Sein Epitaph im Münchner Dom zeigt ihn als vielseitigen Musiker: Er spielt die ▸ Orgel, daneben sind ▸ Laute, ▸ Blockflöte, ▸ Harfe und ▸ Rebec abgebildet. Nachfolger wurde Paumanns Sohn Paul († 1517). Unter den Herzögen Sigismund (1439–1501, Herzog von 1460–1467) und Albrecht IV. (1447–1508, Herzog ab 1467) sind Conrad Snitzer und Peter Skeydell am Hof nachweisbar. Snitzer gehört zu einer in Nürnberg und München ansässigen Familie von Musikern und Instrumentenmachern (Pietzsch, S. 33), die noch in der ersten Hälfte des 16. Jahrhunderts tätig war.

Besser sind wir für die Zeit ab etwa 1500 unterrichtet. Die Stadt besaß im Jahr 1544 einen Fundus an Instrumenten (hauptsächlich ▸ Pfeifen und ▸ Posaunen), wie aus einem Inventar bekannt ist. Der nicht zuletzt aus Gründen der Repräsentation betriebene Ausbau der Hofkapelle begann schon in den ersten Regierungsjahren Wilhelms IV. (1493–1550, ab 1508 Herzog). Wilhelm und sein mit ihm regierender Bruder Ludwig hatten 1508 die acht Trompeter ihres Vaters Albrecht übernommen und das Personal an Sängern und Instrumentalisten schon in den ersten Jahren erweitert, wie aus einer Hofordnung (1514) und einer Personalliste (wohl 1515) bekannt ist, so dass man in der Lage war, das mehrstimmige Repertoire der Zeit auszuführen (vgl. A. Brinzing in Göllner / Schmid). Seit 1518 ist der Geiger und Lautenist Gregor Kraft am Hof nachweisbar. Hofkomponist war vermutlich der Trompeter Erhart Gugler. Nach der Auflösung der Hofkapelle ▸ Maximilians I. (1520) kam eine Anzahl dort entlassener Musiker nach München: so der Posaunist Johann Steudel (1521), der Pfeifer und Posaunist Anton Schnitzer (1523), der Posaunist Matthias Schnitzer (1523), der Altist Lukas Wagenrieder (spätestens 1526), der Bassist Caspar Birker (wohl 1523), schließlich wurde 1523 Ludwig Senfl (ca. 1590–1543) als Hofkomponist verpflichtet. Als Kapellmeister vor Lassus sind Wolfgang Baumhauer (spätestens seit den 1530er Jahren, † 1540), Wolfgang Finkel (Funckl oder Fünckl; † 1551 oder vorher), Andreas Zauner (1550–1552, † 1567) sowie von 1552 bis 1562/63 Ludwig ▸ Daser (um 1526–1589) nachweisbar. Mit Senfls Eintritt begann man mit dem Aufbau eines großangelegten liturgischen Repertoires, das insbesondere die ▸ Proprien für die Sonn- und Festtage umfassen sollte. Grundstock waren für die kaiserliche Hofkapelle geschaffene Kompositionen Heinrich ▸ Isaacs, Senfl und sein Nachfolger als Hofkomponist Mattheus ▸ Le Maistre (um 1505–1577, in München wohl von 1552 bis 1554 tätig) betrieben eine systematische Erweiterung des Repertoires. Die Annahme Martin Bentes, Senfl habe aus Wien Chorbücher in die Münchner Kapelle gebracht, ist neuerdings von Birgit Lodes widerlegt worden (in Göllner / Schmid); das ältere Repertoire wurde erst in München ingrossiert.

1556, sechs Jahre nach dem Regierungsantritt ▸ Albrechts V., wurde Orlande de Lassus (1530/1532–1594) zunächst als Tenorist und Komponist an den Hof verpflichtet, 1562/1563 übernahm er von Daser die Stelle des Kapellmeisters. (Dass daneben Ciprano de ▸ Rore bei Albrecht in hoher Gunst stand, beweist das 1559 für die fürstliche Kammer angefertigte Mus.ms. B der Bayerischen Staatsbibliothek mit 26 Motetten de Rores.) Unter Lassus' Leitung wurde die Kapelle weiter ausgebaut und erreichte mit etwa 60 Sängern und Instrumentalisten im Jahr 1568 ihren höchsten Personalstand, als sie bei den Feierlichkeiten zur Hochzeit des Thronfolgers Wilhelm V. mitzuwirken hatte, worüber der Altist und Komponist Massimo Troiano berichtet. Bestand die Kapelle in früheren Jahren fast ausschließlich aus deutschsprachigen Musikern (Le Maistre gilt als der erste ›Ausländer‹), so gehörten ihr jetzt neben Deutschen insbesondere Niederländer und Italiener an: 1568 sind u.a. die Sänger Francisco de Talavera (ein Altus aus Spanien), der Neapolitaner Massimo Troiano (Alt), schließlich die Niederländer Joachim Freithof (Tenor) sowie Franz Flori (Bass und Kopist) nachweisbar. Desweiteren waren die Instrumentalisten Francisco (Posaunist) und Gioseffo Guami (Organist, beide aus Lucca), die Bergamasker Geiger Anthoni und Hanibal Morari und der aus Cremona stammende Organist Joan Baptista Morsselino am Hof tätig. 1569 trat der Niederländer Johannes de ▸ Fossa als Tenorist ein; er wurde Unterkapellmeister und 1594 Lassus' Nachfolger. 1570 war der niederländische Organist und Komponist Ivo de ▸ Vento in München tätig, der unter Ludwig Daser in den Jahren 1556–1560 Kantoreiknabe gewesen war. Zeitweilig in München beschäftigt waren Andrea ▸ Gabrieli, der 1562 im Gefolge des Herzogs auf Reisen war und 1574 einen Ruf in die Hofkapelle ablehnte, sowie Giovanni ▸ Gabrieli (etwa 1575 bis zum Tod Albrechts 1579).

Am Hof tätige Schüler Lassus' sind u.a. Johann ▸ Eccard (in den Jahren 1570–1572 Kantoreiknabe und Altist) und Leonhard ▸ Lechner (seit den sechziger Jahren des 16. Jahrhunderts in München ging er 1568 mit dem Thronfolger Wilhelm nach Landshut). Unter Lassus' Leitung wurde zunächst insbesondere das Messenrepertoire erheblich ausgebaut, das Projekt mehrstimmiger Proprien wurde vom Kapellmeister selbst erst ab 1574 betrieben.

Seit Wilhelms Regierungsantritt 1579 wurde mit Unterstützung der Jesuiten am Münchner Hof die römische Liturgie eingeführt. Der Jesuit Walram Tummler sandte noch 1581 als Visitator einen Bericht über die angeblich verwahrloste Liturgie am Münchner Hof nach Rom. Für den neuen Ritus hatte Lassus eine Anzahl neuer Kompositionen zu schaffen: In rascher Folge entstanden ein ▸ Hymnenzyklus, die ▸ Passionen (mit Ausnahme der älteren Matthäus-Passion), Offertorien für die Advents- und Fastenzeit, *Lamentationes Hieremiae* etc., die der Sänger und Kopist Franz Flori jeweils unmittelbar nach der Komposition in Chorbücher ingrossierte. Die Jesuiten spielten schon bald nach ihrer Berufung im Jahr 1559 auch im Musikleben eine bedeutende Rolle. Das lateinische ▸ Schuldrama, für das u.a. Lassus und Georg Victorin Chorsätze schrieben, erlebte eine Blütezeit.

Schon nach der Fürstenhochzeit 1568 konnte der hohe Personalstand der Kapelle nicht aufrecht erhalten werden. Aus dem Jahr 1577 ist eine vorübergehende Einschränkung der Kapelle bekannt, ab 1581 wurde sie zeitweise auf die Hälfte verkleinert, eine weitere Reduktion ist für 1592 nachweisbar und 1594 stand Lassus selbst auf einer Liste zu entlassender Hofbediensteter. Mit dem Regierungsantritt Maximilians I. (Herzog seit 1597, Kurfürst 1623–1651) wurde die Kapelle weiter dezimiert.

In Albrechts Regierungszeit fällt die Gründung der Hofbibliothek (heute Bayerische Staatsbibliothek) durch den Ankauf der Sammlung des Humanisten Johann Albrecht Widmannstetter im Jahr 1558 und der Bibliothek Johann Jakob ▸ Fuggers (1571), die u.a. die Bestände Hartmann Schedels (und damit dessen berühmtes Liederbuch D-Mbs, Cgm 810) enthielt. Wilhelm erweiterte die Bibliothek ca. 1585 um den Bestand des Augsburger Ratsherrn Johann Heinrich Herwart und 1594 durch den Erwerb der Bibliothek des Augsburger und Eichstätter Domherren Johann Georg von Werdenstein. Mit den letztgenannten Kollektionen wurde der Grundstock des reichen Bestands an Musikdrucken des 16. Jahrhunderts der Staatsbibliothek gelegt, zu denen später noch die Chorbücher aus der Hofkapelle kamen.

Zu einem Zentrum des Notendrucks wurde München, als sich 1564 Adam ▸ Berg hier niederließ. Bei ihm erschienen zahlreiche Erstdrucke mit Werken Lassus' (erstmals 1567), aber auch Jacob ▸ Regnart, Jacobus de ▸ Kerle oder Georg Schwaiger (seit 1576 Stadtpfeifer in München) wurden hier gedruckt. Höhepunkt von Bergs Tätigkeit als Notendrucker ist das insgesamt zwölfbändige *Patrocinium musices* (seit 1573) im Chorbuchformat. Sein Schwiegersohn Nikolaus Heinrich wurde ab 1600 zu seinem schärfsten Konkurrenten; hier erschienen 1604 sämtliche Motetten von Lassus (*Magnum opus musicum*) und 1619 der *Iubilus B. Virginis* mit 100 Magnificat, Herausgeber waren Lassus' Söhne Rudolph und Ferdinand.

Literatur:
A. Sandberger, *Beiträge zur Geschichte der bayerischen Hofkapelle unter Orlando di Lasso. In drei Büchern*, Leipzig 1894/1895 (erschienen sind nur die Bücher 1 und 3) • O. Ursprung, *Münchens musikalische Vergangenheit*, München 1927 • M. Ruhnke, *Beiträge zu einer Geschichte der deutschen Hofmusikkollegien im 16. Jahrhundert*, Berlin 1963 • H. Leuchtmann, *Organisten und Orgelbauer in ihrer Beziehung zum bayerischen Herzogshof*, in: Acta Organologica 6 (1972), S. 99–122 • Ders., *Namens-*

listen zur Bayerischen Musikgeschichte, II. Musik in München 1550–1600, in Musik in Bayern 10 (1975), S. 46–63, 11 (1975), S. 87–100, 12 (1976), S. 54–68, 13 (1976), S. 83–104, 14 (1977), S. 107–125 (zugleich Register zu Sandberger, *Beiträge*) • G. Pietzsch, *Die Hofmusikkollegien wittelsbachischer Fürsten bis zur Mitte des 16. Jahrhunderts*, in: Musik in Bayern 13 (1976), S. 24–48 • M.L. Göllner, *Bayerische Staatsbibliothek, Katalog der Musikhandschriften, 2: Tabulaturen und Stimmbücher bis zur Mitte des 17. Jahrhunderts* (Kataloge Bayerischer Musiksammlungen 5/2), München 1979 • H. Leuchtmann (Hrsg.), *Die Münchner Fürstenhochzeit von 1568. Massimo Troiano, Dialoge italienisch/deutsch*, München und Salzburg 1980 • H. Herrmann-Schneider, *Die Musikhandschriften der St. Michaelskirche in München* (Kataloge Bayerischer Musiksammlungen 7), München 1985 • H. Hell / M. Holl / R. Machold, *Die Musikhandschriften aus dem Dom zu Unserer Lieben Frau in München* (Kataloge Bayerischer Musiksammlungen 8), München 1987 • M. Bente / H. Hell / M.L. Göllner / B. Wackernagel, *Bayerische Staatsbibliothek, Katalog der Musikhandschriften, 1: Chorbücher und Handschriften in chorbuchartiger Notierung* (Kataloge Bayerischer Musiksammlungen 5/1), München 1989 • Kulturreferat der Landeshauptstadt München (Hrsg.), *Münchner Stadtpfeifer und Stadtmusikanten* (Volksmusik in München 17), München 1993 • N. Schwindt, *Hans Mielichs bildliche Darstellung der Münchner Hofkapelle von 1570*, in: Acta Musicologica 68 (1996), S. 48–85 • S. Hörner / B. Schmid / H. Schaefer / D. Hiley / C. Gottwald, *München*, in: *MGG²*, Bd. 6 (Sachteil), 1997, Sp. 582–613 • F. Körndle, *Der »tägliche Dienst« der Münchner Hofkapelle im 16. Jahrhundert*, in: Trossinger Jahrbuch für Renaissancemusik 1 (2001), S. 21–37 • M. Bernhard / A. Heisig (Hrsg.), *Orgeldatenbank Bayern Version 4* (CD-ROM), München 2003 • Th. Göllner / B. Schmid (Hrsg.), *Die Münchner Hofkapelle des 16. Jahrhunderts im europäischen Kontext. Bericht über das internationale Symposion der Musikhistorischen Kommission der Bayerischen Akademie der Wissenschaften in Verbindung mit der Gesellschaft für Bayerische Musikgeschichte, München, 2.–4. August 2004* (Bayerische Akademie der Wissenschaften, Philosophisch-historische Klasse, Abhandlungen, Neue Folge, Heft 128), München 2006.

BS

Mündlichkeit / Oralität

Die Erschließung schriftloser Musikpraktiken vergangener Zeiten fragt weniger nach allenthalben belegten Spielarten des Auswendigmusizierens oder der mündlichen Überlieferung von schriftlich Fixiertem als nach einer außerhalb des Mediums der Schrift konzipierten und aufgeführten Musik, sei sie ad hoc im Moment des Vortrags entstanden oder aufgrund nicht-notierter, aber verbindlicher Vorausplanung einstudiert. Analog zu vergleichbaren Ansätzen in den Literaturwissenschaften (s. Geißner) tritt dabei anstelle einer kategorischen Dichotomisierung von genuin schriftloser und genuin schriftgebundener Musik ein zunehmendes Bewusstsein für vielfältigste »Übergänge zwischen den schriftlosen und den an die Schrift gebundenen Formen musikalischer Praxis« (Arlt, S. 10). Dies geht einher mit einer Relativierung überkommener musikhistoriographischer Vorstellungen von ›(schriftloser) Improvisation‹ und ›(schriftlich fixierter) Komposition‹. In diesem Zusammenhang ist auch das Bestreben nach einer differenzierteren Interpretation zeitgenössischer Terminologie zu sehen, wie es die anhaltende Kontroverse um die Bedeutung der von Johannes ▸Tinctoris im *Liber de arte contrapuncti* (1477) eingeführten Begriffe »resfacta« (»[kunstvoll] gearbeitete Sache«) und »cantare supra librum« (»über dem Buch [mit bloßer Aufzeichnung des cantus firmus] singen«) widerspiegelt. Initiiert wurde die Debatte von Margaret Bent, die der gängigen Auffassung des Begriffspaares als Gegensatz von »contrapunctus qui scripto fit« und »contrapunctus quem mentaliter conficimus« eine Lesart entgegenstellte, in der als Differenzmerkmal von »resfacta« und »cantare supra librum« nicht der (in diesem Verständnis sekundäre) Aspekt schriftlicher oder mündlicher Existenzform, sondern ein nur graduell andersartiges Verhältnis der am Kontrapunkt beteiligten Stimmen zueinander fungiert.

Dass kunstfertiges, planvolles Gestalten keineswegs zwangsläufig Schriftlichkeit voraussetzt, verdeutlichen für den hier berücksichtigten Zeitraum des 15. und 16. Jahrhunderts zum einen Zeugnisse wie die des Lodovico ▸ Zacconi, der von einer wohlüberlegten, auf gezielt wiederholter Ausführung beruhenden Improvisationsweise Adrian ▸ Willaerts berichtet, zum anderen Beispiele aus dem Bereich instrumentaler Solistenkunst (wie ▸ Fantasien und ▸ Praeambula für Laute oder Orgel) oder der avancierten Verfahren instrumentalen wie vokalen ▸ Diminuierens, d.h. des Bereicherns einer vorgegebenen bzw. aus dem Stegreif entstandenen Stimme durch virtuose Auszierungs- und Umspielungsfloskeln. Umgekehrt haben einfache Rezitationsmodelle zum Stegreifvortrag strophischer Dichtungsformen immer wieder Eingang in die Schrift gefunden, und auch in schriftlich notierten Sammlungen artifizieller Mehrstimmigkeit finden sich Sätze, die mit Fortschreitungen in parallelen Konsonanzen (Quintieren, ▸ Gymel, ▸ Fauxbourdon) oder Zieltonabschnitten in Gegenbewegung auf einfache, weit zurückreichende ad-hoc-Techniken des Mehrstimmigen verweisen. Kaum auf Quellen abstützen kann sich die Auseinandersetzung mit schriftlosen Praktiken indes für die Frage nach der instrumentalen Begleitung einstimmiger Lieder oder einer mehrstimmigen Aufführung von Bassedanse-Melodien.

Als in besonderer Weise geprägt von Wechselwirkungen zwischen notierter und nicht notierter Musik gilt in der Zeit von 1300 bis 1600 die Musikgeschichte Italiens (Pirrotta). So steht nicht nur die ▸ Frottola offensichtlich unter dem Einfluss improvisatorischer Praktiken, auch lassen sich noch in den Madrigalen Claudio ▸ Monteverdis bestimmte satztechnische Freiheiten auf einen Einbezug schriftloser Verfahren ins Notierte zurückführen (Palisca). In vereinzelten Schriftquellen sind Spuren eines mündlichen Stegreifvortrags italienischer Dichtung (unter Begleitung der ▸ Lira da braccio oder der ▸ Viola) zu greifen, wie er vor allem mit dem Namen des venezianischen Dichters und Staatsmanns Leonardo ▸ Giustiniani verknüpft wird und bis ins 16. Jahrhunderts hinein eine enorme Wirkung entfaltete. Dass die programmatische Eröffnung von Ottaviano ▸ Petruccis VI. Frottolenbuch (1505) mit vier ▸ Giustiniane allerdings keinen unverstellten, sondern schriftlich gefilterten Blick auf eine solche Praxis eröffnet, zeigt die Gegenüberstellung eines dieser Petrucci-Stücke mit einer unverzierten Fassung im Chansonnier Escorial IV.a.24 (Finscher, S. 444). Beispiele wie dieses demonstrieren ebenso wie die von Pirrotta plausibel gemachte Adaption süditalienischer Siciliane im norditalienischen Codex Reina, wie entscheidend die Berücksichtigung der spezifischen Voraussetzungen des Überlieferungskontextes ist, wenn es darum geht, schriftlose Praktiken im Medium des Aufgezeichneten zu identifizieren.

Literatur:
W.H. Rubsamen, *The Justiniane or Viniziane of the 15th Century*, in: Acta musicologica 28 (1956), S. 172–184 • C. Palisca, *The Artusi-Monteverdi-Controversy*, in: *The Monteverdi Companion*, hrsg. von D. Arnold und N. Fortune, London 1968, S. 122–166 • S. Fuller, *Discant and the Theory of Fifthing*, in: Acta musicologica 50 (1978), S. 241–275 • W. Arlt, *Einführung: Zwischen ›Improvisation‹ und ›Komposition‹*, in: *Italienische Diminutionen. Die zwischen 1553 und 1638 mehrmals bearbeiteten Sätze*, hrsg. von R. Erig unter Mitarbeit von V. Gutmann, Zürich 1979, S. 9–21 • M. Bent, *Resfacta and Cantare Super Librum*, in: Journal of the American Musicological Society 36 (1983), S. 371–391 • K.-J. Sachs, *Arten improvisierter Mehrstimmigkeit nach Lehrschriften des 14. bis 16. Jahrhunderts*, in: Basler Jahrbuch für historische Musikpraxis 7 (1983), S. 166–183 • N. Pirrotta, *New Glimpses of an Unwritten tradition*, in: *Music and Culture in Italy form the Middle Ages to the Baroque. A Collection of Essays* (Studies in the History of Music 1), Cambridge 1984, S. 51–71 (unter Verweis auf weitere Artikel dess.) • L. Finscher (Hrsg.), *Die Musik des 15. und 16. Jahrhunderts* (Neues Handbuch für Musikwissenschaft 3), Laaber 1989, bes. Kapitel VI • R. Strohm, *Unwritten and written music*, in: *Companion to Medieval and Renaissance Music*, hrsg. von T. Knighton und D. Fallows, Berkeley und Los Angeles 1992, S. 228–233 • L. Welker, *Improvisation III: 14. bis 16. Jahrhundert*, in: *MGG²*, Bd. 4 (Sachteil), 1996, Sp. 553–565 • H.

Geißner, *Mündlichkeit*, in: Historisches Wörterbuch der Rhetorik, Bd. 5, Tübingen 2001, Sp. 1501–1526, dort weiterführende Literatur.

GB

Müntzer, Thomas
* um 1489 Stollberg im Harz, † 27. 5. 1525 Görmar (Thüringen)

Der evangelische Theologe und Bauernführer stammte wohl aus reichem Elternhause und wuchs vermutlich in Quedlinburg auf. Nach Abschluss seiner Studien, die er ab 1506 in Leipzig und 1512/1213 in Frankfurt an der Oder absolvierte, wirkte er an verschiedenen Orten als Lehrer und Priester (1513 Weihe zum Priester des Bistums Halberstadt, 1516 Ernennung zum Propst im Kanonissenstift Frose bei Aschersleben). Bereits bevor er 1517 nach Wittenberg übersiedelte und mit Martin ▸ Luther und Karlstadt in Berührung kam, zeigte er starke evangelikale und reformatorische Tendenzen, die möglicherweise zu seiner Ausweisung aus Braunschweig 1517 geführt haben. Müntzer entwickelte sich rasch zu einem der wortgewaltigsten Reformatoren, der in Jüterbog (1519), Zwickau (1520/21), Prag (1521) kirchliche und soziale Miss-Stände, oft in schwärmerischen Tönen, anprangerte und infolgedessen nach kurzer Zeit meist der jeweiligen Stadt verwiesen wurde. Nach einer längeren Phase als Wanderprediger übernahm er die Pfarrstelle in Allstedt (1523/1524), wo er (noch vor Luther) die deutsche Liturgie einführte und seine theologisch bedeutendsten Predigten hielt. Dort ehelichte er die vormalige Nonne Ottilie von Gersen, die ihm im März 1524 einen Sohn gebar. Seine mystisch geprägte, apokalyptische Theologie, die zur sofortigen Umsetzung sozialer Reformen auch Gewalt gegen die Obrigkeit in Kauf nahm, führte zum Bruch mit Luther, der die Absetzung Müntzers in Allstedt durchsetzen konnte. Daraufhin machte er sich in Wort und Tat zu einem der Führer des Bauernkriegs in Thüringen. Nachdem er am 15. Mai 1525 in der Schlacht bei Frankenhausen seinem Gegner Graf Ernst von Mansfeld unterlegen war, wurde Müntzer gefangengenommen und hingerichtet.

Musikgeschichtlich ist Müntzer insbesondere durch seine Allstedter Liturgiereformen von Bedeutung. Seine volkssprachigen Formulare *Deutzsch kirchen ampt* (1523) und *Deutsche Evangelisch Messe* (1524) gehen sogar Luther voraus und waren besonders in der Frühzeit der Reformation mindestens ebenso verbreitet wie das Luthersche Formular von 1525. Seine Übertragungen lateinischer Kirchengesänge ins Deutsche (darunter *O Herr Erlöser allen Volks* (*Veni redemptor gentium*), *Kumm zu uns Schöpfer, heil'ger Geist* (*Veni creator spiritus*), *Heut solln alle Christen loben* (*Victimae paschali laudes*) bleiben den Choralvorlagen emphatisch verpflichtet, weshalb Müntzer im Gegensatz zu den volkstümlicheren Paraphrasen Luthers eine »deutsche Gregorianik« schuf (Blume). Nach dem Abfall von Wittenberg wurde seine Liturgie zwar offiziell durch die deutsche Messe Luthers ersetzt, doch etliche seiner Übersetzungen fanden (wenn auch anonymisiert oder, wie im Falle des *Conditor alme siderum / Gott heilger Schöpfer aller Stern*, mit Zuschreibung an Luther) Eingang in evangelische Gesangbücher.

Ausgaben:
Schriften und Briefe. Kritische Gesamtausgabe, 3 Bde., Leipzig 2004–2006.

Literatur:
F. Blume, *Geschichte der evangelischen Kirchenmusik*, 2. Auflage (unter Mitarbeit von L. Finscher u.a.), Kassel u.a. 1965 • K. Honemeyer, *Thomas Müntzer und Martin Luther. Ihr Ringen um die Musik des Gottesdienstes. Untersuchungen zum »Deutzsch Kirchenampt« (1523)*, Berlin 1974 • S. Bräuer, *Thomas Müntzers Liedschaffen. Die theologischen Intentionen der Hymnenübertragungen im Allstedter Gottesdienst von 1523/24 und im Abendmahlslied Müntzers*, in: Luther-Jahrbuch 41 (1974), S. 45–102 • T. Ebert-

Obermeir, »*Seint darumb keine Teufel.*« *Thomas Müntzer und die Musik*, in: Musik und Gesellschaft 39 (1989), S. 618–623 • M. Petzold, *Gesang als Mittler zwischen Gott und Gemeinde. Müntzers Leistung für die evangelische Liturgie*, in: Musik und Gesellschaft 39 (1989), S. 623–626 • A. Göser, *Kirche und Lied: Der Hymnus »Veni redemptor omnium« bei Müntzer und Luther. Eine ideologiekritische Studie* (Epistemata 136), Würzburg 1990.

CTL

Mundy, William
* um 1529, † vermutlich kurz vor dem 12.10.1591

Der heute wenig bekannte Mundy war ein bei seinen Zeitgenossen hochgeschätzter Komponist, der mit William ▸ Byrd und John ▸ Taverner verglichen wurde (Morley, S. 255). Er war seit 1543 ›headchorister‹ an der Westminster Abbey als Nachfolger von Thomas Giles, 1547 ›conduct‹ an St. Martin Ludgate, zwischen 1548 und 1558 ›parish clerk‹ an St. Mary-at-Hill (seine Aufgabe war u.a., die Kapelle durch Sänger der Chapel Royal aufzufüllen) und spätestens 1559 an St. Pauls als ›lay vicar‹ (er unterschrieb in diesem Jahr die Bestimmungen des Act of Supremacy and Uniformity; ▸ England). 1564 wurde er ›Gentleman of the Chapel Royal‹. Da Mitglieder der Chapel Royal ihre Stellung auf Lebenszeit hatten, ist Mundy vermutlich kurz vor dem 12.10.1591, dem Datum der Ernennung seines Nachfolgers, gestorben. – Da nur geistliche Kompositionen und wenig Instrumentalmusik überliefert sind, ist Mundys Œuvre durch die fehlende Gattungsvielfalt allenfalls in satztechnischer Hinsicht mit demjenigen Byrds vergleichbar. Hier zeigen sich jedoch Merkmale kontinentalen Einflusses, die bei Komponisten der Chapel Royal generell insbesondere in den ▸ Motetten und ▸ Anthems, aber nur partiell in den ▸ Services auftreten, die an den Forderungen der anglikanischen Kirchenmusik nach Textverständlichkeit orientiert sind. Bei einer Anzahl von Kompositionen ist allerdings unklar, ob sie ihm selbst oder seinem Sohn John Mundy zuzuschreiben sind, da der Vorname in den Quellen fehlt. Dazu gehören weitere *Services* neben den vier ihm sicher zugeschriebenen, etliche Anthems, drei Motetten und einige Consort-Stücke. Mundy hat auch zwei Messen ›upon the Square‹ komponiert, die sicherlich in der Zeit des Rekatholizismus unter Maria I. entstanden sind, während viele der Motetten so wie auch diejenigen von Byrd und Thomas ▸ Tallis in der Regierungszeit ▸ Elisabeths I. komponiert wurden.

Ausgaben:
Latin Antiphons and Psalms, hrsg. von F.Ll. Harrison (Early English Church Music 2), London 1963; *Elizabethan Consort Music*, hrsg. von P. Doe (Musica britannica 44), London 1979.

Literatur:
Th. Morley, *A plaine and Easie Introduction to Practicall Musicke (1597)*, hrsg. von R.A. Harman, London ²1963 • R.G. Reeve, *The Life and Works of William Mundy*, London 1980 • D. Mateer, *Mundy, William und John*, in: Grove, Bd. 17, S. 389–391.

ES

Musica coelestis / humana / instrumentalis

Die Musica coelestis / humana / instrumentalis ist in ihren vermutlich neupythagoreischen Ursprüngen eine verbale und naturalistische Konkretisierung mystischer Anschauung, die eine direkte Entsprechung von Kosmos (mundana bzw. coelestis), dem Menschen (humana) und der von den Menschen praktizierten Musik (instrumentalis) auf gemeinsamer Basis musikalischer, d.h. harmonikaler Gesetzmäßigkeiten (Musica) ausdrückt. Sie ist somit, ebenso wie ihre wesentlich ältere Grundlage, die ▸ Sphärenharmonie, ein metaphorischer Ausdruck mystischer Erfahrung. Damit aber ist auch sie anfänglich, ebenso wie die Sphärenharmonie, von eminentem Initiationscharakter. Jedoch büßt sie im Verlauf der Zeit zunehmend an ihrem mystischen Gehalt ein und wird auf verschiedene Art und Weise variiert und uminterpretiert, wodurch sie stets auch eine gewisse Wiederbelebung erfährt. Ihre zunehmende Deutung als naturalistische und wörtlich zu verstehende Beschreibung macht sie für die entstehende Naturwissenschaft gleichermaßen zur Inspiration und zum Hindernis, bis sie nach dem 16. Jahrhundert im Allgemeinen von ihr mehr und mehr als widerlegt und verdrängt angesehen wird.

Die Anschauung der Übereinstimmung von Mensch und Kosmos in einer Form von Harmonie lässt sich in verschiedenen Völkern bis in mythische Zeiten zurückverfolgen. In historischer Zeit kann ein Ursprung der Musica coelestis / humana / instrumentalis in der (altpythagoreischen) ▶ Sphärenharmonie gesehen werden (vgl. Plato, 427–347 v.Chr., *Timaios* 35Aff.). Inhaltlich beschreibt die Sphärenharmonie die Beschaffenheit des Kosmos auf der Grundlage harmonischer Relationen und ist somit der Archetyp von physikalischem Denken schlechthin (Naturbeschreibung aufgrund von Zahlen). Zugleich ist sie metaphorischer Ausdruck von mystischer Initiation (vgl. etwa Marcus Tullius Cicero, 106–43 v.Chr., *Somnium Scipionis* aus dem sechsten Buch *De Re Publica* und den Kommentar des Macrobius, 430 n.Chr.). Bereits in der Antike war der Übergang zwischen der Sphärenharmonie als mystische Metapher und ihrer Interpretation als eine naturalistische kosmologische Beschreibung fließend. In einer Kombination mit hermetischem Gedankengut (Analogie von Makrokosmos und Mikrokosmos) und dem Triasgedanken erfährt die Sphärenharmonie eine Erweiterung, in der eine doppelte Analogiekonstruktion unternommen wird: Nicht nur dem Kosmos sind harmonikale Proportionen zugrunde gelegt, auch der Mensch ist eine Verkörperung dieser Verhältnisse, die ebenso die Grundlage für die vom Menschen praktizierte Musik ist. Erstmals wird dieses Modell als Musica mundana / humana / instrumentalis von Boethius (ca. 480–524 n.Chr.) im ersten Buch *De Institutione Musica* erwähnt.

Bedeutsam für das Verständnis dieser Dreiheit ist die Tatsache, dass die drei Glieder Kosmos – Mensch – Musik nicht gleichwertig nebeneinander stehen, sondern dass zwischen ihnen eine dimensional abnehmende Ordnung besteht: Der Mensch ist dem Kosmos gliedhaft untergeordnet, ebenso wie er selbst der von ihm hervorgebrachten Musik übergeordnet ist. Als alles durchdringendes Prinzip, aus dem diese Entsprechung gleichermaßen hervorgeht, steht die harmonikale Gesetzmäßigkeit (Musica). Der Mensch ist damit nicht die Verkörperung des Kosmos, sondern er ist die Verkörperung der musikalischen Gesetzmäßigkeit, nach welcher ebenso der Kosmos geformt ist wie die vom Menschen hervorgebrachte Musik. Der mystische Gehalt der Anschauung liegt in der Einheit und Identifikation dieser drei Glieder im harmonikalen Prinzip, die trotz ihrer dimensionalen Verschiedenheit und existentiellen Abhängigkeit der jeweils niederen Ebene von ihrer nächsthöheren (d.h. des Menschen von der Welt/dem Weltall und der vom Menschen praktizierten Musik vom Menschen selbst), gewährleistet ist.

Der Einfluss dieses Modells, das etwa ab dem 9. Jahrhundert an Bedeutung gewinnt (Aurelius Reomensis), auf die nachfolgenden Jahrhunderte kann kaum als groß genug eingeschätzt werden, obgleich und gerade weil die Ausführungen des Boethius zu diesem Modell eher kurz sind. Im Übrigen war es im Denken der Antike und im Mittelalter, mehr als in der heutigen Zeit, gängige Praxis, ein Modell zu übernehmen und entsprechend zu modifizieren. Die Rezeption der Sphärenharmonie (vgl. alleine schon die über mehr als ein Jahrtausend lang diskutierte Frage ihrer Hörbarkeit), der pythagoreischen Tetraktys (vgl. die verschiedenen Zusammenstellungen bei Theon von Smyrna) oder des platonischen Lambda

(Nikomachos von Gerasa, Boethius) sind Beispiele dafür. So verwundert es nicht, dass auch die Musica mundana / humana / instrumentalis im Mittelalter neben zahlreichen und einflussreichen Wiedergaben (z.B. ▸ Johannes de Muris, *Musica Speculativa*, 1323) einer überaus mannigfaltigen Adaption und Variation unterzogen ist, die sich in zwei Bereiche einteilen lässt: Der erste umfasst die vielfältige Bezugsetzung und Modifikation des Modells im Zusammenhang mit konkurrierenden Klassifikationen des Musikbegriffs. Die zweite beinhaltet Variationen und unterschiedliche Interpretationen des Modells selbst sowie seiner Bestandteile.

Im ersten Bereich steht die Musica mundana / humana / instrumentalis neben anderen Klassifikationen wie z.B. Musica harmonica / rhythmica / metrica (Cassiodor, ca. 485–580; Isidor von Sevilla, ca. 560–636), Musica naturalis / artificialis (Regino von Prüm, gestorben 915), Musica speculativa/theorica – activa/practica (Al-Farabi, ca. 870 – ca. 950). Die mittelalterliche Musiktheorie bringt diese und andere Klassifikationen der Musik aber nicht nur hervor, es kommt auch häufig zu Kombinationen und Vermittlungsversuchen, doch erweist sich das Modell des Boethius ohne Zweifel als das langlebigste.

In den zweiten Bereich fällt sowohl die Interpretation der gesamten Trias mundana / humana / instrumentalis als auch die Modifikation eines oder mehrerer ihrer Teile. Der Begriff einer Musica coelestis tritt bereits in der *Musica Theoretica* von Beda (672–735) auf, in der er eine zweigliedrige Klassifikation der Musik als »musica coelestis, quam non consentimus« und einer »musica terrestris, quam audimus« aufstellt. Doch muss vor allem die Modifikation des Musica mundana / humana / instrumentalis-Modells bei ▸ Jakob von Lüttich (*Speculum Musicae*, um 1330) als die wohl Bedeutendste angesehen werden, indem er über die Musica Mundana eine christlich gedeutete und überhöhte »Musica Coelestis vel Divina« stellt, wenngleich eine solche Verchristlichung der harmonikalen Weltordnung keineswegs neu ist (Anfänge bei Augustinus, 354–430; später z.B. bei Eriugena im 9. Jahrhundert). Die Identifikation der Musik mit dem Göttlichen entsteht in der Anschauung, dass auch die Musik sich über alles Seiende erstreckt (»musica enim generaliter sumpta objective quasi ad omnia se extendit«; vgl. auch die Analogia entis), wodurch ebenso die liturgische Musik eine philosophische Bestätigung erfährt, da sie in direkten Bezug zur Schöpfung gesetzt wird: Die Musik wird zum Abbild der göttlichen, kosmischen Ordnung. Die göttliche Totalität (aber auch die Trinität), die hier zum Vorschein tritt, erhält verstärkt Einzug in die Musik und die Musiktheorie, infolgedessen wird auch einer zunehmenden symbolischen Deutung von Musik Vorschub geleistet (z.B. Tempus Perfectum / Imperfectum, Zahlensymbolik).

Auch die Musica humana wird einer folgereichen Variation unterzogen: Eine besondere Prominenz hat sie im Sinne ihrer Auffassung als Harmonie zwischen Leib und Seele erhalten (Simon Tunstede, Mitte 14. Jahrhundert: »Musica humana est, quae consistit in conjunctione animae et corporis«). Als solche ist sie mit der Anschauung von der Wirkung der Musik auf den Menschen aufs Engste verbunden (schon z.B. bei Plato, *Politeia* IX 591d). So hatte dieses Modell einen massiven Einfluss auf die Entwicklung der Medizin seit der Antike (etwa: Hippokrates 459–377; Galenus 131–201; Avicenna 980–1037, aber auch Theophrastus ▸ Paracelsus oder Robert ▸ Fludd). Für ▸ Adam von Fulda (ca. 1445–1505) ist die Leib-Seele-Harmonie die Vorbedingung für das Leben, und ihre Störung wird die Ursache für den Tod (»Harmonia durante vivit homo, rupta vero ejus proportione moritur.«).

Dass das Musica coelestis / humana / instrumentalis-Modell auch schon früh schärfer

Kritik unterzogen ist, zeigen Beispiele wie Roger Bacon (ca. 1214–ca. 1294), der die Mathematik und das Experiment als Grundlage allen Wissens gelten lässt und dementsprechend nur die sinnlich wahrnehmbare Musik anerkennt. Das Argument, dass eine Musica mundana / humana nicht hörbar sei und folglich auch nicht existieren könne, findet sich ebenso bei Johannes de Grocheo (*De Musica*: »Quis enim audivit complexionem sonare?«, um 1300), wie in den Traktaten eines Johannes ▸ Tinctoris, Franchino ▸ Gaffurio oder Gioseffo ▸ Zarlino. Die zunehmende Rationalisierung des Denkens (Rationalismus) und der Wandel des allgemeinen Weltbildes in der Renaissance sorgt für eine wachsende Kritik an diesem an antikem Denken orientierten Modell, das in Anbetracht der Vielzahl an neuen Erkenntnissen (vor allem im Bereich der ▸ Astronomie) gegenüber den übrigen Wissenschaften mehr und mehr zurückfällt (im 16. Jahrhundert wird die Musik von den ▸ Universitäten aufgegeben).

Ist die Faszination an einer Musica coelestis und die damit verbundene Auffassung noch eine wesentliche Quelle für die Inspiration selbst eines Johannes ▸ Kepler, so findet sich bei ihm dennoch schon eine explizite Unterscheidung zwischen mathematischer Wissenschaft und pansophistischer Spekulation (vgl. etwa Keplers Kritik an Robert ▸ Fludd im Anhang zum fünften Buch der *Harmonices Mundi*: »Man kann auch sehen, dass er [Fludd] seine Hauptfreude an unverständlichen Rätselbildern von der Wirklichkeit hat, während ich darauf ausgehe, gerade die in Dunkel gehüllten Tatsachen der Natur ins Helle Licht der Erkenntnis zu rücken. Jenes ist Sache der Chymiker, Hermetiker und Parazelsisten, dieses dagegen Aufgabe der Mathematiker.«).

Dennoch bleibt die Vorstellung einer Musica coelestis / humana / instrumentalis auch noch in späterer Zeit erhalten, sowohl in musiktheoretischen als auch in pansophistischen, esoterischen und poetischen Schriften. So ist sie etwa in den Schriften eines Athanasius Kircher (1601–1680), Andreas Werckmeister (1645–1706) oder Johann Mattheson (1681–1764) anzutreffen. Bemerkenswerte Wiederbelebungen erfährt das Modell auch in neuerer Zeit, etwa durch die Schriften des Albert von Thimus (1806–1878), der Harmonikalen Schule nach Hans Kayser (1891–1964), aber auch im musikalischen Schaffen eines Paul Hindemith (*Die Harmonie der Welt*) oder Josef Matthias Hauer (*Zwölftonspiel*).

Literatur:
Platon, *Politeia*, 4. Jahrhundert v.Chr. • Platon, *Timaios*, Mitte 4. Jahrhundert v.Chr. • M.T. Cicero, *De Re Publica*, 1. Jahrhundert v.Chr. • Calcidius, *Platonis Timaeus et Commentarius*, ca. 350 n.Chr. • A. Augustinus, *De Musica*, ca. 386 n.Chr. • A.Th. Macrobius, *Commentarium in somnium Scipionis*, ca. 400 n.Chr • A.M.S. Boethius, *De Institutione Musica*, Anfang 6. Jahrhundert • Beda venerabilis, *Musica Theoretica*, Anfang 8. Jahrhundert • A. Reomensis, *Musica Disciplina*, Mitte 9. Jahrhundert • J.S. Eriugena, *De Divisione Naturae*, ca. 865 • J. de Grocheo, *De Musica*, ca. 1300 • J. de Muris, *Musica Speculativa*, 1323 • J. v. Lüttich, *Speculum Musicae*, ca. 1330 • S. Tunstede, *Quatuor Principalia*, 1351 • A. v. Fulda: *De Musica*, 1490 • A. v. Nettesheim, *De Occulta Philosophia*, Lyon 1531 • G. Zarlino, *Le Istitutioni Harmoniche*, Venedig 1558 • J. Kepler, *Mysterium Cosmographicum*, Tübingen 1596 • Ders., *Harmonices Mundi*, Linz 1619, deutsch von M. Caspar, München 1939 • R. Fludd, *De Templo Musicae*, Oppenheim 1617 • A. v. Thimus, *Die Harmonikale Symbolik des Altertums*, Köln 1868 und 1874 • R. Haase, *Geschichte des harmonikalen Pythagoreismus*, Wien 1969 • H. Hüschen, *Ars Musica*, in: *MGG*, Bd. 1, 1949–1951, Sp. 698–702 • H. Hüschen, *Harmonie*, in: *MGG*, Bd. 5, 1956, Sp. 1589–1615 • M. Ruhnke, *Musica theorica, practica, poetica*, in: *MGG*, Bd. 9, 1961, Sp. 950–958 • H. Hüschen, *Musik. Begriffs- und geistesgeschichtlich*, in: *MGG*, Bd. 9, 1961, Sp. 970–1000.

DS

Musica ficta / falsa

Im heutigen Verständnis bedeutet Musica ficta gewöhnlich die Anwendung in der Quelle nicht notierter Alterationen (▶ Akzidentien), welche von den Ausführenden nach bestimmten, größtenteils ungeschrieben tradierten Regeln improvisiert wurden. Diese Verwendung entspricht jedoch nicht der der Musiktheorie des 14. bis 16. Jahrhunderts. Dort hat der Terminus eine zum Teil abweichende und umfassendere Bedeutung. Die Bezeichnungen ›ficta‹ und ›falsa‹ werden meist synonym verwendet, wobei falsa (falsch) die ältere Form darstellt und bis zu einem gewissen Grade auch negativ behaftet war.

In musiktheoretischen Quellen der Zeit wird Musica ficta im Gegensatz zur ›Musica recta‹ oder ›Musica vera‹ gesehen und umfasst sämtliche nicht im damaligen Tonsystem vorkommenden Tonstufen. Dazu zählen auch Skalentöne, welche außerhalb des regulären Tonumfangs (G bis e") liegen. Im Hexachordsystem definieren die drei ▶ Hexachorde (auf c, f und g) die Lage des jeweiligen Halbtonschrittes zwischen den Solmisationssilben mi und fa (▶ Solmisation). Für weitere Halbtonschritte müssen demnach auch weitere, fiktive Hexachorde konstruiert werden. Ein als fa solmisiertes d kommt z.B. im regulären System nicht vor. Möchte man also dazu den unteren Halbton cis singen, so benötigt man ein fiktives Hexachord über a. Streng genommen ist dabei zu bedenken, dass auch alle übrigen Töne dieses Hexachords falsch solmisiert und damit als Bestandteil der Musica ficta anzusehen sind. Im Gegensatz zur heutigen Auffassung fallen also auch ausgeschriebene Akzidentien in den Bereich der Musica ficta. Umgekehrt betrifft die moderne editorische Akzidentiensetzung auch das b, welches im Hexachordum molle vorkommt und damit eigentlich als Bestandteil der Musica recta anzusehen ist.

Von der Praxis impliziter Alterierungen ist in der Musiktheorie der Zeit nur selten die Rede. So muss auch die Frage offen bleiben, ob Musica ficta für die damaligen Komponisten als fixer Bestandteil eines Werkes angesehen wurde, deren richtige Anwendung vorausgesetzt werden konnte, oder ob sie in der zeitgenössischen Klangvorstellung eine eher untergeordnete Rolle spielte und deshalb bewußt einem lokalen und zeitlichen Geschmack überlassen werden konnte, das klangliche Resultat diesbezüglich also nicht determiniert war. Einige Aufschlüsse, wo Alterationen zumindest in einer bestimmten Situation verwendet wurden, können Bearbeitungen von Kompositionen in Form von ▶ Tabulaturen liefern, in denen die Tonhöhe exakt angezeigt ist.

Zur Anwendung der Musica ficta gehört in modernen Editionen die Setzung von Akzidentien; diese erscheinen als Vorschläge des Herausgebers in Klammern oder über die betreffenden Noten gesetzt. Bis heute existieren in der Forschung widersprüchliche Auffassungen, wann solche editorischen Eingriffe vorgenommen werden sollen. Grundsätzlich ist jedoch die Tendenz zu erkennen, Alterationen heute eher behutsamer vorzuschlagen als in früheren Zeiten. Zudem zwängen zuviele Alterationen den Satz in eine anachronistische Dur-Moll-Tonalität, wobei die Charakteristika der kirchentonalen ▶ Modi weitgehend verlorengehen.

Allgemein üblich ist die Vermeidung unerwünschter Fortschreitungen und Zusammenklänge, also verminderter oder übermäßiger Intervalle, vor allem des Tritonus. Als Grundlage dafür finden sich zwei oft zur Rechtfertigung von Akzidentiensetzung zitierte Ficta-Regeln. »Una nota super la semper est canendum fa« betrifft die Vermeidung des melodischen Tritonus, ist in dieser Form jedoch nicht vor Michael ▶ Praetorius (*Syntagma musicum*, 1618) überliefert; »mi contra fa est diabolus in musica« betrifft den Tritonus in Zusammenklängen. Diese Regeln mögen zwar auf den ersten Blick unproblematisch erscheinen, doch kann es bei deren Anwendung im polyphonen Satz auch zu Konflikten kommen, was bei der Edition ein genaues Abwägen voraussetzt, vor allem, wenn es darum geht, melodische Tritoni zu verschleiern oder zugunsten einer homogenen Klangstruktur eher darauf zu verzichten.

Ein weiteres Anwendungsgebiet editorischer Alterationen stellt die Kadenzbildung dar. In Kadenzen werden Hochalterationen verwendet, um innerhalb einer Diskantklausel den unteren Halbton (›subsemitonium modi‹) zu erhalten. Dabei ist zu bedenken, dass Kadenzen als Bestandteil der Interpunktion einer Komposition zu verstehen sind, indem sie musikalische Abschnitte bilden und oft auch textliche Einschnitte markieren. Zuviele konstruierte Kadenzen zerstückeln den Fluß eines Satzes und wirken eher störend. Aus demselben Grund kann es sich als problematisch erweisen, Akzidentien innerhalb von ▸ Cadenze fuggite anzuwenden und damit fortlaufend den Eindruck von Trugschlüssen zu erwecken.

Was die editorische Anpassung von Werken des 15. und 16. Jahrhunderts angeht, ist große Vorsicht bei der dogmatischen Befolgung gewisser Regeln angebracht. Die Setzung von Akzidentien sollte behutsam auf die Eigenheiten eines Werkes eingehen und dabei vor allem den resultierenden Höreindruck zu keinem Zeitpunkt vernachlässigen. Nichtsdestotrotz bleibt immer der Einwand bestehen, dass eine echte Rekonstruktion unerreichbar ist.

Literatur:
W. Apel, *Accidentien und Tonalität in den Musikdenkmälern des 15. und 16. Jahrhunderts*, Baden-Baden ²1972 • N. Routley, *A practical guide to musica ficta*, in: Early Music 13 (1985), S. 59–71 • R.C. Wegman, *Musica ficta*, in: *Companion to Medieval and Renaissance Music*, hrsg. von T. Knighton und D. Fallows, London 1992, S. 265–274 • J. Hirshberg / P.W. Urquhart, *Musica ficta*, in: MGG², Bd. 6 (Sachteil), 1997, Sp. 662–682 • M. Bent / A. Silbiger, *Musica ficta*, in: Grove, Bd. 17, 2001, S. 441–453 • C. Dahlhaus, *Zur Akzidentiensetzung in den Motetten Josquins des Prez*, in: *Alte Musik. Musiktheorie bis zum 17. Jahrhundert – 18. Jahrhundert* (Carl Dahlhaus, Gesammelte Schriften 3), hrsg. von H. Danuser, Laaber 2001, S. 369–383.

RKF

Musica mundana ▸ Musica coelestis

Musica plana ▸ Cantus planus

Musica poetica

Musik und Sprache galten seit der Antike als verwandte Künste, die wichtige ästhetische Prämissen teilten. Zentrale Absicht beider Künste war nicht nur die Darstellung von Affekten, sondern dieselben hervorzurufen. Die vor allem durch Boethius vermittelte Antikenrezeption des Mittelalters befestigte sowohl die Auffassung vom sprachähnlichen Charakter der Musik als auch ihre auf Wirkung abzielenden Funktionen. Darstellung und Ausdeutung des Textes bilden, in unterschiedlichen Graden, ein kontinuierlich beibehaltenes Element der Relation von Text und Musik. – Noch während des gesamten 14. und bis weit in das 15. Jahrhundert hinein blieb die Musik integraler Bestandteil des ▸ Quadriviums und damit der mathematischen Disziplinen; in den theoretischen Schriften ist eine Veränderung ihrer Positionierung und Bewertung kaum oder gar nicht festzustellen. Die Formel »movere animos« bzw. »movere affectus« verkörpert zwar eine zentrale Idee humanistischen Musikdenkens wie humanistischer Musikpraxis, besaß aber auch schon im Mittelalter Gültigkeit. In ihr manifestiert sich für Autoren wie für Komponisten der frühen Neuzeit der Gedanke, die legendären ethischen Wirkungen der Musik wiederzubeleben, wie sie aus der Antike berichtet werden. Als eine der wichtigsten Voraussetzungen hierfür gilt die Unterordnung der Musik unter den Text. Der Komponist hat ebenso auf die Verständlichkeit wie auf die Wahrung der poetischen (metrischen und formalen) Gestalt des Gesangstextes zu achten und darüber hinaus auf Interpretation und Intensivierung der Aussage mit musikalischen

Mitteln hinzuarbeiten. Um die menschlichen Leidenschaften zu erregen, dient die wirkungsorientierte Disziplin der Rhetorik als Modell. Folgerichtigerweise findet sich bis in das 16. Jahrhundert hinein mittelalterliches Traditionsgut im Musikschrifttum. Dass humanistischer Einfluss um 1420 einen Paradigmenwechsel von einer arithmetisch-symbolischen zu einer affektiv-rhetorischen Musikauffassung herbeigeführt habe, ist eine auf Zuspitzung bedachte Annahme, welche die historischen Kontinuitäten und Umbrüche kaum zutreffend beschreibt. Denn schon gegen Ende des 14. Jahrhunderts finden sich Hinweise auf eine Behandlung der Musik als poetische Kunst und umgekehrt führen die meisten Autoren des 15. Jahrhunderts die Musik weiterhin an ihrer traditionellen Position im Quadrivium auf. Bis zur zweiten Hälfte des 16. Jahrhunderts erlangte die Musik dann einen Stellenwert – nicht mehr unter dem Aspekt der Tonwissenschaft, sondern als klingende Kunstform -, der es erlaubte, sie im Sinne einer ›ars liberalis‹ zu betrachten, die in Verbindung mit Rhetorik und Poetik die menschlichen Affekte beeinflusste. Die Varietas (▶ Variation) der Wortbedeutungen wird durch eine Varietas der bildhaften Motivik rhetorisch einprägsam gestaltet. Musikalische Kompositionen galten damit mehr und mehr nicht nur in ihrer Verbindung zur Grammatik und Rhetorik als Teil der ▶ Studia humanitatis, sondern auch als poetische Kunst an sich. Für das späte 15. und 16. Jahrhundert muss angesichts des Bildungsniveaus der Komponisten mit Selbstverständlichkeit davon ausgegangen werden, dass sie die Rhetorik im Rahmen des Unterrichts an Lateinschulen und Universitäten aus den Quellen selbst, d.h. von Cicero und Quintillian kannten. In der Musiklehre des 15. und 16. Jahrhunderts sind, im Sinne einer langen Dauer, fortdauernde Inhalte und Methoden mittelalterlichen Musikdenkens von weiterentwickelten und neuen Konzeptionen zu unterscheiden. Hierbei ist im Zusammenhang mit den spekulativen und numerologischen Bestandteilen der (boethianischen) Lehre ein hohes Maß an Kontinuität zu beobachten, wogegen die eng auf die Entwicklung der Kompositionstechnik bezogenen Felder der ›Musica practica‹ grundlegenden Veränderungen unterworfen sind. In Theorie und Praxis der Musica poetica wird die aristotelische Dreiheit ›theoria‹, ›praxis‹, ›poesis‹ aufgegriffen, um nun die schöpferische von der bloß ausübenden Praxis abzusetzen. Lange wurden vor allem die innovativen Züge der Lehre von der Musica poetica hervorgehoben, was aber nicht mit dem gesamten Erscheinungsbild der Lehre in den Quellen übereinstimmt. Zutreffend ist, dass Teile der deutschen Musiktheorie der 1. Hälfte des 16. Jahrhunderts eine Abwendung von der quadrivialen Musica hin zu einer Affinität der Musik zur Poesie vollzogen, mit der Intention, eine Angliederung an die Studia humanitatis zu erreichen. Der Wandel der Musikanschauung fand im Bildprogramm des ›typus musices‹ in der Enzyklopädie *Margarita philosophica* des Gregor Reisch sichtbaren Ausdruck. In der erweiterten Straßburger Edition von 1504 wurde den Bildelementen von ▶ Musica theorica und ▶ Musica practica mit dem ›poeta‹ ein neues Element eingefügt. In den Gesamtkontext des musiktheoretischen Schrifttums der Zeit gestellt, zeigt sich jedoch, dass wir es hierbei mit einem gewiss interessanten, aber eben doch vereinzelt stehenden Beispiel zu tun haben, dessen Aussage nicht als ›communis opinio‹ anzusehen ist. Vielmehr zeigen die Musiktraktate, für die ab 1480 mit der Verbreitung im Druck eine reichere und beständige Überlieferung einsetzt, ein hohes Maß an Adressaten- und Kontextbezug. Musikalische Komposition wurde infolgedessen mehr und mehr als expressive Sprache angesehen. Frühere Parallelen zwischen Musik und Grammatik, die sich schon in Traktaten Guidos von Arezzo finden, wurden wieder aufgegriffen und erweitert. Vor allem in den venezianischen Akademien und im Zusammenhang mit einer intensivierten Rezeption des aristotelischen Naturbegriffs und seiner Rhetorik wurde die Struktur der Sprache und der Parameter des Klanges als Richtwert für die musikalische Komposition angesehen. So konnte der niederländische Theoretiker Adrianus Petit Coclico in seinem *Compendium musices* (Nürnberg 1552) die Komponisten der jüngsten Vergangenheit als »musici poetici« bezeichnen. Und der deutsche Theoretiker Nicolaus ▸ Listenius (*Musica*, Wittenberg 1537) sprach von der Kompositionskunst als einer »musica poetica«, die als Produkt ein »opus perfectum et absolutum« hervorbringe. Seit Listenius begegnet eine Dreiteilung der Musik; so sind bei Hermann ▸ Finck (*Practica musicae*, 1556) ›theorica‹ (▸ Musica theorica) auf Erkenntnis (›cognitio‹) und Wissen (›scire‹) sowie ›practica‹ (▸ Musica practica) auf Ausübung (›usus‹) und Tun (›agere‹) gerichtet. Als für den Komponisten charakteristisch zielt Poetica hingegen darauf ab, dass »nach der Mühe des geschaffenen Werkes etwas bleibt (›relinquit‹)«. Die Frage, ob es vor 1600 Ansätze zu einer musikalischen Rhetorik gab, ist positiv wie negativ keinesfalls eindeutig zu beantworten; sicher gab es keine Systematik, wie sie Joachim ▸ Burmeister als Neuerung bot. Andererseits sind die zur Rhetorik gezogenen Parallelen zahlreich; die Auffassungen gingen dahin, dass die Musik, wenn sie schon mit einer anderen Disziplin verbunden werden solle, vor allem mit der Rhetorik zusammen gehen solle. Die schöpferische Anverwandlung der Rhetorik durch Literaten, Maler und Musiker bewirkte eine innovative Entwicklung dieser Künste im Hinblick auf ihre Wirkungsästhetik. Gewissermaßen verwandelten sie sich in Persuasionskünste, deren Wirkung im wesentlichen auf rhetorischen Darstellungskonzepten beruhte. Die Entstehung des Textcharakters von Musik und das Erreichen einer textanalogen Eigenständigkeit der musikalischen Komponente des Gesanges ist ohne den Einfluss der Rhetorik nicht denkbar. Und die das 16. Jahrhundert dominierende Gattung der Parodiemesse ist ohne das humanistische Konzept der ›imitatio‹, ›aemulatio‹ oder gar ›superatio‹ nicht möglich. Wenn, wie Quintillian ausführt, ein großer Teil der Kunst auf Nachahmung beruht, und Coclico die drei klassischen Lehrmethoden der Rhetorik, ›praeceptum‹, ›exemplum‹ und ›imitatio‹, für die Musik in Gestalt von ›ars‹, ›exercitatio‹ und ›imitatio‹ adaptierte, so ist deren Wichtigkeit für die Musik evident. In der Musiktheorie nach 1600 wurden die Werke Orlande de ▸ Lassus' zu einer normativen Größe erhoben. Anhand seiner Werke wurden für die Musik des 17. und 18. Jahrhunderts maßgebliche Kriterien entwickelt und exemplarisch dargelegt. Während die Motetten Lassus' aus der Aufführungspraxis verschwanden, boten sie die historische Legitimation für die zum Lebensnerv der Kompositionspraxis gewordene Musica poetica und die musikalische Figurenlehre. Anhand einer Analyse der Motette Motette *In me transierunt* von Lassus gab Burmeister eine in ihren Prämissen allgemeingültige Definition seiner Methode, eine Komposition nach Tonart und Gattung zu bestimmen und in Aufbau und Affektgehalt zu beschreiben. Burmeister leitete die weiter anhaltenden Diskussionen über die Affekte der Kirchentöne (▸ Tonsystem) und ihre Rolle für die Anlage einer Komposition über in die erstmalige Vorstellung einer musikalischen Rhetorik mit der Anwendung von affektiven Figuren, wie sie dann die weitere deutsche protestantische Musiktheorie bestimmte.

Literatur:
M. Ruhnke, *Joachim Burmeister. Ein Beitrag zur Musiklehre um 1600*, Kassel u.a. 1955 • P. Cahn, *Zur Vorgeschichte des »Opus perfectum et absolutum« in der Musikauffassung um 1500*, in: *Zeichen und Struktur in der Musik der Renaissance*, hrsg. von K.

Hortschansky, Kassel u.a. 1989, S. 11–26 • K.W. Niemöller, *Die musikalische Rhetorik und ihre Genese in Musik und Musikanschauung der Renaissance*, in: *Renaissance-Rhetorik*, hrsg. von H.F. Plett, New York 1993, S. 285–315 • H. von Loesch, *Der Werkbegriff in der protestantischen Musiktheorie des 16. und 17. Jahrhunderts: Ein Mißverständnis*, Hildesheim 2001 • M. Zywietz, *Affektdarstellung und Affektkontrolle in den Bußpsalmen des Orlando di Lasso*, in: *Tugenden und Affekte in der Philosophie, Literatur und Kunst der Renaissance*, hrsg. von J. Poeschke u.a., Münster u.a. 2002, S. 95–108.

MZ

Musica practica (activa)

Musica practica (aus dem Griechischen práttein = handeln) als Teilbereich der Musiklehre erscheint als Gegenbegriff zu Musica theorica seit dem späten 12. Jahrhundert in Musikklassifikationen, seit 1271 (Amerus, *Practica artis musicae*) auch in Titeln. Wiewohl eine strikte Abgrenzung zur Musica theorica nicht generell möglich ist und Schriften zur Musica practica stets auch Portionen aus dem Bereich der Musica theorica enthalten, können doch als Kernbestand die Themenkreise Gesangspraxis (Solmisation samt Mutationen, Psalmtöne mit ihren Differenzen, Mensuralnotation, Musica ficta) und Komposition (Tonartenlehre, Kontrapunkt) herausgehoben werden. Freilich überlappen sich stets die Gegenstände: so ist etwa die Kenntnis der Tonarten bei der Ausführung des liturgischen Gesangs hilfreich und die Vertrautheit mit der Mensuralnotation ist spätestens seit Johannes ▸ Tinctoris (1477) Bedingung für das Kontrapunktieren. In einer weiteren, für Schriften des deutschen Sprachraums charakteristischen Differenzierung konnte seit 1533 im Anschluss an Aristoteles der Bereich des Herstellens (griech. poíein), des Komponierens also, mit dem Begriffspaar ▸ Musica poetica belegt werden.

Die meisten der unter der Rubrik ›Musiktheoretica‹ versammelten Traktate schließen Ausführungen zu den ›praktischen‹ Gebieten mit ein. Mit dem Aufkommen der Mehrstimmigkeitslehre und der ▸ Mensuralnotation erscheinen vermehrt (insbesondere seit dem 15. Jahrhundert) spezielle Abhandlungen, vor allem zum letztgenannten Themenbereich. Die ersten gedruckten Musikschriften (seit 1480) deuten in ihrer Praxisorientierung auf einen großen Bedarf an derartigen Anleitungen, zunächst für den Bereich der Chorallehre, sodann mehr und mehr auch für Kontrapunkt und Notation. Sowohl Franchino ▸ Gaffurios zweiteiliges Hauptwerk (*Theorica* bzw. *Practica musicae*, 1492 bzw. 1496) als auch Gioseffo ▸ Zarlinos *Istitutioni harmoniche* (1558) stehen als Lehrwerke, die ausführlich beide Gebiete umfassen, vereinzelt da; ihre historische Bedeutung beruht freilich auf dem jeweils ›praktischen‹ Teil.

Aus dem Bereich der Musica practica ausgeschlossen war (in der nach wie vor wirkungsmächtigen spätantiken Tradition) die Musik der Spielleute und Volkssänger, die ihre Praxis nicht im Sinne der ›ars‹, sondern ›ex usu‹ betreiben. Die zu Beginn des 16. Jahrhunderts aufkommenden Unterweisungen zur Instrumentalmusik stehen ebenfalls außerhalb der nominellen Musica practica (so etwa bei Sebastian ▸ Virdung 1511), auch wenn sie in zunehmendem Maß, freilich meist kurzgefasst, deren Elemente wie Notation und Kontrapunkt in sich aufnahmen.

Literatur:
▸ Musica theorica.

TRÖ

Musica reservata

Aus den 15 Quellenzeugnissen, die aus der Zeit von 1552 bis 1619 bzw. 1625 erhalten sind und in denen die Bezeichnung ›musica reservata‹ oder die Partizipialform ›riservata‹, ›réservée‹

und ›riservato‹ zu finden ist, lässt sich keine eindeutige Definition des Begriffs Musica reservata gewinnen. Es handelt sich auch nicht um einen musikalischen Terminus im engeren Sinne; gemeinsam ist jedoch allen Erwähnungen dieses oder ihm naheverwandter Begriffe, dass es sich sowohl um musikalische als auch musiksoziologische Merkmale handeln kann (vgl. die Zusammenstellung der Belege und ihre detaillierte Erörterung bei Meier 1976). Bei der Bezeichnung handelt es sich lediglich um eine, wenn auch die prominenteste, aus einem ganzen Begriffsfeld, vermittels derer Autoren des 16. und der ersten Hälfte des 17. Jahrhunderts den ungewöhnlichen, besonders artifiziellen Charakter gewisser Musikstücke zu beschreiben versuchen. Der Aussagegehalt der überlieferten Quellen ist derart vielgestaltig, dass nur eine Einzelbesprechung der Quellen sinnvolle Aussagen zulässt (vgl. in diesem Sinne die bis heute grundlegende und unübertroffene Darstellung bei Meier 1976). Systematisch lassen sich die Belege ordnen nach der Verwendung im Zusammenhang mit dem Inhalt eines bestimmten Druckes oder einem bestimmten Komponisten; weiterhin einem musiksoziologischen Aspekt, der speziell kammermusikalische Aufführungen anzusprechen scheint. Schließlich bleibt der unverkennbare Bezug auf Musik mit besonders intensiver Textausdeutung und damit einhergehend der Bezug auf Chromatik und Enharmonik sowie auf Künste rein musikalischer Art. Unzweifelhaft ist in diesem Kontext das Bemühen um eine intensivierte Affektdarstellung. Im Kontext der Musica reservata konnte die rechte Verwendung der einzelnen Kirchentöne unter symbolischen oder textausdeutenden Aspekten durchaus esoterischen Charakter annehmen. Insbesondere die für den Münchner Hof bestimmten Werke Orlande de ▸ Lassus' veranschaulichen die Bedeutung des Begriffs im Kontext der zeitgenössischen Hofkultur und ihrer Kunst- und Raritätenkabinette. So behandelte Lassus einige seiner frühen deutschen Lieder als Musica reservata für Herzog ▸ Albrecht V. Im Vorwort zum Druck von 1567 betont er, dass er Lieder enthalte, »die allein an diesem hoff nach E. F. G. Herrn und Vatter gnedigen / willen vnd anordnen besunder behalten werden.«

Literatur:
B. Meier, *Musica reservata*, in: *Handwörterbuch der musikalischen Terminologie*, 1976.

MZ

Musica segreta

Der Begriff bezeichnet eine Musik für private Zirkel, die nur vor ausgewählten Hörern dargeboten wurde und nicht durch Druck verbreitet werden durfte. Eine Musica segreta ist beispielsweise das Repertoire des ▸ Concerto delle dame in Ferrara, über das der Herzog ein Druckverbot verhängte, oder dasjenige der Privatkapelle des Papstes. Auch die *Psalmi poenitentiales* von Orlande de ▸ Lassus könnte man dazu zählen, deren Druck und Verbreitung ▸ Albrecht V. dem Komponisten verboten hatte.

Musica theor(et)ica (speculativa)

Das Adjektiv entstammt dem Griechischen (theoreín = betrachten). Die Prägung Musica theorica kam im Zusammenhang mit der Rezeption der Schriften von Al-Farabi im späten 12. Jahrhundert auf und erscheint von Anbeginn an mit dem Gegenbegriff Musica practica verknüpft. Allerdings schloss das Fachgebiet der Ars musica immer schon, nicht erst seit seiner Etablierung als Teil der Septem ▸ Artes liberales, Erkenntniswissen (scientia) und dessen Anwendung (ars) in sich ein.

Das eigentliche Gebiet der Musica theorica (als Teil des Quadriviums) umfasst die zahlhaften Grundlagen der Musik (Proportionen, numerus sonorus), darüber hinaus deren nur durch intellektuelle Anstrengungen erfahrbaren Wirkungen wie den durch Bewegung der Himmelskörper erzeugten Klang (Musica mundana, ▸ Musica coelestis) oder die harmonisch geregelte Beziehung zwischen Seele und Körper (Musica humana). In der Regel gehören auch Begriffsdefinitionen der Musik, Exkurse zur Erfindung und Frühgeschichte der Musik sowie Erwägungen zur Natur des Tons zum Bestand der Musica theorica. Im Spätmittelalter beschränkte sich das eigentliche Gebiet der Musica theorica auf die Begründung des Tonsystems und die diese voraussetzenden Operationen im Bereich der Intervallproportionen, wozu selbstverständlich auch die Saitenteilung mit Hilfe des Monochords gehörte. Der hieraus gewonnene Tonbestand konnte, etwa durch Verknüpfung mit dem eigentlich »praktischen« Hexachordsystem, im Einzelfall durchaus zur Herstellung vollkommen chromatischer Skalen führen (so etwa bei Erasmus Horicius, um 1500). An der Frage nach der Temperatur von Tasteninstrumenten, der Anwendung tonsystematischer Konzepte im klangerzeugenden Medium, lässt sich beispielhaft zeigen, wie ein »praktisches« Element mit Vehemenz in das ureigene Gebiet der spekulativen Theorie eindrang. Ob nach der Wiederherstellung antiker Chromatik gesucht (Nicola ▸ Vicentino 1555) oder eine für das Gehör befriedigend disponierte Skala angestrebt wurde (Jacopo ▸ Fogliano 1529, Gioseffo ▸ Zarlino 1558, 1571), ist hier nebensächlich gegenüber dem Sachverhalt, dass die Dignität der ›reinen‹ Wahrheitserkenntnis sich unauflöslich mit dem Interesse an praktischer Anwendbarkeit zu mischen begann.

Bereits seit dem frühen Mittelalter wurde die Dichotomie von ›Musicus‹ und ›Cantor‹ als Inbegriff des Gegensatzes von (herrschender) Theorie und (unselbstständig dienender) Praxis gesetzt. Spätestens bei ▸ Ugolino de Orvieto (um 1430) wurde in den Begriff des Musicus die praktische Befähigung integriert. Bis ins 16. Jahrhundert hielt sich indessen die Vorstellung eines arbeitsteiligen Verhältnisses (mit dem Cantor als abhängiger Komponente), das durch Personalunion beider zum »Musicus adaequatus« (Stefano Vanneo 1533) oder »Musico perfetto« (Zarlino 1558) überhöht werden konnte. In der Realität der Lehrschriften nahm allerdings die Musica theorica den Platz eines traditionell unverzichtbaren, aber doch im Anwendungswert zweifelhaften Gegenstandes ein.

Literatur:
G. Pietzsch, *Die Klassifikation der Musik von Boetius bis Vgolino von Orvieto*, Halle/S. 1929 (Darmstadt 1968) • E. Reimer, *Musicus – Cantor*, in: *Handwörterbuch der musikalischen Terminologie* (1978) • Fr. Rempp, *Elementar- und Satzlehre von Tinctoris bis Zarlino*, in: Geschichte der Musiktheorie, Bd. 7, Darmstadt 1989, S. 39–220, insbes. S. 39–52 • A. Riethmüller, *Probleme der spekulativen Musiktheorie im Mittelalter*, in: Geschichte der Musiktheorie, Bd. 3, Darmstadt 1990, S. 163–201 • Kl.-J. Sachs, Art. *Musiktheorie*, in: *MGG*², Bd. 6 (Sachteil), 1997, Sp. 1714–1735.

TRÖ

Musikdruck ▸ Notendruck

Musikerporträts

Wenn es um Musikerporträts geht, divergieren die Forschungsinteressen und -ergebnisse der Kunst- und Musikgeschichte besonders stark. Die Kunsthistoriker konzentrieren sich auf die künstlerisch hervorragenden Bildnisse, unter denen sich nur selten Musiker befinden; bei den Musikhistorikern besteht die Einengung des Blickwinkels in der Beschränkung auf Fragen der Identität des Porträtierten und die des Malers. Daher ist in der musikikonographischen Forschung trotz zahlreicher Veröffentlichungen eine erstaunliche Lücke stehen geblieben. Der neue Katalog von Karoline Czerwenka-Papdopoulos (2007) stellt einen wichtigen Schritt zur Verbesserung der Lage dar.

Inspiriert von den Münzporträts der römischen Antike und als unmittelbarer Ausdruck des humanistischen Dranges, die individuelle, künstlerische oder sonst wie geartete Leistung zu feiern, haben sich die Renaissancekünstler intensiv dem Porträtieren zugewandt. Dies trifft zusammen mit dem sozialen Aufstieg der bürgerlichen Schichten, so dass sich die Zahl der porträtwürdigen Personen explosiv vergrößert und jetzt auch Musiker einschließt. Nördlich der Alpen lässt sich an den niederländischen und deutschen Künstlern zwischen Jan ▸ van Eyck, Hans Memling, Hans ▸ Holbein, Albrecht Dürer und Lukas Cranach d.J. besonders deutlich ablesen, wie intensiv dieses humanistische Interesse an der möglichst genauen Abbildung menschlicher Gesichter war. Vielfach hatte Naturtreue gegenüber einer für das Modell vorteilhaften oder beschönigenden Darstellung den Vorrang.

Ursprünge
1. Stifter- und Widmungsbild.
Ein wichtiger Ausgangspunkt für die Porträtmalerei sind die spätmittelalterlichen Stifterbilder in der Sakralkunst. Meistens finden sie sich seitlich in der unteren Bildhälfte einer größeren Komposition, aber sie kommen auch als autonomerer Einzelteil von Triptychen oder Polyptychen vor. Dies muss z.B. beim Porträt Jacob ▸ Obrechts der Fall gewesen sein, das in der Memling-Werkstatt entstand (1496, Öl auf Holz, Fort Worth, Kimbell Art Museum). Mindestens so alt und nicht nur auf gesellschaftlich hochgestellte Personen beschränkt ist das Autoren- oder das Widmungsbild, welches die Übergabe des Werkes an einen Vorgesetzten oder Patron zeigt. Beispiele finden sich bei den als Auctores geltenden Musiktheoretikern schon seit dem früheren Mittelalter. Die Praxis setzt sich in der Renaissance im Buchdruck fort und wird auf die Komponisten ausgeweitet. Allerdings ist in dieser Kategorie die Porträtähnlichkeit sehr viel weniger oder gar nicht gewährleistet, ja manchmal auch nicht beabsichtigt, so dass man nur bedingt von Bildnissen sprechen sollte.

2. Das Münzporträt (Musikermedaillen)
Etwa um die Mitte des 15. Jahrhunderts nimmt die Medaillenkunst einen einmaligen Aufschwung. Die technischen Bedingungen, denen sie unterliegt, bedeuten, dass die Porträtähnlichkeit eingeschränkt und der emblematische Zug (▸ Emblem) entsprechend stärker ist. Gleichwohl gibt es hervorragende Porträts wie z.B. die Gedenkmedaille für Heinrich ▸ Finck, die König Ferdinand I. von Böhmen und Ungarn 1528 ein Jahr nach dem Tod seines Hofkapellmeisters schlagen ließ (siehe Abb. 1). Sie muss nach einer noch zu Lebzeiten des Meisters geschaffenen guten Vorlage graviert worden sein und zeigt im Profil den nachdenklich blickenden, etwa achtzigjährigen »MVSICVS EXCELLENTISSI[MVS]« mit

Abb. 1: *Heinrich Finck*, Münzporträt (1528), Exemplar des British Museum, London

großer Hakennase, ausgeprägten Augenwulsten, schweren Lidern und geschlossenem Mund.

Bekanntlich hat das Münzporträt einen erheblichen Einfluss auf die Druckgraphik des 16. Jahrhunderts gehabt, wo es im Medaillon imitiert wird und als Illustration zu Vorworten oder als Vignette vorkommt. Wie weit die Imitation gehen kann, mag der Porträtstich Caspar ▸ Othmayrs belegen, den Michael Ostendorfer für dessen fünfstimmige Emblemvertonungen *Symbola illustrissimorum principum* (Nürnberg 1547), schuf und bei dem die Imitation sich sogar auf die Randprägung und Umschrift erstreckt (siehe Abb. 2).

Abb. 2: Michael Ostendorfer, *Bildnismedaillon Caspar Othmayr*, in: *Symbola illustrissimorum principum* (Nürnberg 1547)

Die Umschrift gibt das Datum der Prägung und Othmayrs Alter mit 28 Jahren an und legt weder auf die berufliche Identifizierung noch individuelle Gesichtszüge besonderen Wert, sondern betont die kostbare Kleidung.

Autorengemälde
Die Galerie der gemalten Musikporträt der Renaissance beginnt mit Jan van ▸ Eycks *Tymotheos*, das höchstwahrscheinlich Gilles

Abb. 3: Jan van Eyck, *Gilles Binchois als Timoteos*, 1432, Öl auf Holz, London, National Gallery

▸ Binchois darstellt (1432), eines der ganz wenigen Gemälde, bei dem kunst- und musikhistorische Interessen konvergieren (siehe Abb. 3).

Schon hier (und fortan in jedem Musikerporträt) stellt sich die Frage, ob der Künstler dem eigentlichen Bildnis irgendwelche Elemente hinzufügt, die auf die musikalische Berufung oder Liebhaberei des Porträtierten hinweisen, und wenn ja, in welcher Form dies geschieht. Wir nehmen es zum Anlass für einige prinzipielle Bemerkungen:

1. Neben der Beischrift, die auf die musikalische Tätigkeit des Porträtierten hinweist, sind die am nächsten liegenden und typischsten Indikatoren das Notenblatt oder Musikinstrument, das der Porträtierte hält oder mit Hilfe dessen er spielt oder singt. Die Akzidentien können auch separat von

der Person im Bild untergebracht werden. Der gleichen Kategorie kann man tänzerische Positionen zuordnen, die der Maler den Porträtierten einnehmen lässt und diesen als tanzkundig oder zumindest bewegungsbewusst und kultiviert ausweisen.

2. Vergleichsweise schwieriger zu interpretieren sind indirekte Hinweise. Im Falle van Eycks ist es ein Textblatt, das den Musiker zur Erfindung der Musik inspiriert. Eine andere Möglichkeit ist, bei der Gestaltung der Umgebung musikrelevante, oder auf die Lebensumstände des Individuums bezogene Elemente einzubeziehen, auch dafür bietet van Eycks Bildnis Beispiele: Die ins Gemälde eingefügte Beischrift verbindet den Porträtierten mit dem antiken Kitharisten Timotheos von Milet, und das auf dem gemalten Steinsims eingehauene Wort »leal souvenir« verweist auf die Freundschaft zwischen Binchois und van Eyck. Ein anderes frühes Beispiel ist vermutlich das Porträt des Organisten Hans ▸ Buchner, das sich auf der Orgeltüre in der Nikolauskapelle des Konstanzer Münsters befindet, wo Buchner angestellt war (1515, Tempera auf Holz, vielleicht von Matthäus Gutrecht gemalt).

3. Drittens kann der Künstler den mythischen Bezug wählen und den Porträtierten als Schüler oder Nachfolger von ▸ Orpheus oder Apollon mit den entsprechenden Attributen bzw. bei Porträts von Frauen Venus oder die Heilige ▸ Cäcilie zeigen. Als Beispiel sei auf Fabio della Corgnas Porträt der Gambistin Leonora Barone als Venus verwiesen (Öl auf Leinwand, Florenz, Soprintendenza ai beni storici e artistici). Aber bei derartigen Gemälden befinden wir uns oft auf einer Grenze, wo es oft genauso denkbar ist, dass der Künstler die Aktualisierung einer mythischen oder heiligen Figur beabsichtigt, indem er sie mit charaktervollen Zügen humanisiert; dies ist z.B. bei Parrisio Michiels und Giovanni Lanfrancos Venusdarstellungen der Fall.

4. Die komplexeste Form der Musikerporträts liegt dort vor, wo der Maler auf jegliche Sekundärmerkmale verzichtet und sich ganz auf die Gesichtszüge und Hände sowie andere körperliche Charakteristiken konzentriert. Ganz schlüssig ergibt sich daraus nie, dass der Porträtierte ein Musiker ist, so dass man immer auf die namentliche Identifikation angewiesen ist; immerhin tendieren die Maler dazu, aus den Gesichtszügen eine von außen abgewandte Konzentration auf die musikalische Erfindung, die musikalische Eingebung und das innen Gehörte sprechen zu lassen. Wiederum kann van Eyck hier angeführt werden, dem dies auf einmalige Art gelungen ist.

Das Musikerporträt teilt selbstverständlich mit den Bildnissen von Angehörigen anderer Berufe oder Liebhabereien die sozialgeschichtliche Komponente. Besonders wenn der Dargestellte der Auftraggeber ist, wird ihm daran gelegen sein, dass er standesgemäß dargestellt wird – mit den entsprechenden Kleidern, Schmuck oder Ehrenketten und der entsprechenden häuslichen Umgebung, aus denen sich Ansehen, Bildung, Karriere und finanzielle Verhältnisse ablesen lassen. Dabei kann es durchaus sein, dass der musikalische Aspekt überhaupt nicht als Bildelement aufscheint. Dies ist bei dem etwa gleichzeitig mit dem Binchois-Bildnis entstandenen Bildnis ▸ Oswalds von Wolkenstein der Fall (Innsbruck, Universitätsbibliothek, Liederhandschrift B, Vorsatzblatt, 1432). Es steht an der Schnittstelle von Mittelalter und Renaissance: Dem Mittelalter gehört es insofern an, als es traditionsgemäß das ständische Element, d.h. den Ritter, in den Vordergrund stellt und den musikalischen Aspekt außer Acht lässt; diesen kann man nur indirekt aus dem Zusammenhang mit der Liederhandschrift, in die das Blatt eingebunden ist, erschließen; der neuen Zeit gehört es deshalb an, weil es auf charakteristische Gesichtszüge wert legt. Derselbe Verzicht an Hinweisen auf musikalische Gaben zu Gunsten der Darstellung des Standes findet sich auch noch bei Hans Memlings Bildnis des Gilles ▶ Joye von 1472 (Öl auf Holz, Williamstown, St. and F. Clark Art Institute). Auch in den folgenden Jahrhunderten bleibt die sozialgeschichtliche Komponente in vielen Musikergemälden gegenwärtig.

Während in den spätmittelalterlichen Bildnissen das Bekenntnis zum christlichen Glauben ein typisches Element ist, stellt man beginnend mit der Renaissance ein Interesse an der Darstellung der geistigen und psychischen Befindlichkeit des Porträtierten fest. Wir haben ein sehr schönes frühes Beispiel dafür im Bildnis eines jungen musikbegabten Luzerner Patriziers, das vermutlich von Ambrosius Holbein, dem älteren Bruder des Hans ▶ Holbein d.J. gemalt wurde (siehe Abb. 4). Ambrosius ergänzt das Bildnis des harfespielenden jungen Mannes rechts mit Totengerippe und Sanduhr und oben links mit einem Relief von Herkules und dem Löwen und einem Sechszeiler darüber.

So sagt das Gemälde etwas über das Lebensgefühl des Porträtierten aus, indem es den spätmittelalterlichen Topos von Tod und Vergänglichkeit, der sich besonders im oberrheinischen ▶ Totentanz manifestiert, bezieht. Ambrosius, der wie sein Bruder Hans das Bürgerrecht von Basel besaß, könnte selbst vom Thema angetan gewesen sein. Kunsthistorisch belegt das Bild gleichzeitig die Entstehung des Vanitaselementes, das im ▶ Stilleben der Folgezeit eine besondere Rolle spielt. Aber das Motiv ist hier mehr als ein Topos, weil der Maler die Eigenschaft des Verklingens in der Musik mit der Vergänglichkeit des Lebens und mit einem besonderen Charakterzug des Musizierenden vereint. Insofern ist es ein einzigartiges musikikonographisches Zeugnis.

Mit der Verbreitung des Humanismus in der Gesellschaft konzentrieren sich die Maler zunehmend auf die Physiognomie, d.h. die akkurate Wiedergabe der Gesichtszüge, des Alters (viele Bildnisse geben das Alter zusätzlich in der Beischrift an) und anderer Körpermerkmale. An zweiter Stelle steht die berufliche Identifikation zum Beispiel in Verbindung mit dem Humanistenporträt als komponierender Literatus mit Notenblatt in der Hand wie auf dem Bildnis des Gasparo de Albertis von Bergamo (1547, Öl auf Leinwand, Bergamo, Accademia Carrara) oder umgeben von Stimmbüchern und Musikinstrumenten wie im Falle des Johannes Münstermann von Hermann tom Ring (1547, siehe Abb. 5).

In der zweiten Jahrhunderthälfte verschwinden der humanistische Kontext zugunsten des reinen Musikerporträts mit Notenblatt oder Instrument, bisweilen noch durch eine Beischrift ergänzt.

Abb. 4: Ambrosius Holbein (?), *Johannes Xylotectus/Zimmerman*, 1520, Öl auf Leinwand, Nürnberg, Germanisches Nationalmuseum

Abb. 5: Hermann tom Ring, *Bildnis des Johann Münstermann* (1547), Münster, Westfälisches Landesmuseum, Mischtechnik auf Holz

Das Interesse der Maler und des Publikums an der menschlichen Physiognomie und am Gesicht als Spiegel psychischer Eigenschaften ging beidseits der Alpen weit über die Porträtdarstellung hinaus, denn die Künstler waren prinzipiell von den psychischen und physischen Einzelheiten menschlicher Gesichtszüge fasziniert. Man begegnet daher ständig in anderen Sparten Gesichtern mit porträtähnlicher Qualität. Dadurch werden bisweilen auch die Gattungsgrenzen zwischen Porträt, ▸ Genre und ▸ Fantasia der Malerei verwischt. Ein weiteres Erschwernis bei der Interpretation ist, dass es unzählige Porträts gibt, bei denen entweder die Identifizierungshinweise im Lauf der Zeit verschwanden, oder die Identität absichtlich weggelassen wurde und nur jenem, dem das Bild ursprünglich zugedacht war, bekannt war.

Die Schwierigkeit betrifft selbstverständlich auch Gruppenbilder. Drei eklatante Beispiele dafür sind erstens ▸ Giorgiones *Drei Lebensalter* (dort Abb.), in welchem die Gesichtszüge der drei Männer derart ausgeprägt und intensiv sind, dass sie unweigerlich beim Betrachter die Frage, wer denn diese Personen seien, auslösen und die gleichwohl durchaus ›nur‹ Charakterstudien sein können.

Das zweite Beispiel ist ▸ Tizians Fassung desselben Themas. Im Medici-Inventar von 1675 wird das Gemälde als Porträt eines Cembalospielers und eines Klerikers mit Laute (!) angeführt (Ramsden 1983: 36) – die Verwechslung der Gambe mit der Laute findet sich auch auf einem Kupferstich des Teodor Vercruys. Eine Tendenz zur Überinterpretation gilt dann für das 20. Jahrhundert. Seit Henri Prunières berühmtem Aufsatz von 1922, der im obengenannten Bild Tizians Porträts von Obrecht und Jacques ▸ Verdelot zu erkennen glaubte, beteiligt sich die Musikforschung mit großem Eifer, aber zweifelhaftem Erfolg daran. Die Identifikationsversuche dauern bis in die jüngste Zeit an, obwohl es besonders seit Nanie Bridgman (1987) warnende Stimmen gibt.

Unser drittes Beispiel zeigt immerhin, dass Identifizierungen hin und wieder sinnvoll und folgenreich sind: In Paolo Veroneses Großgemälde *Die Hochzeit zu Kana* (1562/1563, Öl auf Leinwand, Paris, Louvre) hat die Gruppe der Musiker im zentralen Vordergrund seit Jahrzehnten zu Identifizierungsversuchen mit venezianischen Musikern herausgefordert haben – Luigi Beschi hat inzwischen zwei von ihnen als Cipriano de ▸ Rore und Adrian ▸ Willaert identifiziert. Bei zwei weiteren Musikern reicht das Vergleichsmaterial nicht aus, um mehr als eine Vermutung zu riskieren: Der zweite Gambenspieler links könnte Annibale Padovano sein und der Violettenspieler Claudio ▸ Merulo. Beim Zinkspieler gibt es bisher noch keine Anhaltspunkte (Beschi 1999/2000 mit Bibliographie).

Für das 16. Jahrhundert tritt als eigene Untergattung innerhalb der Porträtkunst zu Gemälden und Münzen die ▸ Druckgraphik hinzu. Zwei wesentliche Unterschiede zwischen den beiden Medien sind, dass die Druckgraphik zur Vervielfältigung, nicht für den Eingeweihten geschaffen ist. Einmal rechnen Autor, Künstler und Verleger mit einem heterogeneren öffentlichen Betrachterkreis. Zum anderen sind im Buchdruck aus technischen Gründen die Darstellungsmöglichkeiten beschränkt. Selbst wenn ein Holzschnitt oder Stich von einem geübten Formschneider nach einem gemalten Porträt hergestellt wird, muss ein gewisser Verlust an Ähnlichkeit in Kauf genommen werden. Die Folge ist, dass das Ikonische mehr in den Vordergrund tritt.

In einigen wenigen Fällen sind von einem Musiker Bildnisse sowohl in Gemälden als Holzschnitten etc. überliefert, so dass sich Vergleiche anstellen lassen. Die meisten Fassungen sind von Orlande de ▸ Lassus erhalten. Aber auch von Willaert oder ▸ Rore gibt es mehrere.

In der Druckgraphik sind für ganzseitige Porträts auf Frontispizien und Titelblättern das von einem architektonischen oder dekorativen Rahmen umgebene Oval die gegebene Lösung. Doch kommt auch das rechteckige Buchformat in Frage, was oft mit der Nähe zum Genrebild zusammenhängt. Als Beispiel sei der Kupferstich des Sebastian Ochsenkun in seinem Musikzimmer (um 1558) erwähnt, das als Autorenbild am Anfang seines *Tabulaturbuchs auf die Laute* steht. In fast übergroßer Kalligraphie hat der unbekannte Künstler den Namen des Komponisten als Beischrift wiedergegeben. Auf die Gesichtszüge hat er einige Sorgfalt verwendet, dagegen wenig Zeit aufgebracht für Wiedergabe der Instrumente, der Gegenstände und des Interieurs.

Abb. 6: L.C. (Autor nicht identifiziert), *Adrian Willaert*, in: *Musica Nova* 1559

Einen besonders hervorragenden Porträtholzschnitt besitzen wir von Adrian Willaert. Der Drucker Antonio ▸ Gardano ließ es vom Monogrammisten L.C. für Willaerts siebten Band der *Musica Nova* von 1559 anfertigen (siehe Abb. 6).

Die gegenüber der Graphik sehr viel höhere Position des Porträtgemäldes in der Gattungshierarchie der bildenden Kunst erklärt auch noch eine weitere Besonderheit: Während im Gemälde wie erwähnt sekundäre Bildelemente nur sparsam eingesetzt werden, verhält sich die Buchgraphik anders, sei es dass in Anlehnung an die Ständereihen das Musikzimmer mit seiner Ausstattung wiedergegeben wird, dass sie mit einer opulenten Rahmenarchitektur oder einem Lorbeerkranz andeuten, dass der Gefeierte in der Antikennachfolge als ›vir illustris‹ steht, oder dass man ihn als Lehrer im Unterrichtszimmer wiedergibt. Auch mit erklärenden lateinischen Texten in Form von Mehrzeilern und Umschriften wird im Gegensatz zum Gemälde nicht gespart.

Literatur:
H.J. Moser, *Die Symbolbeigaben des Musikerbildes*, in: *Festschrift Max Seiffert*, Kassel 1938, S. 35–52 • E.E. Lowinsky, *Problems in Adrian Willaert's iconography*, in: *Aspects of medieval and Renaissance music: a birthday offering to Gustav Reese*, New York 1966, S. 576–594 • J. Pope-Hennessy, *The Portrait in the Renaissance*, London 1966 • W. Braun, *Arten des Komponistenporträts*, Festschrift Walter Wiora zum 70. Geburtstag, Kassel 1967, S. 86–94 • V. Ravizza, *Gasparo Alberti. Ein wenig bekannter Komponist und dessen Porträt*, in: *Festschrift Arnold Geering*, Bern und Stuttgart 1972, S. 63-80 • E.H. Ramsden, *»Come, take this Lute«, a quest for identities in Italian Renaissance portraiture*, Salisbury 1983 • N. Bridgman, *Portraits de musiciens: le dernier avatar de Monteverdi*, in: Imago Musicae 4 (1984), S. 161–169 • G. Boehm, *Bildnis und Individuum. Über den Ursprung der Porträtmalerei in der italienischen Renaissance*, München 1985 • K. Hortschansky, *Das Komponistenporträt*, Münster 1987 • F.T. Camiz, La bella cantatrice: *I ritratti di Leonora Barone e Barbara Strozzi a confronto*, in: *Musica, scienza e idee nella Serenissima durante il Seicento*, Atti del Convegno, Venezia 1996, S. 285–294 • N. Guidobaldi, *Le mythe du ›Nouvel Orphée‹ dans deux portraits musicaux de Giovanni Boldù*, in: *»La musique de tous les passetemps le plus beau«*, Hommage à Jean-Michel Vaccaro, Paris 1998, S. 195–206 • L. Beschi, *L'immagine della musica in Paolo Veronese. Una proposta per la lettura del concerto delle* Nozze di Cana, in: Imago Musicae 16/17 (1999/2000), S. 171–191 • T. Seebass, *Giorgiones und Tizians* fantasie mit Musik. *Bilder zum künstlerischen Lebensgefühl der Renaissance*, in: *Imago Musicae* 16/17 (1999/2000), S. 25–60 • S. Ferino-Pagden (Hrsg.), *Dipingere la musica. Musik in der Malerei des 16. und 17. Jahrhunderts*, Ausstellungskatalog Kunsthistorisches Museum Wien, Mailand und Wien 2001 • K. Czerwenka-Papadopoulos, *Typologie des Musikerporträts in Malerei und Graphik*, Ausstellungskatalog Wien 2007.

TS

Musiktheorie

Musiktheorie ist denkerische Beschäftigung mit Musik in allen ihren Erscheinungen und erstreckt sich

1. auf die Erörterung ihres Wesens und ihrer anthropologischen Voraussetzungen, kann somit als ›Musikanschauung‹ begriffen werden;
2. auf die konkrete Gestalt der Musik und ihre jeweiligen Grundlagen mit dem Ziel, diese als Prinzipien durch – im engeren Sinne – ›Theorien der Musik‹ zu erfassen;
3. auf die Ausübung, Darbietung, Pflege von Musik und auf das Erlernen des Umgangs mit ihr, zusammengefasst als ›Musiklehre‹.

Obwohl diese Dreiteilung angesichts der zahllosen Einzelzeugnisse aus der Renaissance durch Grenzfälle und Überschneidungen relativiert wird, soll sie den folgenden Überblick gliedern.

1. Musik gilt in der Ära zwischen ca. 1380 und 1600 als biblisch definierte göttliche Schöpfungsgabe hohen Ranges. Ihre Dignität wird überdies gestützt durch die altüberlieferte Zugehörigkeit der Musica zu den sieben ▸ Artes liberales, freien Künsten bzw. Wissenschaften, die im Bildungskanon – trotz wachsender Bedeutung nicht einbezogener Fächer – weiterhin wirksam und hochgeschätzt sind. Solche im Mittelalter ausgeformte Verknüpfung von christlichem und pythagoreischem Verständnis der Musik bildet auch in der Renaissance die Basis der Musikanschauung.

Es sind in zahlreichen musikalischen Traktaten vor allem die Vorreden und Widmungstexte, die anhand biblischer Aussagen und antiker Mythen über Ursprung, Lob und Wirkungen der Musik in die Lehre ihrer theoretischen Grundlagen und praktischen Voraussetzungen einführen. Hier stehen Musiker-Idealgestalten wie König David und ▸ Orpheus ebenso nebeneinander wie die Aussage, Gott habe »alles nach Maß, Zahl und Gewicht geordnet« (*Liber Sapientiae* XI, 21), mit der spätantiken Pythagoras-Legende von der Entdeckung der Konsonanzproportionen an Schmiedehämmern. Diesem Nebeneinander zweier Traditionen musikalischen ›Weltverständnisses‹, die nicht selten zu einer schwer trennbaren Einheit verschmolzen, entspricht die Existenz der beiden Bildungsinstitutionen Kirche (Klöster, Kathedralschulen) und ▶ Universität, die beide, unterschiedlich geprägt und ausgerichtet, seit dem 13. Jahrhundert in einer geistesgeschichtlich die Renaissance beherrschenden Polarität zwischen christlicher Lehre und ▶ aristotelischer Philosophie stehen. Das musikalische Denken wird allerdings von dieser Dynamik mehr am Rande oder nur in Details berührt, denn es bleibt in seinen Grundanschauungen ›mittelalterlich‹ geprägt, folgt aber im Blick auf die musikalische Praxis deutlich deren rasch sich wandelnden Bedingungen.

2. Die Aufgabe, neue musikalische Entwicklungen unter dem Dach überkommener Anschauungen zu beherbergen, führte zu anspruchsvollen Entwürfen erweiterter ›Theorien‹ für die Musik. Von ihnen seien drei umrissen.

a) Dass erklingende Musik »vorüberfließt in [jeweils augenblicklich] vergangene Zeit« und sich, als Zeitkunst, allein »dem Gedächtnis einprägt«, ist als Wesenszug der Musik (seit Isidor von Sevilla, *Etymologiae* III, 15, um 630) bekundet. Das Argument, sie »zergehe«, weil sie nicht »aufgeschrieben« werden könne, entfiel aber in den langen Bemühungen (seit dem 8./9. Jahrhundert), Melodien zu notieren. Die Systeme der ▶ Notation des 14. Jahrhunderts, reich und hoch differenziert, erfassen Musik, außer in ihren (relativen) Tonhöhen, nun besonders in ihrem zeitlichen Verlauf. Dieser ist durch klar definierte Einheiten (primär die ▶ Brevis als ▶ Tempus) und deren proportionale Teile gegliedert. Erweiterungen der zugrundeliegenden Mensuraltheorie (▶ Mensuralnotation; vor allem des Johannes de ▶ Muris, um 1330) betreffen im 15. Jahrhundert besonders zweierlei: Das Maß ihrer Einheiten wird (seit ▶ Adam von Fulda, *Musica*, 1490; GS III, 362a) zunehmend als ▶ Tactus verstanden, ein Wort, das, von der gleichsam dirigiertechnischen Berührung (des Fingers auf dem Rücken eines Sängers) hergeleitet, den Inbegriff musikalischer Bewegung als »Hauptdimension einer Mensur« (Frobenius) und das pulsartigorganische Zeitmaß der Musik bezeichnet. Diese Hauptdimension zu etablieren, erwies sich im 15. Jahrhundert als notwendig, wenn einander widerstreitende Mensuren in ungewöhnliche Simultan-Kombinationen zusammen gezwungen und mit ihnen kompositorisch experimentiert wurde, sodass sich auch die Lehre mit extremen Beispielen auseinandersetzte (Johannes ▶ Tinctoris, *Proportionale musices*, um 1473; Franchino ▶ Gaffurio, *Practica musicae* IV, 1496).

b) Eine fortschreitende Durchrationalisierung zumal der mehrstimmigen Musik schlug sich, außer in der mensural notierten Zeitordnung, vor allem in verfeinerten Regelungen von Zusammenklängen und Stimmendisposition nieder. Die Beachtung konsonierender Intervalle als der bevorzugten Klänge gehörte zwar zu den Grundvoraussetzungen mehrstimmigen Singens, sie wandelte sich aber mit den Auffassungen dessen, was als ▶ Konsonanz zu gelten hat: bis zum 14. Jahrhundert neben Oktave und Quinte auch die Quarte, dann aber statt dieser zunehmend auch die kleinen wie großen Terzen und Sexten. Zur Begründung für den Vorzugsrang der Konsonanz, den die jeweilige kompositorische Praxis bestätigt, dient das Axiom pythagoreischer Lehre, die »ratio«, ein bestimmtes Zahlenverhältnis, definiere jedes ▶ Intervall; allerdings zeigt sich auch die zunehmende Gewichtung des von wechselnder kompositorischer Praxis abhängigen musikalischen Hörens (»sensus«, Sinneseindruck, als Urteil der ›Ohren‹). Alle nichtkonsonierenden, also dissonierenden Bestandteile des musikalischen Satzes, zuvor lange

Zeit innerhalb eines offenbar nicht fest begrenzten Erfahrungs-Spielraums praktisch verwendet, wurden im Zuge der vollentwickelten Contrapunctus-Lehre des 14./15. Jahrhunderts (▶ Kontrapunkt / Satztechnik) allmählich genaueren Regeln unterworfen (Tinctoris, *Liber de arte contrapuncti*, 1477). Und damit wandelte sich die mehrstimmige Musik hin zu einem Klangbild, das »euphonisch« genannt wurde (Besseler, S. 193) und den Weg in die vielfältige, hohe Kunst praktischer ▶ Komposition im 15./16. Jahrhundert öffnete.

c) Neben der Zeit- und der Klangordnung bewahrte eine dritte Perspektive des mehrstimmigen Satzes theoretischen Rang, obwohl sie ursprünglich als entscheidende Kategorie einstimmiger Melodien diente: die Lehre von den ▶ Tonarten oder tonartlichen Modi. Sie gründet sich auf das bereits aus der Antike überkommene ▶ Tonsystem, das im wesentlichen siebenstufig ist, durch Oktavierungen ausdehnbar, in seiner Binnenstruktur aber bestimmt wird durch Zusammen- bzw. Ineinanderfügungen verschieden ausgefüllter ›Räume‹, besonders von Quarte (Tetrachord), Quinte (Pentachord) und, seit Guido von Arezzo, großer Sexte (▶ Hexachord).

Das Unterscheiden von Tonarten oder Modi erfolgt paradigmatisch an den (maximal) sieben verschiedenen Oktav-Ausschnitten aus dem (siebenstufigen) Tonsystem. Diese sieben ›Oktav-Gattungen‹ mit je eigenem Verlauf der (ganz- oder halbtönigen) Binnenstufen sind allerdings nur die Folie für eine Lehre von den Tonarten. Denn Tonarten sollen nicht allein durch eine bestimmte ›Raum‹-Zuweisung (als Normal-Umfang) die Wesensmerkmale melodischer Bildungen erfassen, sondern vor allem durch deren je eigene Zentrierung auf bevorzugte oder signifikante Tonstufen, speziell den tonart-eignen ›Grund- bzw. Schlusston‹ (▶ Finalis). Als (untransponierte) Finales standen bis zum 16. Jahrhundert die Töne d, e, f und g zur Verfügung, sodass man vereinfacht von d- [e-, f-, g-]Modus sprechen kann. Die unterschiedlichen Beziehungen zwischen Normal-Umfang und Finalis wurden erfasst durch eine Differenzierung in finalisgleiche Paare von ›authentischer‹ und ›plagaler‹ Tonart, die erste im Normal-Raum über der Finalis, die zweite in einem Raum, der die Finalis um eine Quart unterschreitet. Daneben wurden weitere vorrangige Stufen beachtet (besonders der Rezitationston, in den authentischen Formen meist die Quinte, in den plagalen meist die Terz über der Finalis).

Die Lehre von den Tonarten blieb, obwohl an einstimmigen Melodien zu deren genauerer Unterscheidung entwickelt, auch im Bereich mehrstimmiger Musik gültig und wirksam. Dabei aber traten ergänzende und modifizierende Aspekte hinzu. Zum einen ergab die im 15. Jahrhundert sich verfestigende Grund-Anordnung der vier Vokalstimmen-Lagen (Superius = Discantus = Sopranus, [Contratenor] Altus, Tenor, [Contratenor] Bassus) umfangsverschiedene Einzelstimmen-Räume, die sich oft abwechselnd der authentischen und der plagalen Gestalt fügen. Dadurch ließ sich ein ›Gesamtmodus‹ mit einheitlicher Finalis erhalten. Zweifellos sind solche Konstellationen durch Stimmen-Räume, naheliegende Klang- und Schlussbildungen in solchem Maße prägend, dass sie Gruppenmerkmale wahrnehmbar machen. Diese Prägungen regten immer wieder dazu an, den Tonarten, wie schon in mittelalterlicher Einstimmigkeit, bestimmte Ausdrucksgehalte zuzusprechen. Und die Lehre legte Entwürfe einer (meist vagen) Tonartencharakteristik vor, deren Existenz sich innerhalb historischer Phasen und ihrer Konventionen kaum leugnen lässt; allerdings trugen zu solcher Verknüpfung von Tonart und Charakter doch immer wieder vorbildhafte Werke bei, in denen Komponisten für besonders affekthaltige Stücke bestimmte Tonarten favorisierten.

3. Musiktheorie im Sinne von schriftlich niedergelegter Musiklehre ist aus der Ära der Renaissance in reicher Fülle überliefert. Dies entspricht gleichermaßen der Hochschätzung von Musica als Ars wie der Bedeutung praktischen Musizierens und kunstvollen Komponierens. Als ein wichtiges neues Moment allerdings erscheint seit dem 15. Jahrhundert die breitere Kenntnis und das vertiefte Studium spätantiker griechischer Musiktraktate. Gründete sich die Musiktheorie zuvor auf die Vermittlung durch lateinische Autoren, allen voran Boethius (*De musica*, um 500), so führten Wiederentdeckung griechischer Quellen und deren Neuübersetzung durch Humanisten zu frischer Auseinandersetzung mit Zeugnissen und Lehren der antiken ›Musiké‹, die den Nimbus bezwingender Ausdruckskraft besaß und zu Nachahmungsversuchen anregte (▶ Imitation). Obwohl nur sehr wenige musiktheoretische Autoren selbst des Griechischen mächtig waren (so Lodovico ▶ Fogliano, Francisco de ▶ Salinas, Ercole Bottrigari), profitierten maßgebende Traktate schon des Gaffurio wie etlicher Nachfolger von neuentdeckten oder verbesserten antiken Texten in Humanisten-Übersetzung. Und eine bemerkenswerte Frucht solcher Einflüsse bildeten Versuche beispielsweise Nicola ▶ Vicentinos, durch Wiederbelebung von chromatischem und enharmonischem Genus wunderbare, der antiken Musik zugeschriebende Wirkungen zu erzielen, denen Kompositionen zumal im Stil des chromatischen ▶ Madrigals nahezukommen schienen und für die Vicentino auch mit seinem vieltönigen ▶ Archicembalo experimentierte.

Da in der Lehre die bereits angedeuteten Themen aus Musikanschauung und speziellen Theorien (von Zeitgestalt, Klangbildung und Tonart) vielfältig ineinander fließen, seien an dieser Stelle Typen von Lehrschriften, wichtige Titel und bedeutende Autoren skizziert, die für die denkerische Beschäftigung mit Musik in der Renaissance repräsentativ sind.

So groß und noch unübersehbar die Zahl überkommener musiktheoretischer Quellen, handschriftlich oder gedruckt, ist, so deutlich lassen sich doch Gruppen unterscheiden, die knapp umrissen seien:

1. In den zahllosen verstreuten, überwiegend anonymen Aufzeichnungen (▶ Anonymi) – Schülernachschriften oder Lehrernotizen aus konkretem Unterricht – werden meist nur einzelne Teilbereiche vor allem aus dem im 14./15. Jahrhundert entstehenden Fundus verbindlicher Lehrgegenstände (Elementar- und Chorallehre [musica plana, ▶ Choralnotation, ▶ Gregorianischer Choral], ▶ Mensural- und Notationslehre [musica mensurabilis, ▶ Mensuralnotation], Kontrapunkt- und Kompositionslehre [contrapunctus, ▶ Kontrapunkt]) skizziert und dies in der Regel in Abhängigkeit von größeren autoritativen Traktaten.

2. Von diesen herausragenden Traktaten sind etliche auch mit Verfassernamen und oft mehrfach überliefert bekannt. Hier hat man es mit maßgebenden Darstellungen auf hohem Niveau zu tun, an denen sich auch die Forschung primär orientiert.

2a. Einige dieser Traktate verfolgen vom jeweiligen Zeit- und Blickpunkt aus das Ziel enzyklopädischer Erörterungen der Musica insgesamt in einem einzigen Werk: so das *Speculum musicae* (um 1330) des ▶ Jacobus von Lüttich, die *Declaratio musicae disciplinae* (um 1430) des ▶ Ugolino de Orvieto und die *Musica* (1577) des Francisco de ▶ Salinas.

2b. Die Mehrzahl führender Autoren indessen behandelt die zentralen Themen musikalischer Lehre in verschiedenen getrennten Schriften, so Marchetus de Padua (vor 1318–1327), Johannes de ▶ Muris, ▶ Prosdocimus de Beldemandis, Johannes ▶ Tinctoris, Franchino ▶ Gaffurio, Pietro ▶ Aaron, Gioseffo ▶ Zarlino.

2c. Daneben sind Einzelschriften, vor allem gedruckt publizierte, zu nennen, die in gezielt praktischer Ausrichtung wesentliche Lehrgebiete kompondienartig erfassen und meist eine gleichfalls beträchtliche Rezeption erfuhren: Die *Musica practica* (1482) des Bartolomé ▸ Ramos de Pareja, das *Musices opusculum* (1487) des Nicolò ▸ Burzio, das *Tetrachordum musices* (1512) des Johannes ▸ Cochlaeus, der *Musice active micrologus* (1517) des Andreas ▸ Ornithoparchus, das *Dodekachordon* (1547) des Heinrich ▸ Glarean, die Schriften über einen (zukunftweisend) freieren Dissonanzengebrauch in der Kontrapunktlehre des Vincenzo ▸ Galilei (um 1587/1591).

3. Schließlich müssen Schriften erwähnt werden, die spezielle, aber keineswegs übliche Gesichtspunkte verfolgen und so das Panorama musikalischer Lehre aufschlussreich weiten: die instrumentenkundlich wichtige *Musica getutscht* (1511) des Sebastian ▸ Virdung, die ton- und stimmungstheoretisch bedeutsame *Musica theorica* (1529) des Lodovico ▸ Fogliano, die praktischen Lehrwerke des Blockflöten- und Gambenspiels samt der gebräuchlichen Diminutionstechniken (1535–1543) von Sylvestro di ▸ Ganassi dal Fontego, des Violenspiels von Diego ▸ Ortiz (1553), des Orgelspiels von Girolamo ▸ Diruta (ab 1593).

Als Ziele musiktheoretischen Denkens und Forschens in der Ära der Renaissance lassen sich formulieren:

1. Die bereits mittelalterliche Frage nach dem Wesen der Musik (»*Quid est musica?*«) in der Breite ihrer überlieferten Antworten erneut zu prüfen, auch anhand besser zugänglicher antiker Texte zu diskutieren und mit den Erscheinungen der sich deutlich vervollkommnenden praktischen Musik in Übereinstimmung zu bringen;
2. in der erkannten Spannung zwischen Altem (Tradiertem, auch wiederentdeckt Antikem) und Neuem (Modernem) Positionen zu finden, die sich an den vielerlei neuen musikalischen Erfahrungen – in Musikleben, Komposition, Spiel und ▸ Stimmung von Instrumenten u.a. – bewähren;
3. die *Musica* in der Gesamtheit ihrer Bereiche von ›theorica‹ und ›practica‹ in einer Lehre zu erfassen, die zur Ausbildung des »*Musico perfetto*« (Zarlino, *Istitutioni harmoniche*, ³1573, S. 426; *Dimostrationi harmoniche*, 1571, S. 210, 311; *Sopplimenti musicali*, 1588. S. 330), des Leitbildes eines umfassend geschulten und erfahrenen Musikers, zu führen vermag.

Literatur:
H. Besseler, *Bourdon und Fauxbourdon. Studien zum Ursprung der niederländischen Musik*, Leipzig [1950], ²1974 (hrsg. und ergänzt von P. Gülke) • W. Frobenius, *Tactus*, in: *Handwörterbuch der musikalischen Terminologie*, hrsg. von H.H. Eggebrecht, Stuttgart (1971) • F.A. Gallo, *Die Notationslehre im 14. und 15. Jahrhundert*, in: *Die mittelalterliche Lehre von der Mehrstimmigkeit* (Geschichte der Musiktheorie 5), hrsg. von Fr. Zaminer, Darmstadt 1984, S. 257–356 • Kl.-J. Sachs, *Die Contrapunctus-Lehre im 14. und 15. Jahrhundert*, ebenda, S. 161–256 • C. Dahlhaus, *Was heißt »Geschichte der Musiktheorie«?*, in: *Ideen zu einer Geschichte der Musiktheorie* (Geschichte der Musiktheorie 1), hrsg. von Fr. Zaminer, Darmstadt 1985, S. 8–39 • Ders., *Die Tactus- und Proportionenlehre des 15. bis 17. Jahrhunderts*, in: *Hören, Messen und Rechnen in der frühen Neuzeit*, hrsg. von Fr. Zaminer, Darmstadt 1987, S. 333–361 (Geschichte der Musiktheorie 6) • Fr. Rempp, *Elementar- und Satzlehre von Tinctoris bis Zarlino*, in: *Italienische Musiktheorie im 16. und 17. Jahrhundert* (Geschichte der Musiktheorie 7), hrsg. von Fr. Zaminer, Darmstadt 1989, S. 39–220 • W. Braun, *Deutsche Musiktheorie des 15. bis 17. Jahrhunderts* (Geschichte der Musiktheorie 8/II), hrsg. von Th. Ertelt und Fr. Zaminer, Darmstadt 1994 • Kl.-J. Sachs, *Musiktheorie*, in: *MGG²*, Bd. 6 (Sachteil), 1997, Sp. 1714–1735 • Kl.W. Niemöller, *Deutsche Musiktheorie im 16. Jahrhundert: Geistes- und institutionengeschichtliche Grundlagen*, in: *Deutsche Musiktheorie des 15. bis 17. Jahrhunderts* (Geschichte der Musiktheorie 8/I), hrsg. von Th. Ertelt und Fr. Zaminer, Darmstadt 2003, S. 69–98 • H. von Loesch, *Musica – Musica practica – Musica poetica*, ebenda S. 99–264.

KJS

Musique mesurée à l'antique

Unter der Maxime einer »auf antike Art metrisierten Musik« entwickelte sich im letzten Drittel des 16. Jahrhunderts in späthumanistischem Kontext eine besondere Methode, französische Texte, insbesondere Liedtexte, die mit antiken Versmaßen verfasst sind, in analog dazu gebildeten rhythmischen Kürzen und Längen zu vertonen.

Der ideengeschichtliche Hintergrund dieser intellektuellen literarisch-musikalischen Bewegung war die französische Antikenrenaissance im Zusammenhang mit zwei Denkfiguren: erstens der Lehre von der ›Translatio studii‹ (Übergang der geistigen Autorität von einem Volk zum anderen), bei der sich die Franzosen als legitime Erben des über das moderne Italien vermittelten antiken Kulturguts sahen; zweitens der von den Dichtern in Umfeld und Nachfolge Pierre ▸ Ronsards propagierten mythischen Einheit von Poesie und Musik, wie sie noch in der Antike existiert habe. Diese Idee des »singenden Dichters« manifestierte sich in der Ronsardschen Metapher der »poésie mesurée à la lyre«, einer der antiken Lyra angepassten Dichtung. Was sich bei Ronsard noch auf strophische Regularität bezog und von Joachim Thibault de ▸ Courville aufführungspraktisch als »reciter sur la lyre et le luth« umgemünzt wurde, überführte nach ersten Forderungen des Theoretikers Pontus de ▸ Tyard (1555) der Dichter Jean-Antoine de ▸ Baïf in ein umfassendes Konzept eines metrisierten Versbaus, den »vers mesuré à l'antique«, mit der er die ethische Kraft der Antike für die Gegenwart wiedergewinnen wollte.

Zu diesem Zweck verfasste er Gedichte in französischer Sprache, die einer adaptierten lateinischen Versmetrik folgten und damit Grundlagen der französischen Prosodie und Versbauweise aufgaben. Der französische Vers operiert mit einem festen Rahmen aus fixer Silbenzahl, der in der Mitte eine Gliederungszäsur erhält und mit einem Reim abgeschlossen wird; innerhalb dessen ist die Struktur relativ flexibel und hinsichtlich der Betonungen weder akzentuierend noch streng alternierend, unnatürliche Betonungen werden in einer schwebenden Prosodie aufgefangen. Umgekehrt verzichtet der antike Vers auf einen Reim, ist weder auf gleichbleibende Silbenzahl noch auf eine Binnenzäsurstelle angewiesen, konstituiert sich aber aufgrund von Quantitäten, d.h. eindeutig kurzen oder langen Silben, die zu mehr oder weniger komplexen Versfüßen (Jambus, Trochäus, Daktylus, Bacchius, Päon, Aristophaneus u.v.a.m.) zusammengestellt werden. Charakteristisch für Baïfs Gedichte ist die vielfältige Kombination unterschiedlicher Versfüße in einer Strophe, mit denen er eine dynamisierende Absicht verband; nicht klassisch ist auch seine genaue Befolgung der betonten bzw. unbetonten Wortbestandteile, die Längen bzw. Kürzen analogisiert werden. Baïf entwickelte eine eigene Orthographie, mit der die Tondauernwerte schon in den Texten sichtbar gemacht werden sollten.

Aus diesem Konzept ergab sich eine konsequente musikalische Umsetzung als »musique mesurée«, die im Prinzip nur zwei Tondauern (lang und kurz) kannte, wobei sich dies in den einzelnen Phrasen einer Komposition auch auf verschiedene Ebenen verteilen konnte (z.B. eine Passage ▸ Minimen mit Semiminimen nach einem Abschnitt Semibreven mit Minimen). Auch konnten vor allem Längen durch ornamentale Aufspaltungen in kleinere Notenwerte aufgelockert werden. Dennoch sind die rhythmischen Möglichkeiten sehr eingeschränkt und genau vom sprachlichen Metrum vorherbestimmt, das seinerseits erst durch die musikalische Einkleidung und im gesungenen Vortrag jene Tondauernpräzision erhält, wie sie der Sprachtext intendiert. Eine Vertonung, die ihrerseits notwendig homophoner Natur sein muss und Spielraum allein in melodischer und klanglicher Hinsicht hat, ist somit für das lyrische Gebilde essentiell.

Die Idee, die aufgrund ihrer ethischen Konzeption durchaus politische Dimensionen hatte, fand ihren institutionellen Niederschlag in der von Baïf gegründeten und vom König protegierten ▸ Académie de poésie et de musique, die ihrem allgemeinen Auftrag zum Trotz elitär und von der Öffentlichkeit abgeschlossen und offiziell auch nur von 1570 bis 1574 tagte, inoffiziell aber weiterexistierte. Dort wurden die meist vierstimmigen Chansons entweder rein vokal oder aber als antikisierender Gesang zur Laute einstudiert und einem kleinen Hörerkreis dargeboten. Erstes nach außen dringendes Dokument waren die 1586 publizierten Sammlungen *Chansonettes mesurées* und *Psaumes mesurés à l'antique* von Jacques ▸ Mauduit. Da Italien als Zwischenstation bei der Translatio studii galt, scheuten sich weder Baïf noch Claude ▸ Le Jeune, neben Neuschöpfungen auch italienische ▸ Villanellen als Vorlagen zu bearbeiten. Die posthum 1603 erschienene, umfangreiche Chansonsammlung *Le Printemps* von Le Jeune zeigt zwar das große Geschick, mit dem der Komponist die Restriktionen in klangvolle und schöne Chansonsätze umzuwandeln verstand, wobei er mit wechselnden Stimmenverbänden zwischen drei und fünf Stimmen Variabilität schuf, doch blieb das ganze Unternehmen trotz seiner relativ umfangreichen Ergebnisse ein primär intellektuell gesteuertes Experiment.

Ähnliche Versuche mit antiken Metren kannte man auch in Deutschland, wo man allerdings die quantitierenden lateinischen Originaltexte vertonte. Auf der britischen Insel experimentierte Thomas ▸ Campion im Rahmen seiner Lautenlieder mit antikisierenden Metren, die er zeitweise auf die englische Sprache übertrug.

Literatur:
D.P. Walker, *Some Aspects and Problems of musique mesurée à l'antique. The Rhythm and Notation of musique mesurée*, in: *Musica disciplina* 4 (1950), S. 163–186 • P. Bonniffet, *Un ballet démasqué. L'union de la musique au verbe dans »Le Printans« de Jean-Antoine de Baïf et de Claude Le Jeune*, Paris 1988.

NSCH

Mysterienspiel ▸ **Geistliches Drama**

N

Nancy ▸ Frankreich

Nanino, Giovanni Bernardino
* um 1560 Vallerano, † 1618 Rom

In Vallerano geboren erhält Giovanni Bernardino Nanino seine frühe musikalische Ausbildung am dortigen Dom sowie bei seinem älteren Bruder Giovanni Maria. Als Kapellmeister ist er in Rom an S. Madonna dei Monti tätig (gelegentlich auch S. Maria dei Monti benannt) und leitet vom 1. April 1591 bis 1608 in der Nachfolge von R. Giovanelli die Kapelle an S. Luigi dei Francesi. Darüber hinaus übernimmt er auch kompositorische Aufgaben an den musikalisch führenden Oratorien SS. Crocifisso in S. Marcello, der Chiesa Nuova und für die Bruderschaft an SS. Trinità dei Pellegrini. 1608 wechselt er als Kapellmeister an die Titularkirche des einflussreichen Kardinals Montalto (Basilika S. Lorenzo in Damaso im Palazzo della Cancelleria), in dessen Privatkapelle er zugleich eintritt (in den Haushaltslisten erscheint er von 1612–1616 als Kapellmeister). Sein Aufgabenbereich erstreckt sich auch auf den Unterricht der Sänger im ›stile recitativo‹. Für die Aufführung des *Amor pudico* 1614 komponiert Nanino 15 Chöre in Form von ▸ Madrigalen bzw. strophischen Kanzonette (▸ Canzonetta).

Nanino wohnte mit seiner Familie und seinem ältesten Bruder in unmittelbarer Nähe der französischen Nationalkirche S. Luigi. Die Lehrtätigkeit beider Brüder vollzog sich privat wie auch möglicherweise gleichermaßen im Rahmen der Kapellmeisterfunktion von Giovanni Bernardino Nanino. Die Annahme, es handele sich um eine erste öffentliche Musikschule unter Leitung beider Nanino-Brüder und des älteren Palestrina, ist nicht haltbar.

Giovanni Bernardino Nanino erfuhr große Anerkennung von seinen Zeitgenossen, doch ging diese nicht über die für seinen Bruder Giovanni Maria hinaus. Kompositorisch geht Bernardino zunehmend andere Wege als sein Bruder: Nach seinen Beiträgen für das polyphone Madrigal widmet er sich der monodischen Vokalmusik, deren Melodie er oft reich verziert. Auch sein Motettenbuch von 1610, das Sakralwerke mit ▸ Generalbass enthält, zeigt seine Offenheit für neue Kompositionsprinzipien. Darüber hinaus führt er sukzessive Instrumentalisten als reguläre Mitglieder der Kapelle ein. So erfolgen an S. Luigi ab 1592 längerfristige Zahlungen an die Spieler eines Kornett sowie von (kleinen) Trompeten und Posaunen.

Ausgaben:
I musici di Roma e il madrigale. »*Dolci affetti*« *(1582) e »Le gioie« (1589)*, hrsg. von N. Pirrotta, Lucca 1993; *Musiche rinascimentali siciliane*, Bd. 12, hrsg. von P.E. Carapezza, Florenz 1993.

Literatur:
H.-W. Frey, *Die Kapellmeister an der französischen Nationalkirche San Luigi dei Francesi in Rom im 16. Jh.*, in: Archiv für Musikwissenschaft 23 (1966), S. 32–60 • J. Chater, *Musical Patronage in Rome at the Turn of the Seventeenth Century: the Case of Cardinal Montalto*, in: Studi musicali 16 (1987), S. 179–227 • *La musica a Roma attraverso le fonti d'archivio*, Kongr. Ber. Rom 1992, Lucca 1994 • J.W. Hill, *Roman Monody, Cantata, and Opera from the Circles around Cardinal Montalto*, 2 Bde., Oxford 1997.

CBO

Nanino, Giovanni Maria
* 1543/1544 (?), † 12.3.1607 Rom

Giovanni Maria Nanino war als Komponist, Lehrer, Kapellmeister und päpstlicher Kapellsänger aktiv in das vielfältige römische Musikleben eingebunden und übte seine Ämter an drei der renommiertesten Institutionen aus: an S. Maria Maggiore (ca. 1569–1575), S. Luigi dei Francesi (1575–1577) und an der Cappella Pontificia (1577–1607).

Wahrscheinlich erhielt Nanino seine erste musikalische Ausbildung als Sängerknabe an der Kathedrale von Tivoli. Während seiner Kindheit und Jugend gab es einen regen Austausch zwischen den Musikern der Kathedrale von Tivoli und dem Vatikan. So wirkt Nanino vom September 1566 bis zum Oktober 1568 in der Cappella Giulia, dem Chor von St. Peter. Außerdem war er Chormitglied der Kirche zu Vallerano, wohin die Familie umgezogen war und wo um 1560 auch sein Bruder Giovanni Bernardino geboren wurde.

Bereits im März 1562 wird Nanino in den Rechnungsbüchern des Ippolito II. d'Este als ›cantore‹ erwähnt, der den Kardinal, welcher in diplomatischer Mission für Papst Pius IV. tätig war, nach Frankreich begleitet. Diese Verbindung mit Ippolito, dem einflussreichsten Kardinal der pro-französischen Fraktion in Rom, mag die Karriere des jungen Nanino entscheidend befördert haben. Erwähnt sei hierbei nur die dauerhafte Bindung beider Nanino-Brüder an S. Luigi, die französische Nationalkirche, die im Fall von Giovanni Maria von 1575 bis zu seinem Tod andauerte.

Ein frühes Dokument vom Juni 1569 weist Nanino als Kapellmeister der Basilika S. Maria Maggiore in Rom aus. Aufgrund der fehlenden Kapellakten von November 1563 bis Dezember 1571 ist es unmöglich, Naninos Eintritt als Kapellmeister von S. Maria Maggiore – ein Amt, das bis mindestens 1565 Palestrina innehatte – exakt zu datieren. Wenngleich sich das Verhältnis zwischen Nanino und dem älteren Giovanni Pierluigi da ▸ Palestrina in späteren Jahren trübte, ist denkbar, dass es zunächst Palestrina war, der Nanino für die Cappella Liberiana empfahl. Die Kapellakten belegen regelmäßige Zahlungen für ihn und die vier ›putti cantori‹, für deren Ausbildung, Beköstigung und Unterbringung Nanino ebenfalls zuständig ist. Nanino bleibt bis zum 30. Mai 1575 als Kapellmeister an S. Maria Maggiore tätig und wechselt zur Jahresmitte in gleicher Funktion nach S. Luigi dei Francesi. Dort leitet er einen Chor von acht erwachsenen Sängern und zwei bis vier Sängerknaben. Wahrscheinlich nahm hier die Legende von der ersten öffentlichen Musikschule Roms unter Führung beider Nanino und Palestrinas ihren Ausgang.

Als Tenor wird Nanino nach bestandener Prüfung am 27. Oktober 1577 in die renommierte Cappella Pontificia aufgenommen. Über sein 25-jähriges Dienstjubiläum hinaus bleibt er bis zu seinem Tod 1607 in der Cappella Sistina tätig. Neben den musikalischen Verpflichtungen als Sänger liefert er eigene Kompositionen (eine von der Kapelle erwünschte Fähigkeit) und übernimmt verschiedene administrative Ämter wie die des Punktators (1596) und Sekretärs des Kapellkämmerers (1588, 1589 und wahrscheinlich 1593). Als gewählter Kapellmeister leitet er die päpstliche Privatkapelle 1598 sowie 1604 und 1605. In diplomatischer Mission reist Nanino im Herbst 1586 nach Mantua, um wegen der Einkünfte der Abtei von Fellonica zu verhandeln. Weitere Reisen führen ihn nach Loreto (traditionelles Pilgerziel des Sängerkollegiums) und Ferrara, das er 1598 im Gefolge des Papstes besucht. Darüber hinaus engagiert sich Nanino in der ›Compagnia dei musici di Roma‹, eine Musikerorganisation, aus der die jetzige Accademia di Santa Cecilia hervorgegangen ist. Naninos Grab befindet sich vor der berühmten, mit drei Hauptwerken von ▸ Caravaggio ausgestatteten Contarelli-Kapelle in S. Luigi dei Francesi; die Grabplatte selbst ist aufgrund der Unlesbarkeit zweier Platten nicht mehr eindeutig zu identifizieren.

Zu Naninos sakralen Kompositionen gehören ein Motettenbuch sowie ▸ Motetten in Sammlungen, insgesamt eine Zahl von mindestens fünfzig Werken. Das Madrigal *Vestiva i colli* von Palestrina inspirierte Nanino zu einer Messvertonung (▸ Messen); darüber hinaus entstanden ▸ Hymnen- und ▸ Kanonkompositionen, Litaneien sowie neun ▸ Lamentationen, jeweils ein ▸ Te Deum, ▸ Stabat Mater, ▸ Magnificat und Psalmkantaten (▸ Psalmvertonungen). Zahlreiche Kanzonetten (▸ Canzonetta) und ▸ Madrigale liegen als geistliche Kontrafakturen vor, daneben sind ▸ Lauden überliefert. Nach dem unzweifelhaften Einfluss Palestrinas auf die Kirchenmusik nicht allein Naninos prägte Nanino selbst auch die kirchenmusikalische Entwicklung in Rom. Sein 1586 veröffentlichtes Motettenbuch thematisiert die Kanontechnik. Von 32 Kanonmotetten sind 29 über einen einzigen ▸ Cantus firmus von Costanzo ▸ Festa geschrieben, was wahrscheinlich in der Geschichte des ▸ Kontrapunkts singulär ist. Während nur ein geringer Teil der Sakralkompositionen gedruckt vorliegt, sind vermutlich alle Madrigale und Kanzonetten Naninos im Druck erschienen. Seinen weltlichen Vertonungen liegt die populäre Liebeslyrik zu Grunde, doch wählt Nanino insbesondere in seinem ersten Buch auch Inhalte, die an aktuelle Ereignisse oder Persönlichkeiten gebunden sind (u.a. *Le strane voci*, das die französischen Religionskriege behandelt). Überliefert sind drei Madrigalbücher (das erste nur in Nachdrucken ab 1579 erhalten, 1581, 1586) sowie ein Kanzonettendruck (1593), weitere Stücke erscheinen in Sammlungen. Mit 81 Madrigalen gesicherter Zuschreibung und 40 Kanzonetten liegt er im römischen Maßstab nach Luca ▸ Marenzio sowie Pietro Ruggiero Giovanelli und vor Palestrina.

Insbesondere Naninos erstes Madrigalbuch (ca. 1571) weist konzeptionelle und kompositorische Neuerungen auf. Hierzu gehören die Verwendung dreier hoher Frauenstimmen, die sich jedoch offenbar erst später, dank des ▸ Concerto delle donne und des Wirkens Marenzios, in Rom durchgesetzt haben. Naninos Stücke mit überwiegend diatonischem Melodieverlauf sind nur kurz von chromatischen Passagen unterbrochen. Ebenso erscheinen unübliche Dissonanzen als Textausdruck eher selten. Die Werke Naninos entsprechen im Wesentlichen dem eines Komponisten in Rom, der zu seiner Zeit von den Trienter Reformen sicherlich verbindlicher geprägt war als außerhalb der ›urbs‹.

Ausgaben:
Il Primo Libro delle Canzonette a tre voci, Venedig 1593, Reprint Rom 1941; *Fourteen Liturgical Works* (Recent Researches in the Music of the Renaissance 5), hrsg. von R. Schuler, Madison/Wisconsin 1969; *I musici di Roma e il madrigale.* »*Dolci affetti*« *(1582) e* »*Le gioie*« *(1589)*, hrsg. von N. Pirrotta, Lucca 1993; *Il Primo Libro dei Madrigali*, hrsg. von M. Pastori, Rom 2011; *The Complete Madrigals* (Recent Re-

searches in the Music of the Renaissance), 3 Bde. (i. Druck).

Literatur:
F.X. Haberl, *Giovanni Maria Nanino. Darstellung seines Lebensganges und Schaffens auf Grund archivalischer und bibliographischer Dokumente*, in: Kirchenmusikalisches Jahrbuch 6 (1891), S. 81–97 • R. Molitor, *Die Nach-Tridentinische Choral-Reform zu Rom*, 2 Bde., Leipzig 1901/1902 • R. Schuler, *The Life and Liturgical Works of Giovanni Maria Nanino (1545–1607)*, 2 Bde., Ann Arbor 1963 • C. Boenicke, *Giovanni Maria Nanino (1543/44–1607). Madrigalvertonung zwischen »dolci affetti« und »dolorosi accenti«*, Berlin 2004 • M. Pastori, *Giovanni Maria Nanino: »cantor excellentissimus«, »vir honestus et bonae famae«* (in Druck).

CBO

Nantes ▸ Frankreich

Narbonne ▸ Frankreich

Narváez, Luis de [Luys]
* um 1505 Granada, † nach 1549

Der spanische Vihuelist, Sänger und Komponist genoss den Ruf eines vorzüglichen Vihuela-Spielers mit großer Begabung für Improvisation.

Man vermutet, dass Narváez ab dem Jahr 1526 im Dienste des königlichen Sekretärs Francisco de los Cobos von Granada stand, wo er wahrscheinlich bis zum Tode des Sekretärs im Jahre 1547 verblieb. Mit ihm reiste er wahrscheinlich nach Mantua und Bologna zur Kaiserkrönung Karls V. 1529/1530. Ab 1548 wurde Narváez in die königliche Kapelle aufgenommen. Dort übernahm er die Ausbildung der Chorknaben unter Kronprinz Philipp II., mit dem er später auf Reisen durch Europa ging. Der letzte Eintrag über Narváez stammt aus königlichen Dokumenten aus dem Jahr 1549 in Flandern.

Narváez' ▸ Fantasien für Vihuela sind imitatorisch gearbeitet und damit die ersten in Spanien publizierten Werke dieses Typus. Sie stehen in spanischer Vihuela-Tabulatur. Seine Diferencias (▸ Variation) über Choral-, Villancico-Themen und melodisch-harmonische Modelle waren der Grundstein für die Tradition der spanischen Variationskunst, sie bildeten die frühesten Variationsreihen in der europäischen Musik.

Ausgaben:
Los seys libros del Delphin de Música de cifra para tañer Vihuela, hrsg. von E. Pujol, Barcelona 1945, Nachdruck Genf 1980 • Lieder in: *A Spanish Renaissance Songbook*, hrsg. von C. Jacobs, University Park 1988.

Literatur:
J.M. Ruiz Jimenez, *Insights into Luis de Narváez and Music and Publishing in 16th-Century Spain*, in: Journal of the Lute Society of America 24 (1991), S. 1–12 • O. Schöner, *Die Vihuela de mano im Spanien des 16. Jh.* (Europäische Hochschulschriften 198), Frankfurt 1999 • J. Griffiths, *Luis de Narváez*, in: MGG², Bd. 12 (Personenteil), 2004, Sp. 915–916.

CHD

Naturphilosophie

Die Naturphilosophie in der Renaissance ist eine weite Domäne, die man heute eher unter die Wissenschaftstheorie zählen würde, aber deren Grenzen schwierig zu bestimmen sind. Sie beruht grundsätzlich auf dem Corpus der aristotelischen Texte oder auf solchen, die Aristoteles zugeschrieben werden (▸ Aristotelische Philosophie). Aristoteles interessierte sich mehr für physische als für wissenschaftstheoretische Probleme, aber er stellte Fragen auf, welche die Humanisten zu beantworten versuchten: Was ist ein Klang? Und wie wird er wahrgenommen?

Der Klang
In der Nachfolge der griechischen, arabischen und lateinischen Theoretiker diskutierten die

Theoretiker der Renaissance nur über den Klang, den ›sonus‹, und niemals über das Geräusch. Seit die Art der Produktion des Klangs behandelt wurde, griffen die Theoretiker auf den Mechanismus des Musikinstruments zurück, sei es, dass es sich um eine durch ein Plektrum gezupfte vibrierende Saite oder durch den Aufeinanderstoß von zwei Körpern (Aristoteles) handelte, sei es, dass ein Ton durch die menschliche Stimme hervorgerufen wurde, wo die Sprache als Plektrum diente (›vox‹ bezeichnet unterschiedslos einen instrumentalen oder einen vom Menschen hervorgebrachten Klang). Bei der Diskussion über den Klang schenkten die Theoretiker ihre Aufmerksamkeit mehr den Unterschieden in der Höhe als anderen Kriterien (Volumen, Klarheit, Weichheit etc.). Außerdem interessierten sich die Naturphilosophen nur für die wahrnehmbaren Töne.

Um zu verstehen, wie der Klang vom Ohr wahrgenommen wird, musste man die anatomischen Kenntnisse vertiefen (▶ Anatomie). Parallel dazu erfuhr die Reflexion über die Natur des Tones Umwälzungen, die auf ähnliche Weise aus der reinen Notwendigkeit hervorgegangen waren, die Problematik neu aufzubereiten. Seit der legendären Entdeckung Pythagoras', an die zahlreiche Texte, darunter *De institutione musica* von Boethius, anschlossen, ist die Messung der Intervalle in mathematischen Begriffen üblich geworden (▶ Pythagoreisches System). Eine solche Annäherung schloss jede physische Analyse des Tones aus, und die Theoretiker konnten sich mit den Teilungen des Monochords zufrieden geben, ohne des weiteren die physische Realität ihrer mathematischen Proportionen hinterfragen zu müssen. Zu Beginn der 1560er Jahre entschloss sich jedoch Giovanni Battista Benedetti, die Gewohnheit des Messens der Intervalle auf dem Monochord zu überdenken. Diese Revision hatte vielfache Konsequenzen. Sie gab Benedetti die Gelegenheit, über die Art der Produktion der Klänge nachzudenken. Für seine Vorgänger wie Girolamo Fracastoro (1483–1553) beschleunigten sich die Schwingungen, um eine bestimmte Geschwindigkeit zu erreichen, und nahmen dann ab (*De sympathia et antipathia rerum liber unus* 1546). Benedetti glaubte hingegen, dass die Schwingungen den Klang hervorriefen und dass die Schläge, die die Höhe festlegten, in konstanter Frequenz entstanden. Er schloss daraus, dass sich die Frequenzen umgekehrt zur Länge der Seite veränderten (*Diversarum speculationum mathematicarum physicorum liber*, 1585).

Vincenzo ▶ Galilei führte Ende der 1580er Jahre grundlegende physikalische Experimente durch, die in zwei Manuskripten dokumentiert sind. Im ersten Versuch zeigte er aufgrund seiner experimentellen Beobachtungen mit Saiten, mit Rohren, mit Gewichten und mit Geldstücken, dass die ›ratio‹ der Oktave nicht einheitlich ist. Sie ist 2 : 1 für die Längen, 4 : 1 für die Spannungen und 8 : 1 für die Volumen. Im zweiten Experiment zeigte er, dass die Saiten zur Hervorbringung eines Tones von der gleichen Höhe nicht nur in ihrer Länge, sondern auch in ihrem Material, ihrer Spannung und ihrer Stärke identisch sein müssen.

Francis Bacon schritt gleichermaßen zu interessanten Experimenten fort, die er in *Sylva soni et audibus* und in zwei Abschnitten von *Sylvia Sylvarum* (1626) beschrieb. Er forderte, dass man zuerst Instrumentenbauer konsultieren solle, um praktische Informationen zu erhalten. Von der numerischen Interpretation der Intervalle verstört, schlug er vor, wie es auch Galilei getan hatte, die Intervalle zu erforschen, indem er sich auf die physischen Eigenheiten der Objekte stützte, die sich hervorriefen. Bacon bot zwar keine Erklärung der vibrierenden Phänomene an, hatte jedoch neue Perspektiven eröffnet. Er ist der erste englische Philosoph, der eine Studie über den Klang und dessen Eigenheiten bot. Bacon interessierte sich nicht für die Musik als quadriviale Disziplin (▶ Quadrivium): Er schlug vor, die Naturphilosophie nicht auf die mathematischen Proportionen, sondern auf die physische Natur des Universums zu gründen. Hieraus leitete sich seine Konzeption der Musik als ein natürliches klangliches Phänomen her. In *Nouvelle Atlantide* (1626) beschrieb Bacon die Etappen seiner Forschungen über den Klang. Zuerst sei es wichtig zu verstehen, wie ein Klang erzeugt und dem Ohr vermittelt wird. Die Klänge müssen die natürlichen Klänge imitieren und insbesondere den Gesang der Vögel, die Schreie der Tiere und die Sprache des Menschen, die auf eine Reihe artikulierter Klänge zurückgeführt werden können. Schließlich ist es notwendig, die Instrumente zu studieren, die die Frucht der natürlichen Materien und der menschlichen Kunst sind, und diese Studie erlaubt zu zeigen, wie die musikalischen Klänge produziert werden. Von hier aus müsse man spezielle Fragen angehen, die sich auf die musikalischen Klänge beziehen, wie die Teilung in Vierteltöne. Schließlich sei es, dank der Beobachtung verschiedener natürlicher Phänomene wie des Echo und der Resonanz, möglich, ein Instrument zu konstruieren, das fähig ist, die Kapazität des Gehörs zu verbessern. In *Sylva Sylvarum* kommt Bacon auf musikalische Phänomene zurück. Als Teil der Feststellung, dass sich die Theorie mit mystischen Fragen beschäftigt, die ohne Nutzen und von wenig Wahrheit seien, verwirft er die Prinzipien der pythagoreischen Philosophie zugunsten einer aristoxenischen Annäherung (▶ Aristoxenismus). Bacon gibt sich jedoch nicht mehr mit dem Diskurs der Anhänger des Aristoxenos des 16. Jahrhunderts zufrieden, sondern zeichnet die Konturen einer neuen Konzeption der Empfindung und der Wahrnehmung.

Die Forschungen über die Intervalle und die Natur der Klänge riefen eine tiefe Krise in der Art des Denkens über Musik hervor. Aus Experimenten, die von Benedetti und Galilei u.a. durchgeführt wurden, ging hervor, dass zwischen der physischen Realität und den Zahlen unterschieden werden musste: Ein Intervall ist ein physisches Phänomen und nicht eine numerische Beziehung (eine ›ratio‹). Die Übereinstimmung des Guten und des Wahren, die die abendländische Theorie seit Boethius geprägt hatte, wurde in Frage gestellt. Vincenzo Galilei insistierte dennoch darauf, um die Wissenschaften von den Künsten zu unterscheiden, denn das Ziel der Wissenschaften ist »die Wahrheit der Erkenntnis«, das der Künste bestehe daraus, »etwas zu machen« (»le arti hanno per fine l'operare, cosa diversa dall'intendere«). Der Vater von Galileo ▶ Galilei grub einen Graben zwischen Wissenschaft und Musik und etablierte sie als unabhängige Disziplinen, die jede ihren eigenen Diskurs forderten.

Les sens
Während des ganzen 16. Jahrhunderts gab es Dispute über die Klassifizierung der Sinne, die ein wesentliches Thema der Naturphilosophie darstellte. Ist der Sinn des Sehens demjenigen des Hörens überlegen? Das 15. Jahrhundert erbte eine lange Tradition, die dem Sinn des Sehens eine privilegierte Position einräumte und dem Sinn des Hörens die zweite. Diese Hierarchie der Sinne erfuhr am Beginn des 16. Jahrhunderts in Frankreich eine Umkehrung. Sie wurde von einem Mathematiker-Philosophen, Charles de Bovelles (1479–1567) hervorgerufen, der Jacques Lefèvre d'Étaples (Jacobus ▶ Faber Stapulensis) nahe stand. 1509 erschien sein *Liber de sensibus*, in dem der Autor die Sinne im Allgemeinen, den hierarchischen Bezug zwischen den Sinnen, den Gebrauch des Gehörs und des Sehens beim Erwerb des Wissens behandelte. Bovelles rekurrierte auf quantifizierbare Ursachen, um die Sinne zu klassifizieren. Diese Ursachen sind in drei Punkten begründet: Der Wert eines Sinnes

wird durch seine Rarität bestimmt; die durch ein Medium (Wasser oder Luft) aktivierten Sinne besitzen ein weiteres Aktionsfeld und funktionieren mit mehr Präzision; je mehr die Organe gleichen Sinnes voneinander entfernt sind, umso wichtiger sind sie. Die zwei ersten Ursachen erlaubten ihm, das Tasten vom Schmecken zu unterscheiden. Der letzte erlaubte ihm, den Platz des Hörens, des Sehens und des Riechens ins rechte Licht zu rücken. Ausgehend von einer Pyramide war es für Bovelles leicht, die erste Rolle dem Gehör zuzuschreiben. Außerdem zog Bovelles in Betracht, dass Sinnesorgane ihre Fähigkeit der Wahrnehmung von einem präzisen Punkt aus erhalten und dass die Linien, die die Organe in ihrem Zentrum vereinigen, Winkel bilden. Ausgegangen wird von drei Typen: stumpfwinklig, rechtwinklig und spitzwinklig. Und gerade die Ohren beschreiben den größten Winkel.

Die Theorie der Sinne von Charles de Bovelles wurde, im Unterschied zu seinen anderen Arbeiten, nicht Gegenstand von zahlreichen Kommentaren. Jedoch scheint Bovelles einen Einfluss auf die Denker des 16. Jahrhunderts ausgeübt zu haben: Symphorien Champier wurde in dem der Musik gewidmeten Abschnitt seiner *Symphoriani Champerii philosophi ac medici ingenio eruditioque summi viri libri VII* (1537) von Bovelles inspiriert. Die Sinne werden unter numerologischer Perspektive betrachtet, und das Sehen und das Hören nehmen gleichen Rang bezüglich der Suche nach Erkenntnis ein. Diese aristotelische Sicht sollte von Pontus de ▶ Tyard in einer sehr ambivalenten Weise aufgenommen werden.

▶ Astronomie, ▶ Pythagoreisches System.

Literatur:
A. Crombie, *Mathematics, Music and Medical Science*, in: Organon 6 (1969), S. 22–36 • Fr. de Buzon, *Science de la nature et théorie musicale chez Isaac Beeckman*, in: Revue d'histoire des sciences 38/2 (1985), S. 97–120 • M. Lindley, *Stimmung und Temperatur*, in: *Hören, Messen und Rechnen in der frühen Neuzeit* (Geschichte der Musiktheorie Bd. 6), Darmstadt 1987, S. 109–331 • R. Klein, *Die Intervallehre in der deutschen Musiktheorie des 16. Jahrhunderts*, Regensburg 1989 • Th. Frangenberg, Auditus visu prestantior: *Comparison of Hearing and Vision in Charles de Bovelle's Liber de sensibus dans Burnett*, in: *The Second Sense. Studies in Hearing and Musical Judgment from Antiquity to the Seventeenth Century*, hrsg. von Ch. Burnett, M. Fend und P. Gouk, London 1991, S. 71–94 • A. Luppi, *Retorica musicale e scienza dei suoni in Francis Bacon*, in: Rivista Italiana di Musicologia 29/2 (1994), S. 361–400 • Ph. Vendrix, *On the theoretical expression of music in France during the Renaissance*, in: Early Music History, 13 (1994), S. 249–273 • P. Barbieri, *Il mesolabio e il compasso di proporzione : le applicazioni musicali di due strumenti matematici*, in: Passadore 1996, S. 201–220 • L.P. Austern, *Nature, culture, myth, and the musician in early modern England*, in: Journal of the American Musicological Society, 51/1 (1998), S. 1–47 • F. Hentschel (Hrsg.), *Musik, und die Geschichte der Philosophie und Naturwissenschaften im Mittelalter: Fragen zur Wechselwirkung von »musica« und »philosophia« im Mittelalter*, Leiden 1998.

PHV

Neapel

Nach der Eroberung der Stadt 1442 durch Alfonso von Aragon wurde Neapel im 15. Jahrhundert durch das aragonesische Königshaus regiert, nach ▶ Alfonso I. (V.; 1442–1458) durch Ferrante I. (1458–1494). 1504–1507 standen Neapel und Sizilien unter uneingeschränkter spanischer Herrschaft. – Die Stadt erfuhr im 15. Jahrhundert einen kulturellen Aufschwung durch die Einrichtung einer königlichen Kapelle mit einer steigenden Anzahl von Sängern, von anfänglich 15 (1444) bis 21 (1451), die von einem Maestro di capella geleitet wurde (Giacomo Borbo, 1444; Pietro Brusca, 1454); hinzu kam ein Organist (Perinetto Torsel ab 1443). In Neapel wirkten bekannte Musiker, darunter Pietro Oriola (1444–1455 als Sänger in der Kapelle), danach insbesondere Juan ▶ Cornago (1453–1458, dann wieder ab 1466 bis Ende der sechziger Jahre) und Bernard Ycart (um 1480). Johannes ▸ Tinctoris war von ca. 1472 bis 1487 in Neapel und widmete einige seiner Schriften Mitgliedern des Königshaus, darunter auch sein ›Musiklexikon‹ (*Terminorum musicae diffinitorium*). Auch der Musiktheoretiker Francesco ▸ Gaffurio war zwischen 1478 und 1480 in höfischem Dienst in Neapel, wo er seinen ersten Traktat, *Theoricum opus musicae disciplinae* (1480), verfasste. Zwischen 1465 und 1467 trat der berühmte Tanzmeister ▸ Guglielmo Ebreo da Pesaro in Neapel auf und gab dem Tanz am Hof entscheidende Impulse. Bekannte Namen von Kapellmeistern finden sich in der königlichen Kapelle wieder in der zweiten Hälfte des 16. Jahrhunderts: insbesondere Diego ▸ Ortiz (1555–1570) und als Nachfolger Francisco Martìnez de Loscos (1570–1583) und Bartholomeo Le Roy (1583–1598). Neben die königliche Kapelle traten seit Mitte des 16. Jahrhunderts die Kapelle der Chiesa della SS. Annunziata, der Dom San Gennaro und das Oratorio dei Filippini, wobei letzteres vor allem für die Pflege der ▸ Lauda berühmt wurde; Giovenale Ancina war hierin führender Komponist. An SS. Annunziata war Gian Domenico Del Giovane da Nola von 1563 bis zum Ende seines Lebens 1592 Kapellmeister; Stefano ▸ Felis war in der Zeit von 1591 bis 1596 Organist und Kapellmeister am Dom. Zudem wuchs Carlo ▸ Gesualdo in Neapel am Hofe seines Vaters auf und wirkte auch dort. – In Neapel wurden als vokale Gattungen seit der zweiten Hälfte des 15. Jahrhunderts insbesondere der ▸ Strambotto und, im 16. Jahrhundert daraus entwickelt, die neapolitanische ▸ Villanella, die ▸ Barzelletta und der ›Gliommeri‹ (›Gomitoli‹) gepflegt; letzterer war eine volkstümliche Form der ▸ Frottola. Zu den Canzone villanesche alla napoletana (1537 ältester Druck dieser Gattung) haben u.a. auch Orlande de ▸ Lassus und Del Giovane da Nola (*Canzoni villanesche*, 1541) beigetragen. Gepflegt wurden diese Gattungen insbesondere auch in der *Accademia* Gesualdos, der unter anderen (Scipione Stella, Giovanni Leonardo Primavera, Giovanni de Maque, Pomponio Nenna, Rocco Rodio, Luigi Dentice) auch Felis angehörte. Die Madrigalkomposition in Neapel wurde in dieser Zeit über die Verbindung Gesualdos stark von Ferrara beeinflusst. – Im Bereich des frühen Musiktheaters sind Aufführungen von ›Farse‹ seit dem Ende des 15. Jahrhunderts nachgewiesen, in denen die Musik eine Rolle spielte. Im 16. Jahrhundert wurden wie auch andernorts bei Hofe Kommödien mit musikalischen ▸ Intermedien gespielt, u.a. die Commedia *Gl'ingannati* (1545) in der Accademia des Prinzen von Salerno, Ferrante Sanseverino, oder die Commedia *Philenia* von Antonio Mariconda mit Musik von Vincenzo da Venafro (1546) oder das Dramma *L'Alessandro* von Enea Silvio Piccolomini (Papst Pius II.) mit Mitwirkung von Scipione delle Palla und Giovanni Leonardo ▸ dell'Arpa. – Im 15. Jahrhundert wurden vier Konservatorien in Neapel gegründet – an S. Maria di Loreto (1537), an S. Onofrio (1576), an S. Maria della Pietà die Turchini (1583) und das Conservatorio di Poveri di Gesù Cristo (1590). Die Schüler sorgten zum Teil selbst für den Unterhalt der Schulen, indem sie in den Kirchen die Musik bestritten wie auch in Privathäusern sangen, wozu ein profunder Musikunterricht notwendig war. Die theoretische Basis bildeten Traktate der in der zweiten Hälfte des 16. Jahrhunderts in Neapel tätigen Musiktheoretiker: Luigi Dentice (*Due dialoghi della musica*, 1552), Rocco Rodio (*Regole della musica*, 1600) und Scipione Cerreto (*Della prattica musica*, 1601). Neapel verfügte somit seit Tinctoris auch über eine anhaltende musiktheoretische Tradition. Auch der ▸ Notendruck blühte seit der zweiten Hälfte des 16. Jahrhunderts in der Stadt.

Literatur:
F. Seller, *Neapel*, in: *MGG*², Bd. 7 (Sachteil), 1997, Sp. 43–55.

Negri, Cesare
um 1535 Mailand, † um 1604 Mailand (?)

Cesare Negri, gen. Il Trombone, gehört zu den bedeutendsten italienischen Tanzmeistern und Tanztheoretikern. 1602 veröffentlichte er eines der wichtigsten Traktate über den Gesellschafts- und Bühnentanz der italienischen Höfe in der zweiten Hälfte des 16. Jahrhunderts: *Le gratie d'amore*. Als sein Lehrer, der Tanzmeister Pompeo Diobono, 1554 in französische Dienste trat, übernahm Negri seinen Platz und diente den spanischen Habsburgern in Mailand mindestens bis 1599. Seine Auftraggeber und Schüler kamen aus der italienischen Hocharistokratie, aus den Familien der ▸ Medici, Visconti, ▸ Gonzaga und ▸ Este. Und es ist nicht auszuschließen, dass er auch Verbindung zu der Academia Inquieto di Milano pflegte, einer der damals in adligen Kreisen populären humanistischen Akademie. Zwischen 1555 und 1600 nahm er als Tänzer und/oder Veranstalter/Arrangeur an zahlreichen Festen teil, zum Beispiel an den Festivitäten für den Admiral Andrea Doria anlässlich dessen Triumphs über die Türken 1560. Negri begleitete auch Mailänder Gesandte auf offiziellen Reisen, zum Beispiel nach Malta, Genua, Neapel, Florenz, Saragossa. Nach eigenen Angaben umfassten die Aufzüge und Spektakel hunderte von Ausführenden und verlangten also dementsprechende tänzerische und organisatorische Fähigkeiten.

Ähnlich wie bei zwei seiner bekanntesten Zeitgenossen, Thoinot ▸ Arbeau und Fabritio ▸ Caroso, zeigen Negris Traktate die Tanzpraktiken eines halben Jahrhunderts. Der Stil entspricht der zeitgenössischen Tanzkunst; und er hielt die verwendeten Bewegungen in einer Wortkürzelschrift fest. Dennoch zeigt seine Art des Tanzschaffens auch Besonderheiten in Bezug auf die Terminologie, bevorzugte Tänze, Strukturen und Details in den Schrittmustern auf. Darüber hinaus verweisen die Untertitel einiger Tänze darauf, dass er einen lokalen Mailänder Stil pflegte.

Die Auflistung seiner Schüler und Schülerinnen – versehen mit den Daten ihrer ›Lehrzeit‹ – erlaubt es, die aufgezeichneten Tänze zeitlich einzuordnen, da sie meist einer der Schülerinnen gewidmet waren. Unter diesem Aspekt lässt sich die Sammlung zwischen 1563 und 1599 datieren. Die Vertrautheit, die er jedoch mit älteren Tänzen zeigt, erweitert das Einzugsgebiet des Traktats sowohl historisch wie geographisch, nämlich auf alle Orte, in denen italienische Tanzmeister in der zweiten Hälfte des 16. Jahrhunderts wirkten.

Le gratie d'amore gibt unter verschiedenen Aspekten Einblicke in die Tanzgeschichte der Zeit. Erstaunlich im Vergleich zu anderen zeitgenössischen Traktaten ist das Ausmaß an biographischen Details zum Leben seiner Kollegen in der ersten Abteilung des Buches. Bezeugt wird das Bewusstsein einer großen italienischen Tanztradition. Und deutlich erscheint, dass die von den Tanzmeistern vermittelte Ausbildung in Dressurreiten, Gymnastik, Fechten, Musik, Tanztechnik und der Erfindung von Variationen der ▸ Galliarde, eines zeitgenössischen Modetanzes, sowohl geistige wie körperliche Fähigkeiten ansprach und zum Erziehungskonzept der Höfe zählte, das die Tanzmeister vermittelten.

In den Ausführungen zur Galliarde im zweiten Kapitel leistete Negri einen unverzichtbaren Einblick in die Tanztechnik, vor allem in die Ausführung von Schritten, Gesten, Bodenwegen. Die Beschreibung von Schrittmustern, die mit wenigen Veränderungen aus Fabritio ▸ Carosos *Il ballarino* übernommen sind, und verbale Schilderungen von 23 Balletten enthält das *Trattato terzo*. Negris Manual gibt als Einziges seiner Zeit Einblicke in Tanztheaterproduktionen für Amateure; und sie stellen ebenso ein wertvolles Quellenmaterial für die zeitgenössischen Opernaufführungen und Balli dar.

Der in den Traktaten von Negri und Caroso dargestellte Tanzstil war auch außerhalb Italiens verbreitet und wurde, wie man aufgrund der Anwesenheit italienischer Tanzmeister an zahlreichen Fürstenhöfen sowie italienischer Tanzsätze in den Instrumentalsuiten annehmen kann, noch bis gegen Ende des 17. Jahrhunderts gepflegt. Im Laufe des 17. Jahrhunderts, vor allem seit der Gründung der Académie de la danse am Hofe Ludwig XIV. in Paris 1661 wurde der italienische Stil vom französischen Tanz zunehmend abgelöst.

Schriften:
Le gratie d'amore, Mailand 1602, hrsg. von W. Salmen und übersetzt von Brigitte Garski (Tanzhistorische Studien, hrsg. von W. Salmen für das Deutsche Tanzarchiv Köln), Hildesheim 2003; *Nuove inventioni di balli*, Mailand 1604 (Neuausgabe von *Le gratie d'amore*), Faksimile New York und Bologna 1969, engl. Übersetzung und Transkription der Musik von Y. Kendall, DMA Diss. Stanford Univ. 1985.

Literatur:
O. Chilesotti (Hrsg.), *Danze del secolo XVI*, Milano o.J. • P. Jones, *The relation between music and dance in Cesare Negri's »Le Gratie d'Amore«*, Phil. Diss. King's College, Faculty of Music, London 1989 • C. Reis Jones, *Negri*, in: *International Encyclopedia of Dance*, hrsg. von S.J. Cohen, New York u.a. 1989, Bd. 4, S. 579–583 • K.T. McGinnis, *At Home in the Casa del Trombone: A Social-Historical View of Sixteenth-Century Milanese Dancing Masters*, in: *Reflecting our Past; Reflecting our Future (Proceedings of the 20th Annual Conference of the Society of Dance History Scholars)*, New York 1997, S. 203–216 • S. Dahms, *Negri*, in: *MGG²*, Bd. 12 (Personenteil), 2004, Sp. 965f.

GV

Neostoizismus

Der Neostoizismus bezeichnet eine Wiederbelebung und Erneuerung der Lehren der antiken Stoa im späten Humanismus. Er wurde vor allem zwischen 1590 und 1640 in Italien, Frankreich und Deutschland populär. Um dieses Phänomen verstehen zu können, ist vor allem eine Einordnung in die Geschichte der Stoa notwendig.

Die klassische Stoa war eine Philosophie der Krise, die den Griechen nach dem Zerfall des Reiches Alexanders des Großen, der Polis und der alten Götterwelt vor allem Orientierungshilfen für ein sinnerfülltes, glückliches Leben geben sollte, ebenso wie die Gedanken Epikurs und die der Skeptiker, wenngleich die Stoa eher kosmopolitisch orientiert war. Sie wurde von Zenon (333–265) begründet, einem vielseitigen Wissenschaftler und Philosophen, der den makedonischen Kronprinz Antigonos zum Schüler hatte, was eine frühe Verbindung von Stoa und Politik zur Folge hatte.

Die frühe Lehre besteht aus drei Teilen: der Logik, der Physik und der Ethik. Der direkte Zusammenhang dieser drei wird verglichen mit einem Garten, in dem die Logik als geschlossenes System die schützende Mauer bildet, während die Physik den Bäumen entspricht und die Ethik den Früchten des Gartens, welche von der Physik hervorgebracht werden. Dabei steht der praktische Nutzen, also die Ethik als Maßstab für das eigene Tun, im Mittelpunkt. Hierdurch verliert die Logik zuweilen an Bedeutung, während die Physik für die Ethik konstitutiv bleibt.

Gott ist in der Stoa mit dem ›logos‹, der Weltvernunft identisch. Er ist vollkommen, und so ist sein einmal gefasster Wille gleichbedeutend mit einem determinierten ›fatum‹, es ist also unmöglich, am vorbestimmten Lauf der Dinge etwas zu ändern. Die Physik, die diesen Ablauf erkennt, bringt darum die Ethik hervor: Herr über das unabänderliche Schicksal kann der Mensch nur sein, wenn er es als Weltvernunft akzeptiert und bereit ist, es auf sich zu nehmen.

Entscheidend ist, mit welcher Geisteshaltung der Stoiker sein Schicksal trägt, denn nur wenn er sich ganz darein fügt und seine Affekte erfolgreich unterdrückt, tut er das Richtige, das allein ihn glücklich machen kann.

Als der Scipionenkreis die griechische Philosophie in Rom heimisch machte, verband sich die so genannte neue Stoa mit dem aufkommenden Christentum und verlor nach und nach ihre Selbstständigkeit. Der Wechsel zum römischen Stoizismus, der vor allem in den Schriften Senecas, Epiktets und Marc Aurels überliefert ist, zeichnete sich insbesondere aus durch eine Betonung der Ethik zu Lasten aller anderer Betrachtungen, eine Popularisierung der Themen und den Zusammenbruch der reinen Lehre durch die Übernahme von Gedankengut aus anderen Schulen. Dieser Trend hielt bis ins Mittelalter an und wurde später im Neostoizismus weiter verstärkt. Im Mittelalter war er sicherlich nicht zuletzt durch das Fehlen direkter Zeugnisse für die dreigeteilte griechische Lehre bedingt: Franz von Assisi, Dante, Roger Bacon und Wilhelm von Conches bezogen sich vor allem auf die Schriften Senecas.

In der Renaissance erlebte die Stoa eine Wiederbelebung im Zuge der Betrachtung der Antike auf der Suche nach Antworten auf Fragen der Gegenwart, wohl auch bedingt durch ihre Krisentauglichkeit angesichts des Zusammenbruchs des mittelalterlichen Welt- und Wertesystems. Für die Entwicklung des modernen Weltbildes in Staat und Recht sowie Literatur und Philosophie erlangte sie eine enorme Bedeutung. Frühe Zeugnisse finden sich bereits bei Francesco Petrarca, dem Vater des Humanismus, der in seinem Werk *De remediis utriusque fortunae* (entstanden um 1360) den stoischen Streit zwischen Vernunft und Affekten behandelt. Es wurde bis ins 17. Jahrhundert gedruckt und spielte im Neostoizismus eine bedeutende Rolle. Doch erst 200 Jahre nach der Entstehung dieser Schrift erhob sich die Stoa über Platonismus und Epikureismus, um zu voller Wirksamkeit zu gelangen. Im Mittelpunkt stand bis dahin vor allem die Vermittlung moralischer Werte, das Leben gemäß des Schicksals und die Kraft der Vernunft gegenüber den Affekten, etwa bei Coluccio Salutati, Leonardo Bruni, Lorenzo Valla und Bernardino Telesio bis hin zu Justus Lipsius (1547–1606).

Lipsius, ein Philosoph und Philologe, der zuletzt an der Universität Löwen wirkte, gilt neben ▸ Erasmus von Rotterdam als bedeutendster Epistolograph des Humanismus und als Mitbegründer der modernen Staatslehre. Er initiierte eine Wiederbelebung der Stoa in der Renaissance, indem er sämtliche ihm zugängliche Quellen studierte und ein kohärentes stoizistisches System rekonstruierte. In seinen jungen Jahren betonte er vor allem die Naturphilosophie und verteidigte den Materialismus der alten Stoa, der allem Seienden körperliches Wesen zuschreibt. Mit seinem frühen Werk *De constantia* (1584) begründete er den Neostoizismus im eigentlichen Sinne. Gegen Ende seines Lebens bemühte er sich vor allem, die Stoa mit dem Christentum zu vergleichen. Um die beiden Lehren überzeugend verknüpfen zu können, ergänzte er die Stoa um erhebliche neu-platonische und gnostische Ansätze. Nach dieser Synthese ist das finale Ziel des Menschen, sich Gott zuzuwenden, da Lipsius den stoischen Weisen mit dem guten Christen nahezu gleichsetzte. Dennoch ließ seine Lehre einige Paradoxa offen: So konnte er etwa den Widerspruch zwischen der Stoa, die den Suizid billigt, und dem Christentum, das ihn ablehnt, nicht endgültig ausräumen.

Lipsius war sehr populär und wurde stark rezipiert. Seine Gedanken bildeten auch die Grundlage der politischen Theorie des frühmodernen Macht- und Ordnungsstaates. Er prägte etwa Michel de Montaigne, Guillaume du Vair, Pierre Charron, Richelieu und Montesquieu, sowie den englischen Denker Francis Bacon. Vermutlich hat er auch die Naturrechtslehre des Hugo Grotius nachhaltig beeinflusst, wobei die Bedeutung der Stoa für die Naturrechtslehre im Allgemeinen bis heute nicht wirklich geklärt werden konnte.

Im Bereich der Naturphilosophie wurden auch Erasmus von Rotterdam und Giordano Bruno in ihren Ansichten von der Stellung des Menschen im Kosmos von der Stoa beeinflusst. Insbesondere die Vorstellung eines organischen, sich aktiv selbst erhaltenden Kosmos fußt auf der stoischen Lehre (vgl. Abel 1978, S. 49).

Die Auswirkungen der neostoizistischen Theorien waren weitreichend: In der Philosophie der Neuzeit findet sich stoisches Gedankengut vor allem in Spinozas rigidem Determinismus und Immanuel Kants Theorien zur kopernikanischen Wende der Ethik, in denen er die Vernunft als Triebfeder des sittlich guten Wollens und damit als einziges moralisches Prinzip hervorhebt. Auch für das heutige politische Verständnis ist die Stoa insofern von Bedeutung, als sie die Fähigkeit zur Teilhabe am ›logos‹ grundsätzlich jedem Menschen gleichermaßen zuspricht. Sie sieht also jeden Menschen als zur Freiheit berufen – was wiederum bereits bei Seneca als erste Vorstellung von einer universellen Menschenwürde verstanden werden kann.

Literatur:
P. Barth, *Die Stoa. Völlig neu bearbeitet von A. Goedeckenmeyer*, Stuttgart 1946 • J.L. Saunders, *Justus Lipsius. The Philosophy of Renaissance Stoicism*, New York 1955 • M. Pohlenz, *Die Stoa. Geschichte einer geistigen Bewegung*, Göttingen ⁴1970 • G. Abel, *Stoizismus und frühe Neuzeit. Zur Entstehungsgeschichte modernen Denkens im Felde von Ethik und Politik*, Berlin und New York 1978 • G. Oestreich, *Antiker Geist und moderner Staat bei Justus Lipsius: der Neostoizismus als politische Bewegung* (Schriftenreihe der Historischen Kommission bei der Bayerischen Akademie der Wissenschaften 38), Göttingen 1989 • M. Forschner, *Die stoische Ethik*, Darmstadt 1995 • B. Russel, *Philosophie des Abendlandes. Ihr Zusammenhang mit der politischen und der sozialen Entwicklung*, München und Wien ¹⁰2001 • W. Weinkauf (Hrsg.), *Die Philosophie der Stoa. Ausgewählte Texte*, Stuttgart 2001.

MP

Neri, Filippo
* 21.7.1515 Florenz, † 26.5.1595 Rom

Filippo Neri, Heiliger, Priester, katholischer Reformator und Gründer der Congregatio d'Oratorio (1575), begann seine Studien in Florenz im dominikanischen Kloster von San Marco. Er hatte dort die geistige Reform von Girolamo ▸ Savonarola in sich aufgenommen, der, begründet in einer sehr starken persönlichen Frömmigkeit, die ▸ Lauda als eine Form des hervorgehobenen Ausdrucks empfand. 1533/1534 war Neri in Rom als Hauslehrer der Kinder seines Landsmannes Galeotto Caccia tätig. Parallel dazu verfolgte er seine Ausbildung in Philosophie und Theologie bzw. bei den Augustinern und an der Sapienza. Von der Kontemplativität angezogen, führte er dann das Leben eines Eremiten in Rom (1536–1551) und nahm ganz an den karikativen Aktivitäten des Ospedali degli Incurabili und vor allem der Confraternità della SS. Trinità dei Pellegrini teil, die er 1548 zu gründen half. 1551 erhielt er die Priesterweihe. Er führte seitdem ein Leben als Prediger, Beichtvater und geistlicher Ratgeber an der Kirche S. Girolamo della Carità. Seit 1554/1555 verbündete er sich mit einer Gruppe von gebildeten Menschen, die sich seit 1588 regelmäßig in einem kleinen ›Oratorio‹ nahe von S. Girolamo versammelten. Bei ihnen trafen sich zahlreiche römische Musiker, insbesondere Giovanni ▸ Animucia, Francisco ▸ Soto de Langa oder Giovenale Ancina (1545–1604), die dort über religiöse Angelegenheiten diskutierten und sich Übungen der Devotion hingaben. 1564 wurde Neri mit der Pfarrgemeinde S. Giovanni dei Fiorentini betraut, wo er eine erste ▸ Bruderschaft gründete. Am 15. Juli 1575 erkannte Gregor XIII. die neue Bruderschaft an, erhob sie zu einer Kongregation von Priestern und Laiengeistlichen und vertraute ihnen die Kirche S. Maria in Vallicella an; Filippo Neri wurde deren Leitung anvertraut (1575–1593), der dann zwei Jahre vor seinem Tod (1595) die Verantwortlichkeit Cesare Baronio (1538–1607) übergab. Neri wurde am 15.3.1615 selig und am 12.3.1622 heilig gesprochen.

Man verdankt Neri und dem Oratorio, in Rom die florentinische Praxis der ▶ Lauda eingeführt zu haben. Sie nahm einen wichtigen Platz in den Übungen der Kongregation ein, insbesondere im Verlauf des ›oratorio vespertino‹, das täglich am Ende des Nachmittags abgehalten wurde. Jede Sitzung lief nach einem festgelegten Rahmen ab: erstens eine moralische oder erbauende Lektüre in Fortsetzung, darüber zweitens einen Kommentar, drittens eine Diskussion und viertens ein Gebet. Schließlich lass man fünftens einen Abschnitt über die Kirchengeschichte, sechstens einen hagiographischen Bericht und beendete die Sitzung siebtens durch einige Laude und ein Schlussgebet. Das *Libro primo delle Laudi Spirituali* (Venedig 1563) von Serafino Razzi (1531–1611) diente der jungen Kongregation als Modell, das unter dem Einfluss von Neri und Animuccia schnell mit einem eigenen musikalischen Repertoire bedacht wurde. Eine Reihe von Sammlungen von Laudi spirituali, die eindeutig für die Versammlungen des Oratorio bestimmt waren, erschienen somit zwischen 1563 und 1600: zwei, die von Animuccia komponiert wurden (1563 und 1570), fünf Anthologien, die von Soto verwirklicht wurden (1578, 1583, 1588, 1591, 1598) und eine weitere Sammlung von Ancina (1599). Das originale Repertoire aus simplen monodischen oder für den gemeinsamen Gebrauch harmonisierten Lauden wurde schnell durch komplexere polyphone Werke ersetzt, die Dialoge und dramatische Texte bevorzugten und so den Weg zum ›Oratorio volgare‹ des 17. Jahrhunderts öffneten.

Literatur:
L. Ponelle / L. Bordet, *Saint Philippe Néri et la société romaine de son temps, 1515–1595*, Paris 1928, ²1958 • H.E. Smither, *A History of the Oratorio. The Oratorio in the Baroque Era: Italy, Vienna, Paris*, Bd. 1, Chapel Hill 1977 • A. Cistellini, *San Filippo Neri, l'Oratorio e la Congregazione oratoriana. Storia e spiritualità*, Brescia 1989 • A. Morelli, *Il tempio armonico: musica nell'Oratorio dei Filippini in Roma (1575–1705)*, in: Analecta Musicologica 27 (1991) • F. Noske, *Saints and Sinners. The Latin Musical Dialogue in the Seventeenth Century*, Oxford 1992 • P. Macey, *Bonfire Songs. Savonarola's Musical Legacy*, Oxford 1998.

FG

Neupythagoreismus
▶ Pythagoreisches System

Neusiedler [Newsidler, Neusydler, Neysidler, Neusiedler], Familie

Die Mitglieder der Familie Neusiedler gehörten zu den führenden Lautenisten und Lautenkomponisten im 16. Jahrhundert in Deutschland. Ihr erster Vertreter war Hans Neusiedler (* 1508/1509 Pressburg, † 2.2.1563 Nürnberg). Er zählt gemeinsam mit Hans ▶ Judenkünig und Hans Gerle zu den maßgeblichen Lautenisten.

In Preßburg geboren kam er Anfang 1530 nach Nürnberg, wo er im September 1530 die Nürnbergerin Margaretha Regenfuss heiratete und ein knappes Jahr später, am 17.4.1531, den Bürgereid ablegte. Durch die Heirat verbesserten sich seine Vermögensverhältnisse so, dass er bald in der Lage war, ein Haus zu erwerben. Diese scheinbar marginalen biographischen Daten belegen Neusiedlers raschen sozialen Aufstieg in Nürnberg, der sich wiederum förderlich auf seine Arbeit und sein Ansehen als Lautenist, Komponist und Lautenlehrer ausgewirkt hat. Er war damit Mitglied jener sozialen Schicht, die auch vorzugsweise seine Dienste als Lehrer und Instrumentalist in Anspruch nahm.

Der soziale Aufstieg ging jedoch nicht zwangsläufig einher mit einem ökonomischen

Aufstieg. Neusiedler hatte 14 Kinder, was bald dazu führte, dass er den Stadtrat um finanzielle Hilfe bitten und schließlich sein Haus verkaufen musste. Nachdem seine Frau im Januar 1556 verstorben war, heiratete er bereits am 4. Mai ein zweites Mal; mit dieser Frau hatte er vier Kinder. Seine zweite Frau verstarb in August 1562.

Zwischen 1536 und 1549 veröffentlichte Neusiedler acht Bände mit Lautenmusik. Darin enthalten sind ▸ Intavolierungen und Arrangements von vokalen Vorbildern wie deutschen Liedern, von ▸ Motetten, italienischen ▸ Madrigalen, Tanzliedern; aber auch genuin instrumentale Stücke wie deutsche und italienische Tänze und freie Präludien (▸ Praeambulum).

Der Schwierigkeitsgrad der Kompositionen variiert stark. Die Sammlungen spiegeln in stilistischer wie spieltechnischer Hinsicht die Spannbreite der Lautenkomposition in Deutschland zu dieser Zeit. Die meisten der Stücke sind dreistimmig (Diskant, Tenor, Bass), jedoch finden sich auch Reduktionen umfangreicherer Sätze für nur zwei Stimmen (T, B), die sich vor allem an Anfänger richten. Vierstimmige Sätze enthalten nur das dritte Buch von 1544 sowie der Druck von 1549. Zielgruppe aller Werke ist vor allem das bürgerliche Publikum, mithin jene gesellschaftliche Schicht, der Neusiedler selbst angehörte und aus der zweifellos auch das Gros seiner Schüler stammte.

Das erste Lautenbuch von 1536 wendet sich vor allem an Anfänger, die im Selbststudium das Lautenspiel erlernen wollen. Neusiedler gibt Anweisungen zum Fingersatz der linken Hand, wobei er den jeweiligen Finger durch 1–4 Punkte bezeichnet (1 = Zeigefinger, 2 = Mittelfinger etc.). Läufe sind abwechselnd mit Daumen und Zeigefinger zu spielen. Neben diesen einführenden Anmerkungen zum Lautenspiel versieht Neusiedler auch einige seiner Kompositionen mit Fingersätzen, die es dem Schüler ermöglichen, das Gelernte an praktischen Beispielen zu üben. Ungleich anspruchsvoller ist das zweite im Jahre 1636 veröffentlichte Lautenbuch, das sich dezidiert an erfahrene Spieler wendet und eine fortgeschrittene, z.T. virtuose Spieltechnik voraussetzt.

Hans Neusiedlers ältester Sohn, Melchior Neusiedler (* 1531 Nürnberg, † 1590 Augsburg), folgte dem Vorbild seines Vaters als Lautenist und Komponist. Nach erstem Lauten- und Kompositionsunterricht bei seinem Vater bewarb er sich bereits 1551 (mit etwa 20 Jahren) um ein zehnjähriges Privileg zum Druck seiner Werke, das ihm auch gewährt wurde. Bald danach verließ er seine Heimatstadt, deren Bürgerrecht er Ende 1552 aufgab, und ließ sich in Nürnberg nieder. Dort wurde er Leiter der ›Stillen Musica‹, jenem Teil der städtischen Musik, die bei festlichen Anlässen in den Häusern der Bürger musizierte. Die bereits erwähnten finanziellen Probleme seines Vaters Hans nötigten ihn im Oktober 1561 dazu, seine drei jüngsten Brüder in Pflege zu sich zu nehmen.

Kannte sein Vater italienische Musik nur aus Drucken und Handschriften, so konnte Melchior 1565 selbst nach Italien reisen, wo er sich bis 1566 aufhielt und in Venedig, das zu dieser Zeit eines der aufstrebenden Musikzentren war, zwei Lautenbücher veröffentlichen. Eine weitere Reise führte ihn 1574 nach Straßburg, wo er ein weiteres Lautenbuch drucken ließ.

Eine Bewerbung um einen Posten am Stuttgarter Hof im Jahre 1576 blieb erfolglos, jedoch bemühte sich Melchior Neusiedler weiterhin um angesehene Stellen außerhalb Augsburgs. So dürfte auch die Übersendung von »einigen sehr guten Tänzen« an Herzog Wilhelm V. von Bayern im Dezember 1577 mit dem Hintergedanken geschehen sein, damit entweder eine Anstellung oder doch zumindest eine größere Remuneration zu erhalten.

Von September 1580 bis Mai 1581 wirkte er kurzzeitig als Lautenist bei Erzherzog Ferdinand II. in Innsbruck, kehrte jedoch bald wieder nach Augsburg zurück, wo er weiterhin als Lautenist bei zahlreichen Mitgliedern des Patriziats musizierte. Zu seinen Förderern dort gehörte v.a. Octavian II. Fugger, in dessen Haus er mehrfach musizierte und der ihm aus Dank und Anerkennung im Alter eine Rente zukommen ließ.

Das Repertoire von Neusiedlers Lautenbüchern spannt sich von Intavolierungen von Madrigalen, Motetten, Chansons bis hin zu italienischen Tänzen und Tanzliedern. Darüber hinaus enthalten sie einige imitierende ▸ Ricercare, die Neusiedler als ▸ »Fantasias« bezeichnet. Das *Teütsch Lautenbuch* erweitert dieses Repertoire noch um deutsche Tänze und Lieder.

Während die Lautenbücher seines Vaters vor allem dreistimmiges Repertoire bieten, bemüht sich Melchior, die Stimmenzahl der vokalen Vorlagen möglichst vollständig zu übernehmen. Dieses erweiterte Klangspektrum spiegelt sich auch in seinen Vorstellungen vom Lautenbau wider. Im Lautenbuch von 1574 spricht sich Neusiedler gegen die sechssaitige Laute aus, da diese für die neuere Musik nicht mehr geeignet sei und favorisiert die siebensaitige. Die siebte Saite solle jedoch eine große Sekunde tiefer als die sechste Saite gestimmt sein und nicht im Quartabstand wie die übrigen Saiten.

Die Kompositionen und Intavolierungen Melchior Neusiedlers erfuhren europaweite Verbreitung. Neben zahlreichen weitgestreuten Abschriften seiner Werke druckte etwa Pierre ▸ Phalèse in den Niederlanden einige seiner Fantasien nach.

Konrad Neusiedler (getauft 13.2.1541 Nürnberg, † nach 1603 Augsburg), Sohn von Hans und jüngerer Bruder Melchiors, war ebenfalls als Lautenist und Komponist bekannt. Wie sein Bruder zog er 1562 nach Augsburg, wo er noch 1604 in den Steuerlisten erscheint. Danach verliert sich seine Spur, und es ist zu vermuten, dass er um diese Zeit verstorben ist.

Konrad bediente in Augsburg ein ähnliches Publikum wie sein älterer Bruder und spielte bei zahlreichen Hochzeiten und festlichen Anlässen in den Häusern der örtlichen Bürger. Seine Werke sind ausschließlich in einigen Handschriften erhalten und umfassen deutsche Tänze, Intraden und Intavolierungen von deutschen geistlichen Liedern sowie Intavolierungen von Motetten seiner Zeitgenossen Orlande de ▸ Lassus und Johann ▸ Eccard.

Ausgaben:
Hans Neusiedler: *Österreichische Lauten-Musik im 16. Jahrhundert* (Denkmäler der Tonkunst in Österreich XXVII), hrsg. von A. Koczirz, 1911; *Das deutsche Gesellschaftslied in Österreich von 1480–1550* (Dass. LXXII), hrsg. von L. Nowak und A. Koczirz, 1930; *Ein newgeordent künstlich Lautenbuch in zwen Theyl getheylt: der erst für die anfahenden Schuler*, Nürnberg 1536, Faksimile Neuss 1974; *Der ander Theil des Lautenbuchs: darin sind begriffen vil ausserlesner kunstreycher Stuck von Fantaseyen, Preambeln, Psalmen, und Muteten*, Nürnberg 1536, Faksimile Neuss 1976.
Melchior Neusiedler: *Il primo libro intabolatura di liuto di [...] Neysidler [...] ove sono madrigali, canzon francesi, pass'emezi, saltarelli & alcuni suoi ricercari*, Venedig 1566, Neuedition Ottawa 1994; *Il secondo libro intabolatura di liuto di*, Venedig 1566; *Teütsch Lautenbuch, darinnenn kunstliche Muteten, liebliche italianische, frantzösische, teütsche Stuck*, Strassburg 1574, Reprint Stuttgart 1999.

Literatur:
K. Dorfmüller, *Studien zur Lautenmusik in der ersten Hälfte des 16. Jahrhunderts*, Tutzing, 1967 • O. Wessely, *Zur Lebensgeschichte von Melchior Neusidler*, in: Studien zur Musikwissenschaft 36 (1985), S. 17–34 • H. Minamino, *Sixteenth-Century Lute Treatises with Emphasis on Process and Techniques of Intabulation*, Diss. Univ. of Chicago 1988 • C. Meyer, *Sources manuscrites en tablature: luth et théorbe, catalogue descriptif*, 2 Bde., Baden-Baden 1991 • F. Krautwurst, *Melchior Neusidler und die Fugger*, in: Musik in Bayern 54 (1997), S. 5–24.

MR

Nicholson, Richard
Getauft 26.9.1563, † 1639 Oxford

Der englische Organist und Komponist weilte wahrscheinlich zeit seines Berufslebens in Oxford; dort war er ›Informator choristarum‹ am Magdalen College, erhielt 1596 den Bachelor of Music und bekam 1626 an der Stiftung William Heythers den Posten des ersten ›Musikmeisters‹, der später in eine Universitätsposition führte, die er bis zu seinem Lebensende inne hatte. Nicholsons wenige erhaltene Kompositionen umfassen die wichtigsten englischen Gattungen der Zeit, ▶ Anthem, ▶ Consort Song und ▶ Madrigal, unter letzteren auch den Madrigalzyklus *Joan, quoth John, when will this be*, der als Zyklus gegenüber den in England ansonsten als Einzellieder in Sammlungen überlieferten Madrigalen eine Besonderheit darstellt; er besteht aus einer Folge mehrerer Madrigale und war möglicherweise von italienischen Modellen wie der ▶ Madrigalkomödie beeinflusst. Der Wirkungsbereich seiner Musik war wahrscheinlich begrenzt, er trug jedoch immerhin zu Thomas ▶ Morleys Sammlung *The Triumphes of Oriana* (1601) mit *Sing, shepherds all* bei, die Madrigale der renommiertesten Komponisten Englands enthielt.

Ausgaben:
Consort Songs, hrsg. von P. Brett (Musica britannica 22), London 1967; *Madrigals*, hrsg. von J. Morehen (The English Madrigal School 37), London 1976.

Literatur:
G. Spearitt, *The Consort Congs and Madrigals of Richard Nicholson*, in: Musicology 2 (1965–1967), S. 42–52 • C. Monson, *Richard Nicholson: Madrigals from Jacobean Oxford*, in: Early Music 6 (1978), S. 429–435 • J. Morehen, *Nicholson*, in: *Grove*, Bd. 17, 2001, S. 896.

Niederlande

In der Mitte des 16. Jahrhunderts erreichten die Niederlande unter ▶ Kaiser Karl V. ihren größten Umfang. In der Folge des Aufstands gegen die habsburgische Macht kam am Ende des 16. Jahrhunderts die Republik der Vereinigten Niederlande zustande. Diese bildete die protestantisch geprägten nördlichen Niederlande, denen die katholisch gebliebenen südlichen Niederlande (heute Belgien) mit dem Machtzentrum Brüssel gegenüberstanden.

Die Bedeutung der Niederlande war seit der Erforschung der älteren Musikgeschichte in der ersten Hälfte des 19. Jahrhunderts mit der im 15. und 16. Jahrhundert in ganz Europa tonangebenden frankoflämischen Vokalpolyphonie (▶ frankoflämische Musik) verbunden, deren Komponisten durch ihre Herkunft aus den damals zu den Niederlanden gehörenden Gebieten als »Die alten Niederländer« bezeichnet wurden. Daneben gab es auch ein umfangreiches musikalisches Repertoire viel einfacheren Stils, das im Gegensatz zu den meisten frankoflämischen Kompositionen überwiegend anonymer Herkunft ist.

Seit der zweiten Hälfte des 14. Jahrhunderts sind in Rechnungsbüchern Spielleute an Höfen und in Städten vor allem der südlichen Niederlande belegt. Die Musikkultur an den burgundischen Höfen (▶ Burgund) wird als reichste Europas zu dieser Zeit eingeschätzt. Sie hatte auch Einfluss auf die nordniederländischen Höfe. Am Hof von Holland in Den Haag waren um 1395 drei Berufssänger angestellt, darunter Martinus Fabri, von dem weltliche französische und niederländische mehrstimmige Liedkompositionen überliefert sind. Instrumentalisten aus den Niederlanden, vor allem Schalmei- und Dudelsackbläser, waren an Höfen in ganz Europa gefragt.

Neben den burgundischen Höfen trug auch die stark entwickelte städtische Kultur der Niederlande zur Bedeutung der niederländischen Musik in dieser Zeit bei. So bildeten von den niederländischen Städten organisierte und bezahlte jährliche Prozessionen (›ommegang‹)

wichtige Anlässe musikalischer Prachtentfaltung. Dafür wurde eine große Anzahl Musikanten verpflichtet, Berufsmusiker im städtischen Dienst ebenso wie fahrende Spielleute. Aus städtischen Rechnungsbüchern ist bekannt, wie viele Instrumentalisten (Fidel, Zupf- und Blasinstrumente) bezahlt wurden. Auch Sänger waren angeheuert, sie sind getrennt von den Instrumentalisten als Solosänger oder in kleinen Gruppen aufgeführt. In den Prozessionen waren alle wichtigen Gruppierungen der Stadt vertreten, sowohl von Seiten der Kirche als auch des Magistrats und des Handwerks. Jede Gruppe organisierte ihre eigene Musik: liturgisch-vokal auf kirchlicher Seite, weltlichvokal und instrumental auf Seiten der städtischen Obrigkeit.

Der blühenden bürgerlichen Kultur der Niederlande im 15. und 16. Jahrhundert entspricht auch eine blühende Liedkultur sowohl des geistlichen als auch des weltlichen Lieds. Zu den frühesten Zeugnissen mit Notation gehört die Gruuthuse-Handschrift. Diese Sammlung weltlicher höfischer Lieder, genannt nach einem Besitzer aus dem 15. Jahrhundert, Lodewijk van Gruuthuse, entstand vor 1400 in Brügge in bürgerlichen Kreisen. Sie enthält 121 einstimmig notierte Lieder mit einfacher Strichnotation. Andere Liedersammlungen sind die ›Souterliedekens‹ (1540 in Antwerpen bei Symon Cock gedruckt), die ältesten Psalmbereimungen in niederländischer Sprache. Zu dieser Psalmensammlung, deren Melodien Kontrafakturen weltlicher Lieder dieser Zeit bilden, schrieb ▶ Clemens non Papa eine beinahe vollständige dreistimmige Bearbeitung in einfachen Sätzen für den Hausgebrauch (1556–1557) (▶ Hausmusik). Die politischen ›Geuzenliederen‹ (Erstdruck 1576) dokumentieren den Aufstand gegen die spanische Oberherrschaft. Mehrstimmige weltliche und geistliche Lieder sind zum Teil aus Frankreich importiert, zum Teil auch auf niederländischem Boden entstanden.

Ebenfalls in der bürgerlichen Musikkultur beheimatet sind die ›Rederijkers‹, auf Innovation der Dichtkunst ausgerichtete Dichtervereinigungen, die Wettkämpfe im Dichten und Singen von Liedern veranstalteten. Diese Wettkämpfe fanden bevorzugt im Rahmen des ›ommegang‹ statt, doch auch interlokale Wettkämpfe sind belegt. Dabei wurden vorwiegend weltliche Lieder gesungen, die bekannten Rederijker-›Refreins‹, vereinzelt sind auch geistliche Liederwettkämpfe bekannt. Die Rederijkers sind erstmals im 15. Jahrhundert in den südlichen Niederlanden fassbar, die Bewegung breitete sich im 16. Jahrhundert kurzzeitig bis in die nördlichen Niederlande aus, wo sie jedoch nie recht Fuß fassen konnte.

Die geistliche Musik der Renaissance in den Niederlanden ist zwei ganz verschiedenen Bereichen zuzurechnen. Einerseits bilden die südlichen Niederlande einen wichtigen Ausgangspunkt für die frankoflämische Vokalpolyphonie, die sich über ganz Europa verbreitete. Andererseits findet sich vor allem in den nördlichen Niederlanden unter dem Einfluss der Devotio moderna die stark auf rhythmisch und satztechnisch einfache Strukturen ausgerichtete Satzart der ›simple polyphony‹. Auch dieser einfache mehrstimmige Stil ist im 15. und 16. Jahrhundert in ganz Europa zu finden (Devotio moderna, ▶ Andachtsmusik).

Liturgische Handschriften sind aus den Niederlanden nur in geringer Zahl erhalten. Sie wurden unter dem Einfluss der Reformation großenteils zu Makulatur verarbeitet. Einen Eindruck von liturgischen Feiern vor der Reformation erhält man über die ›libri ordinarii‹ verschiedener Kollegiatkirchen, Regieanweisungen zum Verlauf der Messe. Sie sind aus Tongeren (Onze lieve Vrouwe, 15. Jh.), Maastricht (St. Servaas, 13. Jh., Onze lieve Vrouwe 14. Jh.), Utrecht (Dom, um 1342, Oudmunster um 1380, St. Marien um 1425) erhalten. Auch liturgische Osterspiele sind aus den Niederlanden und dem Rheinland bekannt, so das Grosse Osterspiel von Egmond (15. Jahrhundert).

Eine wichtige musikalische Institution seit dem ausgehenden 14. Jahrhundert waren die ›Getijdencolleges‹, Sängerkollegien, die im Auftrag frommer Bruderschaften musikalisch reich ausgestattete Stundengebetsfeiern versorgten (▶ Andachtsmusik). Das Ziel der Mitgliedschaft bei einer solchen Bruderschaft bestand darin, durch umfangreiche Stiftungen von Messen und Offizien für das eigene Seelenheil und das der nächsten Verwandten Vorsorge zu tragen. Zahlreiche einflussreiche Persönlichkeiten aus Adel und gehobenem Bürgertum waren Mitglieder dieser Bruderschaften. Sie finanzierten die von ›sancmeesters‹ geleiteten Kollegien. Zu diesen ›sancmeesters‹ zählten einige der berühmtesten Komponisten der Zeit. So war Jacob Obrecht von 1476–1487 ›sancmeester‹ in Utrecht, von 1479–1484 hatte er diese Funktion bei der Onze Lieve Vrouwe-Bruderschaft in Bergen op Zoom inne. Ein starkes Anwachsen dieser Bruderschaften resultierte in immer umfangreicheren liturgischen Verpflichtungen gegenüber den verstorbenen Mitgliedern. Ab 1450 finden sich in den nördlichen Niederlanden als Gegenstück die ›Zeven getijden colleges‹ in grösseren Pfarrkirchen. Zahlreiche von der frankoflämischen Musikkultur beeinflusste Kompositionen und Musiksammlungen (zum Beispiel die kostbar ausgestatteten Musikhandschriften aus dem Antwerpener Schreibatelier von Petrus ▶ Alamire) sind im Kontext dieser Bruderschaften entstanden.

Mit diesem Aspekt der Musikkultur war auch die Entwicklung der Chorschulen eng verbunden. Zu den Aufgaben von Schülern gehörte seit dem Mittelalter traditionell das Singen des Offiziums in den Kirchen, denen die Schulen angeschlossen waren. Als die liturgischen Verpflichtungen der Schüler im späten Mittelalter unter anderem durch öffentliche Andachtsfeiern und Engagement bei Bruderschaften immer stärker zunahmen, entstand die Institution der Chorschüler (›koralen‹). Anders als ›normale‹ Schüler absolvierten diese musikalisch besonders begabten Schüler neben einem gekürzten allgemein bildenden Programm ein intensives liturgisches Programm. Dazu gehörte auch eine besonders gründliche musikalische Ausbildung. Zu den Aufgaben der Chorschüler gehörte unter anderem die tägliche Teilnahme am kirchlichen Stundengebet als Sänger polyphoner Musik. Aus ihren Kreisen rekrutierte sich die vokale Elite der Niederlande, für die zahlreiche Kompositionen der flämischen Vokalpolyphonie geschrieben wurden.

Die südlichen Niederlande, vor allem Antwerpen, gehörten im 16. Jahrhundert zu den Zentren des Musikdrucks. Neben verschiedenen frühen Liederbüchern (das älteste gedruckte geistliche Liederbuch ohne Melodien, *Een suverlijc boecxken*, erschien 1508 bei Adriaen van Berghen) ist vor allem der Komponist, Musiker und Drucker Tylman ▶ Susato bekannt geworden für seine Drucke verschiedener Motetten und Messen zeitgenössischer Komponisten, aber auch für seine Tanzbücher auf Melodien populärer Volkslieder. Der Musikdruck in Antwerpen trug wesentlich zur regionalen Verbreitung internationalen Repertoires in den Niederlanden bei. Ein Beispiel dafür ist die Madrigalsammlung *Musica Divina*, 1583 herausgegeben bei Peter ▶ Phalèse in Antwerpen, die unter anderem Madrigale von Alessandro ▶ Striggio und Giovanni Pierluigi da ▶ Palestrina, vor allem aber von Philippe de ▶ Monte enthält. Die Publikation dieser Sammlung in Antwerpen bildete einen fundamentalen Beitrag zur internationalen Verbreitung des italienischen Madrigals.

Antwerpen war zu dieser Zeit auch ein Zentrum des Tasteninstrumentenbaus, das zahlreiche Instrumentenbauer aus dem umliegenden Ausland anzog. Im 16. Jahrhundert wurden in Antwerpen vor allem ▶ Virginale gebaut. Das typische rechteckige Antwerpener Virginal (Hans Bos, Hans Moermans, Marten van der Biest, Hans Ruckers und Söhne) bildete sich in der zweiten Hälfte des 16. Jahrhunderts heraus, die umfangreiche Produktion der Antwerpener Instrumente wurde erst im 17. Jahrhunderts vom Cembalo zurückgedrängt.

Auf dem Gebiet der frühen niederländischen Instrumentalmusik ist auch das Lautenbuch Thysius, Leiden ca. 1600, zu nennen, das von einem Theologiestudenten der Universität Leiden, Adriaan Joriszoon Smout, zusammengestellt wurde. Die früheste niederländische Sammlung für Tasteninstrumente ist das Clavierbuch der Susanna van Soldt (1599) (▶ Hausmusik).

Aus der Anfangszeit der niederländischen Republik datieren Orgelmusik und Vokalkompositionen von Jan Pieterszoon ▶ Sweelinck, Organist im Dienst der Stadt Amsterdam an der Oude Kerk (▶ Calvinistische Musik). Mit der Einführung des Calvinismus als Staatsreligion der jungen niederländischen Republik wurde die Orgelmusik aus den Gottesdiensten verbannt. Die Orgeln gelangten in den Besitz der Stadt, Organisten spielten im Auftrag des Magistrats vor und nach dem Gottesdienst. Sweelinck wurde in seiner Zeit als Organist, Pädagoge und Kenner des Orgelbaus gerühmt, heute ist er vor allem als Komponist bekannt.

Literatur:
R. Strohm, *Music in Late Medieval Bruges*, Oxford 1985 • B. Haggh, *Music, Liturgy, And Ceremony in Brussels*, 1350–1500, 2 Bde., Diss Univ. of Illinois/Urbana-Champaign 1988 • F. Willaert (Hrsg.), *Een zoet akkoord. Middeleeuwse lyriek in de Lage Landen*, Amsterdam 1992 • K. Forney, *The role of secular guilds in the musical Life of Renaissance Antwerp*, in: B. Haggh u.a. (Hrsg), *Musicology and Archival Research*, Brussel 1994, S. 441–470. • K. Polk, *Instrumental Music in the Low Countries in the Fifteenth Century*, in: Festschrift W.I.M. Elders, hrsg. von A. Clement und E. Jas, Amsterdam/Atlanta 1994, S. 13–29. • J.W. Bonda, *De meerstemmige Nederlandse liederen van de vijftiende en zestiende eeuw*, Hilversum 1996 • F. Willaert (Hrsg.), *Veelderhande liedekens. Studies over het Nederlandse lied tot 1600*, Leuven 1997 • L.P. Grijp (Hrsg.), *Een muziekgeschiedenis der Nederlanden*, Amsterdam 2001 • U. Hascher-Burger, *Gesungene Innigkeit. Studien zu einer Musikhandschrift der Devotio Moderna (Utrecht, Universitätsbibliotheek, ms. 16 H 34, olim B 113). Mit einer Edition der Gesänge* (Studies in the History of Christian Thought 106), Leiden 2002 • V. Roelvink, *Gegeven den sangeren. Meerstemmige muziek bij de Illustre Lieve Vrouwe Broederschap te 's-Hertogenbosch in de zestiende eeuw*, Utrecht 2002.

UHB

Ninot le Petit

Unter der Kombination »Ninot« und »le Petit« finden sich in römischen und französischen Dokumenten Einträge zu einem päpstlichen Sänger und einem Musiker an der Kathedrale von Langres, wobei es sich wahrscheinlich um zwei unterschiedliche Personen handelt, deren jeweilige Identitäten und mithin auch die Echtheit der Werke aus den Quellen nicht zweifelsfrei zu rekonstruieren sind.

Über Herkunft und Ausbildung Ninots ist nichts bekannt. Sein Vor- und Nachname – Ninot als Kurzform von Johannes und Le Petit eher als Beschreibung seiner äußeren Erscheinung denn als Familienname – geben keine weitere Auskunft. In einem Brief vom 16. Februar (1493?) an Piero de ▶ Medici berichtet ein »J. Petit alias Baltazar« von seiner nunmehr fünfjährigen Zugehörigkeit zur päpstlichen Kapelle, was sich mit den Listen des päpstlichen Hofes, die einen »Johannes Baltazar« von 1488 mit Unterbrechungen bis 1501 verzeichnen, chronologisch deckt (Hudson 1979, S. XIf.). Wahrscheinlich starb er im Mai 1502. Weil der Name »Nynot« auch in der Preismotette *Mater floreat florescat* von Pierre ▶ Moulu auftaucht, hat Louise Litterick glaubhaft die Existenz eines zweiten, jüngeren Jean Ninots vorgeschlagen, der von 1506 bis 1510 als »maitre de la psallette« und bis 1529 Kanoniker an der Kathedrale St. Mammés in Langres war (Litterick 1998, S. 266).

Insgesamt 22 Werke werden mit dem Namen Petit als gesichert, etwa sieben als zweifelhaft in Verbindung gebracht. Aufgrund der disparaten Quellenlage und der unsicheren Zuschreibung ist eine Bewertung der stilistischen Entwicklung nur eingeschränkt möglich. Die drei im Codex I-Rvat C.S. 42 überlieferten ▸ Motetten *In illo tempore*, *Psallite noe*, *Judei credite* und *Si oblitus fuero* dürften sowohl quellen- als auch stiltechnisch dem römischen Ninot zuzuschreiben sein. Ihre Faktur, in der unterschiedliche Techniken wie paarige Imitation oder deklamierende Phrasen vorkommen, ohne jedoch das Niveau konsequenter Durchimitation zu erreichen, weist Parallelen zum Stil anderer römischer Kapellsänger dieser Zeit auf. Wahrscheinlich entstammt auch die unter dem Namen »Baldasar« in Petruccis *Laude libro secondo* (Venedig 1508) überlieferte Lauda *O Jesù dolce* der Feder des Römers. Die vierstimmige *Missa sine nomine* ist in ihren textreichen Sätzen Gloria und Credo weitgehend syllabisch gehalten, unterbrochen nur durch kurze, imitative Duette (▸ Messe). Die Polyphonie der restlichen Sätze geht bis zur Vierstimmigkeit und lässt Ansätze der Durchimitation erkennen. Ihre im Vergleich zu den früheren Motetten wesentlich straffere Organisation weist sie als ein Werk von nach 1500 aus und macht die Autorschaft des jüngeren französischen Ninots wahrscheinlich. Dies gilt auch für die 17 ▸ Chansons, die größtenteils in den Codices I-Fc 2439 und 2442 überliefert sind und damit Hinweis auf den französisch-burgundischen Kulturraum geben. Ihr Stil divergiert zwischen rein syllabisch-deklamierender Satzweise im Sinne der humanistischen Ode und polyphon-kontrapunktischen Techniken, wobei der Wortausdeutung und -wiederholung ein besonderes Augenmerk gilt, wie an dem vierstimmigen *N'as tu poinct mis ton hault bonnet* beispielhaft erkennbar ist.

Ausgaben:
Ninot le Petit, *Collected Works* (Corpus mensurabilis musicae 87), hrsg. von B. Hudson, Neuhausen-Stuttgart 1979.

Literatur:
H.M. Brown, *Words and Music in Early 16th-Century Chansons: Text Underlay in Florence, Biblioteca del Conservatorio, Ms Basevi 2442*, in: *Formen und Probleme der Überlieferung mehrstimmiger Musik im Zeitalter Josquins Desprez*, Bd. 1, hrsg. von L. Finscher, München 1981, S. 97–141 • L. Litterick, *Who Wrote Ninot's Chansons?*, in: *Papal Music and Musicians in Late Medieval and Renaissance Rome*, hrsg. von R. Sherr, Oxford 1998, S. 240–269 • D. Fallows / J. Dean, *Ninot le Petit*, in: *Grove*, Bd. 17, 2001, S. 927–928 • G. Boone, *Ninot le Petit*, in: *MGG*², Bd. 12 (Personenteil), 2004, Sp. 1136–1138.

CB

Noël

Ein Noël ist ein französisches Weihnachtslied. Die literarische Gattung bedeutet eine Strophendichtung in französischer Sprache, die sich inhaltlich auf die Geburt Christi oder auf weihnachtliche Volksfeste in Frankreich bezieht. Musikalisch sind ›Noël sur timbres‹, d.h. Noël auf vorhandene Melodien, von Originalkompositionen zu unterscheiden. Die ›Noëls sur timbres‹ können auf geistlichen und weltlichen Vorlagen basieren. Der größere Teil beruht auf liturgischen gregorianischen (meist Übersetzungen lateinischer Hymnen oder Sequenzen) oder paraliturgischen Vorlagen, die seit dem 13. Jahrhundert entstanden sind; im 16. Jahrhundert gehörte eine feste Anzahl von übersetzten oder paraphrasierten Hymnentexten zum Repertoire der Noëls (darunter z.B. *Ave maris stella* als *Belle estoile de mers* oder *Veni redemptor gentium* als *Or chantons tous grans et petis*). Noël-Texte auf weltliche Melodien entstanden seit dem 15. Jahrhundert; die Drucke – im 16. Jahrhundert meist als *Bible de Noëls* bezeichnet – enthielten nur die Texte mit Textmarken, die die Melodien angaben, auf die sie gesungen werden sollten;

musikalische Weisen wurden erst ab dem 17. Jahrhundert publiziert (siehe z.B. die Sammlung von Ballard 1703 *Chants des noëls anciens et nouveaux*) bzw. sind auch in Instrumental- oder Orgelbearbeitungen zu finden. Die Dichter der Noëls sind zum Teil bekannt. – Noëls als Originalkompositionen traten vereinzelt schon ab dem 13. Jahrhundert auf (z.B. Adam de la Halles *Dieus soit en cheste maison*), blühten jedoch insbesondere im 16. Jahrhundert und sind durch zahlreiche Drucke dokumentiert. Darunter finden sich nicht nur einstimmige, sondern auch mehrstimmige Chanson-Kompositionen, z.B. von Guillaume ▶ Costeley, Pierre ▶ Bonnet und Eustache ▶ Du Caurroy, letztere komponiert als ▶ Musique mesurée à l'antique.

Literatur:
S. Wallon, *Noël*, in: *MGG²*, Bd. 7 (Sachteil), 1997, Sp. 214–218.

Noëma

Noëma ist die Bezeichnung für einen homorhythmischen Abschnitt, der sich von seinem Kontext abhebt. Meist steht ein Noëma in breiteren Notenwerten und ist durch Mensurwechsel gekennzeichnet. Es dient dazu, Textstellen hervorzuheben, und ist eine häufig vorkommende Figur (▶ Rhetorik) in der Vokalpolyphonie des 16. Jahrhunderts. Das Noëma wird in Joachim ▶ Burmeisters Figurenlehre behandelt.

Norwegen ▶ Dänemark

Notation

Unter Notation versteht man generell ein Zeichensystem zur Aufzeichnung von Musik. Während der Zeit der Renaissance stehen zwei grundsätzlich verschiedene Notensysteme im Zentrum: die ▶ Choralnotation (Neumen) zur Niederschrift von einstimmiger Vokalmusik und die ▶ Mensuralnotation zur Niederschrift von mehrstimmiger Vokalmusik. Im Laufe des 16. Jahrhunderts entwickeln sich zudem verschiedene Aufzeichnungsweisen für Musik von Tasten- und Zupfinstrumenten, die man ▶ Orgeltabulaturen bzw. ▶ Lautentabulaturen nennt. Zudem kennt man auch ▶ Tanznotationen, mit deren Hilfe Körperbewegungen im Zusammenklang mit Musik schriftlich festgehalten werden.

Literatur:
A. Jaschinski (Hrsg.), *Notation* (MGG prisma), Kassel u.a. 2001.

ALB

Note nere ▶ Mensuralnotation

Notendruck

Die Erfindung und Entwicklung verschiedener Drucktechniken für das Abbilden und Vervielfältigen von Musiknoten mit technischen Hilfsmitteln stellt eine wesentliche und charakteristische kulturelle Errungenschaft für das Musikleben in der Zeit der Renaissance dar. Sie bewirkten einen medialen Umbruch.

Anfänge
Ab der zweiten Hälfte des 15. Jahrhunderts, schon bald nach der Erfindung des Buchdrucks durch Johannes ▶ Gutenberg, begann man sich mit dem Problem auseinander zu setzen, Notenlinien, Notenzeichen und dazugehörigen Text in geeigneter Weise übereinander bzw. untereinander zu drucken. Erste Erfahrungen bei der Bewältigung dieser komplexen Aufgabe sammelte man bei der Publikation von liturgischen Büchern, die – um den typischen

Rot-Schwarz-Druck für Rubriken, Text und Initialen zu erzielen – einen doppelten Druckvorgang erforderten. Dementsprechend ist die überwiegende Zahl von Musikinkunabeln (= gedruckte Noten vor 1500) im Bereich der Choralmusik zu finden, meist als Ergänzung zu den abgedruckten liturgischen Texten. Bevor man den Notendruck technisch in den Griff bekam, wurde der Raum für das Notensystem freigelassen und von den Eigentümern der Liturgica per Hand nachgetragen. Das hatte den Vorteil, dass sowohl individuelle Notationsgewohnheiten als auch Melodievarianten berücksichtigt werden konnten. Der nächste Schritt in Richtung Notendruck, das Eindrucken von leeren Notenzeilen, änderte an dieser Praxis vorerst nichts.

Grundlegende Drucktechniken
Die Anfänge des Notendrucks entwickelten sich parallel aus zwei sehr unterschiedlichen Techniken. Die erste knüpfte am Druck von Texten an, die ab der Jahrhundertmitte mit Hilfe von metallenen Lettern ästhetisch anspruchsvoll und kommerziell erfolgreich als sogenannter ›Typendruck‹ ihren Siegeszug antrat. Man übertrug den Grundgedanken dieser Technik – das Zerlegen eines Textes in einzelne, aneinandergefügte Elemente – auf das Notensystem und stellte einzelne Notenzeichen im Metallschnittverfahren her. Dafür wurde die Form des Zeichens als Hochdruck in einen Metallstempel geschnitten und in ein weiches Kupfermaterial geschlagen. Mit Hilfe dieser Negativform stellte man durch Einfüllen von flüssigem Metall Stempel her, die wie Lettern aneinandergereiht werden konnten. Die Linien in Form von Metall-Leisten wurden in einem separaten Druckvorgang hinzugefügt. Diese Technik war zwar aufwendig, aufgrund der verhältnismäßig großen und wenigen Notenformen im Choral jedoch für engagiertere Drucker durchaus machbar. Bis zum Ende des 15. Jahrhunderts kennt man 66 Werkstätten in 25 Städten Europas, die liturgische Bücher mit Musik im doppelten Druckverfahren herstellten. Zentren dafür waren Venedig, Augsburg, Paris und Basel. Der erste Musiknotendruck in dieser Technik, das *Konstanzer Graduale*, erschien ca. 1470 und stammt von dem aus Ingolstadt gebürtigen Ulrich Han, der in Rom tätig war.

Die zweite Drucktechnik, aus der sich der frühe Notendruck entwickelte, ist älter. Ihr liegt das Prinzip des Holzschnittes zugrunde, bei dem die abzubildenden Zeichen wie bei einem Kartoffeldruck erhaben in einen Holzblock geschnitzt werden. Vor der Einführung des Typendrucks wurden auf diese Weise ganze Bücher gedruckt, sogenannte ›Blockdrucke‹, wobei der Text seitenweise als Ganzes geschnitten wurde. Danach verwendete man den Blockdruck vornehmlich für Abbildungen und Bordüren, die mit Texten im Typendruck kombiniert wurden und in verschiedenen Publikationen mehrfach Verwendung finden konnten. Übertragen auf den Notendruck verstand man das Notenbild wie eine Abbildung und verfertigte einzelne vollständige Notenzeilen im Holzschnitt. Dieses Verfahren eignete sich besonders für kürzere Notenbeispiele, wie sie in den frühen musiktheoretischen Schriften vorkommen, und wurde dort auch für Diagramme und Tabellen verwendet. Aber auch für Flugschriften mit kurzen Liedern oder für Texte mit Liedeinlagen war der Notendruck im Blockdruck eine angemessene Technik. In der Regel ist die Ausführung der Noten allerdings eher grob und mehr oder weniger unregelmäßig. Der früheste erhaltene Druck in dieser Technik ist die *Brevis grammatica* von Franciscus Niger, die ca. 1485 in Basel erschien.

Weiterentwicklung im 16. Jahrhundert
Auch in den ersten Jahrzehnten nach der Jahrhundertwende hatte der konservative Blockdruck für den Notendruck dank seines geringen technischen Aufwands durchaus noch

seine Bedeutung. Zahlreiche frühe lutherische Gesangbücher wurden mit Hilfe dieser Technik hergestellt. In der mehrstimmigen Mensuralmusik beherrschte der Italiener Andrea ▸ Antico (Rom/Venedig) die Kunst des Notenblockdrucks auf höchstem Niveau. Er war zugleich der letzte, der Holzschnitttechnik im großen Stil angewendet hat.

Die Zukunft des Notendrucks lag in der Weiterentwicklung des Typendrucks. Was in den ersten Jahrzehnten der Druckgeschichte für die großformatige Choralnotation bereits Praxis war, musste für den sehr viel anspruchsvolleren, diffizileren Druck von mehrstimmiger Vokalmusik in Mensuralnotation wieder neu entwickelt werden. Die zentrale Figur in diesem Prozess war Ottaviano ▸ Petrucci, der 1501 in der Druckerstadt Venedig einen ersten, umfangreichen Notenband mit mehrstimmigen Liedern herausgab (*Odhecaton A*). Petrucci gilt als der ›Erfinder‹ des Notendrucks, da er in der Verbreitung von Kunstmusik eine neue Ära einleitet. Tatsächlich stieg der Musikdruck durch die strategisch geschickte Auswahl des Repertoires, die relativ hohe Auflagenzahl und die von ihm genutzten Handelswege zu einem Wirtschaftsfaktor auf. Voraussetzung dafür war ein ästhetisch überaus anspruchsvolles Druckbild, das dem Notenbild zeitgenössischer Präsentationshandschriften durchaus vergleichbar war. Gegenüber dem Choralmusikdruck wurden nun sehr viel kleinere und vielfältigere Typen zusammengestellt. In der Anfangsphase arbeitete man sogar in drei Druckgängen: Zuerst wurden die Noten gedruckt, dann die Notenlinien und schließlich Texte und Ziffern. Später reduzierte Petrucci wieder auf das schon geläufige Doppeldruckverfahren. Dem eigentlichen Notendruck gingen mehrere Arbeitsschritte voraus: Repertoire musste gesammelt, die Gestaltung einer Seite festgelegt und die Vorlagen entsprechend eingerichtet werden. Sodann mussten genügend Typen zur Verfügung stehen, um in spiegelbildlicher Anordnung mehrere zusammengehörige Druckseiten gleichzeitig zu gestalten. Nach einem Probedruck ging die Produktion in Serie, die Blätter wurden geschnitten und gefaltet und zu Heften zusammengelegt. Gebunden wurden frühe Musikdrucke in der Regel erst von ihren späteren Besitzern, die gerne auch in individuellen Zusammenstellungen andere Drucke miteinbinden ließen. An diesem arbeitsteiligen Produktionsprozess beteiligten sich bald verschiedene Spezialisten. Sogenannte ›Formschneider‹ übernahmen die Herstellung der Notentypen; musikalisch versierte Herausgeber waren verantwortlich für die Auswahl, die Anordnung und die Korrektheit der publizierten Kompositionen; Werkstättenleiter überblickten die verschiedenen Arbeitsstufen an der Druckerpresse; Verleger und Buchhändler waren für den Vertrieb und Verkauf der Auflage zuständig. Finanzielle Unterstützung war oft durch Teilhaber gewährleistet.

Die aufwendige Drucktechnik Petruccis wurde zunächst imitiert, bald aber von einer effizienteren, wenngleich ästhetisch weniger ansprechenden Technik ersetzt, die die eigentliche Revolution im Notendruck darstellte. Als ob man sich an Gutenbergs Idee zurückerinnerte, einen komplexen Text in Einzelletter zu zerlegen, wurde nun das Notenbild nicht mehr als Ergebnis übereinander liegender Schichten gesehen, sondern als Aneinanderreihung kleiner, kompletter Bausteine verstanden, die man beliebig austauschen konnte. Ein Baustein bestand dabei aus einem kurzen Abschnitt eines vollständigen Notensystems mitsamt dem Notenzeichen. Diese Bausteine mussten für jede Tonhöhe in jeder Tonlänge in genügend großer Anzahl vorhanden sein. Kritisch waren bei dem einfachen Typendruck die Anschlüsse zwischen den einzelnen Bausteinen, die oft lückenhaft oder in kleinen Sprüngen verliefen, sodass der Gesamteindruck des Notenbildes unruhig und mechanisch wirkte. Je nach Anspruch des jeweiligen Druckers waren diese Mängel mehr oder weniger stark erkennbar. Als Erfinder dieser Technik gilt der Franzose Pierre ▸ Attaingnant, der erstmals 1527/1528 eine Sammlung von Chansons im einfachen Typendruck publizierte. Diese weit wirtschaftlicher Produktionsweise setzte sich rasch in ganz Europa durch und war ab ca. 1550 die vorherrschende Notendrucktechnik für die nächsten 200 Jahre.

Der Kupferstich als dritte Drucktechnik war im Bereich der Bildenden Kunst bereits seit der 1. Hälfte des 15. Jahrhunderts bekannt und wurde von Albrecht Dürer zu einem ersten Höhepunkt geführt. Für den Notendruck wurde er erst verhältnismäßig spät genutzt. Bei diesem Tiefdruckverfahren schneidet man mit Hilfe eines Stichels den gesamten Notentext einer Seite in eine glatt polierte Kupferplatte und muss dabei, so beim Holzschnitt und beim Typendruck, seitenverkehrt arbeiten. Die so erzeugten Vertiefungen werden mit Druckerfarbe ausgefüllt und auf das Papier gedruckt. Ein erstes, zunächst singulär gebliebenes Beispiel für den Notendruck in Kupferstichtechnik ist ein Buch mit Lautentabulaturen von ▸ Francesco Canova da Milano, erschienen 1536 in Venedig. Erst ein halbes Jahrhundert später wird diese Technik planmäßig und in größerem Stil verwendet. Als ›Erfinder‹ gilt diesmal Simone ▸ Verovio, der ab 1586 in Rom eine Reihe von in Kupfer gestochenen Musikalien publiziert. Aufgrund des vergleichsweise arbeitsaufwendigen Verfahrens war diese Drucktechnik gegenüber dem Typendruck sehr viel weniger gebräuchlich und erlangte erst im 18. Jahrhundert größere Bedeutung.

Literatur:
E. Laaf, *Music mit Fleiß gedruckt. Grundzüge der Entwicklung des Notendrucks*, Wiesbaden 1956 • D.W. Krummel, *Guide for Dating Early Published Music*, Kassel u.a. 1974 • R.W. Brednich, *Die Liedpublizistik im Flugblatt des 15. bis 17. Jahrhunderts* (Bibliotheca bibliographica Aureliana 55, 60), Baden-Baden 1974, 1975 • D.W. Krummel / St. Sadie (Hrsg.), *Music Printing and Publishing*, New York 1990 • M.K. Duggan, *Italian Music Incunabula. Printers and Type*, Berkeley 1992 • S. Boorman, *Ottaviano Petrucci. Catalogue Raisonné*, Oxford 2006.

ALB

Noyon ▸ Frankreich

Nürnberg

Die rege Musikpflege, die schon für das 14. Jahrhundert insbesondere an den Kirchen St. Sebald und St. Lorenz – Tätigkeit von Kantoren und Chorales, Orgelbau – wie auch in der Anstellung von Stadtpfeifern und einem Pauker bezeugt ist, fand im 15. und 16. Jahrhundert ihre Fortsetzung. Beide Hauptkirchen erhielten in den 1440er Jahren neue Orgeln. An St. Sebald war mit Conrad ▸ Paumann erstmals ein berühmter Organist tätig. Die zahlreichen Stiftungen, die insbesondere den *Salve-Regina*-Gesang unterstützten, beförderten die Musikpflege bis 1524, als dieser neben den musikalisch reich ausgestatteten ▸ Prozessionen im Zuge reformatorischen Gedankenguts abgeschafft wurde. Im gleichen Jahr erschien in Nürnberg das reformatorische *Achtliederbuch*. Mehrstimmiger Gesang wurde zunächst verdrängt – der Prediger Andreas ▸ Osiander wehrte sich gegen eine musikalisch reiche Ausstattung des Gottesdienstes – und dann ab 1537 wieder verstärkt gepflegt – der Prediger Veit Dietrich trat für sie ein. Gefördert wurde diese Wiederbelebung durch die Nürnberger Sammeldrucke. Ähnlich verhielt es sich mit dem Orgelspiel, das ab 1541 mit der Anstellung von Paulus Lautensack nach einer reformatorisch bedingten Pause wieder gepflegt wurde. Bestanden schon seit dem 14. Jahrhundert Lateinschulen, so wurde an St. Lorenz 1526 ein Gymnasium eingerichtet; Sebald ▶ Heyden verfasste dafür zwei Lehrbücher, Erasmus ▶ Rotenbuchers ▶ Bicinien-Sammlungen wurden für den Unterricht herangezogen. Auch Leonhard ▶ Lechner wirkte an der Schule. – Wie andernorts waren Instrumentalisten – Stadtmusiker – erst seit dem letzten Drittel des 16. Jahrhundert fest etabliert und institutionalisiert. In dieser Zeit taten sich auch Bürger zu musikalischen Vereinigungen zusammen, so z.B. zur *Musikalischen Kränzleinsgesellschaft* 1568, die aus 13 Mitgliedern bestand. Mit dem Nürnberg des 16. Jahrhunderts ist insbesondere auch der ▶ Meistergesang und mit ihm der Name Hans ▶ Sachs verbunden. Die Nürnberger Meistergesangordnung von 1540 wurde Vorbild für Ordnungen in anderen Städten. Im Instrumentenbau tritt Nürnberg besonders in der Herstellung von Blechblasinstrumenten hervor. Bekannte Drucker waren Hieronymus ▶ Formschneider, der als erster 1534 in Nürnberg einen Mensuraldruck herausbrachte, sowie Petreius und Johannes ▶ Montanus. – Als berühmte, in der Stadt wirkenden Personen sind der Poet und Humanist Conrad ▶ Celtis, der Musiktheoretiker Johannes ▶ Cochlaeus und der Humanist und kaiserliche Rat Willibald Pirckheimer (1470–1530) zu nennen.

Literatur:
Th. Röder, *Nürnberg*, in: *MGG*², Bd. 7 (Sachteil), 1997, Sp. 499–502.

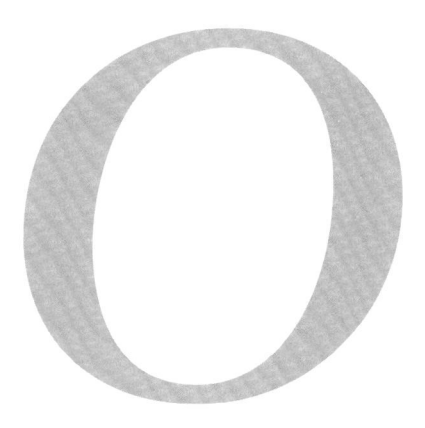

Obrecht, Jacob
* 1457/1458 (zwischen 1453 und 1458?) Gent, † vor dem 1.8.1505 Ferrara

Obrecht war einer der bedeutendsten Komponisten der Josquin-Zeit; in der stilistischen Vielfalt und dem ästhetischen Rang seiner Werke ist er ▶ Josquin Desprez mindestens ebenbürtig, wenn nicht gar überlegen.

Der von Obrecht selbstverfasste Text zur Motette *Mille quingentis* enthält Informationen zu seinem Herkommen. Danach hieß sein Vater Guillermus und starb 1488. Ein Willem Obrecht wirkte in Gent von 1452 bis zu seinem Tode 1488 als Stadttrompeter. Über den Vater und die Mutter Obrechts sind wir anhand zahlreicher Dokumente außergewöhnlich gut informiert. Dem qualitätsvollen Bild eines unbekannten flämischen Malers (vielleicht Hans Memling) verdanken wir die Angabe zu Obrechts Geburtsjahr: Da das Bild einen Kleriker mit Namen »Ja. Hobrecht« zeigt und auf das Jahr 1496 datiert ist, wurde Obrecht vermutlich im Jahr 1457/1458 geboren.

Nach dem frühen Tod der Mutter erbte Obrecht ein nicht unbeträchtliches Vermögen, dessen Erträge ihn finanziell relativ unabhängig machten und ihm eine gesicherte Existenz garantierten, auch ohne dass er einem Beruf nachgehen musste. Wie bei nahezu allen Renaissancekomponisten bleiben die ersten 20 Jahre seines Lebens weitgehend im Dunkeln. Seine erste musikalische Ausbildung wird gewiss im Rahmen einer Maîtrise erfolgt sein, wie es für den Bildungsgang der frankoflämischen Sängerkomponisten jener Zeit selbstverständlich gewesen ist. Sicher ist auch, dass er spätestens 1480 den Magistergrad erworben hat, wir wissen jedoch nicht an welcher Universität. Weil aber Johannes ▶ Tinctoris Obrecht im Vorwort zum *Complexus effectuum musices* als letzten in seiner Aufzählung von zehn Komponisten nennt, die mit ihrer Musik Ruhm geerntet haben, und dies zu einer Zeit (ca. 1480), wo Obrecht gerade erst um die 20 Jahre alt gewesen ist, könnte Obrecht in Neapel studiert haben. In die Jahre vor 1484 fällt wohl auch der Unterricht des ▶ Erasmus von Rotterdam bei Obrecht, der dies selbst gegenüber Heinrich ▶ Glarean bezeugt hat.

Das erste auf Obrecht bezügliche Dokument, ausgestellt in Bergen op Zoom im April 1480, erwähnt sowohl seinen akademischen Grad als auch die kurz zuvor erworbene Priesterweihe. Zwischen 1480/1481 und 1483/1484 war er Chormeister, Priester und Sänger an der Gertrudiskirche und für die Marienbruderschaft in Bergen op Zoom. Mit an Sicherheit grenzender Wahrscheinlichkeit trafen Obrecht und Antoine ▸ Busnoys im September 1481 in Bergen op Zoom zusammen, als Busnoys sich im Gefolge des Erzherzogs Maximilian I. in Bergen aufhielt.

In diesen Jahren wuchs Obrechts internationale Reputation schnell. Und so verwundert es nicht, dass er am 28. Juli 1484 zum Meister der Kapellknaben an der Kathedrale von Cambrai ernannt wurde und am 6. September desselben Jahres sein Amt antrat. Möglicherweise traf Obrecht 1484 auch mit Johannes ▸ Ockeghem in Brügge zusammen, wo sich der letztgenannte kurz aufhielt. Im Kontext einer derartigen Begegnung könnte Obrechts *Missa Sicut spina rosam* entstanden sein, die im Agnus Dei die vollständige Bassstimme aus Ockeghems *Missa Mi-mi* zitiert. Bereits im Februar 1485 tritt Obrecht in Verhandlungen mit dem Kapitel von St. Donatian in Brügge, um dort den Posten als ▸ Succentor zu übernehmen. Wegen der Vernachlässigung der Kapellknaben und finanzieller Unregelmäßigkeiten war er in Cambrai entlassen worden. In diesen Jahren breitete sich der Ruhm Obrechts über ganz Europa aus, so dass die von Herzog Ercole d'Este dem Kapitel von St. Donatian in Brügge im September 1487 übermittelte Anfrage, Obrecht für einen mehrmonatigen Aufenthalt in Ferrara freizustellen, auf geneigte Ohren stieß. Es ist durchaus möglich, dass Obrecht während seines Italienaufenthaltes auch Rom besuchte, was im Zusammenhang mit der römischen Überlieferung einiger seiner Messen stehen könnte.

Mit Überziehung des gewährten Urlaubs kehrte Obrecht erst am 15. August 1488 nach Brügge zurück; am 2. Mai 1489 wurde ihm eine Kaplansprfründe an St. Katharina in Brügge übertragen. Als Succentor an St. Donatian mag er in die Aufführung der moralischen Theaterstücke involviert gewesen sein, die sein Vorgänger, Aliamus de Groote, eingeführt hatte und an deren Aufführung die Chorknaben teilhatten. Ohne Angabe von Gründen beschloss das Kapitel von St. Donatian am 26. Mai 1490, Obrecht zu entlassen. Nichtsdestotrotz blieb er die folgenden sechs Monate im Amt und das Verhältnis zwischen Dienstherrn und Succentor scheint sich wieder normalisiert zu haben. Dennoch erfolgte am 17. Januar 1491 die endgültige Entlassung.

Als Succentor an St. Donatian sah sich Obrecht mit einem großen Bedarf an neuen Messkompositionen konfrontiert. In den Jahren 1485–1487 dürfte er jedes Jahr zwei neue Messen und nach seiner Rückkehr aus Ferrara 1488 sogar vier komponiert haben, insgesamt demnach wohl, einschließlich Messen für private Totenmemoria, rund 15 Messen in diesem Schaffensabschnitt (1485–1491). Nicht zuletzt dieses schöpferische Vermögen wird zu seinem Ruhm beigetragen und Glarean veranlasst haben, ihm »tanta ingenii celeritate ac inventionis copia« zuzusprechen (*Dodekachordon*, Basel 1547, S. 456). Doch handelt es sich nicht nur um einen Ausbruch von Kreativität, sondern zugleich um eine eminente Weiterentwicklung der kompositorischen Standards. Andererseits ist, als Resultat der geforderten hohen Produktion und damit einhergehenden kurzen Entstehungszeiten, eine Neigung zur Vereinheitlichung der musikalischen Konzeption nicht zu übersehen. Die Individualität des einzelnen Werkes tritt zurück hinter dem Typischen der gesamten Gruppe.

Sicher ist, dass er zu diesem Zeitpunkt zu den bekanntesten und am höchsten geschätzten Komponisten im Norden Europas rechnete. Dass es ihm dennoch schwer fiel, eine adäquate Position an einer herausragenden Institution zu finden, legt den Schluss nahe, dass hierbei Gründe eine Rolle spielten, die in seiner Person begründet lagen. Nach dem Tod von Jacob Barbireau am 7. August 1491 wurde Obrecht 1492 dessen Nachfolger als Chorleiter an Unserer Lieben Frau in Antwerpen. 1494/1495 war der Leiter der päpstlichen Kapelle, Bartholomäus Martini, zu Gast in Antwerpen, und es ist möglich, dass Obrecht diesem seine Motette *Inter preclarissimas virtutes* als musikalisches Bittgesuch an Papst Alexander VI. um eine Stelle in dessen Kapelle überreicht hat. Im Sommer 1497 wechselte Obrecht zum zweiten Mal nach Bergen op Zoom, wo sich die musikalischen Rahmenbedingungen wesentlich verbessert hatten. Als Sänger der Gilde Unserer Lieben Frau angestellt, verdiente er wesentlich mehr als in Antwerpen bei gleichzeitig geringeren Dienstverpflichtungen. Dennoch verließ er bereits nach 18 Monaten die Stadt, um nach Brügge zurückzukehren, wo er wiederum Succentor an St. Donatian wurde. Doch bereits 1499/1500 kam es, wegen mangelnder Qualität des täglichen Salve-Singens, zu schwerwiegenden Unstimmigkeiten. Offenbar war es infolge einer schweren Krankheit Obrechts, die diesen an der Aufsicht hinderte, zu Nachlässigkeiten in der Anwesenheit und Disziplin der Sänger gekommen. Aufgrund seiner Krankheit an der weitern Ausübung des Amtes gehindert, wendete das Kapitel ihm doch einige Benefizien zu mit der ausdrücklichen Bemerkung, dass dies auch angesichts seines internationalen Ruhms geschehe. Von seiner Krankheit genesen, wechselte Obrecht erneut Stadt und Amt am 24. Juni 1501 und kehrte wiederum als ›sangmeester‹ nach Antwerpen zurück, wo er bis 1503 verblieb. 1503 veröffentliche Ottaviano ▶ Petrucci die *Misse Obreht*, enthaltend die Messen *Je ne demande*, *Grecorum*, *Fortuna desperata*, *Malheur me bat* und *Salve diva parens*.

Nach dem Sommer 1503 fließen die biographischen Quellen nur noch spärlich und vereinzelt. Es gibt Hinweise darauf, dass er zeitweilig am Hofe ▶ Maximilians I. in Innsbruck und vielleicht am Hofe Papst Julius' II. in Rom tätig war; sicher ist nur, dass er im September 1504 in Ferrara als Nachfolger Josquins zum Maestro di cappella ernannt wurde. Doch bereits im Januar 1505 starb sein Gönner, Ercole I. d'Este, und Obrecht wurde von dessen Nachfolger Alfonso I. im Zuge der Verkleinerung der Hofkapelle entlassen; Ende Juni oder Juli 1505 starb Obrecht in Ferrara an der Pest.

Die rund 30 gesicherten und sechs mehr oder weniger überzeugend zugeschriebenen ▶ Messen bilden den künstlerisch gewichtigsten Teil von Obrechts Œuvre. Neben Heinrich ▶ Isaac und Pierre de la ▶ Rue ist Obrecht der fruchtbarste Komponist der Epoche. In seinem Messen-Œuvre finden sich neben konventionellen Werken im Stil der Messen von Busnoys und Ockeghem auch solche, die radikal mit herkömmlichen Tendenzen brechen. Dieser Bruch ist, dank der Möglichkeit, einige Messen genauer zu datieren, mit ziemlicher Sicherheit in den Jahren um 1490 anzusiedeln. Eine gewisse Dichotomie scheint konstitutiv für die Kompositionstechnik der Messen zu sein. So bedient sich die Melodik einerseits vorzugsweise liedhafter Wendungen und Dreiklangsbrechungen, andererseits werden knappe Motive durch additive Verfahren und fantasievolle Variationen einem höchst komplexen Entwicklungsprozess unterworfen, der sich, anders als etwa im Werk Josquins, dem systematisierenden analytischen Zugriff nicht leicht erschließt. Der Kontrapunkt ist in auffallender Weise durch Dezimenparallelen der Außenstimmen, Terz- und Sextparallelen sowie fauxbourdonartige Passagen und Kadenzen bestimmt. Hinzu treten Kanons, die aber, anders als in der ostentativen Weise Josquins, eher verborgen als herausgestellt werden. Ebenso im auffallenden Gegensatz zum Werk Josquins spielt die konsequent gehandhabte Imitationstechnik so gut wie gar keine Rolle. Durch die Konzentration auf wenige Klangebenen und -zentren sowie die Dreiklangsbezogenheit entsteht ein zukunftsweisendes Klangbild.

Ein Wort-Ton-Verhältnis im Sinne der ▶ Madrigalismen des 16. oder gar der Figurenlehre des 17. Jahrhunderts existiert nur in wenigen Ansätzen. Vielmehr bleibt die Bindung an ▶ Cantus prius facti vor dem Textbezug dominierend. Hierbei werden Choralmelodien in vielfacher Weise paraphrasierend gehandhabt, während Vorlagen aus weltlichen Kompositionen geradezu zitathaft verarbeitet werden. In jedem Falle ist die Zubereitung der Vorlagen das Feld, auf dem sich die Phantasie Obrechts am weitesten entfaltet und worin auch der qualitative Abstand zu den meisten seiner Zeitgenossen am deutlichsten greifbar wird. Die Kunstfertigkeit, mit der Obrecht ▶ Cantus firmi handhabt, ist einzigartig, sowohl hinsichtlich der Adaption als auch hinsichtlich der Einsicht in deren liturgisch determinierte Semantik. Einzelne Cantus firmi werden bis zu Einheiten von wenigen Note fragmentiert. Bemerkenswert ist weiterhin die Genauigkeit, mit der er die Vorlage zitiert. So verwendet er in seiner *Missa L'homme armé* nicht die bekannte Volksweise, sondern den Tenor aus Busnois' gleichnamiger Messe mit allen rhythmischen Besonderheiten. Ähnliche Bezugnahmen sind in seiner Messe *Je ne demande* (Busnois) und *Sicut spina rosam* (Ockeghem) zu bemerken. In der letztgenannten Messe bilden einzelne Stimmen Zitate aus Ockeghems *Missa Mi-mi*. Der Cantus firmus, ein Abschnitt aus dem Responsorium *Ad nutum Domini* zum Fest der Geburt Mariens, ist zugleich das Motto der Bruderschaft Unserer Lieben Frau in 'sHertogenbosch, womöglich ein Auftragswerk der genannten Bruderschaft.

In vielfacher Art und Weise reagierte Obrecht auf die Musik seiner Zeitgenossen; so nahm er etwa ▶ Agricolas *Si dedero* und Josquins *Adieu mes amours* als Vorlage für seine Messen. Walter ▶ Fryes berühmtes *Ave regina celorum* bildet die Basis für eine Tenormesse, in der der Tenor der Vorlage alle Stimmen der Messe durchdringt. Rund 20 Messen Obrechts sind auf weltliche Gesänge gegründet. Die Messen *Petrus apostolus*, *Beata viscera*, *O lumen ecclesie* und *Sicut spina rosam* bilden im Œuvre Obrechts eine in sich geschlossene Gruppe mit spezifischen Charakteristika, die sich so in anderen Werken nicht finden. Alle vier Messen sind auf einer oder mehreren frei gehandhabten und entwickelten Versionen eines gregorianischen ▶ Cantus firmus aufgebaut.

Durch die geringeren äußeren Dimensionen, die verschiedenen Textvorlagen sowie den Anlass- und Adressatenbezug begünstigt, zeigen die ▶ Motetten Obrechts eine sehr viel größere stilistische Bandbreite. Wie in den Messen verzichtet Obrecht auf den textgenerierten und am Prinzip der Imitation orientierten Stil. Andererseits ist eine tiefergehende Auseinandersetzung mit dem Text nicht zu übersehen. In der Tradition von Johannes ▶ Regis stehen die konservativen vier- und fünfstimmigen Tenormotetten, unter ihnen die mit Ockeghem-Anspielungen versehene Trauermotette auf den Vater, *Mille quingentis*. Dieser höchst-eindrucksvollen, noch nicht gründlich untersuchten Werkgruppe, die wohl fast ganz auf die Jahre zwischen 1485 und 1491 in Brügge zu datieren ist, stehen die relativ einfachen, streckenweise aber auch imitatorisch gehaltenen dreistimmigen Werke gegenüber. Hinsichtlich der Textbehandlung am modernsten, d.h. eine an der Rhetorik ausgerichtete musikalische Umsetzung des Textes betreffend und stilistisch am vielfältigsten, sind die vierstimmigen Motetten.

Kein anderer Komponist der Epoche hat so viele flämische Lieder geschaffen, doch sind fast alle nur mit Textmarken überliefert, die auch bloße Orientierungshilfen sein können. Die meisten Sätze sind extrem einfach gehalten mit einem vollstimmig-akkordischen Satz, tanzhafter Rhythmik und einfacher Zeilenmelodik. Bei der Mehrzahl der Sätze ist nicht zu entscheiden, ob sie ursprünglich vokal oder instrumental konzipiert wurden. –

Die wenigen Chansons Obrechts fügen sich bruchlos in das Bild der Gattung im letzten Drittel des 15. Jahrhunderts ein.

Was die Rezeption betrifft, so ist vor allem die Diskrepanz hinsichtlich der zeitgenössischen Wertschätzung Obrechts und der Rezeption in späterer Zeit auffallend. Sie ist wohl nur dadurch zu erklären, dass Josquin im 16. Jahrhundert zur alles dominierenden Persönlichkeit stilisiert wurde, die die Wahrnehmung des 15. Jahrhunderts historisch völlig verzerrte. Die Musikwissenschaft hat, statt die historischen Tatsachen zu untersuchen, diese Geschichte der Rezeption Josquins im 16. Jahrhundert im wesentlichen fortgeschrieben. Ein neues, kritischeres Josquin-Bild ist erst in Umrissen erkennbar und dürfte dazu führen, dass auch die historische Bedeutung Obrechts schärfer konturiert werden wird.

Literatur:
R. Strohm, *Music in Late Medieval Bruges*, Oxford 1985 • R. Strohm, *The Rise of European Music, 1380–1500*, Cambridge 1993 • R.C. Wegman, *Born for the Muses. The Life and Masses of Jacob Obrecht*, Oxford 1994 • B. Lodes, *Gregor Mewes' Concentus harmonici und die letzten Messen Jacob Obrechts*, Habilitationsschrift München 2002 (Druck i. Vorb.) • Th. Schmidt-Beste, *Textdeklamation in der Motette des 15. Jahrhunderts*, Turnhout 2003 • L. Finscher, *Obrecht*, in: MGG², Bd. 12 (Personenteil), 2004, Sp. 1257–1272.

MZ

Ockeghem, Johannes
* um 1420–1425 Saint-Ghislain (Hennegau), † 6.2.1497 Tours (?)

Ockeghem gilt heute als der bedeutendste Komponist zwischen Guillaume ▸ Dufay und ▸ Josquin Desprez, vor allem aber als der erste, der sein Schaffen in herausgehobener Art und Weise der zyklischen Messkomposition widmete, und als der erste, der der Bass-Stimme die zentrale Bedeutung innerhalb des Stimmengefüges zuwies.

Der ungewöhnliche Name und die zeitgenössisch übliche unkodifizierte Orthographie lassen es alles andere als sicher erscheinen, ob bei den über 50 verschiedenen Schreibweisen des Namens von »Okenheim« bis »Oreguen« wirklich stets ein und dieselbe Person, nämlich Johannes Ockeghem, gemeint ist. Die heute übliche Schreibweise stützt sich im wesentlichen auf die Autorität des Chigi-Codex, die heute differenzierter gesehen wird. Über Ockeghems Geburtsjahr existieren keine Dokumente, wohl aber über seinen Geburtsort Saint-Ghislain. Seine eventuelle Ausbildung bei Gilles ▸ Binchois in Mons, für die seine Totenklage auf Binchois (*Mort, tu as navré de ton dart*) spricht, können wir nur durch Konjekturen erschließen. Erstmals belegt ist Ockeghem zwischen Juni 1443 und Juni 1444 als erwachsener Sänger an der Marienkirche in Antwerpen. Die weiteren gesicherten Fakten betreffen seinen Dienst als Kapellsänger am Hof Karls I., Herzog von Bourbon (1434–1456) in Moulins (1446–1448) und dann als Sänger (ab 1451) in der französischen Hofkapelle, wo er sicher ab 1454 für über 40 Jahre ›premier chapelain‹ war.

Mit zahlreichen Pfründen an wichtigen Kirchen ausgestattet, war doch die Pfründe als Kanoniker (ab 1454) und als Schatzmeister (ab 1459) an St. Martin in Tours mit Abstand die einflussreichste und bestbezahlte. Nicht zuletzt aufgrund dieser Position besitzen wir eine Fülle von Dokumenten zu Ockeghems Leben, mehr als zu jedem anderen Komponisten der Zeit. Leider gestatten dieselben keine direkten Rückschlüsse auf sein kompositorisches Schaffen. Ob es durch die zahlreichen Rechtsstreitigkeiten, in die Ockeghem durch sein Amt involviert war, zu einer Minderung seiner Kompositionstätigkeit nach etwa 1465 gekommen ist, bleibt Hypothese. Erst verhältnismäßig spät, in einem päpstlichen Dispens vom 5. September 1472, wird erwähnt, dass Ockeghem Priester sei, nachdem ihm zuvor aus der fehlenden Weihe Nachteile in Tours erwachsen waren. Die Ausübung seiner beiden Ämter als ›premier chapelain‹ und Schatzmeister von St. Martin in Tours wurde Ockeghem nicht unwesentlich dadurch erleichtert, dass ▸ Ludwig XI. (reg. 1461–1483) Tours zu seiner bevorzugten Residenz erkor. In diesen Jahren entfaltete Ockeghem eine rege Reisetätigkeit, und sein Ruhm, ablesbar besonders an Antoine ▸ Busnoys' Motette *In hydraulis*, wuchs. Durch Johannes ▸ Tinctoris (*De inventione et usu musice*, 1481) erfahren wir, dass Ockeghems spätere Stimmlage ›bassus contratenorista‹ war.

Auf den Tod Ockeghems verfasste Jean ▸ Molinet zwei Gedichte; das zweite, französische vertonte Josquin in seiner berühmten Déploration. Für seinen Nachruhm bezeichnend sind die Intarsien im Mantuaner ›studiolo‹ der Isabella ▸ d'Este, die das Rondeau *Prenez sur moy* enthalten und weiterhin die berühmte Darstellung in der Handschrift F-Pn f.fr. 1537, fol. 58v.

Im Gesamtœuvre bilden die 14 drei- bis fünfstimmigen Messkompositionen den Schwerpunkt in der Überlieferung. Da aus dem Frankreich des ausgehenden 15. Jahrhunderts keine Quellen mit mehrstimmiger geistlicher Musik erhalten sind, ist man für die ▸ Messen auf Quellen aus Flandern (v.a. den Chigi-Kodex, I-Rvat Chigi C VIII 234 und B-Br 5557), Deutschland (I-TRbc 1375), Italien (v. a. aus I-Rvat) sowie musiktheoretische Traktate und spätere gedruckte Quellen angewiesen. Da ein großer Teil der geistlichen Musik Ockeghems in Quellen überliefert ist, die nach seinem Tode entstanden, ist es nahezu unmöglich, eine begründbare Chronologie zu erstellen.

Auf die Herausforderung, die unveränderlichen Teile des Ordinariums missae zu vertonen, reagiert Ockeghem mit einem Höchstmaß an Varietas (▸ Variation) und stellt sich selbst stets neue Herausforderungen. Der hieraus resultierende exzeptionelle Kunstanspruch der Messen kann auch als Konsequenz und Ausdruck einer sich wandelnden Gattungshierarchie verstanden werden, welche die Messe primär als musikalisches Kunstwerk begreift. Der gewissermaßen irrationale Eindruck, den die geistlichen Werke in ihrer kontrapunktischen und formalen Struktur erwecken, bildete ein Faszinosum für viele Komponisten des 20. Jahrhunderts und macht Ockeghem bis heute zu einem der meistbeachteten Komponisten der Zeit vor 1600. Vier Werke, die *Missa cuiusvis toni*, das kanonische 3-ex-1-Rondeau *Prenez sur moy*, die *Missa prolationum* und die verlorene 36stimmige Motette, haben aufgrund ihrer außerordentlichen musikalischen Techniken, in teilweise verzerrender Weise das Bild und den Nachruhm Ockeghems als den eines Musikers geprägt, der v.a. an intellektuellen Problemstellungen interessiert gewesen sei. Mehr als bei jedem anderen Komponisten des 15. Jahrhunderts ist die Faszination zu spüren, die von den neuartigen Möglichkeiten der Basslinien ausging. So findet sich in den Bass-Stimmen einer ganzen Reihe von Werken entlehntes Material, was der üblichen Kontrapunkttechnik des 15. Jahrhunderts zuwiderlief.

Die Einzellinien des vierstimmigen Satzes sind in den geistlichen Werken wohl von gleicher Art und eng miteinander verwandt, jedoch werden sie fast nie durch Imitationen bewusst zusammengeschlossen. Auch unterscheiden sich einige prominente Werke Ockeghems von denen seiner Zeitgenossen durch die Lage der Stimmen und das Stimmgefüge. In gewisser Hinsicht stehen Ockeghems Messen abseits der gattungsgeschichtlichen Entwicklungslinie von Dufay über Busnoys zu Jacob ▸ Obrecht und Josquin, insbesondere im Hinblick auf seine Handhabung der großformalen Gestaltung. Die stilistische Bandbreite der Musik Ockeghems macht einen systematischen analytischen wie stilkritischen Zugriff nahezu unmöglich. Kaum eine Messe gleicht der anderen und ließe, fehlten die Autorschaftsangaben, auch auf völlig verschiedene Komponisten schließen.

Der Bestand an überlieferten ▸ Motettenkompositionen ist extrem gering, und oft ist die Frage der Authentizität kaum mit einiger Sicherheit zu beantworten, weshalb in der neueren Forschung die Dichotomie in Werke von Ockeghem und zweifelhafte Werke zur Disposition gestellt worden ist. Stattdessen werden unterschiedliche Grade der Wahrscheinlichkeit in Vorschlag gebracht. Da nur vier Motetten in Quellen erhalten sind, die zu Lebzeiten des Komponisten zusammengestellt wurden, und auch ansonsten verlässliche Angaben zur Datierung weitgehend fehlen, erscheint eine Chronologie des Motettenschaffens nicht möglich. Auch wenn sich Fragen der Authentizität mit größerer Sicherheit klären ließen, wozu gegenwärtig wenig Aussicht besteht, bleibt doch das auffallende Faktum bestehen, dass Ockeghem im Vergleich mit seinen Zeitgenossen nur sehr wenige Motetten komponiert zu haben scheint. Oder aber, wofür Indizien existieren, sind die Verluste an Motetten außerordentlich hoch.

Für die weltliche Musik ist die Quellenlage wesentlich besser, die in zu seinen Lebzeiten kopierten Handschriften aus dem französischen Raum, insbesondere dem Chansonnier Nivelle de la Chaussée (F-Pn Rés.Vmc MS 57, vielleicht ca. Anfang der 1460er Jahre) überliefert sind. Indizien deuten darauf hin, dass die ▸ Chansons mit einiger Wahrscheinlichkeit fast alle zwischen 1450 und 1470 entstanden. Ob sich dieser zeitliche Rahmen auf die geistlichen Werke übertragen lässt, ist hypothetisch. Satztechnisch repräsentieren die Chansons den größtmöglichen Gegensatz zur geistlichen Musik: Es finden sich zahlreiche Imitationen, die Deklamation ist prägnant und der freie Umgang mit der Tradition deutlich zurückgenommen.

Ausgaben:
Collected Works, 3 Bde., o.O. und New York 1947ff.

Literatur:
M. Brenet, *Musique et musiciens de la vieille France*, Paris 1911 • D. Plamenac, *Johannes Ockeghem als Motetten- und Chansonkomponist*, Diss. Wien 1925 • W. Stephan, *Die burgundisch-niederländische Motette zur Zeit Ockeghems*, Kassel 1937 • E. Krenek, *Johannes Ockeghem*, London 1953 • M. Henze, *Studien zu den Messenkompositionen Johannes Ockeghems* (Berliner Studien zur Musikwissenschaft 12), Berlin 1968 • D. Fallows, *Johannes Ockeghem. The changing image, the songs and a new source*, in: Early Music 12 (1984), S. 218–230 • L. Perkins, *Musical Patronage at the Royal Court of France under Charles VII and Louis XI (1422–83)*, in: Journal of the American Musicological Society 37 (1984), S. 507–566 • M. Picker, *J. Ockeghem and J. Obrecht: a Guide to Research*, New York 1988 • A. Lindmayr, *Quellenstudien zu den Motetten von Johannes Ockeghem* (Neue Heidelberger Studien zur Musikwissenschaft 16), Laaber 1990 • W. Thein, *Musikalischer Satz und Textdarbietung im Werk von Johannes Ockeghem*, Tutzing 1992 • R. Strohm, *The Rise of European Music, 1380–1500*, Cambridge 1993 • F. Fitch, *Joh. Ockeghem: Masses and Models*, Paris 1997 • Ph. Vendrix (Hrsg.), *Johannes Ockeghem, Actes du XLe colloque international d'études humanistes 1997*, Paris 1998 • D. Fallows, *A Catalogue of Polyphonic Songs 1415–1480*, Oxford 1999 • M. Friebel, *Johannes Ockeghems* Missa Prolationum: *Quellenstudien und Analysen*, Diss. Wien 2004.

MZ

Ode

In der musikalischen Lyrik des 16. Jahrhunderts wurden in Italien, Frankreich und Deutschland sehr unterschiedliche Liedgattungen mit dem Terminus Ode bezeichnet. Soweit Ode im Altgriechischen ursprünglich jede Art gesungener Dichtung bezeichnete, besteht eine gewisse Gemeinsamkeit im humanistischen Bezug auf die Antike, der allerdings auf verschiedene Phänomene abheben und ungleich stark ausfallen konnte. Am stärksten tritt dabei die plastische Präsentation des Textelements hervor (wenngleich dies nicht grundsätzlich in seiner genauen versmetrischen Beschaffenheit Berücksichtigung fand). Mehrstimmige Odenkompositionen sind daher in ihrer polyphonen Qualität stets stark eingeschränkt, idealerweise als syllabisch deklamierender Satz Note gegen Note (▸ Contrapunctus simplex) geschrieben. Einer musikalischen Auseinandersetzung mit lateinischen bzw. neulateinischen Odentexten folgten in Italien und Frankreich (aber vorerst nicht in Deutschland) Beiträge in der Landessprache.

Von der nur noch ansatzweise nachvollziehbaren Praxis italienischer Humanisten seit dem 15. Jahrhundert, antike Texte, darunter auch Oden, als Stegreif-Gesang zur Lyra (▸ Cantastorie) vorzutragen, leiteten sich zu Beginn des 16. Jahrhunderts zwei kleine Sonderzweige der ▸ Frottola ab. Das Verbindungsglied besteht darin, dass diese Gattung originär als Gesang zur Laute (▸ Cantare al liuto) vorgetragen wurde, obwohl der Drucker Ottaviano ▸ Petrucci sie zumeist in Form vierstimmiger Sätze publizierte. Zum einen vertonte man lateinische Texte, wobei der Aspekt des homophonen Satzes wichtiger als die metrische Dimension war (erstmals Michele Pesentis *Integer vitae scelerisque purus* von Horaz im sapphischen Odenmaß oder Bartolomeo ▸ Tromboncinos neulateinisches *In hospitas per alpes*, beides in Petruccis erstem Frottolenbuch 1504 und in Franciscus Bossinensis' Fassung für Sopran und Laute 1509).

Zum anderen passte man, ohne verstärkt auf eine homorhythmische Satzfaktur Wert zu legen, die traditionelle Strophenform des Motto confetto dem humanistisch gefärbten Sprachgebrauch an: Eine frottolistische ›oda‹ bezieht sich auf eine einfache, refrainlose Strophendisposition mit der Reimstellung abbc, cdde, effg etc.; die letzte Zeile hat jeweils eine von den drei vorausgehenden abweichende Silbenzahl (z.B. Tromboncino, *Signora anzi mea dea*). Obwohl es in Petruccis elf Frottola-Drucken über 50 Fälle von Oden gibt, warf er sie im vierten Buch unter dem Titel *Strambotti, ode, sonetti et modo de cantar versi latini e capituli* (Venedig 1505) eigens aus.

In Frankreich gab es in der Mitte des 16. Jahrhunderts am Hof ▸ Heinrichs II. eine Mode der Vertonung lateinischer Horaz-Oden (Philibert Jambe de Fer 1550, Claude ▸ Goudimel 1555, beide verschollen; Jacques ▸ Arcadelt, 1556). Nachdem der Dichtungstheoretiker Thomas Sébillet 1548 die französische »ode« rückblickend noch als kaum von der »chanson« zu unterscheidende einfache Gedichtform besprochen hatte, gehörte die Ode mit dem ▸ Sonett fortan zu den anspruchsvollen poetischen Formen, mit denen die Dichter der ▸ Pléiade die angeblich formal gekünstelten bzw. trivialen lyrischen Gebilde ihrer Vorgänger in der landessprachlichen Dichtung überwinden und dabei auch ihre eigene Orientierung an der Antike mit einem schweren Stil und feierlichen oder gedankenreichen Sujets demonstrieren wollten. Pierre de ▸ Ronsards an Horaz bzw. Pindar orientierte Oden, die aus zahlreichen Abfolgen von Strophe, gleichgebauter Antistrophe und Epode bestehen, wurden wegen ihrer Sperrigkeit nur in wenigen Fällen vertont. Das *Supplément musical* zu seiner auch Oden enthaltenden Gedichtsammlung *Les Amours* (1552) führt allerdings eine Mustervertonung für Strophe und Epode auf. Der neutrale Modellsatz zeigt auch satztechnisch, dass die Künstler im Umfeld der Pléiade mit der Ode eine antikisierende Aufführungsweise als Sologesang zur Laute (an der Stelle einer Lyra) und damit eine Alternative zur Polyphonie reklamierten. 1559 kam das Gegenbild der in leichter Diktion und kurzen Versen abgefassten, oft bukolischen oder bacchantischen Themen zugewandten ankreontischen Ode auf (Richard Renvoicy, *Les Odes d'Anacreon*), auf die der simple Satztyp ebenfalls passte.

Die geschlossenste Gattung bildete sich in Deutschland und ausschließlich im Umfeld von Humanismus und neulateinischer Dichtung aus. Während es auch hier vereinzelte

Hinweise auf eine Improvisationspraxis gibt – Heinrich ▸ Glarean berichtet noch 1554 davon, 1508 in Köln den Humanisten Hermann von dem Busche ein lateinisches Preislied zur eigenen Lautenbegleitung singen gehört zu haben, er selbst praktizierte Ähnliches 1512 vor Kaiser ▸ Maximilian I. – und damit die Idee einer Einheit von Dichtung und Musik auf hoher Ebene durchaus präsent war, scheint die mehrstimmig gesetzte Ode primär im schulisch-pädagogischen Kontext zu wurzeln. Ihr didaktisches Ziel war es, Schülern und Studenten die antiken Versmaße durch die musikalische Ausführung fühlbarer und memorierbarer zu machen. Die erste umfangreiche Quelle für diese Methode stellen die vierstimmigen Sätze von Petrus ▸ Tritonius dar. 1497 vertonte er auf Anregung des humanistischen Dichters Konrad ▸ Celtis für den Metrikunterricht in der Ingolstädter Universität die 19 horazischen Odentypen mit lediglich zwei Tondauern, Kürzen und Längen, in allerschlichtester ›Akkordik‹. Sie erschienen als einer der ersten deutschen mehrstimmigen Musikdrucke 1507 in der Offizin Erhart ▸ Öglins in Augsburg. Diese Experimente standen (wie Celtis) in engem Zusammenhang mit humanistischen Bestrebungen im Umfeld Kaiser Maximilians I. Deshalb verwundert es nicht, dass auch von dessen Hofmusikern Paul ▸ Hofhaimer (posthum gedruckt 1539) und Ludwig ▸ Senfl (gedruckt 1534) erstaunlich wertvolle Beiträge zu der ansonsten eher pedantischen Gattung geliefert wurden. Für den üblicheren und während des ganzen 16. Jahrhunderts geschätzten Schulgebrauch machten Martin ▸ Agricolas *Melodiae Scholasticae* (1512) den Anfang. Zahlreiche Odenkompositionen der frühen Zeit wurden mit geistlichen Texten bis ins 17. Jahrhundert tradiert.

Literatur:
K.G. Hartmann, *Die humanistische Odenkomposition in Deutschland. Vorgeschichte und Voraussetzungen*, Erlangen 1976 • F. Luisi, *La musica vocale nel rinascimento. Studi sulla musica vocale profana in Italia nei secoli 15 e 16*, Turin 1977, S. 319–438 • K. Van Orden, *Les vers lascifs d'Horace: Arcadelt's latin chansons*, in: Journal of Musicology 14 (1996), S. 338–369 • Th. Schmidt-Beste, *Ode. Die humanistische Ode*, in: *MGG*², Bd. 7 (Sachteil), 1997, Sp. 562–567.

NSCH

Öglin, Erhard
* (?) Reutlingen, † Ende 1520 Augsburg

Erhard Öglin war ein Buchdrucker, der sein Handwerk in Basel lernte, in Tübingen studierte und ab 1502 für verschiedene Verleger in Augsburg tätig war. Ab 1510 führte er den Titel ›kaiserlicher Buchdrucker‹. Sein rund 190 Drucktitel zählendes Werk umfasst humanistische und volkstümliche Literatur sowie zwei Lehrwerke für Musik und drei Musikdrucke.

Die humanistischen Odenvertonungen von Peter Treibenreif alias ▸ Tritonius im Auftrag von Conrad ▸ Celtis (1507) gehören mit Gregor ▸ Mewes' Obrecht-Druck zu den ersten Musikdrucken mit beweglichen Lettern nördlich der Alpen. Bei den beiden anderen Musikdrucken handelt es sich um Liederbücher (1512, 1513) mit deutschsprachigem Repertoire, das das weltliche Musikleben am Hof Maximilians I. dokumentiert.

Ausgaben:
Melopoiae bzw. *Harmonie*, hrsg. von R. von Liliencron, in: Vierteljahrsschrift für Musikwissenschaft 3 (1887), S. 26–91 und in G. Vecchi, *Dalle ›Melopiae sive harmoniae tetracentiae‹ orazione di Tritonio […]*, Bologna 1960; *Erhart Oeglin's Liederbuch zu vier Stimmen. Augsburg 1512* (Publikationen älterer praktischer und theoretischer Musikwerke 9), hrsg. von R. Eitner und J.J. Maier, Berlin 1880.

Literatur:
E. Kraus, *Die weltlichen gedruckten Notenliederbücher von Erhard Öglin (1512) bis zu Georg Forsters fünftem Liederbuch*, Frankfurt 1980 • Th. Röder, *Innovation and Misfortune. Augsburg Music Printing in the First Half of the 16th Century*, in: Yearbook of the Alamire Foundation 2 (1997), S. 465–477.

ALB

Oper

▶ Camerata fiorentina, ▶ Intermedien

Oratorium

Im eigentlichen Sinne bezeichnet der lateinische Begriff ›oratorium‹ (ital. ›oratorio‹) ein kleines, für das Gebet bestimmtes Gebäude, eine kleine Kapelle. Am Ende des 16. Jahrhunderts verbindet man den Begriff im weiteren Sinne mit einem spezifischen Typus musikalischer Aktivität, der an diesen kultischen Ort gebunden ist. Erst ab 1640 nahm er mit den Werken von Giacomo Carissimi (1605–1674) seine jetzige Bedeutung an: eine musikalische Komposition auf einen dramatischen Text (traditionellerweise auf ein biblisches, heiligengeschichtliches oder allegorisches Sujet), die nicht szenisch aufgeführt wird (ein Erzähler, ›Testo‹ oder ›Historicus‹, stellt die Handlung den Zuhörern vor) und in der erzählende, lyrische und reflektierende Episoden wechseln. Bis dahin und auch noch im 17. Jahrhundert bezeichnete man solche Werke ohne Unterschied als ›Madrigale spirituale‹, ▶ Motette, Dialog, ›Historia‹, ›Actus musica‹, ›Drama sacro‹, ›Componimento sacro‹ oder ›Azione sacra‹. Die Entstehung und Entwicklung des Oratoriums sind eng mit den Aktivitäten der Congregazione dell'Oratorio (1575) und der Oper verbunden, zu der es das sakrale Pendant bildet.

Das Oratorium ist eine charakteristische Gattung der sogenannten Zeit des ›Barock‹. Es hat nichtsdestoweniger seine Vorgänger und Nebenströmungen in der Renaissance. Diese sind vielfältig und schwer zu bestimmen: Passionen und liturgische Dramen (▶ Geistliches Drama), dramatische oder dialogische ▶ Laude – insbesondere diejenigen, die von Girolamo ▶ Savonarola und den Bruderschaften der florentinischen ›Laudesi‹ verbreitet wurden –, liturgische Motetten, weltliche ▶ Madrigale oder auch das Theater, das in akademischen Zirkeln oder in ▶ Jesuiten-Kollegien praktiziert wurde. Alle enthalten im Keim die zukünftigen Merkmale des ›Oratoriums‹: die Künste der musikalischen humanistischen Rhetorik in den Dienst eines Textes zu setzen, der, im Kontext der religiösen Verkündigung, aufbauend, erzieherisch und katechetisch sein will.

Die Entwicklung der Congregazione dell'Oratorio ist für das Verständnis des Oratoriums ausschlaggebend. 1554/1555 führte ihr Gründer, Filippo ▶ Neri, in Rom die Praxis der florentinischen Lauda in die täglichen Übungen der jungen Kongregation ein, besonders im Verlauf des ›oratorio vespertino‹ am Ende des Nachmittags. Um Neri versammelten sich eine Gruppe gelehrter Männer, die sich seit 1588 regelmäßig in einem kleinen Oratorium in der Nähe von S. Girolamo della Carità zusammenfanden. Unter ihnen befanden sich zahlreiche römische Musiker: Giovanni ▶ Animucia, Francisco ▶ Soto de Langa oder Giovenale Ancina (1545–1604), die religiöse Themen diskutierten und devotionale Übungen vollzogen. Das *Libro primo delle Laudi Spirituali* (Venezia 1563) von Serafino Razzi diente der kleinen Gemeinschaft als Modell, die unter dem Einfluss von Neri und d'Animuccia sich schnell ein eigenes musikalisches Repertoire zulegte. Acht Sammlungen von Laudi spirituali, die ausschließlich für die Veranstaltungen des Oratoriums bestimmt waren, erschienen somit zwischen 1563 und 1600: Zwei wurden von Annimuccia komponiert (1563 und 1570), fünf Anthologien stammten von Soto (1578, 1583, 1588, 1591, 1598) und von Ancina (1599). Innerhalb des originalen Repertoire, das aus einfachen monodischen Lauden für den Gebrauch der Gemeinde bestand, bildeten sich immer mehr komplexere polyphone Werke aus, die Dialoge und dramatische Texte bevorzugten.

Die Publikation des *Teatro armonico spirituale di madrigali* (Rome 1619) von Giovanni Francesco ▶ Anerio kennzeichnet eine bedeutende Etappe in der Entwicklung der Gattung Oratorium. Es handelt sich noch um geistliche Madrigale, aber im konzertanten Stil weiterentwickelt mit einem Wechsel von Rezitativen und Arien wie in der zeitgenössischen Oper. Für den Gebrauch des ›Oratorio vespertino‹ an S. Girolamo della Carità komponiert präsentieren sich die Mehrzahl der 94 Stücke der Sammlung als ›Dialoghi‹, die auf dramatischen biblischen oder hagiographischen Texten basieren; unter den wichtigsten kann man den *Dialogo del figliol prodigo* zu fünf Stimmen und *La conversione di S. Paolo* zu acht Stimmen nennen. Letztere verteilt die solistischen Rollen auf folgende Protagonisten: Historicus (Tenor), Paul (Tenor), himmlische Stimme (Bass), Ananias (Tenor) und vertraut einem Doppelchor zu acht Stimmen die Turba-Szenen an (Soldaten, Engel) wie auch die nicht-narrativen Passagen (Kommentare und moralische Reflexionen). Ein Instrumentalensemble von fünf Stimmen vervollständigt die Gruppe der Ausführenden; es verdoppelt die Stimmen des Finalchores und interpunktiert die Handlung durch Intermedien.

Diese römische Praxis gewann rasch an den weiteren Orten die Oberhand, wo sich die Congregazione dell'Oratorio festgesetzt hatte. 1620 und 1622 wurde in zwei Inventaren bestätigt, dass diese Tradition in Bologna schon fest etabliert war. Außer dem *Teatro armonico* führen die Inventare zahlreiche gedruckte Werke an, hauptsächlich Anthologien, deren sinnbildlichste die *Affetti amorosi spirituali* (Rom 1617) von Paolo Quagliati (c. 1555–1628), die *Selva armonica* (Rom 1617) und *Ghirlanda di sacre rose* (Rom 1619) von Giovanni Francesco Anerio sind. Erwähnt wird auch eine bedeutende Manuskriptsammlung, die zudem in den römischen Archiven dokumentiert ist. Es handelt sich hauptsächlich um Kompositionen von vier bis zu acht Stimmen mit Basso continuo. Unter den hauptsächlichen Autoren befinden sich Felice ▸ Anerio und Giovanni Francesco Anerio, Giovanni de Macque (1548/1550–1614), Ruggiero ▸ Giovannelli und Francesco Martini (ca. 1560–1626).

Eine besondere Bemerkung verdient das Thema der *Rappresentatione di Anima et di Corpo* (1600) von Emilio de' ▸ Cavalieri, die oft zu Unrecht als Prototyp des Oratoriums betrachtet wird. Dieses Werk in einem Prolog und drei Akten auf ein Libretto von Agostino Manni folgt der Tradition der Sacra rappresentazione, der dramatischen Laude und des humanistischen Schultheaters. Aber durch die Proportionen und die szenische Darstellung hat man sich geeinigt, das Werk vollständig als Oper zu betrachten, das auf allegorische Weise den geistigen Kampf zwischen der Seele (Anima) und dem Körper (Corpo) illustriert. Es hat somit eine ganze Reihe von ähnlichen Werken ins Leben gerufen, die von der Familie Barberini in den Jahren 1610–1620 unterstützt wurden, und die ihre Vollendung mit *Sant' Alessio* (1631/1632) fanden, einem ›dramma musicale‹ in drei Akten von Stefano Landi (1587–1639) auf ein Libretto von Giulio Rospigliosi.

Literatur:
L. Ponelle / L. Bordet, *Saint Philippe Néri et la société romaine de son temps, 1515–1595*, Paris 1928, ²1958 • L. Cervelli, *Le laudi spirituali di Giovanni Animuccia e le origini dell'oratorio musicale a Roma*, in: Rassegna musicale 20 (1950), S. 116–131 • H.E. Smither, *The Latin Dramatic Dialogue and the Nascent Oratorio*, in: *Journal of the American Musicological Society* 20 (1967), S. 403–433 • Ders., *A History of the Oratorio. The Oratorio in the Baroque Era: Italy, Vienna, Paris*, Bd. 1, Chapel Hill 1977 • Ders. (Hrsg.), *Antecedents of the Oratorio: Sacred Dramatic Dialogues, 1600–1630*, Laaber 1985 • A. Morelli, *Il tempio armonico: musica nell'Oratorio dei Filippini in Roma (1575–1705)*, in: *Analecta Musicologica* 27 (1991), S. 1–216 • F. Noske, *Saints and Sinners. The Latin Musical Dialogue in the Seventeenth Century*, Oxford 1992 • G. Massenkeil, *Oratorium und Passion* (Handbuch der musikalischen Gattungen 10/1), Laaber 1998.

FG

Orden, religiöse

Im Lauf der Renaissance erfuhren die religiösen weiblichen und männlichen Orden, seien sie Einsiedlerorden, Mönchs- oder Kanonikerorden, Pflege-, Ritter-, Bettelorden, Priester- oder Laienorden, tiefgreifende Änderungen. Allein bei den männlichen Gemeinschaften kann man zwischen 1300 und 1600 36 Neugründungen und 22 Auflösungen beobachten. Wie im Mittelalter sind diese Orden ein wichtiger Mittelpunkt musikalischer Aktivität, sei es im vorgeschriebenen Rahmen der Liturgie (Heiliges Amt), sei es im nicht vorgeschriebenen Rahmen der paraliturgischen Praktiken der Andacht. Jedoch entwickelte jeder der Orden gemäß seiner kanonischen Satzung, seiner geistlichen Orientierung und seines eigenen ›modus vivendi‹ eine spezifische Bezugsform zur Musik.

Im 13. Jahrhundert erlebte man einen unvergleichlichen Aufschwung an religiösen Orden, deren Einfluss während der ganzen Renaissance spürbar blieb. Zahlreich sind diejenigen, die bereits bestehenden Schemen folgten: die Pauliner (gegr. 1215), die Silvestriner (gegr. 1231) und die Cölestiner (1264–1789) ließen das monastische Ideal des Heiligen Benedikt wiedererstehen; der belgische Orden des heiligen Kreuzes (gegr. 1211; heute: Kreuzherren), die Kanoniker des großen Sankt Bernhard, die Ritterlichen Kreuzherren mit dem roten Stern (gegr. 1237) und die Kreuzherren mit dem roten Herzen (1250–1825), die Kanoniker Sankt Augustin, die Mercedarier (gegr. 1223) rekurrierten auf das ritterliche Ideal. Aber das 13. Jahrhundert sah vor allem die Erscheinung einer neuen Kategorie des Religiösen: Die Bettelorden, die das kontemplative und apostolische Leben vereinigten, hatten einen lebhaften Erfolg, der sich sehr schnell in ganz Europa ausbreitete. Zu den wichtigsten zählen die Minoriten oder Franziskaner (gegr. 1209), der Predigerorden oder die Dominikaner (gegr. 1216), die Serviten (gegr. 1233), die Karmeliter (gegr. 1242) und der männliche Orden der Augustiner-Eremiten (gegr. 1242); die Dominikanerinnen (gegr. 1206) und die Klarissen (gegr. 1212) für die Frauen, beide in der monastischen Tradition.

Die Mönchs- und Kanonikerorden, die im 13. Jahrhundert gegründet wurden, folgten den musikalischen Praktiken ihrer mittelalterlichen Modelle: gregorianischer Gesang, und, an manchen Orten, improvisierte polyphone vokale Praktiken. Dahingegen favorisierte der neue ›modus vivendi‹ der Bettelorden das Hervorkommen neuer Traditionen. In der liturgischen Domäne gaben sie den ›cursus monasticus‹ zugunsten des ›cursus saecularis‹ auf und nahmen in der Art der Franziskaner oder Serviten den gekürzten Ritus (Brevier) der römischen Kurie auf. Sie förderten die gereimten hagiographischen Reimoffizien, die Praktiken der vokalen polyphonen Improvisation (cantus planus binatim) und der Orgel. In der paraliturgischen Domäne förderten sie das Andachts-Repertoire in der Volkssprache (▶ Cantiques, ▶ Lauda, ▶ Carols), um der Notwendigkeit der sie umgebenden Laienbruderschaften gerecht zu werden; die Gesamtheit dieser Traditionen hielt sich im Lauf der Renaissance aufrecht.

Verglichen mit dem 13. Jahrhundert erscheinen das 14. und 15. Jahrhundert wie Perioden der Stagnation im religiösen Leben: 13 Orden wurden im 14. Jahrhundert gegründet; sie waren in der Mehrzahl italienisch, iberisch und flämisch mit lokaler oder regionaler Ausstrahlung. Alle präsentierten sich als Varianten der zuvor existierenden Formen des religiösen Lebens: Die Olivetaner (gegr. 1319) versuchten, das monastische Ideal wiederzubeleben und konstituierten sich als unabhängiger benediktinischer Zweig; die Hieronymiten (1325–1835), die ›Pauvres Volontaires‹ (ca. 1350–1525), die Eremiten des Heiligen Hieronymus von Fiesole (1360–1668), die

Jesuaten (1360–1668), die Apostoliner (1370–1589), die Armen Eremiten des Heiligen Hieronymus von Pisa (1360–1940) ließen örtlich die eremitische Tradition erneut aufleben; der Christusorden (1317 bis zum 15. Jahrhundert) und der Orden von Montesa (1319 bis zum 15. Jahrhundert) nahmen das ritterliche Ideal wieder auf; die belgischen Alexianer oder Celliten (gegr. 1305) dasjenige der Krankenpflege; der Brigittenorden (1370 bis zum 16. Jahrhundert) ließ sich von der Form der gemischten Gemeinschaften auf dem Modell der Ordenskongregation von Fontevrault (1099–1789) beeinflussen. Das Phänomen verstärkte sich im 15. Jahrhundert mit nur fünf neuen Gründungen, die ebenfalls von ehemaligen Modellen beeinflusst waren. Eine war monastischer Tradition, die Hieronymiten der Observanz (1425-1850); drei hatten kanonische Tradition, die Mönche von Saint-Georges d'Alga (1404–1668), von Saint-Sauveur de Bologne (1408–1823 und von Saint-Esprit (1450–1656); einer gehörte zu den Bettelorden: die Minimiten (gegr. 1435). Mit Ausnahme des letzteren hatten alle begrenzte Ausstrahlung.

Zu diesem Phänomen der Stagnation kam ein Sinken des Bestandes wegen Pest und Kriegen hinzu, die die Bevölkerung dezimierten, aber auch wesentliche interne Spannungen angesichts des Nachlassens der Sitten in den Konventen und Klöstern. So kam das Phänomen der Ordensbruderschaft auf, das die Gesamtheit der religiösen Orden zwischen der zweiten Hälfte des vierzehnten und der ersten Hälfte des 16. Jahrhunderts ergriff. Alle Aspekte des religiösen Lebens berührend charakterisierte sich die Ordensbruderschaft durch eine radikale Rückbewegung auf die Quellen der Evangelisten und auf die Eingebungen der Religionsgründer. In der Praxis äußerte sie sich durch die Wiederaufnahme des regulären Lebens (Kloster, gemeinsames Leben), einen Stil des armen und strengen Lebens, eine gereinigte Liturgie, einen Verdacht gegen wissenschaftliche Studien und der Bevorzugung des stillen Gebets. In manchen Orden mussten die sukzessiven graduellen Reformen einer größeren Radikalität weichen (›observantia regularis, stricta observatia regularis, observatia strictissima‹) und mündeten im allgemeinen in einer Spaltung. Die Minoriten sind ein Beispiel für dieses Phänomen. Eine Bewegung der Ordensbruderschaft erschien am Ende des 13. Jahrhunderts. Sie wurde 1415 anerkannt, erhielt ihre Autonomie 1446 und führte schließlich zu einer Spaltung zwischen den Franziskaner-Minoriten und den Franziskanern der regulären Ordensbruderschaft (1517). Aus den letzteren kam schnell eine radikalere Bewegung hervor, die sich »strikte Ordensbruderschaft« nannte mit der Gründung der Kapuziner (1525) und der Riformati (1532) in Italien, den Alkantarinern in Spanien (1562), den Recollets in Frankreich und in Deutschland (1601). Nach demselben Prinzip erschienen Zweige der Déchaux oder der Récollets in zahlreichen religiösen Orden: die Récollets-Augustiner (1562) und die Déchaux-Augustiner (1592) bei den Eremiten von Sankt Augustin; die Fueillants (1580–1789) bei den Zisterziensern (gegr. 1098); die Reform von Jean Sereth (1451), gefolgt von der radikaleren der Teresa d'Avila (1562) und Jean de la Croix (1568) bei den Karmelitern. Ohne dass es wirkliche kanonische Spaltungen gab, errichteten gewissen Orden neue Verfassungen wie die Dominikaner (1464, 1514), die Prämonstratenser (1505) oder die Kartäuser (1571). Was die Kloster- und Kanonikerorden betraf, so bildeten sie sich in Kongregationen um Valladolid (1390), Melk (1418–1472), S. Giustina (1419), Bursfeld (1440), Chezahl-Benoît (1498) und Mont-Cassin (1504) für die Benediktiner, Windesheim (1387–1807 und Saint-Georges (1396–1558) für die Chorherren).

Im 16. Jahrhundert erschienen parallel zu der Bewegung der Ordensbruderschaft zwei neue Kategorien der religiösen Orden: die

Regularkleriker und die Priestergemeinschaften. Zu den ersteren zählt man die Theatiner (gegr. 1524), die Barnabiten (gegr. 1530), die Somasker (gegr. 1532), die Jesuiten (gegr. 1540), die Kamilianer (gegr. 1482), die Regularkleriker der Mutter Gottes (gegr. 1583), die Caraccioliner (gegr. 1588), die Piaristen (gegr. 1597). Unter den zweiten, die sich vor allem im 17. Jahrhundert entwickelten, verweist man auf die Oratorianer (gegr. 1564), die Doktrinarier (1587–1750) und ihr unabhängiger französischer Zweig (gegr. 1592). Diese beiden neuen Kategorien haben als gemeinsame Eigenschaft eine apostolische Aktivität, die auf die Vertiefung des Glaubens bei der Gemeinde und bei den Priestern gerichtet ist und den Unterricht, die Erziehung der Jugend und die Krankenpflege betrifft. Im Gegensatz zu den vorangehenden Orden handelt es sich um Orden von Priestern, die, außer bei den Barnabiten, nicht an die Rezitation des ▸ gregorianischen Chorals gebunden sind.

Die Bewegung der Ordensbruderschaft und die Erscheinung der Regularkleriker auf der religiösen Szene gaben die Gelegenheit zu bedeutenden Änderungen des Verhältnisses der Orden zur Musik. Die Strenge der bekennenden Lebensformen, die für einige bis zum Auslassen des Singens des gregorianischen Chorals gingen, ist eine Bremse für die musikalische Entwicklung, insbesondere im liturgischen Rahmen. In den Klöstern gaben die benediktinischen Reformen des 15. und 16. Jahrhunderts dem gregorianischen Choral seinen Vorrang zurück zum Nachteil der polyphonen und instrumentalen Praktiken, die verdammt wurden. Die Kongregation S. Giustina verbot zum Beispiel den häufigen Gebrauch der Orgel (1438), den sie auf die Feste ›duplicibus maioribus‹ begrenzte; die Verfassung von 1455 weitete ihn auf die Sonntage aus. Die radikale eremitische Bewegung von Montecorona ihrerseits ging bis zur Zurückweisung des gregorianischen Chorals selbst. In einigen Klöstern hielt sich jedoch eine polyphone improvisierte oder schriftliche Praxis; davon zeugen die *Monastici cantus compendium* (1506) und zahlreiche Manuskripte.

Eine ähnliche Bewegung lässt sich bei den Bettelorden beobachten. Bei den Karmelitern untersagte man ▸ Motetten im generellen Kapitel von Ferrara (1357). Die Reform von Teresa d'Avila (1562) legte noch striktere Regeln auf: Gemäß den *Constitutions* (1567) solle der liturgische Gesang »niemals auf mehreren Noten, sondern nur auf einer unisono« erfolgen. Die Déchaux-Karmeliter nahmen diese Klausel textlich in ihre *Constitutions* (1585) auf und untersagten grundsätzlich kontrapunktische Stücke. Die Revision der *Constitutions* (1566) des Predigerordens der Dominikaner präzisiert, dass die liturgische Rezitation »kurz und knapp« sein solle, um weder die Andacht noch die Übung, noch die Predigt zu hemmen. Im Kapitel von Bressuires (1416) nahm die franziskanische Ordensbruderschaft den ›recto tono‹ für den Stundengottesdienst und behielt den einstimmigen Gesang für die Messe; das Kapitel von Barcelona (1451) untersagte den Kontrapunkt, dasjenige von Salamanca (1451) die Orgel, aber dasjenige von Neapel (1590) tolerierte den Rekurs auf Instrumente und auf die Polyphonie, falls sie von einem Mäzen des Ordens unterstützt wurden. In der Art der Karmeliter und der Glaubensbruderschaft der Franziskaner wiesen die Kapuziner nicht nur die Instrumente und die Polyphonie, sondern auch den gregorianischen Gesang zurück (1481). In den religiösen weiblichen Gemeinschaften, die, ungeachtet des gescheiterten Versuchs der Ursulinen, alle in der klösterlichen Tradition standen, gab es das gleiche Phänomen, mehr oder weniger streng gemäß den einzelnen Orden. In diesem allgemeinen Bild bestand eine Ausnahme: die Franziskaner-Minoriten, die 1596 die musikalische Praxis in ihre ▸ Ratio studiorum aufnahmen und die Komponisten des Ordens berechtigten, den universitären Titel ›Magistri Musices‹ zu tragen, der bislang nur Theologen vorbehalten war. Die drei ersten genannten Komponisten sind Costanzo ▸ Porta, Girolamo Vespa (ca. 1540/1545 – ca. 1596) und Lodovico Balbi (ca. 1545–1604).

Wenn die Musik im liturgischen Rahmen auch beschränkt blieb, fand sie ihre hauptsächliche Entwicklung in der paraliturgischen Domäne. Die musikalischen Praktiken der Andacht gingen auf das 13. Jahrhundert zurück und hatten immer einen bedeutenden Platz bei den Bettelorden. In Italien erhielt die Lauda ein wiederauflebendes Interesse mit Girolamo ▸ Savonarola und den *Laudi Spirituali* (Venedig 1563) des Dominikaners Serafino Razzi. Aquinus Suevus († 1539) importierte die Praxis in die deutschen Länder; sein *New Gesangbuchlin Geystlicher Lieder* (Leipzig 1537) wird als eine der ältesten gedruckten Sammlungen von katholischen Gesängen in deutscher Sprache angesehen. In der zweiten Hälfte des 16. Jahrhunderts wurde dieses Repertoire das Erbe der neuen Kongregationen der regulären Geistlichen und der Priestergemeinschaften. Die Lauda ist eines der Schlüsselelemente der Reform von Filippo ▸ Neri und ist dafür vorgesehen, die Jugend auf Umwegen geistlicher Unterhaltungen zu bilden. In Rom umgab sich Neri mit Komponisten wie Giovanni ▸ Animucia, Giovenale Ancina (1545–1604) oder Francisco ▸ Soto de Langa, um sich mit genügend Stücken für seine Sendung zu versorgen. Beim Tod des Gründers breitete sich die Praxis auf den ganzen Orden aus und trug zur Geburt des ▸ Oratoriums bei. Das gleiche Phänomen bestand beim Jesuitenorden, der von Ignatius von ▸ Loyola gegründet wurde. Die Musik wurde dort in den Gemeinden und den Kollegien für katechetische Zwecke gebraucht – Kollegien, in denen dann das Oratorium, die Oper und das Ballett gepflegt wurden.

Literatur:
G. Cattin, *Tradizione e tendenze innovatrice nella normativa e nella pratica liturgico-musicale della Congregazione di S. Giustina*, in: Benedictina 17 (1970), S. 254–298 • R. Hostie, *Vie et mort des ordres religieux*, Paris 1972 • J. Gribomont (Hrsg.), *Musica*, in: *Dizionario degli istituti di perfezione*, Roma 1980, Bd. 6, Sp. 197–240 • F. Kennedy, *Jesuits and Music: The European Tradition 1547–1622*, Diss. Univ. of California 1982 • H. Hüschen, *Dominikaner*, in: MGG[2], Bd. 2 (Sachteil), 1994, Sp. 1335–1340 • J.A.B. de Quirinos, *Música en Santa Teresa? Canto sin punto? Canto en tono?*, in: Monte Carmelo 106 (1998), S. 347–388 • K. Montford, *Music in the Convents of Counter-Reformation Rome*, Diss. Rutgers Univ. 1999 • J. López-Calo, *Ordenes religiosas*, in: *Diccionario de la Música Española e Hispanoamericana*, [ohne Ort] 2001, S. 133–141. • F. Guilloux, *Les Frères Mineurs et la musique en France (1550–1700)*, Diss., Université de Tours 2006.

FG

Ordinarium missae ▸ Messe

Orgel

Curt Sachs definierte die Orgel (etymologisch herzuleiten vom griechischen Wort organon bzw. dem lateinischen organum: Werkzeug, Instrument) als »ein Aërophon aus skalamäßig gestimmten Eintonpfeifen, die durch ein Gebläse gespeist werden und durch Klaviaturen eingeschaltet werden« (Sachs 1930, S. 358). Diese Formulierung wäre noch dadurch zu ergänzen, dass die zu benutzenden Klangkörper der Orgel im Einzelfall auch schlagwerkartigen Charakter haben können (das Instrument also unter Umständen nicht allein mit Luft als schwingendem Medium operiert), so etwa, wenn eine Trommel in die Mechanik des Instruments integriert wird.

In groben Zügen durchlief der Orgelbau der Renaissance-Zeit eine Evolution, die sich in einen Zusammenhang zur Entwicklung der kompositorischen Praxis bringen lässt. So hatte die Klanglichkeit der früheren Orgel vor allem auf einem Ideal der Vollstimmigkeit beruht, das aber in sich nicht weiter differenzierbar war: Im sogenannten Blockwerk erklangen alle Pfeifen über einem angespielten Ton, eine separate Spielweise der einzelnen Pfeifenreihen unterschiedlicher Tonhöhe war zunächst nicht möglich (eine Konstellation, die in den heutigen Mixturenregistern ihr spätes Echo findet). Über verschiedene Zwischenschritte gelangte man schließlich zur Möglichkeit des individuellen Einsatzes der einzelnen Register, wodurch unterschiedliche Passagen eines Stücks typisch konturiert und Einzelstimmen gegebenenfalls voneinander abgehoben werden konnten. Dieser Weg »vom Blockwerk zur Registerorgel« (Quoika 1966) entspricht dem Entwicklungsgang der Kompositionsweise, die sich zunehmend für funktionale Differenzierungen von Abschnitten und individuell gestaltete Partien interessierte. Der Schub an instrumentenbaulicher Innovation, den die Orgel in der Epoche der Renaissance erfuhr, ist somit auch Ausdruck des gesteigerten Interesses an Instrumentalmusik wie an Möglichkeiten der Darstellung gleichermaßen von vollstimmiger wie kontrapunktisch strukturierter Musik.

Windladensysteme und Traktatur
Um dieses neue ästhetische Ideal umzusetzen, war eine Reihe von technischen Neuerungen erforderlich. So wurde zunächst eine Sperrventilvorrichtung innerhalb der nunmehr geteilten Windlade entwickelt, um einzelne Pfeifenreihen aus dem dahinterstehen Blockwerk (dem sogenannten Hintersatz) zu isolieren. Ein epochemachendes (im letzten Weltkrieg zerstörtes) Beispiel für dieses System wurde 1441 vom Mainzer Orgelbauer Heinrich Traxdorff in der Kirche von St. Sebald in Nürnberg errichtet. Aus den Aufzeichnungen des in Dijon wirkenden Gelehrten Henry ▸ Arnault de Zwolle (1400–1466) weiß man von weiteren und immer ausgearbeiteteren Teilungen der Windlade unter Zuhilfenahme des Sperrventilsystems, wie sie im Burgund praktiziert wurden. Der Weiterverfolgung des Systems sich teilender Windladen setzten jedoch die durch den Luftdruck entstehenden Widerstände an den Ventilen Grenzen. Mit der Erfindung der Schleiflade (bei der verschiebbare, gebohrte Bretter den Wind für die unterschiedlichen Pfeifenreihen frei machen bzw. versperren) war es möglich, nach Bedarf jedes Register einzeln zuzuschalten. Ein frühes erhaltenes Beispiel für diese Schleifenmechanik stellt die 1511 von Jan van Covelens gebaute Orgel der Grote St. Lauenskerk in Alkmaar dar. Jene neuartige Technik wurde auch in der ersten Schrift über Orgelbau und Orgelspiel (und damit eine der bedeutendsten Quellen zur Orgel der Renaissance), dem *Spiegel der Orgelmacher und Organisten* des in der Rheinpfalz – vor allem in Heidelberg – wirkenden Komponisten und Organisten Arnolt ▸ Schlick aus dem Jahr 1511 beschrieben. Im fünften Kapitel dieses Traktats weist Schlick auf den Reiz hin, »die register all ab zü ziehen das der organist gleich register allein eins noch dem andern hörn mag lassen« (Schlick 1511, d iij [S. 62 der Neuausgabe]). Weitere bauliche Varianten, die sich vor allem in Italien, aber auch in Teilen der Niederlande großer Beliebtheit erfreuten, waren die Springlade sowie die Kipplade – hier sorgen kleine Tonventile in den Kanzellen der Windlade (bzw. zu kippende Bretter) für die Möglichkeit der Regulierung des Luftzustroms zu den Pfeifen des jeweiligen Registers.

Aus diesem skizzenartigen Überblick über Windladensysteme wird bereits ersichtlich, in welchem Maße technischer Fortschritt die Entwicklung des Orgelbaus und der Orgelmusik im 15. und 16. Jahrhundert beeinflusste. Ähnlich verhielt es sich mit der Erweiterung der Größe der Orgeln, bei denen Tonumfang, Anzahl der Manuale und Grad der Emanzipation des Pedals im Laufe der Zeit vergrößert wurden. So wurde (außer in Italien, wo aus musikalischen Gründen offenbar keine Notwendigkeit für ein Überschreiten der Einmanualigkeit gesehen wurde) ein zweites und oft auch drittes Manual zum Standard für Orgeln in größeren Kirchen. Die Anzahl der Tasten und damit des zu spielenden Tonvorrats auf den Manualen nahm ständig zu, so dass im späten 15. Jahrhundert häufig ein Umfang FGA–g"a" beim Hauptwerk zu verzeichnen ist (38 Tasten, so z.B. in der Bamberger Domorgel von 1493). Auch Unterschreitung des heutzutage üblichen Tonumfangs war nicht selten (so bei der Epistelorgel von S. Petronio in Bologna von 1470–1475, deren Manual auf A_1 basiert). Ein als Positiv konzipiertes Nebenmanual hatte häufig auch geringeren Ambitus.

Die Tasten selbst nahmen im 15. Jahrhundert immer schmalere Breite an, so dass schnelleres Spiel mit den Fingern möglich wurde. Dieser Fortschritt war durch die nunmehr eingeführte Spielmechanik ermöglicht worden, die Schwanzventile (statt einfache Schieber) mit Abstrakten (dünne Holzleisten) und Wellaturen (zur Umlenkung der Zugrichtung und damit Verringerung der Breite, die vorher an den Windladen orientiert war) verwandte. Das Pedal war anfangs noch häufig als Transmission bzw. Fortsetzung vergleichsweise weniger Töne aus dem Manual angelegt (um die lang ausgehaltenen Tenores von Kompositionen zu spielen). Auch hier setzte vor allem in Mitteleuropa eine konsekutive Erweiterung des Tonumfangs ein, so dass sich im Laufe des 15./16. Jahrhunderts ein Ambitus FGA–b oder bis c' mit 16, 17 oder 18 Tasten verbreitete. Somit wurde eine einigermaßen selbständige Stimmführung im Pedal ermöglicht, was in der Orgelkomposition dann verschiedentlich auch als neuartige spieltechnische Anforderung auftritt.

Die Stimmung der Instrumente entsprach den zu jener Zeit üblichen mitteltönigen Systemen. Um den daraus resultierenden klanglichen Härten zumindest teilweise zu begegnen und der stimmungsbedingten Differenzierung der chromatischen Töne Rechnung zu tragen, wurden in Einzelfällen Obertasten des Manuals in sich geteilt (z.B. in S. Petronio, Bologna) – Sonderfälle zwar, doch nicht untypisch für das klanglich-ästhetische Empfinden der Epoche.

Register und Gehäuse
War die Klanglichkeit der älteren Orgel vor allem vom relativ hellen, kräftigen Prinzipalklang bestimmt (solistisch wie als mixturartiger Chor besetzt), so traten im Laufe der Zeit eine Reihe von weiteren Bauformen von Pfeifen hinzu, die ganz unterschiedlichen Vorbildern verpflichtet waren: Zunächst fanden weichere, flötenartige Labialregister mit weiterer Mensurierung der Pfeifen Eingang in die Registerdispositionen der Orgel. Insbesondere in Italien, Frankreich und den Niederlanden wurde des öfteren ein regelrechter Weitchor mit gedeckten oder offenen Flöten vor allem höherer Lage gebaut. Doch auch andere Registergruppen traten um 1500 hinzu, wodurch der Kernbestand der heutigen Orgelregister vorgeprägt erscheint: So kommt mit eng mensurierten, zylindrisch offenen Registern (Schweizerpfeife oder Schwegel) die Vorform der heute als Streicher bezeichneten Registergruppe auf. Die Bezeichnung Quintade (bzw. Quintadena) für ein gedecktes enges Register findet sich ab ca. 1520.

Daneben übten auch die Nachahmung von Blas- oder Schlaginstrumenten sowie weitere klangliche Effekte große Faszination aus. In diesem Sinne wurden die Zungenregister häufig nach Blasinstrumenten benannt, sei es in der Bauform als Rohrwerk mit zylindrischem Becher (Krummhorn, Zink) oder mit konischem Becher und Aufsatz voller Länge (Trompete, Posaune). Das vom gleichnamigen tragbaren Instrument bekannte Rohrwerk mit verkürztem Becher – das Regal – fand ebenfalls Eingang in größere Orgeln, insbesondere auch in höherer Lage bzw. als Teil eines Registerverbunds im Brustwerk, der sich bewusst der schnarrenden Klanglichkeit dieses Registers bediente.

Mixturenähnliche Kopplungen von Labialregistern mit charakteristischem Einschluss der Terz (zunächst wohl eng, später dann weit mensuriert) sind früh nachzuweisen, so etwa 1496 in der von Hans Tugi erbauten Orgel von St. Peter in Basel, die ein sogenanntes Hornwerk (ein Vorläufer der späteren Cornet-Register) enthielt. Auch bei dem Zinkregister, das Schlick bei der Aufzählung möglicher zu disponierender Register erwähnt, dürfte es sich eher um eine labiale, mehrchörige Nachahmung des gleichnamigen Blasinstruments als um das entsprechende Lingualregister gehandelt haben. Weiterhin wurden auch zweifach besetzte Labialregister gebaut, um beispielsweise den Klang der Querflöte (Domorgel Schwerin 1555–1557) oder – in der italienischen Orgelrenaissance – den Charakter der menschlichen Stimme nachzuahmen (›Voce umana‹, ›Fiffaro‹), in diesem Fall durch leichte interne Verstimmung der Pfeifenreihen gegeneinander (Schwebung).

Die Nebenregister betreffend wurden Effekte nach Vorbild von perkussiven Instrumenten wie ›Trommel‹ (›Tambours‹) ebenso eingesetzt wie von Naturphänomenen (›Vogelgesang‹, ›Rossignols‹). Interne Belebung des Klangs kann durch den rhythmische Stöße im Windkanal erzeugenden ›Tremulant‹ erreicht werden; ein mechanischer Apparat mit erklingenden Glöckchen (›Zymbelstern‹, ›Soleil‹) kam bei besonderen Anlässen zur Steigerung der Andacht zum Einsatz.

Die äußere Gestalt der Instrumente wird im Verlauf der Epoche je nach Region und nach Größe der Orgel zunehmend ausdifferenziert. So gingen kleinere Orgeln zunächst vom harfenähnlichen Aufbau (wie vor allem beim Portativ) aus mit einer linear absteigenden Reihe von großen zu kleinen Pfeifen. In Anlehnung an den gotischen Flügelaltar wurde später (auch bei einwerkigen Orgeln) eine symmetrische Anordnung mit zwei Außentürmen für das Pedal, einem axialen Mittelturm und kleineren Zwischenfeldern bevorzugt, was auch in akustischer Hinsicht im Hinblick auf ein ausgewogenes Klangbild vorteilhaft war. In Mitteleuropa und Frankreich wurde jene Gliederung des Prospekts auch zur Zeit der Renaissance weitergeführt: Durch die Einfügung mehrerer Werke entstanden zusätzliche, klar voneinander abgehobene turmartige Vorsprünge und räumlich versetzte Zwischenfelder; charakteristisch ist etwa das häufig im Rücken des Organisten angebrachte Positivwerk (daher ›Rückpositiv‹), das eine klare räumlich-architektonische Komponente in den Orgelbau brachte. Im Gegensatz hierzu verfolgte der italienische Orgelbau der Renaissance andere Wege: Da hier auf die Hinzunahme zusätzlicher Manuale verzichtet wurde, spielte auch der werkartig gegliederte Aufbau der Gehäuse keine Rolle. In Anlehnung an zeitgenössische Tafelbildaltäre steht hier in der Regel ein flacher Prospekt mit reichhaltigen Verzierungen, der durch Säulen und Liscen in verschiedene Pfeifenfelder symmetrisch unterteilt wird. Aufgrund der ebenen Prospektfläche ist es möglich, bemalte Flügeltüren an der Orgel anzubringen.

Kleinorgeln
Neben den hier vorrangig beschriebenen großen Instrumenten in Kirchen war in der Renaissance jedoch auch die Tradition der kleineren Instrumente für weltliches Musizieren noch sehr lebendig. Die Bauformen sind vielfältig, so lasen sich unterscheiden: kleine tragbare Orgeln (Portative) bzw. als Regal bezeichnete tragbare Instrumente mit Lingualregistern, etwas größere Positive für Häuser (auch als Tischinstrumente) oder in Theater-

orchestern des 16. Jahrhunderts sowie teilweise vorkommende Kombinationen eines Tasteninstrument sowohl mit Pfeifen als auch mit Saiten. Diese Vielfalt deutet darauf hin, dass der soziale Ort des Instruments oft ein vielfältiger sein konnte: Die assoziative Gleichsetzung des Instruments Orgel mit einer ›majestätischen‹, kirchlichen Sphäre war in der Renaissance noch nicht wie im späteren Maße ausgeprägt.

Überblick über Orgelmusik, ihre Theorie und Instrumente
Der folgende grobe Überblick über Komponisten, Theoretiker und Instrumentenbauer der Renaissance-Orgel soll anhand nur weniger, dafür exemplarischer Namen Grundzüge ihrer Entwicklung skizzieren.

In der Orgelmusik des 15. und 16. Jahrhunderts nahmen komponierte Sätze zum Messordinarium und zunehmend auch zum Messproprium, die alternierend mit dem Choralgesang gespielt wurden, eine prominente Rolle ein (man spricht hier von Orgelmessen und ▸ Alternatim-Praxis). Dazu treten unter anderem Praeambeln, Liedsätze und Lehr- und Übungsbeispiele aus Orgellehren, später auch zunehmend gattungsartig zu bestimmende kompositorische Formen (wie Recercare, Canzona oder Toccata). Die typische Notationsweise der zeitgenössischen Orgelmusik ist die ▸ Tabulatur.

Als Meilensteine der Orgelmusik des 15. Jahrhunderts sind die Lehrwerke (*Fundamenta organisandi*) von Conrad ▸ Paumann zu betrachten, in denen am Beispiel von zwei- bis dreistimmigen Sätzen eine Schule der Orgelkomposition und des Orgelspiels vorgelegt wird. Im Umfeld Paumanns entstand auch das *Buxheimer Orgelbuch* (um 1470), in dem eine Vielzahl von Satztypen und verschiedene Möglichkeiten der reichhaltigen Kolorierung einer Solostimme vorgestellt werden. Mit der fortschreitenden technischen Entwicklung des Orgelbaus vertiefte sich auch die regionale Differenzierung der Instrumente und der darauf zu spielenden Kompositionen. Aus diesem Grund erfolgt die weitere Darstellung nach Ländern getrennt.

Während im Italien des 15. Jahrhunderts vor allem die sich um Prato herausbildende toskanische Schule des Orgelbaus eine dominante Rolle gespielt hatte (stellvertretend seien hier Matteo und Lorenzo di Giacomo – der Erbauer der Epistelorgel von S. Petronio, Bologna – genannt), kristallisierten sich im 16. Jahrhundert verschiedene Zentren heraus. Hingewiesen sei hier lediglich auf Brescia, wo unter anderem die Dynastie der Orgelbauerfamilie Antegnati tätig war: von Bernardo über Gian Giacomo (dem Erbauer der überlieferten Orgel im Duomo Vecchio in Brescia von 1536), Graziadio bis hin zum Organisten und Komponisten Costanzo (von dem die 1608 veröffentlichte Lehrschrift *L'Arte Organica* stammt). Typisch für die ›klassisch‹ wirkenden Instrumente dieses Typs ist etwa die Disposition der von Graziadio und Costanzo Antegnati 1581 errichteten Orgel von San Giuseppe in Brescia (Abb. 1): Eine Reihe von Prinzipalregistern wird nach ihrem Intervallabstand von einem auf 16'-Basis angenommen Grundton durchnummeriert (als ›Ottava VIII‹ bis hin zu ›Vigesima nona XXIX‹, was der 1'-Lage entspricht) und lässt sich als Ripieno zusammen verwenden. Dem steht eine ausgebaute Flötenfamilie und der solistisch verwandte Fiffaro gegenüber.

Als typischer Vertreter der italienischen Orgelmusik der Zeit ist Marco Antonio Cavazzoni aus Bologna und dessen Sammlung von *Recerchari, Motetti, Canzoni* (Venedig 1523) zu nennen. Dort wird vom Gebrauch des Pedals abgesehen und bei häufiger Vollgriffigkeit die Strenge des Satzes teilweise gelockert. Spätere norditalienische Komponisten wie Claudio ▸ Merulo konnten an den hier vorgeprägten Stil (mit Wechsel von kontra-

Abb. 1: Orgel in San Giuseppe in Brescia von Costanzo Antegnati; die äußerliche Umrahmung mit Säulen und Dreiecksgiebel ist an Fassandenformen von Renaissance-Gebäuden orientiert und somit typisch für italienische Orgeln.

punktischen und vollgriffigen Passagen) anknüpfen, während die ab Ende des Jahrhunderts hinzutretende neapolitanische Schule (etwa Rocco Rodio oder Antonio Valente) deutliche Einflüsse aus Spanien, vor allem von Antonio de ▸ Cabezón, verraten.

In Süddeutschland bildeten sich unterschiedliche orgelbauliche Regionalzentren heraus:

Abb. 2: Oberrheinische Renaissanceorgel: Die klassische Form der spätmittelalterlichen zweimanualigen Orgel mit Hauptwerk und Rückpositiv. Das Aqurell von Emanuel Büchel zeigt den Zustand der Basler Münsterorgel aus dem 15. Jahrhundert im Jahre 1775. Die gemalten Flügeltüren der Hauptorgel stammen von Hans Holbein d.J. Nach dem Skizzenbuch A 101 II.fol.27, Kupferstichkabinett Basel.

Neben Bayern wäre hier vor allem der Oberrhein zu nennen (Abb. 2), etwa mit dem bereits erwähnten Hans Tugi oder dem Stuttgarter Hans Schentzer mit seinen bemerkenswert umfangreichen Dispositionen für die Benediktinerabtei St. Gallen 1511 oder das Konstanzer Münster 1516–1520. Süddeutsche Renaissance-Orgeln weisen (mit vergleichsweise geringerer Registeranzahl und – außerhalb Frankens – flacher Prospektgestaltung) teilweise Verbindungen zum italienischen Orgelbau auf, der Gegensatz Hauptwerk/Positiv wird oftmals betont.

In der Orgelliteratur stehen mit Paul ▶ Hofhaimer und Arnolt ▶ Schlick zwei süddeutsche Meister als zentrale Figuren am Anfang des 16. Jahrhunderts. Hofhaimer, der vor allem als kaiserlicher Organist Ansehen erlangte, steht hierbei noch in der Traditionslinie Paumanns, während Schlick die Vierstimmigkeit und kontrapunktische Satzweisen ausbildet.

Vom reichhaltigen Austausch zwischen dem Niederrhein und den Niederlanden zeugt die Geschichte des Orgelbaus der Renaissance: Der (ursprünglich aus Nürnberg stammende) Hans Suisse, Bernt Granboem, Johann Kavelenz (Jan van Covelens) sowie dessen Schüler Hendrik Niehoff waren in dieser Region tätig, die letzten beiden als Schöpfer eines niederländischen Typs der wiederum nach Norddeutschland ausstrahlen sollte. Die von Suisse und Niehoff 1539–1544 erbaute dreimanualige Orgel der Oude Kerk Amsterdam darf als Glanzbeispiel des Stils der ›Brabanter Orgel‹ gelten und wirkte nachhaltig schulebildend. Merkmale wie Niehoffs Bevorzugung der Springlade wirkten beispielsweise in manchen Gegenden Deutschlands noch über Jahrhunderte nach.

In Frankreich findet man im 16. Jahrhundert je nach Region Einflüsse der niederländischen Bevorzugung von prinzipalbetonten Mixturen bzw. des italienischen Reihenstils. Viele der Instrumente wurden jedoch gegen Ende des Jahrhunderts vernichtet. Erhalten sind jedoch aus dieser Epoche die Tabulaturbücher des Pierre ▶ Attaingnant von 1531, die mit einer großen Orgel rechnen. Sie enthalten zwei Messen und liturgische Stücke (meist dreistimmig) einerseits, Intavolierungen, die zum Teil auch Mittelstimmen und auch Bass kolorieren, von Motetten und Chansons (etwa von Jacob ▶ Obrecht oder Clement ▶ Janequin) andererseits.

Als überaus bedeutendes Repertoire für das Instrument ist die spanische Orgelmusik des 16. Jahrhunderts einzuschätzen. Cabezón darf als bedeutendster Komponist der Renaissance in Spanien gelten, der mit seinem kontrapunktisch durchgeformten Stil in präludienartig-freien ▶ Tientos wie in Variationsreihen Vorbildfunktion erlangte. Auch die kolorierten Adaptionen franko-flämischer Komponisten (▶ Glosas) stellen einen wichtigen Beitrag zur Gattung dar. Nicht allein als Organisten und Komponisten, sondern auch als Theoretiker des Orgelspiels traten in der Jahrhundertmitte Juan ▶ Bermudo und Tomás de Santa Maria in Erscheinung, deren Standpunkt im Hinblick auf improvisierende Ornamentierung der Kompositionen durchaus gegensätzlich ist.

Mit dieser Aufzählung ist jedoch der Reichtum der Orgelmusik des 16. Jahrhunderts bei weitem nicht annähernd beschrieben. So findet sich die umfangreichste Orgeltabulatur des Zeitalters in Polen (bei ▶ Johannes von Lublin), ein äußerst reichhaltiger Fundus an Orgelliteratur in England (mit Komponisten wie John Redford, Thomas Preston oder Thomas ▶ Tallis), deren Eigenständigkeit, die sich unter anderem in der teilweise hochkomplexen Struktur der Begleitstimmen manifestiert, oft bemerkt wurde.

Literatur:
A. Schlick, *Spiegel der Orgelmacher und Organisten*, Speyer 1511, Faksimile Buren 1980 • C. Sachs, *Handbuch der Musikinstrumente*, Leipzig ²1930 • R. Quoika, *Vom Blockwerk zur Registerorgel*, Kassel 1966 •

W. Apel, *Geschichte der Orgel- und Klaviermusik bis 1700*, Kassel 1967 • H. Klotz, *Über die Orgelkunst der Gotik, der Renaissance und des Barock*, Kassel 1975 • A. Reichling (Hrsg.), *Orgel*, Kassel und Stuttgart 2001.

AJ

Orgelmesse ▸ Alternatim

Orgeltabulatur

Orgeltabulaturen sind auf die spezifischen Gegebenheiten des tasteninstrumentalen Spiels abgestimmte Notierungsweisen. Die Quellenüberlieferung des 14. bis 16. Jahrhunderts kennt drei unterschiedliche Formen: Noten-, Buchstaben- und Zifferntabulaturen. Die in Italien, Frankreich und England verbreitete Notentabulatur ordnet die Zeichen der ▸ Mensuralnotation in zwei übereinander gestellten Systemen an. Die deutsche Orgeltabulatur kombiniert in ihrem älteren Stadium Mensuralnotation (Oberstimme) mit Buchstabennotation (Unterstimmen) und setzt in ihrer jüngeren Form ausschließlich Buchstaben ein. Eine genuine Griffschrift liegt in den spanischen Zifferntabulaturen vor, bei denen auf Linien gesetzte Zahlen zur Bezeichnung der Tasten dienen. ▸ Tabulatur.

Literatur:
W. Apel, *Die Notation der polyphonen Musik 900–1600*, Leipzig 1962.

KA

Orléans ▸ Frankreich

Ornithoparchus [Ornitoparch], Andreas
* ca. 1490 Meiningen, † unbekannt

Ornithoparchus ist musikgeschichtlich vor allem durch sein musiktheoretisches Traktat *Musice active micrologus* (1517) bedeutsam. – Er studierte an verschiedenen Universitäten (Rostock, Tübingen, Wittenberg, Leipzig, Greifswald), erwarb den Magister artium in Rostock und Tübingen und wurde Rektor der Parochialschule St. Ludgeri in Münster. – Sein musiktheoretischer Traktat behandelt die üblichen Themen ▸ Cantus planus (1. Buch), ▸ Mensuralmusik (2. und 3. Buch) und ▸ Kontrapunkt bzw. ▸ Komposition (4. Buch), ist aber mit seinen vier Büchern sehr viel umfangreicher als andere musiktheoretische Abhandlungen im deutschen Raum, da zusätzliche Stoffe aufgenommen sind. Das erste Buch umfasst neben dem Cantus planus Abschnitte über die ▸ Sphärenmusik und den Monochord, das dritte Buch behandelt systematisch den Kirchenakzent, im vierten Buch wird die ▸ Klausel erstmals nicht als einstimmige, sondern als mehrstimmige Wendung erklärt. Im 8. Kapitel des zweiten Buchs werden im Zusammenhang mit der Musica mensurabilis zahlreiche Komponisten primär aus dem frankoflämischen Bereich als vorbildhaft genannt, darunter die bekannten Johannes ▸ Ockeghem, Johannes ▸ Tinctoris, Loyset ▸ Compère, Johannes ▸ Ghiselin, Alexander ▸ Agricola, Jacob ▸ Obrecht, ▸ Josquin Desprez, Pierre de la ▸ Rue, Heinrich ▸ Isaac, Heinrich ▸ Finck, Antoine ▸ Brumel, Mattheus ▸ Pipelare. Die Erwähnung der weniger renommierten Komponisten ist auf persönliche Bekanntschaften zurückzuführen: Den Stuttgarter Komponisten Georg Brack, den er in seiner Tübinger Zeit kennenlernte, führt er im Sinne einer Widmung an, da dieser ihn davon überzeugt habe, seinem ersten Buch über den Cantus planus noch ein weiteres über die Mensuralnotation hinzuzufügen (siehe dazu Gottwald). Bei einer Heidelberger Vorlesung lernte Ornithoparchus wahrscheinlich Erasmus Lapicida kennen, der dort Sänger an der Hofkapelle war; wo er den Nürnberger Sänger und Komponisten Conrad Rein, der spätestens ab 1519 Sänger und wahrscheinlich Kapellmeister der dänischen Hofkapelle wurde, und Caspar Czeys traf, ist nicht bekannt. – Ornithoparchus geht noch vom mittelalterlichen Musikbegriff mit der Dreiteilung in Musica mundana (▸ Musica coelestis, ▸ Sphärenmusik), ▸ Musica humana und ▸ Musica instrumentalis aus – somit von dem an ▸ Universitäten gelehrten Musikbegriff –, obwohl sein Traktat eine den zeitgenössischen Strömungen gemäße ▸ Musica practica darstellt und mit dem Einbezug der Komposition auch die ▸ Musica poetica enthält. – Angelo da Picitone (*Fior angelico di musica*, Venedig 1547) und Claudius Sebastiani (*Bellum musicale*, Straßburg 1563) haben in ihren Traktaten ganze Kapitel übernommen, in den musiktheoretischen Abhandlungen von Heinrich ▸ Faber und Gallus ▸ Dressler findet man Anlehnungen an Ornithoparchus (Loesch, Sp. 1426), wiewohl die musiktheoretischen Abhandlungen im nord- und mitteldeutschen Bereich eng aufeinander bezogen sind. John ▸ Dowland hat Ornithoparchus' Abhandlung 1609 als *Andreas Ornitoparcus His Micrologus or Introduction: Containing the Art of Singing* ins Englische übersetzt.

Literatur:
Cl. Gottwald, *Brack*, in: *MGG²*, Bd. 3 (Personenteil), 2000, Sp. 617–119 • H. von Loesch, *Musica – Musica practica – Musica poetica*, in: *Geschichte der Musiktheorie*, Bd. 8/1, hrsg. von Fr. Zaminer, Darmstadt 2003, S. 99–264 • Ders., *Ornitoparch*, in: *MGG²*, Bd. 12 (Personenteil), 2004 Sp. 1425–1427.

ES

Orpheoreon ▸ Bandora / Pandora / Orpharion

Orpheus

Orpheus war der mythische Sohn des thrakischen Flußgottes Oiagros oder, nach anderer Auffassung, des Musengottes Apollo und der Kalliope, einer der neun Musen. Er galt schon früh als herausragender mythischer Sänger-Dichter, der mit der Kunstfertigkeit seines Gesangs zur Lyra die unbelebte Natur, wilde Tiere, Menschen und selbst Götter bezaubern konnte. Die überwältigende Wirkung seiner Sangeskunst zeigte sich daran, dass er selbst den Unterweltgott Pluto dazu bewegen konnte, seine durch eine Giftschlange zu Tode gekommene Gattin Eurydike aus dem Hades freizugeben. Nach Ovid fand er selbst den Tod durch thrakische Bacchantinnen. – Die Sangeskunst des Orpheus gilt seit jeher als Sinnbild der Verschmelzung von Musik und Dichtung. Die Figur des mythischen Sänger-Dichters symbolisiert schon früh den Triumph der Musik und der Liebe über den Tod. Wichtige antike Quellen sind: Vergil, *Georgica* IV.315–566; Ovid, *Metamorphosen* X.1–85, XI.1–84.

Der Florentiner Humanist Angelo ▸ Poliziano verfasste 1480 auf Geheiß des Mantuaner Kardinals Francesco ▸ Gonzaga mit *La favola di Orfeo* nach klassischem Vorbild die erste Volgare-Tragödie, die jedoch noch Elemente der ▸ Rappresentazione sacra aufweist. Das 1494 gedruckte Drama, dessen Thema geradezu nach einer musikalischen Realisierung verlangte, wurde von Komponisten, die dem Hof der Gonzagas nahe standen, teilweise vertont: u.a. von Bartolomeo ▸ Tromboncino, ▸ Serafino dell'Aquila, Marchetto ▸ Cara, Michele Presenti (ca. 1475 – nach 1521).

Die erste Orpheus-Oper trägt den Titel *Euridice* (1600) und ist ein Werk mit einem Prolog und sechs Szenen; sie stammt von dem Librettisten Ottavio ▸ Rinuccini und dem Komponisten Jacopo ▸ Peri, der dazu den monodischen ›stile nuovo‹ der Florentiner ▸ Camerata verwendet. Im Gegensatz zu dem tragischen Ende, wie es in der Antike überliefert ist, enthält diese Version, die anlässlich der Hochzeit des französischen Königs ▸ Heinrich IV. mit Maria de' ▸ Medici entstanden ist, ein ›lieto fine‹. Auch das Libretto der von Alessandro ▸ Striggio gedichteten fünfaktigen »favola in musica« *L'Orfeo* von Claudio ▸ Monteverdi, die am 24. Februar 1607 im Palazzo Ducale der ▸ Gonzagas in Mantua als Teil der Karnevalsfeiern uraufgeführt wurde, enthält ein positives Ende: Apollo steigt auf einer Wolke hernieder und erhebt seinen Sohn in den Himmel, wo dieser in der Sonne und den Sternen Euridice wiederfinden werde. Im 20. Jahrhundert haben Vincent d'Indy (1905), Carl Orff (1923, 1930, 1940), Ottorino Respighi (1935), Bruno Maderna (1967) und Luciano Berio (1984) versucht, das Werk einem modernen Publikum nahe zu bringen. Während es sich hier um Bearbeitungen handelte, strebten August Wenzinger (1955) und Nikolaus Harnoncourt (1969) eine historisch getreue Wiedergabe des Klangbilds an.

Stefano Landi lässt seine Oper *La morte d'Orfeo* (1619) erst mit dem zweiten Teil des klassischen Mythos beginnen, wobei er den ersten als bekannt voraussetzt. Hier fängt die Handlung mit der Absicht des Orpheus an, im Kreis der Götter seinen Geburtstag zu feiern, wobei er den Fehler begeht, den Gott Bacchus auszuschließen. Dieser rächt sich, indem er mit Furore die Mänaden zu dessen Vernichtung veranlasst. Jedoch wird dem toten Orpheus diesmal endgültig der Eingang zum Hades verwehrt. Auch erkennt ihn die von Merkur herbeigeholte Euridice nicht mehr, so dass im letzten Akt der fünfaktigen Oper Orpheus sich endgültig von ihr trennt und von Jupiter als Halbgott in den Kreis der Himmelsbewohner aufgenommen wird. Das von Landi als »tragicomedia pastorale« bezeichnete Musikdrama, dessen Libretto sich wohl auf das Pastoraldrama *Il pastor fido* (1585) von Giovanni Battista ▸ Guarini bezieht, enthält außer Göttern und allegorischen Figuren mit Hirten und Satyrn Angehörige aus niederen Schichten, die, erstmals in der Geschichte der Oper, als Ursache für Komik dienen.

Literatur:
A. Buck, *Der Orpheus-Mythos in der italienischen Renaissance*, Krefeld 1961 • Warden, J. (Hrsg.), *Orpheus: The Metamorphoses of a Myth*, Toronto, Buffalo und London 1982 • M. Speiser, *Orpheusdarstellungen im Kontext poetischer Programme*, Innsbruck 1992 • H. Sammelrath, *Der Orpheus-Mythos in der Kunst der italienischen Renaissance*, Köln 1994 • *Mythos Orpheus: Texte von Vergil bis Ingeborg Bachmann*, hrsg. von W. Storch, Leipzig 1997 • *Claudio Monteverdi. L'Orfeo. Favola in musica*, Faksimile-Ausgabe, hrsg. von E. Schmierer, Laaber 1998 • K.W. Littger / E.A. Bauer (Hrsg.), *Orpheus in den Künsten*, Wiesbaden 2002.

HFP

Ortiz, Diego
* um 1510 Toledo, † um 1570 Neapel

Der Komponist und Musikschriftsteller war Maestro di capella bei den Vizekönigen von Neapel, Don Fernando von Toledo (reg. 1535–1558) und Pedron Afán de Rivera (reg. 1559–1571). – Ortiz ist vor allem durch seinen *Trattado de glosas sobre clausulas y otros generos de puntos en la musica de violones* (1553) bekannt, der von außerordentlicher Bedeutung für die Aufführungs- bzw. Improvisationspraxis der Zeit ist. Er enthält nicht nur eine Diminutionslehre (▸ Diminution), sondern Beispiele für Improvisationstechniken, die mit zahlreichen Notenbeispielen dokumentiert werden. Am Beispiel von *Recercadas* werden die damaligen Spieltechniken, die Art der Improvisation über einem ▸ Cantus firmus, Variationen über italienischen ▸ Passamezzo-Bässen sowie die Diminution eines ▸ Madrigals und einer ▸ Chanson, die Ergänzung eines vierstimmigen Madrigal- oder Chansonsatzes um eine fünfte Stimme, aufgezeigt. Der *Tratado* enthält zudem die erste Beschreibung des Legato bei Streichern. – Sein zweites gedrucktes Werk, *Musices lib. Primus* (1565), ist eine Sammlung geistlicher Vokalmusik nach der Ordnung des Kirchenjahres, die *Hymnos. Magnificas. Salves. Motecta. Psalmos. Alia-*

que Cantica Complectens enthält. Sie weisen spanische Merkmale auf, insbesondere in der Verwendung der Cantus firmi; Melismen sind allerdings nicht häufiger als in anderen anspruchsvolleren geistlichen Kompositionen der Zeit und müssen nicht unbedingt auf seine Diminutionslehre zurückgeführt werden.

Ausgaben:
Trattado de glosas, 1553, Faksimile Florenz 1984; dass., hrsg. von A. Ottersteddt, Kassel 2003; *Musices lib. primus, 1565*, Auswahl in: *Music for Vespers & Compline*, hrsg. von B. Turner, London 1986.

Literatur:
P. Strasser, *Hymns for the Church Year, Magnificats and Other Sacred Choral Works of Diego Ortiz*, Diss. Univ. of North Carolina 1967 • A. Ottersteddt, *Die Gambe: Kulturgeschichte und praktischer Ratgeber*, Kassel 1994 • J. Griffith, *Ortiz*, in: *MGG*², Bd. 12 (Personenteil), 2004, Sp. 1438–1439.

Orto, Marbrianus [Marbriano] de
* um 1460 Tournai, † Januar oder Februar 1529 Nivelles (Brabant)

Als unehelicher Sohn eines Priesters erhielt Orto seine musikalische Ausbildung vermutlich in Tournai. Erstmals nachweisbar ist er 1482 in Rom als Familiar eines Kardinals, nach dessen Tod er im Dezember 1483 in der päpstlichen Kapelle Aufnahme fand. Dieser gehörte er bis etwa 1499 an – als Kollege so illustrer Zeitgenossen wie ▸ Gaspar van Weerbeke, ▸ Josquin Desprez sowie Bertrandus Vaqueras. Im Jahr 1505 erschien nicht nur der Individualdruck *Misse de Orto* bei Ottaviano ▸ Petrucci, sondern Orto fand auch Aufnahme in die Hofkapelle Philipps des Schönen, in der er vom Sänger an der Seite von Pierre de la ▸ Rue und Alexander ▸ Agricola rasch zum ›premier chapelain‹ avancierte. Nach dem Tod Philipps verblieb Orto in habsburgischen Diensten, zunächst bei Johanna der Wahnsinnigen, dann in Brüssel. Ab etwa 1522 lebte Orto in der der Abtei St. Gertrude in Nivelles, in der auch Johannes ▸ Tinctoris seinen Lebensabend verbracht hatte.

Das vergleichsweise schmale überlieferte Œuvre Ortos weist ihn als befähigten, die zeittypischen kontrapunktischen Techniken virtuos beherrschenden Komponisten aus. Die bis auf die *Missa Ad fugam* in Petruccis Individualdruck überlieferten Messen zeichnen sich vor allem durch die Erprobung verschiedener ▸ Cantus-firmus-Verarbeitungstechniken aus und sind durch farbige, abwechslungsreiche Textur geprägt. Die übrigen geistlichen Kompositionen sind überwiegend liturgischen Charakters und stehen in engem Zusammenhang mit Ortos Wirken in der päpstlichen Kapelle. Aus dieser funktionalen Einbettung resultiert auch die tendenziell choralnahe Schreibweise. Das vierstimmige, stilistisch weniger strenge *Ave Maria* steht am Beginn von Petruccis *Odhecaton A*, dem ersten modernen Figuralmusikdruck überhaupt. Die Vertonung der Klage der Dido aus Vergils *Aeneis Dulces exuviae*, die für ▸ Margarete von Österreich entstand, gleicht den übrigen zeitgenössischen Vertonungen dieses Textes in der Verwendung chromatischer Effekte und des elegischen phrygischen Modus. Die Chansons Ortos erscheinen in ihrem Hang zur Wortausdeutung ausgesprochen avanciert und nehmen punktuell typische Charakteristika der Pariser Chanson vorweg (*Et il y a trois dames*).

Ausgaben:
Marbriano de Orto. Opera omnia, hrsg. von N. Davison, Moretonhampstead (Druck i. Vorb.); Übertragung sämtlicher gesicherter, vollständiger überlieferter Kompositionen in Miller 1974, Bd. 2.

Literatur:
R.L. Miller, *The Musical Works of Marbriano de Orto*, 2 Bde., Diss. Indiana Univ. 1974 • R. Sherr, *The Papal Chapel ca. 1492–1513 and Its Polyphonic Sources*, Diss. Princeton Univ. 1975 • M. Picker, *The Career of Marbriano de Orto*, in: Kongreßbericht Heidelberg 1989, hrsg. von B. Janz, Vatikanstadt 1994, S. 529–557.

KP

Osiander, Lucas
* 15./16.12.1534 Nürnberg, † 17.9.1604 Stuttgart

Osiander, vor allem Theologe und lediglich nebenberuflicher Komponist, besitzt durch die Einführung des Kantionalsatzes erhebliche musikgeschichtliche Bedeutung.

Er studierte ab 1552 an der Universität Königsberg, wo sein Vater Pfarrer und Professor war, und ab 1553 in Tübingen. Schon mit 21 Jahren wurde er Diakon in Göppingen und absolvierte in der Folge eine steile kirchliche Karriere; 1564 erfolgte die Promotion zum Doktor der Theologie in Tübingen. Im Jahre 1576 wurde er württembergischer Hofprediger. Unmittelbar vor der Veröffentlichung der *Fünfftzig Geistlichen Lieder und Psalmen* (Nürnberg 1586) erschien unter seiner Mitwirkung das *Württembergische Gesangbuch* (1583). Nach dem Tod seines Schülers und Mentors Herzog Ludwig (8. Dezember 1593) verlor Osiander seine Stellung am Stuttgarter Hof. Nach Stationen in Stuttgart und Adelberg kam er nach Esslingen, wo er den Rat der Stadt dazu vermochte, für mittellose, musikalisch begabte Schüler ein Stipendium zu vergeben, um dieselben für den Kirchengesang verwenden zu können. 1603 wurde ihm die Rückkehr nach Stuttgart gestattet, wo er kurz darauf an den Folgen eines Schlaganfalls verstarb.

Mit seiner Veröffentlichung von 1586 schuf Osiander die Urform jener Satzweise, die man bis heute als ▸ Kantionalsatz bezeichnet: Eine Liedweise erscheint als Oberstimme eines meist vierstimmigen, fast ausschließlich aus Dreiklängen bestehenden homophonen Satzes. Osianders Kantionalsätze, die die wichtigsten Lutherlieder enthalten, verfolgen die Absicht, eine bestimmte Praxis des Gemeindegesangs anzuregen und einheitlich zu regeln. Dabei singt die Gemeinde den Lied-Cantus-firmus im Diskant und der Schulchor den vierstimmigen Satz. Der Kantionalsatz bezeichnet eine in erster Linie durch handwerkliche Fähigkeiten bestimmte Ebene der kompositorischen Praxis, wie sie nicht nur Künstler, sondern auch Schulmeister niederschreiben konnten. Musikgeschichtlich folgenreich wurde nicht nur die konsequente Anwendung des Satzes Note gegen Note, sondern auch die ausdrückliche Bestimmung für den Gottesdienst und der direkte Bezug auf die Gesangbücher.

Ausgaben:
Fünfftzig Geistliche Lieder, in: L.E. Schuler, *Lucas Osiander and His »Fünfftzig Geistliche Lieder und Psalmen«: The Developement and Use of the First Cantional*, Diss. St. Louis/Missouri 1986.

MZ

Osmanisches Reich

Die Gründung der türkischstämmigen Dynastie der Osmanen geht auf Osman I. (um 1281–1326) zurück, der seinen zunächst unbedeutenden Herrschaftsbereich im nordwestlichen Anatolien signifikant auszudehnen vermochte. Er errichtete das erste osmanische Staatswesen und führte ein hierarchisch strukturiertes, permanentes Berufsheer ein, welches das vorherige Stammeskriegertum ersetzte. Unter Osmans I. Nachfolgern konnte das Fürstentum bedeutend vergrößert werden: Orhan I. (1281–1360) nimmt Bursa ein (1324) und beginnt die osmanische Expansion nach Europa, Murad I. (1326–1389) erobert Adrianopel (1362) und erhebt die Stadt unter dem Namen Edirne zur neuen osmanischen Metropole; in der Schlacht von Kossovo (1389) erobern die Osmanen Gebiete südlich der Donau. Nach der vernichtenden Niederlage gegen Tamerlan (1336–1405) unter Bayezid I. (1360–1403) im Jahr 1402 und dem kurzzeitigen Verfall des Reiches wird das Interregnum 1413 von Mehmed I. (1389–1421), einem Sohn Bayezids, beendet. Ungeachtet mehrerer Aufstände und eines verlorenen Seekriegs gegen Venedig baute

Mehmed I. das Reich weiter aus. Spätestens mit der Eroberung Konstantinopels durch Sultan Mehmed II. »Fatih« (1432–1481) am 29. Mai 1453, der darauf folgenden Zerschlagung der Überreste des byzantinischen Staates, der Eingliederung von Serbien (1459), des Peloponnes (1460), Bosniens (1463) sowie dem Gewinn der Oberhoheit über das Khanat der Krim (1478) avanciert das Osmanische Reich zu einer bedeutenden Macht in Europa wie im Vorderen Orient. Nachdem Sultan Selîm I. (1470–1520) Kurdistan (1514–16), Syrien (1516) sowie Ägypten (1517) dem Reich angliedern konnte und zu einem der mächtigsten Herrscher in der islamischen Welt wurde, setzte »Kanûnî« Sultan Süleyman I. (1495–1566), der in Europa den Beinamen »der Prächtige« trägt, die Expansion nach Westen fort. Nach der Eroberung des damals ungarischen Belgrad (1521) gelang den Osmanen in der Schlacht von Mohács (1526) der vernichtende Sieg über die Ungarn. Mit der osmanischen Oberhoheit über Ostungarn verfügte Süleyman über ein Aufmarschgebiet, das einen Angriff auf die Habsburgischen Länder ermöglichte. Da das Deutsche Reich durch die Reformationswirren ebenso geschwächt war wie durch den 1521 ausgebrochenen Krieg gegen Frankreich, sah der Sultan 1529 einen günstigen Zeitpunkt, um nach Wien vorzustoßen. Er begann den Krieg mit der Rückeroberung Budas (3.9.1529); die Belagerung Wiens setzte bereits wenig mehr als drei Wochen später ein, musste jedoch im Oktober aufgrund der schlechten Versorgungslage abgebrochen werden. Dieser 1. Türkenkrieg, der für die Habsburger zusätzlich kompliziert wurde durch die offene Unterstützung der Osmanen durch Frankreich, konnte erst 1568 mit dem Friedensschluss von Edirne beendet werden. Dem Nachfolger Süleymans, Sultan Selîm II. (1524–1574), gelang trotz der katastrophalen Niederlage in der Seeschlacht von Lepanto (1571) die Rückeroberung Tunesiens von Spanien.

Noch unter Selîm II. brach 1593 der 2. Türkenkrieg aus, der bis 1606 anhalten sollte und in seinen Resultaten die Macht des Osmanischen Reiches auf dem Balkan nachdrücklich verminderte: 1594 verloren die Türken die Oberherrschaft über die Donaufürstentümer Siebenbürgen, Moldau und Walachei und 1595 erlitten sie eine Niederlage gegen Truppen der Walachei und Siebenbürgens. Im Frieden von Zsitvatorok (1606) wurde der Kaiser vom Sultan erstmals als ebenbürtiger Herrscher anerkannt.

Über das osmanische Musikleben in der Zeit zwischen etwa 1400 und 1600 sind wenige zuverlässige Daten bekannt. Am Beginn dieser Periode wirkte der später mythisierte und als Begründer einer osmanisch-türkischen Kunstmusik angesehene, aus Aserbaidschan stammende Komponist und Theoretiker ʻAbd al-Qādir Marâghî (türk. Abdülkadir Meragî, † um 1435). Während dessen Kompositionen, abgesehen von einigen von ihm selbst in der Buchstabennotation ›ebced-notası‹ aufgezeichneten Werken, nur in starker Abwandlung durch die mündliche Tradierung überliefert sind, wurde sein musiktheoretisches Schaffen, gemeinsam mit den bedeutenden Schriften von Fathullāh al-Şirvānī († 1486), Hızır bin ʻAbdullāh (15. Jh.) oder Seydī (15. Jh.), grundlegend für die osmanische Kunstmusik bis zum ausgehenden 17. Jahrhundert.

Kulturell orientierte sich die osmanische Oberschicht in dieser Zeit am Musikleben des Hofes von Sultan Husein Bayqara (1469–1506) im afghanischen Herât, der von Timurlan begründet worden war und noch dem osmanischen Reiseschriftsteller Evliya Çelebî in der Mitte des 17. Jahrhunderts als sprichwörtlich galt. Das dort gespielte und auch in Istanbul gepflegte Repertoire umfasste Werke in den Vokalgattungen ›kâr‹, ›sâvt‹ und ›nâqş‹ sowie das instrumentale ›peşrâv‹. Die osmanische Oberschicht in den Zentren des Reiches war erfolgreich bemüht, bedeutende Musiker und

Komponisten aus dem Osten an ihre Höfe zu binden. So weist ein Dokument aus dem Jahr 1525 darauf hin, dass Sultan Selîm I. nach der Eroberung des nordwestiranischen Täbris (1514) den zuvor am Hof von Huseyin Bayqara tätigen Şah Quli (türk. Şâh Kulu) nach Istanbul holte, wo dieser das Musikleben nachdrücklich prägte. Von Bedeutung waren gleichfalls die Musikausübung im Harem sowie die Aufführungen durch Tänzerinnen (›rakkâsa‹; ›çengî‹) oder Tanzknaben (›rakkâs‹; ›köçek‹). Zu Beginn des 16. Jahrhunderts verfügte das höfische osmanische Kunstmusikensemble (›ince sâz‹) im Saray des Sultans in Istanbul über sieben ›kemânçe‹ (Spießgeigen), je sechs ›'ûd‹ (Kurzhalslauten) und ›ney‹ (Längsflöten), je vier ›kopuz‹ (Kurzhalslauten) und ›çeng‹ (Harfen) sowie drei ›kânûn‹ (Trapezzithern); unter den 40 namentlich bekannten Musikern stammen etwa zehn aus dem Iran. Zusätzlich werden durch ikonographische Quellen weitere Instrumente belegt, so die Panflöte ›mıskal‹ und die Tamburine ›bendir‹ und ›def‹. Das städtische Musikleben wurde in nicht unbedeutendem Umfang mitgestaltet durch die Musiker der griechischen, jüdischen und armenischen Minderheiten, die u.a. in den zahlreichen, auch von hochrangigen türkischen Einwohnern besuchten Tavernen (›meyhâne‹) Istanbuls auftraten. Ermöglicht wurde die multiethnische Musikkultur durch die offenbare Kompatibilität des vorderorientalischen ›makam‹-Systems mit dem griechischen ›oktōēchos‹, welche bereits in der arabischen Musiktheorie des 8. Jahrhunderts beschrieben wurde (siehe Abb.).

Eine weitere bedeutende Ensembleform, die ihren Dienst im höfischen Kontext ebenso versah wie in der Öffentlichkeit und während kriegerischer Kampagnen, war die in Europa als ›Janitscharenmusik‹ bekannte türkische Militärmusik ›mehterhâne‹. Der Terminus ›mehter‹ (pers. ›mihter‹, von pers. ›mih‹ = groß) und ›ter‹ = sehr groß) bzw. ›mehterhâne‹ (türk. ›hâne‹ = Platz, Ort) etablierte sich spätestens im ausgehenden 16. Jahrhundert als Bezeichnung der türkischen Militärmusik, die bereits im 8. Jahrhundert als ›tug‹ (Pauke oder große Trommel, auch synonym für ›Instrument‹) nachweisbar ist. Im 11. Jahrhundert umfasst die Besetzung des Ensembles bereits die Kegeloboe ›yırag‹ (entspricht der heutigen türk. ›zurna‹), die Naturtrompete ›borguy‹, ›bur‹ oder ›bug‹ (entspricht der heutigen ›boru‹), die Pauke ›küvrük‹ (die heutige türk. ›kös‹), die Zylindertrommel ›tümrük‹ (die heutige türk. ›davul‹) und die Becken ›çeng‹ (die heutigen türk. ›zil‹). Zur Zeit Osman Gazis zählen neben Roßschweif und Standarte auch die Musikinstrumente ›boru‹, ›zil‹, ›davul‹ und ›nakkare‹ (ein kleines Paukenpaar) zu den Herrscherinsignien. Eine Aufführung des nun ›tabılhâne‹ oder ›tabl ü'alem mehter‹ genannten Ensembles wird seit dieser Zeit als ›nevbet‹ bezeichnet. Die Bedeutung des Ensembles wird verdeutlicht durch den Sachverhalt, dass Fatih Sultan Mehmed bereits kurze Zeit nach der Eroberung Konstantinopels in direkter Nähe zu seinem Palast ein ›nevbethâne‹ genanntes Gebäude zur Unterbringung der ›tabılhâne‹ errichtete. Die ›mehter‹ der osmanischen Metropole begannen, sich in Zünften (›mehteresnafe‹) zu organisieren; die Zunftmusiker waren neben ihren höfisch-militärischen Aufgaben auch zivil tätig, etwa bei Hochzeiten oder Beschneidungsfeiern. Ab der zweiten Hälfte des 16. Jahrhunderts bestanden ›mehterhâne‹-Ensembles an allen wichtigen Höfen des Osmanischen Reiches, und auch die See- und Landstreitkräfte verfügten über entsprechende Kapellen. Die etatmäßige Ensemblegröße setzte sich aus sogenannten ›kat‹ zusammen, in denen jedes Instrument einfach vertreten war; diese Grundbesetzung bestand aus den Aerophonen ›zurna‹ und ›boru‹, den Membranophonen ›davul‹ und ›nakkare‹ sowie den Idiophonen ›zil‹ und ›çagana‹ (Schellenbaum), die durch ›kös‹ und ›def‹ ergänzt werden

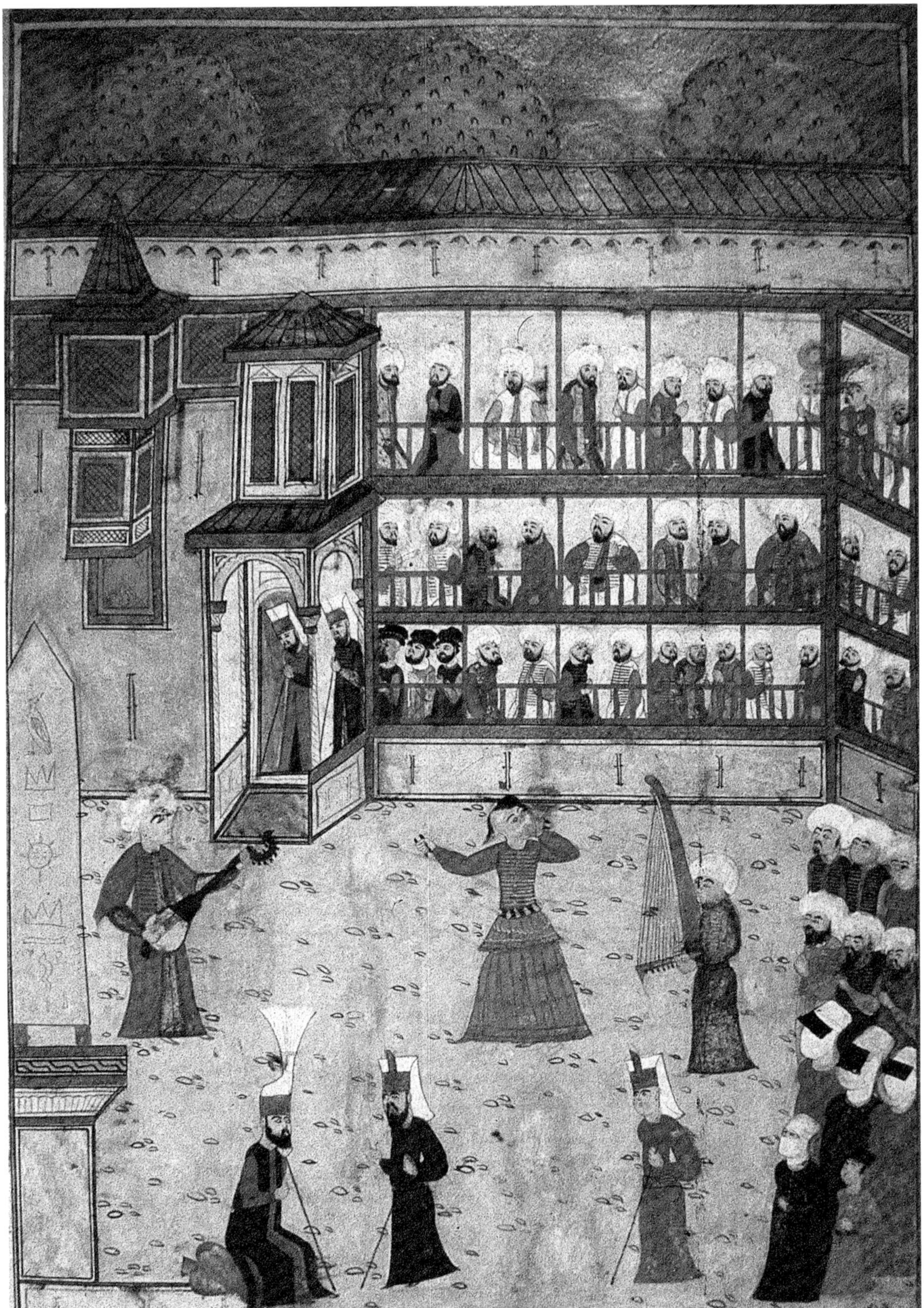

Abbildung linke Seite: 1582 entstandene Miniatur einer Musikaufführung mit Tanzknaben (›rakkâs‹; ›köçek‹), Laute (›kopuz‹) und Harfe (›çeng‹) anläßlich des Festes der Beschneidung des Prinzen und späteren Sultans Mehmed III. (1566–1603, Sultanat 1595–1603), in: *Sūr-nāme-i hümāyūn*, Topkapı Sarayı Müzesi Kütüphânesi H. 1344, fol. 389B.

konnten. Die Größe der Ensembles wurde in Abhängigkeit vom Rang des Würdenträgers durch eine gesetzliche Vorgabe geregelt und konnte eine Stärke zwischen einem und neun ›kat‹ (›dokuz katlı mehterhâne‹) erreichen. Aus dem 16. Jahrhundert sind mehrere Namen von Komponisten überliefert, die Werke für die ›mehterhâne‹ schufen, unter denen Nefirî Behram Aga († um 1560), Hasan Cân Çelebî (um 1490–1567), Emîr-i Hac († um 1600) und der Khan der Krimtartaren, Tatar Gazi Giray Han (1554–1607), zu den bedeutendsten zählen.

Schließlich war die Pflege islamisch-religiös motivierter Musik von hoher Bedeutung für das osmanische Kulturleben. Insbesondere bei den zahlreichen und weitverbreiteten Sufi-Bruderschaften unterstützten unterschiedliche Arten von Musik die religiösen Übungen. Instrumentalmusik wurde hierbei primär von den »tanzenden Derwischen« ›mevlevî‹ kultiviert, einer Bruderschaft mit Hauptsitz im zentralanatolischen Konya, die auf den bedeutenden Mystiker Mevlânâ Celâlü'ddîn Rûmî († 1273) zurückgeht. Der Aufführungszyklus ›âyîn‹ der ›mevlevî‹, dessen früheste heute bekannte Komposition aus der Mitte des 17. Jahrhunderts stammt, ist zyklisch konzipiert und umfasst vier vokale ›selâm‹, die von zwei instrumentalen ›peşrev‹ umrahmt werden.

Während aus dem 15. Jahrhunderts eine Vielzahl von Traktaten vorliegt und verschiedene Details, hierunter Namen von Musikern, Ensemblezusammensetzungen und Instrumentarium, bekannt sind und den hohen kulturellen Stand der Musik ebenso belegen wie ihren gesellschaftlichen Rang, sind entsprechende Informationen aus den Dezennien nach etwa 1520 signifikant seltener. Dies mag ebenso mit einem zurückgehenden musikalischen Interesse der ab dieser Zeit herrschenden Sultane zusammenhängen wie mit der expansionistischen osmanischen Politik im 16. Jahrhundert, die möglicherweise eine höhere Bewertung der ›mehterhâne‹ und eine Verlagerung der Kunstmusikproduktion auf dieses Ensemble nach sich zog.

In Europa ist neben der »Janitscharenmusik« der ›mehterhâne‹, mit der man vor allem im Osten und Südosten Mitteleuropas während der Türkenkriege in Berührung gekommen war, besonders die geistlich-islamische Musik rezipiert worden, von der man durch osmanische Gesandtschaften Kenntnis hatte. Heinrich ▶ Isaac etwa verwendete in dem vierstimmigen Satz *Allahoy* [*La la hö hö*] die von allen Derwischbruderschaften in meistens ähnlicher Gestalt gebrauchte ›zikir-Formel‹ »Lā ilāha illa'llāh«, die er 1497 durch die am Hof ▶ Maximilians I. (1459–1519) weilende türkische Gesandtschaft kennengelernt haben dürfte.

Literatur:
K. und U. Reinhard, *Musik der Türkei*. Bd. 1: *Die Kunstmusik* (Taschenbücher zur Musikwissenschaft 95), Wilhelmshaven u.a. 1984 • J. Matuz, *Das Osmanische Reich: Grundlagen seiner Geschichte*, Darmstadt ²1990 • W. Feldman, *Music of the Ottoman Court*, Berlin 1996 • R.M. Jäger, *Janitscharenmusik*, in: *MGG²*, Bd. 4 (Sachteil), 1996, Sp. 1316–1329.

RMJ

Oswald von Wolkenstein
* ca. 1376/1378 auf Burg Schöneck (?) im Pustertal, † 2.8.1445 Meran

Die Vita des berühmtesten Minnesängers und Sangspruchdichters im Spätmittelalter, Oswald von Wolkenstein, ist bis in Details bekannt. Vieles ist aus den – wenn auch sicherlich ›zurecht gerückten‹ – Texten seiner Lieder zu entnehmen; zur Biographie tragen aber auch noch ungefähr 1000 Dokumente aus der Zeit ab 1400 bei – Briefe, Urkunden und Akten zu Rechtsstreitigkeiten und Verwaltungsvorgängen, Darstellungen aus zeitgenössischen Chroniken, die Oswald z.T. selbst sorgfältig gesammelt hat (siehe die Dokumentation in drei Bänden von Schwob sowie dessen Aufsatz in Müller 1980).

Oswald war Sohn des Südtiroler Landadligen Friedrich von Wolkenstein und verließ den üblichen Gepflogenheiten gemäß wohl mit ungefähr 10 Jahren als Knappe das Elternhaus, um in der Fremde zum Ritter erzogen zu werden (Schilderung seiner Jugendzeit in Kl. 18). Wie in seinen Liedern beschrieben und teilweise durch Dokumente bezeugt, war er in vielen Ländern und dies bereits vor seinem Dienstantritt bei König Sigismund (seit 1433 Kaiser), in dessen Auftrag er später Reisen unternahm: 1401 möglicherweise nach Italien auf König Ruprechts von der Pfalz missglückten Italienfeldzug, 1402 auf einer Seereise, 1410 nachweislich bezeugt auf einer Pilgerreise nach Palästina. Zuvor trat er in die Dienste seines Lehensherrn Bischof Ulrich von Brixen, wo er eine wichtige Rolle in der Verwaltung spielte. 1415 wurde er auf dem Konstanzer Konzil an den Hof König Sigismunds (seit 1433 Kaiser) aufgenommen, als dessen »Rat« er politisch sehr aktiv war. Oswald erwähnt insbesondere eine Reise 1415/1416 nach Portugal, in die arabischen und aragonesischen Herrschaftsgebiete der Iberischen Halbinsel und nach Perpignan, Avignon und Paris im Auftrag von Sigismund. 1419 war er in Ungarn. 1421/1422 begann der gut dokumentierte und in der Forschung immer wieder thematisierte Rechtsstreit um seinen späteren Wohnsitz Burg Hauenstein, infolge dessen er in die Gefangenschaft seines Gegners geriet, und der – bedingt durch politische Zwischenspiele – erst 1427 endete (Schwob 1980, S. 348–353). Zu Beginn der 1430er Jahre nahm Oswald wahrscheinlich am Reichskrieg gegen die Hussiten teil, 1432 war er in königlichem Gefolge in Italien, wo sein berühmtes Porträt (abgebildet auf der Innsbrucker Handschrift B) entstand. 1434 erhielt Oswald vom Kaiser als Entlohnung für seine langen Dienste die Ernennung zum offiziellen Schutzherrn von Kloster Neustift sowie ein Lehen. Seit 1435 verblieb Oswald in Tirol, wo er vielfach mit Familien- und Vermögensgeschäften, in juristischen Angelegenheiten und auf politischer Ebene aktiv war, zuletzt mit seiner Teilnahme auf dem Landtag in Meran, wo er starb.

In Oswalds politisch bewegter Karriere gehörte das Dichten und Singen zum einen zu den üblichen Tätigkeiten eines Adligen, zum anderen diente sie ihm zur Dokumentation seines Lebens und damit zur Sicherung seines Nachruhms (siehe Kl. 117). Er ließ zwei Handschriften seiner Lieder anfertigen (Hs. A, Wien, ca. 1425 bis ca. 1436 entstanden; Hs. B, Innsbruck, 1432 bis nach 1438; eine weitere kleine Hs. entstand nach seinem Tode). Beide Handschriften enthalten sowohl Text als auch die Musik zu allen Liedern. Seine Texte basieren auf den traditionellen Themenbereichen der Sangspruchdichtung, die jedoch der sich wandelnden Mentalität entsprechend inhaltlich abgeändert wurden: Die Liebesgedichte thematisieren nicht nur die Hohe Minne, sondern beinhalten auch erotische Anspielungen; hinzu kommen Tanz- und Trinklieder; eine Vorliebe hatte Oswald auch für Tagelieder (insgesamt 13); autobiographische Lieder zu verfassen war etwas Neues und sie dienten wie auch die politischen Lieder zur Dokumentation; religiöse und moralische Lieder, darunter auch didaktische Texte gehörten zu den gängigen Themen; herausragend ist das »erste erhaltene individuelle Naturgedicht der deutschen Literatur« (Kl. 116, Müller 2004). Die dichterische Qualität seiner Texte gilt als außerordentlich.

Die Musik zu seinen Liedern reicht von einstimmigen, nicht mensural notierten Melodien (Loenertz, S. 71–74), die wie üblich auch zu mehreren Texten verwendet wurden, über Begleitstimmen zu Tenorliedmelodien in nur teils mensuraler Notation (Pelnar, S. 21–60) zu drei- bis vierstimmigen mensural notierten Liedsätzen, die jedoch weitgehend ▸ Kontrafakturen bestehender Chansons meist französischer Provenienz sind (Welker 1990/1991 und 2007). Auch manche seiner einstimmigen Melodien und seiner nicht mensural notierten Tenorlieder basieren auf Vorlagen. Was an Musik überhaupt von Oswald selbst stammt, ist nicht sicher, auf jeden Fall aber zeugen die Abänderungen gegenüber den Vorlagen und die subtile Anpassung an den neuen Text von einem schöpferischen Umgang mit den Vorlagen und einer Kenntnis musikalischer Sachverhalte (Pelnar, Berger). Dass er der Musik große Bedeutung zumaß, liegt einerseits darin begründet, dass seine 34 mehrstimmigen Lieder zusammen mit den Kompositionen des Mönchs von Salzburg und Heinrich Laufenbergs zu den ersten deutschen mehrstimmigen Sangspruch-Kompositionen gehören; andererseits werden im *Hauenstein*-Lied der Musik nicht nur soziale Funktionen zugemessen, sondern ihr ästhetischer und stimmungshafter Charakter hervorgehoben (Strohm).

Ausgaben:
Handschrift A. Vollständige Faksimile-Ausgabe im Originalformat des Codex Vincobonensis 2777 der Österreichischen Nationalbibliothek, Kommentar von F. Delbono, Graz 1977; *Die mehrstimmigen Lieder von Oswald von Wolkenstein*, hrsg. von I. Pelnar, 2 Bde., Tutzing 1982; *Die Lieder Oswalds von Wolkenstein*, hrsg. von K.K. Klein unter Mitwirkung von W. Weiß und N. Wolf, Musikanhang von W. Salmen, 3. neubearbeitete Auflage von H. Moser, N.R. Wolf und N. Wolf, Tübingen 1987 (Kl.-Verzeichnis); *Liederhandschrift B (Universitäts-Bibliothek Innsbruck, ohne Signatur)*, Einführung und kodikologische Beschreibung von W. Neuhauser (Codices illuminati medii aevi 8), Farbmikrofiche-Edition München 1987; E. Loenertz, *Text und Musik bei Oswald von Wolkenstein, Edition und Interpretation der 40 einstimmigen, einfach textierten Lieder in Fassung der Handschrift B*, Frankfurt u.a. 2003 • *Die Lebenszeugnisse Oswald von Wolkensteins: Edition und Kommentar*, hrsg. von A. Schwob, unter Mitarbeit von Karin Kranich-Hofbauer u.a., Bd. 1–3, Wien 1999, 2001, 2004.

Literatur:
E. Küchebacher (Hrsg.), *Oswald von Wolkenstein. Beiträge der philologisch-musikwissenschaftlichen Tagung in Neustift bei Brixen 1973* (Innsbrucker Beiträge zur Kulturwissenschaft. Germanistische Reihe 1), Innsbruck 1974 • U. Müller (Hrsg.), *Oswald von Wolkenstein* (Wege der Forschung 526), Darmstadt 1980 • I. Pelnar, *Die mehrstimmigen Lieder Oswalds von Wolkenstein*, 2 Bde., Tutzing 1982 • K. Baasch / H. Nürnberger, *Oswald von Wolkenstein: mit Selbstzeugnissen und Bilddokumenten*, Reinbek bei Hamburg 1986 • L. Welker, *Mehrstimmige Sätze bei Oswald von Wolkenstein. Eine kommentierte Übersicht*, in: Jahrbuch der Oswald-von-Wolkenstein-Gesellschaft 6 (1990/1991), S. 255–266 • L. Spicker, *Literarische Stilisierung und arstistische Kompetenz bei Oswald von Wolkenstein*, Stuttgart und Leipzig 1993 • Chr. Berger / T. Tomasek, *Das Vogelstimmenlied Oswalds von Wolkensteins (Kl. 50)*, in: *Gattungen und Formen des europäischen Liedes vom 14. bis zum 16. Jahrhundert*, hrsg. von M. Zywietz u.a., Münster 2005, S. 9–30 • R. Strohm, *Musik erzählen: Texte und Bemerkungen zur musikalischen Mentalitätsgeschichte im Spätmittelalter*, in: *Kontinuität und Transformation in der italienischen Vokalmusik zwischen Due- und Quattrocento*, Hildesheim, 2007, S. 109–125 • L. Welker, *Die Überlieferung französischer Chansons in der Handschrift 2777 der Österreichischen Nationalbibliothek (Wolkenstein-Handschrift A)*, in: Wiener *Quellen der älteren Musikgeschichte zum Sprechen gebracht*, Tutzing 1907, S. 311–330 • U. Müller, *Oswald von Wolkenstein*, in: MGG², Bd. 12 (Personenteil), 2004, Sp. 1462–1467.

ES

Othmayr, Caspar
* 12.3.1515 Amberg, † 4.2.1553 Nürnberg

Der zu seinen Lebzeiten in Deutschland renommierte Komponist begann seinen Werdegang als Chorknabe in der Kapelle des pfälzischen Fürsten Friedrich II. (Kurfürst 1544–1556), studierte ab 1533 an der Heidelberger Universität und war gleichzeitig Sänger in der Heidelberger Hofkapelle unter Laurentius Lemlin und erhielt 1536 den Magister Artium. Er konvertierte zum Protestantismus; kompositorisch zeugen dafür die Motettensammlungen *Epithaphium D. Martini Lutheri* (1546) und die *Symbola* (1547), die drei Kompositionen enthalten, die Reformatoren gewidmet sind. 1545 wurde Othmayr Direktor der Lateinschule des Klosters von Heilbronn, im gleichen Jahr wurde er Stiftsherr an der Kathedrale in Ansbach. Seine Bewerbung um den Posten des Vorstehers an der Kathedrale führte letztendlich trotz Hinzuziehung des kaiserlichen Hofrats nicht zum Erfolg.

Den größten Teil der publizierten Kompositionen Othmayrs nehmen seine *Symbola* ein: Vertonungen von Wappenemblemen oder Wahlsprüchen bekannter Persönlichkeiten und Freunde. Othmayr hatte wohl noch weitaus mehr Kompositionen dieser Art als die in dem Druck von 1547 enthaltenen geschaffen; dass diese auch noch publiziert werden sollten – was nicht erfolgt ist –, zeigt die Bezeichnung des gedruckten Bandes als erster Band (siehe Albrecht, Erbe deutscher Musik 16, S. V; in dem Band sind zwei weitere *Symbola* veröffentlicht). Wenn die Vertonung von Wahlsprüchen auch keine Erfindung Othmayrs war, so ist die Vielzahl der diesbezüglichen Kompositionen doch singulär. Der Komponist wies ihnen denn auch besondere Bedeutung zu, und die *Symbola* sind somit keineswegs nur Kuriositäten oder Gelegenheitskompositionen, sondern kompositorisch hochstehende Motetten, in denen der Komponist sein ganzes Können zeigte. Möglicherweise dienten manche auch dem Zweck der Bewerbung um Stellen. Die ersten Stücke vertonen Wappenembleme von Fürsten, mit denen er persönlich verbunden war, danach folgen die Wahlsprüche von Nürnberger Ratsherren. In Nummer 11–13 sind Motti der Reformatoren Martin ▸ Luther, Philipp ▸ Melanchthon und Thomas Venatorius, eines Nürnberger Predigers und Reformators, in Musik gesetzt. Danach folgen Motti von Gönnern, Musikmäzenen, Freunden u.a. des Druckers ▸ Montanus und des Nürnberger Organisten Paul Lautensack. Die Texte sind überwiegend lateinisch, einige wenige stehen in deutscher Sprache. Die Gestaltungsweise folgt der polyphonen frankoflämischen Motettenkomposition unter Einbezug spezifisch text- und auf die Rhetorik bezogener Gestaltungsweisen. (Die Symbolum-Komposition auf Herzog Heinrich von Braunschweig von 1542 wurde diesbezüglich von Klaus Wolfgang Niemöller analysiert.)

Motettische Kompositionsweise prägt auch die *Cantilenae* (1546), vierstimmige Choralbearbeitungen auf deutsche Texte, u.a. *Erhalt uns Herr bei deinem Wort*, *Verleih uns Frieden gnädiglich*, *Ein feste Burg ist unser Gott*, *Aus tiefer Not*. Die Choralzeilen werden mehrmals wiederholt, wobei die Melodie bei den Wiederholungen ausgeziert wird. Den deutschsprachigen Vertonungen folgen lateinische, darunter eine längere Motette. Aus einer lateinischen und einer deutschen Motette besteht auch das *Epitaphium D. Martini Lutheri*, die erste als längere und zweiteilige, die zweite als einteilige kürzere Komposition.

Die *Bicinia sacra. Schöne geistliche Lieder unnd Psalmen / mit zwo Stimmen lieblich zu singen* sind nicht nur Beispiele für den schulischen Unterricht, sondern auch Stücke zum häuslichen Musizieren (▸ Hausmusik); auch sie basieren auf deutschsprachigen Chorälen (u.a. *Ein feste Burg*). Bei einfacher Faktur – im Unterschied zu den Choralbearbeitungen werden die Liedzeilen jeweils nur einmal durchgeführt, die Sätze sind recht kurz – bestehen melodisch ausgewogene und klanglich abwechslungsreiche Sätze. Hervorzuheben ist die Kadenzgestaltung, die eine Vielzahl an Bildungen aufweist, die von der üblichen Tenor-Diskant-Klausel abweichen (Daniel). – Die dreistimmigen *Tricinia* hingegen sind lateinischsprachige motettische Kompositionen, in denen polyphone mit homophonen Partien wechseln. Sie sind durch tonmalerische Gestaltung und einprägsame Motivik bestimmt. Der Druck basiert auf Vertonungen der Antidota des Johannes von Damaskus (ca. 676 – nach 754), die kurz zuvor aus dem Griechischen ins Lateinische übersetzt worden waren.

Othmayr ist vor allem auch als Liedkomponist bekannt. Seine *Reutterischen und jegerischen Liedlein* (1549) sind von Lemlin und Ludwig Senfl beeinflusst. Strenge Cantus firmus-Bearbeitungen (▸ Tenorlied) und freiere Sätze wechseln sich ab, von der Struktur her alternieren oft voller Chorsatz und zweistimmige Partien. Othmayr trug auch zur Sammlung *Frische teutsche Liedlein* bei. In seinen Liedern »schaltet« Othmayr »frei mit alten und neuen Strukturformen« (Albrecht, S. 79).

Ausgaben:
Ausgewählte Werke. Erster Teil: Symbola, hrsg. von H. Albrecht (Erbe deutscher Musik 16, Frankfurt 1941; *Dass. Zweiter Teil: Cantilenae (1546), Epitaphium D. Martini Lutheri (1546), Bicinia (1547?), Tricinia (1549), Einzelne Werke* (Erbe deutscher Musik 26), hrsg. von Dems., Frankfurt 1956.

Literatur:
H. Albrecht, *Caspar Othmayr. Leben und Werke*, Kassel 1950 • Kl. W. Niemöller, *Zum Paradigmenwechsel in der Musik der Renaissance: Vom numerus sonorus zur musica poetica*, in: *Literatur, Musik und Kunst im Übergang vom Mittelalter zur Neuzeit: Bericht über Kolloquien der Kommission zur Erforschung der Kultur des Spätmittelalters 1989 bis 1992*, Göttingen 1995, S. 187–215 • Th. Daniel, *Freiheiten der Kadenzgestaltung in Othmayrs »Bicinia sacra«*, in: *Kirchenmusik in Geschichte und Gegenwart: Festschrift Hans Schmidt zum 65. Geburtstag*, Köln-Rheinkassel 1998, S. 125–138 • R. Wagner Oettinger (Hans Haase), *Othmayr*, in: *MGG²*, Bd. 12 (Personenteil), 2001, Sp. 1471–1474.

ES

Ott, Hans [Johann]
* (?), † 1546 Nürnberg

Hans Ott war Buchhändler, Verleger und Herausgeber, der zunächst in Regensburg und ab 1525 in Nürnberg tätig war. Sein ausgeprägtes marktstrategisches Denken sicherte seinen Produkten großen Erfolg zu. Durch die Zuerkennung eines mehrjährigen kaiserlichen Privilegs versuchte Ott zudem, sein Verlagsprogramm gegenüber der Konkurrenz zu schützen. Als Herausgeber arbeitete er vornehmlich mit dem Nürnberger Drucker Hieronymus ▸ Formschneider zusammen. Ab 1534 entstanden in den folgenden zehn Jahren sechs Sammeldrucke, die die wichtigen Vokalgattungen der Zeit umfassten: weltliche Lieder (darunter ein ▸ Individualdruck von Heinrich ▸ Finck), Motetten (1537, 1538) und Messkompositionen (*Missae tredecim*, 1539). Die letzte Liedersammlung, die Ott herausgab, ›115 gute neue Lieder‹ (1544), erschien bei ▸ Montanus & Neuber.

Literatur:
R. Gustavson, *Hans Ott, Hieronymus Formschneider, and the Novum et insigne opus musicum*, Diss. Melbourne 1998 • M. Diefenbacher / W. Fischer-Pache (Hrsg.), *Das Nürnberger Buchgewerbe* (Quellen und Forschungen zur Geschichte und Kultur der Stadt Nürnberg 31), Nürnberg 2003.

ALB

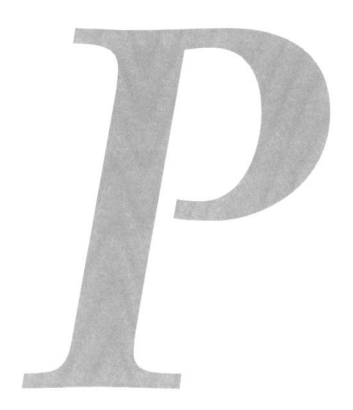

Padovana

Der Begriff Padovana (Padoana, Paduana) hat zwei unterschiedliche Bedeutungen. In der ersten Hälfte des 16. Jahrhunderts werden damit Tänze in gemäßigtem Tempo des Typs Pavana-Passomezzo, also ▶ Pavanen, die auf dem harmonischen Schema des ▶ Passamezzo basieren, bezeichnet (Joan Ambrosio Dalza, *Intabulatura de lauto*, 1508). Ab der Mitte des 16. Jahrhunderts findet sich die Padovana auch als rascher, ungeradtaktiger Nachtanz innerhalb der jeweils monothematischen Gruppe Passomezzo-Padovana-Saltarello bzw. Passomezzo-Gagliarda-Padovana (Domenico Bianchini, *Intabolatura de lauto*, 1546). In zahlreichen Lautentabalutaren existieren aber auch selbständige Padovanen, die nicht mit einem anderen Tanz aus der Suite thematisch verbunden sind (Giulio Cesare Barbetta 1585, Giovanni Ambrosio Terzi 1599 u.a.).

In den Suiten des 17. Jahrhunderts werden im deutschsprachigen Raum Tänze mit Introduktionscharakter als ›Paduana‹ bezeichnet (Isaak Posch, Paul Peuerl, Johann Hermann Schein, Samuel Scheidt u.a.). Choreographische Beschreibungen zur Padovana sind nicht erhalten.

Literatur:
L. Moe, *Dance Music in Printed Italian Lute Tablatures*, Phil. Diss. Massachusetts 1956 • T. Crawford, *Padoana*, in: *Grove*, Bd. 18, 2001, S. 875–876 • Schriftleitung / L. Moe, *Pavane*, in: MGG², Bd. 7 (Sachteil), 1997, Sp. 1538–1542.

MM

Padua
(ital. Padova)

Die norditalienische Stadt war bereits in römischer Zeit ein bedeutendes Kulturzentrum mit einem Theater und einer Arena, sie war seit 1164 Stadtrepublik, 1222 wurde die Universität gegründet.

Unter der Herrschaft der seit dem 13. Jahrhundert herrschenden Carrara-Familie entfaltete sich im 14. Jahrhundert ein reiches Kulturleben, das sich auch unter venezianischer Herrschaft (1405–1797) nach der Eroberung Paduas fortsetzte. Die Geschichte der Stadt war geprägt von der Nähe zu Venedig (etwa 30 km westlich von Venedig) und dem Status als Universitätsstadt.

Im 14. und 15. Jahrhundert wurden in Padua musiktheoretische Traditionen entfaltet und eine lebhafte franco-venezianische Musikkultur war bestimmend. Im neben der Kathedrale liegenden Scriptorium wurden zahlreiche Prachtcodices zusammengestellt und kopiert, u.a. zwei Libri Processionales. Die Bibliothek der Kathedrale hatte Italiens reichste Sammlung von ›dramatischen Offizien‹, d.h. von liturgischen Dramen, die wie Theaterstücke bei großen Festen aufgeführt wurden. Die erste ▸ Sacra rappresentazione in Italien ist hier dokumentiert für das Jahr 1243.

Musik war als Teil des ▸ Quadriviums seit der Gründung der Universität gelehrt worden. Eine Schola cantorum wurde an der Kathedrale etabliert, wobei ein Cantor Gregorianik und Musiktheorie lehrte und Aufführungen vorbereitete, ein Magister scholarum hingegen Grammatik- und allgemeinen Musikunterricht erteilte. Im 14. Jahrhundert wurde die Pflege polyphoner Musik ausgebaut, polyphone Messvertonungen entstanden, unter anderem von Komponisten wie Graciosus de Padua, Zaninus de Peraga de Padua und Jacobus Corbus de Padua.

Die Spätzeit des Jahrhunderts ist von der Rezeption des ▸ Humanismus in Padua geprägt, zu dem sich auch ▸ Prosdocimus de Beldemandis, Musiktheoretiker, Astronom und Mathematiker, bekannte, der bis zu seinem Tod 1428 Musiktheorie lehrte. Dokumente bezeugen, dass Universitätsstudenten das musikalische Leben der Stadt durch Lieder und Aufführungen bereicherten, es gab zahllose Verbindungen von der Universität – durch einzelne herausragende Persönlichkeiten – zu den weltlichen und geistlichen Institutionen.

Verschiedene Motetten Johannes ▸ Cicionias, der sich ab 1401 in Padua aufhielt, legen Zeugnis ab von der Bedeutung, die Padua im späten 14. und frühen 15. Jahrhundert einnahm: *Albane, misse celitus / Albanus, doctor maxime* (4stimmig; vermutlich zur Einsetzung von Albano Michele zum Bischof von Padua 1406), *O Padua, sidus preclarum* (3stimmig), *Ut te per omnes celitus / Ingesn alumnus Padue* (4stimmig; zu Ehren von Franciscus ▸ Zabarella), *Padua [...] serenans / Pastor bonus* (4stimmig, nur 2 Stimmen erhalten, zu Ehren von Andrea Carrara, Abt von S. Giustina, Padua).

Im ausgehenden 14. Jahrhundert und im 15. Jahrhundert gewannen die Abtei S. Giustina dei Benedettini, die Basilika S. Antonio und die Kirche S. Giovanni di Verdara an Bedeutung, obwohl die Kathedrale das Zentrum des musikalischen Lebens blieb. Polyphone ▸ Laude, die im frühen 15. Jahrhundert gepflegt wurden, sind aus der Abtei S. Giustina überliefert. Die Namen von flämischen und französischen Komponisten tauchen auf den Gehaltslisten der Kathedrale zusammen mit italienischen Komponisten auf. Belegt sind Johannes de Francia tenorista (1419), Richardus tenorista (1431), Johannes contratenorista (1431), Presbyter Raynaldus francigena (1489) und Crispin van Stappen, der das Strambotto *Vale Vale de Padoa santo choro* komponierte und von 1492 bis 1498 als Cantor an der Kathedrale wirkte. Orgelbauer und Organisten kamen im 15. Jahrhundert aus deutschsprachigen Gebieten nach Padua, wie Bernardus de Alemagna (1457-1460) und sein Sohn Antonius (um 1480). Der Komponist von ▸ Frottole, Pellegrino Cesena, war Maestro di cappella von 1494 bis 1497. Auch durch die Erstellung der sogenannten Paduaner Handschriften gewann die Abtei an Bedeutung, das Fragment eines Liber organi lässt zudem auf eine reiche Orgelkultur schließen. 1480 ist die Entscheidung dokumentiert, einen sogenannten Magister cantus für die Pflege polyphoner Musik an S. Antonio (= Il Santo) einzusetzen. Johannes Cicionias Motette für S. Antonios Offizium, *O proles Hispanie* und das Proprium von Guillaume ▸ Dufays Plenarmesse für S. Antonio, das wahrscheinlich für die Einweihung von Donatellos Altars 1450 komponiert wurde, sind nur Beispiele für die kontinuierliche Pflege polyphoner geistlicher Musik an S. Antonio.

Akademien wurden im 16. Jahrhundert gegründet – hier wurden humanistische und wissenschaftliche Fragestellungen von Adligen und reichen Bürgern diskutiert, und Musik ist als zentrale Aktivität mit zahlreichen Aufführungen von Vokal- und Instrumentalmusik belegt. Pietro ▸ Bembo und Alvise Cornaro initiierten die erste Akademie, gefolgt von den Akademien Costanti (1556), Elevati (1557–1560), Eterei (1564–1567), Rinascenti (1573 gegründet). Ein aktives Musikleben, eine rege Bautätigkeit und prominente Gelehrte an der Universität wie u.a. Galileo ▸ Galilei zeugen vom hohen kulturellen Niveau der Stadt, das im 17. Jahrhundert durch Opernaufführungen fortgeführt wurde.

Eine Reihe von Sammlungen polyphoner Vokalmusik, die in Venedig im späten 16. und frühen 17. Jahrhundert veröffentlicht wurden, dokumentieren zwar die Nähe von Venedig und Padua, sind aber tatsächlich Beispiele für Paduaner Musikkultur. Herausragendes Beispiel hierfür sind die *Laudi d'Amore: Madrigali a cinque voci de diversi eccellenti musici di Padova*, die 1598 erschienen.

Literatur:
G. Tebaldini, *L'archivio musicale della Cappella Antoniana*, Padua 1895 • B. Brunelli, *I teatri di Padova*, Padua 1921 • R. Casimiri, *Musica e musicisti nella cattedrale di Padova nei sec. XIV, XV, XVI*, Rom, 1942 • A. Garbelotto, *La cappella musicale di S. Antonio in Padova*, in: Il Santo 5 (1965), S. 227–268; 6 (1966), S. 67–126; 9 (1969), S. 425–440; 10 (1970), S. 357–388 • C. Constant, *Renaissance Manuscripts of Polyphony at the Cathedral of Padua*, Diss. Univ. of Michigan 1975 • A. Maggiolo, *I soci dell'Accademia Patavinadalla sua fondazione (1599)*, Padua 1983 • P. Del Piero, *Antologie polifoniche padovane nel XVI secolo*, in: Rassegna veneta di studi musicali 2/3 (1986/1987), S. 65–80 • L. Frasson, *La Cappella musicale nella basilica del Santo e i suoi primi cinquant'anni di vita*, in: Il Santo 27 (1987), S. 159–239 • F.A. Gallo, *The Practice of Cantus planus binatim in Italy from the Beginning of 14th to the Beginning of the 16th Century*, in: Le polifonie primitive in Friuli e in Europa, hrsg. von P. Petrobelli und C. Corsi, Rom 1989, S. 13–30 • P. Cattelan, *L' »Accademia« nei dintorni del Santo (1762–1785)*, in: Storia della musica al Santo di Padova*, hrsg. Von S. Durante und P. Petrobelli, Vicenza 1990 • A. Hallmark, *Gratiosus, Ciconia and Other Musicians at Padua Cathedral: Some Footnotes to Present Knowledge*, in: L'Ars nova italiana del Trecento 6, hrsg. von G. Cattin und P. Dalla Vecchia, Certaldo 1992, S. 69–84 • G. Cattin und A. Lovato (Hrsg.), *Contributi per la storia della musica sacra a Padova* (Fonti e ricerche di storia ecclesiastica padovana 24), Padua 1993 • J. Dalla Vecchia, *L'organizzazione della cappella musicale antoniana di Padova nel Settecento*, Padua 1995 • E.M. Beck, *Giotto's Harmony: Music and Art in Padua at the crossroads of the Renaissance*, Florenz 2005.

AKH

Paenultima ▸ Klausel

Paix, Jacob
* 1556 Augsburg, † nach 1623 Hildpoltstein (?)

Jacob Paix war Organist, Komponist und Herausgeber, der bei seinem Vater, Organist an der Fugger-Orgel in Augsburg, gelernt hat. Ab 1576 war er als Organist und Lehrer am Gymnasium in Lauingen tätig; 1609 wechselte er an den Hof von Neuburg an der Donau, wo er neben seiner Orgelstelle auch für die Organisation der Instrumentalmusik zuständig war.

Musikgeschichtlich bedeutend sind Paix' Orgeltabulaturen, die er in neuer deutscher ▸ Orgeltabulatur auch in Sammlungen herausgegeben hat. Sie geben einen Einblick in die Organistenpraxis in den deutschen Ländern in der 2. Hälfte des 16. Jahrhunderts, sowohl das Repertoire als auch die Spielpraxis betreffend. Der Begriff Parodiemesse (▸ Messe) wurde vom Titelblatt seines Messendruckes von 1587 abgeleitet.

Ausgaben:
S.R. Seckler, *The Jacob Paix Tabulature ›Ein schön nutz und gebreüchlich Orgel Tabulaturbuch‹ Translated and Transcribed*, Diss. Iowa 1990.

Literatur:
M. Schuler, *Das Orgeltabulaturbuch des J. Paix*, Diss. Freiburg i.Br. 1958.

ALB

Palestrina, Giovanni Pierluigi da
* um 1525 Palestrina, † 2.2.1594 Rom

In der Musikhistorie der Neuzeit ist Palestrina womöglich der erste, dessen Person wie Musik gleich von einer ganzen Schicht von Mythenbildungen umgeben wurde: So gilt Palestrina schon bald als ›der‹ legendäre Retter der mehrstimmigen Kirchenmusik im 16. Jahrhundert, nachdem auf dem ▸ Konzil von Trient (1545–1563) Überlegungen angestellt worden sind, nur noch den gregorianischen Gesang für die Liturgie zuzulassen. Er wird im 17. Jahrhundert zum Maßstab für den Erhalt des polyphonen Stils gegen säkulare Tendenzen in der Kirchenmusik. Aus Palestrinas Werk wird im 18. Jahrhundert von Johann Joseph Fux im *Gradus ad Parnassum* (1725; teilweise ins Deutsche übersetzt von dem Bach-Schüler Lorenz Christoph Mizler, erschienen 1742) eine Satzlehre abgeleitet, die den Gegenstand sowohl überformt als auch eine Idealvorstellung satztechnischer Reinheit erschafft, zu deren Namensgeber Palestrina werden wird. Das 19. Jahrhundert hebt ihn als Leitfigur zur Erneuerung der katholischen Kirchenmusiktradition auf den Sockel, die, teils aus dem Geiste einer neuen Spiritualität, teils aus dem Geiste des Historismus geboren, in einer französischen und deutschen Variante anzutreffen ist. Und endlich wird sein Name im 20. Jahrhundert als Konservativer im Gefüge starrer institutioneller Ordnungen und Normen zwischen Kirche, Kontrapunkt und Konservatorium genannt.

So klischeehaft alle diese Rollenzuweisungen sein mögen, so sehr gehören sie als Effekte der historischen Rezeption zur Objektivierung des geschichtlichen Bildes von Palestrinas Leben und Werk unbedingt hinzu. Dass seine Kunst in eine umfassendere stilistische Entwicklung einzuordnen ist und keineswegs als deren Zusammenfassung erscheint, mag man als eine historisch triviale Erkenntnis bezeichnen. Doch darf eine Objektivierung den illusorischen und ideologischen Teil der Rezeption nicht herausrechnen, sondern sie muss ihn mitreflektieren, weil er in der historischen Struktur der Felder begründet liegt, auf denen Palestrina agiert hat. Unter welchen Maßgaben kann sich Musik für den liturgischen Gebrauch autonom entfalten, wenn hinter der Konsolidierung der durch Fehlentwicklungen und durch die Reformation angegriffene römische Kirche der Wille steht, die Ansprüche an die symbolische Repräsentation zur Not gegen unumkehrbare Prozesse auf anderen Feldern durchzusetzen?

Die herausragende Bedeutung, die Palestrina im 16. Jahrhundert bei der Festigung des polyphonen Stils zugewiesen worden ist, ergibt sich zwanglos aus einem erfolgreichen, wenn auch nicht ganz reibungslosen Karriereverlauf im Umfeld kirchlich-römischer Administrationen. Seine Ausbildung als Sänger und Komponist bildet die Grundlage für weitere Qualifizierungen als Kapellmeister in wechselnden kirchlichen Stellungen, die – und darin zeigen sich die sozialen Möglichkeiten einer Künstlerpersönlichkeit des 16. Jahrhunderts – ihn nicht daran hindern, auch als private Geschäftsperson reüssieren zu können.

Offenbar schon geknüpfte Kontakte zwischen dem Vater Palestrinas Sante und Paul III., ehemals Bischof von Palestrina und Papst seit 1534, führen zu dem entscheidenden Schritt im Leben des werdenden Komponisten: Im Oktober 1537 tritt er als Sängerknabe in die Cappella Liberiana von S. Maria Maggiore ein. Für die folgenden Jahre gestalten sich die Überlieferungen zu seinem musikalischen Werdegang lückenhaft, so dass nur vermutet werden kann, wer aus dem Kreise der oft wechselnden Kapellmeister und Organisten als Lehrerpersönlichkeit näher in Betracht zu ziehen ist. Dasselbe gilt für die Quellenlage, nachdem Palestrina 1544 eine Stellung – der Vertrag nennt den 28. Oktober – in seinem Heimatort angetreten hatte. Aus dieser Zeit dürften seine Orgelkompositionen zu datieren sein. Beurkundet ist wieder seine Hochzeit im Juni 1547 mit Lucrezia Gori, mit der er drei Kinder haben wird (Rodolfo *1549, Angelo *1551, Iginio *1558).

Die Eheschließung wird sich schon wenige Jahre später als unverhofftes Hindernis für seinen Werdegang darstellen, was Palestrina zu allerlei taktischen Verhaltensweisen veranlasst, um auf der römischen Karriereleiter dennoch vorwärts zu kommen. 1551 beruft ihn Papst Julius III. als Kapellmeister der Cappella Giulia an S. Pietro. Durch ein Dekret, bald nach dem Amtsantritt Pauls IV. 1555 erlassen, muss er diese wichtige Position aufgeben. Das Dekret, das besagt, dass aus Gründen der liturgischen Ordnung alle verheirateten Musiker aus dem Dienst an S. Pietro zu entfernen seien, ist im Zusammenhang mit innerkirchlichen Reformen zu sehen. So zerplatzen vorerst Palestrinas Bestrebungen, im Vatikan dauerhaft Fuß fassen zu können – und das ausgerechnet in einem Zeitraum, in dem er seinen Ruf als Komponist mit der Veröffentlichung einer ersten Sammlung von ▸ Messen (*Missarum Liber Primus*, Rom 1554), Julius III. gewidmet, gerade begründet. Deren erstes Stück, die vierstimmige *Missa Ecce sacerdos magnus*, ist direkt auf den päpstlichen Förderer gemünzt. Noch vor seinem Wechsel 1556 an die Basilika S. Giovanni in Laterano wegen der neuen Situation erscheint Palestrinas weltliche Sammlung *Il Primo Libro di Madrigali a quattro voce* (Rom 1555).

1562 steht das ▸ Konzil von Trient kurz vor seinem Abschluss. In dieser Phase werden Fragen der kirchenmusikalischen Entwicklung und deren Eignung für die Liturgie diskutiert. Es zeigt sich einerseits, dass die von Papst Johannes XXII. in der Bulle *Docta sanctorum* von 1324/1225 angesprochene Problematik, die der Musik der ▸ Ars nova vorwirft, sie mache die liturgischen Texte unverständlich und verderbe die Ohren, noch immer nicht ausgestanden ist. Andererseits gilt die Verwendung von weltlichen Liedern als verwerflich – besonders mit Texten frivolen Inhalts.

Die Lösung der Verständlichkeitsproblematik, die den Klerus zu einer weniger restriktiven Entscheidung geführt hat und darin besteht, dass kleine Textmengen eher melismatisch, große dagegen eher syllabisch behandelt werden, ist keine Leistung, die Palestrina zuzuordnen wäre. Es handelt sich vielmehr um einen längeren Prozess. Bereits bei ▸ Josquin Desprez oder auch Orlande de ▸ Lassus sind Verfahren der Textdisposition anzutreffen, die große Textmengen in kleinteilige Sinnabschnitte zerlegen, kleine Textmengen, deren Verstehen ohne weiteres vorausgesetzt werden kann (Kyrie eleison, Sanctus, Amen, Alleluja), werden dagegen vorzugsweise klangflächenartig verarbeitet. Der abwechslungsreiche Gebrauch verschiedener Satzarten, in denen sich homorhythmische Deklamation, polyphone Auffächerung, Imitation, Kanontechnik und Klangtexturen durchmischen oder ineinander übergehen, ist in jeder Hinsicht dem traditionellen Varietas-Prinzip (▸ Variation) verpflichtet.

Der Erfolg von Palestrinas satztechnischer Ästhetik, für die die sechsstimmige *Missa Papae Marcelli* aus dem *Missarum Liber Secundus* (Rom 1567, gewidmet ▸ Philipp II. von Spanien; darin auch die vierstimmige *Missa Ad fugam*) exemplarisch steht, hängt von zwei Aspekten ab, die in einer homologen Beziehung zueinander stehen: Der in erschöpfender Breite bemühte Diskurs um den Kontrapunkt verhüllt erstens zunächst die einfache Erkenntnis, dass sich das sinnliche Erscheinen von Musik und die darin verkörperte Autonomie für die kirchliche Repräsentation auf der Grundlage einer neuen, anthropologisch geleiteten

Musikauffassung in den Dienst nehmen lässt. Was der Gegenstand von Musik sei, wird René Descartes in seinem *Compendium Musicae* 1618 so formulieren: »*Huius* objectum *est* Sonus. Finis ut delectet, variosque in nobis moveat affectus« (»Ihr Gegenstand ist der Klang. Sein Zweck ist es, uns zu erfreuen, und in uns verschiedenartige Empfindungen auszulösen«). Im Gegensatz zu anderen seiner Zeitgenossen – etwa Lassus – geht Palestrina auffällig rasch über den zweistimmigen Satz hinaus, um eine Klanglichkeit auf der Basis von Vollstimmigkeit zu erzielen. Dabei kann selbst in Hinblick auf das ganz auf Klanglichkeit berechnete dritte Motettenbuch für Alfonso d' ▸ Este (*Motettorum quae partim quinis, partim senis, partim octonis concinantur. Liber Tertius*, Venedig 1575) nicht davon die Rede sein, dass Palestrina das Satzparadigma auf eine neue Richtung hat umstellen wollen. Das schließt entsprechende Projektionen nicht aus. Denn spätere Unterlegungen von Generalbass-Stimmen durch Bearbeiter bis hin zu Johann Sebastian Bach (*Missarum Liber Quintus, quatuor, quinque ac sex vocibus concinendarum*, Rom 1590; darin die von Bach bearbeitete sechsstimmige *Missa Sine nomine*) sind Ausdruck eines bei Palestrina angelegten Anschlusspotentials zur ästhetischen (Um)Deutung, was erklärt, warum seine Satztechnik für das Medium der Tonalität stets attraktiv geblieben ist.

Palestrinas spezifische Leistung besteht also in einer Versinnlichung der kontrapunktischen Praxis. Dieses ›atmosphärisch‹ wirksame Detail, das eine neue Ästhetik repräsentiert, erfüllt zugleich äußerlich das Kriterium von Verständlichkeit und eignet sich darum für Zwecke symbolischer Kommunikation. Das führt zu dem erwähnten zweiten Aspekt: In diesem ästhetischen Erscheinen ist ein restriktiver Stil von Kontrapunkt enthalten, der sich in seiner orthodoxen bzw. dogmagewordenen Verwirklichung gleichzeitig anbietet, ihn als homolog zur reinen Lehre der römischen Kirche aufzufassen.

Palestrina hat sich ausgezeichnet darauf verstanden, die distinktiven Bedürfnisse der kirchlichen Führungseliten zu erraten, die daran interessiert waren, Dogmatik und ästhetische Macht – für alle sichtbar im Bau von S. Pietro verkörpert – auf einen Nenner zu bringen. In der Versöhnung der musikalischen Entwicklung mit einem liturgischen Anliegen dürfte die eigentliche Substanz der Retter-Legende bestehen. Nichts scheint natürlicher, als die Nähe Palestrinas zum kirchlichen Machtzentrum mit einer Spitzenposition auf dem musikalischen Feld in Verbindung zu bringen und dies mit einer Legende allgemeinverständlich zu umschreiben. So entsteht der Eindruck, mit Palestrina schlösse sich nach über zweihundert Jahren ein Kreis.

Der Nutzen, der hieraus entsteht, ist ein wechselseitiger: Die römischen Stellen und Palestrina können sich gegenseitig davon überzeugen, dass es sich einerseits lohnt, sich seiner besonderen Kompetenzen zu bedienen und ihn durch neue Aufgaben in Rom zu halten. Der neue Kapellmeister am *Seminario Romano* beeilt sich 1565 umgehend, die an ihn gestellten Erwartungen durch aussagekräftige Arbeiten zu belegen (*Liber Primus Motettorum, quae partim quinis, partim senis, partim septenis vocibus concinantur*, Rom 1569; *Missarum Liber Tertius*, Rom 1570; darin die fünfstimmige *Missa L'homme armé* und die sechsstimmige *Missa Ut re mi fa sol*).

Der überregionale Bekanntheitsgrad Palestrinas als Komponist zieht Angebote von außerhalb nach sich (z.B. Wien 1567). Dass er gar nicht daran denkt, das römische Umfeld zu verlassen, belegt eine geschickte Politik, solche Angebote stets durch extreme Honorarforderungen zu unterlaufen. Seine Reputation kommt auch dadurch zum Ausdruck, dass der Herzog von Mantua, Guglielmo ▸ Gongaza, von 1562 bis 1587 einen Briefwechsel mit ihm unterhält, in dem der Herzog ihn um Ratschläge zur Verbesserung seiner Werke bittet. Aus dieser nicht alltäglichen Schüler-Lehrer-Beziehung geht die Widmung des zweiten Motettenbuchs an den Herzog hervor (*Motettorum quae partim quinis, partim senis, partim octonis vocibus concinantur. Liber secundus*, Venedig 1572). Für ihn ist die *Messe di Mantova* (1578/1579) bestimmt.

1571 kehrt Palestrina als Kapellmeister an S. Pietro zurück und übernimmt die Leitung der Capella Giulia. Sein sich mehrender Erfolg ist ferner der kontinuierlichen Veröffentlichung von weltlichen Madrigalen zuzuschreiben, was seine geistlichen Arbeitgeber aber nur höchst ungern sehen. Die kapellmeisterlichen Zusagen, sich der Produktion von derlei Arbeiten zu enthalten, werden bei nächster Gelegenheit schon wieder gebrochen, wenn auch durch die Komposition geistlicher Madrigale abgemildert (*Il Primo Libro di Madrigali à cinque voci*, Venedig 1581). Warum er der Komposition von Madrigalen eine solche Bedeutung beimisst, dass er ihnen 1586 und noch 1594 weitere folgen lässt, erschließt sich wegen der im Durchschnitt schlichten texturalen Eigenschaften dieser Werkgruppe kaum, gewinnt allenfalls als mutmaßlicher Erprobungsbereich für Textverständlichkeit eine gewisse Plausibilität. In der Madrigalkomposition wird Palestrinas Distanz zu den musikalischen Innovationen, die sich im letzten Drittel des 16. Jahrhunderts vollziehen, am deutlichsten. ▸ Madrigalismen fehlen zwar nicht, werden aber nur in äußerst zurückhaltender Form angebracht, so etwa in der madrigalesken Motettensammlung über das Hohelied Salomos (*Motettorum quinque vocibus. Liber Quartus*, Rom 1583/84), die dem Papst Gregor XIII. gewidmet wird.

Über einen Zeitraum von zehn Jahren überschatten mehrere Todesfälle in der Familie das Leben des Komponisten. Seine Söhne Rodolfo und Angelo sterben 1572 und 1575, Angelos Kinder 1581, sein Bruder Silla 1574 sowie seine Frau Lucrezia 1580. Ob Palestrina darauf musikalisch ›expressiv‹ reagiert hat, bleibe dahingestellt. Der Umgang Palestrinas mit den Herausforderungen solcher Lebenssituationen kann nur an den finanziellen Auswirkungen beobachtet werden. Die Rückforderung der Mitgift durch die Witwe seines Sohnes Angelo wird durch die Verheiratung von Iginio kompensiert. Der Tod seiner Frau schafft nun aber die Voraussetzung, in den geistlichen Stand eintreten zu können.

Scheinen die Aussichten auf Mitgift und Erbschaften schon früh Palestrinas Geschäftssinn angeregt zu haben, so liefert er nun in der Vorgehensweise, wie er Familienbindung, den Empfang der niederen Weihen 1580 durch Papst Gregor XIII., Sicherung von Pfründen, Verhandlungen über seine Position, Verkauf seiner Werke und Immobiliengeschäfte aufeinander abstimmt, ein Meisterstück, indem er sich 1581 mit der sehr vermögenden Witwe Virginia Dormoli verheiratet. Mit anderen Worten: Palestrina beherrscht die Umgangsformen des römischen Klerus auf vollendete Weise. Wer aber glaubt, in ihm einen mit allen Wassern gewaschenen Opportunisten vor sich zu sehen, weil er alle Gelegenheiten nutzt, sich für die Veröffentlichung seiner Werke Vorteile zu verschaffen, muss auf die Tatsachen verwiesen werden, dass Stellungen stets unsicher waren, soziale Netze und urheberrechtliche Strukturen nicht existiert haben: ganz normale Verhaltensweisen also für Musiker der Zeit. Für die soziale Sicherheit nicht nur Palestrinas ist die Familie der Ausgangspunkt für das Handeln einer im 16. Jahrhundert modernen, kühl kalkulierenden Unternehmerpersönlichkeit, wie sie sich in Italien hat ausprägen können.

Noch in den letzten Lebensjahren steigert sich die Veröffentlichungstätigkeit Palestrinas beträchtlich, um auch bisher nicht edierte Bereiche liturgischer Musik zu publizieren. Neben der von ihm selbst veranlassten Herausgabe von weiteren Messbüchern 1594 erscheinen vorher die *Hymni totius anni secundum* sanctae romanae ecclesiae consuetudinem (Rom 1589), die *Cantus Magnificat octo tonum. Liber Primus* (Venedig 1591). Die *Litaniae Deiparae Virginis* und die *Offertoria totius anni secundum sanctae romanae ecclesiae consuetudinem* folgen 1593 (Rom).

Als Palestrina 1594 stirbt, genießt sein Werk in Italien und international Anerkennung. Die Nachwelt deutet die künstlerische Selbstverpflichtung an das kirchliche Feld als ein Verfolgen selbstloser musikalischer Zielsetzungen. Nichts charakterisiert vielmehr besser die Entwicklung des Komponisten in der ausgehenden Renaissance, dass sich Palestrina für die Erreichung seiner Ziele eine bürgerliche Grundlage jenseits kirchlicher Dienstverhältnisse geschaffen hat. Und Palestrina selbst trägt dazu bei, das für ihn stets wichtige Verhältnis von wirtschaftlichem und künstlerischem Erfolg zu verdunkeln: nicht zuletzt zu ersehen aus der larmoyant-unwahren Vorrede zu den 1588 veröffentlichten *Lamentationum Hieremiae Prophetae Liber Primus*, in denen er einen Stil anschlägt, aus dessen radikaler Vereinfachung eine archaisch anmutende Musik von großer Expressivität gewonnen wird – fast scheint es, als würde die Musik die Äußerungen der Vorrede ästhetisch beglaubigen.

Ausgaben:
Pierluigi da Palestrina's Werke, Leipzig 1871–1907, Reprint Farnborough/Hampshire 1968; *Le opere complete di Giovanni Pierlvigi da Palestrina*, Rom 1939–1961.

Literatur:
G. Baini, *Memorie storico-critice della vita e delle opere di Giovanni Pierluigi da Palestrina*, 2 Bde., Rom 1828, Reprint Hildesheim 1966 • K.G. Fellerer, *Palestrina. Leben und Werk*, Regensburg 1930, 2., völlig umgearbeitete, vermehrte und verbesserte Auflage Düsseldorf 1960 • K. Jeppesen, *The style of Palestrina and the dissonance*, Oxford 1946, Reprint Mineola 2005 • K.G. Fellerer, *Palestrina-Studien*, Baden-Baden 1982 • M. Heinemann, *Giovanni Pierluigi da Palestrina und seine Zeit*, Laaber 1994 • H.-K. Metzger / R. Riehn (Hrsg.), *Palestrina. Zwischen Démontage und Rettung* (Musik-Konzepte 86), München 1994 • M. Janitzek, *Palestrina und die klassische Vokalpolyphonie als Vorbild kirchenmusikalischer Kompositionen im 19. Jahrhundert*, Kassel 1995 • O. Toller, *Pfitzner's Palestrina – The ›Musical Legend‹ and its Background*, London 1997 • R. Schlötterer, *Der Komponist Palestrina*, Augsburg 2002 • J. Garratt, *Palestrina and the German romantic imagination*, Cambridge 2002 • J. Japs, *Die Madrigale von Giovanni Pierluigi da Palestrina. Genese – Analyse – Rezeption*, Augsburg 2008.

EH

Palestrinastil

Dieses Schlagwort bezeichnet eine Satzweise aus vokal-melodisch geformten, selbständig und gleichwertig wirkenden Stimmen, die sich zu einem kontrapunktischen Gefüge von großer Ausgewogenheit in Harmonik, Rhythmik und Textbezug zusammenschließen. Die Satzweise ging aus führenden Gattungen geistlicher Musik (Messe, Motette u. a.) hervor, die besonders im 16. Jahrhundert hoch entwickelt und zunehmend vorbildhaft für kirchenmusikalische Kompositionen wurden. Ihren Vorrang erhielt diese Satzweise durch Tendenzen, die mit Maßgaben des ▶ Konzils von Trient (1554–1563) zusammenhängen: sich abzusetzen einerseits gegen artifizielle Übersteigerungen auf Kosten liturgisch gebotener Textverständlichkeit, andererseits gegen Einflüsse des ›Weltlichen‹, teilweise auch des musikalisch ›Neuen‹. Zu fortdauernder Pflege gelangte diese Satzweise, die in vielen beispielhaften Werken von erhabener Schönheit ausgeprägt ist, demnach zu einem nicht geringen Grade durch kirchenamtliche Favorisierung. In der um und nach 1600 bewußt wahrgenommenen Unterscheidung musikalischer Stile (›prima‹ von ›seconda prattica‹, ›stile antico‹ von ›moderno‹) repräsentierte diese Satzweise das Sakral-Angemessene, Überkommene und wurde zunehmend als Kirchenstil (›stile da Chiesa‹) mit der Person des Giovanni Pierluigi da ▶ Palestrina verknüpft, dessen *Missa Papae Mar-*

celli (seit Agostino Agazzaris *Del sonare sopra 'l basso*, Siena 1607) zu legendärem Ruhm aufstieg. Durch kirchenmusikalische Werke und durch Kompositionslehren (besonders Johann Joseph Fux' *Gradus ad Parnassum*, Wien 1725) wirkte der Palestrinastil vom 17. bis ins 19. Jahrhundert hinein weiter, in Abstufungen zwischen einer herausragend innovativen und einer lediglich epigonalen ›Anlehnung‹.

Literatur:
K. Jeppesen, *Der Palestrinastil und die Dissonanz*, Leipzig 1925 • K.G. Fellerer, *Der Palestrinastil und seine Bedeutung in der vokalen Kirchenmusik des achtzehnten Jahrhunderts*, Augsburg 1929.

KJS

Pandora ▸ **Bandora**

Pandurina ▸ **Laute**

Papst ▸ **Rom**

Parabosco, Girolamo
* um 1524 Piacenza, † 21.4.1557 Venedig

Auf der Titelseite seiner *Madrigali a cinque voci* (Venedig 1546) bezeichnet sich der Komponist und Literat Parabosco als ›discipulo di M. Adriano‹. Bereits 1540 war er mit zwei ▸ Ricercare in Adrian ▸ Willaerts Sammlung *Musica nova* (Venedig 1540) vertreten. Außerdem lobte er seinen Lehrer in der 1546 erschienenen Komödie *La notte*.

Die meisten Informationen zu Paraboscos Leben entnehmen wir seinen Briefen. Aus diesen geht hervor, dass er zwischen 1546 und 1551 Reisen nach Florenz (als Gast von Francesco ▸ Corteccia), Urbino, Ferrara, Piacenza, Brescia, Padua und Verona unternahm. 1551 wurde er der Nachfolger von Jacques Buus als Organist an der venezianischen Basilica di San Marco, ein Amt, das er bis zu seinem Tod innehatte.

Neben seinen musikalischen Tätigkeiten verfasste Parabosco verschiedene Komödien, eine Tragödie, ›Rime‹ und Briefe. Er war mit Literaten wie Andrea Calmo, Antonfrancesco ▸ Doni und Pietro ▸ Aretino sowie mit dem Patrizier und Mäzen Domenico Venier befreundet. Die von Pompeo Molmenti in seiner Parabosco-Monographie (1897) geäußerte Hypothese, Parabosco sei der auf ▸ Tizians Gemälde *Venere che si ricrea con la musica* (Madrid, Prado) abgebildete Organist, wird heutzutage angezweifelt.

Parabosco komponierte überwiegend ▸ Madrigale (von denen einige auf eigenen Texten basieren), die sich durch imitative Polyphonie und ihre kompakte Textur stilistisch an die ▸ Motette anlehnen. Chromatik und Textausdruck spielen ebenfalls eine wichtige Rolle. Die von Aretino, Charles Burney und François-Joseph Fétis erwähnten Motetten Paraboscos scheinen mittlerweile verschollen zu sein.

Ausgaben:
Musica nova (Monuments of Renaissance Music 1), hrsg. von H.C. Slim, Chicago 1965; *Girolamo Parabosco. Composizioni*, hrsg. von F. Bussi, Piacenza 1961.

Literatur:
F. Bussi, *Umanità e arte di Girolamo Parabosco, madrigalista, organista e poligrafo*, Piacenza 1961 • M. Feldman, *The Academy of Domenico Venier, Music's Literary Muse in Mid-Cinquecento Venice*, in: Renaissance Quarterly 44 (1991), S. 476–512.

KS

Paracelsus [Philippus Aureolus Theophrastus Bombastus von Hohenheim]
* 10.11.1493 Einsiedeln/Schweiz, † 24.9.1541 Salzburg

Paracelsus war überwiegend und durch den gesamten europäischen Kontinent reisender Arzt und gilt als einer der bedeutendsten Alchemisten im 16. Jahrhundert. Wenngleich er als Arzt den Ruf eines Wunderdoktors hatte, brachten ihm seine unorthodoxen und den traditionellen, galenischen Methoden vielfach entgegengesetzten Anschauungen viele Anfeindung seitens der Ärzte und Apotheker, so dass ihm kein dauerhaft sesshaftes Leben möglich war.

Paracelsus verfasste eine große Anzahl an teils sehr erfolgreichen und überwiegend posthum erschienenen Schriften in deutscher Sprache über Medizin und Alchemie. In seinem von der Deutschen Mystik und dem Neuplatonismus durchdrungenen Denken kann der Mensch als ein Glied und »Quintessenz« der belebten Natur nicht von ihr isoliert betrachtet werden, sondern alles steht in wechselseitiger Beziehung. In Hinblick auf das Gleichgewicht im Menschen und zwischen Mensch und Natur kann Paracelsus mit dem Gedanken der Musica Humana (▸ Musica coelestis / humana / instrumentalis) in Bezug gebracht werden, wenngleich ihm eine Nähe zur Musik nicht nachgesagt wird. Paracelsus hatte nachhaltigen Einfluss im deutschsprachigen Raum, der auch eine Legendenbildung (Magier, Goldmacher) hervorbrachte, die auf die Streitigkeit des Paracelsus bis heute einen großen Einfluss übt.

Schriften:
Sämtliche Werke. 1. Abteilung: Medizinische, naturwissenschaftliche und philosophische Schriften, hrsg. von K. Sudhoff, 14 Bde., München und Berlin 1922–1933; *Sämtliche Werke. 2. Abteilung: Theologische und religionsphilosophische Schriften*, hrsg. von W. Matthießen, Bd. 1: Philosophia magna I, München 1923; *Sämtliche Werke. 2. Abteilung: Theologische und religionsphilosophische Schriften*, hrsg. von K. Goldammer, 7 Bde., Stuttgart 1955–1986.

Literatur:
U. Benzenhöfer, *Paracelsus*, Reinbek 1997.

DS

Parallelführungsverbot

Dieses Schlagwort meint das Verbot, zwei gleiche perfekte ▸ Konsonanzen (Oktaven, Quinten, Einklänge) unmittelbar aufeinanderfolgen zu lassen. Als bekannteste und dauerhafteste Satzregel der Lehre vom ▸ Kontrapunkt seit dem 14. Jahrhundert wurde sie zunächst für den zweistimmigen Satz ›Note gegen Note‹ formuliert, dann, fast immer verbindlich, auf den mehr als zweistimmigen Satz übertragen und hat stilprägend gewirkt, da sie der älteren Mehrstimmigkeitslehre (und noch im 13. Jahrhundert weitgehend) fremd war. Die Regel korrespondiert mit der ausdrücklichen Empfehlung, gleiche imperfekte Konsonanzen (Terzen, Sexten) unmittelbar parallelzuführen, und fundiert so die für den Kontrapunkt entscheidende Polarität von perfekten und imperfekten Konsonanzen. Die wohl älteste Begründung des Verbotes beruft sich auf die mangelnde Verschiedenheit von Tonbewegungen im Oktavabstand (»quia ibidem nulla esset diversitas«; Anonymus CS III, 93a). Doch von dieser sonst strikt beachteten Regel, die Franchino ▸ Gaffurio für uneingeschränkt gültig erklärte (»regula... legalis, omnem penitus exceptionem reiciens«, *Practica musice* III, 3), gibt es eine bemerkenswerte Ausnahme: in mindestens dreistimmigen Sätzen aus dem 15./16. Jahrhundert das gelegentliche Parallelführen von (durch Tenor oder Bass gestützten) Oberstimmen in reinen Quinten, das als Lizenz erwähnt wird (Anonymus CS III, 466a).

KJS

Paris

Die Hauptstadt Frankreichs ist die einzige Stadt des Abendlandes, die gegen 1420 80.000 und am Beginn des 16. Jahrhundert 200.000 Einwohner zählt und die »die politischen, administrativen und rechtlichen Funktionen in der Hauptstadt vereinigt, in einer Metropole des intellektuellen und universitären Lebens mit einem Verkehrsknotenpunkt im Zentrum einer weiten Region, in der Getreide und Wein produziert wird und in der es viele Wälder und Steinbrüche gibt« (Favier).

Die Pest in der Mitte des 14. Jahrhunderts, verschiedene Aufstände (Etienne Marcel 1358; die Revolten der Maillotins 1382–1383 und Cabochiens 1413) ebenso wie der Hundertjährige Krieg (und der Einfall Burgunds in Paris 1418, dann der Ruin der Stadt infolge der anglo-burgundischen Vorherrschaft von 1422 bis 1436, das Datum der Einigkeit von Paris unter Karl VII. 1436), provozierten ihren Niedergang und die Abwesenheit der Monarchen (die, wie Karl VIII. und Ludwig XII. die Schlösser im Loire-Tal bevorzugten). Paris fand seine Rolle als Residenzstadt der Könige erst seit der Regierungszeit von Franz I. (1515–1547) wieder. Der alte Louvre, der von Philippe Auguste erbaut wurde, wurde dafür ab 1527 teilweise durch moderne Gebäude ersetzt; der Bau des Hôtel de Ville (1533–1551), der Kirche Saint-Eustache (1532–1637), des Collège des trois langues (1530; das spätere Collège de France), der Tuillerienpalast (1564–1570) und die Pont-Neuf (1578–1604) gaben der Stadt gleichermaßen ein neues Aussehen, das dem heutigen noch entspricht. Jedoch ist die Stadt auch mehrmals im Verlauf des 16. Jahrhunderts Schauplatz von Gewalt zwischen Protestanten und Katholiken. 1588, ein Jahr vor der großen Hungersnot, mussten Heinrich III. (der 1589 ermordet wurde) und sein Hof durch den Druck der Pariser Ultrakatholischen Liga nach Tours ins Exil gehen. Diese anhaltende Krise störte den Markt des Musikdrucks gleichermaßen, wie sie viele Musiker dazu brachte, die Hauptstadt zu verlassen, weil sie dem Hof folgten oder weil sie Repressalien der Mitglieder der Liga fürchteten. Paris fand voll in seine Rolle zurück mit der Entree des neuen Königs Heinrich IV. in die Stadt im Jahr 1594.

Die Sainte-Chapelle – die auf Veranlassung Ludwigs IX. zwischen 1246 und 1248 zur Aufbewahrung der Reliquien Christi errichtet wurde – und die Kathedrale Notre Dame (erbaut seit 1163) waren eng an die königliche Macht gebunden. In beiden Fällen konnte der König die kirchlichen Benefizien bestimmen, Stiftungen etablieren, und von ihren Gebäuden, dem Ritus, der Liturgie, die damit verbunden waren, wie von vielen anderen Mitteln Gebrauch machen, um sich mit dem christlichsten der Könige zu identifizieren. Diese Institutionen dienten zudem in Verbindung mit der Chapelle royale oft dazu, der königlichen Familie Ehre zu bereiten. Zudem scheint es, als ob sich die Karriere vieler Komponisten-Sänger zuerst an der Sainte-Chapelle abspielte, und dann an der Chapelle royale: Claudin de ▸ Sermisy, Pierre ▸ Certon oder auch Nicolas Formé (1567–1638) sind Beispiele dafür. Umgekehrt – was auch vorkommen konnte – war Didier Leschenet Komponist der Chapelle royale und wurde dann Sänger der Sainte-Chapelle am 20. Mai 1589. – Im 16. Jahrhundert waren in der Sainte-Chapelle Musiker versammelt, die aus einem Organisten, acht Chorknaben und 24 Sängern bestanden. An der Kathedrale von Notre Dame betrug die Anzahl zuweilen bis zu 36 Sängern (darunter die Chorknaben, deren Anzahl sich von 1396 bis 1551 von acht auf zwölf vermehrte) mitsamt einem Organisten. Während Estienne ▸ Grossin dort nur Sänger gewesen zu sein scheint (um 1421), befanden sich unter den ›maîtres des enfants‹ (›magister puerorum‹) Arnoul Greban (1450–1455, der gleichermaßen ›maître de grammaire‹ und Organist war), Antoine ▸ Brumel (1498–1500), Luis van Pullaer (1507–1527), Mathieu Sohier (1533–1548), Nicolas Pagnier (1548–1550), Jehan (oder Joseph?) Hérissant (1550–1559) oder auch Abraham Blondet (1583–1617). Letzterer, der ehemals Chorknabe an Notre-Dame (1583) war, ist der Autor der vierstimmigen *Chœurs de l'histoire tragique Sainte Cécile* (1606 in Paris publiziert), die dazu bestimmt waren, ein Theaterstück zu begleiten, das sehr wahrscheinlich für junge Sänger von Nicolas Soret, dem ›maître de grammaire‹ der

Maîtrise der Kathedrale, geschrieben worden war. Außerdem waren einige Sänger und Komponisten der Chapelle royale Kanoniker von Notre Dame (Johannes ▸ Ockeghem, Loyset ▸ Compère, Antoine de ▸ Longueval u. a.).

Während die Sainte Chapelle seit 1299 mit einer Orgel versehen war, musste man bis zum 14. und 15. Jahrhundert warten, bis andere Kirchen der Stadt eine bekamen: Notre-Dame (erste Erwähnung am 29 September 1332), Saint-Séverin (um 1350), Saint-Germain l'Auxerrois (1402), Saint-Jacques-de-la-Boucherie (1427) sind die berühmtesten Beispiele. – Unter den Organisten in Notre Dame befanden sich Jean de Bruges (der älteste), Regnault Fresnel de Reims (1392–1415), Henri de Saxe (1415 – ca. 1430), Arnoul Greban (1450–1454), Jean Regnault (1515–1528), Pierre ▸ Mouton (1528–1529) oder auch Louis Regnault (1544–1568). Zu den Organisten der Sainte-Chapelle gehörten Noël Cybot (gestorben 1556), Claude de La Grange (vor Januar 1570) und Henry Berenger (seit Januar 1570). – Die Musik der verlorenen *Libri organorum* von Notre Dame dürfte dem Repertoire der Musik für Tasteninstrument sehr nahe oder sogar mit ihm identisch sein, das 1531 von Pierre ▸ Attaingnant publiziert wurde, der enge Kontakte zu mehreren, auch älteren Musikern an Notre Dame pflegte wie Pierre ▸ Certon (Sänger zwischen 1529 und 1532) und Pierre ▸ Mouton (Kanoniker und Organist der Kathedrale von 1528 bis 1529). Auch wenn Grossin, Brumel, van Pullaer, Sohier, Certon, Hérissant liturgische Werke hinterlassen haben, so ist es auch nicht selten, dass einige Sänger-Komponisten nur durch ihre ▸ Chansons bekannt sind, die im 16. Jahrhundert von Attaingnant gedruckt wurden (wie Ysoré).

Die Situation von Komponisten, die an anderen Pariser Kirchen tätig waren, ist ganz ähnlich. Während Johannes Carmen, der dem burgundischen Hof während dessen Aufenthalten in Paris diente und Sänger an Saint-Jacques de la Boucherie (um 1400–1420) war, einige ▸ Motetten hinterließ, hat Antoine Cartier, dessen Präsenz als Organist an Saint-Séverin zwischen 1570 und 1588 dokumentiert ist, einige seiner Chansons zu vier Stimmen bei Nicolas ▸ Du Chemin (1552–1557) drucken lassen, bevor Adrian ▸ Le Roy und Robert ▸ Ballard ihm eine vollständige Sammlung von dreistimmigen Chansons 1557 widmeten. Zu nennen ist noch Jean Planson, Organist an Saint-Germain l'Auxerrois, dann an Saint-Sauveur während des letzten Viertels des 16. Jahrhunderts, der einige Motetten und Chansons, aber hauptsächlich ungefähr 40 ▸ Airs komponierte.

Die mächtige Zunft von Instrumentalisten, die Confrérie von Saint-Julien-des-Ménétriers, war in der Gemeinde Saint-Merri etabliert; die Mehrzahl unter ihnen lebten im ›vicus joculatorum‹ (›Gasse der ▸ Ioculatores‹), aus dem die ›rue des Jugléeur‹, dann die ›rue des Ménestrels‹ wurde. 1328 gegründet, wurde die Zunft seit 1407 durch einen ›roi des ménestrels du royaume‹ (›König der Spielleute des Königreichs‹) geleitet. Im 15. Jahrhundert scheinen Mitglieder der Zunft aufgerufen worden zu sein, aktiv am musikalischen Leben des Hofes teilzunehmen, weil dieser nicht über genügend Instrumentalisten verfügte. Bis zum Beginn des 17. Jahrhunderts hatte der ›roi‹, dessen Wahl vom französischen König seit 1540 genehmigt werden musste, die Verantwortung, den Instrumentalisten von ganz Frankreich das Recht zur Ausübung ihres Berufes zu bewilligen. Die Musiker – Spieler von Holzblasinstrumenten, Hörnern, Streichinstrumenten, Querpfeifen, Tambourins – spielten anlässlich privater (Ständchen, Hochzeiten) und öffentlicher Feste: Sie nahmen regelmäßig an fürstlichen und königlichen ▸ Entrees teil und waren auch bei der Begleitung von Theaterstücken erwünscht, sogar auch als Schauspieler. Ihr Repertoire bestand hauptsächlich aus Bearbeitungen von sehr bekannten Chansons von Sermisy, Certon, ▸ Jacotin oder auch Pierre ▸ Sandrin. Gegen Ende des Jahrhunderts findet man unter den Geigern (an dessen Spitze ein ›roi des violons‹ stand) Instrumentalisten (wie Jacques Chevalier, Pierre Francisque Caroubel, Jean Mazuel, Michel Henry), die an den Hof gingen, um den Kern des Ensembles zu bilden, das unter Ludwig XIII. zur ›Bande des 24 violons du roi‹ wurde. Die Musik, die hauptsächlich mündlich überliefert wurde, ist verschwunden; währenddessen zeugen die Sammlungen der *Danceries* – die von Claude Gervaise, Jean d'Estrée und Etienne Du Tertre während der Jahre zwischen 1540 und 1560, dann von Michael Praetorius am Beginn des folgenden Jahrhunderts gedruckt wurden – wie die von André Danican Philidor im 17. Jahrhundert kopierten Manuskripte – teilweise vom Repertoire dieser professionellen Instrumentalisten.

Die erhöhte Anzahl von Instrumentenbauern – mindestens 70 während der Zeit von 1540 bis 1610 – erlaubte den professionellen Musikern der Stadt oder des Hofes wie auch einfachen Amateuren, Instrumente zu einem generell erschwinglichen Preis zu erwerben. Manchmal in Zünften organisiert (wie diejenige der ›maîtres épinetiers‹, ›Meister der Spinettbauer‹, deren erste Erwähnung auf das Jahr 1540 zurückgeht), bauten sie Instrumente und importierten auch welche (aus Italien erhielten sie Violinen). Es konnte auch vorkommen, dass der Hersteller selbst professioneller Instrumentalist war: Dies war der Fall bei Jean Heart, der spätestens seit 1578 Orgelbauer war und 1592 als Organist in Saint Jean-en-Grève erwähnt wurde. Der Instrumentenvorrat einiger Instrumentenbauer war erstaunlich: Nach seinem Tod 1587 hinterließ Claude Denis, der eher auf den Bau von Spinetten spezialisiert war, in seinem Laden fast dreihundert Instrumente aller Gattungen (unter anderem ▸ Violinen, Taschengeigen, ▸ Lauten, Mandoras ▸ Laute, ▸ Mandola).

Die erste der zahlreichen Kongregationen, die von ▸ Heinrich III. während seiner Regierungszeit (1574–1589) gegründet wurden, war die Bruderschaft der heiligen Cäcilie. 1575 im Kloster Grands-Augustins (gegenüber vom Louvre) etabliert vereinigte sie professionelle Musiker, aber auch Amateure und ›defenseurs‹ (›Verfechter‹) der musikalischen Kunst. Über die sonntäglichen Messen hinaus feierte die ▸ Bruderschaft die heilige Patronin der Musiker (am 21. und 22. November) durch einen Kompositionswettbewerb von »motetz nouveaux, ou autres cantiques honnestes« (»neue Motetten oder andere ehrbare Gesänge«). Vielleicht innerhalb dieses Rahmens – der an den zeitgenössischen ▸ Puy von Evreux erinnert – wurden von Eustache ▸ Du Caurroy, der Komponist in der Chapelle royale und Mitglied der Bruderschaft war, Motetten für die heilige Cäcilie geschrieben.

Am Beginn des 15. Jahrhunderts wurde die École de chant, die von Jean ▸ Tapissier (um 1370–1410) ins Leben gerufen wurde, so berühmt, dass der Duc de Bourgogne drei seiner Chorknaben dorthin schickte (1406). Eine ›Ecole de musique‹ wurde gleichermaßen im Maison de la Charité chrétienne etabliert, die dazu bestimmt war, Waisenkinder aufzunehmen, und die 1578 im Vorort Saint-Marcel durch den Apotheker und Kunstliebhaber Nicolas Houel, mit Unterstützung von Louise de Lorraine, der Gattin Heinrichs III., etabliert wurde.

Es kam vor, dass Mysterienspiele in den Kirchen aufgeführt wurden (wie beispielsweise 1539 in Notre Dame mit einem Auszug des sehr berühmten Spiels der Passion von Jean Michel) und somit die Teilnahme von Chorknaben erforderten. Jedoch wurden Theateraufführungen im allgemeinen im städtischen Bereich gegeben und wurden unter die Verantwortung der bürgerlichen Autoritäten und der Pariser städtischen Bruderschaften gestellt (Confrérie de la Passion, Enfants sans Souci,

Basochiens). Die Theaterstücke beinhalteten oft einstimmige, sehr bekannte Airs, die man auch in der Form von polyphonen Bearbeitungen findet (*Je file quand Dieu me donne de quoy*).

Unter den prunkvollen Unterhaltungen für die königlichen Entrées finden wir oft Akklamationen des Te Deums, die von Mitgliedern der Chapelle royale mit Mitgliedern anderer bedeutender Kirchen der Stadt (wie Notre Dame) gesungen wurden, ein Bankett, das im Palais royal gegeben wurde, und Theaterstücke, die oft an der Fontaine du Ponceaux oder im Châtelet aufgeführt wurden. Die ganze Stadt wurde in eine großartige Szene verwandelt, zu der Talente von Bildhauern, Architekten, Malern, Dichtern und Musikern beitrugen: Davon zeugen die Berichte über die Entrees von Isabelle von Bayern, der Gattin Karls VI. (1389), Heinrich VI. (1431), Ludwig XI. (1461), Karl VIII. (1484), Anne de Bretagne (1492 und 1504), Franz I. (1515), Heinrich II. und Katharina de Medici (1549), Karl IX. und seiner Gattin Elisabeth von Österreich (1571). Die Namen der Künstler sind selten bekannt ebenso wie die musikalischen Einzelheiten; unterdessen wissen wir, dass Pierre Gringore, Mitglied der ›Enfants sans Souci‹, an den Entrees für Philipp den Schönen (November 1501), Anne de Bretagne (November 1504), Mary Tudor, der jungen Gattin von Ludwig XII. (November 1514) genauso wie an derjenigen für Claude de France, Gattin von Franz I. (1517) teilnahm. Im September 1467 wurden bei der Entree für Charlotte von Savoyen, die zweite Gattin von Ludwig XI., »beaux virelais, chaçons et autres bergerettes moult mélodieusement« (»schöne Virelais, Chansons und andere sehr melodiöse Bergeretten«) mit verschiedenen Instrumenten begleitet und von Sängern der Sainte Chapelle vorgetragen. Im September 1573 wurden prunkvolle Festlichkeiten im Tuillerienpalast von Katharina de Medici zum Empfang von polnischen Botschaftern gegeben, die angereist waren, um die Wahl ihres Sohnes Heinrich auf den Thron von Polen zu bestätigen; zu dieser Gelegenheit wurde ein Dialog über lateinische Verse von Jean ▸ Dorat mit Musik von Orlande de ▸ Lassus gesungen (*Unde recens reditus*, Kontrafaktur von *Unde revertimini*). – Gleichermaßen lagen die Feierlichkeiten für militärische Siege, Unterzeichnungen von Friedensverträgen oder die Beerdigungen eines Monarchen oder Prinzen in der Verantwortung der Stadt. Auch wenn sie nicht daran teilnahm, war die Pariser Bevölkerung doch Zuschauer von religiösen, emotional manchmal sehr erregten Prozessionen (die von Heinrich III. geschaffenen Kongregationen während des letzten Viertels des 16. Jahrhunderts), in denen sehr oft Musik in Form des einstimmigen Chorals oder des ▸ Fauxbourdon dargeboten wurde.

Im Collège verfügten die Studenten über eine Kapelle, in die sie sich jeden Tag begaben, um am Gottesdienst teilzunehmen und zu singen. Außerdem wurde Musik an der Universität im Rahmen des ▸ Quadrivium zusammen mit Astronomie, Geometrie und Mathematik unterrichtet. Die Universität von Paris hatte berühmte Lehrer, die Autoren von Musiktraktaten waren: Jacques Lefèvre d'Etaples (▸ Faber Stapulensis), Nicolas Volcy (▸ Wollick), Oronce Finé. Des weiteren waren mehrere Komponisten an der Pariser Universität eingeschrieben (Adrian ▸ Willaert, Clément ▸ Janequin und Claude ▸ Goudimel).

Zahlreiche Dichter, die in Paris, meist am französischen Hof, aktiv waren, hatten im 16. Jahrhundert direkt oder indirekt mit Musik zu tun. So war Jean Marot einer der Lieblingsdichter von vielen flämischen Komponisten (Jacobus ▸ Clemens non Papa, Thomas ▸ Crecquillon), und die Dichtungen seines Sohnes Clément ▸ Marot wurden sehr oft vertont. Vor allem war die Musik im 16. Jahrhundert eine der ersten Anliegen der Mitglieder der ▸ Pléiade (wie für Jean Dorat, Professor für Griechisch an der Universität, oder für Pierre de ▸ Ronsard). Am Ende der 1560er und am Beginn der 1570er Jahre empfing Jean Antoine de ▸ Baïf regelmäßig in seinem Haus in der Rue des Fossés-Saint-Victor die Académie de Poésie et de Musique. Dort experimentierten Musiker (Thibault de Courville, Claude ▸ Le Jeune, Fabrice Marin ▸ Caietain) und Zuhörer (der König selbst, seine Schwester Marguerite, Claude-Catherine de Clermont, dessen Gatte Albert de Gondi) mit Versen und Musik ›mesurés à l'antique‹ (▸ Musique mesurée). Zudem legten Le Roy und Ballard speziellen Wert auf Einleitungen ihrer Veröffentlichungen, in denen sie den Dichtern ihrer Zeit Lob zollten.

Die Musik nahm auch einen Lieblingsplatz in vielen privaten Häusern ein. Im Hôtel de Cluny (heute das Museum de Cluny) unterhielt der Kardinal Jean de Lorraine ein italienisches Instrumentalistenensemble (darunter der Lautenvirtuose Albert de Rippe). Im übrigen bot der erste literarische Salon bei Catherine de Clermont, der Gräfin von Retz, seit dem Ende der 1560er Jahre die Möglichkeit des Zusammentreffens von Poeten (Baïf, Pontus de ▸ Tyard, Amadis Jamyn, Rémy ▸ Belleau, Desportes) und Musikern (Guillaume ▸ Costeley und Le Roy 1571, der der Gräfin seine berühmte Sammlung von Airs für Stimme und Laute widmete).

Der Pariser Musikdruck blühte insbesondere, dank der Druckereien von Pierre Attaingnant (1528–1552), Michel Fezandat (1551–1558), Nicolas ▸ Du Chemin (1549–1576), Adrian Le Roy und Robert Ballard (1551–1598) und zu geringerem Masse von Robert ▸ Granjon (bevor er gegen Mitte der 1550er Jahre in Lyon reüssierte) und Léon Cavellat (1582–1583). Das abwechslungsreiche Repertoire, das sie druckten (▸ Chansons, ▸ Motetten, ▸ Messen, ▸ Madrigale, Musik für ▸ Laute, ▸ Cister oder ▸ Gitarre), wandte sich an ein breites Publikum (den Hof, die Bourgeoisie, die religiösen Einrichtungen). Die Drucker, die ihre Druckereien oft nahe der Seine hatten – Rue de la Harpe (Attaignant), Rue Saint-Jean de Latran (Du Chemein), Rue Saint-Jean de Beauvais (Le Roy und Ballard) –, publizierten ein Repertoire, das von einigen Musikwissenschaftlern als ›Pariser‹ Repertoire bezeichnet wird (Chansons und Motetten, die für die Höfe von Franz I. und Heinrich II. komponiert wurden). Jedoch überlieferten sie nicht nur Werke von Musikern, die in der Hauptstadt tätig waren (Mouton, Sermisy, Certon, Jean ▸ Chardavoine, Pierre ▸ Bonnet, Jean ▸ Planson): Ihre Editionen boten auch Musik von Komponisten aus der Provinz (Nicolle des Celliers d'Hesdin, Guillaume Le Heurteur, Pierre Colin) und dem Ausland (▸ Josquin Desprez, Philippe ▸ Verdelot, Francisco ▸ Guerrero, Lassus).

Literatur:
Ce sont les statutz et ordonnances de la confrairie, […] de Saincte Cecile, Paris, o.O.o.D (BnF, dép. de la Rés., F2083) • *Registres des délibérations du Bureau de la ville de Paris*, VII; Paris 1883, S. 112–123) • F.A. Yates, *Dramatic Religious Processions in Paris in the Late Sixteenth-Century*, in: Annales Musicologiques 2 (1954), S. 215–270 • H.M. Brown, *Music in the French Secular Theater, 1400–1550*, Cambridge/Massachusetts 1963 • S. Bonime, *Music for the Royal Entrée into Paris, 1483–1517*, in: *Musique naturelle et musique artificielle. In Memoriam Gustav Reese*, Montréal 1980, S. 115–129 • J. Favier, *Paris* in: *Dictionnaire du Moyen-Âge*, hrsg. von C. Gauvard u.a., Paris 2002, S. 1044–1045 • Orlando di Lasso, *The complete motets*, éd. P. Bergquist, Madison 1995, Bd. 10, S. XIV–XV • B. Schilling-Wang u.a., *Paris*, in: MGG^2, Bd. 7 (Sachteil), 1997, Sp. 1351–1356, 1375–1390 • G.A. Anderson u.a., *Paris*, in: *Grove*, Bd. 19, 2001, S. 76–84, 121–22.

MAC

Pariser Chanson

Seit François Lesure 1953 eine *Anthologie de la chanson parisienne du XVIe siecle* herausgab und Howard Brown 1961 den Begriff »Parisian chanson« verwendete, wird damit üblicherweise das Stadium der ▸ Chanson seit den 1520er Jahren bis zur Jahrhundertmitte umrissen. Der neue Typus ist in einem satztechnisch unaufwändigen Stil gehalten und prägte zwei Hauptcharaktere aus: mit einem gemäßigten bis elegischen Duktus bei Liebesthematik und mit einem lebhaften Parlandoton bei erzählenden Texten. Die Tendenz zur Standardisierung charakterisiert das große Repertoire.

Dass die französische Hauptstadt mit diesem Abschnitt der Gattungsgeschichte identifiziert wurde, geht auf zwei Faktoren zurück. Zum einen spielten die in Paris erschienenen Publikationen des Verlegers Pierre ▸ Attaingnant eine herausragende Rolle für die Entwicklung und Popularisierung des neuen Chansonstypus. Die erste Edition von 1528 trägt den programmatischen Titel *Chansons nouvelles en musique*, obwohl sie zweifellos zum Teil Werke aus der Zeit bis vor 1520 enthielt, und war mit dem neu entwickelten einfachen Typendruckverfahren hergestellt, das eine leichtere und billigere Herstellung von Notendrucken ermöglichte; bis 1552 brachte Attaingnant rund 2000 Chansons in über 50 Sammlungen auf den Markt. Zum anderen waren die wichtigsten Dichter und Komponisten, die sich zu dieser Zeit der Chanson widmeten, ganz oder zeitweise in Paris ansässig und dem meistens in Paris residierenden Hof Franz' I. (reg. 1515–1547) verbunden, wenngleich sie nicht durchweg in königlichen Diensten standen: u.a. Clément ▸ Marot als Dichter, Claudin de ▸ Sermisy, Pierre ▸ Sandrin, Pierre ▸ Certon, Clement ▸ Janequin als Komponisten; Attaingnant selbst war »Imprimeur du Roy en musique«. Der Pariser Hof ist damit zwar Ausgangspunkt für die Produktion der Chansons, als Zielgruppe kommen aufgrund der Verbreitung aber zunehmend städtische (und damit vor allem Pariser) Rezipientenkreise in Frage.

Wenngleich Paris ein unbestritten zentraler Rang für das Gattungssegment zukommt, wurde der historiographische Begriff von Anfang an kritisch gesehen bis abgelehnt. Erstens zeigte sich, dass die kompositionstechnischen Wurzeln der »Pariser« Chanson teilweise zu frankoflämischen Musikern zurückführen, die in den Jahrzehnten um 1500 in Italien wirkten oder sich zeitweise dort aufhielten (Loyset ▸ Compère, ▸ Josquin Desprez, Antoine ▸ Bruhier, ▸ Ninot Le Petit, Jean ▸ Mouton). Zweitens trugen zahlreiche Komponisten, die in anderen französischen Städten tätig waren, zur Gattung bei (François Dulot, Hesdin, Guillaume Le Heurteur, Matthieu Lasson, Janequin vor seiner Übersiedelung 1549). Drittens wurde der Musikalienmarkt auch von außerhalb der französischen Hauptstadt erfolgreich bedient (ab 1538 von Jacques ▸ Moderne in Lyon, ab 1543 von Tylman ▸ Susato in Antwerpen, ab 1545 von Pierre ▸ Phalèse in Löwen). Schließlich weist das Repertoire eine durchaus größere Vielfalt und Differenziertheit auf, als der Eindruck einer Gattungsstereotypie von zwei Hauptarten erwarten lässt.

Neben die bisher in der Dichtungstheorie behandelten Liedgenres ▸ Ballade, ▸ Rondeau, ▸ Virelai bzw. ▸ Bergerette, für die der Generalterminus ›dits‹ (wörtlich ›Sprüche‹, im Sinne von Gedichte) benutzt wurde, stellte Marot – auch terminologisch durch Kennzeichnung seiner Gedichte – die neu begründete ›Chanson‹, eine mehrstrophige Liedform, die für den Bau der einzelnen Strophen keinerlei feste Regularien vorschrieb und sich daher nicht nur für leichtere Inhalte, sondern auch besonders für die unkomplizierte Vertonung im Rahmen des neuen Liedtypus eignete. Als Druck zusammengefasst hat er sie in einer ersten Folge im Gedichtband *L'Adolescence clémentine* (1532). Im Zusammenwirken mit Attaingnant war er für die Etablierung des neuen, vorerst nur auf den Typus der Pariser Chanson bezogenen Gattungsnamens ›Chanson‹ richtungsweisend.

Literatur:
H.M. Brown, *The genesis of a style: the Parisian chanson, 1500–1530*, in: *Chanson and Madrigal, 1480–1530. Studies in Comparison and Contrast. A Conference at Isham Memorial Library Sept. 13–14, 1961*, hrsg. von James Haar, Cambridge 1964, S. 1–50 • G. Dottin, *Aspects litteraires de la chanson »musicale« à l'époche de Marot*, in: Revue des sciences humaines 116 (1964), S. 425–432 • L.F. Bernstein, *The »Parisian Chanson«: Problems of Style and Terminology*, in: Journal of the American Musicological Society 31 (1978), S. 193–240 • L.F. Bernstein, *Notes on the Origin of the Parisian Chanson*, in: Journal of Musicology 1 (1982), S. 284–301 • L.F. Bernstein, *Melodic Structure in the Parisian Chanson: A Preliminary Study in the Transmission of a Musical Style*, in: *Studies in Musical Sources and Style: Essays in Honor of Jan LaRue*, hrsg. von E.K. Wolf und E. Roesner, Madison 1990, S. 121–190.

NSCH

Parma

In Parma herrschte im 16. Jahrhundert die Familie ▸ Farnese, die die Musik vor allem seit der Mitte des Jahrhunderts förderte, nachdem Parma von Papst Paul III. (Alexander Farnese) zum Herzogtum erhoben wurde und als Lehen an dessen Sohn Pier Luigi II. Farnese (reg. 1545–1447) ging. Sein Nachfolger Ottavio Farnese (reg. 1447–1586) rettete Parma vor dem kaiserlichen Zugriff, 1556 bestätigte Philipp II. von Spanien die Farnese 1556 im Besitz von Parma und Piacenza.

Während für das 15. Jahrhundert die Namen von Theoretikern überliefert sind – Giorgio Anselmi (*De musica*, 1434), Johannes Legrense und Nicolò ▸ Burzio (*Musices opusculum*, 1487), wurden im 16. Jahrhundert Cappelle gegründet, an der Chiesa della Madonna della Steccata 1528, an der Kathedrale 1564 und am Hof 1545. Die Kapelle der Steccata weist namhafte Maestri di cappella auf wie Giovanni Maria ▸ Lanfranco (1540–1545) und Pietro ▸ Pontio sowie den Organisten Claudio ▸ Merulo (1591–1604, zuvor seit 1586 am Hof und seit 1587 an der Kathedrale), der dort den Bau einer Orgel veranlasste. Die Kapelle des Hofes bestand im Gegensatz zur generellen Tendenz italienischer Cappelle, mehr und mehr Italiener einzustellen, überwiegend aus Musikern aus den Niederlanden. Vor Merulo war Cipriano de ▸ Rore 1561–1563 und 1564–1565 am Hof in Parma. Die Stadt nahm musikalisch ihren Aufschwung insbesondere im 17. und 18. Jahrhundert mit der Kultur des Musiktheaters.

Literatur:
N. Pelicelli, *Musicisti in Parma nei secoli XV–XVI*, in: Note d'archivo per la storia musicale 8 (1931), S. 132–147 • G.P. Minardi, *Parma*, in: Grove, 2001, S. 140–143.

Parodiemesse ▸ Messe

Parsons, Robert
* um 1535 vermutlich Exeter, † 25.1.1571 oder 1572 Newark-on-Trent

Parsons war – obwohl er Katholik war – seit 1563 ›Gentleman of the Chapel Royal‹ und galt bei seinen Zeitgenossen als berühmter Komponist, der – nach Thomas ▸ Morley (*A plaine and Easie Introduction to Prackticall Musicke*, S. 255) – William ▸ Byrd und John ▸ Taverner gleichsteht. Seine wenigen überlieferten Kompositionen umfassen alle Gattungen: 16 ▸ Motetten, 9 ▸ Anthems und 3 ▸ Services sowie ein Burial-Service, 5 ▸ Madrigale bzw. Lieder, 6 ▸ In nomine-Kompositionen und 5 weitere Instrumentalstücke sowie zwei Bühnenmusiken (*Pandolpho* und *Abradad*). Seine Motetten sind typisch für den neuen imitatorischen Motettenstil der Elisabethanischen Epoche und mit den von William ▸ Mundy, Thomas ▸ Tallis und Byrd vergleichbar. In seinem lateinischen ▸ Magnificat sind, wie üblich, die ungeradzahligen Verse einstimmig, die geradzahligen polyphon (drei- bis siebenstimmig) gesetzt. Seine *Services* entsprechen Thomas ▸ Cranmers Forderungen nach Einfachheit, Homophonie, Syllabik und Textverständlichkeit, seine Anthems sind anspruchsvoller komponiert (möglicherweise sind einige Kontrafakta von Motetten). Mit den sechs vier- bis siebenstimmigen In nomine-Kompositionen hat er durch Aufnahme von kontinentalen Kompositionstechniken einen wesentlichen Beitrag zur Gattung geleistet: Der ▸ Cantus firmus wird von einem imitatorischen Stimmengeflecht umrankt, dessen Melodik partiell Intervalle des Cantus firmus aufgreift. Wie bei John ▸ Bull sind manche Madrigale und Instrumentalstücke auf ihn selbst bezogen (Lied *Maisters Parsons Hexachord*, 1596; Virginalstück *Mr. Parson His Songe*).

Ausgaben:
Abradad, Enforced Love, Pandolpho, in: *Elizabethan Songs*, Bd. 2, hrsg. von P. Warlock, London 1926; *In nomine*, in: *Elizabethan Consort Music*, Bd. 1, hrsg. von P. Doe (Musica Britannica 44), London 1979; *Latin Sacred Music*, hrsg. von dems. (Early English Church Music 40), London 1994.

Literatur:
Th. Morley, *A plaine and Easie Introduction to Practicall Musicke (1597)*, hrsg. von R.A. Harman, London ²1963 • P. Le Huray, *Music and Reformation in England, 1549–1660*, London 1967, ²1978 • H. Benham, *Latin Church Music in England c. 1460–1575*, London 1977, ²1980 • Werkverzeichnis im Artikel *Parsons*, in: MGG², Bd. 13 (Personenteil), 2005, Sp. 144–145.

Part song

Der Begriff wird (auch in den Schreibweisen part-song und partsong) für eine heterogene Gruppe von Liedsätzen verwendet, ohne damit eine spezifische Gattung zu bezeichnen. Gemeint ist in der Renaissance ein mehrstimmiges oder Ensemble-Lied mit geistlichem oder weltlichem Gedichttext in englischer Sprache, das sich von anderen charakteristischen Liedtypen abhebt: von der englischen Chanson durch den Verzicht auf eine ▸ Forme fixe, vom ▸ Carol aufgrund des am Liedanfang fehlenden Refrains und der stärker kontrapunktisch, auch imitatorisch oder kanonisch geprägten Faktur, bisweilen mit Melismen (diese Liedart wurde besonders am Hof ▸ Heinrichs VIII. z.B. von William ▸ Cornysh komponiert), vom ▸ Consort song durch die rein vokale Besetzung und homogene vokalpolyphone Gestaltung der Stimmen (William ▸ Byrd kaschierte Consort songs als Part songs, indem er zwar die originale Gesangsstimme als »first singing part« heraushob, aber alle Stimmen wie in seinen echten Part songs textiert publizierte), vom englischen Madrigal durch das untergeordnete Interesse an Textausdeutung sowie Kontrastbildung und vom solistischen Lute Ayre (▸ Lautenlied) durch die Besetzung für zwei- bis fünfstimmiges Vokalensemble zu Begleitinstrumenten wie Laute, Orpharion, Viola da gamba, vergleichbar dem Part song späterer Jahrhunderte (zumeist stellen diese Ensemble-Lieder Bearbeitungen dar, die als alternative Versionen zu den Solo-Liedern in Umlauf gebracht wurden, z.B. bei John ▸ Dowland oder Thomas ▸ Campion).

Literatur:
J. Stevens, *Music and poetry in the early Tudor court*, London 1961, ²1979 • D. Greer, *The part-songs of the English lutenists*, in: Proceedings of the Royal Musical Association 94 (1967–1968), S. 97–110 • O. Neighbour, *Byrd's treatment of verse in his partsongs*, in: Early Music 31 (2003), S. 412–424.

NSCH

Passamezzo

Der Passamezzo ist ein geradtaktiger Tanz in mäßigem Tempo. Die Herkunft seiner Bezeichnung ist nicht eindeutig geklärt. Die Musik basiert stets auf einem acht ▸ Brevisnoten umfassenden harmonischen Schema, über dem auch frei improvisiert werden konnte. Unter den zahlreichen überlieferten Versionen dominieren der Passamezzo antico (i–VII–i–V–i–VII–i/V–I) sowie der Passamezzo moderno (I–IV–I–V–I–IV–I/V–I). Der Passamezzo ist als Musikstück auch Bestandteil kleinerer Suitenformen (Passamezzo-[Padoana]-Saltarello, Passamezzo-Gagliarda-[Padoana] u.a.). Wie später die Chaconne kann der Passamezzo aufgrund zahlreicher Variationsfolgen auch überdimensionale Längen annehmen (Giacomo Gorzani, Giovanni Picchi). In der Instrumentalmusik finden wir ihn vorerst überwiegend in der Literatur für Lauten- und Tasteninstrumente (Fitz William Virginalbook u.a.). Er ist in der Instrumentalmusik noch bis Ende des 17. Jahrhunderts, wie etwa in der Streichermusik bei Giovanni Battista Vitali, Alessandro Pogiletti u.a. nachzuweisen. In den Traktaten zum höfischen Gesellschaftstanz (Fabritio ▸ Caroso, Cesare ▸ Negri) ist der Passamezzo als eigenständiger Tanz dokumentiert und – im Gegensatz zur Instrumental-Suite – nie innerhalb einer Tanzfolge überliefert. Livio ▸ Lupi (*Mutanze di Gagliarda, Passo è Mezzo [...]*, 1600, ²1607) beschreibt zahlreiche mitunter sehr virtuose Schrittvariationen, die nach einem bestimmten Schema (Lutz 1997) improvisierend zur Musik eines Passamezzo getanzt werden konnten.

Literatur:
M. Esses, *Dance and Instrumental Diferencias in Spain during the 17th and Early 18th Centuries*, Bd. 1: *History and Background, Music and Dance*, Stuyvesant 1992 • S. Dahms, Passamezzo, in: *MGG²*, Bd. 7 (Sachteil), 1997, Sp. 1445–1448 • M. Lutz, *Zur Choreographie der Renaissance-Tänze in der Instrumentalmusik zur Zeit Heinrich Ignaz Franz Bibers*, in: *Tagungsbericht Heinrich Ignaz Franz Biber, Salzburg 9.–12. April 1994*, hrsg. vom Forschungsinstitut für Salzburger Musikgeschichte, Salzburg 1997, S. 159–176.

MM

Passepied

Die Passepied ist ein Tanz französischen Ursprungs. Sie steht im Alla breve-Takt und weist oft dreitaktige Phrasen auf (Marin ▸ Mersenne, *Harmonie Universelle*, Paris 1636). Ihre Bezeichnung dürfte auf ein Überkreuzen der Füße im Tanz zurückzuführen sein (Praetorius 1612). Nach ersten Hinweisen auf diesen Tanz bei Noël du Fail (*Baliverneries d'Eutrapel*, Paris 1548) beschreibt Thoinot ▸ Arbeau die Schrittfolge in seiner *Orchesographie* (1588, fol. 81), wo sie als »Triory de Bretagne« unter die Branles gereiht ist. François Rabelais (*Voyage et navigation des îles inconnues*, 1557) beschreibt sie ebenfalls als bretonischen Tanz. Ähnlich der Allemande und der Gavotte ist auch die Passepied im Barock als gleichnamiger Tanz überliefert, hat jedoch mit der älteren Renaissance-Passepied, die in der wissenschaftlichen Literatur bislang noch wenig erforscht ist, nichts gemein. Die Barock-Passepied steht überwiegend im 3/8-Takt mit zwei- bzw. viertaktiger Phrasenbildung. Dazu wird der Menuettschritt als Grundschritt ausgeführt.

Literatur:
J.M. Guilcher, *La tradition populaire de danse en Basse-Bretagne*, Paris 1936 • C.G. Marsh / St. Schrödter, *Passepied*, in: *MGG²*, Bd. 7 (Sachteil), 1997, Sp. 1450–1452.

MM

Passereau, P[ierre]
* um 1490, † nach 1547

Der Sänger und französische Komponist von nahezu 25 Chansons und einer Motette zu vier Stimmen (*Unde veniet*, RISM 1535³) war wahrscheinlich Priester der Pariser Kirche St-Jacques-de-la-Boucherie im Jahre 1509 und Tenor in der Kapelle des Duc d'Angoulême, dem späteren ▸ Franz I. Er kann auch mit dem Sänger an der Sainte-Chapelle de Bourges »P. Passereau« (1530) wie auch mit dem ›vicaire‹ gleichen Namens an der Kathedrale von Cambrai (1531) identifiziert werden. Seine Werke wurden zwischen 1529 und 1547 hauptsächlich in Paris, aber auch in Lyon und Venedig publiziert. 1536 eröffnete das bei Pierre ▸ Attaignant gedruckte *Tiers livre contenant xxi chansons musicales* Passereau das Privileg, mit Clement ▸ Janequin in Verbindung gebracht zu werden; diese schon auf der Titelseite angekündigte Verbindung ist deshalb bemerkenswert, weil der französische Drucker seine Einzeldrucke von Chansons bislang allein nur Janequin gewidmet hatte.

Die Präsentation der Werke der beiden Komponisten in der gleichen Sammlung war nicht zufällig: Mit ihrer Syllabik und dem Kontrapunkt, der sehr oft imitatorisch oder frei war, und ihren kurzen und oft repetierten rhythmischen Motiven (*Va, mirelidrogue, Je n'en diray mot*) boten die Chansons von Passereau einen Stil, der den Stücken des Komponisten aus Angers ähnelte. Die anonymen Texte, von denen 13 einen Refrain haben, sind fast zur Hälfte leichten, sogar anzüglichen Charakters (*A ung Guillaume*); sie ähneln den Fabeln von François ▸ Rabelais, der im *Prologue* des vierten Buches von 1552 den Komponisten unter den »joyeulx musiciens« (»fröhlichen Musikern«) erwähnte. – Mehrere seiner Chansons erfreuten sich der Gunst des Publikums: Davon zeugen die Wiederauflagen wie die Bearbeitungen für eines oder mehrere Instrumente. Unter ihnen hatte *Il est bel et bon* einen besonderen Erfolg in Italien: Nachdem die Chanson 1535 in Venedig gedruckt wurde, im Jahr nach Passereaus erster französischer Publikation, wurde sie zum Gegenstand von ▸ Intavolierungen für Laute (Marcantonio del Pifaro, der 1546 eine Chiarentana daraus machte; Melchior de Barberiis 1549). Insbesondere befindet sie sich zusammen mit ▸ Josquin Desprez *Faulte d'argent* am Beginn der ›Canzone alla francese‹ in den *Intavolatura* für Orgel von Girolamo Cavazzoni (1543).

Ausgabe:
Opera omnia, hrsg. von G. Dottin (Corpus mensurabilis musicae 45), o.O. 1967.

Literatur:
C. Wright, *Musiciens à la cathédrale de Cambrai, 1475–1550*, in: Revue de musicologie 62 (1976), S. 204 • F. Dobbins / M.A. Colin, *Passereau*, in: MGG², Bd. 13 (Personenteil), 2005, Sp. 175–176.

MAC

Passion

Die Passionsgeschichte Christi nach den vier Evangelien Matthäus (26, 27), Markus (14, 15), Lukas (22, 23) und Johannes (18, 19) wurde in der Karwochenliturgie als Teil der Eucharistiefeier am Palmsonntag (Matthäus), in den Wortgottesdiensten an den Werktagen (Markus und Lukas) und in der Karfreitagsliturgie (Johannes) gelesen und gesungen. Die Passion hatte eine eigene Vortragsweise, indem der erzählende Text (Evangelist), die Worte Jesu und der weiteren Personen (Soliloquenten: Petrus, Pilatus, Judas usw.) sowie die Personengruppen (Turbae: Jünger, Juden) differenziert wurden, d.h. in jeweils eigenen Tonlagen gesungen wurden. Die Textpartien wurden seit dem 13. Jahrhundert auf mehrere Einzelsänger verteilt, für die Turbae wurde seit dem 14. Jahrhundert ein Chorus eingesetzt. Passionen wurden seit dem zweiten Drittel des 15. Jahrhunderts mehrstimmig vertont; dabei kann man für das 15. und 16. Jahrhundert im wesentlichen zwei Arten unterscheiden, die mit responsorialer Passion einerseits und mit durchkomponierter Passion andererseits bezeichnet werden. Hinzu kommt die Passionsharmonie.

In der responsorialen Passion wurden erstens nur die Turbae (und zum Teil auch die Soliloquenten, die in der Mehrzahl auftreten), zweitens die Turbae und Soliloquenten ohne Vox Christi, drittens die Turbae und alle Soliloquenten mehrstimmig gesetzt, während bei allen drei Typen der Erzähler (Evangelist) den Choral einstimmig vorträgt. Die mehrstimmigen Partien bestehen aus einfachen dreistimmigen homorhythmischen Sätzen in fauxbourdonähnlicher Gestaltung (▸ Fauxbourdon) und haben den Choral als ▸ Cantus firmus. Wenn die Überlieferung solcher Sätze auch erst relativ spät einsetzt (englische Quellen um 1430/1440, Füssen-Traktat um 1450, Italien um 1480), ist anzunehmen, dass bereits zuvor solche Sätze improvisiert wurden. Die responsoriale Passion war im 16. Jahrhundert vor allem bei italienischen und spanischen Komponisten verbreitet. Zu den Komponisten des ersten Typus zählen u.a. Francesco ▸ Corteccia (1527 und 1531, Markus und Lukas), Vincenzo ▸ Ruffo (1574/1579, Matthäus und Johannes), Tomás Luis de ▸ Victoria (Matthäuspassion 1585), Francesco Soriano (um 1585, gedr. 1619).

Zum zweiten Typus gehören Claudin de Sermisy (Johannespassion), Paolo ▸ Isnardi (vor 1570, gedr. 1584), Giaches de ▸ Wert und Francesco Rovigo (um 1570/1580).

Der dritte Typus tritt erst seit den 1540er Jahren auf, zu deren Vertretern Gasparo ▸ Alberti (um 1540), Paolo ▸ Aretino (1583) und Giovanni Matteo Asola (1595) und wahrscheinlich Giovanni ▸ Gabrieli (1608) gehören, dessen Passion jedoch verschollen ist.

In der durchkomponierten Passion ist auch der Text des Erzählers mehrstimmig gesetzt. Beispiele sind insbesondere Cipriano de ▸ Rores Johannespassion (um 1550, gedr. 1557), Vincenzo ▸ Ruffos Johannes- und Matthäuspassion (1550/1570).

Die früheste Übernahme im protestantischen Bereich sind Johann Walters ▸ Matthäus- und Johannes-Passion (um 1530) mit deutschem Text auf den lateinischen Psalmton. Deutsche Passionen schrieben in Anlehnung an Walter u.a. Jacob ▸ Meiland (1567–1570) und Melchior ▸ Vulpius (1613), wobei sich jedoch eine zunehmende Lösung von der Cantus firmus-Bindung vollzog.

Eine weitere Form der Passionsvertonung ist die Passionsharmonie oder Passionsmotette, die auf einer Kompilation von Texten aus allen vier Evangelien basierte. Das erste bekannte Beispiel ist Antoine de ▸ Longuevals sehr populäre *Passio Domini* (Ferrara, um 1500; sie wurde von Georg ▸ Rhau 1538 irrtümlich unter dem Namen Obrecht publiziert), die zwischen 1502 und 1504 am Hof in Ferrara für Ercole I. d'Este entstanden ist (Heyink). Zur Passionsharmonie gehört auch Jacob ▸ Regnarts Passionsvertonung. Im deutschsprachigen protestantischen Bereich wurde der Typus u.a. von Johannes ▸ Gallliculus (1538) und Ludwig ▸ Daser (1578) in Anlehnung an Longueval fortgeführt. Eine erste deutschsprachige Version hat Joachim a Burck komponiert, am bekanntesten ist die Johannes-Passion von Leonhard ▸ Lechner (1593).

Literatur:
R. Heyink, *Die Passionsmotette von A. de Longueval. Herkunft, Zuschreibung und Überlieferung*, in: Archiv für Musikwissenschaft 47 (1990), S. 217–244 • K. von Fischer, *Die Passion. Musik zwischen Kunst und Kirche*, Kassel u.a. 1997 • K. Schlager / K. von Fischer, Passion, A und B I–III, in: *MGG²*, Bd. 7 (Sachteil), 1997, Sp. 1452–1469 • I. Capelle, *Zur Bedeutung der Longueval-Passion für die Passionsvertonungen im protestantischen Deutschland im 16. Jahrhundert*, in: *Aneignung durch Verwandlung. Aufsätze zur deutschen Musik und Architektur des 16. und 17. Jahrhunderts*, hrsg. von W. Steude, Laaber 1998, S. 73–83 • G. Massenkeil, *Oratorium und Passion* (Handbuch der musikalischen Gattungen 10,1), Laaber 1998.

Passionsmotette

In der Passionsmotette werden Ausschnitte aus einem oder mehreren der vier Passionstexte aus dem Neuen Testament vertont. Im Unterschied zur mehrstimmigen ▸ Passion handelt es sich nicht um eine liturgische Gattung; bereits die erste Passionsmotette im engeren Sinne, Antoine de Longuevals ungeheuer populäre *Passio Domini* (Ferrara, um 1500), ist eine ›Passionsharmonie‹, d.h. eine Zusammenstellung von Texten aus allen vier Evangelien.

Gleichwohl sind musikalischer Satz und Textvertonung eng am rezitatorischen Lektionston ausgerichtet. In der Folgezeit ist die Gattung vor allem im lutherischen Deutschland verbreitet, z.B. bei Johannes ▸ Galliculus (Hähnel) und Ludwig ▸ Daser, in deutscher Sprache bei ▸ Joachim a Burck und vor allem Leonhard ▸ Lechner.

Ausgabe:
Selectae harmoniae de Passione Domini, Wittenberg (G. Rhau) 1538 (Georg Rhau, Musikdrucke 10), hrsg. von W. Reich, Kassel 1990.

Literatur:
K. v. Fischer, *Die Passion von ihren Anfängen bis ins 16. Jahrhundert*, in: *Gattungen der Musik in Einzeldarstellungen. Gedenkschrift Leo Schrade*, hrsg. von W. Arlt u.a., Bern und München, 1973, S. 574–620 • L. Finscher, *Liturgische Gebrauchsmusik*, in: *Die Musik des 15. und 16. Jahrhunderts* (Neues Handbuch der Musikwissenschaft 3), Laaber 1989, S. 371–433 • R. Heyink, *Die Passionsmotette von Antoine de Longueval. Herkunft, Zuschreibung und Überlieferung*, in: AfMw 47 (1990), S. 217–244 • K. v. Fischer, *Die Passion: Musik zwischen Kunst und Kirche*, Kassel 1997 • Th. Schmidt-Beste, *Textdeklamation in der Motette des 15. Jahrhunderts*, Turnhout 2003.

TSB

Pastorale

Die Pastorale wurde in der Renaissance im Sinne einer »idyllischen Überhöhung des Schäfer- und Hirtenlebens wie auch allgemein des ländlichen Lebens« (Schmitz-Gropengießer) wiederentdeckt und spielte insbesondere bei der Entstehung der Oper eine bedeutende Rolle.

Der Begriff ›Pastorale‹ oder ›Favola pastorale‹ ist seit Beginn des 16. Jahrhunderts in Gebrauch (B. Cavassicos *Favola pastorale in lingua villanesca*, 1513; P.J. di Gennaros *Pastorale*, 1508; Angelo ▸ Beolcos *La Pastoral*, 1518), Schauspiele mit pastoralen Stoffen gab es jedoch schon im 15. Jahrhundert. Hierzu gehört Angelo ▸ Polizianos *La favola d'Orfeo* (Mantua wahrscheinlich 1480), die als Markstein der Vorgeschichte der Oper gilt, da von deren 406 Versen über die Hälfte auf einfache Melodien gesungen und mit einem Saiteninstrument begleitet wurde (wahrscheinlich als Improvisation).

In der zweiten Hälfte des 16. Jahrhunderts wurde die Pastorale zu einem sehr beliebten dramatischen Genre, insbesondere in Ferrara (auch in Frankreich, jedoch ohne Bedeutung für die Entstehung der Oper). In der Pastorale *Il Sacrificio d'Abramo* (Ferrara 1554) von Agostino de' Beccari (vor 1510–1590) kommt Musik an verschiedenen Stellen zum Einsatz, unter anderem in der zentralen Opferszene (Anrufung Pans, Musik von Alfonso ▸ dalla Viola, es sang und spielte dessen Bruder Andrea dalla Viola).

Auch zu den berühmtesten Pastoralen der Zeit – Torquato ▸ Tassos *Aminta* (Ferrara 1573) und Giovanni Battista ▸ Guarinis *Pastor fido* (Ferrara 1586) – wurden Lieder und Tänze komponiert, u.a. von Bartolomeo ▸ Tromboncino und Alfonso ▸ dalla Viola (die Einlagen der Uraufführung sind nicht erhalten).

Pastorale Elemente bestimmen zum Teil auch die ▸ Intermedien, musikalische Einlagen zu Tragödien und Komödien. Die ersten Opern beruhen konsequenterweise ebenfalls auf pastoralen Stoffen: Jacopo ▸ Peris und Jacopo ▸ Corsis *Dafne* (Karneval 1597/1598), Peris *Euridice* (1600), Giulio ▸ Caccinis *Euridice* (1602), schließlich Claudio ▸ Monteverdis *Orfeo* (1607).

Pastorale Themenbereiche wurden auch in ▸ Villanella, ▸ Canzonetta, ▸ Balletto und im ▸ Madrigal aufgenommen.

Literatur:
W. Osthoff, *Theatergesang und darstellende Musik in der italienischen Renaissance*, 2 Bde., Tutzing 1969 • F. Schmitz-Gropengießer, *Pastorale*, in: *Handwörterbuch der musikalischen Terminologie* (1996) • H. Jung (Hans Engel), *Pastorale*, in: MGG², Bd. 7 (Sachteil), 1997), Sp. 1500–1501.

ES

Pathie, Rogier
* um 1510 bei Cambrai (?), † nach 1546 Valladolid (?)

Der frankoflämische Komponist und Organist war der Sohn des Sängers Jean Pathie am Hofe ▸ Franz' I. 1534 verließ er Paris und wurde 1536 Organist an der niederländischen Kapelle Königin Marias von Ungarn, die ihren Sitz neben häufigen Reisen hauptsächlich in Brüssel und Lille hatte. Er hatte diese Anstellung bis zu seinem Tod inne. Zeitweise war er auch Kammerdiener und Schatzmeister. – Pathie ist insbesondere wegen einer seiner Chansons bekannt, *D'amours me plains*, die in 26 Drucken zwischen 1539 und 1644 sowie in 21 instrumentalen Bearbeitungen von 1645 bis 1583 überliefert ist. In der zweiteiligen Chanson wechseln polyphone Partien, die jedoch nur einzelne Motive imitatorisch verwenden, und homophone Abschnitte in Anlehnung an frankoflämische Kompositionsweise (▸ frankoflämische Musik) ohne Bezug auf Textdetails. – Ansonsten sind nur zwei Motetten und drei weitere Chansons überliefert.

Ausgaben:
Lautentabulatur von *D'amours me plain* und *En vous voyant j'ai liberté perdue*, in: The Sixteenth Century Chanson 21 (1991); *D'amours me plains*, in: *Tomasii Crequillons, Opera omnia* 1 (Corpus mensurabilis musicae 63/1), 1974, S. 101–103.

Literatur:
H. Anglès, *la música en la corte de Carlos V*, Bd. 1, Barcelona 1944, Reprint 1965; F. Dobbins, *Pathie*, in: Grove, Bd. 19 (2001), S. 234–235.

Patronage ▸ Mäzenatentum

Paulirinus, Paulus
* 1413 Prag, † nach 1471 Pilsen.

Der Theoretiker Paulirinus verfasste ein enzyklopädisches Lehrwerk über 20 ›artes‹, welche die Wissenschaften und Künste seiner Zeit umfassen.

Er studierte in Prag und Wien, promovierte 1442 in Padua in ›artibus‹ und wenig später in Bologna in Medizin. Von 1443 bis 1447 lehrte er an der Universität Prag. Nach einem Aufenthalt in Krakau und Breslau in den Jahren 1451 bis 1455, wo er in die dortigen Glaubenskonflikte geriet, ließ er sich in Pilsen nieder. Zwischen 1459 und 1463 schrieb er sein umfangreiches Lehrwerk, dessen einzige erhaltene Kopie in Krakau 359 Folios umfasst, obgleich nur 14 der ursprünglich 20 Künste erhalten sind. Auch von den ursprünglich fünf über Musik handelnden Abschnitten sind nur die ersten drei (›musica plana‹, ›musica mensuralis‹ und ›musica instrumentalis‹) erhalten, von denen letzterer u.a. die früheste bekannte Beschreibung des ▸ Virginals beinhaltet.

Schriften:
Liber viginti artium, um 1463, PL-Kj Cod. 257; Abschnitte die Musik betreffend u.a. hrsg. in: R. Mu013íková 1965a, 1965b und 1984.

Literatur:
R. Mužíková, *Pauli Paulirini de Praga musica mensuralis*, in: Acta Universitatis Carolinae: philosophica et historica 2 (1965), S. 57–87 (1965a) • Dies., *Musica instrumentalis v traktátu Pavla Židka z Prahy*, in: Miscellanea musicologica 18 (1965), S. 85–116 (1965b) • S. Howell, *Paulus Paulirinus of Prague on Musical Instruments*, in: Journal of the American Musicological Instrument Society 5/6 (1979/1980), S. 9–36 • R. Mužíková, *Musicus – cantor*, in: Miscellanea musicologica 31 (1984), S. 9–36 • Dies., *Magister Paulus de Praga*, in: Miscellanea musicologica 32 (1988), S. 9–18 • T. Röder, *Paulirinus*, in: *MGG²*, Bd. 13 (Personenteil), 2005, Sp. 202f.

SF

Paumann, Conrad
* um 1410 Nürnberg, † 24.1.1473 München

Der wohl blind geborene Organist, Lautenist und Komponist Conrad Paumann gilt vielfach als der bedeutendste deutsche Musiker des 15.

Jahrhunderts. Als Orgelspieler und Verfasser von Lehrwerken der Orgelkunst (weniger der technischen Seite des Spiels als vielmehr der Stegreif-Komposition) erlangte er eine weit über den nationalen Rahmen hinaus gehende Bedeutung. Paumann war wie viele Musiker seiner Epoche offenbar Multiinstrumentalist: Auf seiner Grabplatte wird er nicht nur ›organetto‹ spielend abgebildet, sondern auch umrahmt von Laute, Blockflöte, Harfe und der Kleingeige Rebec, in der dazugehörigen Inschrift wird er gerühmt als »der kunstreichist aller instrument und der Musica maister«. Als Lautenist erlangte er Nachruhm, da er als Erfinder der deutschen Lautentabulatur bezeichnet wurde (von Sebastian ▸ Virdung in dessen Schrift *Musica getuscht* von 1511).

Ungeachtet dieser eminenten Wichtigkeit zu seiner Zeit sind nur wenige Kompositionen von ihm unter seinem Namen schriftlich überliefert: neben den als ›Fundamentum‹ bezeichneten Lehrwerken noch ein dreistimmiges Tenorlied sowie drei Liedbearbeitungen. Eventuell kann dies auch als Indiz dafür herangezogen werden, dass Paumanns Kunst damals vor allem an seinem virtuosem Orgelspiel und seiner improvisatorischen Begabung festgemacht wurde. Die von ihm geprägten Modelle der instrumentalen Kompositionsweise für Orgel blieben jedoch stilbildend für Generationen von Musikern.

Vermutlich kam Paumann als Sohn eines arrivierten Handwerkers zur Welt, und ebenso scheint seine Ausbildung durch Angehörige des Nürnberger Patriziats (der Familie Grundherr) gefördert worden zu sein. Die genauen Umstände dieser musikalischen Lehrzeit liegen im Dunkeln; doch weiß man zumindest, dass der blinde Musiker (später in Italien auch als »cieco miracoloso« bestaunt) spätestens zum Zeitpunkt seiner Verlobung 1446 das Organistenamt an der wichtigsten Stadtkirche St. Sebald innehatte, in der 1441 die epochale Orgel des Heinrich Traxdorff aus Mainz installiert worden war, und dass er 1447 zum Stadtorganisten ernannt wurde. Damit war Paumann verantwortlich für die Orgeln der Freien Reichsstadt Nürnberg und musste bei offiziellen Anlässen als Musiker zur Verfügung stehen.

Anlässlich seines Verlöbnisses am 13.12. 1446 und der städtischen Bestallung am 11.8. 1447 hatte sich Paumann verpflichtet, die Stadt nicht ohne Wissen und Erlaubnis seiner jeweiligen Dienstherren – des Sebalder Pfarrers sowie des Rats der Stadt – zu verlassen. Nichtsdestotrotz ging Paumann 1450 heimlich an den Hof in München, wo er in den Dienst der Herzöge von Oberbayern trat. Der Vermittlung der Herzogin Anna von Bayern verdankte er es, der Verpflichtungen gegenüber seiner Vaterstadt im darauf folgenden Jahr entbunden zu werden. Bis zu seinem Lebensende wirkte er nun als Hoforganist in München und diente den Herzögen Albrecht III., (nach dessen Tod 1460) seinem Sohn Sigismund und (nach Sigismunds Regierungsrücktritt 1467) dem Herzog Albrecht IV., in welcher Funktion ihm sein Sohn Paul dann nachfolgen sollte.

Mit einer Besoldung von 80 fl. (statt einem Grundgehalt von 12 fl. wie in Nürnberg), gewährter Steuerfreiheit, der Schenkung eines Hauses in der vorderen Schwabinger Gasse (Residenzstraße) sowie der ungewöhnlichen Ehre einer Grabstätte in der Münchener Frauenkirche wurden Paumann als Hoforganist mancherlei herausgehobene Privilegien zuteil. Die ursprünglich neben dem Brauttor angebrachte Grabplatte mit Porträtdarstellung zwischen verschiedenen Instrumenten findet sich heute unter der Orgelempore des Doms. Auf verschiedenen Reisen, die er oft im Gefolge seines Dienstherrn antrat, ließ Paumann sein Können vor prominentem Publikum hören. Als wichtigste jener Gelegenheiten wären zu nennen: das Spiel auf unterschiedlichen Instrumenten in Anwesenheit ▸ Philipps des Guten von ▸ Burgund auf Burg Trausnitz (Landshut); eine Reise an den Hof der ▸ Gonzaga in Mantua und nach Ferrara 1471, bei dem Paumann wertvolle Geschenke sowie den Ritterschlag erhielt (daraufhin erfolgende Einladungen nach Mailand und Neapel schlug er aus); schließlich der Auftritt anlässlich des Reichstags 1471 in Regensburg im dortigen Schottenkloster vor ▸ Friedrich III. und den deutschen Fürsten. Neben anderen Gastaufenthalten als reisender Virtuose (1451 und 1457 in Augsburg, 1452 in Wien, 1458 in Salem und Überlingen am Bodensee, 1459 in Regensburg) ist auch auf Paumanns Tätigkeit als eine Art früher begutachtender Orgelsachverständiger hinzuweisen: 1464 weilte er in dieser Funktion in Salzburg, 1466 in Nördlingen (zur Abnahme der von Stephan Kaschendorff aus Breslau erbauten Orgel), wo er auch seinen Schüler Sebald Grave durch Empfehlung ins Organistenamt von St. Georg befördern konnte.

Von seinem Schülerkreis ist ansonsten wenig bekannt, doch muss er relativ beständig existiert haben. So geht man davon aus, dass die in der vierten Lage des *Lochamer Liederbuch* versammelten Stücke (in welchem auch das *Fundamentum organisandi* von 1452 als dritte Lage enthalten ist) von Nürnberger Schülern Paumanns verfasst sind, während das *Buxheimer Orgelbuch* (in dem wiederum sich zwei spätere *Fundamenta* finden) zu großen Teilen seinem Münchener Umkreis entstammt. Damit stehen zwei der drei aus dem 15. Jahrhundert vollständig überlieferten Orgelhandschriften in unmittelbaren Zusammenhang mit der Künstlerpersönlichkeit Paumanns (die dritte besteht im *Stendaler Orgelbuch* des Adam Ileborgh von 1448, daneben findet sich noch eine Reihe von Fragmenten aus dem deutschen Sprachraum).

Die Sätze aus Nürnberger Zeit wie auch die zeitlich hier einzuordnenden ersten beiden *Fundamentum*-Schriften beruhten noch – bis auf gelegentliche Füllstimmen – weitgehend auf der Zweistimmigkeit (Ausnahmen bilden die Bearbeitungen von zwei dreistimmigen Sätzen von Wilhelmus Legrant und Anton Paumgartner). Der Konnex mit der spätmittelalterlichen Musik ist unverkennbar, Paumanns charakteristische Technik der Kolorierung der Oberstimme (die somit zur eigentlichen Melodiestimme wird) jedoch schon weitgehend ausgeprägt. Dies wird noch vertieft in den nunmehr häufig zur Dreistimmigkeit (und gelegentlich zur Vierstimmigkeit) erweiterten Sätzen des *Buxheimer Orgelbuchs* (ca. 1470), in denen neben der Tenor-Stimme noch ein metrisch selbstständiger Kontratenor burgundisch-niederländischer Prägung auftritt. Die Kolorierungen der bewegteren Oberstimme beinhalten oft Triller und Tonumspielungen von floskelartigem Charakter. Während die Unterstimmen als Zusammenklang funktionalisiert sind und in Tonbuchstaben notiert werden, bedient sich die schnellere, spieltechnisch anspruchsvollere Diskantstimme der schwarzen Mensuralnotation. Tenor-Diminuierungen finden sich verschiedentlich und lassen den ▸ Cantus firmus – insbesondere bei den Stücken aus dem Schülerkreis – oft nur schwer erkennen. Auch bei der häufig und zwanglos eingesetzten Kreuzung der beiden Unterstimmen soll das Pedal nur den jeweils tiefsten Ton spielen. Paumanns *Fundamentum*-Lehrwerke können als Ausgangspunkt der späteren Praxis des Orgelpunkt-Satzes gelten, bei dem eine improvisatorische Oberstimme in schnellem Laufwerk sich über ausgehaltenen Unterstimmen entfaltet. Damit sind sie als Meilensteine der Orgelmusik anzusehen, und Paumanns Vorbildfunktion für deutsche Musiker (zu einer Zeit, als die dortige Musik noch weitgehend von der burgundisch-niederländischen abhängig war) ist kaum zu überschätzen.

Ausgaben:
Con lacrimae, Jelaymours (Je loue amours), Ich begerr nit merr, in: *Das Buxheimer Orgelbuch*, hrsg.

von B.A. Wallner (Das Erbe deutscher Musik 37–39), Faksimile Kassel u.a. 1958/1959, ²1982/1983; *Fundamentum M.C.P.C.* und *Fundamentum magistri Conradi Paumann Contrapuncti* (dass. 38–39); *Fundamentum bonum trium notarum magistri Conradi in Nurenbergk* und *Fundamentum organisandi Magistri Conradi Paumanns Ceci de Nürenberga Anno 1452*, in: *Keyboard Music of the 14th and 15th Centuries*, hrsg. von W. Apel, Rom 1963 (Corpus of Early Keyboard Music 1); *Fundamentum organisandi* (Documenta musicologica 2/III), Faksimile Kassel 1972.

Literatur:
S. Virdung, *Musica getutscht*, Basel 1511, Nachdruck Kassel 1970 • Chr. Petzsch, *Das Lochamer Liederbuch. Studien*, München 1968 • Chr. Wolff, *Conrad Paumanns Fundamentum organisandi und seine verschiedenen Fassungen*, in: Archiv für Musikwissenschaft 25 (1968), S. 196–222 • Fr. Krautwurst, *Konrad Paumann*, in: *Fränkische Lebensbilder 7*, Neustadt/Aisch 1977, S. 33–48 • H. Minamino, *Conrad Paumann and the Evolution of Solo Lute Practice in the Fifteenth Century*, in: Journal of Musicological Research 4 (1986), S. 291–310 • K. Polk, *German Instrumental Music of the Late Middle Ages*, Cambridge 1992 • Fr. Körndle (Hrsg.), *Orgelspiel und Orgelmusik zur Zeit von Adam Ileborgh*, in: Acta organologica 27 (2001), S. 205–278 • Th. Göllner, *Die Tactuslehre in den deutschen Orgelquellen des 15. Jahrhunderts. Edierte Orgeltraktate, Fundamenta organisandi und Lehrbeispiele*, in: *Deutsche Musiktheorie des 15. bis 17. Jahrhunderts, 1. Teil: Von Paumann bis Calvisius* (Geschichte der Musiktheorie, Bd. 8/1), Darmstadt 2003, S. 1–68 • Fr. Körndle, *Paumann*, in: *MGG²*, Bd. 13 (Personenteil), 1996, Sp. 206–208.

AJ

Pavane

Die Pavane ist ein repräsentativer, überwiegend geradtaktiger Schreittanz spanisch-italienischer Herkunft, der über ganz Europa verbreitet war und im 16. und beginnenden 17. Jahrhundert seine Blütezeit erlebte. Thoinot ▸ Arbeau beschreibt die Pavane ausführlich in seiner *Orchesographie* (1588). Dabei wird die Schrittfolge ›simple-simple-double‹ (einfacher Schritt links, einfacher Schritt rechts, Doppelschritt links beginnend) zunächst nach vorwärts ausgeführt, anschließend wird dieselbe Schrittfolge rechts beginnend nach rückwärts getanzt. Meist tanzen mehrere Paare prozessionsartig hintereinander, aber auch ein einzelnes Paar kann zum Klang einer Pavane tanzen. Am Ende des Tanzes bringt der Herr die Dame an ihren Platz zurück oder tanzt mit ihr danach noch eine ▸ Galliarde. Die Opposition Pavane-Galliarde, also rhythmisch zunächst Dupel-, dann Tripeltakt, bildet den Ausgangspunkt für zahlreiche Tanzmusiksuiten. – Die Musik zur Pavane besteht meist aus zwei bis vier musikalischen Abschnitten von acht, zwölf oder sechzehn Semibreven pro Teil. Die Symmetrie der Schrittfolge steht in enger Verbindung zur Bildung von vier- bzw. achttaktigen Perioden in der Musik.

Die früheste Pavane steht in Joan Ambrosio Dalzas *Intabolatura de Lauto* (1508), auf welche hier Saltarello und Piva als Nachtänze folgen. Sie ist aber auch als eigenständiger Tanz überliefert, so bei Hans ▸ Judenkünig (1523), Pierre ▸ Attaingnant (1530), Luis de ▸ Milán (1536) u.a. Ab den 1530er Jahren sind im gesamten mitteleuropäischen Raum sowohl in Handschriften als auch in Drucken unzählige Pavanen für Lauten- und Tasteninstrumente, vokale und instrumentale Ensemblemusik überliefert. Besonderen Bekanntheitsgrad erreichten John ▸ Downlands *Lachrimae pavans* (1607).

Neben schlichten homophonen und somit tanzbaren Sätzen wurde sie auch in stilisierter Form, oft kontrapunktisch und technisch sehr anspruchsvoll komponiert (William ▸ Byrd 1591). Zu Beginn des 17. Jahrhunderts finden wir sie in der Ensemblemusik insbesondere im deutschsprachigen Raum (Paul Peuerl, Johann Hermann Schein, Samuel Scheidt u.a.). Späte Kompositionen für klein besetzte Ensembles stehen noch in den Werken von Thomas ▸ Tomkins, John Locke und Henry Purcell. Als Gesellschaftstanz war sie in der 2. Hälfte des 17. Jahrhunderts jedoch bereits aus der Mode. Eine späte Wiederaufnahme der Pavane in der Klavier- und Orchestermusik findet im 19. Jahrhundert in den Werken von Gabriel Fauré (*Pavane*, 1887) und Maurice Ravel (*Pavane pour une infante défunte*, 1899/1910) statt.

Literatur:
B. Delli, *Pavane und Galliarde. Zur Geschichte der Instrumentalmusik im 16. und 17. Jahrhundert*, Diss. Univ. Berlin 1957 • L. Moe, *Pavane*, in: MGG², Bd. 7 (Sachteil), 1997, Sp. 1538–1542 • H.M. Brown, *Pavan*, in: Grove, Bd. 19, 2001, S. 249–252.

MM

Pavaniglia

Die Pavaniglia ist ein Tanz des 16. und 17. Jahrhunderts. Die frühesten Quellen befinden sich in den Traktaten von Fabritio ▶ Caroso (1581, 1600) und Cesare ▶ Negri (1602), jeweils mit Notierung der Choreographie und der Musik. Entsprechend dem Tanzpaar Pavane-Galliarde findet sich in der Instrumentalmusik die geradtaktige Pavaniglia oft mit zugehöriger »Rotta della Pavaniglia« im Tripeltakt.

Die meisten Pavaniglien sind in italienischer Lautentabulatur für fünfsaitige Laute notiert. Es finden sich aber auch zahlreiche Beispiele für Tasteninstrumente (einige ediert in Corpus of Early Keyboard Music XXXII/2), für Ensemblemusik (Gasparo Zanetti 1645), sowie auch zweistimmig notierte (I-Bc Q 34). In Florenz ist eine textierte Pavaniglia überliefert (I-Fn MAgl. XIX 143).

Die Pavaniglia basiert auf einem spezifischen harmonischen Schema (i-V-i-VII-i-iv-V-I), dem auch eine bestimmte Melodie zugeeignet ist. Die Musik taucht in vielen Quellen auch unter der Bezeichnung »Pavane d'Espagne« (Thoinot ▶ Arbeau 1588, Michael ▶ Praetorius 1612, Nicolas Vallet 1615, Adrian Valerius 1626), »Spanish Pavan« (John ▶ Bull, Fitzwilliams Virginal Book), »Pavana hispanica« (Jan Pieterszoon ▶ Sweelinck, Samuel Scheidt) bzw. in einer spanischen Quelle als »Pavana italiana« (Antonio ▶ Cabezón) auf. Als stilisierte Instrumentalmusik wird die Pavaniglia meist durch zahlreiche Variationen erweitert.

Literatur:
H. Spohr, *Studien zur italienischen Tanzkomposition um 1600*, Phil. Diss. Universität Freiburg 1956 • D. Poulton, *Notes on the Spanish Pavan*, in: Lute Society Journal 3 (1961), S. 5–16 • R. Hudson, *Pavaniglia*, in: Grove, 2001, S. 252–253.

MM

Payen, Nicolas
* um 1512 Soignies, † Februar 1559 Brüssel

Das verhältnismäßig kleine Œuvre Payens, der zur Hofkapelle ▶ Karls V. gehörte, zeichnet sich durch hohe Qualität aus. – Payen begann seine musikalische Laufbahn in der Kapelle Karls V. als Chorknabe (vermutlich zwischen 1522 und 1529); ab 1534 gehörte er dieser Institution erneut an. Auf den Tod der Kaiserin Isabella komponierte Payen die Elegie *Carole cur defles*; gemeinsam mit Cornelius ▶ Canis, Thomas ▶ Crecquillon und Jean Lestainnier veröffentlichte er die Motettensammlung »ab eximiis et praestantibus Caesarea Maiestatis Capellae musicis« (Augsburg 1548). – Als Nachfolger des 1555 zurückgetretenen Canis wurde Payen bis zur Abdankung des Kaisers im Oktober desselben Jahres Kapellmeister, um dann in derselben Funktion in den Dienst von dessen Sohn ▶ Philipp II. zu wechseln. Wohl im Februar verstorben, wurde Payen am 6. März 1559 in St. Gudula zu Brüssel beigesetzt.

Unter Payens Namen sind lediglich zwölf ▶ Motetten und sechs ▶ Chansons überliefert, die mit Ausnahme einer Motette (*Nunc dimittis*) alle zwischen 1538 und 1554 in Sammeldrucken erschienen. Stilistisch hält Payen in seinen Motetten die Mitte zwischen den Stilmitteln der Josquin-Generation, denen er im Gebrauch der Stimmpaare und einer gewissen

›nuditas‹ des Satzes verhaftet bleibt, und dem durchimitierten Stil seiner Zeitgenossen Nicolas ▶ Gombert und Jacobus ▶ Clemens non Papa. – Anders als bei den letztgenannten sind die Chansons Payens eher dem Typus der Pariser Chanson verwandt und weniger der kontrapunktisch dichten Chanson der frankoflämischen Komponisten seiner Zeit.

Literatur:
I. Bossuyt, *Nicolas Payen, el ain desconocido maestro de capilla de Carlos V y Felipe II*, in: *La Capilla Real de los Austrias. Musica y ritual de corte en la Europa moderna*, hrsg. von J.J. Carreras et al., Madrid 2001, S. 175–191 • M. Zywietz, *Musik in der Hofkultur Karls V.* (Druck i. Vorb.).

MZ

Pedersøn, Mogens
* um 1483, † Januar/Februar? 1623 Kopenhagen?

Der dänische Komponist Pedersøn war Schüler Giovanni ▶ Gabrielis in Venedig und erhielt ab 1603 eine Anstellung als Instrumentalist in der Hofkapelle des dänischen Königs Christian IV., der ihn mit einer weiteren Italienreise förderte und ihn 1611 bis 1614 vorübergehend in die Kapelle seiner Schwester, der Königin Anne von England, schickte. Er ist einer der wenigen Komponisten der dänischen Hofkapelle, von dem Musik überliefert ist: Zwei Madrigalsammlungen, die erste in Venedig 1608 gedruckt und dem König gewidmet und eine zweite, wahrscheinlich 1611 in England entstanden sowie mehrere Madrigaletti; hinzu kommen zwei Pavanen für Gamben und das 1620 auf Befehl Christians IV. gedruckte *Pratum spirituale*, eine Sammlung von geistlichen teils homophonen (Bearbeitungen gregorianischer Melodien und lutherischer ▶ Choräle, ▶ Responsorien), teils dem Madrigalstil ähnlichen Kompositionen (lateinische ▶ Messe und lateinische ▶ Motetten). Seine den italienischen Vorbildern durchaus ebenbürtigen ▶ Madrigale zeugen von der Rezeption des Madrigals auch in Dänemark.

Ausgaben:
Madrigali a cinque voci und *Pratum spirituale*, hrsg. von K. Jeppesen, in: *Dania sonans*, Bd. 1, Kopenhagen 1933; *Madrigaletti*, hrsg. von J.P. Jacobsen, in: dass., Bd. 2, Egtved 1966; *2. Madrigalsammlung*, hrsg. von dems., in: dass., Bd. 3, ebd. 1967.

Literatur:
R. Bohn (Hrsg.), *Europa in Scandinavia. Kulturelle und soziale Dialoge in der frühen Neuzeit*, Frankfurt 1994 (darin Aufsätze von H.W. Schwab und O.D. Kongsted) • P. Hauge, *Pederson*, in: *MGG*[2], Bd. 13 (Personenteil), 2005, Sp. 229–231.

Peletier du Mans, Jacques
* 25.07.1517 Le Mans, † 1582 Paris (?)

Jacques Peletier du Mans, Mitglied der Dichtergruppe der ▶ Pléiade, ist hauptsächlich durch seinen Traktat *L'Art poëtique departi en deus liures* (Lyon 1555) bekannt, ein Werk, in dem sich eine neue, den ursprünglichen radikalen Ansichten der französischen Renaissance-Poeten fast entgegen gesetzte Grundhaltung abzeichnet: Die Pléiade orientiert sich in dieser Neuausrichtung überwiegend an der römischen Antike. Kaum verwunderlich ist, dass die Rolle der Musik in diesem geistigen Umfeld schwindet – hatte sie doch im Pléiade-Kreis zunächst eine eminente Rolle gespielt, da nur sie es war, die die Macht besaß, den Dichter in den Zustand des ›furor poeticus‹ zu versetzen, in dem er einzig des Göttlichen teilhaftig werden konnte.

Auch Peletier hatte sich für die Musik in diesem Zusammenhang begeistert und seit 1552 selbst einen Musiktraktat geplant. In der neuen Grundhaltung rückt die Nachahmung der Natur als einzig angemessener Gegenstand der Dichtung in den Fokus der Anschauungen; dichterische Vorbilder sollen nicht mehr nur adaptiert, sondern übertroffen werden. In diesem neuen ›Wertesystem‹ büßt die Musik ihre bisherige Rolle ein und verliert fast gänzlich an Bedeutung.

Schriften:
L'Art poëtique departi en deus liures, Lyons 1555, hrsg. von A. Boulanger, Paris 1930.

Literatur:
Cl. Jugé, *Jacques Peletier du Mans (1517–1582). Essai sur sa vie, son œuvre, son influence*, Paris 1907, Nachdruck Genf 1970 • S. Arnaud, *La voix de la nature dans l'œuvre de Jacques Peletier du Mans (1517–1582)* (Bibliothèque littéraire de la Renaissance 3, 54), Paris 2005.

MG

Peñalosa [Penyalosa], Francisco de
* um 1470 Talavera de la Reina, Toledo,
† 1.4.1528 Sevilla

Der spanische Komponist war ab 1498 in der königlichen Kapelle als Sänger tätig und wurde ab 1511 Lehrer des Infanten und späteren Kaisers Ferdinand I. Später wird ihm ein Kanonikat an der Kathedrale in Sevilla vom König zugeeignet, was allerdings auf Proteste seitens des Kapitels stieß. 1517 ging Peñalosa nach Rom, wo er bis zum Tod des Papstes Leo X. als Sänger in der päpstlichen Kapelle diente. Ab 1523 wurde er ›tesorero‹ (Schatzmeister) der Kathedrale in Sevilla, und verblieb dort bis zu seinem Tod.

Peñalosa wurde als Sänger und Komponist nicht nur in Spanien, sondern auch in Italien hochgeschätzt. Aufgrund der Tatsache, dass zu Lebzeiten keine Kompositionen von ihm gedruckt wurden, ist seine musikhistorische Bedeutung bislang nicht entsprechend gewürdigt worden (dazu detailliert Urchueguia, Sp. 263).

Die zahlreichen, zum Teil handschriftlich überlieferten Kompositionen (▸ Messen und Messensätze, ▸ Magnificat, ▸ Lamentationen, ▸ Hymnen, ▸ Motetten, Lieder) lassen jedoch keinen Zweifel daran, dass er einen wesentlichen Beitrag zur Entwicklung der Polyphonie auf der iberischen Halbinsel geleistet hat.

Ausgaben:
Francisco de Peñalosa, Collected Works, hrsg. von J.M. Hardie, Ottawa 1994.

Literatur:
J.M. Hardie, *The Motets of Francisco Peñalosa and Their Manuscript Sources*, 2. Bde., Diss. Univ. of Michigan 1983 • T. Knighton, *Fr. de Peñalosa: New works lost and found*, in: Festschrift R.J. Snow, hrsg. von D. Crawford, Hillsdale 2002, S. 231–257 • C. Urchueguía, *Francisco de Peñalosa*, in: *MGG²*, Bd. 13 (Personenteil), 2005, Sp. 262–264.

CHD

Perfectio

Perfectio, lat. Vollkommenheit, ist ein Begriff aus der ▸ Mensuralnotation, mit dem die Dreiteiligkeit eines Notenzeichens oder einer ▸ Mensur bezeichnet wird. In der zeitgenössischen Musiktheorie wird sie mit der göttlichen Trinität in Beziehung gesetzt. Der Gegenbegriff dazu ist die ▸ Imperfectio.

ALB

Peri, Jacopo
* 20.8.1561 Rome oder Florenz, † 12.8.1633 Florenz

Der florentinische Sänger und Komponist (der seines langen blonden Haares wegen den Spitznamen »Il Zazzerino« trug) sang als Knabe während des Jahres 1573 Lauden als Sopran in der florentinischen Kirche SS. Annunziata. Kurz danach begann er Studien bei Cristofano ▸ Malvezzi, dem Kapellmeister am Dom und an S. Giovanni Battista, der in seiner Sammlung ein vierstimmiges Ricercar (1577) und ein fünfstimmiges Madrigal (1583) von seinem Schüler veröffentlichte. Am 1. Februar 1579 wurde Peri als Organist an die Badía berufen, und während des Jahres 1586 war er im

Chor von S. Giovanni Battista. In den 1580er Jahren sang und komponierte er auch für Aufführungen am ▸ Medici-Hof, darunter eine Zusammenarbeit mit Malvezzi, Alessandro ▸ Striggio und anderen bei den ▸ Intermedien zu Giovanni Fedinis *Le due Persilie* (1583). Seine erste größere Rolle jedoch war Arion in dem fünften der spektakulären Intermedien zu Girolamo Bargaglis *La pellegrina*, die am 2. Mai 1589 anlässlich der Hochzeit des Großherzogs Ferdinands I. de' Medici und Christines von Lothringen aufgeführt wurde. Peri sang seine eigene Musik und begleitete sich selbst auf der Chitarrone, und sein Echo-Madrigal *Dunque fra torbid'onde* war ein bedeutendes Modell für Stücke, die die virtuose Macht der Musiker der klassischen Antike priesen (zu vergleichen mit *Possente spirto e formidabil nume* in Monteverdis *Orfeo* von 1607).

Peri wurde 1588 zum Hofsänger ernannt mit einem Gehalt von 6 Scudi im Monat, das im September 1590 auf neun erhöht wurde; er blieb im Hofdienst für den Rest seines Lebens. Er muss Giovanni de' ▸ Bardi gekannt haben, der die Festivitäten von 1589 leitete, aber man weiß nicht, in welchen Ausmaßen er an Bardis ▸ Camerata teilnahm. Er war jedoch mit Bardis Nachfolger, Jacopo ▸ Corsi, eng verbunden, der Peri dazu veranlasste, die Komposition der ›Favola in musica‹ *Dafne* zu vollenden, die oft als die erste Oper angesehen wird. Obwohl Corsi einige der Arien für *Dafne* geschrieben hatte, war es Peri, der einen neuen deklamatorischen musikalischen Stil erfand, den er als Mittelding zwischen Sprache und Gesang, später Rezitativ genannt, beschrieb. Dabei half ihm auch die Dichtung des Librettisten Ottavio Rinuccini, dessen Gebrauch von fließenden sieben- und elfsilbigen ›versi sciolti‹ für das Rezitativ einerseits und strukturierteren Versen in oft anderen Zeilenlängen für strophische Arien und Chöre anderseits das Vorbild für das italienische Opernlibretto der nächsten 300 Jahre darstellte.

Dafne erhielt eine private Aufführung in Corsis Palast im Karneval 1597–1598 und wurde am Hof 1599, 1600 und 1604 wiederholt; Peri scheint die Rolle des Apollo gesungen zu haben. Sein offensichtlicher Erfolg veranlasste Corsi, ihm ein ehrgeizigeres Werk, *Euridice*, anzubieten für die Feierlichkeiten, die die Hochzeit von Maria de' Medici und Heinrich IV. zelebrierten. Hier arbeitete Peri wieder mit Rinuccini zusammen und komponierte die ganze Musik – obwohl in der ersten Aufführung ein Teil davon durch Giulio ▸ Caccini ersetzt wurde – und spielte den Orfeo. Die offensichtliche Rivalität zwischen Caccini und Peri setzte sich im Notendruck fort: Caccini veröffentlichte seine vollständige Komposition der *Euridice* im Dezember 1600, während diejenige von Peri im Februar 1601 erschien. In seinem eigenen Vorwort verband Peri den rezitativischen Stil mit der Aufführungspraxis, die für die klassische Tragödie typisch war – und begründete seine Erfindung somit im humanistischen Sinne – obwohl er deutlich machte, dass selbst dann, wenn Griechen und Römer ihre Schauspiele nicht auf diese Weise aufgeführt hätten, es der einzige Stil sei, der zur modernen dramatischen Sprache passte. Der bittere Streit darüber, wer tatsächlich das Rezitativ erfunden hatte, betraf auch Emilio de' ▸ Cavalieri. Dessen *Rappresentatione di Anima, et di Corpo*, die in Rom früher im Jahre 1600 aufgeführt und im September desselben Jahres veröffentlicht wurde, konnte ebenfalls beanspruchen, eine (geistliche) Oper zu sein. Peris *Euridice* jedoch wird allgemein als die erste Oper betrachtet, die überlebte.

Peris späterer Hofdienst umfasste das Singen auf Aufforderung, das Leiten des Concerto de' Castrati und das Komponieren von Musik für höfische Aufführungen, oft in Zusammenarbeit mit anderen Hofmusikern. Dies schloss Musik für die Feierlichkeiten der Heirat von Prinz Cosimo de' Medici mit Maria Magdalena von Österreich (1608) ein und eine Reihe von ▸ Balli und Mascherate in den 1610er Jahren; fast alle von ihnen sind verloren. Er hatte auch Verbindungen zum Kardinal (später Herzog) Ferdinando Gonzaga von Mantua, den er vergeblich zu überzeugen versuchte, seine *Le nozze di Peleo et di Tetide* (auf ein Libretto von Francesco Cini) für die Hochzeit von Prinz Francesco Gonzaga und Margherita von Savoyen 1608 anzunehmen (stattdessen wurde Claudio ▸ Monteverdis *Arianna* gegeben). Unter anderen verlorenen Opern befindet sich *Adone* (Jacopo Cicognini, 1611), die er für eine Aufführung in Manuta 1620 vorschlug, *Lo sposalizio di Medoro ed Angelica* (Andrea Salvadori in Zusammenarbeit mit Marco da Gagliano, aufgeführt am 19. September 1619), und *Iole ed Ercole* (Salvadori), geplant für eine Auffführung in Florenz 1628 zur Hochzeit von Margherita de' Medici und Herzog Odoardo Farnese von Parma. *Iole ed Ercole* wurde durch Salvadoris *La Flora* ersetzt, eine weitere Zusammenarbeit von Gagliano und Peri, der die Rezitative für die Clori-Rolle schrieb. Sie wurde am 14. Oktober 1628 aufgeführt. In den 1620er Jahren arbeitete Peri mit Gagliano an einer Reihe von *Sacre Rappresentazioni* (▸ Geistliche Dramen) für eine religiöse Florentiner Bruderschaft, die Compagnia dell'Arcangelo Raffaello. Einzig *La Flora* wurde bald nach ihrer Aufführung gedruckt; Peris Musik dafür unterscheidet sich kaum von dem Stil, den er bereits in *Euridice* verwendet hatte.

Peri veröffentlichte auch ein Buch mit Sologesängen mit Basso continuo als *Le varie musiche* (Florenz 1609); eine zweite, revidierte Edition davon erschien 1619 und war dem Florentiner Höfling (und zuweilen Poeten) Ferdinando Saracinelli gewidmet. Diese und andere Gesänge, die nur im Manuskript existieren – einige davon auch Theatermusik –, zeigen, dass er zu den besten der florentinischen Monodisten gehört, mit einem guten Ohr für ernste Poesie und für melodische Tanzlieder.

Seine Vorliebe galt dem passionierten Rezitativ oder dessen monodischem Äquivalent in durchkomponierten Sonnett-Kompositionen und Madrigalen, von denen einige hoch expressiv sind mit ihren sorgfältig verarbeiteten melodischen Linien und ihrem wohlüberlegten Gebrauch von harschen Dissonanzen. *Euridice* ist es in modernen Aufführungen nicht gut ergangen und sogar zu ihrer Zeit galten ihre langen rezitativischen Passagen als langweilig und nicht genügend von strophischen Liedern und Chören durchsetzt. Marco da Gagliano bemerkte jedoch, dass man für die volle Wertschätzung von Peris Musik sie vom Komponisten selbst gesungen hören müsse, und sicherlich enthielt sie mehr als in der Partitur niedergeschrieben werden konnte.

Ausgaben:
›*Euridice*‹: *An Opera in One Act, Five Scenes*, hrsg. von H.M. Brown (Recent Researches in the Music of the Baroque Era 36–37), Madison 1981; ›*Le varie musiche*‹ *and Other Songs*, hrsg. von T. Carter (Recent Researches in the Music of the Baroque Era 50), Madison 1985.

Literatur:
B.R. Hanning, *Of Poetry and Music's Power: Humanism, and the Creation of Opera*, Ann Arbor 1980 • T. Carter, *Jacopi Peri (1561–1633): his Life and Works*, New York und London 1989 • W. Kirkendale, *The Court Musicians in Florence during the Principate of the Medici, with a Reconstruction of the Artistic Establishment*, Florence 1993 • S. Leopold, *Al modo d'Orfeo: Dichtung und Musik im italienischen Sologesang des frühen 17. Jahrhunderts*, 2 Bde. (Analecta musicologica 29), Laaber 1995.

TC

Perspektive ▸ Bühnenbild

Perugia

Das Musikleben in der umbrischen Hauptstadt wurde seit dem 14. Jahrhundert zum einen durch die Musikpflege an Kloster und Kirche

San Domenico geprägt, wo ein Sängerensemble bestand, zum anderen durch die ›canterini‹, d.h. von der Stadt angestellte Musiker, die auf der Piazza Gesang mit Begleitung der Lyra oder der Kithara improvisierten. Diese Tradition, die erst am Ende des 15. Jahrhunderts wohl durch zunehmende polyphone Musik verdrängt wurde, wurde unter der Herrschaft der Familie Baglioni fortgeführt, die 1424–1500 an der Macht war. Insbesondere bei Zeremonien spielte Musik eine zunehmende Rolle, so bei Hochzeiten und bei Herrscherempfängen, wie beim Besuch Kaiser ▶ Sigismunds von Luxemburg 1433, beim Besuch von Papst Pius II. 1459 oder von Kaiser Friedrich III. (1469). Großen kulturellen Aufschwung erlebte die Stadt unter Braccio Baglioni (1445–1479), der Anastasia ▶ Sforza, die Nichte von Francesco Sforza heiratete. Humanisten und Maler besuchten die Stadt. Am Dom San Lorenzo, wo seit 1433 eine regelmäßige Musikausübung stattfand, wurden Musiker (Sänger, Kapellmeister, Organisten) angestellt, Tanzschulen entstanden, um den Darbietungen bei Tanzfesten Genüge zu leisten.

Nachdem Papst Leo X. nach Aussterben der Familie Baglioni Perugia wieder dem Kirchenstaat zueignete, gründete er 1421 am Dom eine offizielle Cappella. In der zweiten Hälfte des 16. Jahrhunderts wurden – wie in allen italienischen Zentren – Akkademien gegründet, darunter die Accademia degli Unisoni, die sich auf theoretische Weise mit musikalischen Problemen auseinandersetzte, allerdings ein Jahr nach ihrer 1561 erfolgten Inauguration aus politischen Gründen wieder geschlossen und 1604 neu ins Leben gerufen wurde mit dem Ziel, sich dem Vortrag von Musik zu widmen.

Literatur:
G. Ciliberti, *Perugia*, in: *MGG²*, Bd. 7 (Sachteil), 1997, Sp. 1558–1563.

Petrarca, Francesco ▶ Petrarkismus

Petrarkismus

Als ›petrarkistisch‹ bezeichnet man Lyrik, die sich dem Modell des Dichters Francesco Petrarca (1304–1374) verpflichtet fühlt. Anknüpfungspunkte bestehen in inhaltlicher Hinsicht bezüglich der zum Ausdruck gebrachten Liebeskonzeption sowie in formaler Beziehung bei der Berücksichtigung sprachlicher Gestaltungsweisen. Der Petrarkismus gilt in der Literaturanschauung als zweites großes erotisches System internationaler Geltung nach der ritterlichen Minne des Mittelalters (▶ Amour courtois) und vor der romantischen Liebe des 18./19. Jahrhunderts. Ihnen gemeinsam ist der sich verzehrende männliche Blick auf eine entrückte, in ihrem Wert verabsolutierte Frau, wodurch die Liebe als solche transzendenten Charakter erhält. Im Sinne eines distinkten Diskurstypus handelt es sich um eine literarische Fiktion mit der ideellen Kompensation tatsächlicher gesellschaftlicher Verhältnisse, wenngleich manche Dichter das eigene Liebesleben in der Nachfolge von Petrarcas Liebe zu Laura zu einem Zwischenbereich zwischen Realität und Poesie stilisierten (z.B. Pietro ▶ Bembo und Pierre de ▶ Ronsard). Für das Kulturpatronat von Frauen selbst war die Förderung des literarischen und musikalischen Petrarkismus eine Plattform zur Steigerung des eigenen Prestiges (z.B. Isabella d'▶Este in Mantua zu Beginn und ▶ Elisabeth I. in England am Ende des 16. Jahrhunderts), während modifiziert petrarkistische Gedichte aus weiblicher Perspektive (z.B. von Gaspara Stampa) weitestgehend Leselyrik blieben.

Die italienische Dichtung des späten 15. Jahrhunderts orientierte sich teilweise – speziell hinsichtlich virtuoser Sprachbehandlung – an Petrarcas Vorbild, was auch erster oder Proto-Petrarkismus genannt wird. Obwohl die Gedichte von ▶ Serafino de' Cimenelli dall'Aquila, Benedetto Gareth (Cariteo) und Antonio Tebaldeo auf begleiteten Gesangsvortrag hin konzipiert wurden, sind sie als musikalische Werke nur indirekt relevant, da der tönende Teil weitgehend schriftlos blieb. Erste Zeichen einer zwar bereits bewussten, aber noch wenig reflektierten musikalischen Petrarca-Rezeption tauchen zu Beginn des 16. Jahrhunderts auf: Vereinzelt wurden in Mantua ab 1504 für die Komposition von ▶ Frottole Gedichte Petrarcas herangezogen (Bartolomeo ▶ Tromboncino, Marchetto ▶ Cara, Bernardo ▶ Pisano) oder von Niccolò da Correggio nachgeahmt. In Florenz entstanden im geselligen Umfeld des Amateurdichters Cosimo Rucellai nach Diskussionen über Petrarca im ersten Viertel des 16. Jahrhunderts Textvorlagen für die Frühphase des Madrigals (Niccolò ▶ Macchiavelli, Ludovico di Lorenzo Martelli, Biagio Buonaccorsi).

Die eigentliche Hauptzeit des Cinquecento- oder zweiten Petrarkismus ist dem Wirken des Literaten Bembo zu verdanken, so dass für die Zeit des 2. Viertels des 16. Jahrhunderts auch vom Petrarkismus im Gewand des Bembismus die Rede ist. Durch Bembos Petrarca-Edition, seine liebesphilosophischen und literaturtheoretischen Schriften sowie seine eigenen Dichtungen, die Petrarca als thematisches wie sprachliches Modell für Lyrik autorisieren, komprimierte sich das petrarkistische System zu einem umfassenden poetologischen Konzept, das von den rhetorischen Kategorien der Nachahmung, Nacheiferung und Überbietung bestimmt wurde. In einem dichten intertextuellen Netz wurden aus Petrarcas Lyrik gewonnene Ideen, Bilder, Gedankengänge, Stilfiguren, Sprachfügungen und Wortklänge in der bevorzugten Form des ▶ Sonetts immer wieder aufgegriffen und – gestützt auf bereits bei Petrarca vorgebildete Permutationstechniken – als dichterisches Mosaik neu arrangiert, nuanciert und weiterentwickelt. Das Spiel der Texte ist für das poetologische Programm konstitutiv. Es ist nicht als Makel mangelnder Originalität zu missdeuten, sondern im Rahmen einer renaissancehaften Ästhetik der ›imitatio‹ und ›aemulatio‹ als produktives Prinzip wirksam, bei dem es mehr um das Wie des Sagens geht, da die wiedergegebenen Gefühle vorgegeben sind. Komponisten führten das Spiel der Zitate und Anlehnungen bisweilen, insbesondere bei Mehrfachvertonungen, auch mit musikalischen Bezugnahmen weiter.

Dieser betont diskursive, die einzelnen Schöpfungen in einen stets präsenten und mitgedachten stabilen Bezugsrahmen stellenden Charakter ist auch für die soziale Relevanz des Petrarkismus als weitreichendes kulturelles Phänomen verantwortlich, da er Gesellschaftsleben (in Form von Akademie-, städtischen Salon- oder Hofgesprächen und gebildet-spielerischer Unterhaltung, bei der die Liebe das wichtigste Thema stellte) mit Literatur und Musik verknüpfte. Die um 1530 einsetzende massive Vertonung von petrarkischer und petrarkistischer Lyrik in Form von Madrigalen, die in den gleichen Kreisen aufgeführt wurden, war ein wesentlicher Motor für die Etablierung und Durchsetzung des Petrarkismus als sich zunehmend ausdifferenzierendes literarisches System (z.B. Dramatisierung bei Giovanni Della Casa, Ausleben der Affekte und Intensivierung des erotischen Begehrens bei Torquato ▶ Tasso) sowie seine geschmacksbildende Funktion als kulturelle Verständigungsebene. Dabei erschöpfte sich die lyrische Dichtung des italienischen Volgare nie im petrarkistischen Modell. Vielmehr repräsentiert es nur einen bestimmten, wenngleich zentralen Typus der hohen Liebeslyrik, das sich auch als Kontrastfolie für ausdrücklich antipetrarkistische Konzepte anbot, in der die Liebe entweder aus ironischer Distanz oder mit derbem Vokabular und grotesk verzerrt behandelt wird. Die ▶ Villanella war unter den musikalischen Gattungen der bevorzugte Ort für derartige Gegenentwürfe bzw. Trivialisierungen.

Während petrarkistische Dichtung in Italien in der 2. Hälfte des 16. Jahrhunderts zunehmend an Bedeutung verlor und u.a. von pastoraler Thematik überholt wurde, setzte in der Mitte des 16. Jahrhunderts ihre europaweite Verbreitung ein. Dadurch erlebte der Petrarkismus in Frankreich (Ronsard), Spanien (Garcilaso de la Vega) und England (Philip Sidney, Edmund ▶ Spenser) seine intensivste literarische, nur vereinzelt auch musikalische Rezeption. Deutschland erreichte er erst im Barock (Andreas Gryphius, Paul Fleming). Restbestände petrarkistischen Dichtens hielten sich bis ins 18. Jahrhundert (Pietro Metastasio, der junge Goethe).

Die intertextuelle Struktur ist bereits durch die zyklische Anlage der Gedichte Petrarcas vorgeprägt. In seinen *Rerum vulgarium fragmenta*, die erstmals in einer Florentiner Ausgabe von 1570 den Titel *Canzoniere* erhielten, gestaltet Petrarca seine als autobiographischer Erlebnisablauf offenbarte Liebe zu Laura. Der Seelenzustand des Sprecher-Ichs wird in 366 Gedichten reflektiert. Die ideelle Grundlage und die Motive sind von den Affekten Verlangen, Freude, Hoffnung, Furcht, Schmerz der antiken Erotik und insbesondere vom provenzalischen Amour courtois geprägt, von dem die Grundannahme eines Veredelungsprozesses des Mannes stammt. Dabei symbolisiert die Geliebte bei Petrarca nun das Göttliche schlechthin, und der Weg zur geläuterten Liebe wird bei ihm als stark psychologisierter Vorgang dargestellt, bei dem der Mann die idealisierte Frau begehrt und darüber reift, dass er sich die Erfüllung des Begehrens definitiv versagt. Die Etappen der Liebesentwicklung erlauben dem Liebenden, sich zu suchen und immer besser zu verstehen, besonders unter der notwendigen Prüfung des Schmerzes.

Wichtig ist das gedankliche Moment, das meditative ›pensare‹, die permanente Reflexion und Seelenanalyse als Korrelativ zu den intensiven emotionalen Zuständen des Subjekts, die als grundsätzlich widerstreitend und damit dynamisiert auftreten. In der komplexen Affektstruktur des Liebenden aus freud- und leidvollen Gefühlen, aus »affetti lieti« (etwa bei der Vorstellung der mit großer sinnlicher Wirkmacht geschilderten Schönheit der Geliebten) und »affetti dogliosi« (etwa der Imagination der Geliebten als ihn abweisender Tyrannin) dominiert der Schmerz. In typischer Paradoxie bejaht der Liebende sein Leid und taucht lustvoll in den Schmerz ein, was Petrarca selbst in die Formulierung »dolendi voluptas quaedam« fasste.

Aus dieser antithetischen Empfindensdisposition gingen Petrarcas Charakterisierungen der Liebe als willkommene Wunde, wohlschmeckendes Gift, angenehme Krankheit, erfreuliche Folter, schmeichelnder Tod, süße Bitterkeit oder eiskaltes Feuer hervor. Die zwischen innerem Frieden und Krieg schwankenden Zustandsbeschreibungen des von der Welt und anderen Menschen isolierten Liebenden, die sich oft in Naturbildern widerspiegeln, werden als Oxymorone artikuliert. Der Prozess wird in Gang gehalten, weil der Liebende auf dem Weg zum »amore onesto«, zur ehrenhaften Liebe, die in Kontemplation der göttlichen Schönheit das Heil findet, immer wieder reuevoll seiner etwa im Traum aufbrechenden Sinnen- und Weltverfallenheit inne wird.

Als am Ende des 15. Jahrhunderts Petrarcas Gedankenwelt erneut belebt wurde, haben sich zahlreiche Grundannahmen erhalten. Mit ihrem ehrenvollen Blick auf die Frau gewannen sie insofern neue Brisanz, als sie einerseits misogyne, andererseits frivole Tendenzen des Humanismus relativierten. Des Weiteren wurde der Petrarkismus als Ideenreservoir attraktiv, weil er Annäherungen an die von Marsilio ▶ Ficino (*De amore*, 1466) entwickelte humanistisch-neoplatonische Liebeskonzeption mit ihrem Weg vom ›amor humanus‹ zum ›amor divinus‹ erlaubte. Wie es für den italienischen Petrarkismus bezeichnend ist, stellt Bembo in seinem dialogischen Liebestraktat *Gli Asolani* (1505) die verschiedenen Liebeskonzeptionen nebeneinander: In je einem Buch behandelt er Petrarcas Schmerzensliebe, den auf sinnlichen Genuss gerichteten ›amor ferinus‹ und zuletzt die vergeistigte Liebe zur Schönheit, die keinen Schmerz mehr kennt.

Erst für den französischen Petrarkismus sollte die Verquickung der miteinander verwandten, aber nicht identischen Liebesauffassung Petrarcas und der neoplatonischen Eroslehre möglich werden. Diese Überblendung verdeutlicht, dass die inhaltliche Rezeption Petrarcas oft als ein philosophisches Phänomen verstanden wurde, so dass Joachim ▸ Du Bellay in seinem parodistischen Gedicht *Contre les pétrarquistes* (1558) aussprechen konnte »qu'Amour s'est fait sçavant« (dass die Liebe gelehrt macht).

Neben der stofflichen Ebene definiert sich Petrarkismus auch über die Restitution des Sonetts als Haupt-Form und über die Stilistik. Die rhetorischen Intentionen eines petrarkistischen Gedichts betonen die geistreiche Ausarbeitung im Rahmen eines diskursiven, maßvoll-erhabenen und eleganten sprachlichen Vollzugs.

Bembo hebt in seinem Traktat *Prose della volgar lingua* (1525) Petrarca als autoritatives Modell für die Lyrik auf den Schild, weil er dort die ideale Verbindung von Würde (»gravità«) und Anmut (»piacevolezza«) fand. Ergänzend postuliert er Abwechslung (»variazione«) als ästhetisches Prinzip und bezieht es in seinen weitläufigen Ausführungen vor allem auf die Tonfärbung und Rhythmus betreffenden klanglichen Eigenschaften der Wörter, von denen er einen dem Inhalt angemessenen Ausdruckswert verlangt. Seine eigenen Gedichte, als Sammlung 1530 gedruckt (*Rime*), wurden nicht zuletzt dadurch zum Muster für petrarkistische Dichtung, dass er von Petrarca die verbale Aufspaltung eines Gedankens in mehrere Ausdrücke übernimmt und das Bedeutungsvolle der Thematik in extravaganten Redeweisen voller Metaphern, Vergleichen, Umschreibungen, Übertreibungen, Gegensätzen, Pointen und immer wieder neuen oder modifizierten, möglichst ausgefallenen Bildern umsetzt. Theoretisch und praktisch demonstrierte er die – humanistisch-rhetorischer Grundüberzeugung folgende – Imitierbarkeit des Vorbilds.

Trotz der intellektuellen Tendenzen der Thematik waren die Gedichte Petrarcas und seiner Nachfolger aufgrund der farbigen und ausdrucksstarken Bilder und der auf allen Strukturebenen abwechslungsreichen Anlage eine ideale Vorlage für die sich daran formierende musikalische Ästhetik des Madrigals, die sich vor allem am inhaltlichen Textverlauf orientierte und deren Ziel es war, die einzelnen Stationen möglichst adäquat und wirkungsvoll umzusetzen.

Literatur:
D.T. Mace, *Pietro Bembo and the Literary Origins of the Italian Madrigal*, in: Musical Quarterly 55 (1969), S. 65–86 • G. Hoffmeister, *Petrarkistische Lyrik*, Stuttgart 1973 • D.M. Randel, *Sixteenth-Century Spanish Polyphony and the Poetry of Garcilaso*, in: Musical Quarterly 60 (1974), S. 61–79 • L. Forster, *Das eiskalte Feuer. Sechs Studien zum europäischen Petrarkismus*, Kronberg 1976 • G. Regn, *Torquato Tassos zyklische Liebeslyrik und die petrarkistische Tradition*, Tübingen 1987 (Romanica Monacensia 25), darin: *Typische Merkmale des petrarkistischen Systems im Cinquecento*, S. 21–70 • K.W. Hempfer, *Probleme der Bestimmung des Petrarkismus. Überlegungen zum Forschungsstand*, in: *Die Pluralität der Welten. Aspekte der Renaissance in der Romania*, hrsg. von W.-D. Stempel und K. Stierle, München 1987, S. 253–277 • G. Tomlinson, *Giaches de Wert and the Discourse of Petrarchism*, in: Revista de musicologia 16 (1993), S. 552–560 • M. Feldman, *Petrarchizing the Patron in Cinquecento Venice*, ebda., S. 2505–2520 • K. Van Orden, *Vernacular Culture and the Chanson in Paris, 1570–1580*, Diss. Univ. of Chicago 1996, darin: *Ronsard and Petrarch*, S. 102–162 • *Petrarkismus-Bibliographie 1972–2000*, hrsg. von K.W. Hempfer u.a., Stuttgart 2005.

NSCH

Petreius, Johannes
* 1496/1497 (?) Langendorf bei Hammelburg, † 18.3.1550 Nürnberg

Johannes Petreius war Buchdrucker, Verleger und Buchhändler, der in Basel studiert und ebendort das Handwerk in der Druckwerkstatt des ihm verwandten Adam Petri gelernt hat. Seit 1523 ist er als Bürger der Stadt Nürnberg nachgewiesen, im selben Jahr begann seine überaus produktive Tätigkeit als Drucker. Von den mehr als 800 Titeln aus seiner Werkstätte ist nur ein relativ kleiner Teil der Musik gewidmet. Die qualitativ hochstehenden Musikdrucke im einfachen Typendruck entsprechen inhaltlich den Bedürfnissen des aktuellen Marktes. Neben den weit verbreiteten Liederbüchern des Stadtarztes Georg ▸ Forster erschienen die beiden Lautenbücher (1536) von Hans ▸ Neusiedler, wichtige musiktheoretische Werke von Sebald ▸ Heyden (1537, 1540), der Odendruck von Paul ▸ Hofhaimer (*Harmoniae poeticae* 1539), mehrere Bände mit Psalmkompositionen sowie Motetten- und Messensammlungen. Petreius war aufgrund seiner musikalischen Bildung auch selbst als Herausgeber tätig.

Literatur:
M. Teramoto / A. Brinzing, *Katalog der Musikdrucke des Johannes Petreius in Nürnberg* (Catalogus musicus 14), Kassel 1993.

ALB

Petrucci, Ottaviano
* 18.6.1466 Fossombrone, † 7.5.1539 Fossombrone oder Venedig (?)

Ottaviano Petrucci ist der erste Verleger von mehrstimmiger Musik im Typendruck. Petruccis Kindheit und Jugend sind dokumentarisch nicht belegt, erst 1493 ist er durch den Verkauf von Landeigentum in Fossombrone erstmals nachgewiesen. Ein musikhistorisch bedeutender, zweiter Beleg ist mit 25.5.1498 datiert. Es handelt sich um ein Ansuchen an die Signoria von Venedig um das exklusive Recht, mehrstimmige Vokalmusik sowie Lauten- und Orgeltabulaturen mittels einer neuen Methode im Druck herauszugeben und in den Handel zu bringen. Dieses Privileg wurde ihm für 20 Jahre gewährt. Es markiert den Anfang des professionellen Notendrucks von mehrstimmiger Musik.

Die neue Methode, die Petrucci oben anspricht, basierte auf der Technik von Johannes ▸ Gutenberg, Bücher mit beweglichen Lettern zu drucken. Diese damals bereits beinahe 50 Jahre alte Erfindung war schon auf Bücher mit liturgischer Musik angewendet worden, deren typisches Erscheinungsbild (rote Linien, schwarze Noten) auf einem doppelten Druckverfahren beruhte. Petruccis Verdienst bestand in der Verfeinerung dieser Technik, indem er sehr viel kleinere und vielfältigere Typen produzieren ließ, das Verfahren differenzierte und auf ein neues Repertoire anwandte. In den ersten Publikationen weitete er das Druckverfahren auf drei Durchgänge aus, indem er zunächst die Linien, dann die Notenzeichen und schließlich den Text druckte. Später reduzierte er, indem Linien und Text gemeinsam gesetzt wurden. Bemerkenswert sind die große Sorgfalt, die mehrere Korrekturvorgänge mit sich ziehen konnte, sowie der hohe ästhetische Anspruch, der die Musikdrucke Petruccis auszeichnet.

Der erste Notendruck, der mit Hilfe dieser neuen Methode entstanden ist, ist eine Sammlung von 96 Chansons und anderen weltlichen Liedern. Sie trägt den Titel *Harmonice musices Odhecaton A* und ist ohne Druckdatum überliefert. Das Erscheinungsjahr 1501 lässt sich aus einem datierten Widmungsbrief, der im Vorspann abgedruckt ist, erschließen. Das Repertoire wurde durch den Dominikanermönch Petrus Castellanus vermittelt. Der Buchstabe ›A‹ im Titel des *Odhecaton* lässt auf die Anlage einer Serie schließen, die Petrucci 1502 bzw. 1504 mit den Sammlungen *Canti B* und *Canti C* weiterführte. Auch den nächsten Publikationen liegt ein zusammenhängendes Konzept zugrunde: *Motetti A* (1502) wird vierteilig angelegt (*Motetti B* 1505, *Motetti C* 1504, *Motetti IV* 1505), 1504 beginnt die elfteilige Frottolenserie. Daneben publizierte er eine Reihe von ▸ Individualdrucken mit Messen der renommiertesten Komponisten der Zeit, darunter ▸ Josquin Desprez, Jacob ▸ Obrecht, Antoine ▸ Brumel, Pierre de la ▸ Rue, Heinrich ▸ Isaac und Alexander ▸ Agricola. Das erste Buch mit Intavolierung, eine Sammlung von Lautenwerken Francesco Spinacinos samt einer aufführungspraktischen Einleitung, erschien 1507. Wie erfolgreich Petruccis Musikdrucke waren, belegt die Tatsache, dass er viele seiner Drucke in kurzen Zeitabständen mehrmals auflegte. Der letzte Band, der in Venedig erschien, war ein Partiturdruck für Laute und Singstimme mit Werken von Francesco Bossiniensis. Er ist mit 17.3.1509 datiert.

Die politisch und wirtschaftlich instabile Lage sowie das Kursieren der Pest dürften mit dazu beigetragen haben, dass Petrucci seine Tätigkeit in Venedig einstellte und sein Lebenszentrum wieder verstärkt in seiner Heimatstadt Fossombrone suchte. Schon in den Jahren zuvor hatte er öffentliche Ämter in der Stadtverwaltung wahrgenommen und gute Kontakte zum Bischof von Fossombrone, dem Theologen Paulus de Middelburgh, gepflegt. Für ihn verlegte er zwei Abhandlungen, die ausnahmsweise nichts mit Musik zu tun hatten. Nach zweijähriger Unterbrechung setzte Petrucci in Fossombrone seine Tätigkeit im Notendruck fort, nun allerdings mit geringerer Intensität und etwas geringerer Druckqualität. Das Nachdrucken von erfolgreichen eigenen Ausgaben sowie das Abschließen von begonnenen Serien standen im Zentrum. Der Konkurrenzdruck am Markt, insbesondere die Ambitionen des Druckers Andrea ▸ Antico, veranlassten Petrucci, um ein weiteres Druckprivileg, diesmal beim Papst, anzusuchen. Am

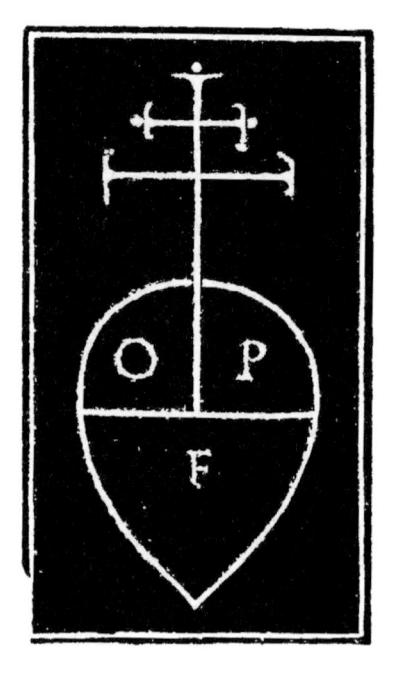

Petruccis Druckersignet, aus: *Harmonice musices Odhecaton A*, Venedig 1501

2.10.1513 wurde ihm dieses für 15 Jahre gewährt. Zusätzlich verlängerte er 1516 auch das venezianische Privileg um fünf Jahre. Zu den neuen Publikationen in Fossombrone zählen ein dritter Messenband von Josquin (1514), der Beginn einer neuen, vierteiligen Motettenserie (*Motetti de la Corona*, 1514–1519) und ein Band mit Vertonungen von Petrarca-Texten von Bernardo Pisano (1520). In der Folgezeit war Petrucci als Besitzer von zwei Papiermühlen vor allem an der Produktion von Papier interessiert. Möglicherweise kehrte er 1536 nach Venedig zurück. Sein Sterbeort und sein Grab sind unbekannt.

Petruccis Verdienst liegt in der Bereitstellung eines internationalen wie nationalen Repertoires in einem neuen Medium. In seinen Musikdrucken deckte er sowohl die eher konservative liturgische Musik ab als auch moderne Strömungen innerhalb der weltlichen Musik. Damit bediente er einen breiten Markt, der von professionellen Musikensembles an Hofkapellen, reinen Musiksammlern bis hin zu privat musizierenden Amateuren reichte. Seine Drucke bekamen sowohl in ihrer äußeren Form als auch inhaltlich Vorbildwirkung und trugen durch die Nutzung von weit gespannten europäischen Handelswegen wesentlich zur Rezeption der ▸ frankoflämischen Musik des 15. Jahrhunderts bei. Die damit verbundenen wirtschaftlichen Aspekte lassen Musik erstmals als ›Ware‹ verstehen.

Ausgaben:
Frottole libro primo und *Frottole libro quinto*, hrsg. von R. Schwarz, Leipzig 1935; *Harmonice musices odhecaton A*, hrsg. von H. Hewitt, Cambridge/Mass. 1942; *Canti B numero cinquanta* (Monuments of Renaissance Music 2), Chicago 1967; *Motetti A numero trentatre* (Sixteenth-Century Motet 1), New York 1991; *Motetti C* (Sixteenth-Century Motet 2), New York 1991; *Motetti libro quarto* (Sixteenth-Century Motet 3), New York 1991; *Motetti de la corona* (Sixteenth-Century Motet 4 und 5), New York 1991; *Frottole libro undecimo*, hrsg. von F. Luisi u.a., Padua 1997; *Frottole libro septimo* und *Frottole libro nono*, hrsg. von F. Facchin u.a., Padua 1999; *Motetti de Passione, de Cruce, de Sacramento, de Beata Virgine et huiusmodi B* (Monuments of Renaissance music 11), Chicago 2002.

Literatur:
M. Staehelin, *Petruccis Canti B in deutschen Musikdrucken des 16. Jahrhunderts*, in: *Gestalt und Entstehung musikalischer Quellen im 15. und 16. Jahrhundert* (Wolfenbütteler Forschungen 83), hrsg. von dems., Wiesbaden 1998, S. 125–131 • *Ottaviano Petrucci. 1501–2001* (Basler Jahrbuch für Historische Musikpraxis 25), hrsg. von P. Reidemeister, Winterthur 2002 • *Venezia 1501: Petrucci e la stampa musicale. Kongressbericht Venedig 2001* (Studi musicologici 6), hrsg. von G. Cattin und P. Dalla Vecchia, Venedig 2005 • St. Boorman, *Ottaviano Petrucci. Catalogue Raisonné*, Oxford 2006.

ALB

Peverara [Peperara], Laura
* um 1550 Mantua, † 4.1.1601 Ferrara

Die italienische Sängerin, Tänzerin und Harfenistin entstammte den höfischen Kreisen Mantuas und war eine hervorragende Musikerin von großem Können. Torquato ▸ Tasso, der sie 1563 oder 1564 kennenlernte, und andere Schriftsteller verfassten zahlreiche Lobgedichte auf sie und ihre Kunst. Außerdem wurden in den 1580er Jahren drei Madrigalsammlungen ihr zu Ehren zusammengestellt. Peverara war führendes Mitglied des berühmten Ferrareser ▸ Concerto delle donne. Am 22.2.1583 heiratete sie den Grafen Annibale Turco aus Ferrara. Es existiert noch eine reich verzierte zweireihige Harfe, die 1581 für sie angefertigt wurde (▸ Harfe).

Literatur:
A. Newcomb, *The Three Anthologies for Laura Peverara, 1580–1583*, in: Rivista italiana di musicologia 10 (1975), S. 329–345 • Ders., *Peverara, Laura*, in: Grove, Bd. 19, 2001, S. 530.

CV

Pevernage, Andreas
* 1542/43 Harelbeke, nahe Courtrai, † 30.7.1591 Antwerpen

Der Komponist wurde 1563 Kapellmeister an St. Salvator in Brügge und im gleichen Jahr an Notre Dame in Courtrai. Pevernage arbeitete dort mit der Cäcilien-Bruderschaft zusammen, deren Vorstehern er zwischen 1570 und 1576 je eine Komposition aus *Cantiones aliquot sacrae* (1578) widmete. 1585 wurde er als ›zangmeester‹ an Notre Dame nach Antwerpen berufen, wo er die zerstörte Musikbibliothek wieder aufbaute und in seinem Hause wöchentliche musikalische Veranstaltungen bot. Nachweislich wurde dort seine siebenstimmige Cäcilien-Hymne *O Virgo generosa* aufgeführt, sicherlich war es auch der Ort der Darbietung seiner Chansons, auf denen das Hauptgewicht seiner kompositorischen Tätigkeit lag.

Die ▸ Chansons wurden in vier Büchern zwischen 1589 und 1591 in der Antwerpener Druckerei Christoffel ▸ Plantins publiziert.

Das erste Buch enthält einen Epitaph für den im Jahr des Drucks des ersten Buches verstorbenen Plantin (No. 26 und 27), dessen zweiter Teil seine großen Bemühungen als Drucker preist. Das Buch enthält nur ▸ Chansons spirituelles, die Pevernage laut Vorwort nicht mit weltlichen Chansons mischen wollte, und schließt mit dem lateinischsprachigen *Pater noster*; das Buch ist denn auch dem ihm befreundeten Geistlichen Pierre Simons, Erzbischof von Zypern und ehemals Priester an St. Martin in Coutrai gewidmet. Dass sechs der Textvorlagen von Clément ▸ Marot stammen, verweist darauf, dass die Psalmbearbeitungen von Marot auch im katholischen Bereich akzeptiert wurden, zumal auch die Genfer Melodien (▸ Calvinistische Musik) benutzt wurden (Hoekstra, Vorwort 1. Band, S. XV; ein weiterer Text, der zugeordnet werden kann, ist von Guillaume Guéroult). Die fünfstimmigen Chansons beginnen imitierend, meist mit zwei verschiedenen Motiven auf zwei und drei Stimmen verteilt, zum Teil mit dem gleichzeitigen Einsatz von zwei oder drei Stimmen nach imitatorischem Beginn der anderen; sie lehnen sich an motettische Kompositionsweise an.

Die drei weiteren Bücher enthalten weltliche Chansons auf Texte von Marot, Philippe ▸ Desportes, Pierre de ▸ Ronsard, Mellin de Saint-Gelais, Jan van der Noot; die Textdichter vieler Chansons sind allerdings unbekannt (siehe dazu die Vorworte in der Ausgabe von Hoekstra). Interessant ist, dass Pevernage poetische ▸ Rondeau-Formen von Texten Marots vertonte, also ▸ Formes fixes, die im 16. Jahrhundert eigentlich überholt waren, und für die er einen durchimitierenden Stil wählte, während viele andere Chansons homophon mit dem gleichzeitigen Einsatz von vier der fünf Stimmen beginnen. Chansons mit dramatisch angelegten Texten nähern sich dem ▸ Madrigal an und zeugen für die Rezeption des Madrigals in den spanischen Niederlanden, zumal Pevernage 1583, also vor der Publikation seiner Chansons, auch eine Sammlung von Madrigalen, *Harmonia celeste*, mit sieben Madrigalen von ihm selbst herausgegeben hat. Zu den madrigalischen Kompositionen gehört beispielsweise die Chanson *Comme le Chasseurs* (No. 10) im dritten Buch mit dem Kontrast schneller Notenwerte auf «chasseur» gegen langsamere und in sich kreisende ›circulatio‹-Motive auf »la mort«. Nicht umsonst erwähnt Joachim ▸ Burmeister in seiner *Musica poetica* (1606) Pevernage als Vorbild.

Am Ende des dritten Buches befinden sich vier, am Ende des vierten zwei lateinische geistliche Chansons. Das vierte Buch enthält sechsstimmige und eine Anzahl achtstimmiger zweichöriger Chansons. Das Buch beginnt mit einem Lobgesang auf die Stadt Antwerpen (No. 1–3), eine andere Komposition (No. 13–15) ist ein Epitaph auf ▸ Karl den Kühnen. In allen Büchern sind einige separat nummerierte Chansons Teil zusammengehöriger mehrteiliger Kompositionen, die motettische Mehrteiligkeit auf die Chansons übertragen und sie somit eigentlich zu einem ‹Cantus mediocris› (▸ Tinctoris) werden lassen. Pevernages Chansons sind zudem in verschiedenen Sammlungen erschienen, drei weitere Chansons, die nicht in seinen Büchern publiziert sind, sind in *Le Rossignol musical des chansons* (1597) enthalten.

Außer den Chansons spirituelles hat Pevernages weitere geistliche und liturgische Kompositionen verfasst, darunter die oben erwähnten sechs- bis achtstimmigen *Cantiones aliquot sacrae* (1578), die 1602 in erweiterter Form als Cantiones sacrae mit zusätzlichen Motetten erschienen. Diese Sammlung enthält 25 lateinische Huldigungskompositionen (Elogen, ebenfalls in motettischer Satzart) für weitere hochstehende Personen (z.B. für die Statthalterin Margarete von Parma); Motetten als Huldigungen waren zwar seit dem späten 14.

Jahrhundert nichts Besonderes (▸ Ciconia), auffällig ist hier jedoch die Vielzahl der Stücke in einer Sammlung, die den Vergleich mit Caspar ▸ Othmayrs ebenfalls außergewöhnlicher Sammlung der *Symbola* (1547) nahelegt. Von Pevernage sind zudem sechs Messen und seine für die Antwerpener Bruderschaft komponierten *Laudes vespertinae* publiziert, beide erst postum 1602 und 1604.

Pevernage ist auch Komponist von fünf ▸ Bildmotetten – Kompositionen, die eigens zur Abbildung auf Stichen komponiert sind; zwei davon sind auf Stichen von Jan I. Sadeler (1550–1660) und drei auf Stichen von Adrian Collaert wiedergegeben. Interessant ist vor allem die neunstimmige Motette auf Sadelers Stich *Die Engel verkünden den Hirten die Geburt Christi* von 1586: Neun Engel schweben auf Wolken über den erwachenden Hirten und halten Notenblätter, drei im Längsformat mit jeweils fünf Systemen, vier im Querformat mit zwei Systemen und ein langes Blatt für die Tenorstimme mit nur einem System. Die Stimmen sind mit römischen Ziffern durchnummeriert, alle singen den Verkündigungstext der Engel »Gloria in excelsis Deo et in terra pax hominibus bonae voluntatis«. Die zweite Bildmotette für Sadeler ist die vierstimmige *Dignus es Domine*, die beiden fünfstimmigen *Laude pia dominum* und *Osculetur me* sowie die sechsstimmige *Nata et grata polo* sind für die Stiche Collaerts komponiert.

Ausgaben:
The Complete Chansons (Recent Researches of the Music of the Renaissance 60–64), hrsg. von G.R. Hoekstra, 4 Bde., Madison 1983.

Literatur:
I. Bossuyt / J. van Deun (Hrsg.), *Andreas Pevernage (1542/43–1591). Beeldmotetten*, Brügge 1985 • G.R. Hoekstra, *The Reception and Cultivation of the Madrigal in Antwerp and the Low Countries, 1555–1620*, in: Musica Disciplina 48 (1994), S. 125–187 • M. Zywietz, *Pevernage*, in: MGG², Bd. 13 (Personenteil), 2005, Sp. 451–452.

ES

Pfeifen (Pfeiffen)

Unter ›Pfeiffen‹ verstand man Holzblasinstrumente im Gegensatz zu den Horninstrumenten, insbesondere Flöten oder auch Schalmeien. ›Querpfeiffen‹ (Querflöten) sind am Beginn des Triumphzugs Kaiser ▸ Maximilians I. abgebildet (▸ Burgkmair). Weitere Bedeutungen betreffen eine hohe schrille Flöte und eine Eintonflöte (im Gegensatz zu Flöten mit Grifflöchern).

Literatur:
C. Sachs, *Reallexikon der Musikinstrumente*, Berlin 1913, Reprint Hildesheim 1979.

Phalèse, Familie

Die Drucker- und Verlegerfamilie Phalèse, die flämischer Herkunft war, war in der 2. Hälfte des 16. Jahrhunderts in drei Generationen zunächst in Löwen, dann in Antwerpen tätig.

Pierre (I) Phalèse († zw. 1574 und 1577 Löwen) war zunächst Buchhändler und arbeitete in Kooperation mit der Löwener Universität. Ab 1545 betrieb er einen eigenen Verlag, in dem er 1545–1547 neben allgemeiner Literatur fünf Bände mit Lautenmusik publizierte. Ab 1552 spezialisierte er sich auf Musik, erhielt dafür im selben Jahr ein Druckerprivileg und eröffnete zusätzlich eine eigene Druckwerkstätte. Phalèse konzentrierte sich in seinen Produktionen auf das Repertoire niederländischer Komponisten, insbesondere auf Werke von Jacobus ▸ Clemens non Papa und Thomas ▸ Crecquillon. Ein besonderes Interesse brachte er dem Schaffen von Orlande de ▸ Lassus entgegen, das von 1560 an (*Tiers livre des chansons*) bis zu seinem Tod im laufenden Programm war. Anfang der 1560er Jahre erschienen auch liturgische Musikdrucke in Hufnagelnotation. 1563 knüpfte er an seine ersten Publikationen an und druckte unter dem Reihentitel *Teatrum musicum* zahlreiche Bände mit Musik für Lauteninstrumente, darunter Cister und Gitarre, die eine wichtige Rolle in der Verbreitung und Internationalisierung von Instrumentalmusik spielten. Ab 1570 arbeitete er mit dem Antwerpener Buchhändler Jean Bellère zusammen, der ein weites Vertriebsnetz aufgebaut hatte. Bei einem Besuch bei dem Antwerpener Drucker Christoffel ▶ Plantin wurde ihm das hohe Niveau seiner Handwerkskunst bestätigt.

Nach seinem Tod übernahm sein Sohn Pierre (II) Phalèse, der Jüngere († 13.3.1629 Antwerpen) das Unternehmen, verlegte es nach Antwerpen und setzte dort die Zusammenarbeit mit Bellère bis zu dessen Tod fort. Seine Produktion war auf die Gattung des italienischen Madrigals konzentriert, das er sowohl in zahlreichen Sammeldrucken als auch in Individualdrucken publizierte. Neben Nachdrucken italienischer Notendrucke erschien bei ihm die Erstausgabe der Madrigale Girolamo Frescobaldis. Seine Töchter Madeleine und Marie führten das Unternehmen bis zur Auflösung Mitte des 17. Jahrhunderts weiter.

Literatur:
H. Vanhulst, *Les Phalèse éditeurs et imprimeurs de musique à Louvain*, Diss. Brüssel 1984 • ders., *Catalogue des éditions de musique publiées à Louvain par Pierre Phalèse et ses fils 1545–1578*, Brüssel 1990 • A.T. Gross, *The Firm of Phalèse: a Modest Venture*, in: Yearbook of the Alamire Foundation 2 (1997), S. 269–278.

ALB

Philipp der Gute
* 31.7.1396 Dijon, † 15.6.1467 Brügge

Der Herzog von ▶ Burgund (ab 1419) vermochte ohne größere Kriege das burgundische Reich durch Kauf und Erbe zu erweitern und dem Herzogtum zu europäischer Geltung zu verhelfen. Er schloss 1420 ein Bündnis mit England, indem er Heinrich V. von England als französischen Thronfolger anerkannte, aber 1435 auch mit dem französischen König ▶ Karl VII. den Frieden von Arras, in dem er neue Gebiete und die Entbindung von allen Lehnspflichten erhielt. – Unter Philipps Herrschaft entwickelte sich auf der Grundlage einer wirtschaftlich blühenden Region die burgundische Hofkultur, die als vorbildlich in Europa galt. 1430 wurde der Orden vom Goldenen Vließ gegründet anlässlich der dritten Hochzeit Philipps des Guten. Der Herzog hatte mit über 20 Musikern um die Jahrhundertmitte eine der größten europäischen Kapellen; Mitglieder waren u.a. Nicholas ▶ Grenon, Gilles ▶ Binchois, Robert ▶ Morton und Gilles ▶ Joye, zeitweilig gehörte ihr auch Guillaume ▶ Dufay an. Gepflegt wurde neben der geistlichen Musik für die Gottesdienste insbesondere die ▶ Chanson.

Literatur:
C. Wright, *Music at the Court of Burgundy, 1364–1419: a Documentary History*, Henryville/Pennsylvania 1979.

Philipp II.
* 21.5.1527 Valladolid, † 13.9.1598 El Escorial bei Madrid

Philipp II. war Sohn ▶ Karls V., dessen Bestreben, Philipp als seinen Nachfolger im Reich einzusetzen, an den Interessen von Karls Bruder ▶ Ferdinand I. scheiterte. Nach Karls Abdankung wurde er 1556 spanischer König. 1554 heiratete er in zweiter Ehe die englische Königin Maria I. Tudor (reg. 1553–1558). Nach einem siegreichen Krieg mit Frankreich bekam er 1560 die Tochter ▶ Heinrichs II., Isabel de Valois, zur Frau. Philipp machte Madrid zur Hauptstadt und begann 1563 mit dem Bau des Escorial. In Glaubensfragen konnte Philipp die Reformation in Spanien verhindern, in den nördlichen Niederlanden jedoch nicht, die sich unabhängig machten; die südlichen Niederlande blieben nach der Teilung 1585 in spanischem Besitz. Sein Versuch, England mit der Armada zu unterwerfen, scheiterte, ein Krieg gegen Frankreich 1594 endete kurz vor seinem Tod ohne gewichtige Ergebnisse. – Philipp führte die beiden Hofkapellen Karls V. fort, die größere ›capilla flamenca‹ und die kleinere ›capilla española‹. Die ›capilla flamenca‹ erlebte unter Philipp II. einen Aufstieg, da er zahlreiche Sänger aus den Niederlanden rekrutieren ließ. Um die Jahrhundertmitte war der Organist Antonio de ▸ Cabezón im Dienst Philipps. Die volkssprachige Liedtradition des ▸ Villancico, die u.a. die Hofkomponisten Philippe ▸ Rogier und Géry de Ghersem pflegten, schloss Philipp vom Musizieren der Hofkapelle aus, indem er 1596 verordnete, dass nur noch lateinische Texte gesungen werden durften. Giovanni Pierluigi da ▸ Palestrina widmete dem »katholischen König« sein zweites Messenbuch. Der König erhob jedoch Einspruch gegen eine an den Deklamationsprinzipien des Komponisten orientierte Choralreform. – Philipp II. beschäftigte zahlreiche Instrumentalisten und hatte eine reiche Instrumentensammlung mit ca. 135 Blasinstrumenten, 40 Streich- und Zupfinstrumenten, 11 Tasteninstrumenten und verschiedenen Instrumenten chinesischer Provenienz.

Literatur:
▸ Spanien.

Philips, Peter
* um 1561 London, † um 1628 Brüssel

Der Organist und Komponist wird erstmals 1575 als Chorknabe an der Kathedrale Saint-Paul von London erwähnt, wo er bis 1582 aktiv blieb. Aus dieser Londoner Zeit ist eine *Pavan* (1580) für Tasteninstrument erhalten, die im *Fitzwilliam Virginal Book* kopiert wurde. Da er katholischen Glaubens war, floh er vor den anglikanischen Verfolgungen und flüchtete nach Brüssel (August 1582). Nach einem kurzen Aufenthalt am englischen Kolleg von Douai kam er am 20. Oktober in Rom an. Als Schützling des Kardinals Alessandro ▸ Farnese erhielt er dort den Posten des Organisten am Collegio Inglese (1582–1585) und führte seine musikalische Ausbildung bei Felice ▸ Anerio, dem Kapellmeister der Einrichtung, fort. Er trat anschließend in den Dienst von Lord Thomas Paget, einem exilierten Landsmann, und begleitete ihn auf seinen zahlreichen Reisen durch ganz Europa (1585–1590), auf denen sie Genua (September 1585), Madrid (Oktober 1585), Paris (1587–1588) und Brüssel (1589) besuchten. Als Hommage an ihn oder an ein Mitglied seiner Familie komponierte er eine *Pavane* und eine *Gaillard Paget* (*Fitzwilliam Virginal Book*).

1591 setzte er sich nach dem Tod seines Schutzherrn in Antwerpen fest, heiratete und machte sich als Autor von Madrigalen im italienischen Stil bekannt; sein Name erschien somit an der Seite von Luca ▸ Marenzio, Giovanni Maria ▸ Nanino, Giovanni Pierluigi da ▸ Palestrina und Cornelius Verdonck in den *Melodia olympia* (1591) von Pierre ▸ Phalèse. Er begab sich dann nach Amsterdam, wo er sehr wahrscheinlich Jan Pieterszoon ▸ Sweelinck traf; jedoch wurde er verdächtigt, an einem Komplott gegen ▸ Elisabeth I. teilgenommen zu haben, wurde in Middelburg eingesperrt und verbrachte das Jahr 1593 im Gefängnis; dort komponierte er insbesondere eine *Pavan & Galliard Dolorosa*. Wieder in Freiheit kehrte er nach Antwerpen zurück und festigte seinen Ruf als Madrigalist mit einem *Primo libro de madrigali* (1596) zu sechs Stimmen, danach einer Sammlung von *Madrigali* (1598) zu acht Stimmen und einem *Secondo libro de madrigali* (1603) zu sechs Stimmen. In der Zwischenzeit trat er am 4. August 1597 in den Dienst des Erzherzogs Albert als Organist ein, eine Stelle, die er bis zu seinem Tod innehatte (1597–1628).

Nachdem er seit 1592 Wittwer war, erhielt er die niedrigen Weihen am 24. März 1609. Sein Werk erhielt eine neue Orientierung, er widmete sich im wesentlichen dem religiösen Repertoire. Sein bedeutendes Schaffen auf diesem Gebiet blieb tief durch die römische Ästhetik geprägt und spiegelte seine Aktivität in der erzherzoglichen Kapelle wieder. Obwohl drei seiner Motetten schon im *Hortus musicalis* (1609) von Herrer publiziert wurden, wurde er doch mit seinen 69 *Cantiones sacrae* (1612, ²1617) zu fünf Stimmen und im folgenden Jahr mit seinen 30 neuen *Cantiones sacrae* (1613, ²1625) zu acht Stimmen berühmt. Es folgten dann die *Gemmulae sacrae* (1613) und die *Deliciae sacrae* (1616), Sammlungen von Motetten für eine, zwei oder drei Stimmen und Orgel. Im selben Jahr 1616 arbeitete er an den Bass-Stimmen einer Anthologie von Cantiques spirituels: *Les rossignols spirituels* (1616, ⁴1647). Man verdankt ihm auch eine Sammlung von *Litaniae Beatae Mariae Virginis* (1623) und eine umfangreiche Sammlung von 106 Motetten für eine, zwei oder drei Stimmen mit Orgel, die in der Nachfolge der *Gemulae* und *Deliciae* steht: die *Paradisus sacris cantionibus* (1628).

Ausgaben:
The Fitzwilliam Virginal Book, hrsg. von J.A. Fuller Maitland und W.B. Squire, Leipzig 1894–1899, ²1963; *Select Italian Madrigals*, hrsg. von J. Steele, London 1970 (Musica Britannica 29); *Fifteen Motets for Solo Voice and Continuo*, hrsg. von L. Pike, Newton Abbot 1991; *Cantiones Sacrae Octonis Vocibus (1613)* (Musica Britannica, 61), hrsg. von J. Steele, London 1992; *Cantiones Sacrae Quinis Vocibus (1612)*, hrsg. von J. Steele, Dunedin 1992; *Complete Keyboard Music* (Musica Britannica 75), hrsg. von D.J. Smith, London 1999.

Literatur:
P. Bergman, *L'organiste des archiducs Albert et Isabelle: Peter Philips*, Gand 1903 • J. Steele, *Calendar of the Life of Peter Philips*, in: Peter Philips: Select Italian Madrigals (Musica Britannica 29), hrsg. von J. Steele, London 1970, S. XVI–XXI • G. Spiessens, *De Antwerpse Periode van Peter Philips ca 1561–1628*, in: *Musica Antiqua* 7 (1990), S. 108–113 • D.J. Smith, *Further Light on Peter Philips*, in: *Annual Byrd Newsletter* 3 (1997), S. 8–9 • R. Taylos, *Peter Philips (c.1560 – c. 1628): Composer, Priest and Man of Intrigue*, in: The Lute 41 (2001), S. 28–38 • A. Baumann, *Madrigal und Chanson auf Tasteninstrumente: Poetisch-musikalische Bearbeitungen von Peter Philips*, Frankfurt am Main 2003.

FG

Philosophie ▸ **Naturphilosophie**, ▸ **Moralphilosophie**

Physik ▸ **Naturphilosophie**, ▸ **Pythagoreisches System**

Pico della Mirandola, Giovanni
* 24.2.1463 Mirandola (bei Modena), † 17.11.1494 Florenz

Der wohl bekannteste italienische Humanist, Philosoph und Theologe des 15. Jahrhunderts gilt als Inbegriff des neuen Menschen- und Gelehrtentyps der Renaissance. Diesen Ruf erwarb Pico durch die Neudefinition des Menschenbildes in seiner Rede *De dignitate hominis* (1486). Dort begründete er die besondere Würde des Menschen mit seiner Sonderstellung als einziges freies und selbstbestimmtes Lebewesen der gesamten Schöpfung.

Pico entstammte der wohlhabenden Familie der Grafen von Mirandola und Concordia. Nach dem Studium (1477–1482) des kanonischen Rechts in Bologna, der Literatur in Ferrara und der scholastischen Philosophie in Padua kam er 1484 als Protegé der Medici nach Florenz und wurde Mitglied der Platonischen Akademie Marsilio ▸ Ficinos. Gestützt auf profunde Kenntnisse des Neoplatonismus, des scholastischen Aristotelismus sowie der klassischen und semitischen Philologie stellte Pico

1486 in Rom mit seinen 900 *Conclusiones* den Entwurf eines neuen Weltbildes mit einer Religion aus heidnischen, christlichen, islamischen und jüdisch-kabbalistischen Elementen öffentlich zur Diskussion. Damit zog er sich seitens der Kurie die Verurteilung als Häretiker zu. Vor der Verfolgung durch Papst Innozenz VIII. floh Pico nach Frankreich, konnte nach seiner Verhaftung in Lyon aber erst 1488 auf Fürsprache Lorenzo de' Medicis nach Florenz zurückkehren, wo er die letzten Jahre seines Lebens mit der Arbeit an weiteren theologischen und philosophischen Werken verbrachte. Er wurde als Anhänger ▸ Savonarolas noch zu Lebzeiten (1492) durch Papst Alexander VI. rehabilitiert.

Weitgehend unerforscht ist die musikalische Seite des Universalgelehrten Pico und seiner philosophisch-theologischen Schriften. In seiner Jugend soll er Musikunterricht erhalten und komponiert haben. Sicher ist, dass er wie andere Mitglieder der Akademie Ficinos in diesem Kreis eigene Gedichte mit Gesang und Instrumentalbegleitung vorgetragen hat. Da Pico einen Großteil seiner Dichtungen später vernichtete, wird sich jedoch die Frage nach den Vertonungen seiner poetischen Werke nicht mehr vollständig klären lassen. Pico war allerdings auch einer der bedeutendsten Sammler von Musiktraktaten des 15. Jahrhunderts. Nach dem posthum (1498) von seiner Bibliothek angefertigten Inventar besaß er Handschriften antiker Musiktheoretiker wie Ptolemaios, Augustinus und Boethius, aus Mittelalter und Renaissance die *Flores musice* des Hugo Spechtshart von Reutlingen, die *Theorica musicae* von Franchino ▸ Gaffurio oder die *Musica practica* von Bartolomé ▸ Ramos de Pareja. In seinem Besitz sollen sich außerdem Ficinos *Epistola de rationibus musicae* und Nicolò ▸ Burzios *Musicae opusculum* befunden haben. Nach dem Tode Picos wurde seine Bibliothek von dem Paduaner Handschriftensammler Domenico Kardinal Grimani (1461–1523) erworben. Sie stand damit wahrscheinlich Grimanis Schützling, dem Musiktheoretiker Erasmus von Höritz, für die Arbeit an seiner *Musica speculativa* (1506) zur Verfügung. Die Bestände der Bibliothek Picos selbst sind nicht erhalten, da sie Grimani dem Kloster San Antonio di Castello in Venedig vermacht hat, das bei einem Brand im Jahre 1684 fast vollständig zerstört wurde.

Schriften:
Opera omnia, hrsg. von E. Garin, 2 Bde., Turin 1972.

Literatur:
E. Monnerjahn, *Giovanni Pico Della Mirandola, ein Beitrag zur philosophischen Theologie des italienischen Humanismus* (*Veröffentlichungen des Instituts für Europäische Geschichte Mainz* 20), Wiesbaden 1960 • H. Goldbrunner, *Zu den Gedichten des jungen Pico della Mirandola*, in: Archiv für Kulturgeschichte 49 (1967), S. 105–110 • D. Baker, *Giovanni Pico della Mirandola, 1463–1494, sein Leben und sein Werk*, Dornach 1983 • C.V. Palisca, *Humanism in Italian Renaissance Musical Thought*, New Haven/Connecticut und London 1985 • W.A. Euler, *Pia philosophia et docta religio, Theologie und Religion bei Marsilio Ficino und Giovanni Pico della Mirandola* (*Humanistische Bibliothek*, Reihe 1, *Abhandlungen*, 48), München 1998.

DG

Pietro Bono de Burzellis [Pietrobono del Chitarino]

* um 1417 Ferrara, † 20.9.1497 ebenda

Der Lautenist und Sänger erhielt seine Ausbildung wahrscheinlich bei dem am Hof von ▸ Ferrara dienenden Leonardo dal Chitarino. Unter Leonello d'Este erstmals am Hofe angestellt, blieb Pietro Bono mit Unterbrechungen bis 1494 mit ständig steigenden Gehältern im Dienst der ▸ Este. Er war außerordentlich berühmt, so dass er an die größten italienischen Höfe gerufen wurde. Zwischen 1456 und 1461 stattete er Francesco I. ▸ Sforza in ▸ Mailand Besuche ab, 1476–1482 erhielt er eine Anstellung bei König ▸ Ferdinand I. von ▸ Neapel.

Ende der 1480er Jahre weilte er am ungarischen Hof. Pietro Bono wurde von vielen Literaten verherrlicht und mit Orpheus verglichen; auch von Johannes ▶ Tinctoris wurde er gerühmt.

Der Lautenist wurde insbesondere für seine Improvisationskunst gepriesen. Einige seiner berühmten Lautenimprovisationen sind in der um 1455–1465 in Ferrara entstandenen Handschrift P-Pm, 714 festgehalten. Er hat sich zunächst der seit Guarinos Lehre aktuellen Praxis des Rezitierens von Gedichten zur Laute angeschlossen und später instrumentale Melodien über Tenorstimmen improvisiert. Pietro Bono war nicht nur ein ausgezeichneter Improvisator, sondern auch in polyphoner Musik bewandert. Seine Spieltechnik wird in Aurelio Brandolinis *Libellus de laudibus musicae et Petri Boni Ferrariensis ad summam maiestatem regis Ferdinandi* (I-Lc ms 515) in Bezug auf ein Konzert in Neapel (1473) beschrieben: Er benutzte ein Plektrum, improvisierte auf einer Cithara englische, französische, italienische und spanische Stücke, wobei er rhythmische Veränderungen, Verzierungen und die Variation von Motiven anbrachte; er soll mit sehr ausdruckshafter Gestik gespielt haben.

Literatur:
L. Lockwood, *Pietrobono and the Instrumental Tradition at Ferrara in the Fifteenth Century*, in: Rivista italiana di musicologia 10 (1975), S. 115–133 • Ders., *Music in Renaissance Ferrara. The Creation of a Musical Center in the Fifteenth Century*, Oxford 1984, S. 95–108 • P. Prosser, *Pietro Bono de Burzellis*, in: MGG², Bd. 13 (Personenteil), 2005, Sp. 573–574.

Piffero (Piffaro)

Der Begriff wird zum einen für die kleine Flöte, zum anderen für die hohen ▶ Schalmeienarten gebraucht. Er tritt zur Bezeichnung der in italienischen Städten angestellten Instrumentalisten auf (›Pifferi‹).

Pilgertum

Pilgertum bezeichnet das Phänomen der vor allem religiös motivierten individuellen oder kollektiven Reisen von Gläubigen zu einem als heilig angesehenen Ort. Das Wort ›Pilger‹ ist auf das lateinische ›peregrinus‹ zurückzuführen und bezeichnet den Reisenden damit ursprünglich als einen Fremden: Er hat seine vertraute und sichere Umgebung verlassen und sich in die Fremde begeben. Der Weg zu dem jeweiligen Wallfahrtsort war oft mit den Unannehmlichkeiten eines langen und anstrengenden Fußmarsches verbunden; viele Gefahren wie wilde Tiere, Diebe oder schwere Witterungsbedingungen waren zu überstehen und kosteten mindestens zehn Prozent der Pilger den Tod. Die Pilgerreise wurde dementsprechend als persönliches Opfer verstanden, von dem man sich die Vergebung begangener Sünden, die Abwendung einer Katastrophe oder die Heilung einer Krankheit versprach. Genährt wurde diese Hoffnung durch zahlreiche Berichte von Wunderheilungen u.ä., die an einem Wallfahrtsort geschehen seien. Gegenstand der Verehrung waren meistens Reliquien eines Heiligen oder Jesu Christi, später auch Bilder (vor allem der Gottesmutter Maria). Entsprechend wurden verschiedene Arten der Wallfahrt unterschieden: Heiligen- und Märtyrerwallfahrten, Reliquienwallfahrten, Marienwallfahrten und Christuswallfahrten.

Durch bestimmte Utensilien wie eine Pilgertasche oder einen Pilgerstab waren die Wallfahrer schon auf ihrem Weg als solche zu erkennen. Am Wallfahrtsort konnten sie dann sogenannte ›Pilgerzeichen‹ erwerben, die bei der Rückkehr als Nachweis des besuchten Ortes dienten. Solche Pilgerzeichen waren etwa die Jakobsmuschel in Santiago de Compostela, Pergamentzettel oder Gittergüsse, später auch Münzen und Medaillen. Sie wurden in großen Mengen produziert: In Einsiedeln beispielsweise wurden 1466 innerhalb von zwei Wochen 130.000 Medaillen verkauft.

Mit der Zeit bildeten sich bestimmte Routen zu den Wallfahrtsorten heraus. Durch den Bedarf an Versorgung und Beherbergung der Pilger entwickelten sich längs dieser Routen Infrastrukturen, die die Pilgerwege auch zu Handelswegen werden ließen. Darüber hinaus konnte sich Kultur über diese Wege verbreiten, sodass deren Erforschung vor allem für die romanische Philologie und Kunstgeschichte sowie für die Musikwissenschaft von Interesse sind. Eine nicht religiös begründete Motivation für die Unternehmung einer Pilgerreise mag daher auch ein für die Renaissance typisches Interesse am Reisen selbst und an der persönlichen (kulturellen) Horizonterweiterung gewesen sein. So hat das Pilgertum einiges an Literatur hervorgebracht: Zum einen gab es Reiseführer, die den günstigsten Weg zu einem Wallfahrtsort beschrieben, vor möglichen Gefahren warnten und von den Sitten und Gebräuchen der fremden Länder berichteten, wie beispielsweise Charles Estiennes 1552 erschienenes *Les voyages de plusieurs endroits de France et encore de la Terre sancte, d'Espaigne, d'Italie et autre pays*; zum anderen entstanden aber auch im Kontext einer Pilgerreise angesiedelte Erzählungen wie Geoffrey Chancers *Canterbury Tales* aus dem 14. Jahrhundert oder im 16. Jahrhundert kurze italienische und französische Dramen über Wunder, die auf dem Weg nach Santiago de Compostela geschahen.

Ähnlich international und interkulturell ist das musikalische Repertoire, das im Zusammenhang mit Pilgerreisen entstand und auf dem Weg zum Wallfahrtsort oder bei Prozessionen an diesem musiziert wurde: Oft waren das Formen wie Hymnen oder wiederholte Kehrverse, die über eine gewisse ›Massenkompatibilität‹ verfügten und gut von großen Pilgergruppen realisiert werden konnten. Die Funktion dieser vom liturgischen Repertoire abgegrenzten Gesänge war es, die verschiedenen Etappen der Pilgerreise (›Ausbruch‹ aus dem Alltag, Zusammenfinden in einer Gruppe mit anderen Pilgern, Ankunft am Zielort) oder aber metaphorisch den Verlauf eines Menschenlebens darzustellen und die durch die Reise beabsichtigte Lebensveränderung zu unterstützen. Die Texte interpretierten das Heilige des jeweiligen Ortes, erzählten und deuteten also z.B. das Leben eines Heiligen oder ein wundersames Ereignis. Großer Beliebtheit erfreuen sich die in diesem Zusammenhang entstandenen Marienlieder. Da sich dieses eher volkstümliche Repertoire vor allem mündlich verbreitete, unterlag es immer wieder starken Veränderungen. Seit den Möglichkeiten des Druckes wurden Pilgerlieder auf Flugblättern, Heiligenbildern und in Gesangbüchern verbreitet.

Auch Komponisten siedelten ihre Werke im Umfeld des Pilgertums an, so z.B. John Dowland sein letztes großes Werk *A Pilgrimes Solace* von 1612. Diese Sammlung enthielt religiös-erbauliche und Liebeslieder, die – in Anlehnung an die religiösen Gesänge der Pilger – rhythmisch und melodisch schlicht gehalten waren. Auszuführen waren sie solistisch mit Lautenbegleitung oder mit einer bis zu vierstimmigen Vokalbesetzung.

Durch die Reformation wurden die Pilgerströme schwächer: Die Reformatoren kritisierten die Wallfahrten als abergläubische und unmoralische Einrichtung und richteten sich damit gegen den Heiligenkult mit falschen Reliquien und den Ablasshandel – der Verkauf von Ablässen zur Vergebung von Sünden war eng mit den Wallfahrten verbunden und hatte sich zu einem blühenden Geschäft entwickelt. Das ▸ Konzil von Trient (1545–1563) bemühte sich danach um die Beseitigung von Missbräuchen im Wallfahrtswesen und motivierte die Verehrung weiterer Heiligtümer und Reliquienschreine: Ein berühmtes Beispiel ist das Turiner Grabtuch, das seit 1578 verehrt wird. Weitere wichtige Ziele der Pilger blieben das Grab Christi in Jerusalem, die Gräber der Apostel Petrus und Paulus in Rom und das Grab des Apostels Jakobus in Santiago de Compostela.

Literatur:
G.R. Schroubek, *Das Wallfahrts- und Prozessionslied*, in: *Handbuch des Volksliedes*, hrsg. von R.W. Brednich, Bd. 1, München 1973, S. 445–462 • U. Ganz-Blätter, *Andacht und Abenteuer. Berichte europäischer Jerusalem- und Santiago-Pilger (1320–1520)* (Jakobus-Studien 4), Tübingen ²1991 • R. Berger, *Pilgersegen*, in: *Lexikon für Theologie und Kirche*, Bd. 8, hrsg. von W. Kasper, Freiburg ³1999, Sp. 300 • K. Herbers, *Pilgerwege*, in: *Lexikon für Theologie und Kirche*, Bd. 8, hrsg. von W. Kasper, Freiburg ³1999, Sp. 301–302 • W. Brückner, *Pilgerzeichen*, in: *Lexikon für Theologie und Kirche*, Bd. 8, hrsg. von W. Kasper, Freiburg ³1999, Sp. 302 • L.K. Davidson, *Pilgrimage*, in: *Encyclopedia of the Renaissance*, Bd. 5, hrsg. von P.F. Grendler, New York 1999, S. 25–28 • P.V. Bohlmann, *Pilgrimage*, in: *Grove*, Bd. 19, 2001, S. 743–745 • A. Michaels, *Wallfahrt/Wallfahrtsorte*, in: *Religion in Geschichte und Gegenwart*, Bd. 8, hrsg. von H.D. Betz u.a., Tübingen ⁴2005, Sp. 1279–1297.
PF

Pipelare, Matthaeus [Matheusz, Mattheussen]
* um 1450, † um 1510–1516

Der Name ›Pipelare‹ deutet auf die Ausübung eines Blasinstrumentes, entweder durch Matthaeus selbst oder einen seiner Vorfahren. Eine Verwandtschaft zu Johannes Pippelaere (1493–1499 Sänger an Saint-Donatien, Brügge) und Johannes Pippelart (1499–1500 Kantor in der päpstlichen Kapelle; wahrscheinlich identisch mit jenem Sänger in Brügge) ist auszuschließen.

Die Werke Matthaeus Pipelares umfassen nahezu alle zeitgenössischen Gattungen. Sein Kompositionsstil reicht von dichter polyphoner Kompositionsweise bis hin zum akkordischen Satz. Nur wenige Werke lassen sich näher in Pipelares Leben einordnen. Das ungenaue Geburtsdatum erschwert darüber hinaus eine eindeutige Schaffenschronologie zusätzlich. Typisch sind die noch meist auf das Initialmotiv beschränkten Imitationen, kurze kadenzierende kontrapunktische Abschnitte, Synkopierungen, Sequenzen und Ostinati sowie die Verwendung von Cantus firmus. Pipelares *Missa de feria*, die von den beschriebenen Techniken abweicht, macht reichlichen Gebrauch von blockhaft-homophoner Sprachdeklamation und dürfte Pierre de la ▸ Rues gleichnamige Messe zum Teil beeinflusst haben, die wiederum ihrerseits das Vorbild für Antoine de ▸ Févins Messe darstellt. Alle drei Messen verwenden kanonische Techniken.

Allein durch Rechnungsbücher dokumentiert ist die Anstellung Pipelares als ›zangmeester‹ der Illustre Lieve Vrouwe-Bruderschaft in s'Hertogenbosch vom 14. März 1498 bis zum 30. April 1500. Das Todesjahr des Komponisten lässt sich nur indirekt durch Autorzuweisungen und ungefähren Handschriftendatierungen erschließen.

Nicht geklärt ist, ob Pipelare vor seiner Anstellung in s'Hertogenbosch einen Posten in Gent inne hatte. Seine *Missa Floruit egregius* verarbeitet zwar 20 Choräle aus dem Offizium des Hl. Livinus (eines der Hauptfeste in der dortigen Liturgie), doch könnte die Messe auch für jede andere Kirche in den Niederlanden entstanden sein, die diesen Heiligen verehrte und in der Verwendung dieser Choräle gesanglich Gent entsprach. In ähnlicher, jedoch ebenfalls nicht gesicherter Weise kann in der *Missa Fors seulement* eine Beziehung Pipelares zum habsburg-burgundischen Hof gesehen werden.

Pipelares Werke, die ab den 1490er Jahren kursierten, sind fast ausschließlich in Quellen überliefert, die in enger Verbindung zu den Niederlanden stehen (Alamire-Skriptorum). Allein Kompositionen wie die *Missa L'homme armé* oder die *Missa Fors seulement* (basierend auf Pipelares zweiter Fassung seiner eigenen Chanson) zirkulierten bis in die 30er Jahre des 16. Jahrhunderts und sind in mehreren Quellen tradiert.

Ausgaben:
Matthaeus Pipelare, *Opera omnia* (Corpus mensurabilis musicae 34), hrsg. von R. Cross, o.O. 1966–1967.

Literatur:
R. Cross, *The Life and Works of M. Pipelare*, in: MD 17 (1964), S. 97–114 • Ders., *The Chansons of M. Pipelare*, in: MQ 55 (1969), S. 500–520 • M.J. Bloxam, *In Praise of the Spurious Saints: the Missae Floruit egregiis by Pipelare and La Rue*, in: Journal of the American Musicological Society 44 (1991), S. 163–220 • V. Borghetti, *Da Ockeghem a Pipelare: i percorsi del rondeau »Fors seulement«*, Diss. Univ. Pavia 2001 • Ders., *P. Alamire und die Missa »Fors seulement« von M. Pipelare*, in: *The Burgundian-Habsburg Court Complex of Music Manuscripts (1503–1535) and the Workshop of P. Alamire*, Kongressbericht Löwen 25.–28. November 1999 (Yearbook of the Alamire Foundation 5), Löwen/Neerpelt 2003, S. 309–324.

SG

Pisano [de Pauli], Bernardo
* 12.10.1490 Florenz, † 23.1.1548 Rom

Pisano erfuhr seine musikalische Ausbildung an der Florentiner Kathedralschule, deren Leitung er 1511 übernahm. Als Günstling des Medici-Papstes Leo X. fand er 1514 Aufnahme in der päpstlichen Sängerkapelle, der er als Sopranist bis zu seinem Tod, zuletzt in der Position des Dekans, angehörte. Er blieb den ▸ Medici eng verbunden, was 1529 bei einem Florenz-Besuch zu seiner Festnahme und Folterung durch die republikanische Stadtregierung führte, und stand später in persönlichem Kontakt mit Cosimo I.

Neben seiner musikalischen Tätigkeit trat er als Herausgeber einer Apuleius-Edition hervor (Florenz 1522), die dem einflussreichen Florentiner Mäzen Filippo Strozzi gewidmet war, und unterhielt enge, teils freundschaftliche Beziehungen zu führenden Intellektuellen an der Kurie wie Michelangelo oder Annibale Caro.

Als Komponist erlangte Pisano vor allem aufgrund seiner *Musica di messer Bernardo Pisano sopra le canzone del Petrarcha* einige Bekanntheit. Bei der 1520 bei Ottaviano ▸ Petrucci in Venedig erschienenen Sammlung handelt es sich um den ersten Individualdruck mit weltlicher Musik. Pisano erweist sich hier als Pionier der Madrigalkomposition, der noch stark einer motettischen Schreibweise verpflichtet ist und auf Wortausdeutung weitgehend verzichtet, sich aber um eine exakte Textdeklamation bemüht und insofern vorbildhaft für die späteren Hauptvertreter der Gattung, Costanzo ▸ Festa, Jacques ▸ Arcadelt und Philippe de ▸ Verdelot, war.

Erstaunlicherweise haben sich aus den verbleibenden 28 Jahren seines Lebens keine weiteren weltlichen Kompositionen erhalten. Ebenso rätselhaft erscheint die Tatsache, dass Pisano trotz seiner langen Zugehörigkeit zur päpstlichen Kapelle offenbar keine geistlichen Kompositionen zu deren Repertoire beisteuerte, obwohl er noch in Florenz einen häufig aufgeführten Zyklus mit Lamentationsvertonungen vorlegte. In ihrem getragenen, elegischen Tonfall nehmen diese Stücke wesentliche Charakteristika der Karwochenkompositionen der päpstlichen Kapelle von Elzéar Genet alias ▸ Carpentras, Festa oder Giovanni Pierluigi da ▸ Palestrina vorweg.

Ausgabe:
F.A. D'Accone (Hrsg.), *Music of the Florentine Renaissance* (Corpus mensurabilis musicae 32,1), o.O. 1966 (sämtliche Werke außer Lamentationen).

Literatur:
F.A. D'Accone, *Bernardo Pisano: an Introduction to his Life and Works*, in: Musica Disciplina 17 (1963), S. 115–135 • Kl. Pietschmann, *Kirchenmusik zwischen Tradition und Reform. Die päpstliche Kapelle und ihr Repertoire im Pontifikat Papst Pauls III. (1534–1549)*, Vatikanstadt 2006.

KP

Piva

Piva ist ein rascher italienischer Volkstanz des 15. Jahrhunderts, andererseits aber auch ein bestimmter Abschnitt innerhalb der italienischen ▸ Bassadanza. Sie steht überwiegend in ›proportio tripla‹ (Beispiel a), kann aber auch als dupla (Beispiel b) vorkommen (▸ Mensuralnotation).

Piva-Abschnitt aus dem Ballo *Iove* von Guglielmo Ebreo

Piva-Abschnitt aus dem Ballo *Gelosia* von Guglielmo Ebreo

Die Bezeichnung Piva (ital.: Sackpfeife, Dudelsack) kann sowohl auf die bevorzugte Verwendung dieses Instrumentes beim Tanz als auch auf einen eher ländlich bäuerischen Charakter des auch von den Adeligen auf den Höfen ausgeübten Tanzes hinweisen.

Als eigenständiger Volkstanz ist sie choreographisch nicht dokumentiert. Die Tanzmeister beschreiben sie jedoch als schwungvollen, mit Sprüngen und Drehungen angereicherten Tanz, dessen Tempo doppelt so schnell wie das der Bassadanza wäre. Innerhalb der Bassadanza-Abschnitte wird die Piva überwiegend mit Doppelschritten (›passi doppii‹) getanzt. Als rascheste Mensur innerhalb der Bassadanza kann sie an jeder beliebigen Position vorkommen, steht aber nicht selten am Beginn eines Tanzes.

Innerhalb der Instrumentalmusik ist sie lediglich in Joan Ambrosio Dalzas *Intabulatura de lauto* (Venedig 1508) in mehreren Beispielen überliefert, wo sie an letzter Stelle der Tanzfolge Pavana-Saltarello-Piva steht. Melchior de Barberiis *Intabulatura de lauto libro quarto* (Venedig 1547) enthält eine Piva.

Literatur:
B. Sparti, *The 15th-Century balli Tunes: a New Look*, in: Early Music 14 (1986), S. 346–357 • V. Daniels / E. Dombois, *Die Temporelationen im Ballo des Quatrocento*, in: Basler Jahrbuch für historische Musikpraxis 14 (1990), S. 181–247 • I. Brainard, *Piva*, in: MGG², Bd. 7 (Sachteil), 1997, Sp. 1612–1613.

MM

Planson [Plançon], Jean [Jehan]
* um 1559 Paris ?, † nach 1611

Der französische Komponist war zwischen 1575 und 1578 Organist an der Kirche von St. Germain-l'Auxerrois in Paris, als er Preise für seine fünfstimmige Motette *Aspice Domine* und sein siebenstimmiges geistliches Sonett *Ha, Dieu que de filetz* beim internationalen Musikwettbewerb in Evreux bekam. Diese zwei Stücke wurden in Paris in einem Einzeldruck veröffentlicht, der dem Komponisten von Adrian ▸ Le Roy und Robert ▸ Ballard 1583 gewidmet wurde. 1587 war Planson als Organist an St. Sauveur in Paris engagiert und im selben Jahr erschienen seine berühmten vierstimmigen *Airs* bei den gleichen Druckern; sie wurden später, 1588, 1593 und 1595 wieder aufgelegt. 1587 harmonisierte er auch sieben Tanzmelodien, die von dem Geiger Michel Henry für ein Fest der Confrérie de St. Julien in Paris komponiert wurden. Ein »Jean Pinson«, der 1612 als ein »Kaufmann, Bürger von Paris und Musiker im Alter von ungefähr 53 Jahren« beschrieben wurde, könnte mit Planson identisch sein.

Plansons preisgekrönte Kompositionen, die Motette und das Sonett, wurden mit seinen *Quatrains du Sieur de Pybrac, ensemble quelques sonetz et motetz* (Paris 1583) für drei, vier, fünf und sieben Stimmen gedruckt, eine Sammlung, die hauptsächlich 19 Vertonungen Guy de Faur de Pibracs gewidmet sind, moralistische Quatrains (Vierzeiler), acht Sonette (fünf von Rémy de Belleau) und sechs Motetten. Die vierstimmigen *Airs mis en musique par Jean Planson parisien tant de son invention que d'autres musitiens* wurden 1587 dem Amateurmusiker Jean Louvet für seine »Entspannungen und Vergnügungen während dieser unruhigen Zeiten« gewidmet. Beide Sammlungen reflektieren die ▸ Musique mesurée Jean Antoine de ▸ Baïfs und der Sänger der Académie die Poésie et de Musique, namentlich ▸ Thibault de ▸ Courville, Beaulieu, Fabrice Marin ▸ Caietain und Claude ▸ Le Jeune; aber Planson bevorzugte es generell, Gedichte in pastoraler, volkstümlicher Weise zu setzen, wie die anakreontischen Oden von Rémy Belleau und die Frivolitäten von Siméon-Guillaume de la Roque und Jean Bertaut (die einzigen Dichter, die genannt werden). Die Airs sind strikt syllabisch und homophon, mit Melodien in der höchsten Stimme (einige aus der Volksmusik entliehen, aber oft auch die Volksmusik nachahmend); die musikalischen Phrasen sind kurz und scharf umrissen, aber von irregulärer Länge, wobei jede Textzeile von einem Taktstrich abgetrennt wird. Das Metrum ist oft tanzartig, viele Airs haben typischen Branle-Rhythmus (▸ Branle) und Form. Drei Airs wurden für Solostimme und Laute in Emanuel Adriaenssens Antwerpener Publikation *Novum pratum musicum* (1592[22]) und eine für Laute solo in Jean-Bapitste Besards *Thesaurus harmonicus* (1603[15]) arrangiert. Planson publizierte auch zwei eher altmodische vierstimmige Chansons, *En m'oyant chanter quelquefois* und *Soyons joyeulx*, in einer von Le Roy & Ballards Anthologien (1583[9]); beide basieren auf früheren Sätzen des gleichen Textes von Orlande de ▸ Lassus.

Ausgaben:
Jehan Planson: *Airs mis en musique à quatre parties (1587)*, hrsg. von H. Expert und A. Verchaly, Paris 1966.

FD

Plantin, Christoffel [Christoph]
* 1520 bei Tours (?), † 1.7.1589 Antwerpen

Christoffel Plantin war ein Drucker und Verleger, der sich 1549 in Antwerpen niedergelassen und zuerst als Buchbinder gearbeitet hat. 1555 gründete er die Druckerei ›De Gulden Passer‹, die er in den folgenden Jahrzehnten zu einem Großunternehmen mit 160 Mitarbeitern und 22 Pressen ausbaute. Mit ausgeprägtem Geschäftssinn und ideologischem Pragmatismus druckte er nicht nur Schriften aus allen Wissensgebieten, sondern auch beider Konfessionen. Plantins Erfolg beruhte aber auch auf der typographisch wie drucktechnisch hohen Qualität seiner Erzeugnisse.

Der Notendruck stellte nur eine Nebentätigkeit dar, der sich im Anschluss an sein größ-

Christoffel Plantin, Portrait von Peter Paul Rubens (Museum Plantin-Moretus, Antwerpen)

tes Projekt, die mehrbändige Bibel in fünf Sprachen (*Biblia Polyglotta*, 1568–1573), ergeben hatte. Gedruckt wurde ausschließlich Musik von erstem Rang, von Komponisten aus Antwerpen oder der spanischen Hofkapelle Philipps II., dessen offizieller Drucker er war. Die erhaltenen Geschäftsbücher geben einen wertvollen Einblick in Tätigkeiten und Handelsbeziehungen der Firma, deren Produkte europaweit verkauft wurden. 1576 übersiedelte man in ein größeres Haus, das seit 1877 ein Museum zur Druckgeschichte beherbergt. 1583 eröffnete Plantin eine Filiale in Leiden, die einer seiner Schwiegersöhne übernahm. Der andere Schwiegersohn, Jan Moretus († 1610), führte das Stammhaus in Antwerpen weiter.

Literatur:
L. Voet / J. Voet-Grisolle, *The Plantin Press (1555–1589): A Bibliography*, Amsterdam 1980-1983 • H. Vanhulst, *Suppliers and Clients of Christopher Plantin, Distributor of Polyphonic Music in Antwerp (1566–1578)*, in: *Musicology and Archival Research*, Brüssel 1994, S. 558–604 • F. de Nave (Hrsg.), *Antwerpse muziekdrukken: Vocale en instrumentale polyphonie (16de–18de eeuw)*, Antwerpen 1996.

ALB

Pléiade, La

Sieben Dichter, angeführt von Pierre de ▶ Ronsard, suchten nach einer Erneuerung der französischen Poesie durch Nachahmung griechischer, lateinischer und italienischer Modelle. Die Gruppe bildete sich aus der »Brigade« – einer Vereinigung von Poeten, die bei dem hellenistischen und neolateinischen Poeten Jean Dorat am Coqueret Collège oder bei Marc-Antoine de Muret am Boncourt Collège im Paris der späten 1540er Jahre studiert hatten. Ihr publiziertes Manifest war Joachim ▶ du Bellays *Défense et Illustration de la langue française* (1549), die Imitationen von pindarischen oder horazischen Oden und petrarkistischen Sonnetten empfahl, um die ▶ Formes fixes der älteren französischen Rhétoriqueurs gegen die leichteren, populäreren und strophischen Verse eines Clément ▶ Marot und eines Mellin de Saint-Gelais zu ersetzen. Nach einer Aufführung von Etienne ▶ Jodelles neoklassischer Tragödie *Cléopâtre* im Jahre 1553 wählte Ronsard sechs seiner Kollegen – Joachim Du Bellay, Jean Antoine de ▶ Baïf, Pontus de ▶ Tyard, Guillaume des Autels (1529–1581), Etienne ▶ Jodelle and Jean de La Péruse (1529–1554), um die mythologische Pléiade der sieben Töchter von Atlas und der sieben griechischen Poeten von Alexandria (3. Jahrhundert v.Chr.) wieder zu erwecken. Rémy Belleau ersetzte La Péruse 1554; Peletier du Mans (1517–1582), der eine Übersetzung von Horaz' *Ars poetica* 1545 und seine daraus abgeleitete *L'Art poétique* 1555 veröffentlichte, ersetzte Des Autels 1555 und Dorat ersetzte Peletier 1583.

Die Gruppe favorisierte den petrarkistischen Sonettzyklus (▶ Petrarkismus), die pindarische, horazische oder anakreontische Ode und das homerische und vergilische Versepos mit vielen mythologischen oder pastoralen Referenzen. Die Übermacht der Worte über die Musik akzeptierend beanspruchte ihre Poesie platonische und ficinianische Ideen von musikalischer und poetischer »fureur« (Inspiration) und betrachtete die Instrumente von ▶ Orpheus, Apollo und Pan, genauso wie die alte Monodie, als Metaphern für lyrischen Ausdruck (Du Bellay, ▶ Ronsard, ▶ Tyard). Aber ihre gelehrten klassischen Imitationen und langen Metren (Alexandriner) sprachen professionelle Komponisten weniger an als die kürzeren, leichteren strophischen Chansons, ▶ Vaudevilles und ▶ Psalmen von Marot und Mellin de Saint-Gelais.

Ronsard war mit einem Teil seiner Dichtung musikalisch sehr erfolgreich; nachdem Claude ▶ Goudimel, Pierre ▶ Certon, Clément ▶ Janequin und Marc-Antoine de Muret 1552 eingeladen wurden, 1552 einen Anhang von vierstimmigen Stücken für Ronsards *Amours* zu schreiben, war Ronsards Name auf den Titelseiten von ▸ Oden und ▸ Sonetten von Pierre Clereau, Phillippe de ▸ Monte, Guillaume ▸ Boni, Antoine de ▸ Bertrand, François ▸ Regnard und anderen (1559–1579).

Du Bellays *Olive*-Sonette wurden gelegentlich von Komponisten wie Gentian (1549), Claude Gervaise (1550), Orlande de ▸ Lassus (1571), Jean de Castro (1576), Bertrand (1578) und Cornelis Verdonck (1599) vertont, und seine *Jeux rustiques* (1558) wurden von Jacques ▸ Arcadelt (1561), Nicholas (1559), Pierre Certon (1570), Fabrice Marin Caietain (1571) und Guillaume ▸ Tessier (1582) favorisiert.

Baïfs *Amours de Francine*-Sonette (1555) wurden von Clereau (1559) und François Roussel (1559–1578) vertont, aber sein hauptsächlicher musikalischer Erfolg gründete auf den *Chansonettes mesurées*, die Lassus (1576), Caietain (1576), Didier Le Blanc (1579), Guillaume Tessier (1582), Nicolas de ▸ La Grotte (1583), Jacques Mauduit (24 pieces, 1586) und Claude ▸ Le Jeune (25 Gedichte, 1583–1608) anzogen. Baïf publizierte ein Sonett für das Vorwort für Janequin's *Verger de Musique* 1559.

Belleaus Gedichte wurden oft von Pierre Clereau (1559–1575) vertont; seine *Odes d'Anacréon* inspirierten Nicolas (1561), Lassus (1576), La Grotte (1583) und Jean Machielz (1583); seine *Bergerie* zog Jehan ▸ Chardavoine (1576), Didier Le Blanc (1579), Nicolas de La Grotte (1583), Jean Planson (1583) und Jean de Castro (1586) an. Belleau und Baif schrieben Verse für das Vorwort von Guillaume Costeleys *Musique* (1570).

Jacques Peletiers *Vers lyriques* (1547) inspirierten für kurze Zeit Pierre Sandrin (1545) und Dominique Phinot (1548). La Péruses Gedichte wurden nur ausnahmsweise von N. Grouzy (1560), Jean Chardavoine (1576) und Claude Le Jeune (1585) in Musik gesetzt.

Tyards *Erreurs amoureuses* (1549) vertonten Antoine Cartier (1557) und Pierre Clereau (1559); aber er war als der Theoretiker der Pléiade differenzierter, indem er ihre Ideen in seinen *Dialogues philosophiques* (1555), *Solitaire premier ou Prose des Muses et de la fureur poétique* (1552) und *Solitaire Second ou Prose de la Musique* (1555) ausdrückte; letztere Schrift lobte die moralische und ethische Macht von musikalischen Modi und Genera.

Jodelles klassische Tragödien *Cléopâtre* (1553) und *Didon* enthielten gesungene Chöre, aber keine Musik blieb erhalten. Seine Hymne für Marguerite de France *Vierge, la France te veut par ces vers sacrer un autel* (1559) wurde später als *Prince, la France te veut […]* adaptiert und fünfstimmig von Le Jeune (1612) und sechsstimmig von Eustache ▸ Du Caurroy (1610), möglicherweise für die Krönung von Heinrich IV. 1594, komponiert.

Jean Dorat schrieb Verse für Vorworte mehrerer musikalischer Sammlungen, die in Paris bei Le Roy & Ballard publiziert wurden, hauptsächlich für Lassus' *Tertius liber modulorum* (1573), *Meslanges* (1576), *Missae* und *Moduli* (1577), *Missa […] Locutus sum* (1587), Guillaume Bonis *Sonetz de Ronsard* (1576) und *Psalmi Davidici* (1582) sowie Pierre Bonnets *Airs* (1585).

Literatur:
H. Chamard, *Histoire de la Pléiade*, Paris 1963.

FD

Plenarmesse ▸ Messe

Poesia und Fantasia

Die beiden Begriffe bezeichnen in der Terminologie der italienischen Maler und Kunsttheoretiker des 16. Jahrhunderts, wie sie uns durch Korrespondenzen und Traktate erfassbar ist, zwei Untergattungen der Malerei mit weltlichen Themen. Mit Poesia werden jene Gemälde bezeichnet, die ihr Thema aus der klassischen Mythologie oder anderen antiken Texten sowie humanistischen dichterischen und philosophischen Paraphrasen und Neufassungen dieser Texte beziehen. Sie stellen also Visualisierungen von Literatur dar und beziehen daher aus dieser Gattung ihren Namen. Dementsprechend stehen sie der alten Tradition der Textillustration immer noch verhältnismäßig nahe, wobei die genaue Identifikation der Quelle oft gar nicht einfach ist – selbst wenn es sich um die überaus beliebten Metamorphosen des Ovid handelt –, weil diese den Malern, die wohl meistens nicht Latein oder Griechisch können, durch Übersetzungen, Zusammenfassungen oder humanistische Weiterentwicklungen vermittelt werden.

Im 16. Jahrhundert gewinnt im Anschluss an humanistische Literatur (allen voran Francesco Colonnas *Hypnerotomachia Poliphili*, Venedig 1499) in der Malerei unter der Führung ▶ Giorgiones die Beziehung zu den Mythen eine ganz neue Komplexität. Elemente aus diesen werden nicht nur mit allegorischen Figuren kombiniert, sondern auch mit Erfahrungen und Ideen, die aus der realen Welt bezogen werden. Das frei erfundene, originäre Bildthema, das auf textliche Vorlagen verzichtet, gewinnt an Boden. Ebenso wichtig wie der Mythos selbst wird jetzt seine Modifikation im Sinne einer Anpassung an die geistige, moralische und sinnliche Erfahrungswelt der eigenen Zeit, wobei die vermögenden Auftraggeber mit ihren humanistischen Beratern nur teilweise die entsprechenden Vorgaben machen oder Ideen vermitteln. Paradebeispiel dafür ist das *Pastorale* (oder *Ländliche Konzert*) von ▶ Giorgione, das ▶ Tizian vollendete. Für diese neue Bildgattung wird manchmal – in überraschend genauer Analogie zur Musik – die Bezeichnung Fantasia verwendet.

Entsprechend diesem Begriffspaar spricht die Kunsttheorie von »icastischer«, dem Verosimile verpflichteter Darstellung gegenüber der »phantastischen«, die auf die Einbildung zurückgeht. Ob es sich im Einzelfall um eine Poesia oder eine Fantasia handelt, lässt sich freilich überall dort nicht sicher entscheiden, wo wir die originalen Bildtitel oder Entstehungsumstände nicht kennen. Angesichts der vielen literarischen Modifikationen von Mythen kann daher manchmal ein solcher unidentifizierter humanistischer Traktat genauso die Quelle für eine gemalte Poesia sein, wie eine phantastische Erfindung des Malers.

Es ist kein Zufall, dass gleichzeitig in der westeuropäischen Musik Fantasie als Titel und Gattungsbezeichnung für bestimmte Musikstücke verbreitet ist. Im musikalischen Begriffsfeld weist ▶ Fantasie / Fantasia usw. darauf hin, dass der Musiker auf verarbeitete Vorlagen verzichtet und Gehalt und Form aus seiner erfindenden Eingebung (›inventio‹) bezieht.

Für Beispiele zur Fantasia in der Malerei sei auf ▶ Giorgione und ▶ Tizian verwiesen (dort auch Abbildungen), in deren Werken mythologische Figuren wie Venus oder die Nymphen oder allegorische Abstracta wie die ›Drei Lebensalter‹ mit zeitgenössischem Musizieren verbunden werden und einen Bildgehalt aufbauen, der sich auf die geistige, soziale und psychische Lebenserfahrung des Malers selbst bezieht. Das Verhältnis zu den antiken und christlichen Texten und zu den humanistischen Gelehrtheiten ist also hier im Gegensatz zur Poesia kein eindeutiges mehr. Bei Giorgione und Dosso Dossi befinden sich humanistischer Ausgangspunkt und humanistische Überhöhung noch im Gleichgewicht mit der menschlichen und naturverhafteten, beim späteren Tizian verschiebt sich dagegen das Gewicht auf die Realität. Die Fantasia nährt sich bei diesem ganz von der sinnlichen, erotischen Erfahrung.

Einen Katalog der Ideen zu geben, die bei der Erfindung von Fantasie eine Rolle spielen, würde zu weit führen. Heben wir hier wenigstens den Harmoniegedanken als besonders prominenten heraus: In idealer Weise lassen sich quadriviale Konzepte (▸ Quadrivium) der ▸ Astronomie und Geometrie und Numerologie, psychische Befindlichkeiten und das musikalische Phänomen des Gut-Zusammenklingens nach dem alten Motto »consonantia concordia discors« realisieren und vor allem auch verbinden. Das Thema ist gleichermaßen im Süden wie im Norden geläufig. Als Beispiel sei hier auf Jan Sanders van Hemessen mit seiner *Allegorie auf die Harmonie der Ehe* (Abb. 1) verwiesen.

Abb. 1: Jan Sanders van Hemessen, *Allegorie auf die Harmonie der Ehe*, Öl auf Leinwand, Den Haag, Mauritshuis

Selbstverständlich ist die bildende Kunst gleichfalls Teil dieses Harmoniekonzeptes. Sie leistet ihren Beitrag dadurch, dass sie proportionale Verteilung von formal zeichnerischen, farblichen und inhaltlichen Elementen ins Bildprogramm aufnimmt. Auch die Idee des Wetteiferns mit sowohl musikalischen als auch bildnerischen Mitteln, die beide unter einem höheren harmonischen Gesetz im Ausgleich finden, hat darin Platz (siehe dazu Leonardo da Vinci).

Zwar ist in der Kunst (und Kunstanschauung) des 16. Jahrhunderts der Begriff Fantasia nicht so verbreitet und umrissen wie sein Analogon in der Musik, doch ist er gleichwohl bedeutsam und aus heutiger Perspektive nützlich, weil wir mit ihm die Geburt neuer Bildgattungen, die sich von der Poesia, d.h. der Text- oder Stoffillustration abwenden, besser verstehen können. Die Gattung steht aber nicht nur in einem fruchtbaren Spannungsverhältnis zu ihrer geistigen Mutter, sondern stimuliert ihrerseits zwei jüngere neue Gattungen, die Genremalerei (▸ Genrebild) und Porträtkunst (▸ Musikerporträts).

Beispiele von Giovanni Cariani und Palma il Vecchio mögen andere, innovative Bildideen, die in der Fantasia möglich sind, belegen und zeigen, wie die Gattung in die ▸ Genremalerei hinüber zu gleiten beginnt. Cariani (Abb. 2) zeigt im Gemälde *Die Musiker* auf der ganzen rechten Bildhälfte einen Schlafenden, der eine ▸ Lira da braccio hält, während links eine junge Frau dahingelagert und ganz nach links gewandt auf einer Laute spielt. So lange man nicht eine genaue Textvorlage kennt, muss man davon ausgehen, dass die Bildidee eine Erfindung des Malers ist, der auf originelle Weise Musik mit friedlichem Schlaf oder Traum kombiniert, sei es, dass der Schlafende von einer inspirierenden Lautenspielerin träumt, oder dass diese ihm mit Musik den Schlaf bringt. Gewisse Bildelemente erinnern an ▸ Tizians *Drei Lebensalter*, aber es fehlt jeder Hinweis auf eine Liebespaarung oder ein Andeutung, dass die Musik mit Harmonie und Liebe in Bezug steht.

Auch bei dem Palma il Vecchio zugeschriebenen Gemälde mit dem Behelfstitel *Ländliches Konzert* ist Giorgiones und Tizians Vorbild greifbar (siehe Abb. 3). Palmas Thema ist emotionelle Verwirrung oder Gebrochenheit. Einerseits ist die Natur idyllisch und die Situation traulich – darin kündigt sich die Gattung des Genres an –, andererseits sind die beiden

Abb. 2 Giovanni Cariani, *Die Musiker*, Öl auf Leinwand, Bergamo, Accademia Carrara)

Abb. 3: Palma il Vecchio (?), *Ländliches Konzert*, Öl auf Leinwand. Pulborough (Sussex), Bignor Park, Viscountess Mersey

Außenfiguren von einer Art Dementia gekennzeichnet, und einleuchtende Musik kommt nicht zustande, da der Mann abwesend an seiner Lira da braccio herumzupft, das Mädchen in der Mitte beflissen und ohne etwas bewirken zu können aus einem Notenheft singt und ihre Gefährtin vollkommen besessen von einer ganz anderen Emotion ins Leere singt.

Die ältere musikikonographische Forschung von Hugo Leichtentritt über Heinrich Besseler bis in die Gegenwart deutet Bilder, die eine Gruppe von Menschen, von denen einer oder mehrere musizieren, durchwegs als aufführungspraktische Belege für reales Musizieren und benennen sie als ›Konzert‹, obwohl viele und eklatante Ungereimtheiten (die Vermischung von mythischen mit realen Personen, Widersprüche zwischen Aufführungsort und Aufgeführtem, unpassende Konstellationen bezüglich der gezeigten Noten und der Aufführenden, instrumentenkundliche ›Unmöglichkeiten‹) vor solchen voreiligen Deutungen hätten warnen müssen. Carianis und Palmas Beispiele sind dafür hinreichend deutliche Belege. Kaum je in der Kunstgeschichte gibt es ein Jahrhundert, in welchem die Künstler in der Konzipierung von Themen derart experimentell veranlagt sind. Der Unwille oder das Unvermögen seitens der Forschung, mehrere Deutungsmöglichkeiten zuzulassen und den Künstlern eine neue Lust am Experimentieren zu zugestehen, sind auch verantwortlich dafür, dass sie häufig immer noch nicht bereit ist, Gemälde, in welchen sich Interesse an einem neuen aufführungspraktischen Glamour und Raffinement mit der Lust an porträtartig realistischen Physiognomien und mythischen Assoziationen und künstlerischen Lebenshaltungen oder Ethoi und Emotionen überkreuzen und verbinden, in ihrem Pluralismus zu verstehen. Insofern ist auch die durch die lexikographischen Bedingungen geforderte Trennung zwischen den Gattungen sehr oft eine künstliche (▶ Genremalerei, ▶ Musikerporträts).

Ähnliche Spannungsverhältnisse zwischen den Gattungen existieren im übrigen auch in der Musik, wo die bald freien, bald gelehrten ▶ Fantasien und ▶ Ricercare sich mit den ▶ Präludien und ▶ Toccaten, den Vokalbearbeitungen und den Tänzen messen.

Literatur:
M. Betz, *Fantasia*, in: *Handwörterbuch der musikalischen Terminologie*, Wiesbaden 2001 • M.R. Pagnoni-Sturlese, *Phantasia*, Abschnitt III., in: *Historisches Handwörterbuch der Philosophie*, Bd. 7, hrsg. von J. Ritter, K. Gründer und G. Gabriel, Basel 1989, S. 526ff. • T. Seebass, *Giorgiones und Tizians ›fantasie‹ mit Musik. Bilder zum künstlerischen Lebensgefühl der Renaissance*, in: Imago Musicae 16/17 (1999/2000), S. 25–60.

TS

Poitiers ▶ Frankreich

Polen

Der Staat Polen entstand am Ende des 9. Jahrhunderts durch den Zusammenschluss mehrerer slawischer Völker. Seine geographische Lage, zahlreiche Handelswege und die Annahme des Christentums im Jahre 966 förderten einen vielseitigen kulturellen Austausch und besonders rege Beziehungen zu den romanischen und deutschen Kulturgebieten.

Unter wechselnden Herrschern (zunächst Erbmonarchen, ab dem Ende des 16. Jahrhunderts vom Adel gewählte Könige) änderte Polen mehrfach den Verlauf seiner Staatsgrenzen und war Heimat für zahlreiche ethnische und konfessionelle Minderheiten. Krakau, das 1138 zur Hauptstadt ernannt wurde und dessen Burganlage auf dem Wawel bis 1609 als königliche Residenz diente, war das Zentrum kulturellen, wissenschaftlichen und wirtschaftlichen Lebens in Polen.

1364 wurde die Krakauer Akademie (später Jagellonische Universität genannt) gegründet, die als zweite europäische Akademie überhaupt schon sehr bald zu europaweitem Ruhm gelangte. Ab 1406 wurde dort Musik als eine der Künste gelehrt. Zu den bekanntesten Studenten gehörten Petrus Wilhelmi de Grudencz, Paulus ▶ Paulirinus von Prag, vermutlich auch Mikołaj von Radom.

Zahlreiche Notendenkmäler, von denen die ältesten aus der Mitte des 11. Jahrhunderts stammen, zeugen von der Pflege hochentwickelter Formen des Chorals in Polen, von der Anwendung cheironomischer Neumen, von Kenntnissen des zeitgenössischen polyphonen Repertoires und lassen enge musikalische Kontakte zu den damals führenden Musikzentren Europas erkennen.

Die Verbreitung und Aufzeichnung zeitgenössischer geistlicher Musik ist vor allem den zahlreichen Bistümern (u.a. in Posen, Gnesen, Krakau) und Klöstern zu verdanken, so sind z.B. in Handschriften der Klarissinen von Krakau und Stary Sącz Choräle, musikalische Traktate und die ersten polnischen mehrstimmigen Kompositionen aus dem 13. Jahrhundert überliefert. Erste Aufzeichnungen weltlicher Musik stammen aus dem 14. Jahrhundert.

Nachdem zum Ende des 15. Jahrhunderts die Ideen des Humanismus nach Polen gelangten, erlebten die polnischen Künste im 16. Jahrhundert ihr goldenes Zeitalter. Unter den polnischen Komponisten des 16. Jahrhundert, von denen die meisten noch recht lange nach konservativen Techniken komponierten, sind besonders Wacław von Szamotuły und Marcin Leopolita hervorzuheben. Ihre ▶ Mottenkompositionen, ▶ Messen und mehrstimmigen Lieder aus der Mitte des 16. Jahrhunderts zeigen den typischen, in Italien geprägten Charakter der Renaissancemusik. Aus der zweiten Hälfte des Jahrhunderts stammt der älteste erhaltene Messezyklus von Mikołaj Gomółka. Zum Repertoire weltlicher Musik, die am Hofe und im Bürgertum gepflegt wurde, gehörten verschiedene ausländische Werke wie ▶ Chansons, ▶ Frottola, ▶ Tenorlieder, ▶ Madrigale u.a. Zu den bedeutendsten Denkmälern gehört die ▶ Tabulatur des ▶ Johannes von Lublin aus dem Kloster Krašnik, das die umfangreichste zeitgenössische Anthologie in Europa darstellte und weltliche sowie geistliche Vokal- und Instrumentalkompositionen der besten europäischen Komponisten, bzw. Intavolierungen ihrer Werke enthielt. Die verschollene Tabulatur der Warschauer Musikgesellschaft aus Aowicz enthielt Intavolierungen von Vokalkompositionen polnischer Renaissancekomponisten.

Im 16. Jahrhundert etablierten sich in Polen zahlreiche Druckereien, die hauptsächlich liturgische Bücher und musiktheoretische Traktate veröffentlichten. Seit Mitte des 16. Jahrhunderts wurden zwar auch Notendrucke verlegt, darunter die große Lautentabulatur des Valentin Bakfark, doch viele Werke polnischer Komponisten erschienen in westeuropäischen Druckereien.

Das Musikleben wurde hauptsächlich am königlichen Hof in Krakau und in einigen Städten wie Lemberg, Posen, Gnesen, Danzig u.a. gepflegt. Zur Regierungszeit Władysławs II. Jagiełos (1386–1434) entstand eine feste Hofkapelle, der Lautenspieler, Geiger, Sänger und Holz- sowie Blechbläser angehörten. Seit Beginn des 16. Jahrhunderts unterhielten auch zahlreiche Magnaten Kapellen an ihren Höfen. Unter Zygmunt I. dem Alten (1506–1548) und Zygmunt II. August wirkten alle namhaften Komponisten Polens in Krakau (Szamotuły, Leopolita, Krysztof Borek, Mikołaj Gomółka, Tomasz Szadek, Bakfark, Wojciech Długoraj, Diomedes Cato u.a.). Drei Gruppen von Musikern gestalteten das musikalische Leben am Hofe: Die Tubicinatores erfüllten vor allem Repräsentationsaufgaben, eine zweite Gruppe gestaltete die Gottesdienste, und die dritte Gruppe bestand aus Instrumentalisten, die der höfischen Unterhaltung dienten. Zur Pflege der liturgischen Vokalpolyphonie im Dom des Wawelschlosses stiftete Zygmunt I. der Alte die Rorantistenkapelle, ein Ensemble aus neun Geistlichen, die verpflichtet waren, täglich eine mehrstimmige Votivmesse zu singen. Ende des 16. Jahrhunderts holte Zygmunt III. Wasa (1587–1632) Sänger, Instrumentalisten, Komponisten und Kapellmeister aus Italien an seinen Hof, den er 1609 nach Warschau verlegen ließ. Diese Vergrößerung der höfischen Gesangs- und Instrumentalensembles entsprach den Anforderungen der Musik am Übergang zum 17. Jahrhundert.

Literatur:
K. Hartmann, *Die Kultur der Polen*, in: *Handbuch der Kulturgeschichte – Kulturen der Völker – Die Kulturen der Westslawen und Südslawen*, hrsg. von E. Thurnherr, Frankfurt a.M. 1970 • M. Perz, *Poglądy na muzykę w Polsce XVI stulecia*, in: *Renesans – Sztuka i ideologia*, hrsg. von T. Jaroszewski, Warszawa 1976, S.157–165 • L. Erhardt, *Musik in Polen*, Warschau 1978 • H. Feicht, *Studia nad muzyką polskiego renesansu i baroku*, Kraków 1980 • T. Ochlewski (Hrsg.), *Geschichte der polnischen Musik*, Warschau 1988 • A. Schmidt-Rösler, *Polen*, Regensburg 1996 • Schriftleitung, *Krakau*, in: *MGG*^{2}, Bd. 5 (Sachteil), 1996, Sp. 769–776 • J. Stęszewski / R.J. Wieczorek / Z.M. Szweykowski, *Polen*, in: *MGG*^{2}, Bd. 7 (Sachteil), 1997, Sp. 1623–1644 • N. Davies, *Im Herzen Europas – Geschichte Polens*, München 2000 • M. Alexander, *Kleine Geschichte Polens*, Stuttgart 2003.

AWO

Politik ▶ Bodin, ▶ Bocchi, ▶ Effekt

Poliziano, Angelo
* 14.7.1454 Montepulciano, † 29.9.1494 Florenz

Der Dichter, Humanist und Philologe Angelo Poliziano gehört zu den wichtigsten Vertretern der europäischen Geistesgeschichte des 15. Jahrhunderts. Seine Textdichtungen für die weltlichen italienischen Vokalgattungen waren von erheblicher Bedeutung für die Musik der Renaissance und des Frühbarock, da Poliziano als einer der ersten Humanisten die Regeln der antiken Rhetorik und Textdeklamation auf die zeitgenössische volkssprachige Lyrik angewandt hat.

Musikalisch prägend wirkte sich diese neue Art der Textbehandlung erstmals in den Vertonungen seiner Gedichtsammlungen *Stanze* und *Rime* durch die Mantuaner Frottolakomponisten Marchetto ▸ Cara, Michele Pesenti und Bartolomeo ▸ Tromboncino in Ottaviano ▸ Petruccis *Frottole libro primo* (RISM 1504⁴) aus.

Durch seine enge Verbindung mit den ▸ Medici und ihrem Gelehrtenzirkel stand Poliziano in Kontakt mit Persönlichkeiten des Florentiner Geisteslebens seiner Zeit wie Giovanni ▸ Pico della Mirandola, Sandro Botticelli, Antonio ▸ Squarcialupi und Heinrich ▸ Isaac, der Polizianos Trauerode auf den Tod von Lorenzo de' Medici (1492), *Quis dabit capiti meo aquam*, als Motette vertonte.

Poliziano studierte 1469–1474 in Florenz die Fächer der ▸ Artes liberales und der ▸ Studia humanitatis bei dem byzantinischen Scholastiker Johannes Argyropoulos (1393–1487) und bei den Humanisten Marsilio ▸ Ficino und Cristoforo ▸ Landino. 1470 gewann er mit der Widmung seiner Übersetzung der *Ilias* Homers an Lorenzo de' Medici dessen Patronage. Er wurde Hausdichter der Medici, 1473 Lorenzos Privatsekretär und 1475 Lehrer seiner Söhne Piero und Giovanni (Papst Leo X.). Verdachtsmomente gegen Poliziano im Zusammenhang mit der Pazzi-Verschwörung (1478) und Streitigkeiten über seine Erziehungsmethoden führten jedoch Ende 1479 zum Bruch mit Lorenzo. Darauf verließ Poliziano Florenz und hielt sich auf der Suche nach neuer Patronage kurzzeitig an verschiedenen norditalienischen Fürstenhöfen auf, unter anderem bei den ▸ Gonzaga in Mantua. Dort schrieb er für den Karneval des Jahres 1480 die Madrigalkomödie *La fabula d'Orfeo*, die sich zum wichtigsten Dramenmodell für die Entstehung der frühen Pastoraloper in Italien entwickelte.

Dass Poliziano schon Ende 1480 nach Florenz zurückkehren konnte, erklärt sich mit seiner Berufung auf die Professur für lateinische und griechische Rhetorik und Poetik am Florentiner Studium auf Betreiben seines ehemaligen Patrons. Eine gründliche Untersuchung der in der Folgezeit entstandenen wissenschaftlichen Schriften, zu denen die Lehrgedichte *Sylvae*, Vorlesungen wie das *Panepistemon* und enzyklopädische Werke wie die *Miscellanea* zählen, steht noch aus, lässt aber Erkenntnisse über den speziellen Einfluss Polizianos auf die Entwicklung der italienischen Musiktheorie in den Bereichen Antikenrezeption, Methodik und Poetik bis zum Ende des 16. Jahrhunderts erwarten.

Schriften:
Opera omnia, hrsg. von. I. Maïer, 3 Bde., Turin 1970–1971; *Le stanze, l'Orfeo e le rime di Messer Angelo Poliziano*, hrsg. von G. Carducci, Florenz 1863; *Le Selve e la strega, prolusioni nello Studio Fiorentino (1482–1492)*, hrsg. von I. Del Lungo, Florenz 1925; *Miscellaneorum centuria prima*, Florenz 1489; *Praelectio cui titulus Panepistemon*, Florenz 1492, Teilausgabe in: F. Brancacci 1993 [s. u.]; *Miscellaneorum centuria secunda*, hrsg. von V. Branca und M.P. Stocchi, Florenz 1972, Repr. 1978

Literatur:
A. Waschbüsch, *Polizian*, München 1972 • A.W. Atlas, *A Note on Isaac's ›Quis dabit capititi meo aquam‹*, in: Journal of the American Musicological Society 27 (1974), S. 103–110 • N. Pirrotta / E. Povoledo, *Music and Theatre from Poliziano to Monteverdi*, Cambridge u.a. 1982 • G. Cattin, *Le rime del Poliziano nelle fonti musicali*, in: Miscellanea di studi in onore di Vittore Branca (Biblioteca dell' Archivium Romanicum 178), hrsg. von A. Balduina, Bd. 1, Florenz 1983, S. 379–396 • F. Brancacci, *L'enciclopedia umanistica e la musica: il Panepistemon di Angelo Poliziano*, in: Rinascimento 33 (1993), S. 93–109.

DG

Polonaise

Die Polonaise (›polacca‹, ›chorea polonica‹, ›taniec polski‹, ›polonez‹ u.a.) ist ein würdevoller Schreittanz, mit dem sich zunächst die polnischen Adeligen bei öffentlichen und privaten Tanzfesten bzw. in Aufzügen präsentierten. Der Tanz wird von den frühesten Quellen im 16. Jahrhundert bis ins 19. Jahrhundert ähnlich beschrieben, so dass man trotz unterschiedlicher Musik von einer einheitlichen Tanzform sprechen kann.

Im 16. Jahrhundert steht die Musik zu den Tänzen ›alla polacca‹ noch im Dupeltakt, meist mit einem daraus abgeleiteten Nachtanz im Dreiertakt. Letzterer gewinnt ab 1602 (Valentin ▶ Haußmann, *Venusgarten*, 1602) an Selbständigkeit, bis die Polonaise ab Beginn des 18. Jahrhunderts ausschließlich im Dreiertakt und in dem für sie typischen und von der Mazurka beeinflussten rhythmischen Modell und deren Varianten auftritt (Hlawiczka 1968).

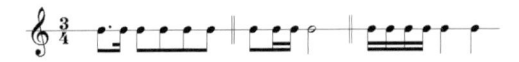

Bei der Polonaise gehen die Paare in einem würdevoll gleitenden Schreiten zunächst im Kreis, wobei der Herr die linke Hand seiner Partnerin hält. Nach Ansage eines Tanzmeisters (»włodzirej«) werden dann unterschiedliche Raumfiguren (Kolonne, Fontäne, Labyrinth, Schlangenlinie etc.) ausgeführt, wobei sämtliche Tänzer dem führenden Paar folgen.

Die frühesten Quellen zum polnischen Tanz finden sich in den Tabulatursammlungen des ▶ Johannes von Lublin (1537–1547), in Deutschland bei Hans ▶ Neusiedler (1544), Elias Nikolaus Ammerbach (1583) u.a. Eine eindeutige Zuordnung der musikalischen Quellen zu der entsprechenden Tanzform ist jedoch aufgrund divergierender Tempoangaben und Taktarten nicht immer möglich.

Trotz einer von Beginn an vielseitigen Verwendung der Polonaise als höfischer Gesellschaftstanz, Volkstanz und repräsentativer Bühnentanz spielt sie in der barocken Instrumentalsuite sowie im französischen Repertoire der Bühnentänze des 17. und 18. Jahrhunderts keine bedeutende Rolle. Ihren Höhepunkt erreichte sie im späten 18. und insbesondere im 19. Jahrhundert, hier in der Salonmusik, wie auch im Romantischen Ballett. Als wichtiges Element nationaler Verbundenheit der Exilanten aus dem geteilten Polen breitete sie sich rasch über ganz Europa aus und ist als einer der wenigen Tänze, die auf eine durchgehende Tradition verweisen können, im Grunde bis heute – wenn zumeist auch in modifizierter Form – in den Ballsälen als Eröffnungstanz in Gebrauch.

Literatur:
K. Hławiczka, *Grundriß einer Geschichte der Polonaise bis zum Anfang des 19. Jahrhunderts*, in: Svensk tidskrift för musikforskning 50 (1968), S. 51–124 • D. Gerstner / Th. Schallmann, *Polonaise*, in: MGG², Bd. 7 (Sachteil), 1997, Sp. 1686–1692 • G. Dabrowska, *Polonez*, in: *Taniec w polskiej tradycji Leksykon*, Warschau 2005/2006, S. 206–213.

MM

Polyphonie ▶ Kontrapunkt, ▶ Vokalpolyphonie

Pommer ▶ Schalmei

Pontio, Pietro [Ponzio; Petrus Pontius]
* 25.3.1532 Parma, † 27.12.1596 ebenda

An den beiden Schriften Pontios lassen sich die zeitgenössischen Strömungen der Stildiversifizierung sowie (damit zusammenhängend) die bewusste Rhetorisierung des Komponierens erkennen.

Pontio wurde auf Empfehlung von Cipriano de ▸ Rore 1565 Kapellmeister an S. Maria Maggiore zu Bergamo. 1567–1569 wirkte er in entsprechender Funktion an S. Maria della Steccata zu Parma sowie von 1569–1574 erneut in Bergamo, an S. Alessandro in Colonna. Über Pontios Verbleib in den folgenden Jahren kann nur gemutmaßt werden. 1577 erhielt er das Amt des Kapellmeisters am Dom zu Mailand und wechselte 1582 erneut in seine Heimatstadt, wo er an S. Maria della Steccata bis 1592 tätig war, zunächst als Kapellmeister, sodann als Empfänger eines Benefiziums und Angehöriger des *Consorzio dei vivi e dei morti* dieser Kirche.

Von 1580 an erschienen die Kompositionen Pontios im Druck; von sieben Büchern mit Messen und drei mit Motetten sind vier beziehungsweise zwei (zum Teil fragmentarisch) erhalten. Pontio komponierte überdies je einen Band Magnificats, Vesperpsalmen und Hymnen; die Lamentationen sind verschollen. Drei Motetten finden sich in Sammeldrucken. Ebenfalls in einem Sammeldruck überliefert ist ein Madrigal (*Vincentrice guerriera*). Bisher mangelt es an allgemein zugänglichen Ausgaben.

In beiden Schriften Pontios werden Grundfragen der musikalischen Komposition erörtert: Im *Ragionamento* (1588) geht es um das Verhältnis von Kontrapunkt (dem schieren Regelwerk) und Komposition (der »Musica artificiale«), im *Dialogo* (1595) um dasjenige von ▸ Musica theorica und ▸ Musica practica. Beide Abhandlungen sind in der Form des Dialogs gefasst. Wenn auch im *Ragionamento* traditionelle Inhalte behandelt werden, so fehlt es doch an den üblichen elementaren Vorinformationen und Satzübungen.

Pontios Ziel ist es, einem der Anfangsgründe kundigen Musikliebhaber die Vielfalt der kompositorischen Möglichkeiten anspruchsvoller Musik aufzuzeigen. Diesem Ziel dienen die 194 eingestreuten kurzen, aber vollständigen, meist zweistimmigen und untextierten Beispielsätze (die stets auch auf die Usancen des vollstimmigen Satzes verweisen sollen) sowie die zahlreichen Nennungen bestimmter Autoren und einzelner Kompositionen. Hierbei greift Pontio auf einen Fundus zurück, der bis zurück zu den Werken von ▸ Josquin Desprez geht (Josquin ist mit 12 Titelnennungen ebenso häufig vertreten wie Pontios mutmaßlicher Lehrer de Rore). Die Bedeutung des *Ragionamento* liegt in den differenzierten Aussagen zur Tonartenbehandlung (Pontio hält an der alten Tonartenordnung fest) sowie im Schlusskapitel, das Hinweise zum jeweils angemessenen Stil in verschiedenen Gattungen bringt.

Im *Dialogo* erfahren zwei Aspekte der Vorgängerschrift weitere Behandlung. Zum einen wird im ersten Teil die Proportionslehre, als maßgebender Teil der Musica theorica, eingehend demonstriert. Zum anderen führt die Feststellung, dass diese Lehre gerade aufgrund ihrer sachlich inhärenten Unwandelbarkeit bei allen Autoren gleich dargestellt wird, in die eingehende und mit häufig vierstimmigen und stets textlosen Notenbeispielen illustrierte Besprechung der technisch-rhetorischen Mittel, die notwendig sind, dem Gebot zur Vielfalt (›varietà‹) bei der Komposition gerecht zu werden (etwa gute Themengestaltung – ›inventione‹ –, Ausarbeitung, Text, Sänger- und Hörerfreundlichkeit, die Verfahren des doppelten Kontrapunkts, der Fuge und des Kanons). In dieser Vielfalt kompositorischer Optionen und dem Anspruch ihres adäquaten Einsatzes liegt der Grund dafür, dass die Musica practica von Pontio als bei weitem wichtiger eingeschätzt wird als etwa bei Zarlino, der noch über spekulative Elemente seiner Theorie die Praxis zu rechtfertigen suchte. Pontios Schriften sind als Zeugnis der spätestens im letzten Viertel des 16. Jahrhunderts zu beobachtenden Hinwendung zu Empirie und Rhetorik zu betrachten.

Ausgaben:
Ragionamento di musica, Faksimile, hrsg. von S. Clercx (Documenta musicologia. Erste Reihe: Druckschriften-Faksimiles XVI), Kassel u.a. 1959.

Literatur:
Kl.-J. Sachs, *Musikalische ›Struktur‹ im Spiegel der Kompositionslehre von P. Pontios Ragionamento di musica (1588)*, in: *Zeichen und Struktur in der Musik der Renaissance*, hrsg. von Kl. Hortschansky, Kassel 1989, S. 141–157 • Ders., *»Theorica e Prattica di Musica« in Pietro Pontios Dialogo (Parma 1595)*, in: Musiktheorie 4 (1989), S. 127–141 • Ders., *Index to the Treatises of P. Pontio*, in: Theoria 10 (2003), S. 59–68 • R.E. Murray jr., *The Voice of the Composer: Theory and Practice in the Works of P. Pontio*, Diss. Univ. of North Texas 1989 (enthält Edition ausgewählter Kompositionen) • Ders., *The Theorist as Critical Listener: P. Pontio's Nine Cause di Varietà*, in: Theoria 10 (2003), S. 19–57.

TRÖ

Porta, Costanzo
* um 1528–1529 Cremona, † 19.5.1601 Padova

Die musikalischen Aktivitäten des Franziskaners, Komponisten und Pädagogen Costanzo Porta sind seit 1549 bezeugt, dem Zeitpunkt, als er das Kloster Casalmaggiore verließ, um demjenigen von S. Maria Gloriosa dei Frari in Venedig beizutreten. Dort folgte er in derselben Zeit wie Claudio ▶ Merulo und Gioseffo ▶ Zarlino dem Unterrichte Adrian ▶ Willaerts, Maestro di capella an S. Marco.

Nachdem er seine Ausbildung beendet hatte, wurde er Maestro di capella an der Kathedrale von Osimo (1552–1565); dies bot ihm die Gelegenheit, den Hof der Rovere häufig zu besuchen, der im Herzogtum Urbino herrschenden Familie, ebenso wie diejenigen der ▶ Gonzaga in Mantua und der ▶ Este in Ferrara. Im Verlauf seines Aufenthalts in Osimo gab er zwei Bücher von Motetten (1555, 1559) zusammen mit zwei Büchern von Madrigalen (1555, 1559) heraus. Dann hatte er eine Stelle in Santo de Padova (1565–1567), anschließend an der Kathedrale von Ravenna, wo Giulio della Rovere, der Erzbischof des Ortes, ihn in seinen Dienst nahm (1567–1574). Das war die fruchtbarste Zeit seiner Karriere, in der zwei Volumina mit religiöser Musik für den jährlichen liturgischen Zyklus (1566), ein drittes Buch mit ▶ Motetten (1571) und zwei neue Sammlungen von ▶ Madrigalen (1569, 1573) entstanden.

Er verließ dennoch Ravenna, um nach Santa Casa de Loreto zu gehen, wo Giulio della Rovere ihn zum Maestro di capella nahm (1574–1580) und ihm den Auftrag zu einer Serie von ▶ Messen für das Jubiläum von 1575 gab; sie erschienen in seinem *Missarum liber primus* (1578), dem eine Sammlung von marianischen *Litaniae* zu acht Stimmen (1575) voranging. 1580 kam er nach Ravenna zurück (1580–1589) und nahm dort intensive musikalische Aktivitäten auf mit einem umfangreichen *Liber quinquaginta duoreum motectorum* (1580), das dem Gouverneur von Loreto gewidmet war, einem vierten Buch von Motetten (1585) und einem fünften Buch von Madrigalen (1586). 1589 ist er erneut in Padua, aber dieses Mal an der Kathedrale, wo er bis zu seinem Tod am 19. Mai 1601 blieb. Drei posthume Bände religiöser Musik, *Hymnodia sacra* (1602), *Psalmodia vespertina* (1605) und *Motectorum* (1605) bezeugen seine Aktivitäten im Lauf dieser letzten Periode.

Der größte Teil seines Werkes besteht aus religiöser Musik – man kennt von ihm sieben Bücher mit Motetten, die über seine ganze Karriere hinweg veröffentlicht wurden (1555, 1559, 1571, 1580, 1585, 1602, 1605) und in der kontrapunktischen Tradition von Nicolas ▶ Gombert oder Willaert gehalten sind. Aber man verdankt ihm auch zahlreiche mehrchörige Stücke, die für Loreto (*Litaniae*, 1575) oder Padua (*Psalmodia vespertina*, 1605) geschrieben sind sowie 15 Messen, die auf Kirchentonarten komponiert oder gemäß der Technik der Parodie behandelt sind. Weniger häufig ist hingegen der Gebrauch der Technik über einem ▸ Cantus firmus, den man hauptsächlich in seinem Zyklus *Hymnodia sacra* zu fünf Stimmen (1602) antrifft. Durch seinen Sinn für Melodiegebung, durch seine Behandlung der Dissonanzen und des Textes und durch seinen zurückhaltenden Gebrauch von Chromatismen kann das religiöse Werk von Porta vielleicht als Äquivalent desjenigen seines Zeitgenossen Giovanni Pierluigi da ▸ Palestrina betrachtet werden.

Im profanen Bereich zeichnet er sich durch fünf Bücher von Madrigalen aus (1555, 1559, 1569, 1573, 1586), denen man zahlreiche vereinzelte Stücke innerhalb von Anthologien hinzufügen kann. Die Mehrzahl ist fünfstimmig auf Texte von Petrarca, ▸ Ariost oder Torquato ▸ Tasso; sie geben den musikalischen und poetischen Geschmack des Hofes von Urbino, Ferrara und Mantua wieder.

Zu seinen Lebzeiten wurde er nicht nur wegen seiner Kompositionen geschätzt, sondern auch wegen seines pädagogischen Talentes; zu seinen Schülern zählt man insbesondere Girolamo ▸ Diruta oder Lodovico Grossi da ▸ Viadana. 1596 wurde er zum ersten ›Magister musicae‹ der Minoriten benannt.

Ausgaben:
Constanzo Porta. Opera Omnia, hrsg. von S. Cisilino (Corpus Musicum Franciscanum 3, Padova 1964–1970).

Schriften:
Trattato [...] ossia Instruzioni di contrappunto (I-Bc [B. 140]).

Literatur:
F. Hafkemayer, *Costanzo Porta aus Cremona: Untersuchungen über seine kirchenmusikalischen Arbeiten*, Freiburg 1953 • A. Gaberlotto, *Il Padre Costanzo Porta da Cremona*, Roma 1955 • R. Lunelli, *Nota complementare sul musicista Costanzo Porta da Cremona*, in: Miscellanea francescana 56 (1956), S. 282–288 • L.P. Pruett, *The Masses and Hymns of Costanzo Porta*, Diss. Univ. of North Carolina 1960.

FG

Posaune
(mhd. busine, aus altfrz. buisine, lat. bucina; frz., it., engl. trombone)

Der Name verweist auf ein Trompeteninstrument; die französische, italienische und englische Bezeichnung ist von ›tromba‹ abgeleitet. Posaune und Trompete (oder abgeleitete Formen) werden im 15. Jahrhundert im deutschen Sprachbereich häufig synonym verwendet. Die Bezeichnung »trompette saicqueboute« (erstmals 1468 bei Olivier de la Marche) kann mit einem Zugmechanismus in Verbindung gebracht werden (Welcker 1990, S. 259–260), »Sacqueboute« bezeichnet im 16. Jahrhundert die Posaune (im engl. »sackbut«).

Ob sich die Posaune aus der Zugtrompete entwickelt hat, ist nicht ganz sicher zu belegen; ein erhaltenes Instrument von Hans Veit mit beweglichem Mundrohr stammt erst aus dem Jahr 1651 (im Musikinstrumentenmuseum Berlin). Unsicher ist der erste Zeitpunkt des Auftretens der Posaune. Aufgrund des Tonumfangs und einzelner Töne lässt sich vermuten, dass in einigen Stücken eine Posaune statt einer möglichen Zugtrompete zum Einsatz kam, auch in dem wahrscheinlich von Guillaume ▸ Dufay 1434 oder 1435 mit einem Contratenor ›Trompette‹ bearbeiteten Rondeau *J'aime bien* von Pierre Fontaine (Munrow, S. 35 und 104), das in der ursprünglichen Version einen Contratenor in der für Trompeteninstrumente üblichen Alt-Tenor-Lage enthielt (Winkler, S. 58).

Bis Ende des 15. Jahrhunderts gibt es wenige Belege über die Verwendung der Posaune. Heinrich Besseler (1950, S. 12) vermutet die Entstehung der Posaune am Hof von ▸ Burgund zwischen 1421 und 1468. Ein weiterer Grund für die Entwicklung der Posaune mag die Verlagerung des Contratenors in die Tiefe des Vokalsatzes sein (Welker 1994, Sp. 428). Johannes ▸ Tinctoris lobt das klangvolle Zusammenspiel von »tibia«, »bombarda« und einer »tuba«, welche »trompone« von den Italienern, »sacque-boute« von den Franzosen genannt werde (Baines, S. 19–26). Spielten alle diese Instrumente zusammen, nenne man dies eine ▸ Alta musica. Wenn Tinctoris die Benutzung einer »tuba« in der tiefen Lage hervorhebt, meinte er vermutlich bereits eine Posaune mit Zug, zumal eine Zugtrompete im Tieftonbereich nicht diatonisch verwendbar wäre (Welcker 1990, S. 260). Die Abbildung einer »Busaun« genannten Posaune in Sebastian ▸ Virdungs *Musica getutscht* (1511) entspricht der heute üblichen Bauform.

Michael ▸ Praetorius (Wolfenbüttel 1619, Tafel VI und VIII, Abb. ▸ Zink) nennt folgende Grundgrößen: Die »Alt-Posaun«, die »Rechte gemeine Posaun«, zwei »Quart-Posaunen« und die »Octav-Posaun«. Als Standardinstrument gilt ihm das Tenorinstrument in B (»Rechte gemeine Posaun«), im Text wird noch eine »Quint-Posaun« in Es erwähnt (S. 31). Kleinere Veränderungen wurden mit Hilfe des Zuges oder des Ansatzes, größere durch das Aufstecken oder Entfernen von Stimmbögen erreicht. Marin ▸ Mersenne (1636, S. 270–272) erläutert die Bedeutung eines »Tortil« genannten Krummbügels, mit dessen Hilfe sich das Instrument eine Quarte tiefer stimmen lässt.

Die Posaune kam nach ihrer Erfindung in Burgund zuerst in den deutsch-österreichischen Raum, wo Kaiser ▸ Maximilian I. nach burgundischem Vorbild eine eigene Kapelle gegründet hatte. Auf den vielfach abgebildeten Holzschnitten von Hans ▸ Burgkmair von 1516 (*Kayser Maximilians I. Triumph*) werden unter der Bezeichnung »Burgundisch Pfeifer« fünf Posaunisten und fünf Bombartbläser dargestellt; sie sind ein Beleg für die höfisch prunkvolle Ausstattung dieser Instrumentalisten. Einen festen Bestandteil in diesem Rahmen bildete auch das Schalmei-/ Pommer-/ Blechblas-Ensemble, die Bläser-Alta (Besseler 1949–1951, Sp. 378). Zu den Aufgaben dieser standardisierten Gruppe zählte die Aufführung von Tanzmusik bei den verschiedensten Anlässen. Vermutlich wurde der polyphone Satz weitgehend improvisiert (Gilbert 2005). Erst im Übergang zum Barock finden sich spezifische Anweisungen für den Gebrauch der Posaunen (Giovanni ▸ Gabrieli 1597 und Claudio ▸ Monteverdi im *L'Orfeo* 1609).

Die Verbreitung der Blechblasinstrumente im 16. Jahrhundert war auch ein Verdienst von Instrumentenbauern, die veränderte Metallverarbeitungsverfahren einsetzten und repräsentative Instrumente herstellten. Durch Verbesserung der Intonation, der Tonqualität wie der technischen Möglichkeiten konnten Instrumente gefertigt werden, die ein virtuoses Spiel ermöglichten. Zentrum des Blechblasinstrumentenbaus war Nürnberg. Unter den zwischen 1500 und 1800 hier ansässigen über 60 selbständigen Instrumentenbauern (Smithers, S. 64–66) ragten besonders die Mitglieder der Familie Neuschel hervor. Die zweitälteste erhaltene Posaune von Jörg Neuschel aus dem Jahre 1557 ist unter Berücksichtigung alter Fertigungstechniken nachgebaut worden (Thein 1981). Michael Praetorius nennt zwei Posaunen-Virtuosen, die entweder einen großen Tonumfang bewältigen konnten oder »so geschwinde[n] Coloraturen und saltibus, gleich auff der Viol Bastarda, oder auff eim Cornet zu wege bringen« (Praetorius, S. 31).

Literatur:
S. Virdung, *Musica getutscht*, Basel 1511, Faksimile, hrsg. von W. Niemöller (Documenta Musicologica 31), Kassel u.a. 1970 • M. Praetorius, *Syntagma Musicum II, De Organographia*, Wolfenbüttel 1619, Faksimile hrsg. von W. Gurlitt (Documenta Musicologica 16), Kassel u.a. 1958 • M. Mersenne, *Harmonie universelle*, Paris 1636, Faksimile hrsg. von F. Lesure, Paris 1963 • H. Besseler, *Alta*, in: *MGG*, Bd. 1, 1949–1951, Sp. 378–379 • A.C. Baines, *Fifteenth century instruments in Tinctoris »De usu et inventione musicae«*, in: Galpin Society Journal 3 (1950), S. 19–26 • H. Besseler, *Die Entstehung der Posaune*, in: Acta musicologica 22 (1950), S. 8–35 • K. Winkler, *Zur Frühgeschichte der Posaune*, in: Das Musikinstrument 42/11 (1993), S. 54–62 • Don L. Smithers, *The Music and History of the Baroque Trumpet before 1721*, Lon-

don 1964 • D. Munrow, *Musikinstrumente des Mittelalters und der Renaissance*, Celle 1980 • H. Thein, *Zur Geschichte der Renaissance-Posaune von Jörg Neusche (1557) und zu ihrer Neuschöpfung*, in: Basler Jahrbuch für historische Musikpraxis V (1981), S. 377–404 • L. Welker, *Bläserensembles der Renaissance*, in: Basler Jahrbuch für historische Musikpraxis 14 (1990), S. 249–270 • L. Welker, *Alta*, in: MGG², Bd. 1 (Sachteil), 1994, Sp. 479–483 • A.K. Gilbert, *The improvising Alta capella, ca. 1500: paradigms and procedures*, in: Basler Jahrbuch für historische Musikpraxis 24 (2005), S. 109–123.

US

Power, Leonel [Lionel]

* 1375/1380 Canterbury oder Kent, † 5.6.1445 Canterbury

Power war einer der führenden englischen Komponisten und Musiktheoretiker im 15. Jahrhundert. Er schrieb Messensätze, die sich teilweise zu Paaren oder Zyklen gruppieren lassen, und Vertonungen von Marienantiphonen (▸ Antiphon).

Für die Jahre 1418 bis 1421 ist Powers Anstellung am Hof von Thomas Herzog von Clarence als Leiter der Kapellknaben belegt. Vermutlich war er dort schon ab 1411 oder 1413 an der Kapelle tätig. Er hielt sich demnach mit dem Hof zunächst in Kent, später – bis zum Tod des Herzogs – in der Normandie auf. 1423 wurde Power in die Bruderschaft der Christ Church Cathedral von Canterbury aufgenommen, was jedoch ein reines Ehrenamt darstellte. Vermutlich war er nach dem Tod des Herzogs von Clarence an der Kapelle von John Herzog von Bedford oder an der königlichen Kapelle angestellt. Ab 1439 wird er wieder in den Registern der Kathedrale von Canterbury geführt. Seine Aufgaben dort sind nicht genau zu rekonstruieren, vermutlich war er Leiter des Chors der Marienkapelle. Bis zu seinem Tod erhielt er jährlich eine Livre.

Die Akten der Bruderschaft geben Auskunft über Powers Todesdatum. Herkunft sowie Geburtsdatum sind jedoch ungewiss: Canterbury, Kent und sogar Irland wurden bisher als möglich angesehen. Da von Power 23 Kompositionen in der älteren Schicht der Old Hall Handschrift, die vermutlich vor 1415 fertiggestellt wurde, überliefert sind und diese Werke eine große stilistische Bandbreite aufweisen, also vermutlich über einen längeren Zeitraum entstanden, muss Power um 1395 begonnen haben, zu komponieren. Im Gegensatz dazu ist von John ▸ Dunstaple nur eine Motette in der zweiten Schicht der Handschrift überliefert. Power war demnach 10 bis 20 Jahre älter. Vermutlich beendete er seine Komponistenlaufbahn schon um 1430, denn seine spätesten Werke sind in der Handschrift Modena B überliefert, die nach 1445 entstanden ist.

Powers Werke sind neben der Handschrift Old Hall auch in zahlreichen kontinentalen Handschriften überliefert. Hier sind die Zuschreibungen nicht immer eindeutig, sie können aber in vielen Fällen durch Konkordanzen in der Handschrift Old Hall gesichert werden. Besonders bei zwei zusammengehörenden Messsätzen ist oft nur einer Power zugeschrieben, der andere muss dann durch kompositionstechnische Merkmale dem Paar zugeordnet werden. Powers kompositorische Bedeutung liegt zuvorderst in der Ausbildung des Messzyklus. Zwar kann ihm nur ein vollständiger Messzyklus zugeschrieben werden – die Zuschreibungen von drei weiteren sind umstritten –, doch zeigt sein Schaffen deutlich die Entwicklung von Messsatzpaaren zum Messzyklus. Einen Einfluss auf diese Entwicklung könnte Guillaume de ▸ Machauts *Messe de Nostre Dame* gehabt haben, da Jean de Berry Clarence 1412 eine Abschrift der Werke Machauts ausgeliehen hatte und Power diese am Hof des Herzogs Thomas von Clarence gesehen haben könnte. Kompositorisch stellt Power die Verbindung zwischen den einzelnen Messsätzen durch die – oft ▸ isorhythmische – Konstruktion, durch den ▸ Cantus firmus, der in der obersten Stimme oder im Tenor liegt, durch eine Art Vorläufer von Kopfmotiven sowie durch den Ambitus der Stimmen, die Mensur und die Tonart der Sätze her.

Chronologisch und stilistisch können Powers Kompositionen nach Charles Hamm (Vorwort zu *Leonel Power. Complete Works*) in sieben Kategorien unterteilt werden:

1. In den 1390er Jahren zeigt sich in einigen Kompositionen der typisch englische Diskant-Stil: Der Satz ist meist homophon, die drei Stimmen bewegen sich in verschiedenen Lagen und der Cantus firmus befindet sich in der mittleren Stimme.
2. Daneben gibt es Messensätze, die im Stil den kontinentalen Motetten um 1400 ähneln. Sie sind meist isorhythmisch und setzen oft mehrere Abschnitte des Textes simultan in verschiedenen Stimmen.
3. Nach 1400 zeigt sich in den Kompositionen eine äußerst komplizierte Rhythmik, die der ▸ Ars subtilior in wenig nachsteht.
4. In den Kompositionen, die nach 1410 entstanden, liegt der Cantus firmus in der obersten Stimme. Insgesamt ist der Satz deutlich einfacher als in den früheren Kompositionen. Hier und in der nachfolgenden Kategorie zeigen sich die ersten Merkmale des »englischen Stils«.
5. Die Kompositionen der 1420er Jahre sind durch den Wechsel von Zwei- und Dreistimmigkeit und damit einhergehende Mensurwechsel gekennzeichnet.
6. Andere Kompositionen dieser Zeit sind dagegen durchgehend im ▸ Tempus perfectum geschrieben.
7. Um 1430 komponierte Power fast ausschließlich Texte aus dem Hohelied. Im Satz werden die Stimmen zunehmend gleichberechtigt behandelt.

Power verband somit in seinen Kompositionen englische und kontinentale Traditionen und legt damit die Grundlagen für einen neuen Kompositionsstil. Zunächst komponierte er Werke im englischen Diskantstil, verwendete dann die rhythmischen Finessen der Ars subtilior, um zuletzt zu einem einfacheren, oberstimmenbetonten Satz zu finden, der durch Mensurwechsel und Duette strukturiert wird. Diese Merkmale wurden von der nächsten Generation englischer Komponisten aufgegriffen und weiterentwickelt. Sie kennzeichnen den »neuen Stil«, der Mitte des 15. Jahrhunderts von Musiktheoretikern wie zum Beispiel Johannes ▸ Tinctoris konstatiert wird. Er nahm einen grundlegenden Wandel in der Komposition wahr, der sich über ganz Europa ausbreitete und führte ihn auf englische Einflüsse zurück. Welche konkreten Merkmale von Komponisten des Kontinents übernommen wurden, bleibt jedoch bis heute unklar.

Einige Merkmale unterscheiden Powers Kompositionen von denen anderer englischer Komponisten: In den Stimmen einer Komposition finden sich oft unterschiedliche Mensurzeichen, oder die oberste Stimme muss im Verhältnis zu den anderen Stimmen augmentiert ausgeführt werden. Typisch für Powers Kompositionen sind kurze Melodiefragmente, die dicht nacheinander und teilweise auf verschiedenen Zeiten der Mensur sequenziert werden. Manchmal befinden sich die Sequenzen in verschiedenen Stimmen und gehen somit in kurze Imitationen über (Beispiel 1).

In Powers Kompositionen sind eindeutige Entwicklungen sichtbar: Die Dissonanzen werden immer kontrollierter eingesetzt, so dass die späten Motetten fast pankonsonant sind, und der Cantus firmus wird zunehmend verschleiert, indem er verziert, nur in Auszügen oder in verschiedenen Stimmen erscheint. In der Marienantiphon mit dem Text *Salve regina* zum Beispiel befindet sich die verzierte Melodie einer anderen Marienantiphon, nämlich *Alma redemptoris mater*, in der obersten Stimme. Der Cantus firmus erscheint allerdings nur im ersten Teil der Komposition und zudem unvollständig. Die nachfolgenden Teile

Beispiel 1: Leonel Power, *Mater Ora Filium*, MM 29–35.

der Komposition, die durch Mensurwechsel und Duette gegliedert ist, werden mit dem Anfang der Choralmelodie *Alma redemptoris mater* in der Oberstimme eingeleitet, der sich so wie eine Art Motto durch die gesamte Komposition zieht (Beispiel 2).

Beispiel 2: Leonel Power, Marienantiphon *Salve regina Mater Misericordie* (A), Triplum, MM 1–6, 92–97, 122–126, 148–155.

Im Werk Powers fällt weiterhin auf, dass keine volkssprachlichen Kompositionen von ihm überliefert sind. Anscheinend komponierte er weder weltliche Gattungen auf volkssprachliche Texte noch geistliche wie etwa ▶ Carols. Zwar sind von Power auch keine isorhythmischen Motetten überliefert, doch setzt er das Konstruktionsprinzip der Isorhythmie häufig in Messensätzen ein. In seinem Traktat *This Tretis is contrivid upon the Gamme*, der vermutlich für die Ausbildung von Kapellknaben entstand, beschreibt Power die improvisierten Techniken des Diskantsatzes. Dabei verbietet er als einer der ersten Theoretiker die Parallelführung von perfekten ▶ Konsonanzen, erlaubt dagegen aber bis zu drei gleiche beziehungsweise sechs unterschiedliche aufeinanderfolgende imperfekte Konsonanzen.

Ausgaben:
Leonel Power. Complete Works (Corpus mensurabilis musicae 50), hrsg. von C. Hamm, o.O. 1969, bisher nur Bd. 1 *Motetten* erschienen; *The Old Hall Manuscript* (Corpus mensurabilis musicae 46), hrsg. von A. Hughes und M. Bent, 3 Bde., o.O. 1969/1973; *John Dunstable. Complete Works* (Musica Britannica 8), hrsg. von M.F. Bukofzer, London 1957.

Schriften:
This Tretis is contrivid upon the Gamme, Manuskript, Ausgabe in Georgiades 1937, S. 12–23.

Literatur:
M.F. Bukofzer, *Geschichte des englischen Diskants und des Fauxbourdons nach den theoretischen Quellen*, Strassburg 1936 • T. Georgiades, *Englische Diskanttraktate aus der ersten Hälfte des 15. Jahrhunderts*, München 1937 • B. Trowell, *Some English Contemporaries of Dunstable*, in: Procedings of the Royal Musical Association 81 (1954/1955), S. 77–92 • M.F. Bukofzer, *English Church Music of the Fifteenth Century*, in: *Ars Nova and Renaissance* (New Oxford History of Music 3), hrsg. von D.A. Hughes und G. Abraham, London 1960, S. 165–213 • C. Hamm, *The Motets of Lionel Power*, in: *Studies in Music History. Essays for O. Strunk*, hrsg. von H.S. Powers, Princeton 1968, S. 127–136 • M. Bent, *The Old Hall Manuscript: A Paleographical Study*, Diss. Univ. of Cambridge 1969 • C. Hamm, *Stylistic and Structural Elements in the Motets*, in: *Leonel Power. Complete Works* (Corpus mensurabilis musicae 50), hrsg. von dems., o.O. 1969, S. XIV–XIX • J.R. White, *Lyonel Power's Sanctus (ca. 1410)*, in: *Notations and Editions. A Book in Honour of Louise Cuyler*, hrsg. von E. Borroff, Dubuque/Iowa 1974, S. 17–32 • R. Bowers: *Choral Institutions within the English Church. Their Constitution and Development, 1340–1500*, Diss. Univ. of East Anglia 1975, besonders S. 4033, 5036ff. • Ders., *Some Observations on the Life and Career of Lionel Power*, in: Proceedings of the Royal Musical Association 102 (1975/1976), S. 37–54 • S. Burstyn, *Power's Anima mea and Binchois' De plus en plus. A Study in Musical Relationships*, in: Musica Disciplina 30 (1976), S. 55–72 • D. Fallows, *The ›contenance angloise‹. English Influence on Continental Composers of the Fifteenth Century*, in: Renaissance Studies 1 (1987), S. 189–208 • B.G. Smith, *John Dunstable and Leonel Power. A Stylistic Comparison*, Diss. Univ. of Sheffield 1993 • M. Bent, *Power, Leonel*, in: *Grove*, Bd. 20, 2001, S. 243–248 • D. Fallows / A. Buckle, *Power, Leonel*, in *MGG²*, Bd. 13 (Personenteil), 2005, Sp. 862–869.

RS

Präludium / Praeambulum

Ein Präludium ist eine eigenständige instrumentale Gattung oder ein einleitendes Stück einer zyklischen Instrumentalkomposition. Es geht entweder einem oder mehreren anderen Stücken voraus. Präludien, meist unter der Bezeichnung Praeambulum, finden sich bereits in den frühen Orgeltabulaturen der ersten Hälfte des 15. Jahrhunderts, so bspw. Adam Ileborghs 1448 intavolierte *Praeambula* und *Praeludia*, das Praeambulum in der Orgeltabulatur des Wolfgang de Novo Domo oder die drei Praeambula am Ende von Conrad ▸ Paumanns *Fundamentum organisandi* (begonnen 1452) oder Beispiele im *Buxheimer Orgelbuch* (1460/1470); es handelt sich um kurze einleitende und intonierende Stücke meist improvisatorischen Charakters. Im 16. Jahrhundert wurden Präludien in den Tabulaturen unter Einfluss der Rhetorik oftmals in Anlehnung an die Rhetorik, z.B. bei Hans ▸ Kotter, antikisierend als *Prooemium*, *Priamel*, *Anabole* oder *Harmonia* benannt; Präludien konnten aber auch andere Gattungs- bzw. Formbezeichnungen wie ▸ Ricercar, ▸ Fantasie, ▸ Tiento, Fuga, ▸ Capriccio, ▸ Toccata tragen. Die Präludien dieser Zeit sind meist nicht nach Modi, sondern nach Tonstufen angeordnet. Präludien entstanden bevorzugt für Tasteninstrumente und für Laute. Ihre Faktur konnte einerseits durch freies, improvisierendes Akkordspiel, verbunden mit Diminutionen, geprägt sein, andererseits am polyphonen Satz der Vokalmusik orientiert sein wie beispielsweise die vierstimmigen Präludien des ▸ Johannes von Lublin (um 1540 entstanden).

Literatur:
A. Edler, *Gattungen der Musik für Tasteninstrumente* (Handbuch der musikalischen Gattungen 7/1), Laaber 1997 • Ders., *Präludium*, in: *MGG²*, Bd. 7 (Sachteil), 1997, Sp. 1792–1794 • W. Marx, *Die Orgeltabulatur des Wolfgang de Novo Domo*, in: Archiv für Musikwissenschaft 55 (1998), S. 152–170.

Praetorius, Michael [Nachname auch Schultheis, Schultze]

* 1572 Creuzburg an der Werra, † 15.2.1621 Wolfenbüttel

Michael Praetorius war Organist sowie Musiktheoretiker, dessen Bedeutung insbesondere in seinem theoretischen Werk *Syntagma musicum* begründet liegt. Er gehörte zu den wichtigsten evangelischen Kirchenkomponisten seiner Zeit. Darüber hinaus vermittelte er italienische Musik in Deutschland.

Praetorius stammt aus einer lutherischen Familie. Sein Vater Michael Schultheis hatte in Wittenberg unter anderem bei Martin ▶ Luther studiert. Der dreizehnjährige Praetorius begann um 1585 – wegen seines jugendlichen Alters als Nonjuratus – das Studium der Theologie und der Philosophie. Dies verdankte er der Unterstützung seines Bruders Andreas, der Theologieprofessor an der Viadrina und Pfarrer von St. Marien in Frankfurt an der Oder war. Durch Andreas' Tod am 20.12.1586 war jedoch die Finanzierung seines Studiums in Frage gestellt.

Unerwartet bekam er das Angebot, das Amt eines Organisten an der Universitäts- und Pfarrkirche St. Marien zu übernehmen, obgleich er bislang noch keinen geregelten Musikunterricht erhalten hatte. »Nach seinem eigenen Zeugnis ist Pr[aetorius] ›sehr spät zum exercitio Musices gelangt‹, und es ist wahrscheinlich, daß er als Organist und späterer Komponist weitgehend Autodidakt war« (Schmalzriedt, S. 469). Praetorius setzte sein Studium ab 1589 in Helmstedt fort. Ein Freund seines Bruders Andreas, der Historiker Reiner Reinicius, vermittelte ihm den Kontakt zum Herzog Heinrich Julius von Braunschweig in Wolfenbüttel, in dessen Dienste er im Herbst 1593 trat. Ende 1594 wurde er Organist der Hofkapelle. In seiner Eigenschaft als Hoforganist nahm er zusammen mit den berühmtesten Organisten Deutschlands an dem Organistentreffen im Herbst 1596 in Gröningen zur Einweihung der neuen Orgel von David Beck teil.

1602 hielt sich Praetorius im Auftrag des Herzogs in Regensburg auf und verdiente seit Weihnachten – zurück in Wolfenbüttel – aufgrund einer neuen Bestallung ein wesentlich höheres Gehalt als vor der Reise. Spätestens zu dieser Zeit betrieb er autodidaktische Kompositionsstudien. 1603 war er Angehöriger der Wolfenbütteler Reichsdelegation und vertrat in Abwesenheit des Herzogs dessen Interessen als Schreiber und Verhandlungszeuge. Am 25.9.1603 heiratete er Anna Lakemacher. Am 7.12.1604 wurde er Herzoglich Braunschweigischer Kapellmeister. Dennoch blieb er weiterhin Organist in Wolfenbüttel und Gröningen. 1605 erschienen seine ersten Werke, *Musae Sioniae* Teil 1. Als Namenskürzel verwendete er häufig »M.P.C.« (Michael Praetorius Creuzbergensis).

Nach dem Tod des Herzogs am 20.7.1613 bat der sächsische Kurfürst Johann Georg den neuen Herzog Friedrich Ulrich, ihm Praetorius für die Zeit des Trauerjahres zu überlassen. So siedelte Praetorius im selben Jahr nach Dresden über, leitete im März 1614 die Musik am Kur- und Fürstentag zu Naumburg und wurde vom Bistum Magdeburg ebenfalls mit Komposition und Aufführung von Festmusiken beauftragt. In Dresden traf er auf Heinrich Schütz, versuchte jedoch trotz der guten Rahmenbedingungen, nach Ablauf des Trauerjahres nach Wolfenbüttel zurückzukehren. Bis zum Frühjahr 1616 blieb er allerdings in Dresden und reiste danach von Ort zu Ort als Berater und Organisator ›in musicis‹. In Wolfenbüttel wurde seine Bestallung 1620 nicht mehr verlängert, nachdem sich die Hofkapelle ständig verkleinert hatte.

Ein großer Teil seiner Kompositionen sind ▶ Cantus-firmus-Kompositionen über protestantische Choralmelodien. Er hat sich damit der auf die Reformationszeit zurückgehenden Tradition der mehrstimmigen Bearbeitung des protestantischen Kirchenliedes angeschlossen, pflegte aber auch in Luthers Tradition den ▶ Gregorianischen Choral. Ein moderner Zug seiner Kompositionen ist die planvolle Verwendung von Besetzungskontrasten zur Gliederung von großformatigen Wiederholungsbildungen. In der neunteiligen Sammlung *Musae Sioniae* (1605–1610) gab er u.a. 1244 Bearbeitungen deutscher Psalmen und Kirchenlieder heraus. Während seiner Dresdener Zeit veröffentlichte er seine *Urania* (1613). Die Sammlung enthält mehrchörige Werke, die an den Stil Giovanni ▶ Gabrielis erinnern. Diese und andere späte Kompositionen stehen in Verbindung zur Arbeit an seinem theoretischen Werk *Syntagma musicum* Teil 1, einem lateinischen Traktat über Kirchenmusik, der in den Jahren 1614 und 1615 entstand; Teil 2, *De organographia*, erschienen 1618, ist eine Instrumentallehre mit Schwerpunkt auf dem Orgelbau. 1620 kam der Illustrationsband *Theatrum instrumentorum* heraus. Der dritte Teil *Termini musici* (1619) schließlich enthält ein Lexikon mit musikalischen Fachbegriffen und Ausführungen zur musikalischen Aufführungspraxis. Für die Zeitgenossen mag besonders Teil 3 die erste Begegnung mit den Neuerungen der italienischen Musik wie der Generalbasspraxis, der räumlichen Anordnung von Kapellchören und der Auszierung des Sologesangs gewesen sein.

Ausgaben:
M. Praetorius, *Gesamtausgabe der musikalischen Werke*, hrsg. von Fr. Blume, A. Mendelssohn und W. Gurlitt, 20 Bde. und Generalregister, Wolfenbüttel 1928–1960; M. Praetorius / E. Compenius, *Orgeln Verdingnis* (Kieler Beiträge zur Musikwissenschaft 4), hrsg. von Fr. Blume, Kassel 1936; M. Praetorius, *Syntagma musicum*, Faksimile, hrsg. von W. Gurlitt, Bd. 1–3, Kassel 1958–1959; Nachdruck der Bde. 1–3, hrsg. von A. Forchert, ebd. 2001.

Literatur:
W. Gurlitt, *M. Praetorius (Creuzbergensis). Sein Leben und seine Werke*, Leipzig 1925 • A. Forchert, *Das Spätwerk des Michael Praetorius. Italienische und deutsche Stilbegegnungen*, Berlin 1959 • D. Möller-Weiser, *Untersuchungen zum 1. Band des Syntagma Musicum von Michael Praetorius*, Kassel 1993 • S. Schmalzriedt, *Praetorius*, in: Komponisten-Lexikon, hrsg. von H. Weber, Stuttgart ²2003, S. 469–470 • A. Forchert, *Praetorius*, in: *MGG*², Bd. 13 (Personenteil), 2005, Sp. 883–892.

AP

Prioris, Johannes
fl. um 1489–1512

Noch heute ist Prioris eine weitgehend unbekannte Persönlichkeit in der Musikgeschichte der Renaissance.

Tätig um 1500, wurde diesem Komponisten, der wahrscheinlich zur Generation von ▶ Josquin Desprez gehörte, von seinen Zeitgenossen wiederholt Tribut gezollt. Er wird in der Motette von Pierre ▶ Moulu *Mater floreat* zitiert, in zwei ▶ Déplorations von Guillaume ▶ Crétin – einem berühmten Klagelied auf den Tod von Johannes ▶ Ockeghem und jenem auf den Tod von »Jean Braconnier dit Lourdault« – sowie im *Livre de la deablerie* des ▶ Eloy d'Amerval (1508).

Johannes Prioris wird sowohl im *Noël* von Jean Daniel (ca. 1530) erwähnt als auch gemeinsam mit den bedeutendsten Musikern der Vergangenheit im Prolog zum *Quart livre des faicts […] du bon Pantagruel* von François ▶ Rabelais (1552).

Prioris ist eine der Personen, welche in zwei Gedichten Crétins genannt werden, die herausragenden Vertretern des Königshauses gewidmet waren. Daher liegt die Annahme nahe, dass Prioris Kontakte zur königlichen ▶ Kapelle unterhielt, wahrscheinlich bereits seit der Herrschaft ▶ Karls VIII., mit Sicherheit jedoch während der Regentschaft ▶ Ludwigs XII. Dieser indirekte Nachweis wird vom Historiker Jean d'Auton belegt, der in der Chronik für das Jahr 1507 bestätigt, dass der Kapellmeister mit Namen J. Prioris dem Gefolge des Hofes während des Krieges gegen Genua angehört.

Die These, Prioris habe die Möglichkeit, nach Italien zu reisen, gehabt und diese zur Aufnahme von Kontakten bezüglich einer Anstellung mit verschiedenen Höfen der Halbinsel genutzt, wird durch zwei seiner Kompositionen bestärkt: Es entstanden der ▶ Strambotto *Consommo la vita mia*, der auf einem

Gedicht des berühmten ▸ Serafino de' Ciminelli dall'Aquila basiert, und die ▸ Lauda *Dulcis amica Dei*, in der sich Prioris in einem Genre misst, das außerhalb des italienischen Kontextes kaum denkbar ist.

Der bedeutendste Teil von Prioris' Werk besteht aus sechs ▸ Messen, etwa zehn ▸ Motetten, fünf ▸ Magnificatvertonungen und etwa einem Dutzend profaner Stücke.

Zu den bekanntesten Werken gehört sein ▸ Requiem und zu den interessantesten, wenngleich in der Zuschreibung nicht gesichert, die *Missa Je ne demande*. In der Anlage folgt diese Messe der berühmten Chanson von Antoine ▸ Busnoys, einem Modell, das unter anderen auch Jacob ▸ Obrecht für seine Vertonung wählte. Die Messe paraphrasiert das einprägsame Original variationsreich in allen Stimmen und verwendet dabei oft die Ostinatotechnik.

Ausgaben:
Johannes Prioris, *Opera omnia*, hrsg. von T.H. Keahey und C. Douglas, 3 Bde., American Institute of Musicology 1982–1985 (CMM 90).

Literatur:
A. E. Planchart, *Prioris*, in: *MGG²*, Bd. 13 (Personenteil), 2005, Sp. 944–946.

AM

Prolatio maior / minor

Prolatio ist ein Begriff aus der ▸ Mensuralnotation, der die ▸ Mensur der ▸ Semibrevis angibt. Der historisch frühere Gegenbegriff dazu ist das ▸ Tempus perfectum / imperfectum. Wie bei der Mensur der Brevis konnte eine Semibrevis bei gleicher äußerer Form sowohl zwei- als auch drei Minimae entsprechen. Die Dreiwertigkeit (›prolatio maior‹) wurde durch einen Punkt im kreisförmigen Mensurzeichen angezeigt, die Zweiwertigkeit (›prolatio minor‹) durch das Fehlen des Punktes.

ALB

Proportionen

Proportion, lat. Verhältnis, ist ein Begriff aus der ▸ Mensuralnotation, mit dem die Verkleinerung oder Vergrößerung metrischer Werte in einem bestimmten Verhältnis bezeichnet wird. Angezeigt werden Proportionen durch Zahlen im Notensystem, entweder einzeln (z.B. ›3‹ für Tripla), in Kombination mit einem Mensurzeichen (z.B. C2 für doppeltes Tempo) oder in Form von Brüchen (ohne Bruchstrich). Brüche größer als 1 bewirken eine Verkürzung der Notenwerte und somit ein schnelleres Tempo, Brüche kleiner als 1 eine Verlängerung und folglich ein langsameres Tempo. In der Musiktheorie wurden die Proportionen streng systematisiert und waren Gegenstand ausführlicher, in der Praxis meist unrealisierbarer Darstellungen. Johannes ▸ Tinctoris widmete ihnen einen eigenen Traktat (*Proportionale musices*), Franchino ▸ Gaffurio ein großes Kapitel in seiner *Practica musicae* (Mailand 1496).

ALB

Proportionskanon ▸ Kanon

Proprietas ▸ Mensuralnotation

Proprium missae ▸ Messe

Prosdocimus de Beldemandis
* ca. 1380 Padua, † 1428 ebenda

Der wichtigste Gewährsmann und Verteidiger der italienischen Musik und Mensuralnotation des 14. Jahrhunderts steht als Theoretiker an der Schwelle vom Mittelalter zur Frühen Neuzeit. Er zählt zu den letzten Vertretern der mathematisch-spekulativen Musiktheorie der

▶ Scholastik, trug durch die Anwendung ihrer rationalen Methodik auf Probleme der Notationspraxis, der Proportionen- und Kontrapunktlehre, aber auch entscheidend zur Entwicklung der praxisorientierten Musiktheorie neuzeitlicher Prägung bei. Seine Musiktraktate gelten seit dem 15. Jahrhundert als zentrale Quellen für die Entwicklung der Notations- und Kontrapunktlehre.

Beldemandis, Sproß eines alten Paduaner Adelsgeschlechts, hatte seit 1400 an den Universitäten ▶ Bologna und ▶ Padua studiert, bevor er in seiner Heimatstadt 1409 den Magistergrad in den ▶ Artes liberales und 1411 in Medizin erwarb. Seit 1420 oder 1422 lehrte er als erster Professor für ▶ Astronomie am *Collegio di arti e medicina* der Universität Padua. Zu seinen Schülern gehörte möglicherweise der Humanist Nikolaus von Kues. Während seiner Lehrtätigkeit in Padua hat Beldemandis wohl auch Kontakte zum dortigen Kreis der Frühhumanisten um den Domkapellmeister Johannes ▶ Ciconia und dessen Nachfolger Luca da Lendinara unterhalten.

Den Usancen seiner Zeit entsprechend berücksichtigte Beldemandis als Mathematiker in seiner Lehr- und Publikationstätigkeit alle Fächer des Quadriviums. Seine besondere Aufmerksamkeit galt jedoch der Musiktheorie: Er verfasste zwischen 1404 und 1425 insgesamt acht Musiktraktate, die er in den letzten drei Jahren seines Lebens nochmals überarbeitet hat. Den Schwerpunkt seiner musiktheoretischen Interessen bildete die Theorie der ▶ Mensuralnotation, die ihren Niederschlag in den *Expositiones tractatus practice cantus mensurabilis magistri Johannis de Muris* (1404/1412), deren Kurzfassung *Tractatus practice cantus mensurabilis* (1408) und dem berühmten *Tractatus practice cantus mensurabilis ad modum Ytalicorum* (1412) gefunden hat. Letzterer entstand als polemisch intendierte, letztlich aber bereits retrospektive Darstellung der Überlegenheit des mensuralen Notationssystems der italienischen Trecento-Musik gegenüber der französischen der ▶ Ars nova.

Beldemandis dokumentierte als Theoretiker aber nicht nur die Entwicklung der Mensuralnotation in Frankreich und Italien bis zum Beginn des 15. Jahrhunderts, mit seiner *Brevis summula proportionum quantum ad musicam pertinet* (1409) legte er eine zeittypische Abhandlung zu den musikalischen Anwendungsmöglichkeiten der arithmetischen Proportionenlehre vor, die für die Intervall-, Konsonanz- und Dissonanzlehre in seinen Schriften zur Monochordteilung und zum Kontrapunkt ebenfalls eine wichtige Rolle gespielt hat. Sein *Contrapunctus* (1412) stellt eine der bekanntesten Darstellungen der Satz- und Kompositionsregeln für die Musik des 14. und frühen 15. Jahrhunderts dar; neu ist hier die Ausrichtung dieses Regelwerks an klangästhetischen Prinzipien und die erstmalige Differenzierung zwischen improvisiertem und schriftlich fixiertem ▶ Kontrapunkt. Als besonders herausragend an seinem ebenfalls mathematisch fundierten *Parvus tractatulus de modo monacordum* [sic!] *dividendi* (1413) gilt die Konstruktion einer siebzehnstufigen chromatischen Oktave mit allen enharmonisch verwechselten Tönen im pythagoreischen Stimmungssystem. Nach einer Pause von mehr als 10 Jahren verfasste Beldemandis als letzten Musiktraktat eine gegen die Intervall- und Proportionenlehre aus dem *Lucidarium* des Marchettus von Padua gerichtete Polemik, den *Tractatus musice speculative* (1425). Dass Beldemandis dagegen die Moduslehre des Marchettus schätzte, zeigt sein bislang noch unedierter *Tractatus plane musice* (1412) zur Einführung in den Choralgesang.

Schriften (nur Musiktheorie):
Tractatus practice cantus mensurabilis, in: *Scriptorum de musica medii aevi nova series a Gerbertina altera*, hrsg. von Ch.E.H. de Coussemaker, Bd. 3, Paris 1869, Reprint Hildesheim 1963, S. 200–228; *Tractatus practice cantus mensurabilis ad modum*

Ytalicorum, in: ebd., S. 228–248, übersetzt von J.A. Huff, *A Treatise on the Practice of Mensural Music in the Italian Manner* (Musicological Studies and Documents 29), Roma 1972; *Tractatus musice speculative*, hrsg. von R. Baralli und L. Torri (s. Literatur), S. 731–762; *Expositiones tractatus pratice cantus mensurabilis magistri Johannis de Muris*, hrsg. von F.A. Gallo (Antiquae musicae italicae scriptores 3), Bologna 1966; *Contrapunctus*, hrsg. und übersetzt von J. Herlinger (Greek and Latin Music Theory 1), Lincoln/Nebraska 1984; *Brevis summula proportionum quantum ad musicam pertinet / Parvus tractatulus de modo monacordum dividendi*, hrsg. und übersetzt von Dems. (Greek and Latin Music Theory 4), Lincoln/Nebraska 1987; *Tractatus plane musice*, hrsg. und übersetzt von Dems. (Druck i. Vorb.).

Literatur:
R. Baralli / L. Torri, *Il »Trattato« di Prosdocimo de Beldomandi contro il »Lucidario« di Marchetto da Padova*, in: Rivista musicale italiana 20 (1913), S. 707–762 • F.A. Gallo, *Die Notationslehre im 14. und 15. Jahrhundert*, in: *Die mittelalterliche Lehre von der Mehrstimmigkeit* (Geschichte der Musiktheorie 5), hrsg. von H.H. Eggebrecht und F. Zaminer, Darmstadt 1984, S. 257–356 • M. Calella, *Prosdocimus de Beldemandis*, in: MGG², Bd. 13 (Personenteil), 2005, Sp. 990–992.

DG

Protestantismus ▸ Luther

Prozession

Prozessionen gehörten in der Epoche der Renaissance zu den prunkvollsten und aufwendigsten Veranstaltungen und spielten vor allem im Heiligen Römischen Reich, in den Monarchien wie England und Frankreich, in Fürstentümern und Stadtstaaten und in Rom eine wichtige Rolle für die Repräsentation der weltlichen und kirchlichen Herrscher. Der Begriff bezieht sich auf Triumphmärsche, Krönungsparaden, Karnevals- und andere Festzüge und religiöse Prozessionen. Die Prozessionsordnung bildete dabei die Hierarchie der Ämter der teilnehmenden Personen ab. Den verschiedenen Formen der Prozession gemeinsam ist außerdem, dass die Straßen und Wege in ihrem Verlauf mit Blumen, Bögen aus Zweigen, Bildern und Fahnen geschmückt oder gar mit dafür eigens errichteten Bauwerken versehen waren.

In der Gestaltung der eigentlichen Umzüge sind verschiedene Traditionen zu nennen: In England spielten Schauspieler während eines Triumphzuges für den Triumphator biblische und historische Szenen oder stellten Allegorien dar. In Italien dagegen bemühte man sich vor allem im 16. Jahrhundert um die Nachahmung antiker römischer Triumphzüge. Zu diesem Zweck wurden Triumphbögen gebaut, die durch Stuckverzierungen, Relief-Imitate und lateinische Inschriften ihren römischen Vorbildern möglichst nahe kommen sollten. Abgebildet wurden zeitgenössische und antike Personen in majestätischen Posen, biblische Gestalten und symbolische Tiere oder Pflanzen. Die lateinischen Inschriften waren Zitate oder Paraphrasierungen römischer Dichter. Man suchte nach Parallelen zwischen zeitgenössischen und antiken Ereignissen und verglich den aktuellen Herrscher mit einer antiken Person. Auch andere antike Elemente wurden in die Prozessionen integriert, etwa Säulen und Obelisken oder Triumphwagen in der Form antiker Streitwagen.

Dieser große Aufwand hatte einerseits das Ziel, den die Stadt besuchenden Herrscher zu huldigen. Andererseits wollte man ihn auch mit der Pracht der Stadt und einer möglichst vorteilhaft dargestellten Stadtgeschichte beeindrucken. Die Darstellungen konnten aber auch aktuelle Bezüge haben und beispielsweise – unter Verwendung von Symbolen – Kritik an den wirtschaftlichen Verhältnissen zu üben. Somit erfüllte eine Prozession für einen Herrscher auch eine Art »Feedback-Funktion« und gab ihm Auskunft über die Bedürfnisse des Volkes.

Im Rom des 15. Jahrhundert dienten die Prozessionen als prunkvolle Repräsentationen des Papstes gegenüber dem Volk, mit denen die Autorität des Papstes und die kircheninterne Hierarchie nach dem großen Schisma wiederhergestellt und gesichert werden sollte. Zur Prachtentfaltung bei den Prozessionen und zur Selbstdarstellung der Päpste gehörte bald auch die Einbindung von Musik. Hierfür gründete Papst Martin V. (1417–1431) eine päpstliche Sängerkapelle, die fortan zum Einsatz kam und unter dem als großen Musikkenner angesehenen Leo X. (1513–1521) noch erweitert wurde. Auch bei Karnevalsumzügen, die ebenfalls vom Papst kontrolliert wurden, erklang Gesang zum Lob des Papstes. Dabei spielte außerdem ein Bläserensemble, das der römischen Engelsburg angeschlossen war.

Zur Krönung von Päpsten, aber auch von weltlichen Herrschern wurden Krönungsparaden veranstaltet: Diese konnten für Herrscher des Heiligen Römischen Reiches in Aachen und Rom stattfinden, für französische Könige in Paris und für englische Könige in London. Sie hatten ihren Platz vor oder nach der eigentlichen Krönung. Im Fall des Todes eines Herrschers zog eine Begräbnisprozession durch die Stadt. Manchmal wurde auch in einer vom Bestattungsort verschiedenen Stadt eine Prozession abgehalten, wie etwa im Fall von ▶ Karl V., der nach seinem Tod in Spanien in Brüssel 1559 durch eine Prozession geehrt wurde.

In der Kirche gehörten Prozessionen zu den elementaren Ausdrucksmitteln des kultischen Vollzuges und der Volksfrömmigkeit. Sie konnten funktional sein und einen ohnehin zurückzulegenden Weg feierlich gestalten, etwa den Einzug des Klerus in den Kirchenraum; sie konnten der öffentlichen Präsentation eines Kultbildes oder -symbols dienen, wie etwa bei der Fronleichnamsprozession, bei der eine Monstranz mit einer konsekrierten Hostie durch die Straßen getragen wurde; sie konnten ein biblisches Ereignis dramatisch nachvollziehen, wie die Palmsonntagsprozession,

die den Einzug Jesu in Jerusalem ›nachspielte‹. Ein integraler Bestandteil einer Prozession war dabei der Gesang von Antiphonen (z.B. der Antiphon *Pueri hebraeorum* bei der Palmsonntagsprozession), Versen, Hymnen und Litaneien. Sie fanden sich zusammen mit Gebetstexten und liturgischen Anweisungen in kleinformatigen (weil für die Praxis bestimmten) Prozessionsbüchern. Die ältesten dieser Bücher stammen aus dem 12. Jahrhundert, die enthaltenen Gesänge dagegen waren noch älter (z.T. spätes 8. Jahrhundert). Sie gehörten zum Repertoire des Gregorianischen Chorals oder waren noch der gallikanischen Liturgie entnommen. Daneben konnten Antiphonen und Verse auch als Organa komponiert sein – diese zählen zu den frühesten Organum-Kompositionen überhaupt. Insgesamt war die Prozessionskultur sehr vielfältig: Vor allem im Zusammenhang mit dem Fronleichnamsfest bildeten sich regionale Bräuche wie etwa die Verwendung von Instrumenten bei der Prozession heraus.

Die Reformatoren lehnten Prozessionen ab, sodass diese zu einem katholischen Spezifikum wurden. Umgekehrt wurden die Prozessionen in der Katholischen Erneuerungsbewegung als eine Art ›Machtdemonstration‹ verwendet, um die Protestanten mit der Pracht der katholischen Kirche zu beeindrucken. Theologisch wird die Prozession auch als Bild für das wandernde Volk Gottes verstanden, das sich auf der Pilgerreise zum Land der Verheißung befindet. Die kirchlichen Prozessionen waren allerdings nicht ausschließlich religiöser Natur – oft wurde durch die Teilnahme weltlicher Herrscher auch der Staat repräsentiert.

Wenn weltliche oder kirchliche Prozessionen nach antikem Vorbild gestaltet werden sollten, brauchte man für die Planung Gelehrte, die sich mit antiker Kultur auskannten: Ihre Aufgabe war die Gestaltung historischer, biblischer oder allegorischer Szenen, die Auswahl geeigneter Verse von lateinischen Autoren und das Anfertigen von Plänen, wenn beispielsweise ein Triumphbogen gebaut werden sollte. Die Umsetzung erfolgte dann mit vielen Künstlern und Musikern, wobei für eine Prozession auch eigens Kompositionen in Auftrag gegeben werden konnten. Von diesen Kompositionen ist uns aber kaum etwas erhalten geblieben, obwohl es schon früh eine Art ›Berichterstattung‹ gab, die die Ereignisse bildlich in Kupferstichen oder Holzschnitten festhielt oder ab dem 16. Jahrhundert gedruckt in Bulletins oder ausführlicheren Berichten wiedergab. Letztere enthielten oftmals auch Teile der von den Schauspielern rezitierten Verse, lateinische Inschriften und Illustrationen und dienten damit den Organisatoren späterer Prozessionen als Orientierung und Ideenlieferanten. Der von Albrecht Dürer, Hans ▸ Burgkmair und Albrecht Altdorfer in Holzschnitten gestaltete Triumphzug ▸ Maximilians I. (Reprint Dortmund 1979) ist ein Auftragswerk des Kaisers und fand in Wirklichkeit nie statt. Die dort dargestellten Musiker liefern zusammen mit dem erhaltenen Programm des Triumphzuges wertvolle Hinweis zur Musikpflege am Hof Maximilians.

Literatur:
T. Kirchner, *Raumerfahrung im geistlichen Spiel des Mittelalters*, Frankfurt 1985 • K. Pietschmann, *Rom. III. Die Zeit der Renaissance 1400–1550*, in: MGG², Bd. 8 (Sachteil), 1998, Sp. 393–400 • B. Mitchell, *Parades, processions, and pageants*, in: *Encyclopedia of the Renaissance*, Bd. 4, hrsg. von P.F. Grendler, New York 1999, S. 392–397 • A. Quack / S. Felbecker / F.G. Rausch, *Prozession*, in: *Lexikon für Theologie und Kirche*, Bd. 8, hrsg. von W. Kasper, Freiburg ³1999, Sp. 678–681 • M. Huglo, *Processional*, in: *Grove*, Bd. 20, 2001, S. 388–393 • B. Lang / H. Hoping, *Prozession*, in: *Religion in Geschichte und Gegenwart*, Bd. 6, hrsg. von H.D. Betz u.a., Tübingen ⁴2003, Sp. 1753–1755.

PF

Psalmlied ▸ Psalmvertonungen

Psalmmotette

Motettische Vertonungen eines Textes aus dem Buch der Psalmen sind vor allem ab dem späten 15. Jahrhundert verbreitet. Das Aufblühen der Psalmmotette ist Teil einer allgemeinen Hinwendung zur freien motettischen Vertonung von Bibeltexten in den Jahrzehnten vor 1500. Auch wenn die Art der Textdeklamation oft an die mehrstimmige Psalmrezitation (im ▸ Fauxbourdon oder Falsobordone) erinnert und die Psalmmotette somit zum Vorreiter des deklamatorischen Stils in der Motette des 16. Jahrhunderts wird, ist sie nicht unmittelbar liturgisch gebunden und auch satztechnisch bzw. formal weitaus freier. Die erste echte Psalmmotette ist das anonyme *Levavi oculos meos* (Ps. 120) aus dem Kodex Trient 89 (1460er/1470er Jahre). Der wichtigste Vertreter um 1500 ist ▸ Josquin Desprez, der auch als erster die ebenso emotional wie bildhafte Sprache der Psalmen streckenweise in musikalische Gesten umsetzte. Im weiteren Verlauf des 16. Jahrhunderts wird die Psalmmotette zu einer der wichtigsten Untergattungen der Motette überhaupt, oft (vor allem in Deutschland und Italien) in direktem Bezug auf Josquin.

Literatur:
E. Nowacki, *The Latin Psalm Motet, 1500–1535*, in: *Renaissance-Studien: Helmuth Osthoff zum 80. Geburtstag*, hrsg. von L. Finscher, Tutzing 1979, S. 159–184 • A. Laubenthal, *Choralbearbeitung und freie Motette*, in: *Die Musik des 15. und 16. Jahrhunderts* (Neues Handbuch der Musikwissenschaft 3), hrsg. von L. Finscher, Laaber 1989, S. 325–366 • L. Finscher, *Psalm. III. Die mehrstimmige Psalm-Komposition*, in: MGG², Bd. 7 (Sachteil), 1997, Sp. 1876–1900.

TSB

Psalmvertonungen

Die Bezeichnung Psalm wird im engeren Sinne auf das alttestamentarische Buch der Psalmen (auch Psalter genannt) bezogen, eine Sammlung von 150 Liedern geistlichen Inhalts, die nach festen poetischen Regeln gebaut sind. Der Terminus geht auf die in hellenistischer Zeit entstandene griechische Übersetzung der Heiligen Schrift (Septuaginta) zurück und wurde durch die Vulgata sowie anschließende volkssprachige Übertragungen in Westeuropa verbreitet. Dem ursprünglichen Wortsinn nach legt er eine Begleitung des Gesangs mit einem Saiteninstrument (dem sogenannten Psalterium nahe), was aber für die Ausführung der biblischen Psalmen in christlichen Gottesdiensten keine Bedeutung erlangte.

Das (gesungene) Gebet der Psalmen, als deren Verfasser König David angesehen wurde, bildete einen festen Bestandteil jüdischer wie christlicher Gottesdienste. Sie stehen (umrahmt von ▸ Antiphonen und ▸ Responsorien, die oft ebenfalls Psalmtexte aufgriffen, sowie ▸ Hymnen) im Mittelpunkt des Stundengebets, wie es spätestens mit Benedikt für die Westkirche kodifiziert wurde. Außerdem fand der Psalmgesang im Proprium der ▸ Messe Eingang. Bei einstimmigem Vortrag wurden Psalmen dabei verseweise im Wechsel von zwei Chören gesungen. Als Rezitationsformel dienten (an die acht Modi angelehnte) Psalmtöne: Auf einem repetierten Ton (›repercussa‹) basierend, trugen sie der in der lateinischen Übersetzung unregelmäßigen Silbenzahl Rechnung. Die formale Gliederung der zweigeteilten Verse wurde musikalisch durch festgelegte melodische Floskeln für Zeilenbeginn (›initium‹), Mittelzäsur (›mediatio‹) und Zeilenende (›terminatio‹) umgesetzt.

Diese Art der einstimmigen Ausführung bildete noch in der Renaissance den Regelfall. Mit der zunehmenden mehrstimmigen Gestaltung des Stundengebets (und insbesondere der Vesper) sowie volkssprachigen Adaptionen der Psalmen, wie sie vor allem in einem Teil der protestantischen Kirchen gepflegt wurden, wurden sie zusätzlich zum Gegenstand musikalischer Neuvertonungen. Diese konnten entsprechend ihrer Zielsetzung eine Fülle von Formen annehmen: Der Liturgie am stärksten verpflichtet waren mehrstimmige Sätze, die auf der Grundlage der überlieferten Psalmtöne basierten oder deren Aufbau durch schlichte akkordisch-homophone Rezitationsmodelle nachahmten (Falsobordone ▸ Fauxbourdon).

Für den Gebrauch in Gottesdienst und häuslichen Andachten entstanden in der Reformationszeit metrische Psalmlieder, volkssprachige Paraphrasen der Psalmvorlagen in gereimter und strophischer Form. Ursprünglich in Kreisen französischsprachiger Calvinisten beheimatet (▸ Hugenottenpsalter auf der textlichen Grundlage Clément ▸ Marots), waren ein- wie mehrstimmige Psalmlieder bald in den Niederlanden (Jacobus ▸ Clemens non Papas *Souterliederken*) ebenso verbreitet wie in England (›metrical psalms‹ von Myles Coverdale [1539], Thomas Sternhold und John Hopkins [1562] und Erzbischof Thomas ▸ Cranmer [1567]) und in Deutschland. Aufgrund der allgemeinen Beliebtheit dieser Psalmübertragungen fühlten sich dort sogar die Katholiken bemüßigt, ihrerseits einen vollständigen Psalter vorzulegen, wie die von Caspar Ulenberg 1582 herausgegebenen *Psalmen Davids in allerlei Teutsche gesangreimen bracht* bezeugen. All diese dichterischen Psalmparaphrasen regten Komponisten zu mehrstimmigen Bearbeitungen an.

Einzig im mehrstimmigen Bereich angesiedelt dagegen waren die sogenannten Psalm-Motetten, Vertonungen von Psalmpassagen in motettischer Schreibweise. Ein erste Blüte erfährt diese Gattung im ausgehenden 15. Jahrhundert in den Werken von ▸ Josquin Desprez (insbesondere *Miserere mei*) und seiner Zeitgenossen, ersterer rief sogar eine gerade in Deutschland langanhaltende Tradition kompositorischer Auseinandersetzung mit den Psalmtexten hervor, die noch bis in die zweite Hälfte des 16. Jahrhunderts weiterwirkte. Psalm-Motetten sind im Regelfall an den Versen derart entlang komponiert, dass die Bearbeitung Affekt und Gehalt der einzelnen Phrasen wiedergibt. Auf diese Art und Weise konnte (bei Lösung vom ▸ Cantus-firmus-Prinzip) auch im frei komponierten Satz eine schlüssige formale Gesamtkonzeption erzielt werden. Überdies waren Psalmen aufgrund ihrer reichen Bildersprache und Ausdruckstärke wegen für Komponisten reizvoll, die auf Textdarstellung bedacht waren. Besonders fühlten sie sich zu den Bußpsalmen (Psalm 6, 32, 38, 51, 102, 130, 143) hingezogen, deren zyklische Vertonung durch Orlande de ▸ Lassus (ingrossiert und illuminiert und kommentiert in den Prachtcodices D-Mbs Mus.ms. A) einen auch visuell überwältigenden Kulminationspunkt fand.

Literatur:
E. Nowacki, *The Latin Psalm Motet, 1500–1535*, in: *Renaissance-Studien: Helmuth Osthoff zum 80. Geburtstag*, hrsg. von Ludwig Finscher, Tutzing 1979, S. 159–184 • M. Teramoto, *Die Psalmmotettendrucke des Johannes Petrejus in Nürnberg* (Frankfurter Beiträge zur Musikwissenschaft 10), Tutzing 1983 • M. Marx-Weber, *Die Tradition der Miserere-Vertonungen in der Capella Pontificia*, in: *Collectanea II: Studien zur Geschichte der päpstliche Kapelle*, Heidelberg 1989, S. 265–288 • R.A. Leaver, ›*Goostly psalmes and spirituall songes*‹: *English and Dutch Metrical Psalms from Coverdale to Utenhove 1535–1566*, Oxford 1991 • T.H. Steele, *The Latin Psalm Motet, ca. 1460–1520: Aspects of the Emergence of a New Motet Type*, Diss. Univ. of Chicago 1993, maschr.
CTL

Psalter ▸ **Gesangbuch, liturgisches**

Pullois, Johannes
* Pulle bei Antwerpen?, † 23.8.1478 wahrsch. Antwerpen

Der Sänger und Komponist war zwischen 1443 und 1447 ›zangmeester‹ an der Liebfrauenkirche in Antwerpen, dann Sänger in der päpstlichen Kapelle bis 1468. Danach war er bis zu seinem Lebensende Kanoniker an der Liebfrauenkirche in Antwerpen, 1476 wurde er dort zum Vorsteher des Kapitels ernannt. – Von Pullois' Kompositionen sind eine *Missa sine nomine*, ein dreistimmiges Credo und ein vierstimmiges Gloria sowie eine ▸ Motette, *Flos de spina*, und mehrere Chansons überliefert. Seine wenn auch sehr einfache dreistimmige ▸ Messe ist insofern interessant, als sie – durch den Beginn aller Sätze mit dem gleichen oder ähnlichen Motiv – zu den ersten zyklischen Messen des 15. Jahrhunderts gehört. Seine Motette *Flos de spina* hat im Tenor ein ähnliches Motiv. Pullois' Chansons sind überwiegend in der ▸ Forme fixe des ▸ Rondeau komponiert, zwei basieren auf Material fremder Kompositionen: *Le Serviteur* auf Dufays, *Pour prison* auf Binchois' gleichnamigen Chansons. Im Buxheimer Orgelbuch finden sich instrumentale Bearbeitungen von *De Madame* und *Pour toutes fleurs*, die insbesondere ▸ Diminutionen aufweisen (vgl. die beiden bei Gülke wiedergegebenen Fassungen, S. 46–47). Die Chansons haben in einigen Fällen imitatorischen Beginn, aber homophone Mittelteile in anderer Faktur (z.B. *He, n'esse pas grant desplaysir*, *La Bonté du Saint Esperit*, *Les larmes*). Die Chansons sind überwiegend dreistimmig, einige haben nur Textmarken und könnten möglicherweise instrumental ausgeführt worden sein. In Pullois' ▸ Chansons taucht erstmals die »burgundische Formel« auf, ein Viertonmotiv aus einem absteigenden Tetrachord in punktiertem Rhythmus, das für die französische-burgundische Musik charakteristisch ist und zum Teil eigens als Color hervorgehoben wurde (siehe Schwindt).

Ausgaben:
Opera omnia (Corpus mensurabilis musicae 41), hrsg. von P. Gülke, o.O. 1967.

Literatur:
G. Montagna, *Johannes Pullois in context of his era*, in: Revue belge de musicologie 42 (1988), S. 83–117 • K. Schiltz, *Pullois*, in: *MGG²*, Bd. 13 (Personenteil),

2005, Sp. 1049–1050 • N. Schwindt, *Die burgundische Formel*, in: *L'esprit français und die Musik Europas: Entstehung, Einfluss und Grenzen einer ästhetischen Doktrin. Festschrift für Herbert Schneider*, hrsg. von M. Biget-Mainfroy und R. Schmusch, Hildesheim 2007, S. 149–166.

Punctus

Punctus, lat. Punkt, ist ein Element aus verschiedenen Notationen mit jeweils unterschiedlicher Funktion. In der ▸ Mensuralnotation wurde er einerseits (gleich wie in der modernen Notation) als Zeichen für die Verlängerung der unmittelbar voranstehenden Note verwendet (›punctus additionis‹), indem die Hälfte des notierten Wertes hinzugerechnet wird. Andererseits wurde er in dreiwertigen ▸ Mensuren als ›punctus divisionis‹ eingesetzt, wobei er als Abtrennungszeichen rhythmische Gruppierungen andeutete. Bei den ▸ Orgeltabulaturen zeigte er eine chromatische Alteration an, bei ▸ Lautentabulaturen konnte mit einem Punctus der Fingersatz bezeichnet werden.
ALB

Puy

Puy werden die Sänger- und Dichterwettbewerbe, die seit dem 13. Jahrhundert in Städten Nordfrankreichs eingerichtet wurden, sowie auch die literarischen und musikalischen Bruderschaften, die sie organisierten, genannt. Am berühmtesten ist der Pui von Arras. Die besten Lieder wurden als ›cantus coronatus‹ ausgezeichnet. Entstanden in der zweiten Periode des Trouvère bedeuteten sie den Wechsel des sozialen Ortes des Gesangs vom Hof zum Pui entsprechend dem Wandel der Ausführenden, die nicht mehr nur auf Berufsdichter oder Adlige beschränkt blieben, sondern wohlhabende Bürger und Geistliche einschlossen. War die Blütezeit der Puys zwar das 13. und 14. Jahrhundert, so bestanden sie im 15. und 16. weiter, wobei sich das Gewicht einerseits auf dilettantierende Bürger verlagerte, die Regelbücher und Anweisungen für die Wettbewerbe herausgaben, andererseits neben dieser einstimmigen Praxis auch mehrstimmige Stücke berühmter Komponisten aufgeführt und preisgekrönt wurden, so u.a. Orlande de ▸ Lassus' Kompositionen im Puy von Evreux, wo polyphone Kompositionen angenommen wurden.

Literatur:
H.H. Räkel, *Pui*, in: *MGG*², Bd. 7 (Sachteil), 1997, Sp. 1910–1916 • E.C. Teviotdale, *Puy*, in: *Grove*, Bd. 20, 2001, S. 636.

Pythagoreisches System

Die pythagoreische Philosophie beruht auf dem Postulat, dass alles auf der Zahl basiert. Die Zahl einer Sache zu kennen bedeutet die Sache selbst zu kennen. Die Musik nimmt in einer solchen Philosophie eine wesentliche Funktion ein, gleichermaßen als Mittel der Bestätigung des grundlegenden Prinzips wie auch als konkrete Manifestation des Postulats. Nach der Legende soll Pythagoras die Entsprechung zwischen den Zahlen und den Klängen entdeckt haben, als er beim nahen Vorbeigehen an einer Schmiede realisierte, dass die von den Ambosshämmern produzierten Klänge Intervalle bildeten, die ihm vertraut waren. Er stellte fest, dass die unterschiedlichen Klänge auf proportionalen Beziehungen beruhten, die an das Gewicht der Hämmer gebunden waren. Er versuchte anschließend, das Experiment mit Hilfe eines einsaitigen Instruments, dem Monochord, erneut durchzuführen. Er teilte die Saite in zwei gleiche Teile, setzte eine Hälfte in Schwingung und stellte fest, dass er einen Klang erhielt, der eine Oktave höher war im Verhältnis zum Anfangsklang. Er wiederholte das Experiment, indem er nacheinander zwei Drittel und drei Viertel der Saite in Schwingung versetzte, und erhielt dementsprechend eine Quinte und eine Quarte. Pythagoras leitete daraus ab, dass die grundlegenden Intervalle des griechischen Systems (die Oktave, die Quinte und die Quarte) als die ersten natürlichen Entitäten definiert werden können.

Die Zahl strukturiert die Elemente und sie bedingt auch die Relationen zwischen den Elementen. Der pythagoreischen Philosophie war in zweiter Linie daran gelegen, die Relationen zu verstehen, und sie arbeitete eine Theorie der Proportionen oder eine Theorie der Mittel aus. Die Musik erwies sich ein weiteres Mal als bevorzugtes Entdeckungsobjekt. Pythagoras verglich die Position der Quarten und Quinten im Inneren der Oktave: Er legte das arithmetische Mittel offen, das die Beziehung der Quarte ergibt (das arithmetische Mittel zwischen den zwei Zahlen, die das Intervall 1 und 1/2 ergeben, ergibt den Bruch 3/4, sozusagen den Bezug der Quarte); was das harmonische Mittel betrifft, besteht der Bezug der Quinte (der harmonische Bezug von 1 und 1/2 ergibt 2/3). ▶ Naturphilosophie (dort auch Literatur).

PHV

Quadernaria

Quadernaria ist eine der in Tempo und Taktart jeweils unterschiedlichen vier ›misure‹, aus denen die Balli (▶ Ballo / Balletto) in den Traktaten des 15. Jahrhunderts zusammengesetzt sind. Nach ▶ Domenico da Piacenza steht sie innerhalb der nach Proportionen angeordneten Abfolge ▶ Bassadanza (imperfectum maiore), Quadernaria (imperfectum minore), ▶ Saltarello (perfectum maiore) und ▶ Piva (perfectum minore) an zweiter Stelle, in moderner Transkription im 4/4-Takt (▶ Mensuralnotation).

Für das bei Domenico da Piacenza theoretisch vorgegebene Verhältnis von 6:5:4:3 der vier ›misure‹ scheint als eine für die Praxis mögliche Lösung 6:4:3:2 schlüssig, also: 6/4-Takt für die Bassadanza, 4/4-Takt für die Quadernaria, 6/8-Takt für den Saltarello und 4/8-Takt für die Piva. Dabei ist allerdings zu beachten, dass sich Tempo und Proportion unabhängig voneinander entweder auf die Musik oder auf die Schrittbewegung beziehen können.

Aufgrund abweichender Verwendung der theoretischen Begriffe und Mensurzeichen innerhalb der Theoretiker bleiben jedoch sowohl für die praktische Umsetzung als auch für die moderne Transkription viele Fragen offen.

Literatur:
V. Daniels / E. Dombois, *Die Temporelationen im Ballo des Quattrocento: Spekulative Dialoge um den labyritnhischen Rätselkanon De la arte di ballare et danzare des Domenico da Piacenza*, in: Basler Jahrbuch für historische Musikpraxis 14 (1990), S. 181–247 • B. Sparti (Hrsg.), *Guglielmo Ebro of Pesaro. De Pratica Seu Arte Tripudii (On the practice or art of dancing)*, New York 1993, S. 63–72.

MM

Quadran pavan ▶ Passamezzo

Quadrivium

Quadrivium oder Quadruvium (Vierweg) nennt man die vier mathematisch-naturwissenschaftlichen Fächer (lat. Artes reales) oder ›rechnenden‹ Künste der ▶ Artes liberales: Arithmetik, Musiktheorie, Geometrie und Astronomie. Vom Hochmittelalter bis zur Renaissance wurden sie an den Universitäten im Anschluss an das ▶ Trivium gelehrt. Das Quadrivium war nach einer strengen Systematik geordnet, die Methodik, Gegenstandsbereiche und Gliederung seiner Fächer strikt vorgab. Die für den Begriff und die Systematik des Quadriviums relevanten Quellen stellten die *De institutione arithmetica* (I,1) des Boethius (475–524) sowie die *Metaphysik* (IV,13) und die *Analytica posteriora* (I,7; I,9; I,13) des Aristoteles dar. Demnach bildeten die nicht-stetigen Größen, also Zahlen und Zahlenverhältnisse, den Gegenstandsbereich von Arithmetik und Musiktheorie, im Falle der Musiktheorie die Zahlenverhältnisse der Klänge. Geometrie und Astronomie beschäftigen sich dagegen mit stetigen, infinitesimal teilbaren Größen wie Längen und Strecken, differenziert nach Ruhe (Geometrie) und Bewegung (Astronomie). Die von Aristoteles vorgegebene, strenge methodische Bindung der Fächerpaare Arithmetik–Musiktheorie und Geometrie–Astronomie blieb von der Antike bis in die Renaissance gültig. Erst seit der zweiten Hälfte des 15. Jahrhunderts wurde sie von Mathematikern wie Johannes ▸ Regiomontanus in Frage gestellt, da sie besonders im Bereich der Schall- und Stimmungstheorie wirklichen Fortschritten im Wege stand. Die endgültige Überwindung dieses methodischen Problems gelang Lodovico ▸ Fogliano in seiner *Musica theorica* (1529) mit der Anwendung geometrischer Verfahren auf musiktheoretische Probleme.

Literatur:
Siehe ▸ Artes liberales • D. Glowotz, *Byzantinische Gelehrte in Italien zur Zeit des Renaissance-Humanismus, Musikauffassung, Vermittlung antiker Musiktheorie, Exil und Integration* (Schriften zur Musikwissenschaft aus Münster 22), Schneverdingen 2006 • Ph. Vendrix (Hrsg.), *Music and Mathematics. From late medieval to early modern Europe*, Turnhout 2007.

DG

Quatreble ▸ Stimmengattungen

Querflöte ▸ Pfeifen

Quodlibet

Wörtlich meint lateinisch ›quod libet‹ ›was beliebt‹. Es bezieht sich als bildnerischer, literarischer und musikalischer Begriff auf Werke, die kunstreich aus sehr unterschiedlichen Bestandteilen zusammengesetzt oder gar zusammengestückelt sind, was dann meist in humoristischer Absicht geschieht.

Unter verschiedenen Namen, in sehr unterschiedlichen Spielarten und mit ungleichen Intentionen erscheint das Verfahren vom Mittelalter bis heute. Die Musik, in der Quodlibets vorzugsweise in liedhaftem Gattungskontext vorkommen, erweist sich als besonders geeignetes Feld, weil hier im Gegensatz zur Literatur nicht nur sukzessive, sondern auch simultane Kombination möglich ist. Es liegt nahe, dass die gleichzeitige, schichtende Verbindung unterschiedlicher Melodien in der Epoche der Renaissance ganz besondere Konjunktur hatte, weil das für diese Zeit fundamentale satztechnische Denken in selbständigen, kontrapunktisch aufeinander bezogenen Stimmen und die Blütezeit der ▸ Cantus-firmus-Bearbeitung eine solche Kompositionstechnik erleichterte bzw. geradezu herausforderte. Der Effekt des Zusammentretens autonomer Einzelstimmen wurde noch verstärkt, wenn die Melodien als präexistente einzeln identifiziert werden konnten oder wenn ihr eigenständiger Charakter durch einen jeweils anderen Text verstärkt wurde. So werden seit dem frühen 20. Jahrhundert Simultankombinationen mehrerer Liedmelodien als Quodlibet angesprochen, wie sie in Frankreich besonders in der Generation von Antoine ▸ Busnoys im letzten Drittel des 15. Jahrhunderts und in Deutschland im ersten Drittel des 16. Jahrhunderts vor allem von Ludwig ▸ Senfl praktiziert wurden. Hier sollte eine bewusste intertextuelle Situation entstehen, in der sich zwei, seltener drei textlich-musikalische Aussagen, die auch verschiedene Sprachen beinhalten konnten, gegenseitig beleuchten. In der Regel handelt es sich um ernsthafte Zusammenhänge und Sondertypen der Großgattung ▸ Lied, die im jüngeren Schrifttum auch mit eigenen Bezeichnungen bedacht werden (▸ Kombinative Chanson, ›art-song reworking‹, Motetten-Chanson).

Diese Form der Schichtung kompletter Text-Melodie-Verläufe spricht Michael ▸ Praetorius im *Syntagma musicum* (1619) in seiner dreifachen Typologie des Quodlibets – gleichzeitig der ersten theoretischen Erörterung des Ausdrucks – zuerst an (Bd. 3, S. 17f.). Als nächstes definiert er den Typus, bei dem jede Stimme einen separaten, aber fragmentierten Text aufweist, der dritte Fall besteht aus einem allen Stimmen gemeinsam dienenden, aber aus Partikeln bestehenden Text. Diese sukzessive Präsentation von isolierten Text-Melodie-Fetzen kann als Quodlibet im engeren Sinn gelten. Dass zwischen den vertikalen und horizontalen Ausprägungen des Quodlibet-Prinzips eine Verbindung besteht, zeigen z.B. drei Fälle aus dem Glogauer Liederbuch (um 1480): Dort wird die Oberstimmenmelodie von John ▸ Bedynghams (vermutlich nicht John ▸ Dunstaples) *O rosa bella*, die des öfteren nach der Methode des ›art-song reworking‹ mit neu komponierten Stimmen weiterverarbeitet wurde, spielerisch mit Tenores kombiniert, die sich aus bis zu 22 Anfängen deutscher Lieder zusammensetzen. Solche katalogartigen Zitatreihungen tauchen in der ersten Hälfte des 16. Jahrhunderts unter der Bezeichnung Fricassée auch im Rahmen der französischen Chanson auf, während italienische Incatenature (Verkettungen) in der populären Villotta (▸ Villanella) vorkommen. Auch mancher Vertreter der spanischen Ensalada fällt darunter. Mit all diesen sukzessiv angelegten Sätzen verbinden sich ähnlich vergnügliche Zwecke wie mit den deutschen Quodlibets des 16. Jahrhunderts. Hier erscheint in Wolfgang Schmeltzls Sammlung *Guter, seltzsamer und kunstreicher teutscher Gesang, sonderlich ettliche künstliche Quodlibet, Schlacht, und dergleichen* (1544) auch zum ersten Mal der Terminus, der auf den deutschsprachigen Bereich beschränkt bleiben sollte, als Titelbestandteil. In der Folge tragen noch einige deutsche Liedkomponisten zum Quodlibet bei, u.a. Mattheus Le Maistre und Nicolaus Zangius, vor allem aber Melchior ▸ Franck (1602, 1622). Der Patchwork-Charakter macht das Quodlibet zu einem betont heiter-geselligen Genre; beiläufig wird aber auch auf die eigene Liedtradition angespielt. Die zitierten Liedanfänge geben dabei einen Hinweis auf das gängige Repertoire, das nicht selten ein halbes Jahrhundert alt ist.

NSCH

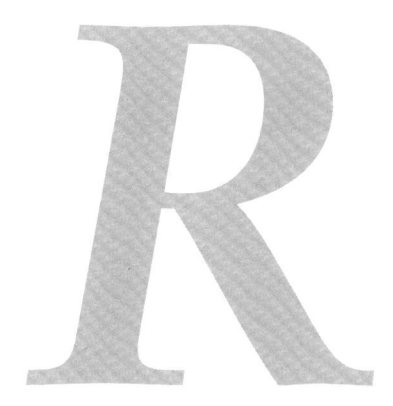

Rab [Rabe, Corvinus], Valentin
* um 1522 möglicherweise Lössnitz, † 17.4. 1596 Marienberg

Rab gehörte – wie Thomas ▶ Stoltzer und Johann ▶ Reusch – zu den Komponisten, die deutschsprachige Psalmmotetten auf den Text der Lutherbibel komponierten. Er studierte von 1542 bis wahrscheinlich 1549 in Wittenberg und war in die religiösen Auseinandersetzungen zwischen Melanchthon-Anhängern (Philippisten) und Lutheranern auf der Seite der orthodoxen Gnesiolutheraner involviert. Musik hat er möglicherweise bei Sixtus ▶ Dietrich und Adrien Petit Coclico gehört. Seine Psalmmotetten sind zwischen 1547 und 1549 datiert und thematisieren, wie die deutschsprachigen Kompositionen von Reusch und David Köler, als »Gebete gegen die andrängenden Feinde, Bitten um Errettung, Klage- und Bußgebete, Trosttexte in der Not« die Situation des Schmalkaldischen Krieges (Steude 1978, S. 72). In der Nachfolge Stoltzers sind seine Motetten von den für die deutschen Komponisten der Zeit typischen Merkmalen der Anknüpfung an ▶ frankoflämische Musik mit einer weniger strengen Imitationsstruktur (vgl. Johann ▶ Knöfel, Johannes ▶ Galliculus, Sixtus ▶ Dietrich, Gallus ▶ Dressler). Neben deutschen hat er auch lateinische Motetten komponiert sowie Oden nach Georg Fabricius.

Ausgaben:
Der Herr ist mein Hirte, in: W. Dehnhard, *Die deutsche Psalmmotette in der Reformationszeit*, Wiesbaden 1971; *Ich schreie zum Herrn*, hrsg. von dems. (Die Motette 518), Stuttgart-Neuhausen 1971.

Literatur:
W. Steude, *Untersuchungen zur mittelhochdeutschen Musiküberlieferung und Musikpflege im 16. Jahrhundert*, Leipzig 1978 • Ders., *Rab*, in: MGG², Bd. 13 (2005), Sp. 1149.

ES

Rabelais, François
* 1483 oder 1494 Chinon; † 1553 März (?) Paris [Saint-Maur]

Der französische Schriftsteller und Physiker, Franziskaner (und später Benediktiner) studierte Griechisch und Latein in Poitiers und Medizin an den Universitäten von Montpellier. 1532 arbeitete er als Arzt am städtischen Hospital in Lyon und gab medizinische Studien von Hippocrates und Manardi heraus. 1534–1536 traf er mit Jean ▶ Du Bellay zusammen, dem Diplomaten, Bischof von Paris, Botschafter in Rom und später Kardinal und Abt von Saint-Maur.

1532 veröffentlichte er *Pantagruel*, 1534 *Gargantua*, 1546 *Le Tiers livre [des faicts et dicts Heroiques du bon Pantagruel]*, 1548 *Le Quart livre [...]*. Nachdem er 1546 von der Sorbonne kritisiert wurde, floh er nach Metz und traf Jean Du Bellay in Rome 1549 wieder. Er verbrachte seine späten Jahre in oder nahe Paris, größtenteils in der Abbaye von Saint-Maur-les-Fossés, wo er seit 1536 ein Kanonikat innehatte. Er revidierte sein viertes Buch 1552; sein *Cinquiesme livre [...]* erschien posthum 1564.

In seinen fünf Novellen wimmelt es von musikalischen Beschreibungen und Bildern, die rhetorischen Effekten und geistreichen Charakterisierungen dienen. Erwähnt werden viele Instrumente: Dudelsack, Schalmei, Flöte, Orgel und Trommel erscheinen als physische, oft erotische Symbole; Saiteninstrumente (Laute, Harfe, Spinnett, Viole) charakterisieren den Adel, während Trompeten, Pfeifen und Trommeln auf bedeutende militärische Ereignisse verweisen. Das fünfte Buch enthält eine Incipit-Liste von 175 Tanzliedern, viele von ihnen erschienen in *Disciple de Pantagruel* oder *S'ensuyvent plusieurs basses dances tant communes que incommunes*, gedruckt in Lyon in den 1530er Jahren. Vokalmusik erscheint an prominenter Stelle mit Refrains und Zitaten von ▸ Noëls und populären Chansons, die im zeitgenössischen Theater gebraucht wurden und durch polyphone Versionen geläufig waren und von Ottaviano ▸ Petrucci, Andrea ▸ Antico, Pierre ▸ Attaingnant und Jacques ▸ Moderne zwischen 1501 und 1552 gedruckt wurden.

Im neuen Prolog des Vierten Buchs (1552) listete Rabelais 58 berühmte Sänger-Komponisten auf, eingeteilt in zwei Chöre, der erste mit ▸ Ockeghem, ▸ Obrecht, ▸ Josquin, ▸ Agricola, ▸ Brumel, ▸ Mouton, ▸ Compère, ▸ Févin, ▸ Richafort, Conseil, ▸ Festa und ▸ Berchem, der zweite mit ▸ Willaert, ▸ Gombert, ▸ Janequin, ▸ Arcadelt, ▸ Sermisy, ▸ Certon, Manchicourt, Villiers, ▸ Sandrin, Sohier, Hesdin, ▸ Morales, ▸ Passereau, ▸ Jacotin, ▸ Verdelot und ▸ Carpentras. Der erste Chor singt ›melodisch‹ einen frechen Dixain (Zehnzeiler) von Mellin de Saint-Gelais, »*Grand Tibault [Ung mari] se voulant coucher*«, bekannt durch den vierstimmigen Satz von Clement ▸ Janequin, der in Attaingnants *Tresiesme livre contenant xix Chansons nouvelles* 1543 publiziert wurde. Die jüngere Gruppe singt ›zierlich‹ ein Quatrain (Vierzeiler) »*S'il est ainsi que coignée sans manche*«, das von Vassal im gleichen Buch von 1543 vertont wurde. Der Autor zitiert an anderer Stelle viele Lieder von Janequin, inklusive *La Guerre* (1529), *Au joly jeu de pousse avant* (1533) und *Celle qui veit son mary tout armé* (1538), sowie weitere von Josquin – *Faulte d'argent, En l'ombre d'ung buissonet*, Compère – *Lourdault, Lourdault, garde que tu feras*, Sermisy – *Hari, bouriquet* und Heurteur – *Mirelaridon*.

Rabelais' musikalischer Enthusiasmus erscheint in seinen Beschreibungen von Gargantuas und Pantagruels Erziehung; sein theoretisches Vokabular, ähnlich demjenigen in der *Nouvelle instruction familiere* seines Kollegen in Saint-Maur, Michel de Menehou, ist voll von Wortspielen auf die Buchstaben der Tonleiter, auf die harmonische Königin *Quintessence*, ihr Schachbrett-Ballett und ihre ›Minimen-Mönche‹ (besonders Buch 5, Kapitel 26–27) – musikalische Späße über klösterliche Ordnungen. Carpenter (1954) schlägt vor, dass die Allgegenwart von musikalischen Referenzen und besonders satirischen Anspielungen auf den ▸ Gregorianischen Gesang und die Polyphonie eine Reaktion auf seine nicht sehr erfreulichen Erfahrungen als Chorknabe und Mönch sind; McMasters (1993) interpretiert seine musikalische Bilderwelt als karnevaleske Suche nach einer »humanistischen Utopie«.

Literatur:
N.C. Carpenter, *Rabelais and Music*, Chapel Hill 1954 • T.C. McMasters, *Music in Gargantua and Pantagruel*, Diss. Ohio Univ. 1993 • F. Dobbins, *Rabelais and the Musicians of his Time*, in: *Court & Humour in the French Renaissance: Essays in Honor of Pauline Smith*, hrsg. von S.A. Stacey, Bern 2009, S. 217–246.

FD

Ramos de Pareja, Bartolomé
* 25. 1. 1440 Baéza, † nach 1491 Rom

Als erster Musiktheoretiker der Renaissance entwickelte der Spanier Ramos de Pareja in seiner *Musica practica* einen eigenständigen Gegenentwurf zum Stimmungs- und Tonartensystem der Antike und des Mittelalters. Außer diesem Traktat sind von seinen Werken nur der Zirkelkanon *Sive lidium in synemmenon* und Fragmente einer Motette in Briefen seines Schülers Giovanni ▸ Spataro erhalten.

Ramos lernte sein musikalisches Handwerk bei dem spanischen Komponisten und Theoretiker Johannes de Monte, danach studierte er Mathematik an der Universität Salamanca, wo er in den Jahren 1460–1464 Musiktheorie nach Boethius lehrte. In diese Zeit fielen Disputationen über die Tetrachordteilungen der altgriechischen Musik mit dem Theologen Pedro de Osma und dem portugiesischen Hofkapellmeister Tristão da Silva. 1472 kam Ramos nach Italien, wo er eine Berufung auf den von Papst Nikolaus V. im Jahre 1450 an der Universität Bologna eingerichteten Lehrstuhl für Musiktheorie anstrebte. Seine Hoffnungen auf diese Stelle zerschlugen sich jedoch, da ihre Besetzung seit 1451 durch die mathematische Fakultät der Universität Bologna blockiert wurde und Ramos schon damals wegen seiner musiktheoretischen Lehrmeinungen als umstritten galt. In der Folgezeit lebte er wechselnd in Florenz und Bologna, wo er als fachliche Empfehlung seine *Musica practica* verfasste, die auf Drängen seiner Schüler 1482 im Druck publiziert wurde. Zwei Jahre später übersiedelte er nach Rom, wo er mit seinen Theorien in den lokalen Gelehrtenkreisen allgemeine Anerkennung fand. Spataro hinterließ er Material für zwei nicht mehr realisierte Theorieschriften (*Musica theorica* und *Musica semimathematica*), das dieser für seine musiktheoretische Korrespondenz verwandte.

Das kompositorische Œuvre von Ramos ist ein Torso, sein Theoriegebäude bildet dagegen ein abgeschlossenes System, das mit Blick auf die Entwicklungen der Musikpraxis seiner Zeit konzipiert wurde. Er bevorzugte daher einen Kompromiss zwischen pythagoreischer und reiner Stimmung mit sauber gestimmten perfekten Konsonanzen und einfachen Proportionen für die unvollkommenen Konsonanzen Terz (6:5, 5:4) und Sexte (8:5, 5:3). An die Stelle der Guidonischen Hand setzte er ein neues Tonarten- und ▸ Solmisationssystem mit Bezug auf den Grundton C und die acht Töne des Oktavraums, denen er die Silben »[P]sal-li-tur per vo-ces is-tas« unterlegte. Ramos begründete dies kosmologisch mit den acht Planetensphären des geozentrischen Weltbildes. Neben diesem Relikt aus der Musiktheorie des ▸ Quadriviums, an der Ramos als Mathematiker zeitlebens interessiert blieb, finden sich in seiner *Musica practica* noch weitere, wie die Diskussion der Konzepte von Musica mundana, humana und instrumentalis (▸ Musica coelestis) sowie kritische Überlegungen zum Prinzip des ›integer valor notarum‹, d.h. einer einheitlichen Länge der Brevis in allen Tempora. Von Ramos stammt darüber hinaus die Gleichsetzung der Intervalle Tritonus und verminderte Quint im praktischen Musizieren und ihre Anerkennung als mögliche Durchgangsdissonanzen.

Schriften:
Musica practica (Publikationen der Internationalen Musikgesellschaft, Beihefte 2), hrsg. von Johannes

Wolf, Leipzig 1902, Wiesbaden ²1968; Commentary and Translation by Clement A. Miller (*Musicological Studies and Documents* 44), Neuhausen-Stuttgart 1993.

Literatur:
M. Lindley, *Stimmung und Temperatur*, in: *Hören, Messen und Rechnen in der frühen Neuzeit* (*Geschichte der Musiktheorie* 6), hrsg. von C. Dahlhaus und F. Zaminer, Darmstadt 1987, S. 109–331 • F. Rempp, *Elementar- und Satzlehre von Tinctoris bis Zarlino*, in: *Italienische Musiktheorie im 16. und 17. Jahrhundert, Antikenrezeption und Satzlehre* (*Geschichte der Musiktheorie* 7), hrsg. von F.A. Gallo und F. Zaminer, Darmstadt 1989, S. 39–220 • K.-W. Gümpel, *Ramos de Pareja*, in: MGG², Bd. 13 (Personenteil), 2005, Sp. 1254–1256.

DG

Rampollini, Mattio Romolo [Mattia]

* ca. 2.6.1497 Florenz, † 23.12.1553 (?) Florenz

Rampollini war ein italienischer Komponist, von dem nur weltliche Vokalmusik erhalten ist. Er wurde am 2. Juni 1497 in Florenz getauft. Sein Vater war Anwalt in Castelfiorentino südwestlich von Florenz. Die letzte bekannte Quelle, die Rampollini lebend erwähnt, stammt vom 25. Februar 1552. Zu dieser Zeit wohnte er in Florenz im Hause seines jüngeren Bruders Giovanbattista, der ebenfalls Musiker war und zeitweilig in Diensten Cosimos I. de' Medici stand. Vielleicht handelt es sich bei dem am 23. Dezember 1553 in Florenz verstorbenen »ser Mattio, prete« um Rampollini.

Am 23. Februar 1515 wurde Rampollini Lehrer für Gesang und Figuralmusik an San Lorenzo, der Hauskirche der ▸ Medici, und im Sommer 1520 als Nachfolger Bernardo ▸ Pisanos Kapellmeister am Florentiner Dom. Hier unterrichtete er wahrscheinlich auch Francesco ▸ Corteccia. Als Domkapellmeister erscheint er in archivalischen Quellen wechselnd mit Philippe ▸ Verdelot bis ins Jahr 1527, als die Kapelle nach der zweiten Vertreibung der Medici zeitweilig aufgelöst wurde. 1532 war er in Castelfiorentino ansässig, aber bereits im November 1530 hatte er nach der Rückkehr der Medici eine Pfründe an San Lorenzo erhalten. 1533 wurde er für Musik für die Karwoche am Florentiner Dom bezahlt. Im Herbst 1534 gab er seine Stelle an San Lorenzo auf. 1539 beteiligte sich Rampollini an der Komposition von Musik für die Hochzeit Cosimos I. de' Medici mit Eleonore von Toledo. Seine ohne Jahresangabe in Lyon gedruckte *Musica [...] sopra alcune Canzoni del Divin Poeta M Francesco Petrarca* (zyklische madrigalische Kompositionen von sieben Kanzonen Petrarcas) könnte bereits um 1540 entstanden sein und fiele damit in den Beginn des zyklischen ▸ Madrigals.

Ausgaben:
Corpus mensurabilis musicae 32/7, 1974; A.C. Minor / B. Mitchell, *A Renaissance Entertainment. Festivities for the Marriage of Cosimo I, Duke of Florence, in 1539*, Columbia 1968.

Literatur:
P.A. Myers, *An Analytical Study of the Italian Cyclic Madrigals Published by Composers Working in Rome, ca. 1540–1614*, PhD. Diss. Univ. of Illinois 1971 • F.A. D'Accone, *Matteo Rampollini and his Petrarcan Canzone Cycles*, in: Musica disciplina 27 (1973), S. 65–106.

LS

Rackett

(Rankett, Raket; Wurstfagott nach französisch cervelat, cervellet; ital. cervello)

Der Name kommt wahrscheinlich vom oberdeutschen ›rank‹ in der Bedeutung von Krümmung. Möglicherweise nehmen ›raggett‹, ›rogetten‹, ›Raketpfeiffen‹ und ›Racquetten‹ Bezug auf die Ähnlichkeit mit einem Feuerwerkskörper. Die Etymologie der verschiedenen Namen ist nicht restlos geklärt (vgl. Sachs, S. 314a und Masel, Sp. 1388).

Das Rackett ist ein direkt angeblasenes Doppelrohrblattinstrument in Büchsenform, das durch mehrfache Knickung der Tonröhre einen großen Tonumfang trotz geringer Abmessungen aufweist. In dem Zylinder aus Holz oder Elfenbein werden neun parallele Bohrungen an den Enden miteinander verbunden, so dass eine durchgehende, in Windungen verlaufende Röhre bei einer Gesamthöhe von 12 cm (Originalinstrument im Kunsthistorischen Museum Wien, Inv.-Nr. 213) eine neun Mal so lange Luftsäule ergibt. Die seitlichen Außenkanäle stehen mit den 11–12 Grifflöchern bzw. Grifflochgruppen in Verbindung. Die Grundskala wird mit den sechs mittleren Fingern und einem kleinen Finger gegriffen. Die Austrittsöffnung der Röhre liegt seitlich am Unterende des Instruments.

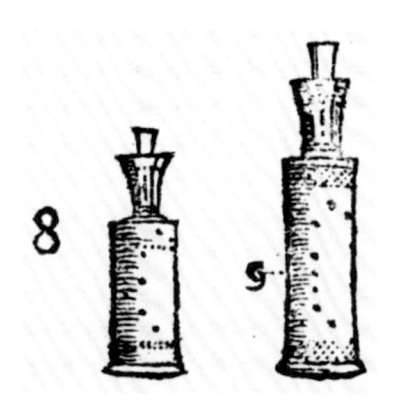

Michael Praetorius, *Syntagma Musicum*, Bd. II: *De Organographia*, Wolfenbüttel 1619, Tafel X, Nr. 8 »Stimmwerck Racketten« und Nr. 9 »Groß Rackett«.

Das Rackett wird über eine trichterförmige Pirouette (Lippenstütze) oder (nach Marin ▶ Mersenne) auch direkt angeblasen. Theoretisch könnte das zylindrische Instrument in die Duodezime überblasen werden, jedoch ist dies wegen der engen Bohrung nicht vorgesehen. Die Möglichkeit hierzu wird von Michael ▶ Praetorius erwähnt, wenn er sagt, es komme »selten ein Falsett« vor, »Es sey dann, dass es wol beröhret [sei], und ein guter Meister drüber kömpt, so thut es noch wol ein mehrers« (Praetorius, S. 40).

Ein Stimmwerk hatte folgende Umfänge von jeweils einer Duodezime: Diskant: G–d', Alt/Tenor: C–g, Bass: F–c, Großbass: C–G. Zu einem Stimmwerk gehören nach Praetorius 2 Diskant-, 3 Alt/Tenor, 1 Bass- und 1 Großbassrackett (Praetorius, S. 13). Das größte Rackett ist nach Praetorius (S. 40) das tiefste Holzblasinstrument der Zeit, dabei jedoch aufgrund seiner vielfach zylindrisch gewundenen Röhre auch eines der kleinsten. Wegen der engen, mehrfach geknickten Röhre, deren Ende keine Schallstürze zur Klangverstärkung aufweist, ist der Klang sanft, etwas stumpf. Praetorius empfiehlt den Gebrauch eines einzelnen Racketts als Bass zusammen mit anderen Instrumenten, denn »Am Resonantz seynd sie gar stille, fast wie man durch einen Kam bläset, und haben, wann ein solch ganz Accort- oder Stimmwerck zusammen gebracht wird, keine sonderliche gratiam. Wann aber Violn de Gamba darzu gebraucht, oder eins allein nebenst andern Blasenden oder Besayteten Instrumenten [...] von eim guten Meister geblasen wird, ist es ein lieblich Instrument, sonderlich im Bass anmuthig und wol zuhören« (Praetorius, S. 40).

Um die Mitte des 16. Jahrhunderts erfunden, erreichte das Rackett um 1600 vor allem im österreichisch-süddeutschen Raum eine gewisse Verbreitung; doch schon um 1630/1640 wurde es kaum noch gespielt und wie die übrigen zylindrisch gebohrten Doppelrohrblattinstrumente (Kortholt; Sordun) vom Fagott verdrängt, das den neuen Klangforderungen besser entsprach.

Zwei ikonographische Quellen sind bekannt (Masel, Sp. 1377 und Sp. 1389), zwei Diskante haben sich im Wiener Kunsthistorischen Museum erhalten, außerdem ein Bass Tiroler Herkunft im Museum der Leipziger Universität.

Literatur:
M. Praetorius, *Syntagma musicum*, Bd. 2: *De Organographia*, Wolfenbüttel 1619 • M. Mersenne, *Har-*

monie universelle, Paris 1636, Faksimile, hrsg. von Fr. Lesure, 3 Bde., Paris 1963 • Ders., *Harmonicorum libri XII*, 2 Bde., Paris ²1648 • C. Sachs, *Reallexikon der Musikinstrumente*, Berlin 1913 • G. Kinsky, *Doppelrohrblatt-Instrumente mit Windkapsel*, in: Archiv für Musikwissenschaft 7 (1925), S. 253–296 • A. Baines, *Woodwind Instruments and their History*, London 1957, ³1977 • H. Seidl, *Das Rackett*, Diss. maschr. Leipzig 1959 • J.H. van der Meer, *Musikinstrumente*, München 1983 • W. Köhler, *Die Blasinstrumente aus der »Harmonie universelle« des Marin Mersenne*, Celle 1987 • A. Masel, *Doppelrohrblattinstrumente*, in: MGG², Bd. 2 (Sachteil), 1995, Sp. 1387–1389.

US

Rappresentazione sacra ▶ Geistliches Drama

Ratio studiorum

Der Begriff ›Ratio studiorum‹ – die Abkürzung von ›Ratio atque Institutio Studiorum Societatis Jesu‹ (Methode und Prinzip der Studien der Jesuiten) – dient allgemein der Bezeichnung des erzieherischen und pädagogischen Systems der Jesuiten. In den Statuten (1550) wird dieses System als eines der hauptsächlichen Ziele der Jesuiten bezeichnet: den Katechismus Kindern und Nichtgläubigen zu vermitteln, die Jugend in den Schulen und den Kollegien zu unterrichten, die Philosophie und die Theologie an der Universität zu lehren. Der Erfolg und die Vermehrung der schulischen Einrichtungen zwischen 1540 und 1580 veranlasste die Jesuiten, sich mit einem ›cursus studiorum‹ zu beschäftigen. Diese Arbeit wurde unter der Leitung von Claudius Acquaviva (1581–1641) verwirklicht: 1584 redigierte eine pädagogische Kommission einen ersten Bericht, der 1586 zur Erprobung in verschiedene Provinzen geschickt wurde. Die erste Edition der *Ratio atque Institutio studiorum* erschien 1591. Nachdem sie 1599 überholt und korrigiert wurde, blieb sie bis zur Unterdrückung der Jesuiten (1773) wirksam.

Der Text setzt sich aus einer Reihe von Gesetzen und gesetzmäßigen Regelungen zusammen, die für die Lehrer und Schüler bestimmt sind. Auf dem Modell der Universitäten werden die Methoden und die Programme bestimmt, denen zu folgen ist, ebenso wie die Autoren, die studiert werden müssen. Paradoxerweise erwähnt die *Ratio Studiorum* nicht die Musik, obwohl deren Praxis und Unterricht in den Jesuitenkollegien bezeugt sind. Tatsächlich kommen nur die Gegenstände vor, die im ›cursus studiorum‹ behandelt werden; die Musik bleibt eine Aktivität am Rande der Studien, die an das liturgische Leben gebunden ist, an die devotionalen oder festlichen Praktiken der Einrichtungen.

Das gleiche Phänomen lässt sich in den großen europäischen Universitäten beobachten, die seit dem Mittelalter ebenfalls ähnliche pädagogische Systeme besaßen. Im Lauf der Renaissance wird die ›musica speculativa‹ dort ständig unterrichtet, vor allem seit Boethius' Traktat *De Musica*; sie ist integrativer Teil des ▶ Quadriviums und bleibt an die Mathematik gebunden, dann seit dem 16. Jahrhundert an die Physik und an die griechische und lateinische Sprache. Als freie Kunst (▶ Artes liberales) ist der Unterricht der Musik so in den universitären Programmen in Prag (1367), Wien (1389), Köln (1398), Krakau (1400) oder Oxford (1431) bezeugt. Seit der Mitte des 15. Jahrhunderts wurden richtige Lehrstühle für Musik eingerichtet, so in Salamanca, Oxford, Cambridge oder Bologna. Die musikalische Praxis jedoch figuriert noch nicht im Programm dieser ›ratio‹; sie entwickelte sich am Rand des Unterrichts für die Erfordernisse der religiösen Gottesdienste wie in Paris, Wien, Heidelberg, Leipzig, Oxford oder Cambridge.

Hingegen trifft man eindeutige Belege im praktischen Musikunterricht im ›cursus studiorum‹ zahlreicher religiöser Orden an, darunter die Dominikaner und die Franziskaner. Für die Dominikaner wird der Sachverhalt im

Kapitel von Lyon (1348) bestätigt; dasjenige von Nürnberg (1405) präzisiert außerdem, dass der Meister der Novizen die jungen Brüder im Gesang und in der Orgel ausbilden soll. Die Ausbildung im Gesang ist auch bei den Franziskanern seit 1280 bezeugt und wird durch zahlreiche übergreifende und provinzielle Kapitel während des 14., 15. und 16. Jahrhunderts bestätigt. Das interessanteste Dokument ging wohl aus der *Ratio studiorum* des Minoritenordens hervor, das 1596 wieder aufgefrischt und 1620 revidiert wurde. Der Text präzisiert, dass die Studierenden eine musikalische Ausbildung erhalten müssen, bevor sie mit ihrem Beruf beginnen; gemäß ihrer Fähigkeiten lernten sie Singen, Orgelspielen und Komposition. Erstmals erlaubt der Text den Komponisten des Ordens, den universitären Titel ›Magister‹ erlangen zu können, ein Titel, der bislang allein den Theologen vorbehalten war. Die Kandidaten mussten älter als 40 Jahre sein und durch ihre Stellen und ihre Veröffentlichungen die Rechtfertigung zum Erhalt des Titels erbringen. Die drei ersten ›Magistri musici‹, die 1596 ernannt wurdenm, waren Costanzo ▸ Porta, Girolamo Vespa (ca. 1540/1545 – ca. 1596) und Lodovico Balbi (ca. 1545–1604).

Literatur:
Decreta Generalis Capituli Viterbiensis de Reformatione Studiorum Ordinis Minorum Conventualium, Padova ¹1596, ²1620 • *Ratio atque Institutio Studiorum Societatis Jesu*, Rom 1599, hrsg. von A. Demoustier und D. Julia, Paris 1997 • R. Creytens, *L'instruction des novices dominicains au XIIIe siècle d'après le Ms. de Toulouse 418*, in: Archivum Fratrum Praedicatorum 20 (1950), S. 114–193 • Ders., *L'instruction des novices dominicains à la fin du XVe siècle*, in: Archivum Fratrum Praedicatorum 22 (1952), S. 201–225 • B. Belluco, *Legislatio Ordinis Fratrum Minorum de musica sacra*, Rom 1959 • T.D. Culley / C.J. McNapsy, *Music and the Early Jesuits (1540–1565)*, in: Archivium Historicum Societatis Jesu 40 (1971), S. 213–245 • N.C. Carpenter, *Music in the Medieval and Renaissance Universities*, New York 1972 • J. Atteberry / J. Russell, *Ratio Studiorum: Jesuit education, 1540–1773*, Chestnut Hill 1999 • F. Guilloux, *Les Frères mineurs et la musique en France (1550–1700)*, Diss. Univ. de Tours 2006.

FG

Rätselkanon ▸ Kanon

Rebec

Der Name »Rebec« scheint eine Korrumpierung des provencalischen Wortes »rubeba« zu sein, das seinerseits auf das arabische ›rabab‹ zurückgeht. Weitere Derivationen sind »rubella«, »rabel« oder »rabeca« in Spanien, »rebeck« in England, »ribecchino« in Italien. Er taucht zum ersten Mal im 13. Jahrhundert auf; allerdings ist das Instrument selber älter, denn man sieht ähnliche Instrumente bereits zahlreich dargestellt seit dem 11. Jahrhundert in französischen und spanischen Portalen mit Darstellungen der Apokalypse. Gegen Ende des 16. Jahrhunderts kam es aus der Mode und wurde nur noch von gering angesehenen Straßenmusikern gespielt. Der Name wurde teilweise übernommen für Violineninstrumente, und eine kleine Version blieb erhalten bis ins 18. Jahrhundert in der Gestalt der Tanzmeistergeige.

Grundsätzlich handelt es sich um ein in der Regel dreisaitiges Instrument in Birnenform, dessen Corpus samt Hals aus einem Stück geschnitten ist. Im Lauf der Jahrhunderte erhielt es verschiedene Formen und Ausstattungen – so wurden z.B. die ehemals vorderständigen Wirbel durch seitenständige nach sarazenischem Vorbild ersetzt – und der Umriss konnte runder oder flacher sein, ohne dass sich an der Grundstruktur des Instrumentes etwas änderte.

Bereits die Bauweise aus einem Stück legt ein kleines Instrument nahe. Dass Rebecs in Familien gespielt wurden, ist eher selten überliefert; in den Sonetten von Simon Prudenziani d'Orvieto (um 1415) werden »rubeba, rubechette e rubecone« erwähnt, was eine sehr frühe Form einer Familienbildung (▸ Instrumente: Familienbildung) vorwegzunehmen scheint. Während Sebastian ▸ Virdung das Instrument als Einzelgänger abbildet, finden wir bei Martin ▸ Agricola und Hans Gerle eine vierteilige Familie in Quintabständen, wobei nicht geklärt ist, ob es sich hier noch um Instrumente aus dem massiven Block handelt, oder ob man zur Rippenbauweise wie bei der Laute übergegangen war. Eine andere Möglichkeit, dass Agricola ein etabliertes Abbildungsmuster lediglich erweitert hat, ist ebenfalls nicht von der Hand zu weisen. Die Frage, ob es sich bei den »violette da braccio senza tasti« (d.h. ohne Bünde) um Rebecs oder frühe dreisaitige Violinen handelt, ist strittig. In Frankreich scheint das Rebec früh von der Violine verdrängt worden zu sein (Philibert Jambe de Fer, Pierre Trichet). In England werden »rebecks« bis in die Shakespearezeit erwähnt, aber auch hier dürften teilweise Violinen gemeint sein.

Das Instrument der Renaissance ist dreisaitig, in Quinten gestimmt, und auch die Instrumente der Familie stehen in Quintabständen. Bereits Hieronymus de Moravia erwähnt eine Stimmung c–g des bei ihm zweisaitigen Instrumentes. Das Griffbrett passt sich an die Birnenform an; selten sieht man Bünde. Über die Innenkonstruktion ist nichts bekannt, aber das Vorhandensein eines Stimmstockes erscheint wegen der Birnenform eher unwahrscheinlich. Man spielt mit einem kurzen Bogen und stützt das Instrument gegen die Schulter.

Den Stimmton muss man sich hoch vorstellen; es ist denkbar, dass das Consort von Rebecs, wie es sich im 16. Jahrhundert darbietet, ein 6-Fuß-Ensemble war. Der Klang ähnelte wohl dem der Pochette: dünn und scharf, dabei beweglich und durchdringend und vor allem rein melodisch. Von akkordischem Spiel wie auf der ▸ Fidel wird nichts berichtet.

Literatur:
Hieronymus de Moravia, *Tractatus de musica* Kap. 28, ca. 1272, hrsg. von S.M. Cserba (Freiburger Studien zur Musikwissenschaft 2), Regensburg 1935, S. 288ff. • P. Paulirinus, *Tractatus de musica*, um 1460, hrsg. von J. Reiss, in: Zeitschrift für Musikwissenschaft 7 (1925), S. 259–264 • J. Tinctoris, *De inventione et usu musicae*, um 1487, hrsg. von W. Fischer, Tutzing 1961 • S. Virdung, *Musica getutscht und außgezogen*, Basel 1511, Faksimile hrsg. von Kl.W. Niemöller, Kassel 1970 • M. Agricola, *Musica instrumentalis deudsch*, Wittenberg 1528, 1529, 1532 und 1545, Faksimile Hildesheim u.a. 1985 • H. Gerle, *Musica Teusch/ auf die Instrument der grosen vnnd kleinen Geygen/ auch Lautten [...]*, Nürnberg 1532 und 1546 • G.M. Lanfranco, *Scintille di musica*, Brescia 1533, Faksimile hrsg. von G. Massera, Bologna 1970 • Ph. Jambe de Fer, *Epitome musical*, Lyon 1556, Faksimile hrsg. von F. Lesure, in: Annales musicologiques 6 (1958–1963), S. 341–386 • M. Praetorius, *Syntagma musicum*, Bd. II (*De Organographia*) und III (*Termini musici*), Wolfenbüttel 1619, Faksimile hrsg. von W. Gurlitt, Kassel 1958 • P. Trichet, *Traité des instruments de musique* (ca.1640), hrsg. von Fr. Lesure, in: Annales Musicologiques 4 (1956), S. 175–248.

AO

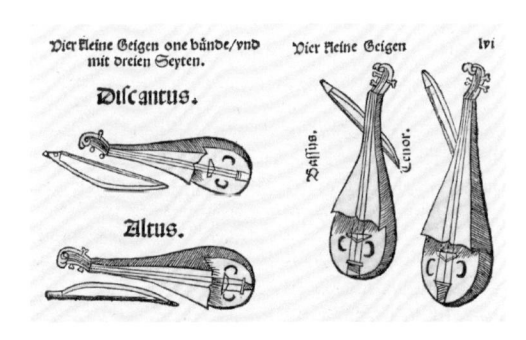

Martin Agricola, *Musica instrumentalis deudsch*, Wittenberg 1532, fol. 55v–56r.

Reformation ▸ Luther, ▸ Calvin

Regiomontanus, Johannes
* 6.6.1436 Königsberg (Franken), † 6. oder 8.7.1476 Rom

Der Astronom Johannes (Müller) Regiomontanus zählt mit Nicolaus ▸ Copernicus zu den

Wegbereitern des heliozentrischen Weltbilds der Neuzeit und damit zu den wichtigsten Vertretern der mathematisch-naturwissenschaftlichen Fächer im 15. und 16. Jahrhundert überhaupt. Er hat entscheidend zur Weiterentwicklung der Trigonometrie beigetragen und gehört mit ▸ Faber Stapulensis, Erasmus von Höritz (1465–1514) sowie Lodovico ▸ Fogliano zu den Musiktheoretikern der Renaissance, die geometrische Verfahren aus der Antike für die Lösung von Problemen der Intervall- und Stimmungstheorie wieder neu anwendbar gemacht haben.

Regiomontanus studierte 1447–1457 in Leipzig und Wien die ▸ Artes liberales, unter anderem bei dem renommierten Mathematiker und Astronomen Georg von Peuerbach (1423–1461). Während seiner Zeit als Assistent von Peuerbach in Wien lernte er den unierten Kurienkardinal Basileios Bessarion (1403–1472) kennen, für den er mit seinem Lehrer 1460–1462 eine Kurzfassung des astronomischen Werks *Almagest* des alexandrinischen Mathematikers Klaudios Ptolemaios erstellte. Zur Vollendung dieser *Epitoma in Almagestum* begleitete Regiomontanus seinen Patron nach Italien, wo er Mitglied der Römischen Akademie und Kardinalsfamilie Bessarions wurde. Dort erhielt er auch Zugang zur Handschriftenbibliothek des Kardinals, die für ihre vollständige Ausstattung mit allen antiken und byzantinischen Schriften griechischer Sprache zu den mathematisch-naturwissenschaftlichen Fächern berühmt war. Aus ihren Beständen hat Regiomontanus nachweislich wichtige Anregungen bezogen. Hier entdeckte er das Gesamtwerk des Ptolemaios im griechischen Originaltext wieder, u.a. auch den Musiktraktat *Harmonica*, der sein musiktheoretisches Denken entscheidend geprägt hat. Nachdem Regiomontanus Italien 1464 verlassen hatte, waren die Übernahme einer Professur für ▸ Astronomie in Bratislava, das Amt des Hofastronomen beim ungarischen König Matthias Corvinus in Budapest und die Niederlassung in Nürnberg als Astronom mit eigener Sternwarte und eigenem Verlag die weiteren Stationen seines Lebenswegs bis 1472. Anlässlich der Kalenderreform von Papst Sixtus IV. reiste er 1476 noch einmal nach Rom, wo er während seines Aufenthaltes verstorben ist.

Ausdruck seiner wissenschaftlichen Leistungen ist das von ihm hinterlassene, umfassende Corpus von Schriften zu allen vier mathematischen Fächern der ▸ Artes liberales. Etwas aus dem Blick geraten sind unter diesem Werkbestand jedoch seine musiktheoretischen Schriften. Diese umfassen ein zu seinen Studienzeiten angefertigtes Exzerpt aus der *Musica speculativa* des ▸ Johannes de Muris in einer Handschrift der Österreichischen Nationalbibliothek Wien (A-Wn lat. 5203), ferner die 1527 erstmals gedruckte Inaugurationsrede *Oratio introductoria in omnes scientias mathematicas* für eine Vorlesungsreihe über die mathematischen Fächer an der Universität Padua in den Jahren 1463–1464 und die *Monocordi divisio secundum modernorum musicam*, einen methodisch außergewöhnlich originellen Traktat zur Monochordteilung mittels geometrischer und trigonometrischer Verfahren, der sich in einer Handschrift der Stadtbibliothek Nürnberg (D-Nst Cent. V, 58) aus den Jahren 1459–1465 befindet.

Literatur:
E. Zinner, *Leben und Wirken des Johannes Müller von Königsberg, genannt Regiomontanus*, München 1938, Reprint Osnabrück 1968 • G. Hamann (Hrsg.), *Regiomontanus-Studien* (Österreichische Akademie der Wissenschaften, philosophisch-historische Klasse, Sitzungsberichte 364), Wien 1980 • R. Mett, *Regiomontanus, Wegbereiter des neuen Weltbildes*, Stuttgart 1996 • D. Glowotz, *Johannes Regiomontanus (1436–1476), Musikanschauung und Weltbild eines Astronomen im 15. Jahrhundert*, in: Kirchenmusikalisches Jahrbuch 89 (2005), S. 29–46 • Ders., *Byzantinische Gelehrte in Italien zur Zeit des Renaissance-Humanismus, Musikauffassung – Vermittlung antiker Musiktheorie – Exil und Integration*, Schnever-

dingen 2006 (Schriften zur Musikwissenschaft aus Münster 22).

DG

Regis, Johannes
* um 1425, † 1496 (?)

Die wenigen biographischen Daten dieses bedeutenden Komponisten des 15. Jahrhunderts sind zusätzlich noch zweideutig. Dies ist darin begründet, dass sich in den Quellen der Archive in großer Anzahl ein »Jean Le Roy« findet, dessen latinisierte Form »Regis« lautet. Johannes Regis dürfte den größten Teil seiner Karriere an der Kollegiatskirche Saint-Vincent in Soignies, Diözese Cambrai, verbracht haben, wo er ab 1451–1452 zum ›maistre des enfants‹ ernannt wird. Im November 1460 legt Guillaume ▸ Dufay Regis nahe, den Posten des ›magister puerorum‹ an der Kathedrale von Cambrai zu besetzen, der kurz zuvor vakant geworden war. Wann die beiden Komponisten Freundschaft miteinander schlossen, ist nicht bekannt, doch wird Regis im Testament Dufays als ›clerc‹ des bekannten Komponisten verzeichnet (»…Messire Jehan Regis, chanoine de Sougnies, qui fu clerc audit deffunct [Dufay]…«). Wahrscheinlich ist, dass diese Funktion des ›Sekretärs‹ bereits kurz vor den 1450er Jahren ausgeübt wurde. Doch Regis lehnt den Vorschlag von Dufay und dem Kapitel von Cambrai ab, als ›magister puerorum‹ an der dortigen Kathedrale tätig zu werden, und bekleidet ab 1462–1463 an derselben Kollegiatskirche von Soignies das Amt des ›escollatre‹. Am 23. Oktober 1463 zelebriert »Jehan le Roy escollaustre«, inzwischen zum Priester geweiht, seine erste Messe. Das Verzeichnis der Kollegiatskirche Saint-Vincent nennt bis 1496 regelmäßig den Wohnsitz des ›écolâtre‹ in Soignies, womit wahrscheinlich der Komponist gemeint ist (lediglich einmal, im Verzeichnis der Jahre 1482–1483, erscheint der Name Regis expressis verbis). Im Jahr 1496 wird die Pfründe, offensichtlich wegen des Ablebens seines Besitzers, vakant.

An dieser Stelle muss die Existenz eines anderen Johannes Regis erwähnt werden, eines Kanonikers an Saint-Martin von Tours. Dessen Vita verlief parallel zu demjenigen in Soignies und war gleichfalls bedeutend. Der gesamte berufliche Werdegang dieses Kanonikers vollzieht sich in Tours, einer Stadt, die im 15. Jahrhundert Sitz der königlichen Kapelle war. Wenn Regis von Soignies in freundschaftlicher Beziehung zu Dufay stand, so unterhielt Regis von Tours enge Kontakte zu Johannes ▸ Ockeghem, der als Kapellmeister der königlichen Kapelle und als Schatzmeister von Saint-Martin tätig war. Dieser Johannes Regis musste während seiner Zeit als ›chevecier‹ (Sakristan) zusammen mit dem Amt des ›chambrier‹ (Kämmerers) dem ehrwürdigen Meister »foy et hommage« erweisen (an Saint-Martin ergänzten sich diese beiden Ämter und waren der unmittelbaren Zuständigkeit des Tesaurarius zugeordnet). Einige Dokumente des Vatikan bescheinigen außerdem, dass Regis von Tours auch Kaplan des Königs ▸ Ludwig XI. war, dank dem er Ende der 1480er Jahre Zugang zur bedeutenden Pfründe erhielt, die mit der Schatzkammer der Kathedrale von Reims verbunden war. Eine Aktennotiz vom 26. Februar 1493 betrifft die Stiftung verschiedener Dienste durch Regis von Tours, zu denen ein polyphones *Ave verum corpus* (»à choses faictes«) gehört, das zur Erbauung der Messe feierlich »par les chantres, les enfants de choeur et les orgues« gesungen werden soll. In einem Dokument des Kapitels von Saint-Martin, das diese Stiftung anbelangt, ist der 20. März 1493 als Todesdatum von Regis von Tours verzeichnet.

Der Name Regis erscheint im Klagelied, das Guillaume ▸ Crétin auf den Tod von Ockeghem (1497) verfasste, in einem Abschnitt, in welchem der Dichter herausragende verstorbene Komponisten nennt (John ▸ Dunstable, Guillaume ▸ Dufay, Gilles ▸ Binchois, Antoine ▸ Busnoys, ▸ Barbingant, Philippe ▸ Basiron, Johannes Fedé, Colinet de Lannoy, Gilles ▸ Joye …), die aufgefordert sind, Werke des kurz zuvor verstorbenen Meisters anzustimmen. Regis wird auch in der berühmten Motette *Omnium bonorum plena* von Loyset ▸ Compère und in der Motette *Mater floreat* von Pierre ▸ Moulu zitiert. Für Johannes ▸ Tinctoris ist Regis, gemeinsam mit Ockeghem, Busnoys, Firmius ▸ Caron und Guillaume ▸ Faugues, einer der herausragendsten Zeitgenossen. Tinctoris erwähnt seine Motette *Clangat plebs* als ein Beispiel der Varietas (▸ Variation), die in der achten Kontrapunktregel in seinem *Liber de arte contrapuncti* (1477) ausgeführt wird.

Von Regis kennen wir zwei ▸ Messen, ein Credo, acht ▸ Motetten, von denen zwei unvollständig überliefert sind, und nur zwei Liedsätze. Zu diesen Werken kommen noch eine *Missa L'homme armé*, eine *Missa Crucis* und eine Motette *Regina celi* hinzu, von denen wir wissen, dass sie in einigen Chorbüchern von Cambrai in den Jahren 1462/1463 und 1464/1465 kopiert wurden, heute jedoch verloren sind.

Seine Motetten, die alle auf einem ▸ Cantus firmus basieren, sind bis auf ein *Ave Maria* zu drei Stimmen fünfstimmig gesetzt, was zu seiner Zeit noch eine Rarität darstellte. Die Motetten entstanden weitgehend zur Marienverehrung. In *O admirabile commercium / Verbum caro* verwendet Regis verschiedene liturgische Melodien für den Weihnachtstag. *Lauda Sion / Ego sum panis* ist eine der für ihre Entstehungszeit seltenen polyphonen Vertonungen der bekannten Sequenz des Thomas von Aquin für das Fest *Corpus Christi*.

In den Messen, die überliefert sind, greift Regis unterschiedliche liturgische Melodien auf. *Missa Ecce ancilla Domini / Ne timeas Maria* ist Teil einer Trilogie der Messen *Ecce ancilla Domini* (die anderen zwei sind von Ockeghem und Dufay), die wahrscheinlich alle im gleichen Zeitfenster entstanden sind, nämlich Anfang der 1460er Jahre (die Messe von Dufay wurde 1463/1464 in Cambrai kopiert). Regis verwendet hauptsächlich zwei Cantus firmi, die gleichzeitig zum Tenor und Basso gesungen werden, zu denen im Verlauf der Messe weitere – insgesamt sieben – Marienantiphone hinzutreten, unter ihnen die ▸ Antiphon *Beata est Maria*, die auch in der Messe von Dufay verwendet wird. Das gleiche Prinzip findet sich in der *Missa Dum sacrum mysterium / L'homme armé*, in der das bekannte Thema eindeutig mit dem Erzengel Michael verbunden ist. Die Melodie von ▸ *L'homme armé* ist paraphrasiert und im Tenor mit verschiedenen Texten aus der Liturgie des Heiligen unterlegt. Darüberhinaus sind weitere Melodien, verschieden paraphrasiert, in die anderen Stimmen der Messe eingebunden. Diese Komposition scheint nicht identisch zu sein mit der Messe *L'homme armé* von Regis, die Tinctoris in seinem Traktat *Proportionale musices* (1473) zitiert. Das würde bedeuten, dass Regis zwei Messen zu diesem Thema schrieb, von denen eine verloren ist. Eine *Missa L'homme armé* von Regis wurde tatsächlich in Cambrai 1462/1463 kopiert, auch wenn wir nicht sagen können, ob es sich um die Messe *Dum sacrum mysterium / L'homme armé* oder die andere, von Tinctoris erwähnte, handelt. Sicher ist jedoch, das die Komposition von Regis angesichts ihres frühen Entstehungsdatums zentraler Bestandteil der Tradition von Messen über dieses außerordentlich populäre Thema ist.

Ausgaben:
Johannes Regis, *Opera Omnia*, hrsg. von C.W.H. Linderburg, 2 Bde., American Institute of Musicology, 1956 (CMM 9).

Literatur:
D. Fallows, *The life of Johannes Regis, ca. 1425 to 1496*, in: Revue Belge de Musicologie 43 (1989), S.

143–172 • P. Starr, *Southern Exposure: Roman Light on Johannes Regis*, in: dass. 49 (1995), S. 27–38 • A. Magro, *Le compositeur Johannes Regis et les chanoines de Saint-Vincent de Soignies et Saint-Martin de Tours. Une nouvelle contribution*, in: dass. 52 (1998), S. 369–376 • S. Gallagher, *Models of Varietas: Studies in Style and Attribution in the Motets of Johannes Regis and His Contemporaries*, Diss. Harvard Univ. 1998.

AM

Regnart, Jacob
* zwischen 1540 und 1545 Douai (?), † 16.10.1599 Prag

In der Bedeutung nicht mit Orlande de ▸ Lassus und Philippe de ▸ Monte vergleichbar, zeichnet sich sein Schaffen doch durch einen hohen qualitativen Standard aus.

Wann Regnart als Chorknabe an den Prager Hof kam, ist nicht bekannt; für den Rest seines Lebens stand er in Diensten der Habsburger. Ab 1557 war er unter Jacobus ▸ Vaet Kapellknabe; die Nänie auf den Tod Vaets *Defunctum charites Vaet* ist sicher ein Dokument seiner Schülerschaft. Der anlässlich der Kaiserkrönung ▸ Maximilians II. (1564) vollzogene Umzug des Hofes führte auch Regnart nach Wien. Über seinen zweijährigen Italienaufenthalt (1568–1570) ist nichts Näheres bekannt. Bei seiner Rückkehr wurde Regnart zum Musiklehrer der Kapellknaben ernannt. Nach dem Tode Maximilians II. (1576) fand er Aufnahme in die nach Prag zurückverlegte Hofhaltung von dessen Nachfolger Rudolf II. – 1579 wurde Regnart Nachfolger von Alard du Gaucquier (um 1534 – um 1582) als Vizekapellmeister. Wohl aus religiösen Gründen wechselte Regnart 1582 an den Hof Erzherzogs Ferdinands in Innsbruck, der ein entschiedener Verfechter der ▸ Katholischen Erneuerungsbewegung war; bereits zum 1. Januar 1585 wurde er zum Kapellmeister befördert. 1590 veröffentlichte Regnart gemeinsam mit seinen beiden Brüdern (François und Augustin) die Motettensammlung *Novae cantiones sacrae* (Douai 1590), die 40 Motetten enthält. Offenbar versah Regnart seine Pflichten zu so großer Zufriedenheit des Erzherzogs Ferdinand, dass dieser seine Erhebung in den Adelsstand plante, die nach dem Tode Ferdinands (1595) durch dessen Nachfolger Matthias auch erfolgte. Dessen ungeachtet, entschloss sich Regnart 1596 Innsbruck zu verlassen und die Nachfolge Camillo Zanottis (um 1545–1591) als Vizekapellmeister unter Philippe de ▸ Monte am Prager Hof anzutreten.

Hinsichtlich der berühmten ▸ Villanellen kommt hinzu, dass er am Ende der Ära des ▸ Tenorliedes durch Aufgeschlossenheit gegenüber innovativen Tendenzen die zeitgenössische Kompositionsgeschichte mitgeprägt hat. Obwohl die geistlichen Werke und weltlichen Oden auf lateinische Texte überwiegen, stehen die Villanellen im Fokus der wissenschaftlichen Rezeption. Schon die Zeitgenossen bevorzugten das weltliche Œuvre; eine Tendenz, die wesentlich die drei Bände der *Kurtzweiligen teutschen Lieder zu 3 Stimmen nach art der Neapolitanen oder welschen Villanellen* (1576, 1577 und 1579) zum Gegenstand hat. Diese dreistimmigen Villanellen haben nicht nur aufgrund der historischen Priorität Epoche in der Geschichte des Liedes gemacht, sondern auch wegen der konsequenten Adaption des italienischen Vorbilds. Die zeitgenössische Popularität der Villanellen, die Regnart zum Komponisten mit den meist publizierten weltlichen Werken des 16. Jahrhunderts macht, ist zum einen durch ihre homophone Textur zu erklären, die im schärfsten Gegensatz zum Tenorlied steht, zum anderen durch den Ton der italienischen Poesie, der offenbar eine Lücke in der zeitgenössischen deutschen literarischen Produktion schließen konnte.

In den Motettensammlungen von 1575 und 1605 (postum) verwendet Regnart die Bezeichnung ›cantio sacra‹, die das im Gefolge der ▶ Katholischen Erneuerungsbewegung einsetzende Streben der Zeit nach einer verstärkten Latinisierung der Kirchenmusik dokumentiert. Unter den im zweifellos als Gegenstoß zur ▶ Montanus-Sammlung gedachten *Novus thesaurus musicus* vertretenen Komponisten von 1568 ist Regnart der fortschrittlichste Komponist. – Regnarts Passionsvertonung (▶ Passion) gehört zur Gruppe der Passionsharmonie, bei welcher Schriftstellen der vier Evangelisten unter besonderer Berücksichtigung der Sieben Worte Jesu am Kreuz zusammengestellt sind.

Wie bei wenigen anderen Komponisten der Zeit ist der Bezug zur Katholischen Erneuerungsbewegung bei Regnart dominierend und greifbar. Ausdruck individueller wie die Zeit insgesamt prägender Marienfrömmigkeit ist das *Mariale* (1588), die letzte zu Lebzeiten Regnarts erschienene Motettensammlung. In besonderer Art und Weise durch Erzherzog Ferdinand II. befördert, ist die Entstehung des Werkes aus dem Kontext der religiösen Tiroler Hofkultur verständlich.

Literatur:
M. Cordes, *Die lateinischen Motetten des Iacobus Regnart im Spiegel der Tonarten- und Affektlehre des 16. Jahrhunderts*, 2 Bde., Diss. Bremen 1991 (mschr.) • N. Schwindt, »Philonellae« – *Die Anfänge der deutschen Villanella zwischen Tricinium und Napolitana*, in: *Gattungen und Formen des europ. Liedes vom 14. bis zum 16. Jahrhundert*, hrsg. von M. Zywietz u.a., Münster u.a. 2005, S. 243–283.

MZ

Regnault, Pierre ▶ Sandrin

Renaissance

Das französische Wort für »Wiedergeburt« behauptet trotz aller Anfechtungen nach wie vor seinen Platz als Epochenbezeichnung für die Kultur-, Kunst- und Musikgeschichte des 15. und 16. Jahrhunderts. Der Begriff – bzw. dessen italienische Entsprechung ›rinascita‹ oder ›rinascimento‹ – speist sich aus der Vorstellung, dass in Europa (spätestens) seit dem frühen 15. Jahrhundert aus der ›Wiederentdeckung‹ und kreativen Rezeption des klassischen Altertums eine neue kulturelle Blütezeit hervorgegangen sei. Dieses historiographische Konzept – mit dem die Vorstellung vom ›dunklen‹ Mittelalter notwendig einhergeht – erscheint in Italien bereits seit dem 14. Jahrhundert (bei Francesco Petrarca u.a.) und wird bereits bei Giorgio ▶ Vasari (*Vite de' più eccellenti architetti, pittori et scultori italiani*, 1550) programmatisch und zukunftsweisend zusammengefasst, benennt dort allerdings eher einen Zeitpunkt bzw. eine Zeitwende – eine Epochenschwelle also – als einen Zeitraum. Im Sinne einer Epoche im modernen Wortsinn erscheint ›Renaissance‹ erst im 19. Jahrhundert, zuerst in Jules Michelets *Histoire de la France au XVIe siècle: La Renaissance* (1855) und kurz danach in Jacob Burckhardts *Kultur der Renaissance in Italien* (1860). Bei Michelet und bei Burckhardt steht dabei zunächst der ›Renaissance-Mensch‹ im Vordergrund, d.h. das im Gegensatz zu vorangegangen Epochen selbstbestimmte, frei schöpferische, ›moderne‹ Individuum. Im Zentrum der Betrachtung stehen bei beiden ferner die politische Kultur (d.h. der Renaissancehof und der Renaissancefürst) bzw. die bildende Kunst, und dieser einerseits anthropologische, andererseits kulturhistorische Fokus ist dem Begriff (wenn auch mit sozialhistorischer Ausweitung durch Peter Burke, 1972) bis heute erhalten geblieben, zumal die Literaturgeschichtsschreibung für vergleichbare Phänomene im selben Zeitraum (wiewohl mit explizitem Bezug auf die Antikenrezeption) den Begriff ›Humanismus‹ bevorzugt. Bei Burckhardt ist die Musik noch ganz ausgespart; gleichwohl lag es angesichts des Universalitätsanspruchs des Renaissancegedankens nahe, auch die Musik unter diesem Gesichtspunkt zu sehen. Bereits 1868 publiziert August Wilhelm Ambros den dritten Band seiner Musikgeschichte als *Musik im Zeitalter der Renaissance*. Da der Musik die unmittelbaren antiken Quellen fehlten (anders als der Musiktheorie, deren humanistische Tendenzen im 15. und 16. Jahrhundert ebenso offenkundig wie wohlerforscht sind), standen hierbei von Anfang an die Aspekte des Kontextes (d.h. der Hofkultur), des Menschenbildes sowie der vermeintlich die Künste der Epoche einenden Stilelemente (Sinnlichkeit, Klarheit, ›Rhetorik‹) im Vordergrund.

Umstritten war hierbei immer die chronologische Eingrenzung der musikalischen Renaissance. Der Stilwandel um 1600 ist trotz aller Vorläufer und Übergänge hinreichend evident, um eine Epochenwende zu markieren (wiewohl ›Barock‹ ein noch problematischerer Begriff als ›Renaissance‹ ist), wenn auch paradoxerweise gerade im ästhetischen Diskurs um Monodie und frühe Oper der Antikenbezug (und damit ein Element von ›Humanismus‹ oder ›Renaissance‹) evident wird wie kaum zuvor. Mehr Probleme bereitet der Anfang. Gemeinhin wird hier Johannes ▸ Tinctoris als epochemachend angesehen, der in seinem *Proportionale musices* (um 1473) im Schaffen John ▸ Dunstaples, Guillaume ▸ Dufays und Gilles ▸ Binchois' eine ›ars nova‹ – eine ›neue Kunst‹ – sah, deren Beginn demnach um 1420–1430 anzusetzen wäre. Auch der Schriftsteller Martin Le Franc sah in der Musik von Dufay und Binchois eine neue Kunst, die auf die ▸ Contenance angloise Dunstaples zurückgehe (*Le champion des dames*, 1438–1442). Weder Tinctoris noch Le Franc gelang es allerdings, diesen Zeitpunkt im Bewusstsein nachfolgender Generationen zu verankern – im Unterschied etwa zur Kunstgeschichte, wo schon seit Vasari zumindest für Italien Giotto und Cimabue als Gründerväter der Renaissance feststanden. Einem generationsübergreifenden Epochenmodell stand die Tatsache entgegen, dass ältere Musik rasch außer Gebrauch und damit in Vergessenheit geriet – anders als bildende Kunst, die man auch nach Jahrhunderten noch anschauen konnte. So liegt für die zeitgenössischen Historiographen der Beginn einer für die Gegenwart relevanten ›ars nova‹ konstant etwa 30–50 Jahre zurück: Um die Mitte des 15. Jahrhunderts ist Francesco Landini für Cristoforo ▸ Landino der Begründer der neuen Musik (damit sogar die traditionelle Epochenscheide um 1400/1430 überbrückend); ▸ Josquin Desprez nimmt diese Position für Heinrich ▸ Glarean (1547), Heinrich ▸ Finck (1556), Cosimo Bartoli (1567) u.a. ein, Adrian ▸ Willaert für Gioseffo ▸ Zarlino (1558), und schließlich Cipriano de ▸ Rore für Giulio Cesare ▸ Monteverdi (1607). Die Perspektive ist somit nicht die eines festen Zeitraums, sondern die eines permanenten Wandels. Und Wandel (in der Musik wie anderswo) ist ein Konzept, das auch dem Mittelalter vertraut war.

Dennoch hatten die Musiker und Komponisten an der Kultur der Renaissance teil, wiewohl nicht im selben Maße wie Literaten und Künstler, da sie nur in Ausnahmefällen einen Universitätsabschluss besaßen und somit nicht Teil der höfischen oder städtischen Bildungselite waren; sie waren als ›musici‹ zuallererst Bedienstete, nicht Gesprächspartner, zumal sie meist als (geistliche) Kapellsänger einer Institution angehörten, die zeremoniell zwar äußerst wichtig war, die aber doch – im positiven wie negativen Sinne – ihren eigenen Regeln gehorchte. Bedeutende Ausnahmen sind gleichwohl etwa der zum Dichter gekrönte Francesco Landini, Heinrich ▸ Isaac (an den Höfen der ▸ Medici und ▸ Maximilians I.) sowie Philipp ▸ Verdelot im Florenz der 1520er Jahre. Das seit dem späten 14. Jahrhundert sich immer weiter steigernde Selbstbewusstsein der Komponisten als künstlerisch tätige Individuen – implizit fassbar in der zunehmenden Nennung von Komponistennamen in Handschriften ab dem 14. Jahrhundert sowie in der Diskussion von ›Personalstilen‹ (etwa bei Tinctoris und später bei Finck und Glarean), explizit zuerst um 1500 in der Benennung von Isaac bzw. Josquin als ›compositor‹ (im Unterschied zu ›musicus‹ oder ›cantor‹) – mag ebenfalls als Phänomen der Renaissance im Sinne Burckhardts zu verstehen sein. Dasselbe gilt für das von Plato übernommene Konzept des göttlich inspirierten Künstlergenies, das bei Tinctoris, Pietro ▶ Aaron, Giovanni ▶ Spataro, Glarean u.a. auch explizit auf den Komponisten übertragen wird. Hand in Hand damit geht ein stärker zugespitzter Textbegriff: Nicolaus ▶ Listenius' »opus perfectum et absolutum« (1537) ist zwar nicht das ›Werk‹ im emphatischen Sinne des 19. Jahrhunderts, aber doch im Sinne einer ▶ Musica poetica, eines vom Komponisten als einer in sich abgeschlossenen, für die Nachwelt aufgezeichneten und somit kontextunabhängig reproduzierbaren Komposition. Bezeichnenderweise fällt in dieselbe Zeit die Entwicklung des Musikdrucks (seit 1501) und damit die Möglichkeit einer weiten Verbreitung von mehrstimmiger Musik, die auch die tendenziell introvertierten Überlieferungsmuster der Hofkapellen endgültig aufbricht.

Damit verbunden ist die Aufwertung der Musik im System der Künste: Wo sie in der traditionellen Musiktheorie (und als solche bis ins 16. Jahrhundert hinein) im System der ▶ Artes liberales als Teil des ▶ Quadriviums galt (d.h. zu den mathematischen Disziplinen zählte), wurde sie nunmehr der Dichtung und der Rhetorik an die Seite gestellt, hatte wie diese Teil am Konzept der Mimesis oder ▶ Imitatio (d.h. der Nachahmung externer wie interner Impulse – die Natur, menschliche Emotionen, andere Kompositionen etc.) und wurde wie diese an ihrem ›Inhalt‹ gemessen bzw. daran, wie effektiv und adäquat sie diesen Inhalt kommunizierte. Der Hörer und sein Verständnis (und damit im übertragenen Sinne die Öffentlichkeit, das Publikum) stehen im Mittelpunkt der Bewertung von Musik – Interesse und Abwechslungsreichtum (Varietas ▶ Variation) werden damit zu relevanten Kategorien.

Analog hierzu hat die traditionelle Musikgeschichtsschreibung einen Kontrast zwischen dem ›mathematischen‹ (d.h. komplexen, dichten, scholastischen, introvertierten, ›gotischen‹, ›nordischen‹, ›dunklen‹) Mittelalter und der ›sinnlichen‹ (d.h. schlichten, rhetorischen, extrovertierten, verständlichen, deklamatorischen, ›südlichen‹, ›hellen‹) Renaissance konstruiert; als musikalische Kriterien der letzteren werden der konsonanzenreiche, »euphonische« Kontrapunkt (Besseler), die Integration des musikalischen Satzes (simultane Konzeption der Stimmen, Durchimitation) sowie ein unmittelbar beim Hören nachvollziehbarer ›rhetorischer‹ Verlauf (Rationalisierung von Dissonanz und Konsonanz sowie klare Kadenzen, textgenerierte Abschnittsbildung, ab dem 16. Jahrhundert auch gestisch-›lautmalerische‹ Umsetzung des Textinhaltes). Vor allem letzteres, d.h. die adäquate, unmittelbar verständliche Textvertonung wird zum Hauptkriterium einer ›renaissancehaften‹ Komposition erhoben: »Die Musiker des Mittelalters hatten keine unmittelbare Beziehung zu ihren Texten gehabt; das Verhältnis zwischen Wort und Ton war indifferent geblieben [...] Aber schon Ockeghem, noch mehr Josquin und erst recht alle Späteren nehmen eine ganz entgegengesetzte Stellung zum Wort ein: die Musik entsteht aus dem Wort als ›imitazione della parola‹, wird zum Quell der Musik, zur ›cosa principale‹ der Komposition« (Blume, 1963).

Dieser extreme Kontrast ist jedoch in vieler Hinsicht nicht aufrecht zu erhalten – weder die Musik des 15. und 16. Jahrhunderts noch die des ›Mittelalters‹ ist für solche Verallgemeinerungen einheitlich genug. Im gesamten fraglichen Zeitraum wurde nördlich wie südlich der Alpen extrem dichte, kontrapunktische Musik ebenso wie extrem klare, deklamatorische Musik komponiert (was auch den mit dem Kontrast Mittelalter gegen Renaissance verwandten Kontrast ›Niederländer‹/ ›Frankoflamen‹ gegen Italiener fragwürdig erscheinen lässt). Die mehrstimmige Musik bis ins frühe 15. Jahrhundert ist auch keineswegs so textfern, wie dies oft behauptet wird – im Gegenteil macht die isorhythmische Struktur der geistlichen Musik die fast immer deckungsgleiche Textstruktur sehr deutlich hörbar, ganz zu schweigen von den unmittelbar textgebundenen ▸ Formes fixes der weltlichen Dichtung und den Gattungen der ›einfachen Mehrstimmigkeit‹ (Choralharmonisierungen, ▸ Carols, Lieder), denen über alle vermeintlichen Epochengrenzen hinweg eine geradezu humanistische Klarheit der Deklamation und Klanglichkeit eigen ist. Und die Umsetzung des Worttextes, sowohl im Sinne von Textverständlichkeit als auch im Sinne des emotionalen Kommunikationspotential von Musik, ist – im positiven wie negativen Sinne – von Augustinus bis zum Konzil von Trient und darüber hinaus konstanter Gegenstand der theologischen Betrachtung von Musik. Wie in allen anderen Disziplinen stellt sich auch für die Musik heraus, dass die ›Renaissance‹ zwar andere Akzente setzt als das ›Mittelalter‹, dass aber die Vehemenz, mit der diese Akzentverschiebung schon von den Zeitgenossen als Paradigmenwechsel, als ›Neubeginn‹ propagiert wurde, einer neutralen Überprüfung kaum standhält, zumal in einer Zeit, in der der Begriff auch von der Geschichts- und Kulturwissenschaft in eine Vielzahl von ›Renaissancen‹ (etwa die ›karolingische Renaissance‹ des 8./9. Jahrhunderts) und ›Proto-Renaissancen‹ aufgefächert worden ist. Als Verständigungsbegriff für ein Konglomerat von Kompositionsstilen, die dadurch, dass sie sich in einem bestimmten sozialen und intellektuellen Kontext entfalteten, doch eine gewisse Kohärenz erlangten, bleibt die Vorstellung einer »Musik im Zeitalter der Renaissance« – im Gegensatz zum Postulat einer ›Renaissance-Musik‹, wovor schon Ambros und zuletzt Leeman L. Perkins (1999) zurückscheuten – dennoch nützlich.

Literatur:
J. Burckhardt, *Die Kultur der Renaissance in Italien. Ein Versuch*, Basel 1860 (Stuttgart 1988) • W. Ambros, *Geschichte der Musik im Zeitalter der Renaissance bis zu Palestrina* (Geschichte der Musik, Bd. 3), Breslau 1868 • J. Huizinga, *Herbst des Mittelalters*, München 1924, Neuauflage Stuttgart 1975 • H. Besseler, *Bourdon und Fauxbourdon*, Leipzig 1950 • E.E. Lowinsky, *Music in the Culture of the Renaissance*, in: Journal of the History of Ideas 15 (1954), S. 509–553 • Fr. Blume, *Renaissance*, in: *MGG*, Bd. 11, 1963, Sp. 224–291 • A. Buck (Hrsg.), *Zu Begriff und Problem der Renaissance*, Darmstadt 1969 • P.O. Kristeller, *Humanismus und Renaissance*, 2 Bde., München 1974–1976 • C.V. Palisca, *Humanism in Italian Renaissance Musical Thought*, New Haven/London 1985 • P. Burke, *The Italian Renaissance. Culture and Society in Italy*, Cambridge ²1986 • L. Finscher, *Die Musik des 15. und 16. Jahrhunderts* (Neues Handbuch der Musikwissenschaft 3), Laaber 1989, S. 1–22 • J.A. Owens, *Music Historiography and the Definition of »Renaissance«*, in: Notes 47 (1990), S. 305–330 • R. Strohm, *The Rise of European Music, 1380–1500*, Cambridge 1993 • L. Lütteken, *Renaissance*, in: *MGG²*, Bd. 8 (Sachteil), 1998, Sp. 143–156 • L. L. Perkins, *Music in the Age of the Renaissance*, New York und London 1999 • R. Strohm, *Music, Humanism, and the Idea of a ›Rebirth‹ of the Arts*, in: *Music as Concept and Practice in the Late Middle Ages* (New Oxford History of Music 3/1), Oxford 2001, S. 346–405 • R. C. Wegman, *Johannes Tinctoris and the ›New Art‹*, in: Music & Letters 84 (2003), S. 171–188.

TSB

Rener, Adam [Adam von Lüttich]
* um 1485 in Lüttich, † 1520 Altenburg (?)

Der Komponist Rener war um 1498 Chorknabe am Hof ▸ Maximilians I. Nach einem Aufenthalt in Burgund ab 1500 befand er sich 1503 wieder am habsburgischen Hof als Komponist. 1507–1520 war er Sänger und Komponist am Hof des sächsischen Kurfürsten Friedrich des Weisen in Torgau, wahrscheinlich als Nachfolger von ▸ Adam von Fulda, der 1505 starb.

Reners Bedeutung für die Kapelle ▸ Friedrichs des Weisen besteht zum einen im Transfer frankoflämischer Musik in den deutschen Sprachbereich – er wirkte wie auch Heinrich ▸ Isaac als einer der ersten frankoflämischen Komponisten an einem deutschen Hof – und zum anderen in der Anlage eines umfangreichen Repertoire an liturgischer Musik (Jenaer Chorbücher), wodurch die sächsische Kapelle zu einem wichtigen musikalischen Zentrum wurde. Welchen Anteil seine eigenen Kompositionen in dem überwiegend anonym überlieferten Repertoire ausmachen, steht nicht fest. Unter den namentlich verzeichneten befinden sich Messordinarien (▸ Messe) und Propriumsvertonungen (siehe Heidrich S. 313–318), weitere können ihm zugeschrieben werden; überliefert sind auch ein ▸ Magnificat-Zyklus sowie einige deutsche Lieder. Sein kompositorisches Œuvre, das auf frankoflämischen und deutschen Traditionen beruht, bedarf noch der detaillierteren Erforschung.

Ausgaben:
R.L. Parker, *Adam Rener: Gesamtausgabe*, 2 Bde., Brooklyn/New York 1964–1976.

Literatur:
J. Heidrich, *Die deutschen Chorbücher aus der Hofkapelle Friedrichs des Weisen. Ein Beitrag zur mitteldeutschen geistlichen Musikpraxis um 1500*, Baden-Baden 1993 • M. Staehelin / C. Gottwald, *Rener*, in: *Grove*, Bd. 21, 2001, S. 188.

ES

Reprisenmotette

Die vor allem im mittleren bis späten 16. Jahrhundert verbreitete Rperisenmotette ist dadurch charakterisiert, dass ein Formabschnitt refrain- oder reprisenartig wiederkehrt, fast immer zweiteilig in der Form AB|CB'. Seinen Ausgang nimmt der Typus wahrscheinlich bei den im 16. Jahrhundert verstärkt aufkommenden motettischen Vertonungen von Responsorien, in denen die entsprechende Struktur liturgisch vorgegeben ist (vor allem bei Jacobus ▸ Clemens non Papa und Nicolas ▸ Gombert); möglich ist auch ein Einfluss der zeitgenössischen mehrstimmigen Chanson. Der offensichtliche Wunsch nach formaler Abrundung führte aber zur Komposition ›künstlicher‹ Reprisenmotetten auch dort, wo der Text dies nicht vorgab, z.B. durch das Anhängen eines ▸ Alleluia an beide Teile.

Literatur:
A. Laubenthal, *Choralbearbeitung und freie Motette*, in: *Die Musik des 15. und 16. Jahrhunderts* (Neues Handbuch der Musikwissenschaft 3), hrsg. von L. Finscher, Laaber 1989, S. 325–366.

TSB

Requiem

Die musikalische Totenmesse, auch als *Missa pro defunctis* bezeichnet, erhält ihren Namen von den Eröffnungsworten des Introitus. Damit wird deutlich, dass nicht nur Teile des Ordinariums (Kyrie, Sanctus, Agnus Dei), sondern auch ein Proprium zu singen ist, dessen Texte den Charakter der Messe dominieren (Graduale, Tractus, Sequenz, Offertorium, Communio; selten Libera me). Das Requiem stellt somit eine Sonderform der Plenarmesse dar, die am Tag der Beerdigung, Gedenk- oder Jahrestagen, sowie am 2. November (Allerseelen) gesungen wurde.

Graduale und Traktus folgen bis in die zweite Hälfte des 16. Jahrhunderts in ihrer Textwahl entweder dem ▸ Sarum Rite (v.a. Île de France und Nordfrankreich) oder den italienischen bzw. spanischen Liturgien, wobei sich vereinzelt lokale Unterschiede konstatieren lassen. Die heute bekannte Textform des Requiems wies vor dem 15. Jahrhundert erhebliche regionale Unterschiede auf und schlug sich in zwei Traditionen (dem sogenannten Sarum Rite und dem römischen Ritus) nieder; schließlich wurde sie durch das Konzil von Trient verbindlich festgelegt.

Für die Komponisten, die ihre Werke oft für eine alternatim-Aufführung konzipierten und auf dem gregorianischen Cantus firmus aufbauten (Charakterisierung der einzelnen Sätze durch äußere Faktoren wie Modus etc.), stellte sich das Problem einer Verknüpfung der von der Kirche geforderten liturgischen Zurückhaltung einerseits und der musikalischen Umsetzung der von den Texten evozierten Bilder und des Ausdrucks starker Trauer andererseits. Dementsprechend wurde oftmals eine einfache texthaft-deklamierende Satzweise in großen Notenwerten zum Ausdruck eines feierlichen Ernstes dem imitativen kunstvollen Kontrapunkt vorgezogen.

Erste mehrstimmige Kompositionen stammen von Guillaume ▸ Dufay (kopiert 1470/1471, verschollen), Johannes ▸ Ockeghem (1497), Antoine de ▸ Févin und Pierre de la ▸ Rue. Ein frühes Beispiel der Vertonung des römischen Ritus stellt das Requiem von Antoine ▸ Brumel dar. Es enthält zwar kein Offertorium, dafür aber als erstes Requiem auch eine Alternatimvertonung der Sequenz *Dies irae*.

Die überschaubare Überlieferung mehrstimmiger Requiemvertonungen während der ersten Hälfte des 16. Jahrhunderts lässt ein anfängliches zögerliches Interesse an dieser Gattung erkennen. Durch die starke Nähe zur Liturgie, die dem einstimmigen Choralgesang eine größere Dignität beimaß, kann die Aufführung eines polyphonen Requiems zunächst in einem besonderen Rahmen (etwa bei Stiftungen, Jahrestagen oder Treffen des Ordens vom Goldenen Vlies) vermutet werden, bevor man in der zweiten Jahrhunderthälfte dazu überging, auch bei Herrscherbegräbnissen die Messen mehrstimmig zu gestalten.

Da vor dem Tridentinum verschiedene Liturgien und somit unterschiedliche Texte und Textgattungen in Gebrauch waren, ist eine allgemeine Darstellung der Requiemvertonung vor dieser Zeit schwierig. Zu konstatieren bleibt eine durch ihre Funktionalität als Totenmesse definierte Gattung, deren Vertreter sich durch eine zweckgerechte Mannigfaltigkeit auszeichnet (höfische Beerdigungsmusik, Memorialwerk, Zyklus, Einzelsatz, etc.).

Literatur:
L. Finscher, *Die Messe als Musikalisches Kunstwerk: Die Totenmesse*, in: *Die Musik des 15. und 16. Jahrhunderts* (Neues Handbuch der Musikwissenschaft 3,2), hrsg. von Dems., Laaber 1990, S. 404–414 • B. Haggh, *The Meeting of Sacred Ritual and Secular Piety, Endowments for Music*, in: *Companion to Medieval and Renaissance Music*, hrsg. von T. Knighton und D. Fallows, London 1992, S. 60–68 • F. Körndle, *Das Musikalische Ordinarium Missae nach 1400: Das Requiem als Sonderform der Plenarmesse*, in: *Messe und Motette* (Handbuch der musikalischen Gattungen 9), hrsg. von H. Leuchtmann und S. Mauser, Laaber 1998, S. 182–185 • U. Reichert, *Requiem*, in: *Messe und Motette*, hrsg. von L. Lütteken, Kassel u.a. 2002, S. 83–96, 113 • St. Gasch, *Tod und Musik – Mehrstimmige Trauermusik des 15. und 16. Jahrhunderts*, in: *Freund Hein? Tod und Ritual* (Querschnitte 22), hrsg. von W. Hameter, M. Niederkorn und M. Scheutz, Wien u.a. 2007, S. 224–252.

SG

Reson, Johannes
fl. 1420er und 1430er Jahre

Reson war Komponist möglicherweise französischer Abstammung, evtl. identisch mit dem im Frühjahr 1431 an der Kathedrale von Siena geführten »Ser Giovanni Ragione, cantore«.

Er komponierte einen der ersten polyphonen Messzyklen (▸ Messe). Auch wenn die fünf Sätze nicht zusammenhängend überliefert sind und nur das Kyrie unter Resons Namen, sprechen nach Charles Hamm stilistische Kriterien deutlich für eine gemeinsame Konzeption. Insgesamt sind von Reson zwölf Werke erhalten, neben dieser Messe und einigen ▸ Motetten auch zwei ▸ Rondeaux in französischer Sprache. Einige von ihnen, insbesondere ein zweistimmiges *Ave verum corpus*, weisen auf italienischen Einfluss hin. Die Messe ist im wesentlichen in einem für die 1420er Jahre typischen, leicht fasslichen, etwas diskantbetonten Stil komponiert. Auch das Rondeau *Ce rondelet* und das in seiner polyphonen Anlage ehrgeizigere und später anzusetzende *Il est temps* weisen auf eine Entstehung während der ersten Jahrzehnte des 15. Jahrhunderts hin. Ist der Text von *Il est temps* autobiographisch zu verstehen, so ist ihm zu entnehmen, dass Reson außerhalb seines Heimatlandes gewirkt hat, nie als Hofmusiker angestellt war, und ihm finanzieller Erfolg offensichtlich verwehrt blieb.

Ausgaben:
Early Fifteenth Century Music II, hrsg. von G. Reaney, Haarlem 1959 (Corpus mensurabilis musicae 11/II); *Il codice musicale 2216 della Biblioteca Universitaria di Bologna*, hrsg. von F.A. Gallo, Bologna 1968–1970 (Monumenta Lyrica Medii Aevi Italica III/3).

Literatur:
Ch. Hamm, *The Reson Mass*, in: Journal of the American Musicological Society 18 (1965), S. 5–21 • F.A. D'Accone, *The Civic Muse: Music and Musicians in Siena during the Middle Ages and Renaissance*, Chicago 1997 • D. Fallows, *A Catalogue of Polyphonic Songs, 1415-1480*, Oxford 1999 • G. Boone, *Reson*, in: *MGG²*, Bd. 13 (Personenteil), 2005, Sp. 1566f.
SF

Responsorium

Das Responsorium ist ein liturgischer Gesang, der auf dem Wechsel von Responsum (Antwort, vom Chor vorgetragen) und Vers (vom Solisten vorgetragen) besteht. Es hat seinen liturgischen Ort nach den Lesungen, in der Messe nach der ersten Lesung (Graduale), in den Stundengebeten Laudes und Vesper nach den Kurzlesungen (kurze Responsorien), in den Nokturnen nach den ausführlichen Lesungen (Responsorium prolixum). Zugrunde liegen Psalmtexte. – Die Verse wurden schon früh mehrstimmig improvisiert (ein zweiter Kantor sang eine zweite Stimme hinzu) und dann auch komponiert (11. Jahrhundert). Die musikgeschichtlich bedeutsamen, komplex komponierten Notre-Dame-Organi (Graduale) bilden einen Höhepunkt des mehrstimmigen Responsoriums. Verlegte sich mehrstimmiges Komponieren in der Folgezeit vom Proprium auf das Ordinarium missae, so gewinnen mehrstimmige Vertonungen (von Responsorium und Vers) seit dem Ende des 15. und im 16. Jahrhundert in England wieder an Bedeutung mit Kompositionen von Thomas ▸ Tallis und John ▸ Sheppard; im späteren 16. Jahrhundert, erstmals bei John ▸ Taverner, wird der herkömmliche responsoriale Wechsel zugunsten der einstimmigen Intonation von Responsum und Vers und anschließender mehrstimmiger Komposition aufgegeben. Im deutschen Sprachbereich sind die Publikationen Georg ▸ Rhaus für den evangelischen Gottesdienst mit 80 mehrstimmigen lateinischen Responsoria prolixa von Balthasar Resinarius hervorzuheben, die allerdings eine Ausnahme darstellen (zum Gebrauch nicht in den Nokturnen, sondern in der Vesper). In deutschen Quellen des 15. Jahrhunderts wurden über 1000 mehrstimmige Responsoriumsvertonungen nachgewiesen, die eine Spannweite von ganz auf den liturgischen Gebrauch orientierten Vertonungen bis zu anspruchsvollen Kompositionen aufweisen, die sich von der liturgischen Funktion lösen (siehe Schwemer). In der zweiten Hälfte des 16. Jahrhunderts entwickelte sich im katholischen Bereich eine eigene Tradition der Weihnachts- und insbesondere Karwochenresponsorien, zu deren Repertoire Tomás Luis da ▸ Victoria (*Officium hebdomadae sanctae*, 1585), Marc' Antonio ▸ Ingegneri (*Responsoria hebdomadae sanctae*, 1588) und Carlo ▸ Gesualdo (*Responsoria*, 1611) beitrugen (siehe Toscano). – Die Wechselwirkung der liturgischen Gattung Responsorium mit der paraliturgischen der ▶ Psalmmotette, insbesondere der Einfluss des Responsoriums auf die ▶ Motette hinsichtlich des formalen Wechsels von Solo- und Chorteilen, ist noch wenig erforscht.

Literatur:
D. Hiley, *Responsorium. VIII. Mehrstimmige Vertonungen*, in: *MGG*², Bd. 8 (Sachteil), 1998, Sp. 193–200 • B. Schwemer, *Mehrstimmige Responsorienvertonungen in deutschen Quellen des 15. und 16. Jahrhunderts*, 2 Bde., Augsburg 1998 • M.M. Toscano, *Manierismo inquieto: os responsôrios de Semana Santa de Carlo Gesualdo*, Lissabon 2007.

Reusch, Johann
* um 1525 Rodach bei Coburg, † 27.2.1582 Wurzen bei Leipzig

Der Komponist, Kantor, Rektor und Kanzler Reusch gehört zusammen mit Thomas ▶ Stoltzer zu den ersten, die deutschsprachige Motetten komponierten. – Im Alter von etwa 10 Jahren hatte er Unterricht bei Heinrich ▶ Faber an der Klosterschule St. Georgen in Naumburg, wurde 1543 an der Wittenberger Universität immatrikuliert, 1544 zum Baccalaureus und 1551 zum Magister promoviert. Er war zwischen 1545 und 1555 Kantor an der Stadtschule in Meißen (1545–1547 sowie 1548–1555) und der Fürstenschule St. Afra (1547/1548). 1555 begann seine politische Karriere zunächst als Kanzler des letzten katholischen, erst 1579 konvertierenden Bischofs von Meißen, dann als Domdechant von Wurzen. Er hat seitdem nicht mehr komponiert. Reusch stand Philipp ▶ Melanchthon nahe, der ein Vorwort zu seinen deutschsprachigen Motetten verfasste, und gehörte in den innerevangelischen Auseinandersetzungen in Wittenberg zu den ›Philippisten‹.

Die deutschsprachigen Motetten *Zehen deudscher Psalm Davids* von Reusch setzen den Motettenstil fort, wie er von den meisten deutschen Komponisten in der frühen Reformationszeit gepflegt wurde: Sie knüpfen an die frankoflämische Polyphonie an, der Satz ist jedoch nicht streng durchimitiert (vgl. Thomas ▶ Stoltzer, Valentin ▶ Rab, Johann ▶ Knöfel, Johannes ▶ Galliculus, Sixtus ▶ Dietrich, Gallus ▶ Dressler). Die Odenkompositionen nach Georg Fabricius, dem mit ihm befreundeten Rektor der Stadtschule in Meissen, bezeugen seine humanistische Bildung, er verweist auf Texte aus Vergils *Aeneis*, die auf seine Sätze ebenso gesungen werden können. Die *Epitaphia Rhavorum* sind Gedenkmotetten für den Drucker Georg ▶ Rhau. Seine theoretische Schrift, *Elementae musicae practicae* (1553) ist für den Anfängerunterricht in der Schule gedacht und am *Compendiolum musicae* (1551) seines Lehrers Faber orientiert.

Ausgaben:
Epitaphia Rhavorum, Wittenberg 1550; *Zehen deutscher Psalm Davids*, ebd. 1551; *Carminum nuptialium Lib. 1*, Leipzig 1553; *Elementae musicae practicae pro incipientibus*, ebd. 1553; *Melodiae odarum Georgii Fabricii*, ebd. 1554 (daraus 16 Odenmelodien unter dem Namen Statius Olthoff und 4 Melodien zu Horaz-Oden in: Vierteljahreszeitschrift für Musikwissenschaft 5 (1889), S. 290ff); 3 Motetten, in: Handbuch der deutschen evangelischen Kirchenmusik Bd. 2/1, Göttingen 1935).

Literatur:
J. Heidrich, *Musik und Humanismus an der Fürstenschule St. Afra zu Meissen im 16. Jahrhundert*, in: *Festschrift M. Staehelin*, hrsg. von U. Konrad, Göttingen 2002, S. 97–109 • J.H. Müller, *Der Komponist als Prediger. Die deutsche evangelisch-lutherische Motette als Zeugnis von Verkündigung und Auslegung vom Reformationsalter bis in die Gegenwart*, Diss. Univ. Oldenburg 2003 • W. Steude, *Reusch*, in: *MGG*², Bd. 13 (Personenteil), 2005, Sp. 1482–1583 • H. Vogt, *Reusch*, in: Biographisch-Bibliographisches Kirchenlexikon, Bd. 29, 2008 (Internetseite).

ES

Rezeption der Renaissance

Bereits die Bezeichnung der Epoche als Renaissance ist das Resultat spezifischer Rezeptionsbedingungen, denn der Umstand, dass nicht das italienische Wort ›Rinascimento‹ zum Epochenbegriff geworden ist, erklärt sich aus der verhältnismäßig spät einsetzenden Erforschung dieses Zeitraums, die von Frankreich ausging. Eingebürgert hat sich der Begriff erst durch Jules Michelet (*Histoire de France au XVIe siècle*, 1855) und vor allem durch Jacob Burckhardt (*Die Kultur der Renaissance in Italien*, 1860). Die Rezeption der Arbeit Burckhardts hat insbesondere im deutschsprachigen Raum maßgeblich zu einer langfristigen, nicht immer glücklichen Verengung der musikgeschichtlichen Renaissanceforschung auf Italien geführt, die in eklatantem Widerspruch zur Dominanz der frankoflämischen Komponisten und der Wichtigkeit von Entwicklungen in England, Spanien und anderen Ländern steht. Als musikhistorische Epochenbezeichnung, die das 15. und 16. Jahrhundert umschließt, wird der Begriff zwar vielfach verwendet, war und ist aber sowohl inhaltlich als auch methodisch umstritten. Dies hängt nicht zuletzt mit seiner eindeutig kulturgeschichtlichen Prägung zusammen, die primär auf die bildende Kunst Italiens in diesem Zeitraum beschränkt blieb. In Parallele zu kulturgeschichtlichen Epochenkonzepten wurde der Begriff Renaissance für die Musikgeschichte zwischen etwa 1420 und 1600 verwendet. Ludwig Finscher (1989) hat für die Trennung und Unterscheidung einer mit den Tendenzen der Renaissance verbundenen musikalischen Ideengeschichte von der Kompositionsgeschichte plädiert. Lange Zeit war die Rezeption der Musik vor 1600 bestimmt von der Vorstellung, dass es sich vor allem um Kirchenkunst gehandelt habe. Hierzu gehört die kunstreligiöse Aura, mit der diese Musik versehen wurde. Dass die sogenannte alte Musik zur Projektionsfläche für die Wünsche und Sehnsüchte des eigenen Zeitalters wurde, bildet ein Kernproblem des Historismus des 19. Jahrhunderts. Die Anfänge der Entdeckung und Erforschung der Musik des 15. und 16. Jahrhunderts sind untrennbar mit den Anfängen des Historismus und der Nationalromantik in West- und Mitteleuropa verbunden. Was die Modernität nicht zu bieten vermochte, suchte und fand man in der Historie. Die Rezeption der Renaissancemusik beginnt aber bereits dort, wo die alte Musik der neuen Musik bewusst gegenüber gestellt wird. Wohl eines der ersten Dokumente hierfür wäre demnach das Nachwort von Claudio ▸ Monteverdis fünftem Madrigalbuch aus dem Jahre 1605. Mit dem Beginn der Dichotomie von ›Prima‹ und ›Seconda prattica‹, dem Aufkommen des primär wortgezeugten musikalischen Stils, datiert die Rezeption der Renaissancemusik unter den Vorzeichen einer vergangenen Epoche und endet die Primärrezeption. Als Lehrgegenstand überdauerte der ›Stile antico‹, die strenge Kontrapunktik des 15. und 16. Jahrhunderts, bis in die Hochschulausbildung unserer Tage. Sowohl im Aufbau der Kontrapunktlehre wie in der kirchenmusikalischen Praxis wurde der zum System erstarrte Stile antico zu einem Restbestand, dessen Bewältigung für jede Generation eine neue Aufgabe bedeutete. Hierdurch verfestigte sich schon vor der romantischen Restauration das Bild der alten Musik als einer Kirchenkunst, welches die Gesamtheit der musikalischen Erscheinungen der Epoche vergessen oder ausgeblendet hatte. Andererseits bildete die Fortdauer der alten Musik im Medium des Stile anticos die Voraussetzung einer jederzeitigen Renaissance der alten Musik, da deren technische Grundlage sowohl in archaisierenden Stilkopien als in den mannigfachen Kompromißformen des ›Stile misto‹ unausgesetzt wirksam blieb. Wiederum war es Monteverdi selbst, der in seiner sechsstimmigen Messe auf der Grundlage einer Motette von Nicolas ▸ Gombert von 1610 das Beispiel einer gleichsam retrospektiven Verwendung der alten Mittel gab und diese somit zugleich als alt im Sinne von nicht mehr zur eigenen Gegenwart gehörig herausstellte. Bezeichnend ist hierbei die Wahl einer Motette Gomberts, denn je mehr das 16. Jahrhundert nicht mehr ästhetische Gegenwart war, sondern historische Materie wurde, um so entschiedener trat an die Stelle der frankoflämischen Komponisten die italienischen Kirchenmusik, mit Giovanni Pierluigi da ▸ Palestrina an der Spitze. Im Wunsch Heinrich Schützens nach einer Sterbemotette im »praenestinischen Contrapunktstyl« und des Auftretens Palestrinas in den Dialogen des *Gradus ad parnassum* von Johann Joseph Fux kündigt sich bereits die zu Beginn des 19. Jahrhunderts vollzogene symbolische Überhöhung Palestrinas zum Hauptrepräsentanten alter Musik an. Teil dieses Prozesses war sicher der Mythos von der Rettung der Kirchenmusik durch Palestrina auf dem ▸ Konzil von Trient. Die Akzentverschiebung von der Musik der frankoflämischen Komponisten zu der Palestrinas und seiner Schüler hat die geschichtliche Erkenntnis der Musik des 15. und 16. Jahrhunderts stark beeinflusst. Nahezu im gesamten 18. und 19. Jahrhundert prägte Palestrina die Auffassungen von wahrer Kirchenmusik. Jenseits der späteren kirchenmusikalischen Restaurationsbewegungen wurzelte die romantische Auffassung der alten Musik im romantischen Gesamterlebnis der Musik. Die frühromantischen Dichter, für die nur Heinrich Wackenroder und Ernst Theodor Amadeus Hoffmann stellvertretend genannt seien, entdeckten den romantischen Symbolwert der reinen Vokalmusik. In der Schrift des Heidelberger Juristen Anton Friedrich Justus Thibaut *Über Reinheit der Tonkunst* (1824 zuerst anonym erschienen) fanden die neuen Begriffe von der Würde und der kultischen Funktion der alten Kirchenmusik ihren gleichsam typischen Ausdruck, der mit dazu beitrug, dass die Schrift während des gesamten Jahrhunderts und darüber hinaus immer wieder aufgelegt wurde und eine enorme Verbreitung fand. Thibauts schriftstellerische Bemühungen korrespondierten mit seinen praktischen Bemühungen um die alte Musik in seinem Heidelberger Singkreis (seit 1814 belegt). In Wien wurden bei Konzerten im Hause Raphael Georg Kiesewetters ab 1816 reine Palestrina-Programme aufgeführt. Kiesewetters einflussreichstes Werk wurde seine Schrift *Die Verdienste der Niederländer um die Tonkunst* (1826), wodurch das folgenreiche historische Modell der ›Niederländischen Schulen‹ ins Leben gerufen wurde, das die Musikgeschichtsschreibung lange beschäftigte. Vermittels des historisch unzutreffenden Konzepts von der ›Niederländischen Schule‹ wurde jedoch ein neuer Ansatz gewonnen, durch den überhaupt erst eine Vorstellung von der Leistung der nördlich der Alpen geborenen Komponisten möglich wurde. Auf den Forschungen von Kiesewetter, François-Joseph Fétis, Giuseppe Baini und Carl von Winterfeld aufbauend, entstand mit August Wilhelm Ambros' *Geschichte der Musik im Zeitalter der Renaissance* (1868) die erste Darstellung der Musik des 15. und 16. Jahrhunderts als einer Epoche.

Die Entstehung der Singakademien im 18. Jahrhundert ist ein wichtiger Teil der Rezeptionsgeschichte der alten Musik, auch wenn sich die Akademien keineswegs nur oder primär der Musik des 15. und 16. Jahrhunderts widmeten und als Kristallisationspunkte bürgerlicher musikalischer Geselligkeit anzusehen sind. Als charakteristischer Ausdruck der Romantisierung alter Musik darf hierbei gelten, dass diese in sehr langsamen Tempi musiziert wurde. Diese Überdehnung des Tempos, die historisch nicht zu rechtfertigen ist, mag durch die Aufzeichnung in langen Notenwerten motiviert worden sein. Zur weiteren Verengung des romantischen Historismus auf Palestrina und seine Schule trug das Rom-Erlebnis vieler Schriftsteller und Musiker bei. Auf römischer Seite wirkten der Leiter der päpstlichen Kapelle, Giuseppe Baini, und der

Musiksammler Fortunato Santini im Sinne der römischen Tradition. Der Nimbus der Capella Sistina (des Bauwerks und der Institution) als des eigentlichen, normsetzenden Ursprungs und Wesensortes echter Kirchenmusik bildete sich bereits im 18. Jahrhundert aus. Das wohl wichtigste Zentrum der Restauration der katholischen Kirchenmusik in Deutschland wurde Regensburg. Nach drei Italienfahrten zum Zwecke der Sammlung von Quellen, veröffentlichte der dortige Kanonikus Karl Proske ab 1853 unter dem Titel *Musica Divina* seine Neuausgaben von a-cappella-Musik vor allem des 16. Jahrhunderts, die unmittelbar für die Verwendung im Gottesdienst gedacht waren. Auf evangelischer Seite bildete insbesondere Berlin ein Zentrum der Rezeption der Musik des 15. und 16. Jahrhunderts. So wurde etwa Bernhard Klein als »Palestrina Berlins« bezeichnet, und von größter Wichtigkeit wurden die Forschungen Carl von Winterfelds. Die Berliner Theoretiker Siegfried Dehn und Heinrich Bellermann wirkten schulbildend. Felix Mendelssohn, aus der Schule Carl Friedrich Zelters hervorgegangen und in Rom u.a. auch durch Santini mit den Quellen bekannt geworden, wirkte zeitweilig als Leiter des Berliner Domchores. Die Ausbreitung des privaten und öffentlichen Konzertwesens für historische Musik führte zur Erforschung und Publikation dieser Musik in zahlreichen Reihen, die mit Recht als Grundlage für die sich in der 2. Hälfte des 19. Jahrhunderts etablierende historische Musikforschung und deren Editionswesen gelten.

In England, dessen Musikleben stets einen engen Bezug zur Tradition wahrte, trugen bereits seit dem 18. Jahrhundert die Academy of Ancient Music (1726 gegründet) und die Madrigal Society (gegr. 1741) zur fortdauernden Pflege der englischen Musik des 16. und 17. Jahrhunderts bei. Von weitreichender Bedeutung für die Wiederbelebung der alten Musik wurde in Frankreich die 1817 von Alexandre Etienne Choron gegründete Institution royale de musique classique et religieuse sowie deren Nachfolgeinstitut die Ecole Niedermeyer von 1853. Choron hatte im Zeichen der bourbonischen Restauration 1810 den Auftrag erhalten, die Kathedralchöre und Maîtrisen zu reorganisieren. – Einen Sonderfall bildet Richard Wagners bearbeitende Beschäftigung mit Palestrinas *Stabat mater*, die in der Wahl eines achtstimmigen Doppelchores und zahlloser dynamischen Abstufungen vom Purismus der Regensburger Bewegung weit entfernt ist.

Der Bruch mit der Romantik gehört genauso wie die Kenntnis der Musik des 15. und 16. Jahrhunderts zu jenen Ideologemen, welche die kirchenmusikalische Erneuerungs- und die Singbewegung – nicht selten im offenen Widerspruch zu den Tatsachen – seit Beginn des 20. Jahrhunderts für sich reklamierte. Bislang ist kaum untersucht worden, was denn von der Musik der sogenannten ›Niederländer‹ tatsächlich den Ausführenden und Komponisten bekannt gewesen sein kann. Im deutschen mehrstimmigen Lied des 16. Jahrhunderts erkannte die Jugend-Laienbewegung ihr Ideal des gemeinsam musizierenden Kreises. Heinrich Besselers epochaler Wurf *Die Musik des Mittelalters und der Renaissance*, von 1931 bis 1934 in Einzellieferungen erschienen, sollte in seiner Materialdichte keineswegs als repräsentativ angesehen werden. Besseler selbst hebt im Nachwort die »immer noch sehr lückenhaften Neudrucke« hervor und betont, dass ihm ohne die zur Verfügung stehenden Übertragungen seiner Schüler und Doktoranden die Arbeit unmöglich gewesen sei. In die sein Buch einleitenden Ausführungen zu »Alter Musik und Gegenwart« und zum Historismus fügt Besseler zwanglos auch die Jugendmusikbewegung ein, an deren Bemühungen er teilnahm und mit denen er sympathisierte. In der Gegenüberstellung der »berufsmäßigen Spezialleistung des Virtuosen« mit dem »Ideal des gemeinsam musizierenden

Kreises« erkannte Besseler einen neuen Zugang zur Historie, der für ihn die Voraussetzung für die neue Chormusik darstellte. Von seiner Gründung im Jahre 1929 bis zur kriegsbedingten Unterbrechung (1938–1956) erschienen in der von Friedrich Blume verantworteten Reihe *Das Chorwerk* 52 Bände mit Musik des 15. bis 17. Jahrhunderts. Das *Chorwerk* wurde insbesondere für die Josquin-Renaissance von Bedeutung; es handelt sich um eines der zentralen Projekte der Wiederbelebung ›Alter Musik‹ im 20. Jahrhundert, dessen Verbreitung und Wirkung zumindest in der ersten Hälfte des 20. Jahrhunderts kaum überschätzt werden kann. Zwar wird die Vorbildhaftigkeit der Musik des ›niederländischen Zeitalters‹ für die Chormusik von Hugo Distler, Wolfgang Fortner, Paul Hindemith, Ernst Pepping und vielen anderen mehr stets betont, doch muss offen bleiben, welche Werke des 15. und 16. Jahrhunderts tatsächlich bekannt waren. Nach 1945 war es insbesondere die amerikanische Musikwissenschaft, die wichtige Akzente in der Erforschung des Zeitraums setzte, mit den Schwerpunkten auf der Quellenerschließung, der Überlieferungs- und der Institutionengeschichte.

Literatur:
H. Besseler, *Die Musik des Mittelalters und der Renaissance* (Handbuch der Musikwissenschaft), Potsdam 1931–1934 • G. Reese *Music in the Renaissance*, New York ²1959 • L. Finscher (Hrsg.), *Die Musik des 15. und 16. Jahrhunderts* (Neues Handbuch der Musikwissenschaft 3), Laaber 1989.

MZ

Rhau, Georg
* 1488 Fisfeld an der Werra, † 6.8.1548 Wittenberg

Georg Rhau war ein Musikdrucker im Umfeld Luthers, der an der Universität Erfurt und Wittenberg studierte. 1518 wurde Rhau zum Thomaskantor ernannt und lehrte an der Universität Leipzig Musiktheorie. Als Anhänger der Reformation musste er 1520 die Stadt verlassen, schlug sich als Schulmeister durch und ließ sich 1523 als Drucker und Verleger in Wittenberg, dem Zentrum der Neuen Lehre, nieder. Er war eine der zentralen Persönlichkeiten im Umkreis von Martin ▸ Luther und trug durch seine gezielte Publikationstätigkeit von Musikdrucken wesentlich zum Aufbau und zur Verbreitung eines speziell für die Bedürfnisse der reformierten Liturgie zusammengestellten Repertoires bei.

Portrait von Georg Rhau, aus: *Postremum vespertini officii opus*, Wittenberg 1544.

Selbst Autor eines erfolgreichen musikalischen Lehrwerkes (*Enchiridion utriusque Musicae Practicae*, Wittenberg 1517), begann Rhau seine Druckertätigkeit mit musiktheoretischen Werken von Martin ▸ Agricola (*Musica instrumentalis deudsch* 1529, *Musica figuralis deudsch* 1532), Nicolaus ▸ Listenius (*Rudimenta musicae* 1533), Johann ▸ Spangenberg und anderen Autoren, die der Reformation nahe standen. Ab 1538 druckte Rhau hauptsächlich mehrstimmige Musik. Bis 1545 entstanden 15 große Sammlungen mit Kompositionen von sehr einfacher Faktur bis hin zu hochartifiziellen Werken der ▸ frankoflämischen Polyphonie. Dabei handelt es sich um Musik sowohl für den Gottesdienst (Ordinarium- und Propriumszyklen) als auch um ▸ Psalmen, ▸ Antiphone, ▸ Hymnen, ▸ Responsorien und ▸ Magnificatkompositionen für die Vesper. Als bedeutende Sammlung von 52 ▸ Motetten ist die Publikation *Symphoniae iucundae* (1538) zu nennen. Neben dem Erstdruck des Großen Katechismus und der Augsburger Konfession verdanken wir ihm die Veröffentlichung des *Wittenbergisch-deutschen geistlichen Gesangbüchleins* (1544), einer erweiterten Neuauflage vom *Walterschen Gesangbuch*. Eine Anzahl von Druckwerken waren für die Schule oder den häuslichen Gebrauch gedacht, so etwa die weltlichen drei- und zweistimmige Sammlungen *Tricinia* (1542) und *Bicinia* (1545). In den Vorreden seiner Musikdrucke lässt Rhau gerne bedeutende Persönlichkeiten der Reformation zu Wort kommen. Lucas ▸ Cranach tritt als Illustrator auf.

In dem umfassenden Schaffen im einfachem Typendruck sind Komponisten aus der Generation Jacob ▸ Obrecht und ▸ Josquin Desprez ebenso vertreten wie etwa Sixt ▸ Dietrich oder Balthasar Resinarius sowie weitere jüngere deutsche Komponisten, die unmittelbar der Reformationsbewegung verbunden waren. Nach Rhaus Tod wurde die Druckerei bis 1566 von den Erben erfolgreich weitergeführt.

Ausgaben:
Georg Rhau. Musikdrucke aus den Jahren 1538 bis 1545 in praktischen Neuausgaben (Veröffentlichungen des Landesinstituts für Musikforschung Kiel), Kassel 1955ff.

Literatur:
W. Wölbing, *Der Drucker und Musikverleger Georg Rhau*, Diss. Berlin 1922 • M. Grossman, *Wittenberg Printing, Early Sixteenth Century*, in: Sixteenth Century Journal 1 (1970), S. 53–74 • T. Seebass, *Venus und die Musikwissenschaft oder von der Universalität eines reformatorischen Buchmachers (Georg Rhau)*, in: *Totum me libros dedo. Festschrift Adolf Seebass*, hrsg. von A. Moirandat u.a., Basel 1979, S. 187–199.
ALB

Rhetorik, musikalische

Musik wird populär oft als eine Art von Sprache bezeichnet. Als Zeitkunst besitzt sie ohnehin eine Affinität zu ihr (zur Geschichte: Niemöller 1980) und damit auch zur Rhetorik, mit der sie schon in der Antike in der ›mousiké‹ (Georgiades) und im scholastischen Trivium unter der Kategorie der ›artes sermocinales‹ verbunden ist (Gurlitt). In der Renaissance erinnert man sich daran, dass in der Antike Quintilians *Institutio Oratoria* I.x.9–33 der Darstellung der ›musice‹ einen breiten Raum widmet. Sie erscheint ab dem 16. Jahrhundert vor allem in der Vokalmusik, in der Text und Musik die gleiche rhetorische Basis besitzen, wobei dem Text der Primat zukommt. Damit wird Musik als »Klangrede« (Mattheson) verstanden. Auf Plutarch, der in seinem geschichtlichen Abriss *De Musica* keinen Unterschied zwischen Musik und Dichtkunst macht, gründet sich Gioseffo ▸ Zarlinos Feststellung in seinen *Istitutione armoniche* (1558), deren Titel dem von Quintilians *Institutio Oratoria* nachgebildet ist, dass im Altertum der Musiker nicht getrennt war vom Dichter noch der Dichter vom Musiker (»il Musico non era separato dal Poeta ne il Poeta dal Musico« [Walker 1949, S. 10]). Seit durch die humanistisch geprägte ▸ Musica reservata die Monodie die Polyphonie ablöst, ist der Rhythmus der Musik dem Versmaß der Dichtung unterworfen und folgt die Komposition einer musikalischen ›favola‹ dem gleichen Gesetz wie die poetische ›inventio‹, so bei Jacopo ▸ Peri in der Oper *Euridice* (1600), Giulio ▸ Caccini in *Nuove musiche* (1601) und Claudio ▸ Monteverdi in der Oper *Orfeo* (1607), die auf dem Titelblatt der Partitur als »favola in musica« bezeichnet ist und die Cherubino Ferrari wegen der schönen ›inventio‹, der noch schöneren ›dispositio‹ und der besonders schönen Ausdrucksweise ihrer Dichtung preist, während die Musik als nicht inferior bezeichnet wird (LeCoat, S. 31). In seiner *Practica Musica* fordert Franchino ▸ Gaffurio bereits 1498, dass die Musik sich absolut dem Text und seinem Sinn anzupassen habe: »Studeat insuper cantilenae compositor cantus suavitate cantilenae verbis congruere« (Harrán, 1986, S. 366). Grund dafür sei besonders die intendierte affektische Wirkung der Musik, die schon in der Antike ethischen Maßstäben verpflichtet gewesen sei (Krones 2003, S. 29–30). Ausführlichere Darstellungen der musikalischen Rhetorik enthalten Traktate wie *De inventione et usu musicae* (ca. 1481) von Johannes ▸ Tinctoris, *Praecepta musicae poeticae* (1563) von Gallus ▸ Dressler, *Musica poetica* (1606) von Joachim ▸ Burmeister, *Musica Poetica sive de compositione cantus* (1613) von Johannes Nucius (1556–1620), *Harmonie universelle* (1636/37) von Marin ▸ Mersenne, *Musurgia Universalis* mit einer Sektion »Musurgia rhetorica« (1650) von Athanasius Kircher (1602–1680) und andere mehr. Im 18. Jahrhundert stellen u.a. noch Johann Mattheson in *Der vollkommene Capellmeister* (1739) und Johann Nikolaus Forkel in *Allgemeine Geschichte der Musik* (1788, 1801) den Bezug der Musik zur Rhetorik her. Die Anwendung der Rhetorik auf die Musik florierte in den protestantischen Gegenden Deutschlands, wo Musiker als Kantoren und Schulmeister meist zugleich Lateinunterricht gaben (z.B. Joachim Burmeister, Johann Sebastian Bach). In katholischen Ländern wurde sie vornehmlich von Jesuiten (z.B. Athanasius Kircher) gefördert. Ein herausragender Zeitzeuge der musikalischen Rhetorik ist Burmeister, der in *Musica autoschediastike* (1601) die Musik als eine höhere Form der Redekunst preist (Dokumentation: Palisca 2001, S. 288).

Johannes Nucius beantwortet die selbst gestellte Frage nach der musikalischen Rhetorik: »Quid est Musica Poëtica?« folgendermaßen: »Est, quae non tantum nuda speculatione ac contemplatione artis, neque solo exercitio, vt Theoretica & Practica contenta est, sed in opus erumpens, novos concentus disparibus vocibus incedentes, artificiosè producit« (*Musice Poetica*, A.4ʳ). Das heißt, dass diese musikalische Konzeption weder bloß theoretisch noch praktisch ist, sondern in kunstgemäßer-künstlicher (›artificiose‹) Weise neuartige Harmonien mit Hilfe disparater Stimmen erzeugt. Damit verbunden ist die Vorstellung von Musik als einer ›concordia discors‹, die sich noch im Text des Eingangschors von Bachs akademischer Festkantate *Vereinigte Zwietracht der wechselnden Saiten* (BWV 207) findet.

Von den fundamentalen Konstituenten der musikalischen Rhetorik nennt Kircher (*Musurgia*, II, S. 143) drei: Inventio, Dispositio, Elocutio.

I. INVENTIO oder ›Erfindung‹:
Entweder der Musik als solcher (Tinctoris, *De inventione et usu musicae* [ca. 1481) oder des Prozesses ihrer Komposition mit Hilfe von 12 bzw. 15 ›loci topici‹, z.B. ›locus notationis, descriptionis, generis et speciei, totius et partium‹. Beispiele für den Gebrauch dieses Terminus für eine Sammlung konkreter musikalischer »Erfindungen« sind Clement ▸ Janequins *Premier livre des inventiones musicales* (1555), John ▸ Dowlands *Invention for two to playe on one Lute* (1597), Cesare ▸ Negris *Nuove inventioni di balli* (1604) und Francesco Antonio Bonportis *Invenzioni da camera* für Violine und Continuo (1712). Dazu gehören auch Johann Sebastian Bachs *Inventionen und Sinfonien* (BWV 772-801) von 1723, kurze Werke für Tasteninstrumente, bestehend aus 15 zweistimmigen kontrapunktischen Inventionen und 15 dreistimmigen kontrapunktischen Sinfonien, konzipiert als Übungsstücke für sei-

ne Studenten, »um allermeisten [...] eine cantable Art im Spielen zu erlangen«, wobei »cantabel« wohl das Konzept der Klangrede meint.

II. DISPOSITIO oder Strukturierung des Werkes:

Ein Terminus, den Zarlino durch ›compositione‹ ersetzt. Sethus Calvisius sagt (1692), dass eine Komposition wie eine Rede drei Teile haben kann: ›exordium‹, ›medium‹, ›finis‹. Burmeisters *Musica Poetica* widmet sich diesem Thema in Kap. XV: »De Analysi sive dispositione carminis musici« mit einer Analyse von Orlande de ▸ Lassus geistlicher Motette *In me transierunt irae tuae* zu 5 Stimmen, die im Anschluss daran Palisca (2001, S. 290–307) detaillierter ausführt. In *Praecepta musicae poeticae* (1563) gliedert Gallus Dressler eine eigene Motette in ›exordium‹, ›medium‹ und ›finis‹. Die ausführliche Übertragung der klassischen Redestruktur auf das musikalische Werk hat die Gestalt: ›exordium‹ (Einleitung, Prolog), ›propositio‹ (Thema), ›narratio‹ (Vorstellung des Materials), ›confirmatio‹ (Bekräftigung), ›confutatio‹ (Widerlegung), und ›peroratio‹ (Schluss, Epilog) (Matheson, *Capellmeister*, S. 236). Als Quelle für die Struktur von Bachs *Musikalischem Opfer* dient etwa Quintilians *Institutio Oratoria* (U. Kirkendale 1985). Weiterhin erscheint eine analoge rhetorische Dispositio von Chria und Fuge möglich (G. Butler).

III. ELOCUTIO bzw. ELABORATIO oder Ausarbeitung

des erfundenen und strukturierten (sprachlichen bzw. musikalischen) Materials durch rhetorische Figuren, dem Kernstück beider Medien. Wie Kunsttheoretiker gebraucht Zarlino nicht den Terminus ›elocutione‹, sondern ›espressione‹. Burmeister überschreibt das Kapitel XII seiner *Musica Poetica* mit: »De Ornamentis sive de figuris rhetoricis«. Demnach erfüllen die rhetorischen Figuren in der Musik die Funktion des Verzierens; was sich in Ausdrücken wie ›cantus ornatus‹ und ›cantus coloratus‹ und in Girolamo Frescobaldis Titel *Fiori Musicali* (1635) für eine Sammlung von Orgelstücken spiegelt. Jedoch zeichnen Figuren auch dafür verantwortlich, dass das ihnen zugrunde liegende Medium, sei es Rede oder musikalische Komposition, auf Rezipienten eine affektische Wirkung ausübt. Rhetorische Figuren entstehen durch Abweichungen von der grammatischen Norm, die durch die Operationen der Addition, Subtraktion, Substitution, Permutation und Äquivalenz erzeugt werden (Plett, 2010). Diese gehen teils auf Quintilians *Institutio Oratoria* I.v.38 mit ihrer ›quadripertita ratio‹ von ›adiectio‹, ›detractio‹, ›immutatio‹ und ›transmutatio‹ zurück. Auf die Musik wurden die rhetorischen Figuren zuerst von Burmeister in *Musica Poetica* (1606) bezogen, in der er die Figur als eine auf einen bestimmten Abschnitt bezogene musikalische Bewegung definiert, die mit einer Klausel beginnt und in einer Klausel endet, welche von der einfachen Art der Komposition abweicht und dadurch eine verzierte Haltung annimmt. In dem Kapitel »Von den Figuren« sagt Forkel in seiner *Allgemeinen Geschichte der Musik* (1788): »Die Tonsprache hat zwar nicht alle Figuren mit der eigentlichen Rede gemein, aber doch viele« (I, S. 53). Während die historischen Musiktheoretiker die rhetorischen Figuren meist als selbstverständliche Kategorien für die »Tonsprache« (sic!) übernehmen, gibt es in neuerer Zeit eine gewisse Skepsis gegenüber einem solchen Transfer mit dem Argument, dass Sprache einem festeren arbiträren Code unterliege als der Code der Musik (Vickers 1984). Einige musikalisch-rhetorische Figuren seien anhand historischer Quellen unter Bezug auf Bartel (1997) näher erläutert.

Anadiplosis (reduplicatio):
die einfache oder mehrfache Wiederholung des Endes zu Beginn des folgenden sprachli-

chen Segments einer Verszeile oder Phrase: /...x/x...y/y. Entsprechend Burmeister in seiner *Musica Poetica*: »Anadiplosis est talis harmoniae decus, quod constat ex duplici Mimesi & est hoc ornamentum Mimesi propinquum: geminat enim id, quod per Mimesin semel est introductum« (S. 60). In *Sommer-Gespräche* (1695–1701, S. 17) gibt Johann Georg Ahle dieses Bespiel: »Setzet er: singet und rühmet / rühmet und lobet er, so ist es eine Anadiplosis«. Allerdings enthält gerade dieses Beispiel noch eine weitere rhetorische Figur: den ›Chiasmus‹, der die Über-Kreuz-Stellung von wiederholten Einheiten bezeichnet.

Anaphora oder Wiederholung (repetitio) zu Beginn von zwei oder mehr Versen / Syntagmen:
Burmeister in *Musica poetica* (65): »Anaphora est ornamentum, quod sonos similes per diversas aliquas, non aute[m] omnes, Harmoniae voces repetit in morem Fugae, cum tamen revera non sit fuga. Ad Fugam enim requiruntur omnes Voces, si Fugae nomen harmonia moveatur«. Oder: Kircher in *Musurgia* (B.144): »Dicitur ἀναφορὰ siue repetitio cùm ad energiam exprimendam vna periodus saepiùs exprimitur, adhibeturque saepè in passionibus vehementioribus animi, ferociae, contemptus, vti videre est in illa cantilena notà: *Ad Arma, Ad Arma; &c.*« Es handelt sich um die Wiederholung einer eröffnenden Phrase in verschiedenen nachfolgenden Sätzen zur Darstellung heftiger Affekte.

Antithesis / Antitheton:
Gegensatz von Ideen, Themen, Affekten, Gegenständen. Mauritius Vogt in *Conclave thesauri magnae artis musicae* (S. 2): »Antithesis, figura musica, seu contrapositio«, das heißt: musikalischer Ausdruck von Kontrast, etwa zwischen Fugenthema und Kontrasubjekt oder raschem Fortgang von einer ›clausula formalis‹ zu einer ›clausula peregrina‹, ferner von Polyphonie und Homophonie, Diatonik und Chromatik (Marti, S. 37).

Aposiopesis (reticentia):
in der Rede plötzliche Unterbrechung mit unvollständiger Satz- und Textsemantik in der Absicht, eine affektgeladene Spannung zu erzeugen; in der Musik hingegen vollständige Stille in allen Stimmen und Instrumenten nach vorangehender Ankündigung, laut Burmeister (*Musica Poetica*, S. 62) »[figura,] quae silentium totale omnibus vocibus signo certo posito confert«, Generalpause.

Epizeuxis / Adiunctio:
rhetorische Figur, eine sofortige emphatische Wiederholung einer Note, eines Motivs, einer Phrase, z.B. im *Lexicon* von Johann Gottfried Walther mit dem Beispiel: »Jauchzet, jauchzet, jauchzet dem Herrn alle Welt«.

Ethopoeia:
Es handelt sich hier um die fingierte (textliche oder musikalische) Impersonation charakteristischer Eigenschaften von Individuum, Volk oder Nation. Mersenne gibt in *Harmonie Universelle* folgende Definition: »Bacchius met une partie de Musique au commencement de son Introduction, qu'il appelle Ethopœie, ou *factrice des mœurs*, par qui les anciens introduisoient et conservoient leurs loix, et les faisoient garder par quelques chansons qu'ils composoient sur ce sujet, car on retient beaucoup mieux ce qui se chante que ce qui se lit simplement. Les Grecs appelloient ces chansons νόμους, c'est à dire *loix*, comme témoigne Aristote en ses problémes, et plusieurs autres devant ou apres luy« (197).

Hypotyposis oder *Enargeia / Evidentia:*
weniger eine einzelne Figur als vielmehr eine Figurenfunktion, d.h. das Prinzip der Anschaulichkeit (*enargeia, evidentia*) oder ima-

ginierten Bildhaftigkeit, das in der Renaissance als wichtigstes darstellerisches Ideal für alle Künste reklamiert wird (Plett 2004, passim). Der Humanist Samuel Quickelberg preist etwa die musikalische Gestaltungskraft von Orlande de ▸ Lassus, »einen Gegenstand fast als gegenwärtig vor Augen stellen zu können« (»rem quasi actam ante oculos ponendo«). Burmeister definiert dieses Prinzip so: »Hypotyposis est illud ornamentum, quo textus significatio ita deumbratur, ut ea, quae textui subsunt & animam vitamque non habent, vita esse praedita, videantur. Hoc ornamentum usitatissimum est apud authenticos Artifices. Utinam eadem dexteritate ab omnibus adhiberetur Componistis« (*Musica Poetica*, S. 62). In der Musik gehören zur Hypotyposis-Klasse ›Anabasis‹ und ›Katabasis‹, d.h. der längere, geradlinige und stufenweise Auf- und Abstieg bei Wörtern wie »ascendere« und »descendere«, aber auch bei Metaphern von Erhöhung und Erniedrigung (A. Schmitz). Möglicherweise ist für diese Art der piktoralen ›imitatio naturae‹ in der Musik der Terminus ›Augenmusik‹ angebracht.

Klimax (*gradatio*):
eine fortschreitende Anadiplose /...x/x...y/y...z« (Lausberg 2008, §. 623) oder stufenweise Steigerung eines Ausdrucks, indem das jeweils vorhergehende Wort wiederholt und durch ein stärkeres ersetzt wird (Quintilian, *Inst. Or.* IX.3.54–57). Diese Figur definiert Burmeister so: »Climax est, quae per gradus intervallorum similes sonos repetit« (*Musica Poetica*, S. 63), das heißt: mehrmalige Wiederholung von Klauseln oder Melodiesegmenten auf verschiedener, steigender Tonhöhe.

Mimesis / Imitatio:
»Ethophonia, vel Mimesis. Nach Burmeister (*Musica Poetica*, S. 59) ein Abwechseln von ›Noëma‹-Stellen zwischen zwei Stimmgruppen auf andersartiger Tonhöhe, eine eher annähernde als strikte Wiederholung eines Themas auf verschiedenen Tonhöhen. Bereits 1536 nennt Johannes Stomius die Fuge eine ›mimesis‹. Allerdings ist es wohl verfehlt, daraus eine Definition von Musik als einer ›imitazione della natura‹ abzuleiten (Carapetyan 1946–1947, LeCoat 1975, Kap. I).

Paronomasia:
»Sie geschieht, wenn man einen Satz, ein Wort, oder eine Redensart, so schon da gewesen, mit einem neuen, besondern und nachdrücklichen Zusatze wiederholet. Sie wird in der Instrumental- und Vocalmusik mit gleichem Nachdrucke gebrauchet« (Johann Adolph Scheibe, *Der Critischer Musicus*, S. 691ff.). Was in der verbalen Rhetorik ein Wortspiel bildet (Plett 2000, S. 132–134 und 2010, S. 178–179), repräsentiert in der musikalischen die Wiederholung eines Segments mit gewissen Veränderungen in der Intention von größerer Emphase.

Parrhesia / Licentia:
»Was ist Licentia, oder Musicalische Freyheit? Licentia ist / wenn ein Componist in dem Gesang (wenn es sonderlich der Text erfordert) nach seinem belieben und gefallen / entweder die Octav nicht erfüllet / oder aber über dieselbige etliche Noten schreitet / entweder zu oberst eine Terz, oder zu unterst eine Secund, in der Oktav der Melodey hinzu setzet / daher gemeiniglich jedweder Modus durch die licenz oder Freyheit / die decimam im auff- und nidersteigen erfüllet / auch je zu Zeiten wol drüber kompt« (Johann Andreas Herbst, *Musica Poetica*, 49). Oder, modern gesprochen, »der chromatische Querstand von Tönen, die in der Tonleiter enthalten sind, auch der Tritonus (*diabolus in musica*), die expressiv und meist als Ausdruck von traurigem Affekt eingesetzte, daher legitime Verwendung von normalerweise verbotenen Querständen« (Öhm-Kühnle).

Pleonasmus:
»Falso bordone, alias Pleonasmus, aut ut Pater Kircher habet Iobatus, dicitur, dum in aliquo cantu multae syllabae, vel vocabula sub una nota canuntur, quod contingit in quibusdam de OO.SS. Litaniis« (Thomas Balthasar Janowka, *Clavis ad thesaurum magnae artis musicae*, S. 42). Sowohl rhetorischer als auch musikalischer Pleonasmus bedeutet einen Exzess: nach Burmeister eine prolongierte Dissonanz (›symblema‹), die in der Schwebe (›syncopa‹) gehalten wird vor ihrer Auflösung. Auch genannt: ▸ Fauxbourdon.

Polyptoton / traductio:
in der Sprache eine flexivische Wiederholung Kasus-, Genus- und Numerus-Veränderungen, in der Musik Wiederholung einer Melodie in verschiedenen Tonhöhen; nach Vogt (*Conclave*, S. 151). »Polyptoton. Cum colon in diversa clavi repetitur.«

Stilarten:
Sie werden konstituiert durch die Art und Dichte der Verwendung von rhetorischen Figuren. Burmeister unterscheidet in Kapitel XVI von *Musica Poetica* unter dem Titel »De Imitatione« vier Stilarten (styli genera): ›humile‹, ›grande‹, ›mediocre‹, ›mixtum‹. Diese kennzeichnen unterschiedliche Kompositionsarten. Vom ›humile‹ spricht man demnach dann, wenn die Intervalle in kleinen Schritten folgen, vom ›grande‹, wenn entferntere Intervalle eingeführt werden. Diese Terminologie geht wahrscheinlich auf die Rhetorik von Philipp ▸ Melanchthon zurück (Maniates, S. 59). Das ›genus humile‹ entspricht unter generischem Aspekt der niedrigen Gattung der Pastorale, das ›genus grande‹ der großen Ode. Christoph Bernhard in *Tractatus compositionis augmentatus* (ca. 1600) differenziert zwischen ›stilus gravis‹ bzw. ›antiquus‹ (Giovanni Pierluigi da ▸ Palestrina), ›stilus luxurians‹ bzw. ›modernus‹ (in freier Phrasierung, inklusiv Instrumentalmusik, mit Rhetorik und Affekten als Ausdrucksformen menschlicher Leidenschaften). Giovanni Battista Doni, der zwischen striktem Kontrapunkt, den er als tote Sprache ansieht, und der lebendigen Sprache von dramatischer Musik (Oper) unterscheidet, unterteilt 1640 den Sologesang auf der Basis der jeweils erzeugten Affektwirkung nach drei Stilkategorien in ›stile Narrativo‹ (natürliche Deklamation), ›stile speciale Recitativo‹ (mit Spezifizierung von Affekten) und ›stile Expressivo‹ (dramatisch-pathetische Klimax). Kircher in *Musurgia Universalis* (1650) erwähnt ›stylus ecclesiasticus, drammaticus, madrigalescus, melismaticus‹, Stilarten, die sich an musikalischen Genres orientieren. Von besonderer Bedeutung ist die Unterscheidung ›stile antico‹ / ›stile moderno‹ bzw. ›prima prattica‹ / ›seconda prattica‹; sie geht auf Claudio ▸ Monteverdi zurück, der zusätzlich eine Klassifikation von ›stile concitato‹, ›stile molle‹ und ›stile temperato‹ einführt, die auf einer rhetorischen Gliederung von Affekten basiert. Sie wird später aufgenommen in Georg Friedrich Händels dreiteiligem Oratorium über die Affekte Frohsinn, Melancholie und Mäßigung u.d.T. *L'Allegro, Il Penseroso ed Il Moderato* (1740, HWV 55) nach John ▸ Milton (Teil I: 1633, Teil II: 1637) mit dem Zusatz des III. Teils (1740) von Charles Jennens. Im Hinblick auf die Geschichte der Rhetorik lässt sich ferner zwischen attischem und asianischem, apollinischem und dionysischem Stil unterscheiden (Sandu-Dediu 2000).

IV. MEMORIA:
Dieser Teil der klassischen Redekunst spielt in der rhetorischen Musiktheorie keine bedeutende Rolle außer vielleicht in dem mnemonischen Handlokativ der »main harmonique« von Mersenne (*Harmonie Universelle*, 208).

V. PRONUNTIATIO / ACTIO:
Die rhetorische Vortragslehre, die schon bei

Quintilian (*Inst.Or.* I.x.9ff.) in Verbindung mit der Musik gebracht wird, in der Renaissance bei spanischen Rhetorikern wie Luís de Granada, Diego de Estella und Terrones del Caño, der den Vergleich mit einem Trompeter zieht, der für einen Stierkampf nicht die gleichen Töne und Rhythmen spielt wie für eine Bußprozession (Borgerding, S. 588–590). Vincenzo ▸ Galilei rät im *Dialogo della musica antica e della moderna* (1581) den Musikern, von der mündlichen Rede (›pronuntiatio‹) des ›orator‹ für die Gestaltung dramatisch-expressiver Effekte in der Musik zu lernen. In der Musiktheorie spricht Mattheson von »Geberden-Kunst« (›actio‹) und bezieht sich dabei auf die Nachahmungsästhetik. So geht der Komponist mit dem Wort »steigen« in die Höhe.

VI. AFFEKTE:
Die mit Hilfe der Rhetorik intendierte Wirkung, von der es zwei fundamentale Arten gibt: Ethos (sanfte, milde Affekte) und Pathos (vehemente, leidenschaftliche Affekte) (Dockhorn 1968, Mathieu-Castellani, 2000). Für die Renaissance dient nach Palisca (1994, S. 287) als Vorbild wieder Quintilian, und zwar die Sektion »De divisione affectuum et quomodo movendi sint« seines Lehrbuchs *De Institutione Oratoria* (VI.ii) Die Affektenlehre bildet von nun an den »Richtpunkt des musikalischen Denkens« (Dammann). Ein berühmtes Beispiel ist die musikalische Klagerede (›Lamento‹) der Arianna in Monteverdis gleichnamiger Oper (1608). In den Traktaten rücken die beiden zentralen Affektgruppen Freude/Lust (›voluptas‹) und Leid/Unlust (›taedium‹) ins Zentrum, die nach Aristoteles in verschiedenen Mischungen elf Affekte konstituieren. Insgesamt unterscheidet man acht Basisaffekte; nach Kircher: »Octo potissimum affectus sunt, quos Musica exprimere potest. Primus est Amoris. Secundus Luctus seu Planctus. Tertius Laetitiae & Exultationis. Quartus Furoris & indignationis. Quintus Commiserationis & Lacrymarum. Sextus timoris & Afflictionis. Septimus Praesumptionis & Audaciae, Octauus Admirationis« (*Musurgia Univeralis* [1650], A. S. 598); nach Walther: »Liebe, Freude, Zorn, Mitleiden, Furcht, Frechheit und Verwunderung, so die Musik erregen kann« (*Musikalisches Lexicon oder musikalische Bibliothek* [1732], S. 11). Die Verbindung von Affekt, Gestik und Rhetorik spielt bei Aristoteles sowie in ihrer Vermittlung durch Kircher, Mersenne und andere Theoretiker in der musikalischen Rhetorik bis ins 18. Jahrhundert eine zentrale Rolle. Nach Johannes ▸ Tinctoris vermag die Musik die Melancholie (Beispiel: Saul durch das Spiel Davids auf der Leier) zu zerstreuen, die Härte des Herzens zu mildern, zur Ekstase oder zu frommer Kontemplation zu erheben, zum Übermut zu reizen oder zur Besonnenheit zu stimmen. Forkel stellt die ethische und pathetische Funktion von Musik heraus: »Wenn also durch die Musik eine Empfindung erregt, unterhalten oder unterdrückt und besänftigt werden soll, so wird es beynahe auf die nemliche Art bewerkstelliget, wie in der Rede oder Dichtkunst Begriffe, Ideen und Empfindungen erregt, unterhalten, und befestigt, oder widerlegt und unterdrückt werden« (*Über die Theorie der Musik* [1977], S. 25).

VII. TRADITION:
Seit der Renaissance erstreckt sich der Einfluss der musikalischen Rhetorik auf Musiktheorie und kompositorisches Schaffen auf Barock und weiterhin noch Klassik (z.B. Joseph Haydn, Streichquartette; Ludwig van Beethoven, *Missa Solemnis*) und selbst Romantik (z.B. Liedschaffen Schuberts), um im 19. Jahrhundert allmählich aufzuhören. Im 20. Jahrhundert erlebt sie eine Wiederbelebung in Kompositionen der Moderne (z.B. Hugo Wolf, Anton von Webern, Alban Berg, Igor Strawinsky, Gottfried von Einem, Luigi Nono, John Cage).

Literatur:
A. Schering, *Die Lehre von den musikalischen Figuren im 17. und 18. Jahrhundert*, in: Kirchenmusikalisches Jahrbuch 21 (1908), S. 106–114 • W. Gurlitt, *Musik und Rhetorik*, in: Helicon 5 (1944), S. 67–86 • A. Carapetyan, *The Concept of imitazione della natura in the Sixteenth Century*, in: Journal of Renaissance and Baroque Music 1 (1946–1947), S. 47–67 • D.P. Walker, *Der Musikalische Humanismus im 16. und frühen 17. Jahrhundert*, Kassel und Basel 1949 • H.-H. Eggebrecht, *Zum Figur-Begriff der Musica poetica*, in: Archiv für Musikwissenschaft 16 (1959), S. 57ff. • H. Lausberg, *Handbuch der literarischen Rhetorik*, 2 Bde., München 1960, Stuttgart ⁴2008 • Kl. Dockhorn, *Macht und Wirkung der Rhetorik*. Bad Homburg u.a. 1968 • G. LeCoat, *The Rhetoric of the Arts, 1550–1650*, Bern und Frankfurt/Main 1975 • G.G. Butler, *Fugue and Rhetoric*, in: Journal of Music Theory 21 (1977), S. 49–109 • D.P. Walker, *Studies in Musical Science* in the Late Renaissance, London/Leiden 1978 • M.R. Maniates, *Mannerism in Italian Music and Culture, 1530–1630*. Chapel Hill/North Carolina 1979 • Kl.W. Niemöller, *Der sprachhafte Charakter der Musik*, in: *Rheinisch-westfälische Akademie der Wissenschaften: Vorträge G. 244*, Opladen 1980 • J.A. Winn, *Unsuspected Eloquence: The History of the Relations between Poetry and Music*, New Haven und London 1981 • B. Vickers, *Figures of Rhetoric / Figures of Music?*, in: Rhetorica 2 (1984), S. 1–44 • D. Bartel, *Handbuch der musikalischen Figurenlehre*, Laaber 1985 • U. Kirkendale, *Bach und Quintilian – Die Institutio oratoria als Modell des Musikalischen Opfers*, in: *Bachtage Berlin Vorträge 1970 bis 1981*, hrsg G. Wagner, Neuhausen-Stuttgart 1985, S. 249–262 • D. Harrán, *Word-Tone Relations in Musical Thought: From Antiquity to the Seventeenth Century*. Neuhausen/Stuttgart 1986 • M.E. Bonds, *Wordless Music: Musical Form and the Metaphor of the Oration*, Cambridge|Massachusetts und London 1991 • F. Civra, *Musica Poetica: Introduzione alla retorica musicale*, Turin 1991 • W. Braun, *Deutsche Musiktheorie des 15. bis 17. Jahrhunderts. Zweiter Teil: Von Calvisius bis Mattheson*, Darmstadt 1994 • Cl.V. Palisca, *Studies in the History of Italian Music and Music Theory*, Oxford 1994, Reprint 2001 • R. Dammann, *Der Musikbegriff im deutschen Barock*, Laaber ³1995 • D. Bartel, *Musica Poetica: Musical-Rhetorical Figures in German Baroque Music*, Lincoln und London 1997 • W. Kirkendale, *On the Rhetorical Interpretation of the Ricercar and J.S. Bach's Musical Offering*, in: Studi Musicali 26 (1997) S. 331–376 • T. Borgerding, *Preachers, Pronunciatio, and Music: Hearing Rhetoric in Renaissance Sacred Polyphony*, in: The Musical Quarterly 82 (1998), S. 586–598 • V. Sandu-Dediu, *Studies in Musical Rhetoric and Stylistics (Studii de stilistica si retorica)*, Bukarest 1999 • G. Mathieu-Castellani, *La rhétorique des passions*, Vendôme 2000 • H.F. Plett, *Systematische Rhetorik: Konzepte und Analysen*. München 2000 • V. Sandu-Dediu, *Common Subjects in Musical Rhetoric and Stylistics: Aspects and Proposals*, in: Europe College Yearbook 1996–1997, Bukarest 2000, S. 367–410 • B. Wilson u.a., *Rhetoric and Music*, in: *Grove*, 2001, Bd. 21, S. 260–275 • N. Harnoncourt, *Musik als Klangrede: Wege zu einem neuen Musikverständnis*, Kassel 2002 • H. Krones, ›*Oratores, Poet[a]e, Mimi & Musici*‹: *Affekt, Gestik und Rhetorik in der Musik*, in: *Gestik und Affekt in der Musik des 17. und 18. Jahrhunderts*, hrsg. von B. Siegmund, Dößel 2003, S. 19–41 • M. Peters (Hrsg.), *Johann Sebastian Bach, Was heißt »Klang-Rede«?* München 2003 • Cl.V. Palisca, *Music and Ideas in the Sixteenth and Seventeenth Centuries*, hrsg. von Th.J. Mathiesen, Urbana/Chicago 2006 • H.F. Plett, *Literary Rhetoric: Concepts – Structures – Analyses*, Leiden u.a. 2010.

HFP

Rhythmus ▸ Mensuralnotation

Ricercar

Das Ricercar (auch ›Recercar‹, span. ›recercada‹ oder ›tiento‹ als Lauten- oder Orgelricercar) ist eines der ältesten selbständigen Instrumentalstücke. Es ist aus einem improvisierten Präludieren entstanden. Die ältesten Beispiele so benannter Stücke improvisatorischen Charakters finden sich in Sammlungen mit ▸ Intavolierungen von Vokalsätzen und Tänzen, die um 1500 in Venedig aufgezeichnet wurden, sowie in bei Ottaviano ▸ Petrucci gedruckten Lautentabulaturen – u.a. *Intabulatura de lauto*, 2 Bde., von Francesco Spinacino, Joan Ambrosio Dalza, *Padovane diverse, calate a la spagnola, calate a la italiana, tastar de corde con li soi recercar dietro, frottole*, 1508. In der Mitte des 16. Jahrhunderts entwickelte sich das Ricercar zu dem imitierenden Satz hin, der den gängigen anspruchsvollen Vokalkompositionen insbesondere Motette und Messe entlehnt ist. Die Tendenz zeigt sich schon bei

Francesco Canova da Milano in seinen Lautenbüchern von 1536 und 1548 und findet ihre Fortsetzung bei Simon Gintzler (1547), Valentin Bakfark (1552) und Antonio di Becchi (1568). – Daneben existiert das Übungsricercar für Soloinstrumente, vertreten beispielsweise in Sylvestro ▸ Ganassi de Fontegos *Regola rubertina* (1542/1543, Ricercare für ▸ Viola da gamba), Diego ▸ Ortiz' *Trattado de glosas* (1553, Ricercare für ▸ Violone) oder Giovanni ▸ Bassanos *Ricercate passagi et cadentie* (1585). – Die ersten Orgelricercare erschienen in Girolamo Cavazzonis *Recerchari motetti canzoni, libro primo* (1523 und sind differenzierter als die Lautenricercari gestaltet. Die Orgelrecercare übernehmen in der zweiten Hälfte des Jahrhunderts den imitatorischen Stil noch konsequenter als die Lautenkompositionen. Exemplarisch sind diesbezüglich Girolamo Cavazzonis Ricercare in *Intavolatura cioè recercari, canzoni, himni, magnificati […]* (1543), die überwiegend imitatorisch gestaltet sind. Claudio ▸ Merulo ordnet in *Ricercari d'intavolatura d'organo* (1567) Ricercare nach Modi, wie es in der zweiten Hälfte des 16. und im 17. Jahrhundert üblich wurde. Eine entscheidende Fortentwicklung erfuhr das Ricercar in Andrea ▸ Gabrielis posthum veröffentlichten Sammlungen von 1595 und 1596, deren Kompositionen zu stringenter motivischer Gestaltung tendieren. Einen Höhepunkt erreicht das Ricercar im 17. Jahrhundert in den Kompositionen Girolamo Frescobaldis. – Ab 1540 wurde das Ricercar auch in Stimmbüchern überliefert (*Musica nova*), damit sie in verschiedener Besetzung gespielt werden konnten: neben der Orgel auch von Instrumentenensembles, vokal oder gemischt vokal-instrumental.

Literatur:
A. Edler, *Gattungen der Musik für Tasteninstrumente, Teil 1: Von den Anfängen bis 1750* (Handbuch der musikalischen Gattungen 7,1), Laaber 1997 • H. Schick, *Ricercar*, in: *MGG²*, Bd. 8 (Sachteil), 1998, Sp. 318–331.

Richafort [Riçhaffort, Richauffort, Rÿchafort, Ricaforte, Richaforth, Ricartsvorde], Jean [Johannes]

* um 1480 Flandern (?), um 1550 Brügge (?)

Die Herkunft Richaforts ist unklar. Er wird sowohl als »Gallus«, als auch als Komponist aus Brabant und Flandern geführt. Eine Bezeichnung als »clericus Leodiensis« deutet an, dass er in der Diözese Lüttich seine Weihen empfangen hat, was wiederum für eine Abstammung aus dieser Gegend spricht.

Richaforts Werke, die sämtliche zeitgenössischen Gattungen (▸ Messen, ▸ Magnificats, ▸ Motetten, ▸ Chansons) umfassen, sind in ca. 90 Sammeldrucken und 120 Manuskripten vom Beginn bis zum Ende des 16. Jahrhunderts überliefert. Seine Motetten und Chansons bildeten beliebte Vorlagen für Parodiemessen (v.a. *Quem dicunt homines*). Einige seiner Werke sind in Handschriften überliefert, die den Bestand der Kapelle des französischen Königs tradieren.

1507 wurde er zum ›maître du chant‹ an St. Rombout in Malines (Mechelen) ernannt, doch folgte ihm bereits 1509 Noel Bauldeweyn in diesem Posten nach. Im November 1512 erhielt Richafort eine Pfründe in der Bretagne, ein Indiz dafür, dass er der Kapelle der Anne de Bretagne angehörte. Darüber hinaus dürften auch Verbindungen zur königlichen Kapelle ▸ Ludwigs XII. (Motette *Consolator captivorum*) bestanden haben. Beim Konkordat von Bologna (1516) wurde Richafort mit Pfründen und Auszeichnungen von Papst Leo X. belohnt und gehörte zur Kapelle ▸ Franz' I. Dokumente zu weiteren Anstellungen fehlen bis in die 40er Jahre des 16. Jahrhunderts. Im Mai 1543 wurde er zunächst für ein Jahr in das Amt des ›zancmeester‹ und ›kapelaan van den ontfanc‹ an St. Gilles in Brügge bestellt; im Juni 1548 übernahm er erneut diese Aufgabe. 1550 – und wohl nach Richaforts Tod – wurde Jacob Trehout mit der Stelle betraut.

Obwohl ein von Pierre de ▸ Ronsard erwähntes Schüler-Verhältnis zu ▸ Josquin Desprez nicht belegt ist, scheint eine enge Verbindung zwischen den beiden Sänger-Komponisten bestanden zu haben. Sie äußert sich sowohl im Aufgreifen von Kompositionstechniken (Motette *Misereatur mei*) als auch im Zitieren und Paraphrasieren von Motiven (Requiem). In seinen beiden Messen (*Missa O genitrix*; *Missa Veni sponsa christi*) folgt Richafort dem Muster der Imitationstechnik jener in den ersten Dezennien des 16. Jahrhunderts am französischen Königshof entstandenen Messen von Antoine de ▸ Févin, Jean ▸ Mouton oder Antonius ▸ Divitis.

Ausgaben:
Johannes Richafort, *Opera omnia* (Corpus mensurabilis musicae 81), hrsg. von H. Elzinga, o.O. 1979–1999.

Literatur:
M.E. Kabis, *The Works of Jean Richafort, Renaissance Composer (1480?–c1548)*, Diss. Univ. New York 1957 • J. Milsom, *Sense and Sound in Richafort's Requiem*, in: Early Music 30 (2002), S. 447–463 • H. Elzinga, *Three Masses super Jean Richafort's ›Quem dicunt homines‹* (Corpus mensurabilis musicae 81,4), Madison/Wisconsin 2005.

SG

Rinuccini, Ottavio
* 20.1.1562 Florenz, † 28.3.1621 Florenz

Rinuccini schrieb die Libretti zu den ersten Opern der Musikgeschichte und war maßgeblich an der Entstehung des Genres beteiligt. – Einem florentinischen Adelsgeschlecht entstammend, nahm Ottavio Rinuccini schon früh am höfischen Leben der ▸ Medici in ▸ Florenz teil. Entgegen früherer Annahmen war er wahrscheinlich nicht Mitglied von Giovanni de' ▸ Bardis ▸ Camerata Fiorentina, hatte jedoch Kontakt zu ihm. Mit Bardi schrieb er 1589 zur Hochzeit Ferdinands I. de' Medici sechs Intermedien, deren drittes die Eröffnungsszene des 1598 uraufgeführten Dramma per musica *Favola di Dafne* werden sollte. Die Vertonung von Rinuccinis Libretto durch Jacopo ▸ Peri und Jacopo ▸ Corsi zeichnete sich durch den neu entwickelten rezitativen Stil aus und begründete die Gattung der Oper, ist aber nur fragmentarisch erhalten. Laut eigener Aussage schrieb Rinuccini das Libretto nur, um die Macht moderner Musik zu testen. Anlässlich der Trauung der Maria de' Medici mit ▸ Heinrich IV. von Frankreich wurde 1600 *L'Euridice*, ein weiteres Werk Rinuccinis und Peris im neuen Stil, aufgeführt. Charakteristisch ist das von Rinuccini gewählte Lieto fine im Gegensatz zu Ovids tragischem Ende. In den folgenden vier Jahren war er aufgrund seiner Ernennung zum Kammerherrn zeitweise am französischen Hof tätig. Aus einer Zusammenarbeit mit Claudio ▸ Monteverdi entstand Rinuccinis bedeutendstes Werk, die 1608 in Mantua aufgeführte Oper *L'Arianna*, gefolgt von *Ballo delle Ingrate*, das einen starken Einfluss des französischen Ballet de cour aufweist. Für das in der gleichen Zeit verfasste Drama *Il Narciso* fand er allerdings keinen Komponisten mehr – nicht nur die Gunst der Medici hatte nachgelassen, auch avancierte nunmehr Rom statt Florenz zum Opernzentrum –, worauf sich Rinuccini vom Genre der Musikdramen abwandte und nur noch religiöse Gedichte, Pastoralen, Sonette, Madrigale und Canzoni verfasste.

Literatur:
A. Solerti, *Ottavio Rinuccini*, Hildesheim 1969 • G. Tomlinson, *Rinuccini, Peri, Monteverdi, and the humanist heritage of opera*, Ann Arbor 1984 • B. Bujic, *»Figura poetica molto vaga«: Structure and Meaning in Rinuccini's Euridice*, in: Early Music History 10 (1991), S. 29–62 • N. Schwindt, *Eros als Movens: Die Arbeit an Rinuccinis ›La Dafne‹*, in: Opernkomposition als Prozeß, hrsg. von W. Breig, Kassel 1996, S. 11–29 • B.R. Hanning, *Rinuccini*, in: Grove, Bd. 21, 2001, S. 430f. • Cl. Maurer-Zenck, *Der Orpheus-Mythos von der Antike bis zur Gegenwart: die Vorträge der interdisziplinären Ringvorlesung an der Universität Hamburg Sommersemester 2003*, Frankfurt am Main 2004, S. 11–35.

NKS

Rittertum ▸ Sozialgeschichte

Rogier, Philippe
* um 1560 Arras, † 29.02.1596 Madrid

Musikalische Erziehung und Ausbildung erhielt Rogier in der ›capilla flamenca‹ ▸ Philipps II. Ihr blieb er Zeit seines Lebens verbunden (1572: Chorknabe; 1584: Vizekapellmeister; 1586: Kapellmeister); auch seine Priesterweihe darf hier vermutet werden. Der Druck *Missae sex Philippi Rogerii atrebatensis …* (1598) erfüllt seinen letzten Willen und beinhaltet fünf seiner Messen (über Vorlagen von Jacobus ▸ Clemens non Papa, Thomas ▸ Crecquillon, Nicolas ▸ Gombert und Cristóbal de ▸ Morales).

Rogier war mit über 240 Kompositionen (▸ Messen, ▸ Magnificats, Offiziumskompositionen, ▸ Motetten, ▸ Chansons, ▸ Villancicos) in der Bibliothek Joãos IV. präsent. Ein Großteil wurde jedoch beim Erdbeben von Lissabon (1755) vernichtet. Die Verschiedenartigkeit seines Stils zeigt sich vor allem im erhaltenen Messœuvre: Traditionelle Techniken frankoflämischer Vokalpolyphonie (▸ Soggetto cavato, ▸ Cantus firmus- und Parodie-Technik) werden ebenso verwendet wie der moderne mehrchörige Stil mit Generalbass.

Ausgaben:
Philippe Rogier, Opera omnia (Corpus mensurabilis musicae 61), hrsg. v. L.J. Wagner, Rom 1974.

Literatur:
P. Becquart, *Musiciens néerlandais à la Cour de Madrid: Philippe Rogier et son école*, Brüssel 1967 • *Philippe Rogier et son école à la Cour de Philippe d'Espagne, un ultime foyer de la création musicale des Pays-Bas*, in: *Musique des Pays-Bas anciens – musique espagnole ancienne* (Colloquia Europalia 3), hrsg. von P. Becquart / H. Vanhulst, Brüssel 1985, S. 215–229 • D. Kirk, *Rediscovered Works of Philippe Rogier in Spanish and Mexican Instrumental Manuscripts*, in: *Gedenkschrift Robert J. Snow*, hrsg. von D. Crawford, Hillsdale/New York 2002, S. 47–74.

SG

Rom

Das römische Musikleben war im 15. und 16. Jahrhundert seit Beendigung des ▸ Schismas in erster Linie durch die päpstliche Kapelle geprägt, die eine Attraktion für Musiker aus dem Norden war. Daneben waren die Höfe der Kardinäle und die großen Kirchen der Stadt von Bedeutung. In der zweiten Hälfte des 16. Jahrhunderts kamen ▸ Bruderschaften und Kollegien hinzu.

Die päpstliche Kapelle erlebte einen Aufschwung nach der 1420 erfolgten Rückkehr von Papst Martin V. (Oddo Colonna, 1417–1431), der frankoflämische Sänger einstellte, und unter Papst Eugen IV. (Gabriel Condulmer, 1431–1447), unter dem die Sänger bezüglich der Pfründenvergabe privilegiert wurden. Berühmte Musiker in der Kapelle des zweiten Drittels des 15. Jahrhunderts waren Guillaume ▸ Dufay (1428–1437 mit Unterbrechung), Johannes ▸ Brassart (1431 für wenige Monate) und Jean ▸ Pullois (1447–1468). Letzterer diente unter vier Päpsten: Nikolaus V. (Tommaso Parentucelli, 1447–1455), Calixt III. (Alfonso Borgia, 1455–1458), Pius II. (Enea Silvio Piccolomini, 1458–1464) und Paul II. (Pietro Barbo, 1464–1471). Unter Sixtus IV. (Francesco della Rovere, 1471–1484) wurde die von ihm erbaute und 1483 vollendete Cappella Sistina zum bevorzugten Ort der päpstlichen Messen und die Musikerkapelle ebenfalls als Capella Sistina bezeichnet. In den letzten 16 Jahren des 15. Jahrhunderts – unter Innozenz VIII. (Giovanni Battista Cibo, 1484–1492) und Alexander VI. (Rodrigo Borgia, 1492–1503) bestand die Kapelle aus ungefähr 20 Sängern; berühmte Mitglieder waren ▸ Gaspar van Weerbeke (1780–1789), Mabrianus de ▸ Orto (1780–1789) und ▸ Josquin Desprez (1489 bis mindestens 1494). Sixtus IV. gründete auch die Kapelle der Peterskirche, die dann von Julius II. (Giuliano della Rovere) nach ihm selbst als Capella Giuliana bezeichnet wurde. Eine Blütezeit erfuhr die Kapelle unter den Medici-Päpsten Leo X. (Giovanni de' Medici, 1513–1521) und in den ersten Jahren von Clemens VII. (Giulio de' Medici, 1523–1534), die die Kapelle erweiterten – der von außerhalb Italiens kommende Hadrian VI. (Adrian von Utrecht, 1522/1523) starb nach kurzer Amtszeit. Costanzo ▸ Festa (1517–1545) diente auch noch unter dem folgenden Papst Paul III. (Alessandro Farnese, 1534–1549). Durch den ▸ Sacco di Roma 1527 folgte zwar ein Einbruch, dem jedoch durch die Neueinstellung von Sängern 1528 entgegengewirkt wurde.

Die lange Bleibezeit nicht nur von Festa, sondern auch von anderen bekannten Musikern wie Cristóbal de ▸ Morales (1535–1545) oder Jacques ▸ Arcadelt (1540–1551), der noch im Dienst Julius' III. (Giovanni Maria del Monte, 1550–1553) stand, verweist auf die anhaltende Bedeutung der päpstlichen Kapelle. Erst die Reformen des ▸ Konzils von Trient bewirkten durch die Umstellung des Repertoires und das Motu proprio Pauls IV. (Giovanni Piero Caraffa, 1555–1559) eine Reduzierung der Sänger, unter Sixtus V. (1585–1590) hatte die Kapelle noch 21 Mitglieder. Giovanni Pierluigi da ▸ Palestrina, der 1551 von Julius III. zum Kapellmeister der Capella Giulia ernannt wurde, wurde von Paul IV. wegen Verheiratung (Motu proprio) aus der Kapelle ausgeschlossen, erhielt jedoch unter Pius IV. (Giovanni Angelo Medici, 1559–1565) 1565 das Amt des ›compositore della cappella pontificia‹, das er auch noch unter den Folge-Päpsten, Pius V. (Antonio Michele Ghislieri, 1566–1572), Gregor VIII. (Ugo Buoncampagni, 1572–1585), Sixtus V. (Felice Peretti di Montalto, 1585–1590) und Clemens VIII. (Ippolito Aldobrandini, 1592–1605; die Amtszeit der Päpste Urban VII., Gregor XIV. und Innozenz IX. dauerten nur wenige Tage oder Monate) bis zu seinem Tod 1594 innehatte.

Ort der Aufführung von Musik war nicht nur die Kirche, sondern auch die Privatgemächer der Päpste, in der vor ausgewählten Zuhörern die ▸ Musica secreta (segreta) erklang, zu der nur die besten Sänger und Instrumentalisten herangezogen wurde; wahrscheinlich erklangen neben geistlichen Kompositionen auch weltliche Lieder wie ▸ Frottola und ▸ Madrigal. Im 16. Jahrhundert begleitete Musik insbesondere die ▸ Prozessionen, auf denen die päpstliche Kapelle repräsentierte; ein besonderes Ereignis war die Pfingstprozession 1519. Auch Karnevalsumzüge wurde von der Kurie bestritten und kontrolliert, die Allegorik diente dem Lob der Päpste.

Für die Musikpflege wichtig waren auch die Häuser der Kardinäle. Zum einen wurde musikalische Bildung als etwas Bedeutendes angesehen (siehe dazu die Abhandlung von Paolo ▸ Cortesi, *De cardinalatu* von 1510), zum anderen dienten Kapellen der Repräsentation. Renommierte Musiker standen in Diensten von Kardinälen, beispielsweise Adrian ▸ Willaert bei Ippolito d'Este, Nicola ▸ Vicentino widmete seine *L'antica musica* (1555) Ippolito II. d'Este, dieser förderte auch Palestrina. – An römischen Kirchen neben dem Petersdom wurden insbesondere seit dem 16. Jahrhundert Kapellen gegründet und Ausbildungsstätten für Sängerknaben geschaffen sowie der Orgelbau gefördert. Ab der zweiten Hälfte des 16. Jahrhunderts gewannen auch die ▸ Bruderschaften an Bedeutung für die Musikpflege, so insbesondere die berühmte Confraternita della SS. Trinita von Filippo ▸ Neri, die zur späteren Congregazio dell'Oratorio (▸ Oratorium) führte, in der das Singen von ▸ Lauden gepflegt wurden. Berühmte Drucker in Rom waren Andrea ▸ Antico und Valerio ▸ Dorico.

Literatur:
B. Janz, *Collectanea. II: Studien zur Geschichte der päpstlichen Kapelle*, hrsg. von B. Janz, Vatikanstadt 1994 • Kl. Pietschmann, *Rom*, in: *MGG*², Bd. 8 (Sachteil), 1998, Sp. 393–400.

Romance

Die spanische Romanze, eine narrative Ballade in ›romance‹, der kastilischen Volkssprache, gehört dem universalen Lied- und Vortragstypus des Erzählliedes für Gesang mit oder ohne Instrumentalbegleitung an. Als solches war sie als tief verwurzelte nicht-schriftliche Kultur in höfischen, städtischen und ländlichen Kreisen omnipräsent, als sich im 15. Jahrhundert auf der iberischen Halbinsel eine spezifische mehrstimmige Sonderform abzweigte. Der Hintergrund dafür war das von Staats wegen programmatisch begünstigte Nationalbewusstsein, das sich mit der politischen Zusammenführung der Königreiche Kastilien und Aragón im Anschluss an die Heirat der nachmaligen Katholischen Könige (1469) herausbildete und stark von den Ereignissen bei der strategischen Totalchristianisierung des Landes getragen war. Den Kern des rund fünfzig Belege aus etwa hundert Jahren umfassenden mehrstimmigen Repertoires bilden daher Erzählstoffe, die auf einschlägige historische oder politische Ereignisse in Vergangenheit oder Gegenwart abheben, so etwa das anonyme Lied über den Grafen *Alburquerque* oder Juan del ▸ Encinas berühmtes Lamento *Triste España sin ventura* nach dem Tod von Prinz Juan (1496) oder Königin Isabella (1504). Der Grundton der behandelten Themen ist zumeist feierlich klagend und konnte so auch modellhaft auf würdevoll-melancholische Texte über Geschichten von vergangener Liebe übertragen werden. Wie typisch für Erzähllieder, handelt es sich um unbegrenzte Folgen von gereimten Doppelversikeln (in den für die kastilische Poesie spezifischen Achtsilbern), die durch die musikalische Umsetzung in Form von vier verschiedenen, deutlich mit Kadenzen voneinander getrennten Phrasen zu vierzeiligen Strophen gruppiert werden und dabei nichts von ihrer elementaren Stringenz der kontinuierlichen Verserzählung einbüßen.

In vielen Fällen kann man davon ausgehen, dass einstimmige Weisen die Ausgangsbasis der drei- oder vierstimmigen Sätze waren, wo sie die texttragende Oberstimme von charakteristischem Gepräge bilden. Im ruhigen Tempo eines neutralen Zweier-Metrums schreiten sie deklamierend voran, allerdings nicht in rhythmischer Hinsicht, indem sie an den Sprechduktus angelehnt wären, sondern hinsichtlich der Melodiebildung, die – vor allem am Versanfang – von ›psalmodierenden‹ Tonrepetitionen dominiert wird und im weiteren Verlauf geringfügige, fast immer im Viertonrahmen bleibende Ausweichungen nach oben oder unten erfährt. Nur die Versenden erlauben zäsurierende Melismen gegenüber ansonsten strikter Syllabik. Die Begleitstimmen sind dem Cantus in strenger Homophonie angegliedert.

Für die mehrstimmige Romance sind die frühesten Quellen und teilweise auch die namentlich bekannten Komponisten identisch mit denen des sonstigen autochthonen polyphonen Repertoires, der ▸ Canción und dem ▸ Villancico: insbesondere der um 1500 angelegte Cancionero de Palacio mit Autoren wie Encina, Juan del Anchieta, Francisco della Torre, Antonio de Ribera, Francisco ▸ Peñalosa. Die Möglichkeit der in polyphonen Einzelstimmen überlieferten Romanzen in rein vokaler Ausführung ist daher im Analogieschluss denkbar, ebenso aber auch die Darbietung durch einen Sänger, der sich auf einem Zupfinstrument begleitet oder begleiten lässt. Dass Letzteres die wohl gängigere Variante war, lässt die weitere Geschichte der Gattung vermuten, die in der Mitte des 16. Jahrhunderts eine zweite Phase im Format des von einem differenzierten Vihuelapart (▸ Vihuela) begleiteten Gesangs erlebte, wie es die gedruckten Bücher der Vihuelisten auch notationstechnisch akkurat abbilden (z.B. Luis de ▸ Miláns *Durandarte buen cavallero*, in: *El maestro*, 1536, oder Enríquez de Valderrábanos »*Ro-*

mance de la muerte de Don Beltrán« *Los braços traygo cansados*, in: *Silva de Sirenas*, 1547). Entscheidend ist, dass der national geeignete Ton der ›solemnidad‹ mit dem prinzipiellen Kunstanspruch der komponierten Mehrstimmigkeit vereint wurde.

Literatur:
J. Etzion, *The Spanish Polyphonic Ballad in Sixteenth-Century Vihuela Publications*, in: *Musica Disciplina* 25 (1981), S. 179–197.

NSCH

Romanesca

Die Romanesca ist ein vokal und/oder instrumental ausgeführtes Lied, dessen Bezeichnung ›zu Rom gehörig‹ bedeutet bzw. sich in einem eher abwertenden Sinne auf eine volkstümlichen Herkunft aus Rom und Umgebung bezieht. Die Musik der Romanesca ist durch eine charakteristische Basslinie sowie ein zugehöriges Harmoniegerüst (III–VII–I–V–III–VII–I–V–I) geprägt. Sie steht im Dupel- oder Tripeltakt, das Bassgerüst kann rhythmisch frei variiert werden. Zwischen den hauptsächlichen Harmonien können weitere eingeschoben werden, ohne dass die Romanesca korrumpiert wäre. Weiter kann sie auch durch eine kadenzierende Ripresa (Hudson 1980) ritornellartig ergänzt werden.

Die frühesten musikalischen Belege zur Romanesca befinden sich in einigen ▶ Galliarden von Pierre ▶ Attaingnant (1530), in einer Pavana von Pietro Paolo Borrono (1536) sowie in Variationen auf das spanische Volkslied »Guàrdame las vaccas« bei Luis de ▶ Narváez (1538). Der Begriff selbst taucht hingegen erstmals in den Lautensammlungen von Pierre ▶ Phalèse (1546) sowie in den *Tres libros de música en cifra para vihuela* von Alonso ▶ Mudarra (Sevilla 1546) auf.

Abgesehen von den überlieferten Werken aus dem 16. Jahrhundert (Vincenzo ▶ Galilei 1584, Antonio Valente 1576 u.a.) erreicht die Romanesca in Italien ihren Höhepunkt im 17. Jahrhundert, und hier vor allem in der ein- und mehrstimmigen Vokalmusik mit Basso continuo (Giulio und Francesca ▶ Caccini, Stefano Landi, Adriano ▶ Banchieri, Girolamo Frescobaldi u.a.). Neben spanischen und französischen Tanzsammlungen kommt sie auch in Deutschland vor, so in Hans ▶ Neusidlers *Ein newgeordnet künstlich Lautenbuch* (Nürnberg 1540), wo sie eigenartigerweise »Ein gutter Venezianer Tanz« genannt wird.

Die Romanesca fand vielfach als »aria di ballo« Verwendung. Obwohl sie keinem eigenständigen Tanztypus zugeordnet werden kann, wurde das musikalische Gerüst vielfach der ▶ Galliarde zugrunde gelegt. Aufgrund der einprägsamen Harmoniefolge, zu der eine kontinuierlich absteigende Melodielinie (im Rahmen einer Quart) als Überstimme gespielt werden kann, eignet sich diese einfach zu memorierende Kombination von Harmonie und Melodie gut zum Improvisieren. So wurden viele Tänze, wie etwa ▶ Pavane, Galliarde und ▶ Passamezzo auf Grundlage der Romanesca improvisiert.

Literatur:
R. Hudson, *Ripresa*, in: *Grove*, Bd. 16 (1980), S. 51 • M. Cofini, *Romanesca* in: *MGG²*, Bd. 8 (Sachteil), Sp. 457–464.

MM

Rondeau / Rondellus

Im Gesamtbestand der mehrstimmigen ▶ Chanson des 14. und 15. Jahrhunderts bildet das Rondeau die in Anzahl, Vielseitigkeit und Wertschätzung bedeutendste der ▶ Formes fixes, die das dichterisch-musikalische Gattungssystem des französischen Liedes dieser Zeit untergliedern.

Wie die anderen Refrainformen ▶ Ballade und ▶ Virelai geht das Rondeau aus einstimmigen mittelalterlichen Liedtypen hervor. Seine kreisförmige Anlage, die ihm den Namen gab, wird als Produkt einer schriftlosen Tanz- und Singpraxis erklärt, in der sich aus dem Wechsel von variablen Gesangsteilen eines Vorsängers (»additamenta«) und gleichbleibenden Antworten der (tanzenden) Gruppe (»responsorium«) eine feststehende Formdisposition ergab. Im Unterschied zu den beiden anderen Formes fixes, die gewisse freie Anteile aufweisen, legt der Refrain beim Rondeau die Gestalt des gesamten Strophenkomplexes fest. Ausschließlich aus seiner Substanz hinsichtlich Versbau und Reimstellung (und somit Musik) werden die textlich neu hinzutretenden Abschnitte gebildet. Seit der Mitte des 13. Jahrhunderts ist die Form in ihrer Grundstruktur stabil: Einem zweigliedrigen Refrain folgt eine im Text neue Halbstrophe nach dem Bauprinzip der ersten Refrainhälfte, die von der ersten Hälfte des Refrains erwidert wird. Als dritter Teil erklingt eine vollständige Alternativstrophe (›tierce‹), die gleichwohl in Vers und Reim analog zum Refrain gestaltet ist und daher auf dieselbe Musik wie dieser vorgetragen wird. Den Abschluss bildet der vollständige Refrain. Die musikalisch-textliche Formel des Rondeaus lautet somit A B a A a b A B (Großbuchstaben bedeuten gleichen Text und gleiche Musik, Kleinbuchstaben abweichenden Text bei gleichem Versbau und gleicher Musik; siehe die schematische Darstellung im Artikel ▸ Bergerette).

Kennzeichen des Rondeaus ist somit einerseits die verschachtelte und asymmetrische Abfolge, die das Potenzial zu komplizierten Konstruktionen in sich trägt, wenn alle Teile berücksichtigt werden, andererseits die Möglichkeit zu einem völlig linearen und schlichten Verlauf, sofern man sich auf den reinen Refrain beschränkt. Denn im Gegensatz zu den anderen Formes fixes ist die musikalische Gestalt des Refrains in sich komplett und dadurch prinzipiell selbstständig. Darauf, dass Rondeaux durchaus auch als einfache oder gekürzte Strophe für musikalisch lebensfähig gehalten wurden, scheinen die Musikhandschriften zu verweisen, die nicht selten den Text der Halbstrophe, der Tierce oder beider nicht mitteilen. Zum anderen kennt das in sich bereits so komplexe Rondeau praktisch keine Folgestrophen, zumindest nicht im 14. und 15. Jahrhundert, was ihm bei aller Kompliziertheit den Charakter des Konzisen gegenüber der weitläufigeren, weil mehrstrophigen Ballade verleiht.

Aufgrund des verästelten Verlaufs, in dem immer wieder die Worte des Anfangs erscheinen, neigt das Rondeau als Gedicht dazu, dem Refrainbeginn den Charakter einer These oder Devise zu geben, die nicht nur zwischenzeitlich reaktiviert wird, sondern sich vor allem am Ende nach verschiedenen Ausführungen erfüllt oder aber in einem anderen Licht zeigt. Die Dichter steigern diesen verschränkten diskursiven Fortgang oft noch durch lange Sätze, die die einzelnen Strophenteile zusammenbinden, und durch Enjambements, mit denen die Versgrenzen überschritten werden. Die Rondeau-Form eignet sich daher besonders für rhetorisch ausgeklügelte, reflexive Lyrik, wobei zur Zeit der Grands Rhétoriqueurs in der zweiten Hälfte des 15. Jahrhunderts der Wiederholungszwang eine eigene thematische Qualität als melancholisches In-sich-Kreisen gewann. Indessen lassen sich die Refrain-Initien auch als Ausrufe oder Anreden gestalten (*Adieu...*, *Hélas...*, *Madame...*), auch weisen nicht alle, vor allem nicht alle vertonten Rondeaux komplizierte gedankliche Strukturen auf. Die Vielfalt der Möglichkeiten machte das Rondeau zu der beliebtesten französischen Gedichtform des 15. Jahrhunderts. Freud- wie schmerzvolle Liebesthematik hat noch mehr als bei seinen Nachbargattungen die Oberhand.

Die ersten, in einfachem Satz gehaltenen mehrstimmigen Rondeaux begegnen um 1300 bei Jehan Lescurel und Adam de la Halle, mit denen gleichzeitig das einstimmige Rondeau ausläuft. Doch es war insbesondere das Werk des Dichter-Komponisten Guillaume de Machaut, in dem das Rondeau ein eigenes Profil im Kontext der Formes fixes gewann. In der Gattungshierarchie steht es bei Machaut zwar noch unter der Ballade, doch bedachte er es stets mit anspruchsvollen Tonsätzen und machte es bisweilen zum Ort der spezifisch kompositorischen Raffinesse (z.B. *Ma fin est mon commencement* mit mehrfachem Krebskanon). Die ausdrückliche Betonung des musikalischen Interesses macht sich in der Neigung zu besonders weit ausladender Melismatik bemerkbar; noch bis Gilles ▶ Binchois und Guillaume ▶ Dufay haben sich Spuren davon erhalten, wenn vorzugsweise Rondeaux mit einem umfangreichen Melisma beginnen. Bei Machaut ist auch erstmals nachvollziehbar, wie in der musikalischen Gestaltung auf die Ablaufspezifik des Rondeaus reagiert wird. Da die Musik des Abschnitts A im zweiten und anschließenden dritten Teil drei Mal unmittelbar hintereinander erklingt (als a A a), wird dieser zumeist neutraler und ausbalancierter gestaltet als Abschnitt B, der individueller und intensiver wirken und auffälligere Elemente aufweisen kann, mit denen er gerne bereits einsetzt (z.B. durch einen Hochton, einen ungewöhnlichen Klang, einen rhythmischen Umschwung). Dieses Prinzip wird in vielen Rondeaux auch des nachfolgenden Jahrhunderts beachtet, teilweise dadurch, dass die Proportionen sich zugunsten eines längeren B-Abschnitts verschieben.

In den Hauptquellen der ▶ Ars subtilior ist das Rondeau gegenüber der Ballade noch stark unterrepräsentiert, z.B. stehen im alten Korpus des Kodex Chantilly mit bis ca. 1400 entstandenen Werken 70 Balladen 15 Rondeaux und 12 Virelais gegenüber. Die Umorientierung wird mit dem in den 1420/1430er-Jahren angelegten Codex Oxford, der bereits ein größeres Quantum an neuen Chansons von Dufay und Binchois enthält, greifbar (187 Rondeaux, 38 Balladen, 10 Virelais). Mit der wachsenden Bedeutung der Form und parallel zur Reduktion der ausladenden Ars-nova- und Ars-subtilior-Melismatik wuchs der Textumfang des Refrains. Während Machaut noch dem Modell der von dem Dichter und Theoretiker Eustache Deschamps »rondeau simple« genannten Form folgte (der Refrain besteht aus zwei Versen, der gesamte Strophenkomplex beläuft sich damit auf acht Verse), verlagert sich die Norm mit dem frühen 15. Jahrhundert auf das Rondeau quatrain (vier Refrainverse mit der üblichen Reimfolge ab ba, insgesamt 16 Verse nach dem Muster $A_1A_2B_1B_2$ $a_1a_2A_1A_2$ $a_1a_2b_1b_2$ $A_1A_2B_1B_2$; Deschamps hatte Lieder diesen Umfangs noch »rondeau double« genannt). Mit der zweiten Hälfte des 15. Jahrhunderts trat das Rondeau cinquain (fünf aab ba reimende Refrainverse, insgesamt 21 Verse) gleichberechtigt hinzu. Am Ende des Jahrhunderts wird das Ausscheiden der gewichtigen Ballade aus dem Formenkanon durch verschiedene Rondeaux von enormer Länge kompensiert.

Die interne Disposition des Rondeau-Refrains reflektiert den Spannungsbogen des grundsätzlich zweigeteilten Ablaufs. Abschnitt A endet regulärerweise auf einem nicht dem Schlusston entsprechenden Ton, oft auch ohne Standard-Kadenz und stattdessen mit einer schwebenden Mittelzäsur, deren Charakter gerne durch das Fehlen einer ›Generalpause‹ oder durch einen instabilen Klang (einen »Dreiklang« mit der Terz als imperfekter Konkordanz anstelle eines schlussfähigen reinen Quint- oder Oktavklangs) hervorgerufen wird. Die Handschriften signalisieren den Schlusspunkt des A-Abschnitts vielfach mit einem fermatenartigen Übereinstimmungszeichen (▶ Signum congruentiae). Dass es von den Schreibern nicht immer richtig positioniert ist, hängt auch damit zusammen, dass sich seit Binchois (z.B. *Seulle esgaree*) die Tendenz verstärkt, den Übergang in der Mitte des Refrains im Sinne eines musikalischen Enjambements regelrecht zu verschleiern. Der Eintritt des neuen Abschnitts erfolgt in diesem Fall nicht in allen Stimmen zur gleichen Zeit, was vor allem dann aufführungspraktisch gelöst werden muss, wenn auf A erneut A bzw. a folgt. Solche die kreisende Rondeau-Idee potenzierenden Verkettungsstrategien praktizierte Binchois sogar, indem er das Ende von B mit dem Beginn von A verschmolz (*Je ne pouroye*); auch Johannes ▸ Ockeghem greift in *L'autre d'antan* als Ende von B wörtlich auf die Anfangstakte von A zurück. Ein anderes Verfahren, den Wiederholungsgedanken musikalisch zu inszenieren (und die Textstruktur dabei nachgerade zu unterlaufen), bestand darin, die Anfänge von A und B einander motivisch anzunähern (z.B. Dufay, *Navré je suis* als Motivumkehrung in allen Stimmen, Loyset ▸ Compère, *Va t'en regret* als ähnliche Repetitionsfigur).

Nachdem die Rondeauform für die Chansonkomponisten am burgundischen Hof bzw. in dessen Umgebung (Binchois, Dufay) völlige Dominanz erlangte, bei manchen (Robert ▸ Morton, ▸ Hayne van Ghizeghem) sogar absolute Autorität genoss, wurde das Formenspektrum von den Musikern, die zeitweilig oder ganz im Dienst der französischen Krone standen (Antoine ▸ Busnoys, Ockeghem) erweitert. Einerseits wurde die Bedeutung der Rondeau-Form durch die seit den 1460er Jahren in diesem Komponistenkreis beliebte Praxis der kombinativen Chansons untergraben. Hier koppelte man den Rondeau-Text mit einem simultan ablaufenden weiteren Gedichttext, der meist der populären Sphäre entsprang und keiner Forme fixe folgte (z.B. Ockeghem, *S'elle m'amera / Petite camusette*). Andererseits bestand eine Alternative in der Einführung der Bergerette. Bezeichnenderweise verstand man diesen Sonderfall des alten Virelais aber als eine bereichernde Variante des Rondeaus, mit der man genau dessen Beschränkung auf die Substanz des Refrains aufzubrechen suchte.

Dem Wunsch nach Einführung neuen musikalischen Materials (vor allem im Zusammenhang mit immer länger werdenden Stücken) kamen manche Komponisten am Ende des 15. Jahrhunderts nach, indem sie konventionelle Rondeau-Texte nicht mehr streng im Sinne der Form umsetzten; mit am weitesten geht dabei Alexander ▸ Agricola, der in seinem Rondeau quatrain *Gardez voz bien de ce fauveau* bereits den Text durch Auslassungen modifiziert ($A_1A_2B_1B_2\ a_1a_2A_1 - a_1a_2b_1b_2\ A_1 - - -$) und diesen dann fast durchkomponiert ($A_1A_2B_1B_2\ c_1c_2A_1 - d_1d_2e_1e_2\ A_1 - - - +$ Anhang), was den Mottocharakter der ersten Refrainzeile (A_1) verstärkt, aber die Struktur insgesamt vereinfacht. Diese neue Interpretation der Form entspricht einer gewandelten Ästhetik, die der Dichtungstheoretiker Thomas Sébillet (*Art poétique françoys*, 1548) aus der Retrospektive so beschreibt: Rondeaux finde man bei den alten Dichtern, heute sei man gelangweilt von den endlosen Wiederholungen; wenn man jetzt noch Rondeaux schreibe, dann mit gekürztem Refrain, bis hin zum »Rondeau hemistiche«, das nur noch die erste Vershälfte der ersten Refrainzeile berücksichtige. Nach diesem Prinzip, bei dem man nicht mehr von Refrain, sondern von »rentrement« (Wiedereintritt) sprach, komponierte z.B. Orlande de ▸ Lassus Clément ▸ Marots Gedicht *Un bien petit* (gedruckt 1571) durch, wobei er den Halbzeilenrefrain jeweils zitathaft interpolierte.

Bereits um 1500 war das Gefallen an der Rondeauform deutlich zurückgegangen. Wenn traditionellere Komponisten, vor allem im Umfeld des habsburgisch-burgundischen Hofs der Margarethe von Österreich, wie Pierre de la ▸ Rue (z.B. *Tous nobles cueurs*) oder Matthaeus Pipelare (*Fors seulement*), noch mitunter daran festhielten, lässt sich dennoch meist eine Konzeption aus einem Guss beobachten, in der die Zweiteilung praktisch keine Rolle mehr spielt. Im frühen 16. Jahrhundert hat man zwar noch Rondeaux gedichtet, bei ihrer Musikalisierung wurde dem Formprinzip aber nicht mehr Rechnung getragen; Jean Conseil etwa verzichtete in seiner Vertonung von Marots Rondeau cinquain *De nuyt et jour* (gedruckt 1529) auf eine Zäsur nach dem dritten Vers, dafür wird der fünfte wiederholt.

Wie schon die einstimmigen Vertreter ausschließlich für Nordfrankreich nachweisbar sind, ist auch das mehrstimmige Rondeau weitestgehend auf den Aktionsradius der ▶ frankoflämischen Musiker begrenzt. Eine kleine Sondergruppe bilden die in diesem Stil schreibenden englischen Komponisten des 15. Jahrhunderts. Dufays *Dona gentile* ist eine der ganz wenigen Ausnahmen italienischsprachiger Rondeaux.

Literatur:
D. Slavin, *Some distinctive features of songs by Binchois: Cadential voice leading and the articulation of form*, in: Journal of Musicology 10 (1992), S. 342–361 • A.Z. Wesner, *The chansons of Loyset Compère: a model for a changing aesthetic*, in: Music in Renaissance cities and courts: Studies in honor of Lewis Lockwood, hrsg. von J.A. Owens und A.M. Cummings, Warren 1997, S. 483–501 • J.A. Bailey / B.A. Lee-De Amici, *Bridging the medial caesura: the wraparound rondeau*, in: Binchois studies, hrsg. von A. Kirkman und D. Slavin, Oxford 2000, S. 181–198 • Literaturwissenschaftliche Titel in ▶ Forme fixe.

NSCH

Ronsard, Pierre de
* 11.9.1524 La Poissonnière/Vendôme; † 27.12.1585 Priorei von St. Cosme, Tours

Nachdem er griechische und lateinische Literatur zusammen mit Rémy ▶ Belleau, Jean Antoine de ▶ Baïf und Joachim ▶ Du Bellay unter Jean ▶ Dorat am Collège de Coqueret in Paris studiert hatte, leitete Ronsard die poetische Gruppe, die als La ▶ Pléiade bekannt ist. Er genoss die Schutzherrschaft ▶ Karls IX., indem er ein jährliches Stipendium erhielt, ebenso wie Benefizien von zwei Prioreien. Am Hof arbeitete er mit verschiedenen Musikern zusammen, indem er Festveranstaltungen für Maria Stuart, Katharina de Medici, Karl IX. und später ▶ Heinrich III. entwarf. Nicolas de ▶ La Grotte publizierte seinen *Chant triomphal*, der den Sieg bei Jarnac 1569 feierte, *Stances prontement faites pour jouer sur la lyre* und *Pour le trophée d'amour* und ein ▶ Intermedium, das zwischen den Akten von Ludovico ▶ Ariostos Komödie *Belle Genièvre* in Fontainebleau 1564 gegeben wurde. 1571 rezitierten zwei Lyra-Spieler oder Lautenisten vor Karl IX. *Le Soleil et nostre Roy*; eine vierstimmige Vertonung von Fabrice Marin ▶ Caietan wurde 1576 veröffentlicht. Nach Karls Tod im Jahre 1574 war Ronsard weniger in das Hofleben involviert. Aber er fuhr fort zu dichten und 1578 publizierte er seine *Sonnets pour Hélène*. Sein Begräbnis wurde mit einem Requiem begangen, das von Jacques ▶ Mauduit komponiert wurde.

Seine Dichtung bezieht sich auf Musik, die metaphorisch für poetische Gestaltung steht, aber verrät nichts über eine möglich Musizierpraxis oder musikalisches Wissen; er gab zu, dass er selten sang und eine ›arme‹ Stimme hatte. 1569 beschrieb er detailliert eine Lyra, die ihm von Jean Belot geschenkt wurde und behauptete, dass er etwas klimpern und streichen gelernt habe; er erwähnte auch Antoine Potins Rekonstruktionen der antiken Lyra für ▶ Thibaut de Courville. Aber die meisten seiner musikalischen Referenzen sind neoplatonisch, indem er das Bild von musikalischen Instrumenten gebrauchte, um das Sujet und den Ton seiner Gedichte zu symbolisieren (die Lyra, Laute, Gitarre oder Harfe für das Lyrische, die Flöte, das Flageolet, das Chalumeau, die Sackpfeife, Musette für das Pastorale), und indem er Figuren aus der antiken Mythologie als Autoritäten seiner Ideen zitierte. 1560 schrieb er die Widmung an Franz II. zur Sammlung fünf- bis achtstimmiger Chansons von ▸ Josquin Desprez, Jean ▸ Mouton, Adrian ▸ Willaert, Jacques ▸ Arcadelt, Nicolas, Thomas ▸ Crecquillon, Orlande de ▸ Lassus und anderen, und revidierte die Widmung für eine zweite Edition, die für Karl IX. gedacht war (*Mélanges*) RISM 1572²). Seine philosophischen Argumente bezüglich des Nutzens der Musik – besonders ihre moralischen Fähigkeiten und die Wirkungen der Tonarten – geben die alten Ideen von Plato, Plutarch und Boethius wieder; aber 1560 behauptete Ronsard, dass die neuen Kompositionen von Lassus all diejenigen der alten übertreffen, selbst solche von Josquin und seinen Schülern. An anderer Stelle in seiner Dichtung erwähnte er virtuose Interpreten wie Albert de Rippe, Alfonso ▸ Ferrabosco und den Kastraten Estienne Le Roy.

Seine fünf Bücher mit ▸ Oden (1550–1552), die auf dem Modell von Horaz und Pindar basieren, und seine ▸ Sonette *Les Amours* (1552–1553), die Petrarca und weiteren italienischen Dichtern folgen, zogen bald die Aufmerksamkeit zeitgenössischer Musiker auf sich. Seine erste Edition der *Amours* enthielt einen Anhang mit neun vierstimmigen Vertonungen von Pierre ▸ Certon, Claude ▸ Goudimel, Clement ▸ Janequin und Marc-Antoine de Muret. Vier dieser Stücke wurden als polyphone ›timbres‹ bezeichnet, die dafür geeignet waren, auf andere Sonette gleicher prosodischer Struktur verwendet zu werden; so bietet Janequins Vertonung von *Qui voudra voir* ein Modell für 92 weitere Gedichte mit demselben Reim-Schema, und sein *Nature ornant* für weitere 59 Texte. Das gleiche Prinzip wurde auf vielfache Strophen einer *Ode* für den Kanzler Michel de l'Hospital und einer den Tod der Margarete von Navarra (1549) beklagenden *Hymne triomphal* angewandt, beide von dem jungen Goudimel vierstimmig vertont. Im Vorwort der *Amours* erklärte Ambroise de La Porte, dass Ronsard sehr darauf geachtet habe, dass das Metrum seiner Dichtung zur Musik der Lyra passe, während Ronsard selbst, in seinem *Abbregé de l'art poétique françois* (1565), später die Vorteile strophischer Regelmäßigkeit mit kurzen Zeilen und wechselnden männlichen und weiblichen Endungen für die Musik betonte.

Zwischen 1552 und 1600 wurden mehr als 200 Gedichte Ronsards von über 30 Komponisten vertont, einige vielmals. Zu den Sammlungen, die besonders von Musikern favorisiert wurden, gehören die Oden (1550–1552), die reichlich lyrische Metaphern enthalten, die Liebessonette *Amours* (1552–1553), die an den Florentiner Cassandre Salviati gerichtet sind, die strophische *Continuation des Amours* (1555–1556), die leichter, weniger italienisch und gefühlvoller im Ausdruck sind und Angevin Marie gewidmet waren, die humorvollen *Folastries* (1553), die postorale *Bocage* (1554), die anakreontischen Odeletten und ▸ Chansons der *Meslanges* (1554–1555) und die Dichtung für höfische Feste – *Elégies, mascarades et bergeries* (1565). In seinem ersten Buch der Oden erklärte Ronsard, dass er darauf geachtet habe, seinen Gedichten metrische Regularität zu geben, so dass sie auf Musik gesetzt werden konnten. Diese mystische Einheit von Dichtung und Musik resultierte aus dem Versuch, die klassische antike Lyrik wieder herzustellen, was von Marc-Antoine de Muret unterstützt wurde, der die Ronsard-Ode an Cassandre, *Ma petite colombelle*, 1552 vertonte.

Die Chanson-Anthologien, die in Paris in den 1550er und den 1560er Jahren publiziert wurden, enthalten polyphone Vertonungen von einzelnen Strophen von Chansons oder Auszügen von Élegies oder Odelettes von Goudimel, Jacques ▸ Arcadelt, M. Blancher, Durand, Etienne ▸ Du Tertre, Entraigues, Nicolas Millot, François Roussel und Guillaume ▸ Costeley. 1559 vertonte Pierre Clereau fünf Ronsard-Texte vierstimmig und sieben dreistimmig; die letzteren wurden 1566 im *Premier livre d'odes de Ronsard* wieder veröffentlicht. Clereau publizierte ein zweites Buch mit dreistimmigen Vertonungen von Oden 1566, und vereinigte beide Bücher in einer neuen Edition 1575. Während der 1570er Jahre vertonten flämische Komponisten (insbesondere Lassus, Philippe de ▸ Monte, Jean de Castro und François Regnard) viele Werke Ronsards ebenso wie provinzielle französische Komponisten wie Guillaume ▸ Boni, Antoine de Bertrand, Jean Maletty und Corneille de Blockland. Im letzten Viertel des Jahrhunderts gab es viele monodische Vertonungen von Jean Chardavoine, einige homophone Airs von Didier Le Blanc, Fabrice Marin ▸ Caietain, Claude ▸ Le Jeune und Pierre ▸ Bonnet. Reprints von den Oden Pierre Cleraus und Bonis Sonetten wurden im 17. Jahrhundert fortgesetzt, aber Philippe ▸ Desportes, Jean Bertaut, François Malherbe und andere verdrängten schließlich Ronsard als den bevorzugten lyrischen Dichter für das neue Air de cour.

Ausgaben:
Pierre de Ronsard, *Œuvres complètes*, 20 Bde., hrsg. von P. Laumonier, Paris 1924–1975.

Literatur:
G. Thibault / L. Perceau, *Bibliographie des poésies de P. de Ronsard mises en musique au XVIe siècle*, Paris 1941 • B. Jeffery, *The Idea of Music in Ronsard's Poetry*, in: *Ronsard the Poet*, hrsg. von T. Cave, London 1973, S. 209–239 • *Les musiciens de Ronsard*, in: Revue de Musicologie 74/2 (1988), mit Aufsätzen von I. Bossuyt, J. Brooks, G. Dottin, G. Durosoir, J.-P. Ouvrard, J.-M. Vaccaro • F. Dobbins, *Introduction to* Sonetz de Pierre de Ronsard mis en musique à quatre parties par Guillaume Boni, Paris 1987, S. 1–43 • J. Brooks, *French Chanson Collections on the Texts of Pierre de Ronsard, 1570-1580*, Diss. Catholic Univ. of America 1990 • J. Brooks, *Ronsard, the Lyric Sonnet and the Late Sixteenth Century Chanson*, in: Early Music History 13 (1994), S. 65–84 • K. van Orden, *La Chanson vulgaire and Ronsard's Poetry for Music*, in: *Poetry and Music in the French Renaissance*, hrsg. von J. Brooks u.a., Cambridge 2001, S. 79–109 • F. Dobbins, *Les musiciens toulousains de P. de Ronsard*, in: *L'Humanisme à Toulouse (1480–1596)*, hrsg. von N. Dauvois, Paris 2006, S. 459–482.

FD

Rore, Cipriano de
* 1515/1516 Ronse, † zwischen 11. und 20.9. 1565 Parma

Rore war einer der wichtigsten in Italien tätigen Polyphonisten des 16. Jahrhunderts.

Die Archivforschungen Albert Cambiers haben gezeigt, dass Rore in Ronse, einer flämischen Stadt westlich von Brüssel, geboren wurde. Der Name Rore ist aber keine Latinisierung, sondern etymologisch mit dem Verb ›rooien‹ (roden) verwandt. Diese Bedeutung kommt auch im Wappenschild der Familie zum Ausdruck, der zwei von einem Oval gerahmte gekreuzte Sensen zeigt. Rores Vorname stellt ebenfalls eine Verbindung zu Ronse her: Der Heilige Cyprianus wurde in der dortigen Kapitelkirche St. Hermes verehrt.

Über Rores frühe Jahre und Ausbildung ist wenig bekannt. Aus einigen Textzeilen im für Margareta von Parma komponierten Huldigungsmadrigal *Alma real, se come fida stella* scheint hervorzugehen, dass der Komponist und die Statthalterin der Niederlande einander schon früher begegnet waren. Diese Vermutung ließ sich aber bisher nicht bestätigen. Wann Rore in Italien eintraf, ist ebenfalls unklar. Man hat lange Zeit vermutet, dass er in den späten dreißiger und frühen vierziger Jahren als Sänger in der Musikkapelle der venezianischen Basilica di San Marco tätig war, doch dies ist nirgendwo dokumentiert. In einigen Quellen wird er zwar als Schüler Adrian ▸ Willaerts bezeichnet, aber dies muss nicht unbedingt auf eine enge Lehrer-Schüler-Beziehung hinweisen.

Die Forschungen Richard Agees haben gezeigt, dass Ruberto Strozzi und Neri Capponi – zwei Florentiner ›fuorusciti‹, denen Venedig als Zufluchtsort diente – Rores erste Mäzene waren. Aus diesen Briefen geht außerdem hervor, dass Rore sich zwischen 1542 und 1545 vermutlich in Brescia aufhielt und gelegentlich nach Venedig reiste. Aus diesen Jahren stammen auch einige Huldigungswerke für geistliche und weltliche Würdenträger (z.B. den Trienter Kardinal Cristoforo Madruzzo und den Herzog von Urbino Guidobaldo II. della Rovere), von denen Rore sich eine Anstellung erhofft haben mag. Gleichzeitig lässt sich aus den Kontakten mit aristokratischen Kreisen aus Nord- und Zentralitalien schließen, dass Rore schon früh ein hohes Prestige erlangt hatte.

Am 6.5.1546 bezog Rore sein erstes Gehalt als Kapellmeister am Hof des Herzogs Ercole II. d'Este in Ferrara. Er schuf für mehrere Mitglieder des Hauses ▸ Este Kompositionen. Seinem Brotherrn Ercole widmete er z.B. zwei Messen (*Vivat Hercules dux secundus* und *Praeter rerum seriem*) sowie die weltliche Motette *Labore primus Hercules*. Von Giovanni Battista Pigna stammen die ebenfalls von Rore vertonten Gedichte *Calami sonum ferentes* und *Volgi'l tuo ciel*, welche die Flucht Alfonso d'Estes nach Frankreich im Mai 1552 bzw. seine Rückkehr nach Ferrara im September 1554 besingen. Auch zu den anderen vom Haus Este geförderten Literaten pflegte Rore gute Beziehungen. Außer Vertonungen der Dichtungen Pignas, Giraldi Cinzios und Girolamo Falettis sind die Verwendung zweier seiner Madrigale in Cinzios Tragödie *Selene* sowie von Musik zu *stanze* aus Ludovico ▸ Ariostos *Orlando furioso* zu erwähnen.

Während seines Aufenthalts in Ferrara komponierte Rore weiterhin im Auftrag der religiösen und politischen Elite Europas (z.B. Karl V., Antoine Perrenot de Granvelle, Lamoral Graf von Egmont und Wolfgang Engelbert von Auersperg). Als er sich im März 1558 anlässlich des Todes seines Bruders Celestinus auf die Reise nach Flandern begab, machte er Halt in München, um die Herstellung der prachtvollen Handschrift (D-Mbs, Mus. Ms. B) zu beaufsichtigen. Diese Sammlung mit ▸ Motetten zu vier bis acht Stimmen, die von Miniaturen Hans Mielichs umrahmt ist und auch ein Porträt des Komponisten enthält, gehörte zur ▸ Musica reservata, wie sie am Münchner Hof besonders unter Albrecht V. gepflegt wurde. Dass Rore dort sehr beliebt war, geht aus einem Brief Albrechts V. an Ercole II. (25.4.1557) hervor, in dem er sich für die Zusendung einer Kopie von Rores *Missa Praeter rerum seriem* bedankt. Wie Massimo Troiano noch 1568 berichtet, wurden zwei ▸ Messen Rores während der Münchner Hochzeit Wilhelms V. mit Renata von Lothringen aufgeführt.

Nach dem Tod Ercoles am 3.10.1559 bewarb Rore sich vergeblich um die Verlängerung seiner Stelle als Kapellmeister. Francesco ▸ dalla Viola, der Alfonso bei der Veröffentlichung von Willaerts *Musica Nova* behilflich gewesen war, erhielt die Stelle. Durch die Vermittlung der in Brüssel residierenden Regentin der Niederlande Margareta von Parma wurde Rore 1560 an den Hof ihres Gatten Ottavio Farnese nach Parma berufen. Nach dem Tod Willaerts im Dezember 1562 trat Rore 1563 dessen Nachfolge als Kapellmeister der venezianischen Basilica di San Marco an. Bereits ein Jahr später gab er diese Position jedoch wieder auf und trat erneut den Dienst beim Herzog von Parma an, mit dem er während seines Aufenthalts in Venedig Briefkontakt gehabt hatte.

▸ Madrigale nehmen den größten Teil von Rores Œuvre ein. Mit seinem Debut *Madrigali a cinque voci*, das 1544 unter dem Titel *Il primo libro de madregali cromatici* neu aufgelegt und um einige Werke erweitert wurde, profilierte Rore sich gleich als reifer Komponist. In den Madrigalen zeigt sich ein deutlicher venezianischer Einfluss, der u.a. in der kompakten, imitativen Polyphonie, die zuvor nur für Motetten verwendet worden war, sowie der Vorliebe für das ▸ Sonett im Allgemeinen und Petrarcas *Canzoniere* im Besonderen deutlich wird. Anders als Willaert bevorzugte Rore düstere Texte, die mit einem extrovertierten und dramatischen Kompositionsstil einhergingen. Durch die Verwendung der Notation ›a note nere‹ (▶ Mensuralnotation) hat Rore die Skala rhythmischer Werte wesentlich erweitert. Das Madrigalbuch von 1542 ist außerdem die erste Sammlung, deren Anlage der modalen Ordnung folgt.

Im dritten Madrigalbuch (1548) weichen imitative Polyphonie und eine überwiegend diatonische Harmonik homophonen Passagen, abrupten Tempo- und Texturwechseln sowie flexiblen Sprachrhythmen; dies ist u.a. im *Vergine*-Zyklus erkennbar, der den Stil von Rores späteren Madrigalen vorwegnimmt. Zwischen ca. 1550 und 1557 veröffentlichte er offenbar fast überhaupt nichts. Nach dieser Zeit änderte sich nicht nur Rores poetischer Geschmack, sondern auch seine melodische und harmonische Sprache. Die Vertonungen einiger ›stanze‹ aus Ariostos *Orlando furioso* lehnen sich an die Tradition der ferraresischen ›improvvisatori‹ an; diesen Stil kombinierte Rore stellenweise mit einer kanonischen Schreibweise. Durch die Verwendung transparenter Texturen, einer homophonen Deklamation, einer reichhaltigeren harmonischen Palette und besonders lebendigen Textausdruck setzte Rore ein Zeichen für die zukünftige Musik.

In seinen letzten Lebensjahren hatte Rore Kontakt mit Giovanni Battista Benedetti, der während der Regierungszeit Ottavio Farneses als Mathematik-Professor in Parma tätig war. Benedetti schrieb Rore zwei Briefe (vermutlich ca. 1563), die Benedetti im *Diversarum speculationum [...] liber* (Turin, 1585) veröffentlichte. Anhand einer Stelle aus Rores vierstimmiger ▶ Chanson *En voz adieux* versuchte der Mathematiker, die Richtigkeit seiner These über Stimmungsprobleme beim Singen chromatischer Passagen zu erweisen.

Die Forschung zu den Motetten in Rores Œuvre ist nicht zuletzt von Fragen nach der Autorschaft bestimmt. Dabei wurden Stil, Quellen, Drucküberlieferung und – vor allem seit den Forschungsbeiträgen von Jessei Ann Owens – die Verwendung bestimmter ›tonal types‹ untersucht. Der einzige Druck, der ausschließlich Motetten Rores enthält, erschien 1545. Die modale Anordnung der Sammlung könnte auf Rores Aufsicht beim Druckprozess hinweisen. Sowohl der *Liber primus* (1544) als auch der *Terzo libro* (1549) sind dagegen Anthologien. Es ist anzunehmen, dass auch ein (heute verschollener) *secondo libro* existierte. Die Sammlung von 1563 enthält allein vierstimmige Motetten ›a voci pari‹, die möglicherweise als Gruppe konzipiert wurden. Eine erhebliche Anzahl von Rores Motetten ist darüber hinaus in wichtigen Handschriften überliefert. Das reich illuminierte, von Herzog Albrecht V. geförderte Manuskript (D-Mbs, Mus. Ms. B) enthält 26 religiöse und weltliche lateinische Kompositionen für vier bis acht Stimmen. Zwei Handschriften aus der Biblioteca Estense in Modena, die vermutlich ca. 1560 zu datieren sind, entstammen dem ferraresischen Hof.

Mehr als die Hälfte von Rores Motetten dürfte in den vierziger Jahren komponiert worden sein. Ihre genaue chronologische Einordnung ist jedoch problematisch. Folglich wurde auch die stilistische Entwicklung des Mottenœuvres nie eingehend untersucht. Trotzdem lässt sich, ähnlich wie bei den Madrigalen, eine Tendenz von kompakten kontrapunktischen Texturen zur größeren Transparenz mittels syllabischer Deklamation und erhöhten Textausdrucks feststellen. Chromatik wird meistens in einen polyphonen Kontext eingebettet. Der Münchner Kodex bietet einen Querschnitt von Rores Motettenschaffen: Er enthält nicht nur Werke, in denen der Komponist sich Techniken wie ▶ Kanon, ▶ Cantus firmus und Soggetto ostinato zu eigen macht, sondern auch ▶ mehrchörige und chromatische Stücke.

In mehreren seiner Messen bezieht Rore sich explizit auf das Erbe ▶ Josquin Desprez'. Die Rore zugeschriebene *Missa Vous ne l'aurez pas* ist eine fünfstimmige Messe ›a voci pari‹, der Josquins gleichnamige Chanson als

Vorlage diente. Die übrigen vier Messen Rores sind entweder nur handschriftlich überliefert oder wurden erst postum gedruckt. Aus seiner Dienstzeit in Ferrara stammen die oben bereits erwähnten, in Münchner Handschriften überlieferten Messen *Vivat felix Hercules secundus* und *Praeter rerum seriem*. In diesen Messen huldigte Rore nicht nur seinem Brotherrn Ercole II., sondern auch Josquin. Der wahrscheinlich kurz nach seiner Ankunft in Ferrara geschriebenen *Missa Vivat felix Hercules secundus* liegt – ähnlich wie Josquins *Missa Hercules Dux Ferrariae* – ein ▸ Soggetto cavato als Cantus firmus zugrunde. Die siebenstimmige *Missa Praeter rerum seriem* ist eine Parodiemesse (▸ Messe) auf Josquins gleichnamige Motette. Rore fügte ihr einen Cantus firmus zu den Worten »Hercules secundus Dux Ferrariae quartus vivit et vivet« hinzu, dessen Melodie auf der gregorianischen Melodie der Sequentia *Praeter rerum seriem* basiert.

Die vermutlich in den späten fünfziger Jahren komponierte *Missa a note negre* (vgl. die Notation des Madrigalbuchs von 1542) hat Rores Chanson *Tout ce qu'on peut* zur Vorlage. Die postum gedruckte *Missa Doulce mémoire*, eine Parodiemesse auf die wohlbekannte Chanson Pierre ▸ Sandrins, könnte eine der 1564 von Ferdinand II. von Tirol bestellten »zwey oder drey guete compositiones missae« sein (Brief vom 5.11.1564).

Rore schuf darüber hinaus eine geringe Anzahl weiterer liturgischer Kompositionen. In einem Druck von 1554 befinden sich ein Magnificat sexti toni sowie fünf Psalmen des Typus ›salmi a versi senza risposti‹ (d.h. ▸ alternatim, ▸ Psalmvertonungen). Ein Druck aus dem Hause Le Roy & Ballard (Paris 1557) enthält eine Rore zugeschriebene Johannes-Passion, die nahezu komplett homophon komponiert ist. Passagen für zwei (Christus: Tenor und Bassus; sonstige Personen: Cantus und Altus), vier (Evangelist) und sechs (▸ Turba) Stimmen wechseln einander ab.

Mehrere von Rores Madrigalbüchern wurden bis in die neunziger Jahre neu aufgelegt. Angelo ▸ Gardano druckte 1577 alle vierstimmigen Madrigale in Partiturform. In zwei Manuskriptanthologien (Bourdeney und Tarasconi) ist Musik Rores ebenfalls in Partitur überliefert. Die hohe Anzahl von Spartierungen könnte mit einer Aussage Vincenzo ▸ Galileis zusammenhängen. In seinem *Il primo libro della prattica de Contrapunto […] intorno all'uso delle consonanze* empfiehlt Galilei »colui che vorrà far progresso nell'arte del Contrapunto« (»jedem, der mit der Kunst des Kontrapunkts Fortschritte machen will«) u.a. die Musik Rores zu »spartire et con ogni diligenza essaminare« (»spartieren und genau untersuchen«) (Edition in Frieder Rempp, *Die Kontrapunkttraktate Vincenzo Galileis*, Köln 1980, Fol. 100v).

Rores kompositorische Vielseitigkeit sprach die Urheber gänzlich unterschiedlicher ästhetischer Programme an. So pries der konservative Theoretiker Giovanni Maria ▸ Artusi ihn als Ideal der ›prima pratica‹. Giovanni de' Bardi sowie Claudio und Giulio Cesare ▸ Monteverdi nahmen auf Rores späteres Madrigalœuvre Bezug und erklärten ihn zum Wegbereiter einer neuen Kompositionspraxis. Bardi lobte in seinem *Discorso sopra la musica e'l cantar bene* (ca. 1578–1579) insbesondere die erhöhte Textverständlichkeit, die Rore mittels einer transparenten Textur in u.a. *Se ben il duol* und *Schiet'arbuscel* erreichte, während die Gebrüder Monteverdi (im Vorwort zum fünften Madrigalbuch, 1605 bzw. in der *Dichiaratione* zu den *Scherzi musicali*, 1607) Rore als »primo rinovatore« der *seconda pratica* feierten.

Ausgaben:
Cipriano de Rore: *Opera Omnia* (Corpus mensurabilis musicae 14), hrsg. von B. Meier, 1959–1977.

Literatur:
J. Musiol, *Cyprian de Rore, ein Meister der venezianischen Schule*, Breslau 1933 • A. Johnson, *The Masses of Cipriano de Rore*, in: Journal of the American Musicological Society 6 (1953), S. 227–239 • B. Meier,

Staatskompositionen von Cyprian de Rore, in: Tijdschrift van de Vereniging voor Nederlandse Muziekgeschiedenis 21 (1969), S. 81–118 • J.A. Owens, *Cipriano de Rore a Parma (1560–1565). Nuovi documenti*, in: Rivista Italiana di Musicologia 11 (1976), S. 5–26 • J.A. Owens, *An Illuminated Manuscript of Motets by Cipriano de Rore (München, Bayerische Staatsbibliothek, Mus. Ms. B)*, Diss. Princeton Univ. 1978 • R.J. Agee, *Ruberto Strozzi and the Early Madrigal*, in: JAMS 36 (1983), S. 1–17 • J.A. Owens, *Music and Meaning in Cipriano de Rore's Setting of* Donec gratus eram tibi, in: Studies in the History of Music. Music and Language 1 (1983), S. 95–117 • M.S. Lewis, *Rore's Settings of Petrarch's* Vergine bella, in: Journal of Musicology 4 (1985–1986), S. 365–409 • A. Cambier, *Hoe de herkomst van Cypriaan de Rore ontrafeld werd*, in: Musica antiqua 5 (1988), S. 124–129 • M. Feldman, *Rore's »selva selvaggia«: The Primo libro of 1542*, in: Journal of the American Musicological Society 42 (1989), S. 547–603 • E.E. Lowinsky, *Cipriano de Rore's Venus Motet: Its Poetic and Pictorial Sources*, in: Music in the Culture of the Renaissance and Other Essays, hrsg. von B.J. Blackburn, Chicago und London 1989, Bd. 2, S. 575–594 • Ders., *Calami sonum ferentes: A New Interpretation*, in: dass., S. 595–626 • Ders., *Two Motets and Two Madrigals for the Este Family*, in: dass., S. 627–635 • J.A. Owens, *Mode in the Madrigals of Cipriano de Rore*, in: Altro Polo: Essays on Italian Music in the Cinquecento, hrsg. von R. Charteris, Sydney 1990, S. 1–15 • M. Feldman, *City Culture and the Madrigal at Venice*, Berkeley und Los Angeles 1995 • H. Schick, *Musikalische Einheit im Madrigal von Rore bis Monteverdi. Phänomene, Formen und Entwicklungslinien* (Tübinger Beiträge zur Musikwissenschaft 18), Tutzing 1998 • M.J. Budford, *Cipriano de Rore's Canonic Madrigals*, in: The Journal of Musicology 17 (1999), S. 459–497 • K. Schiltz, *»Harmonicos magis ac suaves nemo edidit unquam«: Cipriano de Rores Motette* Concordes adhibete animos, in: Archiv für Musikwissenschaft 62 (2005), S. 111–136 • J.A. Owens, *Cipriano de Rore's New Year's Gift for Albrecht V: A New Interpretation*, in: Die Münchner Hofkapelle des 16. Jahrhunderts im europäischen Kontext, hrsg. von B. Schmid und Th. Göllner, München 2006, S. 244–273.

KS

Rosseter, Philip
* 1568, † 5.5.1623 London

Der englische Lautenist und Komponist stand von 1604 bis zu seinem Lebensende im Dienst des englischen Königshauses. Zugleich bemühte er sich bis 1617 in außerordentlicher Weise um das Theater; er erhielt die Erlaubnis, eine Theaterschule zu gründen und ein neues Schauspielhaus zu eröffnen. Er war mit Thomas ▸ Campion befreundet, der ein Vorwort zu ihrer gemeinsamen Lautenliedsammlung *A Booke of Ayres* (1601) verfasste. Neben seinen Liedern, die insbesondere seine Bedeutung als Komponist ausmachen, komponierte er auch Consort-Musik (*Lessons for Consort*, 1601, unvollständig, für Laute, Diskantgambe, Baßgambe, Bandura, Cister, Flöte).

Ausgaben:
Music for Mixed Consort (Rekonstruktion der *Lessons for Consort*), hrsg. von W. Edwards (Musica Britannica 40), London 1977 • *The Complete Lute Solos of Philip Rosseter*, hrsg. von R. Spencer, J.H. Robinson und S. McCoy, London 1998.

Literatur:
J. Jeffreys, *The Life and Works of Philip Rosseter*, Aylesbury 1990 • D. Greer, *Rosseter*, in: Grove, Bd. 21 (2001), S. 716–717.

Rotenbucher, Erasmus
* um 1525 Braunau, † 13.7.1586 Nürnberg

Erasmus Rotenbucher war Lehrer und Herausgeber, der an den Universitäten von Ingolstadt und Wittenberg studiert hat. Ab ca. 1548 ist er in Nürnberg nachweisbar, wo er zunächst an der Schule bei St. Egidien, dann an St. Sebald wirkte. Über ein musikalisches Schaffen ist nichts bekannt. Rotenbucher hat sich einen Namen als Herausgeber der Sammlungen *Diphona amoena et florida* (Nürnberg 1549) und *Bergkreyen* (ebd. 1551) gemacht, die beide ausschließlich zweistimmige lateinische bzw. deutsche und anonyme französische Kompositionen (▸ Bicinien) enthalten. Seine Elegie auf den Tod Leonhard Pamingers (1567) lässt Rotenbucher als Schüler des Passauer Komponisten vermuten.

ALB

Rouen ▸ Frankreich

Round ▸ Kanon

Rudolf II.
* 18.7.1552 Wien, † 20.1.1612 Prag

Rudolf II. war 1572–1508 König von Ungarn und 1575–1611 von Böhmen und als Nachfolger seines Vaters ▸ Maximilian II. deutscher Kaiser seit 1576. Den Wissenschaften und Künsten zugetan war er politisch wenig aktiv; seine gegenreformatorischen Bestrebungen führten zu einem Aufstand in Ungarn, die Türkenkriege konnte er nicht beenden, an seine Brüder musste er schließlich Ungarn und Böhmen abtreten. – Rudolf II. residierte wie sein Vater in Prag. Er förderte Künstler und Gelehrte, darunter Johannes ▸ Kepler. Das bereits unter Maximilian hohe Niveau der Hofkapelle stieg weiter an, neben Philippe de ▸ Monte war Jacob ▸ Regnart als Vizekapellmeister beschäftigt. Durch dessen *Kurtzweilige teutsche Lieder nach Art der welschen Villanellen* fand der Einfluss der italienischen weltlichen Liedgattungen Eingang.

Literatur:
R. Lindell, *Das Musikleben am Hof Rudolfs II.*, in: *Prag um 1600. Kunst und Kultur am Hof Rudolfs II. Ausstellungskatalog*, Freren 1988, S. 75–83.

Rue, Pierre de la
* vielleicht um 1452 Tournai (?), wahrscheinlich aber erst zwischen 1460 und 1470, † 20. November 1518 Kortrijk (Courtrai)

Pierre de la Rue zählt zu der kleinen Gruppe franko-flämischer Sänger-Komponisten um die Wende vom 15. zum 16. Jahrhundert, die einen eigenen Stil geschaffen haben und auf demselben künstlerischen Niveau komponieren wie Jacob ▸ Obrecht und ▸ Josquin Desprez.

Die Konstruktion des Geburtsjahres 1452 stützt sich auf die äußerst fragwürdige Annahme der Identität de la Rues mit dem ausschließlich als Sänger nachweisbaren Peter vander Straten. Dieser war 1469/70 in Brüssel als Tenor angestellt, so dass Rue zu diesem Zeitpunkt ungefähr 18 Jahre alt gewesen wäre. Ausschließlich der Sänger Peter vander Straten ist für die Jahre bis zur Anstellung de la Rues am Hof der Habsburger (1492) dokumentarisch zu belegen. Wie üblich, erscheint eine Vielzahl von Schreibweisen in zeitgenössischen und späteren Dokumenten, sodass von einer Konstanz oder gar endgültigen Festlegung im heute üblichen Sinne nicht die Rede sein kann. Festzuhalten ist jedoch, dass die heute gebräuchliche Schreibweise La Rue ihren Ursprung im 19. Jahrhundert hat und es keine Dokumente aus dem direkten Umkreis des Komponisten hierfür gibt. Hingegen ist die Namensschreibung de la Rue, die in den Quellen häufigste und begegnet vor allem mit großer Konsistenz in den Dokumenten vom burgundisch-habsburgischen Hof.

Mit einiger Sicherheit erhielt de la Rue seine erste musikalische Ausbildung in der Maîtrise der Kathedrale seiner mutmaßlichen Geburtsstadt Tournai. Sicher ist auch, dass Rue die geistlichen Weihen eines Diakons, der Stufe unterhalb des Priesters, empfing, nicht aber, zu welchem Zeitpunkt dies geschah. Offenbar wurde Rue zu keinem Zeitpunkt zum Priester geweiht. De la Rue dürfte zudem einer der ganz wenigen bedeutenden Komponisten der Zeit gewesen sein, der nie in Italien gewesen ist. Vor dem 17. November 1492 erfolgte die Anstellung Rues durch ▸ Maximilian I. für die Kapelle seines Sohnes Philipp und ab diesem Zeitpunkt besitzen wir sichere Zeugnisse. Auf der untersten Stufe der Kapellhierarchie beginnend, stieg er langsam aber stetig auf. Als Mitglied der ›grande chapelle‹, die dem Herrscher überall hin folgte, begleitete Rue Philipp den Schönen auch auf dessen beiden Spanienreisen (1501–1503 und 1506).

Schon früh erhielt Rue seine erste Präbende vermutlich an der Kirche Sint Odenrode in dem gleichnamigen Ort, die er bis zu seinem Lebensende behielt. Weitere Pfründen folgten 1501 in Namur (Saint-Aubain), 1505 in Kortrijk (Onze-Lieve-Vrouwkerk), Dendermonde (Onze-Lieve-Vrouwkerk, vorübergehend) und 1509 in Gent (Sainte-Faraïlde).

Nach dem Tode Philipps (25. September 1506) in Spanien blieb de la Rue bis August 1508 als Kapellmeister, ein Amt, das er in der Heimat zu keinem Zeitpunkt innehatte, in den Diensten von dessen Witwe Juana, um dann in den Norden zurückzukehren. Unter der Regentschaft ▶ Margaretes von Österreich war der Hof nur selten auf Reisen und hielt sich zumeist in Mechelen und Brüssel auf. Als ▶ Karl V. 1515 für volljährig erklärt wurde, ging die Hofkapelle auf ihn über, und de la Rue schied aus dem aktiven Dienst aus. Die letzte Gehaltszahlung an ihn ist auf den 21. Januar 1516 datiert; die Jahre bis zu seinem Tode verbrachte de la Rue als Kanonikus an der Kirche Onze-Lieve-Vrouw in Kortrijk. Wie aus seinem Testament hervorgeht, war er ein wohlhabender Mann. So weit Rückschlüsse aus dem Text des verlorengegangenen Epitaphs möglich sind, scheint La Rue ein unprätentiöser, loyaler Diener seiner Herrn gewesen zu sein und zudem ein Leben ohne große Auffälligkeiten und Eitelkeiten geführt zu haben, wie es einem Geistlichen idealiter ansteht.

Bedingt durch seine lebenslange Tätigkeit an einem der kulturell ambitioniertesten Höfe der Zeit, ist die Überlieferung der Werke de la Rues hervorragend zu nennen. Im Komplex der habsburgisch-burgundischen Handschriften, entstanden v.a. in der Werkstatt des Petrus ▶ Alamire in Mechelen, nehmen seine Werke eine herausragende Stellung ein; Rue ist mit fast 200 Einträgen der mit Abstand am häufigsten vertretene Komponist. Die Handschriften selbst dienten gleichermaßen der höfischen Kulturpflege und Repräsentation wie als Geschenke im Rahmen familiärer und diplomatischer Beziehungen. Alle 30 zweifelsfrei echten Messen Rues sind in diesen Handschriften überliefert, 13 von ihnen nur hier. Vermittels dieser, wie auch weiterer Handschriften waren die Werke Rues über ganz Europa verbreitet. Hierbei ist jedoch zu bemerken, dass sich die geographische Streuung der Handschriften parallel zu den politischen Sphären vollzog, in die Rue aufgrund seiner Tätigkeit und der burgundisch-habsburgischen Handschriftenproduktion eingebunden war. In Italien etwa ist die Überlieferung so dürftig, wie bei kaum einem anderen Komponisten der Zeit, was aber auch damit zusammenhängen mag, dass Rue niemals in Italien gewesen ist. Die weltlichen Werke sind am stärksten in den Chansonniers I-Fc 2439 und B-Br 228 überliefert, die zum Komplex der burgundisch-habsburgischen Handschriften gehören (je 13 gesicherte Werke).

Bis heute werden die Werke Rues an denen Josquins gemessen, was völlig unangemessen ist, weil Rue einen ganz eigenen Stil entwickelt und kultiviert hat. Qualitativ stehen die Werke Rues hinter denen Josquins in keiner Weise zurück. Stilistisch ist die Verwandtschaft, insbesondere hinsichtlich der Melodiebildung, mit dem späteren Nicolas ▶ Gombert nicht zu übersehen. Jenseits von personalstilistischen Aspekten liegt es nahe, hierin auch den künstlerischen Ausdruck ästhetischer Prämissen zu sehen, wie sie in der habsburgisch-bugundischen Kapelle als normativ angesehen wurden.

Unübersehbar ist eine ausgeprägte Neigung zum ▶ Kanon und die Vorliebe für tiefe Klangregister. Die dissonanzreiche Stimmführung Rues negiert viele der zeitgenössischen Regeln. Zum Teil ist sie Resultat einer rigorosen Linearität und eines Höchstmaßes an Varietas in der entwickelnden ▸ Variation der Melodik. Eine prononcierte Rhythmik verstärkt den vorwärtsdrängenden Gestus der Musik ebenso wie das Vermeiden von stark gliedernden Kadenzen.

Deutlicher als bei der Mehrzahl seiner Zeitgenossen sind vier- und fünfstimmiger Satz von einander geschieden. Grundsätzlich lässt sich sagen, dass der vierstimmige Satz traditioneller und insgesamt einfacher wirkt; wogegen der fünfstimmige Satz ein ungleich höheres innovatives Potential entfaltet und auch technisch ungleich anspruchsvoller ist. Die leitende ästhetische Prämisse scheint die Idee der Varietas (▸ Variation) zu sein, vermittels derer eine höchst vielgestaltige Faktur generiert wird, der die für Josquin charakteristische Tendenz zur Systematisierung völlig abgeht.

Bei den ▸ Messen fällt die extreme Bevorzugung liturgischer Vorlagen (23 Werke) und vor allem marianischer ▸ Cantus firmi (11) auf. Einziger Anhaltspunkt für die Chronologie der Messen ist der Zeitpunkt der frühesten Überlieferung, wonach die im Chigi-Kodex (I-Rvat CVIII 234), in Ottaviano ▸ Petruccis Individualdruck 1503 und in den wahrscheinlich auf 1504/1505 zu datierenden Handschriften A-Wn 1783 und B-Br 9126 überlieferten Messen früher entstanden wären. Generell scheint es so zu sein, dass in jeder Messe ein spezielles kompositorisches Problem und dessen diskursive Behandlung für Rue im Vordergrund stand. Kompositions- und gattungsgeschichtlich, aber auch ästhetisch behaupten die Messen Rues einen ebenbürtigen Platz neben dem ganz anders gearteten Messenschaffen Josquins.

Das Korpus der ▸ Motetten Rues ist sehr viel kleiner als das der Messen und die meisten sind nur in einer oder zwei Quellen überliefert. Von 23 Werken verwenden nicht weniger als elf marianische Texte. Die Dominanz der Gattung der Messe gegenüber der Motette ist so bei keinem anderen bedeutenden Komponisten der Zeit zu beobachten.

Entschiedener als die Motetten und nahezu durchweg sind die 24 heute als authentisch angesehenen ▸ Chansons im Sinne der Gattungsgeschichte moderne Werke. Die Zurückhaltung gegenüber vorgegeben populären Liedmelodien und das Fehlen explizit erotischer Texte ist sicher Resultat des burgundisch-habsburgischen Kontextes und des dort herrschenden Geschmacks.

Ausgaben:
Opera omnia, hrsg. von N.St. John Davison u.a. (Corpus mensurabilis musicae 97), Neuhausen-Stuttgart 1989ff, bislang 9 Bde.

Literatur (umfassendes Verzeichnis in H. Meconi 2003):
M. Picker, *The Chanson Albums of Marguerite of Austria* (mit Ausgabe), Berkeley 1965 • H. Meconi, *Pierre de la Rue and Musical Life at the Habsburg-Burgundian Court*, Oxford u.a. 2003 (mit umfassendem Literaturverzeichnis) • L. Finscher, *Rue, Pierre de la*, in: *MGG*[2], Bd. 14 (Personenteil), 2005, Sp. 626–646 • M. Zywietz, *Musik am Hofe Karls V.* (Druck i. Vorb.).

MZ

Ruffo, Vincenzo
* um 1508 Verona, † 9.2.1587 Sacile

Der insbesondere für seine ▸ Madrigale einerseits und für seine ▸ Messen andererseits bedeutende Komponist Ruffo wurde 1520–1531 an der dem Dom in Verona angeschlossenen Scuola degli Accoliti ausgebildet (wahrscheinlich war sein Musiklehrer Biagio Rossetti, der Rektor und Domorganist); er war anschließend bis 1543 dort Kapellsänger und ist ab dann als Kleriker dort ausgewiesen (wahrscheinlich niedere Weihen, da er verheiratet war). 1542 wurde er Kapellmeister am Dom in Savona, trat 1543 in den Dienst von Alfonso d'Avalos (Gouverneur von Mailand) und war ab 1545 Kapellmeister am Hof von Andrea Doria, dem kaiserlichen Admiral in Genua. 1547–1563 weilte Ruffo in Verona, ab 1551/1552 als Maestro di musica an der Accademia filarmonica, ab 1554 als Domkapellmeister und Rektor seiner ehemaligen Scuola degli Accoliti. 1563–1572 war er Kapellmeister am Mailänder Dom unter Erzbischof Carlo Borromeo. 1573–1577 war er Kapellmeister am Dom von Pistoia, 1580–1587 an der Kathedrale von Sacile in Friaul.

Ruffos ▸ Madrigale – zwischen 1544 und 1560 wurden 260 Kompositionen in neun Madrigalbüchern und weitere in Sammeldrucken publiziert – nehmen eine wichtige Stellung in der Geschichte der Gattung um die Jahrhundertmitte ein, insbesondere durch seine Madrigale ›a note negre‹ bzw. cromatico (siehe Harrán; zum ›genere cromatico‹ ▸ Vicentino), als deren früher Vertreter er gelten kann. Gemessen an seinen hochrangigen Beiträgen, die insbesondere von seinen Zeitgenossen wie Vincenzo ▸ Galilei gepriesen wurden (für Galilei waren seine Madrigale Modellkompositionen), wurden Ruffos Madrigale in der musikwissenschaftlichen Literatur bis auf die frühe ungedruckte Dissertation Wtorczyks kaum berücksichtigt. Ruffos Madrigale, vor allem diejenigen im ›genere cromatico‹, weisen in ihrer intensiven Textausdeutung auf Kompositionen des späten 16. Jahrhunderts voraus und sollten diesbezüglich sowohl musikgeschichtlich als auch aufführungspraktisch entsprechend gewürdigt werden.

Die kirchenmusikalischen Kompositionen – insbesondere seine Messen – erfuhren hingegen eine intensivere Rezeption. Ruffo komponierte Messen parallel zu seinen Madrigalen, bereits 1542 erschien die Missa »Alma redemptoris mater«, 1557 folgte eine weitere Sammlung fünfstimmiger Messen. Während diese früheren Messen noch auf Vorlagen beruhen (meist lateinischen Motetten), sind die späteren, die er als Mailänder Domkapellmeister ab 1563 komponierte, bis auf eine einzige Ausnahme keine Parodiemessen mehr. Sie folgen vielmehr den Forderungen des ▸ Konzils von Trient nach Textverständlichkeit einerseits und halten sich an das Verbot der Verwendung lasziver Vorlagen in Kirchenkompositionen andererseits. Gegenüber den früheren Messen haben die späteren insbesondere in den textreichen Sätzen wie Gloria und Credo eine deutlich homophone Struktur, während Kyrie, Sanctus und Agnus weiterhin polyphone, z.T. imitatorische Faktur aufweisen. Auftraggeber der Messen war denn auch der Mailänder Erzbischof Carlo Borromeo, päpstlicher Konzilslegat und führende Kraft im Tridentium. Die Publikation von Ruffos *Missae quatuor ad ritum Concilii Mediolani* von 1570 sowie eine folgende Sammlung von 1572 sind denn auch speziell an den Maßgaben des Konzils orientiert und als Beispielkompositionen gedacht. Erst in späteren Messen wurde die strenge Deklamatorik in Gloria und Credo aufgelockert. – Die ▸ Motetten Ruffos zeigen Einflüsse seiner Madrigale.

Zu erwähnen sind vor allem noch Ruffos dreistimmige ▸ Capricci (1564), die »eine der musikgeschichtlich interessantesten Sammlungen von Instrumentalmusik des 16. Jahrhunderts« sind (Kämper). Sie umfassen instrumentale Bearbeitungen von Madrigalen und französischen ▸ Chansons, sind über Tanzmelodien, Solmisationsthemen (▸ Solmisation) oder andere ▸ Cantus firmi geschrieben. Die Stücke haben einen relativ hohen Schwierigkeitsgrad und sind kontrapunktisch sehr subtil gearbeitet. Dietrich Kämper sieht in Ruffos vielfältiger und wohldurchdachter Sammlung der Capricci eine Vorform des »Musikalischen Kunstbuchs«, da »mit nahezu enzyklopädischer Vollständigkeit alle Gattungen und Techniken kontrapunktischer Instrumentalkomposition ihrer Zeit« berücksichtigt sind.

Ausgaben:
Missae quatuor ad ritum Concilii Mediolani (1570), hrsg. von G. Vecchi (Antiquae Musicae Italicae Monumenta Veronensia 1), Bologna 1963 (geplante Ge-

samtausgabe, 1. Band, kein weiterer erschienen); *12 Madrigale* (Corpus mensurabilis musicae 73/1 und 4), hrsg. von D. Harrán, Rom 1978–1980; *Seven Masses* (Recent Researches of the Music of the Renaissance 32–33), hrsg. von L. Lockwood, 2 Bde, Madison/Wisconsin 1979; *The Anthologies of Black-Note Madrigals* (Corpus mensurabilis musicae 73), hrsg. von D. Harrán, Neuhausen-Stuttgart 1980; *Capricci a tre voci*, hrsg. von A. Bornstein, Bologna 1995; *Madrigali a sei, a sette et a otto voce, Venice 1554* und *Il primo libro de madrigali a cinque voci, Venice 1553* (Sixteenth-Century Madrigal 26 und 25), hrsg. von A. Bornstein, New York 1987 und 1988; *Missae Boromeae* (1592), hrsg. von S. Cisilino, Verona 1988; *Il primo libro de motetti* (1542) und *Motetti a sei voci* (1555) (Sixteenth-century Motet 19 und 20), hrsg. von R. Sherr, New York und London 1988; *Salmi suavissimi et devotissimi a cinque voci*, hrsg. von C. Berlese, Lucca 1997; *Opera nuova di musica intitolata armonia celeste* (1556), hrsg. von M. Materassi, Treviso 1997; 4 Madrigale, in: *Musica spirituale, libro primo, Venice 1563* (Recent Researches of the Music of the Renaissance 127), hrsg. von K. Powers, Middelton/Wisconsin 2001; V. Ruffo / A. Festa, *Completorium cum quinque vocibus. Salmi a 5 voci per l'ora di Compieta* (Studi e fonti per la storia della musica in Liguria 6), hrsg. von M. Tarrini, Genua 2004.

Literatur:
D. Wtorczyk, *Die Madrigale Vincenzo Ruffos*, Berlin 1955 (mschr.) • L. Lockwood, *The Counter-Reformation and the Masses of Vincenzo Ruffo*, Wien 1970 • D. Kämper, *Vincenzo Ruffos Capricci und die Vorgeschichte des musikalischen Kunstbuchs*, in: *Zeichen und Struktur in der Musik der Renaissance*, hrsg. von K. Hotschansky, Kassel u.a. 1989, S. 107–120 • C.Th. Leitmeir, *Ruffo*, in: MGG^2, Bd. 14 (Personenteil), 2005, Sp. 652–656.

ES

Ruggiero ▸ Aria, ▸ Ariosto

Ruzzante ▸ Beolco, Angelo

Sacco di Roma

Im Zuge der Kämpfe zwischen Kaiser ▶ Karl V. und dem französischen König ▶ Franz I. um die Vorherrschaft in Italien, in denen der Medici-Papst Clemens VII. eine profranzösische Haltung einnahm, kam es im Mai 1527 zur verheerenden Plünderung der Stadt ▶ Rom durch kaiserliche Söldnertruppen, die den Papst zur Flucht in die Engelsburg zwang und neben weitreichenden Zerstörungen über 30.000 Todesopfer forderte.

Der nachhaltige Schock, den dieses vielfach zum apokalyptischen Bestrafungsszenario stilisierte Ereignis unter den Zeitgenossen auslöste, fand auch musikalischen Niederschlag. So sah man in Costanzo ▶ Festas Psalmmotetten *Deus venerunt gentes* und *Exaltabo te Domine* sowie Philippe ▶ Verdelots Madrigal *Trist'Amarilli mia* direkte Bezugnahmen auf das traumatisierende Ereignis. Unklar ist, inwieweit bei den Verwüstungen im päpstlichen Palast Musikalien, insbesondere der päpstlichen Kapelle, zerstört worden sind. Jedoch spricht die Tatsache dafür, dass unter Clemens' Nachfolger Paul III. ein systematischer (Neu-)Aufbau von mehrstimmigem und Choralrepertoire zu beobachten ist.

Literatur:
E.E. Lowinsky, *A Newly Discovered Sixteenth-Century Motet Manuscript at the Biblioteca Vallicelliana in Rome*, in: Journal of the American Musicological Society 3 (1950), S. 173–232 • Don Harran, *The ›Sack of Rome‹ Set to Music*, in: Renaissance Quarterly 23 (1970), S. 412–421 • K. Pietschmann, *Kirchenmusik zwischen Tradition und Reform. Die päpstliche Kapelle und ihr Repertoire im Pontifikat Papst Pauls III. (1534–1549)*, Turnhout und Vatikanstadt 2006.

KP

Sachs, Hans
* 5.11.1494 Nürnberg, † 19.1.1576 Nürnberg

Hans Sachs gilt als der berühmteste der Meistersinger, der im 19. Jahrhundert großen Nachruhm erfuhr, gipfelnd als Hauptfigur in Richard Wagners Oper *Die Meistersinger* (1868).

Er wurde als Sohn eines Schneidermeisters geboren, besuchte 1501–1509 die Lateinschule, erlernte 1509–1511 das Schuhmacherhandwerk und wurde von Nienhard Nunnenbeck im Meistersingen unterrichtet. 1511–1516 war er auf Wanderschaft durch deutsche und österreichische Städte, 1513 beschloss er, Dichter zu werden. Nach Nürnberg zurückgekehrt wurde er 1517 Meister der dortigen Meistersingerzunft, wo er zunächst Kritik ertragen musste, bevor er ab 1524 zur führenden Figur wurde. 1519 heiratete er Kunigunde Creutzer, 1561, ein Jahr nach deren Tod, Barbara Harscher. Sachs blieb bis zum Ende seines Lebens in Nürnberg, errichtete einen Schuhmacherbetrieb und kaufte 1542 in der Spitalgasse ein Haus. Neben seiner Arbeit als Schuhmacher schrieb er über 4000 Meisterlieder, 1800 Spruchgedichte und mehr als 100 Fastnachtspiele, Komödien und Tragödien.

Seine literarischen Werke zeigen ihn nicht nur als Chronist, sondern auch als Kritiker seiner Zeit (Bernstein, S. 54), der vielfach in die Politik eingriff. In den Glaubenskämpfen nahm er Partei für Martin ▸ Luther (Gedicht *Die Wittenbergisch Nachtigall*, 1523, sowie vier Prosadialoge, darunter *Disputation zwischen einem Chorherrn und einem Schuhmacher*, 1524), in den Bauernkriegen für die Bauern (Flugblattgedicht *Der arm gemain esel*, 1525, gegen Luthers *Wider die mörderischen und räuberischen Rotten der Bauern*); 1526 bat ihn Andreas Osiander (der Vater von Lucas ▸ Osiander) um Mitarbeit an der Schrift *Auslegung der wunderlichen weissagung von dem papstum*, die 1527 verboten wurde und Sachs ein Schreibverbot eintrug. Er konzentrierte sich daraufhin in den nächsten beiden Jahren auf das Verfassen von Meisterliedern (200 zwischen 1527 und 1529), die laut der Schulordnung der Meistersingergesellschaften nicht veröffentlicht werden durften; anschließend widmete er sich der aktuellen Thematik der Türkenkriege. 1546 stellte er sich gegen den Schmalkaldischen Krieg (*Ein wunderlicher Dialog und neue zeittung*, der zu Lebzeiten nicht gedruckt wurde), 1557 schrieb er einen bösen Nachruf auf Markgraf Albrecht Alcibiades, der bei seinen Raubzügen auch Nürnberg belagert hatte.

Sachs hatte sich auf seinen Wanderjahren im ▸ Meistergesang gebildet, und man nimmt an, dass er die Stationen seiner Wanderschaft nach dem Bestehen von Meistersingerschulen ausgerichtet hat. Schon früh bemerkte er die negativen Seiten des streng reglementierten Meistergesangs; auf seiner Wanderschaft habe er nur Mittelmäßiges vorgefunden, von den Merkern werden nur die handwerklichen Momente und nicht etwa die Melodieführung beurteilt. Sachs zielte somit bei aller Lehrhaftigkeit seiner Texte auf den künstlerischen Aspekt, wie er in Richard Wagners Oper hervorgehoben wurde.

Unter seinen Meisterliedern beruht die etwas kleinere Hälfte auf geistlichen Texten, wie sie beim Hauptsingen der Meister in der Kirche vorgeschrieben waren; in Übereinstimmung mit seiner Parteinahme für Luther bestehen sie zu einem großen Teil aus versifizierten Bibelstellen und machten den Meistergesang somit überwiegend zu einer protestantischen Angelegenheit.

Die etwas größere Hälfte besteht aus weltlichen Texten, und Sachs gebührt das Verdienst, den Meistergesang säkularisiert zu haben. Die weltlichen Lieder basieren auf Stoffen antiker, mittelalterlicher und zeitgenössischer Schriftsteller, deren Werke er in seiner umfangreichen Bibliothek versammelt hatte (u.a. Giovanni Boccaccio, Plinius, Plutarch, Äsop, Ovid, Johannes Pauli, Albertus Krantz, Sebastian Franck).

Dass es sich um Bearbeitungen bestehender Stoffe handelte und nicht um Eigenschöpfungen, war zu der Zeit etwas durchaus Gewöhnliches, meist wurde sogar am Beginn eines Gedichtes auf die Quelle verwiesen (z.B. das Boccaccios bekannte Novelle bearbeitende Lied *Der edelfalk*, in dem das *Decameron* / ›Centonovella‹ zu Beginn erwähnt wird, siehe Maché).

An Melodien (›Töne‹ oder ›Weisen‹) sind 275 überliefert, darunter 13 zwischen 1513 und 1529 komponierte eigene Melodien, auf die die 4286 Meisterlieder gesungen wurden (▸ Meistergesang): Silberweise (die bekannteste), Goldener Ton, Hohe Bergweise, Gesangweise, Kurzer Ton, Langer Ton, Neuer Ton, Bewährter Ton, Rosenton, Klingender Ton, Spruchweise, Überlanger Ton, Morgen- oder hohe Tagweise. Eine inhaltliche Zuordnung der Töne war dabei nicht zwingend (im Rosenton stehen sowohl Liebeslieder als auch politische Lieder). Bis auf drei sind alle Töne in seinem zweiten und dritten Liederbuch von 1526/1528 und 1528/1531 überliefert, wo er sie selbst notiert hat; alle 13 Melodien stehen außerdem im *Singebuch* des Meistersingers Hans Puschmann, dessen *Grunntlicher Bericht des deutschen Meister Gesanges* (Görlitz 1571, ²1584, ³1596) eine Hauptquelle des Meistergesangs ist. Ausschlaggebend war aber die mündliche Weitergabe und damit auch eine mögliche Veränderung der Melodien.

Neben den Spruchgedichten und Meisterliedern schuf Hans Sachs wesentliche Beiträge zum Fastnachtsspiel (kurze Theateraufführungen von kostümierten Handwerksgesellen während der Fastnacht in Wirtshäusern) von überragender Quantität (über 80) und Qualität sowie eine Anzahl von Tragödien und Komödien mit lehrhaftem Charakter.

Ausgaben:
Hans Sachs, hrsg. von A. von Keller und E. von Goetze, Stuttgart 1870–1909, Reprint Hildesheim 1964–1982; *Das Singebuch des Adam Puschmann nebst Originalmelodien des Michel Behaim und Hans Sachs, 1588*, hrsg. von G. Münzer, Leipzig 1906; *Die Töne der Meistersinger*, hrsg. von H. Brunner und J. Rettelbach, Göppingen 1980.

Literatur:
U. Maché, *Boccaccio verbürgerlicht. Der edelfalk von Hans Sachs*, in: Gedichte und Interpretationen, hrsg. von V. Meid, Stuttgart 1982, ²2005, S. 68–80 • E. Bernstein, *Hans Sachs*, Reinbek bei Hamburg 1993 • ▶ Meistergesang.

ES

Sackbut ▶ Posaune

Salinas, Francisco de
* 1.3.1513 Burgos, † 13.1.1590 Salamanca

Der spanische Musiktheoretiker und Organist erblindete bereits im Alter von ca. zehn Jahren, wurde in Gesang und Orgelspiel unterrichtet und studierte später Philosophie und klassische Sprachen an der Universität Salamanca. 1538 reiste Salinas mit seinem Dienstherrn, dem Erzbischof von Santiago de Compostela, zu dessen Kardinalserhebung nach Rom, wo er in der Vatikanischen Bibliothek die Quellen der antiken Musiklehre studierte – ein Thema, das ihn nach eigener Aussage über zwanzig Jahre beschäftigte. Später bekleidete er, versehen mit einem päpstlichen Lehen und der Abt-Würde, unterschiedliche Organisten-Ämter, zuletzt (ab 1563) war er Domorganist in León; von hier aus übernahm er 1567 den Lehrstuhl für theoretische und praktische Musik an der Universität Salamanca, wo er bis zu seinem Tod lebte.

Salinas Bedeutung zeigt sich in seiner epochalen, 1577 in Salamanca erschienenen Schrift *De Musica libri Septem*, in der er seine Kenntnisse der Musiktheorie der Antike vermittelt und deren Anwendbarkeit auf die Musik seiner Zeit behandelt. Dieser Praxisbezug durchdringt als wesentliches Merkmal die theoretische Erörterung, wenn etwa der Stimmung von Musikinstrumenten ausführlich nachgegangen wird, wobei Salinas bereits das Prinzip der mitteltönigen Temperatur in seiner Berechnung der »soni medii« entwickelt. Einer praktischen Nutzbarmachung der antiken Genera stand Salinas letztlich kritisch gegenüber, da er zwar weiter in das komplexe Verhältnis von Tonus und ▶ Modus einzudringen verstanden hatte, dabei aber die praktischen Schwierigkeiten der Ausführung klar erkannte. Nach der humanistischen Musikauffassung seiner Zeit erarbeitete er nach Augustinus (*De musica*) eine Übertragung der antiken Versrhythmik-Lehre auf Dichtung und Musik seiner Zeit und gab in Übereinstimmung mit Aristoteles der solistisch vorgetragenen Stimme den Vorzug gegenüber polyphoner Musik.

Ausgabe:
De Musica libri Septem, Salamanca 1577, ²1592, Faks. Kassel 1958.

Literatur:
J. Barbour, *Tuning and Temperament. A Historical Survey*, East Lansing/Michigan 1951 • Cl. Palisca, *Humanism in Italian Renaissance Musical Thought*, New Haven und London 1985 • M. Lindley, *Stimmung und Temperatur*, in: Hören, Messen und Rechnen in der frühen Neuzeit (Geschichte der Musiktheorie 6), Darmstadt 1987, S. 109–331 • Cl. Palisca, *Die Jahrzehnte um 1600 in Italien*, in: Italienische Musiktheorie im 16. und 17. Jahrhundert. Antikenrezeption und Satzlehre (Geschichte der Musiktheorie 7), Darmstadt 1989, S. 221–306 • F.J. Ratte, *Die Temperatur der Clavierinstrumente. Quellenstudien zu den theoretischen Grundlagen und praktischen Anwendungen von der Antike bis ins 17. Jahrhundert*, Kassel 1991.

MG

Saltarello

Saltarello bezeichnet einen lebhaften Tanz, der durch Hüpfen und Springen charakterisiert ist. Die früheste musikalische Überlieferung stammt aus einer italienischen Handschrift des 14. Jahrhunderts (GB-Lbl Add.29887), deren vier Saltarelli formal an die ▸ Estampie erinnern.

Im 15. Jahrhundert unterscheidet man drei verschiedene Erscheinungsformen des Saltarello. Als eigenständiger Tanz zeichnet er sich durch lockeres Tanzen zur Musik einer ›alta capella‹ in Paarformation oder in freier Gruppenbildung aus, die einen promenierend, andere hüpfend, ohne dass choreographisch eine feste Form gegeben wäre. – Als Nachtanz zur ▸ Bassadanza bildet der Saltarello gemeinsam mit dieser die früheste, auch choreographisch dokumentierte Verbindung zweier Tänze, wo ein ruhiger Schreittanz mit einem bewegten Springtanz kombiniert ist. Ähnliches finden wir später bei Thoinot ▸ Arbeau als Bassedance-Tourdion bzw. in der Verbindung Pavane-Galliarde wieder. – Schließlich ist der Saltarello eine der vier möglichen ›misure‹ des Ballo, also einer der vier rhythmisch unterschiedlichen Abschnitte ▸ Bassadanza, ▸ Quadernaria, Saltarello und ▸ Piva, wie sie in der italienischen Tanztheorie des 15. Jahrhunderts belegt sind.

Die Bassadanza existiert auch als ein vom Ballo unabhängiger, eigenständiger Tanztypus. Dabei weist sie Abschnitte im ›tempo di saltarello‹ auf, wo die Tänzer zum langsamen Rhythmus der Bassadanza ihre Schritte im raschen Saltarellotempo ausführen. Der Grundschritt für den Saltarello besteht nach ▸ Domenico da Piacenza aus einem ›doppio‹ (Doppelschritt) mit einem anschließenden ›salteto‹ (Hüpfer). Von diesem ausgehend sind zahlreiche Variationen möglich, die jedoch in den Quellen zum Tanz nicht genauer beschrieben sind. – Im 16. Jahrhundert ist der Saltarello häufig als Nachtanz zu ▸ Passamezzo, ▸ Pavane und ▸ Paduana mit harmonischem und melodischem Material aus dem Vortanz zu finden. Er kommt weiterhin auch als völlig eigenständiger Tanz vor. – Thomas ▸ Morley (1597) und Michael ▸ Praetorius (1619) schreiben, dass die ▸ Galliarde in Italien Saltarello genannt wird. Eine wichtige Rolle spielt er in den ▸ Balletto-Choreographien der beiden Traktate von Fabritio ▸ Caroso (1581, 1600). Hier steht er an dritter Stelle der Abfolge Sonata-Gagliarda-Saltarello-Canario.

Der Saltarello wurde nicht in die Suite integriert und verschwindet gegen Ende des 16. Jahrhunderts aus dem höfischen Repertoire. Dagegen bleibt er als Volkstanz in vielen Regionen Italiens (Abruzzen, Marken, Romagna) namentlich erhalten und dient in stilisierter Form mit seinem raschen 6/8-Takt zur Charakterisierung ländlichen Milieus.

Literatur:
I. Brainard, *Saltarello*, in: *MGG²*, Bd. 8 (Sachteil), 1998, Sp. 874–878 • B. Sparti, *The 15th-Century Balli Tunes: A New Look*, in: Early Music, Bd. 14 (1986), Heft 3, S. 346–357.

MM

Sandrin [Regnault, Pierre]
* um 1490 (?), † nach 26.11.1560 (?) Italien (?)

Weil er wahrscheinlich Schauspieler war, bevorzugte der französische Komponist und Sänger oft den Spitznamen »Sandrin«. Aber die Quellen legen nahe, dass Sandrin gleichermaßen Chorknabe in der Kapelle von ▶ Ludwig XII. (1506) war und 1517 ein gewisser »maître Regnault, chantre« als Kammerdiener des Ehemanns von Marguerite d'Agoulême, dem Duc d'Alençon, angestellt war. Er trat zwischen 1533 und 1539 in die Kapelle ▶ Franz' I. ein und erhielt, nachdem er zum Priester geweiht wurde, mehrere Benefizien des Kapitels der Stiftskirche Saint-Florent de Roye in der Picardie, die er spätestens seit 1539 besaß. Er war Sänger und Kanoniker der Chapelle Royale bis 1560 und begab sich zu einem unbekannten Zeitpunkt nach Italien, wo er in Rom den Kardinal Ippolito d'▶Este, den Gesandten ▶ Heinrichs II. seit 1549, traf; als Kapellmeister des Kardinals (mindestens seit März 1554) folgte er ihm nach Sienna und Ferrara. Er starb in Italien, nachdem er spätestens im September 1560 kurz nach Paris zurückgekehrt war, um dort am 26. November 1560 sein Testament zugunsten seiner Dienerin Ragonde zu machen, damit sie sich um seinen »petit filz« Pierre Sandrin kümmere.

Obgleich er 1547 als »composeur« der königlichen Kapelle genannt wird – ein Titel, der in der Epoche in dieser Institution vollkommen neu ist –, existiert kein religiöses Werk von Sandrin; im Gegenteil umfasst sein heute überliefertes Schaffen fast 50 ▶ Chansons und ein ▶ Madrigal, alle für vier Stimmen. Einige Chansons sind auf Texte der Dichter des Hofes komponiert – Pierre de Bourdeille, Seigneur de Brantôme (*Il ne se treuve*), Claude Chapuys (*Celle qui fut*), Clément ▶ Marot (*Puisque de vous*), Mellin de Saint-Gelais (*Puisque vivre en servitude*), Jacques ▶ Peletier Du Mans (*Tous les malheurs*) – und sogar auf solche des Königs selbst: Vier Gedichte mindestens sind von Franz I. und eines von seinem Sohn Heinrich. *Doulce memoire* (Franz I. zugeschrieben) hatte außerordentlichen Erfolg und fand sich am Beginn mehrerer ▶ ›réponses‹ (von Sandrin selbst, Pierre ▶ Certon, Tilman ▶ Susato), von Adaptationen für zwei bis sechs Stimmen (u.a. Francesco de ▶ Layolle, Pierre de Manchicourt, Jacob Buus), von Messen (Thomas ▶ Crecquillon, Cipriano de ▶ Rore, Orlande de ▶ Lassus), einem Magnificat (Jacobus ▶ Clemens non Papa) und von zahlreichen instrumentalen Versionen für Laute, Cister, Tasteninstrument oder Gambe.

Die Mehrzahl seiner Chansons ist in Paris beim königlichen Drucker Pierre ▶ Attaingnant hauptsächlich zwischen 1538 und 1556 gedruckt, wohingegen das Madrigal *Amor, l'arco e la rete indarno tendi* 1557 in Venedig zusammen mit Madrigalen von Cipriano de ▶ Rore und anderen erschien. – Die Texte, die er in seinen Chansons vertonte, bestehen generell aus kurzen Epigrammen von acht oder zehn zehnsilbigen Versen, die nach einem dreiteiligen musikalischen Schema mit der Wiederholung des Schlussteils ABCC (*Helas amy*) oder ABAA (*Dames d'honneur*) komponiert sind. Häufig ist der Kontrapunkt sehr homophon (*Ce qui m'mest deu*); der Komponist lockert nur selten die Stimmenanzahl auf und die tiefste Stimme bildet die harmonische Stütze. Ungefähr ein Drittel der Chansons wechselt zwischen ternärem und binärem Metrum. *Puisque vivre en servitude*, eine Art französischer ▶ Frottola mit dem Rhythmus einer ▶ Galliarde, homorhythmischem Kontrapunkt, sehr einfacher Harmonik und der Bevorzugung der Oberstimme, bildet eines der berühmtesten Beispiele von Chansons, die Attaingnant von da an als »neu« bezeichnete und die Sandrin zu einem der ersten Komponisten der ›voix de ville‹ (▶ Vaudeville) machte. Seine letzte Chanson, *Amour si haut*, gedruckt bei Adrian ▶ Le Roy und Robert ▶ Ballard 1556, bietet einige typische Merkmale des Madrigals (beispielsweise abwechslungsreiche kontrapunktische Techniken und chromatische Harmonik).

Ausgabe:
Opera omnia, hrsg. von A. Seay (Corpus mensurabilis musicae 47), o.O. 1968.

Literatur:
C. Cazaux, *La musique à la cour de François Ier*, Paris 2002 • F. Dobbins / M.A. Colin, *Sandrin*, in: MGG², Bd. 14 (Personenteil), 2005, Sp. 924–925.

MAC

Sarabande / Zarabanda

Weder das Ursprungsland (Iberische Halbinsel, Mittelamerika) noch die Etymologie des Terminus ›zarabanda‹ sind geklärt. Während Marin ▶ Mersenne (*Harmonie universelle*, 1636) den Terminus von ›sarao‹ (Tanz) und ›banda‹ (Gruppe) ableitet, gilt nach jüngerer Forschung (Corominas 1991) das spanische ›zarandar‹ (sieben, schütteln) als Ursprungswort. 1569 wird eine »çarauanda« in einem Gedicht von Pedro de Trejo in Zentral-Mexiko erwähnt. Für das 16. und 17. Jahrhundert gibt es zwar keine genaueren Aufzeichnungen zum Tanz, im Allgemeinen wird sie jedoch als lasziver Tanz beschrieben, der wegen seiner erotischen Bewegungen Anstoß erregte. Sie wurde von Frauen solo oder auch von Paaren, vielfach unter Begleitung von Kastagnetten getanzt. In Frankreich steht der Terminus ›Sarabande‹ zum ersten Mal in César Oudins *Tresoro de las dos lengas francesa y española* (1607), wo sie als »une sorte de danse« verstanden wird.

Die früheste musikalische Quelle einer »Sarabanda« ist in Girolamo Montesardos *Nuova inventione d'intavolatura* (1606) überliefert. Ab diesem Zeitpunkt finden sich Sarabanden in zahlreichen Lautentabulaturen (Antonio Carbonichi, Francesco Corbetta u.a.) und anderen Musikquellen. Sie steht im 3/4- bzw. auch 6/4-Takt und ist in der Melodielinie durch gleichmäßig fortschreitende Halbe und Viertelnoten überwiegend ohne punktierte Notenwerte geprägt. – In Frankreich hingegen steht die Sarabande rhythmisch der ▶ Courante nahe, man spricht auch von einer Courante-Sarabande (Gstrein 1993). Im Laufe des 17. Jahrhunderts entwickelt sich hier der typische Sarabande-Rhythmus mit der Betonung auf der zweiten Zählzeit im Takt. Ab 1630 bildete die Sarabande als dritter Tanz nach ▶ Allemande und Courante einen festen Kern der Suite, dem ab 1667 (Esaias Reusner, *Delitiae testudines*) dann noch die ▶ Gigue folgt. Während in Italien für die Sarabande ein rasches Tempo gilt, wird sie im 17. Jahrhundert in Frankreich eher langsam und gravitätisch vorgetragen und bildet nicht selten einen Kontrast zu dem oft sehr virtuosen Schrittmaterial.

Ihren Höhepunkt erreichte die Sarabande im Barock, wo sie als virtuoser Tanz auf der Bühne, als Vokalmusik sowie vor allem als stilisierte Instrumentalmusik in unzähligen Quellen dokumentiert ist.

Literatur:
J. Corominas, *Diccionario crítico etymológico de la lengua Castellana*, Bern 1954 • R. Gstrein, *Die Courante – ein Beitrag zur Erforschung der Frühgeschichte der Sarabande*, in: *Tanz und Musik im ausgehenden 17. und 18. Jahrhundert* (Studien zur Aufführungspraxis und Interpretation der Musik des 18. Jahrhunderts 45), Michaelstein/Blankenburg 1993, S. 66–72 • R. Gstrein, *Die Sarabande. Tanzgattung und musikalischer Topos*, Innsbruck etc. 1997 • G. Giordano / M. Malkiewicz, *On the reading of the Sarabande as a dance/music-composition*, in: *Die Beziehung von Musik und Choreographie im Ballett*, hrsg. von M. Malkiewicz und J. Rothkamm, Berlin 2007, S. 87–104.

MM

Sarum rite / Use of Sarum

Bis zur Reformation der englischen Kirche unter ▸ Heinrich VIII. herrschte in weiten Teilen Englands eine modifizierte Form der römischen Liturgie vor, wie sie seit dem 13. Jahrhundert an der Kathedrale von Salisbury (Sarum) nach Einführung der Gottesdienstordnung durch Bischof Richard Poore üblich wurde. Die ältesten Gesangbücher nach dem Use of Sarum stammen vom Beginn des 13. Jahrhunderts, nach Erweiterungen und Modifizierungen entstand Mitte des 14. Jahrhunderts das *New Ordinal*, das bis zum 15. Jahrhundert in fast allen Teilen Süd- und Mittelenglands und bis 1542 auch in Canterbury sowie in Schottland, Irland und Wales in Gebrauch war; nur York blieb weitgehend unbeeinflusst. Das *Ordinal*, das die Konstituenten der ▸ Services und Anweisungen für deren Ablauf enthielt, wurde in einer verkürzten Form als *Directorium sacerdotum* 1487 erstmals gedruckt, es folgten das *Processionale* (London 1502), das *Hymnarium* »cum notis« (Rouen 1518), das *Antiphonale* (Paris 1519) und das *Graduale* (Paris 1527). Nach 1540 wurde der Use of Sarum auch in den säkularisierten Kathedralen eingeführt, bis er 1549 durch *The Booke of Common Prayer* (▸ Cranmer) ersetzt wurde. Der Sarum rite wurde bis zum Erscheinen der posttridentischen Bücher in heimlichen katholischen Gottesdiensten während der Regierungszeit ▸ Elisabeths I. weiterhin praktiziert. – Mit dem Sarum rite entstanden auch modifizierte Formen des ▸ Gregorianischen Chorals (*Graduale Sarisburiense* und *Antiphonale Sarisburiense*), die die ▸ Cantus firmi der englischen Mehrstimmigkeit bestimmten. Die sakralen mehrstimmigen Kompositionen wurden im liturgischen Kontext des Sarum rite aufgeführt.

Ausgaben:
The Use of Salisbury, hrsg. von N. Sandon, 4 Bde., Lustleigh 1984, 1986, 1991, Newton Abbott 1996 (Musik); *Use of Sarum*, hsg. Von W.H. Frere, 2 Bde., Cambridge 1898, 1901 (Text).

Literatur:
D. Hiley, *Sarum, Use of*, in: *MGG²*, Bd. 8 (Sachteil), 1998, Sp. 1014–1018 • N. Sandon, *Salisbury, Use of*, in: *Grove*, Bd. 22, 2001, S. 158–163.

Satzlehre / Satztechnik ▸ Kontrapunkt, ▸ Komposition

Savonarola, Girolamo [Hieronymus]
* 21.9.1452 Ferrara, † 23.5.1498 Florenz

Savonarola galt als der bedeutendste und umstrittenste Reformer und geistliche Autor des Dominikanerordens im späten 15. Jahrhundert. Als Sohn einer Paduaner Bürgersfamilie war Girolamo Savonarola zunächst dazu bestimmt, wie sein Großvater Michele den Beruf eines Arztes zu ergreifen. Das Medizinstudium brach er 1476 vorzeitig ab, um sich den Predigerbrüdern in Bologna anzuschließen. Im Jahr darauf zum Diakon geweiht, wurde ihm 1479 das Amt des Novizenmeisters im Ferraresischen Konvent übertragen. Ab 1482 hielt er als Lektor im Dominikanerkonvent San Marco in Florenz Vorlesungen über die Heilige Schrift. Dort festigte sich sein Ruf als flammender Redner und Mystiker, der in apokalyptischen Bußpredigten die Zustände der Zeit geißelte und in Erwartung des nahen Weltendes zu radikaler Umkehr aufrief. Ab 1487 wirkte er als Dozent in Bologna sowie in der Folgezeit als Prediger in verschiedenen Orten Oberitaliens. 1490 gelang es Lorenzo de' ▸ Medici (auf Anraten Giovanni ▸ Pico della Mirandolas), Savonarola nach Florenz zurückzuholen, wo dieser 1491 zum Prior von San Marco gewählt wurde. Als führender Kopf der Observanzbewegung nahm Savonarola eine umfassende Reform seines Ordens in Angriff, die er in der von ihm 1493 mit päpstlicher Approbation gegründeten toskanischen Reform-Kongregation umsetzte. Der politische Aufstieg Savonarolas begann im Jahre 1494, als Karl VIII. von Frankreich 1494 Piero de' Medici aus Florenz vertrieben hatte – ein Geschehen, das die prophetischen Visionen des flammenden Bußpredigers zu bestätigen schienen. Dies gab Savonarola Auftrieb, seinen Willen zur dringenden geistlichen Erneuerung des Abendlandes auch im Staatswesen durchzusetzen. 1495 löste der von den Volksmassen unterstützte Bußprediger die florentinische Oligarchie durch ein theokratisch legitimiertes Regime ab, die er in diktatorischer Manier leitete. Zumal nachdem er von missionarischem Eifer getrieben wurde, Kritik an Papst und weltlichen Herrschern übte und durch prophetische Predigten den Gang der Politik zu beeinflussen suchte, machte er sich einflussreiche Feinde. Papst Alexander VI., von Savonarola mehrfach als Antichrist apostrophiert, exkommunizierte ihn 1497 wegen Ketzerei und Ungehorsams. Da Savonarola aufgrund seiner drakonischen Reformmaßnahmen im sittlichen, wirtschaftlichen und politischen Bereich sowie seiner Weigerung, sich der antifranzösischen Liga anzuschließen, die Unterstützung des Volks verloren hatte, konnte ihm 1498 (nach einem unter Folter erpressten Geständnis) der Prozess gemacht werden. Am 23.5. wurde er auf der Piazza della Signoria hingerichtet und anschließend verbrannt. Der Vorwurf der Ketzerei wurde postum zurückgenommen; derzeit ist ein Seligsprechungsverfahren im Gange, dessen Ausgang aber ungewiss ist.

Trotz seines unrühmlichen Endes blieb Savonarola ein viel gelesener geistlicher Autor. Vor allem die nach erlittener Folter in Kerkerhaft entstandenen Meditationen über die Psalmen 50 (*Miserere mei*) und 30 (*In te Domine speravi*) erfuhren eine ebenso breite wie intensive Rezeption. Nicht zuletzt Reformatoren wurden in den Bann der rhetorisch eindringlichen Psalmauslegungen Savonarolas gezogen, die von Martin ▸ Luther besorgte Ausgabe bezeichnet den Autor sogar als »Heiligen« (*Meditationes sanctas huius sancti viri Hieronymi Savonarolae*, Wittenberg 1523). Als spiritueller Schlüsseltext von überkonfessionellem Rang erfreuten sich die Psalmmeditationen Savonarolas anhaltender Beliebtheit bei Komponisten der verschiedenen europäischen Nationen und Glaubensrichtungen, darunter ▸ Josquin Desprez, Jacobus ▸ Clemens non Papa, Cipriano de ▸ Rore, Adrian ▸ Willaert, Orlande de ▸ Lassus, Jacob Reiner, Claude ▸ Le Jeune, Simon Joly, William ▸ Byrd, William ▸ Mundy und Thomas Ravenscroft. Ähnliches gilt von Savonarolas Devise *Ecce quam bonum* (Psalm 132,1), die in einer schlichten Melodie zum musikalischen Schlachtruf der Anhänger Savonarolas, der sogenannten ›Piagnioni‹ wurde. Noch zu Lebzeiten des prophetischen Reformers in einer Reihe von mehrstimmigen Lauden überliefert, inspirierte dieses Motto auch spätere Sätze u.a. von Jean ▸ Richafort (*O quam dulcis*) und Philippe ▸ Verdelot (*Letamini in domino/Ecce quam bonum*).

Die musikalische Nachwirkung Savonarolas ist insofern bemerkenswert, als dieser im Rahmen seiner radikalen Reformpolitik jedweder Art von Kunst den Kampf angesagt hatte (auf dem Höhepunkt seiner Bewegung endeten unzählige Kunstwerke nebst anderem weltlichen Tand auf dem Scheiterhaufen). So nahm er ausdrücklich in Wort und Tat auch den kunstvollen Gesang aufs Korn. Dies hinderte ihn aber nicht daran, schlichte geistliche Gesänge für Massenaufläufe, politische Demonstrationen und religiöse Prozessionen nicht nur zuzulassen, sondern sogar zu fördern. Hierbei bedienten sich Savonarola und seine Anhänger zum nicht geringen Teil bei dem beliebten Repertoire der ▸ Canti carnascialesci, die allerdings von ihren oft schlüpfrigen und anstößigen Texten bereinigt und geistlich kontrafaziert wurden; einige Um- und Neudichtungen gehen sogar auf Savonarola selbst zurück.

Ausgaben:
Edizione Nazionale delle Opere di Girolamo Savonarola, Rom 1955–1976; *Savonarolan Laude, Motets, and Anthems*, hrsg. von P. Macey (Recent Researches in the Music of the Renaissance 116), Madison 1999.

Literatur:
K. Jeppesen, *Die mehrstimmige italienische Lauda um 1500*, Leipzig 1935 • G. Cattin, *Le poesie del Savonarola nelle fonti musicali*, in: Quadrivium 12 (1971), S. 259–280 • P. Macey, *The Lauda and the Cult of Savonarola*, in: Renaissance Quarterly 45 (1992), S. 439–483 • Ders., *Savonarola and the Sixteenth-Century Motet*, in: Journal of the American Musicological Society 39 (1986), S. 650–655 • Ders., *Bonfire Songs: Savonarola's Musical Legacy*, Oxford 1998.

CTL

Scandello [Scandellus, Scandelli], Antonio [Antonius]

* 17.1.1517 in Bergamo † 18.1.1580 in Dresden

Scandello gilt als einer der profiliertesten und einflussreichsten Komponisten des deutschsprachigen Raumes in der zweiten Hälfte des 16. Jahrhunderts. Von besonderer musikgeschichtlicher Relevanz sind seine Passionsvertonungen.

Scandello entstammte einer Familie von Stadtmusikern und erhielt von Jugend an Unterweisungen im Instrumentalspiel. 1541 wurde er als Zinkenist an der Kapelle von Santa Maria Maggiore angestellt. Anschließend begab er sich 1547 in den Dienst des Kardinals Cristoforo Madruzzo in Trient. Zwei Jahre später, 1549, gelang es dem protestantischen Kurfürsten Moritz von Sachsen, Scandello für seine neu gegründete Hofkapelle in Dresden zu gewinnen. Die Bekanntschaft Scandellos mit dem bis 1566 in Dresden amtierenden Kapellmeister Johann ▶ Walter erwies sich als fruchtbar und sollte seinen Kompositionsstil nachhaltig prägen. Nachdem Mattheus ▶ Le Maistre aus gesundheitlichen Gründen resigniert hatte, wurde Scandello 1568 in das Amt des Kapellmeisters am Hof zu Dresden erhoben.

Die musikhistorische Bedeutung Scandellos gründet in seinen ▶ Passions- bzw. ▶ Oratoriumsvertonungen. Die 1561 in Nürnberg erschienene *Passio. Das Leyden unserers Herrn Iesu Christ, nach dem H. Evangelisten Iohannes* vermittelt stilistisch zwischen der von Walter geprägten responsorialen lutherischen Passion und der italienischen motettischen Passion. Während der Evangelistenpart auf eine Stimme beschränkt bleibt, indem auf dem deutschen Lektionston rezitiert wird, erscheinen die Soliloquenten nach motettischem Muster zwei- bis dreistimmig, die Jesusworte vierstimmmig und die ▶ Turbae fünfstimmig. Hierfür könnten die Passionen des in Bergamo an Santa Maria Maggiore wirkenden Gasparo ▶ Alberti als Vorbild gedient haben. Wie in der Johannespassion sind auch in der *Auferstehungshistorie* (1573) die Worte Jesu mit vier Stimmen besetzt und die übrigen redenden Akteure zwei- bis dreistimmig komponiert. Es ist davon auszugehen, dass sich Heinrich Schütz bei seiner Osterhistorie aus dem Jahre 1623 von dem Modell Scandellos beeinflussen ließ.

Ausgaben:
Gesamtausgabe in: *Italian Musicians in Dresden in the Second Half of the Sixteenth Century, with an Emphasis on the Lives and Works of Antonio Giovanni Battista Pinello di Ghirardi*, hrsg. von D.O. Heuchemer, Diss. Cincinnaty 1997.

Literatur:
W. Steude, *Untersuchungen zur mitteldeutschen Musiküberlieferung und Musikpflege im 16. Jahrhundert*, Leipzig 1978 • L. Finscher, *Liturgische Gebrauchsmusik*, in: *Die Musik des 15. und 16. Jahrhunderts* (Neues Handbuch der Musikwissenschaft 3), Laaber 1989/1990, S. 422ff. • K. von Fischer, *Die Passion. Musik zwischen Kunst und Kirche*, Kassel u.a. 1997

- D.O. Heuchemer, *Scandello*, in: *Grove*, Bd. 22, 2001, S. 369 • A. Waczkat, *Scandello*, in: *MGG²*, Bd. 14 (Personenteil), 2005, Sp. 1064–1066.

TRI

Scève, Maurice
* um 1500 Lyon, † um 1560 ebenda

Maurice Scève war Dichter und führendes Mitglied der École lyonnaise, der Dichterschule von ▸ Lyon; er hat mit seinem umfangreichen, 449 ›dizains‹ umfassenden ›Canzionere‹ *Délie object de plus haulte vertu* (1544), seinem Hauptwerk, den ▸ Petrarkismus in Frankreich eingeführt. Nachdem er lange Zeit wenig Beachtung fand, gilt er heute als Wegbereiter der ›poésie pure‹ des Symbolismus. Weitere wichtige Werke sind *La Saulsaye, églogue de la vie solitaire* (1547) und das umfangreiche Epos *Microcosme* (1562), eine Literarisierung der Schöpfungsgeschichte, sowie *Arion, eglogue sus le trespas de feu Monsieur le Daulphin*. – Die musikalischen Kenntnisse Scèves sind nur indirekt zu ermitteln. Dass er musikalisch versiert war, ist aus seiner Freundschaft mit dem musiktheoretisch versierten Pontus de ▸ Tyard zu schließen wie auch aus seinem poetischen Werk, in dem nicht nur Musik allgemein thematisiert wird, sondern auch musiktheoretische Kenntnisse durchscheinen. Diese gehen wahrscheinlich auf eine Lektüre Marsilio ▸ Ficinos zurück, der auch Tyard geläufig war (und den von Ficino beeinflussten Gregor Reisch; Saulnier, S. 92). Insbesondere der Schluss des zweiten Buches des *Microcosme* (ab Vers 902) thematisiert die Wirkungen der Musik (Trost zu spenden, dem Propheten die Zukunft voraus zu sagen, die Tiere zu zähmen, bei kriegerischen Auseinandersetzungen zu ermutigen) und enthält musiktheoretische Termini (wie bspw. die Modi; auch Tubal Kain wird erwähnt). Scève greift auch in ornamentalen Details seiner Texte auf musikalische Topoi zurück wie beispielsweise den Gesang der Vögel oder die Nennung von Instrumenten, insbesondere in *Arion*, der mit seiner Musik alle bezaubert (Verse 9, 11, 13, 33, 97, 169), wie auch in *Saulsaye* (Verse 18, 248, 266, 289). Orpheus wird im 316. und 445. ›dizain‹ von *Délie* genannt, auch der Gesang zur Laute wird dort mehrfach poetisiert. Die ›Musikalität‹ seiner Verse, die ihn als ›Vorläufer des Symbolismus‹ apostrophieren, wird von Wissenschaftlern thematisiert. – Von seinen Gedichten wurde eine kleinere Anzahl vertont, alle aus *Délie* (siehe Alduy, S. 222–225 und Saulnier, S. 95f.): Jean ▸ Maillard (›dizain‹ 89), Jean Boyvin (131), Pierre ▸ Certon (82), Dominique Phinot (4 bzw. 5, 256, 364), Pierre de Villiers (41) und Simon Levrard (334); hinzu kommen 12 Vertonungen aus dem 20. Jahrhundert.

Literatur:
V.L. Saulnier, *Maurice Scève et la musique*, in: *Musique et poésie au 16ème siècle. Colloques internationaux du centre national de la recherche scientifique, 3.6.–4.7.1953, N° 504*, Paris 1954, S. 89–103 • R. Aulotte (Hrsg.), *Précis de littérature française du XVIe siècle. La Renaissance*, Paris 1991 • F. Lestringant, *Scève*, in: *Dictionnaire des écrivains de la lange française*, hrsg. von J.-P. de Beaumarchais, D. Couty und A. Rey, Bd. 2, Paris 1994 • P. Bonniffet, *Structures sonores de l'humanisme en France: de Maurice Scève: Délie, objet de plus haulte vertue (Lyon, 1544) à Claude Le Jeune, Second Livres des Meslanges (Paris 1612)*, Paris 2005 • C. Alduy, *Maurice Scève* (Bibliographie des Écrivains français), Paris 2006.

ES

Schäferspiel ▸ Pastorale

Schalmei

Schalmeiartige Instrumente fallen sowohl hinsichtlich der Bezeichnung als auch der Bauart regional unterschiedlich aus. Übergänge zu Volksmusikinstrumenten sind fließend. Entsprechend der von Erich Moritz von Hornbostel und Curt Sachs eingeführten Systematik (S. 587f.), könnte im weitesten Sinne als Schalmei (von lat. calamus = Schilfrohr) jedes Blasinstrument mit Auf-, Gegen- oder Durchschlagzunge bezeichnet werden, in Deutschland steht die Bezeichnung Schalmei meist, jedoch nicht ausschließlich, für konisch gebohrte Instrumente mit Doppelrohrblatt und vorderständigen Grifflöchern, die mit Hilfe einer Pirouette angeblasen werden wie Schalmei, Pommer, Doucaine, Dolzaina, Rauschpfeife u.a. Jedoch zählen zu den Schalmeien auch einige Windkapselinstrumententypen mit konischer Bohrung (Windkapsel-Schalmeien) wie z.B. die Schreierpfeife.

Die Diskrepanz zwischen abgebildeten, beschriebenen und überlieferten Instrumenten ist erheblich. Inwieweit schalmeiartige Instrumente des 17./18. Jahrhunderts bereits in der Renaissance gebaut oder gespielt wurden, ist vielfach kaum zu entscheiden. Dies betrifft etwa die Deutsche Schalmei, die entwicklungsgeschichtlich zwischen Pommer und Oboe einzuordnen ist.

Die bei Marin Mersenne (1636) zuerst beschriebene Pirouette dient zur Entlastung der Lippenmuskulatur im Unterschied zu einer vor allem im östlichen Mittelmeerraum und in Asien benutzten Lippenscheibe, die das Blatt im Mundraum frei schwingen lässt und damit einen nicht kontrollierbaren, schnarrenden Ton erzeugt. Mit der Pirouette ist ein in Ansätzen mit den Lippen kontrollierbarer labialer Ansatz möglich, auch wenn eine beträchtliche Lautstärke mit dieser Blastechnik entsteht. Sie stellt somit eine Übergangsform zwischen Windkapsel und einem für die Neuzeit typischen labialen Ansatz dar, der für eine individuelle Tonformung notwendig ist.

Kennzeichnend für den im 15.–17. Jahrhundert verwendeten Schalmeitypus sind konische Innenbohrung, Pirouettenaufsatz, sieben vorderständige Grifflöcher, das Fehlen eines Daumenlochs sowie die weitausladende Stürze. Das siebte Loch für den kleinen Finger ist doppelt vorhanden, um sowohl mit der rechten als auch mit der linken Hand die untere Grifflochposition abdecken zu können. Je nach Bedarf wurde das nicht benutzte Griffloch verschlossen. Zur Intonationskorrektur befanden sich bis zu vier Löcher unterhalb des tiefsten Grifflochs. Die überlange Stürze bewirkte einen kräftigen Klang.

Englische und französische Bezeichnungen für die Schalmei, shawm bzw. hautbois, beziehen alle Stimmgrößen mit ein. In anderen Sprachen, so auch im Deutschen, unterscheidet man zwischen den Diskant-Schalmeien ohne Klappen und den tieferen Instrumenten mit Klappen, die als Pommer (pumhart, bumhart, bomhart, bombardt, bombart) bezeichnet werden. Pommern haben also im Unterschied zur Schalmei Klappen, die durch eine tonnenförmige ›fontanelle‹ geschützt werden. Eine Klappe war die Mindestausstattung aller Stimmgrößen vom Altpommer abwärts, da das 7. Griffloch nicht mehr mit dem kleinen Finger erreichbar war.

Michael Praetorius (Tafel XI, S.[22]) unterscheidet zwischen »Klein Schalmey« (a'–h'''), »Discant Schalmey« (d'–h''), »Altpommer« oder »Klein Alt Pommer« (g–d''), »Tenor«- oder »Alt/Tenorpommer« mit der Bezeichnung »Nicolo« (c–g') und einer Klappe, »Basset oder Tenor-Pommer« (G–c') sowie »Bas Pommer« (C–c'). Ab den Tenorgrößen weisen die Instrumente ein abgebogenes S-Rohr auf, weil sie wegen ihrer Länge nur seitlich anzublasen sind. Auf der Abbildung von Praetorius hat der »Tenor-Pommer« eine Windkapsel, was möglicherweise eine alternative Anblasmöglichkeit darstellt, beim Bass-Pommer, der bei Praetorius auch »ChoristBaß Pommer«, »Pommer-Bombard« oder »Bombardo« genannt wird, wird das Blatt direkt angeblasen. Ein ca. 3 m langer »Groß Doppel Quint-Pommer«, von Praetorius auch »Groß Pommer«, »GroßBaß

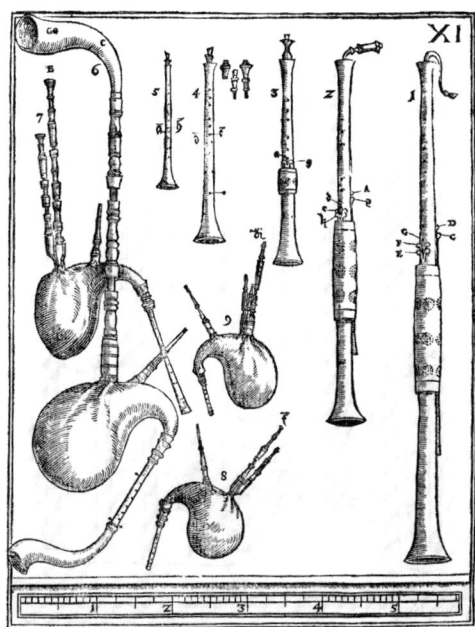

1. Bas-Pommer. 2. Basset oder Tenor-Pommer. 3. Alt Pommer.
4. Discant Schalmey. 5. Klein Schalmey. 6. Grosser Bock.
7. Schaper Pfeiff. 8. Hümmelchen. 9. Dudey.

Michael Praetorius, *Syntagma Musicum*, Bd. II: *De Organographia*, Wolfenbüttel 1619, Tafel XI.

Pommer«, »groß doppel Bombard« oder »Bombardone« genannt, steht eine Quinte unter dem Baßpommer (F-f). Baß- und Kontrabaßpommer waren unhandlich; vermutlich sind sie später deshalb durch Instrumente mit geknickter Röhre ersetzt worden.

Seit Ende des 14. Jahrhunderts findet sich die Unterscheidung von leisen (›bas‹), hierzu zählen Flöten, Streich- und Zupfinstrumente sowie Portative, und den lauten (›haulz‹) Instrumenten wie Schalmeien, Bombarde, Blechblas- und Schlaginstrumente. Schalmeien und Pommern waren von der Mitte des 14. bis zur Mitte des 17. Jahrhunderts die meistverbreiteten und als erste in verschiedenen Stimmlagen gebaute Instrumente. Ein Schalmeienchor (auch Alta) war an den meisten Fürstenhöfen vorhanden, Schalmeien fanden außerdem Eingang als Instrumente der Stadtpfeifer und Türmer sowie in die Kirchenmusik. Aufgrund ihrer Lautstärke waren sie prädisponiert für eine Aufführung im Freien oder in repräsentativen Räumen. Windkapsel-Schalmeien sind mit dem Dudelsack bzw. dem Platerspiel verwandt, wobei Dudelsackpfeifen möglicherweise auch einzeln gespielt worden sind, nachdem ihnen eine Windkapsel übergestülpt worden ist (vgl. Masel, Sp. 1368). Zu den Windkapsel-Schalmeien zählen auch die fünf Rauschpfeifen, die auf der Holzschnittfolge *Triumphzug Kaiser Maximilian I.* (1518) gezeigt werden. Die Bildunterschrift nennt »Pumphart, Schalmeyen und Rauschpfeiffen«.

Die von Praetorius abgebildeten umgekehrt konisch zulaufenden »Schryari« (Tafel XII) lassen sich bisher nicht nachweisen. Die erhaltenen je 5 Exemplare in Berlin und auf Schloss Litomysil werden in Inventaren des 16./17. Jahrhunderts als Schreierpfeifen geführt. Es sind konisch zulaufende Doppelrohrblattinstrumente und entsprechen in der Griffweise weitgehend den zuvor genannten Schalmeien und Pommern, sie wurden jedoch über eine Windkapsel angeblasen.

Literatur:
M. Praetorius, *Syntagma musicum*, Bd. 2: *De organographia*, Wolfenbüttel 1619 • M. Mersenne, *Harmonicorum libri*, Paris 1635, Faksimile Genf 1972 • P. Trichet, *Le Traité des instruments de musique. Les instruments à vent*, ca. 1640, Ausgabe von F. Lesure, in: Annales musicologiques 3 (1955), S. 283–387 • E.M. von Hornbostel / C. Sachs, *Systematik der Musikinstrumente. Ein Versuch*, in: Zeitschrift für Ethnologie 46 (1914), S. 587f. • A. Baines, *Woodwind Instruments and their History*, Leipzig 1957, ³1977 • A. Masel, *Doppelrohrblattinstrumente*, in: MGG², Bd. 2 (Sachteil), 1995, Sp. 1352–1362.

US

Schanppecher, Melchior
* um 1480 Worms, Sterbedatum unbekannt

Von Schanppechers Vita sind fast nur Daten über seine Universitätsausbildung bekannt: Er wurde 1496 in Köln an der Artistenfakultät immatrikuliert und erlangte dort das Baccalaureat 1497. Danach hat er an der Universität Köln Musik unterrichtet, denn in Nicolaus ▸ Wollicks *Opus aureum musicae* wird er als dessen Lehrer genannt. Ab Sommer 1502 war er in Leipzig eingeschrieben und promovierte 1505 in Köln zum Magister artium. 1506 hat er eine Einführungsschrift in die Astronomie fertig gestellt, die im selben Jahr in Leipzig gedruckt wurde (vgl. Niemöller 1961, S. I).

Das *Opus aureum musicae*, ein Lehrbuch für die Universität, besteht aus vier Teilen, deren erste beide, von Wollick stammenden, den Choral (Musica gregoriana), die von Schanppecher geschriebenen Teile III und IV die Musica figurativa behandeln. Der dritte thematisiert die Mensuralnotation, der vierte ist eine kurze Kompositions- bzw. Kontrapunktlehre und gilt als erster Ansatz einer deutschen Kompositionslehre. Die Abhandlung ist eng an der *Musica* des ▸ Adam von Fulda und an einem frühen anonymen Druck der *Musica* von Johannes ▸ Cochlaeus orientiert, weist jedoch durch ihre Konzentration auf die ▸ Musica practica und durch die Vernachlässigung der im Mittelalter zentralen ▸ Musica theorica auf zukünftige theoretische Abhandlungen des 16. Jahrhunderts; die Kompositionslehre nimmt vorweg, was seit Nicolaus ▸ Listenius als ▸ Musica poetica bezeichnet wurde. Bemerkenswert ist das Kapitel über die Klauseln, die im 15. Jahrhundert noch nicht thematisiert, im 16. jedoch zu einem zentralen Gegenstand der Kontrapunktlehren wurden.

Ausgaben:
De musica figurativa und *De modo componendi simplici* (Teil III und IV von Nicolaus Wollicks *Opus aureum musicae*), Köln 1501 und weitere Auflagen; *Die Musica figurativa des Melchior Schanppecher*, eingeleitet und hrsg. von Kl.W. Niemöller (Beiträge zur Rheinischen Musikgeschichte 50), Köln 1961.

Literatur:
Kl.W. Niemöller, *Nicolaus Wollick (1480–1541) und sein Musiktraktat* (Beiträge zur Rheinischen Musikgeschichte 13), Köln 1956 • KL.-J. Sachs, *De modo componendi. Studien zu musikalischen Lehrtexten des späten 15. Jahrhunderts* (Studien zur Geschichte der Musiktheorie 2), Hildesheim u.a. 2001 • Th. Göllner / Kl. W. Niemöller / H. von Loesch, *Deutsche Musiktheorie des 15. bis 17. Jahrhunderts, Erster Teil von Paumann bis Calvisius* (Geschichte der Musiktheorie 8/1), Darmstadt 2003.

ES

Schisma

Nach der Bedeutung des griechischen Wortes (Trennung, Spaltung) bezeichnet Schisma in der Kirchengeschichte die Trennung der kirchlichen Einheit, in der Regel aus kirchenpolitischen, nicht dogmatischen Gründen, z.B. im sogenannten Morgenländischen Schisma, der Trennung der ostkirchlichen Patriarchate von der lateinischen Kirche im Jahr 1054, das bis heute besteht. Das Abendländische Schisma, das sich von 1378 bis 1417 erstreckte und in dessen Zeit zwei, ab 1409 sogar drei Päpste um den Anspruch als rechtmäßiger Nachfolger Petri stritten, ging von dem Vorwurf der Unfähigkeit des 1378 gewählten Papstes Urban VI. und der Ansicht aus, dass das Konklave aus formalen Gründen ungültig gewesen sei. Aus einem zweiten Konklave im selben Jahr ging Clemens (VII.) als Papst hervor, der nun in Avignon als Gegenpapst zum in Rom verbliebenen Urban VI. residierte. Die Spaltung setzte sich bei den jeweiligen Nachfolgern Bonifatius IX. (Rom) und Benedikt XIII. (Avignon) fort, die beide 1409 vom Konzil zu Pisa für abgesetzt erklärt wurden. Neuer Papst wurde Alexander V., der nun als dritter Papst in Pisa residierte. Nachdem zwei der drei Päpste (Johannes XXIII. [Pisa], Benedikt XIII. [Avignon]) vom seit 1414 in Konstanz tagenden Konzil abgesetzt wurden und der dritte (Gregor XII. [Rom]) seinen Rücktritt erklärte, wurde 1417 Martin V. neuer und einziger Papst.

Literatur:
W. Brandmüller, *Papst und Konzil im Großen Schisma*, Paderborn 1990.

MG

Schlick, Arnolt
* um 1460 Heidelberg (?), † nach 1521 Heidelberg (?)

Arnolt Schlick war Komponist und Organist; er war blind. Schlicks Herkunft aus dem Heidelberger Raum ist nicht bewiesen, muss aufgrund schriftsprachlicher Kongruenz mit dem pfälzischen Idiom aber als sehr wahrscheinlich gelten. In einem Dokument von 1482 über die Eheschließung mit Barbara Struplerin wird er bereits als »Organisten« (Pietzsch, S. 686) bezeichnet, die Anstellung an der kurpfälzischen Kapelle Philipps I. (reg. 1476–1508) signalisiert erstmalig eine Archivalie von der Königskrönung des späteren Kaisers ▶ Maximilian I. 1486 in Frankfurt, dort »spielte auf der Orgel ein Blinder, war bei dem Pfalzgrafen zu Hofe, fast lieblich zu hören« (Pietzsch, S. 687). 1509 verzeichnen ihn die Hofhaltungsdokumente als Mitglied der palatinischen Kapelle auf Lebenszeit. Als Gutachter bei Orgelabnahmen sowie in beratender Funktion wirkte Schlick 1491 in Straßburg, im März 1503 in Hagenau, 1505 in Speyer sowie 1516 in Neustadt an der Haardt. An verschiedenen Reichstagen und Krönungszeremonien teilnehmend, traf Schlick u.a. mit Paul ▶ Hofhaimer und Henry Beredemers zusammen.

Der in zehn Kapitel unterteilte *Spiegel der Orgelmacher und Organisten* (1511) ist die erste systematische Darstellung des Orgelbaus in deutscher Sprache. Gedruckt mit kaiserlichem Privileg fasst Schlick darin sein nicht zuletzt aus den gutachterlichen Tätigkeiten gewonnenes Wissen zu »etlich Regel [...] zü machung vnd reformirung der Orgell« (*Spiegel*, Vorrede) zusammen. Die Ausführungen zu Aufstellung, Mechanik, Stimmtonhöhe, Manualumfang und Disposition zeugen von fundierter theoretischer Kenntnis sowie langjähriger Spiel- und Wartungspraxis. Bemerkenswert ist sein Vorschlag, auf rein gestimmte Intervalle weitgehend zu verzichten und die Quinten gerade so unrein zu stimmen, »so vil das gehör leyden mag« (*Spiegel*, fol. 15^r). Längenstriche mit Multiplikationsfaktoren an den Seitenrändern geben die Maße von Manual- und Pedaltasten, Klaviaturbreite und -höhe sowie der Pfeifen an. Mit Sebastian ▶ Virdung geriet er nach der Publikation des *Spiegels* in einen Disput um Begriffe wie ▶ Musica ficta und ›genus chromaticum‹, der in seiner Heftigkeit aber offenkundig mehr dem verletzten Stolz als terminologischen Differenzen geschuldet war. Aus den überlieferten Kompositionen, darunter zwei Liedsätze und ein Tenorstimmenfragment einer *Missa Mi mi*, ragen die *Tabulaturen etlicher lobgesang und lidlein* hervor, die in ihrer Form als früher ▶ Individualdruck den Anspruch künstlerischer Selbstdarstellung bezeugen. Der anlässlich der Königskrönung des späteren Kaisers Karls V. entstandene Orgelcodex (I-TRa), etwas »news lustigs Seltzsams Kunstreichs« (nach der Ausg. von M. S. Kastner / M. Querol Gavaldá), enthält neben dem experimentellen zehnstimmigen *Ascendo ad patrem meum* für vier Pedal- und sechs Manualstimmen acht Sätze über *Gaude Dei Genitrix*, die in ihrer spekulativ-mathematisch anmutenden Artifizialität zugleich nachahmenswertes Modell wie Beweis übersteigerter kontrapunktischer Gelehrtheit sind.

Ausgaben:
Hommage à l'Empereur Charles-Quint: 10 versets pour orgue, hrsg. von M.S. Kastner und M. Querol Gavaldá, Barcelona 1954; *Tabulaturen etlicher Lobgesang und Lidlein uff die Orgeln und Lauten*, fotomechanischer Neudruck der Originalausgabe 1512, Leipzig 1977; *Spiegel der Orgelmacher und Organisten*, Mainz 1511 (Bibliotheca organologica 113), hrsg. von E.B. Barber, Buren 1980.

Literatur:
G. Pietzsch, *Quellen und Forschungen zur Geschichte der Musik am kurpfälzischen Hof zu Heidelberg bis 1622*, in: Akademie der Wissenschaften und der Literatur. Abhandlungen der geistes- und sozialwissenschaftlichen Klasse 1963, Heft 6, S. 583–763 • S. Keyl, *Arnolt Schlick and Instrumental Music ca. 1500*, Diss. Duke Univ. 1989 • A. Edler, *Arnolt Schlick. »Musicus consumatissimus ac organista probatissimus«*, in: ders., *Musik zwischen Mythologie und Sozialgeschichte*, Augsburg 2003, S. 23–36 • Ders., *Schlick*, in: MGG², Bd. 14 (Personenteil), 2005, Sp. 1409–1411.

CB

Schlüsselung

Der (Noten-)Schlüssel, lat. claves, dient zur Fixierung der Tonhöhen im Liniensystem. Er wurde ursprünglich mit Tonbuchstaben F (= f), c (= c'), g (= g') oder d (= d") angezeigt. Die genaue Platzierung war noch nicht standardisiert, jeder Schlüssel konnte im Hinblick auf die Vermeidung von Hilfslinien auf jede beliebige Linie gesetzt werden. Auch im Verlauf einer Stimme war es möglich, die Position des Schlüssels nach Bedarf zu ändern, was gerne nach einem Zeilenwechsel geschah. Die Formen der einzelnen Schlüssel waren vielfältig und entsprachen oft nur andeutungsweise unseren modernen stilisierten Zeichen.

ALB

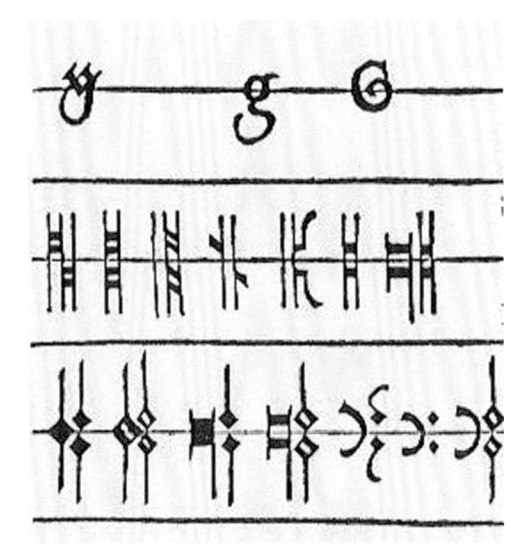

Verschiedene Formen der f-, c- und g-Schlüssel, aus: Hermann Finck, *Practica musica*, Wittenberg 1556 (›De signatis clavibus‹)

Schmeltzl, Wolfgang

* um 1505 Kemnath (Oberpfalz), † 1564 St. Lorenzen (Niederösterreich)

Wolfgang Schmeltzl war Lehrer, Dichter und Herausgeber, der ab 1523 an der Wiener Universität studierte. Als protestantischer Kantor fand er eine Stelle in Amberg (Bayern), konvertierte zum Katholizismus, wurde Priester und ging nach Wien zurück. Zwischen 1540 und 1551 ist er als Schulmeister im Schottenstift nachweisbar, wofür er deutsche Schulspiele sowie ein Liederbuch mit zahlreichen ▸ Quodlibets zusammenstellte. Dieses erschien unter dem Titel *Guter, seltzamer vnd künstreicher teutscher Gesang* 1544 bei Johannes ▸ Petreius in Nürnberg und gilt als erste in österreichischen Landen entstandene Sammlung in Volkssprache. Ein vollständiges, humorvoll illustriertes Exemplar dieses Druckes hat sich in Basel erhalten. Viel zitiert ist Schmeltzls Schrift *Lobspruch der Stat Wienn in Osterreich* (Wien 1547). Seine letzten Jahre verbrachte er als Pfarrer in Niederösterreich.

Ausgaben:
Guter, seltzamer vnd künstreicher teutscher Gesang (Denkmäler der Tonkunst in Österreich 147/148), hrsg. von R. Flotzinger, Graz 1990.

Literatur:
R. Flotzinger, *Wolfgang Schmeltzl und sein ›teutscher Gesang‹ von 1544*, in: Studien zur Musikwissenschaft 39 (1988), S. 7–36 • J. Kmetz, *The Sixteenth-Century Basel Songbooks: Origins, Contents, Contexts*, Bern 1995.

ALB

Schöffer, Peter (der Jüngere)
* um 1480 Mainz, † kurz vor dem 21.1.1547 Basel

Peter Schöffer d.J. war Buchdrucker, Stempelschneider und Schriftgießer. Er stammt aus einer Druckerfamilie, die unmittelbar mit Johannes ▸ Gutenberg verbunden war. Da sein Bruder die Druckwerkstätte seines Vaters übernahm, gründete er eine eigene Druckerei in Mainz und begann 1512 mit dem Tabulaturdruck von Arnold ▸ Schlick eine Reihe von Musiknotendrucken, die auf höchstem technischen Niveau standen und Ottaviano ▸ Petruccis Publikationen technisch und ästhetisch durchaus vergleichbar waren. Sein Nachdruck von *Canti B* (1513) unterstreicht die Nähe zu dem großen italienischen Vorbild.

Schöffer führte aufgrund seiner Sympathien mit neuen religiösen Lehren ein bewegtes Leben. 1518 wurde er aus dem katholischen Mainz nach Worms vertrieben, wo er sich den Wiedertäufern anschloß. 1529 musste er nach Straßburg fliehen, von dort zog er über Basel nach Venedig, dem Zentrum der damaligen Buchdruckkunst. Seinen Lebensabend verbrachte Schöffer in Basel, wo er zuletzt als Schriftschneider tätig war.

Von etwa 100 Drucktiteln aus seinen Werkstätten sind 14 Musikdrucke bekannt. Hervorzuheben sind die Liederbücher mit deutschen ▸ Tenorliedern (1513, 1517, 1536) sowie der Nachdruck von Johann ▸ Walters Geistlichem Gesangbüchlein (1525). In der Werkliste finden sich weiter ein ▸ Individualdruck mit Magnificat-Vertonungen von Sixtus ▸ Dietrich (1534, 1537/1532) und ein musiktheoretischer Druck von Johannes Frosch (*Rerum musicarum opusculum*, 1535).

Alle Musikdrucke Schöffers bestechen durch den besonders eleganten und sauberen Notendruck, der in den deutschsprachigen Ländern seinesgleichen zu suchen hatte.

Ausgabe:
65 Deutsche Lieder [...] nach dem Liederbuch von Peter Schöffer und Matthias Apiarius, hrsg. von H.J. Moser, Wiesbaden 1967.

Literatur:
M. Staehelin, *Petruccis Canti B in deutschen Musikdrucken des 16. Jahrhunderts*, in: *Gestalt und Entstehung musikalischer Quellen im 15. und 16. Jahrhundert* (Wolfenbütteler Forschungen 83), hrsg. von M. Staehelin, Wiesbaden 1998, S. 125–131 • R. Münster, *Neues zum zweiten Liederbuch des Peter Schöffer jun.*, in: *Festschrift Horst Leuchtmann*, hrsg. von S. Hörner und B. Schmid, Tutzing 1993, S. 303–310 • A. Lindmayr-Brandl, *Text und Musik im Tenorlied: eine fiktive Texierungslehre von 1517*, in: *Fontes artis musicae* 50 (2003), S. 36–57 • A. Lindmayr-Brandl, *Peter Schöffer der Jüngere, das Erbe Gutenbergs und ›die wahre Art des Druckens‹*, in: *Niveau Nische Nimbus. Die Anfänge des Musikdrucks nördlich der Alpen* (Wiener Forum für Ältere Musikgeschichte 3), hrsg. von B. Lodes, Tutzing 2010, S. 283–312.

ALB

Scholastik

Als Scholastik (von gr. scholastikós = schulmäßig) bezeichnet man das System der hoch- und spätmittelalterlichen Wissenschaft, das seit dem 12. Jahrhundert an europäischen Schulen und Universitäten als Kultur des Denkens, Lehrens und Schreibens gepflegt wurde. Obwohl die Scholastik vom 14. Jahrhundert an Konkurrenz durch den ▸ Humanismus und seine philologisch-quellenkritischen Bildungs- und Forschungskonzepte erfuhr, konnten sich ihre Ausläufer insbesondere im Bereich der Naturwissenschaften teilweise noch bis ins 18. Jahrhundert behaupten. Dauerhafte Errungenschaften der Scholastik stellen die Institutionalisierung von Universitäten und deren Lehrbetrieb in Form von Vorlesungen (lat. lectiones) und Übungen (lat. disputationes) dar.

Untrennbar mit dem Begriff der Scholastik verbunden ist eine schulmäßige Lehr- und Forschungsmethode, die für alle Fächergruppen der mittelalterlichen Universität Gültigkeit hatte. Die Grundlage des scholastischen Denkens bildeten stets Quellentexte älterer, meist antiker Autoren, die als wissenschaftliche Autoritäten verstanden wurden. In anschaulicher und durchaus selbstkritischer Weise beschrieb Bernhard von Chartres (fl. 1114–1126) diese Abhängigkeit der Scholastik von älteren Autoritäten, indem er die Gelehrten seiner Zeit mit Zwergen verglich, die auf den Schultern von Riesen stehen. Auf den Texten wissenschaftlicher Autoritäten baute in der Scholastik nämlich eine systematische Kommentierungstätigkeit in Form von Glossen, Paraphrasen und Quaestionen auf. Diese Kommentare dienten der Texterklärung und stammten unmittelbar aus dem Lehrbetrieb, haben sämtlich aber auch feste literarische Formen angenommen. Neben dem Kommentar als vorherrschender Gattung der wissenschaftlichen Literatur wurde in der Scholastik aber auch die antike und frühmittelalterliche Enzyklopädie (▶ Artes liberales) weiterentwickelt und nun als Summa oder Speculum bezeichnet.

Auf methodischer Ebene bildete der Syllogismus die wichtigste Argumentationstechnik der von den Prinzipien aristotelischer Logik geprägten Scholastik. Das umfangreiche Corpus der Schriften des Aristoteles in arabischer Überlieferung und lateinischer Übersetzung bildete in der Scholastik aber nicht nur die Basis der Methodik und Systematik, sondern auch der Lehrinhalte fast aller wissenschaftlichen Fächer. Für den Bereich der Akustik als Teil der Naturphilosophie war beispielsweise *De anima* II,8 der relevante, ausgesprochen häufig kommentierte Quellentext zur Theorie der Entstehung und Ausbreitung des Schalls. Einen weiteren Pfeiler der scholastischen Musiktheorie, die primär zur Erklärung kosmologischer und naturwissenschaftlicher Phänomene diente, bildete das aus der lateinischen Platonüberlieferung bekannte Konzept der ▶ Sphärenharmonie (▶ Astronomie), das von Boethius (*De institutione musica* I,20) als Musica mundana (▶ Musica coelestis) bezeichnet wurde. Boethius (475–524) stellte mit seinem Musiktraktat in der Scholastik bis zum 15. Jahrhundert auch einen der Kerntexte des universitären Unterrichts in Musiktheorie, die als angewandtes mathematisches Fach zum ▶ Quadrivium gehörte. Allerdings offerierte die Scholastik im Anschluss an die *Physik* (II,2) des Aristoteles seit Thomas von Aquin (1225–1274) eine Alternative zur strikten methodischen Bindung der Musiktheorie an die Arithmetik, indem sie ihr als ›scientia media‹ eine Mittlerstellung zwischen Natur- und Zahlenwissenschaften zuwies. Von dieser methodischen Öffnung profitierten jedoch erst die teilweise noch scholastisch ausgebildeten Musiktheoretiker und Humanisten des 15. und 16. Jahrhunderts wie Marsilio ▶ Ficino, Angelo ▶ Poliziano, Johannes ▶ Regiomontanus, Lodovico ▶ Fogliano und Galileo ▶ Galilei, die entscheidende Fortschritte in Richtung auf das moderne Verständnis der Akustik als Fachgebiet der Physik und der Musiktheorie als Fachgebiet der Tonkunst erzielen konnten.

Literatur:
P.O. Kristeller, *Humanism and Scholasticism in the Italian Renaissance*, in: Byzantion 17 (1944–1945), S. 346–374 • J. Koch, *Scholastik*, in: *Die Religion in Geschichte und Gegenwart, Handwörterbuch für Theologie und Religionswissenschaft*, 3. Auflage, hrsg. von K. Galling, Bd. 5, Tübingen 1961, Sp. 1494–1498 • J.W. Baldwin, *The Scholastic Culture of the Middle Ages, 1000–1300*, Lexington/Kentucky 1971 • M. Wittmann, *Vox atque sonus, Studien zur Rezeption der aristotelischen Schrift De anima und ihre Bedeutung für die Musiktheorie* (Musikwissenschaftliche Studien 4/1 und 4/2), 2 Bde., Pfaffenweiler 1987 • R. Schönberger, *Scholastik*, in: *Lexikon des Mittelalters*, hrsg. von N. Angermann, R.-H. Bautier, R. Auty, Bd. 7, München 1995, Sp. 1521–1526 • D. Glowotz, *Byzantinische Gelehrte in Italien zur Zeit des Renaissance-Humanismus, Musikauffassung, Vermittlung antiker Musiktheorie, Exil und Integration* (Schriften zur Musikwissenschaft aus Münster 22), Schneverdingen 2006.

DG

Schuldrama ▶ Geistliches Drama

Schweden

Schweden spielte durch seine geographische Extraposition und seine Herrschaft durch die dänische Krone bis 1523 eine geringe Rolle in der europäischen Renaissance; im 16. Jahrhundert wurde die kontinentale Musikkultur – vermittelt durch das rege Musikleben der deutschen Gemeinde in Stockholm, durch den intensiven Kontakt zu Polen während der Wasa-Zeit und durch Anstellung kontinentaler Musiker an den Höfen – eher rezipiert, als dass eine eigenständige kunstmusikalische Tradition entstand; volksmusikalische Idiome allerdings bestimmten partiell die Gesangbücher sowie die Tanzgattungen.

Nach der Herrschaft des schwedischen Folkungargeschlechts trat Margarete von Dänemark an die Spitze der aus Dänemark, Norwegen (1387) und Schweden (1389) bestehenden Personalunion. Die Kalmarer Union (1397–1523) mit offiziell gesetzlich festgelegter Eigenständigkeit der drei Gliedstaaten strebte nach einer Dominanz über die Ostsee und schwedische Städte florierten durch die Hanse. Die in Stockholm und anderen Hansestädten vorkommenden Gilden beschäftigten Musiker, Organisten und Spielleute. 1477 wurde in Uppsala die erste Universität des Nordens gegründet.

Das um die Mitte des 11. Jahrhunderts endgültig christianisierte Land (Gründung des Erzbistums in Uppsala 1164, erstes Mönchskloster 1143) huldigte bald seinen eigenen Heiligen, darunter der heiligen Birgitta (um 1303–1373). Die katholische Liturgie war kontinental geprägt, die frühesten Erwähnungen mehrstimmiger Musik datieren von 1298 (Chorbestimmungen zu Uppsala). Innerhalb der lateinischen Liturgie entstanden außer einer Reihe von Sequenzen und Hymnen den Heiligen gewidmete Reimoffizien, darunter Bischof Brynolf Algotsson von Skara (gest. 1317) zugeschriebene und einige aus der Feder von Bischof Nils Hermansson von Linköping (1326–1391) und Erzbischof Birger Gregerson (gest. 1383). Die Verbindungen zur Notre-Dame-Schule sind nachgewiesen; mit Ausnahme einiger Quellen (Katarinas Translationsfest von Uppsala 1489) kann über die Praxis der Mehrstimmigkeit im 14. und 15. Jahrhundert jedoch nur spekuliert werden. Orgeln sind in Schweden ab dem 14. Jahrhundert nachgewiesen.

Im Zuge der 1531 vollzogenen Reformation wurden Kirchen und Klöster geplündert, und das Kantorenamt mit seiner wichtigen Funktion der Neuabschrift der Kirchenbücher verkümmerte; das letzte Kloster Schwedens schloss 1595. Gustav Wasa, König (reg. 1523–1560) und Stifter der schwedischen Nationalidentität, hat nach seiner Erschaffung des unabhängigen Schweden mit der Einsetzung des Luther-Schülers und Reformators Olaus Petri (1493–1552) den reformierten Glauben in Schweden unterstützt. Petri übersetzte 1526 das Neue Testament (ganze Bibel 1541/1542) und forderte die schwedische Sprache im Gottesdienst. Mit der Kirchenordnung (»kyrkoordning«, 1571) seines Bruders Laurentius Petri (1499–1573) bekam die evangelische schwedische Staatskirche ihre heutige Form; die gesungenen Teile des Gottesdienstes sollten beibehalten werden, es fehlte jedoch durch die Auflösung kirchlicher Institutionen an Ausführenden. Inwieweit Gemeindegesang einbezogen wurde, ist unklar; die im Laufe des 16. Jahrhunderts publizierten 11 Gesangbuchausgaben waren für den Gottesdienst nicht verbindlich. Die von Theodoricus Petri Nylandensis (um 1560–um 1630) herausgegebenen Sammlung von Schulgesängen *Piae Cantiones* (1582) beispielsweise reicht von mittelalterlichen Weisen u.a. mit skandinavischem Einschlag – hier zeigt sich die nationale Tradition – bis zu mehrstimmigen Sätzen vom ▸ Ars-antiqua-Typ, überliefert also überkommene Musik, zeugt aber von einer zeitweiligen Parallelerscheinung protestantischer und katholischer

Kulte sowie von der Musikpflege im nach reformatorischen Prinzipien ausgebauten Schulunterricht. Eine Wiederbelebung der liturgischen Musik wurde von Johan III. (reg. 1569–1592) und dem katholischen König Sigismund III. Wasa (reg. 1592–1604) angeregt, fand jedoch mit dem letztendlichen Übergang zum Protestantismus keine Fortsetzung.

Musik spielte dafür am Königshof der Wasa eine wesentliche Rolle, wo ausländische Musiker beschäftigt waren (Hoftrompeter, Pfeifer, Trommler, Fiedler, später Lautenisten und Organisten) und am Ende des 16. Jahrhunderts eine Hofkapelle nach dem Muster europäischer Höfe gebildet wurde. Wie unter dem Adel in den europäischen Ländern üblich, erhielten auch die schwedischen Herrscher eine musikalische Erziehung, Gustav Wasa spielte die beliebte Laute, König Erich XIV. (1560–1568) trat als Komponist hervor und Johann III. unterhielt als Herzog von Finnland eine eigene Hofkapelle, die von Jören Heyde geleitet wurde. Als Musiker am Königshof waren u.a. Johan Regnier und Blasius Fischer angestellt, ferner diente der Drucker Tilman ▸ Susato seit 1566/1567 wahrscheinlich bis zu seinem Tode König Erich als Schreiber; 1591/1592 waren unter Herzog Karl, dem spätern Karl IX., auch englische Musiker am Hofe. Das musikalische Repertoire, das teilweise in Stimmbüchern aus dem früheren Archiv der Deutschen Kirche in Stockholm erhalten ist, harrt noch der Erforschung. Ebenfalls aus einem Klavierbuch der Deutschen Kirche stammt der erste Beleg einer schwedischen Polska, ein aus Polen stammender, sich in ganz Europa verbreitender Tanz, der seit Ende des 16. Jahrhunderts in Schweden eine eigene Tradition entwickelte.

Literatur:
W. Niemann, *Die Musik Skandinaviens. Ein Führer durch die Volks- und Kunstmusik von Dänemark, Norwegen, Schweden und Finnland bis zur Gegenwart*, Bd. 11, Leipzig 1906 • G. Schwaiger, *Die Reformation in den nordischen Ländern*, München 1962 • F.H. Törnblom, *Musiken i medeltidens Sverige*, in: *Den Svenska Historien*, Bd. 3, Stockholm 1978 • G. Andersson (Hrsg.), *Musikgeschichte Nordeuropas: Dänemark, Finnland, Island, Norwegen, Schweden*, Stuttgart u.a. 2001 • H. Åstrand/ G. Larsson, *Schweden*, in: *MGG²*, Bd. 8 (Sachteil), 1998, Sp. 1158–1160 • J.-P. Findeisen, *Schweden. Geschichte der Länder Skandinaviens*, Regensburg 2003.

Schweiz

Die Eidgenossenschaft entstand 1291 aus dem Bund der drei Innerschweizer Kantone Uri, Schwyz und Unterwalden, die sich als erste vom Habsburgischen Reich lossagten. Nach kontinuierlicher Expansion wurde 1499 die Selbständigkeit der Eidgenossen innerhalb des Reichs dokumentarisch festgelegt, Basel und Schaffhausen traten 1501 als Vollmitglieder bei. Im 16. Jahrhundert breitete sich die Eidgenossenschaft über die Alpen nach dem Süden aus. Genf, lange Zeit als eigenständige Republik ein ›zugewandter Ort‹, trat erst im 19. Jahrhundert der Schweiz als Vollmitglied bei.

Musikalisch maßgebend war in der Schweiz weniger eine aristokratische Hofkultur als vielmehr eine bäuerliche und bürgerliche Musikkultur auf dem Land und in den großen Städten. Das hatte, zusammen mit der Reformation, weit reichende Auswirkungen auf die Musikgeschichte dieses Landes.

Nur wenige Schweizer Komponisten haben mehr als regionale Bedeutung erlangt. Bekannt geworden ist vor allem Ludwig ▸ Senfl, der zwar in Basel geboren ist und zeitweise in Zürich wohnte, aber vor allem im Ausland Karriere machte. Umgekehrt lebten in der französischen Schweiz zeitweise einige Komponisten aus dem Ausland. So waren einige frankoflämische Komponisten vorübergehend in der Hofkapelle des Herzogs von Savoyen angestellt. Auch wurde in bürgerlichen Kreisen der Schweizer Städte viel Musik aus dem Ausland gespielt; vor allem höfische Musik aus Italien und Frankreich wurde häufig abgeschrieben, intavoliert und neu gedruckt.

Vor der Reformation ist in Schweizer Kirchen der Gesang polyphoner geistlicher Musik belegt. Guillaume ▸ Dufay wurde 1431 zum Kanoniker der Kathedrale von Lausanne ernannt, Antoine ▸ Brumel 1486 vom Kapitel der Kathedrale St. Pierre in Genf als ›magister innocentium‹ mit der Ausbildung der Chorknaben betreut. Beide waren vorübergehend auch in die Kapelle des Savoyer Hofs aufgenommen, der unter anderem in Genf und Lausanne residierte. Ein auch musikhistorisch wichtiges Ereignis war das Basler ▸ Konzil (1431–1449), bei dem unter anderem Dufay 1438 als Repräsentant des Kapitels der Kathedrale von Cambrai anwesend war. 1439 bestimmte der während des Konzils gewählte Gegenpapst Felix V. Lausanne zu seinem Hauptsitz, seine Hofkapelle dort bestand aus namhaften Sängern.

Basel bildete im späten Mittelalter ein Zentrum des Humanismmus und des Buchdrucks. Der Musiktheoretiker und Humanist Heinrich ▸ Glarean, der in verschiedenen Städten der Schweiz und im Ausland unterrichtete, veröffentlichte dort seine musiktheoretischen Werke (*Dodekachordon* 1547). Der Basler Drucker Gregor ▸ Mewes verwendete bereits 1507 den neuen Typendruck und gehört damit zusammen mit Erhard ▸ Öglin (Augsburg) zu den Pionieren dieser von Ottavio ▸ Petrucci erstmals verwendeten Drucktechnik nördlich der Alpen. Der Basler Humanist Bonifacius ▸ Amerbach gab ein umfangreiches Tabulaturbuch für Tasteninstrument in Auftrag mit zahlreichen Kompositionen und dem *Fundamentum totius artis musicae*. Es wurde von dem Basler Organisten Hans ▸ Kotter begonnen und von dem Freiburger Organisten Johann Weck fertiggestellt. Die Sammlung enthält unter anderem intavolierte Werke von Heinrich ▸ Isaac, Alexander ▸ Agricola, ▸ Josquin Desprez, Paul ▸ Hofhaimer und Pierre ▸ Moulu. Amerbach legte außerdem eine umfangreiche Musikaliensammlung an, die heute in der Universitätsbibliothek Basel aufbewahrt wird. Sebastian ▸ Virdung war möglicherweise zeitweise in dieser Stadt beschäftigt, jedenfalls brachte er dort 1511 seinen Traktat *Musica getutscht*, die früheste gedruckte Instrumentenkunde, heraus.

Aus Bern sind aus vorreformatorischer Zeit einige Komponisten bekannt. Von Bartholomäus Götfried Frank (Kantor 1481–1502) sind eine Huldigungsmotette an den Bischof von Sitten sowie weitere geistliche und weltliche Motetten und Lieder erhalten. Auch schrieb er eine Abhandlung über die Mensuralnotation (*musica pro cantu figurativo lingua vulgari edita*), eine der frühesten deutschen instrumentalen Lehrschriften. Mehrstimmige Psalmen, Motetten und Lieder schrieben auch Johann Wannenmacher und Cosmas Alder. Diese Kantoren waren an der Chorschule der Kathedrale St. Vincent in Bern angestellt, zu deren Chorknaben vermutlich unter anderem Glarean zählte.

1523 wurde in allen Züricher Kirchen die Kirchenmusik abgeschafft, um Gottesdienste nach dem Vorbild der spätmittelalterlichen Prädikantengottesdienste einzuführen, die traditionell ohne Musik stattfanden. 1527 wurden in einem von der Obrigkeit unterstützten Bildersturm die neu erbauten Orgeln im Großmünster und Fraumünster Zürich, danach auch in anderen Schweizer Kirchen, entfernt. Ausnahme war Basel, das stärker unter lutherischem Einfluss stand, weshalb die Orgel im Münster nie entfernt und bereits 1561 im Gottesdienst wieder gebraucht wurde. Auch nach dem Tod Huldrych ▸ Zwinglis 1531 blieben die Gottesdienste in Zürich ohne Musik. Der Gemeindegesang wurde 1598 wieder eingeführt, gottesdienstliche Orgelmusik erst im Laufe des 18. Jahrhunderts. Von Zürich aus verbreitete sich die Reformation Zwinglischer Prägung über große Teile der deutschsprachigen Schweiz. Im Rahmen der Haus- und Schulmusik wurde in Zürich jedoch die Pflege sowohl der Orgelmusik (Positiv) als auch des geistlichen Lieds gefördert, zu diesem Zweck wurde 1528 die erste Musikschule der Stadt errichtet. Erhalten ist aus dieser Zeit das Orgelbuch von Clemens Hör (ca. 1535), einem Schullehrer und späteren Prediger aus der Ostschweiz, das neben einigen unbekannten Sätzen auch Intavolierungen von Liedsätzen von Josquin Desprez, Matthias ▶ Greiter, Hofhaimer, Heinrich ▶ Isaac, Senfl und Zwingli enthält.

Der französische Teil der Schweiz stand unter dem Einfluss der Genfer Reformation Johannes ▶ Calvins. Auch dort wurden die Orgeln aus den Kirchen entfernt, die Gemeinde sang den einstimmigen Genfer Psalter (▶ Calvinistische Musik). Im häuslichen Kreis wurden darauf basierende vierstimmige Psalmsätze gesungen. Nach der Wiedereinführung des Gemeindegesangs breitete sich von 1598 an auch in der deutschsprachigen Schweiz der Genfer Psalter in der Übersetzung von Ambrosius ▶ Lobwasser aus. Eine Besonderheit ist der mehrstimmige Schweizer Gemeindegesang, das erste Gesangbuch mit vierstimmigen Psalmsätzen von Samuel Mareschall wurde 1606 gedruckt.

Weltliche Musik spielte auch nach der Einführung der Reformation eine Rolle im deutschsprachigen Teil der Schweiz, allerdings in erster Linie als Importware aus den Nachbarländern Frankreich und Italien. Original Schweizer Musik beschränkte sich auf Bearbeitungen einiger Schweizer Tänze. Die Basler Universität, gegründet 1460, zu deren Curriculum von Anfang an die Musik gehörte, spielte eine wichtige Rolle auf dem Gebiet der weltlichen Privatmusik, vor allem der Lautenmusik. Fünf von insgesamt sieben erhaltenen Handschriften mit Lautentabulaturen aus der zweiten Hälfte des 16. Jahrhunderts werden mit dieser Universität in Verbindung gebracht, so das *Tenor Lautenbuch vonn mancherley schönen und lieblichen Stucken mitt zweyen lauten zusammen zu schlagen, italienische Lieder, Pass'emezi, Saltarelli, Paduane: weiter frantzösische, teütsche, mitt sampt mancherley däntzen* (Basel 1552, das Diskant-Buch ist verloren) des Basler Lautenisten Hans Jacob Wecker (1528–1586). Der Titel dieser Sammlung veranschaulicht die internationale Ausrichtung der Schweizer Musiker, die Tätigkeit Weckers als Professor für Dialektik und Latein an der Universität Basel die Verbindung der privaten Musik mit universitären humanistischen Kreisen dieser Stadt.

Das *Tabulaturbuch uff die Lutten* (Zürich 1550) des Zürcher Druckers Rudolf Wyssenbach, eine Kompilation verschiedener Lautenstücke unter anderem aus einem 1546 in Venedig gedruckten Lautenbuch Pietro Paolo Borronos, eines Komponisten und Lautenisten am Mailänder Hof, bezeugt die Rezeption italienischer höfischer Lautenmusik in bürgerlichen Kreisen Zürichs.

In Bezug auf die französische Schweiz ist über weltliche Musikausübung im Jahrhundert nach der Reformation wenig bekannt, Tanz und Tanzmusik wurden als sündig angesehen und waren bei Strafe verboten.

Musikalische Kontinuität wurde in den großen Schweizer Benediktinerklöstern gewahrt, in denen seit dem frühen Mittelalter liturgische Handschriften geschrieben und aufbewahrt wurden: St. Gallen, Einsiedeln und Engelberg. Von musikalisch besonderer Bedeutung ist der vollständig notierte Codex 314 des Klosters Engelberg mit rund 400 ein- bis dreistimmigen geistlichen Liedern, Lesungen, Tropen, Motetten und einem Osterspiel, geschrieben im letzten Drittel des 14. Jahrhunderts. Auch im 15. und 16. Jahrhundert wurden in diesen Klöstern liturgische Handschriften geschrieben, die die Reformation überstanden haben.

Literatur:
F. Ernst, *Die Spielleute im Dienste der Stadt Basel im ausgehenden Mittelalter (bis 1550)*, in: *Basler Zeit-*

schrift für Geschichte und Altertumskunde 44 (1945), S. 80–256 • M. Jenny, *Luther, Zwingli und Calvin in ihren Liedern*, Zürich 1983 • W. Arlt / M. Stauffacher / U. Hascher (Hrsg.), *Engelberg, Stiftsbibliothek, Codex 314: kommentiert und im Faksimile herausgegeben* (Schweizerische Musikdenkmäler / Monuments de la Suisse 11), Winterthur 1986 • J. Kmetz, *The sixteenth-century Basel songbooks: origins, contents and contexts* (Publikationen der Schweizerischen Musikforschenden Gesellschaft Serie 2 Bd. 35), Bern 1994 • H. Renggli (K. von Fischer), *Bern*, in: *MGG²*, Bd. 1 (Sachteil), 1994, Sp. 1490–1498 • A. Brinzing, *Studien zur instrumentalen Ensemblemusik im deutschsprachigen Raum des 16. Jahrhunderts*, Göttingen 1996 • R. Meylan, *Lausanne*, in: *MGG²*, Bd. 5 (Sachteil), 1996, Sp. 933–938 • D. Baumann (P. Sieber), *Zürich*, in: *MGG²*, Bd. 9 (Sachteil), 1998, Sp. 2478–2483 • E. Grunewald / H.P. Jürgens / J.R. Luth (Hrsg.), *Der Genfer Psalter und seine Rezeption in Deutschland, der Schweiz und den Niederlanden. 16.–18. Jahrhundert*, Tübingen 2004.

UHB

Scotto, Familie

Die italienische Drucker- und Verlegerfamilie Scotto war von Anfang des Notendrucks an bis Ende des 16. Jahrhunderts in drei Generationen in Venedig tätig. Der Stammvater und Gründer der Firma, Ottaviano (I) Scotto († 24.12.1498) war ein ›nobilis vir‹ aus Monza. Er begann 1479 als erster in der Lagunenstadt liturgische Inkunabeln zu drucken. 1482 erschienen drei Missale mit Choralnoten in doppeltem Typendruck, die in ihrer drucktechnischen Ausführung Vorbildcharakter hatten.

Nach dem Tod von Ottaviano (I) übernahm dessen Neffe Amadio Scotto († 1532) als Erbe das Geschäft. Der Notendruck von mehrstimmiger Musik in Venedig lag ab 1501 in den Händen von Ottaviano ▸ Petrucci, den Amadio finanziell unterstützte, während er selbst aber keine Musik druckte. Amadios Cousin Ottaviano (II) Scotto († nach 1566) hingegen hatte Kontakte mit Petruccis Konkurrent Andrea ▸ Antico. Er finanzierte die noch in Rom entstandene großformatige, dem Papst gewidmete Messensammlung mit und übernahm 1533 die Firma von Amadio. Drucktechnisch arbeitete er mit Holzschnitttechnik, die in seinem Mitarbeiter Antico einen letzten Höhepunkt fand. In den folgenden sechs Jahren dominierte Ottaviano (II) den venezianischen Notendruck und publizierte u.a. Werke von Philippe ▸ Verdelot, Jacques ▸ Arcadelt, Costanzo ▸ Festa und Adrian ▸ Willaert.

1539 stieg der jüngere Bruder, Girolamo Scotto († 1572), in das Geschäft ein. Sein Name erschien bereits 1536 in einem Ansuchen für ein Druckerprivileg, mit dessen Hilfe man immer wieder versuchte, die Produktionen gegen Raubdrucke zu schützen. In Girolamos Ägide fiel zudem die Umstellung der Drucktechnik in den einfachen Typendruck, der beim Notendruck zunehmend den kommerziellen Gesichtspunkt in den Vordergrund rückte. Entsprechend groß war auch die Zahl der Publikationen. Innerhalb von 33 Jahren erschienen über 800 Titel, davon rund 400 Musikeditionen. Das bei Scotto gedruckte Repertoire umfasste die zeitgenössische italienische Musik in ihrer ganzen Bandbreite, von den Madrigalen, den überaus beliebten *Canzoni villaneschi* (ab 1541) bis hin zu Motetten und anderen liturgischen Kompositionen, vor allem in den 1550er und 1560er Jahren. 1544 begann er mit dem Format seiner Musikpublikationen zu experimentieren, indem er von den querformatigen Stimmbüchern in ein größeres Hochformat wechselte, das ab 1564 generell verwendet wurde. Scotto stand in regem Austausch mit anderen Musikdruckern, insbesondere mit Antonio ▸ Gardano. 1571 wurde er zum Vorstand der venezianischen Gilde der Drucker und Buchhändler gewählt.

Melchiorre Scotto († 1613), Neffe von Girolamo, war der letzte Sproß der Familie, der im Musikdruck und im Verlagswesen tätig war. Er arbeitete bereits 1565 als Agent für die Firma und übernahm 1572 nach seinem Onkel die Leitung. In der nach wie vor umfangreichen Produktion des Verlags finden sich nun Titel von namhaften Komponisten wie Giovanni Pierluigi da ▸ Palestrina, Orlande de ▸ Lassus oder Philippe de ▸ Monte. 1596 erschien ein Handelskatalog der Firma Scotto, die mit dem Tod von Melchiorre erlosch.

Literatur:
J. Bernstein, *Music Printing in Renaissance Venice: The Scotto Press. 1539–72*, New York 1998.

ALB

Semibrevis

Semibrevis, lat. halbe kurze (Note), ist die Bezeichnung eines kürzeren Notenwertes in der ▸ Mensuralnotation. Unter den Grundmensuren ist die Semibrevis Bezugseinheit für den ▸ Tactus. Sie ist die nächstkleinere Note nach der ▸ Brevis und hat die Form einer Raute. Die entsprechende Pause ist ein kurzer senkrechter Strich in der oberen Hälfte eines Zwischenraums des Liniensystems. Aus ihr ging die Form der heutigen Ganzen Note bzw. der Ganzen Pause hervor.

ALB

Semiminima

Semiminima, lat. halbe kleinste (Note), ist die Bezeichnung eines sehr kurzen Notenwertes in der ▸ Mensuralnotation. Sie ist die nächstkleinere Note nach der ▸ Minima und kann in die noch kleineren Werte der Fusa bzw. der Semifusa unterteilt werden. In ihrer Form entspricht die Semiminima einer modernen Viertelnote mit rautenförmigem Notenkopf. Die dazugehörige Pause ist ein kurzer senkrechter Strich in der unteren Hälfte eines Zwischenraums des Liniensystems mit nach rechts gerichtetem Haken.

ALB

Senfl [Sennf(f)l, Senffel, Sennffen, Senfftl, Senfli, Sempffel, Senf(f)(e)lius, Senphlius], Ludwig [Ludevicus]

* 1490 (evtl. auch 1489 oder 1491) Basel oder Zürich, † zwischen Januar und März 1543 München

Ludwig Senfl, der zunächst als Chorknabe, dann als Altist und Notenschreiber in der Hofkapelle ▸ Maximilians I., ab 1523 als Hofkomponist am bayerischen Herzoghof tätig war, ist der bedeutendste deutschsprachige sowie der berühmteste Schweizer Komponist in der ersten Hälfte des 16. Jahrhunderts.

Senfl gehörte seinem eigenen Zeugnis zufolge 23 Jahre lang (also seit 1496 oder 1497) der Hofkapelle Maximilians an. Sein Handwerk als Sänger, Kopist (er hat in Maximilians Diensten 16 »gesang Buecher geschriben«) und Komponist erlernte er bei dem seit 3.4.1497 offiziell als Hofkomponist bestellten Heinrich ▸ Isaac. Zeit seines Lebens, selbst noch auf dem Grabstein, wird Senfl als dessen Schüler geführt. Während des Stimmbruchs (um 1504–1507) könnte Senfl an der Universität Wien studiert haben. In den Hofakten begegnet er namentlich erstmals um 1508, und zwar als »clericus Constanciensis«. Für einen Italienaufenthalt um 1510, wie ihn Bente (1968) glaubhaft machen möchte, fehlen aufgrund der Umdatierung der Quellen (s.u.) Belege. Obwohl Senfl offenbar nie offiziell zum Hofkomponisten ernannt wurde, war er seit dem Jahr 1512 (in dem der Hofkomponist Isaac ein Haus in Florenz erwarb) wahrscheinlich immer häufiger für die kompositorische Versorgung der kaiserlichen Kapelle verantwortlich. Er selbst bezeichnete sich 1530 als »Componist [...] nach Ysaacs abganng« bzw. 1531 als Nachfolger Isaacs im Amt. Nach dem Tod Kaiser Maximilians im Januar 1519 wurde die Kapelle schließlich am 12.9.1520 aufgelöst, und Senfl bemühte sich Jahre lang vergeblich um den Erhalt versprochener Zahlungen. Zunächst verweilte er in Augsburg, wo er den ersten deutschen Motettendruck *Liber selectarum cantionum* (1520) edierte, reiste viel und komponierte Lieder für verschiedene Fürstenhochzeiten.

Im Laufe des Jahres 1523 trat Senfl gemeinsam mit einigen Kollegen aus der kaiserlichen Kapelle in den Dienst Herzog Wilhelms IV. von Bayern in München ein. Seine vornehmste Pflicht als Hofkomponist war es, für die leistungsfähige herzogliche Kapelle ein musikalisches Repertoire entsprechend dem Vorbild der kaiserlichen Kapelle aufzubauen: Der heute noch in der Bayerischen Staatsbibliothek vorhandene umfassende Bestand an Chorbüchern aus der Münchner Hofkapelle, in dem viele seiner Kompositionen enthalten sind, legt ein eindrucksvolles Zeugnis hiervon ab. Sämtliche dieser Chorbücher (mit Ausnahme einiger Prachtcodices) wurden in der Tat erst in München ingrossiert (Lodes 2006b). Die These Martin Bentes (1968), Senfl habe einige Codices aus der aufgelösten kaiserlichen Kapelle mit nach München gebracht und diese physisch als Grundstock der Münchner Chorbücher verwendet, ist damit nicht mehr haltbar. Somit wird man auch Senfls Handschrift nicht in größerem Umfang dort nachweisen können.

Während seiner Zeit am Münchner Hof pflegte Senfl auch Kontakt zu führenden Persönlichkeiten der Reformation: Seit dem Jahr 1526 (bis 1540) ist ein Briefwechsel mit Herzog Albrecht von Preußen in Königsberg belegt, dem Senfl zahlreiche auf Wunsch gefertigte Lieder und Motetten übersandte und dafür wertvolle Geschenke erhielt. Am Reichstag 1518 in Augsburg oder 1521 in Worms hatte Senfl Martin ▸ Luther wohl persönlich kennengelernt, der ihn außerordentlich schätzte (vgl. Luthers Brief an Senfl vom Oktober 1530 sowie Auszüge aus seinen Tischreden). Senfl, dessen Motette *Ecce quam bonum et quam iucundum habitare fratres in unum* (vierstimmig) bei der Eröffnung des Reichstags in Augsburg 1530 zur Vermahnung der verschiedenen Glaubensparteien zu einem friedlichen Miteinander erklang, war also zeitgleich für Herren unterschiedlichen Glaubens tätig.

Seit 1529 besaß Senfl in München ein Haus und nahm um die Jahreswende 1529/1530 die Tochter eines angesehenen Passauer Mautners, Ambros Neuburger, zur Frau. Spätestens im Frühjahr 1535 heiratete er ein zweites Mal, und zwar eine gewisse Maria Halbhirn; im Mai 1537 wurde dem Paar eine Tochter geboren. Zwischen Januar und März 1543 verstarb Senfl im 53. Lebensjahr in München (Lodes/Miller 2005). Die in einer zeitgenössischen Abschrift erhaltene, lateinisch abgefasste Grabinschrift (D-HEu Cod.Pal. germ. 304, fol. 128^{r+v}) streicht Senfls hohe Stellung am Hofe unter Bezug auf die Götterwelt der Antike heraus. Indirekt klingt hier noch einmal Senfls lebenslange Verbindung zu humanistischen Persönlichkeiten (u.a. Vadian, Konrad Peutinger, Minervius, Heinrich ▸ Glarean) an.

Der Werkbestand hat in jüngerer Zeit durch die Entdeckung namentlicher Zuschreibungen in zeitgenössischen Quellen und durch verschiedene Neuzuweisungen erheblichen Zuwachs erhalten, wobei andererseits die Autorschaft einiger Senfl zugewiesener Werke neuerdings auch angezweifelt wird; eine umfassende Orientierung über den aktuellen Stand leistet Lodes 2006a.

Im Zentrum von Senfls Münchner Schaffen stand die – sowohl religiös wie politisch motivierte (Körndle 2001) – Aufgabe, für alle Festtage im Kirchenjahr mehrstimmige ▸ Proprienzyklen bereitzustellen, bestehend zumeist aus Introitus, Alleluja, Sequenz und Communio. Vier umfangreiche, *En Opus musicum* betitelte Chorbücher aus der Münchner Hofkapelle verzeichnen den Kern dieses Repertoires. Senfl ließ dafür Vertonungen seines Lehrers Isaac faszikelweise (Bente 1968) kopieren, überarbeitete diese zum Teil (Burn 2006), ergänzte einzelne Sätze oder ganze Zyklen und ordnete sie zu der heute vorliegenden Abfolge. Darüber hinaus komponierte Senfl höchstwahrscheinlich Sätze für die Vespern der Hauptfeste im Kirchenjahr (*Liber vesperarum*, anonym in D-Mbs 52), wie auch den in D-Mbs 30 anonym überlieferten Zyklus mit Sätzen zum *Commune sanctorum*; zudem – wohl als späteste Werke – einen nicht vollständigen Proprienzyklus für die Sonntage nach Pfingsten (D-Mbs 25). Während Senfls (und Isaacs) Proprienvertonungen am Münchner Hof über Jahrzehnte hinweg aufgeführt wurden – selbst Orlande de ▸ Lassus und Ludovico ▸ Zacconi, von 1590 bis 1596 Sänger am Münchner Hof, kannten sie noch – erfuhren sie andernorts nur geringe Verbreitung.

Als liturgische Kompositionen sind von Senfl zudem Magnificatvertonungen in allen acht Tönen (*Magnificat octo tonorum*, Nürnberg 1537) sowie sechs Vertonungen des Ordinarium Missae überliefert. Mit Ausnahme der ausschließlich in protestantischen Quellen aufgezeichneten *Missa super Nisi Dominus* – einer Parodiemesse über die eigene Psalmvertonung (vierstimmig), darin die erste ihrer Art – verwenden alle ▸ Messvertonungen Senfls die liturgisch passenden Choralmelodien als ▸ Cantus firmus (Alternatimmessen) und entsprechen mithin konzeptuell seinen Propriumsvertonungen.

Senfls umfangreiches und hochwertiges ▸ Motettenschaffen ist aufgrund der Tatsache, dass nur ein Bruchteil der ca. 130 ihm derzeit zugeschriebenen Stücke in einer kritischen Gesamtausgabe ediert ist, noch nicht ausreichend erschlossen. Festhalten lässt sich aber folgendes: Bereits die vergleichsweise frühen, vor 1520 entstandenen Motetten sind anspruchsvoll gearbeitet und zeigen ein (wohl anlassbedingt) buntes Bild. Die vermeintlich anlässlich des Todes Maximilians aufgeführte Motette *Quis dabit* (vierstimmig) hat Senfl nach neuesten Erkenntnissen nicht nur nicht komponiert (es handelt sich dabei um ein Werk von Costanzo ▸ Festa), sondern auch nicht einmal die Bearbeitung des Textes besorgt (Gustavson 1998). Um 1520 beschäftigte sich Senfl intensiv mit den Motetten ▸ Josquin Desprez': Niederschlag findet dies in der Auswahl der Motetten im *Liber selectarum cantionum* (Augsburg 1520) mit Josquin als häufigstem Komponisten, und in den beiden Motettenchorbüchern D-Mbs 12 und 10 aus der Münchner Hofkapelle, in denen Senfl seine Motetten einigen von Josquin unmittelbar gegenüberstellt. Die kompositorische Auseinandersetzung spiegelt sich unter anderem in *Miserere mei Deus* (fünfstimmig), in *Ave rosa sine spinis* (fünfstimmig) sowie schließlich in der auf sechs Stimmen erweiterten Parodie von Josquins berühmtem *Ave Maria [...] virgo serena*. Allgemein lässt sich die Orientierung an Josquin (und an den großen französischen Motettenkomponisten) in Senfls Motetten im gekonnten Einsatz konstruktiver kompositorischer Verfahren erkennen, die meist auch eine expressiv-deklamatorische Qualität aufweisen und dazu tendieren, aufeinanderfolgende ▸ Soggetti variativ miteinander zu verknüpfen und dadurch größere musikalische Einheiten schaffen. Im Herbst 1530 übersandte Senfl, sicherlich in Kenntnis von Luthers Wertschätzung und Auslegung des 118. Psalms, dem resignierten Reformator die Motette *Non moriar sed vivam* (vierstimmig), später noch ein von Luther explizit angefordertes *In pace in idipsum* (vierstimmig), das wahrscheinlich anonym in der Schalreuter-Handschrift D-Z 73 überliefert ist (Kongsted 2000). Die hohe Wertschätzung Senfls durch Luther trug nicht zuletzt zur außerordentlichen Verbreitung zahlreicher seiner Motetten im protestantischen Mitteldeutschland bei.

Mit fast 300 Stücken, die in ihrer Kunstfertigkeit und Schönheit auch qualitativ für sich stehen, leistete Senfl den zentralen Beitrag innerhalb der Geschichte des deutschen ▸ Tenorlieds. Sie sind meist für vier, seltener für fünf oder sechs, ausnahmsweise für drei oder sieben Stimmen geschrieben. Manche von ihnen sind in zeitgenössischen kleinformatigen Liederbüchern in Senfls eigener Hand aufgezeichnet. Die Dichter der Texte sind meist nicht bekannt. Konkrete Bezüge zur Biographie des Komponisten lassen sich nur in Ausnahmen festmachen, wie etwa in Liedern, deren Akrostichen auf fürstliche Widmungsempfänger (z.B. anlässlich von Hochzeiten) deuten, oder im autobiographischen Lied *Lust hab' ich ghabt zur Musica* (vierstimmig), mit wohl selbstverfasstem Text und Akrostichon »Ludwig Sennfl«, in dem der Komponist ein anschauliches Zeugnis über die Lehrzeit bei Isaac ablegte.

Für ein Verständnis der (bereits von Isaac angewandten) unterschiedlichen Satzarten erweist sich eine Scheidung der Melodien in ▸ Hof- und Volksweisen als hilfreich (Seidel 1969). In den musikalisch schlichteren Hofweisensätzen beherrscht die im Tenor liegende, individuell geprägte und bisweilen vom Komponisten selbst geschaffene Melodie den stets im Tempus imperfectum diminutum (▸ Tempus) notierten Satz. Die 24 Kanons (darunter *Die Brünnlein, die da fließen*, sechsstimmig, mit dreistimmigem Kanon) und 14 Quodlibets mit verschiedenen gleichzeitigen Melodien unter den rund 63 belegten, musikalisch ambitionierteren Volksliedsätzen verdeutlichen ebenso wie die zahlreichen stark imitatorischen Sätze (etwa das bereits um 1519/1520 in D-Rp C 120 überlieferte *Maria zart von edler Art*, vierstimmig), dass Senfl auch in seinen Liedern gerne die Herausforderung in kontrapunktisch anspruchsvollen Aufgaben suchte. Die Melodie wird hier zum Objekt eines von ihr unabhängigen musikalischen Plans, zum Material für eine Satzstudie. Senfl setzte zahlreiche Volksliedweisen mehrfach, etwa *Es taget vor dem Walde* (9 Mal), *Ich stuend an einem Morgen* (8 Mal), seltener auch bestimmte Hofweisen. Dass die Mehrfachvertonungen in den zeitgenössischen Quellen vornehmlich in Gruppen begegnen, legt nahe, dass Senfl mit ihnen bewusst seine Kunstfertigkeit demonstrieren wollte, verschiedenartige Musik aus dem gleichen Material zu schaffen. Zum Teil vernetzte er sogar die mehrfach vertonten Melodien ihrerseits wieder in Quodlibets. Das Prinzip der Varianz über Gleichbleibendem bzw. der variationsartigen Erweiterung der knappen strophischen Liedform findet sich auch in anderen seiner Lieder, etwa in dem groß angelegten Passionslied *Da Jesus an dem Kreuze hing* (vier- bis fünfstimmig). Lieder auf nicht-deutschsprachige Texte existieren von Senfl kaum; ob er jemals als Instrumentalkomponist hervorgetreten ist, ist fraglich.

Prägend für die Ausbildung unzähliger Schülergenerationen wurden Senfls ▸ Odenkompositionen, die teilweise auf Anregung seines Freundes und ersten deutschen Odyssee-Übersetzers Minervius (Simon Schaidenreisser) entstanden sind (*Varia carminum genera*, Nürnberg 1534): Sie zeichnen die Längen und Kürzen der antiken Versmaße musikalisch (im Verhältnis 2:1) im vierstimmigen Blocksatz nach und wurden an Lateinschulen als didaktisches Mittel zur Erlernung der antiken Metren verwendet.

Als ein übergeordnetes kompositorisches Kennzeichen von Senfls Musik darf die kunstvolle Kombination musikalischer Entitäten gelten. In vielen seiner Werke lässt er mehrere vorgegebene Melodien gleichzeitig erklingen und wählt dafür nicht selten melodisch verwandte Cantus firmi aus, deren Ähnlichkeiten er kompositorisch auslotet (z.B. *Salve regina / Stella maris*, vierstimmig). Besonders deutlich wird Senfls Hang zur Kombinatorik (in welcher er sich Josquin wesensverwandt zeigt) in den zahlreichen ▸ Kanons, unter ihnen drei Rätselkanons (*Salve sancta parens dulcis amor meus*, *Crux fidelis* und *O Crux ave spes unica*). Den kanonischen Strukturen kommen dabei häufig auch symbolische oder textausdeutende Funktionen zu: so etwa in den beiden groß besetzten Motetten *Veni sancte spiritus* (sechsstimmig und achtstimmig), denen ein strenger, die Dreifaltigkeit symbolisierender Dreifachkanon (*Canon: Trinitas in unitate*) zugrundeliegt. Bei allem Hang zum Konstruktiven, worin sich Senfl in die Tradition der Niederländer stellte, erweist sich seine Musik gleichzeitig als sehr deklamatorisch und bleibt hinter den berühmten Textvertonungen etwa eines Josquins kaum zurück.

Senfls Bedeutung für die musikalische Entwicklung im deutschsprachigen Gebiet war außerordentlich: Durch seine editorische Tätigkeit legte er den Grundstein für die intensive Rezeption der Werke Josquins in Deutschland (dazu Schlagel 2002). Er setzte kompositorische Standards in allen von ihm bedienten Gattungen. Mit seiner lebenslangen Berufung auf seinen berühmten Lehrer Isaac und der Positionierung seiner Werke neben jenen von Josquin gelang Senfl ein kluger Akt der Legitimation. So erlangte er bereits zu Lebzeiten im deutschspachigen Raum große Berühmtheit: »in musica totius Germaniae nunc princeps« formulierte Sebald ▸ Heyden (*De arte canendi*, Nürnberg 1540) und ähnlich Heinrich ▸ Glarean (*Dodecachordon*, Basel 1547) sowie Heinrich ▸ Faber (*Musica practica*, Nürnberg 1550).

Ausgaben:
Ludwig Senfls Werke erster Teil (Denkmäler der Tonkunst in Bayern III/2), hrsg. von T. Kroyer, Leipzig 1903; *Ludwig Senfl: Sämtliche Werke*, hrsg. von W. Gerstenberg u.a., 11 Bde., Wolfenbüttel 1937–1974; Griesheimer 1990, 3 Bde. (s. Lit.); *Motetter af / Motetten von / Motets by Ludwig Senfl*, hrsg. von O. Kongsted, Kopenhagen 2001.

Literatur:
M. Bente, *Neue Wege der Quellenkritik und die Biographie Ludwig Senfls*, Wiesbaden 1968 • W. Seidel, *Die Lieder Ludwig Senfls*, Bern 1969 • J.C. Griesheimer, *The Antiphon, Responsory and Psalm Motets of Ludwig Senfl*, Diss. Univ. of Indiana 1990 • R. Birkendorf, *Der Codex Pernner. Quellenkundliche Studien zu einer Musikhandschrift des frühen 16. Jahrhunderts*, 3 Bde., Augsburg 1994 • F. Körndle, *Liturgische Musik am Münchner Hof im 16. Jahrhundert*, Habilitationsschrift Universität München 1996 (mschr.) • R. Gustavson, *Hans Ott, Hieronymus Formschneider, and the ›Novum et insigne opus musicum‹ (Nürnberg, 1537–1538)*, 2 Bde., Diss. Univ. of Melbourne 1998 (mschr.) • O. Kongsted, *Ludwig Senfl's ›Luthermotetter‹. En forskningsberetning*, in: Fund og Forskning 39 (2000), S. 7–41 • R. Wagner Oettinger, *Ludwig Senfl and the Judas Trope: Composition and Religious Toleration at the Bavarian Court*, in: Early Music History 20 (2001), S. 199–225 • St. Schlagel, *The ›Liber selectarum cantionum‹ and the ›German Josquin Renaissance‹*, in: The Journal of Musicology 19 (2002), S. 564–615 • B. Lodes / M. Miller, *Hic jacet Ludevicus Senfflius. Neues zur Biographie von Ludwig Senfl*, in: Die Musikforschung 58 (2005), S. 260–266 • B. Lodes, *Senfl*, in: MGG^2, Bd. 14 (Personenteil), 2006, Sp. 569–590 (mit umfassendem Werkverzeichnis) (Lodes 2006a) • Th. Göllner / B. Schmid (Hrsg.), *Die Münchner Hofkapelle des 16. Jahrhunderts im europäischen Kontext*, München 2006; darin u.a.: D.J. Burn, *On the Transmission and Preservation of Mass-Propers at the Bavarian Court*; B. Lodes, *The Emperor's or the Duke's? Ludwig Senfl and the Munich Choirbooks* (Lodes 2006b) • St. Gasch, *Musik und Liturgie am Münchner Hof in der ersten Hälfte des 16. Jahrhunderts*, Diss. Univ. Wien 2008 • Ders., *Senfl, Ludwig*, in: Neue Deutsche Biographie, Bd. 24, Berlin 2010, S. 254–256 • Ders., *Hic jacet ... Isaci discipulus – Heinrich Isaac als Lehrer Ludwig Senfls*, in: *Heinrich Isaac*, hrsg. von U. Tadday, München 2010 (Musik-Konzepte 148/149), S. 150–169 • N. Schwindt, *Der Text zu einem bisher textlosen Lied Ludwig Senfls*, in: Die Musikforschung 63 (2010), S. 257–264 • A. Lindmayr-Brandl, *Magic Music in a Magic Square. Politics and Occultism in Ludwig Senfl's Riddle Canon ›Salve sancta parens‹*, in: Tijdschrift van de Vereniging voor Nederlandse Muziekgeschiedenis 60 (2010), S. 21–41 • St. Gasch, *Beyond Munich: Senfl's Propers in Prints and Manuscripts*, in: *Heinrich Isaac and Polyphony for the Propers of the Mass in the Late Middle Ages and the Renaissance*, hrsg. von D.J. Burn und St. Gasch, Turnhout 2011, S. 319–343 • St. Gasch / B. Lodes / S. Tröster (Hrsg.), *Senfl-Studien 1*, Tutzing 2012 • www.senflonline.com.

BL

Serafino de' Ciminelli dall'Aquila
* 6.1.1466 Aquila, † 10.8.1500 (?)

Nach ersten literarischen und musikalischen Studien in Potenza und Aquila gelangte Serafino im August 1487 nach Rom in die Entourage des Kardinals Ascanio Sforza, wo er aufgrund seiner dichterischen und musikalischen Improvisationskünste rasch große, über die Stadtgrenzen hinausreichende Bekanntheit erlangte. In diesem Umfeld lernte er auch ▸ Josquin Desprez kennen, dem er das berühmt gewordene Sonett *Iusquin, non dir che'l ciel sia crudo et empio* widmete. Zwischen 1489 und 1494 hielt er sich in Mailand, Neapel und Mantua auf. Zur Einsetzung Lodovico Sforzas als Herzog von Mailand 1494 angereist, nahm ihn dessen Gemahlin Beatrice d'Este in ihre Dienste, wo er bis zu ihrem Tod im Januar 1497 blieb. In den folgenden beiden Jahren bereiste er Mantua, Venedig, Urbino und Genua, bevor er 1499 in die Dienste von Kardinal Cesare Borgia in Rom trat, wo er wenig später verstarb.

Serafino zählt als Interpret seiner eigenen Dichtungen zu den wichtigsten Vertretern der generell in hohem Maße von Improvisation geprägten weltlichen italienischen Musikkultur des späten 15. Jahrhunderts. Berichte von Autoren wie Paolo ▸ Cortesi oder Vincenzo Calmeta sind die einzigen Zeugnisse seiner Gesangskunst, deren Bedeutung kaum hoch genug eingeschätzt werden kann und u.a. darin bestand, dass er Sonette in bewusster Rückwendung zu Francesco ▸ Petrarca wohl erstmals wieder gesungen vortrug. Hierin wie auch in seiner literarischen Orientierung am ▸ Petrarkismus (›stile cortegiano‹) unterschied er sich von Pietro ▸ Bembo, der vor allem den Klangreichtum der Sprache an sich zum konstruktiven Element seiner Dichtkunst machte.

Ausgaben:
Le rime di Serafino Aquilano in musica, hrsg. von G. La Face Bianconi und A. Rossi, Florenz 1999.

Literatur:
B. Bauer-Formiconi, *Die strambotti des Serafino dell'Aquila*, München 1967 • A. Rossi, *Serafino Aquilano e la poesia cortigiana*, Brescia 1980 • G. La Face Bianconi / A. Rossi, »Soffrir non son disposto ogni tormento«: *Serafino Aquilano – Figura letteraria, fantasma musicologico*, in: *Atti del XIV congresso della Società Internazionale di Musicologia*, Bologna, 1987, Bd. 2, Turin 1990, S. 240–254 • Dies., *Serafino Aquilano nelle fonti musicali*, in: Lettere Italiane 47 (1995), S. 345–385.

KP

Serlio, Sebastiano
* 6.9.1475 Bologna, † ca. 1554 Lyon

Der Baumeister und bedeutendste Architekturtheoretiker ist in seiner Architekturtheorie auch auf das Bühnenbild eingegangen. – Er erhielt seine Ausbildung in Pesaro und anschließend in Rom unter Baldassare Peruzzi. Nach dem ▸ Sacco di Roma ging er nach Venedig, wo er einem Zirkel um Pietro ▸ Aretino beitrat, den auch Jacopo Sansovino und Tizian besuchten. Mit letzterem arbeitete er 1534/1535 bei Neuerungen an San Francesco della Vigna zusammen, weitere Aufträge folgten. In Venedig gab er seinen ersten Band der Architekturlehre heraus, als Band 4 bezeichnet, der nächste erschien in Paris mit Unterstützung des französischen Königs ▸ Franz I. 1545 wurde er als ›premier peintre et architecte‹ in Fontainebleau eingestellt. In Frankreich entstanden die Mehrzahl seiner Bauten. Nachdem Philibert de l'Orme von ▸ Heinrich II. ihm 1548 vorgezogen wurde, ging er nach Lyon, wo er bis zu seinem Lebensende blieb.

Serlio berief sich bei der Behandlung des Bühnenbildes auf Vitruvs (um 70–60 v.Chr. bis um 10 v.Chr.) Traktat *De Architectura libri decem*, aus dem er die Einteilung in drei Typen des Bühnenbildes übernahm, die den Formen des Dramas – Tragödie, Komödie und Sytarspiel – entsprachen: die ›Scena tragica‹, die ›Scena comica‹ und die ›Scena satirica‹. Die Scena tragica ist eine Außenszene, besteht aus repräsentativen Gebäuden und Palästen und hat demgemäß einen repräsentativen, gehobenen Stil, der dem gehobenen Stand der Personen in der Tragödie entspricht. Die Scena comica hat bürgerliche Gebäude, meist ein Gasthaus und Läden, da sie in bürgerlichem Milieu spielt. Die Scena satirica besteht aus einem Landschaftsbild. Alle Bilder sind nach dem Prinzip der Zentralperspektive gebaut: In der Scena tragica und comica sind Strassen und Gebäude perspektivisch dargestellt, in der Scena satirica ein Weg, der von Bäumen gesäumt wird. Im Bühnenraum können, so Serlio, »prächtige Paläste, herrliche Tempel, geräumige Plätze, gerade und lange Strassen gebaut werden« (zit. nach Bauer). Das Bühnenbild war im allgemeinen fest, also nicht verwandelbar. Serlio wies jedoch, ebenfalls im Rekurs auf Vitruv, auf die antiken ›periaktoi‹ hin: Dreieckige Seitenkulissen, die auf jeder Seite verschieden bemalt waren, konnten gedreht werden und zeigten somit jeweils verschiedene Ansichten. Serlio kommt also das Verdienst zu, die Grundsätze des antiken Bühnenbildes ins 16. Jahrhundert transportiert und damit den Grundstein für weitere, von diesem ausgehende Entwicklungen gelegt zu haben.

Ausgaben:
Il trattato di architettura di Sebastiano Serlio, hrsg. von M. Rosci und A.M. Brizío, 2 Bde, Mailand 1966.

Literatur:
The Renaissance stage; Documents of Serlio, Sabbattini and Furttenbach, hrsg. von B. Hewitt und C. Galbes, Florida 1958 • O.G. Bauer, *Das Sichtbare in der Oper. Vom illustrierenden zum interpretierenden Bühnenbild*, in: *Oper von innen. Produktionsbedingungen des Musiktheaters* (Oper als Spiegel gesellschaftlicher Veränderungen), hrsg. von U. Bermbach und W. Konold, Hamburg 1993, S. 135–182 • V. Hart, *Serlio*, in: *Encyclopedia of the Renaissance*, hrsg. von P.F. Grendler, New York 1999, Bd. 5, S. 451f.

ES

Sermisy [Sermizy, Sermysy], Claudin [Claude], de
* um 1490, † 13.10.1562 Paris

Sermisy wurde zu seinen Lebzeiten als einer der talentiertesten französischen Komponisten betrachtet. Einzelne Quellen legen nahe, dass er schon sehr früh und bis zu seinem Tod an die königlichen Institutionen gebunden war. Das erste diesbezügliche Dokument datiert vom 19. Juli 1508, als er Geistlicher und Sänger der Sainte-Chapelle des Königspalastes in Paris wurde, eine Funktion, die er wahrscheinlich am Ende des Jahres 1508 aufgab, um Sänger an der privaten Kapelle der Königin Anne de Bretagne zu werden (die päpstlichen Archivalien von 1510 bezeichnen ihn als solchen). Im Winter 1515 nahm er an den Begräbniszeremonien für Ludwig XII. teil, dessen Kapelle er wahrscheinlich nach dem Tod der Königin (1514) einbezog, und diente dann dem neuen König, Franz I. Wahrscheinlich seit 1525, als er Antoine de Longuevals Stelle einnahm, leitete Sermisy die Kapelle und teilte diese Funktion mit Louis Hérault (1543–1547), dann mit Guillaume Belin und Hilaire Rousseau (1547–1553). Es scheint, dass Sermisy die Kapelle gegen 1553 verließ, um sich in sein Kanonikat zurückzuziehen, das er seit 1533 an der Sainte-Chapelle besaß.

Sermisy ist der Komponist von 160 ▸ Chansons, von einigen 90 ▸ Motetten, von 13 vollständigen ▸ Messen, von 9 ▸ Magnificat-Vertonungen und von einigen anderen liturgischen Kompositionen (unter anderem der ▸ Lamentationen des Jeremias und einer ▸ Passion nach Matthäus; er ist einer der seltenen französischen Komponisten der Renaissance, die diese Genre pflegten). Meistens komponierte er für vier Stimmen; jedoch wählte er manchmal eine geringere Stimmenanzahl (Dreistimmigkeit) oder eine größere (bis zur Sechsstimmigkeit, ausnahmsweise auch Achtstimmigkeit). – Zu seinen Lebzeiten erhielt er zahlreiche Huldigungen von Literaten (Claude Chappuys, Barthélemy ▸ Aneau, François ▸ Rabelais, Marguerite de Navarre u.a.) wie von Musikern (Jean Daniel; Maximilien Guillaud; Pierre ▸ Certon komponierte zu seinem Angedenken einen sechsstimmigen Klagegesang

Musiciens, chantres melodieux). Hinzu kommt noch, dass die Verbreitung sowohl seiner gedruckten als auch seiner handschriftlichen Musik und der Bearbeitungen seiner Werke (▸ Intavolierungen, Tänze, ▸ Kontrafakturen, Parodien) in französischen, italienischen, deutschen, schweizerischen, polnischen, spanischen oder englischen Quellen von seiner Berühmtheit zeugt. Einer seiner Erfolge, *Jouyssance vous donneray*, wurde sogar in einem Gemälde des flämischen ›Meisters der Halbfiguren‹ wiedergegeben, von drei Musikerinnen dargeboten (zweite Hälfte des 16. Jahrhunderts).

Sermisy ist einer der hauptsächlichen Wegbereiter der ▸ ›Pariser Chanson‹, deren Rhythmus, Melodie und Struktur genau auf die Prosodie, die Syntax und den Reim abgestimmt ist. Die daktylischen Einschnitte, die Teilung in Halbverse (durch rhythmische Verlangsamung, eine Kadenz und/oder eine Pause), eine insgesamt homophone Textur, die zuweilen durch kontrapunktische freie oder imitatorische Passagen unterbrochen wird, und eine Struktur, die generell auf Wiederholung (ABCAA) basiert, charakterisieren die Mehrzahl der Chansons.

Er interessierte sich hauptsächlich für lyrische Dichtung (sehr oft Epigramme zu acht oder zehn Sylben), die er oft aus dem Repertoire wählte, das am Hof geschrieben wurde, wie von Clement ▸ Marot (fast die Hälfte der identifizierten ungefähr 50 Texte), Mellin de Saint-Gelais, Claude Chappuys, François de Tournon (Meister der Chapelle Royale), sogar Franz I. (augenscheinlich ungefähr zehn Stücke, unter denen *Douce memoire* das berühmteste ist). Mehr als Clement ▸ Janequin etablierte er seit den Jahren 1520 die klassische Form der ›Pariser Chanson‹, eine Form, der die Mehrzahl seiner Zeitgenossen während einer Generation folgte.

Mit Ausnahme der auf eine gregorianische Melodie komponierten Stücke (26 sind identifiziert) stellen die Motetten in mehrfacher Hinsicht einen ähnlichen Stil wie seine Chansons vor. Im wesentlichen auf Psalmen, Responsorien und Antiphonen basierend präsentieren sie einen Wechsel von imitatorischen, oftmals mit einer reduzierten Stimmenanzahl verbunden Abschnitten und von homorhythmischen Passagen mit einfachen Rhythmen und Melodien und enden oft mit der Wiederholung des Schlussabschnitts.

Mit Ausnahme von *Ab initio*, dem Requiem und *Novem lectionum*, bestehen seine ▸ Messen aus Parodien von Motetten oder von zeitgenössischen Chansons, sogar verschiedener Stücke (*Missa plurium motettorum* und *Missa plurium modulorum*). Während der Choral im Requiem am häufigsten im Tenor erscheint, ist er in den Lamentationen und in seiner Passion hingegen hauptsächlich in der obersten Stimme plaziert. Seine Magnificat-Kompositionen, die häufig auf Wechselgesang beruhen, sind generell im ▸ Fauxbourdon gehalten.

Ausgaben:
Treize Livres de motets parus chez Pierre Attaingnant en 1534 et 1535, 13 Bde., hrsg. von A. Smijers und A.T. Merritt, Monaco 1934–1964, Bd. 1–3, 5, 7, 9, 10–13; *Claudin de Sermisy. Opera omnia* [Messe, Magnificat, Passion, Lamentations, Chansons], hrsg. von G. Allaire und I. Cazeaux (Corpus mensurabilis musicae 52), 6 Bde., o.O. 1970–1986.

Literatur:
F. Dobbins / M.A Colin, *Sermisy*, in: *MGG*², Bd. 16 (Personenteil), 2006, Sp. 609–616.

MAC

Serpent

Der Serpent (ital. Serpentone, fr. Serpent, engl. Serpent) ist ein aus Holz hergestelltes Blasinstrument, das mit einem Kesselmundstück wie ein Blechblasinstrument gespielt wird. Das Mundstück, dessen Größe in etwa der eines Bassposaunenmundstückes entspricht, wurde ursprünglich aus Horn oder Elfenbein, später auch aus Metall gefertigt. Es wird auf ein Metallrohr gesetzt, das im oberen Ende des Instruments steckt. Einige Instrumente sind mit Schutzkappen aus Metall an Mundstück- und Schallende versehen. Das Instrument weist vier Windungen auf, die ihm die typische Schlangenform geben, von der sich der Name ableitet (Serpent = Schlange). Ältere Instrumente verfügen über sechs Grifflöcher an der Vorderseite, besitzen aber kein Daumenloch an der Rückseite. Die Grifflöcher sind in zwei Dreiergruppen um die dritte Windung angebracht. Zur Verbesserung der Spielbarkeit wurden im 19. Jahrhundert weitere Grifflöcher angebracht. Am Ende der Entwicklung hatte der Serpent bis zu 14 Löcher, die durch Klappen zu verschließen waren.

Das Instrument besitzt eine Länge von ungefähr zwei Metern und kann als Grundton B', C, D oder E aufweisen. Es ist eng verwandt mit dem ▸ Zink, aus dessen Bassinstrument es vermutlich entwickelt wurde. Die Bauweise aus zwei ausgehöhlten Holzhälften, die nach dem Verleimen mit Pergament beklebt werden, hat er mit dem krummen Zink gemeinsam. Im Vergleich zum krummen Zink weist die Innenbohrung des Serpent allerdings einen stärkeren konischen Verlauf auf, und die Wandstärke des Serpent ist im Verhältnis zur Innenbohrung deutlich dünner als die des krummen Zink.

Erfunden wurde der Serpent angeblich um 1590 durch den französischen Geistlichen Edmé Guillaume in Auxerre. Innerhalb kürzester Zeit fand er Verbreitung in ganz Frankreich, wo er bis zum Ende des 18. Jahrhunderts überwiegend zur Choralbegleitung verwendet wurde. Außerhalb der Kirchenmusik wurde der Serpent in Frankreich anscheinend aber erst nach der Revolution eingesetzt. Eine erste ausführliche Beschreibung findet sich 1636 in Marin ▸ Mersennes *Harmonie universelle*. Außerhalb Frankreichs wurde der Serpent erstmals 1650 in Athanasius Kirchers *Musurgia universalis* erwähnt. Wie in Frankreich wurde der Serpent auch in Italien hauptsächlich in der Kirchenmusik eingesetzt. Die Verwendung in Carlo Pallavicios Oper *Il Galieno* aus dem Jahr 1675 (Manuscript. in I-Rvat) scheint eher eine Ausnahme darzustellen. In England ist der Serpent aus Frankreich kommend offenbar erst Ende des 17. Jahrhunderts bekannt geworden. In Deutschland findet sich der Serpent erst im 18. Jahrhundert und wurde hier überwiegend in Militärkapellen und vereinzelt in er Kirchenmusik verwendet. Im 19. Jahrhundert wurde der Serpent noch gelegentlich im Orchester besetzt, so z.B. von Felix Mendelssohn Bartholdy im Oratorium *Paulus* und von Richard Wagner in der Oper *Rienzi*, um die Mitte des 19. Jahrhunderts aber durch die Basstuba ersetzt.

Literatur:
J. Lebeuf, *Memoires concernant l'histoire ecclesiastique et civile d'Auxerre*, Paris 1743 • H. Heyde, *Hörner und Zinken, Katalog des Musikinstrumenten- Museums Leipzig*, Bd. 5, Leipzig 1982 • M. Collver / B. Dickey, *A Catalog of Music for the Cornett*, Bloomington, 1996.

APA

Service

Mit Service wird in der anglikanischen Kirchenmusik seit Mitte des 16. Jahrhunderts die Vertonung der feststehenden Teile der Liturgie bezeichnet, die die Stundengebete Matutin und Vesper sowie die römisch-katholische Messe durch Morning Service oder Morning Prayer, Communio und Evening Service bzw. Even Prayer oder Evensong in englischer Sprache ersetzten. Sie sind im *Book of Common Prayer* enthalten. Der Morning Service besteht aus *Venite*, *Te Deum* und *Benedictus* (alternativ zu bestimmten Zeiten des Jahres auch *Benedicite* und *Jubilate*). Die Holy Communion umfasst Teile des Ordinarium Missae, jedoch nicht immer alle Sätze (im 16. Jahrhundert oft nur Kyrie und Credo, manchmal fehlen auch Teile des Credo). Der Evening Service enthält *Magnificat* und *Nunc dimittis* (alternativ zu bestimmten Zeiten des Jahres die Psalmen *Cantate Domino* und *Deus miseratur*). Vertont werden können vollständige Services oder nur Teile von Serviccs (z.B. nur diejenigen des Evening prayer). Die Kompositionstechnik in den Services reicht von sehr einfachem, homophonem und syllabischem vierstimmigem Satz gemäß der von Thomas ▸ Cranmer proklamierten neuen Ideale der anglikanischen Kirchenmusik bis zu anspruchsvolleren Kompositionen mit einer Vielfalt an Techniken, insbesondere dem Wechsel von vollstimmigen chorischen mit solistischen Partien (Verse Service) und Orgelbegleitung sowie Textwiederholungen; letztere waren wahrscheinlich für die Chapel Royal bestimmt. Erstgenannter Stil findet sich meist in den Short Services (›short anthem style‹), zweitgenannter in den Great Services. Kompositionen sind von den Mitgliedern der Chapel Royal überliefert, in der frühen Phase Thomas ▸ Tallis und Christopher ▸ Tye, deren Short Services noch heute in Gebrauch sind, später William ▸ Byrd, Orlando ▸ Gibbons, Thomas ▸ Morley, Thomas ▸ Weelkes, Thomas ▸ Tomkins u.a., deren *Great Services* von Bedeutung sind. Der *Second Service* Byrds ist der erste bekannte Verse Service; die Praxis war wahrscheinlich in Byrds ▸ Anthem *Teach me O Lord*, einem frühen Verse Anthem, vorgeprägt.

Literatur:
D. Stevens, *Tudor Church Music*, New York 1955, Reprint 1973 • D. Wulston, *Tudor Music*, London 1985.

Servin [Servyn], Jean
* um 1529 (?), † 1609

Der aus Blois stammende französische Komponist protestantischen Glaubens ließ sich im Oktober 1572 in Genf nieder, wo er von 1600 bis mindestens 1604 im Temple (heute die Kathedrale Saint Pierre) hauptsächlich als Sänger diente. Er ist der Komponist von 150 Psalmen, die er auf Melodien des Genfer Psalters dreistimmig setzte (Orléans 1565; ▸ Hugenottenpsalter) und von mehreren in Genf (später auch in Lyon) bei Charles Pesnot gedruckten Sammlungen: zwei Bücher der *Chansons nouvelles* (vier- bis achtstimmig), die *Meslanges* zu vier Stimmen (alle drei 1578) und 41 *Psalmi Davidis* (vier- bis achtstimmig, 1579), die dem schottischen König Jacob VI. gewidmet sind.

Das Œuvre von Servin wird vorrangig von Psalmparaphrasen (in Französisch oder Latein, in der Paraphrase des Schotten Georges Buchanan), ▸ Cantiques (*Or sus reveille-toi ma lyre*, Auszug aus den Gesängen des Jesaja V) oder ▸ Chansons spirituelles bzw. moralischen Chansons bestimmt (zwei Versionen zu sechs und acht Stimmen der sehr bekannten *Susanne un jour* von Guillaume Guéroult). Manche Texte sind – was für die Epoche sehr ungewöhnlich ist – ein direktes Echo der Konflikte, die sich zwischen Protestanten und Katholiken in Frankreich während des letzten Viertels des 16. Jahrhunderts abspielten (*Frances esjouis toy*; *Allez mes vers faire horreur à ma France*).

Die musikalische Schreibweise Servins ist gleichermaßen sehr originell: In einer Textur, die generell Homophonie und imitatorische Passagen mischt, greift er manchmal auf veraltete Praktiken wie Ostinato oder Kanon zurück, aber spielt auch, manchmal aufgrund des Ausdrucks des Textes, wie Clement ▸ Janequin mit Rhythmen (rhythmische Verschiebungen und Kombinationen), mit Klängen (Übereinandersetzung von verschiedenen Worten) und mit sukzessiven Intervallen (Arpeggien, Quintsprünge). Seine Suche nach Expressivität speiste sich auch aus zeitgenössischen Techniken wie extreme Chromatismen, die an Carlo ▸ Gesulado erinnern: Davon zeugt die falsche Relation zwischen es-Moll im Superius und h im Kontratenor in *Les regrets de Didon* – einer der seltenen profanen Texte – auf das Wort »effroyée« (»entsetzt«).

Ausgaben:
10 chansons, hrsg. B. Gagnepain, Paris 1957; 1 chanson, hrsg. von M. Honegger, Paris 1962; *Psalmi Davidis*, hrsg. von J. Porter, Turnhout (Druck i. Vorb.).

Literatur:
M. Gervink, *Servin*, in: *MGG*², Bd. 16 (Personenteil), 2006, Sp. 631–632.

MAC

Sforza, Familie

Die Familie Sforza regierte in Mailand von 1450 bis 1535 und brachte der Stadt in der zweiten Hälfte des 15. Jahrhunderts eine kulturelle Blütezeit. Herrscher waren Francesco I. (reg. 1450–1466), Galeazzo Maria (reg. 1466–1476), Ludovico il Moro (reg. 1476–1499), der mit Beatrice d'Este verheiratet war; danach fiel Mailand an Frankreich, Ludovicos Sohn Massimiliano gewann das Herzogtum 1512 zurück, verlor es jedoch erneut 1515 an die Franzosen; sein Bruder Francesco II. eroberte es 1522 und regierte bis 1535.

Die Basis für die blühende musikalische Kultur Mailands legte Galeazzo Maria mit der Gründung einer herzoglichen Kapelle (unter seinem Vorgänger waren nur einige Bläser beschäftigt). An seinem Hof waren in der zweiten Hälfte des 15. Jahrhunderts 40 Sänger angestellt – die Hälfte in der Hofkapelle, die andere Hälfte in der privaten Musik –, überwiegend französischer oder flämischer Herkunft, wie es an italienischen Höfen im 15. Jahrhundert üblich war; um die besten Sänger zu finden, »stahl« Galeazzo sie von anderen Höfen (Merkley, S. 33ff.). Den Kapellen gehörten vorübergehend berühmte Musiker an wie ▸ Josquin Desprez (1484–1485 wahrscheinlich bei Kardinal Ascanio Sforza angestellt), Alexander ▸ Agricola, Loyset ▸ Compère, Johannes ▸ Martini (1474), Jean Cordier. Der privaten Musik stand ▸ Gaspar van Weerbeke vor (ab 1471). Unter der Regierung von Ludovico il Moro entwickelte sich ein hohes Niveau insbesondere durch den Einfluss von Beatrice d'Este. ▸ Frottola, ▸ Strambotto und ▸ Barzelletta, meist auf Texte Gaspare Viscontis, wurden als neue, leichtere Gattungen gepflegt, insbesondere von Musikern wie Atalante Migliorotti und ▸ Serafino de' Ciminelli dall'Aquila (1494–1497 in Diensten von Beatrice d'Este), später, unter der Regierungszeit Massimilianos von Marchetto ▸ Cara (1512). Am Hof fanden prächtige ▸ Feste statt, zu deren Aufführungen ▸ Leonardo da Vinci (1482–1498 am Hof) Bühnenbilder und Bühnenmaschinerien entwarf, insbesondere für die Festa del Paradiso zur Hochzeit von Galeazzo Marias Sohn Gian Galeazzo mit Isabella von Aragon am 12.1.1490 (Text von Bernardo Bellincioni, nach einem Sujet von Ludovico il Moro). – Schon seit der Mitte des 15. Jahrhunderts war der Tanz beliebt, Antonio ▸ Cornazzano (von 1454 bis 1466 am Hof von Francesco I.) widmete sein *Libro dell'arte danzare* (erste verschollene Auflage von 1455) der Tochter Francescos, Ippolita Sforza, die eine engagierte Tänzerin war; die Fassung des Traktats wurde dem Sohn Francescos gewidmet. Auch Musiktheorie wurde gefördert, der Musiktheoretiker Franchino ▸ Gaffurio, der der Kapelle der Mailänder Kathedrale vorstand, wurde von Ludovico il Moro an den Hof geholt. Ebenso waren Instrumentenbauer am Hofe tätig und Leonardo da Vinci erfand eine neue Art der Lira.

Nach der Niederlage Ludovicos gegen die Franzosen wurde die Hofkapelle aufgelöst, seine Söhne beschäftigten jedoch noch einige Musiker in ihren Haushalten; Massimiliano hatte während seiner kurzen Regierungszeit vorübergehend Marchetto ▸ Cara (1512) in seinem Dienst.

Literatur:
P.A. Merkley / L.L.M. Merkley, *Music and Patronage in the Sforza Court*, Turnhout 1999 • M. Donà, *Sforza*, in: *Grove*, Bd. 23, 2001, S. 210.

Shakespeare, William
* 23.4.1564 Stratford-on-Avon, † 23.4.1616 London

Der englische Dichter und Dramatiker von Weltgeltung avancierte nach dem Weggang aus seiner Heimatstadt Stratford in London zum führenden Autor in den Gattungen Lyrik (Sonette), Kleinepik (z.B. *Venus and Adonis*) und Dramatik. Außerdem betätigte er sich als Schauspieler in einer Theatergruppe (Lord Chamberlain's Men, später King's Men) und wurde zum Miteigentümer des Globe Theatre, wo dieses Ensemble überwiegend spielte. Seine gesammelten Dramen wurden nach seinem Tod von Dichter- und Schauspielerkollegen (Ben Jonson, John Heminge, Henry Condell) unter dem Titel *Mr William Shakespeares Comedies, Histories & Tragedies. Published according to the True Originall Copies* (First Folio) im Jahr 1623 veröffentlicht.

In Shakespeares Dramen spielt die Musik eine bedeutende Rolle, da sie in ihrer Form als Vokal- und Instrumentalmusik eine zentrale dramatische Absicht verfolgt. Dies zeigt sich besonders in den über 100 werkimmanenten Liedern (›songs‹), die in vielfältiger Weise Personen, Situationen und Handlungen charakterisieren. Überwiegend handelt es sich hierbei um Zitate, Anspielungen und Parodien von dem elisabethanischen Publikum bekannten Liedern (z.B. »Greensleeves« in *Merry Wives of Windsor*, II,1). Ferner finden sich u.a. in den Bühnenanweisungen der Dramen Shakespeares zahlreiche Hinweise auf Instrumentalmusik (▶ Consort music), die als Bühnenmusik fungiert. Theaterstücke der Renaissance werden von musikalischen Fanfaren umrahmt: einleitend, um das Publikum darauf einzustimmen, dass das Stück in Kürze beginnt, und abschließend durch eine ›jig‹, bestehend aus Musik und Tanz. Die funktionale Verwendung von Musik lässt sich in vier einander durchdringende Kategorien einteilen: Bühnenmusik, magische Musik, charakterisierende Musik und atmosphärische Musik.

Die Bühnenmusik umfasst Musik, die explizit durch das Geschehen auf der Bühne gefordert wird oder dieses ankündigt. Beispiele hierfür sind Bankette, Festzüge, Duelle oder Schlachten (z.B. *Henry V*), in denen die akustische Untermalung die fehlende Imposanz des optischen Reizes kompensiert. Durch den charakteristischen Klang von Pauken und Trompeten wird der Auftritt von Königen und Edelleuten angekündigt (*Hamlet*, III,2,89). Auch die Klänge einer Serenade (*Merchant of Venice*, V,1,65), gespielt von einem Kammerensemble (›consort‹), dienen der szenischen Untermalung etwa bei einem Gelage (▶ Tafelmusik) oder bei einer Maskenspieleinlage (*The Tempest*, IV,1,58).

Die Kategorie der magischen Musik ist eng verbunden mit dem althergebrachten Ethos-Prinzip von Musik, das dieser die Kraft zuspricht, Schläfrigkeit (Wiegenlied in *A Midsummer Night's Dream*, II,2,8) und Verliebtheit hervorzurufen oder nach biblischem Vorbild (David – Saul) als Heilmittel etwa gegen Melancholie zu dienen (Graf Orsino: »If music be the food of love …« (»Wenn die Musik der Liebe Nahrung ist…«) in *Twelfth Night*, I,1,1). Der Ursprung der magischen Musik ist auf der Bühne verdeckt für die Charaktere, die von ihr beeinflusst werden (z.B. Ferdinand von Ariels Lied »Come unto these yellow sands« (»Kommt auf diesen gelben Strand«) in *The Tempest*, I,2,375).

Der Gebrauch von ›songs‹ dient ähnlich wie später die Opernarie dem Ausdruck von Leidenschaften und Reflexionen der Figuren. Ein bemerkenswertes Beispiel für einen ›character song‹ ist die Wahnsinnsszene der Ophelia (*Hamlet*, IV,5), in der sowohl ihr Gesang als auch der Text des Liedes (»Tomorrow is Saint Valentine's Day« (»Morgen ist Sankt-Valentins-Tag«) ihren Geisteszustand zum Ausdruck bringt. Charakterlieder müssen nicht ausschließlich den Zustand des Sängers selbst wiedergeben, sie können auch von Dienern über ihre Herren gesungen werden (z.B. Clown Feste über Orsino »Come away, death« (»Komm herbei, Tod!«) in *Twelfth Night*, II,4,50).

Die feinsinnigste Form der Theatermusik ist die atmosphärische Musik, da sie nicht greifbare Elemente wie Stimmung, Tonfall und Emotionen der Dramentexte unterstützt und somit Stimmungswechsel von Rache zu Vergebung und Hass zu Liebe bewirken oder illustrieren kann (z.B.: ›background music‹ und ›flourish‹ in der versöhnlichen Schluss-Szene des *Merchant of Venice* nach der aufwühlenden Gerichtsszene IV,1).

Shakespeare verwendet Musik nie zur bloßen Zerstreuung, in poetisch-dramatischer Hinsicht ist ihre Wirkung stets genau kalkuliert. Gelegentlich finden sich in den Dramentexten konkrete Hinweise auf die Verwendung bestimmter Instrumentengruppen, um eine Szene eindeutig in den häuslichen, höfischen oder militärischen Kontext einzuordnen. Die ›musique haute‹ (▶ Alta musica) wird von Trompeten, Hörnern, Sackpfeifen und Oboen gespielt. Othello beispielsweise verabschiedet sich vom Kriegsgeschehen (» … the shrill trump, the spirit-stirring drum, th' ear-piercing fife« [»schmetternde Trompete, Mut schwellende Trommel, muntrer Pfeifenklang«] III,3,354f.), indem er den Schlachtenlärm mit eben diesen Instrumenten assoziiert. Der musique haute kontrastiv gegenübergestellt wird die ▶ ›musique basse‹ (sanfte, friedliche Musik) der Violen, Lauten und Zithern, nach elisabethanischem Verständnis die himmlischen Instrumente.

Über die praktische Einbindung von Musik in die dramatische Handlung hinaus verwendet Shakespeare in seinen Dramentexten häufig musikalische Metaphern. Nach dem pythagoreischen Verständnis der ▶ Sphärenmusik besteht ein Gleichgewicht zwischen der Stimmung des Makrokosmos, der Musikinstrumente und der Psyche des Menschen (Lorenzo und Jessica in *Merchant of Venice* V,1, vertont von Ralph Vaughan Williams). Ist dieses Gleichgewicht nicht auf allen Ebenen im Einklang, also »out of tune« (»verstimmt«), so hat dies weitreichende Wirkung. In der Tragödie *Othello* knüpft Shakespeare die Struktur seines gesamten Dramas an diese musikalische Metapher. Das zunächst harmonische Liebesglück von Desdemona und Othello wird zerstört durch den intriganten Iago (»You are well tuned now: but I'll set down the pegs that make this music« (»Noch seid ihr wohlgestimmt, doch dieses Einklangs Wirbel spann ich ab«) *Othello*, II,1,197f.).

Eine Untersuchung der gattungsspezifischen Verwendung von Musik in Shakespeares Komödien und Tragödien gelangt zu folgendem Ergebnis: Instrumentalmusik (consort music) und Vokalmusik (lautenbegleiteter Gesang) erscheinen überwiegend in höfischen Komödien (z.B. *Love's Labour's Lost* V,2,880). In farcenhaften Szenen dagegen werden ordinärere Trinklieder vorgetragen (Falstaff: »A Cup of Wine« in *Henry IV*, V,3,45). Musikeinlagen in Tragödien werden überwiegend von komischen Figuren oder in pseudo-komischen Situationen angestimmt. So singen z.B. die Totengräber in *Hamlet* (V,1,61) während der Arbeit ein volkstümliches Lied. Auch Ophelia wirkt in der Wahnsinnsszene (IV,5,47) komisch, in der sie die volkstümliche Ballade »Tomorrow is Saint Valentine's Day« singt. Shakespcare fügte häufig zeitgenössische populäre Lieder in seine Dramen ein, wie z.B. den bekannten »Willow Song« der Desdemona (*Othello*, IV,3,38), dessen Notentext und Verse in mehreren Manuskripten von Lauten- und Consort-Musik des 16. Jahrhunderts dokumentiert sind.

Die originalen Bühnenmusiken und Lieder, die Shakespeare in seine Stücke integrierte, sind leider nicht zusammen mit den Dramentexten überliefert und gelten daher überwiegend als verloren. Einige der Kompositionen finden sich in den Lied- und Madrigalsammlungen bedeutender Komponisten des ausgehenden 16. und beginnenden 17. Jahrhunderts wie »It was a lover and his lass« (*As You Like It*, V,3) und »O mistress mine« (*Twelfth Night*, II, 3, 40) von Thomas ▸ Morley. Diese Lieder gehörten wahrscheinlich zur Musik der Uraufführungen, während andere Melodien bereits vor den Dramen existierten und von Shakespeare lediglich mit neuen Texten unterlegt wurden. Die Lieder weiterer Komponisten wie William Corkine (um 1610), Robert Johnson (1582-1633) und John Wilson (1594–1673) wurden nachträglich zu den Dramen komponiert.

Robert Johnsons Solo-Lieder »Full fathom five thy father lies« (»Fünf Faden tief liegt Vater dein«) und »Where the bee sucks, there suck I« (»Wo die Bien', saug' ich mich ein«) für Ariel in *The Tempest* (I,2 und V,1), fügten sich ebenso nahtlos in eine Aufführung bei Hofe (1612) ein, wie eine Mehrzahl von Liedern für eine Gesangsstimme in England bis ins 18. Jahrhundert unmittelbar für Theateraufführungen komponiert wurde. Das vom Theater unabhängige Shakespearelied, wie etwa Franz Schubert und Johannes Brahms es für einen kammermusikalischen oder konzertanten Vortrag schrieben, ist erst ein Produkt des 19. Jahrhunderts.

Nach Shakespeares Tod gab es bis zur Veröffentlichung der First Folio Ausgabe (1623) zunächst wenige Wiederaufnahmen seiner Stücke auf Londoner Bühnen. Während des englischen Bürgerkriegs (1642–1649) blieben die Theater geschlossen. In der Restaurationszeit wurden die Aufführungsrechte an Shakespeares Werken zwischen den Schauspieltruppen King's Players unter Sir Thomas Killigrew und den Duke's Players unter Sir William Davenant geteilt. Den Wiederaufnahmen von Stücken (*The Tempest*, *Macbeth*, *A Midsummer Night's Dream*) gingen erhebliche textliche Änderungen voraus, um Shakespeares Dramen dem Geschmack des Zeitgeistes anzupassen. Die Zusammenarbeit Davenants mit dem englischen Dichter und Dramatiker John Dryden (1631–1700) in den 1660er Jahren ebnete den Weg, in Shakespeares Stücken einen größeren (s.o.) Schwerpunkt auf Musik und Bühneneffekte zu legen, um sie so der Gattung der Oper anzunähern. 1663 bearbeitete Davenant zunächst *Macbeth* und fügte Lieder von Thomas Middleton (1580–1627) ein, die anderthalb Jahrhunderte lang als originaler Bestandteil von Shakespeares Tragödie galten.

Zu Davenants und Drydens Adaption des *Tempest* (1667) schrieb Henry Purcell (1659–1695) eine Schauspielmusik aus Lied- und Instrumentalsätzen. Die Eröffnung des Dorset Garden Theatre (1671) bot den idealen Schauplatz für die pompösen Restaurationsstücke. 1673 wurde Dryden-Davenants *Macbeth* erneut überarbeitet und Robert Johnsons Musik durch Kompositionen von Matthew Locke (1622–1677) ergänzt. Die Musik zu Thomas Shadwells (1642–1692) populärer Version des *Tempest* (1674) wurde von einer Gruppe von Komponisten um Giovanni Battista Draghi (1640–1701) und Matthew Locke geschaffen. Diese erfolgreichen Reformwerke bereiteten in den 1690er Jahren das Feld für das Opernschaffen Henry Purcells, dessen epochale Semi-Opera *The Fairy Queen* (1692) auf Shakespeares Komödie *A Midsummer Night's Dream* basiert. Die große Popularität, die Shakespeares (wenn auch radikal überarbeitete) Bühnenwerke im 18. Jahrhundert genossen, lässt sich an der hohen Zahl der Aufführungen seiner Dramen auf den Londoner Bühnen ablesen. Thomas Arne (1710–1778) und William Boyce (1710–1779), zwei rivalisierende

Theaterkomponisten am königlichen Covent Garden Theatre und an David Garricks Drury Lane Theatre, schufen bedeutende Vertonungen von Shakespeareliedern in dieser Zeit. Arne veröffentlichte seine Liedsätze in einer Shakespeare-Sammlung mit dem Titel *The Music in the Comedy of As You Like It, to which are added The Songs in Twelfth Night* (1741).

Nur bruchstückhaft ist die Instrumentalmusik der elisabethanischen Theaterbühne überliefert. Aus den vollständiger erhaltenen Manuskripten der Stuart-Maskenspiele lässt sich ableiten, welche Art von Musik intendiert war: Tänze, Märsche, Begleitung von Liebesliedern, Trinkliedern und volkstümlichen Balladen. Nach der Wiedereröffnung der Londoner Theater in der Restaurationszeit war es üblich, dass das Theaterpublikum bereits eine Stunde vor Beginn der Vorstellung von einer *First Music*, einer *Second Music* und einer das Stück ankündigenden *Curtain Tune* unterhalten wurde. Die Theatermusiker spielten zwischen den einzelnen Akten des Dramas sogenannte *Act Tunes*. Schauspielmusiken, die sowohl aus diesen instrumentalen Intermezzi als auch aus der das dramatische Geschehen untermalenden Bühnenmusik bestanden, wurden spezifisch in Auftrag gegeben. Beispiele hierfür sind Matthew Lockes *Instrumental Musick in the Tempest* (1674), Jeremiah Clarkes (1673–1707) *Act Tunes* zu *Titus Andronicus* und Purcells Musiken zu *The Fairy Queen* (1692) und *The Tempest* (1695), die bis ins 19. Jahrhundert hinein zu immer neuen Inszenierungen dieser Shakespearedramen in England verwendet wurden.

Der *Shakespeare Music Catalogue* (1991) enthält über 20.000 Eintragungen von Shakespearemusiken jeglicher Art. Darunter fallen mehr als 270 Opern sowie 100 Operetten, Musicals und Filmmusiken, die auf Werken Shakespeares basieren. Die eigentliche Shakespeare-Rezeption in der europäischen Musik, sowohl in der Oper als auch in der sinfonischen Musik, beginnt erst im späten 18. Jahrhundert und gelangt im 19. Jahrhundert zu einer bis heute anhaltenden Blüte.

Literatur:
J. Buxton, *Elizabethan Taste*, London 1965 • E.W. Naylor, *Shakespeare and Music*, New York 1965 • W. Clemen, *Shakespeare und die Musik*, in: *Das Drama Shakespeares*, hrsg. von Dems., Göttingen 1969, S. 28–44 • G. Schmidgall, *Shakespeare and Opera*, New York und Oxford 1990 • B. Gooch / D. Thatcher (Hrsg.), *The Shakespeare Music Catalogue*, Oxford 1991 • I. Schabert, *Shakespeare-Handbuch*, Stuttgart 1992 • R.W. Duffin, *Shakespeare's Songbook*, New York und London 2004.

UK

Sheppard [Shepherd], John
* um 1515, † beerdigt 21.12.1558

Der englische Komponist hatte 1543–1548 den Posten des ›Informator choristarum‹ am Magdalen College und war spätestens 1552 und während der Regierungszeit Marias (1553–1558) ›Gentleman of the Chapel Royal‹. Thomas Morley zählt ihn zusammen mit William ▶ Byrd, John ▶ Taverner, Robert ▶ Fayrfax, William ▶ Mundy, Robert ▶ Parsons und Robert ▶ White unter die besten Musiker Englands. Sheppard komponierte hauptsächlich Kirchenmusik; erhalten sind für den katholischen Ritus vier ▶ Messen auf liturgische und weltliche ▶ Cantus firmi (darunter die Messe *The Western Wynde*, die an Christopher ▶ Tyes und John ▶ Taverners Messen über die gleiche Melodie orientiert ist), zwei ▶ Magnificats und an die 70 ▶ Motetten für die Hauptfeste des Kirchenjahres. In den Motetten setzte er nach gängiger Praxis die liturgische Melodie in den ▶ Responsorien in den Tenor, wobei dieser stark ausgeziert wurde, und in den ▶ Hymnen in die Oberstimme in überwiegend syllabischer Vertonung. Für den anglikanischen Ritus unter Edward VI. (1547–1553) schrieb er neben Einzelsätzen drei ▸ Services, die unvollständig erhalten sind, sowie ▸ Anthems (15 erhaltene) und 41 Psalmvertonungen; die anglikanische Kirchenmusik ist gemäß den Forderungen Thomas ▸ Cranmers in überwiegend homophoner syllabischer Struktur und recht einfach gehalten.

Ausgaben:
Masses, hrsg. von N. Sandon (Early English Church Music 18), London 1976; *Responsorial Music*, hrsg. von D. Chadd (Early English Church Music 17), London 1977.

Literatur:
H.B. Lamont, *John Shepherd: his Life and Music*, Diss. University of Southern California, 1963 (mschr.) • H. Benham, *Latin Church Music in England, c. 1460–1575*, London 1977 • D. Flanagan, *Some Aspects of the Sixteenth-Century Parody Mass in England*, in: Music Review 49 (1988), S. 1–11 • D. Chadd, *Sheppard*, in: Grove, Bd. 23 (2001), S. 255–257.

Siena

Bedingt durch die politischen Verhältnisse – die seit dem 12. Jahrhundert unabhängige Republik wurde Ende des 14. Jahrhunderts nach einer kulturellen Blütezeit von inneren Kämpfen erschüttert und fiel schließlich 1557 an das Herzogtum Toskana – gewinnt Siena weniger im 15. und 16. als im 17. und 18. Jahrhundert an Bedeutung. Die Stadt weist jedoch einige lokale Besonderheiten auf. Seit dem 13. Jahrhundert gab es die (auch heute noch praktizierten) städtischen Reiterspiele, die ›Palio delle Contrade‹, auf der Lieder (›Canti delle contrade‹), häufig mit satirischem oder humoristischem Charakter, gesungen wurden. Spielleute sind seit dem 11. Jahrhundert nachgewiesen, in größerer Anzahl für besondere Anlässe sollen im 13. Jahrhundert bis zu 100 engagiert worden sein. Die Musiker schlossen sich in den Zünften der ›pifferi‹ (Schalmeienspieler) und ›trombetti‹ (Trompeter) zusammen. Ebenfalls belegt ist die Tradition des Singens von ▸ Lauden seit 1267, eine Gattung, die für die Toskana und Mittelitalien typisch ist; die 1563 veröffentlichte Lauden-Anthologie *Libro primo delle laude spirituali* von Serafino Razzi dokumentiert ein fortgeschrittenes Stadium der Lauden-Komposition. – Am Dom bestand eine Cappella, die 1535 aus vier bis fünf, am Ende des Jahrhunderts aus 20 Sängern bestand. Als Begleitinstrumente sind Posaune und Orgel nachgewiesen. In Siena verkehrten wohl außer Adriano ▸ Banchieri, der sich Ende des 16. Jahrhunderts in der Stadt aufhielt, keine erstrangigen Musiker; Organisten und Maestro di cappella am Dom waren im 16. Jahrhundert Ascanio Marri († 1575) und der Komponist und Harfenist Andrea Feliciani († 1596), der in der Nachfolge Giovanni Pierluigi da ▸ Palestrinas im Sinne der Ideale der Gegenreformation komponierte. Als Vertreter der weltlichen Musik ist vor allem Francesco Bendusi zu nennen, dessen 1553 in Venedig veröffentlichte, aus 24 Stücken bestehende Sammlung *Opera nova de balli* die erste Publikation in Italien ist, die ausschließlich Ensembletanzmusik enthält. In Siena bestand seit 1525 die Accademia degli Intronati, der auch Musiker und insbesondere der Dichter Girolamo Bargagli angehörten (▸ Akademie).

Literatur:
C. Villinger, *Siena*, in: *MGG²*, Bd. 8 (Sachteil), 1998, Sp. 1398–1400.

Sight
(›Sicht‹, hier im Sinn von ›Leseweise‹)

Das Wort bezeichnet in musikalischem Zusammenhang ein Verfahren, das zur Praxis der improvisiert mehrstimmigen Darbietung liturgischer Gesänge, dem »Singen über dem Buch« (»*super librum cantare*«, Johannes ▸ Tinctoris, *Liber de arte contrapuncti*, 1477; CSM 22/2, S. 107), gehört, aber einen Sonderfall in der Anwendung des ›Note gegen Note‹ gesetzten Contrapunctus darstellt (▶ Kontrapunkt / Satztechnik). Denn beim Sight geht es darum, im Lesen der aufgezeichneten Bezugsstimme (▶ Cantus firmus) spontan die Möglichkeiten für eine konsonierende Gegenstimme am Notenbild mit zu erfassen und diese gleichsam ›hinzu zu lesen‹. Dies erfolgt, wie es vor allem fünf mittelenglische Musiktraktate des 15. Jahrhunderts beschreiben (zusammenfassend erörtert bei Bukofzer und Georgiades), durch transponierende Ton-Vorstellung seitens des (solistischen) Gegenstimmensängers. Dabei bietet die Lehre dieser Sight-Technik für die unterschiedlichen Stimmenumfänge verschiedene Transpositions-Intervalle an (Unter-Quinte, -Oktave, -Duodezime), damit die Imagination der Gegenstimmennoten zu den einzelnen Cantustönen innerhalb des (Einstimmigkeits-)Notensystems aus dem liturgischen ›Buch‹ liegt. Wird beispielsweise um eine Quinte transponiert, so entspricht einem Einklang mit dem Cantus auf dem Notenbild (»in sight«) die Oberquinte der Gegenstimme (»in voice«).

Die Zahl schriftlich überlieferter Sight-Beispiele ist überaus spärlich, da die Praxis aus dem Stegreif erfolgte. In den wenigen dennoch greifbaren Fällen (Abbildungen bei Sachs) dienen zum Veranschaulichen der vorzustellenden Noten ins Liniensystem entsprechend eingetragene Intervallziffern. Mancherlei Anzeichen deuten darauf hin, dass die Sight-Technik, wie auch ein offenbar ähnliches Verfahren (Gradus-Lehre), beträchtliche Verbreitung besaß.

Das heutzutage kompliziert anmutende Sight-Verfahren bot gut ausgebildeten Sängern, die in der liturgischen Praxis des 15. Jahrhunderts geübt waren, offenbar keine Schwierigkeiten. Es ließ sich sogar zur Dreistimmigkeit erweitern, sofern bestimmte Satzmodelle angewandt wurden, bei denen ein Parallelsingen wenigstens zweier Stimmen in imperfekten Konsonanzen (Terzen, Sexten) überwog, wie dies u.a. der Typus Faburdon (▶ Fauxbourdon) verlangt.

Literatur:
M. Bukofzer, *Geschichte des englischen Diskants und des Fauxbourdons nach den theoretischen Quellen* (Sammlung musikwissenschaftlicher Abhandlungen 21), Straßburg 1936, Baden-Baden ²1974 • Thr. Georgiades, *Englische Diskanttraktate aus der ersten Hälfte des 15. Jahrhunderts*, München 1937 • Kl.-J. Sachs, *Sight*, in: MGG², Bd. 8 (Sachteil), 1998, Sp. 1400–1408.

KJS

Sigismund
* 15.2.1368 Nürnberg, † 9.12.1437 Znaim

Sigismund war seit 1387 König von Ungarn und 1419–1421 von Böhmen, römischer König seit 1410/1411, 1431 König von Italien und Kaiser seit 1433. Unter seiner Leitung führte das ▶ Konzil von Konstanz die Einheit der Kirche wieder herbei. Nach Erlangung der Königskrone von Böhmen begannen die Hussitenkriege, da Sigismund als Mitverantwortlicher für die Hinrichtung von Jan Hus als König abgelehnt wurde; er konnte sich erst 1436 behaupten, wobei der Hochadel gegenüber der zentralen Gewalt gestärkt blieb. Auf dem ▶ Konzil von Basel stärkte er die konziliare Partei gegen Papst Eugen IV. – Für den Empfang Sigismunds durch den Papst am 21. Mai 1433 anlässlich der zehn Tage später stattfindenden Kaiserkrönung wurde Guillaume ▶ Dufays Motette *Supremum est mortalibus* aufgeführt. Diese Bekanntschaft mit der päpstlichen Kapelle wurde als Impuls zur Einrichtung einer kaiserlichen Kapelle Sigismunds gesehen (Hortschansky, in: Finscher, S. 42), obgleich auch schon vom Konzil von Konstanz, das von einer regen musikalischen Kultur geprägt war, eine Anregung hätte ausgehen können. Für seine kaiserliche Kapelle rekrutierte Sigismund 1434 Johannes ▶ Brassart aus der Kapelle des Konzils von Basel, der zunächst ›chaplain‹, dann ›rector capelle‹ wurde und auch nach Sigismunds Tod weiter beschäftigt wurde. In die Zeit Sigismunds fiel die Vergabe des Privilegs,

Trompeter und Posaunenspieler zu beschäftigen, das er etlichen Städten verlieh (u.a. Konstanz, Ulm).

Literatur:
L. Finscher (Hrsg.), *Die Musik des 15. und 16. Jahrhunderts* (Neues Handbuch der Musikwissenschaft 3.1), Laaber 1989 • J.K. Hoensch, *Kaiser Sigismund. Herrscher an der Schwelle zur Neuzeit 1368–1437*, München 1996, S. 481, 489.

Signalmusik

Diese umfasst musikalische Signale als Zeichen mit festgelegter Bedeutung (besonders Warnzeichen oder Startzeichen).

Vielfältige Funktionen von Musik im gesellschaftlichen Leben ergaben sich aus der Anbindung der Musik an die Realität des Alltags und den damit verbundenen Zusammenhängen der Repräsentation und des Zeremoniells innerhalb des Adels, Bürgertums und Bauernstandes. Signale, Signalfolgen und -stücke entstanden schichtenspezifisch an Höfen, in Städten, in bestimmten Situationen wie etwa der Militärmusik oder Jagd.

Für die Signaldienste an Höfen waren Hoftrompeterkorps zuständig, deren Mitglieder in der Hierarchie weit oben angesiedelte Berufsmusiker waren, die den Hof repräsentativ nach außen zu vertreten und in Kriegszeiten festgelegte Signale vorzutragen hatten. Zur Feldmusik gehörten einfache Signale wie auch größere Feldstücke, -sonaten und -partiten, Toccaten und Aufzüge. Neben Trompetenmotiven gab es auch Anlehnungen an Volkslieder. Feldstücke waren überwiegend einstimmig, wenige zweistimmig, auch mit Pauken. Johann Ernst Altenburg nennt fünf althergebrachte Signale (Feldstücke) für die Kavallerie: »Boute-selle« (Satteln), »à Cheval« (Aufsitzen), »Marche oder Cavalquet« (Marsch), »Retraite« (Rückkehr oder Abzug, Ruhe) und »à l'Etendart« (zur Standarte).

Außerhalb des militärischen Bereichs wirkten Hoftrompeterkorps bei Geburtstagen mit, bei Kindstaufen, Reichstagen und Krönungen, Trauerfeierlichkeiten, Feldzügen, Sieges- und Friedensfeiern, Turnieren, Ritter- und Reiterspielen, Wasserfesten, Bällen, Maskeraden, Jagden, Festtafeln, Feuerwerken u.a. Mit dem Signalblasen sollte eine bestimmte Handlung symbolisiert werden, z.B. Alarm, Satteln, Rückzug, Tafelsignal, Turnierbeginn und ähnliches. »Das Tafelblasen, geschieht von einem Hoftrompeter allein, und wird wie ein Feldstück mit schmetternder Zunge geblasen. Eigentlich aber ist es der [...] Bekanntmachungsschall [...], welcher ankündigt, dass die Herrschaft sich zur Tafel erheben will« (J.E. Altenburg, S. 91).

Hierbei wurden die ersten sechs bis acht Naturtöne der Trompete verwendet (ohne den siebten). Auch die von Marin Mersenne mitgeteilten Signale beschränkten sich auf die sichere Prinzipallage und überschritten diese selten (nach D. Altenburg, S. 301); denn sie mussten auch unter ungünstigen Bedingungen produziert werden können. Der durch den geringen Tonvorrat auferlegten Beschränkung stand großer Einfallsreichtum in der rhythmischen Gestaltung gegenüber.

Auch auf Jagden waren festgelegte Signale üblich (Hardouin 1394). Die wichtigsten von Jacques Du Fouilloux in *La Vénerie* (1573) benannten Signale sind »Aufbruch«, »Aufschrecken des Wildes«, »Jäger verirrt«, »Retraite« u.a.; Signalinstrumente hierfür waren das halbkreisförmig gebogene Hiefhorn, altfranzösisch ›moienel‹, in gerader Form ›graisle‹ genannt, und ein einwindiges kleines Instrument (Pöschl, Sp. 1311).

Jagdsignale fanden Eingang in die Kunstmusik in Caccia, ▸ Madrigal, ▸ Canto carnascialesco oder ▸ Chanson. Allegorische Jagdszenen wurden von Jan Nasco, Alessandro ▸ Striggio, Luca ▸ Marenzio und Orazio ▸ Vecchi vertont, einzelne Jagdlieder wie Clement ▸ Janequins Chanson *La Chasse* in deutsche

Liederbücher übernommen, z.B. in das des Arnt von ▸ Aich (Köln, um 1520) oder in Georg ▸ Forsters *Frische teutsche Liedlein* (1539).

Signaldienste oblagen auch Trompetern in städtischen Diensten, wobei Städten bereits seit Anfang des 15. Jahrhunderts das Recht zustand, eigene Trompeter anzustellen (D. Altenburg, S. 143). Trompeter konnten darüber hinaus mit Wachdiensten betraut oder als Türmer eingesetzt werden. Zu ihren Aufgaben gehörte es, vom Turm aus in die Stadt einreitende Boten zu melden, bei Bränden Feueralarm zu geben und zu bestimmten Zeiten »die Stunden abzublasen«. Seit dem 15. Jahrhundert wurde der Aufgabenkreis der Türmer um das sogenannte »Abblasen« von Chorälen zur Erbauung der Stadtbewohner erweitert (D. Altenburg, S. 204). Zu ihren Dienstverpflichtungen gehörte in Kriegszeiten auch das Signalblasen während eines militärischen Einsatzes im städtischen Heer.

Ausgaben:
G. Schünemann, *Trompetenfanfaren, Sonaten und Feldstücke*, (Reichsdenkmale des Erbes deutscher Musik VII), Kassel 1936.

Literatur:
Hardouin de Fontaines-Guérin, *Trésor de Vénerie* (1394), hrsg. v. M.H. Michelant, Metz 1856 • J. Du Fouilloux, *La venérie*, Poitiers 1561 (zahlreiche weitere Nachdrucke) • J.E. Altenburg, *Versuch einer heroisch-musikalischen Trompeter- und Pauker-Kunst*, Halle 1795, Neuausgabe Dresden 1911 • G. Karstädt, *Jagdmusik*, in: *MGG*, Bd. 6, 1957, Sp. 1664–1671 • D. Altenburg, *Untersuchungen zur Geschichte der Trompete im Zeitalter der Clarinblaskunst (1500–1800)*, 3 Bde., Regensburg 1973 • L. Finscher (Hrsg.), *Die Musik des 15. und 16. Jahrhunderts*, 2 Bde. (Neues Handbuch der Musikwissenschaft 3,1/2), Laaber 1989 und 1990 • J. Pöschl (G. Karstädt), *Jagdmusik*, in: *MGG²*, Bd. 4 (Sachteil), 1996, Sp. 1309–1316.

US

Sinfonia

Der Begriff spielt als Gattungsbegriff im 15. und 16. Jahrhundert noch keine Rolle, wo er zwar in Gebrauch ist, jedoch mit Musik synonym gesetzt wird. Erst am Ende des 16. Jahrhundert tritt der Begriff in Giovanni ▸ Gabrielis *Sacrae Symphoniae* (1597) zur Bezeichnung instrumentaler und vokaler geistlicher Werke auf, wie sie im 17. Jahrhundert bei Kompositionen u.a. von Hans Leo ▸ Hassler und Heinrich Schütz üblich wurde und über Umwegen zur späteren symphonischen Gattung des 18. Jahrhunderts führt. Der Begriff gründet zwar in der Renaissance, Gattungsimplikationen werden jedoch erst in den folgenden Jahrhunderten relevant.

Skelton, John
* um 1460, † 21.6.1529 Westminster

Der englische Humanist und Dichter wurde 1498 Geistlicher und stand trotz Polemiken und Kritik an Gesellschaft (*Here Begynneth a Lytell Treatyse Named the Bowge of Courte*) und Kirche (*Here after Foloweth a Lytell Boke Called Colyn Cloute*), insbesondere an Thomas Kardinal Wolsey (*Magnyfycence*), immer dem englischen Königshaus nahe. Er war der innovativste unter den frühen Tudor-Dichtern. – Mehrere Gedichte Skeltons wurden in seiner Zeit (und auch im 20. Jahrhundert) vertont, so u.a. das Carol *Wofully arayde*, komponiert von John Browne mit von der Norm abweichenden Merkmalen wie nicht-strophischer Betonung und Kürzung des Kehrreims. Skelton wurde in Thomas Marshes Sammlung *Pithy Pleasaunt and Profitable Workes of Maister Skelton* (1568) die Dichtung *A treatise between Trouth and Information* zugeschrieben, ein Traktat mit detaillierten musiktheoretischen Ausführungen, der jedoch von William ▸ Cornysh stammt; möglicherweise half Skelton Cornysh in poetischer Hinsicht beim Verfassen des Textes. In einer Übersetzung der *Biblioteca historica* von Diodorus Siculus aus dem Lateinischen hat Skelton, der kein Griechisch konnte, aus dem ehemals griechischen Werk einen falschen Begriff im Abschnitt über Erfindung und Behandlung der Lyra eingeführt (»Hippates«).

Literatur:
N.-C. Carpenter u.a., *John Skelton*, New York 1967 • Ders., N.-C. Carpenter, *Skeltons Hand in William Cornysh' Musical Parable*, in: Comparative Literature 22 (1970), S. 157–172.

Soggetto / Sogetto cavato

Soggetto bezeichnet die einem kontrapunktischen Werk zugrunde liegende Melodie, aus der die anderen Stimmen erfunden werden. Obgleich der Begriff wohl erstmals in einem Druck Pierre Attaingnants 1529 auftauchte, gab Gioseffo ▸ Zarlino in *Le Istitutioni harmoniche* (1558) die grundlegende Definition, die in der Folgezeit übernommen wurde (»quella Parte, sopra la quale il Compositore cava la inventione di far le altre parti della cantilena«, S. 172). Deutsche Musiktheoretiker des 16. Jahrhunderts gebrauchten den Begriff ›Thema‹. Ein Soggetto kann eine bereits existierende Melodie oder neu erfunden sein. Sogetto cavato ist ein Thema, in dem ein Wortsinn versteckt liegt. Ein berühmtes, auch von Zarlino (S. 267) angeführtes Beispiel ist ▸ Josquin Desprez' *Missa Hercules Dux Ferrariae*, in der die in Solmisationssilben verwandelten Vokale (re-ut-re-ut-re-fa-mi-re) die Tonfolge des Soggetto bilden.

Literatur:
S. Schmalzriedt, *Subiectum / soggetto / sujet, Subjekt*, in: *Handwörterbuch der musikalischen Terminologie* (1978) • H. Schick, *Soggetto*, in: *MGG²*, Bd. 8 (Sachteil), 1998, Sp. 1557–1561.

Solmisation

Solmisation ist eine Verfahrensweise, einzelnen Tonstufen Namen (Singsilben) zu geben, um so Melodien während der Zeit des Einstudierens einfacher zu erlernen. Durch die so genannten Solmisationssilben wird der Ort im Tonsystem, d.h. sein Bezug zu den vorangehenden und nachfolgenden Intervallen bezeichnet. Auch kann durch die Solmisationssilben die Aussprache und gleichzeitig die Stimmbildung geübt werden.

Guido von Arezzo (um 992 – ca. 1050) gilt als Urheber der Solmisation, wenn auch schon in vorchristlicher Zeit in verschiedenen Regionen (China, Indien, Griechenland u.a.) ähnliches existierte. Guidos großes historisches Verdienst ist, den Tonstufen ein einheitliches System von Silben gegeben und dies mit einer genialen Memorierhilfe verbunden zu haben. Er verarbeitete die ersten sechs Halbzeilen des Johannes-Hymnus, dessen Melodie er vermutlich selbst erfunden hat. In dem lateinischen Text, der bereits um 800 entstand, bitten die Chorknaben ihren Schutzpatron, den heiligen Johannes, sie vor der Heiserkeit zu schützen. Die Anfangstöne jedes zu singenden Abschnittes bilden die ersten sechs Töne der diatonischen Skala in aufsteigender Form (c-a), die Anfangsbuchstaben die Silben ut-re-mi-fa-so-la: Ut queant laxis / resonare fibris / mira gestorum / famuli tuorum / solve poluti / labi reatum / Sancte Johannes. Da die Silbe ut nicht so gut zu singen war, wurde im 19. Jahrhundert das ut durch das do ersetzt. Die siebte Tonstufe (ti) haben Arezzo und seine Nachfolger noch nicht benutzt. Um die sechste Tonstufe (la) zu überschreiten, wechselte man einfach in den nächsten ▸ Hexachord. Guido von Arezzo stellte eine Verwandtschaft zwischen den beiden Hexachorden c-a und g-e fest, die gleiche intervallische Struktur haben (kleine Sekund in der Mitte, umrahmt von zwei großen Sekunden). Arezzo hatte allerdings die Doppelstufe b/h noch nicht berücksichtigt. Im 13. Jahrhundert wurde das b mit einbezogen und ein weiterer Hexachord (f-d) mit gleicher intervallischer Struktur gebildet. Allen Hexachorden (Hexachordum naturale c-a, durum g-e, molle f-d) konnten durch die gleiche intervallische Struktur die Solmisationssilben ut-re-mi-fa-sol-la unterlegt werden, deren Namen den Ort im Hexachord und dessen intervallische Relation zu den anderen Tönen angab. Die Verschiebung und teilweise Überlagerung dieser drei Hexachorde genügte, um diatonische Lieder zu solmisieren und vom Blatt zu singen. Zur damaligen Zeit nutzte man diese Technik allerdings nur für den ▸ Gregorianischen Choral und andere sakrale Musik. – Das Problem des Wechselns zwischen den drei Hexachorden war, dass gleiche Silben unterschiedliche Töne ausdrücken konnten, je nachdem welchen Hexachord man gerade benutzt. Hier spricht man von einer Silbenmutation. Es wurde in vielen Regeln festgelegt, auf welcher Stufe man wie zu verfahren hatte und wie in jedem Einzelfall mutiert wurde. Die Fähigkeit, ganze Melodien in Tonsilben auszudrücken, war spätestens um die Mitte des 13. Jahrhunderts verbreitet und perfektioniert.

Im 15. Jahrhundert setzte sich der italienische Theoretiker und Komponist Bartolomé ▸ Ramos de Pareja mit der traditionellen Guidonischen Lehre auseinander und setzte ihr in seiner Schrift einige neue Ideen gegenüber. Ramos stellte ein neues Solmisationssystem auf, das von den acht Stufen der C-Oktave ausgeht. Dieses achttönige System versah er mit den Silben »psal-li-tur per vo-ces is-tas«. Neben den Hexachorden (ordo naturalis), die Guido von Arezzo bereits verwandt hatte, umfasst die ›manus perfecta‹ von Ramos außerdem auch zehn nicht reguläre Sechstonreihen mit chromatischen Stufen, die unter der Voraussetzung genutzt werden, dass sie neben den regulären Hexachorden auch in die Mutationen einbezogen werden. Im 16. Jahrhundert wurden die Guidonischen Silben auf sieben erweitert und das ›ti/si‹ kam hinzu. Nun war es möglich, Melodien zu singen, ohne ständig Mutationen durchführen zu müssen. Das Solmisieren wurde einfacher und die Bedeutung der Solmisation in der geistlichen sowie weltlichen Musik gewann im 16. Jahrhundert weiter an Bedeutung.

Literatur:
I. Lohr, *Solmisation und Kirchentonarten*, Basel 1943 • M. Heygster / M. Grunenberg, *Handbuch der relativen Solmisation*, Mainz 1998 • M. Ruhnke, *Solmisation*, in: *MGG*², Bd. 8 (Sachteil), 1998, Sp. 1561–1569 • K.W. Gümpel, *Ramos de Pareja*, in: *MGG*², Bd. 13 (Personenteil), 2005, Sp. 1253–1256.

TD

Sonett

Das Sonett ist eine nach 1215 am sizilianischen Stauferhof entwickelte Gedichtform der italienischen Lyrik, die ihre Blüte bei Francesco Petrarca (1304–1374) erlebte und im Zuge der europäischen Rezeption des ▸ Petrarkismus in der Renaissance und im Frühbarock auch von Dichtern anderer Sprachen übernommen wurde. In der Musik war das Sonett vor allem im späteren 15. und im 16. Jahrhundert von Bedeutung.

Es handelt sich nicht um eine Strophen-, sondern um eine mehrteilige Ganztextform, die dennoch einer verhältnismäßig strengen und nur begrenzt variablen Anlage folgt. Diese formale Diszipliniertheit ohne erzwungenen Schematismus, zudem der gebührende, aber überschaubare Gesamtumfang machen sie zu einem der hochwertigsten, über viele Jahrhunderte gepflegten Formmodelle der europäischen Lyrik. 1592 erklärte es Cesare Crispolti zur höchsten Gattungsform überhaupt. Italienische Sonette bestehen aus elfsilbigen Versen, was ihnen durch die relative Zeilenlänge als Grundausstattung ein ernsthaftes, aber nicht schweres Gepräge gibt. Auch die klare und zugleich differenzierte Versstruktur verleiht der Form Seriosität ohne drückende Gravität. Ihre vierzehn Verse gliedern sich in zwei Vierzeiler (›Quartette‹) und zwei Dreizeiler (›Terzette‹). Die Quartette haben gleiche Reimfolge, wobei sich schon früh der umarmende Reim als Standard ausbildete (abba/abba). Die Terzette lassen verschiedene Reimfolgen zu, allerdings erstarrte die von Petrarca bevorzugte Anordnung cdc/dcd im 15. Jahrhundert zur Schablone, aus der sie erst der Dichter und Dichtungstheoretiker Pietro ▸ Bembo zu Beginn des 16. Jahrhunderts befreite, indem er die früheren Erweiterungen und Permutationen restituierte (z.B. cdc/cdc, cde/cde, cde/edc oder, wie von den französischen ▸ Pléiade-Dichtern favorisiert, ccd/eed bzw. ccd/ede).

Der Anteil formaler Fixelemente machte das Sonett für den musikalischen Stegreif-Vortrag der ›improvvisatori‹ des 15. Jahrhunderts geeignet, was es in die Nähe der anspruchsloseren Gedichtformen rückte. Dichtermusiker wie beispielsweise ▸ Serafino de' Ciminelli dall'Aquila sangen jeweils neue Texte auf stereotype musikalische Modelle. Ein solches textloses melodisch-harmonisches Muster ist unter dem Titel »modo de cantar sonetti« im vierten Frottolenband des Druckers Ottaviano ▸ Petrucci 1505 überliefert. Es besteht aus drei Musikzeilen zu je elf silbentragenden Tönen bzw. Klängen, so dass die vier Gedichtteile eines Sonetts wie vier musikalische Strophen behandelt sind (bei den Quartetten wird die mittlere Zeile wiederholt). Diese Kultur des notenlosen Absingens von Gedichten in Sonettform blieb bis ins 17. Jahrhundert lebendig und wurde in den aristokratischen Salons vor allem von Lautensängern und -sängerinnen gepflegt. 1558 bezeugt der Musiktheoretiker Gioseffo ▸ Zarlino die formelhafte Art, wie zu seiner Zeit Petrarcas Sonette und Kanzonen extemporiert gesungen wurden. Auch als Pierre de ▸ Ronsard das Sonett in Frankreich als repräsentative Gedichtform begründete, ging dies mit einem typisierten Musikvortrag einher: Der Ausgabe seines umfangreichen Sonettzyklus *Les Amours* (1552) ließ er sofort ein *Supplément musical* mit vier vierstimmigen, schlichten Modellsätzen (mit den Formteilen AABB, AABB' oder AABC) folgen, denen in Listen die Gedichte zugeordnet sind, die man jeweils darauf singen kann. Diesem Prinzip folgte Fabrice Marin ▸ Caietain 1576 mit einem siebenzeiligen *Air pour chanter tous sonnets* und auch in Italien setzt Giovanni Maria ▸ Nanino 1593 ans Ende seines freistimmigen Canzonetten-Buchs als Matrix eine *Aria di cantar sonetti*.

Eine andere, individuellere Bedeutung erhielt das Sonett in Italien im Rahmen der Entwicklung der Gattung des ▸ Madrigals, die stark vom Petrarkismus geprägt war und wo das Sonett als höchst anspruchsvolle differenzierte Gedichtgattung geschätzt wurde, die nach Bembo eine Mittelstellung zwischen der Formlosigkeit der Gedichtform ›Madrigal‹ und der Starrheit der traditionellen Strophentypen einnimmt. Nachdem gelegentliche Sonettvertonungen in Mantua oder Florenz in den ersten Jahrzehnten des 16. Jahrhunderts noch fast immer mit musikalischen Wiederholungsstrukturen operiert hatten, in denen die Quartette und die Terzette strophisch verstanden wurden, sind madrigalische Sonette nun durchkomponiert. Schon bei Philippe ▸ Verdelot ist das Bemühen erkennbar, die Sonett-Struktur nicht sichtbar werden zu lassen (allerdings gelegentlich auch durch dem Sonett fremde Rückgriffe auf frühere Verse), und in den Kompositionen Adrian ▸ Willaerts und seines venezianischen Kreises aus den 1540er und 1550er Jahren, in denen das Sonett zur fast ausschließlich vertonten Lyrikform für Madrigale aufgestiegen war, spürt man in der Aufteilung in eine ›prima‹ und eine ›seconda parte‹ nur noch einen schwachen Reflex der Disposition aus acht plus sechs Versen. Doch schon bei Cipriano de ▸ Rore nimmt die madrigalisch am Textinhalt orientierte Umsetzung auf die Sonettstruktur oft keine Rücksicht mehr, das

Gedicht in Sonettform ist nur noch durch die Dignität der Aussage und die Stilhöhe der Sprache eine adäquate Vorlage zur Komposition eines Madrigals, keinesfalls mehr durch die Anlage. Mit der allmählichen Ablösung des literarischen Petrarkismus durch neuere Tendenzen (wie etwa die pastoralen Züge im Werk Giovanni Battista ▶ Guarinis) verlor auch das Sonett seine signalhafte Bedeutung für das Madrigal und kehrte zum Status, ein Gedichttypus unter anderen zu sein, zurück. Dazu gehörte auch der freie Umgang mit der Form, die – insbesondere im Ausland (bei Guillaume Boni, Antoine de ▶ Bertrand, William ▶ Byrd) – bisweilen wieder zur stolligen Wiederholung der Quartette zurückkehrte oder gar einzelne Teile aus dem Sonett herauslöste. In Deutschland konnte ein solcherart halbiertes Sonett aus einem Quartett und einem Terzett mit der bodenständigen Hildebrandsstrophe fusionieren (Leonhard ▶ Lechners petrarkistisches Lied »O lieb wie süß und bitter«, 1577). Umgekehrt greifen populäre venezianische ▶ Greghesche nach 1550 bisweilen wieder auf die vor-bembistische Variante des ›sonetto caudato‹ mit einem oder zwei zusätzlichen Terzetten zurück.

Literatur:
J.-P. Ouvrard, *Le sonnet ronsardien en musique. Du supplement de 1552 à 1580*, in: Revue de musicologie 74 (1988), S. 149–164 • G. Durosoir, *Forme et expression dans les sonnets mis en chansons*, in: Le sonnet à la Renaissance, hrsg. von Y. Bellenger, Paris 1988, S. 91–103 • F. Brancacci, *Il sonetto nei libri di frottole di O. Petrucci (1504-1514)*, in: Nuova Rivista Musicale Italiana 25 (1991), S. 177–215; 26 (1992), S. 441–468 • J. Brooks, *Ronsard, the lyric sonnet and the late sixteenth-century chanson*, in: Early Music History 13 (1994), S. 65–84 • M. Feldman, *City Culture and the Madrigal at Venice*, Berkeley 1995.

NSCH

Sopranklausel ▶ **Klausel**

Sordun ▶ **Kortholt**

Soriano [Suriano], Francesco
* 1548/1549 Soriano bei Viterbo, † 19.7.1621 Rom

Der Komponist und Kapellmeister Soriano begann seine musikalische Ausbildung als Sängerknabe an der Lateranbasilika in Rom. Zu seinen Lehrern zählen u.a. Giovanni Maria Nanino und Giovanni Pierluigi da ▶ Palestrina. 1578 wurde Soriano Kapellmeister an der Kirche San Luigi dei Francesi in Rom und wechselte 1581 anschließend an den Hof der ▶ Gonzaga in Mantua. Als es dort zu Auseinandersetzungen über Sorianos Amtsführung kam, stärkte ihm Palestrina in einem Schreiben an Herzog Guglielmo Gonzaga den Rücken, indem er Soriano auf eine Stufe mit Luca ▶ Marenzio stellte. 1586 kehrte Soriano nach Rom zurück und war zunächst an Santa Maria Maggiore und an der Lateranbasilika als Kapellmeister tätig; von 1603 bis 1620 leitete er die Cappella Giulia des Petersdoms.

Obwohl Soriano bis ins Alter von fast 50 Jahren nur mit weltlichen Vokalkompositionen hervorgetreten ist, gilt er dennoch vorrangig als ein Vertreter des typisch römischen Kirchenstils. Soweit sich derzeit überblicken lässt, sind Sorianos ▶ Madrigale in ihrer satztechnischen Glätte und in der Zurückhaltung des Ausdrucks eher konventionell gehalten. In seiner Kirchenmusik (▶ Motetten, ▶ Messen, ▶ Kanons, ein ▶ Magnificat) entwickelt Soriano aus dem römischen ›stile antico‹ des ausgehenden 16. Jahrhunderts durch die Verdichtung der polyphonen Satzstruktur und die Erhöhung der Stimmenzahl einen vokalen Monumentalstil, wie er für die römische Kirchenmusik in der ersten Hälfte des 17. Jahrhunderts typisch werden sollte. Es ist in diesem Zusammenhang bezeichnend, dass Soriano nach dem Tod seines Lehrers und Förderers Palestrina dessen ursprünglich sechsstimmige *Missa Papae Marcelli* achtstimmig bearbeitete und diese Version 1609 veröffentlichte.

Soriano wurde von seinen Zeitgenossen als Kontrapunktiker außerordentlich hoch geschätzt, geriet aber dennoch schon bald nach seinem Tod weitgehend in Vergessenheit. Im 19. Jahrhundert erlebte seine Kirchenmusik durch den Cäcilianismus eine Renaissance, doch steht eine Untersuchung und analytisch-kritische Würdigung seines Madrigalschaffens noch aus.

Literatur:
F.X. Haberl, *Lebensgang und Werke des Francesco Soriano*, in: Kirchenmusikalisches Jahrbuch 10 (1895), S. 95–103 • S.P. Kniseley, *The Masses of Francesco Soriano*, Gainesville 1967 • P. Ludwig, *Studien zum Motettenschaffen der Schüler Palestrinas* (Kölner Beiträge zur Musikforschung 143), Regensburg 1986 • N. O'Regan, *Music in the Liturgy of S. Pietro in Vaticano During the Reign of Paul V (1805–1621)*, in: Recercare 11 (1999), S. 119–151.

BJ

Sortisatio ▸ Improvisation

Soto de Langa, Francisco
* 1534 Langa (Spanien, Prov. Soria), † 25.9. 1619 Rom

Nach seiner Ausbildung in Spanien gelangte Soto 1562 nach Rom, wo er als vermutlich erster Kastrat in die päpstliche Kapelle aufgenommen wurde. Neben dieser bis 1611 währenden Tätigkeit wirkte der von den Zeitgenossen hochgerühmte Sopranist in der spanischen Nationalkirche S. Giacomo degli Spagnoli und deren Bruderschaft sowie insbesondere in dem von Filippo ▸ Neri begründeten Oratorio (▸ Oratorium), zu dem er um 1566 stieß und als dessen ›praefectus musices‹ er ab 1587 tätig war. In dieser Funktion gab er Laudenanthologien (gesichert RISM 1598[4], vermutlich weitere) heraus (▸ Lauda), in denen auch einige eigene Stücke enthalten sind. Diese folgen dem laudentypischen Stilideal homophoner Schlichtheit und eingängiger Motivik. Auf der Cantoria der Sixtinischen Kapelle hat sich ein Graffito von ihm erhalten.

Ausgaben:
Einige von Sotos Lauden sind ediert in Alaleona, Mitjana und Dent.

Literatur:
R. Mitjana, *El Padre Francisco Soto de Langa (1534–1619)*, in: Música sacro-hispana 4 (1911), 5 (1912) • N. O'Regan, *Victoria, Soto and the Spanish Archconfraternity of the Resurrections in Rome*, in: Early Music 20 (1994), S. 279–295.

KP

Sozialgeschichte

Allgemeine Grundlagen
Das In- und Nebeneinander von bäuerlichen, städtischen und frühbürgerlichen, höfischen und klerikalen Lebensformen, von privatem, öffentlichem Leben und Festtagskultur, die Organisation von Arbeitswelt, Wirtschaft, Militärwesen, Politik und Verwaltung bildet die Grundlage zur Beschreibung der soziokulturellen Vielfalt während der Renaissance (Elias 1976, Braudel 1985, Ariès und Duby 1990, van Dülmen 1990, Burke 1996 und 1998). Das epochenspezifische Profil ergibt sich aus strukturrelevanten Transformationen in Kunst, Wissenschaft und Philosophie, Wirtschaft und Politik. Wahrnehmungsweisen und Erkenntnisbedürfnisse sind einem durchgreifenden Präferenzwandel unterworfen. Davon betroffen sind Kunst, Musik, Literatur und Wissenschaft insofern, als sie mit Entwicklungen in den sozialen Strukturen zusammenhängen, die sich für die weitere gesellschaftliche Positionierung der besagten Bereiche richtungsweisend bis zur Moderne auswirkt.

Die von Jules Michelet in der *Histoire de France* (1855) und von Jacob Burckhardt in der *Cultur der Renaissance in Italien* (1860) begründete Auffassung einer Kultur- als Kunstgeschichtsschreibung zeigt übereinstimmend, wie sich Kunst, Architektur und Literatur an den Leistungen der Antike orientieren, deren Vorbildfunktion seither immer wieder genutzt wurde; nicht aber, um sie einfach zu reproduzieren: Ihre Rezeption findet statt, um sie als Anstoß zur ästhetischen und symbolischen Innovation aufzugreifen (Finscher 1989, S. 8). In der Transformation der antiken Formen- und Symbolsprache wird erstens ein Menschenbild zum Ausdruck gebracht, das die Individualität des Menschen (▸ Individualismus) zum Bewertungsmaßstab, zum Zentrum seiner Existenz und seines Tätigseins erhebt. Das bedingt zweitens, dass diese Individualität auch gesellschaftlich zur Erscheinung gelangen muss. In der künstlerischen Orientierung an den Vorbildern der Antike drückt sich das Wie der neuen sozialen Konstruktion des Menschenbildes aus: Der Mensch soll in seiner Natürlichkeit wahrgenommen werden. Dieser humanistische Gedanke prägt sich als neuzeittypisches Merkmal aus, darf aber nicht darüber hinwegtäuschen, dass der Prozess der Renaissance alles in allem keine philanthropische Bewertung verträgt. Die sozialen Strukturen verändern sich zwar, das System sozialer Ungleichheit wird indessen nur anders legitimiert.

Als Invariante forschungsgeschichtlicher Bewegungen verstanden, trägt der Gedanke einer Kultur- als Kunstgeschichtsschreibung, auch wenn Michelets und Burckhardts Pionierleistungen inzwischen als nationalgeschichtlich verengt oder als zu reduktionistisch erkannt worden sind, in seinen Grundzügen weiterhin dazu bei, um eine Sozialgeschichte der Renaissance auf das Verhältnis von kultureller Innovation und Gesellschaft als einen übergreifenden Prozess zu fokussieren. So wirkt die Kernthese von der Entdeckung der Welt und des Menschen (Michelet, Burckhardt) als Leitidee einer sich langsam durchsetzenden neuen anthropologischen Sichtweise nach und zeigt in der Historiographie einer Transformationszeit unter verschiedenen ideologischen, epistemologischen und methodologischen Bedingungen ein auffälliges Beharrungsvermögen, das sich nur durch eine Konjunktur verschiedener struktureller Effekte erklären lässt: Das Raumgefühl verändert sich (Bellosi 1988), die Perspektive in der Malerei setzt sich durch, ein Gespür für die Abhängigkeit der Entwicklungen vom jeweiligen Standort kommt auf (Castelnuovo und Ginzburg 1988). Auf vielfache Weise zeigt sich, wie das Verhältnis von Zentrum und Peripherie in Bewegung gerät. Hier werden Zentren dezentralisiert, dort neu definiert: Aus seiner geopolitischen Randlage in dem Machtgefüge von Großreichen im Nahen und Fernen Osten rückt Europa zu einem Zentrum der Kultur und Weltpolitik auf (Kossok 1992, S. 66ff.). Die Entdeckung Amerikas 1492 lässt den Mittelmeerraum wirtschaftlich und politisch im Verlauf des 16. Jahrhunderts allmählich ins Hintertreffen geraten. Die Reformation dezentralisiert die Rolle der römischen Kirche mit Folgen für die politische Landkarte Europas; das geozentrische Weltbild wird von Nicolaus ▸ Copernikus durch ein heliozentrisches abgelöst; das Bürgertum bildet sich in der ständischen Gesellschaft als neue zentrale Instanz neben der Aristokratie heraus, deren feudale Strukturen sich abschwächen. Mit der soziokulturellen Konjunktur der Renaissance treten neue Akteure in den Vordergrund, andere fallen – wie das Rittertum – in ihrer Bedeutung für die kulturelle Produktion entweder ganz zurück, oder ihre gesellschaftliche Funktion ändert sich. Endlich betritt der Künstler im modernen Sinne die gesellschaftliche Szenerie als deren Produkt.

Makrosoziologische Faktoren
Warum der soziokulturelle Wandel der Renaissance sich zunächst in Italien durchsetzt, lässt sich anhand der folgenden Fakten erläutern: Die geopolitische Lage der Italienischen

Halbinsel im Mittelmeerraum hält ideale wirtschaftsgeographische Voraussetzungen für den Handel und den Austausch von Informationen bereit (vgl. Braudel 1990, I). Die Pointe dieser Lage besteht darin, dass auf den Bahnen wirtschaftlicher Beziehungen auch autochtone Überlieferungen aus Wissenschaft und Kultur jenseits der schon bekannten abendländischen Vermittlungswege weitergegeben und wiederentdeckt werden: von Granada und Toledo im iberischen Westen bis in den Orient reichend mit verschiedenen Schnittstellen zur Welt islamischer und jüdischer Gelehrsamkeit (Haas 2005, S. 493ff.). Außerdem erweisen sich die regionalen und landschaftlichen Bedingungen Italiens – die Gegenwart und Überbleibsel antiker Altertümer und Kunst – als überaus starker Katalysator. Die Antikenrezeption ist somit gleichsam räumlich, proxemisch vorstrukturiert und visuell stets präsent. Mit einer Rückbesinnung auf historische Werte und ihrer exakten wissenschaftlichen Erfassung – was eher auf einen Rezeptionsstil des ausgehenden 18. (Winckelmann) und des 19. Jahrhunderts hindeutet – hat eine solche (nur scheinbar historisierende) Perspektivik selbstverständlich gar nichts gemein. In ihr wird vielmehr die Veränderung der Wahrnehmungseinstellung in der Lebenswirklichkeit deutlich, die einer Entdeckung von Fremdheit im Eigenen als Form, der Wirklichkeit neu zu begegnen, sehr nahe kommt. Das ist daraus zu ersehen, dass die Neugierde eine grundsätzliche Aufwertung von einem Laster zu einer Tugend erfährt, so bei Francesco Petrarca, so bei ▸ Leonardo da Vinci (Blumenberg 1996). So findet die Antikenrezeption im Kontext einer neuen Einstellung zur Handhabung von Wissen und Erkenntnisbedürfnissen statt. Beschaffung, Verwaltung und Archivierung von Wissen sowie seine Nutzung für Innovationen wird nicht nur in Italien zu einer gesellschaftlichen Aufgabe; es bricht eine Epoche »erfüllt von Erstleistungen« an (Burke 1996, S. 28).

Erstmals sind viele dieser Leistungen mit dem Namen ihrer Urheber verbunden und können individuell zugerechnet werden.

Unmittelbar an der Schwelle des kulturellen Umbruchs erscheint als einschneidendes Ereignis zuvor eine Pandemie, die erste große Pestwelle ab November 1347. Die damit verbundenen dramatischen Folgen für die Demographie zeigen sich in der Verschiebung der Altersstruktur, in Vermögensumschichtungen, in einer gewissen Motivation zur Öffnung ständischer Grenzen, so dass sich Bürgertum und Führungsschichten neu formieren können. Auch sind lebensstil- und ernährungsbedingte Unterschiede der Sterblichkeit empirisch nachgewiesen, denn Adel und Klerus waren wegen ihrer besseren Versorgungslage im Durchschnitt erheblich weniger betroffen. Die Entvölkerung von Dörfern und ganzen Landstrichen ist unter anderem darauf zurückzuführen, dass die dort die ansässigen Menschen den Bevölkerungsverlust der Städte durch Zuzug teilweise kompensierten. Wirtschaftlich gesehen, erhöhen sich durch die Pestwellen im Durchschnitt die Chancen auf eine einkömmlichere Lebensgestaltung aller.

Frankreich ist um 1350 das bevölkerungsreichste Land Europas mit schätzungsweise 15 Millionen Einwohnern – eine Zahl, die nach der spätmittelalterlichen Depression erst um 1560 wieder erreicht und überschritten wird. Ähnliche statistische Verhältnisse weist die demographische Kurve mit regionalen Schwankungen in anderen Ländern auf. Andere Städte (San Gimignano, Narbonne, Montpellier) oder Regionen sollten sich bis auf Weiteres nicht wieder davon erholen. Die Bedeutsamkeit der Pestwelle ab 1347 besteht europaweit darin, dass aus diesem Ereignis erst die demographische Struktur der Renaissancegesellschaft(en) hervorgeht. In die Erfahrungswelt der Bevölkerung mischt sich eine sozialpsychologisch nicht zu unterschätzende existentielle Dimension, die sich angesichts der

Katastrophe in der Suche nach einem soziokulturellen Ausdruck für einen wie immer auch beschaffenen Neubeginn bestärkt fühlt.

Die Weiterentwicklung und Rationalisierung der alltäglichen Lebensformen stehen ursächlich in Beziehung mit dem wirtschaftlichen Aufschwung der Städte seit dem 12. Jahrhundert, der sich in Europa überall verschieden ausgeprägt hat. Von dem Städtewachstum profitieren insbesondere das Heilige Römische Reich und Italien. Und zu Beginn des 14. Jahrhunderts weist keine zweite Region Europas eine höhere Urbanisierungsdichte auf als der nördliche Teil der Italienischen Halbinsel.

In der gleichzeitigen Existenz eines Feudalwesens, das von einem landsässischen Adel getragen wird, der von dem Dualismus aus Herrensitz und Kaufmannsvorstadt geprägten Städten und von städtischen Oligarchien artikulieren sich auf verschiedene, aber konsistente Weise hierarchisch strukturierte Herrschaftsverhältnisse. Die feudalen Strukturen in Frankreich, England und im Römischen Reich sowie – in Kontrast dazu – die frühbürgerlichen Strukturen der oberitalienischen Städte und Stadtstaaten entfalten ihre je eigene, widerspruchsfreie Dynamik.

Politisch betrachtet handelt es sich bei den Gebilden um Gefüge von wenigen Territorialstaaten, territorialen Herrschaften, Bistümern, autonomen Kommunen wie den Reichsstädten, republikanisch-oligarchischen Stadtstaaten unter Führung einer ›Signoria‹ und städtischen Institutionen. In einigen Fällen stellen die Zünfte die Stadtverwaltung. Städtisches Patriziat, Klerus, städtischer oder feudaler Adel agieren in unterschiedlichen Machtkonstellationen, in die sich selbst Könige einfügen müssen, um ihre Ansprüche als oberste Lehensherren – in Abstimmung mit dem Parlament wie in England – zu behaupten oder dagegen – wie in Frankreich – überhaupt erst durchzusetzen. Innerhalb dieses Rahmens unterhalten die Zünfte auf lokaler Ebene (in Italien ›arte‹ genannt), Handelshäuser und Handelsorganisationen in verschiedenen Ausprägungen sowie Interessengruppen von Kaufmannschaften, Gilden und Verbünden (Hanse) auf internationaler Ebene Netze von Wirtschaftsbeziehungen. Dies und ein hoher Bildungsstatus unter den Eliten gibt die Grundlage dafür ab, dass Adel, weltliche und geistliche Amtsträger, Kaufleute, Freiberufler und Zünfte oder Gilden als Mäzene auftreten können. Antikenrezeption und Humanismus liefern den ideologischen Input, um Geldausgaben bis hin zur Kreditaufnahme für die unterschiedlichsten Repräsentationszwecke zu rechtfertigen, und sei es die Finanzierung einer leistungsfähigen Hofkapelle.

Neben der Territorialwirtschaft entfaltet sich die Stadtwirtschaft als ökonomisches Erfolgsmodell. Das Fehlen einer feudalen Oberschicht in Oberitalien – im Unterschied zu Nord- und Westeuropa – erklärt sich durch die Entstehung eines frühkapitalistischen Unternehmertums, das die Oberschichten an die Städte bindet und den führenden Familien – bis zur neofeudalen Wende des 16. Jahrhunderts – kaum Gelegenheit bietet, Macht und Einfluss auf Territorialherrschaft zu stützen. Statt Territorialherrschaft entwickelt sich eine Geldherrschaft mit dem Bankwesen als Zentrum, allen voran Florenz mit seiner Tuchindustrie unter den Medici. Das biblisch begründete Zinsverbot konnte in dem Augenblick aufgegeben werden, als der Zins als Preis für das wirtschaftliche Risiko des Geldgebers definiert und legitimiert wurde. Noch heute beherrschen Begriffe aus dem toskanischen Dialekt die elementare Fachsprache der Banken. Das Interesse der Führungsschichten an wirtschaftlicher und politischer Effizienz belebt die Konkurrenz der italienischen Städte untereinander, denen – wie am Beispiel von Genua, Florenz oder Mailand zu sehen ist – der Einsatz militärischer Mittel alles andere als fremd ist.

Die Schattenseiten des wirtschaftlichen Erfolgs bekommt Florenz in der Bankenkrise und den Arbeiteraufständen – historisch den ersten ihrer Art – im Verlauf des 14. Jahrhunderts zu spüren. Nicht überall verläuft die Integration der kollektiven stadtstaatlichen Idee mit dem Geist des anbrechenden Individualismus also bruchlos. Soziale Unruhen flackern in Europa seit dem ausgehenden Mittelalter lokal und regional immer wieder unter verschiedensten politischen, steuerlichen und rechtlichen, dann religiösen Vorzeichen auf: 1358 die ›Jacquerie‹ in Paris, 1381 in England nach Einführung einer sozial ungerechten ›poll tax‹ (Kopfsteuer), Beginn der Hussitenkriege 1420, Erhebungen in Südwestdeutschland unter dem Zeichen des Bundschuhs, darunter 1493 im Elsass bei Schlettstadt. Schließlich reihen sich auch die Bauernaufstände von 1524/1525 in diese Kette ein, wobei die Reformation lediglich als Verstärker, nicht jedoch als ihr Auslöser fungiert hat.

Sozialgeschichtliche Prozesse werden durch politische und wirtschaftliche Entwicklungen nachhaltig beeinflusst: Venedig, dessen Kulturgeschichte als Seehandelsmacht sich im Stadtbild unverwechselbar ausgeprägt und dessen gesellschaftliche Identität sich gleichsam aus der Lage im Meer geformt hat, kann seine kulturelle Sonderstellung in dem Prozess nicht erhalten. Es gewinnt aus der Anpassung neue Impulse als Kunstzentrum, die Venedigs Ende als Seemacht während des 16. Jahrhunderts kompensieren. Der Aufstieg Roms zum Zentrum für Wissenschaft und Kunst während der Renaissance erfolgt nach dem Konzil von Konstanz 1414/1415 mit der endgültigen Wiederkehr des Papsthofs aus Avignon an den Tiber – nebst Eingemeindung des Vatikans in das Stadtgebiet.

Um Macht und Einfluss der französischen Krone konkurrieren englische territoriale Ansprüche, französische Barone und burgundische Ambitionen auf ein eigenes Königtum. Erst die Beseitigung dieser Probleme auf dem französischen Territorium leitet 1494 unter ▸ Karl VIII. (reg. 1483–1498) eine Phase der Expansionspolitik ein, die sich gegen Italien richtet. Im Umkehrzug wird damit erst jene Rezeption der Kultur der italienischen Renaissance in Frankreich bewirkt, auf die Michelet seine *Histoire de France* (1855) mit der nationalstaatlichen These von der Vollendung der Renaissance in Frankreich gründet. Zu Beginn der Regierung von Karl VIII. taucht im Zusammenhang mit den Vorbereitungen zur Einberufung der Generalstände, die am 15. August 1484 in Tours tagten, erstmals der Begriff des ›Tiers État‹ auf, in dem sich das Bürgertum als die zukünftig tonangebende gesellschaftliche Schicht herauskristallisieren sollte.

Eine Quelle für den soziokulturellen Erfolg des Bürgertums ist in seiner Übernahme von Umgangsformen zu sehen, die der höfischen Kultur entstammen. Das Vorbild des Rittertums wirkt auf die neuen städtischen Eliten nach, obwohl seine Machtbasis längst erodiert ist. Schon seit der Schlacht bei Crécy 1346, die von den Engländern gewonnen wurde, weil sie zugunsten militärischer Vorteile auf die Ehrkonventionen des ritterlichen Kampfes verzichteten, ist die militärische Bedeutung des Rittertums im Schwinden begriffen. Im Zuge der Rationalisierung und Innovation des Militärwesens löst sich die Vorstellung eines bewaffneten Manns allmählich von seiner Verortung in den Idealen des Rittertums als Wertegemeinschaft. Als dem niedrigen Adel zugehörige Gruppe beginnt sich das Rittertum im 14. Jahrhundert in Bünden zu organisieren, um seine Privilegien (1379 Ritterbund ›mit dem Löwen‹, 1422 Reichsritterschaft, die bis 1806 besteht) und Reichsunmittelbarkeit zu sichern.

Ein Beispiel für die Übernahme eines aristokratischen Lebensstils mit ritterlichem Ethos durch vermögende Bürger ist zu Beginn des 15. Jahrhunderts der Pariser Kaufmann Jacques

Duchié, dessen Anwesen von Guillebert de Metz 1434 in der *Description de la ville de Paris* beschrieben wird. Duchié ist nicht nur Kenner von Musik, was eine theoretische Bildung (›scientia‹) erfordert, sondern er besitzt die Fähigkeit, sie auch selbst praktisch ausüben zu können. Der ›gentilhomme‹ bzw. der ›gentleman‹ entsteht als soziale Rolle, der aristokratische Prätentionen nicht fremd sind (vgl. bspw. später Molière/Lully, *Le Bourgeois gentilhomme*, 1670). Umgekehrt steht das ritterliche Selbstverständnis von Kaiser ▸ Maximilian I. (1459–1519) und ▸ Franz I. (1494–1547), das deutliche Merkmale einer Stilisierung trägt, bereits auf schwachen Füßen. Auch werden die kulturellen Leistungen des Rittertums auf den Gebieten der Lyrik und des Minnesangs im 12. und 13. Jahrhundert in der Renaissance nicht mehr erreicht. Dafür wird es selbst zum Gegenstand von Erzählungen über Frömmigkeit und Tapferkeit, Edelmut und ritterlicher (altruistischer) Liebe, dann des Mythos (Ariosto, *Orlando furioso*, 1516–1521/1532), zuletzt jedoch der Satire (Cervantes, *Don Quichote*, 1605 und 1615).

Die Ko-Evolution des musikalischen Feldes in der Renaissance

Eine Sozialgeschichte der Renaissance stellt eine nur mehrebenenanalytisch zu fassende Gemengelage von heterogenen Voraussetzungen, Prozessen und Wechselwirkungen in Europa dar. Makrosoziologisch wäre es darum zutreffender, nicht von einer, sondern von mehreren Sozialgeschichten zu sprechen, die – wie Norbert Elias es pointiert formuliert hat – als eine »Polyphonie der Geschichte« (Elias 1976, II, S. 96) verläuft. Das gilt erst recht, wenn man sich vergegenwärtigt, dass eine Sozialgeschichte der Renaissance, die sich der musikalischen Entwicklung und ihren sozialen Strukturen zuwendet, sich mit der Problematik zu befassen hat, wie sich die Teilhabe der Musik am Prozess der Renaissance gestaltet. Denn der Musik fehlen jene typischen Merkmale, die sie in einem spezifischen Sinne als Renaissancekunst auszeichnen könnten (▸ Renaissance). Diese in der Musikforschung seit längerem bekannte Problematik erfordert zu ihrer Lösung eine umfassendere Perspektive, die zeigt, wie sich historisch mit der Ausdifferenzierung eines künstlerischen Feldes auch ein musikalisches Feld konstituiert.

Die musikhistorische Problemstellung wird dazu von einer soziologischen Ebene aus betrachtet, und zwar so, dass die geschichtswissenschaftlichen Interessen der Musikforschung und die Erkenntnisinteressen der Soziologie gewahrt, aber enger aufeinander abgestimmt werden. Nebenbei wird damit der Geschichtsbegriff von der undankbaren Aufgabe entlastet, als Zusammenhang stiftende Größe fungieren zu müssen, wenn wegen des Fehlens renaissancespezifischer Merkmale in der Musik zwischen ideengeschichtlichen Annahmen der Musikforschung und kompositorischen Praktiken Widersprüche auftreten.

Von Italien ausgehend entwickelt sich ein künstlerisches Feld, das in seiner strukturellen Beschaffenheit die Grundlagen für die Prozesse der Neuzeit (und darüber hinaus für die Moderne) legt. Demgegenüber steht eine Musikentwicklung, deren Spitzenleistungen in der Produktion polyphoner Gattungen bestehen, die ihrer Faktur nach noch an die ▸ Ars nova anknüpfen. Durch die musikalische Trecento-Kunst, deren Entwicklung in den Hintergrund zu treten beginnt, ist der Boden für eine Musik aus Frankreich, Burgund, Gebieten Flanderns und England (John ▸ Dunstaple) zwar vorstrukturiert, doch stellt sich die Frage nach der Wirkung von Stilimporten. Wie formiert sich ein musikalisches Feld in der Renaissance, wenn anders als in der bildenden Kunst, Malerei und Architektur sich die musikalische Entwicklung nicht auf die unmittelbare, visuelle Anschauung antiker Kulturgüter stützen kann, sondern nur auf schriftliche

Überlieferungen von Eindrücken antiker Musik und der antiken Musiktheorie angewiesen ist, die keine Brücke zu einem auditiven antiken Musikerlebnis schlagen?

Um die Parameter der sozialgeschichtlichen Entwicklung in der Musik zwischen 1400 und 1600 zu erfassen, wird die in der Musikgeschichtsschreibung eingenommene diversifizierende Perspektive durch eine umfassendere strukturtheoretische Sichtweise ersetzt. Diese besteht darin, dass die allgemeinen wie die musik-, kunst- und sozialhistorischen Fakten in ein relationales, feldtheoretisch beschaffenes Konzept eingebunden werden (Bourdieu 1999, 2004). Aufgrund dieser methodologischen Umstellung können sowohl die ungleichzeitigen Entwicklungen zwischen den Künsten, die inhomogene Verbreitung und Rezeption von musikstilistischen Innovationen in den Regionen Europas als auch die Umstrukturierung sozialer Ungleichheit beim Übergang in die Neuzeit als ein d y n a m i s c h e r Gesamtzusammenhang betrachtet werden. Das Nebeneinander von unterschiedlichen Entwicklungsmodi zwischen den Kunstformen und ihren Feldern wird in der sozialen Welt durch funktionale und strukturelle Homologien erklärbar, die von ihrem Wesen her als Ähnlichkeiten aufgefasst werden können, tatsächlich aber auf inneren strukturellen Unterschieden beruhen.

Auf dem künstlerischen Feld stellt sich die Entwicklung folgendermaßen dar: Der Zusammenklang frühbürgerlicher Strukturen mit einem frühkapitalistischen, an dem städtischen Gemeinwohl ausgerichteten Wirtschaftssystem begünstigt die Entwicklung von Bedürfnissen, die in den öffentlichen wie privaten Bereichen neue Maßstäbe der Repräsentation und der Stilisierung des Lebens setzen. Entscheidend für die Hervorbringung des modernen Kunstsystems bzw. des künstlerischen Feldes ist der Umstand, dass sich neben der Fortgeltung der überkommenen Ordnung der ▶ Artes liberales dabei der gesellschaftliche Rang der mechanischen Künste wie bildende Kunst, Malerei und Architektur verändert. Mehr als alle anderen tragen zunächst diese Künste dazu bei, das veränderte private wie städtisch-räumliche Lebensgefühl auszudrücken. Warum aber gerade die Gruppierung der Bildhauer, Maler und Architekten eine Schlüsselrolle dabei einnehmen, mit dem Anspruch auf Künstlertum auch die Anerkennung einer neuen sozialen Rolle einzufordern, erklärt sich aus dem sozialen Status der Gruppierung: Sie stammen überwiegend aus den Schichten der Handwerker und Ladenbesitzer (Burke 1996, S. 47), heben sich aber als ›kreative Elite‹ aus ihren sozialen Herkunftsgruppen heraus. Fragen der Sozialisation im soziologisch engeren Sinne stellen sich erst dann, wenn sich der Habitus des Künstlers als eine gesellschaftliche Rolle ausprägt und diese wiederum als Pendant zur Individualisierung von Werken gesellschaftlich angefordert wird (Conti 1988, Burke 1996, Luhmann 1997, Baxandall 1999, Bourdieu 1999). Außerdem richtet sich das neue Selbstbild ›Künstler‹ vor allem gegen den Zunftzwang, den es einerseits nicht überwinden kann; andererseits ist die Zunftzugehörigkeit bei manchen herausragenden Tätigkeiten nicht spezifiziert wie der Beruf des Architekten: Filippo Brunelleschi (1377–1446), der Architekt des Florentiner Doms, war ursprünglich Goldschmied.

Künstlerische Individualität als soziale Konstruktion geht aus dem Verhältnis von Auftraggeber und Auftragnehmer hervor, die eine Vereinbarung über die Güte, Knappheit, Besonderheit und Funktion einer inhaltlich abgesprochenen Leistung treffen, wodurch ein gegenseitiger Austausch von distinktiven, symbolischen und ökonomischen Werten entsteht. Dabei wird soziales und kulturelles Kapital produziert, das beiden Seiten auf immaterielle Weise zugute kommt: Künstler und Auftraggeber steigern bei Erfolg ihr Ansehen. Das auf wirtschaftlichem Erfolg basierende System ökonomisiert die bildende Kunst, Malerei und Architektur dahingehend, dass sich ein Kunstmarkt formieren kann. Von dem Werk kann über seine Funktion – sei sie repräsentativ, privat, politisch, devotional oder didaktisch – auch ein magisch(-ästhetisch)er Überschuss ausgehen; als Stiftung von Transzendenz entsteht diese Wahrnehmungsform erst im weiteren Entwicklungsverlauf des künstlerischen Feldes.

Auf den ersten Blick haben die musikalischen Eliten mit dieser Entwicklung nichts zu tun. Bei den Musikern, die mehrstimmige Musik aufführen und komponieren können (›Sänger-Komponisten‹), handelt es sich im 15. Jahrhundert um eine Gruppe von Experten, die so gut wie ausnahmslos dem Klerus angehört. Deren Positionierung auf dem musikalischen Feld weist eine große Kongruenz mit dem religiösen Feld auf, das ihren musikalischen Praktiken eine exklusive Legitimität sichert, wie sie im säkularen Bereich entweder nur mit Bezug auf höfische und ritterliche Umgangsformen oder dem neuen, städtisch orientierten Lebensstil erzielt werden konnte. Indem die musikalische Elite – sozialtopologisch betrachtet – unter den Einfluss der neuen Strukturen gerät, schärft sich auch ihr Bild in der sozialen Rolle als Künstler. Dabei ist hier wie dort entscheidend, dass ihre Arbeit unter dem Aspekt einer Tätigkeit wahrgenommen wird, deren Ausübung sich für den Adel nicht nur ›ziemt‹, sondern den Rang sogar, wie die Beispiele von ▶ Heinrich VIII. (reg. 1509-1547) oder Guglielmo ▶ Gonzaga, Herzog von Mantua, der mit Giovanni Pierluigi da ▶ Palestrina mehr als zwanzig Jahre in Kontakt stand, unterstreichen. Das Erscheinen von musikalischen Elementarlehren im deutschsprachigen Raum während des 16. Jahrhunderts belegt den Prozess, dass musikalische Bildung für das gehobene Bürgertum zu einem wesentlichen Gut wird. Für die breite Masse steht es aber nur scheinbar allgemein zur Verfügung. Zugleich wird darin eine Form der Autonomie des musikalischen Feldes sichtbar, das sich aus eigenen Praktiken mit eigenen symbolischen Formen konstituiert. Einer besonderen ideengeschichtlichen Unterfütterung der Kompositionsgeschichte, die manche Historiker hier vermissen, bedarf es dazu also gar nicht (vgl. aber Finscher 1989, S. 8). Der soziale Kontext sorgt dafür, dass Entwicklungen von den Akteuren als neuartig verstanden werden, so dass ein Wandel auf diesem Weg motiviert wird.

Zur Renaissanceästhetik verhält sich die Musik des 15. Jahrhunderts vorwiegend funktional. Wie sich Renaissance-Kunst und frankoflämischer Avantgarde (▶ Frankoflämische Musik) strukturell durch Zufall nahekommen können, wird durch das repräsentative Ereignis anschaulich, dass Guillaume ▶ Dufay 1436 zur Weihe der Kuppel des Florentiner Doms durch Papst Eugen IV. die Motette *Nuper rosarum flores* beigesteuert hat und darin strukturell die Proportionen des Baus von Filippo Brunelleschi verwirklicht haben soll. Die Thematisierung der verblüffenden Vergleichbarkeit von Bauwerk und Motette in manchen Untersuchungen muss sich jedoch dem Sachverhalt stellen, dass die Verwendung elementarer Proportionen wie 6 : 4 : 3 : 2 : 1 erstens allgemein verbreitet war und zweitens in den mensuralen Notationsformen der Musik angelegt und vorgegeben ist.

Die Entwicklung des Komponisten als soziale Rolle verläuft im Verhältnis zum künstlerischen Feld zu Anfang des 15. Jahrhunderts zunächst wesentlich als Ko-Evolution, um sich um die Wende zum 16. Jahrhunderts dann zu verselbstständigen. Die Aktivitäten der Sänger-Komponisten tragen während des ganzen 15. Jahrhunderts dazu bei, die Gattungsentwicklung polyphoner Musik zu motivieren und international zu verbreiten, wobei es regionale Präferenzunterschiede gibt und an mittelalterlichen Formen festgehalten wird, wenn politische und religiöse Prioritäten dringlicher sind

(Hortschansky 1989, S. 49); ihre Aktivitäten tragen umgekehrt jedoch zu keinem Zeitpunkt dazu bei, etwa einen Transfer der Renaissanceästhetik aus Italien zu bewirken, was erst Kriege ermöglichen. Wie die allgemeinen künstlerischen Distinktionsmechanismen auf dem musikalischen Feld um 1500 bereits gegriffen haben, lässt sich aus einer Anekdote ersehen, die in Baldassarre ▸ Castigliones *Il Libro del Cortigiano* (gedr. 1528) kolportiert wird. Bei Castiglione ist davon die Rede, dass man am Hofe von Ferrara eine Motette solange für nicht gut befand, »bis bekannt wurde, dass sie von ▸ Josquin des Prez stammte« (nach Burke 1998, S. 167). Erworbenes Ansehen kann dazu beitragen, dass Missgriffe relativiert, Präferenzen von Zuschauern oder Zuhörern nachträglich angepasst werden. Arbeitet Josquin für verschiedene Auftraggeber, so haben Heinrich ▸ Isaac und später Orlande de ▸ Lassus Ämter als Hofkomponisten inne. Dabei wird die Verbindung zum religiösen Feld stets aufrecht erhalten, was sich einerseits in der musikalischen Produktion widerspiegelt. Andererseits entwickelt sich das kirchliche Dienstverhältnis im 16. Jahrhundert zu einer eigenständigen Beschäftigungsform weiter, insbesondere durch die Reformation, durch die der Beruf des Kantors als Institution der Evangelischen Kirche geschaffen wird (Johann ▸ Walter). Giovanni Perluigi da ▸ Palestrinas Karriere ist von einem ausgesprochenen Geschäftssinn geprägt, der in seine Überlegungen den Gedanken aufnimmt, zu welchem Zeitpunkt es günstig ist, eine kirchliche Weihe anzunehmen. In anderen Regionen Europas, etwa in den Reichsstädten Nürnberg und Straßburg, veranlasst ein um sich greifendes bürgerliches Kunst- und Musikinteresse Angehörige der städtischen Eliten aus Handwerk und Verwaltung, sich nach dem Vorbild der Zünfte musikalisch zu organisieren. Mit dem ▸ Meistergesang kennt die Musikgeschichte eine erste bürgerliche musikalische Kunstform.

Die Frage der Antikenrezeption in der Musik kann kein hinreichendes Kriterium für eine Teilhabe der kompositorischen Praxis an der Renaissance sein. Die metaphysische Musiklehre ist schon in der Antike fundiert und brauchte nicht eigens entdeckt zu werden. In dieser Hinsicht stellt sie ein systemstabilisierendes Moment dar, das mit der Unterscheidung von Theorie und Praxis graduell zwischen ›legitimer‹ und ›nicht legitimer‹ Musikausübung unterscheidet. Die Illusion der Autonomie des Feldes besteht darin, dass kraft der ›scientia‹ die Praxis vernachlässigt werden kann. Ein weiterer Effekt liegt in dem irreführenden Glauben, Ideengeschichte und Kompositionsgeschichte ließen sich voneinander entkoppeln. Durch beides werden die Hürden, das Musizieren praktisch zu würdigen, noch höher gelegt als in den anderen Handwerken, die sich mit ihrem Anspruch, Kunst zu produzieren, sozial durchsetzen und damit die Grenzen des künstlerischen Feldes neu definieren. Die metaphysische Musiklehre fördert eine starke hierarchische Stufung auf dem musikalischen Feld, so dass sich die handwerklichen Tätigkeiten der Musikausübung nicht in einer ähnlichen Weise profilieren können wie Bildhauer oder Architekten. Zwar erfordert die städtische und höfische Repräsentation fähige Musiker, von denen jene – die Ratsmusiker bzw. Stadtpfeifer – auch in Zünften organisiert sind; die bei Hofe angestellten Musiker sind, wenn sie nicht dem Klerus angehören, vorzugsweise dem Küchenpersonal zugeordnet und auch für andere Dienstleistungen zuständig – eine Zuordnung, die bis über das 18. Jahrhundert hinaus teilweise Bestand haben wird. Die Soziogenese einer Geschmackskultur, die Musikalisches und Kulinarisches homolog aufeinander bezieht, geht aus der funktionalen Struktur von Dienstverhältnissen hervor, beim Essen die Herrschaft zu unterhalten. In der humanistischen wie luxuriösen Musikkultur am burgundischen Hof konnte es vorkommen, dass Musiker bei Banketten passenderweise in der Verkleidung als Pasteten aufspielten.

Die Mehrzahl der Musiker gehört den untersten sozialen Schichten an, die ohne Wohnsitz Städte, Dörfer und Länder bereisen und ihre Dienste zur Unterhaltung bei Hofe, bei Festen und Banketten, in Wirtshäusern, auf Märkten, Jahrmärkten und zur Belustigung bei Hinrichtungen nach Bedarf zur Verfügung stellen. Diese Gruppe von Musikern (▸ Spielleute, ▸ Ioculatores) überschneidet sich mit Schauspielertruppen und Vaganten, die nicht selten einem kleinkriminellen Milieu zuzurechnen sind. Sie genießen ein dementsprechendes Ansehen. François ▸ Villon (1431–1463) ist der wohl bekannteste Repräsentant solcher Milieus.

Gerade diesen hochmobilen Gruppen – hier gibt es Forschungsbedarf – dürfte es jedoch zu verdanken sein, dass in der Alltagskultur die neueste Tanzmusik und ein volkstümliches Liedgut gepflegt, produziert, aktualisiert und vor allem weit verbreitet wurde. Auch überspringen die Gattungen mühelos soziale Grenzen und werden gern von der musikalischen Elitenkultur aufgegriffen: erkennbar etwa am Beispiel der anhaltenden Popularität des Liedes ▸ *L'homme armé*, das sich seit seinem Erscheinen im 15. Jahrhundert als Grundlage von Messen großer Beliebtheit erfreut (und noch in zwei Kompositionen von Palestrina verwendet wird: fünfstimmig 1570, vierstimmig 1582). An dem Lied wird die Vor- und Drohbildfunktion des Mannes im Kettenhemd für die gesellschaftliche Ordnung in symbolisch-ideologischer Hinsicht plastisch. Denn alltäglich erlebbare Anwendung von physischer Gewalt vergegenwärtigt den direktesten Ausdruck von gesellschaftlicher Macht im Gemeinwesen und wird musikalisch, und zwar affirmativ thematisiert.

Will man nach dem tatsächlichen humanistischen Anteil in der Musiklehre bzw. in der Musiktheorie suchen, so wäre danach zu fragen, wo der ›erwägungskulturelle Charakter‹ des ▸ Humanismus in der Musik verortet ist. Das heißt, es wird möglich, musikalische Vorgehensweisen auf neue Weise zu diskutieren, mithin andere Entscheidungen von vornherein mitzubedenken. Dieser in der Kunsttheorie aufgekommene Gedanke findet sich in der Musiklehre bei Johannes ▸ Tinctoris 1477 in dem Varietas-Gebot (Hüppe 2012, S. 101f.), das zwar eine schon herrschende Praxis beschreibt, aber nunmehr explizit dazu auffordert, den Raum der Möglichkeiten auch zu nutzen. In dieser Situation ist es von entscheidender Bedeutung, dass sich eine Auffassung vom Künstlertum durchsetzt, das sich über die ›fantasia‹ als einer nur individuell verfügbaren Befähigung einer Person definiert, Vorstellungskraft zu entwickeln und diese umzusetzen. Zu den ersten Notendrucken (1498 patentiert), die ab 1501 mit Ottaviano ▸ Petrucci als Herausgeber in Venedig (*Harmonice Musices Odhecaton A*) erscheinen, gehören Lautenfantasien, die in der Gattungsbezeichnung auf diese spezifische Kompetenz Bezug nehmen. Fantasie erweitert den Entscheidungsspielraum. Gleichzeitig schafft der Notendruck völlig neue Voraussetzungen für die Musikverbreitung und konstituiert damit einen Musikmarkt, der zwar nicht mit dem Kunstmarkt vergleichbar ist, aber gerade in dieser Eigenständigkeit zur Weiterentwicklung autonomer Strukturen des musikalischen Feldes beiträgt.

Der Stilwandel, der etwa ab 1450 in einer Glättung der Schreibweise zu beobachten ist (Dufay, Missa *Se la face y pale*), geht mit einer immer rigideren Auslegung der Kontrapunktregeln einher, die umgekehrt den Bereich für Lizenzen in der Musiktheorie anwachsen lässt. So verweist eine situativ bedingte, kalkulierte Handhabung von Regel und Abweichung beim Komponieren auf einen erwägungskulturellen Handlungsstil – dies zu einem Zeitpunkt, wo es darum geht, Lockerungen entgegenzuwirken, wie sie von der ▸ Frottola ausgelöst werden. Wo das kompositorische Handeln unter den Einfluss erwägungskultureller Vorgehensweisen kommt, gelangen musikalische Praktiken auch strukturell in den Einflussbereich des neuen Denkens. So wird verständlich, warum die Entwicklung der Frottola zum ▶ Madrigal im 16. Jahrhundert mit stilistischen Innovationen zugleich dem musikalischen Individualismus Vorschub leistet.

Literatur:
J. Michelet, *Renaissance et Reforme. Histoire de France au xvie siecle*, Paris 1855 • J. Burckhardt, *Cultur der Renaissance in Italien*, Basel 1860 • A. von Martin, *Soziologie der Renaissance*, München 1931, ²1949, ³1974 • M. Baxandall, *Die Wirklichkeit der Bilder. Malerei und Erfahrung im Italien der Renaissance*, Berlin 1972, ²1988 ³1999 • J. Gimbel, *La révolution industrielle du Moyen Age*, Paris 1975 • N. Elias, *Über den Prozeß der Zivilisation. Soziogenetische und psychogenetische Untersuchungen*, 2 Bde., Frankfurt a.M. 1976 • F. Braudel, *Sozialgeschichte des 15.–18. Jahrhunderts*, 3 Bde., München 1985 • L. Bellosi u.a., *Italienische Kunst. Eine neue Sicht auf ihre Geschichte*, 2 Bde., Frankfurt a.M. und Wien 1988 (darin: L. Bellosi, *Die Darstellung des Raums*, Bd. 2, S. 197–243; E. Castelnuovo / C. Ginzburg, *Zentrum und Peripherie*, Bd. 1, S. 21–91; A. Conti, *Die Entwicklung des Künstlers*, Bd. 1, S. 93–231) • L. Finscher (Hrsg.), *Die Musik des 15. und 16. Jahrhunderts* (Neues Handbuch der Musikwissenschaft 3), Laaber 1989 (darin: K. Hortschansky, *Musikleben*, Bd. 1, S. 23–125) • Ph. Ariès / G. Duby (Hrsg.), *Geschichte des privaten Lebens, Bd. 2: Vom Feudalzeitalter zur Renaissance*, Frankfurt a.M. 1990 • R. van Dülmen, *Kultur und Alltag in der frühen Neuzeit*, 3 Bde., München 1990 • E. Piper, *Der Aufstand der Ciompi. Über den »Tumult«, den die Wollarbeiter im Florenz der Frührenaissance anzettelten*, Berlin 1990 • M. Kossok, *1492. Die Welt an der Schwelle der Neuzeit*, Leipzig 1992 • H. Blumenberg, *Die Legitimität der Neuzeit*, Frankfurt a.M. 1996 • P. Burke, *Die Renaissance in Italien. Sozialgeschichte einer Kultur zwischen Tradition und Erfindung*, Berlin 1996 (*Culture and Society in Renaissance Italy*, London 1972) • N. Luhmann, *Die Kunst der Gesellschaft*, Frankfurt a.M. 1997 • P. Burke, *Die europäische Renaissance. Zentren und Peripherien*, München 1998 (erste Ausgabe *The European Renaissance. Centers and Peripheries (Making of Europe)*, Oxford 1998) • P. Bourdieu, *Die Regeln der Kunst. Genese und Struktur des literarischen Feldes*, Frankfurt a.M. 1999 • A. Pletsch, *Frankreich. Geographie, Geschichte, Wirtschaft, Politik*, Darmstadt 2003 • P. Bourdieu, *Schwierige Interdisziplinarität. Zum Verhältnis von Soziologie und Geschichtswissenschaft*, hrsg. von E. Ohnacker und F. Schultheis, Münster 2004 • M. Haas, *Musikalisches Denken im Mittelalter. Eine Einführung*, Bern u.a. 2005 • E. Hüppe, *Urbanisierte Musik* Münster 2012.

EH

Spagnoletto

Spagnoletto (Espagnollette, [H]Españoleta, Spagniolet, Spagnolet[t]a, Spagn[i]olet[t]o) ist ein Musikstück, welches von 1581 (Fabritio ▶ Caroso) bis 1732 (Santiago de Murcia) in ganz Europa überliefert ist. Dieser besteht aus drei jeweils achttaktigen Abschnitten und zeichnet sich durch ein bestimmtes harmonisches Schema sowie einer zugehörigen charakteristischen Melodie aus. Der typische melodische Verlauf des Spagnoletto wurde auch als Thema zur Komposition polyphoner Kunstmusik verwendet (Girolamo Frescobaldi 1626, Pietro Antonio Giramo 1630). Der dritte Abschnitt entspricht dem Schema der ›Ripresa‹ (Hudson 1980) und kann verkürzt (Lucas Ruiz de Ribayaz 1677) oder verlängert werden (Luis de Briçeño 1626), bzw. auch ganz entfallen (Stefano Pesori 1648).

Der Spagnoletto ist in spanischen Gitarrentabulaturen der ›Rasgueado‹-Spielweise (Girolamo Montesardo 1606, Francesco Corbetta 1639, Antonio Carbonchi 1643, Luiz de Ribayaz 1677, Francisco Guerau 1694), in italienischen Lautentabulaturen sowie spanischen Gitarrentabulaturen der ›Punteado‹-Spielweise (Antonio Carbonichi 1640 u.a.), für Tasteninstrumente (Fitzwilliam Virginal Book 1609/1619, Bernardo Storace 1664, Johannes Speth 1693) und zahlreiche andere Instrumente (Pierre Francisque Caroubel 1612, Cristoforo Caresana 1693) überliefert (▶ Tabulatur). Zudem gibt es auch textierte Spagnoletti für Vokalensemble (Adriano ▶ Banchieri 1608, Matteo Coferato ²1689/³1710).

Zum Spagnoletto sind sechs vollständige Choreographien bekannt (Caroso 1581, 1600; Cesare ▸ Negri 1602; Ercole Santucci, *Maestro di Ballo*, Perugia 1614). Ein weiterer ist in einer englischen Quelle, aber nur in einer allgemeinen Beschreibung überliefert (John Ramsey, ca. 1600). Der Tanz hat eine der ▸ Cascarda ähnliche Struktur. Die zur Melodie des Spagnoletto choreographierte Contredanse *Galeria d'Amore* (Raoul-Auger Feuillet, *Recüeil de contredances*, Paris 1706) hat vom Tanz her nichts mit dem älteren Typus gemein. Gaspare Ungarelli berichtet von einem Spagnoletto als älterem Tanz, der noch im 19. Jahrhundert in der Provinz um Bologna lebendig war.

Literatur:
G. Ungarelli, *Le vecchie danze italiane ancora in uso nella Provincia Bolognese con due serie di Tavole di Musica e una incisione*, Rom 1894 • R. Hudson, *Ripresa*, in: *Grove*, Bd. 16 (1980), S. 51 • J. Sutton, *Spagnoletta*, in: *Grove*, Bd. 17 (1980), S. 783–784 • M. Lutz, *Lo Spagnoletto – musikalische und choreographische Analyse eines Tanztypus des 16. und 17. Jahrhunderts*, Diplomarbeit mschr., Salzburg 1995 • M. Lutz, *Spagnoletto*, in: *MGG²*, Bd. 8 (Sachteil), 1998, Sp. 1623–1627.

MM

Spangenberg, Johann [Johannes]
* 29.3.1484 Hardegsen bei Göttingen, † 13.6. 1550 Eisleben

Nach Schulbesuch in Göttingen und Einbeck studierte Spangenberg ab dem Wintersemester 1508/1509 in Erfurt und erwarb 1511 den Grad eines Baccalaureus und später den eines Magister artium. Um 1520/1524 war Spangenberg Rektor der Lateinschule in Stolberg/Harz, danach 1524–1546 Pfarrer in Nordhausen, wo er auch das Schulwesen neu organisierte und verschiedene pädagogische Schriften veröffentlichte. Auf Vorschlag Martin ▸ Luthers wurde er 1546 Pfarrer in Eisleben und Generalsuperintendent der Grafschaft Mansfeld.

Spangenbergs Veröffentlichungen entstanden in engem Zusammenhang mit seinen kirchlichen und pädagogischen Tätigkeiten. Seine vielfach neu aufgelegten *Quaestiones musicae* vermitteln Grundlagen der Musiktheorie und des einstimmigen Choralgesanges. Die von ihm 1545 in Magdeburg herausgegebenen *Cantiones ecclesiasticae* gehören zu den bedeutendsten Quellen der frühen evangelischen Kirchenmusik und enthalten im ersten Teil lateinische liturgische Gesänge, im zweiten deutsche Kirchenlieder. Auf dem Feld des Kirchenliedes ist Spangenberg auch als Liederdichter hervorgetreten. Auch in seine Lehrwerke zur lateinischen Sprache (*Prosodia in usum juventutis Northusianae*, Wittenberg 1535 und erweitert als *Grammaticae latinae partes*, Augsburg 1538) integrierte er die Musik in Form vierstimmiger Kompositionen (die meisten von Petrus ▸ Tritonius), welche das Erlernen der lateinischen Metren erleichtern sollten.

Schriften (zur Musik):
Quaestiones musicae in usum scholae northusiane, Nürnberg 1536 (zahlreiche weitere Auflagen bis mindestens 1584).

Literatur:
Ph. Wackernagel, *Das deutsche Kirchenlied von der ältesten Zeit bis zu Anfang des 17. Jahrhunderts*, Leipzig 1864–1877 • G. Pietzsch, *Zur Pflege der Musik an den deutschen Universitäten bis zur Mitte des 16. Jahrhunderts*, Hildesheim 1971 • *Das deutsche Kirchenlied. Kritische Gesamtausgabe der Melodien. Abteilung III, Band 1: Die Melodien bis 1570*, Kassel und Basel 1993–1999 • M. Teramoto und A. Brinzing, *Katalog der Musikdrucke des Johannes Petreius in Nürnberg* (Catalogus Musicus XIV), Kassel 1993 • R. A. Leaver, *Johann Spangenberg and Luther's legacy of liturgical chant*, in: *Lutheran quarterly* 19 (2005), S. 23–42.

AB

Spanien

Obwohl die Katholischen Könige, Ferdinand und Isabella (reg. 1474–1516), die Basis für eine spanische Nation gelegt hatten, war eine solche beim Regierungsantritt ▸ Karls V. (1516) – bzw. Karls I. als König von Spanien – noch nicht existent. Als strenge Verfechter der katholischen Orthodoxie befreiten Ferdinand und Isabella nicht nur das Land von den letzen Resten maurischer Herrschaft (1492 Eroberung von Granada), sondern sie förderten auch die geistliche Musik an ihrem Hofe. Juan de Anchieta, Francisco ▸ Peñalosa und Pedro de ▸ Escobar zählen zu den besten Komponisten von Messen und Motetten aus der Zeit ihrer Herrschaft.

Die politische Autorität war stark regionalisiert und führte so zu einer Vielzahl von Zentren der Musikpflege. Lange Zeit hat sich die Forschung vor allem auf die Rezeption und Überlieferung der ▸ frankoflämischen Musik in Spanien konzentriert, weil der Austausch zwischen der iberischen Halbinsel und Flandern auf wirtschaftlicher, kultureller und politischer Ebene äußerst lebhaft war. Enge Bindungen bestanden auch nach Italien, seit ▸ Alfonso V., König von Aragon, 1442 auch das Königreich von Neapel regierte. Im 16. Jahrhundert erlebte Spanien, nur indirekt in die Kriege Karls V. verwickelt und dank der Einkünfte aus den überseeischen Besitzungen, eine Zeit hoher kultureller Blüte, die keineswegs mit den bis heute bestehenden Vorurteilen hinsichtlich eines rückständigen, in Furcht vor der Inquisition befangenen Landes zusammenpassen. Die Musikkultur des Landes ruhte zum einen auf den zahlreichen geistlichen Kapellen an Kathedralen und anderen größeren Kirchen mit einem kaum überschaubaren Repertoire an liturgischen und paraliturgischen (▸ Villancicos) Werken, und zum anderen auf der königlichen Kapelle und den Kapellen einer ganzen Reihe reicher Adeliger, in denen die weltliche Polyphonie gepflegt und überliefert wurde (▸ Cancioneros). Die bislang nur wenigen gut dokumentierten Beispiele zeigen, dass auch die Musik an den Höfen des Adels von großer Wichtigkeit gewesen ist. Lange Zeit negierte die Forschung für Spanien die Existenz ciner mit Italien, England und Deutschland vergleichbaren Renaissancebewegung. Dass die spanische Musik des 15. und 16. Jahrhunderts bis heute in der internationalen Forschungsgemeinschaft kein vergleichbares Interesse findet wie die Musikgeschichte Italiens oder Deutschlands, hängt im wesentlichen mit zwei Ursachen zusammen: zum einen mit der weitgehenden Fixierung der musikgeschichtlichen Renaissanceforschung auf Italien und zum anderen mit der generellen Bevorzugung des 15. vor dem 16. Jahrhundert. In drei großen Sammlungen, alle während der Regierung der Katholischen Könige zusammengestellt, ist ein großes Repertoire an weltlicher spanischer Vokalmusik überliefert: im *Cancionero musical de la Colombina* (CMC, 95 Werke), im *Cancionero musical de Palacio* (CMP, 458 Werke) und im weltlichen Teil des *Chorbuchs Segovia* (u.a. 38 spanische Lieder). Der CMP wurde für den Hof der Katholischen Könige zusammengestellt, der in ihm am häufigsten vertretene Komponist ist Juan del ▸ Encina. Jede Komposition, die musikalisch und textlich zum Anfang zurückkehrt, spanischen Text hat und keine Romanze ist, wird seit dem originalen Index des CMP aufgrund allgemeiner Gepflogenheit als ▸ Villancico bezeichnet. Die Diskrepanz von Text und Musik ist ein Charakteristikum des Villancico: Während Sinn und Reim der Mudanzas in die Vuelta übergreifen und erst im letzten Vers mit dem Estribillo übereinstimmen, beginnt die musikalische Wiederholung bereits unmittelbar nach den Mudanzas und deckt sich mit dem Text erst dort, wo auch textliche Wiederholung vorliegt. Wie in der italienischen ▸ Frottola ist die Hauptmelodie eines Villancico in der Oberstimme eher schlicht und sangbar. Die Bassstimme stellt ein solides harmonisches Fundament, und die Mittelstimmen bieten oft nicht viel mehr als eine harmonische Ergänzung des

Außenstimmensatzes. Einige Villancicos sind ganz auf die Harmonik fokussiert und nach der Art der Akkordmuster des Passamezzo antico oder der Folia gearbeitet. Im Gegensatz zur Frottola umfasst der Villancico größere rhythmische und melodische Möglichkeiten und ist weniger schematisch gearbeitet. Viele Villancicos entfalten pathetische, kontemplative, ernste oder lyrische Stimmungen, wie sie der Frottola fremd sind. In den 1470er und 1480er Jahren war der Villancico die Gattung, mit der eine ganze Reihe von Komponisten sich profilierte. Aber auch wenn der Villancico die in den Cancioneros dominierende Gattung ist, so vertonen doch viele Komponisten ▸ Romancen, lange, erzählende Gedichte mit vielen Strophen. Der Einfluss der französischen Chanson der Ockeghem-Busnoys-Generation ist unübersehbar. Es ist behauptet worden, dass Johannes ▸ Ockeghem 1469 Spanien besuchte und anlässlich dieses Aufenthaltes Juan ▸ Cornagos Canción *Qu'es mi vida preguntays* für vier Stimmen bearbeitet habe. Doch ungeachtet des wichtigen französischen Einflusses auf die iberische Musik, insbesondere von Ockeghem und Antoine ▸ Busnoys war das wichtigste Modell für die iberischen Komponisten weder Ockeghem noch Robert ▸ Morton, sondern ein in Kastilien lebender Flame: Johannes Wreede (Urreda), der 1476 in der Kapelle von García Álvarez de Toledo, 1. Herzog von Alba, wirkte. Seine Canción *Nunca fué pena mayor* war einer der großen internationalen Erfolge der Ockeghem-Generation. Die weltliche Musik der Zeit stand in aller Regel nicht für sich, sondern war Teil höfischer Spiele. Zu Anfang des 16. Jahrhunderts verbindet sich die Tradition der quasi dramatischen Darstellung neutestamentlicher Erzählungen mit der höfischen Festkultur zu höfisch-religiösen »autos«. Im gedruckten Text ist dabei der eigentlichen Ekloge stets eine kurze Prosabeschreibung des Anlasses der Aufführung (oft mit Fürstenlob) vorangestellt. Nach der (gewöhnlich im spanischen Achtsilber gehaltenen) Ekloge folgt am Ende ein gesungener Villancico und damit die Überleitung zum nächsten Programmpunkt des höfischen Festes. Bereits dem 16. Jahrhundert zugehörig ist der 1556 in Venedig gedruckte *Cancionero de Upsala*; die einzige Komposition mit einer Autorschaftsangabe ist ein Villancico von Nicolas ▸ Gombert. Die 1581 von Mateo Flecha dem Jüngeren in Prag publizierten Ensaladas sind textlich ein ▸ Quodlibet, angefüllt mit Fragmenten populärer Musik, Gesängen der Straße, dramatischen Elementen und Satire, die zu einem artifiziellen Kunstwerk ersten Ranges gefügt sind. Bei aller Ungenauigkeit der Datierung kann gesagt werden, dass sich Quellen mit polyphonen Messen spanischer und portugiesischer Provenienz erst ab ca. 1490 erhalten haben, davor klafft bis ca. 1430 eine fast durchgehende Überlieferungslücke. Die frühen Quellen sind verspätete Zeugnisse der Kompositionstechnik des 14. Jahrhunderts, und die Quellen seit den 1490er Jahren überliefern ein relativ zeitgenössisches und internationales Repertoire. Bei der Bewertung dieser Quellenlücke lassen sich zwei Tendenzen feststellen: die Hypothese, dass es im zweiten Drittel des 15. Jahrhunderts keine qualitätvolle geistliche Polyphonie gab, die es zu überliefern galt, und die Theorie, wonach ein umfassender Quellenverlust eingetreten ist. – Sicher belegt hingegen ist der intensive Austausch zwischen den spanischen Musikkapellen und französischen, flämischen und deutschen Musikern im 14. und in der ersten Hälfte des 15. Jahrhunderts. Vor allem in der ersten Hälfte des 15. Jahrhunderts lassen sich die Dokumente im Sinne einer Abhängigkeit der spanischen Kapellen von ausländischen Musikern deuten. Ob und wie diese Zeugnisse, die vorwiegend die Zusammensetzung der Kapellen betreffen, aber auch mitunter den Erwerb von Musikalien erwähnen, der Interpretation stilistischer Präferenzen hilfreich sein können, ist schwer zu entscheiden. Beim überlieferten Repertoire überwiegt bei allen liturgischen Gattungen der Anteil der frankoflämischen Musik gegenüber der Musik spanischer Komponisten. Und auch bei den weltlichen Gattungen ist das Interesse der Kompilatoren am ausländischen Repertoire deutlich hervortretend. Zu Beginn der Erforschung der spanischen Musik des 15. und 16. Jahrhunderts durch Francisco Asenjo Barbieri und Felipe Pedrell im 19. Jahrhundert stand das Interesse im Vordergrund, diese Musik als historische Basis für eine nationale spanische Musik zu instrumentalisieren. Inwieweit die Besuche der burgundischen Kapelle ▸ Philipps des Schönen um 1502–1503 und 1505/1506 zur Horizonterweiterung beitrugen, die Entwicklung von iberischer Polyphonie erst ermöglichten oder folgenlos geblieben sind, ist in der Forschung umstritten. Der Einfluss der seit Philipp dem Schönen zum Haushalt der Könige gehörenden flämischen Kapelle in Spanien kann jedoch nicht hoch genug eingeschätzt werden. Dies gilt insbesondere für das Wirken der Gombert-Generation und den Austausch zwischen Spanien und den Niederlanden unter ▸ Philipp II. Mit dem Regierungsantritt Karls V. verändert sich die Situation insofern grundlegend, als nun der Austausch zwischen verschiedensten Regionen Europas besonders intensiviert wurde. Die den Kaiser auf seinen unzähligen Reisen begleitende flämische Kapelle trug zur Distribution und Kenntnis der zeitgenössischen Musik in Spanien entscheidend bei. Dies gilt in ähnlichem Maße für die Reisen des Thronfolgers und späteren Königs Philipp II. Zusätzlich hierzu kam der intensive Kontakt mit Rom und Neapel. In Rom spielten die Spanier in der päpstlichen Kapelle eine wichtige Rolle. Entscheidend ist hierbei, die institutionellen und personellen Verbindungen von Spanien nach Italien nicht als Einbahnstraße zu interpretieren, sondern den Aspekt des gegenseitigen Austausches und der Anregung zu beachten. Sowohl Karl V. als auch sein Sohn Philipp II. waren sehr fromme Herrscher, die großen Wert auf eine repräsentative Pflege der Kirchenmusik an ihrem Hofe legten. Neben der Capilla flamenca, bestehend aus frankoflämischen Klerikern und Sängern, unterhielt Karl in Spanien auch eine hiervon institutionell getrennte Kapelle, die aus spanischen Musikern bestand und später von seinem Sohn Philipp übernommen wurde. Zu dieser Kapelle gehörte u.a. der große blinde Organist Antonio de ▸ Cabezón, der entscheidend dazu beitrug, dass der in Spanien im 16. Jahrhundert entstandenen Musik für Tasteninstrumente in der Gattungsgeschichte zentrale Bedeutung zukommt. In Orgelbau und Orgelmusik wurde, ebenso wie beim Repertoire für die ▸ Vihuela, ein Niveau erreicht, das einen Vergleich mit den europäischen Musikzentren nicht zu scheuen braucht. Dies gilt hingegen nicht für den Musikdruck, bei dem kein in Quantität wie Qualität vergleichbares Ergebnis zu verzeichnen ist, wie im übrigen Europa (aus dem 16. Jahrhundert sind kaum 30 spanische Musikdrucke überliefert).

Das Bild von der Musikgeschichte Spaniens im 16. Jahrhundert wird bis heute von der Komponisten-Trias Cristóbal de ▸ Morales, Francisco ▸ Guerrero und Tomás Luis de ▸ Victoria bestimmt. So unbestreitbar der exzeptionelle Rang dieser Komponisten ist, hat doch die – bei weitem noch nicht genug gründliche – Beschäftigung mit ihren Werken verhindert, dass die Gesamtheit der hohen Musikkultur Spaniens in diesem Jahrhundert in den Blick genommen wurde. An nahezu sämtlichen größeren Kathedralen wirkten Musiker von Rang, deren Œuvre weitgehend unerforscht geblieben ist. Der königliche Hof beschäftigte hervorragende frankoflämische Komponisten wie Nicolas Payen, Pierre de Manchicourt, George de la Hèle und Philippe Rogier.

Literatur:
R. Stevenson, *Spanish Music in the Age of Columbus*, Den Haag 1960 • R. Stevenson, *Spanish Cathedral*

Music in the Golden Age, Berkeley und Los Angeles 1961 • G. Haberkamp, Die weltliche Vokalmusik in Spanien um 1500, der »Cancionero musical de Colombina« von Sevilla und außerspanische Handschriften, Tutzing 1968 • Fr. Reynaud, La polyphonie tolédane et son milieu des premiers témoignages aux environs de 1600, Paris 1996 • M. Noone, Music and Musicians in the Escorial Liturgy under the Habsburgs, 1563–1700, Rochester 1998 • C. Urchueguía, Die mehrstimmige Messe im »Goldenen Jahrhundert«. Überlieferung und Repertoirebildung in Quellen aus Spanien und Portugal (ca. 1490–1630), Tutzing 2003.

MZ

Spataro, Giovanni
* 26.10.1458 Bologna, † 17.1.1541 ebenda

Der polemische Verteidiger der musiktheoretischen Reformideen seines Lehrers Bartolomé ▸ Ramos de Pareja ist vor allem für die Fortsetzung einer Fehde mit den konservativen Theoretikern seiner Zeit bekannt, die von Ramos und John Hothby begonnen worden war. Spataro führte sie von 1491 bis in die dreißiger Jahre des 16. Jahrhunderts u.a. mit Nicolò ▸ Burzio, Franchino ▸ Gaffurio, ▸ Giovanni del Lago, Pietro ▸ Aaron und Giovanni Maria ▸ Lanfranco in Form von 53 Briefen und vier Musiktraktaten weiter. Die mit spitzer Feder geführte Debatte gilt als frühe Ausdrucksform einer humanistischen Streitkultur in der italienischen Musiktheorie der Renaissance, blieb im Ergebnis jedoch ohne Folgen.

Spataro stammte aus einer Familie von Waffenschmieden und erlernte zunächst das angestammte Handwerk. Seine erst als Erwachsener begonnene Musikausbildung beschränkte sich auf Privatunterricht bei Ramos in den Jahren 1470–1484. Die Patronage der in seiner Heimatstadt regierenden Familie Bentivoglio brachte ihm 1505 die Berufung als Sänger in die Kapelle von San Petronio zu Bologna ein, der er von 1512 bis zu seinem Tod als Kapellmeister vorstand.

Mit Spataros Schülerschaft bei Ramos erklärt sich sein für einen Musiktheoretiker der Renaissance ungewöhnlicher Hang zu Praxisnähe und empirisch-rationaler Infragestellung tradierter musiktheoretischer Lehrmeinungen. Schon seine Ansicht, gute Komponisten würden geboren und nicht durch das Erlernen von Kontrapunktregeln geschult, weist in diese Richtung. Aber auch seine klare Bevorzugung der mitteltönigen gegenüber der pythagoreischen Stimmung mit dem Argument der deutlichen Wahrnehmbarkeit des Stimmungsfehlers pythagoreischer Terzen und der damals üblichen Alteration dieser Intervalle nach dem Gehör war das Ergebnis praktischer Erfahrungen und keiner Berufung auf das entsprechende Modell der syntonisch-diatonischen Stimmung bei der antiken Autorität Ptolemaios.

Aus praktischen Gründen vertrat Spataro gegenüber den Traditionalisten auch eine Reform des mittelalterlichen Hexachordsystems zugunsten des modernen Oktavsystems der Tonarten. Darüber hinaus setzte er sich im Sinne klanglicher Vielfalt für die Wiederbelebung der verlorenen Tongeschlechter der Antike, Chromatik und Enharmonik, ein. Neben den erwähnten Themen bilden seine Briefe und Traktate wichtige Quellen auch für praktische Fragen der Komposition um 1500.

Spataros kompositorisches Œuvre umfasste vor allem Werke der Gattungen ▸ Messe, ▸ Motette und geistliche ▸ Lauda. Soweit erhalten, stellen sie sich als zeittypische Dokumente eines durchschnittlich begabten Komponisten dar, die ähnlich wie bei seinem Lehrer eine deutliche Vorliebe für Kanontechniken zeigen.

Ausgaben (Auswahl):
Italia musica sacra, hrsg. von K. Jeppesen, Bd. 1, Kopenhagen 1962, S. 113–123; *Renaissance Musical Sources in the Archive of San Petronio in Bologna, I. Giovanni Spataro's Choirbooks*, hrsg. von F. Tirro,

Neuhausen-Stuttgart 1986; *A Correspondence of Renaissance Musicians*, hrsg. von B.J. Blackburn, E.E. Lowinsky, C.A. Miller, Oxford 1991, S. 555–561.

Schriften:
Dilucide e probatissime demonstratione, Bologna 1521, Faksimile Berlin 1925; *Utile e breve regule di canto*, hrsg. von G. Vecchi, Bologna 1962; *Honesta defensio in Nicolai Burtii Parmensis opusculum*, Bologna 1491, Faksimile ebd. 1967; *Tractato di musica [...] nel quale si tracta de la perfectione da la sesqualtera producta in la musica mensurata exercitate*, Venedig 1531, Faks.-Ausgabe Bologna 1970; *A Correspondence of Renaissance Musicians* (s. Ausgaben).

Literatur:
K. Jeppesen, *Eine musiktheoretische Korrespondenz des frühen Cinquecento*, in: Acta Musicologica 13 (1941), S. 3–39 • F. Tirro, *Giovanni Spataro's Choirbooks in the Archive of San Petronio in Bologna*, Phil. Diss. Univ. Chicago 1974 • F. Rempp, *Elementar- und Satzlehre von Tinctoris bis Zarlino*, in: *Italienische Musiktheorie im 16. und 17. Jahrhundert*, hrsg. von F.A. Gallo und F. Zaminer, Darmstadt 1989, S. 39–220 • *A Correspondence of Renaissance Musicians* (s. Ausgaben) • M. Calella, *Spataro* in: *MGG²*, Bd. 15 (Personenteil), 2005, Sp. 1151–1153.
DG

Spenser, Edmund
* um 1552 London, † 13.1.1599 London

Der englische Dichter, der vor allem durch sein auf ▸ Elisabeth I. anspielendes Versepos *The Faerie Queen* (6 Bücher von 12 geplanten, 1590–1596) bekannt ist, hat für das englische ▸ Madrigal eine Rolle gespielt. Seine Dichtung – insbesondere sein von Francesco Petrarca und Philip Sidney beeinflusster Sonettzyklus *Amoretti* (1595) – zeigt eine Annäherung englischer und italienischer Techniken und Formen und trägt somit zum literarischen Hintergrund des gegen Ende des 16. Jahrhunderts aufblühenden englischen Madrigals bei. Die Übernahme seiner Texte als Madrigalvorlage ist jedoch eher selten (3 Gedichte aus *The faerie Queen* wurden von Richard Carlton [um 1558 – um 1638] vertont).

Sphärenharmonie

Am Anfang dieser zentralen, bis zum Ausgang der Renaissance nachweisbaren Theorietradition stand die Beobachtung eines einfachen Phänomens: Wenn feste Körper aufeinandertreffen, entsteht Klang. Daraus leiteten die Musiktheoretiker der pythagoreischen Schule schon in der Antike die Vorstellung ab, dass die himmlischen Sphären, mächtige Kugelschalen, die sich mit verschiedenen Geschwindigkeiten ineinander bewegen, unglaubliche Klänge produzieren müssten. Diese Klänge könnten auch quantifiziert werden, denn die Geschwindigkeit der Sphären, aus ihren räumlichen Abständen berechnet, zeige eine proportionale Organisation, die den musikalischen Zusammenklängen gleiche. Diese Analogie führte zu dem Gedanken, dass die Klänge, die von den Planeten hervorgebracht werden, den gleichen Proportionen und Gesetzen wie die musikalischen Harmonien folgen müssten. Anekdotisch im sogenannten »Mythos von Er« aus der *Politeia*, systematisch dann im *Timaios* entwickelte Platon auf der Grundlage dieser Annahme das philosophische Modell einer Kosmologie, die Philosophen und Wissenschaftler bis hin zu Johannes ▸ Kepler (*Harmonices mundi libri* V, 1619) faszinierte. Klaudios Ptolemaios, Nikomachos von Gerasa, Cicero im *Somnium Scipionis* seiner staatsphilosophischen Schrift *De re publica* und Macrobius bezogen sich gleichermaßen auf die Sphärenharmonie. Auch in den Schriften des Boethius nimmt sie einen wesentlichen Teil des Diskurses über die Musik ein und wurde dort als Musica mundana (▸ Musica coelestis) bezeichnet. Die Beschreibung des Konzepts der Sphärenharmonie ist bei allen diesen Autoren im Prinzip gleich, unterscheidet sich aber im Einzelfall in seiner Umsetzung: Jedem Planeten wird von den einzelnen Autoren individuell verschieden eine bestimmte Note oder ein bestimmtes Intervall zugeordnet.

Das Konzept der Sphärenharmonie in der Lesart von Ptolemaios schien in der Renaissance die gesamte ▶ Naturphilosophie und Musiktheorie zu überzeugen. Ob es sich um Marsilio ▶ Ficino (*De triplici vita*, 1489), Bartolomé ▶ Ramos de Pareja (*Musica practica*, 1482), Franchino ▶ Gaffurio (*De harmonia musicorum instrumentorum opus*, 1518) oder ▶ Agrippa von Nettesheim (*De occulta philosophia*, 1510–1533) handelte – es bestand Einvernehmen über die Sphärenharmonie, und dieses kosmologische Modell hielt sich bis zu seiner Kritik durch Johannes Kepler und Robert ▶ Fludd um die Wende zum 17. Jahrhundert, als seine theoretischen Grundlagen erstmals einer umfassenden Prüfung unterzogen wurden. Einen ersten Versuch zur Revision der Sphärenharmonie nach Ptolemaios hatte es zwar schon im 14. Jahrhundert gegeben, aber er wurde trotz der Bedeutung seines Autors, des bekannten Mathematikers Nikolaus von Oresme, praktisch nicht wahrgenommen. Oresme stellte die Hypothese in Frage, dass bewegliche Objekte Harmonien in Abhängigkeit von ihrer Geschwindigkeit produzieren. Er gab seiner Diskussion des Konzepts der Sphärenharmonie die Form einer fiktiven Debatte zwischen Arithmetik und Geometrie, die sich ihm im Traum offenbart hatte. Unglücklicherweise erwachte Oresme, noch bevor ihm Apollon die endgültige Lösung des Problems eröffnen konnte. Mit seiner Traumerzählung hatte Oresme jedoch drei entscheidende Fragen aufgegriffen, die bei der Rezeption der Sphärenharmonie seit der Antike nicht mehr thematisiert worden waren:

1. Ist die Sphärenmusik hörbar oder nicht?
2. Soll bei der Berechnung der Intervalle der Sphärenmusik den rationalen oder den irrationalen bzw. den reellen Zahlen die Priorität eingeräumt werden?
3. Soll eher der Intellekt oder eher das Gehör über die Schönheit der Klänge entscheiden?

Trotz dieser von Oresme aufgeworfenen Fragen gaben sich die Musiktheoretiker, Philosophen und Naturwissenschaftler während der beiden Jahrhunderte der Renaissance meist damit zufrieden, die Existenz der Sphärenharmonie, ihre funktionale Analogie mit der musikalischen Harmonie und ihre Überprüfbarkeit mittels des Vergleichs ihrer mathematischen Gesetzmäßigkeiten mit den Bewegungen der Planeten einfach zu akzeptieren. Bisweilen wurde das Konzept der Sphärenharmonie sogar herangezogen, um der Musik magische, ja übernatürliche Kräfte (▶ Effekt) zuzuschreiben. Johannes ▶ Tinctoris jedoch rückte als erster Musiktheoretiker diese metaphysische und kosmologische Sicht der musikalischen Konsonanzen in den Hintergrund, indem er den Begriff der Sphärenharmonie radikal verwarf. Nahe an der *Poetik* des Aristoteles beschrieb er die Musik nach ihrer Empirie, nämlich mit der Terminologie ihrer Aufführungs- und Kompositionspraxis. Viele, insbesondere die noch an der Musiktheorie des ▶ Quadriviums geschulten Theoretiker des 16. Jahrhunderts bezogen sich jedoch nicht auf die Ideen von Tinctoris. Die definitive Zurückweisung der Theorie von der Harmonie des Universums wagte vor einer größeren Öffentlichkeit erst Francisco de ▶ Salinas in seinen *De musica libri septem* (1577), nicht nur wegen der ursprünglich von Aristoteles entwickelten und von Tinctoris wieder aufgenommenen Gründe, sondern auch deshalb, weil sich nach Ansicht von Salinas der Schöpfer sicherlich nicht die Mühe gemacht hätte, etwas so Überflüssiges hervorzubringen wie eine Musik, die nicht gehört werden könne. Giovanni Battista Benedetti gab in seinen *Diversarum speculationum mathematicorum et physicorum libri* (1585) der Kritik an der Sphärenharmonie nach der metaphysischen Begründung von Salinas schließlich auch eine wissenschaftliche Fundierung. Für den italienischen Mathematiker konnten die himmlischen Planetensphären schon wegen ihrer großen Entfernung zueinander bzw. aufgrund der sie trennenden Leere keine Klänge erzeugen. Hinzu kam, dass ein sphärischer Körper, der sich um seine eigene Achse dreht, nach Auffassung Benedettis keinen Klang hervorbringen konnte, da er keinen anderen Körper mittels Kollision in Bewegung versetzte. Indem Benedetti die Geschwindigkeiten, die Größe und die Abstände der himmlischen Körper analysierte, gelangte er ebenfalls zu einer perfekten Ordnung des Kosmos, die allerdings nicht mit den musikalischen Proportionen der konsonanten (2:1, 3:2, 4:3, 5:4, 6:5, 8:3, 5:3) oder der dissonanten (9:8, 10:9, 16:15, 25:24, 29:28, 27:25) Intervalle in Zusammenhang stand.

Das Thema der Sphärenmusik erregte dennoch weiterhin die Gemüter, auch wenn dieses Konzept nach Oresme und vor Kepler keiner weiteren Überprüfung mehr unterzogen wurde. Exemplarisch lässt sich dies an den ikonographischen Darstellungen der Sphärenmusik im Musikschrifttum der Renaissance zeigen, die insbesondere während des 16. Jahrhunderts zu den raffiniertesten Illustrationen ihrer Zeit gehörten. Unter diesen verdient vor allem eine Darstellung besondere Aufmerksamkeit, die in idealer Weise die Vorstellung zusammenfasst, die einer der wichtigsten vom ▸ Humanismus beeinflussten Musiktheoretiker der Renaissance von der Sphärenmusik entwickelt hatte: Das Frontispiz der *Practica musicae* (1496) von Franchino Gaffurio. Gaffurio scheint sich für die Sphärenharmonie seit seinen frühesten Arbeiten auf dem Gebiet der Musiktheorie wie dem *Extractus parvus musicae* (ca. 1474) oder dem *Theoricum opus musicæ disciplinæ* (1480) interessiert zu haben. In seiner *Practica musicae* hat er schließlich die umfangreichste Darstellung seiner Interpretation dieses Konzepts vorgelegt, in der er nicht nur eine Synthese der klassischen Texte zur Sphärenharmonie bot, sondern vor allem auch eine Theorie aufgriff, die Ramos de Pareja einige Jahre zuvor als Teil seiner Interpretation des Ethos der Tonarten entwickelt hatte, um seine Vorstellung von der Harmonie des Kosmos auf dem Monochord darstellen und die Modi der zeitgenössischen Musik mit den Planeten und den Musen in Verbindung bringen zu können. Gaffurio verwendete diese Idee als Basis für seine Konstruktion einer musikalischen Kosmologie, die er auf der Grundlage der unteren Oktave des Systema teleion, einer Modelltonleiter zur Darstellung des gesamten Tonraums der antiken griechischen Instrumentalmusik, konzipierte. Auf dieser Oktavleiter disponierte Gaffurio dann die Modi des ▸ Gregorianischen Chorals. Dabei wurde der sogenannte Proslambanomenos, die tiefste Note des Systema teleion, von Gaffurio dem Mond zugeordnet, alle übrigen Tonstufen den damals bekannten Planeten gemäß ihrer Reihenfolge bzw. ihrem Abstand zur Erde nach dem geozentrischen Weltbild.

Erst mit dem Erscheinen der *Harmonices mundi libri V* von Johannes Kepler im Jahre 1619 nahmen die Studien über die Sphärenharmonie eine entscheidend neue Richtung. Die *Harmonices mundi* führten im Rahmen der drei bekannten Keplerschen Gesetze der Planetenbewegung auch das sogenannte Harmonische Gesetz ein. Dieses basiert auf der Annahme, dass unser Sonnensystem ein geschlossenes Ganzes bildet, das bewegliche Elemente enthält, deren Bahnen mathematisch miteinander in Beziehung stehen. Ferner besagt es, dass die Geschwindigkeit jeder Planetensphäre gemäß dem Ort variiert, an dem sie sich auf ihrer elliptischen Bahn um die Sonne befindet. Kepler benötigte, vom Beginn seiner Forschungen zur Kosmologie im *Mysterium cosmographicum* (1596) an, mehrere Jahre, um zu diesem Schluss zu gelangen. Nach seiner Ansicht konnten die Gesetze des Kosmos, die die Verhältnisse zwischen den Planeten, ihren Bahnen und Umlaufgeschwindigkeiten um die Sonne regeln, nicht auf geometrischen Beziehungen,

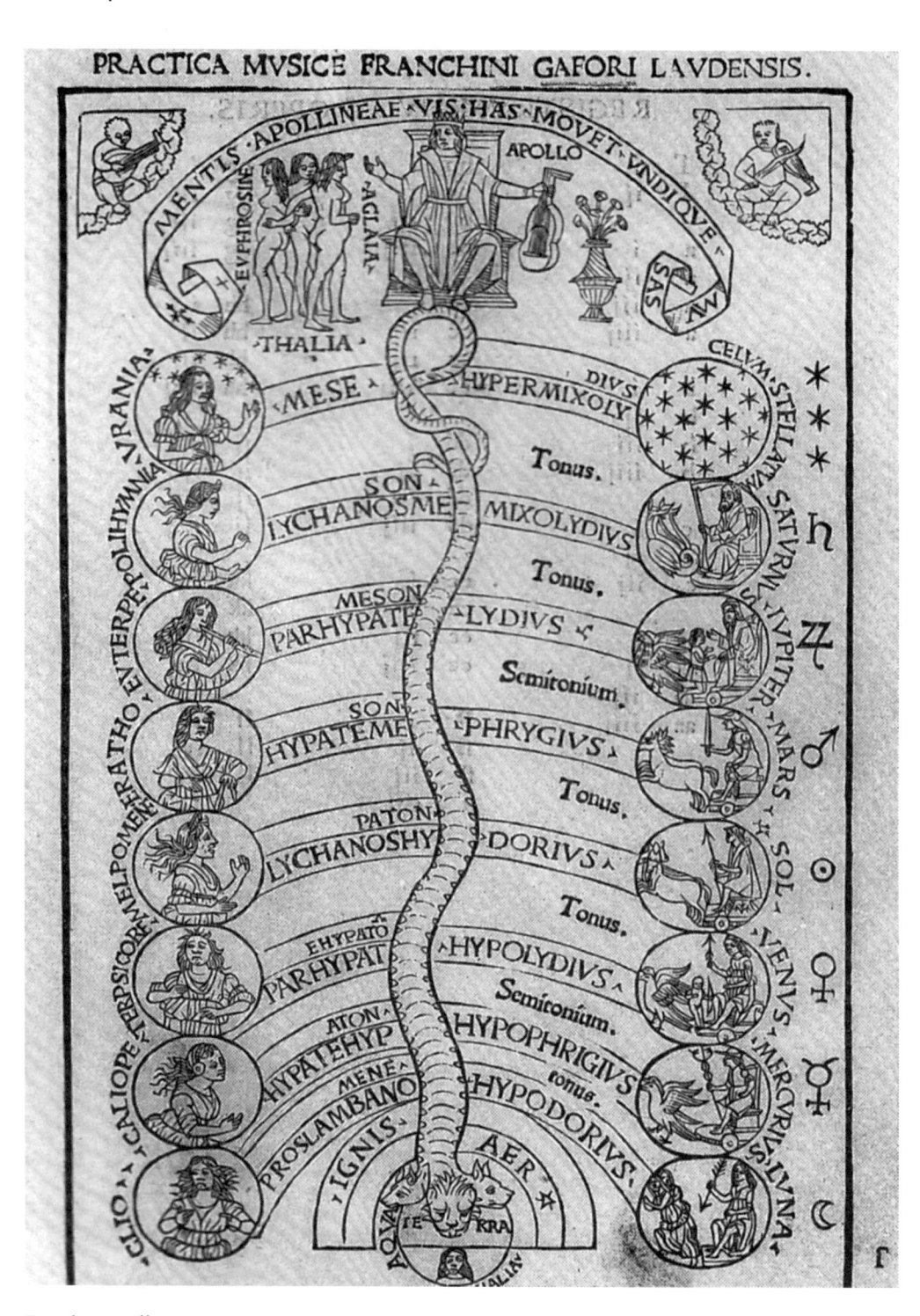

Franchino Gaffurio, Frontispiz der *Practica musicae* (1496).

sondern nur auf harmonischen beruhen. Zuerst zog er eine Lösung dieses Problems auf der Grundlage der Stereometrie, der Geometrie des Raums und der Körper, in Betracht. Er fügte dazu fünf Polyeder nach willkürlicher Ordnung ineinander und beschrieb sie den Planetensphären ein, die nichts Anderes als die Bahnen der sechs damals bekannten Planeten darstellten. Dieses Vorgehen konnte Kepler zwar nutzen, um die Existenz von exakt sechs Planeten im Sonnensystem zu begründen, aber nicht, um die Beziehungen zwischen ihnen zu erklären. Hierfür kam er erneut auf die harmonischen Bezüge zurück: Gott habe den Planetenbahnen eine elliptische Form gegeben, weil diese den Planeten zwingend eine sich während ihres Umlaufs um die Sonne verändernde Geschwindigkeit auferlege. Er habe jedem Planeten zugleich eine eigene Melodie zugewiesen, so dass die sechs Planeten eine zwar unhörbare, aber doch real vorhandene musikalische Harmonie produzierten.

Nun blieb Kepler noch, das Wesen dieser harmonischen Bezüge zu definieren, die nach seiner Auffassung nur konsonant sein konnten. Auch in diesem Punkt ist sein methodisches Vorgehen als originell zu bezeichnen. Er verließ dazu wieder die Stereometrie, die ihm zunächst als mathematische Basis seiner Kosmologie gedient hatte, zugunsten der Geometrie der Ebene. Dann brachte er Kreis und Strecke zusammen und setzte voraus, dass nur diejenigen Intervalle konsonant sind, welche sich in Form von solchen Polygonen darstellen lassen, die einem Kreis mittels Lineal und Zirkel einbeschrieben werden können. Eine gegebene Strecke wird dazu gekrümmt, um einen Kreis zu formen, das ihm danach einbeschriebene Polygon teilt diesen Kreis in Segmente, die verglichen werden müssen, um das jeweils dargestellte Intervall bestimmen zu können. So entsprach zum Beispiel das Dreieck dem Intervall einer Quint, denn es teilte den Kreisbogen in den Proportionen 2/3 und 1/3. Jedes Polygon aber, das nicht in einen Kreis mit Lineal und Zirkel einbeschrieben werden konnte, führte nach Keplers Ansicht zwingend zu irrationalen Proportionen, die nach damaliger Auffassung niemand erkennen konnte, nicht einmal Gott, und die sich daher angeblich in der ganzen Schöpfung nicht auffinden ließen. Die dissonanten Intervalle wurden daher aus Keplers Kosmologie ausgeschlossen.

Mit seiner Beweisführung konnte Kepler zeigen, dass die mathematischen Gegebenheiten der Sphärenharmonie aus den Winkelgeschwindigkeiten der Planeten resultierten, und nicht, wie man seit der Antike angenommen hatte, aus deren Abständen und linearen Geschwindigkeiten. Die Melodie eines Planeten ist nach Kepler durch die Winkelgeschwindigkeit seiner täglichen Bewegung bestimmt, und jeder der Planeten besitzt deswegen seine eigene Melodie, weil sich die Planeten mit unterschiedlicher Geschwindigkeit um die Sonne bewegen. Je weiter sich ein Planet der Sonne nähert, desto höher ist seine Melodie; was den Ambitus dieser Melodien anbetrifft, ist er zum Abstand vom Mittelpunkt der Planetenbahn proportional. Kepler verglich daraufhin die Melodien der verschiedenen Planeten und leitete daraus eine Reihe von fast perfekten Konsonanzen ab, die ihn in seiner Überzeugung bestätigen, dass tatsächlich die harmonischen Proportionen die Bezüge zwischen den Planeten bestimmen.

In seinen *Harmonices mundi* kritisierte Kepler zugleich Robert ▸ Fludd mit seiner in der *Utriusque cosmi (…) historia* (1617–1619) entwickelten Kosmologie: Fludd glaubte, die Welt als eine Kette von Emanationen einer göttlichen Einheit verstehen zu können, die von den Sternen übermittelt sei. Die irdischen Dinge, belebt oder unbelebt, erhielten seiner Ansicht nach ihre harmonische Disposition durch eine Art Sympathie. Er arbeitete ebenfalls ein Modell für eine harmonikale Kosmologie aus, in dem er die Welt mit einem Monochord verglich, das durch Gottes Hand in Schwingung versetzt werde. Unglücklicherweise platzierte Fludd dabei die Intervallzahlen dieses Monochords aus visuellen und nicht aus rationalen Gründen in arbitärer Weise, wohingegen Kepler nach seiner Theorie mathematisch und physikalisch zu präzisieren vermochte, dass alle Harmonien des Himmels mit ihren eigenen Proportionen existierten, quantifizierbar und messbar seien.

Literatur:
P.J. Amman, *The Musical Theory and Philosophy of Robert Fludd*, in: Journal of the Warburg and Courtauld Institutes 30 (1967), S. 198–223 • J. Hollander, *The Untuning of the Sky: Ideas of Music in English Poetry, 1500–1700*, New York 1970 • J. Haar, *The Frontispiece of Gafori's Practica musicæ (1496)*, in: Renaissance Quarterly 27 (1974), S. 7–22 • F. Cohen, *Quantifying Music. The Science of Music at the First Stage of the Scientific Revolution, 1580–1650*, Dordrecht 1984 • A. Crosby, *The Measure of Reality. Quantification and Western Society*, Cambridge 1997 • A.E. Moyer, *Musica Scientia. Musical Scholarship in the Italian Renaissance*, Ithaca 1992 • B. Stephenson, *The Music of the Heavens. Kepler's Harmonic Astronomy*, Princeton 1994 • U. Taschow, *Die Bedeutung der Musik as Modell für Nicole Oresme, »De configurationibus qualitatum et motum«*, in: Early Science and Medicine 4/1 (1999), S. 37–90 • Ph. Vendrix, *La musique à la Renaissance*, Paris 1999 • D. Glowotz, *Byzantinische Gelehrte in Italien zur Zeit des Renaissance-Humanismus, Musikauffassung – Vermittlung antiker Musiktheorie – Exil und Integration* (Schriften zur Musikwissenschaft aus Münster 22), Schneverdingen 2006.

PHV

Spielleute / Ménestrels / Minstrels

Die Spielleute gehörten zu den Hauptträgern der weltlichen Musikkultur in der Renaissance, obgleich sie die rangniedrigsten Musikanten waren. Ihr Stand war weitgefächert und reichte vom nicht sesshaften, rechtlosen fahrenden Spielmann bis zu sesshaften, rechtlich gesicherten, zum Teil in Anstellung von Städten oder Höfen befindlichen Spielleuten. Sie konnten einerseits als ›unehrliche Leute‹ abgewertet werden, waren aber andererseits begehrte Musiker, die von Fürsten engagiert wurden, die entweder nicht über genügend Instrumentalisten verfügten oder diese auf ihren zahlreichen Reisen nicht mit sich führten, so dass Spielleute ad hoc angeworben wurden. In Deutschland konnten sich die Spielleute erst ab der Mitte des 16. Jahrhunderts in Zünften zusammenschließen, nachdem dies durch Reichsgesetze von 1548 und 1577 erlaubt worden war. Anders verhielt es sich mit den Ménestrels in Frankreich, die in ▸ Paris seit 1328 in einer Zunft von Instrumentalisten, der Confrérie von Saint-Julien-des-Ménétriers, organisiert waren und seit 1407 von einem ›König der Spielleute‹ geleitet wurden. Sie lebten im ›vicus joculatorum‹ (▸ Ioculatores), aus der später die ›rue des Ménestrels‹ wurde. Sie standen somit schon viel früher sozial höher als ihre deutschen Kollegen und konnten viele Möglichkeiten musikalischer Engagements in der Stadt wahrnehmen. Im 15. Jahrhundert waren sie auch an der Musikkultur des Hofes beteiligt, da dieser nicht über genügend Instrumentalisten verfügte. Sie spielten bei privaten Anlässen, bei ▸ Entrées und bei Theateraufführungen. Ihr Repertoire war keineswegs niedriger als dasjenige angestellter Musiker, denn sie spielten zum Teil Bearbeitungen bekannter ▸ Pariser Chansons. Viele Musiker wurden auch in den Hofdienst übernommen. Das Repertoire der Spielleute wurde im wesentlichen mündlich weiter gegeben und ist deshalb mit Ausnahme weniger Aufzeichnungen meist nur indirekt aufgrund von Bearbeitungen erschließbar.

Literatur:
N. Bridgman, *La vie musicale au Quattrocento et jusqu'à la naissance du madrigale (1400–1530)*, Paris 1964 • H.W. Schwab, *Die Anfänge des weltlichen Berufsmusikertums in der mittelalterlichen Stadt*, Kassel 1982 • W. Salmen, *Der Spielmann im Mittelalter*, Innsbruck 1983 • A. Schulz-Bodmner, *Spielleute im Dienste spätmittelalterlicher Städte*, Magister-

arbeit Bochum 1990 • W. Salmen, *Spielfrauen im Mittelalter*, Hildesheim 2000 • W. Hartung, *Die Spielleute im Mittelalter. Gaukler, Dichter, Musikanten*, Düsseldorf 2003.

Spinett

Der italienische Begriff ›spinetta‹ bezeichnete im 15. und 16. Jahrhundert in Italien die rechteckige Form des ▸ Virginals. Dabei kann nicht mit Sicherheit gesagt werden, ob er auf ein Instrument Giovanni Spinettis, wie es Adriano ▸ Banchieri (*Conclusioni del suono dell'organo*, Bologna 1609) andeutete, oder aber auf das lateinische Wort ›spina‹ (Dorn) für den Kiel im Zupfmechanismus zurückgeht, wie es Julius Caesar Scaliger in *Poetices libri septem* (Lyon 1561, S. 51) vermutete. Im 17. Jahrhundert wird ›spinetta‹ zum Oberbegriff für besaitete Tasteninstrumente, die kleiner sind als ein Cembalo. Die französische Version ›épinette‹ umfasst im 17. Jahrhundert sämtliche bekielten Tasteninstrumente, schließlich unterscheidet Claas Douwes in seiner *Grondig ondersoek van de toonen der musijk*, Franeker 1699, zwischen ›spinetten‹ für ein Virginal mit der Tastatur auf der linken Seite und ›muselaar‹ für ein rechtsspieliges Virginal.

Im heutigen Sprachgebrauch hat sich die Bezeichnung für besaitete Tasteninstrumente mit einer Kielmechanik durchgesetzt, bei denen die Springerreihe wie beim ▸ Cembalo parallel hinter der vorderen Wand verläuft und die vorderstimmig sind. Die Saiten verlaufen diagonal von links nach rechts aus der Sicht des Spielers. Die Form kann trapezförmig sein wie bei einem italienischen Oktavspinett um 1600, das heute im Victoria und Albert Museum in London aufbewahrt wird, oder, wie es später üblich wird, flügelförmig. In Deutschland führte in der späteren Geschichte des Instrumentes diese Form zu der Benennung ›Querflügel‹, in Italien zu ›cembalo traverso‹.

AG

Sponsorentum ▸ **Mäzenatentum**

Spruchmotette

Die Spruchmotette, eine Untergattung der Motette, vertont keinen liturgischen Text (▸ Antiphon, ▸ Responsorium etc.) und auch keinen längeren, geschlossenen Bibeltext (wie die ▸ Psalmmotette), sondern einen kurzen Textabschnitt, meist einen einzelnen Bibelvers. Der Typus ist vor allem im protestantischen Deutschland ab der 2. Hälfte des 16. Jahrhunderts verbreitet und profitiert vom Übergriff madrigalistisch-expressiver Mittel (▸ Madrigal) auf die geistliche Musik, mit hier besonders intensivem Eingehen auf das Einzelwort. Die Stücke sind meist sehr knapp gehalten, stechen möglicherweise mit den pädagogisch intendierten Bicinien- und Triciniensammlungen der Jahrhundertmitte hervor (die ebenfalls kurze Texte sehr knapp vertonen). Von besonderer Bedeutung sind die deutschsprachigen Spruchmotetten ab der Wende zum 17. Jahrhundert, vor allem von Leonhard ▸ Lechner und Heinrich Schütz – eine Tradition, die sich bis zu den Motetten Johann Sebastian Bachs fortsetzt.

Literatur:
C.J. Westendorf, *The textual and musical repertoire of the Spruchmotette*, Diss. Urbana 1986 • A. Laubenthal, *Choralbearbeitung und freie Motette*, in: *Die Musik des 15. und 16. Jahrhunderts* (Neues Handbuch der Musikwissenschaft 3), hrsg. von L. Finscher, Laaber 1989, S. 325–366.

TSB

Squarcialupi, Antonio
* 27.3.1416 Florenz, begraben 6.7.1480 ebenda

In seiner Heimatstadt zu einem fähigen Organisten, Orgelbauer und Lautenisten ausgebildet, wurde der Sohn einer Metzgerfamilie dort nach kurzer Tätigkeit an der Kirche Or San Michele im Jahre 1432 Organist am Dom Santa Maria del Fiore. Seit den 1440er Jahren war er zudem Protegé und Hausmusiker der ▸ Medici, die ihm wie allen Mitgliedern ihres Familien- und Gelehrtenkreises besondere Ehrungen zukommen ließen, z.B. die Erlaubnis der Annahme des toskanischen Adelsnamens Squarcialupi, die Anfertigung einer Portraitbüste für den Florentiner Dom sowie die Verewigung seines Virtuosentums im Proömium des Dante-Kommentars von Cristoforo ▸ Landino und in panegyrischen Gedichten von Marsilio ▸ Ficino und Angelo ▸ Poliziano. Letztere sind in dem nach Squarcialupi benannten Codex I-Fl. Med. Pal. 87 überliefert, der wichtigsten retrospektiven Quelle der italienischen Trecento-Musik aus dem frühen 15. Jahrhundert, die 354 ▸ Madrigale, Caccie und ▸ Ballate u.a. von Francesco Landini, Paolo da Firenze und Nicolaus de Perugia enthält. Zu Lebzeiten vor allem als Lehrer, Virtuose und Sachverständiger für die Orgel überregional bekannt, verdankt Squarcialupi seinen Nachruhm ausschließlich dem Besitz dieser Sammelhandschrift, die er wahrscheinlich als Geschenk zur besonderen Gunstbezeugung der Medici erhalten hatte.

Literatur:
F.A. Gallo (Hrsg.), *Il codice Squarcialupi, MS Mediceo Palatino 87, Biblioteca Medicea Laurenziana di Firenze*, Lucca 1992 • J. Haar / J. Nádas, *Squarcialupi, Antonio*, in: MGG², Bd. 15 (Personenteil), 2005, Sp. 1243–1246.

DG

Staatsmotette

August Wilhelm Ambros prägte in seiner Musikgeschichte (Bd. 3, 1868) den Begriff »Staatsmusik« für Kompositionen, die eine unmittelbare politisch-zeremonielle Funktion zu einem bestimmten Anlass erfüllen, etwa für eine Krönung, einen Friedensschluss oder einen Reichstag. Da es sich hierbei in der Renaissance fast ausschließlich um Motetten handelt, hat sich seit Dunning (1970) der Begriff »Staatsmotette« in der deutschsprachigen Musikgeschichtsschreibung fest eingebürgert. Nach dem englischen Begriff »occasional motet« setzt sich mittlerweile das neutralere »Gelegenheitsmotette« oder (nach Lütteken) »anlaßbezogene Motette« mehr und mehr durch. Staatsmotetten vertonen meist hochtrabend-panegyrische Texte (oft in den humanistischen Versmaßen Hexameter oder Distichon) und sind musikalisch fast immer groß angelegt, mit den anspruchsvollsten Kompositionsprinzipien, die die Zeit zur Verfügung stellt: In der ersten Hälfte des 15. Jahrhunderts ist die isorhythmische Festmotette (▸ Isorhythmie) die führende Gattung der mehrstimmigen Komposition, und noch bis weit ins 16. Jahrhundert hinein erscheinen entsprechenden Werke im ebenso ehrwürdigen wie archaischen Gewand der Tenormotette.

Literatur:
A. Dunning, *Die Staatsmotette 1480-1555*, Utrecht 1970 • L. Lütteken, *Guillaume Dufay und die isorhythmische Motette* (Schriften zur Musikwissenschaft aus Münster 4), Hamburg und Eisenach 1993.

TSB

Stabat mater

Das Stabat mater ist ein marianisches Reimgebet, das der privaten Andacht dient und auch in der Liturgie verankert ist; seine Entstehung wird in Frankreich oder Italien vermutet. Die dem Text eigene Frömmigkeit geht wohl auf viktorinisch-zisterziensisches Gedankengut des 12. Jahrhunderts zurück, die ältesten erhaltenen Textquellen stammen jedoch erst aus dem frühen 14. Jahrhundert.

Die Dichtung entzündet sich in der ersten Strophe an der Verknüpfung zweier Bibelstellen; der Weissagung Simeons, dass Marias Seele von einem Schwert durchdrungen werde (Lk 2,35) und der Beschreibung der unter dem Kreuz ihres Sohnes stehenden Gottesmutter (Joh 19,25). Anschaulich wird ihr Leiden in den folgenden Strophen geschildert, woran sich die Bitte des Betenden an Maria schließt, dieses Leid und das ihres Sohnes teilen zu dürfen (Str. 5–9), um sich durch diese Läuterung ihre Fürsprache um den Eintritt ins Paradies zu erwerben (Str. 9,10). Die formale Einheit des Stabat mater entspricht der Gattungstradition der Sequenz. Eine Strophe besteht aus zwei Versikeln zu je drei Zeilen; Silbenzahlen im trochäischen Versfuß und Reimendungen folgen dem Schema: 8a 8a 7b 8c 8c 7b.

Einen frühen schriftlichen Beleg des Gebets bietet ein Orationale aus St. Emmeram, das um 1330/1340 entstanden scheint. Wie in zahlreichen der bekannten Quellen (ein Verzeichnis ist bei Kraß, 1998 aufgeführt) ist der Text mit einem Ablassversprechen verbunden, das meist Papst Bonifacius VIII. zugeschrieben wird. Bereits gegen Ende des 14. Jahrhunderts treten auch volkssprachliche Übersetzungen des Stabat mater auf, die seine Verbreitung und Attraktivität bezeugen. In der Liturgie verankert findet sich das Stabat mater erstmals in Quellen des 15. Jahrhunderts: als Sequenz in der ▸ Messe und ▸ Hymnus im Stundengebet des Festes der ›Schmerzen Mariä‹. In nachtridentinischer Zeit (▸ Konzil von Trient) zählt das Stabat mater jedoch erst wieder seit der Kanonisierung des Festes ›Septem dolorum B.M.V.‹ 1727 durch Papst Benedikt XIII. zu den Sequenzen des Chorals. Eine mehrfach überlieferte frühe Sequenzmelodie ist aus Handschriften des 15. Jahrhunderts im böhmisch-österreichisch-süddeutschen Raum bekannt; ein Nachtrag aus dieser Zeit in einem süddeutschen Dominikaner-Graduale überliefert auch eine Hymnenmelodie.

Mehrstimmige Vertonungen des Stabat mater entstanden vorwiegend zu paraliturgischen Anlässen wie Passionsandachten und Kreuzwegprozessionen oder als ▸ Motetten in der Messe. Die Kompositionen verwenden verschiedene Textvarianten, die durch Auslese einzelner Strophen oder aus der Kombination aufeinander bezogener Texte entstehen können. Das früheste erhaltene Beispiel einer mehrstimmigen Vertonung ist eine ▸ Lauda von Innocentius Dammonis, die handschriftlich bereits um 1460 überliefert ist. Einen weiten Rezeptionskreis erreichte das fünfstimmige Stabat mater von ▸ Josquin des Prez, das, in Anspielung auf den Textbeginn, die wahrscheinlich von Gilles ▸ Binchois stammende Chansonmelodie *Comme femme desconfortée* als ▸ Cantus firmus im Tenor zitiert. Weitere Kompositionen stammen u.a. von ▸ Gaspar van Weerbeke und Franchino ▸ Gaffurio; drei Stücke englischer Komponisten enthält das Eton Choirbook. Die Reihe der mehrstimmigen Vertonungen vor 1600 schließen zwei unterschiedlich gestaltete doppelchörige Werke zu acht Stimmen von Orlande de ▸ Lassus und Giovanni Pierluigi da ▸ Palestrina. Eine besondere Bedeutung wird den Stabat-mater-Vertonungen ab dem 18. Jahrhundert beigemessen.

Literatur:
A. Ziino, *La tradizione musicale dello Stabat Mater fino al Palestrina*, in: Kongressbericht *Convegno di Studi Palestriniani 1986*, hrsg. von L. Bianchi und G. Rostirolla, Palestrina 1991, S. 29–61 • J. Blume, *Geschichte der mehrstimmigen Stabat-mater-Vertonungen*, München 1992 • A. Kraß, *Stabat mater dolorosa. Lateinische Überlieferung und volkssprachliche Übertragungen im deutschen Mittelalter*, München 1998 • M. Marx-Weber und K.H. Schlager, *Stabat mater*, in: *MGG*², Bd. 8 (Sachteil), 1998, Sp. 1708–1719 • M. Wersin, *Reclams Führer zur lateinischen Kirchenmusik*, Stuttgart 2006, S. 317–344.

ST

Stadtmusikanten / Stadtpfeifer ▸ Spielleute

Stegreifausübung ▸ Improvisation

Stilleben mit Musik

Das Stilleben hat als eigene Gattung in der Kunstgeschichte seine erste Blütezeit im 17. Jahrhundert, doch liegt seine Entstehung in der Renaissance, und da in ihm Musikinstrumente eine bedeutende Rolle spielen, verdient es eine kurze Abhandlung. Man könnte das Gemälde *Eine Nische mit einer Blumenvase* von Hans Memling an den Anfang der Geschichte des Stillebens nördlich der Alpen stellen, doch wird allgemein als erstes Denkmal das Gemälde eines ausgeschlachteten Schweines von Bueckelaer (1562) bezeichnet. Im Zentrum steht also nicht der Mensch, sondern ein drastisch realistischer, lebloser Gegenstand. Die Nähe zum ebenfalls dem Realismus verpflichteten ▶ Genrebild ist kein Zufall.

Der für ein Stilleben gewählte Gegenstand präsentiert sich als autonomes, sorgfältig zusammengestelltes Ganzes und spielt nicht mehr die Rolle des Akzidens zu einem übergeordneten Thema etwa aus der religiösen Bilderwelt. Vielfach betrachtet man auch die Intarsien, mit denen die Wände der Studioli genannten Kabinette in den italienischen Fürstenpalästen verkleidet sind, als Stilleben. Doch wird dabei der Begriff zu sehr strapaziert, denn es handelt sich um flächendeckende Ensembles, die verspielt ironisch die Ausstattung des Arbeitszimmers eines Gentiluomo oder einer Gentildonna nachahmen und dieses mit Regalen, Simsen und Schubladen ausstaffieren, welche mit Büchern, quadrivialen Geräten (▶ Quadrivium) und Musikinstrumenten angefüllt bzw. belegt sind.

Gegen Ende der Renaissance wird das Stilleben immer mehr auch zum Vehikel für die Darstellung der Vergänglichkeit. Das Ergebnis sind die Vanitasbilder des 17. Jahrhunderts, deren Parallelen sich mühelos in der weltlichen und geistlichen Dichtung von der Eitelkeit der Welt finden, die im Jahrhundert des Dreißigjährigen Krieges entstehen. Die der Natur entnommenen Gegenstände werden welkend, abgestorben oder tot dargestellt (daher die französische Bezeichnung ›nature morte‹); im Falle der vom Menschen geschaffenen Gegenstände zeigt man Risse im Material, zerbrochene Teile, zerfledderte Bücher usw. Was in der Genremalerei im lebendigen Alltag gebraucht wird, taucht im Stilleben unter umgekehrtem Vorzeichen auf, als Nicht-Mehr-Lebendiges, Nicht-Mehr-Brauchbares. Allerdings wird auch mit Anleihen aus dem Porträt (d.h. hier ▶ Musikerporträt) experimentiert, was zu Ergebnissen führt, die eher wieder an die ▶ Fantasia und an programmatische Bilder erinnern.

In der Motivwelt des Vanitas-Stillebens treten Musikinstrumente besonders häufig und prominent in Erscheinung. Schall und Musik laufen in der Zeit ab und sind eitel. Gemäß der Regel, dass der Mensch im Stilleben abwesend zu sein hat, aber implizit am Thema beteiligt ist, wird das Musikinstrument immer ohne Spieler, also leblos gezeigt. Seine Bedeutung für das Stilleben ist daher, dass es das Potential zu lebendem Klang hat, so wie es da liegt, jedoch nur verkündet, dass Schall und Leben aus ihm entwichen sind. Gerne wird die Idee noch dahin ausgebaut, dass das Instrument praktisch gar nicht mehr klangfähig ist, weil die Saite zerrissen, das Trommelfell geplatzt, oder der Tubus gebrochen ist.

Neben diesen thematischen Elementen des Stillebens ist ein formales Kriterium nicht weniger wichtig: die Forderung nach einer naturalistischen Darstellung, bei der die Perspektive stimmt und die Oberflächen der Materialien die Wirklichkeit täuschend nachahmen. Sie konnte den Malern (und den Käufern) nicht weit genug gehen und man hat manchmal den Eindruck, sie seien davon geradezu besessen gewesen.

Literatur:
M. Dvorák, *Ein Stilleben des Bueckelaer oder Betrachtungen über die Entstehung der neuzeitlichen Kabinettmalerei*, in: Jahrbuch der Kunstsammlungen

36/1 (1923), S. 1–14 • H.J. von Migroet, *Still-life*, in: *The Grove Dictionary of Art* 19 (1996), S. 663–671.

TS

Stimmengattungen / Stimmambitus

Vor der Etablierung der heute üblichen Stimmengattungen (Sopran, Mezzosopran, Alt, Tenor, Bariton, Bass) um und nach 1600 wurden die einzelnen Stimmen einer Komposition je nach Zeit, nach Region und nach Gattung verschieden bezeichnet. Die unterschiedlichen Bezeichnungen resultieren meist aus der Funktion der einzelnen Stimme im mehrstimmigen Satz und wandeln sich mit dessen Entwicklung. Die Stimmengattungen vor 1600 sind somit satztechnisch bestimmt im Unterschied zu der stimmphysiologisch ausgerichteten Stimmlagenbezeichnung nach 1600.

Zu Beginn des 15. Jahrhunderts waren Lied- und Motettensatz noch von den Voraussetzungen des 14. Jahrhunderts geprägt. Die (isorhythmische) Motette bestand aus einem Tenor in längeren Notenwerten, meist einem Cantus prius factus (einer schon bestehenden meist liturgischen Melodie), der das Fundament des Satzes bildete; ihm zugeordnet war ein Contratenor in ungefähr derselben Lage und in enger satztechnischer Verflechtung (der Contratenor wurde um 1320 eingeführt); der Satz ist vom Tenor aus konzipiert. Darüber liegt der Motetus in schneller Rhythmik und das Triplum in meist noch rascheren Notenwerten (das Triplum war im dreistimmigen Satz die dritte Stimme, im vierstimmigen blieb sie oft unbezeichnet). War der Motettensatz vom Tenor aus konzipiert, so geht der Liedsatz von der Oberstimme, dem Discantus oder Cantus, aus, dem ein Tenor als tiefste Stimme und ein darüberliegender Contratenor hinzugefügt wird (bei Vierstimmigkeit kommt eine weitere Oberstimme in gleicher Lage wie der Discantus hinzu).

Im Laufe des 15. Jahrhunderts entwickelte sich – vereinfacht dargestellt – ein vierstimmiger Satz, in dem nicht mehr zwei oder drei Stimmen die gleiche Lage umfassen, sondern jede Stimme ihre eigene Lage hat; zudem gleichen sich Motettensatz und Liedsatz wie auch der kompositorisch Bedeutung erlangende Messensatz seit der zweiten Hälfte des 15. Jahrhunderts zunehmend einander an. Zugrunde liegt den vierstimmigen Kompositionen ein Cantus-Tenor-Gerüst, wobei für die Tiefe (unterhalb des Tenors) ein Contratenor bassus, für die mittlere Lage (oberhalb des Tenors) ein Contratenor altus hinzugefügt wird (auch zahlreiche andere Bezeichnungen). Die Oberstimme wurde entweder als Discantus, in Italien oft als Soprano, Supranus oder Sopranus, als Superius oder gar nicht bezeichnet. Bei der Erweiterung zur Fünfstimmigkeit gegen Ende des 15. Jahrhunderts wird die jeweils zu einer der Hauptstimmen hinzukommende Stimme als Vagans oder Vox vagans (›wandernde‹ Stimme, die keine feste Stimmlage hat) oder als Quintus bzw. Quinta vox (die fünfte Stimme) bezeichnet. Auch die Durchnummerierung der Stimmen wird üblich, beginnend mit der oberen Stimme (Prima vox).

Die Vierstimmigkeit wird im 16. Jahrhundert zur Norm und damit auch die Gleichrangigkeit der Stimmen in meist durchimitierender Satztechnik (▶ Vokalpolyphonie, ▶ Kontrapunkt). Gegenüber der Vielfalt der Bezeichnungen der Stimmen im 15. Jahrhundert setzen sich die Begriffe Basso, Tenore, Alto oder Contralto und Soprano oder Canto (oder auch die lateinischen Bezeichnungen, im deutschen Bereich noch Discantus statt Cantus) durch; Gioseffo ▶ Zarlino ordnet die Stimmlagen den vier Elementen Erde, Wasser, Luft und Feuer zu (siehe Ehrmann-Herfort, Sp. 1793).

Eine eigene Bezeichnung der Stimmen haben Kompositionen der englischen Mehrstimmigkeit (seit 14. Jahrhundert): Der liturgische Cantus firmus (der Tenor) wird mit ›plainsong‹ bezeichnet, also dem Begriff für den einstimmigen Choral, die darüberliegende erste Gegenstimme mit ›meane‹ oder ›mene‹, die dritte Stimme mit ›treble‹ und die vierte Stimme, also die oberste Stimme, mit ›quatreble‹. Im Unterschied zu den Oberstimmen bzw. dem Contratenor der kontinentalen Kompositionen, in denen mehrere Stimmen die gleiche Stimmlage aufweisen, haben die oben genannten Stimmen eigene Stimmlagen. Dies gilt auch für den ▸ Sight, in dessen Lehre auf die Lagen der Stimmen verwiesen wird.

Literatur:
S. Ehrmann-Herfort, *Stimmengattungen*. III.–V., in: MGG², Bd. 8 (Sachteil), 1998, Sp. 1782–1795.

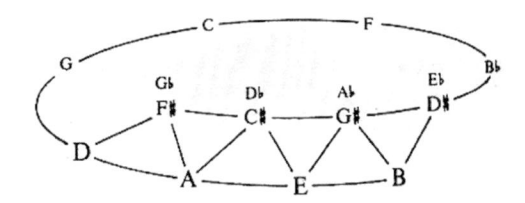

Abb. 1: Die euphonischen harmonischen Konsonanzen in einem Skalentypus des frühen 15. Jahrhunderts.

Guillaume Dufay, *Mon chier amy* (Schluss).

Michael Praetorius, *Es ist ein Ros entsprungen* (Beginn).

Stimmung und Temperatur

Traktate aus dem frühen 15. Jahrhundert weisen darauf hin, dass zeitgenössische Skalen reine, nicht temperierte Quinten und Quarten hatten (d.h. mit den Monochord-Verhältnissen 3:2 und 4:3); so kann ausgerechnet werden, dass die Halbtöne unter den natürlichen Tönen wahrscheinlich 10% kleiner als 1/12 der Oktave und die großen Terzen wahrscheinlich etwas größer als 1/3 der Oktave und somit unreiner (verschieden von einer Terz mit dem Frequenz-Verhältnis 5:4) als in der gleichstufigen Temperatur waren, die für die meiste moderne westliche Musik das Normale ist. Abb. 1 zeigt jedoch eine Reihe reiner (oder praktisch reiner) Konsonanzen, die in einer Art Skala verfügbar sind, die in Traktaten des 15. Jahrhunderts viel häufiger vorgeschrieben wird als irgendeine andere Zwölftonskala, und die als einzige einiger Musik für Tasteninstrumente des 15. Jahrhunderts (eingeschlossen liturgischer Stücke im Faenza Codex und im Buxheim Manuskript Nr. 19, 30–31, 126–128, 141, 153–155, 180 und 242) und Guillaume ▸ Dufays frühen Chansons aufs Beste dient (so wie auch einiger Musik um 1400, die nicht für Tasteninstrumente geschrieben ist, z.B. von Matteo da Perugia). In solch einer Skala sind die Terzen zwischen einem natürlichen und einem erhöhten Ton deutlich wohlklingender als solche zwischen zwei natürlichen Tönen oder zwischen einem natürlichen und einem erniedrigten Ton, während H-Fis, das mehr als 10% eines Halbtones unrein ist, sehr rauh klingt.

Im späten 15., 16. und frühen 17. Jahrhundert waren Tasteninstrumente normalerweise in mitteltöniger Temperatur gestimmt. Wenn eine Kette von vier Quinten/Quarten (eher als von acht, wie in Abb. 1 dargestellt wurde) eine konsonante große Terz hervorbringen soll, die in richtiger Stimmung klingt, wenn sie als harmonisches Intervall gebraucht wird, dann liegt der Durchschnittsbetrag der Stimmung zwischen den fünf beteiligten Konsonanzen bei ungefähr 2% eines Ganztons. Dieser Durchschnitt wird in »1/5-Komma mitteltöniger Temperatur« verwirklicht, indem die große Terz und die Quart größer als die reinen Intervalle sind und die Quinte kleiner. Wenn stattdessen die große Terz rein gestimmt wird, während das syntonische Komma (der Betrag, durch den die Differenz zwischen zwei reinen Quinten und zwei reinen Quarten eine reine große Terz überschreitet) gleichmäßig zwischen den vier Quinten/Quarten verteilt wird, wird das Resultat »1/4-Komma mitteltönige Temperatur« genannt. (Moderne Autoren haben oft den Begriff ›mitteltönig‹ für diese Art der Stimmung reserviert, aber die am besten informierten Wissenschaftler gebrauchen ihn nun in dem umfassenden Sinn, wie er hier beschrieben ist.) In der »2/9-Komma mitteltönigen Stimmung« ist jede Quinte kleiner als die reine mit 2/9-Komma, und die große Terz ist somit größer als die reine mit 1/9-Komma; und so weiter: Wenn die vier Quinten/Quarten alle durch einen Teil q des syntonischen Kommas gestimmt werden, ist die daraus resultierende große Terz durch (s − 4q) gestimmt.

Die diatonischen Halbtöne in jeder mitteltönigen Stimmung sind größer als 1/12 einer Oktave und die Leittöne von daher relativ tiefer und weniger scharf als in der zwölftönigen gleichstufigen Temperatur. Die Quinten sind unreiner und mögen auf der Orgel oder dem Cembalo merklich ›schlagen‹ (wenn auch in gemäßigtem Grad). (Abb. 2 zeigt, wie Komponisten sich zu einem solchen Schlagen verhalten zu haben schienen, indem sie eine Vibrato-ähnliche Verzierung zur Quinte in einem Dreiklang hinzufügten – in diesem Fall auf der begleitenden Orgel.) Ein anderer Zug jeder mitteltönigen Stimmung ist, dass weder drei große Terzen noch vier kleine eine Oktave ergeben; dieser Zug schließt enharmonische Modulationen aus, die von der Gleichstellung von Erhöhungen und Erniedrigungen abhängen. Viele Tasteninstrumente der Renaissance sehen 14 Noten für eine Oktave vor durch Spaltung der Tasten für Gis/As und Dis/Es.

Lanfrancos Anweisungen – die 1533 publiziert und danach häufig kopiert wurden –, die

```
             – Dis
             /   \
      – H – Fis – Cis – Gis –
       / \ / \  / \ /
      – G – D – A – E –
     / \ / \  / \ /
   – Es – B – F – C –
             \   /
              As –
```

Abb. 2a: Flächige Darstellung eines spiralförmigen Netzes konsonanter Intervalle zwischen 14 Tonhöhenklassen in mitteltöniger Temperatur (die horizontalen Linien längs der rechten und linken Ränder dieses Diagramms stehen für die gleichen vier Intervalle der Tonhöhenklassen).

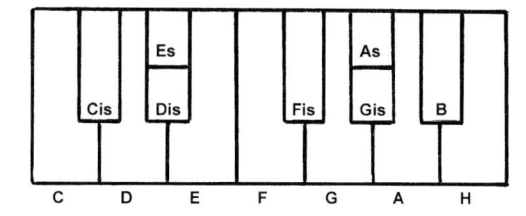

Abb. 2b: Entsprechende Tastatur vieler Orgeln und Cembali des 16. Jahrhunderts.

großen Terzen gleichmäßig größer als rein in einer zwölftönigen chromatischen Skala mit »keiner Quinte« über Gis zu stimmen, impliziert eine mitteltönige Stimmung mit Es (aber ohne Dis); Cerone (1613) schrieb diese Art der Stimmung den »Meistern des Orgelbaus« zu. Gioseffo ▸ Zarlino veröffentlichte 1558 die erste mathematische Rechnung der mitteltönigen Stimmung (ihre Quinten wurden mit 2/7-Komma gestimmt, und somit waren deren große Terzen 1/7-Komma kleiner als die reinen) und 1571 die erste Rechnung der 1/4-Komma mitteltönigen Stimmung, die als »neu« bezeichnet wurde; Costanzo Antegnati (1608) und Michael ▸ Praetorius (1619) übernahmen sie von ihm; Francisco de ▸ Salinas beanspruchte (1577), sie unabhängig davon erfunden zu haben. (Wissenschaftler des frühen 20. Jahrhunderts schrieben sie Aaron [1523] zu; die Aussage wurde in Bd. 24 der Musica Disciplina überprüft.)

Einige Abschnitte in Arnolt ▸ Schlicks Orgelmusik (1512) scheinen für eine Variante der mitteltönigen Stimmung zu plädieren, die in seinem Orgeltraktat (1511) vorgeschrieben wurde und in der (a) die große Terz unter den natürlichen Intervallen größer ist als die reine, und (b) obwohl es kein richtiges Gis gibt, As tiefer gestimmt ist als das reine Intervall zum Es, so dass es als Gis dienen kann, das zum A kadenziert – vorausgesetzt dass ein »diminutz […] oder floratur« seine Intonation verdunkelt.

Zupfinstrumente mit Bünden (wie die Laute) schließen normalerweise ein Saitenpaar mit ein, das zusätzlich in großen Terzen gestimmt ist (z.B. G–H), und der erste Bund wurde sehr oft dazu benutzt, einen chromatischen Halbton auf einer dieser Saiten abzustecken (z.B. G–Gis), aber einen diatonischen Halbton auf der anderen Saite (z.B. H-C); und das Gleiche galt für weitere Bünde. Dieser Gebrauch der Bünde schloss jede Stimmung mit einer physikalischen Differenz zwischen diatonischen und chromatischen Halbtönen aus; und tatsächlich besagen verschiedene Traktate aus dem späten 16. und 17. Jahrhundert, dass die gleichtönige Stimmung auf Instrumenten mit Bünden normalerweise gebraucht wurde. Luis de ▸ Milán (1530) jedoch vermied den leichten Akkord, der in Abb. 3c aufgezeigt ist, während er den etwas schwieriger zu spielenden Akkord aus Abb. 3a genauso wie die leichten aus Abb. 3b und 3d frei gebrauchte; und er schrieb, dass für bestimmte Stücke der vierte Bund verlagert werden müsse. Er stimmte das Instrument offenbar in einer mitteltönigen Temperatur und platzierte den ersten Bund auf eine Weise, um einen diatonischen Halbton über der leeren Saite zu erhalten. Ähnlich, aber weniger zwingend findet sich dieser Sachverhalt in Hans Gerles und Schlicks Lautenmusik. Diskussionen über die Laute im späten 16. Jahrhundert schließen Referenzen zum gelegentlichen Gebrauch von ›gesonderten‹ Bünden ein, um enharmonische

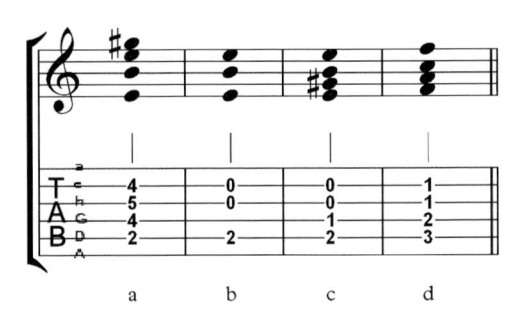

Abb. 3: Vier Akkorde in ›vihuela-da-mano‹-Tabulatur.

Unterscheidungen zwischen Erhöhungen und Erniedrigungen zu bewerkstelligen; aber diese wurden augenscheinlich nicht zur generellen Praxis.

Obwohl Traktate des späten 16. und 17. Jahrhunderts Violen unter den Instrumenten einschlossen, die gleichstufige Bünde hatten, spielt heute kein erstklassiges Violenensemble konsequent in gleichstufiger Temperatur. Stattdessen gleichen die Spieler ihre Tonhöhen während der Aufführung an, indem sie die Saiten leise anstoßen (während sie sie auf den Bund drücken), um Kadenzdreiklänge rein oder nahezu rein zu spielen.

Temperierte Intervalle sind für Sänger sehr schwierig exakt auszuführen; aber Giovanni Maria ▸ Artusi (1603) schrieb einigen »modernen Komponisten« von Madrigalen zu – der Kontext zeigt, dass er Claudio ▸ Monteverdi meinte –, ein theoretisches Modell der vokalen Intonation gegeben zu haben, das sich der gleichstufigen Temperatur annäherte.

Literatur:
E. Dombois, *Die Temperatur für Laute bei Hans Gerle (1532)*, in: Forum Musicologicum II (1980), S. 60–71 • M. Lindley, *Chromatic systems (or non-systems) from Vicentino to Monteverdi*, in: Early Music History 2 (1982), S. 377–404 • Ders., *Stimmung und Temperatur*, in: Hören, Messen und Rechnen in der frühen Neuzeit (Geschichte der Musiktheorie 6), hrsg. von F. Zaminer, Darmstadt 1987, S. 109–331 • Ders., *Lauten, Gamben und Stimmungen*, Wilsingen 1990 • Ders., *Zarlino's 2/7-comma meantone tempera-*

ment, in: *Music in Performance and Society, Essays in Honor of Roland Jackson*, Warren/Minnesota 1997, S. 179–194 • M. Lindley / G. Boone, *Euphony in Dufay. Harmonic 3rds and 6ths with explicit sharps in the early songs*, in: Jahrbuch des Staatlichen Instituts für Musikforschung 2004, S. 158–215.

ML

Stobaeus, Johann
* 6.7.1580 Graudenz, † 14.9.1646 Königsberg,

Stobaeus wirkte im 17. Jahrhundert neben Johann ▸ Eccard und Heinrich Albert als einer der bekanntesten Vertreter der Königsberger Schule, seine Kompositionen sind jedoch der zweiten Hälfte des 16. Jahrhunderts verhaftet.

Seit 1595 besuchte er das Gymnasium in Königsberg, immatrikulierte sich 1600 an der Universität und betrieb musikalische Studien bei Eccard, mit dem er befreundet blieb. 1603 wurde er Kantor an der Königsberger Domkirche, 1621 Kapellmeister der Kurfürstlichen Kapelle, wo er spätestens seit 1601 Sänger war.

Stobaeus stand in engem Kontakt mit den Königsberger Dichterzirkeln (er war wahrscheinlich Mitglied der ›Gelehrten Gesellschaft‹ unter dem Namen ‹Delphis›), deren Texte er vertonte (insbesondere Georg Weissel und Simon Dach). Er hat überwiegend Lieder komponiert mit Schwerpunkt auf dem geistlichen Lied, die er in mehreren Drucken zwischen 1634 und 1644 publizierte. Besonders beliebt waren die *Geistlichen Lieder auff gewöhnliche Preußische Kirchen-Melodeien* (1634). Neben überwiegend homophonen Liedern stehen auch motettische Sätze (z.B. *Preußische Festlieder* von 1642 und 1644) und zuweilen doppelchörige Sätze (z.B. das Osterlied *Sollte denn das schwere Leiden*), wie er sie wohl in seinen verschollenen *Cantiones sacrae* (1624) verwirklichte. In seinem Lautenbuch, das auch Kompositionen anderer Komponisten enthält, befinden sich viele Volksliedbearbeitungen. Stobaeus hat fast 300 Gelegenheitswerke komponiert, die teilweise in seine Sammlungen Eingang fanden.

Ausgaben:
Verschiedene Sammlungen, s. Waczkat.
Literatur:
A. Waczkat, *Stobaeus*, in: *MGG*², Bd. 15 (Personenteil), 2006, Sp. 1466–1468.

Stokem [Prato, Pratis, Stockem, Stokhem, Stoken, Stoccken, Stoecken, Sthoken], Johannes de
* um 1445 Stockem (bei Lüttich), † 2. oder 3.10.1487

Aufgrund der ersten erhaltenen Zeugnisse seiner Vita in der Kathedrale Saint-Lambert von Liège, die Stokem 1455 als ›duodenus‹ (Chorknabe) ausweisen, wird vermutet, dass er um 1445 geboren wurde. Stokem verbrachte einen großen Teil seiner Karriere an derselben Institution, an der er aufstieg (1471–1474 war er ›duodenus mutatus‹) und im Laufe seines Lebens vorteilhafte Benefizien erlangte. 1478 wurde er Kanoniker der Petite-Table als Nachfolger von Henricus de Prato. Seine Karriere erfuhr einen außerordentlichen Aufschwung, als der König von Ungarn, Mathias ▸ Corvinus, ihn 1481 als Kapellmeister engagierte. Stokem trug wesentlich zum Renommee der königlichen Kapelle bei, deren Qualitäten mit der päpstlichen Kapelle verglichen wurden; dies bezeugt jedenfalls ein Brief Bartholomeus de Marschis von 1483, dem Kapellmeister der päpstlichen Kapelle. Ein anderes Zeichen der Anerkennung Stokems ist, dass Johannes ▸ Tinctoris ihm seinen *De inventione et usu musicae* widmete und ihm 1484 einen Auszug schickte. Die Beziehungen zwischen dem berühmten Theoretiker und dem Musiker gehen auf Stockems Lütticher Zeit zurück. Diese Zeit blieb Tinctoris offensichtlich in sehr guter Erinnerung, denn möglicherweise war er es, der über Béatrice d'Aragon Mathias Corvinus auf Stokem aufmerksam gemacht hatte, über dessen Wahl, Stokem zu engagieren, ansonsten nichts Näheres bekannt ist. Stokem verließ 1586 die ungarische Kapelle, und trat im September des gleichen Jahres in die päpstliche Kapelle ein. Nach einem knappen Jahr starb er.

Aus der Feder Stokems überlebten – konträr zu seiner brillanten Karriere – nur wenige Werke. Einige ▸ Chansons, hauptsächlich Bearbeitungen von bereits existenten Melodien, sind zwar weniger in ihrer Inspiration, jedoch in ihrer Art der kontrapunktischen Verarbeitung sehr erfindungsreich. Hierzu gehören die Chansons *Brunette*, *Ha ! traitre amours*, *Hélas ce n'est pas*, *J'ay pris mon bourdon*, *Je suis d'Alemagne*, *Pourquoy je ne puis dire / Vray dieu d'amour*, *Serviteur soye*. Diese Charakteristik des kontrapunktischen Erfindungsreichtums, der sich insbesondere in seinem bewegenden ▸ Rondeau *Ha ! traitre amours* zeigt, durchzieht auch das zweistimmige *Ave maris stella* – das neben dem vierstimmigen *Gloria de Beata Virgine* die einzige überlieferte geistliche Komposition ist.

Literatur:
C. Saucier, *Sacred music and musicians at the cathedral and collegiate churches of Liege, 1330–1500*, Diss. Univ. of Chicago 2005.

PHV

Stoltzer [Stolczer, Stolcer, Scholczer], Thomas

* um 1475 wahrscheinlich im schlesischen Schweidnitz, † 1526 wahrscheinlich bei Znaim

Stoltzers Jugend liegt weitgehend im Dunkeln; erste Werke sind um 1500 im ›Leopold‹-Kodex (D-Mbs 3154) belegt. 1519 erscheint er als Geistlicher in den Rechnungsbüchern des Breslauer Domkapitels sowie an der Breslauer Stadtkirche St. Elisabeth. Anfang der 1520er Jahre kam Stoltzer in Breslau auch mit der Reformation in Berührung, vor allem durch den ›schlesischen Reformator‹ Johannes Heß. Stoltzer brach allerdings nie offen mit dem Katholizismus und bezog auch bis zu seinem Lebensende die Einkünfte aus den Breslauer Pfründen. Im Mai 1522 wurde er an die nach der Hochzeit Ludwigs II. von Ungarn mit der habsburgischen Prinzessin Maria (der Tochter Philipps des Schönen) neu gegründete Sängerkapelle nach Ofen (Budapest) berufen, wo die musikliebende Königin selbst die Vertonung der deutschen Psalmen Martin ▸ Luthers veranlasste. Zu einem Anfang 1526 geplanten Wechsel an den preußischen Hof Herzog Albrechts kam es nicht mehr: Gemeinsam mit großen Teilen des ungarischen Hofes musste Stoltzer vor den Türken aus Ofen fliehen und verunglückte unterwegs.

Stoltzer ist als einer der schon zu Lebzeiten anerkannt bedeutendsten Komponisten des frühen 16. Jahrhundert gewissermaßen das ostmitteldeutsche Pendant Ludwig ▸ Senfls; wie dieser steht er mit seinen Psalmmotetten in der direkten Nachfolge von ▸ Josquin Desprez, wie bei diesem liegt ein quantitativer Schwerpunkt des Schaffens auf der liturgischen Mehrstimmigkeit, und wie dieser hatte er als katholischer Geistlicher an einem katholischen Hof Gelegenheit, sich mit dem aufkommenden Protestantismus auseinanderzusetzen. Fast alle seine Kompositionen sind erst lange nach seinem Tod überliefert, halten sich aber im Repertoire des deutschsprachigen Mittel- und Osteuropa teilweise bis ins 17. Jahrhundert. Im Zentrum der gedruckten Überlieferung steht dagegen der Wittenberger Verleger Georg ▸ Rhau, der dessen Musik offenbar als modellhaft für die Verwendung im lutherischen Gottesdienst ansah. Die Gattungen der liturgischen Mehrstimmigkeit machen den Großteil des Œuvres aus; Stoltzers Cantus-firmus-Behandlung bewegt sich zwischen den Polen strengster Tenorkonstruktion und freier, durchimitierter Paraphrase. Am einen Ende stehen Tenormotetten wie die fünfstimmigen Responsorien oder auch das vierstimmige *Inter natos mulierum*; am anderen ›modern‹ durchimitierte Antiphonen (z.B. *O admirabile commercium*) und Hymnen (z.B. *Nobis natus*).

Historisch wirksam wird Stoltzer aber vor allem durch seine Psalmmotetten. Das Vorbild Josquins ist hier überdeutlich zu spüren: Schaffung einer klaren syntaktischen Struktur durch Stimmpaare im Wechsel mit Steigerung zur Vollstimmigkeit am Ende oder an entscheidenden Zwischenstationen; Wechsel von imitativem Kontrapunkt zu akklamatorischer Vollstimmigkeit, Modellierung von melodischen Motiven in engster Bindung an die Sprachmelodie und die Bedeutung des Textes: Stoltzer selbst schreibt am 23. Februar 1526 an Herzog Albrecht von Preußen selbstbewußt, er habe den 29. Psalm *Exaltabo te* »neulich auss sunderem Lust an den überschönen worten gesetzt«. Eine Steigerung erfahren alle Verfahrensweisen nochmals in den deutschsprachigen Psalmen, in Umfang, Stimmenzahl und kompositorischem Aufwand, besonders klar herausgearbeitet im siebenstimmigen *Erzürne dich nicht* (Psalm 37), das laut Stoltzer »vorhin khainer, das ich wust, der massen auf motettisch gesetzt« habe. Was die Auswahl der Texte betrifft, bevorzugte Stoltzer die positiv gefärbten Hoffnungs-, Andachts- und Lobpsalmen; von den dunkleren Bußpsalmen vertonte er keinen einzigen. Die deutschen Lieder Stoltzers treten gegenüber den lateinischen Vertonungen in den Hintergrund; dennoch zeigt sich auch hier die ganze Bandbreite der Stoltzerschen Cantus-firmus-Kunst. Bemerkenswert sind schließlich noch die pädagogisch intendierten *Octo tonorum melodiae*, acht untextierte Kompositionen für die acht Kirchentonarten.

Ausgaben:
Ausgewählte Werke, hrsg. von H. Albrecht und L. Hoffmann-Erbrecht, 3 Bde., Frankfurt 1942–1983 (Das Erbe deutscher Musik 22, 66, 99); *Sämtliche lateinische Hymnen und Psalmen*, hrsg. von H. Albrecht, O. Gombosi und H. J. Moser, Wiesbaden und Graz 1959 (Denkmäler deutscher Tonkunst 65).

Literatur:
L. Hofmann-Erbrecht, *Thomas Stoltzer. Leben und Schaffen*, Kassel 1964 • Ders., *Stoltzeriana*, in: Die Musikforschung 27 (1974), S. 18–36 • L. Finscher, *»auss sunderem Lust an den überschönen worten«. Zur Psalmkomposition bei Josquin Desprez und seinen Zeitgenossen*, in: Literatur, Musik und Kunst im Übergang vom Mittelalter zur Neuzeit, hrsg. von H. Boockmann u.a., Göttingen 1995, S. 246–261.

TSB

Stomius [Mulinus, Mülich, Muhling], Johannes
* 1502 Perlesreut (Niederbayern), † 14.1.1562 Salzburg

Der Humanist und Schullehrer Stomius ist vermutlich durch die Vermittlung von Paul ▶ Hofhaimer 1528 an den Hof des Salzburger Erzbischofs Matthäus Lang gekommen. 1530 gründete er dort als Gegenpol zur geistlich orientierten Domschule eine nach humanistischen Grundsätzen geführte Poetenschule für junge Männer. Als Einführung für den Musikunterricht an seiner Schule verfasste Stomius den Traktat *Prima ad musicen instructio* (Augsburg 1537), in dem die wichtigsten Elemente der Musiklehre angesprochen und mit zahlreichen Beispielen belegt werden. Bemerkenswert ist die erstmalige Verwendung der Begriffe »Dur« und »Moll« (wenngleich in anderer Bedeutung) und eine instruktive Anweisung zur zeitgenössischen Singpraxis. Als weiteres Dokument für Stomius' pädagogisches Bemühen ist eine Sammlung von ▶ Oden zu verstehen, die er bei Hofhaimer in Auftrag gab, nach dessen Tod vervollständigen und drucken ließ (Nürnberg 1539). Seine offene Sympathie für protestantisches Gedankengut brachte ihn mehrmals in Konflikt mit der geistlichen Obrigkeit. Erst in jüngerer Zeit ist man auf drei Stimmbuchsätze in der Bischöflichen Zentralbibliothek Regensburg aufmerksam gemacht worden, die eindeutig ehemals Salzburger Bestände waren. Sie dürften aus dem Umkreis der Poetenschule stammen und enthalten neben mehreren kürzeren dreistimmigen Sätzen von Stomius zahlreiche Kompositionen von Autoren, die sich dem Neuen Glauben zugewandt hatten. Insgesamt dokumentieren die Sammlungen ein konfessionell gemischtes Repertoire, wie es in den 1530er und 1540er Jahren in einer streng katholischen Umgebung noch gepflegt wurde. Einige Jahre nach dem Tod Stomius' wurde die Poetenschule, der er bis zu seinem Lebensende vorstand, im Zuge der Gegenreformation geschlossen.

Ausgaben:
Prima ad musicen instructio. Edition, Übersetzung und Kommentar, hrsg. von U. Baumann, Bern u.a. 2010.

Literatur:
U. Kogler, *The prima ad musicen instructio of Johannes Stomius*, in: *Early Music – Context and Ideas. Kongreßbericht Krakau 2003*, Krakau 2003, S. 73–76 • Chr. T. Leitmeir, *Stomius*, in: *MGG²*, Bd. 15 (Personenteil), 2006, Sp. 1556–1557 • A. Lindmayr-Brandl, *Das Salzburger Musikleben zur Zeit der Renaissance, des Humanismus und der Reformation*, in: *Salzburger Musikgeschichte*, hrsg. von Jürg Stenzl u.a., Salzburg 2005, S. 88–120 • Dies., *Neuer Glaube gegen Alte Macht. Spuren der Reformation im Salzburger Musikleben des 16. Jahrhunderts*, in: *Musikgeschichte im Zeichen der Reformation*, hrsg. von P. Wollny (Ständige Konferenz Mitteldeutsche Barockmusik, Jahrbuch 2005), S. 87–95.

ALB

Strambotto

Ein Strambotto ist ein einstrophiges Gedicht mit acht elfsilbigen Zeilen mit der Reimform a b a b a b a b (Ottava siciliana) a b a b a b c c (Ottavia rima) oder a b a b c c d d. Im 15. Jahrhundert ist der Strambotto in ganz Italien verbreitet; der bekannteste Dichter-Komponist war ▸ Serafino de' Ciminelli dall'Aquila, Leonardo Giustiniani benutzte die Form für pseudovolkstümliche Dichtungen. Strambotti wurden von ihren Dichtern als improvisierten Gesang zur Laute vorgetragen. Musik von Strambotti wurde aber auch aufgezeichnet: Sie ist sowohl handschriftlich als auch gedruckt (Ottaviano ▸ Petrucci) überliefert, wobei Musik nur für die ersten beiden Zeilen gebracht wurde, die somit viermal wiederholt wurden. Strambotti-Texte wurden auch ▸ Villanellen zugrunde gelegt.

Straßburg

Straßburg war im 16. Jahrhundert ein bedeutendes Zentrums der Reformation und wies eine eigenständige Entwicklung auch in der Konstitution einer deutschen Messe auf. Martin ▸ Luthers Schriften waren in Straßburg durch Druck schnell verbreitet (1519 wurden vier, 1520 vierzehn Schriften gedruckt). 1523 wurde Martin ▸ Bucer das Bürgerrecht gewährt, Matthäus Zell predigte im Straßburger Münster. 1524 wurde die erste deutsche Messe abgehalten, die deutsche Sprache fand im Gottesdienst auch im Münster Eingang. Die neue Kirchenordnung wurde im selben Jahr bei Köpfel gedruckt (*Teutsch Kirchenampt* und *Straßburger Kirchenampt* von 125) und ist somit von der erst 1526 gedruckten *Deutschen Messe* Luthers unabhängig: Der deutsche Gottesdienst lehnte sich an die Messe an, gesungen wurden vom Ordinarium Kyrie, Gloria und Credo, vom Proprium Introitus, Alleluja und Communio. Die Predigt wird von zwei Psalmgesängen umrahmt, Graduale und Offertorium fehlen. Noten und Texte der einstimmigen Gesänge sind in den Drucken erhalten, Mathias ▸ Greiter schuf die Melodien zu den Ordinariumsgesängen sowie zum Alleluja und möglicherweise auch zum Introitus (Schmid, S. 44ff.). Polyphone Kompositionen sind erst im frühen 17. Jahrhundert dokumentiert (des seit 1606 im Münster wirkenden Kapellmeisters Thomas Walliser: *Ecclesiodiae* von 1614 und *Ecclesiodiae novae* von 1625). Die Texte der Psalmgesänge sowie des Communio-Liedes stammen von Luther (*Aus tiefer Not schrei ich zu dir*, Psalm 130, *Es wollt uns Gott genädig sein* Psalm 67, *Gott sei gelobt und gebenedeit*); die Melodie des Communio-Liedes war eine Entwicklung aus der Fronleichnamsequenz *Lauda Sion*, die Melodie zum 130. Psalm wurde in Straßburg durch eine Melodie Wolfgang Dachsteins ersetzt, den 67. Psalm hat Greiter vertont, von dem auch die Melodie zu einem Vespergesang stammt. Straßburg war auch in den Melodien zu den neuen Liedern für den Gottesdienst von Luther unabhängig, wie es in den zahlreichen, in Straßburg publizierten Gesangbüchern dokumentiert ist. Greiter, dessen Melodien vorzüglich gestaltet sind (Schmid, S. 50ff.), und Dachstein, dessen Melodie zu *An Wasserflüssen Babylons* zu den berühmtesten gehörte, nehmen eine bedeutende Rolle ein. Die Straßburger Gesangbücher sind zunächst ohne Nennung von Komponistennamen überliefert, die Schöpfer der Melodien sind jedoch durch die Übernahme in Schweizer Gesangbücher teilweise eruierbar. Johannes ▸ Calvin, der seit 1538 an der im selben Jahr gegründeten ›Hohen Schule‹ (Gymnasium) in Straßburg unterrichtete, war von der musikalischen Gestaltung der Gottesdienste begeistert und brachte 1539 sein Buch mit 23 französischen Psalmen und Liedern *Aulcunes pseaulmes et cantiques mys en chant* heraus, der später zum Genfer Psalter ausgeweitet wurde (▸ Calvinistische Musik); seine eigenen Texte schrieb er auf Straßburger Melodien, denjenigen Clément ▸ Marots versuchte er sie zu unterlegen (Schmid, S. 113–124); im Genfer Psalter von 1562 blieb von den Straßburger Melodien allerdings nur diejenige Greiters zum 36. Psalm erhalten. 1541 gab Bucer ein erstes mit Namen versehenes prachtvolles Gesangbuch heraus (Faksimile Stuttgart 1953). Die Liedsammlungen wurden von zeitweilig in Straßburg wirkenden Musikverlegern, Peter ▸ Schöffer (1534–1537), der Ottaviano ▸ Petruccis Erfindung beweglicher Lettern übernahm, und Christian ▸ Egenolff (1524–1530) herausgegeben.

Vor der Reformation wurde die Musik im Gottesdienst von den Schülern der geistlichen Schulen, die an die Klöster gebunden waren, bestritten; die Schüler wurden für diese Aufgabe ausgebildet. Ab 1524 wurden städtische Lateinschulen eingerichtet, Musik wurde als ausübendes Singen in verschiedenem Umfang und auf unterschiedliche Weise an den einzelnen Lateinschulen praktiziert, meist eine Stunde am Tag mit Bezug auf andere Fächer und auf den Gottesdienst; am Samstag beispielsweise mussten die deutschen Psalmen für den kommenden Sonntag eingeübt werden. Nach der von Bucer veranlaßten Zusammenlegung der drei Lateinschulen 1538 unter Johann Sturm wurde der Musikunterricht unter Einwirkung Greiters allmählich erweitert und mehr Lehrkapazitäten geschaffen; 1542 kam Dachstein hinzu, 1544 wird eine weitere Lehrkraft für Musik angestellt. Nachdem 1544 Greiters Lehrbuch *Elementale musicum, inventuti accommodum* als Anleitung für den Musiklehrer erschienen war, folgte 1545 ein Lehrplan für das Fach Musik, das neben dem Singen auch Musiktheorie einschloß (▸ Solmisation in der Unterstufe; Mutationslehre beim Solmisieren, ▸ Musica ficta, Kirchentöne (▸ Tonsysteme) in der Mittelstufe; Musica figuralis, ▸ Kontrapunkt in der Oberstufe); Musik wurde dadurch zum eigenen Fach erhoben.

Straßburg nahm auch eine wichtige Rolle für ▸ Spielleute ein: Fahrende Sänger konnten sich laut Verfassung (seit ca. 1200) auf Dauer als Bürgerliche in der Stadt niederlassen. In der zweiten Hälfte des 15. Jahrhunderts schlossen sich die Musiker und Spielleute der Stadt – wie auch in vielen anderen Städten üblich – zu einer Zunft zusammen. Dazu gehörten auch bei der Stadt angestellte Musiker.

In Straßburg existierten über 20 Druckereien, darunter diejenige von Schöffer, in der unter anderem das *Wittenbergisch Gesangbüchlein* (1534, ²1537) von Johann ▸ Walter, eine Hommage des 1517 in Straßburg weilenden Sixtus ▸ Dietrich für seinen Straßburger Musikerkollegen Thomas Sporer (*Epidecion Thomae sporeri*, 1534) sowie dessen *Magnificat* (1535) und Sammlungen von ▸ Motetten, ▸ Chansons und Liedern gedruckt wurden. Seit der zweiten Hälfte des 16. Jahrhunderts wurde in humanistischen Kreisen und im privaten Bereich zunehmend Instrumentalmusik gepflegt. Der Drucker Bernhard Jobin veröffentlichte eine Sammlung für zwei Lauten von Wolff Heckel (1556), mehrere Sammlungen mit Musik für Laute, Cister oder »Clavier«. Die Sammlungen mit Lautenmusik von Melchior ▸ Neusiedler (1572 und 1574), die europaweit verbreitet waren, und Sixtus Kargel (1586) dokumentieren den italienischen Einfluss.

Literatur:
M.H. Schmid, *Mathias Greiter. Das Schicksal eines deutschen Musikers zur Reformationszeit*, Aichach 1976 • E. Lowinsky, *The Musical Avant-garde of the Renaissance, or, The Peril and Profit of Foresight*, in: *Music and Culture of the Renaissance and Other Essays*, Chicago 1989, S. 730–753 • Chr. Meyer, *Les parties chantés de la Messe strasbourgeoise au cours des premières années de la Réforme*, in: Revue d'histoire et de philosophie religieuses 67 (1987), Sp. 251–271 • M. Honegger, *La place de Strasbourg dans la musique au XVIe siècle*, in: IRASM 25/1-2, 1994, S. 223–249 • Chr. Meyer, *Straßburg*, in: *MGG²*, Bd. 8 (Personenteil), 2008, Sp. 1852–1854.

ES

Striggio, Alessandro der Ältere

* um 1536/37 Mantua, † 29.2.1592 ebenda

Der Komponist und Instrumentalvirtuose trat 1559 in den Dienst der ▸ Medici und avancierte schnell zu einem der bedeutendsten Komponisten am Hofe. Er schrieb 1568 die Musik zu drei ▸ Intermedien der Komödie *La cofonaria* von Francesco d'Ambra, weitere Kompositionen zu Intermedien folgten (*I Fabii* und Beteiligung an der *Mascherata di cacciatori* 1568; Giovanni Battista Cinis *La vedova* und *Mascherata delle bufole* 1569); weitere Intermedienmusik für die Medici entstand in den späten 1570er und den 1580er Jahren (u.a. zu *L'amico fido* von Giovanni ▸ Bardi 1586). 1589 nahm er zusammen mit seinem Sohn Alessandro an den berühmten Intermedien zur Hochzeit Ferdinands I. mit Christine von Lothringen teil. – Striggio ist insbesondere für seine Intermedien-Kompositionen und seine Madrigale berühmt. Er hat zwischen 1560 und 1597 fünf Bücher mit fünfstimmigen Madrigalen und drei Bücher mit sechsstimmigen Madrigalen veröffentlicht. Nachdem er in Ferrara 1584 das ▸ Concerto delle dame gehört hatte, bekam er den Auftrag, Kompositionen für ein ähnliches Ensemble in Florenz zu komponieren. – Die einzigen erhaltenen geistlichen Kompositionen Striggios bestehen aus der fünfstimmigen *Missa in dominici diebus* sowie aus der berühmten 40stimmigen Messe mit einem 60stimmigen Agnus Dei, die auf einer Reise Striggios 1567 in Wien vor Kaiser Maximilian II., in München und in Paris aufgeführt wurde. Im gleichen Jahr hat er sie wahrscheinlich mit nach London genommen (siehe dazu Mononey). In diesen Kontext gehört auch die 40stimmige Motette *Ecce beatam lucem*, die 1568 bei der Hochzeit Herzog Albrechts IV. von Bayern in München, jedoch wahrscheinlich schon 1561 zum Einzug von Kardinal Ippolito d'Este in Florenz gesungen wurde; auch sie hatte er wahrscheinlich mit nach London transportiert, wo sie wohl Thomas ▸ Tallis als Vorbild für seine 40stimmige Motette *Spem in alium* diente.

Ausgaben:
Il primo libro de madrigali a sei voci (Recent Researches of the Music of the Renaissance 70 und 71), hrsg. von D.D. Burchart, 2 Bde., Madison/Wisconsin 1986.

Literatur:
D.S. Butchart, *The Festive Madrigal of A. Striggio*, in: Proceedings of the Royal Musical Association 107 (1980/1981), S. 46–59 • I. Fenlon, *Striggio*, in: MGG², Bd. 16 (Personenteil), 2006, Sp. 174–178 • D. Moroney, *Alessandro Striggio's mass in forty and sixta parts*, in: Journal of the American Musicological Society 60 (2007), S. 1–69.

Striggio, Alessandro der Jüngere
* um 1573 Mantua, † 8.6.1630 Venedig

Alessandro Striggio war der Sohn des gleichnamigen Madrigal-Komponisten und der Sängerin und Lautenspielerin Virginia Vagnoli. Nach einem Rechtsstudium in seiner Heimatstadt war er ab Juni 1611 Staatssekretär und Botschafter des Herzogs zu Mantua. Er wurde zum Marquis ernannt und erhielt im Januar 1628 den Titel eines Kanzlers. Neben seiner diplomatischen Karriere trat Striggio auch musikalisch in Erscheinung, zuerst 1589 als Violinist bei der Aufführung der berühmten ▸ Intermedien anlässlich der Hochzeit des Großherzogs Ferdinand I. de' ▸ Medici mit Christine von Lothringen in Florenz. Basierend auf Ottavio ▸ Rinuccinis *Euridice* für Jacopo ▸ Peri (1600) schrieb er für Claudio ▸ Monteverdi das Libretto zu *Orfeo* (1607), welches aber nicht die rhetorische Raffinesse des Originals erreicht. Im Gegensatz zu Rinuccini belässt Striggio in dieser Fassung das tragische Ende von Ovids antiker Vorlage, in Monteverdis 1609 veröffentlichter Partitur gab es jedoch wiederum ein Lieto fine, indem Orpheus durch einen ›deus ex machina‹ gerettet wird. Entweder ließ die Aufführung 1607 den Einsatz von Maschinerie nicht zu, oder ästhetische Überlegungen hatten Monteverdi zu einer nachträglichen Modifikation des Endes veranlasst. *Orfeo* blieb das einzige Opernlibretto aus der Feder Striggios. Seit sich Monteverdi 1613 in Venedig niedergelassen hatte, trat Striggio als dessen Förderer auf. Aus dieser Zusammenarbeit entstand auch die verlorene dramatische Kantate *Apollo* sowie vermutlich das Ballett *Tirsi e Clori* (1616). Für Marco da Gagliano verfasste Striggio die Texte zu *Il trionfo d'onore* und *Il sacrificio d'Ifigenia* (beide 1608).

Literatur:
I. Fenlon, *Monteverdi's Mantuan* Orfeo: *Some New Documentation*, in: EMc 12 (1984), S. 163—173 • F.W. Sternfeld, *The Orpheus Myth and the Libretto of Orfeo*, in: J. Whenham (Hrsg.), *Claudio Monteverdi*: Orfeo, Cambridge 1986 • F.W. Sternfeld, *The Birth of Opera*, Oxford 1993 • G. Segell, *Striggio-Monteverdi's L'Orfeo, an excursion into its neoplatonic layers*, London 1997.

NKS

Strozzi, Piero
* 30.7.1552 Florenz, † nach 1613 Florenz

Der florentinische Adlige und Amateurkomponist stammte aus einer großen florentinischen Familie, von der ein Teil während der ▸ Medici-Herrschaft aus Florenz verbannt wurde, der andere Teil geblieben ist. Es gab oft einige Verwirrung darüber, um welchen Piero es sich handelte: Der hier behandelte war der Sohn von Matteo und der Enkel von Lorenzo. In den 1570er Jahren kam er mit Giovanni de' ▸ Bardi in Verbindung, und beide wurden als Gesprächspartner in Vincenzo ▸ Galileis *Dialogo della musica antica, et della moderna* (1581) dargestellt, eines der Hauptdokumente, die das Denken der sogenannten ▸ Camerata reflektieren. Strozzi komponierte Musik für den *Carro della Notte* (»Fuor dell'umido nido«, gesungen von Giulio ▸ Caccini) und für den *Carro di Venere* im Turnier zu den Hochzeitsfeierlichkeiten von Großherzog Francesco I. de' Medici und Bianca Capello 1579. Er unterstützte Caccini nach dessen Entlassung vom Hof 1593, obwohl – wie es im Netzwerk der gegenseitigen Beziehung von Schutzherr und Schützling in Florenz üblich war – er selbst von einem anderen Mäzen, Jacopo ▸ Corsi, durch umfassende Kredite unterstützt wurde.

Strozzi schuf Musik für Ottavio Rinuccinis *Mascherata degli accecati* (1595) und für die Aufführungen zu den Festlichkeiten, die die Hochzeit von Maria de' Medici und ▸ Heinrich IV. von Frankreich im Jahr 1600 zelebrierten, einschließlich eines Chores von Cupidos für das Ende des zweiten Akts von Caccinis Oper *Il rapimento die Cefalo*, und Musik für einen Hirten, die von Riccardo Riccardi für die Aufführung in den Gärten seines Palastes finanziert wurde. Er wurde Mitglied von Marco da Gaglianos musikalischer Accademia degli Elevati, die 1607 gegründet wurde, und war weiterhin Berater für Hofzeremonien, die auch die Organisation der Ostermusik in Pisa 1611 umfassten. Die letzte Nachricht von ihm ist ein Brief von Michelangelo Buonarroti ›il giovane‹, der nach dem 14. Dezember 1613 geschrieben wurde und die Vorbereitungen für eine Veranstaltung in der kommenden Karnevalsaison betraf.

Fuor dell'umido nido wurde von Caccini zur Begleitung von Violen gesungen; eine monodische Version (Stimme und Basso continuo) überlebte in den Hauptquellen des florentinischen Sologesangs einschließlich der Biblioteca Nazionale di Firenze, Ms. Magl. XIX.66 (ediert bei Pirrotta). Der einfache deklamatorische Stil war typisch für den theatralischen Gesang dieser Zeit, und Versuche, ihn als Vorläufer des Operngesangs zu deuten, leiten fehl. Andere (polyphone) Werke von ihm wurden in Madrigalbüchern von Luca Bati (1598) und Marco da Gagliano (1604) veröffentlicht; für das letztere trug er mit einer von einer Reihe von ▸ Lamentationen über den Tod von Jacopo Corsi bei.

Literatur:
N. Pirrotta, *Li due Orfei*, Turin ²1975, S. 226–227; englische Übersetzung als *Music and Theatre from Poliziano to Monteverdi*, Cambridge 1984, S. 204–205 • T. Carter, *Rediscovering* Il rapimento di Cefalo, in: *Journal of Seventeenth-Century Music* 9 (2003) <http://sscm-jscm.press.uiuc.edu/jscm/v9no1.html>, esp. note 65.

TC

Studia humanitatis

Im 15. und 16. Jahrhundert beschäftigte sich ein Humanist mit den alten Sprachen und der antiken Literatur, den ›studia humanitatis‹ (humanistisches Bildungsprogramm). Als die Universitäten – eingeschlossen in ihren eigenen Traditionen – sich nicht mehr den neuen Praktiken öffnen konnten, die in der weltlichen Musik während des ersten Drittels des 16. Jahrhunderts in Erscheinung traten, fanden Diskussionen, in denen über Musik reflektiert wurde, oft jenseits der universitären Kurse in Versammlungen von Akademien statt, besonders in Italien und zu einem geringeren Maße auch in Frankreich.

Die italienischen Akademien legten großes Interesse für die Musik an den Tag, sei es die Akademie der Floridi, der Filomusi und der Filarmonici von Bologna, diejenige der Anguistiati, der Imperturbabili oder der Incogniti von Venedig, oder auch noch der Invaghiti von Mantua, der Concordi von Ferrara und der Immobili von Florenz (▸ Akademie). Angesichts dieser Blüte von Akademien ist es erstaunlich, dass sich nur eine ausschließlich der Musik widmete: die Accademia filarmonica von Verona, die 1543 gegründet wurde. Es mangelt an Quellen, die die Rolle der Musik genauer darzustellen vermögen. Hingegen deuten die Impresa die ideologische Orientierung an: Eine Sirene, die Seele der Musik, verkörpert die Harmonie des Universums, eine Harmonie, ohne die alles zusammenbricht; denn die Sirene berührt alle Elemente (sie hat einen Fuß im Wasser, den anderen auf der Erde, während ihr Kopf die Luft und das Feuer besetzt) und schafft damit ein Band zwischen dem Mikrokosmos und dem Makrokosmos.

Das Curriculum der Studia humanitatis revidiert die sieben ▸ Artes liberales und bevorzugt fünf Disziplinen: die Poesie, die Geschichte, die Moralphilosophie, die Grammatik und die Rhetorik. Indem dieses Programm in die Akademien integriert wurde, unterstrichen die Humanisten ihren Willen, sich sowohl an Arkadien als auch an den Parnass anzubinden.

Die Artes liberales, die wiederbelebt wurden, boten sich von nun ab den gebildeten Humanisten an, die sie als Weg des geistigen Aufstiegs und der Unsterblichkeit gewählt hatten. Die Artes liberales konnten in einer Enzyklopädie erweitert werden, indem die alten Artes mechanicae einbezogen wurden, denn der Parnass ist die Domäne Apollos und der Musen.

Die Akademie wurde der Ort der Erforschung einer verlorenen Musik, aber auch der Reflexion und Beförderung einer neuen Musik. Ist Arkadien nicht das Land der Hirtenmusikanten und der Poeten und des Parnass, der Aufenthalt des die Kithara spielenden Apollon und somit des Inspirators der Musik, der neun Musen, die die Anzahl der traditionellen sieben Artes liberales erweitern?

Die *Raggionamenti accademici* (1567) von Cosimo Bartoli (1503–1572) erlauben, sich eine Idee von den Diskussionen zu verschaffen, die das Leben der Akademien im Italien des 16. Jahrhunderts bestimmten. Am Beginn des dritten Teils der *Ragionamenti* sind zehn Seiten der Musik gewidmet. Bartoli behandelt dort die Themen, die am häufigsten von Theoretikern und Philosophen seit dem 15. Jahrhundert angesprochen wurden: die ethische Rolle der Musik, die kosmische Harmonie und den Gebrauch der Musik. Die Argumentation folgte im wesentlichen den akademischen Erörterungen, wie sie in den die Musik betreffenden Werken vorkamen. Hingegen stürzte sich Bartolo nach diesen einleitenden Vorreden in einen originellen Diskurs über die Komponisten der ersten Jahrzehnte des 16. Jahrhunderts, Komponisten, die fast ausschließlich in Italien aktiv waren. Er brachte damit in den Diskurs über die Musik eine Praxis ein, die in Texten über die Malerei oder Architektur geläufig war: der repräsentative Vergleich der verschiedenen künstlerischen oder literarischen Disziplinen. Die Vorgehensweise ist nicht neu, aber der Rekurs auf Musiker war bislang ungewohnt. Er sollte erst während der zweiten Hälfte des Jahrhunderts allgemein üblich werden.

Der zweite originelle Ansatz der *Ragionamenti Accademici* war, dass der Aufzählung der Komponisten eine Diskussion über die Interpreten folgte. Wenn es auch an Traktaten über die Ausführung des einstimmigen Gesang oder der Polyphonie nicht mangelte, war es doch außergewöhnlich, Informationen über Virtuosen, seien es Sänger oder Instrumentalisten, zu erhalten.

In Frankreich führten die *Lettres patentes* (November 1570) die ▸ Académie de Poésie et de Musique von Antoine de ▸ Baïf ein und setzten den Rahmen ihrer Aktivitäten fest. Baïf und Joachim ▸ Thibaut de Courville wurden autorisiert, eine Akademie gründen zu dürfen, die das Ziel hatte, eine »nach der Art der Poesie wie bei den Griechen und Römern gemessene [rhythmisierte] Musik« wiederzubeleben. In dieser Akademie vereinigten sich einerseits »Komponisten, Sänger und Spieler von Instrumenten«, andererseits »achtbare Zuhörer«. Jede Gruppe hatte ihre bestimmte Rolle: Die Zuhörer verwalteten und finanzierten die Akademie; die Musiker sangen und rezitierten ihre Verse in ▸ Musique mesurée jeden Sonntag vor den Zuhörern. Unter ▸ Heinrich III. gründeten einige Mitglieder von Baïfs Akademie eine neue Akademie, diejenige des Palais.

Literatur:
J. Haar, *Cosimo Bartoli on music*, in: Early Music History 8 (1988), S. 37–80 • D.S. Chambers / F. Quiviger (Hrsg.), *Italian Academies of the Sixteenth Century*, London 1995 • F.A. Yates, *Les académies en France au XVIe siècle*, Paris 1996 • I.M. Groote, *Musik in italienischen Akademien. Studien zur Institutionellen Musikpflege 1543–1666*, Laaber 2007.

PHV

Sturm, Caspar
* um 1540 Schneeberg (Bayern), † nach 1590 (Ort unbekannt)

Als einer der führenden Orgelbauer der zweiten Hälfte des 16. Jahrhunderts erlangte Sturm vor allem durch den Bau der großen Orgel im Ulmer Münster Bedeutung für die Geschichte des Instrumentenbaus.

Zunächst als Organist der evangelischen ›neuen Pfarre‹ in Regensburg nachgewiesen, lieferte Sturm 1568 eine Orgel an den Münchener Hof (ein zweites Instrument sollte 1574 folgen – dotiert waren diese Aufträge mit 400 bzw. 550 fl.). Daraufhin erhielt er eine Anstellung als Organist in der Hofkapelle des bayerischen Herzogs in München, die damals unter der Leitung von Orlande de ▶ Lassus stand. Dort wird er bis zum Jahr 1576 unter den Mitgliedern geführt mit einer Besoldung von anfangs 50 und später 70 Gulden im Jahr.

Sturm verließ München für den Bau der Münsterorgel in Ulm 1576–1578, wo er sich dann auch permanent niederließ. Im Austausch für das 1580 verliehene Bürgerrecht der Stadt Ulm verpflichtete sich Sturm, die große Orgel Zeit seines Lebens auf eigene Kosten zu warten. Ein letzter erwähnter Bau betraf die Orgel in der neuen Pfarre Regensburg (für ein Honorar von 700 fl.), die das ältere Werk von Hans Dach ersetzen sollte. Der überlieferte Entwurf für die dreimanualige Orgel des Ulmer Münsters vom 13. September 1576 beinhaltete sehr oktavbetonte Mixturen auf jedem Manual und im Pedal. Zungen stehen im Brustpositiv.

Hervorzuheben sind schließlich die reichhaltig geplanten Manualumfänge – angeboten wurden nicht nur eine Variante mit 44 Tasten (CD–g"a"), sondern auch mit 48 Tasten (CD–c"').

Literatur:
A. Sandberger, *Beiträge zur Geschichte der bayrischen Hofkapelle unter Orlando di Lasso* III, Leipzig 1895 • H. Klotz, *Über die Orgelkunst der Gotik, der Renaissance und des Barock*, Kassel 1975.

AJ

Stuttgart

Stuttgart ist musikgeschichtlich insbesondere ab dem 16. Jahrhundert interessant, als Herzog Ulrich (reg. 1503–1550) am Hof des 1495 zum Herzogtum ernannten Württemberg eine präsentable Kapelle einrichtete. Jedoch ist auch schon für das 15. Jahrhundert die Tätigkeit von Musikern, insbesondere Instrumentalisten am Hofe (Pfeifer, Sackpfeifer, Trompeter, Posaunen) und in der Stadt (Treffen der Gilde der Spielleute 1458 in Stuttgart) verbürgt. An der Stiftskirche sind für die Zeit um 1400 Namen von Kantoren überliefert und an der mit ihr verbundenen Schule gab es ›pueri chorales‹ zur Ausübung des Gesangs während des Gottesdienstes.

Die um 1495 genannten Mitglieder der Hofkapelle waren wahrscheinlich auch in der Stiftskapelle tätig – kirchliches und höfisches Ensemble wirkten meist zusammen: fünf Sänger, sechs Kapellknaben, fünf Trompeter, ein Lautenist, ein Beckenschläger und ein Organist. Herzog Ulrich, der eine musikalische Ausbildung erhalten hatte, institutionalisierte 1506/1507 die ▶ Kapelle nach dem Vorbild derjenigen Maximilians I. durch Anwerbung guter Musiker, unter denen sich u.a. Sebastian ▶ Virdung befand; 1510–1514 war Heinrich

▸ Finck Kapellmeister, der seine *Missa In Summis* (1511) für die Hochzeit Herzog Ulrichs mit Sabina von Bayern schrieb. Peter ▸ Schöffers Liedsammlung dokumentiert, dass Stuttgart eine Pflegestätte des Tenorliedes war. Die Finanzierung der Kapelle erfolgte aus Pfründen (wofür ein Gesuch an den Papst um Pfründenbewilligung für Sänger geistlichen Standes erging).

Die Kapelle bestand aus ungefähr 30 Sängern und Instrumentalisten bis 1519, verfiel während der Vertreibung Ulrichs durch den Schwäbischen Bund, wurde aber 1534 wieder erneuert und hielt ihr Niveau auch unter den folgenden Herzögen Christoph (1550–1568) und Ludwig (1568–1593); am Ende des 16. Jahrhunderts hatte sie ca. 60 Mitglieder. 1572 wurde Ludwig ▸ Daser Kapellmeister. 1585 gehörte Leonhard ▸ Lechner zunächst als Sänger, 1589 als Hofkomponist und von 1594–1606 als Kapellmeister der Institution an, dessen Wirken ein musikalischer Höhepunkt am Hof und in der Stadt war. Wie andernorts gewann die Instrumentalmusik gegen Ende des 16. Jahrhunderts auch in Stuttgart an Bedeutung, dokumentiert u.a. durch die 1578 errichtete Instrumentenwerkstätte am Hof.

Stuttgart wurde im 16. Jahrhunderts auch zu einem Mittelpunkt süddeutscher frühprotestantischer Kirchenmusik (Stuttgarter Chorbücher, zwischen 1519–1581), die sowohl in der Stiftskirche als auch in der 1562 neu erbauten Schlosskirche praktiziert wurde, wo der Hof- und Stiftsprediger Lucas ▸ Osiander wirkte. Er verfasste *Fünffzig Geistliche Lieder und Psalmen* (1586), die für das evangelische Gemeindelied grundlegend wurden. Die Praxis deutschsprachiger Gesänge neben den lateinischen wurde bereits in der Kirchenordnung von 1536 gefordert.

Literatur:
C. Gottwald, *Stuttgart*, in: *MGG*², Bd. 8 (Sachteil), 1998, Sp. 2022–2026.

Stylus motecticus

Der Begriff stammt aus der Musiktheorie vor allem des 17. und 18. Jahrhunderts und bezeichnet einen ›alten‹, ›hohen‹, auf die Renaissancemusik zurückgehenden Kirchenstil. Definitionsmerkmale für den ›Motettenstil‹ sind polyphoner, ›strenger‹ Satz und ein ernster, breiter Gestus.

Michael ▸ Praetorius spricht von Gabrieli-Sonaten, die »gravitetisch und prächtig uff Motetten Art gesetzt seynd« (*Syntagma musicum*, Bd. 3, 1619); Athanasius Kircher (*Musurgia universalis*, 1650) unterscheidet den »Stylus ecclesiasticus« (als streng liturgischen, choralgebundenen Stil) vom »Stylus motecticus« als freierem, künstlicherem, aber gleichwohl ernsten und majestätischen Kirchenmusikstil.

In der Nachfolge Kirchers erscheint der Begriff bei Thomas Janowka (*Clavis ad thesaurum*, 1701), Sébastien de Brossard (*Dictionnaire*, 1703), Johann Mattheson (*Das Beschützte Orchester*, 1717; *Der Vollkommene Kapellmeister*, 1739) und anderen.

Literatur:
L. Finscher, »*Cantiones qui vulgo motectae vocantur*«. *Arten der Motette im 15. und 16. Jahrhundert*, in: *Die Musik des 15. und 16. Jahrhunderts* (Neues Handbuch der Musikwissenschaft 3), Laaber 1989, S. 277–370 • M. Beiche, *Motet/motetus/mottetto/Motette*, in: *Handwörterbuch der musikalischen Terminologie*, 36. Lieferung 2003/2004.

TSB

Succentor

Ein Succentor ist das Mitglied einer Kapelle in Mittelalter und Renaissance, der speziell für die mehrstimmige Musikausübung angestellt war. Er übernahm auch die Leitung der Sänger. Meist handelte es sich um akademisch gebildete Musiker, oft waren zwei Succentoren in einer Kapelle tätig.

Superius ▸ Stimmengattungen

Susato, Tylman
* um 1510–1515 Soest (?); † 1570 oder später Schweden (?)

Susato ist als Notendrucker, Instrumentalist und Komponist – besonders als Chansonkomponist – bekannt geworden. Sein Name wird häufig zusammen mit den Verlegern Pierre ▸ Attaingnant und Jacques ▸ Moderne genannt. Seine kompositorische und auch verlegerische Tätigkeit umfasst, abgesehen von der zentralen Gattung der ▸ Chanson, insbesondere noch ▸ Messe, ▸ Motette und niederländisches Lied. Er gilt als der erste grosse Notendrucker der Niederlande. – Für Tylman Susato existieren einige verschiedene Namensformen: Thielman, Tielman, Thilman, Tilman, Thylman, Tielman von Coelen, Tilemannus Susato Agrippinensis u.a.

Susatos Herkunft ist unbekannt, der Zeitpunkt seiner Geburt kann nur auf den Anfang des 16. Jahrhunderts geschätzt werden. Sein Name lässt vermuten, dass er in Soest geboren ist. Meissner nimmt an, dass er seine Ausbildung in Köln erhielt und über Lüttich nach Antwerpen ging (S. 28). Erstmals erwähnt wird er 1529 in den Akten der Liebfrauenkirche von Antwerpen (sie wurde 1559 zur Kathedrale erhoben), wo er als Kalligraph im Dienste der Bruderschaft ›Onze Lieve Vrouw‹ stand. Zu dieser Zeit muss er schon eine Berufsausbildung als Instrumentalist oder bereits kompositorische Praxis gehabt haben. In der Mitte der 1530er Jahre heiratete er Elisabeth Peltz, Schwester des Leiters der Marienbruderschaft. Aus der Ehe gingen die Kinder Jacob, Clara und Catheryna hervor. Clara heiratete 1552 Arnold Rosenberger. Susatos Sterbedatum ist ebenfalls nur annähernd zu ermitteln: Von 1566 an war er, zusammen mit seinem Schwiegersohn Rosenberger, als Briefbote in die Heiratsverhandlungen zwischen Erik XIV. von Schweden und der Prinzessin von Lothringen verwickelt. Er warf seine Dokumente über Bord, als das Schiff in feindliche (dänische) Gewässer geriet. Nach zwei Verhandlungen am schwedischen Gerichtshof (1566/1567) wurde er freigesprochen. Er blieb bis mindestens 1570 in Schweden, wo er u.a. als deutscher Schreiber tätig war. Vermutlich starb er dort; möglicherweise kehrte er auch in die Niederlande zu seiner Familie zurück.

Susato war hauptsächlich in Antwerpen tätig. Er machte die Antwerpener Musiktypographie berühmt und gilt als Begründer des niederländischen Musikdrucks. Neben dem berühmten instrumentalen Tanzbuch *Het derde musyckboexken* (1551) gab er bis 1561 um die 60 Bände heraus (Messen, Motetten, französische und niederländische Chansons, Madrigale). Seit 1531 war er Instrumentalist an der Liebfrauenkirche und gestaltete Messen und Vespern hauptsächlich durch sein Trompetenspiel. Zusammen mit fünf weiteren Instrumentalisten wurde er im gleichen Jahr vom Magistrat der Stadt als Stadtspielmann eingestellt (er spielte Posaune, Feldtrompete, Krummhorn, Flöte und Blockflöte). 1541 erwarb er das Bürgerrecht der Stadt Antwerpen, das 1546 bestätigt wurde. Am 22.12.1541 erhielt der spätere Partner Susatos, Henry ter Bruggen, ein königliches Druckprivileg. Aus der Zusammenarbeit von Susato, ter Bruggen und Guillaume Vissenaeken ging das unter dem Namen Vissenaekens veröffentlichte *Quatuor vocum musicale modulationes […]* hervor, das eine Motette Susatos enthält. 1542 zahlte Susato ter Bruggen eine Abfindung für dessen Geschäftsanteil; 1544 fiel ihm nach einem Prozess auch Vissenakens Anteil zu. In den Jahren 1542/1543 erhielt Susato zur Etablierung eines eigenen Geschäftszweigs Subventionen der Stadt Antwerpen und am 20.7. 1543 dann ein eigenes Druckprivileg, das drei Jahre lang gültig war. Sein Betrieb konnte bis zu acht Bücher im Jahr herstellen. Seine ersten Drucke waren Chansonpublikationen. 1546 folgten die ersten geistlichen Werke (Messen). Einzeldrucke widmete er berühmten Komponisten, wie Thomas ▸ Crecquillon, ▸ Josquin Desprez und Pierre de Manchicourt. 1546 wurde er wahrscheinlich der Ketzerei verdächtigt, denn er musste einen Eid auf gute und christliche Lebensführung leisten. Ein Interesse der Obrigkeit, die Druckerzeugnisse verschärft zu kontrollieren, könnte aber genauso gut dahinter stehen. 1547 erwarb er ein Grundstück an der neuen Waage. Sein Haus ›den Cronhorn‹ mit Druckerei und Instrumentenmagazin war 1551 bezugsfertig. 1549 wurde Susato nochmals als Instrumentalist der Kathedrale und als Stadtspielmann erwähnt. Allerdings wurden im gleichen Jahr Susato und drei andere Spielleute aufgrund von Fehlverhalten während des Einzugs von Kaiser Karl und dessen Sohn Philipp in Antwerpen aus den Diensten der Stadt entlassen. Das neue Druckprivileg wurde ihm erst auf Empfehlung des Brüsseler Kapellmeisters Benedictus ▸ Appenzeller verliehen. 1551 erschien das erste *Musyck Boexken*. Es ist die älteste vollständig erhaltene Ausgabe mehrstimmiger niederländischer Lieder. In der Sammlung *Derde musyck boexken* hat Susato vierstimmige homophone Tanzsätze, die auf bekannten Liedern basieren, selbst ausgearbeitet. Es ist die erste gedruckte Sammlung von Tänzen aus den Niederlanden. Im gleichen Jahr begann er eine weitere sechsbändige Chansonsammlung. 1553 folgte das zweite Motettensammelwerk *Liber [...] ecclesiasticarum cantionum [...]*, das er innerhalb der nächsten sieben Jahre auf 15 Bücher erweiterte. 1555 erschien das 14. Buch seiner großen Chansonreihe, in dem er als erster Verleger Kompositionen von Orlande de ▸ Lassus – Chansons, Motetten und ▸ Villanellen – druckte. Susato hatte den jungen Lassus kennengelernt, als dieser sich von Anfang 1555 bis Herbst 1556 in Antwerpen aufhielt. 1561 siedelte er nach Alkmar über, wo er für seine calvinistische Einstellung mehr Toleranz erwarten konnte. Er bewohnte wahrscheinlich eine der Parzellen in Zijpe-Palder, die sich seit den 1550er Jahren in seinem Besitz befand. In diesem Jahr erschien der letzte mit seinem Namen versehene Druck. Das Antwerpener Geschäft führte sein Sohn Jacques weiter. Jacques war 1558 in die Geschäfte eingestiegen, veröffentlichte allerdings nur einen einzigen Druck mit Kompositionen von Lassus. Jacques starb am 23.11.1564. Der Besitz wurde verkauft. Am 6.8.1564 wurde das Testament des Ehepaares Susato erstellt. Susatos Frau starb einige Monate später.

Wie und wo Susato das Druckerhandwerk erlernt hat, ist nicht bekannt. Ob er es 1529 schon beherrschte, ist ebenfalls nicht erwiesen. Möglicherweise hat er es erst zwischen 1532 und 1541 erlernt. Im Vorwort zu seinem ersten Druck schreibt er, dass er lange nach der Praktik und dem Mittel, Musik zu drucken, gesucht habe. Es ist zu vermuten, dass Susato als Kalligraph die Notwendigkeit erkannt hat, Noten bequemer vervielfältigen zu können. In Antwerpen war durch den Handel mit anderen Ländern der Notendruck bereits bekannt. Die Werke Attaingnants und die der anderen deutschen und italienischen Notendrucker könnten Susato dazu angeregt haben, selbst zu drucken (Meissner, S. 37). 1543 konnte er dann seine Druckertätigkeit aufnehmen. Sein Erstlingswerk, eine Sammlung fünfstimmiger französischer Chansons, war mit Haultinischen Typen (Typen des Druckers Pierre Haultin) gedruckt. Dies lässt vermuten, dass er bei Attaingnant oder einem anderen Drucker in die Lehre gegangen ist. Die Besonderheit dieser Typen ist, dass eine Type aus einer Note und dem dazugehörigen Ausschnitt des Liniensystems besteht.

Susato hat als Notendrucker und als Komponist Bedeutung erlangt. Aus seiner Offizin gingen 57 Drucke hervor (31 geistlich, 26 weltlich). Sechs geistliche Drucke und ein weltlicher Druck sind verschollen. Susato hat viele, meist frankoflämische Komponisten verlegt, darunter Jacobus ▶ Clemens non Papa, Thomas ▶ Crecquillon, Nicolas ▶ Gombert, Lassus, Pierre de Manchicourt u.a.

Susato komponierte 91 Chansons, von denen viele Parodien auf bekannte französische und flämische Originale sind. Die beiden Bücher von 1544 und 1552 beinhalten größer besetzte Parodien auf berühmte Chansons, die im imitatorischen Stil komponiert sind, und außerdem zwei- und dreistimmige didaktische Sätze. Seine Sammlung von Tänzen (1551) dagegen sind einfache vierstimmige Arrangements von bekannten Chansons. Die Sätze sind homophon und wahrscheinlich auch für Amateure gedacht.

Ausgaben:
T. Susato, *Le Premier ivre des chansons à deux ou à trois parties*, hrsg. von A. Agnel, Paris 1970/1971; T. Susato, *Dansereye (Het derde musyck boexken) 1551: Complete Edition with Commentary*, hrsg. von B. Thomas, Brighton 1993; *The Susato Motet Anthologies*, 4 Bde., hrsg. von R.J. Sherr, New York 1995–1997 (The Sixteenth Century Motet 15–18); *Tielman Susato, Musyck boexken, Books 1 and 2: Dutch Songs for Four Voices*, hrsg. von T. McTaggart, Madison 1997 (Recent Researches in the Music of Renaissance 108).

Literatur:
U. Meissner, *Der Antwerpener Notendrucker Tylman Susato*, Berlin 1967 • L.F. Bernstein, *The cantus firmus Chansons of Tylman Susato*, in: Journal of the American Musicological Society 22 (1969), S. 197–240 • K. Forney, *Tielman Susato, Sixteenth-Century Music Printer: an Archival and Typographical Investigation*, Diss. Univ. of Kentucky 1978 • U. Schwab, *Tylman Susato: Notendrucker und Musikverleger*, in: *Von Soest – aus Westfalen: Wege und Wirkung abgewanderter Westfalen im späten Mittelalter und in der frühen Neuzeit*, hrsg. von H.-D. Heimann, Paderborn 1986, S. 61–77 • T. McTaggart, *Susato's Musyck Boexken I and II: Music for a Flemish Middle Class*, in: E. Schreurs/H. Vanhulst, *Music Printing in Antwerp and Europe in the 16th Century*, Leuven 1995, S. 307–332 • K. Forney, *Susato*, in: *Grove*, Bd. 24, 2001, S. 730–732 • *Tielman Susato and the Music of His Time. Print Culture, Compositional Technique and Instrumental Music in the Renaissance*, hrsg. von K. Polk, Hilsdale/New York 2005 • S. Taes, *Susato*, in: *MGG²*, Bd. 16 (Personenteil), 2006, Sp. 301–304.

AP

Sweelinck, Jan Pieterszoon
* Mai 1562 Deventer, † 16.10.1621 Amsterdam

Jan Pieterszoon Sweelinck steht sowohl als Komponist und Virtuose wie auch als Künstlerpersönlichkeit paradigmatisch an der Schwelle von der Renaissance zum Barock, wobei er in seiner Funktion als »Organistenmacher« schulbildend für den norddeutschen Raum im 17. und 18. Jahrhundert wirkte.

In Deventer geboren, übersiedelte Sweelinck mit seiner Familie als Zweijähriger nach Amsterdam, wo sein Vater Pieter Swibbertszoon die Stelle als Organist an der zu diesem Zeitpunkt noch katholischen Oude Kerk antrat. Nach dessen Tod (8. Juni 1573) war es offenbar der dortige Pfarrer, Jacob Buyck, der sich der Familie annahm und Jan eine musikalische Ausbildung ermöglichte, wobei nur der Haarlemer Sänger und Schalmeispieler Jan Willemszoon Lossy als gesicherter Lehrer gelten darf; in Frage kommen aber auch der Nachfolger von Jans Vater, Cornelis Boscoop, sowie mittelbar die Organisten der Bavokerk in Haarlem, Claas Albrechtszoon van Wieringen und Floris van Adrichem. Schon 1577 trat Sweelinck als zweiter Amtsnachfolger seines Vaters den Dienst als Organist an der Oude Kerk an, den er bis zu seinem Tod 1621 ununterbrochen versah. Als ein Jahr später die Alteration von der katholischen zur calvinistischen Nutzung der Kirche erfolgte, ist es vor allem dem – auch konfessionspolitisch – weltoffenen Klima der Handelsmetropole Amsterdam zuzurechnen, dass Sweelinck, der zeitlebens wohl der katholischen Konfession anhing, seinen Beruf weiterhin ausüben durfte, freilich nicht mehr als Organist zur Gesangsbegleitung in der Liturgie, sondern fortan ganz im Rahmen repräsentativer Funktionen im Auftrag der Stadt. Als städtischer Angestellter oblagen ihm bei den Gottesdiensten nur noch die einrahmenden Vor- und Nachspiele. Schwerpunkt seiner Arbeit war regelmäßiges Konzertieren auf den beiden Orgeln der Kirche und zu besonderen städtischen Anlässen auf dem Cembalo. Sweelincks konfessionelle Offenheit geht dabei scheinbar einher mit einem universalen Interesse an den Kompositionstechniken und pluralen Stilrichtungen am Ende der Renaissance, die in verschiedenem Ausmaß in seine Werke einflossen.

Durch die Anbindung an die Stadt war Sweelinck in finanzieller Hinsicht abgesichert, was durch die mehrfachen Gehaltserhöhungen, so schon 1586 und zu seiner Hochzeit mit Claesgen Dircxdochter Puyner im Jahr 1590, belegt wird. Zu relativem Wohlstand brachte er es später mit den Honoraren seiner Unterrichtstätigkeit, die sich für manchen Schüler teilweise auf mehr als die Hälfte seines städtischen Jahresgehalts beliefen. Seine mehr als drei Jahrzehnte währende, von den Anforderungen stets gleichbleibende Tätigkeit in Amsterdam wurde nur durch vereinzelte Reisen unterbrochen, auf denen er Instrumente und Orgelprojekte begutachtete sowie einmal (1604 in Amsterdam) auch ein Ruckers-Cembalo für seine Konzerte in Amsterdam erwarb. Sie führten ihn in zahlreiche Städte der Niederlande, nicht aber über die Landesgrenzen hinaus. Sweelincks ältester Sohn Dirck Janszoon wurde 1621 Nachfolger seines Vaters an der Oude Kerk.

Das erhaltene Œuvre Sweelincks lässt sich in mehrerlei Hinsicht gleichsam dichotomisch in die Kompositionen für Tasteninstrument und die Vokalwerke unterteilen. Dabei folgt diese Trennung nicht nur dem Modus der Überlieferung in Form gedruckter Vokal- und handschriftlich (nicht autograph) erhaltener Instrumentalmusik. Auch hinsichtlich der Funktion, der künstlerischen Wirkabsicht und des Rezipientenkreises sind zwei unterschiedliche Strömungen auszumachen. Und nicht zuletzt spiegeln sich in den beiden Teil-Opera auch biographische Rahmenbedingungen und berufliche Erfordernisse wider.

Die Quantität des vokalmusikalischen Corpus mag überraschen, mangelte es Sweelinck im Rahmen seiner Tätigkeit als städtischer Organist doch an Aufführungsvoraussetzungen. Dirksen hat als »Forum« deswegen das kunstsinnige Bürgertum genannt, dem sich Sweelinck als ambitionierter Künstler zu präsentieren suchte (Dirksen, *MGG*, Sp. 352). Vor diesem paneuropäischen Hintergrund erklärt sich auch, warum keines der Vokalwerke einen niederländischen Text aufweist. Mit der Bevorzugung des Französischen und Italienischen reihte sich Sweelinck in die kompositorische Avantgarde des Kontinents ein und zielte zugleich auf einen weit über die Niederlande hinausreichenden Absatzmarkt.

Seinem umfassenden Interesse an den Entwicklungen der Zeit gemäß komponierte Sweelinck ▸ Chansons und ▸ Madrigale, verschob den Focus aber bald hin zu den großformatigen geistlichen Werken. Dennoch sind die *Chansons* (Antwerpen 1594) und *Rimes françoises* (Leiden 1612) mehr als bloße Nachahmung zeitgenössischer Vorbilder. Auch hier versucht Sweelinck besonders durch polyphone Ansätze seinen eigenen Stil mit den Gattungskonventionen in Einklang zu bringen. Der enzyklopädische Charakter seines vokalmusikalischen Hauptwerkes, der Vertonung aller 150 Psalmen des Genfer Psalters in vier Bänden (Amsterdam 1604, 1613, 1614 sowie Haarlem 1621), belegt, dass sich Sweelinck nicht von den formalen Bestimmungen seines Amtes beschränken ließ. Die bis zu achtstimmigen, französischsprachigen Werke sind denn auch nicht als monostilistische Sammlung leicht aufführbarer liturgischer Gebrauchsmusik konzipiert. Vielmehr demonstriert der reife

Sweelinck die Palette seines kompositorischen Vermögens, die von Doppelchörigkeit über Wortausdeutungen hin zu konsequent kontrapunktisch durchgeführten Sätzen reicht, wobei die um 1600 ohnehin unscharfen Gattungskonventionen von Lied oder Motette dabei bewusst überschritten werden. Wiederum wird hier Sweelincks konfessionelle Offenheit auf der einen und sein Interesse an den musikalischen Entwicklungen auf der anderen Seite dokumentiert, wenn er den manifestartigen Charakter des musikalischen Programms des Calvinismus in den Hintergrund rückt, ohne auf den jeweiligen ▸ Cantus firmus als identitätsstiftende Grundlage der individuell-kunstvollen kompositorischen Ausarbeitung zu verzichten. In den lateinischen, durchgehend fünfstimmigen *Cantiones sacrae* (Antwerpen 1619), die dem Katholiken Cornelis Plemp gewidmet sind, reduziert Sweelinck die kontrapunktische Dichte zugunsten einer mehr blockhaften Deklamation der Texte. Einzelne Vokalwerke fanden nach Sweelincks Tod Aufnahme in verschiedenen Sammlungen, ohne sich aber als geschlossenes Corpus in der Rezeption erhalten zu können.

Sweelinck galt als faszinierender Improvisator, wodurch die ab 1605 und damit vergleichsweise spät einsetzende Überlieferung seiner Werke für Tasteninstrumente erklärbar wird. Offenbar neigte er erst in reiferen Jahren dazu, seine Auseinandersetzung mit den kompositions- und stiltechnischen Entwicklungen der Zeit in mustergültigen Werken zu Papier zu bringen, um sie damit auch dem Kreis seiner Schüler zum Studium zur Verfügung zu stellen. Daraus resultiert bei allen gattungstechnischen Unterschieden eine gewisse Einheitlichkeit im Stil (Dirksen 1997, S. 493ff.). Durch seine außerliturgische Tätigkeit war er zudem von der Bindung an bestimmte Gattungen, Themen und Konfessionen befreit.

Grundlegend ist wie schon in den Vokalwerken das Prinzip der Variation, wobei Sweelinck allzu starre formale Strenge meidet zugunsten einer Symbiose von Elementen verschiedener Gattungen. Beispielhaft zeigt sich dies an den Variationssätzen, bei denen Sweelinck wiederum mit Rücksicht auf die Zielgruppe, bekannte weltliche und geistliche Melodien verarbeitet. Durch rhythmische Diminuierung, kontrapunktische Verdichtung und Erweiterung des harmonischen Rahmens erhalten diese Werke eine feine dramaturgische Struktur. So wird in *Mein junges Leben hat ein End* Vers für Vers jeder Strophe auf andere Weise präsentiert, ohne den melancholischen Gesamtcharakter zu verlassen, den die dorische Melodie hervorruft. In den Toccaten entfernt sich Sweelinck von den italienischen Vorbildern um Andrea ▸ Gabrieli und Claudio ▸ Merulo. Prägend sind, wie Harald Vogel (Sämtliche Werke, Bd. 1: Toccaten, 2004, S. 16–21, siehe Ausgaben) betont, vielmehr das Stilmittel der ›repetitio variata‹ und die konsequente Verwendung eines polyphonen Satzes. Damit rückt der schroffe Kontrast des italienischen »durrezze e ligature« zugunsten des variierten Aufgreifens melodisch-harmonischer Motive in den Hintergrund. Wichtigste Gattung des Improvisierens, nicht zuletzt auch in einem humanistisch-rhetorischen Sinne, ist die ▸ Fantasie. Gerade wo formal und inhaltlich die größte Freiheit besteht, findet Sweelinck in seinen Kompositionen durch bewusste Dosierung und planvollen Einsatz der musikalischen Mittel und Formen und durch das strukturelle Verweben der Themen zu einem der Höhepunkte seines Schaffens. Beispielhaft zeigt sich dies an der *Fantasia crommatica*, die den schlichten, chromatisch abwärtsführenden Quartgang als Ausgangspunkt für ein kompositions- und spieltechnisch virtuoses Meisterstück nimmt, in dem das stets präsente Thema immer wieder aufs Neue kontrapunktiert und kontrastiert wird. In den Echo- und Ostinato-Fantasien werden bestehende Traditionen aufgegriffen und zu einer Synthese aus improvisatorischem Gestus und komponierter Architektur zusammengefügt.

Für welches Instrument Sweelinck komponierte, lässt sich gelegentlich aus der Faktur der Stücke ableiten, wenn beispielsweise Töne verlangt werden, die in den kurzen Oktaven der Orgel nicht enthalten sind, andererseits zwei Sätze aus den Variationen über *Erbarm dich mein o Herre Gott* in Fassung mit Pedal existieren und somit die Verwendung der Orgel nahelegen.

Musikgeschichtlich bedeutsam ist die Tatsache, dass sich um Sweelinck in personam eine eigene Schule entwickelte, die über die arriviertesten Vertreter ihrer Epoche in den niederländischen sowie nord- und mitteldeutschen Raum bis in die Zeit Johann Sebastian Bachs hineinwirkte. Während Sweelinck in den ersten Jahren an der Oude Kerk zumeist den einheimischen Nachwuchs, darunter seinen Sohn, unterrichtete, sind ab 1606, nach Zulassung einer lutherischen Gemeinde in Amsterdam im Jahr zuvor, auch deutsche Schüler nachweisbar, die, teilweise mit Stipendien versehen, für mehrere Jahre nach Amsterdam übersiedelten, darunter Andreas Düben, Jacob Praetorius, Ulrich Cernitz und bereits namhafte Persönlichkeiten wie Heinrich Scheidemann und Samuel Scheidt. Johann Matthesons Idealisierung Sweelincks als »hamburgischer Organistenmacher« in seiner *Ehren-Pforte* (Hamburg 1740, S. 332) hat darin ihre historisch konkrete Grundlage. In diesem Zusammenhang ist auch die Verwendung einiger Abschnitte von Gioseffo ▸ Zarlinos Kontrapunktlehre *Le istitutioni harmoniche* zu deuten, die Sweelinck übersetzte und im Rahmen seines Unterrichts verwendete.

Der chronologisch versetzten Entstehung der beiden Werkteile folgend, waren die Vokalwerke schon zu Lebzeiten Sweelincks verbreitet und anerkannt. Der bis heute fortdauernde Ruhm, nicht zuletzt durch die Rekonstruktion historischer Instrumente seit dem vergangenen Jahrhundert maßgeblich unterstützt, gründet auf die Verbreitung der Claviermusik durch seine Schüler in ganz Europa bis hin nach Russland und die dadurch zu erklärende Aufnahme seiner Werke in den Repertoirekanon für Cembalo und Orgel.

Ausgaben:
Sämtliche Werke für Tasteninstrumente, hrsg. von H. Vogel / P. Dirksen, 4 Bde., Wiesbaden 2004–2006 • *Jan Pieterszoon Sweelinck, Opera omnia*, 9 Bde., hrsg. von R. Lagas u.a., Amsterdam 1957ff.

Literatur:
J. Mattheson, *Grundlage einer Ehren-Pforte*, Hamburg 1740, Reprint Berlin 1910 • A. Voigts, *Die Toccaten Jan Pieterszoon Sweelincks. Ein Beitrag zur frühen Instrumentalmusik*, Diss. Münster 1955 • W. Apel, *Geschichte der Orgel- und Klaviermusik bis 1700*, Kassel 1967 • F. Noske, *Sweelinck*, Oxford 1988 • P. Dirksen, *The Keyboard Music of Jan Pieterszoon Sweelinck*, Utrecht 1997 • R.H. Tollefsen / P. Dirksen, *Sweelinck, Jan Pieterszoon*, in: Grove, Bd. 24, 2001, S. 770–778 • *Sweelinck Studies. Proceedings of the Sweelinck Symposium 1999*, hrsg. von P. Dirksen, Utrecht 2002 • P. Dirksen, *Sweelinck, Jan Pieterszoon*, in: MGG², Bd. 16 (Personenteil), 2006, Sp. 339–359.

CB

Super librum cantare ▸ **Improvisation**

Tabulatur
(ital. intavolatura, frz. tablature)

Tabulaturen sind vor allem auf Tasten- und Zupfinstrumente abgestimmte spezielle Notierungssysteme; der von lateinisch ›tabula‹ abgeleitete Begriff meint zugleich in dieser Weise aufgezeichnete Quellen. Die Tabulatur vereinigt – im Unterschied zur in Stimmbüchern notierten Vokalmusik – alle Stimmen auf einer Tafel oder einem Blatt in vertikaler Koordination, neben den Zeichen der vokalen Notenschrift zeichnet sie insbesondere die Verwendung von Ziffern, Buchstaben und anderen Symbolen aus. Das allen Formen gemeinsame, historisch primäre Kriterium der für einen Spieler überblickbaren Mehrstimmigkeit rückt die Tabulatur phänomenologisch in die Nähe der Partitur, zu deren Genese sie historisch beitrug. Während die vokale Notenschrift die Töne gleichsam abstrahiert von ihrer Erzeugung erfasst, ist die Tabulaturschrift (zumindest teilweise) auf die durch das jeweilige Instrument bedingte Art der Tonerzeugung abgestimmt. Anders als bei der Tonschrift handelt es sich bei den Griff- oder Fingerschriften der Tabulatur um Verfahren, mit denen die Verbindung zwischen Ausführenden und Instrument ohne den Umweg über »verschiedene verstandesmäßige Perzeptionen« hergestellt werden kann. Die Symbole der ›direkten‹ Aufzeichnungsweise verweisen »die Finger unmittelbar auf die Tasten, Bünde, Saiten oder Grifflöcher des Instruments« (Apel, S. 60). Die Tabulaturen sind damit zumindest ursprünglich stark didaktisch motivierte Notationssysteme. Noten- wie Tabulaturschrift teilen die Musik »zu wesentlichen Teilen über Abstraktionen mit« (Besseler / Gülke, S. 17). Während in der Notenschrift die Art der Ausführung von der Tonvorstellung geleitet wird, ist das Verhältnis zwischen beiden Faktoren in der Griffschrift umgekehrt. Die gegensätzlichen Aspekte durchdringen sich in den meisten der Tabulaturschriften. So lassen sich etwa die deutschen ▶ Orgeltabulaturen in beiden Richtungen deuten, je nachdem ob man die Buchstaben als Ton- oder Griffzeichen liest.

Tabulaturen für Tasteninstrumente
Die Tastenmusik des 14.–16. Jahrhunderts teilt sich notationstechnisch in drei Gruppen: Noten-, Buchstaben- und Zifferntabulaturen. Den Notentabulaturen liegt das kaum oder nur leicht veränderte System der vokalen Mensuralnotenschrift zugrunde. In Italien, Frankreich und

England bilden zwei übereinander gestellte, durch senkrechte Striche koordinierte, aber stets unterschiedlich geschlüsselte Systeme das wichtigste Kriterium einer tasteninstrumentalen Notenschrift, aus der sich später das Klavierdoppelsystem entwickelte. Eine Standardisierung mit zwei Zeilen zu je fünf Linien setzte sich in Frankreich bereits im 16. Jahrhundert durch, in den beiden anderen Ländern begegnet häufiger die Kombination abweichender Linienzahlen, wobei das untere System gegenüber dem oberen regelmäßig die größere Anzahl aufweist. Demgegenüber spielte die Aufzeichnung von Tastenmusik in einem einzigen großen System analog zur Tabula compositoria nur eine verhältnismäßig geringe Rolle (Ileborgh-Tabulatur, Virginalmusik).

1575 ist in Italien erstmals die sogenannte Klavierpartitur belegt, die mehr als zwei Systeme untereinander anordnet. Sie fand in erster Linie für kontrapunktisch gearbeitete Gattungen (▸ Canzone und ▸ Ricercar) Anwendung. Während man sie in Deutschland als eine Variante der Tabulatur betrachtete (Scheidt 1624), grenzten die Italiener die ›partitura‹ terminologisch von der ›intavolatura‹ ab.

Ältere und neuere deutsche Orgeltabulatur gehören in die Gruppe der Buchstabentabulaturen. Die ältere deutsche Orgeltabulatur (Abb. 1) erscheint in der Zweiteilung einer in Noten fixierten Oberstimme (schwarze oder weiße Mensuralnotation) und der mit Buchstaben notierten Unterstimme zunächst auf eine elementare organistische Handwerksleh-

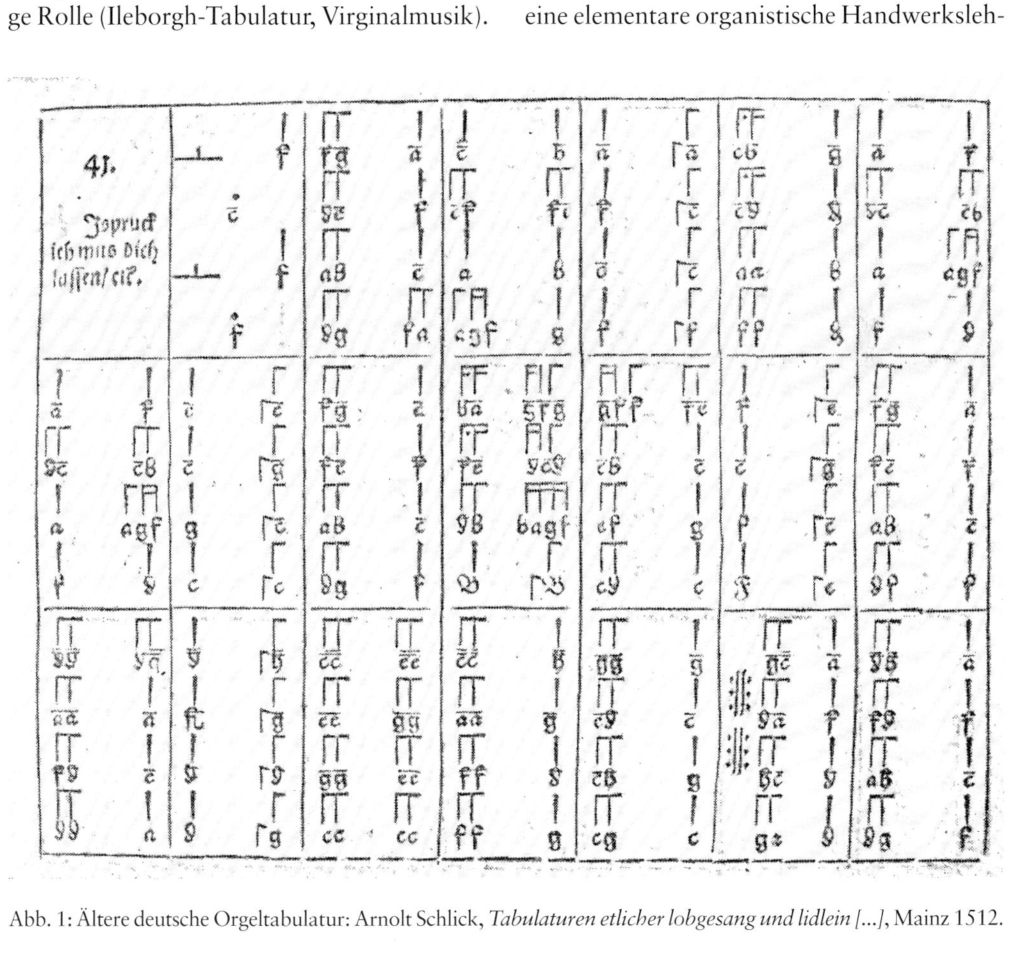

Abb. 1: Ältere deutsche Orgeltabulatur: Arnolt Schlick, *Tabulaturen etlicher lobgesang und lidlein [...]*, Mainz 1512.

re zugeschnitten, die nach bestimmten Regeln und Modellbeispielen zu improvisierende Musik nur zu Lehr- und Demonstrationszwecken nachträglich fixierte. Die Konzeption der Graphie deutet »weniger auf genuine Polyphonie als auf erweiterte Einstimmigkeit« hin, die zwei unterschiedliche Vorgänge miteinander koordiniert, »das Anschlagen von konkordanzhaltigen Blockklängen und deren Ausfüllung durch das bewegliche Spiel mit stereotypen Formeln« (Göllner, S. 57). Die enge Bindung zwischen Spielvorgang und Niederschrift schließt freilich nicht aus, dass die Organisten jenseits aller Usualität und notationstechnischem Realismus (vor allem im Hinblick auf die traditionell in der Musiktheorie beheimatete Buchstabennotation) ein tiefer gehendes Theoriebewusstsein geleitet haben mag (Konrad, S. 171–179). Die geteilte Notierung der älteren deutschen Orgeltabulatur, erstmals im Robertsbridge Codex (14. Jahrhundert) nachweisbar, wurde in der zweiten Hälfte des 15. Jahrhunderts schrittweise zu einem leistungsfähigen Notierungssystem ausgebaut, das auch drei- und vierstimmige vokale Komposition in instrumentaler Form (▸ Intavolierung) darstellen konnte. Dabei blieb allein der Oberstimme die Notenschrift vorbehalten, alle weiteren Stimmen wurden mit Buchstaben fixiert, ergänzt durch Zeichen für den Rhythmus. Öfter kam die tiefste Stimme unmittelbar unter dem Diskant zu stehen. Der senkrechte Tabulaturstrich wurde in Drucken zumeist durch einen kleineren Zwischenraum ersetzt. Chromati-

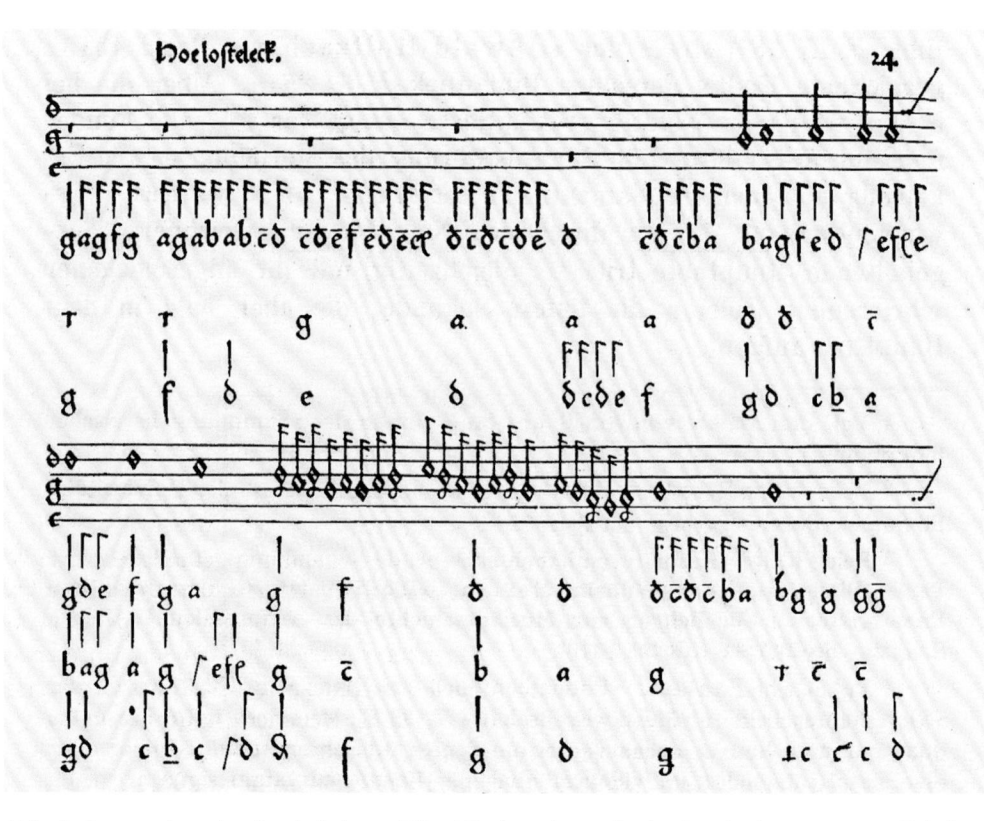

Abb. 2: Jüngere deutsche Orgeltabulatur: Elias Nicolaus Ammerbach, *Orgel oder Instrument Tabulatur*, Leipzig 1571.

sche Alterierung zeigen in der Oberstimme abwärts gerichtete Hälse (auch mit Schrägstrich) oder Schleifer an den Notenköpfen an, bei den Buchstaben wird gleichfalls ein kleiner Schleifer angefügt. Die Differenzierung der Oktavlagen erfolgt durch Doppelbuchstaben oder waagrechte Striche über bzw. unter den Zeichen, für Verzierungen existiert eine Reihe von Symbolen, die teilweise unterschiedlich gedeutet wurden.

Das im Verlauf des 15. Jahrhunderts sich entwickelnde »Bewusstsein von den Gestaltungsmöglichkeiten selbständiger, nicht textgebundener musikalischer Verläufe« (Konrad, S. 167) blieb nicht ohne Folgen für die Notierung. Die Umstellung auf die einheitlich mit Tonbuchstaben und vereinheitlichten metrischen Zeichen gestaltete neuere Form der deutschen Orgeltabulatur (Abb. 2) zog die graphische Konsequenz aus einem musikalischen Satz, in dem weitgehend gleichartige Stimmen kontrapunktisch aufeinander bezogen sind. Bereits im 15. Jahrhundert vereinzelt belegbar (A-Wn, Cod. 5094, f. 155v, D-B, theol. lat. quart. 290, f. 56v), setzte sich die reine Buchstabentabulatur in Deutschland nach 1550 durch und hielt sich als Gebrauchsschrift der Organisten im mittleren und nördlichen deutschen Sprachraum bis in das 18. Jahrhundert hinein. Der Verzicht auf Notenlinien vereinte mehrere Vorzüge: Drucke waren technisch einfach und billig zu realisieren, überdies nahm die Aufzeichnung wenig Platz ein, was die Publikation umfangreicher Sammlungen ermöglichte. Neuere deutsche Orgeltabulatur und Klavierpartitur stehen phänomenologisch in enger Nachbarschaft zueinander (Scheidt 1624, Vorwort), was den Wechsel zwischen beiden Aufzeichnungsweisen erleichterte.

Nach 1550 entstanden in Spanien mehrere Systeme von Zifferntabulaturen, bei denen Zahlen zur Bezeichnung der Tasten dienen. Von den beiden bei Juan ▶ Bermudo (*Declaración de instrumentos musicales*, Osuna 1555) erläuterten Verfahren nummeriert das eine sämtliche Töne der Skala (C–a^2) mit Zahlen von 1–42, das andere belegt nur die weißen Tasten (C–c^3) mit Ziffern, ein darüber gesetztes Kreuz verweist auf die rechts benachbarte schwarze Obertaste. Die größte praktische Bedeutung erlangte ein 1557 von Luis ▶ Venegas de Henestrosa publiziertes und auch in den 1578 von Hernando de Cabezón herausgegebenen *Obras de musica* seines Vaters Antonio verwendetes System, in dem die Töne f–e^1 durch die Zahlen 1–7 repräsentiert und das dieselben Töne in den darunter und darüber liegenden Oktaven mit zusätzlichen Strichen und Punkten kennzeichnet. Die Ziffern stehen in allen drei Formen auf waagrechten Linien, welche die einzelnen Stimmen repräsentieren. Sofern der Rhythmus überhaupt fixiert ist, bediente man sich einer an die spanische und italienische Lautentabulatur angelehnten, insgesamt stark vereinfachten Schreibweise.

Tabulaturen für Zupfinstrumente
Während in den Tabulaturen für Tasteninstrumente die Tonhöhe als wichtigste Qualität musikalischer Schrift lesbar bleibt, entfernen sich die ▶ Lautentabulaturen diesbezüglich zugunsten einer Handleitung mittels Ziffern und/oder Buchstaben, welche diejenigen Saiten bzw. die Kreuzungspunkte von Saite und Bund kennzeichnet, deren Berührung zur Erzeugung bestimmter Töne erforderlich ist. Eine Eigentümlichkeit dieser Fixierung der Griffpositionen besteht darin, dass sie gleichsam »nur mit den Fingern gelesen werden« können (Kiesewetter, Sp. 131). Die drei Hauptformen der Lautentabulaturen entwickelten sich im ausgehenden 15. Jahrhundert in Deutschland, Italien und Frankreich. Aufgrund des schnellen Verklingens des Lautentons und der auf Klanggriffe zielenden Notierungsweise geben die Quellen keine exakte rhythmische Schichtung der Stimmen wieder: Bei gleichzeitig erklingenden un-

terschiedlich langen Tönen erfasst die Schrift stets nur den kleinsten Wert. Festgehalten ist die zeitliche Ordnung der Anschläge, nicht aber die eigentliche Dauer der Einzelwerte. Nur ansatzweise wird auf das Aushalten eines Tones über den Einsatz eines folgenden hinaus durch Sonderzeichen (Kreuz) verwiesen. Die korrekte Umsetzung der in der Tabulatur fixierten relativen Tonhöhenverhältnisse setzt die Kenntnis der Instrumentenstimmung voraus, die (vor allem bei Skordaturen) vor dem Stück mit einem ›Accord‹ angegeben sein kann.

Die italienische (auch in Spanien verbreitete) Lautentabulatur, deren früheste wichtige Quellen das nach 1490 entstandene Pesaro-Manuskript (I-PESo, Ms. 1144) sowie die 1507/ 1508 in Venedig erschienenen vier Bücher *Intabulatura de Lauto* von Ottaviano ▶ Petrucci darstellen (Abb. 3), zeigt sechs waagrechte Linien, die den Saiten (Chören) der Laute entsprechen, dabei repräsentiert die unterste Linie die höchste Saite. Die im Halbtonabstand stehenden Bünde werden mit arabischen Zahlen (0 = leere Saite, 1 = 1. Bund usw.), der 10., 11. und 12. Bund aber mit dem römischen X (und einem bzw. zwei darüber gestellten Punkten) angegeben. Wie in den Orgeltabulaturen bilden die Rhythmuszeichen entweder ganze Noten oder sie sind auf Hälse mit Fahnen reduziert, zusätzliche Zeichen existieren für die ›proportio tripla‹ und ›quintupla‹ (▶ Proportionen). Ein Punkt unter den Zahlen verweist darauf, dass abweichend vom Daumen der Zeigerfinger benützt werden soll.

Die französische Lautentabulatur (Abb. 4) unterscheidet sich von der italienischen vornehmlich in der Verwendung von Buchstaben und eines Fünfliniensystems. Die oberste Linie stellt hier die höchste Saite des Instruments dar. Auf der sechsten Saite zu spielende Töne

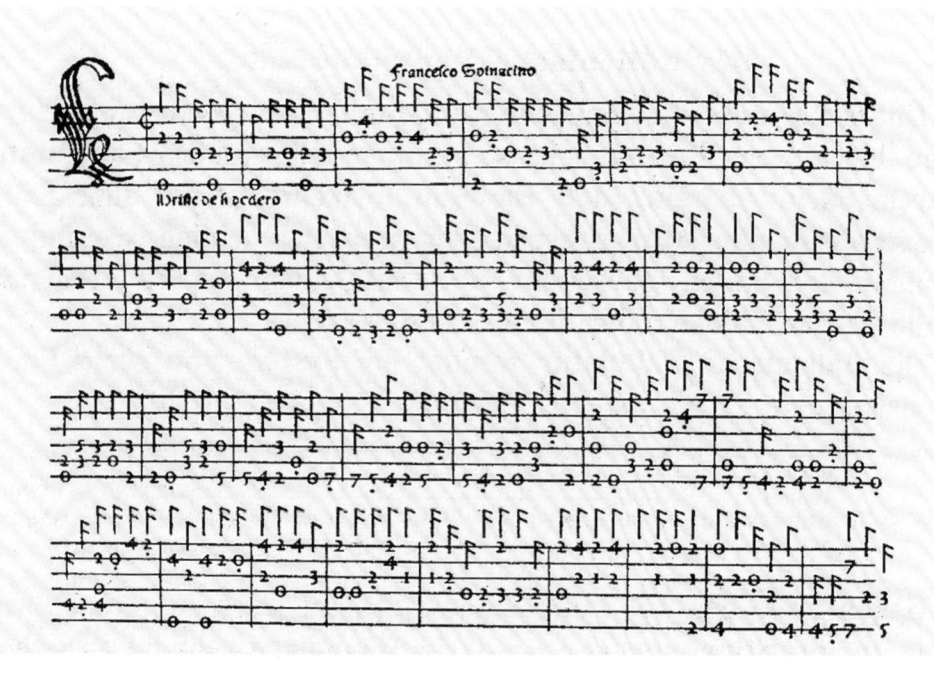

Abb. 3: Italienische Lautentabulatur: Ottaviano dei Petrucci, *Intabulatura de Lauto. Libro secondo*, Venedig 1507.

Abb. 4: Französische Lautentabulatur: Pierre Attaignant, *Dixhuit basses dances*, Paris 1529.

wurden zunächst unter das System mit einer ›Hilfslinie‹ notiert, erst nach 1584 erhielt auch die französische Tabulatur durchgängig eine sechste Linie. Wie in der italienischen Lautenschrift zeigen auch in der französischen Punkte unter den Buchstaben den Gebrauch des nach oben geführten Zeigefingers im Gegensatz zum abwärts geführten Daumen an. Die Grundprinzipen der französischen Tabulatur sind in einem 1529 von Pierre ▸ Attaingnant veröffentlichten Druck (*Tres breve et familiere introduction pour entendre et apprendre pa soy mesme a iouer toutes chansons reduictes en la tabulature du lutz ...*) erläutert (Wolf, S. 72–73). Gleichzeitig zu spielende Töne werden hier durch senkrechte Striche verbunden. Im Unterschied zu den anderen Lautentabulaturen konnte sich die französische mit Anpassungen in der Notierung bis in das 18. Jahrhundert halten.

Die komplexeste aller Tabulaturen für Zupfinstrumente ist die deutsche Lautentabulatur (Abb. 5), weil hier für jeden Kreuzungspunkt im Koordinatensystem zwischen Saiten und Bund ein einziger Buchstabe reserviert ist. Waagrechte Linien als Symbol der Saite werden damit überflüssig. Außer der tiefsten Saite (Großbrummer) werden alle anderen durchnummeriert, die Zahlen von 1 bis 5 bezeichnen die leeren Saiten (Mittelbrummer, Kleinbrummer, Mittelsaite, Sangsaite und Quint oder Kleinsaite). Jeder Bund ist mit fortlaufend fünf Buchstaben aus dem damals 23 Buchstaben umfassenden deutsche Alphabet belegt (1. Bund: a, b, c, d, e; 2. Bund: f, g, h, i, k usw.). Für den fünften Bund fügte man zwei besondere Zeichen, Abkürzungen für die lateinischen Worte ›et‹ und ›con‹ hinzu. Im sechsten, siebten und bei allen weiteren Bünden wiederholte man das Alphabet, modifiziert durch Doppelbuchstaben oder darüber gesetzte Striche. Auf diese Weise entschwindet jene bildlich-räumliche Orientierung, bei der »aufeinanderfolgende Buchstaben benachbarte Töne der chromatischen Leiter angegeben. In dem deutschen System dagegen stehen sie für Töne, welche eine Quarte oder eine Terz auseinanderliegen, während umgekehrt chromatisch

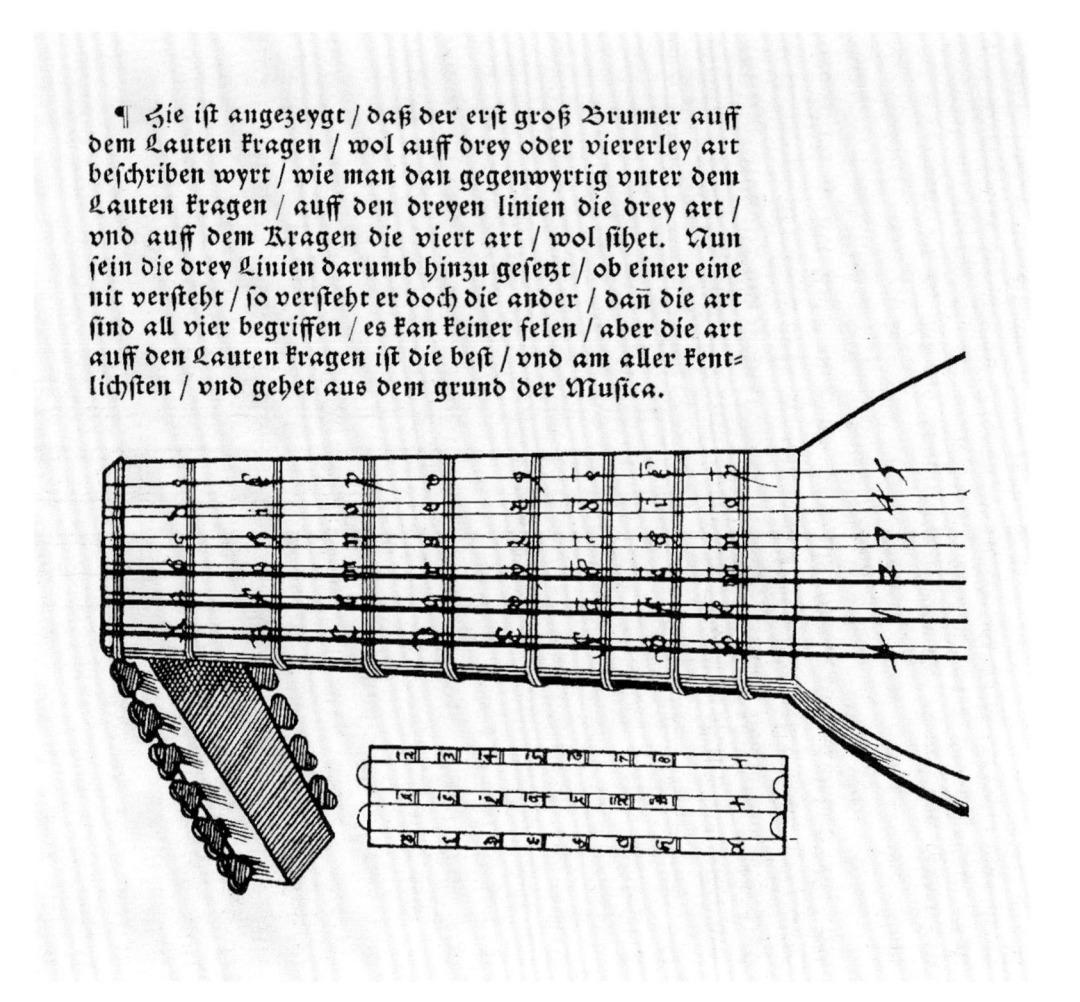

¶ Hie ist angezeygt / daß der erst groß Brumer auff dem Lauten kragen / wol auff drey oder viererley art beschriben wyrt / wie man dan gegenwyrtig vnter dem Lauten kragen / auff den dreyen linien die drey art / vnd auff dem Kragen die viert art / wol sihet. Nun sein die drey Linien darumb hinzu gesetzt / ob einer eine nit versteht / so versteht er doch die ander / dañ die art sind all vier begriffen / es kan keiner felen / aber die art auff den Lauten kragen ist die best / vnd am aller kentlichsten / vnd gehet aus dem grund der Musica.

Abb. 5: Deutsche Lautentabulatur: Hans Newsidler, *Ein Newgeordnet Künstlich Lautenbuch*, Nürnberg 1536.

sukzessive Töne durch jeweils den sechsten Buchstaben bezeichnet sind« (Apel, S. 81). Die deutsche Tabulatur ist wahrscheinlich die älteste der drei Lautentabulatursysteme. Sebastian ▸ Virdung nennt 1511 den Organisten Conrad ▸ Paumann als Urheber, tatsächlich sind direkte Bezüge zwischen deutscher Orgel- und Lautentabulatur nachweisbar. Auf ältere Wurzeln verweist das Schriftsystem, das ursprünglich für ein Instrument mit nur fünf Saiten abgestimmt war. Für die hinzugefügte tiefste Saite gibt Hans ▸ Neusiedler in seinem *Ein Newgeordnet Künstlich Lautenbuch* (Nürnberg 1536) nicht weniger als fünf unterschiedliche Bezeichnungsweisen an (Apel, S. 82–83). Die Zeichen für den Rhythmus entsprechen denjenigen der deutschen Orgeltabulatur, wenig normiert waren die Sonderzeichen für Fingersatz und Ornamentik.

Das 16. Jahrhundert kannte spezifische Tabulaturschriften auch für andere Zupfinstrumente wie ▸ Harfe, die spanische ▸ Vihuela und die italienische Viola da mano. In Deutschland und Italien lehrte man das Spiel der Streichinstrumente mittels Lautentabulaturen. Sebastian Virdung teilt 1511 auch für das Spiel der Flöte eine in Ziffern gefasste Griffschrift mit.

Literatur:
S. Virdung, *Musica getutscht*, Basel 1511, Faksimile (hrsg. von Kl.W. Niemöller) Kassel u.a. 1970 • S. Scheidt, *Tabulatura nova [...]*, Hamburg 1624 (Sämtliche Werke VI/1, Leipzig 1976) • R.G. Kiesewetter, *Die Tabulaturen der älteren Practiker seit der Einführung des Figural- und Mensuralgesanges und des Contrapunctes, aus dem Gesichtspuncte der Kunstgeschichte betrachtet*, in: Allgemeine musikalische Zeitung 33 (1831), Sp. 33–38, 65–74, 133–145, 181–185, 249–259, 272–276, 365–376 • O. Körte, *Laute und Lautenmusik bis zur Mitte des 16. Jahrhunderts*, Leipzig 1901 • O. Kinkeldey, *Orgel und Klavier in der Musik des 16. Jahrhunderts*, Leipzig 1910 • J. Wolf, *Handbuch der Notationskunde*, II. Teil, Leipzig 1919, Reprint Hildesheim-Wiesbaden 1963 • L. Schrade, *Die handschriftliche Überlieferung der ältesten Instrumentalmusik*, Lahr 1931; zweite, ergänzte Auflage hrsg. von H.J. Marx, Tutzing 1968 • W. Apel, *Die Notation der polyphonen Musik 900–1600*, Leipzig 1962 • H. Besseler / P. Gülke, *Schriftbild der mehrstimmigen Musik*, Leipzig 1973 • J. Eppelsheim, *Buchstaben-Notation, Tabulatur und Klaviatur*, in: Archiv für Musikwissenschaft 31 (1974), S. 57–72 • D. Fallows, *15th-Century Tablatures for Plucked Instruments*, in: The Lute Society Journal 19, 1977, S. 7–33 • V. Ivanoff, *Das Pesaro-Manuskript. Ein Beitrag zur Frühgeschichte der Lautentabulatur* (Münchner Veröffentlichungen zur Musikgeschichte 45), Tutzing 1988 • U. Konrad, *Aufzeichnungsform und Werkbegriff in der frühen Orgeltabulatur*, in: *Literatur, Kunst und Kunst im Übergang vom Mittelalter zur Neuzeit. Bericht über Kolloquien der Kommission zur Erforschung der Kultur des Spätmittelalters 1989 bis 1992*, hrsg. von H. Boockmann, L. Grenzmann, B. Moeller und M. Staehelin (Abhandlungen der Akademie der Wissenschaften in Göttingen. Philologisch-historische Klasse. Dritte Folge, Nr. 208), Göttingen 1995, S. 162–186 • Th. Göllner, *Die Tactuslehre in den deutschen Orgelquellen des 15. Jahrhunderts*, in: *Deutsche Musiktheorie des 15. bis 17. Jahrhunderts. Erster Teil: Von Paumann bis Calvisius* (Geschichte der Musiktheorie 8/I), Darmstadt 2003, S. 1–68.

KA

Tactus

Tactus ist ein jüngerer Begriff aus der Musiktheorie, der sich auf die ▸ Mensuralnotation bezieht. Unter Tactus verstand man, zumindest in der Theorie, eine fixierte und unveränderliche Zeiteinheit, dem modernen regelmäßigen Taktschlag im mittleren Tempo entsprechend. Er wird in der Regel durch die ▸ Semibrevis repräsentiert und wurde erstmals von ▸ Adam von Fulda (Musica 1490) erwähnt (»tactus est continua motio in mensura contenta rationis«). Konkret wird er, als Vorform des Dirigierens, als Abwärts- und Aufwärtsbewegung der Hand beschrieben. Neben dem regulären Taktus kannte man auch einen ›tactus minor‹ mit doppelt so schnellem Schlag sowie einen ›tactus proportionatus‹, einen Dreierschlag bei Triolenbildung.

Literatur:
W. Frobenius, *Tactus*, in: Handwörterbuch der musikalischen Terminologie, hrsg. von H.H. Eggebrecht, Wiesbaden 1971.

ALB

Tafelmusik

Unter Tafelmusik versteht man erstens ein zum Spiel vor einer fürstlichen Tafel verpflichtetes Ensemble von Hofmusikern, zweitens die musikalische Veranstaltung zur Tafel selbst sowie drittens ein Repertoire, eine Sammlung oder ein einzelnes Stück an der Veranstaltung dargebotener Musik. Als Kompositum ist der Begriff Tafelmusik jedoch erst seit Beginn des 17. Jahrhunderts belegt.

Wie schon in der Antike und im Mittelalter hatte an den Höfen der Renaissance die Musik bei Tische eine große Bedeutung, diente doch die festliche Gestaltung des Mahls der Repräsentation des Wohlstandes derer, die es hielten. Solche festlichen Bankette bei Hofe dauerten zumeist mehrere Stunden, und ihre Teilnehmer bedurften einer entsprechenden Unterhaltung, die nicht zuletzt in ausgiebigen künstlerischen Darbietungen bestand.

Im Laufe des 16. Jahrhunderts wurde die musikalische Gestaltung dabei immer häufiger von Mitgliedern der ▸ Kapellen und ▸ Kantoreien der jeweiligen Höfe oder Städte übernommen, statt wie vorher meist von fahrenden Spielleuten ohne feste Anstellung. Diese Hofmusikensembles, für die seit der zweiten Hälfte des 16. Jahrhunderts Tischmusik und seit Beginn des 17. Jahrhunderts Tafelmusik als Bezeichnungen belegt sind, bestanden zumeist aus besonders qualifizierten Musikern, die hier auch in kleineren Besetzungen oder solistisch ihr Können unter Beweis stellten, doch konnte ebenso die ganze Kapelle auftreten. So gebot die Dresdener Kantoreiordnung (1555) dem Kapellmeister, mit den »bestenn bestimbten Knaben vnnd gesellen«, »mit ettlichenn Singern oder der ganntzen Cantorey […] aufzuwartten« (nach Fürstenau, S. 240f.). Laut der Kapellordnung Erzherzog Ferdinands II. (1565) sollte »in collatione submissa voce [bei der Tafel mit gedämpfter Stimme] und dennocht mit der völlig Musica und Instrumenten« musiziert werden (nach Senn, S. 73).

Dabei wurden geistliche und weltliche Werke unterschiedlicher Gattungen, »Muteten« (▸ Motetten) und »welsche Stück« (nach Fürstenau, S. 241), sowohl vokal als auch instrumental dargeboten. Bei der Hochzeit Herzog Wilhelms V. von Bayern im Jahre 1568 z.B. seien Ensembles von Bläsern und Streichern der Hofkapelle mehrmals selbständig aufgetreten und hätten »canzoni Francese« (▸ Chanson), »artificiosi Motetti« und »uaghi Madrigali« (▸ Madrigal) gespielt (nach Leuchtmann, S. 104), und auch die Dresdener Kantoreiordnung gestattete den Instrumentalisten, nach dem Aufwarten der ganzen Kantorei auch noch ohne Sänger vor der Tafel zu musizieren.

Wie im allgemeinen aus den zeitgenössischen Schilderungen und Verordnungen hervorgeht, legte man gerade zur Tafel Wert auf eine besonders kunstvolle Ausführung der Musik und eine vielfältige und häufig wechselnde Besetzung der Ensembles.

Eine Klassifikation, selbst eine funktionale, von einzelnen Gattungen oder Werken als Tafelmusik, wie sie im 17. Jahrhundert gängig wurde, existierte in der Renaissance kaum; vielmehr bediente man sich der Musik unterschiedlicher Repertoires, die zur Repräsentation und Unterhaltung angemessen schien.

Literatur:
M. Fürstenau, *Churfürstliche Sechsische Canntoreiordnung [1555]*, in: Monatshefte für Musikgeschichte IX (1877), S. 235–246 • W. Senn, *Musik und Theater am Hof zu Innsbruck*, Innsbruck 1954 • M. Ruhnke, *Beiträge zu einer Geschichte der deutschen Hofmusikkollegien im 16. Jahrhundert*, Berlin 1963 • H.H. Eggebrecht, *Tafelmusik*, in: *Riemann Musiklexikon*, Sachteil, hrsg. von W. Gurlitt und H.H. Eggebrecht, Mainz 1967, Nachdruck 1996, S. 932f. • E. Reimer, *Tafelmusik*, in: *Handwörterbuch der musikalischen Terminologie*, hrsg. von H.H. Eggebrecht, Stuttgart 1972 • J. Ulsamer / K. Stahmer, *Musikalisches Tafelkonfekt*, Würzburg 1973 • H. Leuchtmann (Hrsg.), *Die Münchner Fürstenhochzeit von 1568. Massimo Troiano: Dialoge* (Studien zur Landes- und Sozialgeschichte der Musik 4), München und Salzburg 1980 • H. Unverricht, *Tafelmusik*, in: Grove, Bd. 24, 2001, S. 921–922.

JS

Talea ▸ Isorhythmie

Tallis, Thomas
* um 1505, † 20. oder 23.11.1585 Greenwich

Tallis ist einer der bedeutendsten englischen Komponisten von Kirchenmusik im 16. Jahrhundert; er komponierte sowohl für den katholischen als auch für den anglikanischen Ritus. Bekannt ist er vor allem durch seine 40stimmige Motette *Spem in alium*, die eine Rarität darstellt, wenn sie auch auf einem italienischen Vorbild basiert.

Das erste Dokument über Tallis stammt von 1530, als er eine Anstellung als Organist im

Benediktinerkloster von Dover hatte, einer Gründung der Kathedrale von Canterbury. 1537/1538 war er an der Pfarrkirche St. Mary-at-Hill in London tätig, an der insbesondere an hohen Festtagen anspruchsvolle Musik erklang, da Musiker aus anderen Kirchen wie auch aus der Chapel Royal herangezogen wurden. 1538 bekam er einen Posten am Augustinischen Kloster von Holy Cross at Waltham in Essex, das jedoch 1540 im Zuge der Schließung der englischen Klöster durch ▶ Heinrich VIII. als eines der letzten aufgelöst wurde und Tallis somit entlassen wurde. Wie andere herausragende Musiker wurde er aber noch im selben Jahr in die neuen Strukturen integriert und bekam eine Anstellung an der Kathedrale in Canterbury, die nach der Schließung des dortigen Benediktinerklosters der anglikanischen Kirche unterstellt wurde. 1544 wurde er ›Gentleman of the Chapel Royal‹. 1575 erhielt er zusammen mit William ▶ Byrd von ▶ Elisabeth I. das Privileg für Musikdruck, Verkauf von liniertem Papier und importierter Musik. Im gleichen Jahr wurden die *Cantiones sacrae* mit je 17 Motetten von Tallis und Byrd publiziert, die der Königin gewidmet waren. Tallis starb mit 80 Jahren als ältestes Mitglied der Chapel Royal und als hoch angesehener Musiker.

Tallis' Musik ist von den ständigen kirchenpolitischen Veränderungen in England unter den Herrschern Heinrich VIII., Edward VI., Maria der Katholischen und Elisabeth I. bestimmt. Seine lateinische Kirchenmusik ist durch die reiche musikalische Kultur in Benediktinerklöstern der 1520er und frühen 1530er Jahre geprägt sowie durch die Rekatholisierung in der Regierungszeit Marias; in der Regierungszeit Elisabeths I. hat er – wie auch andere Komponisten der Zeit – weiterhin lateinische Motetten komponiert. Seine englischsprachigen Kompositionen umfassen liturgische Musik für die anglikanische Kirche und Sätze für die häusliche Andacht wie auch einige wenige Lieder.

Überliefert sind neben einigen separaten Ordinariumsteilen drei ▶ Messen, in denen – wie häufig in englischen Messen des 15. und frühen 16. Jahrhunderts – das Kyrie nicht mehrstimmig vertont ist (bei der *Missa »Puer natus est«* fehlt zudem ein großer Teil des Credo). Die *Missa »Puer natus est«*, die wahrscheinlich für das Zusammentreffen des spanischen Königs Philipp mit seiner neu vermählten Frau Maria komponiert und am 2.12.1554 in St. Pauls Cathedral aufgeführt wurde, ist sowohl auf die ▶ Chapel Royal als auch – durch das Fehlen der hohen ›treble voice‹ (▶ Stimmengattungen) – auf die spanische Kapelle zugeschnitten. In ihrer Siebenstimmigkeit ist sie sehr kunstvoll komponiert. Sie ist eine ▶ Cantus-firmus-Messe, der der Weihnachtsintroitus in der Sarum-Version (▶ Sarum rite) zugrunde liegt, der doppeldeutig auch auf die Erwartung eines Kronprinzen ausgelegt werden kann. Die Imitationstechnik verweist auf kontinentale Praktiken, deren Einsatz aber nicht unbedingt durch den speziellen Anlass begründet werden muss, wie des öfteren behauptet wird (McCarthy, Sp. 463), sondern sich an Verfahren in englischen Messkompositionen seit den 1530er Jahren anschließt, wie sie bspw. auch John ▶ Taverners *Meane Mass* prägen. Das Besondere an der Messe ist jedoch, dass die rhythmischen Werte des Cantus firmus streng durchorganisiert sind, indem die Vokale des Puer-natus-Textes mit Zahlen versehen sind (a mit 1, e mit 2, i mit 3, o mit 4, u mit 5), die in jedem Satz mit einer vorgegebenen Tondauer multipliziert werden (McCarthy, Sp. 463), im Gloria beispielsweise mit der Semibrevis. – Die fünfstimmige *Missa Salve intemerata* (auf um 1540 datiert, McCarthy, Sp. 462) ist eine Parodiemesse, die auf der gleichnamigen, von Tallis vertonten, wahrscheinlich in den 1520er Jahren komponierten Votivantiphon (▶ Antiphon), basiert. Insbesondere das Gloria stellt eine Bearbeitung der Antiphon dar, die das Original nochmals differenziert und verfeinert. So wird am Beginn des Gloria der zweistimmige Beginn der Antiphon in rhythmischer Abstimmung auf den neuen Text übernommen und zugleich konzentriert, indem nach sechs Mensuren bereits das nächste Stimmenpaar einsetzt (in der Antiphon erst nach 18 Mensuren). Die Messe, bei der nur ein Viertel neu komponiert ist, bildet ein Beispiel für Tallis Verfahren des beständigen Umkomponierens und Verbesserns. – Die vierstimmige Messe ohne Titel wird meist in die frühe Zeit verlegt; sie gehört im Unterschied zu *Salve intemerata* zu den einfacheren, kurzen und weitgehend homophonen Messen, die aufgrund des Fehlens eines Cantus firmus (der auf den Festtag verweisen würde) möglicherweise für Wochentage gedacht war.

Die fünfstimmige Antiphon *Salve intemerata* (wahrscheinlich 1527 komponiert, Sandon, S. III) gehört zu Tallis frühesten erhaltenen Kompositionen – umfangreiche Votivantiphonen, die für private Andachten, meist der Marienverehrung, gedacht waren. Sie sind in einer für die englische Musik der Zeit typischen polyphonen, teils imitativen Faktur mit dem Wechsel von geringstimmigen und vollstimmigen Passagen verfasst. Hierzu gehören auch *Ave rosa sine spinis*, das wahrscheinlich etwas später entstandene *Sancte Deus* und die sechsstimmige Marienantiphon *Gaude gloriosa*, die allerdings auch später entstanden sein könnte. – Für liturgische Zwecke entstanden die neun erhaltenen ▸ Responsorien, Choralsätze, das ▸ Magnificat und *Nunc dimittis*. Die frühen vierstimmigen Responsorien sind einfach gehalten und verwenden nur Intonation und Vers; der Choral wird in den einzelnen Stimmen paraphrasiert. Die fünfstimmigen Responsorien sind länger und basieren auf dem in gleichen Notenwerten zugrunde liegenden Choral. In den Chorälen sind nur die geradzahligen Verse mehrstimmig gesetzt, die ungeradzahligen bleiben einstimmig. Das fünfstimmige Magnificat und *Nunc dimittis* – beide in Latein im Unterschied zu den englischsprachigen ▸ Service-Kompositionen des Evening Prayer – entstanden möglicherweise im Zusammenhang mit der in Universitäten und Gelehrtenzirkeln praktizierten lateinischen Version des *Book of Common Prayer* in den 1560er Jahren. Beide Kompositionen sind in den einzelnen Teilen durch wechselnde Faktur geprägt, von Homophonie über Melismatik zum polyphon imitativen Stil.

Wie Byrd hat auch Tallis nach Wiedereinsetzung der landessprachlichen Liturgie durch Elisabeth I. lateinische Motetten komponiert. Ein Teil davon ist in den *Cantiones sacrae* von 1575 überliefert, deren Druck der Königin gewidmet ist. Tallis sehr kunstvoll gearbeitete Motetten stehen unter dem Einfluss kontinentaler Motettenbücher: Sie sind meist im durchimitierenden Stil komponiert und vermeiden weitgehend Cantus firmus-Technik; sie haben überwiegend liturgische Texte als Grundlage (z.B. *O salutaris hostia, Salvator mundi, O nata lux de lumine*). Die beiden Motetten auf nicht-liturgische Texte (*Absterge Domine* und *Suscipe quaeso*) gelten als besonders expressiv und sind möglicherweise den auf die kirchenpolitische Situation anspielenden Motetten Byrds vergleichbar. Ähnlich sind die ebenfalls auf liturgischen Texten basierenden fünfstimmigen *Lamentationes* (▸ Lamentatio) komponiert, die nicht publiziert wurden. Grundlage sind die ersten fünf Verse der *Lamentationes Jeremiae Prophetae* (erste und zweite Lesung der Frühmesse am Gründonnerstag), wobei Tallis nicht nur den eigentlichen Text, sondern auch die hebräischen Buchstaben (»Aleph«, »Beth«, »Gimel«, »Daleth«, »Heth«) vertonte, die die Verse voneinander trennen. Neben der üblichen phrygischen Tonart ist der Mittelteil durch außergewöhnliche Klanglichkeit geprägt. – Eine Ausnahme unter Tallis' Motetten ist die 40stimmige *Spem in alium*, die nicht in die Sammlung von 1575 aufgenommen wurde. Sie ist nicht, wie man aufgrund der Vielstimmigkeit denken könnte, für einen Staatsakt, sondern für einen Mäzen (wahrsch. Thomas Howard, Herzog von Norfolk) geschrieben und hatte wahrscheinlich eine 40stimmige Komposition Alessandro ▸ Striggios als Vorbild, die Motette *Ecce beatam lucem* oder die Messe *Ecco si beato giorno*, die dieser 1567 nach England mitgebracht hatte. Überliefert ist *Ecce beatam lucem* in einem englischen Kontrafaktum, das zur Zeit Jakobs I., nun tatsächlich für die staatliche Repräsentation, angefertigt wurde. Die Stimmen in Tallis' *Spem in alium* verteilen sich auf acht fünfstimmige Chöre, die Motette beginnt mit einem Chor und wird dann sukzessive aufgefüllt, bis alle vier Chöre beteiligt sind. Höhepunkte werden durch die Kombination aller Chöre in homophoner Satzstruktur erreicht, insbesondere in der Steigerung am Schluss, die der Hoffnung auf Vergebung der Sünden besondere Expressivität verleiht. Die durch die Besetzung möglichen klanglichen Differenzierungen bilden den Gipfel in der die englische Polyphonie prägenden Kunst der chorischen Kontrastierung (zur Analyse der Mottete siehe Roth).

Tallis' englischsprachige Kirchenmusik ist zum größten Teil in der Regierungszeit Edwards VI. (1547–1553) für anglikanische Gottesdienste nach dem *Common Prayer Book* entstanden, wenn auch viele Stücke erst in Quellen der Regierungszeit Elisabeths I. erhalten sind, als auch weitere anglikanische Kompositionen entstanden. An vollständigen *Services* ist nur ein einziger erhalten, der *Short Service* (auch *Dorian Service*). Er umfasst die Musik für den Morning prayer (*Venite, Te deum* und *Benedictus*), die Communio (*Kyrie, Gloria, Credo* und *Sanctus*) und den Evening prayer (*Magnificat* und *Nunc dimittis*). Der Zyklus ist nicht aus dem 16., sondern nur in Manuskripten des 17. Jahrhunderts und späterer Quellen erhalten, die Abfolge stimmt jedoch mit derjenigen des ersten *Common Prayer Book* von 1549 überein; der Druck *Cathedral Music in separate vocal parts* (1845) enthält auch die einstimmigen Partien. Gemäß den Forderungen Thomas ▸ Cranmers ist der Satz weitgehend syllabisch, homophon und ohne Wiederholungen gehalten, wie es in den frühen Services generell und in den Short Services auch später noch üblich war. Neben solchen sehr einfachen Vertonungen hat Tallis auch anspruchsvollere englischsprachige liturgische Musik komponiert, die wohl hauptsächlich für die Chapel Royal gedacht waren. Hierzu gehört ein weiterer *Service for five Parts*, von dem nur noch die Bass-Stimme erhalten ist, aus deren Länge und Textwiederholungen auf die Konzeption als Great Service geschlossen werden kann, sowie einzelne Teile der Services wie das vierstimmige *Benedictus* und insbesondere das fünfstimmige *Te Deum for means* mit u.a. antiphonalem Wechsel von Decani und Cantores. Dazu gehören auch die Mehrzahl der Anthems, die Kontrafakta lateinischer Motetten und Votivantiphonen sind (12 wurden identifiziert) und somit die Komplexität der katholischen Kirchenmusik in die anglikanische Musik transportieren; die meist auf einen Anlass zugeschnittene Umtextierung ist nicht immer von im selbst vorgenommen worden, sondern erfolgte oft posthum. Nur wenige seiner 24 überlieferten Anthems haben die einfache vierstimmige homophone und syllabische Faktur (z.B. *O Lord, in thee is all my Trust, Remember not O Lord*), wie sie die edwardianischen Anthems prägte.

Tallis komponierte kaum weltliche Musik. Von den drei erhaltenen englischen Liedern sind nur eines in Originalfassung, alle anderen in Bearbeitungen für Tasteninstrument überliefert. Die überlieferte Instrumentalmusik besteht aus zwei ▸ In-nomine-Sätzen und einem fünfstimmigen *Libera nos* für ▸ Consort sowie einigen ▸ Cantus firmus-Bearbeitungen für Orgel. Anders als sein Kollege Byrd hat er zur Entstehung einer selbständigen Instrumentalmusik kaum beigetragen.

Ausgaben:
Thomas Tallis [Lateinische Vokalmusik], hrsg. von P. Buck u.a. (Tudor Church Music 6), Oxford 1928; *Complete Keyboard Works*, hrsg. von D. Stevens, London 1953; *English Sacred Music*, Bd. 1 *Anthems*, Bd. 2 *Service Music*, hrsg. von L. Ellinwood (Early English Church Music 12 und 13), London 1971, rev. von P. Doe ebd. 1973 und 1974; *Mass »Puer natus est nobis«*, hrsg. von S. Dunkley und D. Wulstan, Oxford 1977; *Salve intemerata* und Missa *Salve intemerata*, hrsg. von N. Sandon (Antico Edition RCM 134), New Abbott 1995.

Literatur:
P. Doe, *Tallis* (Oxford Studies of Composers 4), London 1968, rev. 1976 • J. Milson, *English Polyphonic Style in Transition: A Study of the Sacred Music of Thomas Tallis*, Diss. Oxford 1983 • M. Roth, *Organisationsformen vielstimmiger Polyphonie. Tallis' Motette* Spem in alium, in: Musik und Ästhetik 2 (1998), S. 5–20 • P. Doe / D. Allinson, *Tallis*, in: *Grove*, Bd. 25, 2001, S. 36–47 • K. McCarthy, *Tallis*, in: *MGG*², Bd. 16 (Personenteil), 2006, Sp. 457–470 • S. Cole, *Thomas Tallis and his Music in Victorian England* (Music in Britain 1600–1900 4), Woodbridge 2008.

ES

Tanz

Der Tanz der Renaissance lässt sich lediglich noch an den Materialien ablesen, in die er transferiert und in denen er dokumentiert wurde. Er ist also greifbar in einer multiperspektivischen Vernetzung von Bild, Musik und Schrift. Vom 15. bis zum 18. Jahrhundert bietet sich für die Tradierung folgende Situation: Tanz zeigt sich in den kontinental- und südeuropäischen Ländern wie Frankreich, Deutschland und Österreich, Italien und Spanien, also Ländern, die über mannigfaltige praktische wie theoretische Ressourcen zu Volks-, Gesellschafts- und Theatertanz und hier vor allem dem Ballett verfügen. Und in diesen Quellen wird er beschrieben als Re-Präsentation bestehender kultureller Ordnungen oder Praktika. Die Darstellungen von Tanz oder Tanzen, d.h. sowohl höfischer Tanz wie Gesellschaftstanz und Ballett, zielen primär auf den Bereich des Unterrichts von Tanz, sowie auf den Bereich von Tanz als Ereignis, d.h. in Ritual, Fest, Feier, Ball. Beide Bereiche liefern re-präsentative Argumentationen mit Tanz, die im Laufe der Zeit physischer, sinnlicher, fühlbarer werden.

Die Feiern, Bälle, Feste, die in Reiseberichten oder ikonographischen Quellen erscheinen, beziehen sich selten spezifisch auf Bewegung; zentral ist das Ereignis selbst. Deutlich zeigt sich diese Organisation in den Festen und Triumphzügen der Renaissance. Die Festivitäten wurden veranstaltet vom Adel oder für den Adel, und enthielten zahlreiche Formen von unterhaltenden Spielen und Spektakeln, darunter auch Tanz. Hoffeste nahmen für gewöhnlich mehrere Tage in Anspruch, die gefüllt waren mit Turnieren, Banketten, Maskeraden, Spielen, oft mit Interludien und Tänzen, die den Ausklang jeden Abends bildeten, und denen häufig eine Maskerade (›morisco‹) vorausging. Dabei waren manche Typen von Festen in einigen Ländern populärer als in anderen. In Frankreich entwickelte sich das Genre des Balletts (▶ Ballet de cour, zunächst freilich auch nur als eine Form der Unterhaltung unter vielen) und in Italien eine Vorliebe für Gesang und spektakuläre technische Effekte, die schließlich zur Entstehung der Oper führten. Für die Feiern und Bälle gab es, im Unterschied zu anderen Kunstformen, wie der Literatur oder der Malerei, keine Regeln; ihr Aufbau war extrem flexibel: Sie konnten innerhalb der Häuser, Residenzen oder in Palästen stattfinden und im Freien. Die meisten Feiern fanden anlässlich von Krönungen, Geburtstagen, Verlobungen, Hochzeiten, den Besuchen von anderen Höfen oder an anderen Höfen statt. Der flexible Aufbau der Feste und Bälle machte sie zum idealen Instrument der Repräsentation und der Machtdarstellung.

In vielen europäischen Ländern, in denen später das Ballett florierte, also Frankreich, Italien und England, ist Tanz, eng verbunden mit der höfischen Erziehung. Möglichst gut tanzen zu können war nicht nur ein erstrebenswertes Ziel, wollte man in der Gesellschaft = Hofgesellschaft vorankommen, sondern auch ein notwendiges Mittel. Aufgrund des technischen Schwierigkeitsgrads gab es bei vielen Tänzen kaum improvisierte Ausführungen, sondern es bedufte professionellen Unterrichts durch Tanzmeister. Diese Tanzmeister gehörten entweder wiederum ›nur‹ der Hofgesellschaft an, oder sie waren ›gewerbsmäßige‹ Lehrer, die auch anderen, ›niedrigeren‹ Schichten entstammen konnten. Neben Tanzen lehrten sie meist Musik, Fechten und Dressur-Reiten. Tanzen spiegelt die Gesellschaftsordnung; es gilt als Statussymbol des Adels, oder des zu ihm in Opposition stehenden Volkes, wobei allerdings verbale Quellen über Volkstanz rar sind. Tanztraktate richten sich im 14., 15. und 16. Jahrhundert fast ausschließlich an die (des Lesens mächtige) Oberschicht und erscheinen gleichzeitig in Italien und Frankreich. Die in den italienischen Traktaten dargestellten ▸ Balli und Balletti sind kunstvolle repräsentative Arrangements, die die Tanzmeister in Proben für die festlichen Aufführungsanlässe vorbereiteten. Sie enthalten sowohl ›reinen‹, spektakulären, schönen Tanz wie auch Tänze mit narrativen, dramatischen Passagen. Die Zahl der Ausführenden ist meist festgelegt, sie umfasst zwei bis zwölf Tänzer und/oder Tänzerinnen. Ähnlich wie in Bezug auf die Festtypen sind in Italien und Frankreich auch unterschiedliche Ausführungen von Tanztypen sowie verschiedene Vorlieben für bestimmte Tanztypen zu finden. Lebhaftigkeit charakterisiert die italienischen Tänze. Die Traktate verzeichnen ungefähr gleich viele ▸ Bassedanze wie Balli bzw. Balletti. Wie die Burgunder Bassedanses sind die italienischen Bassedanze elegant und in gemessenem Tempo auszuführen; im Unterschied zum französischen Typ können sie aber auch Sprünge oder Hüpfer enthalten (z.B. ›salti‹, ›tempi di saltarello‹). Und sie sind durchgestaltet und werden meist von einer festgelegten Anzahl von Tänzern oder Tänzerinnen ausgeführt. Im französischen Burgund dominierten die Bassedanses, elegante, ruhige Schreittänze in Reihenformation. Sie verbreiteten sich vom Norden Frankreichs weiter nach England, Spanien und Deutschland. Die Bassedanses finden sich verzeichnet in dem Brüsseler Basse-danse Manuskript (B-Br, 9085) und der von Michel de Touloze 1496–1505 in Paris im Druck herausgegebenen Abhandlung *L'art et instruction de bien danser*, die mit dem Manuskript nahezu identisch ist. Ein festgelegtes Muster von Kombinationen, die Mesures, regeln die Anordnung der Basisschritte und -bewegungen; also: ›révérence‹, ›branle‹, ›simples‹, ›doubles‹, ›reprise‹. Die Mesures dienen dazu, das Erlernen und Erinnern zu erleichtern. Diese Strategie führte zu geschlossenen Strukturen (▸ Tanznotation). Die burgundischen Bassedanses entwickelten sich weiter bis ins 16. Jahrhundert, wie es z.B. die Trakate von Jacques ▸ Moderne (Lyon ca. 1540), Antonio de Arena (*Leges dansandi*, Avignon ca. 1527) und für die Spätphase Thoinot ▸ Arbeaus *Orchesographie* (Langres 1588) dokumentieren. Während die Bassedanses des 15. Jahrhunderts den 3/2 oder 6/4 Takt bevorzugen, findet sich im 16. Jahrhundert auch der gerade Takt, z.B. bei Arena.

Die Tanztraktate beinhalten ausführliche wie systematisch verkürzte Abhandlungen, Beschreibungen; z.B. symbolisieren Wortkürzel in Antonius de Arenas *Bassas danzas* (1533) Schritte, die sich auf das Versmaß eines Gedichtes beziehen. Variationen dieser Form der Verbalisierung sind die Beschreibungen von Schrittfolgen und Hinweise auf die räumliche Gestaltung. Fixiert werden auf diese verbale bzw. verbal-symbolische Weise im 15. und 16. Jahrhundert Bassesdanses wie auch Balli, genauer: einfache Tänze, komplexere Tänze, inhaltslose Tänze, mimische Tänze. Weitere tanztechnische Erklärungen, die sich oft in der Einleitung zu den Traktaten befinden, nennen die Grundregeln, die ›particelle principali‹ für den Tänzer: ›misura‹, das Gefühl für den Rhythmus, also die zeitliche Gestaltung, ›memoria‹, das bewusste Erinnern, ›aiere‹ und ›maniere‹, Eleganz, und schließlich ›partire de terreno‹, die Gestaltung von Raum. Diese Prinzipien sind auch in den Verbal-Symbolen implizit, was darauf schließen lässt, dass sie zum inventarisierten Bewegungsvokabular der Zeit gehörten. Die italienischen Bassaedanze sind ohne Musik überliefert (mit Ausnahme der Tenores in Antonio ▶ Cornazzanos *Libro dell'arte del danzare*). Die Musik zu den Balli ist mittels Mensuralnotation aufgezeichnet und wird dem jeweiligen Kontext angepasst. Als die vier gebräuchlichen Zeitmaße fungieren Bassadanza, ▶ Saltarello, ▶ Quadernaria, ▶ Piva. Sie können sowohl abwechselnd wie aufeinanderfolgend getanzt werden. Zum Modetanz des 16. Jahrhunderts avanciert die ▶ Galliarde; sie steht bereits zu Beginn dieses Jahrhunderts auf dem Lehrplan eines schulischen Zentrums in Siena, und in der zweiten Hälfte des 16. Jahrhunderts erscheinen die ersten großen Sammlungen (z.B. von Lutio Compasso). Großer Beliebtheit erfreute sich auch die ▶ Pavane, ein einfacher Tanz, der prozessionsartig ausgeführt wurde. Und genannt werden weiter ▶ Branle, ▶ Tourdion, Martingale. Der im späten 16. Jahrhundert beliebte ▶ Canario findet zwar bereits vor der Jahrhundertmitte Erwähnung in Spanien, vollständige, durchgestaltete Aufzeichnungen sind jedoch erst gegen Ende des 16. bzw. zu Beginn des 17. Jahrhunderts überliefert (Fabritio ▶ Caroso, Cesare ▶ Negri).

Ikonographisch werden seit dem 15. Jahrhundert höfische Tanzformen zunehmend zusammen mit Volkstanzformen dargestellt. Über den Tanz auf den Marktplätzen, den Tanz der Handwerker und Bauern gibt es jedoch, wie bemerkt, relativ wenige verbal- oder musikschriftliche Quellen. Dennoch finden sich einige Tänze erwähnt, z.B. Saltarello und Piva, die von Gesang begleitete Balli Tondi in Italien, Zarabandas in Spanien, ▶ Rounds, Hays, Jigs in England, Hoppeldei und Firlefanz in Deutschland. Detaillierte Angaben zur Ausführung lassen sich keiner dieser Quellen entnehmen, sie wurden mündlich tradiert.

Ende des 16. Jahrhunderts geraten die Ordnungen in ›Bewegung‹. Die Tanztraktate richten sich nicht mehr ausschließlich an ein adliges Publikum. Die Aristokratie spielt die primäre Rolle in den Abhandlungen von Negri und Caroso, der französische Kanonikus Arbeau jedoch schreibt vor allem für bürgerliche Kreise. In den Tanztraktaten, -lehrbüchern, -notationen wird deutlich, dass (und auf welche Weise) die Tänzer im Raum und mit dem Raum zu experimentieren beginnen. Diese Experimente zeigen sich vor allem in den ▶ Tanznotationen: Es wird ein Betrachterstandpunkt eingenommen, der die Tänzerinnen und Tänzer immer in Beziehung zu dem sie umgebenden Raum in der Draufsicht zeigt. Erforschen lassen sich auf diese Weise Bodenwege und Positionen der Tänzer zueinander, sowie Gesten, von oben gesehen. Die räumlichen Figurationen werden weiter in Beziehung gesetzt zu Musik und Verbalbeschreibungen. Ein Anfang dieses Diskurses zeigt sich in den Darstellungen von Caroso. Visuelle und verbale Umsetzungen von Körperbewegung sind aufeinander zu beziehen, was sowohl auf einen veränderten, nämlich mehr ›gefühlten‹, sinnlichen – und weniger schematisch nur durch Wortkürzel erfassten – Umgang mit Bewegung hinweist wie auf eine Veränderung des Bewegungsvokabulars selbst. Visualisierung und Verbalisierung erscheinen als gleichermaßen wichtig, um das Bewegungsgefühl zu dokumentieren. Die Organisation der Bewegungen, die Technik, wird komplexer, der Stil elaborierter. Aufgezeichnet werden in Bodenwegschriften auch die im Ballet de Cour verwendeten Balli (Claude François Ménéstrier), Gesellschaftstänze und auch Volkstänze. Weiter entstehen im 16. und

17. Jahrhundert neue Arten von Dokumenten, die sich mit Tanz befassen. Hinweise zu den Aufführungen finden sich in Tanzlibretti; und ebenso wird die Produktion von Balletten in philosophischen Schriften reflektiert.

Als Folge der Gründung der Académie Royale de la Danse (1661) vertieften sich die Argumentationen für den Tanz. Die zeitgenössischen Tanztheoretiker begründeten den Tanz als eigenständige Kunstform, indem sie ihn als theatralischen Tanz im Rahmen des zeitgenössischen Musiktheaters historisch und poetologisch verankerten. Die re-präsentativen Aspekte von Bewegung und Material werden also noch auf einer weiteren Ebene exploriert, nämlich im Zusammenspiel von tanztheoretischen Schriften, Libretti und philosophischen Abhandlungen, die auf ihre je eigene Weise unterschiedliche Facetten und Ebenen von Tanz und Tanzen aufzeichnen und wiedergeben.

Literatur:
H.M.C. Purkis, *Renaissance Fêtes and Triumphs*, in: *International Encyclopedia of Dance*, hrsg. von S.J. Cohen, New York u.a. 1989, Bd. 5, S. 340f • I. Brainard, *II. 15. bis Mitte des 16. Jahrhunderts*, in: *MGG Prisma. Tanz*, hrsg. von S. Dahms, Basel u.a. 2001, S. 55–61 • S. Dahms, *III. Ende des 16. bis Anfang des 18. Jahrhunderts*, in: Dass., S. 62–65 • C. Jeschke / G. Vettermann, *Tanzforschung. Geschichte – Methoden*, in: *Gesellschafts- und Volkstanz in Österreich* (Musicologica Austriaca 21), hrsg. von M. Fink und R. Gstrein, Wien 2002, S. 9–36.

GV

Tanznotation

Unter Tanznotation versteht man die schriftliche Aufzeichnung der Schrittfolgen zumeist vollständiger Choreographien. Die frühesten Aufzeichnungen zum europäischen Kunsttanz datieren um 1440. Die zum Teil graphisch aufwendig angefertigten Quellen (z.B. Brüsseler Manuskript) dieser Zeit geben überwiegend den höfischen, und nicht den volkstümlichen Tanz wieder. Man unterscheidet rein verbale Tanzbeschreibungen, in Wortkürzel gefasste Notationen, sowie graphische Aufzeichnungen, die teilweise auch einander ergänzen. Je nach Typus der Notation bzw. Art der Quelle ist auch die Musik zu den Choreographien entweder vollständig oder zumindest rudimentär schriftlich festgehalten.

In den italienischsprachigen Quellen des 15. Jahrhunderts überwiegen verbale Tanzbeschreibungen. Die frühesten Quellen zum Tanz in dieser Region sind in den Traktaten von ▸ Domenico da Piacenza, Antonio ▸ Cornazzano und ▸ Guglielmo Ebreo da Pesaro festgehalten. Der Beschreibung der Choreographien geht jeweils eine ausführliche Tanztheorie (Tanzästhetik, Tanztechnik) voran. Sämtliche Tänze sind entweder dem Typus des ▸ Ballo (eine freiere choreographische Form, oft mit einer inhaltlich semantischen Bedeutung) oder der ▸ Bassadanza (eine eher abstrakte, syntaktisch strukturierte Tanzform) zugeordnet. In beiden Fällen werden die Choreographien verbal beschrieben. Den Balli ist die entsprechende Musik als Tenormelodie, in einigen Fällen als Cantus-Stimme beigefügt. Zu den italienischen Bassedanze ist mit wenigen Ausnahmen keine Musik angeführt, da hierzu über einen gleichbleibenden Rhythmus improvisiert werden konnte.

Die verbale Tanznotation ist auch im 16. und beginnenden 17. Jahrhundert noch verbreitet, so etwa in den Traktaten von Livio ▸ Lupi, Fabritio ▸ Caroso und Cesare ▸ Negri. Die Bassadanza verliert ab 1530 an Bedeutung, zum Typus des Ballo (offene Form) und des Balletto (festgelegte Form, ▸ Ballo) kommen neue Tänze (▸ Canario, ▸ Cascarda, ▸ Galliarde, ▸ Tordiglione, ▸ Passamezzo, u.a.) hinzu. Jeder Choreographie ist die entsprechende Musik in italienischer ▸ Lautentabulatur, teilweise unter Hinzufügung der Melodiestimme beigefügt. Die Zeitdauer der Schritte wird in einem von der Musiktheorie abgeleiteten System in Longa, Brevis, Semibrevis, Minima etc. unterschieden.

In Form von Wortkürzeln wird die überwiegend in französischsprachigen Quellen überlieferte ▸ Bassedanse notiert. Den Choreographien geht in den Traktaten eine erklärende Einführung voraus. Bei den Tänzen selbst werden dann nur mehr die Anfangsbuchstaben der einzelnen Schritte notiert: R (Révérence), b (Branle), s (Simple), d (Double), r (Reprise/Demarche), c (Congé). Die Musik ist als Tenormelodie in Brevisnoten notiert, über welche mehrstimmig improvisiert wurde. Die Schritte (R, b, ss, d, r) nehmen jeweils die Dauer einer Brevis ein und stehen direkt unter der zugehörigen Note. Schrittsequenzen werden in festgelegten Abfolgen, den sogenannten ›mesures‹ zusammengefasst (grande mesure: ss d; moyenne mesure: ss ddd; petite mesure: ss ddddd), die je nach Erweiterung mit zusätzlichen ss bzw. je nach Endung mit rb oder rrrb in ›parfaites‹, ›imparfaites‹ und ›plusqueparfaites‹ unterschieden werden. Auch hier fällt in der Theorie eine freie Übernahme der Terminologie des Mensuralsystems auf, ohne dass die Tanztheorie direkt aus der Musiktheorie hergeleitet werden könnte.

In Spanien war für die Bassedanse eine überwiegend graphische Notation verbreitet (Cervera Manuskript u.a.), die teilweise verbal ergänzt ist. Da bei der Bassedanse keine geometrischen Raumfiguren ausgeführt werden, reicht die Angabe der Schrittfolgen aus. Ein Kreuz zu Beginn markiert die Révérence, ein vertikaler Doppelstrich die seitliche Bewegung der ▸ Branle, eine Figur ähnlich der Ziffer 3 zeigt die Reprise an, ein langer Doppelstrich steht für zwei Simple-Schritte, zwei kurze und eine langer Strich in der Mitte steht für einen Double-Schritt. Diese Notation wird sowohl von links nach rechts als auch von unten nach oben geschrieben.

Eine Sonderform stellt die Notation von Thoinot ▸ Arbeau in seiner *Orchesographie* (Lengres 1588) dar. Hier sind die Notenlinien senkrecht an den linken Seitenrand gestellt. Rechts neben jeder Note steht der zugehörige Schrittname. In einer weiteren Reihe sind die einzelnen Schritte zu größeren Schrittfolgen (›simple‹, ›double‹, ›fleuret‹ u.a.) zusammengefasst. Arbeau hat die einleitende Beschreibung der Schritte durch Figuren, welche in den entsprechenden Positionen abgebildet sind, ergänzt. Diese Art einer verbalen Aufzeichnung, die graphisch so aufbereitet ist, dass die Schritte sogar den einzelnen Musiknoten zugeordnet sind, blieb zur Zeit der Renaissance ein Einzelfall.

Literatur:
C. Jeschke, *Tanzschriften – ihre Geschichte und Methode. Die illustrierte Darstellung eines Phänomens von den Anfängen bis zur Gegenwart* (Publikationen des Instituts für Musikwissenschaft der Universität Salzburg, Derra de Moroda Dance Archives, Tanzforschungen II), Bad Reichenhall 1983 • I. Brainard, *Bassedanse*, in *MGG²*, Bd. 1 (Sachteil), 1994, Sp. 1285–1293 • A. Hutchinson Guest, *Notation*, in: *International Encyclopedia of Dance*, Bd. 4, 1998, S. 683–694, New York 1998.

MM

Tapissier, Johannes [Jean de Noyers]
* Burgund, fl. um 1370–1410

Tapissier war franko-flämischer Komponist und Musiklehrer am Hofe des Herzogs Philipp des Kühnen in Burgund. Der richtige Name ist Jean de Noyers. Tapissier wird mit anderen Komponisten im seinerzeit berühmten Traktat *Règles de la seconde rhétorique* als herausragender Komponist seiner Zeit benannt. Nur wenige Ereignisse aus seinem Leben sind belegt, darunter Reisen mit dem herzoglichen Hofstaat nach Mailand und Avignon (1391), erneut nach Avignon (1395) und nach Flandern (1399). Aus burgundischen Quellen geht zudem hervor, dass Tapissier eine »escole de chant« in Paris unterhielt. Auch nach seinem Tod wurde Tapissier erinnert, in Martin ▸ Le Francs Gedicht *Le cham-*

pion des dames wird er noch um 1440 hoch gelobt. Gemessen an der Bedeutung, die Tapissier in seiner Zeit als Hofkomponist einnahm, ist die Überlieferung äußerst spärlich. Nur drei Werke sind bekannt: Die vierstimmige, isorhythmische ▸ Motette *Eya dulcis adque / Vale placens* auf das Kirchenschisma sowie ein dreistimmiges Credo und ein dreistimmiges Sanctus. Die drei Werke sind herausragende Beispiele für die ▸ Ars subtilior, gekennzeichnet von erlesener Rhythmik und kluger Textdisposition. Das Credo ist mit zwei verschiedenen Amen-Vertonungen überliefert, im französischen Manuskript Apt und in der bedeutenden norditalienischen Handschrift Q 15.

Ausgaben:
G. Reaney (Hg.), *Early Fifteenth-Century Music*, 1955 (Corpus mensurabilis musicae 11/1), Nr. 61–76.

Literatur:
C. Wright, *Tapissier and Cordier: New Documents and Conjectures*, in: The Musical Quarterly 59 (1973), S. 177–189 • Ders., *Music at the Court of Burgundy, 1364–1419: a Documentary History*, Henryville/Pennsylvania 1979.

AKH

Tasso, Torquato
* 11.3.1544 Sorrent, † 25.4.1595 Rom

Tasso war einer der wichtigsten italienischen Dichter der Renaissance. Sein Vater Bernardo Tasso war Hofmann und Dichter, bewegte seinen Sohn jedoch zum Jurastudium in Padua, nachdem er ihn oft auf Reisen von Hof zu Hof mitgenommen hatte. Torquato Tasso wechselte aber bald zu Philosophie und Rhetorik und verfasste erste Gedichte. 1562 veröffentlichte er das Epos *Rinaldo* und plante bereits das Kreuzzugsepos *Gerusalemme liberata*, das sein Lebenswerk werden sollte. 1565 beendete er sein Studium und wirkte fortan am Hof von ▸ Ferrara. 1572 ernannte ihn Herzog Alfonso II. zum ›gentiluomo‹. Literarisch war Tasso äußerst produktiv: Er veröffentlichte 1573 sein Schäferspiel *Aminta* sowie zahlreiche Dichtungen, Dialoge und theoretische Schriften, 1575 vollendete er schließlich nach etwa 15jähriger Arbeit das Epos *Gerusalemme liberata*. Vor einer Veröffentlichung holte er die Meinung fünf bedeutender Kritiker bezüglich literarischer, theologischer und politischer Fragen ein, um sich vor der Inquisition zu schützen. Er verstrickte sich jedoch in endlose Debatten über zahlreiche Details, die eine Überarbeitung des Werkes nötig machten, ihm aber auch emotional stark zusetzten und wohl zu einem Nervenzusammenbruch führten. 1577 griff er einen Diener an und wurde verhaftet, floh jedoch. Zwei Jahre lang reiste er rastlos durch Italien und hoffte 1579 auf eine Versöhnung mit dem Hof in Ferrara. Sein Verfolgungswahn führte jedoch zu einer solchen Eskalation, dass er für sieben Jahre als Geisteskranker im Ospedale di Sant'Anna eingesperrt wurde. Seine umfangreiche Korrespondenz und sein fortgesetztes literarisches Schaffen aus dieser Zeit lassen ihn jedoch keineswegs unzurechnungsfähig erscheinen. Nach seiner Entlassung auf Bitten von Herzog Vincenzo ▸ Gonzaga ging Tasso zunächst mit ihm nach Mantua, reiste dann jedoch wieder von Stadt zu Stadt, wobei er Werke wie die Tragödie *Il re Torrismondo* (1587), das religiöse Gedicht *Le sette giornate del mondo creato* (1594) und viele Dichtungen sowie die revidierte Fassung seines Kreuzzugsepos' als *Gerusalemme reconquistata* (1593) veröffentlichte, begleitet von einer rechtfertigenden Schrift. Allgemein wird jedoch die erste Fassung bevorzugt. 1595 starb er in Rom.

Als Hofdichter war Tasso auch mit den Hofmusikern vertraut. In seinem Dialog *La Cavaletta* brachte er besondere Wertschätzung für die Musiker Luzzasco ▸ Luzzaschi, Giaches de ▸ Wert und Alessandro ▸ Striggio zum Ausdruck. 1591 veröffentlichte er einen

Band mit Liebeslyrik, der den Sängerinnen Lucrezia ▸ Bendidio und Laura ▸ Peverara aus Ferrara gewidmet war, zur Hochzeit der letzteren hatte er schon 1583 eine Sammlung teils mit eigenen Madrigalen herausgegeben, die er von verschiedenen Musikern hatte komponieren lassen. Er korrespondierte mit Carlo ▸ Gesualdo da Venosa, vielleicht kannte er auch Luca ▸ Marenzio und Claudio ▸ Monteverdi. Dieser nutzte Tassos mehr als 1700 Dichtungen vielfach als Text für seine Madrigale sowie Passagen aus *Gerusalemme liberata*. Eine dieser Episoden, den nächtlichen Zweikampf von Tancredi und Clorinda, verarbeitete Monteverdi zu *Il combattimento di Tancredi e Clorinda*, der während des Karnevals 1624 in Venedig aufgeführt wurde; eine Oper *Armida abbandonata*, basierend auf Tassos Epos, ist nur aus den Briefen des Komponisten bekannt. Doch viele Komponisten, darunter insbesondere Philippe de ▸ Monte, Claudio ▸ Merulo, Wert, Luzzaschi, Marenzio und Gesualdo, verwendeten ab den 1570er und 1580er Jahren Texte aus Tassos vielseitigem Schaffen, das dem Ausdrucksvermögen des Madrigals sehr entgegenkam; nur Ludovico ▸ Ariosts *Orlando furioso* wurde zuvor ähnlich häufig benutzt. Die Aufführung seines Schäferspiels *Aminta* in Florenz 1590, wahrscheinlich mit Musik von Emilio de' Cavalieri, könnte Tasso sogar selbst miterlebt haben. Im 17. und 18. Jahrhundert wurden *Aminta* und vor allem *Gerusalemme liberata* (vollständig oder in Auszügen) zur Vorlage zahlreicher Opern verwendet.

Ausgaben:
Le Rime di Torquato Tasso, hrsg. von A. Solerti, Bologna 1898–1902; *Opere*, hrsg. von G. Rossini, 33 Bde., Pisa 1821–1832; *Opere*, hrsg. von B.T. Sozzi, 2 Bde., Turin 1955/56.

Literatur:
A. Solerti, *Vita di Torquato Tasso*, Turin 1895 • G. Getto, *Interpretazione del Tasso*, Neapel 1951 • C.P. Brand, *Torquato Tasso*, Cambridge 1965 • F. Pittorru, *Torquato Tasso: l'uomo, il poeta, il cortigiano*, Mailand 1982 • D. Mace, *Tasso, La Gerusalemme liberata, and Monteverdi*, in: Studies in the History of Music 1 (1983), S. 118–156 • I. Fenlon, *Text for Music: The Case of Tasso*, in: *L'edizione critica tra testo musicale e testo letterario*: Cremona 1992, S. 129–139.

RK

Tasteninstrumente ▸ Orgel, ▸ Cembalo, ▸ Clavichord, ▸ Virginal, ▸ Spinett, ▸ Clavicytherium

Taverner [Tavernor, Tavernar], John
* um 1490–1495 Süd-Lincolnshire (?), † 18. 10.1545 Boston/Lincolnshire

Taverner war der bedeutendste englische Komponist der ersten Hälfte des 16. Jahrhunderts; er verband englische Usancen mit kontinentalen Praktiken. Sein Schaffen umfasst vor allem katholische Kirchenmusik (Messen, Magnificats, Votivantiphone, weitere liturgische Musik).

Das früheste biographische Dokument über Taverner stammt aus den Jahren 1524/1525, als er an der Tattershall Collegiate Church in Lincolnshire als Sänger angestellt war. 1526 wurde er ›master of the choristers‹ am Cardinal College in Oxford. 1530–1537 war er Sänger und ›master of the choristers‹ der St Botolph Church in Boston – seine Anstellung endete, da die wohlhabende Gild of St. Mary durch die Gesetzgebung von 1534/1535 (Konstituierung der anglikanischen Kirche) ihrer Einnahmen beraubt war und Taverner nicht mehr angemessen bezahlt werden konnte. Taverner arbeitete seitdem nicht mehr als Musiker; er hatte wahrscheinlich die Bekanntschaft von Thomas Cromwell gemacht und wurde – im Zug der staatlichen Neuorganisation der Kirche – 1538 mit der Aufsicht kirchenreformatorischer Tätigkeiten betraut. Ob Taverner aufgrund dieser Funktionen zum

Protestantismus konvertierte oder gläubiger Katholik blieb, worauf seine seit 1537 bestehende Mitgliedschaft in der ›Gild of Corpus Christi‹ verweist, ist ungeklärt. – Taverner wurde, da er ein angesehener und wohlhabender Bürger war, 1545 in den Stadtrat von Boston gewählt; er starb jedoch noch im selben Jahr.

Die bedeutendsten Kompositionen Taverners sind seine acht Messen (alle ohne Kyrie), die zum Teil die englische Tradition fortführen, zum Teil die imitatorische Technik des Kontinents aufgreifen und zum Teil bereits an reformerischen Tendenzen der Textverständlichkeit orientiert sind. Zu letzteren gehört die wahrscheinlich spät komponierte sehr schlichte vierstimmige *Plainsong Mass*. Die fünfstimmige *Meane Mass* hingegen ist an den durchimitierenden Stil ▸ Josquin Desprez' angelehnt; der Name der Messe ist von ihrer Oberstimme abgeleitet, die anstatt der hohen (›treble‹) Knabenstimme die tiefe (›mean‹) hat (▸ Stimmengattungen). Die fünfstimmigen Messen *Mater Christi* und *Small Devotion* sind mit ihrem Wechsel von zwei-, drei- und fünfstimmigen Partien, mit der erst ansatzweise imitatorischen Struktur und insbesondere mit ihren melismatischen Auszierungen noch weitgehend dem ›florid style‹ der englischen Musik des frühen 16. Jahrhunderts verpflichtet. Hierzu gehören auch die Messen *Corona spinea* und *Gloria tibi trinitas*; sie sind im Unterschied zu den beiden erstgenannten Kompositionen Messen für festliche Anlässe, die mit ihrer Sechsstimmigkeit und mit ihrer durch ausgiebige Melismatik erreichte Länge repräsentativ wirken. Beide sind Cantus firmus-Messen, der Cantus firmus von *Corona spinea* ist unbekannt; *Gloria tibi trinitas* hat die gleichnamige Antiphon als Grundlage. Letztere Messe ist von besonderer Bedeutung, da aus ihr die ▸ In nomine-Kompositionen hervorgingen, Instrumentalkompositionen, die über dem »In nomine«-Abschnitt des Benedictus komponiert sind. Die dritte sechsstimmige Messe *O Michael* ist wahrscheinlich nicht für das Hauptfest St. Michael am 29.9. bestimmt, sondern wegen des zugrunde liegenden Responsoriums für St. Michael in Monte am 25.10. so benannt (Steven, S. 53). Die vierstimmige Messe *The Western Wind* ist die bekannteste Taverners und die einzige über eine weltliche Melodie, ein auf dem Kontinent übliches, in England jedoch zu der Zeit ungewöhnliches Verfahren, das laut Bowers (S. 134) auf reformatorische Vorstellungen deutet. – Weitere liturgische Kompositionen Taverners sind Votiv-Antiphonen zur Verehrung Christi oder Heiliger und Magnificat-Vertonungen, zum Teil wahrscheinlich für das Cardinal College entstanden, in dessen Statuten das tägliche Singen einer Antiphon für St. William of York vorgeschrieben war.

Ausgaben:
Gesamtausgabe der Kirchenmusik, hrsg. von H. Benham (Early English Church Music 20, 25, 30, 35, 36), London 1978–1990.

Literatur:
D. Stevens, *Tudor Church Music*, New York 1955, London 1961, ²1966 • H. Benham, *Latin Church Music in England, c. 1460– 1575*, London 1977 • R. Bowers / P. Doe / H. Benham, *Taverner*, in: New Grove, 2001, S. 131–135 • H. Benham, *John Taverner: His Life and Music*, Aldershot 2003 • Ders., *Taverner*, in: MGG², Bd. 16 (Personenteil), 2006, Sp. 564–569.

ES

Te Deum

Unter Te Deum versteht man einen nach seinem Textbeginn benannten christlichen Preisgesang in hymnisch-gehobener Sprache, der seit der Spätantike bezeugt ist. Als Verfasser galten der Tradition nach Ambrosius (um 449–497) – einer Legende zufolge soll er nach der Taufe Augustins, einer spontanen Eingebung folgend, besagten Lobgesang angestimmt haben – oder Hilarius von Poitier († um 367). Die hymnologische Forschung schrieb die Autorschaft entweder dem serbischen Bischof Nicetas von Remesiana († 414) zu oder suchte ihn aus den Präfationstexten des altspanischen Ritus abzuleiten. Liegen die Ursprünge des Te Deum im Dunkeln, so einfach ist seine musikalische Gestalt (erstmals greifbar in einem Kartäusergraduale des 12. Jahrhunderts) zu ermitteln. Es tritt nur mit einer einzigen, weitestgehend auf einer Rezitationsformel im vierten Ton basierenden Melodie auf, die – abgesehen von Abweichungen – im Detail konstant überliefert ist.

Das Te Deum wird als Lobgesang in vielerlei Funktionen verwendet: Im nächtlichen Stundengebet, der Matutin, erklingt es an allen Sonn- und Feiertagen. Darüber hinaus kann es im Rahmen von ▸ Prozessionen, als Schlussgesang liturgischer Spiele sowie als Dankgesang bei kirchlichen und politischen Feierlichkeiten zum Einsatz kommen (etwa bei der Wahl und Weihe von Bischöfen und weltlichen Herrschern, nach militärischen Sieg, bei der Eröffnung von Reichstagen u.dgl.).

Gerade die letztgenannten Aufführungsgelegenheiten legten eine mehrstimmige Darbietung des Te Deum nahe, um dem festlichen Anlass einen besonderen repräsentativen Glanz zu verleihen. Vielfach erfolgte die Ausführung aber nicht auf der Grundlage einer schriftlich ausgearbeiteten Komposition, sondern durch im improvisierten Kontrapunkt geschulte Sänger bzw. Organisten. Entsprechend selten sind Te-Deum-Sätze in musikalischen Quellen überliefert. Nach vereinzelten Vorboten in der karolingischen Musica enchiriadis, englischen Fragmenten des Spätmittelalters treten sie in nennenswertem Umfang erst ab der zweiten Hälfte des 15. Jahrhunderts in Erscheinung (darunter eine vollständige Te-Deum-Vertonung durch Gilles ▸ Binchois). Noch im 16. Jahrhundert nehmen mehrstimmige Bearbeitungen des Te Deum eine Randstellung im Chor- und Orgelrepertoire ein. Dies gilt besonders für die Niederlande, Spanien und England, während es im deutschen Sprachraum (interessanterweise gerade unter den Reformatoren der ersten Generation) eine gewisse Ballung von Te-Deum-Sätzen zu verzeichnen ist (▸ Arnold von Bruck, Johann ▸ Walter, Sixtus ▸ Dietrich u.a.).

Gemäß der liturgischen Herkunft des Te Deum folgte die mehrstimmige Aufführung in der Regel dem Alternatim-Prinzip: Der Gesang wurde versweise im Wechsel von einstimmigem Choral und mehrstimmiger Bearbeitung (auf Grundlage der Choralmelodie, ab dem 16. Jahrhundert zunehmend auch freikomponiert) vorgetragen. An die Stelle des Figuralchors können mehrstimmige Orgelversetten treten. Gegen Ende des 16. Jahrhunderts treten neben Alternatim-Sätzen auch durchkomponierte motettische Vertonungen auf (z.B. Jacobus ▸ Vaet, Jacob ▸ Gallus).

Während die englische Reformation rasch das Te Deum einzig in der Volkssprache pflegte, bediente sich die lutherische Kirche neben der lateinischen Textvorlage auch deutscher Übertragungen (einschlägig vor allem die Übersetzungen von Martin ▸ Luther, Thomas ▸ Müntzer und Johannes Brenz). Mehrstimmige Bearbeitungen tragen dabei bisweilen dem Ansinnen Rechnung, der Kirchengemeinde das Mitsingen einzelner Verse zu ermöglichen. Am Rande zu erwähnen sind schließlich noch textliche Kontrafakturen des Te Deum, die im positiven Sinne auf die Gottesmutter umgemünzt sind (»Te Matrem laudamus«) oder unter umgekehrten Vorzeichen eine Verurteilung Martin Luthers zum Ausdruck bringen (»Te lutherum damnamus«).

Literatur:
P. Wagner, *Einführung in die gregorianischen Melodien III: Gregorianische Formenlehre*, Leipzig 1921 • M. Righetti, *Manuale di storia liturgica*, Bd. 1, Mailand 1945, ³1964 • E. Kähler, *Studien zum Te Deum und zur Geschichte des 24. Psalms in der alten Kir-*

che, Göttingen 1958 • W. Kirsch, *Die Quellen der mehrstimmigen Magnificat- und Te Deum-Vertonungen bis zur Mitte des 16. Jahrhunderts*, Tutzing 1966 • B.J. Blackburn, *Te Matrem Dei laudamus: a Study in the Musical Veneration of Mary*, in: Musical Quarterly 53(1967), S. 53–76 • J. Caldwell, *The Te Deum in Late Medieval England*, in: Early Music 6 (1978), S. 188–194 • S. Žak, *Das Te Deum als Huldigungsgesang*, in: Jahrbuch der Görres-Gesellschaft 102 (1988), S. 1–32 • A. Edler, *Gattungen der Musik für Tasteninstrumente, Teil I: Von den Anfängen bis 1750* (Handbuch der musikalischen Gattungen, 7/1), Laaber 1997.

CTL

Tempus perfectum/imperfectum

Tempus perfectum/imperfectum, lat. vollkommene/unvollkommene Zeit, ist ein Begriff aus der ▶ Mensuralnotation, der die ▶ Mensur der ▶ Brevis angibt. Eine Brevis konnte bei gleicher äußerer Form sowohl zwei- als auch drei Semibreven entsprechen. Die Dreiwertigkeit (›tempus perfectum‹) wurde durch den vollen Kreis als Mensurzeichen angezeigt, die Zweiwertigkeit (›tempus imperfectum‹) durch den Halbkreis. Der Gegenbegriff dazu ist die ▶ Prolatio maior/minor.

ALB

Tenor ▶ Stimmengattungen

Tenorklausel ▶ Klausel

Tenorlied

Im allgemeinen Sinne wird unter ›Ténorlied‹ (Betonung auf der ersten Silbe) eine Liedkomposition verstanden, die von der mehrstimmigen Bearbeitung einer als ▶ Cantus firmus aufgefassten Liedmelodie in der Tenorstimme ausgeht. Diese Technik war zwar nicht ausschließlich, aber quantitativ und qualitativ in so hohem und bestimmendem Maße für deutsche Lieder von der Mitte des 15. bis zur Mitte des 16. Jahrhunderts kennzeichnend, dass man mit der Wortfügung speziell die Gattung des deutschen polyphonen Liedes im genannten Zeitraum zu benennen pflegt.

Das satztechnische Phänomen wurde ursprünglich als »Kernweisenlied« angesprochen (noch Helmuth Osthoff 1938), 1931 benutzten Herbert Rosenberg und Heinrich Besseler sporadisch bereits den Ausdruck »Tenorlied«, der dann seit 1942/1943 von Kurt Gudewill und seinen Schülern in zahlreichen Schriften etabliert und auch in die angelsächsische Terminologie übernommen wurde (David Fallows, Reinhard Strohm). Historisch begründet ist die Wortwahl insofern, als einstimmig überlieferte Melodien gemeinhin als ›Tenores‹ bezeichnet wurden. Die Forschergeneration der Vorkriegsjahre koppelte an den Begriff eine bestimmte »Musikgesinnung« (Gudewill), nämlich eine von Gemüt und Gefühl geleitete deutsche Haltung, die sich von Formenrationalismus, Eleganz und kühler Künstlichkeit der französisch-burgundischen Liedkultur abhob (Willibald Gurlitt) und die man in einer »ehemals gesungenen Kernmelodie« (Arnold Schering) erkennen wollte, die allerdings teilweise erst durch eine komplizierte Dekolorierungsmethode (▶ Kolorierung) aus den mehrstimmen Sätzen hypothetisch herausdestilliert werden musste und oft mit einer vagen oder ideologisch instrumentalisierten Konzeption von ›Volk‹ und ▶ Volkslied verbunden wurde. Mit dieser Liedidee verbanden sich Vorstellungen von der Aufführungsweise des Tenorlieds, nämlich als solistisch gesungener Tenor, der von umrahmenden Instrumentalstimmen ins Profil gerückt wird. Diese These stützte sich auch auf die vorherrschende Präsentationsform der ersten gedruckten Liederbücher (um 1510–1515), in denen der Text nur im Tenor-Stimmbuch abgedruckt ist, was allerdings in der handschriftlichen Liedüberlieferung des 15. Jahrhunderts nicht systematisch vorgeprägt und nach 1515 nur bisweilen anzutreffen ist. Ob es zu bestimmten Zeiten bevorzugte vokale, instrumentale bzw. vokal-instrumental gemischte Besetzungsideale und -gepflogenheiten für Tenorlieder gab, ist jedoch faktisch nicht belegt. Der Begriff wird im gegenwärtigen Gebrauch als entideologisierter Terminus technicus für eine in sich differenzierte Gattung unter Akzentuierung des kompositionstechnischen Aspekts verwendet.

Das satztechnische Prinzip ist bis in die erste Hälfte des 15. Jahrhunderts (zum Mönch von Salzburg und zu ▸ Oswald von Wolkenstein) zurückzuverfolgen, wo es aus der Praxis des Übersingens, des mehrstimmigen Ergänzens einer gegebenen Liedmelodie aus dem Stegreif, hervorgegangen ist. Es erfuhr eine Vertiefung in der Praxis der Tasteninstrumentenspieler der Zeit, eine Liedmelodie in die linke Hand zu verlegen und mit der rechten Hand zu ornamentieren (z.B. im Buxheimer Orgelbuch). Mit den Sammlungen des Lochamer-, Schedel- und Glogauer Liederbuchs in der zweiten Hälfte des 15. Jahrhunderts werden größere Bestände an dreistimmigen, fast immer anonymen Liedsätzen überliefert, deren überwiegend syllabisch vorgetragene und zumeist (aber nicht zwingend) liedhaft gestaltete Hauptmelodie im Tenor liegt und von Cantus und Contratenor begleitet werden (▸ Stimmengattungen). Damit grenzt sich das Tenorlied grundsätzlich vom Konzept des von der Oberstimme ausgehenden Kantilenensatzes der Chanson ab, wenngleich es im Bereich des deutschen Liedes auch gelegentlich vorkommt, dass die liedhaft durchgebildete Stimme im Diskant, sporadisch auch im Bass liegt bzw. wie ein wandernder Cantus firmus behandelt wird.

Mit der Komponistengeneration von Heinrich ▸ Isaac, Heinrich ▸ Finck und Paul ▸ Hofhaimer um 1500, dann auch Ludwig ▸ Senfl im ersten Drittel des 16. Jahrhunderts gewinnt die Vierstimmigkeit auch für das Tenorlied normative Bedeutung, die in besonderen Fällen, vor allem wenn mehrere Liedmelodien simultan kombiniert werden, überschritten wird. Zu dieser Zeit differenziert sich das Satzmodell, teilweise in Verbindung mit der Wahl bestimmter Textarten, die nach wie vor strophisch sind, entscheidend aus, wobei die Sätze als ▸ Hofweise oder als ▸ Volkslied gestaltet werden (zu verstehen im Sinne polarer Idealtypen; tatsächlich sind alle Zwischenstufen des Spektrums anzutreffen). Im ersten Fall, der dem 15. Jahrhundert näher steht, dienen die umrankenden Stimmen dazu, das Profil der Liedmelodie zu schärfen, indem sie sehr direkt auf deren Verlauf bezogen sind. Im anderen Fall entsteht ein Kontrast zwischen Tenor und Satz, da die Liedmelodie mit verschiedenen Operationen wie Egalisierung und Dehnung der Notenwerte, Trennung der Liedzeilen durch größere Pausenabschnitte, kanonische Verdoppelung in einer anderen Stimme etc. zur Konstruktionsbasis für ein bewegt-kontrapunktisches, oft imitatives und von kleinen Motiven geprägtes Geflecht wird. Diese Tenorlieder publizierte Georg ▸ Forster in seiner ersten, retrospektiven Anthologie (1539), in der zweiten Sammlung (1540) vereinigte er wie auch überwiegend Hans ▸ Ott in seinen Sammeldrucken von 1534 und 1544 modernere, d.h. stärker homophon ausgerichtete Sätze, bei denen es auch näherliegend war, allen Stimmen Text zu unterlegen sowie einfacher, sie in allen Stimmen vokal auszuführen. Für den protestantischen Liedsatz Johann ▸ Walters (1524) stellte das Tenorlied-Prinzip das Modell dar. Erst ein Jahrzehnt nach Erscheinen von Forsters letztem Liederbuch (1556) wurde durch freie Liedsätze von Orlande de ▸ Lassus das Tenorlied als Haupttypus abgelöst, wenngleich noch bis ins 17. Jahrhundert hinein nicht wenige Tenorlieder komponiert wurden.

Literatur:
N. Schwindt, *Musikalische Lyrik in der Renaissance*, in: *Musikalische Lyrik*, hrsg. von H. Danuser, Laaber 2004, S. 156–162, 185–193.

NSCH

Tenormesse ▸ Messe

Tenormotette

Die Tenormotette setzte sich ab der Mitte des 15. Jahrhunderts in der Nachfolge der ▸ isorhythmischen Motette als umfangreichste und kompositorisch anspruchsvollste Untergattung durch. Sie ist typischerweise zwei- oder dreiteilig und fünf- oder sechsstimmig, mit liturgischem Tenor in langen Notenwerten (manchmal kanonisch verarbeitet) in der Mitte des Tonsatzes und mit rhythmischen bewegteren Außenstimmen, die einen oder mehrere längere, inhaltlich auf den Tenor bezogenen Texte vertonen. Oft handelt es sich um ▸ Staatsmotetten mit anlassbezogenen, repräsentativen Texten in literarisch anspruchsvoller Form (humanistische Hexameter oder Distichen). Ihre Blütezeit reicht von den 1460er Jahren bis zum Ende des Jahrhunderts; schon im frühen 16. Jahrhundert galt sie als archaisch, behauptete ihre Stellung im Kontext der Staatsmotette aber bis zum Ende des Jahrhunderts. Hauptvertreter sind Antoine ▸ Busnoys, Johannes ▸ Regis, Loyset ▸ Compère, ▸ Josquin Desprez und Jacob ▸ Obrecht; noch bis in die 1540er Jahre hinein wird sie an der päpstlichen Kapelle praktiziert (z.B. von Andreas de Silva und Costanzo ▸ Festa).

Literatur:
W. Stephan, *Die burgundisch-niederländische Motette zur Zeit Ockeghems*, Würzburg-Aumühle/Kassel 1937, Reprint 1973 • L. Finscher, *Von der isorhythmischen Motette zur Tenormotette*, in: *Die Musik des 15. und 16. Jahrhunderts* (Neues Handbuch der Musikwissenschaft 3), Laaber 1989, S. 306–324 • J.E. Cumming, *The Motet in the Age of Du Fay*, Cambridge 1999 • H.-J. Winkler, *Die Tenormotetten von Johannes Regis in der Überlieferung des Chigi-Kodex*, 2 Bde., Città del Vaticano/Turnhout 1999 • Th. Schmidt-Beste, *Textdeklamation in der Motette des 15. Jahrhunderts*, Turnhout 2003.

TSB

Tessier, Charles
* um 1565 (?), † nach 1610

Der Sohn von Guillaume, ein Lautenist und Komponist, war als »musitien de la chambre du roi« (Henri IV) in Paris tätig, bevor er weite Reisen nach London (1597), Marburg (1604), Nancy (1609) und möglicherweise nach Italien, Spanien, Arabien und in die Türkei machte. Seine ersten Lieder für vier Stimmen wurden anonym in Adrian ▸ Le Roys *Airs de cours* 1595–1597 gedruckt. Sechs von ihnen wurden mit 18 weiteren französischen Airs erneut aufgelegt, eine madrigalistische Chanson für fünf Stimmen und neun italienische Canzonetten in seinem ersten Einzeldruck, *Le premier livre de Chansons & Airs de court*, publiziert bei Thomas East in London 1597 mit einer Widmung an Lady Penelope Riche/Devereux. Ein zweites Buch, das 41 *Airs et villanelles fran(çais), ital(iennes), espag(nolles), suice(s) et turcq(esques)* enthielt, wurde von Ballard in Paris 1604 mit einer Widmung an Moritz, Landgraf von Hessen publiziert, eine Widmung, die 1610 in Matthias, König von Ungarn, geändert wurde. Während das internationale Renommee seiner Arien dasjenige der Sammlung seines Vaters überschritt, insbesondere mit dem Einbezug exotischer türkischer Stücke, waren ihre lebhaften syllabischen Rhythmen, die zweiteilige wiederholte Form und die großflächige homophone Harmonik bei beiden Komponisten bemerkenswert ähnlich. Die im wesentlichen monodische Konzeption der meisten Arien wird durch die Sammlung der Autographe für Solostimme und Laute bestätigt (Oxford, Bodleian Library Ms Music School D237), die dem englischen höfischen Lebemann Sir George Brook gewidmet ist; die Sammlung enthält auch einige Arrangements von Arien seines Vaters, von Jean ▶ Planson, Pierre Bonnet und dem jüngeren Pierre Guédron. Ein weiteres autographes Manuskript enthält »la chanssonnette […] du crieur de noir de Paris«, die er Anthony Bacon, dem Sekretär des Earl of Essex, Robert Devereux, 1597 sandte.

Die Eröffnungschanson des ersten Buches, *Ces beaux yeux atrayans*, ein Sonett, das die Schönheit, die Stimme und die Laute der Penelope Riche preist, zeigt Tessiers Geschick, einen fünfstimmigen madrigalistischen Kontrapunkt im englischen Stil eines William ▶ Byrd und Thomas ▶ Weelkes zu schreiben auf eine Melodie, die John ▶ Dowland später in seinem Lied *Can she excuse my wrongs* und seiner *Earl of Essex Galliard* für Sololaute benutzte. Tessiers zweite Air, *Mais je vous prie, contentez vous*, gebraucht ebenfalls eine Melodik und Harmonik, die aus Dowlands *Whoever thinks or hopes of love* (Ayres 1597 no.2) bekannt erscheint. Diese musikalische Interaktion zeugt von einer Bekanntschaft zwischen zwei jungen Lautenisten, die sich 1580 in Paris getroffen haben könnten und falls nicht, dann in London 1597, als ihre namentlichen ersten Liederbücher publiziert waren, oder wieder im Zirkel von Moritz von Hessen, der beide begünstigte. Die englische Edition der vierten Air, *Casche toy celeste soleil*, änderte die Worte der zweiten Strophe, die in den Pariser Editionen von 1597 und 1604 und im autographen Manuskript an Madelaine Lecler adressiert waren, indem ›reiche‹ Wortspiele zugunsten von Lady Penelope Riche hinzugefügt wurden. Das Gasconische Volkslied, *Margarita, las qu'abez bou*, könnte für die Gemahlin König Heinrichs IV., Marguerite von Valois, geschrieben sein. Eine der italienischen Canzonetten – *Se partendo da voi* – gebraucht die gleiche Melodie wie eine Villanella, die von Giaches de ▶ Wert 1588 und Alessandro Orologio 1594 vertont wurde; aber andere scheinen neues melodisches Material zu verwenden. Die »villanelle suissece« im zweiten Buch ist eine Vertonung der berühmten Serenade eines Schweizer Soldaten *Mattone mie care*, die Orlande de ▶ Lassus 1581 in Paris publiziert hatte, jedoch ganze anders vertont hatte. *Madona di coucagna* (II no. 36) ist ein entzückendes lebhaftes Experiment mit onomatopoetischem Unsinn, inspiriert eher von Clément ▶ Janequins *Chant des oiseaux* als von der neueren dreistimmigen Vertonung desselben neapolitanischen Textes Joannin Favareos (1593). Die »Chanson Turcquesque«, *Ha vel aqueur*, mit ihren quadratischen repetitiven Rhythmen, der begrenzten Melodie und merkwürdigen Harmonie, die sukzessive auf F, D, C, A und d-Moll kadenziert, könnte eher für eine Masque komponiert worden sein denn als Souvenir eines fremden Landes. Das Buch von 1604 enthält 15 fünfstimmige Airs mit einer größeren Variabilität des vokalen Satzes und einer polyphonen Konzeption; aber die vorherrschende fundamentale Harmonik, flexible Rhythmen und variable Metren suggerieren im wesentlichen eine monodische Konzeption.

Ausgaben:
Charles Tessier. Complete Works, hrsg. von F. Dobbins, Turnhout 2006.

FD

Tessier, Guillaume
* um 1540 (?), † nach 1582 (?)

Der bretonische Sänger und Komponist publizierte 1582 ein Buch mit vierstimmigen strophischen Airs in Paris. Am 19. September 1580 berichtete Henry Cobham, der englische Botschafter in Paris und Arbeitgeber des jungen John Dowland, dass »ein alter Musiker namens Guillaume Tessier, geboren in der Bretagne« mit seinen zwei Söhnen nach England zu reisen wünschte, um eine Anstellung zu suchen. Zwei Jahre später publizierten Adrian ▸ Le Roy und Robert ▸ Ballard in Paris sein *Premier livre d'airs, tant françois, italien, qu'espaignol*, mit einer Widmung an Königin Elisabeth von England, die vom 10. Mai 1582 datiert. Eine zweite Ausgabe, die ebenfalls von 1582 datiert, hat eine italienische Titelseite – *Il primo libro dell'arie Franzesi, Italiche & Spagniuole*. Eine zweite französische Edition datiert von 1585.

Die Sammlung wird mit einem vierstimmigen Madrigal eröffnet, *Ai celesti concenti*, das an die englische Königin gerichtet ist; dann folgen 34 strophische Airs auf zeitgenössische Gedichte von Jean Antoine de ▸ Baïf (2), Philippe ▸ Desportes, Joachim ▸ Du Bellay, Amadis Jamin (3), Pierre de ▸ Ronsard (2), Bussy d'Amboise, Jacques Constans, Catherine Des Roches und andere; das Buch schließt mit drei spanischen Villancicos und fünf neapolitanischen Villanelle, alle bis auf die letzte für vier Stimmen. Zwei Airs – *Lesse moy osu* und *Cruelle sais-tu* – vertonen Gedichte von Baïf in quantitiven Metren; andere strophische Verse sind syllabisch vertont in einem natürlichen deklamatorischen Rhythmus, die die Airs von Nicolas de ▸ La Grotte, Fabrice Marin ▸ Caietain und Joachim Thibault de ▸ Courville wachrufen. Einige wenige der französischen Lieder schließen einige vokale Ornamente mit ein, wenn auch weniger ausgearbeitet als die Diminutionen, die in einigen monodischen Arrangements für Solostimme und Laute enthalten sind und von Gabriel Bataille 1609 wiedergedruckt wurden (*Amans qui vous plaignés* and *Pressé d'ennuis*). Ein Stück auf ein Gedicht von Ronsard – *Le petit enfant Amour* – wurde in einer Version für Stimme und Laute 1610 von Robert ▸ Dowland publiziert auf ein neues englisches Gedicht von Philip ▸ Sidney – *In a grove most rich of shade*, zweifellos geschrieben für die musikalische Lady, Penelope Riche. Die italienischen und spanischen Airs sind in lebhafter, tanzartiger Rhythmik mit vielen Synkopen gehalten.

Ausgaben:
Amans qui vous plaignés und *Pressé d'ennuis*, in: *Airs de cour pour voix et luth (1607–1643)*, hrsg. von A. Verchaly, Paris 1961 (Nr. 10 und 21); *In a grove most rich of shade*, in: R. Dowland, *A Musicall Banquet* (1610), Nr. 7; *The English Lute-songs 20*, hrsg. von P. Stroud, London 1968; *Thyrcis voulloit mourir* und *S'il m'en souvient*, in: *Charles Tessier: Complete Works*, hrsg. von F. Dobbins, Turnout 2006, S. 108–109, 116.

FD

Textunterlegung

Die Textunterlegung gehört zu den schwierigsten Aspekten der Editions- und Aufführungspraxis in der Musik vor ca. 1600: Weder die Quellen noch die Musiktheorie lassen Aufschlüsse in einer Präzision zu, wie sie für die moderne Editions- und Aufführungspraxis nötig schiene. Nach der durch das ganze Mittelalter verbreiteten Forderung, die Musik habe ganz allgemein dem Text zu folgen (was auch immer das im einzelnen zu bedeuten hatte), und einem italienischen Fragment aus dem 15. Jahrhundert (das den Schreiber auffordert, den Text genau zu unterlegen – was aber oft genau nicht der Fall war), äußert sich die Musiktheorie erst ab dem zweiten Drittel des 16. Jahrhunderts detailliert zu diesen Fragen – zu einer Zeit also, in der die Quellen und die enge Korrelation von Textrhythmus und musikalischem Rhythmus ohnehin nicht mehr allzuviele Fragen offen lassen. Die wichtigsten relevanten Autoren sind Giovanni Maria ▸ Lanfranco (*Scintille di musica*, 1533), Giovani del Lago (*Breve introduttione di musica misurata*, 1540) Nicola ▸ Vicentino (*L'antica musica ridotta alla moderna prattica*, 1555), Gioseffo ▸ Zarlino (*Istitutioni Harmoniche*,

1558), Gaspar Stoquerus (Stocker) (*De musica verbali libri duo*, um 1570). Die folgende Übersicht über die ›Regel‹ für Textunterlegung des mittleren 16. Jahrhunderts ist eine Zusammenstellung aus den vier wichtigsten Traktaten dieser Zeit – Lanfranco, Vicentino, Zarlino und Stoquerus (L = Lanfranco, V = Vicentino, Z = Zarlino, St = Stoquerus [fak. = fakultative Regel für neue bzw. alte Musik]; die Numerierung folgt der in Harrán 1973 [für Vicentino] und 1986):

1. *Grundprinzipien*
1.1. Die Zahl der Silben darf nicht höher sein als die Zahl der Noten bzw. der Notengruppen, die aufgrund der folgenden Regeln untrennbar sind (z.B. durch ▸ Ligaturen); falls die Noten aber doch nicht ausreichen, darf eine Ligatur oder sogar eine Note aufgeteilt werden [St 1].
1.2. Die Phrasenstruktur der Musik hat sich der Struktur des Textes anzupassen [L 1, Z Einleitung].
1.3. Lange und kurze Silben des Textes sollen langen und kurzen Noten in der Vertonung entsprechen [Z 1, V 5, St 5 fak. neu].
1.4. Im Italienischen werden zwei an einer Wortgrenze aufeinandertreffende Vokale elidiert [V 6], außer an Versgrenzen [V 7] und bei Pausen [V 9]; in lateinischen Texten wird nicht elidiert [V 8].

2. *Zuordnung von Noten zu Silben im Detail*
2.1. ▸ Minimen und größere Werten außerhalb von Ligaturen und Kadenzformeln erhalten je eine Silbe, manchmal auch ▸ Semiminimen [L 2, St 1 fak.neu].
2.2. Ligaturen werden auf eine Silbe gesungen [L 3, Z 2, St 3].
2.3. Der ›punctum additionis‹ (▸ Mensuralnotation) erhält keine eigene Silbe; er gehört zur vorangegangenen Note [L 4, Z 3, St 2]; auch hiervon darf in der Not eine Ausnahme gemacht werden, sofern sich dadurch keine Dissonanz bildet [St 2].
2.4. Wiederholungen derselben Note erhalten je eine Silbe (Ausnahme: Wenn die erste der wiederholten Noten eine Semiminima oder ein noch kleinerer Wert ist, gehört sie zur vorangegangenen Silbe) [St 4].
2.5. Semiminimen und kleinere Werte erhalten ebenso wie die darauffolgende längere Note nur selten Silben [Z 4]; wenn es aber doch nötig ist, einer Semiminima eine Silbe zuzuordnen, kann auch die darauffolgende längere Note eine Silbe erhalten [Z 6]. Dagegen: Eine alleinstehenden Semiminima erhält meistens eine eigene Silbe; in diesem Fall muss auch die darauffolgende längere Note eine Silbe erhalten [St 2 fak. alt].
2.6. Nach großen Intervallen soll auch bei kleineren Werten eine neue Silbe [St. 2 fak. neu] bzw. ein neues Wort [V 10] folgen.
2.7. Einer oder mehrerer Semiminimen oder Fusae (▸ Mensuralnotation), die auf eine Punktierung folgen, ist keine eigene Silbe zuzuordnen, ebensowenig der darauffolgenden längeren Note; Ausnahmen hiervon sind aber möglich [L 5, V 2-3, Z 5, St 3 fak.alt].
2.8. In Gruppen von Semiminimen erhält nur die erste eine eigene Silbe; auch die darauffolgende längere Note trägt keine eigene Silbe [L 6, V 1, St 2-3 fak.neu, St 5 fak.alt].
2.9. Paare von Semiminimen oder Minimen auf betonter Taktzeit erhalten jeweils eine Silbe [St 4 fak.alt].
2.10. Kadenzformeln erhalten nur eine Silbe [St 4 fak.alt]; synkopierte Noten sollten überhaupt keine eigene Silbe erhalten [V 12].

3. *Phrasenbildung*
3.1. Die erste Silbe (eines Satzes bzw. einer Phrase) fällt auf die erste Note, die letzte auf die letzte ›singbare‹ Note (d.h. Ligatu-

ren und andere Notengruppen, die nach den vorangegangenen Regeln nicht trennbar sind, d.h. Punktierungen, Folgen kleinerer Werte etc., zählen als eine Einheit) [Z 7+10, St 5].

3.2. Textwiederholungen sind nicht erstrebenswert [St 4 fak.neu]; sie sind anders als im Choral in Maßen möglich, wenn genügend Noten vorhanden sind [L 7, Z 8] oder wenn so notiert [V 4]; Wiederholungen von ganzen Abschnitten sind der Wiederholung einzelner Wörter vorzuziehen [St 4 fak.neu, Z 8], Wiederholung einzelner Silben ist ausgeschlossen [V 4, Z 8].

3.3. ›Übriggebliebene‹ Noten bilden ein Melisma auf der letzten betonten Silbe (d.h. der Pänultima im paroxytonischen Vers bzw. der Antepänultima im proparoxytonischen) [L 8, Z 9, St 1 fak.alt].

Trotz dieser in der Zusammenschau recht umfangreichen Auflistung wäre es jedoch auch für die Zeit nach 1530 falsch, von einem vorrangigen Interesse der Musiktheorie für Fragen der Textunterlegung zu reden: Bis auf Stoquerus handeln alle Autoren – diejenigen, die sich überhaupt damit befassen – das Thema kurz und an wenig hervorgehobener Stelle ab. Die Ursache für dieses Defizit ist wohl, dass Textunterlegung als Problem der Praxis, nicht als Problem der Theorie galt: Es handelte sich weder – wie Mensurations-, Solmisations-, Proportionen-, Modus- und Kontrapunktlehre – um eine mathematische Wissenschaft, die als geschlossenes System darstellbar war und über die sich gelehrt spekulieren ließ, noch um eine Disziplin mit ehrwürdigen und anerkannten Wurzeln in der antiken Theorie.

Das Bedürfnis der Musikforschung nach zeitgenössischer theoretischer Untermauerung hat oft dazu geführt, dass auch bei Editionen von Musik des 15. und frühen 16. Jahrhunderts das vorgestellte Regelkonglomerat implizit oder explizit zum Ausgangspunkt genommen wurde. Während die Interpretation der Quellen des frühen 16. Jahrhunderts mit diesen Regeln vielfach noch möglich und auch sinnvoll ist, wenn man einiges an Ausnahmen zulässt, trifft dies für die Zeit davor nicht oder kaum zu. Es hilft hier nur der Blick auf die Quellen selbst. Die Quellen des 14. und frühen 15. Jahrhunderts machen es dem Leser noch relativ einfach, da die Kopierreihenfolge oft noch erst Text und dann Musik ist. In einigen Handschriften des frühen 15. Jahrhunderts lässt sich sogar zeigen, dass immer abwechselnd erst eine Passage Text, dann die entsprechenden Noten, dann wieder Text usw. notiert wurde; falls doch Fehler passierten, wurde bisweilen sogar mit dünnen Linien die richtige Zuordnung sichergestellt. Erst die sich ab der Mitte des 15. Jahrhunderts durchsetzende Praxis, erst die Noten und dann den Text zu notieren, führte zu einer Einbuße an Eindeutigkeit, da nunmehr die Noten meist in gleichmäßigen Abständen notiert wurden und der Text in syllabischen oder weitgehend syllabischen Passagen zu viel Platz einnahm, als dass der Schreiber in der Lage gewesen wäre, ihn eindeutig zu unterlegen. Folgende durch den Kopisten definierte Elemente müssen dennoch – ohne sehr schwerwiegende Gegenargumente – als verbindlich angesehen werden:

1. Ein Textabschnitt gehört zu der musikalischen Phrase, unter der er steht.
2. Der Beginn einer Silbe, eines Wortes oder einer geschlossen aufgezeichneten Wortfolge ist der Note zuzuordnen, unter der er notiert ist; nach einem Zwischenraum im Text ist das daraufolgende Wort/die daraufolgende Silbe wiederum der darüber stehenden Note zuzuordnen.

Eine über das in den Quellen Überlieferte hinausgehende mögliche Hilfestellung in Details, die die beschriebene summarische Textierungspraxis offen lässt, ist die Berücksichtigung von Korrespondenzen zwischen musikalischem Rhythmus und Versmetrum, rhythmischer

Textdeklamation oder Wortbetonung. Aufschlussreich ist in jedem Fall die Berücksichtigung der text- und versrhythmischen Gegebenheiten der jeweiligen Landessprache. Am vielfältigsten ist die Deklamation der lateinischen Texte und ihrer Vertonungen: Generell verhalten sich die Vertonungen in ihrem deklamatorischen Gestus ähnlich wie ihre Textvorlagen. So richtet sich die lateinische Versdichtung im deutsch- und englischsprachigen Raum ebenso wie die volkssprachigen Dichtungen häufiger an einem festen Betonungsschema aus; weniger eindeutige Aussagen lassen sich für Stücke italienischer, französischer oder frankoflämischer Provenienz machen, zumal der Austausch von Quellen, Stilelementen und Sängerpersonal hier so umfassend war, dass kaum auszumachen ist, ob eine Komposition mit einem lateinischen Text als ›französisch‹ oder als ›italienisch‹ zu gelten hat. Schließlich bleibt noch der quantitierende Vers als mögliches Vorbild (Hexameter, Distichen, sapphische Verse), der vor allem in humanistisch geprägten Huldigungskompositionen anzutreffen ist; dies bleibt jedoch bis auf die Sondergattung der deutschen Humanistenode (Verweis) eine Randerscheinung. Eine durchgängig ›korrekte‹ Deklamation der Texte nach dem Wort- oder Versakzent war abgesehen von den einfachen Versdichtungen (Lauden, Cantiones, Frottole etc.) zunächst nicht von vorrangigem Interesse. Erst etwa ab der zweiten Hälfte des 16. Jahrhunderts verfestigt sich dies in Theorie und Praxis weitgehend zur Regelhaftigkeit; erst ab dieser Zeit ist es daher auch möglich, von ›Verstößen‹ gegen ein allgemein anerkanntes Deklamationsprinzip zu reden.

Ein besonderes Problem stellen diejenigen Stücke bzw. Stimmen dar, denen in den Quellen entweder überhaupt kein Text unterlegt ist oder sich der Text auf ein Incipit bzw. Fragmente beschränkt. Für die Musik bis zum Ende des 15. Jahrhunderts ist die Nachtextierung gänzlich untextierter Stimmen oft nicht plausibel zu machen, außer wenn es sich bei der Auslassung um eine rein arbeitsökonomische Maßnahme handelte (z.B. wenn die untextierten Stimmen einen ähnlichen rhythmischen Duktus aufweisen wie die textierten Stimmen, also in durchimitierten oder weitgehend homophonen Sätzen). Auch ergänzende Textwiederholungen (zum Füllen von Melismen), etwa im Kyrie oder im Agnus der Messe, sind mit Vorsicht zu handhaben, ebenso die Nachtextierung von liturgischen ▸ Cantus firmi in der ▸ Messe (in den Quellen oft nur mit Textincipit unterlegt), wo als mögliche Optionen die Ergänzung des Cantus-firmus-Textes, des Messtextes, oder aber eine (vokale oder instrumentale) untextierte Ausführung in Frage kommen.

Die Deklamation im Detail spielte für die Musik der Zeit offenbar nicht dieselbe Rolle wie in folgenden Jahrhunderten, so dass in melismatischen Passagen auch unter Berücksichtigung aller gängigen Konventionen immer noch eine ganze Reihe von verschiedenen, gleichermaßen befriedigenden Lösungen übrig bleibt. Dennoch bleibt es die Aufgabe der Musikwissenschaft, die sich ergebenden Fragen nicht einfach zu ignorieren, sondern bei aller gebotenen Vorsicht die Konventionen der Textunterlegung und Textdeklamation so weit wie möglich auch für die Zeiten und Repertoires zu erschließen, in denen sie nicht durch explizite Regeln kodifiziert sind.

Literatur:
E.E. Lowinsky, *The Problem of Text Underlay*, in: *The Medici Codex of 1518*, Chicago/London 1968, Bd. 1, S. 90–107 • C. Maas, *Text underlay*, in: W. Elders, *Report of the First Josquin Meeting*, in: Tijdschrift van de Vereniging voor Nederlandse Muziekgeschiedenis 24 (1974), S. 69–82 • D. Harrán, *Word-Tone Relations in Musical Thought* (Musicological Studies and Documents 40), Neuhausen-Stuttgart 1986 • G. Towne, *A Systematic Formulation of Sixteenth-Century Text Underlay Rules*, in: *Musica Disciplina* 44 (1990), S. 255–287; dass. 45 (1991), S. 143–168 • H. Meconi, *Is Underlay necessary?*, in: *Companion to Medieval and Renaissance Music*, hrsg. von

T. Knighton und D. Fallows, London 1992, S. 284–291 • T. Schmidt-Beste, *Textunterlegung*, in: *MGG²*, Bd. 9 (Sachteil), 1998, Sp. 478–493 • T. Schmidt-Beste, *Textdeklamation in der Motette des 15. Jahrhunderts*, Turnhout 2003 • W. Edwards, *Text Treatment in Motets around 1500: The Humanistic Fallacy*, in: *On the Relationship of Imitation and Text Treatment – The Motet around 1500*, hrsg. von T. Schmidt-Beste, Turnhout 2009.

TSB

Theorbe

Die Theorbe ist ein sehr großes Instrument aus der Familie der Lauten mit zwei Saitenspielen: Das eine läuft über den mit Bünden versehenen Hals, das andere über die leicht seitlich versetzte Verlängerung dieses Halses, dessen lange Saiten, die auch Basschöre genannt werden, leer gespielt werden. In Italien werden die Begriffe Theorbe, Erzlaute, Luth théorbé (eine zur Theorbe umgebaute ▸ Laute) und ▸ Chitarrone synonym gebraucht, und das Instrument bewahrt seine generelle Übereinstimmung mit der Renaissance-Laute. Es existiert auch in einer kleinen und dadurch höheren Version, die auch ›Tiorbino‹ genannt wird.

Was die Theorbe wirklich von ihren verwandten Instrumenten unterscheidet ist die schwingende Länge der gegriffenen Saiten. Diese Länge ist so groß, dass es schwierig war, sogar unmöglich, die hohen Saiten genügend zu spannen; folglich wurden der erste Chor (von Thomas Mace 1676 empfohlen) oder gewöhnlicher die ersten beiden eine Oktave tiefer gelegt. In diesem Instrumententypus ist also der dritte Chor der höchste und Träger der Melodie in der solistischen Musik. Die Quellen, Tabulaturen oder Noten, tragen dieser Oktavversetzung Rechnung. Im Continuo wird das Instrument im allgemeinen wie ein Cembalo verwendet, aber es kann auch eine virtuose Basslinie in Opernarien spielen. Robert de Visée ist der berühmteste Repräsentant des Instruments.

Abbildungen finden sich bei Michael Praetorius, *Syntagma musicum*, Bd. 2, *De Organographia*, Wolfenbüttel 1619, Tafel XVI, siehe dazu den Artikel ▸ Laute.

Literatur:
E. Pohlmann, *Laute, Theorbe, Chitarrone: die Instrumente, ihre Musik und Literatur von 1500 bis zur Gegenwart*, Bremen 1968-1982 • K.B. Mason, *The Chitarrone and its Repertoire in early Seventeenth-Century Italy*, Aberystwyth 1989.

CHB

Thibault de Courville ▸ Courville

Tiento ▸ Ricercar

Tinctoris, Johannes [Jehan le Taintenier]
* um 1435 in Braine-l'Alleud (heute Belgien, Provinz Wallonisch-Brabant), † wahrscheinlich 9.2.1511 (an unbekanntem Ort)

Tinctoris gilt als einer der bedeutendsten Musiktheoretiker seiner Zeit, insbesondere auf dem Gebiet der Kompositionslehre. Einzigartig sind überdies seine Ansichten zum Fortschritt in der zeitgenössischen komponierten Musik sowie sein Beitrag zur musikalischen Fachterminologie.

Das Leben Tinctoris' ist nur spärlich bezeugt. Der Sohn eines Juristen (›échevain‹, Schöffe) seiner Heimatstadt erscheint erstmals 1460 als ›petit vicaire‹ an der Kathedrale zu Cambrai (an der in jener Zeit Guillaume ▸ Dufay als ›maître des petits vicaires‹ wirkte), sodann an der Universität Orléans, wo er 1463 als ›procurator‹ der Deutschen Nation (geschäftsführender Sprecher der aus dem Reichsgebiet stammenden Studentenschaft) aufgeführt und zuvor schon, 1462, als ▸ Succentor und ›choralium paedagogus‹ der Kathedrale erwähnt wurde. Nach eigenem Bekunden war Tinctoris als ▸ Maître de chant an der Kathedrale zu Chartres tätig; dies muss noch vor seinem Eintritt in die Dienste des aragonesischen Königshauses zu Neapel (ca. 1472) gewesen sein. 1477 bezeichnet er sich als ›iurisconsultus ac musicus serenissimique Regis Siciliae capellanus‹, wird jedoch in einer Kleiderrechnung 1480 unter die Sänger gezählt. 1487 beauftragt ihn König Ferdinand I. (▸ Ferrante I) mit der Rekrutierung von Sängern. Er bekam 1488 eine Pfründe an St. Gertrude zu Nivelles, und es gibt Anzeichen, dass Tinctoris in der Folgezeit, wohl spätestens um 1492, aus seinen Ämtern in Neapel geschieden ist. Zuvor (1490) betrieb er wohl erfolgreich die Anerkennung eines Doktorats beider Rechte durch den Vatikan. 1492 ist er als Autor einer Motette zur Inthronisation Papst Alexanders VI. (*Gaude Roma*; Musik verschollen) dokumentiert; ein Jahr später wird er in einem Brief des Erzbischofs von Kalocsa (Ungarn) an die ungarische Königin Beatrix von Aragón genannt; Beatrix wurde (vor 1476) in Neapel von Tinctoris in Musik unterrichtet. Ob er 1492 tatsächlich in Rom oder 1493 in Buda weilte, ist nicht zu belegen. Dass sein Kanonikat zu St. Gertrude erst 8 Monate nach seinem Tod, nämlich am 12. Oktober 1511, neu vergeben wurde, deutet darauf hin, dass er sich zu jener Zeit nicht in Nivelles aufhielt. – Die Widmungsadressaten seiner Schriften lassen ein Beziehungsnetz erkennen, das sich von der brabantischen Heimat über den burgundischen Hof, Mailand (das aragonesische Königshaus stand in guten Beziehungen zu den Mailänder ▸ Sforza) und Rom bis Neapel und Ungarn erstreckt.

Wenn die Darstellung weitschweifiger Gelehrsamkeit und gelegentliche Streitlust zu den Kennzeichen humanistischer Haltung gehören, dann darf Tinctoris als ein Vertreter des musikalischen Humanismus der Zeit angesehen werden. Die nur fragmentarisch erhaltene, offenbar enzyklopädisch disponierte Untersuchung *De inventione et usu musicae*, der vermutlich die zuvor schon entstandene Schrift zum *Complexus effectuum musices* eingegliedert war, zeugt von der umfassenden Bildung ihres Autors. Zahlreiche, auch in die übrigen Schriften eingestreute Bemerkungen lassen eine allerdings reserviert kritische Haltung zu den Theorien der Antike und ihrer Rezeption erkennen. So verwirft Tinctoris die Ideen zur ▸ Sphärenharmonie, erkennt die Überlieferungsbrüche der Tonartenlehre im Mittelalter, enthält sich der überkommenen Versuche zur Tonartencharakteristik und steht überhaupt skeptisch jeder konkreten Aussage zur antiken Musikübung gegenüber, nimmt somit einen explizit ›aristotelischen‹ Standpunkt ein (▸ aristotelische Philosophie).

Tinctoris richtete seine musiktheoretischen Arbeiten trotz aller topischen historischen Verweise ganz an den Erfordernissen der Gegenwart aus. Von dieser aus blickt er (im Vorwort zum *Proportionale*) zurück auf die Vorgänger, deren Leistungen eine neue Art der mehrstimmigen Komposition herbeiführten, aber auch auf die in langer Tradition etablierten musikalischen Institutionen, die als weitere Ursache für dieses »mirabile incrementum« angesehen werden können. Bekannt ist Tinctoris' Konkretisierung der Musikgeschichte mittels einer an Personen, Generationen und Nationen festgemachten Folge: Wegbereiter waren demnach die »Anglici«, insbesondere John ▸ Dunstaple, deren Stil und Methoden von den »Gallici« Dufay und Gilles ▸ Binchois übernommen, weiterentwickelt und bald auch, spätestens in der Generation Johannes ▸ Ockeghems, überboten wurden. Im Vorwort des *Liber de arte contrapuncti* zählt Tinctoris zu dieser Generation, neben Ockeghem, Johannes ▸ Regis, Antoine ▸ Busnoys, Firmin ▸ Caron und Guillaume ▸ Faugues. Im 19. Kapitel des *Complexus*, das bezeichnenderweise vom Ruhm handelt, den kundige (»periti«) Musiker erwerben können, nennt er überdies einen nicht weiter bekannten Jacobus Carlerii, Robert ▸ Morton sowie Jacob ▸ Obrecht. Die Kompositionen all dieser Autoren nimmt sich Tinctoris als Muster für eigene Arbeiten; er rühmt deren klangliche »suavitudo«, technisch gesprochen ihre Art des am Dreiklang orientierten »concordantias ordinando«.

Dementsprechend kann Tinctoris' theoretisches Werk als Kodifizierung der kompositorischen Errungenschaften seiner Zeit angesehen werden; er verfasste den umfangreichen *Liber de arte contrapuncti*, einen Traktat zu den Tonarten, sechs Schriften zur Notationslehre sowie eine traditionelle Abhandlung zur elementaren Musiklehre (*Expositio manus*). Als erster formuliert er das ›Tenorprinzip‹ für die mehrstimmige Musik, die Bestimmung der Tonart nach jener des Tenors. Ebenso findet sich bei ihm erstmals ein eingehendes Regelwerk zur Dissonanzbehandlung, bei dem die Unterscheidung der Grundtypen Durchgang und Vorhalt aufgrund von mensuraler Stellung und Kontext getroffen wird. Die traditionelle Kontrapunktlehre bestand in der Vermittlung des zweistimmigen Contrapunctus simplex, und erst Gioseffo ▸ Zarlino (1558) breitet den Stoff des Contrapunctus diminutus ähnlich differenziert aus (die Dichotomie contrapunctus simplex–diminutus geht auf Tinctoris zurück; ▸ Kontrapunkt). Tinctoris' Darlegungen beziehen sich sowohl auf das Komponieren als auch auf die Stegreif-Ausführung. Sein Bestreben nach systematischer Durchdringung und Konsistenz führten überdies zu dem Versuch, die uneinheitliche, wenn nicht gar widersprüchliche zeitgenössische Praxis der ▸ Mensuralnotation auf ein rationales Fundament zu stellen. Dies ging unter anderem so weit, dass er die Zeichensymbolisierung von Notenwerten, die kleiner als die Minima sind, nicht anerkannte. Verständlicherweise wurden diese Vorschläge von seinen Zeitgenossen so gut wie nicht aufgegriffen. Doch setzte sich seine Idee der in allen Mensuren äquivalenten und nur durch Proportionsangaben in ihrer Dauer veränderbaren Minima in der Folgezeit faktisch durch. Ebenso kann Tinctoris' kontrapunktisches Regelwerk, das im Kontext zeitgenössischen Komponierens als eher restriktiv anzusehen ist, als Vorgriff auf die strengen Usancen der klassischen ▸ Vokalpolyphonie des 16. Jahrhunderts gelten. Nicht verwunderlich ist, dass Tinctoris' aus der Rhetorik abgeleitete Empfehlung, in einer Komposition größtmögliche Varietas (▸ Variation) anzustreben, in der Moderne eine gewisse Aufmerksamkeit erregte. Mit dieser Empfehlung schließt Tinctoris die im 3. Buch der Kontrapunktlehre niedergelegten Kernregeln ab und verweist nicht nur auf eine generelle ästhetische Grundhaltung seiner Zeit, sondern auch auf die dem kontrapunktischen Metier inhärente Neigung zum Stereotypischen.

Eine vielfach belegbare Rezeption wurde dem *Terminorum musicae diffinitorium* zuteil, das 1495 im Druck erschien und als erstes Fachwörterbuch der Musik gelten kann. So bringt beispielsweise die dort niedergelegte Hierarchie Messe-Motette-Chanson (magnus-medius-parvus) das Gattungsbewusstsein der Zeit auf den begrifflichen Punkt. Hinweise zur zeitgenössischen musikalischen Praxis und zum Instrumentarium bietet indessen die Abhandlung *De inventione et usu*, die um 1482 bezeichnenderweise ebenfalls, wenn auch nur auszugsweise, im Druck erschien.

Die meisten von Tinctoris' Abhandlungen erfuhren jedoch nur handschriftliche und demnach eingeschränkte Verbreitung. Immerhin konnte Georg ▸ Forster noch um 1540 eine Kopie des *Proportionale* für Sebald ▸ Heyden beschaffen. Doch sicherte der Buchdruck den Schriften von Franchino ▸ Gaffori, der spätestens seit seinem Aufenthalt in Neapel 1478 mit Tinctoris bekannt und vermutlich befreundet war, eine ungleich größere Aufnahme. Die Reaktion auf die im *Proportionale* (um 1472) geübte Kritik an Notationsdetails bei Ockeghem und anderen zeigt indessen, dass Tinctoris' Schriften durchaus rasche Verbreitung unter Fachkollegen erfuhren. Indiz hierfür ist nicht zuletzt die versöhnliche Widmung des *Liber de natura [...] tonorum* (1476) an Ockeghem und Busnoys.

Hinter dem umfangreichen und bedeutenden theoretischen Werk ist der Komponist Tinctoris gleichsam verschwunden, wenngleich zahlreiche Beispiele aus seiner Feder in die Schriften, vor allem in den Kontrapunkttraktat, eingingen. Tinctoris betätigte sich in allen maßgeblichen Gattungen. Von seinen vier erhaltenen Messen ist eine vierstimmige über den bekannten ▸ L'homme armé-Tenor hervorzuheben sowie eine dreistimmige in tiefer Schlüsselung (»extra manum«), deren Teile nicht durch einen ▸ Cantus firmus, sondern durch identische Anfänge untereinander verbunden sind.

Ausgaben:
K. Weinmann, *Johannes Tinctoris (1445–1511) und sein unbekannter Traktat »De inventione et usu musicae«*, Tutzing ²1961; *Johanni Tinctoris opera omnia* [Kompositionen], hrsg. von W. Melin, o.O. 1976 (Corpus mensurabilis musicae 18); *Johannis Tinctoris Opera Theoretica*, hrsg. von A. Seay, Neuhausen-Stuttgart 1975, 1978 (Corpus Scriptorum de Musica 22); *The Theoretical Works of Johannes Tinctoris: a new online edition*, hrsg. von R. Woodley (http://www.stoa.org/tinctoris/tinctoris.html); *Terminorum musicae diffinitorium*, Faksimile-Ausgabe, hrsg. mit einem Nachwort von P. Gülke, Kassel 1983; *Diffinitorium musice: un dizionario de musica per Beatrice D'Aragona*, hrsg. und kommentiert von C. Panti, Florenz 2004.

Literatur:
R. Woodley, *Iohannes Tinctoris: a Review of the Documentary Biographical Evidence*, in: Journal of the American Musicological Society 34 (1981), S. 217–148 • Ders., *The Printing and Scope of Tinctoris's Fragmentary Treatise De inventione et usu musice*, in: Early Music History 5 (1985), S. 239–268 • T.A. Schmid, *Der Complexus effectuum musices des Johannes Tinctoris*, in: Basler Jahrbuch zur Historischen Musikpraxis 10 (1986), S. 121–160 (mit Ausgabe lat./dt.) • A.M. Busse Berger, *Mensuration and Proportion Signs*, Oxford 1993 • R.C. Wegman, *Sense and Sensibility in Late-Medieval Music: Thoughts on Aesthetics and »Authenticity«*, in: Early Music 23 (1995), S. 298–312 • B.J. Blackburn, *Did Ockeghem Listen to Tinctoris?*, in: *Johannes Ockeghem*, hrsg. von Ph. Vendrix, Paris 1998, S. 597–640 • P. Gronemann, *Varietas delectat: Mannigfaltigkeit in Messen des Johannes Tinctoris*, Essen 2000 (Folkwang-Texte 16) • R.C. Wegman, *Johannes Tinctoris and the »New Art«*, in: Music & Letters 84 (2003), S. 171–188.

TRÖ

Tintoretto [Robusti, Jacopo]
* 1519 Venedig, † 31.5.1594 Venedig

Jacopo Robusti wurde nach seinem Vater, der Seidenfärber war, Tintoretto (»kleiner Färber«) genannt. Er zählt zu den produktivsten und bedeutendsten Malern Venedigs im späteren 16. Jahrhundert. Sein Malstil orientiert sich gleichzeitig an der Zeichnung der Florentiner und dem Kolorit der Venezianer, übersteigert beide aber ins Expressive und erweckt insgesamt einen unausgearbeiteten Eindruck. Gewagte Diagonalen beherrschen die dramatischen Bildkompositionen, in denen die wesentlichen Gestalten zumeist dezentral platziert sind. In seinen späteren Gemälden lassen sich ganz deutlich die einzelnen Pinselstriche erkennen, gleichzeitig erleuchtet magisches Licht die zunehmend irrealer wirkenden Räume. Zu seinen bekanntesten Bildschöpfungen gehören Werke für den Dogenpalast (*Paradies*-Fresko im Ratssaal) und für die Scuola di San Rocco, einer Bruderschaft, zu deren aktiven Mitgliedern Tintoretto zählte.

Eine Widmung belegt, dass Tintoretto mit dem Musiktheoretiker Anton Francesco Doni befreundet war. Darüber hinaus berichten sein Freund, der Literat Andrea Calmo, und der Künstlerbiograph Giorgio Vasari, dass er der Musik zugeneigt war und Musikinstrumente

Jacopo Tintoretto, *Musizierende Frauen*, Öl auf Leinwand, 1555–1556, Dresden, Gemäldegalerie.

spielte. Glaubt man Tintorettos erstem Biographen Carlo Ridolfi (*Vita di Giacopo Robusti detto il Tintoretto*, 1642), so hat er auch Instrumente erfunden. Seine Tochter Marietta, der er das Malen beibrachte, ließ er vom Musiker Giulio Zacchino unterrichten. Ein Selbstportrait Mariettas zeigt sie vor einem Clavicembalo (ca. 1580, Florenz, Uffizien) mit einem aufgeschlagenen Notenbuch. Zwar handelt es sich bei dem Bericht, nach dem Giuseppe Zarlino häufig bei den Robusti zu Besuch gewesen ist, wohl um eine Anekdote aus der Musikgeschichtsschreibung des 19. Jahrhunderts.

Eine Bekanntschaft der beiden wichtigen intellektuellen venezianischen Persönlichkeiten ist jedoch nicht unwahrscheinlich. In Tintorettos Gemälden taucht die Musik u.a. beim Wettkampf zwischen Apoll und Marsyas auf (verschiedene Versionen, u.a. 1544–1549, Wadsworth Atheneum, Hartford, Conneticut). Ganz unterschiedliche Deutungen riefen seine Darstellungen von musizierenden Frauen hervor, insbesondere die sechs Musikerinnen aus der Gemäldegalerie in Dresden, in denen Harry Colin Slim einen Zusammenhang mit der Musiktheorie Zarlinos und den Schriften des Kopernikus sieht.

Literatur:
R. Pallucchini, *Tintoretto. L'opera completa*, 3 Bde., Venedig 1974 • E. Weddigen, *Jacopo Tintoretto und die Musik*, in: Artibus et historae 10 (1984), S. 67–119 • H.C. Slim, *Tintoretto's* Music-Making Women *at Dresden*, in: Imago Musicae 4 (1987), Kassel 1988, S. 45–76 • I. Fenlon, *Public and Private. The Musical World of Jacopo Tintoretto*, in: *Jacopo Tintoretto nel quarto centenario della morte*, Kongressbericht Venedig 1994, hrsg. von P. Rossi, L. Puppi und S.J. Freedberg, Padua 1996, S. 247–255 • U. Groos: Ars musica *in Venedig im 16. Jahrhundert*, Hildesheim, Zürich und New York 1996.

AZ

Tizian [Tiziano Vecellio]
* 1488/1490 Pieve di Cadore, † 27.8.1576 Venedig

Tizian lebte in Venedig und ging bei Giovanni ▸ Bellini in die Lehre. Er hinterließ ein sehr umfangreiches Œuvre und gilt vielen als der größte Maler Venedigs. In seiner eigenen Zeit war er vor allem als Porträtist von Allen, die Rang und Namen hatten, berühmt und führte Aufträge von höchsten Würdenträgern aus. Gleichzeitig ist er aber auch, was Bilder mit Musikthemen anbelangt, der ergiebigste Maler der Renaissance. Auch in der Musikwissenschaft sind sie, sei es wegen der Notendarstellung, sei es wegen allgemein musikalischer Fragen, vielfach diskutiert worden. Wie groß seine Begabung als Amateurmusiker war, lässt sich nicht sagen; falls die Idee, einen Kanon auf ein Notenblatt im *Bacchanal der Andrier* unterzubringen, von ihm selbst stammte und nicht von seinem Auftraggeber Alfonso d'▸Este vorgegeben worden war, könnte er auch ein gelehrtes Interesse an Musik besessen haben.

Die Forschung hat verschiedentlich auf die Möglichkeit von Kontakten zwischen Tizian, namhaften Humanisten und berühmten Musikern am Hofe der ▸ Este in Ferrara und in Venedig hingewiesen; harte Daten sind aber nicht zum Vorschein gekommen. Wie dem auch sei, gewiss ist, dass die Musik ihn als Schwesterkunst intensiv beschäftigt hat, denn er wandte sich dem Themenkreis während seines langen und produktiven Lebens immer wieder und unter wechselnden Blickwinkeln zu. Dabei gilt für diese Musikbilder wie für andere Gemälde mit weltlichen Themen, dass es unter Tizians Kunden beträchtliche Unterschiede bezüglich Kunstanschauung und Bildung gab (Alfonso I. d'Este in Ferrara und die Habsburger Kaiser gehörten ebenso zu ihnen wie vermögende Bewohner Venedigs). Deshalb und zusätzlich angesichts der mehrfachen Ausführungen von bestimmten Gemälden ist damit zu rechnen, dass seine Bilder schon damals verschieden verstanden wurden.

1. In der frühen Schaffensperiode, d.h. zwischen 1500 und 1515, steht Tizian ganz im Banne der neuen Konzeption der Fantasia (▸ Poesia und Fantasia), d.h. der verselbständigten Gattung der Poesia, wie sie von ▸ Giorgione gehandhabt wird. Im Gegensatz zu diesem gilt für ihn, dass die psychische und sinnliche Aussage gegenüber der geistigen Vorrang hat. Es finden sich kaum Spuren des Konstruierten, wie bei dem erstgenannten. Egal, ob er eigene Themen kreiert oder die Giorgiones aufnimmt, immer besteht bei ihm ein starker Bezug zur natürlichen Handlung, zu einer Dramatik, die entweder aus der musikalischen Praxis abgeleitet ist oder sich durch seine Betonung der Eigengesetzlichkeit des Bildmediums erklärt.

Dies lässt sich gut an der Änderung zeigen, die er bei der Vollendung von Giorgiones *Pastorale* (wie das *Ländliche Konzert* ursprünglich hieß; Abb. 1 bei ▸ Giorgione) vorgenommen hat: Die linke statisch plazierte Nymphe wird durch eine handelnde ersetzt, die sich in einer starken Torsion nach links wendet und das Wasser künstlerischer Inspiration aus einem Krug in ein Quellbecken gießt. Zwar bringt diese Änderung inhaltlich nichts Neues (obwohl sie von der Hauptsache etwas ablenkt), aber das Gemälde als Ganzes erhält mehr Spannung und es wird ein besseres Gleichgewicht bezüglich der Bewegungen im Bildganzen herstellt.

In derselben ersten Periode entstehen eine Konkurrenzfassung von Giorgiones *Drei Lebensalter [als Musikszene]*, die unter dem gänzlich unpassenden Titel *Konzert* (Firenze, Palazzo Pitti. Pignatti Nr. 20; Wethey II Nr. 23) läuft, sowie die *Allegorie der Lebensalter* (Edinburgh, National Gallery of Scotland. Pignatti Nr. 37; Wethey III Nr. 36).

Ersteres würdigt man am besten, wenn man sie der Fassung desselben Themas durch Giorgione gegenüberstellt (Abb. 2 bei ▸ Giorgione). Beide verbinden die Darstellung von drei männlichen Figuren in verschiedenen Lebensaltern mit dem Gegenstand Musik. Während Giorgione nur durch das Notenblatt andeutet, dass diese eine thematische Rolle spielt, führt Tizian zwei der drei Figuren als agierende Musiker vor. Der älteste der drei männlichen Figuren ist auf die rechte Seite gerückt und hält mit der Linken ein großes Streichinstrument am Halsansatz, das man sich auf den Boden aufgestellt denken muss. Die Rechte liegt auf der Schulter des Mannes in der Mitte. Dieser kommuniziert auch seinerseits mit dem Älteren, wie der in starker Drehung ihm zugewandte Kopf zeigt, und spielt gleichzeitig auf dem Cembalo, das ganz links angedeutet ist.

Was den Jüngling im Hintergrund links anbelangt, so scheint Tizian eine Andeutung, dass er sich für die Musik interessieren könnte, zu vermeiden; man gewinnt den Eindruck, der junge Mann wolle dem Bildbetrachter ein Kompliment für seinen modischen Aufputz entlocken. Die Unterschiede in den Bildelementen zwischen Tizians und Giorgiones Fassungen sind also nur scheinbar klein. In Wirklichkeit sind die Aussagen sehr verschieden. Tizian stellt die Musik als ernstzunehmende Kunst dar, die für die ungeduldige Jugend wenig geeignet ist und jenes Wissen und jene Erfahrung verlangt, die sich erst in späteren Lebensaltern einstellt. Zwischen den Männern findet ein subtiler Dialog statt, bei dem der Ältere auf den jüngeren Einfluss nimmt, und von welcher der Jüngling ausgeschlossen ist (Abb. 1).

Bei der *Allegorie der Lebensalter* entspricht der herkömmliche Titel dem Thema. Der Blick des Betrachters wird rasch von den beiden schlummernden Babies auf das Paar rechts gelenkt und von diesen wiederum auf den Greis im Hintergrund, der in einer Wiese sitzend zwei Totenköpfe betrachtet. Oft wird übersehen, dass die dritte Figur rechts ein Cupido ist, der über die Schlafenden steigt und mit dem Mädchen rechts zu verbinden ist. Bei diesem handelt es sich um eine Vertreterin der Venus – wie aus dem Gemälde *Venusfest* (Madrid, Museo del Prado. Pignatti Nr. 72; Wethey III Nr. 13) zu entnehmen ist, wo sie in genau gleicher Kleidung mit einem enthusiastisch hochgehaltenen Instrument (das vielleicht römischen Reliefdarstellungen des Tympanon = Rahmentrommel nachgebildet ist) direkt unterhalb der Statue der Göttin zu sehen ist.

In der *Allegorie* lädt sie den nackten, übergroßen Jüngling zum harmonischen Flötenspiel zu zweit ein und bietet ihm dazu das Instrument an. Dieser aber befindet sich in einem tranceartigen Traumzustand und ist nicht ansprechbar; seine eigene Flöte ist ihm entglitten. Musikalische Harmonie und Liebesharmonie, wie sie mit dem mittleren Lebensabschnitt der Menschen besonders verbunden sind, kommen also nicht zustande. Diese skeptische, wenn nicht tragische Auffassung wird auch subtil durch das schwärzliche Blattwerk hinter dem Paar, den blatt- und astlosen Baum und den toten Strunk rechts symbolisiert.

Mehrfach hat die Forschung phallische Assoziationen mit der Flöte in der rechten Hand

Abb. 1: Tizian: *Drei Lebensalter [als Musikszene]*. Öl auf Leinwand; Firenze, Galleria Pitti

Abb. 2: Tizian: *Allegorie der Lebensalter*. Öl auf Leinwand; Edinburgh, National Gallery of Scotland

des Mädchens in Verbindung gebracht. Doch verbietet sich das schon angesichts des Gesamtthemas und dann besonders auch deshalb, weil das Instrument dreimal vorkommt (Abb. 2).

2. Etwa zwei Jahrzehnte später kehrt Tizian wieder zur Musik als zentralem Bildthema zurück, und in dieser Zeit verlassen die neoplatonischen Modelle seinen Gesichtskreis. Chronologisch an erster Stelle steht das Bildnis zweier musikbeflissener Kinder *Gerolamo Melchiorre und Francesco Santo da Pesaro* (1544, Privatbesitz, Wethey III Nr. 77a; nicht bei Pignatti), mit Laute und unleserlichem Stimmbuch, das historisch als beinahe revolutionär anzusprechen ist. In die Zeit zwischen 1545 und 1550 gehören die drei Fassungen *Venus und der Orgelspieler* von Berlin (Berlin, Gemäldegalerie. Pignatti Nr. 293; Wethey III Nr. 48) und dem Prado (I: Madrid, Museo del Prado, signiert. Pignatti Nr. 281; Wethey III Nr. 47; II: Madrid, Museo del Prado, unsigniert. Pignatti Nr. 282; Wethey III Nr. 50). Die Reihenfolge ihrer Entstehung kann nur aus der Bildinterpretation gewonnen werden und ist daher nicht gesichert. Wir nehmen mit Herzner an (S. 82-3), dass Tizian die Berliner Fassung mit ihrem ungewöhnlich breiten Format zuerst schuf. Sie baut auf dem Topos der ruhenden Venus auf, den Tizian selbst (auf der Basis von Vorbildern anderer) in seiner *Venus mit dem Rebhuhn* (Firenze, Uffizi; Pignatti Nr. 294, Wethey III Nr. 49) gestaltet hat, deren Wirkung auf den Betrachter vom Maler ins Bild hinein versetzt wird, indem er den Ausschnitt nach rechts ausweitet und dadurch ein junger Musiker an einer Orgel mit italienischem Pfeifenprospekt sichtbar wird. Mit dem Blick auf den Leib der Göttin vertritt er quasi den Betrachter, und seine musikalische Aktivität an der Orgelbank, die eine Körpertorsion von etwa 120° verlangt, ist wohl am schlüssigsten als Sublimationsversuch zu deuten: Liebesverlangen stimuliert die künstlerische Aktion und gleichzeitig muss es durch

Abb. 3: Tizian: *Venus und der Lautenspieler*. Öl auf Leinwand, Berlin, Gemäldegalerie

diese aufgelöst zu werden. Die Tätigkeit des Musikers steht stellvertretend für analoge Vorgänge bei den anderen Künsten, Malerei und die Dichtung, und dadurch haben diese Gemälde eine existentielle Qualität für den Maler.

Die anderen beiden Fassungen des Themas sind sich sehr ähnlich. Tizian kehrt zur gängigeren gemäßigten Bildproportion von 2:3 zurück mit den entsprechenden formalen Anpassungen. Diese gehen Hand in Hand mit der geregelten Parklandschaft und der starken Betonung des höfischen Ambientes.

3. Kaum ein Kunsthistoriker hat sich bei der thematischen Neuorientierung aufgehalten, die am Thema ›Venus und der Musiker‹ in Tizians Werkstatt etwa 15 Jahre später (d.h. ca. 1565) vorgenommen wurde (*Venus und der Lautenspieler* in den Fassungen von Cambridge, Fitzwilliam Museum. Pignatti Nr. 402; Wethey III Nr. 46, und New York, Metropolitan Museum of Art. Pignatti Nr. 403; Wethey III Nr. 45). Aus dem Organisten ist ein Lautenist geworden, Venus ist gekrönt und umgeben von Gambe, Blockflöte und Notenbüchern. Das heißt, sie wird hier nicht als Inbegriff des Sexuellen, sondern als Patronin der Musik dargestellt, und die beiden Spätfassungen stehen daher in der Tradition dieses Bildtopos. Auch die Ergänzung durch eine ländliche Tanzszene mit Dudelsackbläser im Hintergrund im Freien gehört zu der Idee der Schirmherrschaft für alle. Zwar sind auch diese späten Gemälde zum allgemeinen Thema Venus und die Musik frei von ›poetischen‹ Vorlagen, aber aus der früheren freien ›invenzione‹ ist man in der Werkstatt des Meisters wieder auf eine

konventionellere, allegorische Ebene zurückgekehrt (Abb. 3).

4. Ganz am Schluss seines Schaffens, kurz vor seinem Tod 1576, ist Tizian nochmals auf das Thema Musik zurückgekommen. Es handelt sich um zwei Gemälde, die dem Betrachter in ihrer Drastik und Verneinung von Humanitas schaudern lassen, die *Schindung des Marsyas* (Kremsier, Nationalmuseum. Pignatti Nr. 473; Wethey III Nr. 16) und *Nymphe und Schäfer* (Wien, Kunsthistorisches Museum. Pignatti Nr. 475; Wethey III Nr. 16).

Das Besondere an Tizians Auffassung des beliebten Themas des Wettstreits zwischen Apollon und Marsyas ist, dass er dem Häutungsakt einen so großen Raum gibt und den Gott ganz an den linken oberen Rand rückt, wo er entrückt nach oben blickend seine Lira da braccio spielt. Nicht weniger zynisch ist Tizians gewandelte Vorstellung von Musik und Erotik. Im Bild von *Nymphe und Schäfer* fehlt jeglicher Hinweis auf die bukolische Unschuldswelt Arkadiens, die doch von der Antike bis auf die Gegenwart aus dem Thema nicht wegzudenken ist. Statt dessen haben wir eine schauerliche Gewitterlandschaft vor uns, mit einem Ziegenbock, der die letzten Blätter von einem vom Blitz gekappten und verbrannten Baumstamm frisst und davor eine

Abb. 4: Tizian: *Nymphe und Schäfer*. Öl auf Leinwand; Wien, Kunsthistorisches Museum

Nackte, für deren Entblößtheit Tizian keineswegs den Mythos als Rechtfertigung sucht, sondern die schlicht sexuelle Verführung ausdrückt.

Der Schäfer hat mit seinem Flötenspiel kaum etwas anderes als Zeitvertreib im Sinne. Sein Instrument könnte von der Handhabung her sowohl Block- wie Querflöte sein. Vielleicht ist der Kontrast mit der *Allegorie der Lebensalter*, der Tizians gewandelte Lebensauffassung grell beleuchtet, ein gewollter ›contrapposto‹ gewesen (Abb. 4).

Zum Schluss sei noch angemerkt, dass Tizian im Gemälde *Bacchanal der Andrier* von ca. 1523–1525 (Madrid, Prado. Pignatti Nr. 73; Wethey III Nr. 27) ein lesbares Notenblatt eines Trinkliedes in Form eines Kanons »Qui boyt et ne reboyt le ne scet boyre soit« (»Wer trinkt und nicht noch einmal trinkt, weiß nicht was trinken ist«) von Adrian ▸ Willaert unterbringt (Identifizierung durch Smith 1953, S. 52–56). Er plaziert es zwischen drei Blockflötenspielerinnen (modernen Auletinnen), die man sich als Ausführende einer Instrumentalbearbeitung denken kann.

Wie viele andere Bildthemen Tizians haben auch jene, die Musik betreffen, eine Anzahl von Nachahmern gefunden.

Literatur:
G.P. Smith, *The canon in Titian's Bacchanal*, in: Renaissance News VI (1953), S. 52–56 • H. Wethey, *The paintings of Titian*, 3 Bde., London 1969–1975 • V. Scherliess, *Musikalische Noten auf Kunstwerken der italienischen Renaissance bis zum Anfang des 17. Jahrhunderts*, Hamburg 1972 • *Tiziano e Venezia: convegno internazionale di studi, Venezia 1976*, Vicenza 1980 (u.a. mit Beiträgen von M. Bonicatti, C. Ginzburg, Ch. Hope und D. Rosand) • A. Gentili, *Da Tiziano a Tiziano. Mito e allegoria nella cultura veneziana del Cinquecento*, Mailand 1980 • T. Pignatti, *Tiziano*, Milano 1980 • E.E. Lowinsky, *Music in Titian's Bacchanal of the Adrians: Origin and History of the canon per tonos*, in: *Titian. His World and His Legacy*, hrsg. von D. Rosand, New York 1982, S. 265–273 • V. Herzner, *Tizians Venus mit dem Orgelspieler*, in: *Begegnungen. Festschrift Peter Anselm Riedl zum 60. Geburtstag*, Worms 1983, S. 80–103 • G. Frings, *Giorgiones Ländliches Konzert. Darstellung der Musik als künstlerisches Programm in der venezianischen Malerei der Renaissance*, Berlin 1999 • T. Seebass, *Giorgiones und Tizians fantasie mit Musik. Bilder zum künstlerischen Lebensgefühl der Renaissance*, in: Imago Musicae 16/17 (1999/2000), S. 25–60.

TS

Toccata

Die Toccata (von toccare = berühren, schlagen) ist improvisatorischen Ursprungs und findet sich seit dem zweiten Drittel des 16. Jahrhunderts zunächst in Lautenmusiksammlungen, zuerst in Giovanni Antonio Castelionos *Intabulatura de leuto de diversi autori* (1536) mit u.a. einer »Tochata« von Francesco ▸ Canova da Milano, der weitere folgten. Trotz Beginns in der Lautenliteratur wurde die Toccata eine Komposition für Tasteninstrumente, die sich erst gegen Ende des 16. Jahrhunderts zu entwickeln begann. In den 1590er Jahren wurde eine ganze Reihe von Toccatenbüchern publiziert, u.a. mit Werken von Andrea ▸ Gabrieli (1591) und Claudio ▸ Merulo (1598 und 1604) sowie der erste Teil von Girolamo ▸ Dirutas *Il Transilvano* (1593), der eigentlich ein Toccatenlehrbuch ist. Erscheinen die Toccaten Gabrielis noch als stark erweiterte Intonationen, so sind Merulos Werke differenzierter insbesondere hinsichtlich polyphoner Satztechnik in Verbindung mit figurativen Momenten. Um 1600 entstanden zudem weitere Richtungen, in Neapel eine die Tradition der Trompetentoccata aufgreifende Gestaltung mit Trompetenfanfaren, in Ferrara mit Luzzasco ▸ Luzzaschi eine auf Girolamo Frescobaldi sich auswirkende Toccaten-Komposition, die verschiedene Traditionen aufgriff und neue Gestaltungen schuf. Ihre gewichtigsten Ausprägungen erhielt die Toccata erst im 17. und 18. Jahrhundert.

Literatur:
A. Edler, *Gattungen der Musik für Tasteninstrumen-*

te, Teil 1: *Von den Anfängen bis 1750 (Handbuch der musikalischen Gattungen 7,1)*, Laaber 1997 • P. Dirksen, *Toccata*, in: *MGG²*, Bd. 9 (Sachteil), 1998, Sp. 599–611.

Tomkins, Thomas

* 1572 St. Davids/Pembrokeshire, begraben 9.6.1656 Martin Hussingtree/Worcestershire

Tomkins ist der Berühmteste in seiner Musiker-Familie, aus der zwölf Komponisten, Sänger und Instrumentalisten hervorgingen, die im Elisabethanischen und Jacobinischen England wirkten. Nach seinen eigenen Angaben in der Widmung seines Madrigals *Too much I once lamented* war er Schüler von William ▸ Byrd. Am Magdalen College in Oxford wurde ihm 1607 der Bachelor of Music verliehen. Seit 1594 war er Organist an der Kathedrale von Worcester und um die Wende zum 17. Jahrhundert in London bereits bekannt genug, um mit dem Madrigal *The Fauns and Satyrs Tripping* in die von Thomas ▸ Morley herausgegebene Sammlung *The Triumphes of Oriana* (1601) aufgenommen zu werden, welche der Königin gewidmet war und Stücke der berühmtesten Komponisten enthielt. Wahrscheinlich wurde er auch bald ›Gentleman of the Chapel Royal‹, dokumentarisch ist dies allerdings erst ab 1620 sicher belegt. 1621 wurde er dort Organist. Gleichzeitig war er an der Kathedrale in Worcester als Organist tätig.

Tomkins Kirchenmusik liegt zu einem großen Teil im Druck *Musica Deo Sacra & Ecclesiae Anglicanae* von 1668 vor, der von seinem Sohn Nathaniel postum herausgegeben wurde (5 Bücher, Beschreibung in Rose, I, S. VII–IX). Darin sind 53 Full ▸ Anthems, 41 Verse ▸ Anthems und fünf ▸ Services sowie einige weitere liturgische Kompositionen (Preces, zwei Festpsalmen und fünf Psalmtöne) enthalten. Außer dieser Sammlung sind noch acht Full Anthems, 13 Verse Anthems und zwei Verse Services sowie Preces und Responsorien, zwei Psalmtöne und zwei Litaneien überliefert (James, in Boden, S. 285ff.). – Wie sein Lehrer Byrd hat Tomkins homophon gesetzte Short Services und kunstvollere Great Services komponiert (Zählung der *Services* nach Boden), unter letzteren insbesondere der zehnstimmige *Third Service* (ohne Communio), der wohl zur Aufführung durch die Chapel Royal gedacht war. Er zeichnet sich durch die Alternation von solistischen (verse) und chorischen (full) Partien aus, wobei das *Te Deum* besonders abwechslungsreich gestaltet ist. Der *First* und *Second Service* sind vollständige Services (*Venite, Te Deum, Benedictus; Kyrie, Credo; Magnificat, Nunc Dimittis*). In den unvollständigen *Fourth* (*Te Deum, Magnificat, Nunc dimittis*) und *Fifth Services* (*Te Deum, Jubilate, Magnificat, Nunc dimittis*) bezieht sich Tomkins im *Magnificat* und *Nunc dimittis* auf den *Second Service* von Byrd. Der *Sixth* und *Seventh* Service sind in der Stimmenanzahl unvollständig überliefert und wurden rekonstruiert.

Tomkins Hauptverdienst für die Kirchenmusik liegt in der Komposition von Anthems (alphabetisches Verzeichnis in Boden, S. 333–345). Nicht nur die Quantität – 61 Full Anthems und 53 Verse Anthems sind ganz oder teilweise überliefert –, sondern auch die Qualität zeichnet sie als hochstehende Kompositionen mit vielfältigen Gestaltungsprinzipien aus. Die Full Anthems sind überwiegend für drei bis fünf Stimmen geschrieben, einige wenige für sechs, sieben acht und zwölf Stimmen. Sieben dreistimmige Anthems auf Bußpsalmen (Ps. 6, 32, 38, 51, 102, 130 143) sind anspruchsvolle polyphone durchimitierende Sätze; ihre musikalische Struktur ist wie die aller Anthems auf Deklamation, Wortausdeutung, Harmonik und Ausdruck subtil abgestimmt und nimmt in Melodik und Melodieführung Charakteristika neuer italienischer Musik auf ohne in allzu offensichtliche Madrigalismen zu verfallen. Unterschiedlichste Prinzipien zeigen die vier bei Cavanaugh publizierten

Full Anthems: Das fünfstimmige *Why art thou so full of heaviness O my soul!* ist in der Imitationsstruktur der Bußpsalmvertonungen gehalten; das vierstimmige, nur für Männerstimmen geschriebene *O Lord, how manifold are thy works*, eine von sechs für die Besetzung geschriebenen Anthems, und das sechsstimmige *Who shall ascend the hill of God* beginnen homophon und setzen dann Stimmgruppen gegeneinander; das zwölfstimmige *O praise the Lord all ye heathen* spielt klangliche Qualitäten aus, indem zunächst nur die hohen, dann die tiefen Stimmen einsetzen und der Satz anschließend durch Einsatz der Mittelstimmen gefüllt wird – die Komposition gipfelt im homophonen und rhythmisch markanten Einsatz aller zwölf Stimmen auf dem textlichen Höhepunkt »And the truth of the Lord«. Die instrumental begleiteten Verse Anthems (im Original als *Songs to the Organ* bezeichnet) zeigen in der Kombination von Solistenpartien und Chor sehr vielfältige Möglichkeiten auf, von der textlich bedingten Gegeneinandersetzung einer Solostimme (Erzähler) mit zehnstimmigem Chor (Engel: »Glory be to God in the high'st«) in *Behold I bring you glad tydings* nach der Weihnachtsgeschichte (Luc. 2,11 und 14) über den Wechsel von Solostimme und vier- oder fünfstimmigem imitatorisch oder homophon angelegten Chorpartien (z.B. *Out of the Deep* Ps. 6, auch als dreistimmige Version und *Thou art my King O God*, Ps. 44,5–9) zum Wechsel von mehreren Solostimmen und Chor, deren Partien thematisch aufeinander bezogen sind (z.B. *Almighty God who hast given*, ebenfalls für Weihnachten). Einige der Verse Anthems (z.B. *Thou art my King*) können auch mit Gamben statt mit Orgelbegleitung gespielt werden. Einige herausragende Anthems entstanden für die Krönungszeremonien Jacobs I. und Karls I., ein weiteres für die Begräbniszeremonie von Prinz Henry, weitere für verschiedene private Gelegenheiten. – Sowohl die Services als auch die Anthems werden auch heute noch in englischen Kirchen gesungen.

In Tomkins' ▸ Consort Music kongruieren Gattungen und Kompositionsstruktur weitgehend mit der Anzahl der Stimmen: Die Stücke für drei Gamben (möglicherweise zuerst für Tasteninstrumente entstanden) bestehen aus ▸ Fantasien im durchimitierenden Stil sowie aus zwei ▸ In Nomine-Kompositionen; vier weitere Fantasien sind für fünfstimmiges Gamben-Consort geschrieben und knüpfen an die harmonisch anspruchsvolle, chromatisch geprägte Faktur der dreistimmigen Stücke, insbesondere der Fantasia X, an und dokumentieren somit, dass Tomkins keineswegs der konservative Komponist war, als der er oft gilt. Die Fantasien sind möglicherweise von Orlando ▸ Gibbons beeinflusst, insbesondere Fantasia VIII, die thematische Parallelen zu Gibbons Fantasia X aufweist (Irving, Musica Britannica 95, S. XV). Die fünfstimmigen Kompositionen sind ausschließlich ▸ Pavanen, wobei *Pavan I* auch in einer vierstimmigen Version vorliegt und die zehnte Pavane sechsstimmig ist (die Pavane ist hier nicht, wie sonst oft üblich, mit der ▸ Galliarde gekoppelt). Die Pavanen wurden möglicherweise auch mit Violinen gespielt (Irving, Musica Britannica 95, S. XVII). Eine weiteres, sehr ausgedehntes vierstimmiges Stück basiert auf der Tonfolge ut-re-mi-fa-sol-la, die sowohl als ▸ Cantus firmus in langen Notenwerten in allen Stimmen bis auf die zweite gebracht wird und auch die Imitationsstruktur des Beginns bestreitet; die Komposition war ursprünglich ein Klavierstück. Des weiteren ist noch eine vierstimmige ▸ Allemande (*Aleman*) sowie eine sechsstimmige ▸ Galliarde überliefert.

Tomkins hat mit ca. 70 Kompositionen Bedeutendes zur englischen Musik für Tasteninstrumente beigetragen; aufgrund der Datierungen kann man ersehen, dass er ungefähr die Hälfte in seinem letzten Lebensjahrzehnt komponiert hat. Nur fünf Stücke sind im

Fitzwilliam Virginal Book enthalten, die meisten sind in einem von ihm selbst zusammengestellten Manuskript überliefert (heute in der Bibliothèque nationale in Paris), das auf den ersten 71 Seiten Kompositionen von William ▸ Byrd, John ▸ Bull und einige seiner eigenen enthält, somit zunächst als Sammlung gedacht war; danach stehen neu komponierte oder revidierte eigene Stücke. Das Œuvre umfasst alle gängigen, insbesondere englischen Gattungen: Fantasien (Fancys) und ▸ Voluntarys im imitierendem Stil, ▸ Grounds mit und ohne Bezeichnung der ›tunes‹, Pavanen und Galliarden, ▸ Präludien, Cantus firmus gebundene Hexachordvertonungen und Choralbearbeitungen (8 In Nomine-Kompositionen, 8 Miserere, *Clarifica me Pater*, Offertorium). Einige der Stücke tragen deutlich programmatischen Charakter wie *The hunting galliard* oder *A sad pavan; for these distracted times*; letztere gibt nicht nur die Grundstimmung der Zeit, die Melancholie, wieder, sondern ist auch auf die Hinrichtung König Karls I. (1649) bezogen.

Tomkins Madrigale, geschrieben für drei bis sechs Stimmen, entstanden in einer Zeit, als das englische Madrigal nach kurzer Blüte bereits wieder im Niedergang begriffen war und durch das Lautenlied, zu dem Tomkins keinen Beitrag leistete, abgelöst wurde. Eine Textausdeutung im Detail ist in vielen Stücken deutlich durch kontrastierende Satzcharaktere und typische Madrigalismen ausgeprägt. Dazu zählen Stücke wie (*Oyez! has any found a lad?*), ein Beitrag zu dem beliebten Typus des tonmalerischen Liedes, wie ihn in England Gibbons mit seinen *Cries of London* geprägt hat, oder auch das seinem jüngeren Bruder gewidmete *Weep no more thou sorry Boy*. Einige Madrigale, meist mit pastoralen Texten, die eher als ›popular balletts‹ zu bezeichnen sind und dem Typus des instrumentalen ▸ Balletto bzw. Ballets folgen, setzen imitatorische Struktur in längeren Notenwerten gegen rasch pulsierenden, oft mit Taktwechseln verbundenen Gesang auf »Falala« wie in *Come Shepherds, sing with me*. Ebenso wird in *Too much I once lamented* der in phrygischer Sekund und langen Notenwerten ausgedrückte melancholische Charakter durch ein beschwingtes »Falala« kontrastiert, dessen Sinn erst in der zweiten Strophe offenbar wird. Alle Madrigale tragen Widmungen, an seine Familie, das erste (*O hasty life*) an seinen Vater, an Freunde, an Bekannte und insbesondere an seinen »ancient, & much reverenced Master Byrd«.

Ausgaben:
Keyboard Music, hrsg. von S.D. Tuttle (Musica Britannica 5), London 1955, ²1964; *Songs of 3,4,5 & 6 parts (1622)*, hrsg. von E.H. Fellowes, rev. von T. Dart (The English Madrigal School 18), London ²1960; *Thirteen Anthems*, hrsg. R.W. Cavanaugh (Recent Researches in the Music of the Renaissance 4), New Haven 1968; *Musica Deo sacra*, hrsg. von B. Rose (Early English Church Music 5, 9, 14, 27, 37, 39), London 1965, 1968, 1973, 1982, 1991, 1992; *Services* (Tudor Church Music 8), Oxford 1928; *Consort Music*, hrsg. von J. Irving (Musica Britannica 59), London 1991.

Literatur:
D. Stevens, *Thomas Tomkins*, London 1957, ²1967 • J. Irving, *The Instrumental Music of Thomas Tomkins 1572–1656*, New York 1989 • A. Boden (Hrsg.), mit Beiträgen von D. Stevens / B. Rose / P. James / D.R.A. Evans, *Thomas Tomkins: The Last Elisabethan*, Aldershot 2005 (mit ausführlichem Werkverzeichnis) • J. Irving, *Tomkins, Familie*, in: *MGG²*, Bd. 16 (Personenteil), 2006, Sp. 916–923.

ES

Tonsystem / Modus

Ein tieferes Verständnis der Vokalpolyphonie des 15. und 16. Jahrhunderts setzt das Wissen um die Voraussetzungen, Normen und Grenzen des seinerzeit maßgeblichen achtstufigen Tonsystems voraus. Die verfügbaren Stammtöne leiten sich aus der Quintenreihe b – f – c – g – d – a – e – h ab; b bzw. h (b-rotundum bzw. b-quadratum, ursprünglich rund bzw. eckig) galten nicht als Varianten ein und derselben ›Stufe‹ bzw. »Doppelstufe« (Dahlhaus 1968), sondern als weit auseinanderliegende Grenztöne. Zur Verfügung standen zwei Systeme bzw. Tonvorräte, ein ›reguläres‹ (›cantus durus‹) und ein transponiertes mit b-Vorzeichnung, das dann den Ton h aus- und dafür es einschloss (›cantus mollis‹, seit dem 13. Jahrhundert gebräuchlich). Die Grafik zeigt den in der Vokalpolyphonie des 15. und 16. Jahrhunderts zur Verfügung stehenden Tonraum und seine Vermessung durch die Standardschlüssel, die eine Notation ohne Hilfslinien ermöglichen. (Tiefere Töne als Γ kommen in der Praxis gelegentlich vor, ohne für die Theorie des Gesamtsystems relevant zu sein.)

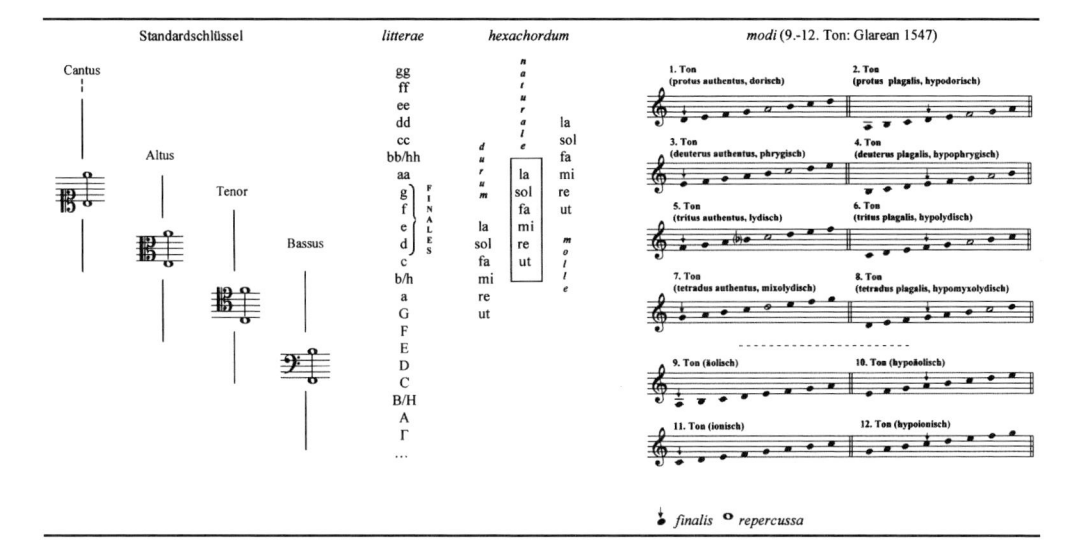

Die Bedeutung einer einzelnen Tonstufe definierte sich nicht allein über die reale, durch Tonbuchstaben ausgedrückte Lage, sondern auch über ihre relative Stellung im so genannten ›hexachordum‹, genauer über ihre Position zum mittleren Halbtonschritt (mi-fa) eines ›hexachordum durum‹, ›naturale‹ oder ›molle‹ (▶ Hexachord). Die Verwendung von Akzidentien (›zufällige‹ oder ›künstliche‹ Töne, im ›cantus durus‹ die Optionen cis, fis und gis) blieb zunächst auf Klauselbildungen mit unterem Halbton (›subsemitonum‹) zur jeweiligen Zielstufe beschränkt. Mit einem Kreuz erhöhte Töne konnten demnach im Intervallsatz nur als Terzen bzw. Sexten auftreten.

Alle Töne außerhalb des angegebenen Vorrats betreffen den bis heute in Forschung und Praxis höchst kontrovers diskutierten Bereich der ▶ Musica ficta – Alterierungen, die nicht in den Noten (bzw. Stimmbüchern) standen, sondern vermutlich von den ausführenden Sängern nach bestimmten Grundsätzen vorgenommen wurden. (Editorische, d.h. vom Herausgeber vorgeschlagene Vorzeichen stehen seit den Anfängen moderner Urtextausgaben über den jeweiligen Noten.) Unstrittige, auch bei Theoretikern (z.B. ▶ Aaron 1529) nachweisbare Musica ficta-Regeln betreffen z.B. den Gebrauch des unteren Halbtons in Kadenzen, die Vermeidung des linearen Tritonus oder die Entschärfung von so genannten ›mi contra fa‹-Dissonanzen. Die schier unlösbaren Probleme beginnen gleichwohl dort, wo der lineare Zusammenhang einer Stimme als Argumentationsgrundlage nicht hinreicht oder die ›Korrektur‹ einer Stimme gar Dissonanzkonflikte im Verhältnis zu einer anderen nach sich zieht. In der lange Zeit ▸ Josquin Desprez zugeschriebenen, vermutlich jedoch aus der Feder von Pierre de la ▸ Rue stammenden Motette *Absalon, fili mi* implizieren Alterationen eine spekulative Überschreitung der Grenzen des Tonsystems: Motiviert durch die letzten Worte der Klage Davids (»descendam in infernum«) erweitert sich der Tonraum am Ende, die Tiefe des Unterquintbereichs auslotend, bis hin zum gänzlich ›exterritorialen‹ Ton Ges. *Absalon, fili mi* stellt somit ein extremes und frühes Beispiel für den Einbezug hypothetischer, das traditionelle System überschreitender Hexachorde dar.

Das eigentliche Fundament des Tonsystems der Renaissance – hier sind sich die Theoretiker einig – bildet jedoch die Moduslehre: »Tonus ... est quaedam regula quae in omni cantu diiudicat et bene dico in omni cantus sive firmo sive figurato« (»Der Modus ... ist diejenige Regel, die für jeden Gesang gilt, wohlgemerkt für jeden, sei er einfach oder verziert«), so etwa Guilielmus Monachus (*De praeceptis artis musicae*, 1460). Bis ins 17. Jahrhundert war es selbstverständlich, zyklische Werke nach der Reihenfolge der ›modi‹ zu ordnen. Allerdings erfuhr das traditionelle, im byzantinischen *Oktoechos* wurzelnde System der (ursprünglich acht) ›modi‹ oder ›toni‹ – in Missverständnisse herausfordernder Weise auch ›Kirchentöne‹ oder ›Kirchentonarten‹ genannt – im 16. Jahrhundert einige Modifikationen. Die Erweiterung des Systems auf zwölf Töne durch Heinrich ▸ Glarean (*Dodekachordon*, Basel 1547), die auf der systematischen Ableitung der Modi als Kombination von Quint- und Quartspecies beruhte und in modifizierter Form auch von Gioseffo ▸ Zarlino übernommen wurde, bedeutete den Versuch, die traditionelle achttönige Moduslehre an die Gegebenheiten der kompositorischen Praxis anzupassen, so dass Stücke mit Finalis a oder c nicht länger mit Hilfskonstruktionen erklärt oder schlichtweg als Ausnahmen bezeichnet werden mussten. Der Gebrauch eines bestimmen Tons schloss das Bewusstsein um charakteristische ›Ausdrucksqualitäten‹ – »Certus modus certò textui eligatur« (»Man wähle zu einem bestimmten Text einen bestimmten Modus«), so Joachim ▸ Burmeister (*Musica poetica*, Rostock 1606, S. 75) –, zuweilen auch den Rückgriff auf einen aus der Gregorianik überlieferten melodischen Formelschatz ein. Von einem gewählten Modus hingen zudem – dem so genannten Tenorprinzip folgend – die Disposition der Stimmumfänge im mehrstimmigen Satz sowie die Hierarchie der Kadenzstufen innerhalb einer Komposition ab (Meier 1974). Für die Modus-Bestimmung einer mehrstimmigen Komposition ist demnach primär der Tenor-Ambitus maßgeblich: Liegt er über dem Hauptton eines Stückes, so liegt ein authentischer Modus vor; der Ambitus einer plagalen Melodie umgibt diesen. Auch andere strukturelle Eigenarten der traditionellen Modi, wie die Lage des Rezitationstons (›repercussa‹, ›ténor‹) als melodischem Gegenpol zum Modus-Hauptton, blieben in der Mehrstimmigkeit gegenwärtig. Zweifel an der Relevanz der Moduslehre für das mehrstimmige Komponieren im 16. Jahrhundert äußerte allerdings Powers 1981 und schlug ein neues Klassifizierungssystem auf der Basis verschiedener »tonal types« vor.

Die kompositionstechnischen Neuerungen der zweiten Hälfte des 16. Jahrhunderts äußern sich unter anderem in einem freieren Umgang mit akzidentiellen Tönen. Burmeister (*Musica poetica*, Rostock 1606) begriff das Einstreuen modusfremder Töne in einen Gesang bereits als rhetorische Figur (›pathopoeia‹), die im Dienste der Textausdeutung besondere Affekte erregen kann. Spekulativen Tendenzen in der Musiktheorie, aus der Unterscheidung zwischen einem chromatischen und einem enharmonischen Tongeschlecht praktische Konsequenzen für Stimmung und Instrumentenbau zu ziehen (Nicola ▶ Vicentino, *L'antica musica ridotta alle moderna prattica*, 1555), stehen frühe Experimente mit ausufernder Chromatik z.B. bei Orlande de ▶ Lassus entgegen (*Prophetiae sybillarum*, vermutlich 1556–1559). Derartige Neuerungen ereigneten sich zunächst innerhalb des tradierten Systems, ohne dessen Grundfeste infrage zu stellen. Ungeachtet aller Widersprüche zwischen Theorie und Praxis blieb das achtstufige, auf Hexachord- und Moduslehre gründende Tonsystem bis weit ins 17. Jahrhundert hinein maßgeblich.

Literatur:
C. Dahlhaus, *Untersuchungen über die Entstehung der harmonischen Tonalität*, Kassel u.a. 1967 • B. Meier, *Die Tonarten der klassischen Vokalpolyphonie*, Utrecht 1974 • H.S. Powers, *Tonal Types and Modal Categories in Renaissance Polyphony*, in: Journal of the American Musicological Society 34 (1981), S. 279–295 • B. Meier, *Alte Tonarten* (Bärenreiter Studienbücher Musik 3), Kassel 1992 • Th. Daniel, *Kontrapunkt. Eine Satzlehre zur Vokalpolyphonie des 16. Jahrhunderts*, Köln 1997 • H.S. Powers / F. Wiering, *Mode I–III*, in: *Grove*, Bd. 16, 2001, S. 775–823.

MRO

Tordiglione

Der Tordiglione ist ein mit dem französischen Tourdion verwandter Tanz, dessen Blütezeit im 16. Jahrhundert lag. Choreographisch tritt er sowohl als selbständiger Tanz, in den italienischen Tanzquellen auch als Variation innerhalb einer ▶ Galliarde auf. Die bislang früheste Erwähnung eines Tordiglione befindet sich in einem Brief aus dem Jahr 1499 an Isabella d'▶Este, wo man in einem Intermedium »un tamburino sonando uno dordiglione« hörte (Luzio / Regnier, *Giornale storico della letteratura Italiana* 11, 1888 / ²2006, S. 186). Die erste Tanzbeschreibung enthält Fabritio ▶ Carosos *Il Ballarino* (Venedig 1581). Die Musik zum Tordiglione steht überwiegend im Dupeltakt, weshalb keine ›Cinque Passi‹-Variationen (diese verlangen Dreitaktigkeit) zur Anwendung kommen. Vielmehr werden die Choreographien aus dem gesamten verfügbaren Schrittrepertoire, wie es in den Traktaten von Caroso und Cesare ▶ Negri beschrieben ist, zusammengesetzt. Aus diesen Quellen lässt sich zumindest für den höfischen Gesellschaftstanz eine klare Struktur ableiten. Die Tänzer können entweder eine vorgeschriebene Choreographie ausführen oder auch Schrittkombinationen zum Tordiglione improvisierend zusammensetzen. Livio ▶ Lupi da Caravaggio (*Libro di gagliarda, tordiglione, passo è mezzo, canario è passeggi*, Parma ²1607, ¹1600) beschreibt 140 Variationen für Herren und 40 Variationen für die Damen. Innerhalb einer gemeinsam getanzten Eingangs- und Ausgangsfigur wechseln dann Herr und Dame beliebig lange in der Ausführung einer virtuosen ›Mutanza‹ (solistische Schrittvariation) ab, während der Partner dazu jeweils einen einfacheren ›Passeggio‹ (begleitende Schrittfigur) ausführt.

Der Tordiglione beruht meist auf einem einfachen harmonischen Schema und findet sich auch als reine Instrumentalmusik in zahlreichen Musikdrucken und Handschriften vor allem des 17. Jahrhunderts (Salomone Rossi 1622; Giovanni Paolo Fosacarini 1640; Antonio Carbonchi 1643; Gasparo Zanetti 1645; Carlo Calvi 1646; Johann Heinrich Schmelzer 1673; Ruiz de Ribayaz 1677; Nicola Matteis 1685; Kaiser Leopold I., Alessandro Poglietti u.a.).

Literatur:
M. Lutz, *Zur Choreographie der Renaissance-Tänze in der Instrumentalmusik zur Zeit Heinrich Ignaz Franz Bibers*, in: *Tagungsbericht Heinrich Ignaz Franz Biber, Salzburg 9.–12. April 1994*, hrsg. vom Forschungsinstitut für Salzburger Musikgeschichte, Salzburg 1997, S. 159–176 • J. Sutton, *Tourdion*, in: *International Encyclopedia of Dance*, Bd. 6, Oxford 1998, S. 178–179.

MM

Totentanz

Die Idee eines Totentanzes entstand in der französischen und deutschen Literatur und Malerei in Zeiten der großen europäischen Pestepidemien seit dem 14. Jahrhundert. Erst in Texten, später auch in Bildern wird ein Tanz beschrieben, zu dem der Tod die Menschen, die als Vertreter des mittelalterlichen Ständesystems dargestellt sind, lädt. Ein Totentanz soll ins Gedächtnis rufen, dass alle Menschen im Leben wie im Sterben gleich sind; er soll zur Buße und Vorbereitung auf den Tod mahnen.

Der älteste Text, der Tod und Leben einander gegenüberstellt, *Dit des trois morts et des trois vives*, wird auf vor 1280 datiert und geht auf vormittelalterliche Totenkulte zurück. Zwischen 1443 und 1447 entstand ein lateinisch-deutscher Mischtext. Er war als christliches Lehrstück über Leben und Tod konzipiert und in ihm kommen die Ständevertreter in Monologen zu Wort. Mit der Dichtung eines Klerikers aus Spanien aus dem 15. Jahrhundert, der *Danca general de la muerte*, ist erstmals ein Text als Dialog zwischen Tod und Menschen überliefert. Die dialogische Textstruktur wird für den jüngeren Totentanz zur Norm. Zwei weitere wichtige Totentänze, der in der Marienkirche zu Lübeck von 1463 und der aus dem sogenannten Heidelberger Blockbuch von 1465, sind ebenfalls als Dialoge verfasst.

Auf den bildlichen Darstellungen sind drei wichtige Kennzeichen eines Totentanzes die Figur des Todes, Musikinstrumente und Tanzordnung. Die frühesten Totentänze zeigen nur den Tod selbst mit einem Instrument. Häufig spielt er Blas- oder Schlaginstrumente, die in mittelalterlichen Folkloretänzen dem Teufel zugeordnet wurden. Es finden sich aber auch Darstellungen, auf denen der Tod die Lebenden mit dem als verführerisch geltenden Spiel auf Saiteninstrumenten in sein Reich lockt, ähnlich wie in der deutschen Volkslegende vom Rattenfänger von Hameln. In jüngeren Darstellungen sieht man Instrumente auch in der Hand der Ständevertreter. Sie symbolisieren einerseits nach mittelalterlichem Verständnis die Musik und damit das Lebendige gegenüber der Todesgestalt. Andererseits bekommen sie in jüngeren Darstellungen charakterisierende Funktion. So spielt der Pfeifer den Dudelsack, der Junker die Laute oder der Bettler das Hackbrett. Die bildlichen Darstellungen der Totentänze geben so einen interessanten Einblick in historisches Instrumentarium und Bräuche und sind auch deshalb für die Musikwissenschaft interessant.

Die Musik und der Tanz haben aber vor allem symbolische Funktion und so sucht man vergeblich nach mittelalterlichen Vertonungen zu Darstellungen und Texten. Erst in Tabulaturbüchern des 16. und 17. Jahrhunderts und auch im 19. und 20. Jahrhundert gibt es von der Idee des Totentanzes inspirierte Musikstücke. Mit dem mittelalterlichen Totentanz werden lediglich ein spanisches Lied aus dem 14. Jahrhundert und einzelne sogenannte Vadomori-Gedichte in Verbindung gebracht. Vado mori (»ich bereite mich zum Sterben, ich bin zum Tod bereit«) war Anfangs- und Schlussformel der Strophen der Gedichte, die den Dialog zwischen Tod und Ständevertreter der bildlichen Darstellungen mittelalterlicher Totentänze in Worte fassten.

Ein weiterer Punkt, der für die Musikwissenschaft interessant ist, sind die dargestellten Tanzordnungen. Frühe Totentänze zeigen gemäß dem Folklorebrauch des Kirchhoftanzes (arabisch *Tanz maquabiri*, französisch *Danse macabre*) einen mittelalterlichen Reigen. Auf späteren Abbildungen ziehen die Ständevertreter paarweise auf, wie bei der ▸ Bassedanse oder der ▸ Pavane, den Modetänzen des 16. Jahrhunderts.

In einer Abteikirche in der französischen Auvergne findet sich die älteste bildliche Darstellung eines Totentanzes. Er wird auf zwischen 1410–1420 datiert. Auf dem Beinhaus des Pariser Friedhofs *Aux Saints Innocents* befand sich eine weitere Darstellung (1424/1425), die für die Verbreitung des Sujets in Europa wichtig war; es entstanden zahlreiche, künstlerisch individualisierte Darstellungen auf Fresken oder in gemalten bzw. gedruckten Bilderreihen. Die ältesten bildlichen Darstellungen im deutschsprachigen Raum finden sich im Dominikanerkloster zu Basel (1440) und in der Marienkirche zu Lübeck (1463, zerstört 1942).

Christoph Walther I., Ausschnitt aus dem Totentanz-Steinrelief aus der Dreikönigskirche zu Dresden-Neustadt, 1534–1536. Das Relief war ehemals koloriert und an der Renaissance-Fassade der Kirche angebracht, seit 1990 befindet es sich unter der Orgelempore. Abgebildet ist der erste von vier Reigen, auf dem eine von Schlangen umwundene, Schalmei blasende Todesfigur und Papst, Kardinal, Bischof und Abt zu sehen sind. Das gesamte Relief trägt den Sinnspruch »Der Kaiser folgt mir samt allen Potentaten, kein König thut mir's nach an Rhume und an Thaten. Der Fürst und Grafe stirbt, es stirbt der Rittersmann, weil niemand, wer es sei, sich mein erwehren kann«.

Die Darstellungen des 16. Jahrhunderts akzentuieren den Kontrast zwischen Leben und Tod. Eine solche Steigerung zeigt der *Berner Totentanz der Jungfrauen* von 1516/1517. Dieses erotisierte Motiv verselbständigt sich in der europäischen Kunst als *Der Tod und das Mädchen*. Eine weitere Steigerung stellen die vom Baseler Totentanz inspirierten Holzschnitte Hans Holbeins von 1638 dar. Er zeigt nicht mehr typisierte Standesvertreter, sondern markant charakterisierte Individuen.

Die Aufklärung verbannt das mittelalterliche Bild des Totentanzes zugunsten einer neuen Auffassung des Todes als dem Zwillingsbruder des Schlafes. Erst in der Romantik werden die historischen Darstellungen wieder entdeckt und die Idee eines Totentanzes in Literatur, Malerei und Musik wieder aufgegriffen.

Literatur:
G. Buchheit, *Der Totentanz. Seine Entstehung und Entwicklung*, Leipzig 1926 • J.M. Clark, *The Dance of Death by Hans Holbein*, London 1950 • St. Cosacchi, *Musikinstrumente im mittelalterlichen Totentanz*, in: Die Musikforschung 8, Kassel 1955, S. 1–19 • R. Hammerstein, *Tanz und Musik des Todes. Die mittelalterlichen Totentänze und ihr Nachleben*, Bern / München 1980 • S. Ehrmann-Herfort, *Totentanz*, in: MGG², Bd. 9 (Sachteil), 1998, Sp. 682–691 • G.Y. Kendall, *Dance*, in: *Encyclopedia of the Renaissance*, hrsg. von P.F. Grendler, Bd. 2, New York 1999, S. 118–122 • Sh.T. Strocchia, *Death*, in: dass., Bd. 2, New York 1999, S. 126–129 • M. Boyd, *Dance of Death*, in: Grove, Bd. 6 (2001), S. 911–912.

LK

Toulouse ▸ Frankreich

Tourdion

Der Tourdion ist ein Tanz französischer Herkunft, dessen Blütezeit im 16. Jahrhundert lag. Trotz der Tanzbezeichnung, die eine Drehbewegung evoziert, handelt es sich den Beschreibungen nach nicht in erster Linie um einen Drehtanz. Die bislang früheste Erwähnung findet sich in den *Enigmes* (1435) von Saint Gervais: »Si estoit-il-bon joueur de rebec / Et si scavait par coeur une triballe / Des tourdions et des danses avec / Mis en musique au concile de Basle.« Antonia de Arena (*Ad suos compagnones studiantes*, Avignon 1516) erwähnt zwar den Tourdion, gibt aber keine genaue Beschreibung: »ad tordiones non extat regula certa« (London 1758, S. 50). Die tänzerische Ausführung beschreibt erst Thoinot

▸ Arbeau in seiner *Orchesographie* (1588), der den Tourdion als eine Art ▸ Galliarde bezeichnet. Gemeinsam ist hier die Verwendung desselben Grundschrittes, der »cinqpas«, welche beim rascheren Tourdion weniger hoch auszuführen sind: »le tourdion se dance bas & par terre d'vne mesure legiere & concitee: Et la gaillarde se dance hault d'vne mesure plus lente & pesante« (Arbeau, fol. 49v). Auch die Musik setzt er mit der Galliarde gleich: »L'air du tourdion & l'air d'vne gaillarde sont de mesmes« (fol. 49v). Die frühesten Musikbeispiele zum Tourdion befinden sich in Pierre ▸ Attaingnants *Dixhuit basses dances garnies de recoupes et tordions* (Paris 1529). Hier steht der Tourdion – wie bei Arbeau – an dritter Stelle der Tanzfolge Basse dance – Recoupe – Tordion. Im Gegensatz zu Arbeau, der nur einen ungeradtaktigen Tourdion kennt, ist der Tourdion in Quellen zur Musik, so wie der italienische ▸ Tordiglione, auch geradtaktig vertreten.

Literatur:
Michael Lutz, *Tourdion*, in: *MGG²*, Bd. 9 (Sachteil), 1998, S. 693–697.

MM

Tours ▸ Frankreich

Transitus ▸ Commissura

Trauermusik ▸ Déploration

Treble ▸ Stimmengattungen

Trienter Codices

Die Trienter Codices sind eine Gruppe von sieben Papierhandschriften im Quarto-Format (ca. 28x20 cm) aus der Mitte des 15. Jahrhunderts. Sie werden heute in Trient, Museo Provinciale d'Arte, Castello del Buonconsiglio (›Tr87‹–›Tr92‹, aktuelle Signaturen I-TRbc 1374–1379) bzw. im Kathedralarchiv (›Tr93‹) aufbewahrt. Mit insgesamt über 1.600 Stücken (davon ca. 300 doppelt kopiert, also ca. 1.300 Einzelkompositionen) auf über 4.000 Seiten stellen die Trienter Codices die mit Abstand umfangreichste und bedeutendste Sammlung mehrstimmiger Musik des 15. Jahrhunderts dar; sie sind für erhebliche Teile des Repertoires vor allem der 1450er und 1460er Jahre die einzige Quelle überhaupt. Die Handschriften befanden sich ursprünglich im Archiv des Domkapitels von Trient; Tr87–Tr92 wurden von Franz Xaver Haberl 1885 erstmals erwähnt und 1891 nach Wien verbracht; 1918 kehrten sie nach Trient zurück. Die siebte Handschrift (›Tr93‹) wurde erst 1920 entdeckt.

Über die Herkunft der Codices ist lange spekuliert worden; Eine nationalistisch geprägte Musikgeschichtsschreibung sowohl auf italienischer als auch auf österreichischer Seite nahm die Handschriften für sich in Anspruch. Kodikologische Studien der letzten Jahrzehnte haben jedoch belegen können, dass sie weitaus überwiegend in oder zumindest für Trient selbst entstanden, wahrscheinlich für die Kantorei der Domschule, die unter den Bischöfen Georg Hack (1444–1465) und vor allem dessen Nachfolger Johann Hinderbach (Domprobst seit 1455, Bischof 1465–1486) beträchtliches Renommee erlangte. Hauptschreiber sind der Organist und Priester Johannes ▸ Lupi (ca. 1410–1466/1467), der sich spätestens seit 1443 in Trient aufhielt, und der Sänger, Lehrer und Priester Johannes Wiser (ca. 1430/1435–1503 oder später), der ab 1455 als ▸ Succentor (stellvertretender Leiter) und ab 1458 als Leiter der Domschule wirkte. Beide brachten bereits Material von ihren vorherigen Aufenthaltsorten bzw. Arbeitsstätten mit (s.u.), organisierten und ergänzten dies aber in Trient selbst. Ziel beider war offenbar die planvolle Zusammenführung von möglichst vielfältigem und vielfältig verwendbarem Repertoire: Im Vordergrund stehen geistliche Gattungen (▸ Messen, Messensätze, Messproprien, ▸ Motetten, ▸ Hymnen, ▸ Magnificat), daneben aber auch weltliche Lieder (▸ Chanson) und untextierte Stücke. Das Repertoire ist seiner Herkunft nach äußerst breit gestreut – während die älteren Handschriften äußerst international ausgerichtet sind (mit Werken italienischer, französischer, flämischer, englischer und deutsch-österreichischer Provenienz), konzentrieren sich die späteren, in Trient selbst kopierten Codices auf geographisch näher liegendes Repertoire aus dem zentraleuropäischen Raum. Beide Sammler profitierten in ihrem Sammeleifer sowohl von der Lage Trients an der Hauptverkehrsader von Süddeutschland/Österreich nach Italien als auch von ihren eigenen internationalen Kontakten: Lupi kam aus Bozen, hatte in Wien studiert und stand in den 1430er und frühen 1440er Jahren in Diensten des deutschen Königs Friedrich IV. (des späteren Kaisers ▸ Friedrich III.) in Innsbruck und Graz; Wiser stammte aus München und studierte vermutlich ebenfalls in Wien; Bischof Hinderbach residierte seinerseits primär in Wien. Dies legt den Schluss nahe, dass das Repertoire wesentlich vom Umfeld des österreichisch-habsburgischen Hofes geprägt ist (Strohm).

Sowohl die Auswahl als auch die zum Teil chaotische Anordnung des Materials sprechen gegen eine rein praxisorientierte Ausrichtung der Sammlung: »Der Umfang der Codices geht wahrscheinlich über die praktisch verwendbaren Repertoires einer Domkantorei oder Hofkapelle hinaus und vermittelt mit seinen oft fehlerhaften, manchmal korrigierten, manchmal unsingbaren Niederschriften […] von Musik aller möglichen Provenienzen den Eindruck einer bloßen Vorrats- oder Studiensammlung« (Strohm 1998, Sp. 806). Vielmehr scheint ein allgemeineres ›Bildungsideal‹ zugrunde zu liegen: Lupi und Wiser, beide Akademiker, wollten sowohl für sich selbst als auch für ihre Schüler ein möglichst weites Panorama europäischer Kunstmusik zur Verfügung haben, aus dem jeweils Stücke für Gottesdienst, Schule, private Andacht bzw. Unterhaltung oder auch nur Anschauung ausgewählt werden konnten.

Die Handschriften im einzelnen (in chronologischer Reihenfolge ihrer Entstehung):

Tr87 und Tr92 (ca. 1430–1450)
Der Kern dieser beiden Handschriften (Tr87[1] und Tr92[2]) wurde als Einheit konzipiert und von Johannes Lupi wohl größtenteils 1439–1443 während seiner Zeit am Hof Friedrichs IV. niedergeschrieben; Tr87 enthält aber auch eine Lage mit noch älteren, von Lupi offenbar in Norditalien kopierten Stücken. Dieser Komplex enthält v.a. Messensätze, Motetten, Hymnen und Magnificat von Guillaume ▸ Dufay, Gilles ▸ Binchois, Johannes ▸ Brassart, Reginald Libert, Gillet Velut, John ▸ Dunstaple, Leonel ▸ Power u.a. In den 1440er Jahren ergänzt und beigebunden wurden Tr87[2] mit noch etwas älterem Repertoire (Dufay, Estienne ▸ Grossin, ▸ Zacara da Teramo, Brassart u.a., ferner einige englische Stücke von Dunstaple u.a.) sowie als separate Einheiten anderer Schreiber Tr87[3] mit Werken von H. Battre (aus Ciney in der Diözese Lüttich, ca. 1434–1437) und Tr92[1] mit Plenarzyklen der Messe u.a. von Nicolas Merques (kopiert im Umfeld des ▸ Konzils von Basel, ca. 1431–1437). Verwandtes Repertoire findet sich in der Kapellhandschrift von Zwettl (A-ZW), ebenfalls von Lupi kopiert, und im Kodex Aosta (I-AO 15, kopiert ca. 1430–1446), was die Verbindungen zur habsburgischen Hofkapelle und zum Basler Konzil weiter untermauert.

Tr93 (ca. 1450–1455)
Die Handschrift wurde von mehreren unbekannten Schreibern, mit Ergänzungen von Wiser, kopiert. Tr93 wurde entweder in München begonnen und von Wiser nach Trient mitgenommen (Wright) oder lag bei Wisers Ankunft bereits in Trient vor (Strohm). Der Kodex enthält weitgehend liturgische (und auch liturgisch geordnete) Musik für die Messe (Ordinarium und Proprium), mit einem Anhang gemischten Repertoires (darunter auch weltliche Kompositionen). Die wichtigsten Komponisten sind Dufay, Jean ▸ Pullois, Binchois, Brassart, Guillaume de Rouge und Johannes Legrant sowie Power, Dunstaple und weitere englische Meister. Tr93 ist die Kopiervorlage für Tr90.

Tr90 (ca. 1453/1454–1456)
Die von Johannes Wiser, mit Ergänzungen von anderen Schreibern kopierte Handschrift ist weitgehend eine direkte Kopie von Tr93; es fehlen die dort verzeichneten Sequenzen und der Anhang, dafür folgen noch fünfzehn weitere Lagen offenbar etwas jüngeren Datums mit ebenfalls gemischtem, meist geistlichem Repertoire. Die süddeutschen Papiersorten der frühesten Lagen sprechen dafür, dass auch Tr90 von Wiser bereits in München begonnen und in Trient fertiggestellt wurde (Wright 2003); nach Strohm allerdings begann Wiser mit der Abschrift erst nach seiner Ankunft in Trient, wo er Tr93 vorfand.

Tr88 (ca. 1456–1460/1462)
Die von Johannes Wiser mit Ergänzungen von drei weiteren Schreibern kopierte Handschrift enthält Messzyklen, Proprienzyklen, Hymnen, Magnificat und erneut einen Anhang mit Mischrepertoire. Neben zahlreichen anonymen Kompositionen stehen Werke von Dufay, Johannes ▸ Ockeghem, Johannes Touront, Petrus ▸ Domarto, Juan ▸ Cornago u.a.; zahlreiche der anonymen Proprienzyklen wurden von Lionel Feininger ebenfalls Dufay zugeschrieben.

Tr89 (ca. 1460–1465/1468)
Kopiert von Johannes Wiser und weiteren Schreibern; der zweite Hauptschreiber (»Schreiber B«) ist wahrscheinlich Peter Schrott (oder Schroff), ab 1458 ▸ Succentor und ab 1465 Domschulmeister in Trient. Tr89 enthält erneut vor allem Messzyklen, ▸ Antiphonen und Hymnen, meist anonym, mit einigen Werken von Touront, Antoine ▸ Busnoys, ▸ Barbingant, Johannes ▸ Martini und dem späten Dufay.

Tr91 (ca. 1472–1477)
Die Handschrift wurde nur noch in Teilen von Johannes Wiser kopiert, sondern von einer Reihe weiterer Schreiber. Tr91 enthält Messzyklen, Magnificat, Hymnen und viel Mischrepertoire; das Repertoire ist das jüngste im Corpus, mit Werken u.a. von Jean Vincenet, Guillaume ▸ Faugues, Busnoys, Touront und Martini.

Ausgaben:
Auswahl in *Sechs Trienter Codices. Geistliche und weltliche Kompositionen des XV. Jahrhunderts*, 7 Bände, hrsg. von G. Adler, O. Koller u.a. (Denkmäler der Tonkunst in Österreich 14/15, 22, 38, 53, 61, 76, 120), Wien und Graz 1900–1970; Faksimile-Ausgabe, Rom 1969–1970; *Sacred Music from the Cathedral at Trent: Trent, Museo Provinciale d'Arte, Codex 1375 (olim 88)*, hrsg. von R. Gerber (Monuments of Renaissance Music 12), Chicago 2006.

Literatur:
I codici musical trentini, hrsg. von N. Pirrotta und D. Curti, Trient 1986 • *I codici musicali trentini. Nuove scoperte e nuovi orientamenti della ricerca*, hrsg. von P. Wright, Trient 1996 • R. Strohm, *Trienter Codices*, in: *MGG*[2], Bd. 9 (Sachteil), 1998, Sp. 801–812 • P. Wright, *Watermarks and Musicology: the Genesis of Johannes Wiser's Collection*, in: Early Music History 22 (2003), S. 247–332.

TSB

Triplum ▸ **Stimmengattungen**

Tritonius [Treibenreif], Petrus
* um 1465 Bozen, † um 1524 vermutlich Hall (Tirol)

Der Lehrer, Humanist und Komponist Tritonius ist für das Jahr 1486 als Student der Universität Wien nachgewiesen; 1497 immatrikulierte er sich in Ingolstadt. Er wirkte sodann an der Domschule zu Brixen. 1502 erwarb er den Doktortitel an der Universität Padua. Auf Einladung des Humanisten Conrad ▸ Celtis, den er in Ingolstadt kennen lernte, kam Tritonius 1503 nach Wien. Hier befand er sich im Kreis von ▸ Celtis' Sodalitas litteraria Danubiana und lehrte möglicherweise Musik am Collegium poetarum et mathematicorum. Nach Celtis' Tod 1508 begab sich Tritonius nach Bozen, wo er die dortige Lateinschule leitete. Von 1513 an wirkte er in Hall/Tirol, 1521 in Schwaz, 1524 wiederum in Hall.

Die 1507 in Augsburg unter dem Titel *Melopoiae* herausgekommene Sammlung von 22 vertonten lateinischen ▸ Oden (fast alle von Horaz) eröffnet eine bis ins 17. Jahrhundert reichende, darüber hinaus in verwandte Gattungen wie das ▸ Kirchenlied ausstrahlende Tradition der im Note-gegen-Note-Satz angelegten, die Längen und Kürzen der Dichtungen getreulich (und schematisch) wiedergebenden, hauptsächlich dem Schulgebrauch bestimmten vierstimmigen Gesänge. In der im selben Jahr unter dem Titel *Harmoniae Petri Tritonii* erschienenen verbesserten Version (mit 20 Titeln) wird Tritonius eindeutig als Autor bezeichnet. Beide Publikationen nennen überdies die bestimmende Rolle Celtis' bei dieser Unternehmung. Die Sammlung wurde in der Folgezeit noch zweimal herausgegeben (Frankfurt 1532, ebd. 1551/1552).

Der Tritonius zuzuschreibende *Hymnarius: durch das gantz Jar verteutscht nach gewondlicher weys und Art zu synngen, so yedlicher Hymnus gemacht ist* (Schwaz 1524, mit leeren Notensystemen) kann als frühestes gedrucktes katholisches ▸ Gesangbuch gelten.

Ausgaben:
R. von Liliencron, *Die Horazischen Metren in deutschen Kompositionen des 16. Jahrhunderts*, in: Vierteljahresschrift für Musikwissenschaft 3 (1887), S. 26–91; G. Vecchi, *Dalle »Melopoiae sive harmoniae tetracenticae« di Tritonio (1507) alle »Geminae undeviginti odarum Horatii melodiae« (1552)*, in: Memorie della Accademia delle Scienze di Bologna, Classe di Scienze Morali, 5. Serie, Bd. 8 (1960), S. 101–124.

Literatur:
F. Waldner, *Petrus Tritonius und das älteste gedruckte katholische Gesangbuch*, in: Monatshefte für Musikgeschichte 27 (1895), S. 13–27 • P. Bergquist / St. Keyl, *Tritonius*, in: Grove, Bd. 25, S. 749f. • G. Bobeth, *Tritonius*, in: MGG², Bd. 16 (Personenteil), 2006, Sp. 1053f.

TRÖ

Trivium

Als Trivium (lat. Dreiweg) werden die drei sprachlichen Fächer (lat. Artes sermonicales oder Artes dicendi) unter den ▸ Artes liberales bezeichnet: Grammatik, Rhetorik und Dialektik. An den Universitäten des Mittelalters und der Renaissance begann man das Studium mit dem Durchlaufen des Triviums in der angegebenen Reihenfolge der Fächer. Die Bedeutung der Fächer des Triviums gegenüber denen des ▸ Quadriviums wuchs im Verlauf des Mittelalters kontinuierlich. Im 12. Jahrhundert kamen erstmals Überlegungen zu einer möglichen Verbindung der Musik und ihrer Theorie mit den Fächern des Triviums auf, insbesondere mit Grammatik und Rhetorik. Im vollen Umfang realisierte sich dies jedoch erst unter dem Einfluss des Humanismus im 14. Jahrhundert, als das Curriculum der Fächer des Triviums mehr und mehr um die ▸ Studia humanitatis Poetik, Moralphilosophie und Geschichte zu einem neuen Komplex der philologischen Fächer erweitert wurde, in dem schließlich auch Musik und Musiktheorie ihren Platz fanden.

Literatur:
▸ Artes liberales

DG

Tromboncino [Tromboncin, Trombecin und weitere Varianten], Bartolomeo
* 1470 in Verona oder Umgebung, † 1535 oder später

Neben Marchetto ▸ Cara war Tromboncino der bedeutendste italienische Komponist seiner Generation. Der Schwerpunkt des Schaffens liegt auf der ▸ Frottola (ca. 170 erhaltene Stücke), hinzu kommen ein ▸ Lamentationenzyklus, ein ▸ Alternatimsatz des Gesangs des Zacharias (*Benedictus Dominus Deus*) und ca. 17 ▸ Lauden.

Tromboncinos Vater war der Veroneser Stadtmusiker Bernardo Piffaro, dessen Name von seinem Beruf abgeleitet ist. Gleiches gilt für den Namen »Tromboncino«; Bartolomeo spielte die Posaune. 1489 gehörte er nachweislich der Mantuaner Cappella alta, dem höfischen Schalmeien- und Posaunensemble, an. Lorenzo de' ▸ Medici versuchte in diesem Jahr vergeblich, ihn nach Florenz zu engagieren. Bald nach 1490 wechselte er in den Dienst Isabella d'Estes (▸ Este), der Gattin Francesco ▸ Gonzagas von Mantua, und zwar als Lautenist und Komponist, also in gleicher Funktion wie Marchetto Cara im Dienst Francescos. Tromboncino blieb in Mantua anscheinend noch 15 Jahre, allerdings verließ er mehrfach seinen Dienst und die Stadt, u. a. im Juli 1499, nachdem er seine Frau erschlug, die er mit einem Liebhaber angetroffen hatte. 1505 trat er in den Dienst Lucrezia Borgias in Ferrara (bereits 1502 hatte er in Ferrara bei ihrer Hochzeit mit Alfonso I. d'Este gesungen). Aus den Jahren 1509/1510 sind keine Zahlungen von Lucrezia Borgia nachgewiesen, 1511/1512 wurde er von Kardinal Ippolito d'Este bezahlt. Über den weiteren Aufenthalt Tromboncinos ist nichts sicher bekannt bis zum Jahr 1518, als er in Venedig ein Haus mietete. Hier scheint er sich bis zu seinem Tod überwiegend aufgehalten zu haben. Das letzte biographische Dokument ist ein Brief von 1535.

Tromboncinos Frottolen, die ganz überwiegend vor dem Wechsel nach Venedig entstanden sind, stehen in engem Zusammenhang mit den literarischen Interessen des Kreises um Isabella d'Este. Neben der großen Zahl von Barzelletten, die Tromboncino als Zeilenwiederholungsmodelle, freilich mit selbständigerer Führung der Mittelstimmen setzte, komponierte er auch früh literarisch anspruchsvollere Texte – Texte Francesco Petrarcas und der petrarkistischen Tradition (▸ Petrarkismus). Mit dem Wechsel von Ferrara nach Venedig war eine grundlegende Veränderung in Tromboncinos professioneller Situation verbunden. Sowohl in Mantua wie in Ferrara war Tromboncino ein aus dem fürstlichen Etat besoldeter Hofmusiker, während er in Venedig eine Schule gründete, in der er Damen musikalisch ausbildete. Eine Reihe seiner Schülerinnen genoss hohes Ansehen als Sängerinnen und Lautenistinnen. 1521 suchte er um ein venezianisches Druckprivileg nach. Die Antwort ist nicht bekannt, aber seit dieser Zeit sind keine neuen Kompositionen Tromboncinos mehr in Drucken erschienen.

Ausgaben:
Die mehrstimmige italienische Laude um 1500, hrsg. von K. Jeppesen und V. Brøndal, Kopenhagen und Leipzig 1935 • *Ottaviano Petrucci. Frottole Buch I und IV* (Publikationen älterer Musik 8), hrsg. von R. Schwarz, Leipzig 1935; *Canzoni sonetti strambotti et frottole, libro tertio (Andrea Antico)* (Smith College Musical Archive 4), hrsg. von A. Einstein, Northampton/Massachusetts 1941; *Le frottole nell'edizione principe di Ottaviano Petrucci* (Instituta et monumenta 1,1), hrsg. von G. Cesari u.a., Cremona 1954; *Le frotole Petrucci. Le edizioni dal 1504 al 1515*, Padua 1997ff.

Literatur:
L. Lockwood, *Musicisti a Ferrara all'epoca del'Ariosto*, in: *L'Ariosto, la musica, i musicisti* (Quaderni della rivista italiana di musicologia 5), hrsg. von M.A. Balsano, Florent 1981, S. 7–29 • W.F. Prizer, *Bernardino Piffaro e i pifferi e tromboni di Mantova: Strumenti a fiato in una corte italiana*, in: Rivista italiana di musicologia 16 (1981), S. 151–184 • W.F. Prizer, *Isabella d'Este and Lucrezia Borgia. The Frottola at Mantua and Ferrara*, in: Journal of the American Musicological Society 38 (1985), S. 1–33 • W.F. Prizer, *Games of Venus. Secular Vocal Music in the Late Quattrocento and Early Cinquecento*, in: Journal of Musicology 9 (1991), S. 3–56 • S. Lorenzetti, ›*Quel celeste cantar che mi disface*‹. *Immagine della donna ed educazione alla musica nell'ideale pedagogico del Rinascimento italiano*, in: Studi musicali 23 (1994), S. 241–261.

LS

Trompete

(ahd. trumba, engl. trumpet, frz. trompette, ital. tromba)

Drei Termini bezeichnen Vorläufer der Trompete: Seit dem 11. Jahrhundert taucht der altfranzösische Begriff ›bu[i]sine‹ auf, von lateinisch ›bucina‹, in England und in Frankreich war die Bezeichnung ›tromba‹, ›trompa‹ gebräuchlich, in Deutschland trumpa (8. Jh.) sowie ›trummet‹ (1343) (Ahrens 1998, Sp. 879–880).

Aufgrund unterschiedlicher Bauweisen und Bezeichnungen ist eine Typologie der Trompeteninstrumente seit dem Mittelalter schwierig. Detlev Altenburg (1. Band, S. 235) unterscheidet zwischen a) der Geradtrompete, einem Instrument von beträchtlicher Länge (80 bis 120 cm; nach Munrow, S. 32, bis über 180 cm), b) der Langtrompete, einem in Form einer Schleife gewundenen Instrument, hierzu zählen s-förmig gebogene Instrumente wie auch Zugtrompeten sowie Grifflochtrompeten, c) zwei- und dreiwindigen Typen, die Ähnlichkeit mit Horninstrumenten aufweisen.

Die Art des Trompetenspiels auf (mittelalterlichen) Geradtrompeten ist schwer nachvollziehbar, da es vor dem 16. Jahrhundert keine schriftlichen Quellen gibt. Guillaume ▸ Dufay vermittelt in seinem etwa 1420 geschriebenen *Gloria ›ad modum tubae‹* eine annähernde Vorstellung vom Klang der mittelalterlichen Fanfaren. Nur die Naturtöne drei bis sechs werden verwendet (Munrow, S. 32). Lange Trompeten eigneten sich besonders für zeremonielle Anlässe, die Spieler standen in Diensten des Adels, sie reisten im königlichen Gefolge, sie besaßen einen höheren sozialen Rang als die meisten Berufsmusiker. Kürzere Geradtrompeten mit der Bezeichnung ›Claro‹ oder ›Clarion‹ waren besonders für den militärischen Gebrauch bestimmt.

Die Zugtrompete entwickelte sich aus der Busine: Das s-förmig gebogene Rohr hatte ein in der Länge veränderliches Mundstückrohr, das der Spieler mit der Hand gegen die Lippen drückte und mit dem er das Instrument ein- und ausziehen konnte. Da jede Zugposition etwa zweimal so lang wie bei der modernen Tenorposaune war, wurde jede schnelle Passage problematisch. Der Annahme Peter Downeys, die Zugtrompete habe es vor dem 17. Jahrhundert gar nicht gegeben, ist an verschiedenen Stellen widersprochen worden, jedoch steht ein sicherer Beleg für die Zugtrompeten-Hypothese noch aus (zusammenfassend Welker, S. 249–270). Ein von Hans Veit gebautes Instrument (Musikinstrumentenmuseum Berlin) mit beweglichem Mundrohr stammt erst aus dem Jahr 1651.

Älteste ikonographische Quelle sind die Monatsbilder des Stundenbuchs für den Herzog von Berry, zwischen 1413 und 1416 entstanden (H. Heyde, zit. von Altenburg, S. 250). Die Zugtrompete, auch ›trompette des ménestrels‹ genannt, findet sich häufig auf Abbildungen mit ▸ Schalmeien beim Spielen der ▸ Bassedanse. Mehrere Werke des 15. Jahrhunderts sind vermutlich für die Zugtrompete geschrieben worden, hierfür eigneten sich der langsame Tenorpart, auf dem der Tanz aufbaute (D. Smithers, S. 46–49). Bis zum frühen 16. Jahrhundert wurde die Zugtrompete weitgehend von der Posaune verdrängt, obwohl erstere in Deutschland bis ins 18. Jahrhundert benutzt wurde (so noch in sieben Kantaten Johann Sebastian Bachs als ›tromba da tirarsi‹).

Der hohe Standard der Blechblasmusik im 16. Jahrhundert war auch das Verdienst von Instrumentenbauern aufgrund verbesserter Metallbearbeitungsverfahren und akustischer Veränderungen. Hierdurch entstanden neue Maßstäbe hinsichtlich der Intonation, der Tonqualität, auch der kunstvollen Ausstattung mit Verzierungen und Gravuren zu Repräsentationszwecken. Zentrum des Blechblasinstrumentenbaus war Nürnberg. Zwischen 1500 und 1800 arbeiteten hier über 60 selbständige Instrumentenbauer, darunter die herausragende Familie Neuschel. Trompeteninstrumente in der Renaissance dienten vor allem der repräsentativen Festmusik. Noch Marin Mersenne (1636, S. 161) berichtet: »Sie [Die Trompeten] dienen in Friedens- und Kriegszeiten bei allen Arten öffentlicher Vergnügungen und Festen wie Hochzeiten, Banketten, Tragödien und Trinkgelagen.« Im Triumphzug Kaiser ▸ Maximilians I. (1516–1518) wurden Trompeten und Posaunen in einer prunkvollen Abbildung auf Pferden dargestellt. Bei der Krönung ▸ Elisabeth I. 1558 traten 17 Trompeter auf (Lafontaine, S. 12–13).

Sebastian ▸ Virdung (1511) unterscheidet drei Trompetentypen: das Thurner Horn mit einer der Busine ähnlichen s-Form, dann zwei Instrumente mit mehrfach gewundener, länglicher Form mit den Bezeichnungen »Clareta« und »Feldtrummet«. Das Thurner Horn, trotz der Bezeichnung eine Trompete, wurde wahrscheinlich von Turmwächtern benutzt, um Alarm zu schlagen bei Angriff, Feuer oder Aufruhr. Die auf der Abbildung Virdungs enger mensurierte »Clareta« lässt den Gebrauch höherer Naturtöne vermuten (vgl. die im Ba-

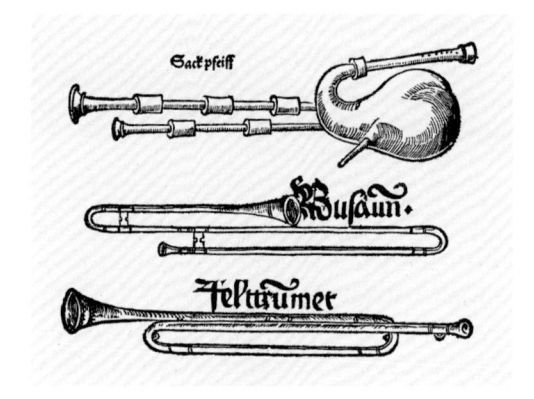

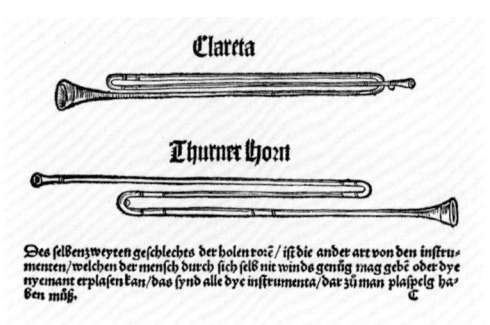

Trompeten bei Sebastian Virdung, *Musica getutscht*, 1511.

rock übliche Bezeichnung ›Clarino‹ für das brillante obere Register).

Die verschiedenen Übergangstypen Virdungs sind bei Michael ▸ Praetorius (1619) und Marin Mersenne (1636) zu einem Standardtyp verschmolzen. Weiter sind bei Praetorius eine gerade Holztrompete und eine gewundene »Jäger Trommet« (Jagdtrompete) in einer kreisförmig gewundenen Form abgebildet, wie sie später von deutschen Instrumentenbauern übernommen wurde, bei Mersenne außerdem ein Dämpfer, vermutlich als Transponierhilfe. Das erste Lehrbuch für Trompete, Girolamo Fantinis *Modo per Imparare a sonare die Tromba* von 1638, dürfte wesentliche Ausführungen des Renaissance-Trompetenspiels wiedergeben. Nach Praetorius waren die Feldtrompeten normalerweise in D gestimmt, jedoch seien Hoftrompeter dazu übergegangen, den

Grundton mittels eines von ihm abgebildeten Zwischenstücks auf C oder B zu erniedrigen.

Auf zahlreichen Abbildungen wird eine Bläsergruppe mit ▸ Schalmei, ▸ Pommer und Blechblasinstrument gezeigt, wobei im 15. Jahrhundert die Trompete, im 16. Jahrhundert die Posaune bevorzugt wird. Diese als Alta Capella (▸ Alta musica) bezeichnete Formation (zahlreiche Abbildungen bei Bowles und Salmen) war normalerweise bei Tanzveranstaltungen und Banketts üblich im Unterschied zu den selten eingesetzten Großensembles wie bei der Festmusik Maximilians I.

Als ein spätes Beispiel mehrstimmiger Spätrenaissance-Fanfaren gilt die Toccata aus Claudio ▸ Monteverdis 1607 aufgeführter Oper *Orfeo*: Die erste Trompete »Clarino« spielt die hohe Lage diatonisch von c" bis a", die »Quinta« den C-Dur-Dreiklang c'-e'-g'-c", die als »Alto e Basso« bezeichnete dritte Stimme die Töne g-c'-e'.

Literatur:
S. Virdung, *Musica getutscht*, Basel 1511, Faksimile, hrsg. von W. Niemöller (Documenta Musicologica 31), Kassel u.a. 1970 • M. Praetorius, *Syntagma Musicum II, De Organographia*, Wolfenbüttel 1619, Faksimile hrsg. von W. Gurlitt (Documenta Musicologica 16), Kassel u.a. 1958 • M. Mersenne, *Harmonie universelle*, Paris 1636, Faksimile hrsg. von F. Lesure, Paris 1963 • G. Fantini, *Modo per Imparare a sonare di tromba*, Frankfurt 1638, Faksimile Nashville 1972 • H.C. de Lafontaine, *The King's Musick*, London 1909, Reprint New York 1973 • D.L. Smithers: *The Music and History of the Baroque Trumpet before 1721*, London 1964 • H. Heyde, *Trompete und Trompeteblasen im europäischen Mittelalter*, Diss. (maschr.) Leipzig 1965 • D. Altenburg, *Untersuchungen zur Geschichte der Trompete im Zeitalter der Clarinblaskunst (1500–1800)*, 3 Bände, Regensburg 1973 • W. Salmen, *Musikleben im 16. Jahrhundert* (Musikgeschichte in Bildern 3/9), Leipzig 1976 • E. A. Bowles, *Musikleben im 15. Jahrhundert* (Musikgeschichte in Bildern 3/8), Leipzig 1977 • D. Munrow, *Musikinstrumente des Mittelalters und der Renaissance*, Celle 1980 • L. Welker, *Bläserensembles der Renaissance*, in: Basler Jahrbuch für historische Musikpraxis 14 (1990), S. 249–270 • Chr. Ahrens, *Trompete*, in: MGG², Bd. 9 (Sachteil), 1998, Sp. 879–897.

US

Turbae ▸ Passion

Türkenpsalm

Türkenpsalmen sind ausgewählte Psalmen, die ursprünglich zur Errettung von der Gefahr durch die Türken gebetet oder gesungen wurden. Die Osmanen stellten seit der Eroberung weiter Teile Ungarns nach der Schlacht von Mohács (1526) und der darauf folgenden ersten Belagerung Wiens (1529) eine ständige Bedrohung für das Reich der Habsburger dar, die sich in zwei Türkenkriegen (1529–1568 und 1593–1606, ▸ Osmanisches Reich) entlud. Als eine Reaktion hierauf wurden an zahlreichen Kirchen des Deutschen Reiches und unabhängig vom konfessionellen Bekenntnis regelmäßige Türkengebete eingeführt, in denen die Türkenpsalme von besonderer Bedeutung waren. Martin ▸ Luther, der seit 1529 mehrere Türkenschriften verfasst hatte, entwarf 1541 in seiner *Vermahnung zum Gebet wider den Türken* ein Modell für einen solchen Gottesdienst und benannte die hierbei zu singenden Psalme: »Damit aber das volck zur andacht vnd ernst gereitzt wurde durch offentlich gebet ynn der kirchen, Liesse ich mir gefallen […] das man am feyrtage, nach der predigt […] den Lxxviiij psalm sünge ein Chor vmb einander, wie gewonet. […] Den l xx viiij mocht man abwechseln mit dem xx. psalm, welcher bettet fur die oberkeit vnd die so ym streit [gegen die Türken] erbeiten.« Die traditionellen Türkenpsalme 20 (*Der Herr erhöre dich in der Not*) und 79 (*Gott, es sind Heiden in dein Erbe eingefallen*) wurden häufig auf die Melodie bekannter Choräle, so etwa der 20. Psalm auf Justus Jonas' (1493–1555) *Vater unser im Himmelreich*, gesungen, doch liegen auch mehrstimmige Kompositionen in Form von Psalmmotetten vor. Waren die verschollenen *5 Motetten auf die Türkengefahr* von Johann Machold († nach 1594) vermutlich

Psalmvertonungen für den Gebrauch im Türkengebet, so deuten protestantische Komponisten wie Johann ▸ Reusch in seinen *Zehen deudscher Psalmen Davids sampt einem schönen Gebet aus dem Propheten Hieremia nach dem Schmalkaldischen Krieg* (1546–1547) die Türkenpsalme um auf die Bedrohung der protestantischen Länder durch Kaiser ▸ Karl V.

RMJ

Tyard, Pontus de
* 1521 Château de Bissey-sur-Fley, † 1605 Bragny-sur-Saône

Der französische Dichter und Philosoph wurde 1552, nachdem er in Paris studiert hatte, Kanoniker der Kathedrale von Mâcon. Seit 1569 war er im Dienst König Heinrichs III., den er in Astronomie, Geographie, Mathematik und Philosophie unterrichtete. Mit seinem Freund und Unterstützer Maurice ▸ Scève arbeitete er in der ▸ Pléiade mit und nahm dort die Rolle des Philosophen ein. Er wurde 1578 Erzbischof von Châlon.

Die Musik inspirierte Tyard sowohl als Dichter wie als Philosoph. Hingegen wurden die Musiker wenig von seiner Dichtung inspiriert: Pierre Clereau und Antoine Cartier sind die einzigen, die einige seiner Gedichte in Musik setzten. Seit seinen *Erreurs amoureuses* (1549–1554) hatte Pontus Pasithée, seine Mätresse, in Szene gesetzt, die als an der Musik Interessierte dargestellt wird. Sie erscheint in *Solitaire premier, ou Prose des muses et de la fureur poétique* (1552) wieder, ein Dialog, der stark von dem Werk Marsilio ▸ Ficinos bestimmt ist, in dem sie eine ›ode mesurée‹ »nach italienischer Art« anstimmt. Ficino war auch die Inspirationsquelle des *Solitaire second ou Prose de la musique* (1555). Ficinos Name war gleichermaßen mit demjenigen Leone Ebreos verbunden (den Pontus übersetzte), aber auch mit Musiktheoretikern wie Boethius, Franchino ▸ Gaffurio und Heinrich ▸ Glarean.

Mit dem *Solitaire second* bot Tyard den französischen Lesern eine bemerkenswerte Synthese im musikalischen humanistischen Denkens an, indem er die Verbindungen zwischen Musik und Ethik, Musik und ▸ Metaphysik oder auch Musik und ▸ Astronomie aufzeigte. Er beurteilte die französische Sprache als für die musikalischen Erfordernisse ungeeignet, denn sie funktionierte nicht auf quantitative Weise wie die lateinische oder die griechische.

In der Breite seiner Vorschläge öffnete der *Solitiare second* den großen Traktaten den Weg, die Marin ▸ Mersenne während des ersten Drittel des 17. Jahrhunderts herausgeben sollte. Der *Solitaire* stellte jedoch auch zahlreiche Probleme und Fragen. Ein Problem betrifft die Form, die aus einem Dialog besteht, der durch lange Monologe mit schwieriger Thematik wie die Teilung der Intervalle geprägt ist. Eine Frage betrifft die Ausrichtung: Ist der Traktat dafür bestimmt, eine Bilanz des theoretischen musikalischen Wissens zu zeichnen oder den französischen Lesern die Entdeckungen von Theoretikern wie Gaffurio oder Glarean zu vermitteln, die die Leser humanistischer Schriften wenig kannten? Es ist heute sehr schwierig, den wirklichen Widerhall des *Solitaire second* zu ermessen, selbst wenn der Anspruch einer universalen Harmonie wie ein reduzierter Archetyp von Mersennes Œuvre anmutet.

Literatur:
K.M. Hall, *Pontus de Tyard and his Discours philosophiques*, Oxford 1963 • C. Yandell, *Structure and Proportionality in Pontus de Tyard's »Solitaire second, ou Prose de la musique«*, in: Bibliothèque d'Humanisme et Renaissance 40/3 (1978), S. 561–565 • F. Dobbins, *Music in Renaissance Lyons*, Oxford 1992 • E. Kushner, *Musique et sens chez Pontus de Tyard*, *Musique et humanisme à la Renaissance*, Paris 1993, S. 107–117.

PHV

Tye, Christopher
* um 1505, † vor 15.3.1573

Der englische Komponist erwarb 1536 in Cambridge den Bachelor of Music und wurde 1537 ›Clerc‹ am King's College. Spätestens 1543 war er ›Magister choristarum‹ an der Kathedrale von Ely. 1545 erhielt er in Cambridge den Doctor of Music, 1548 bekam er einen weiteren Doktortitel. Seit den 1550er Jahren war er möglicherweise Mitglied der Chapel Royal. 1558 war er wieder an der Kathedrale von Ely, wo sein Freund, Richard Cox, Bischof geworden war, der ihn 1560 zum Diakon und Priester weihte. 1561 wurde er nach Doddington-cum-Marche berufen.

Tye schrieb hauptsächlich Kirchenmusik, wobei seine lateinische Kirchenmusik vor 1547 und in der Regierungszeit von Maria der Katholischen (1453–1458) komponiert wurde (Edward VI. hatte die anglikanische Liturgie eingeführt). Zu erwähnen sind seine wahrscheinlich um 1540 entstandene fünfstimmige Messe, die durch ihr zweizeitiges Metrum für ihre Zeit sehr modern erscheint, die Messe *Western Wind* über das populäre Lied, die, wie auch die gleichnamigen Messen John ▸ Taverners und John ▸ Sheppards, »den Einfluss von Luthers musikalischer Ideologie zeigen« (Doe / Mateer, S. 14), sowie die sechsstimmige Messe *Euge bone*, die in der Zeit Marias der Katholischen geschrieben wurde. In dieselbe Zeit fällt die Psalmvertonung *Miserere mei, Deus* mit dem Wechsel von Vollstimmigkeit und reduzierter Faktur, und das auf die Herrscherin bezogene *Domine Deus*. – Die überlieferte englische Kirchenmusik, überwiegend ▸ Anthems, wurde während der Regierungszeit Edwards VI. (1547–1553) komponiert, dem Tye auch die 1553 publizierten *The Actes of the Apostles* widmete. Die Anthems beruhen, dem vorherrschenden Geschmack entsprechend, auf metrisierten biblischen Texten und reichen von einfacher vierstimmiger Vertonung zu einer Vielfalt an Gestaltungsmöglichkeiten, die in dem sechsstimmigen *Christ rising* gipfeln. Seine spätere, in der Elisabethanischen Zeit geschriebene Musik für die Kathedrale von Ely ist hingegen verloren. – Tye war auch für seine ▸ Consort Music berühmt, unter der sich zahlreiche ▸ In nomine-Kompositionen befinden, die zusätzliche Titel haben, die wohl auf zugrunde liegende ›tunes‹ verweisen; da das In Nomine »Re-la-re« in den den ▸ Cantus firmus umrankenden Stimmen am Beginn eben die im Titel angezeigte Tonfolge bringt, ist zu vermuten, dass auch in den anderen betitelten In Nomine-Stücken weitere praeexistente Melodien verwendet wurden.

Ausgaben:
The Instrumental Music, hrsg. von R.W. Weidner (Recent Researches in the Music of Renaissance 3), Madison 1967; GA (der Vokalmusik), hrsg. von J. Morehen, P. Doe und N. Davison (Early English Church Music 19, 24, 33), London 1977, 1980, 1987; *Elizabethan Consort Music*, Bd. 2, hrsg. von P. Doe (Musica britannica 45), London 1988.

Literatur:
R.W. Weidner, *The Instrumental Music of Christopher Tye*, in: Journal of the American Musicological Society 17 (1964), S. 363–370 • J. Langdon, *Tye and his Church Music*, in: Music Theory 113 (1972), S. 1011–1015 • H. Benham, *Latin Church Music in England, c. 1460–1575*, London 1977 (Reprint) • R. Bray, *Music in Britain.: the Sixteenth Century*, Oxford 1995 • P. Doe / D. Mateer, *Tye*, in: Grove, Bd. 26, S. 13–16.

ES

U

Ugolino de Orvieto
* um 1380 Orvieto (?), † zw. 23. und 31.1. 1452 Ferrara

Der Musiktheoretiker und Komponist, der als Geistlicher in kirchlichen Diensten tätig war, ist für seine Schrift *Declaratio musicae disciplinae* (um 1430) bekannt, die in fünf Büchern die gesamte Musiktheorie des Mittelalters erörtert: den einstimmigen Gesang (▶ gregorianischer Choral), den zweistimmigen ▶ Kontrapunkt, die Mensuralmusik (▶ Mensuralnotation) mit einem Kommentar zu ▶ Johannes de Muris' *Libellus cantus mensurabilis* (um 1430), die mathematischen Relationen, Musica mundana, Musica instrumentalis und die Zahlenverhältnisse der Intervalle. Das Werk schließt mit einem Monochordtraktat, in dem sich auch ein Kapitel zur Erklärung der ▶ Musica ficta befindet. Auf dieses nahm später Bartolomé ▶ Ramos de Pareja in seiner *Musica practica* (1482) Bezug.

Ausgaben:
Declaratio musicae discipolinae (um 1430), hrsg. von A. Seay (Corpus Scriptorum Musicae 7), 3 Bde., Rom 1959–1962.

Literatur:
A. Hughes, *Ugolino: the Monochord and Musica ficta*, in: Musica disciplina 23 (1969), S. 21–39 • K.W. Gümpel, *Ugolino de Orvieto*, in: MGG², Bd. 16 (Personenteil), 2006, Sp. 1175–1176.

Ulenberg, Caspar
* 24.12.1548 Lippstadt, † 16.2.1617 Köln

Ulenberg war ein deutscher Theologe, Dichter und Komponist, der mit den *Psalmen Dauids* eine bedeutende deutschsprachige Psalmenübersetzung von katholischer Seite vorlegte. In einem streng lutherischen Elternhaus aufgewachsen, empfing er, unter anderen durch den Humanisten Bernhard Orestes, eine umfassende Schulbildung und immatrikulierte sich am 25. April 1569 an der theologischen Fakultät in Wittenberg, wo zwei Dekaden nach Martin ▶ Luthers Tod heftige Lehrdispute ausgefochten wurden. Unter dem Eindruck dieser Kontroversen brach er sein Studium ab und wurde 1570 Lehrer an der Schola Nortalbingica in Dithmarschen, von wo er auf Wunsch seiner Familie nach Westfalen zurückkehrte, weil ein Verwandter in Köln zum Katholizismus konvertiert war. Zwar konnte Ulenberg dessen Rekonversion erreichen, bekannte sich 1572 dort aber selbst zum alten Glauben (»*DogMata LVtherana noVa et pVgnantIa fVgl*«, zit. nach Solzbacher, S. 9), studierte an der *Facultas artium*, wurde daselbst Magister und Professor publicus, 1576 zum Priester geweiht und schließlich katholischer Pfarrer in Kaiserswerth. 1583 zum Pfarrer und Kanonikus an St. Kunibert in Köln bestellt, wurde er 1592 Regens am Gymnasium Laurentianum, war von 1605 an zudem Pfarrer an St. Columba und von 1610 bis 1612 Rector magnificus der Kölner Universität. In *De Vita, moribus et obitu admodum reverendi et eximii viri Caspari Ulenbergii* (Köln 1638) setzte Ulenbergs Schüler Arnoldus Meshovius seinem Lehrer ein literarisches Denkmal.

Ulenbergs bikonfesioneller Werdegang machte ihn nicht nur mit den theologischen Positionen der unterschiedlichen Glaubensrichtungen, sondern auch mit dem jeweiligen liturgischen und textlich-musikalischen Repertoire vertraut. Seine *Psalmen Dauids in allerlei Teutsche gesangreimen bracht* (Köln 1582) sind somit durchaus als katholische Antwort auf die zahlreichen protestantischen Psalter zu verstehen. Die 81 Melodien entstammen teils der Feder Ulenbergs, teils sind sie Bearbeitungen älterer Weisen, wobei der Genfer Psalter die »bestimmende Vorlage« (Gutknecht, S. 260) abgab. Kennzeichen sind die gerade Mensur, daktylische Zeilenanfänge, ein konsequent syllabischer Duktus sowie die Nutzung nur zweier Notenwerte, was dem humanistischen Deklamationsideal ein musikalisches Pendant zur Seite stellt. Beleg für die sofortige Rezeption sind mehrstimmige Vertonungen einzelner Melodien durch Orlande und Rudolph de ▸ Lassus (1588) und Abraham Praetorius (1592) sowie des vollständigen Psalters durch Konrad ▸ Hagius in Diskant- oder vergleichsweise altertümlichen Tenor-cantus-firmus-Sätzen (1589), die sich – dem Original gleich – über Jahrzehnte großer Popularität erfreuten. Heute sind, je nach Bistum, ein gutes Dutzend der Lieder im katholischen Gesangbuch *Gotteslob* enthalten. Seit 1614 nahm Ulenberg außerdem die erste vollständige deutsche Übersetzung der sixtinischen Vulgata vor, die 1630 postum publiziert wurde und mehr als 50 Auflagen erfuhr. Einige andere theologische Schriften sowie vier gegen ihn gerichtete Publikationen sind erhalten (Auflistung bei Solzbacher, S. VII–XII).

Ausgaben:
Die Psalmen Davids (Denkmäler rheinischer Musik 3), hrsg. von J. Overath, Düsseldorf 1955; 79 Melodien, in: *Das deutsche Kirchenlied*, Abt. III, Bd. 3, vorgelegt von J. Stalmann, Kassel u.a. 2005, passim.

Literatur:
J. Solzbacher, *Kaspar Ulenberg. Eine Priestergestalt aus der Zeit der Gegenreformation in Köln*, Münster 1948 • J. Overath, *Untersuchungen über die Melodien des Liedpsalters von Kaspar Ulenberg (Köln 1582)* (Beiträge zur rheinischen Musikgeschichte 33), Köln 1960 • W. Janssen, *Kaspar Ulenberg – sein Leben und seine Zeit*, in: Monatshefte für Evangelische Kirchengeschichte des Rheinlandes 52 (2003), S. 1–19 • D. Gutknecht, *Die Rezeption des Genfer Psalters bei Caspar Ulenberg*, in: *Der Genfer Psalter und seine Rezeption in Deutschland, der Schweiz und den Niederlanden* (Frühe Neuzeit 97), hrsg. von E. Grunewald, H.P. Jürgens, J.R. Luth, Tübingen 2004, S. 253–262 • D. Wissemann-Garbe, *Ulenberg, Caspar*, in: *MGG*², Bd. 16 (Personenteil), 2006, Sp. 1190.

CB

Ungarn

Am ungarischen Königshof verkehrten im 12. und 13. Jahrhundert bereits Minnesänger, darunter auch Walther von der Vogelweide. In der zweiten Hälfte des 15. Jahrhunderts existierte unter König Matthias I. ▸ Corvinus (reg. 1458–1490) eine hervorragende Hofkapelle, zu der ausländische Musiker herangezogen wurden und Mehrstimmigkeit frankoflämischer Provenienz sowohl im geistlichen wie im weltlichen Bereich auf hohem Niveau gepflegt wurde. Die Königin hatte eine eigene Kapelle am Hof in Buda, in der zu Beginn des 16. Jahrhunderts u.a. Erasmus Lapicida, Heinrich ▸ Finck und Thomas ▸ Stoltzer Mitglieder bzw.

Kapellmeister waren. Außer der Hofkapelle, die aus Priestern, Sängern und Sängerknaben und einem Organisten bestand, gab es ein Trompeterkorps (5–9 Trompeter) mit Trommlern und Pfeifern sowie Instrumentalisten und Sänger-Instrumentalisten (insbesondere Lautenisten). Die Musiker kamen zu Beginn des 16. Jahrhunderts oft aus Italien, insbesondere unter dem letzten in Ungarn regierenden König János I. (reg. 1526–1540) und seiner Frau Isabella. Diese siedelte nach der Eroberung durch die Türken, die bereits 1526 über König Ludwig in der Schlacht von Mohács siegten, mit dem Hof nach Siebenbürgen über, wo ein ungarisches Fürstentum entstand, während Westungarn mit Kroatien, Oberungarn und einigen südlichen Regionen als das ›königliche‹ Ungarn unter habsburgischer Herrschaft seit 1527 erhalten blieb. Der Lautenist Valentin Bakfark wurde am Hof in Siebenbürgen von einem Italiener ausgebildet, der früher in der ▸ Musica segreta des Papstes war. Die Hofmusik wurde unter den Nachfolge-Herrschern in der zweiten Hälfte des 16. Jahrhunderts in Siebenbürgen ebenfalls mit starker italienischer Beteiligung fortgeführt. Im letzten Jahrzehnt des 16. Jahrhunderts tritt vor allem die Hofmusik unter Sigismund Báthori (1581/1588–1599, 1601/1602) hervor, der komponierte und Instrumente spielte; er beschäftigte Musiker aus Italien, den deutschsprachigen Gebieten und Polen. Gepflegt wurde das Madrigal, bedeutendster Musiker war Giovanni Battista Mosto, der dem Herrscher eine Sammlung mit sechsstimmigen, wahrscheinlich in Siebenbürgen komponierten Madrigalen widmete (Venedig 1595). Für Báthoris Ruf spricht, dass ihm auch Philipp de ▸ Monte und Girolamo ▸ Diruta Madrigalsammlungen widmeten. – Eine wichtige Funktion für die Musikpflege nahm in ungarischen Städten auch das Bürgertum ein, das den Sängerdienst an Kirchen mit reichen Stiftungen unterstützte, wodurch Studenten die Möglichkeit bekamen, durch Singen ihren Lebensunterhalt zu verdienen. Mehrstimmigkeit war auch außerhalb des Königshofes üblich, wie einige erhaltene Fragmente bezeugen.

Literatur:
P. Király, *Ungarn. I.*, in: *MGG²*, Bd. 9 (Sachteil), 1998, Sp. 1121–1122 • J. Szendrei, *Ungarn. II*, in: Dass., Sp. 1122–1127 • P. Király / A. Papp, *Ungarn. III.*, in: Dass., Sp. 1127–1135.

Universität

Im Zeitalter der Renaissance konnten die Universitäten bereits auf eine mehr oder weniger lange Tradition zurückschauen, die bis zum Ende des 11. Jahrhunderts, der Gründung der ersten Universität zu Bologna (1088) zurückreicht. Die zweite Universität wurde in Paris 1231 gegründet. Viele Universitätsgründungen erfolgten in Italien und anderen südlichen Ländern im 13. Jahrhundert, im 14. folgten deutsche und osteuropäische Städte nach. – Die mittelalterliche Universität und auch noch diejenige des 15. und partiell des 16. Jahrhunderts bestand aus vier Fakultäten: Die Artistenfakultät, die in einem ersten Abschnitt mit einem Baccalaureat und in einem zweiten mit einem Magistergrad absolviert werden musste, war die Voraussetzung, um in eine der drei höheren Fakultäten aufgenommen zu werden, die mit dem Doktorgrad abgeschlossen wurden: Jurisprudenz, Medizin und Theologie. Die Musik war Bestandteil der Artistenfakultät, die aus den ▸ Artes liberales, dem ▸ Trivium (Grammatik, Dialektik, Rhetorik) und dem ▸ Quadrivium (Arithmetik, Geometrie, Astronomie und Musik) bestand; Logik, Ethik, Physik, Metaphysik und Politik waren weitere Disziplinen. Die Artistenfakultät wandelte sich im Laufe des 16. und 17. Jahrhunderts zur Philosophischen Fakultät. Obgleich die Musik in der Artistenfakultät verankert war und ihre Bedeutung in der Theorie hervorgehoben wurde, nahm sie meist einen eher bescheidenen Platz im Gesamtsystem ein; in vielen französischen oder englischen Universitäten im 13. und 14. Jahrhundert ist sie als Fach nicht nachweisbar. Dort, wo das Fach gelehrt wurde, bildeten im Mittelalter und bis ins 16. Jahrhundert hinein die fünf Bücher von Boethius *De institutione musica* und insbesondere die didaktische Fassung des ▸ Johannes de Muris die Grundlage der Lehre, die auf einem auf Zahlenproportionen basierenden Musikdenken aus der Antike beruhte. Das Fach Musik musste zumeist nur relativ kurz studiert werden in der vier Jahre umfassenden Gesamtstudienzeit (der Lehrinhalt für jede Disziplin war genau festgelegt). Seit Beginn des 16. Jahrhunderts entwickelte sich unter dem Einfluss des Humanismus ein Umdenken von dem durch Zahlenproportionen bestimmten Musikdenken zu einer ▸ Musica poetica und ▸ Musica practica, von dem die musikalische Disziplin in den Universitäten jedoch erst allmählich berührt wurden. Bemerkbar machte sich die Umorientierung an deutschen Universitäten insbesondere darin, dass Musik als Fach des Quadriviums zwar allmählich verschwand, sie dafür aber auf andere Einrichtungen der Universität verlagert wurde (private Lektionen, Pädagogium, Bursen); die zahlreich erschienenen musiktheoretischen Schriften im deutschsprachigen Bereich während des 16. Jahrhunderts konnten die Basis für einen Unterricht bieten (siehe hierzu Niemöller). Die Universitäten in Oxford und Cambridge sahen im Unterschied zu solchen des Kontinents im 16. Jahrhundert ein langjähriges Studium in Theorie und Praxis als Voraussetzung für den ›baccalaureus‹ und einen ›doctor in musica‹ vor, deren Grade die meisten berühmten englischen Komponisten der Zeit besaßen. – Praktisches Musizieren an Universitäten betraf insbesondere die Theologiestudenten, die Unterricht in Gesang und Orgelspiel erhielten und in Kirchen wie bei Hofe als Sänger, meist gegen Bezahlung zur Finanzierung ihres Studiums, mitwirkten. Musikalische Ereignisse an Universitäten betrafen Festlichkeiten wie die allgemeinen hohen Kirchenfeste, Namenstage (für die Schutzheiligen Cosmas und Damianus für die Mediziner, Ivo für die Juristen und die Heilige Katharina für die Artes liberales bzw. Philosophische Fakultät), Wahl- und Amtseinführungen des Rektors, Promotionsfeiern, Huldigungsmusiken für Universitätslehrer oder Gründungsfestlichkeiten (siehe dazu ausführlich Platen, Sp. 1175) und deren Jubiläen. Musik im studentischen Leben im Sinne eines organisierten Singens oder Musizierens ist bis zum 15. Jahrhundert nicht nachweisbar; erwähnt werden lediglich nächtliche Ruhestörungen durch Singen, die zu Disziplinarmaßnahmen führten. Überliefert ist nur die Randerscheinung der Vagantenpoesie, die umherschweifende, ihr Studium unterbrechende Studierende erfanden und ein ungebundenes Leben thematisieren. Im deutschen Bereich lassen sich studentische Lieder aus dem Rostocker Liederbuch von 1478 oder aus Georg ▸ Forsters *Newen teutschen Liedlein* von 1535 erschließen.

Literatur:
C. Wright, *Music in the History of Universities*, in: Analecta musicologica 59 (1987), S. 8–16 • Kl.W. Niemöller, *Musik als Lehrgegenstand an den deutschen Universitäten des 16. Jahrhunderts*, in: Die Musikforschung 40 (1987), S. 313–320 • T.R. Ward, *Music and Music Theory in the Universities of Central Europe during the Fifteenth Century*, in: Kongressbericht Jahrestagung für Musikforschung Bologna 1987, Bologna 1990, S. 49–57 • A. Wendel, *Eine studentische Musiksammlung der Reformationszeit*, Baden-Baden 1993 • E. Platen, *Universität und Musik*, in: MGG², Bd. 9 (Sachteil), 1998, Sp. 1166–1178.

Urbino

Die Stadt war unter der Herrschaft der Montefeltro, die von 1213 bis 1508 an der Macht waren, ein Zentrum der Renaissance. Die politischen Erfolge und das hohe Prestige von Federico da Montefeltro (reg. 1444–1482, erzogen in Mantua von Vittorino da ▸ Feltre), dem 1474 der Herzogstitel verliehen wurde, schufen die materielle Basis für eine Kunstblüte, die der Prachtentfaltung des Hofes diente. Hierzu gehörten der Neubau des Palastes im Renaissance-Stil, Dom und Kloster Santa Chiarata sowie eine prächtige Bibliothek, die auch Musikmanuskripte umfasste, darunter ein berühmtes Chansonnier (I-Rvat Urb.lat.1411), das Kompositionen von Guillaume ▸ Dufay und Gilles ▸ Binchois enthält. Es zeugt für eine Musikpflege unter Federico genauso wie das Gemälde *La musica* des bei Federico angestellten flämischen Malers Justus von Ghent und das musikikonographisch ausgestaltete Studierzimmer des Herzogs, dessen Einlegearbeiten Musikinstrumente und Notenblätter mit bekannten Motetten und Chanson-Titeln darstellen (u.a. die Chanson *J'ay pris amours* sowie die sich auf Federico beziehende Motette *Bella gerit musaque colit Federicus*).

Bezeugt ist auch die Anwesenheit von hervorragenden Sängern, Instrumentalisten und Tanzmeistern. Unter Guidobaldo I. (reg. 1482–1508), der 1489 die für ihren Gesang und ihr Lautenspiel berühmte Elisabetta Gonzaga heiratete, fand ein Aufschwung des Musiklebens statt. Namhafte Musiker und Literaten besuchten den Hof, darunter auch Pietro ▸ Bembo und Baldassare ▸ Castiglione, dessen *Il libro del cortegiano* wesentlich vom kulturellen Leben des Hofes in Urbino inspiriert wurde. Gepflegt wurde die ▸ Frottola, jedoch laut Castigliones Aussagen auch ▸ frankoflämische Musik sowie Theateraufführungen wie Castigliones *Tirsi* mit Musikeinlagen. Wenngleich schon für das 15. Jahrhundert Sänger am Dom dokumentiert sind (zwölf Sänger für 1439), wurde 1507 offiziell eine Cappella gegründet.

Auch die Wissenschaften wurden durch Gründung der Universität 1506 gefördert; insgesamt ging jedoch die kulturelle Pracht aufgrund politischer Mißerfolge Guidobaldos zurück.

Von 1508 bis 1631 wurde Urbino von den Della Rovere regiert; unter Francesco Maria I. (reg. 1508–1538), der mit der die Künste hochschätzenden Lucrezia d'Este verheiratet war, wurde das Musikleben weiter gepflegt, auch durch Aufenthalte zahlreicher Musiker. Nach der Übersiedlung des Hofes nach Pesaro 1523 ließ die Musikpflege nach, besonders unter Guidobaldo II. (reg. 1538–1574) und Francesco Maria II. (reg. 1574–1631). Dennoch weilten auch in der zweiten Hälfte des 16. Jahrhunderts namhafte Musiker am Hof wie Girolamo ▸ Parabosco (um 1548), Tomás Luis de ▸ Victoria und Paolo Animuccia, Bruder Giovannis, der ca. 1559–1570 das Amt des Maestro di cappella innehatte.

Berühmte Musiker nahmen in ihren Madrigalen Bezug auf das Herrscherpaar Francesco Maria II. und Lucrezia wie Andrea ▸ Gabrieli in *Goda hor beato il Pò*; der Herzogin Lucrezia wurden Madrigalbücher gewidmet (Luzzasco ▸ Luzzaschi 1571, Luca ▸ Marenzio, 1581).

In Simone Balsaminos Widmung der *Novellette a sei voci* (1594) wird das Musikleben in Urbino am Ende des 16. Jahrhunderts beschrieben. Schauspiele mit Intermedien wurden aufgeführt und die Accademia degli Assorditi wurde mit Beteiligung von Historikern, Latinisten, dem Lautenisten Vincenzo Bartoli, Literaten, Dichtern und Gelehrten gegründet; Torquato ▸ Tasso hielt sich in der Stadt auf. In der ersten Hälfte des 17. Jahrhunderts gewann das Musiktheater an Bedeutung.

Literatur:
V. Reinhardt, *Die großen Familien Italiens*, Stuttgart 1992 • N. Guidobaldi, *La musica di Federico. Immagini e suoni alla corte di Urbino*, Florenz 1995 • Atlas, Allan W., *Urbino*, in: *Grove*, Bd. 25, 2001, S. 154–155.

Urrede [Urreda, Urede, Vreda, Wreede, Vbrede], Juan de [Johannes]
* Brügge, fl. 1451–1482

Urrede war ein flämischer Komponist, der nach Spanien auswanderte und die Musikkultur der burgundischen Schule und der spanischen Canciones verbunden hat.

Urrede wurde in Brügge geboren, seine genauen Lebensdaten sind nicht bekannt. Sein Vater, Rolandus de Wreede, war Organist an St. Donatian, wo ihm 1451 eine Stelle mit der Begründung verwehrt wurde, dass Vater und Sohn nicht in einer Institution tätig sein konnten. Wenige Jahre darauf wurde Urrede an der Onze Lieve Vrouwe Kerk zum ›clericus installatus‹ ernannt und amtierte dann noch bis zum Jahre 1460 als Kaplan. Nach dieser Zeit tauchen keine Einträge mehr über Urrede in jener Institution auf. Das Geschehen der darauf folgenden Jahre ist unbekannt, jedoch wird vermutet, dass Urrede recht bald nach Spanien umsiedelte. – Ab dem Jahr 1475 erscheinen wieder fundierte Beweise für ein Wirken Urredes. Er arbeitete als Sänger und Gesangslehrer der Kapelle des Herzogs von Alba, García Álvaro de Toledo. Der Herzog war dafür bekannt, an seinem Hof Dichtkunst und Musik auf hohem Niveau zu unterhalten. – Im Juni 1477 wurde Urrede offiziell für das Amt des ›Maestro de la capilla‹ an der königlichen aragonesischen Kapelle unter Juan II. de Aragón verpflichtet. Urrede wurde dort als Hofmusiker bis mindestens 1482 geführt. Im Jahre 1479 bewarb er sich erfolglos auf eine vakante Professur an der Universität von Salamanca, die er trotz Drohgebärden seitens des Königs und des Papstes nicht bekam. Nach 1482 fehlen Aufzeichnungen in den Hofbüchern, und man kann nicht mit Sicherheit sagen, dass Urrede vielleicht nicht doch länger am Hofe des Königs gearbeitet hatte. Man vermutet, dass er zwischen 1482 und 1484 starb, obwohl es auch Indizien für einen wesentlich späteren Zeitpunkt des Todes gibt.

Urrede war zur damaligen Zeit neben Enricus de Paris und Johannes ▸ Cornago einer von mehreren ausländischen in Spanien wirkenden Musikern. Das größte Verdienst Urredes lag in der Adaption der ▸ Canción und des ▸ Villancico. Die nur wenigen überlieferten Lieder waren jedoch europaweit verbreitet; vor allem sein Lied *Nunca fue pena mayor* diente oft als Vorlage für andere Werke. Unter seinen geistlichen Kompositionen befinden sich zwei Bearbeitungen des *Pange Lingua*-Hymnus, welche sich als die am meisten verbreiteten Werke herausstellten. Eine der zwei Bearbeitungen beruht auf einer mozarabischen Version, was im Spanien der Reyes Católicos eine wichtige Rolle für die Wiederbelebung des mozarabischen Ritus spielte (▸ Mozarabisch). Es ist sehr auffällig, dass – im Vergleich zu seinem Renomée – nur wenige Kompositionen von Urrede überliefert sind. Er war aber schon früh tätig, denn die Sätze Kyrie und Gloria aus der Messe BMV, I-Rvat sollen bereits aus der Zeit in Brügge stammen. Eine weitere verschollene Messe wird im *Tractato di musica* von Giovanni ▸ Spataro erwähnt.

Ausgaben:
Nunca fue pena mayor, Faksimile als Nr. 104 in: *Early Bodleian Music: Sacred and Secular Songs*, hrsg. von J.F.R. und C. Stainer, 2 Bde., Oxford 1901, ²1967 • 3 Canciones in: Monumento de la música espanola 5 (1947) und 33 (1971).

Literatur:
H. Anglés, *El ›Pange Lingua‹ de Johannes de Urreda, maestro de capilla del Rey Fernando el Católico*, in: Analecta Musicologica 7 (1952), S. 193–200. • R. Stevenson, *Spanish music in the Age of Columbus*, Den Haag 1960, 203ff, 225ff • T. Knighton, *Music and Musicians at the court of Fernando of Aragon, 1474–1517*, Diss. Univ. of Cambridge 1984, Bd. 1, S. 301 • K. Kreitner, *The church Music of fifteenth-century Spain*, Woodbridge 2004, S. 62–79 • Cr. Urchueguía, *Urrede*, in: MGG², Bd. 16 (Personenteil), 2006, Sp. 1227–1229.

CHD

Utendal [Uttendal, Uetendal, Utenthal, Ausm Thal], Alexander
* zw. 1530–1545, † 7.5.1581 Innsbruck

Abstammung und Herkunft Utendals liegen im Dunkeln. Nach eigener Auskunft stand er bereits früh im Dienst der Habsburger (Maria von Ungarn). 1564 kam er als Alt in die Kapelle Erzherzog Ferdinands II. nach Prag. Als dieser 1566 die Regierung in Tirol übernahm, ging Utendal mit ihm nach Innsbruck, wo es ihm oblag, die Chorknaben zu unterrichten und zu versorgen. Spätestens 1572 wurde er Vizckapellmeister, eine Stellung, die er bis zu seinem Tod inne hatte. Sein Nachfolger wurde Jacob ▸ Regnart.

Obwohl Utendal bereits früh verstarb, umfasst sein Œuvre eine große Anzahl von Werken und weist neben weltlichen Liedern und Madrigalen vor allem sakrale Musik auf (▸ Messen, Bußpsalmen, ▸ Motetten, ▸ Magnificat, Offiziumskompositionen). Neben der traditionellen Satzkunst des 16. Jahrhunderts verwendet Utendal bereits die neuen Techniken seiner Zeit wie einen oberstimmenbetonten Satz, ▸ Mehrchörigkeit, expressive Textbehandlung oder die Mitwirkung von Instrumenten.

Ausgaben:
Geistliche und weltliche Lieder, hrsg. von F. Commer, Berlin [1870]; *Bußpsalmen und Orationen (1570)*, hrsg. von S. Schulze (Denkmäler der Tonkunst in Österreich 138/139), Wien 1985 • *Motets by Alexander Utendal (ca. 1543/1545–1581)* (Monumenta flandriae musica 5), hrsg. von I. Bossuyt, Peer 1999.

Literatur:
I. Bossuyt, *De componist Alexander Utendal*, Brüssel 1983 • S. Schulze, *Die Tonarten in Lassos Bußpsalmen: Mit einem Vergleich von Alexander Utendals und Jacob Reiners Bußpsalmen* (Tübinger Beiträge zur Musikwissensachft 9), Neuhausen-Stuttgart 1984.

SG

Vaet, Jacobus
* 1529 Kortrijk or Harelbekec, † 1567 Wien

Das Leben und die Karriere von Jacobus Vaet waren von kurzer Dauer, er lebte weniger als vierzig Jahre, während seine beiden Zeitgenossen, Orlande de ▸ Lassus und Giovanni Pierluigi da ▸ Palestrina, ihr Talent mehrere Jahrzehnte lang zeigen konnten. Und dieses kurze Leben ist zudem schlecht dokumentiert.

Vaet wurde in Courtrai geboren und war Mitte der 1540er Jahre Chorknabe. Man findet seine Spur als Musiker 1554: Er trat in diesem Jahr in die Kapelle ▸ Maximilians II. ein, nachdem er an der Universität in Löwen studiert hatte. Sechs Jahre später wurde er, protegiert von seinem bedeutenden Mäzen, »Obristen Kapellmeister der römisch-kaiserlichen Majestät«, eine Stelle, die vor ihm Jean ▸ Guyot de Châtelet unter ▸ Ferdinand I. eingenommen hatte. Vaet starb ganz plötzlich im Jahre 1567.

Er hinterließ ein umfangreiches Œuvre, das sich großer Reputation erfreute: 71 ▸ Motetten, 10 ▸ Messen, 11 ▸ Hymnen, 8 ▸ Magnificat-Vertonungen, aber nur 3 Chansons. Einige Kompositionen verweisen auf seine Freundschaften oder decken seinen musikalischen Geschmack auf. So ist seine sechsstimmige Motette *Continuo lacrimas* als Erinnerung an den 1556 verstorbenen Jacobus ▸ Clemens non Papa geschrieben in einer Struktur, die von ▸ Josquin Desprez' *Nymphes des bois* inspiriert ist: Die Tenorstimme trägt im ▸ Cantus firmus die Melodie des *Requiem aeternam* (nicht transponiert).

Fast alle Motetten Vaets erschienen zwischen 1553 und 1568. Johann von ▸ Berg und Ulrich Neuberg in Nürnberg zögerten nicht, die Kompositionen von Lassus und Vaet in ihrem *Thesaurus musicus* (1564) gemeinsam zu publizieren, 23 Stücke von jedem Komponisten. Der Komponist wurde besonders durch seine Motetten berühmt, die Hommagen an den Habsburger Hof sind. *Ascenditis post filium* und *Qui gerit Augusti* sind Maximilian gewidmet. Die erste spielt die Feierlichkeit in tiefen Lagen aus, während die zweite im lyrischen Modus komponiert ist, um eine intime Atmosphäre zu schaffen. *Currite felices* beziehen sich auf Rudolf und Ernst, die beiden Söhne von Maximilian.

Neben ›politischen‹ Anspielungen war Vaet auch um die Musik seiner Kollegen bemüht: Die Bearbeitungen von Werken Josquins in

Mater digna Dei sind Zeichen seiner Virtuosität solcher Behandlungsweise. In zwei seiner Messen-Parodien, der *Missa Tityre tu patulae* und der *Missa Vitam quae faciunt beatiorum*, verarbeitet Vaet eine seiner Motetten, *Vitam quae faciunt beatiorum* auf einen Text von Valerius Martial und eine Motette von Lassus, um eine neue Farbe durch eine hauptsächlich homophone Schreibweise zu verleihen, was seine Sensibilität für den klassischen Humanismus zeigt.

Das zweichörige *Te Deum* veranschaulicht sein Empfindungsvermögen nicht nur für die venezianische ▸ Mehrchörigkeit, sondern auch für die architektonische Organisation ausgedehnter Kompositionen. Vaet spielt dort geschickt Möglichkeiten des Wechsels und der Vereinigung zweier Chöre aus. Zweifellos ist es dieses Vermögen des vielfältigen Umgangs mit Kompositionstechniken und Ausdrucksebenen, das am besten die Produktion von Vaet charakterisiert. Es ist auch in seinen Hymnen ersichtlich, wo er durch tiefe Lagen intensive Affekte hervorruft.

Ausgaben:
Jacobus Vaet. Sämtliche Werke (Denkmäler der Tonkunst in Österreich 98, 100, 103–104, 108–109, 113–114, 116, 118, 145), hrsg. von M. Steinhardt, 1961–1968, 1988.

Literatur:
M. Steinhardt, *J. Vaet and his motets*, East Lansing 1951 • I. Bossuyt / E. Schreurs / A. Wouters (Hrsg.), *Orlandus Lassus and His Time* (Yearbook of the Alamire Foundation), Peer 1995.

PHV

Vagans ▸ Stimmengattungen

Van Eyck, Jacob ▸ Eyck, Jacob van

Van Eyck, Jan ▸ Eyck, Jan van

Vanneo [Vanneus, Vanni], Stefano [Stephanus]
* um 1493 Recanati, † nach 1539 Ascoli Piceno (?)

Von Vanneos Biographie ist lediglich sein 1529 in Ascoli Piceno erfolgter Eintritt in den Orden der Augustinereremiten und seine nachfolgende Tätigkeit als Chorleiter und Organist an der dortigen Kathedrale dokumentiert. Musikgeschichtliche Bedeutung erlangte er aufgrund seines in Anlehnung an seine Geburtsstadt benannten theoretischen Werkes *Recanetum de musica aurea* (Rom 1533), das in der Tradition von seit dem 15. Jahrhundert zunehmenden Tendenzen in der italienischen Traktatliteratur ausgeprägt didaktischen Charakter hat und spekulative Elemente weitgehend ausblendet. Bemerkenswert ist seine Schrift vor allem aufgrund ihrer aus Vanneos eigener Tätigkeit gespeisten praktischen Anschaulichkeit, die sich auch auf das Gebiet der Komposition erstreckt und Kadenzbehandlung, Akkordbau oder Akzidentien auf der Grundlage zahlreicher Beispiele diskutiert.

Ausgaben:
Recanetum de Musica aurea, hrsg. von S. Clercx, Faksimile Kassel 1969; *Recanetum*, Liber II, S. 20–37 (über Proportionen), hrsg. und übers. von A. Seay, Colorado Springs 1979.

Literatur:
K. Berger, *Musica ficta: Theories of Accidental Inflections in Vocal Polyphony from Marchetto da Padova to Gioseffo Zarlino*, Cambridge 1987 • F. Rempp, *Elementar- und Satzlehre von Tinctoris bis Zarlino*, in: *Italienische Musiktheorie im 16. und 17. Jahrhundert* (Geschichte der Musiktheorie 7), Darmstadt 1989.

KP

Variation / Variationen

Variation in der allgemeinen Bedeutung als Veränderung musikalischer Sachverhalte ist Bestandteil von Musik generell und kann in ihren vielfältigen Ausprägungen vom Beginn der Aufzeichnung von Musik an verfolgt werden (siehe hierzu Weber und Drees/Fischer). Variationen im Sinne eines musikalischen Formtypus bzw. einer musikalischen Gattung als Variationenreihe oder Variationszyklus wurden im 16. Jahrhundert zur vorherrschenden Gattung der sich als eigenständig konstituierenden ▸ Instrumentalmusik. Variationen entstanden – wenn auch zunächst noch nicht unter diesem Namen – vor allem in Italien (Musik für ▸ Laute), Spanien (Musik für ▸ Vihuela und Tasteninstrumente) und England (▸ Virginalmusik) und wurden dann in anderen europäischen Ländern übernommen.

Als Ausgangspunkt können Improvisationen über den Tenores der Bassedanse (▸ Bassadanza) im 15. Jahrhundert betrachtet werden sowie Variationen über Tanzmelodien – das mehrmalige Spielen eines Tanzes, dessen Melodie nicht identisch wiederholt, sondern verziert und rhythmisch verändert wurde. Tanzbässe bildeten denn auch in Italien die Grundlage der frühesten gedruckten Variationsfolgen, die in den bei Ottaviano ▸ Petrucci zu Beginn des 16. Jahrhunderts publizierten Lautentabulaturen herauskamen (sie beruhen vermutlich auf der bereits zuvor existierenden improvisatorischen Praxis der Variation). Als erste Sammlung, die Pavanen mit anschließenden Variationen über den Bass des Tanzsatzes sowie suitenartige, variativ aufeinander bezogene Reihungen enthält, gilt das vierte, 1508 bei Petrucci gedruckte Lautenbuch, das von Joan Ambrosio Dalza herausgegeben wurde (siehe dazu Drees/Fischer). Suitenartige Reihungen, die in variativen Verhältnissen stehen, werden um die Jahrhundertmitte häufig und haben sich von Italien aus in andere Länder verbreitet. In Italien wurden im Laufe des Jahrhunderts Passamezzo-Variationen üblich (▸ Passamezzo), zu denen u.a. die am Jahrhundertende erschienenen Kompositionen *Capriccio sopra Il pass'è mezo antico* (1596) von Andrea ▸ Gabrieli gehören. In England wurde die *Quadran Pavan* mit Variationen üblich (▸ Pavane), in Frankreich die variativ aufeinander bezogene Pavane-Galliarde-Paarung (▸ Galliarde). Seit Ende des 16. Jahrhunderts hat sich in Italien der Begriff Partita für variierte Wiederholungen eines zugrunde liegenden Modells entwickelt, wobei der Begriff zunächst nur auf den einzelnen Variationsteil angewendet wurde.

In Spanien entstanden in der ersten Jahrhunderthälfte Diferencias (der spanische Terminus für Variationen) für ▸ Vihuela und Tasteninstrumente. Luis de ▸ Narváez' 1538 publizierte *Los seys libros del Delphín de musica de cifras para taner Vihuela* enthält Diferencias über weltliche (▸ Villancicos) und geistliche Melodien (Choralvariationen) sowie über melodisch-harmonische Muster wie *Guárdame las vacas*, das zum beliebten Modell für Diferencias wurde (z.B. bei Alonso ▸ Mudarra, Antonio ▸ Cabezón). Cabezón ist der berühmteste Vertreter der Diferencias für Tasteninstrument; seine Diferencias sind hochentwickelte, subtil komponierte Variationen, die zu den differenziertesten Kompositionen der Gattung gehören. (Bei seinen 42 Glosas handelt es sich um verzierte Transkriptionen vokaler Vorlagen.) Generell dienten die Gerüstsätze von Satzmodellen wie ▸ Romanesca, ▸ Folia, ▸ Ruggiero als Ausgangsmaterial für Variationen. Spanische und italienische Traditionen verbinden sich in Diego ▸ Ortiz' *Trattado de glosas* (1553), die sowohl Variationen über die Folia, den Ruggiero und die Romanesca als auch eine Reihe von Variationen über italienische Passamezzo-Bässe (acht *Recercadas*, der Begriff wurde im spanischen ebenfalls für Variationen gebraucht) aufweisen.

Cabezón übte Einfluss auf die englischen Virginalisten aus, deren Musik des Fitzwilliam Virginal Book (▸ Virginalmusik) zum größten Teil aus sehr hochentwickelten und abwechslungsreichen Variationen besteht (u.a. John

▸ Bull, William ▸ Byrd, Orlando ▸ Gibbons, Giles ▸ Farnaby). Abgesehen vom Einfluss Cabezóns existierte bereits im frühen 16. Jahrhundert eine Technik virtuoser Ostinato-Variationen in England, die auf die Praxis von ▸ Spielleuten zurückgeht. Die meist gebrauchte Variationsform am Ende des 16. Jahrhunderts war der ▸ Ground (seltener auch *Variations on a Ground* als Titel), Variationen über einer sich wiederholenden Bassmelodie. Häufig sind jedoch auch Pavan-Galliard-Paarungen und Liedvariationen, darunter der ▸ Browning (Variationen über das Lied *Browning my dear*) sowie Variationen über Solmisationssilben. Durch die Auswanderung englischer Komponisten in den niederländischen Bereich gelangte die Variationskunst u.a. zu Jan Pieterszoon ▸ Sweelinck und nach Nord- und Mitteldeutschland. In den folgenden Jahrhunderten erfreuen sich Variationszyklen wachsender Beliebtheit.

›Varietas‹ bezeichnet Vielfältigkeit und Abwechslungsreichtum generell in Kompositionen; das bereits seit dem 13. Jahrhundert thematisierte ästhetische Prinzip forderte Johannes ▸ Tinctoris explizit für zeitgenössisches Komponieren in seiner Kontrapunktlehre.

Literatur:
I. Horsley, *The Sixteenth Century Variation and Baroque Counterpoint*, in: Musica Disciplina 14 (1960), S. 118–132 • H. Weber, *Varietas, variatio / Variation, Variante*, in: Historisches Wörterbuch der musikalischen Terminologie, 14. Auslieferung, 1986/1987 • St. Drees, *Variation, I–III*, in: MGG², Bd. 9 (Sachteil), Sp. 1238–1246 • M. Klotz, *Instrumentale Konzeptionen in der Virginalmusik von William Byrd*, Tutzing 2005.

Varietas ▸ Variation

Vasari, Giorgio
* 30.7.1511 Arezzo, † 27.6.1574 Florenz

Der Architekt, Maler und Schriftsteller Vasari ist durch seine Künstlerbiographien von außerordentlicher Bedeutung. – Er wurde am Hof der ▸ Medici erzogen, arbeitete später auch in deren Auftrag, war dann Maler des Ordens der Olivetaner (▸ Orden) und hatte Aufträge in Rom und in Florenz. – Seine *Le Vite de' piu eccelenti architetti, pittori e sculptori italiani da Cimabue insino à tempi nostri* (Florenz 1550, erw. 1568) sind nicht nur für die Kunstgeschichte relevant, sondern in mehrfacher Hinsicht auch für die Musikgeschichte.

Erstens hat er sich vielfach über den Begriff des Manierismus (›maniera‹) geäußert (vor allem in der Vorrede des dritten Teils der *Vite*), der von der Musikwissenschaft auch auf musikalische Sachverhalte bezogen wurde (siehe Maniates). Bei Vasari findet sich ›maniera‹ in verschiedenen Bedeutungen (siehe dazu Lorini, 2004, S. 267–271): als allgemeine Bezeichnung für künstlerischen Stil, durch Beifügung eines Adjektivs als kritisches Urteil über einen Stil und als einer der kunsttheoretischen Termini zur Bezeichnung der Qualität von Kunstwerken (»regola, ordine, misura, disegno e maniera« / »Regel, Ordnung, Proportion, ›Disegno‹ und Stil« im Vorwort des dritten Teils). In der dritten Bedeutung ergibt sich die vollendete ›maniera‹ (als ›bella maniera‹ oder als ›maniera moderna‹) durch die Perfektion der vier vorangegangenen Qualitäten im Sinne einer Darstellung idealer Schönheit als einer Vervollkommnung der Natur. Der Begriff des Manierismus, wie er später für einen überzogenen und verzerrten Stil gebraucht und auch auf musikalische Komposition übertragen wird, findet sich bei Vasari noch nicht; allenfalls ist er in seiner Vorstellung von der Entwicklung der Kunst geprägt (mögliche Dekadenz nach dem Höhepunkt Michelangelo). Auch weitere wichtige kunsttheoretische Begriffe (z.B. ›sprezzatura‹, ▸ Castiglione, ▸ Virtu) werden, insbesondere in den Vorworten, behandelt.

Zweitens werden in einigen Viten vor allem derjenigen Künstler, die auch in der Musikgeschichte eine Rolle spielen, musikalische

Sachverhalte erwähnt. So schildert er beispielsweise die von ▸ Leonardo da Vinci konstruierte ›Pferdekopflira‹, die klanglich anderen Instrumenten überlegen sei und mit deren Spiel Leonardo alles andere übertroffen habe (*Le Vite*, S. 396, Bd. 12 der Neuausgabe 2006, S. 27/28). Er schildert den Klang der gewöhnlichen Lira als dünn und leise, wohingegen Leonardos Instrument lauter und sonorer geklungen haben soll.

Drittens – und dies ist der wichtigste Punkt – hat er durch seine *Vite* die Person des Künstlers und damit das Individuum aufgewertet (▸ Individualismus), wodurch die Grundlage für den modernen Kunstbegriff gelegt wurde. Dies gilt – wenn auch in eingeschränkterem Maße, da eine den *Vite* entsprechende Abhandlung für die Musikgeschichte fehlt – ebenso für den Musiker, der bei großem Renommee von Fürsten und Adligen umworben wurde, um in deren Kapellen zu wirken (eine der wenigen Autobiographien von Musikern der Zeit – diejenige des ▸ Johannes von Soest – beweist das Selbstbewusstsein des Musikers).

Viertens hat sich Vasari ikonographisch in einigen seiner Werke auf Musik bezogen, so beispielsweise in einer Kostümskizze für ▸ Orpheus – den Protagonisten des Musikers schlechthin – die für ein Fest in Florenz entworfen wurde (vor Jacopo ▸ Peris und Giulio ▸ Caccinis Opern). Zudem leitete er die Florentiner ▸ Intermedien von 1569.

Ausgaben:
Le Vite de' piu eccelenti architetti, pittori e sculptori italiani da Cimabue insino à tempi nostri (Florenz 1550, erw. 1568), hrsg. von E. Bianchi, Florenz 1948; *Giorgio Vasari, Lebensbeschreibungen der berühmtesten Maler, Bildhauer und Architekten*, hrsg. von A. Nova mit S. Feser, M. Burioni und K. Lemeisen (Übersetzung V. Lorini), Bd. 1–44, Hamburg 2004f. (Einzelbände über einzelne oder mehrere Künstler), Bd. 1: *Kunstgeschichte und Kunsttheorie*, hrsg. von M. Burioni und S. Feser, übersetzt von V. Lorini, Berlin 2004 (enthält die Vorworte zu den Teilen der *Vite* sowie u.a. ein Lexikon zu den wichtigsten kunsttheoretischen Begriffen Vasaris).

Literatur:
L. Finscher, *Manierismus*, in: *MGG²*, Bd. 5 (Sachteil), 1996, Sp. 1627–1628 • Schriftleitung / E. Winternitz, *Orpheus*, in: *MGG²*, Bd. 7 (Sachteil), 1997, Sp. 1101 • R. Le Mollé, *Giorgio Vasari: l'homme des Médicis*, Paris 1995 • M. Burioni, *Die Renaissance der Architekten: Profession und Souveränität des Baukünstlers in Giorgio Vasaris Viten*, Berlin 2008.

ES

Vásquez [Vázquez], Juan
* um 1500 Badajoz, † nach 1560 Sevilla (?)

Das erste gesicherte Datum über Vásquez' Leben ist 1530, als er an der Kathedrale in Badajoz (Spanien) als Sänger eingestellt wurde. Im September des gleichen Jahres wurde ihm der Unterricht der Chorknaben übergetragen, und fünf Jahre später wurde er zum ›sochantre‹ befördert. In den Jahren 1539–1541 war Vásquez an der Kathedrale von Palencia tätig; zwischen 1545 und 1550 hatte er eine Anstellung an der Kathedrale seiner Heimatstadt Badajoz als ›maestro de capilla‹. Dort bekam Vásquez im Jahr 1548 die Priesterweihe. Danach stand er im Dienste von Antonio de Zuñiga, einem Adligen aus Sevilla. Nach dieser Zeit lässt sich Vásquez' Biographie nicht genau rekonstruieren, jedoch geht aus seinen Drucken hervor, dass er sich bis zu seinem Tod nach 1560 in der Nähe von Sevilla aufgehalten haben muss.

Schon zu Lebzeiten wurde Vásquez von prominenten Kollegen und Musiktheoretikern wie zum Beispiel Juan ▸ Bermudo gelobt, die insbesondere seine profanen Werke hervorhoben. Es erstaunt also nicht, dass er in Sevilla, der damaligen kulturell und wirtschaftlich sehr blühenden Stadt, Patronage fand, die ihm durch üppige Spenden ermöglichte, seine Werke in drei prächtig gearbeiteten ▸ Individualdrucken zu publizieren. Seine ▸ Villancicos sind sehr kunstvoll komponiert, mit einer großen Sensibilität auch für populäre Setzweisen. Die *Agenda Defunctorum* von 1556, die einstimmige Gesänge und polyphone Kompositionen enthält, ist die wohl umfassendste Sammlung mit Musik zur Totenfeier der damaligen Zeit; besonders hervorzuheben ist das sehr differenziert gestaltete Requiem.

Ausgaben:
Recopilación de sonetos y villancicos, hrsg. von H. Anglés (Monumentos de la música española 4), Barcelona 1946 • *Agenda defunctorum*, hrsg. von S. Rubio, Madrid 1975 • *Villancicos y canciones*, hrsg. von E. Russell (Recent Researches in the Music of the Renaissance 104), Medison/Wisconsin 1995.

Literatur:
M.S. Kastner, *La música en la catedral de Badajoz (años 1520–1603)*, in: Anuario Musical 12 (1957), S. 123–146 • C. Solis / S. Rubio (Hrsg.), *Datos para una biografía*, in: *Juan Vázquez, Agenda Defunctorum*, Madrid 1975, S. VII–XIII • E. Ros-Fábregas, *Juan Vásquez*, in: MGG², Bd. 16 (Personenteil), 2006, Sp. 1353–1354.

CHD

Vaudeville ▶ Voix de ville

Vautrollier, Thomas
* (?), † 1587 London (?)

Thomas Vautrollier war ein Drucker und Verleger, der als französischer Hugenottenflüchtling nach England kam und 1562 die englische Staatsbürgerschaft erhielt. 1564 wurde er in die ›Stationers' Company‹ aufgenommen, eröffnete in London eine eigene Druckerpresse und in Edinburg eine Buchhandlung. 1570 erschien bei Vautrollier die englische Edition von Orlande de ▶ Lassus' *Recueil du mellange*. 1575 gewährte Königin ▶ Elizabeth I. den beiden Komponisten Thomas ▶ Tallis und William ▶ Byrd ein Druckerprivileg, auf dessen Basis Vautrollier im selben Jahr die *Cantiones quae ab argumento sacrae vocantur* druckte. Zwei Psalmdrucke für die schottische Kirche wurden 1587 zweimal aufgelegt.

Literatur:
J. Kerman, *An Elizabethan Edition of Lassus*, in: Acta musicologica 27 (1955), S. 71–76.

ALB

Vecchi, Orazio
* 1550 Modena, † 19.2.1605 Modena

Der italienische Komponist Vecchi wurde vor allem durch seine ▶ Canzonette und die ▶ Madrigalkomödie *L'Amfiparnaso* (1597) bekannt.

Seine religiöse Schulung erhielt er von Benediktinern des San Pietro-Klosters in Modena. Der Mönch Salvatore Essenga unterrichtete ihn in der Musik und nahm ein Madrigal Vecchis in seinen *Primo libro di madrigali a quattro voci* (1566) auf. Zur Zeit seiner ersten Veröffentlichung muss Vecchi schon mit den wichtigsten musikalischen Kreisen Venedigs Kontakt gehabt haben. Dies geht daraus hervor, dass Vecchi gemeinsam mit Andrea ▶ Gabrieli, Claudio ▶ Merulo u.a. anlässlich der Hochzeit Francesco de' ▶ Medicis und Bianca Capellos eine Sestina vertonte. Dieses Werk wurde 1597 in der Sammlung *Trionfo della musica* veröffentlicht. Noch im gleichen Jahr erschien Vecchis erstes Motettenbuch. In den achtziger Jahren bekleidete er eine Stelle als Kapellmeister an den Kathedralen von Salò, Modena und Reggio nell'Emilia. Am 15.10. 1586 wurde er Kanoniker an der Kathedrale von Correggio, ab 1591 Erzdekan. In demselben Jahr wurde er, gemeinsam mit Giovanni ▶ Gabrieli und Lodovico Balbi, mit der Revidierung und Verbesserung des *Graduale Romanum* beauftragt. 1593 kehrte Vecchi nach Modena zurück und wurde u.a. Mitglied der Bruderschaften von San Pietro Martire und der Annunziata di Santa Maria delle Asse. Im März 1597 besuchte er Venedig und überwachte die Drucklegung seiner *Canzonette a tre voci*.

Nachdem der Herzog Cesare d'Este im Februar 1598 eine von Vecchis ▶ Messen gehört hatte, ernannte er den Komponisten zum ›maestro di corte‹ in Modena. Am Este-Hof machte sich Vecchi einen Namen als Komponist und Schauspieler. 1600 begleitete er Kardinal Alessandro d'Este nach Rom. Im selben Jahr berichtete Jacopo ▶ Peri, dass Vecchi in Florenz eine Aufführung seiner Opera *Euridice* beigewohnt hatte. 1603 bot man ihm eine Stelle als Kapellmeister am Hof Kaiser Rudolfs II. an, ein Angebot, das er jedoch wegen seiner schlechten Gesundheit ablehnen musste. Vecchi blieb an der Kathedrale von Modena tätig, wurde aber bald durch einen Befehl des dortigen Bischofs suspendiert und von seinem Schüler Gemignano Capilupi ersetzt. Beerdigt wurde er in der Karmelitenkirche von Modena. Im Civico Museo der Stadt befindet sich ein Porträt Vecchis von einem unbekannten Künstler.

In seinen sechs Büchern mit Canzonette erreicht Vecchi eine Synthese des damaligen Madrigalstils (▶ Madrigal) und der einfacheren ▶ Villanella. Die meisten seiner Canzonette sind strophisch und lassen homorhythmische Passagen mit imitativen Texturen abwechseln. Wie wir der Widmung des dritten Buchs entnehmen können, schrieb Vecchi viele seiner Canzonette-Texte selbst (»queste mie rime, e canto«). Genauso wie bei den beiden Madrigalsammlungen (1583 und 1589) dominiert ein lebendiges und abwechslungsreiches rhythmisches Spiel. Vecchis Canzonette wurden zahlreiche Male neu aufgelegt, übersetzt, intavoliert und imitiert (vgl. z. B. die deutschsprachigen Kontrafakte Valentin ▶ Haussmanns).

Vecchi erlangte vor allem durch vier Sammlungen weltlicher Musik Bekanntheit. Die *Selva di varia ricreatione* (1590) bietet, dem Titel entsprechend, ein Nebeneinander von Gattungen und Formen wie Madrigalen, ▶ Canzonette, aber auch ▶ Capricci, eine Villotta (Villanella) und eine ▶ Battaglia, Dialoge und Instrumentalmusik. Besonders interessant ist ein neunstimmiges Madrigal ›a diversi linguaggi‹, eine Miniaturkomödie, die Vecchi zusammen mit Luca ▶ Marenzio schuf und in der jede Stimme in einem anderen Dialekt bzw. einer anderen Sprache singt. Genauso wie die *Selva* bietet *Il convito musicale* (1597) eine Anthologie der damaligen Gattungen weltlicher Musik. Es gibt einige sehr humorvolle Stücke, in denen die Stimmen z.B. Tiergeräusche und Musikinstrumente imitieren, aber auch seriöse Werke, wie die im Stil Cipriano de ▶ Rores geschriebene Vertonung von Francesco Petrarcas Sestina *Chi è fermato*. Das heutzutage wohl bekannteste Werk Vecchis, die Madrigalkomödie in 13 Szenen *L'Amfiparnaso* (1597), basiert auf Texten Giulio Cesare Croces. Im Zentrum der Handlung steht die Trennung und Wiedervereinigung des Hirten Lucio und der Hirtin Isabella. Obwohl *L'Amfiparnaso* sehr stark von der Tradition der Commedia dell'arte beeinflusst ist (vgl. Figuren wie Pantalone, Hortensia und Gratiano), schreibt Vecchi im Vorwort ausdrücklich, dass das Werk nicht für die Bühne bestimmt ist. Kurz vor seinem Tod erschienen schließlich die dem König von Dänemark gewidmeten *Le veglie di Siena overo i vari humori della musica moderna* (1604), musikalische Spiele mit Unterhaltungscharakter, deren Konzept und Ausarbeitung vor dem literarischen Hintergrund von Girolamo Bargaglis Traktat *Dialogo de' Giuochi* (Venedig 1581) gesehen werden muss.

Im Bereich der geistlichen Musik schuf Vecchi ▶ Messen, drei Motettenbücher (1579, 1590 und 1597, ▶ Motette), ein fünfstimmiges, handschriftlich überliefertes ▶ Magnificat sowie Lamentationen ›a voci pari‹ (1587) und eine Sammlung *Hymni [...] per totum annum* (1604). Vor allem in den beiden letztgenannten Büchern strebt Vecchi, in Übereinstimmung mit den Wünschen des ▶ Konzils von Trient, eine optimale Verständlichkeit des Textes an. In den übrigen Werken lässt Vecchi häufig Kontrapunkt und Homorhythmie einander abwechseln. Auch ältere Techniken wie

▶ Kanon, ▶ Cantus firmus und ▶ Fauxbourdon finden gelegentlich Verwendung. Durch Textausdruck, Passagen im ▶ Tempus perfectum und den Gebrauch von für die Canzonetta typischen kleineren Notenwerten verleiht Vecchi seinen Stücken eine große dramatische Aussagekraft.

Ausgaben:
Le veglie di Siena (Capolavori polifonici del secolo XVI 2), hrsg. von B. Somma, Rom 1940; *L'Amfiparnaso* (Capolavori polifonici del secolo XVI 5), hrsg. von B. Somma, Rom 1953; *Il convito musicale* (Capolavori polifonici del secolo XVI 8), hrsg. von W.R. Martin, Rom 1966; *Canzonette libro primo – quarto* (Recent Researches in the Music of the Renaissance 92), hrsg. von R.I. DeFord, Madison/Wisconsin 1993; R. Dalmonte / M. Privitera, *Gitene, Canzonette: Studio e trascrizione delle Canzonette a sei voci d'Horatio Vecchi (1587)*, Florenz 1996.

Literatur:
W.R. Martin, *The* Convito musicale *of Orazio Vecchi*, Diss. Oxford Univ. 1964 • R. Rüegge, *Orazio Vecchis geistliche Werke*, Bern 1967 • W. Kirkendale, *Franceschina, Girometta, and their Companions in a Madrigal »a diversi linguaggi« by Luca Marenzio and Orazio Vecchi*, in: Acta Musicologica 44 (1972), S. 181–235 • M. Conati, *Teatro dell'udito. Appunti su Orazio Vecchi e il suo tempo*, in: Ricerche musicali 2 (1978), S. 41–69 • L. Detenbeck, *Dramatized Madrigals*, in: The Science of Buffoonery: Theory and History of the Commedia dell'Arte, hrsg. von D. Pietropaolo, Toronto 1989, S. 59–68 • M. Farahat, *On the Staging of Madrigal Comedies*, in: Early Music History 10 (1991), S. 123–144.

KS

Vehe, Michael
* um 1480 Biberach, † April 1539 Halle

Vehe war der Herausgeber des ersten katholischen Gesangbuchs mit Noten. Der Dominikaner studierte in Heidelberg Theologie, machte sich in den Auseinandersetzungen der Reformationszeit für den katholischen Glauben verdient und wurde 1532 als Probst an das Stift in Halle berufen, wo er in unmittelbarer Nähe Wittenbergs wirken sollte. Er versuchte, die erfolgreichen Mittel der Lutheraner auch für seine Zwecke zu nutzen, und gab das erste Gesangbuch der katholischen Kirche heraus, *Ein New Gesangbüchlin Geystlicher Lieder*, das 1537 bei Nikolaus Wolrab in Leipzig gedruckt wurde (*DKL* 1537[06], auch 1567[09]). Es enthält 52 Lieder, die größtenteils mit Noten versehen sind. Neben einigen neu geschaffenen Melodien (von Caspar Querhammer, Johannes Hoffmann und Wolfgang Heintz) entnahm Vehe vor allem dem lutherischen Gesangbuch von Joseph Klug (Wittenberg 1529) sowohl vorreformatorische als auch von den Reformatoren neu geschaffene Lieder, die teilweise umgedichtet wurden. Neue Texte stammen von Querhammer und dem Theologen Georg Witzel. Zur Verwendung der Lieder gibt Vehe an, dass sie sowohl in als auch außerhalb der Kirche gesungen werden können (▶ Kirchenlied). Da Sachsen bereits 1539 zur Reformation überging, war die Verbreitung des Druckes zunächst begrenzt, doch übernahm Johann ▶ Leisentrit 1567 fast alle Lieder für ein weiteres katholisches Gesangbuch.

Ausgaben:
M. Vehe, *Ein New Gesangbüchlin Geistlicher Lieder*, Faksimile, hrsg. von W. Lipphardt, Mainz 1970 • *Das deutsche Kirchenlied. Kritische Gesamtausgabe der Melodien*, Abteilung III, Bd. 1/1, hrsg. von J. Stalmann, Kassel u.a. 1993, Textband a9, Notenband A10–34.

Literatur:
F. Haberl, *Michael Vehe und die ersten katholischen Gesangbücher*, in: Musica Sacra (D) 82 (1965), S. 286–293 • E. Heitmeyer, *Das Gesangbuch von Johann Leisentrit 1567. Adaption als Merkmal von Struktur und Genese früher deutscher Gesangbücher*, St. Ottilien 1988, S. 50–57 • Chr. Möller (Hrsg.), *Kirchenlied und Gesangbuch* (Mainzer hymnologische Studien 1), Tübingen und Basel 2000, S. 98f.

ST

Venedig

La Serenissima Repubblica – wie Venedig genannt wurde – war als Handelszentrum eine wichtige Verbindung zum Osten und hatte längere Zeit eine wirtschaftliche Monopolstellung zwischen Westeuropa und Byzanz inne. Das historische Zentrum ist in sechs Stadtteile (›sestiere‹) aufgeteilt, die von zahlreichen Wasserwegen durchkreuzt werden.

Das wichtigste musikalische Institut Venedigs war die Basilica di San Marco. Sie war nicht nur das religiöse Zentrum der Stadt – und somit von größerer Bedeutung als die Kathedrale San Pietro di Castello –, sondern als private Kapelle der Dogen hatte sie auch eine politische Ausstrahlung. Die enge Verbindung von Religion und Politik, die schon dadurch deutlich wird, dass auf dem Markusplatz der Dogenpalast neben der Kirche erbaut wurde, schlägt sich auch in der musikalischen Verwaltung nieder. Der ›primicerio‹ war als kirchliche Autorität für die Organisation der Liturgie zuständig; die ›procuratori‹ entschieden über die Auswahl und Entlassung der Musiker, deren Gehalt sowie ihre sonstigen Rechte und Pflichten, und hatten somit einen direkten Einfluss auf das Musikleben.

Die Aufgaben der Dogen waren vor allem repräsentativer Natur. Eine Ausnahme war Andrea Gritti, der 1527 im Rahmen seiner kulturellen Reformpolitik selbst die Ernennung Adrian ▸ Willaerts zum Kapellmeister vollzog. Schon ab dem 14. Jahrhundert wurden ▸ Motetten zu Ehren des Dogen komponiert. So gibt es Huldigungswerke von ▸ Marchetto da Padova (für Francesco Dandolo), Francesco Landini (für Andrea Contarini) und Johannes ▸ Ciconia (für Michele Steno). Besonders beliebt war Francesco Foscari, der nicht weniger als drei Festmotetten (von Hugo de ▸ Lantins, Cristoforo de Monte und Marcantonio Romano) erhielt.

Ab 1403 ist die Existenz einer Chorschule bezeugt, in der venezianische Knaben von einem ›magister cantus‹ Gesangsunterricht erhielten. Aus einer Sängerliste von 1486 geht hervor, dass die Größe der Kapelle (zehn erwachsene Sänger und zwölf Chorknaben) mit der anderer damaliger Kapellen vergleichbar war. Nach 1486 wurden vier weitere Sänger angeworben und eine zweite Orgel gebaut. Pietro Lupato folgte 1525 Petrus de Fossis als Kapellmeister nach. Jedoch erlangte die Kapelle erst im 16. Jahrhundert mit der Ernennung Adrian ▸ Willaerts zum ›maestro di capella‹ ein internationales Renommee. Er war nicht nur wichtig als Komponist von ▸ Messen, ▸ Motetten, Vesperpsalmen (▸ Psalmvertonungen), ▸ Madrigalen, ▸ Chansons und ▸ Villanellen, sondern machte sich auch als Lehrer einen Namen. Am Ende seines Lebens wurde die Kapelle in eine ›capella grande‹ und eine ›cappella piccola‹ aufgeteilt. Nach Willaerts Tod trat sein Landsmann Cipriano de ▸ Rore die Nachfolge an, gab diese Position aber bereits 1564 aus finanziellen und organisatorischen Gründen wieder auf. Daraufhin wurde die Zweiteilung der Kapelle rückgängig gemacht, und 1565 ernannte man Gioseffo ▸ Zarlino zum Kapellmeister. Zarlino, der vor allem als Theoretiker aktiv war (vgl. u.a. *Le istitutioni harmoniche* [1558] und *Sopplimenti musicali* [1588]), behielt diese Stelle bis zu seinem Tod. Außer zwei Motettensammlungen (1549 und 1566) komponierte er eher wenig. Dies wurde innerhalb der Musikkapelle aber von Andrea und Giovanni ▸ Gabrieli, Claudio ▸ Merulo, Baldassare ▸ Donato und Giovanni Croce kompensiert. Die beiden letztgenannten Komponisten wurden in der Nachfolge Zarlinos Kapellmeister (1590–1603 bzw. 1603–1609).

Wie die Forschungen Giulio Ongaros gezeigt haben, setzte sich die Sängergruppe überwiegend aus Italienern, Flamen und Franzosen zusammen. Ebenfalls wichtig war die Position der beiden Organisten, ein Amt, das u.a. Jacques Buus, Merulo und Marcantonio Cavazzoni innehatten. 1588 wurde sogar ein dritter Organist angestellt. Ein hohes Prestige besaßen außerdem die ›pifferi dei dogi‹, eine

Gruppe von Bläsern, die bis ins 17. Jahrhundert europaweite Bekanntheit genoss und u.a. von Papst Leo X. und vom englischen König ▸ Heinrich VIII. angefordert wurde. Ursprünglich spielte man überwiegend Bearbeitungen von Vokalmusik, aber allmählich entwickelte sich ein selbständiges instrumentales Repertoire. In Venedig arbeiteten zudem viele Instrumentenbauer (von ▸ Orgeln, ▸ Cembali, ▸ Lauten, Blasinstrumenten usw.). Darüber hinaus sind aus dem 16. Jahrhundert Traktate über die Spielweise bestimmter Instrumente überliefert. Sylvestro di ▸ Ganassi del Fontego (ab 1517 ein Mitglied der ›pifferi‹) verfasste 1535 mit seiner *Fontegara* eine Abhandlung über die Blockflöte. 1542–1543 folgte mit der *Regola Rubertina* eine Schrift über die ▸ Viola da gamba.

Die – vor allem von Zarlino unternommene – Erweiterung des Personals führte zur Entwicklung eines musikalischen Prunkstils, der von Kontrasten im Bereich der Sonorität, der Tessitur und der instrumentalen Farbe gekennzeichnet ist. Im Gegensatz zu einer früheren Annahme wurden die mehrchörigen Werke (▸ Mehrchörigkeit) nicht von zwei räumlich getrennten Gruppen aufgeführt. Wie man u.a. Bartolomeo Bonifacios *Rituum ecclesiasticorum ceremoniale* (Venedig, 1564) entnehmen kann, handelte es sich vielmehr um eine responsoriale Aufteilung von Solisten und ›ripieno‹, die gemeinsam – meistens in der Kanzel am Südende der Ikonostase – aufgestellt wurden.

Die oben angesprochene Verknüpfung von religiöser und politischer Macht, die das Institut der San Marco kennzeichnete, kommt auch in den zahlreichen weltlichen Umdeutungen liturgischer Feste zum Ausdruck. So feierte man am 25. März nicht nur Mariä Verkündigung, sondern auch die Gründung der Stadt. Am Himmelfahrtstag – vom italienischen ›ascensione‹ wurde der Terminus ›festa della sensa‹ abgeleitet – fand die symbolische Hochzeit zwischen Venedig und dem Meer statt. An diesem Tag sangen Mitglieder der ›cappella marciana‹ bei der Ausfahrt des ›bucintoro‹ zur Lagune ▸ Motetten. Musik wurde auch anlässlich von Staatsbesuchen und militärischen Siegen (wie z.B. nach der Schlacht von Lepanto im Jahr 1571) aufgeführt. Die San Marco besaß außerdem einen eigenen Ritus (›rito marcolino‹), der auch nach dem ▸ Konzil von Trient – dank der Tatsache, dass er mehr als 200 Jahre alt war – beibehalten werden konnte.

Die ›scuole grandi‹ und ›scuole piccole‹, über deren musikalische Aktivitäten wir durch die Forschungen Glixons sehr gut informiert sind, waren Laienbruderschaften, die u.a. im Bereich der Wohltätigkeit aktiv waren und Gedächtnismessen für verstorbene Mitglieder abhielten. Sie hatten nicht nur ihre eigenen religiösen Feiertage, sondern nahmen auch an Prozessionen teil: Vgl. z.B. das Gemälde *La processione del Corpus Domini* (1496) Gentile Bellinis, das die ›andata‹ auf dem Markusplatz am Fronleichnamsfest zeigt. Zu den wichtigsten und wohlhabendsten ›scuole grandi‹ gehörten die von San Marco und San Rocco. Vor allem letztgenannte ›scuola‹ unterstützte großzügig Maler (Tintoretto und ▸ Tizian), Architekten (Sansovino) und Musiker. Die Musikaufführungen der San Rocco waren so berühmt, dass der Engländer Thomas Coryat sie 1608 in seinem Reisebericht ausführlich pries. Viele Sänger der Basilica di San Marco arbeiteten sogar manchmal für diese ›scuole‹, was häufig zu Konflikten führte. So wissen wir, dass Willaert am 8.12.1535 mit einigen Kollegen den jährlichen Feiertag der Scuola grande di Santa Maria della Misericordia mit polyphoner Musik schmückte. Zarlino arbeitete manchmal für die Scuola grande di Santa Maria della Carità.

Über das Musikleben an anderen Kirchen waren wir bis zu den Forschungen Quarantas nur sparsam informiert. Oft konnte man sich dort aus finanziellen Gründen nicht mehr als vier oder fünf Sänger leisten. Die wichtigsten Kirchen der Stadt hatten einen Kapellmeister. Lodovico Balbi war an der Santa Maria Gloriosa dei Frari tätig und Ippolito Baccusi hatte dieselbe Stelle an San Stefano inne. Da Ss. Giovanni e Paolo (›Zanipolo‹) die ›scuola grande di San Marco‹ beheimatete, fand ein reger Austausch zwischen den Musikern der Klosterkirche und der Basilica statt.

Auch in den vielen Palazzi der Stadt wurde Musik aufgeführt. Von besonderer Bedeutung waren z.B. die ›Salons‹ wohlhabender Schriftsteller wie Domenico Venier und Girolamo Molino. Wie aus Widmungen, Briefen und Gedichten hervorgeht, wurden sie ebenfalls von Musikern und Komponisten wie Girolamo ▶ Parabosco (der sich auch als Autor von Poesie, Theaterstücken und Briefen einen Namen machte), Perissone ▶ Cambio (auf dessen Tod Venier ein Sonett verfasste) und Donato (der drei Gedichte Veniers für die Feier der ›festa della sensa‹ vertonte) besucht. Dieser Austausch zwischen Literaten und Musikern hatte eine deutliche Auswirkung auf die damalige Kompositionspraxis, in der man eine zunehmende Aufmerksamkeit für den Text in all seinen Aspekten feststellen kann. Molino unterhielt gute Kontakte zu den Musiktheoretikern seiner Zeit. Giovanni del Lago widmete ihm sogar den Briefwechsel mit seinen Kollegen Giovanni ▶ Spataro, Pietro ▶ Aaron und Giovanni Maria ▶ Lanfranco (Biblioteca Apostolica Vaticana, MS Vat. lat. 5318). Auch im 17. Jahrhundert blieben die Palazzi wichtige Zentren des musikalischen Lebens. 1624 fand z.B. im Palazzo Mocenigo die Erstaufführung von Claudio ▶ Monteverdis *Combattimento di Tancredi e Clorinda* statt.

Zum internationalen Renommee der Stadt trug nicht zuletzt der Musikdruck bei. Ottaviano ▶ Petrucci, der auch klassische Literatur herausgab, erhielt 1498 ein Privileg für die Drucklegung sowie den Verkauf von Mensuralmusik (›canto figurado‹) und Tabulaturen (›intaboladure dorgano et de liuto‹). Das 1501 veröffentlichte *Harmonice musices odhecaton A* war somit ein Meilenstein in der Geschichte der Musik. Petrucci druckte u.a. Messen, Motetten und Frottole von berühmten Zeitgenossen. Der Franzose Antonio ▶ Gardano, der ab 1538 in der ›calle de la Scimia‹ tätig war, komponierte selber und unterhielt auch gute Kontakte zu den Komponisten des so genannten Willaert-Kreises. Zusammen mit Girolamo ▶ Scotto, dessen Firma bis 1609 existieren sollte, prägte er die Entwicklung des Musikdrucks im entscheidenden Maße. Beide hatten in Italien fast eine Monopolstellung. Die Tatsache, dass viele Komponisten (wie z.B. Orlande de ▶ Lassus) nach Venedig reisten, um die Drucklegung ihrer Musik zu überwachen, erhöhte den internationalen Austausch.

Literatur:
F. Caffi, *Storia della musica sacra nella già cappella ducale di S Marco dal 1318 al 1797*, Venedig 1854–1855, ²1987 • E. Rosand, *Music in the Myth of Venice*, in: Renaissance Quarterly 30 (1977), S. 511–537 • E. Muir, *Civic Ritual in Renaissance Venice*, Princeton 1981 • R.J. Agee, *The Privilege and Venetian Music Printing in the Sixteenth Century*, Diss. Princeton Univ. 1982 • J.H. Moore, »*Venezia favorita da Maria*«: *Music for the Madonna Nicopeia and Santa Maria della Salute*, in: Journal of the American Musicological Society 37 (1984), S. 299–335 • I. Fenlon, *Venice: Theatre of the World*, in: *Man and Music. The Renaissance from the 1470s to the End of the 16th Century*, hrsg. von I. Fenlon, New Jersey 1989, S. 102–132 • M.S. Lewis, *Antonio Gardano. Venetian Music Printer 1538–1569. A Descriptive Bibliography and Historical Study*, New York und London, 1988ff. • G. Cattin, *Musica e liturgia a San Marco: testi e melodie per la liturgia delle ore dal XII al XVII secolo, dal graduale tropato del Duecento ai graduali cinquecenteschi*, 4 Bde., Venedig, 1990–1992 • J.E. Cumming, *Music for the Doge in Early Renaissance Venice*, in: Speculum 67 (1992), S. 324–364 • J.L. Baldauf-Berdes, *Women Musicians of Venice: Musical Foundations 1525–1855*, Oxford 1993 • I. Fenlon, *Music at St. Mark's Before Willaert*, in: Early Music 21 (1993), S. 547–563 • M. Laini, *Vita musicale a Venezia durante la Repubblica: istituzioni e mecenatismo*, Venedig 1993 • M. Feldman, *City Culture and the Madrigal at Venice*, Berkeley und Los Angeles 1995 • J.A. Bernstein, *Music Printing in Re-*

naissance Venice: The Scotto Press (1539–1572), New York 1998 • E. Quaranta, Oltre San Marco: organizzazione e prassi della musica nelle chiese di Venezia nel Rinascimento, Florenz 1998 • J.M. Glixon, Honoring God and the City: Music at the Venetian Confraternities, 1260–1807, Oxford 2003 • S. Boorman, Ottaviano Petrucci. Catalogue raisonné, Oxford 2006.

KS

Venegas de Henestrosa, Luis
* ca. 1510 Ecija, Sevilla, † 27.12.1570 Taracena, Guadalajara

Der spanische Komponist und Herausgeber war Priester in der Diözese von Toledo und stand von 1535–1545 im Dienst des Kardinals von Toledo, Juan Tavera. Eine Stelle als Verwalter im Hospital von San Juan Bautista, die er im Juli 1570 antrat, musste er wenige Monate später aus gesundheitlichen Gründen wieder aufgeben.

1557 veröffentlichte Venegas das *Libro de cifra nueva para tecla, harpa y vihuela*. Es enthält 138 Werke für Tasteninstrumente, Harfe und Vihuela von Komponisten wie Antonio de ▸ Cabezón, Thomas ▸ Crecquillon und ▸ Josquin Deprez. Sie sind in einer neuen von Venegas entwickelten ▸ Tabulatur notiert, die später auch von Hernando de Cabezón (▸ Cabezón) verwendet wurde. Ein weiteres Werk, *Armonya de los tres mundos*, das Venegas in seinem Testament erwähnt, ist verloren.

Literatur:
Venegas de Henestrosa, in: *Riemann Musiklexikon*, Personenteil L-Z, hrsg. von W. Gurlitt, Mainz 1961, S. 842 • L. Jambou, Venegas de Henestrosa, in: *Grove*, Bd. 26, 2001, S. 384.

CV

Vento, Ivo [Yvo] de
* ca. 1543/1545, † 3.9.1575 München

Vento, Altersgenosse Alexander ▸ Utendals, Jacob ▸ Regnarts, ▸ Jean de Castros oder Johannes de ▸ Fossas, kam Mitte der 1550er Jahre aus Antwerpen als Chorknabe in die Münchner Hofkapelle. Damit fällt seine Anstellung in eine Zeit der Umstrukturierung dieser Institution: Bevorzugte Albrecht V. zunächst Musiker franko-flämischer Herkunft (in diese Jahre fällt auch die Anstellung Matthaeus Le Maistres und Orlande de ▸ Lassus'), so änderte sich der Geschmack nach wenigen Jahren, und Italiener prägten das Bild dieses weit bekannten Musikerensembles. Nach der Rückkehr von einem mutmaßlichen Orgelstudium bei Claudio ▸ Merulo in Venedig (1560–1564) wurde er in der Kapelle des Münchner Herzogs als dritter Organist angestellt. Der nächste Beleg benennt ihn 1568 als »Capellmaister zue Landtshuet«, wo er das Musikerensemble des Kronprinzen Wilhelm V. leitet, doch wurde er bereits 1569 aus nicht näher bekannten Gründen von Anton ▸ Gosswin abgelöst und seine Tätigkeit auf die des Organistenamtes reduziert. Von 1570 bis zu seinem jähen Tod 1575 wurde er in den Hofdokumenten erneut als Organist in München geführt und sowohl vom Herzog als auch von dessen Söhnen geschätzt und mit zusätzlichen Zahlungen bedacht.

Obwohl de Ventos Motetten vor allem in den Zentren Süddeutschlands weite Verbreitung erfuhren und aufgrund ihrer breit gestreuten Textwahl eine gute liturgische Verwendbarkeit erlaubten, scheinen sie keinen nachhaltigen Einfluss auf die Komponisten seiner Zeit ausgeübt zu haben. Dies mag daran liegen, das seine Kompositionen auf diesem Gebiet durch eine traditionelle Modus-Behandlung charakterisiert sind und kaum Spuren seiner Lehrzeit in Venedig aufweisen, musikalische Neuerungen (wie z.B. Mehrchörigkeit) somit nur zurückhaltend Eingang in seine Werke gefunden haben. Es sind vor allem seine seit 1569 nahezu jährlich publizierten Liedersammlungen (darunter ein Viersprachendruck), die sich einer anhaltenden

Beliebtheit erfreuten. Sie zeichnen sich durch abwechslungsreiche Besetzungen (mit bis zu achtstimmigen Dialogen als krönendem Abschluss), planvollen Aufbau im Hinblick auf Stimmenzahl, Text und Modus sowie einen äußerst breit gefächerten und vielschichtigen Kompositionsstil aus. Während Lieder der späteren Drucke keine Neuauflage erlebten, gingen Stücke aus den frühen Sammlungen u.a. in Tabulaturen von Ammerbach und Paix ein und wurden noch bis in die 20er Jahre des 17. Jahrhunderts gedruckt.

Ausgaben:
Ivo de Vento, *Sämtliche Werke* (Denkmäler der Tonkunst in Bayern, Neue Folge 12–16), hrsg. von A. de Groote und N. Schwindt, Wiesbaden u.a. 1998ff.; umfassendes Verzeichnis einzeln edierter Werke in ebenda, Bd. 1, S. XLIII–XLVI und Bd. 2, S. XXXI.

Literatur:
K. Huber, *Ivo de Vento (ca. 1540–1575)*, Lindenberg 1918 • A. de Groote, *Ivo de Vento und sein ›Liber motettorum‹ (München 1571): Ein Überblick*, in: Musik in Bayern 33 (1986), S. 139–149 • Ders., *Ivo de Vento (ca. 1543/45–1575): Organist en componist in de kapel van Orlandus Lassus*, in: *Orlandus Lassus and his time* (Yearbook of the Alamire Foundation 1), hrsg. von E. Schreurs, A. Wouters und I. Bossuyt, Peer 1994, S. 295–314.

SG

Verdelot [Deslouges], Philippe
* ca. 1480–1485 wahrsch. Verdelot, Les Loges (Seine-et-Marne), † zw. 1530 und 1532 (?) Florenz (?)

Verdelot gehört zu den renommiertesten italienischen Musikern seiner Zeit und gilt als »Pionier« des Madrigals (Slim / La Via, S. 427).

Der in Nordfrankreich geborene Musiker weilte wahrscheinlich (gesicherte Quellen fehlen) während der ersten beiden Dekaden des 16. Jahrhunderts in Norditalien und nachgewiesenermaßen ab 1520 oder 1521 in Florenz, wo er zunächst wohl in Diensten von Kardinal Giulio de' ▸ Medici stand, dann von 1522 bis 1525 das Amt des Maestro di capella am Baptisterium des Doms Santa Maria dei' Fiori und von 1523 bis 1527 am Dom selbst versah. Für Verdelots Ansehen zeugt, dass er Mattio ▸ Rampollini vorgezogen wurde, der die Stelle seit 1520 besetzte. Als Giulio 1523 Papst wurde (Clemens VII.), begleitete ihn Verdelot zur Krönung nach Rom. In Florenz verkehrte Verdelot in Gelehrtenzirkeln, bezeugt ist seine Teilnahme an den bis 1522 stattfindenden Zusammenkünften in den Gärten der Rucellai, wo er sich an Diskussionen über den Petrarkismus beteiligte (Antonfrancesco ▸ Doni, *I marmi*, 1552). Er war zudem mit Niccolò ▸ Machiavelli bekannt, dessen Gedichte er vertonte. Inwieweit er wie dieser republikanische Ideen verfolgte, ist nicht bekannt, Hinweise geben allenfalls die Texte einiger Motetten (siehe unten). Wie über seine Vita vor 1520, so ist auch über seine Aufenthalte nach 1527, als aufgrund der Vertreibung der Medici die Kapellen aufgelöst wurden, nichts Gesichertes überliefert. Für einen Verbleib in Florenz sprechen Bezüge zur Belagerung der Stadt 1529/1530 in zwei Motetten (siehe unten). – Zwei Gemälde zeigen möglicherweise Verdelot: Vasari verwies auf ein wahrscheinlich von Sebastiano del Piombo gemaltes Bild von 1511 mit dem Titel »Verdelot franzese musico eccellentissimo«, das ihn zusammen mit einem anderen Musiker, Ubretto genannt (wahrscheinlich der Sänger Bruett), darstellt (Schmidt-Beste, Sp. 1428). Des weiteren soll das Gemälde *Concerto* (ca. 1505) im Palazzo Pitti in Florenz, das ▸ Giorgione oder ▸ Tizian zugeschrieben wird, Verdelot und Jacob ▸ Obrecht zusammen mit einem unbekannten Musiker zeigen.

Verdelots Kompositionen waren in den 1530er Jahren sehr berühmt, seine Madrigale (ca. 150) gehörten zu den am häufigsten gedruckten und wurden zu Modellen der Gattung. Seine Madrigalbücher erschienen, alle in Venedig, großenteils in Individualdrucken: drei Sammlungen mit vierstimmigen Madrigalen 1533, 1534 und 1537, eine Sammlung mit fünfstimmigen Madrigalen um 1536/1537, eine mit sechsstimmigen 1541 sowie 1540 ein Buch mit den Madrigalen der ersten beiden Bücher. Im zweiten Sammeldruck von Madrigalen (*De i madrigali di Verdelotto et de altri eccellentissimi auttori* [...], 1538; der erste erschien 1530) wird sein Name zuvörderst genannt. – In Verdelots italienischen Vertonungen treffen die musikalischen Traditionen der französischen ▸ Chanson, der ▸ Frottola, der ▸ Canti carnascialeschi sowie der geistlichen frankoflämischen Polyphonie (▸ frankoflämische Musik) unter dem Einfluss des ▸ Petrarkismus zusammen und konstituieren sich mit den literarischen Vorlagen von Sonett, Canzone und literarischem Madrigal zu der Gattung, die seit den Drucken der 1530er Jahre musikalisch als Madrigal bezeichnet wird. Da die Entstehungszeit der meisten Madrigale Verdelots unbekannt ist, ist eine Klassifizierung in frühe und spätere Werke problematisch, zumal die Zeitspanne eng begrenzt ist: Aufgrund der Textvorlagen ist zu vermuten, dass die in den 30er Jahren gedruckten Madrigale in Verdelots Florentiner Wirkungszeit entstanden und somit in den wenigen Jahren von frühestens 1520 bis spätestens 1530. Zu den frühen Kompositionen um 1520 werden ein Strambotto und zwei Canti carnascialeschi gezählt; im selben Atemzug werden meist die Canzoni für die Aufführungen von Nicolò ▸ Machiavellis *La Clizia* und *La Mandragola* 1525 und 1526 genannt, die bis auf *Quanto sia lieto il giorno* (Prolog von *La Clizia*) überwiegend homophone Faktur aufweisen (erhalten in den Newberry-Oscott-Stimmbüchern von um 1528), jedoch bereits in der Mitte von Verdelots Wirkungszeit entstanden sind. Mitte der 1520er Jahre wurde wahrscheinlich auch *Quand' havran fin amor* aus Ludovico Martellis *Tullia* vertont (Slim); wann die Vertonung von Orfeos Lamentation aus ▸ Polizianos Theaterstück entstand, ist nicht bekannt.

Die fünfstimmigen Madrigale *Italia, Italia, ch'hai si longamente*, *Italia mia benché 'l parlar'* (Petrarca) und das vierstimmige *Trist' Amarilli mia* werden nach dem Sacco di Roma von 1527 datiert. Weder zur Homophonie oder zur Polyphonie tendierende Faktur – die fünf- und sechsstimmigen Madrigale gleichen den polyphonen frankoflämischen Motetten, die vierstimmigen sind eher homophon-syllabisch mit Beginn oder Wechsel zu polyphoner Faktur – lassen auf früheres oder späteres Schaffen schließen (beide Satzweisen waren gleichzeitig üblich), noch eine Tendenz zu stärkerem Textbezug. Das Madrigal *Fuggi, fuggi cor mio* hat überwiegend homophone Faktur, der imitatorische Beginn ist jedoch durch die Darstellung des Fliehens textbedingt wie auch die Wendung zum Dreiklang über Es auf »pianti« (»Weinen«). Unter den vierstimmigen Madrigalen haben einige die polyphone Faktur der fünf- und sechsstimmigen wie z.B. *Madonna il tuo bel viso* oder *Io son tal volta*, das mit textlichem und musikalischem Rückgriff auf den Beginn schließt (»qu'io son tal volta«), oder *Non fia ch'io mai piu* und *Madonna il tuo bel viso* mit deutlichen Madrigalismen. Hingegen können auch fünfstimmige Madrigale überwiegend homophon gestaltet sein wie *O dio com'e possibil*, der zweite Teil von *Non mai donna piu Bella* beginnt homophon. Eine zweiteilige Form ist sowohl bei den vier- als auch bei den fünfstimmigen Madrigalen häufig (u.a. *Gloriar mi poss'io donne, Fuggi, fuggi cor mio, Italia, Italia ch'hai si*). In den vierstimmigen Madrigalen *Passer mia solitari'in alcun* und *Perche piu acerba set'et* fallen die vielen kurzen Notenwerte (›note nere«) auf gegenüber den ansonsten eher gleichförmig in Semibreven dahinschreitenden Sätzen. – Zu den typischen, polyphon beginnenden, aber überwiegend aus homophonen Partien bestehenden und nur an einigen Stellen polyphon durchsetzen Madrigalen gehört das bekannte vierstimmige *Trist'Amarilli mia*: Die polyphonen Stellen wirken hervorgehoben und betonen den Text; die langen Noten des Beginns sind Ausdruck des »Traurigen«, »ich hoffe nicht« (»non spero«) und »Freiheit« (»libertade«) werden mit Melismen hervorgehoben. – Textdichter von Verdelots Madrigalen waren Machiavelli, Ludovico Martelli (*Con l'angelico riso*, Übersetzung von Pontanos *Cum rides mihi*), Pietro ▸ Aretino (*Divini occhi sereni*), Ludovico ▸ Ariosto, Francesco Petrarca (*Quando Amor i begli occhi a terr'inchina; Italia mia benché 'l parlar'*), Angelo ▸ Poliziano, Bernardo Accolti, Dragonetto Bonifacio, Pamphilo Sasso; viele Madrigale sind ohne Nennung des Textdichters überliefert.

Die musikgeschichtliche Bedeutung Verdelots ist zwar vor allem in seinem Madrigalschaffen begründet; dennoch sind seine geistlichen Kompositionen, insbesondere seine ▸ Motetten (ca. 50 bis 60), von großem Interesse, und dies nicht primär in kompositionsgeschichtlicher Hinsicht, sondern vor allem in ihrem Bezug zum zeitgenössischen politischen Geschehen. Motetten im 15. und 16. Jahrhundert spiegeln aber als meist anlassbezogene Kompositionen nicht nur den Kontext ihrer Aufführung wider, sondern nehmen in ihrer musikalischen Gestaltung oft kritisch Stellung zu zeitgeschichtlichen und kirchenpolitischen Mißständen (vgl. hierzu als frühes Beispiel Messensätze von Johannes ▸ Ciconia wie das Gloria Nr. 7, dessen Tropus das Schisma thematisiert, als spätes die Motetten William ▸ Byrds, in denen sich die Unterdrückung der Katholiken in England widerspiegelt). Verdelots um 1527 komponierte Motetten nehmen Bezug auf den ▸ Sacco di Roma von 1527 und die kriegerischen Auseinandersetzungen zwischen ▸ Karl V. und Frankreich um die Vorherrschaft in Italien während der Vertreibung der ▸ Medici aus Florenz 1527–1530. Nicht nur sein Madrigal *Trist'Amarilli mia* (Harrán), sondern auch einige seiner Motetten, insbesondere die fünfstimmige Motette *Incipit oratio Jheremie*, in der die Klagen des Propheten auf die politische Situation übertragen scheinen und einzelne Textdetails entsprechend auskomponiert sind, kann als Reflex auf zeitgenössische Ereignisse gedeutet werden (siehe ausführlich Bragard, S. X–XIII). Die fünfstimmige Motette *Recordare Domine*, die in der Ausgabe Pierre ▸ Attaingnants von 1534 mit »Contra pestem« überschrieben ist, beinhaltet in ihrem zweiten Teil die Bitte »Parce domine populo tuo quia pius es« und basiert auf einem ▸ Cantus firmus von Jacob ▸ Obrecht, der 1505 in Ferrara an der Pest gestorben war. In der siebenstimmigen Motette *Sint dicte grates Christo*, die wahrscheinlich für die Prozession von Santa Maria in Imprunetta am 18.8.1527 komponiert wurde, wird um die Beendigung von Krieg, Hungersnot und Pest gebeten (»cessabit bellum externum, penuria, pestis«). Kompositorische Details der auf Psalm 53 komponierten Motette *Deus in nomine tuo salvum me fac* und *Congregati sunt inimici nostri* mit dem Cantus firmus *Da pacem domine* wurden als Hinweis auf die Präsenz Verdelots 1529/1530 in Florenz gesehen, als die päpstlich-kaiserlichen Truppen vor den Toren der Stadt standen (Lowinsky, siehe Bragard, S. XI/XII und Schmidt-Beste, Sp. 1429). Weitere Motetten können als Reflex von Girolamo ▸ Savonarolas Ideen gedeutet werden wie die fünfstimmige *In te Domine speravi* (Psalm 130, ein Thema seiner Meditationen kurz vor seiner Exekution 1498) oder die sechsstimmige *Letamini in Domino*, deren Cantus firmus *Ecce quam bonum* (Psalm 132,1) ein Motto der Anhänger Savonarolas war. Kompositorisches Vorbild für Verdelots Motetten war die frankoflämische imitatorische Schreibweise ▸ Josquin Desprez, dessen *Ave Maria* er am Beginn seiner Motette *Beata es virgo* übernahm. Wenn auch zuweilen Einflüsse des Madrigals und der ▸ Frottola durchscheinen, so ist die Kompositionsweise doch überwiegend traditionell, zum Teil mit zugrunde liegendem

Cantus firmus, der sich in einigen Motetten durch längere Notenwerte deutlich vom übrigen Stimmgewebe abhebt, überwiegend allerdings in die rhythmische Belebtheit der anderen Stimmen integriert ist.

Überliefert sind auch zwei ▸ Messen, eine Parodiemesse auf die Motette *Philomena preavia* von Jean ▸ Richafort im durchimitierenden frankoflämischen Stil, und eine Messe mit vorangehendem, syllabisch-homophon vertontem *Gloria Patri et Filio*, dem die üblichen Messensätze (jeweils mit homophonem Beginn) und ein *Deo Gratias* folgen. Seine vierstimmigen ▸ Hymnen und das ▸ Magnificat sind im Stil seiner Motetten gehalten.

Ausgaben:
Opera omnia, hrsg. von A.-M. Bragard (Corpus mensurabilis musicae 28), o.O. 1966–1979; *Madrigals for Four and Five Voices*, hrsg. von J.A. Owens (Sixteenth Century Madrigal 28–30), 3 Bde., New York 1989; *Madrigali a sei voci. Edizione critica*, hrsg. von A. Amati-Camperi (Studi musicali toscani – Musiche 3), Pisa 2004.

Literatur:
I. Fenlon / J. Haar, *The Italien Madrigal in the Early Sixteenth Century. Sources and Interpretation*, Cambridge 1988 • A.D. Amati-Camperi, *An Italien Genre in the Hands of a Frenchman: Philippe Verdelot as Madrigalist, with Special Emphasis on the Six-Voice Pieces*, Diss. Harvard 1994 • H. Colin / St. La Via, *Verdelot*, in: *Grove*, Bd. 26, 2001, S. 427–434 • Th. Schmidt-Beste, *Verdelot*, in: *MGG²*, Bd. 16 (Personenteil), 2007, Sp. 1428–1437.

ES

Verdonck, Cornelis ▸ Bildmotette

Verovio, Simone
fl. 1575–1608 Rom

Simone Verovio war ein Kupferstecher und Herausgeber, der in den Niederlanden ('s-Hertogenbosch) geboren wurde und in Rom tätig war. Verovio kommt das Verdienst zu, erstmals Musik in Kupferplatten gestochen zu haben. 1586 erschienen unter seinem Namen und dem Titel *Diletto spirituale* zwei Editionen, die Vokalstimmen, Klaviernotation und eine ▸ Lautentabulatur in dieser neuen Technik wiedergaben. Insgesamt sind von seiner Hand 18 Publikationen erhalten. Meist handelt es sich um dreistimmige ›canzonetti spirituali‹ von römischen Komponisten, oft mit optionaler Instrumentalbegleitung. Hervorzuheben sind ein Madrigalband von Luzzasco ▸ Luzzaschi (16012) sowie zwei Bände mit intavolierten Toccaten von Claudio ▸ Merulo (1598 und 1604).

Literatur:
G.L. Anderson, *The Canzonetta Publications of Simone Verovio, 1586–1595*, Diss. Illinois 1976.

ALB

Vers mesurés ▸ Musique mesurée à l'antique

Verzierungen ▸ Diminution

Vesperantiphon ▸ Antiphon

Vesperpsalm ▸ Psalmvertonungen

Viadana, Ludovico
* um 1560 Viadana bei Parma, † 2.5.1627 Gualtieri bei Parma

Der Komponist von überwiegend geistlicher Musik war Mönch des Minoritenordens und war wohl während seiner ganzen Lebenszeit im Dienst der Kirche. Er hatte mehrere Stellen als Kapellmeister inne: 1594 bis mindestens 1597 am Dom zu Mantua, 1602 bis 1603 an der Kathedrale in Reggio Emilia, 1608 bis 1609 an der Kathedrale von Concordia, 1609 bis 1612 an der Kathedrale von Fano. Danach wurde er Definitor für das Kapitel der Provinz Bologna. Nach Auseinandersetzungen zog er sich nach Busseto und dann in das Kloster St. Andrea bei Gualteri zurück.

Viadanas musikhistorische Bedeutung geht insbesondere auf seine *Cento concerti ecclesiasticci, a una, a due a tre, & a quattro voci, con il basso continuo per sonar nell'organo* op. 12 (1602 und sieben weitere Auflagen bis 1612 sowie zwei weitere Bücher op. 17 und op. 24) zurück, die als erste geistliche Generalbasskompositionen gelten. Die Errungenschaft wurde in neuerer Forschung zwar durch die Entdeckung weiterer Beispiele anderer Komponisten relativiert (▸ Generalbass), die Relevanz der Sammlung liegt jedoch in der Schaffung eines Repertoires für kleiner besetzte Kapellen, wie aus dem Untertitel »nova inventione commoda per ogni sorte de cantori & per gli organisti« zu entnehmen ist (Tibaldi 2006, Sp. 1534). Bei zwar konservativer, an Motettenkomposition angelehnter Satztechnik (nachvollziehbar im vierstimmig notierten Satz der Orgel), lassen sich in den für eine Solostimme komponierten Concerti Kriterien des Generalbass-Satzes nachweisen; einige Stücke im Triosatz sind Vorläufer der späteren Triosonate (Haack, S. 253). Viadanas *Concerti* wurden somit wegweisend für die folgenden Generationen.

Hervorzuheben sind auch seine 18 Kompositionen umfassende *Sinfonie musicali* op. 18 (1610) als interessante Beispiele mehrchöriger Instrumentalmusik. Wie der Untertitel besagt, sind sie »Commode per concertare con ogni sorte di stromenti / Con il suo Basso generale per l'Organo […]« (»geeignet, um mit allen Arten von Instrumenten gespielt zu werden / mit Generalbass«). Viadana hat nur einmal die Instrumentation spezifiziert, in der *Canzon francese* aus den *Cento concerti ecclesiastici* (Violine, Cornetto, zwei Posaunen, Basso seguente für Orgel). Die *Sinfonie* unterscheiden sich durch ihre progressiven musikalischen Merkmale deutlich von den an kontrapunktische Schreibweise angelehnten Canzonen und tragen möglicherweise deshalb auch die Bezeichnung *Sinfonie* (Ladewig, S. XII). Die nach italienischen Städten benannten Kompositionen (z.B. *La Romana*, *La Napolitana*, *La Milanese*) zitieren jeweils eine mit der jeweiligen Stadt verbundene populäre Melodie, *La Bergamasca* bspw. die bekannte ▸ Bermasca (Ladewig, S. XIII–XV).

Eine Vielzahl seiner geistlichen Kompositionen (einige Messen und Psalmvertonungen) sind liturgische Gebrauchsmusik und relativ konventionell komponiert. Die Vorworte geben oft aufführungspraktische Hinweise (z.B. in den *Lamentationes* op. 22, 1609) und sind somit für die historische Aufführungspraxis der damaligen Zeit von Bedeutung. Die *Salmi a quattro cori* op. 27 (1612) sind Beispiele mehrchöriger konzertierender Kompositionsweise, die venezianischen Einfluss aufweisen (▸ Mehrchörigkeit). Hinzu kommt eine ganze Reihe an vierstimmigen Falso bordone-Stücken (▸ Fauxbourdon) in allen acht Tönen, überwiegend ohne Textierung. – In den 1590er Jahren sind auch zwei Bücher mit drei- und vierstimmigen Canzonetten entstanden (1590 und 1594) sowie möglicherweise zwei Madrigalbücher, die jedoch verschollen sind. – Viadana hat mit 26 Publikationen (zum großen Teil mehrere Auflagen) eine außergewöhnlich hohe Anzahl an veröffentlichten Werken aufzuweisen.

Ausgaben:
Cento concerti ecclesiastici, 1602, op. 12 hrsg. von C. Gallico (Monumenti musicali mantovani 1), Kassel u.a. 1964; *Canzonette 3v., 1594*, hrsg. von G. Vecchi, Mailand 1965; *Sinfonie musicali, 1610*, op. 18, hrsg. von J. Ladewig (Italian Instrumental Music of the Sixteenth and Early Seventeenth Centuries 21), New York und London 1994; *Salmi a 4 cori con il basso continuo, 1612*, op. 27, hrsg. von G. Wielakker

(Recent Researches of the Music of the Baroque Era 86), Madison/Wisconsin 1998; *Lamentationes et responsoria, 1609,* op. 22/23, hrsg. von G. Acciai, Mailand 1999.

Literatur:
H. Haack, *Anfänge des Generalbass-Satzes. Die »Cento Concerti Ecclesiastici« (1602) des Lodovico Viadana* (Münchner Veröffentlichungen zur Musikgeschichte 22), Tutzing 1974 • R. Tibaldi, *Viadana,* in: *MGG²,* Bd. 16 (Personenteil), 2006, Sp. 1531–1536.
ES

Vicentino, Nicola
* 1511 Vicenza, † 1575/76 Mailand

Der Musiktheoretiker, Komponist und Erfinder des Archicembalo war geweihter Priester und war lange Zeit am Hof Kardinal Ippolitos II. d' ▸ Este in Ferrara tätig (wohl als Kaplan, Sänger und Musiklehrer). 1551 führte er seinen berühmten Streit um die drei Genera mit Vicente ▸ Lusitano in Rom. Seine diesbezügliche Schrift *L'antica musica* erschien 1555 und ist Kardinal Ippolito gewidmet. Das darin beschriebene ▸ Archicembalo wurde von Vicentino gebaut, und das dementsprechende Arciorgano wurde von Vincenzo Colombo konstruiert. 1563/1564 war Vicentino Kapellmeister in der Kathedrale von Vicenza, 1565 erhielt er eine Pfarrei in Mailand.

Vicentino ist hauptsächlich durch seinen musiktheoretischen Traktat berühmt, dessen Titel *L'antica musica ridotta alla moderna prattica, con la dichiaratione, et con gli essempi de i tre generi, con le loro spetie. Et con l'inventione di uno nuovo stromento, nelquale si contiene tutta la perfetta musica, con molti segreti musicali* bereits auf die wesentlichen inhaltlichen Sachverhalte verweist: die Integration der antiken Musik und spezieller des antiken Tonsystems mit ihren drei Genera in die zeitgenössische Musikpraxis. Im Vordergrund steht die Absicht, die antike Musik wiederzubeleben, wie sie auch zahlreiche Theoretiker insbesondere in der zweiten Hälfte des 16. Jahrhunderts verfolgten. Der lange Titel von Vicentinos Abhandlung deutet auf die Besonderheit des Inhalts, der »in der gesamten europäischen Musikgeschichte singulär« (Cordes) bleibt (Gioseffo ▸ Zarlino hatte sich gegen die Theorie Vicentinos gewandt). Das Buch besteht aus einem kurzen *Libro della Theorica,* das ausschließlich auf Boethius basiert; ihm folgen fünf *Libri della prattica musicale.* Das *Primo libro* behandelt erstens das ›genere cromatico‹, das kompositorisch in der zweiten Hälfte des 16. Jahrhunderts insbesondere bei Cypriano de ▸ Rore, Luca ▸ Marenzio, Orlande de ▸ Lassus, Luzzasco ▸ Luzzaschi und Carlo ▸ Gesualdo an Bedeutung gewinnen sollte. Im ›genere cromatico‹ wird die Oktave in 19 Teile geteilt, zum Praktizieren auch in der Instrumentalmusik wurden entsprechende Instrumente gebaut, das Cembalo cromatico oder universale mit jeweils separaten Tasten für cis/des, es/dis, fis/ges, gis/as, b/ais (▸ Cembalo ▸ Stimmung und Temperatur). Zweitens erläutert er das ›genere enarmonico‹, bei dem die Oktave in 31 Töne geteilt ist (eine Art Mikrotonalität), das eine nochmalige klangliche Verfeinerung bedeutet. Zu dessen Ausführung erfand er das Archicembalo, bei dem sich die Vielzahl der Töne auf zwei Manuale verteilte (das untere Manual hatte die Anordnung des Cembalo cromatico oder universale). Vicentino war auch für seine Musizierpraxis auf dem Archicembalo berühmt, das von Luzzaschi weiterhin in Ferrara genutzt wurde und Nachbauten erfuhr. Kompositionen im ›genere enarmonico‹ gibt es jedoch nur von ihm selbst, sie sind in seiner Abhandlung notiert (weitere sind verloren; Cordes, S. 74). Das ›genere enarmonico‹ wird im Unterschied zum in der historischen Aufführungspraxis heute meist üblichen ›genere cromatico‹ nicht angewandt, weil die zahlreichen Teilungen auf vielen Instrumenten (Anzahl der Stege bei Gambe etc.) Schwierigkeiten bereiten. Vicentino hatte sich mehrere Jahre am Ferrara-Hof mit dem ›genere enarmonico‹ und seiner praktischen Umsetzung beschäftigt (zum ›genere enarmonico‹ siehe die hervorragend aufbereiteten und mit Beispielen – auch akustischer Art – belegten Ausführungen bei Cordes). Das chromatische und das enharmonische Genus waren schon in der Antike für die »feineren Ohren am Hofe« reserviert, während die ›musica diatonica‹, das dritte bzw. erste der drei Genera, dem Singen in der Öffentlichkeit – also einem Publikum mit »gemeinen« Ohren – diente. Vicentinos Theorie ist ein Teil der raffinierten höfischen Musikkultur in ▸ Ferrara, die in der zweiten Hälfte des 16. Jahrhunderts auch von den im ›genere cromatico‹ komponierenden Komponisten und dem ▸ Concerto delle dame gepflegt wurde.

Ausgaben:
Opera omnia (Corpus mensurabilis musicae 26), hrsg. von H.W. Kaufmann, o.O. 1963; *L'antica musica ridotta alla moderna prattica*, Rom 1555 (Documenta musicologica 1/XVII), Faksimile, hrsg. von E.E. Lowinsky, Kassel u.a. 1959.

Literatur:
M. Lindley, *Chromatic Systems (and Non-Systems) from Vicentino to Monteverdi*, in: Early Music History 2 (1982), S. 377–404 • M.R. Maniates, *Nicola Vicentino and the Ancient Greek Genera*, in: Festschrift Walter Wiora, hrsg. von Chr.-H. Mahling und R. Seiberts, Tutzing, 1997, S. 217–235 • P. Niedermüller, *La musica cromatica ridotta alla pratica vicentiniana. Genus, Kontrapunkt und musikalische Temperatur bei Nicola Vicentino*, in: Neues Musikwissenschaftliches Jahrbuch 6 (1997), S. 59–90 • M. Cordes, *Nicola Vicentinos Enharmonik. Musik mit 31 Tönen*, Graz 2007.

ES

Victoria [Abulense], Tomás Luis de
* um 1548 bei Ávila, † 27.8.1611 Madrid

Victoria war einer der herausragendsten spanischen Komponisten des Siglo de Oro, der lange Zeit auch in Italien aktiv war. Seine Kompositionen bereiten die Basis für den um 1600 aufkommenden Stilwandel. Er ist einer der herausragendsten Komponisten sakraler Musik seiner Zeit und mit Giovanni Pierluigi da ▸ Palestrina, Orlande de ▸ Lassus und William ▸ Byrd vergleichbar.

In seinen jungen Jahren besuchte Victoria wahrscheinlich die Jesuitenschule San Gil und erhielt dort eine klassische Ausbildung. Im Alter von ungefähr 10 Jahren trat Victoria als Chorknabe dem Chor der Kathedrale von Ávila bei. Seine musikalische Ausbildung erhielt er wahrscheinlich bei den dortigen Kapellmeistern. Darüberhinaus bekam er wohl Instrumentalunterricht bei dem berühmten Orgelspieler Antonio de ▸ Cabezón. 1565 ging Victoria mit 17 Jahren nach Rom, wo er in das Collegium Germanicum, ein Jesuitenkolleg, aufgenommen wurde. Vier Jahre darauf wurde Victoria ›cantor y sonador del órgano‹ der aragonesischen Nationalkirche in Rom, Santa Maria di Monserato, und blieb in dieser Anstellung wahrscheinlich bis 1574. Daneben hatte er noch zusätzliche Positionen inne. 1572 war seine erste Motettensammlung publiziert worden. 1575 erhielt er die Priesterweihe und wurde Kapellmeister am Collegium Germanicum. Ein Jahr darauf ging die Sammlung *Liber primus* in Druck, ein Buch, das seine ersten fünf Messen enthielt. 1577 verließ er das Collegium unter dem Vorwand, Kaplan der Witwe des Kaisers zu werden. Dies blieb vorerst jedoch aus, und im Zeitraum von 1578 bis 1585 wurde er Kaplan an der Kirche San Girolamo della Carità, wo er mit Filippo ▸ Neri Kontakt hatte. In derselben Zeit erschienen sechs Sammelpublikationen. 1587 kehrte Victoria nach Spanien zurück, um als ›maestro de capilla‹ in den privaten Dienst von Kaiserin Maria zu treten, die im Kloster von Descalzas de Santa Clara de la Cruz de la Villa de Madrid nach dem Tod ihres Mannes lebte. Bis zum Tod der Kaiserin im Jahre 1603 reiste er mehrmals nach Rom, zuletzt zur Teilnahme am Trauerzug für Palestrina. Nach dem Tod der Kaiserin wurde er Organist des Konvents. In seinen späten Lebensjahren veröffentlichte Victoria weitere Sammlungen, darunter *Motecta festorum totius anni cum communi sanctorum* (1585), *Officium hebdomadae sanctae* (1585), *Missae [...] liber secundus* (1592), *Missae, magnificat, motecta, psalmi & alia quam plurima* (1600), *Officium defunctorum* (1605).

Das Schaffen Victorias beschränkt sich auf sakrale Musik. Dies wird oft auf den Einfluss der Strenge der Jesuiten zurückgeführt, die Victorias Leben stark beeinflusst haben. Man kann dies auch an der Struktur seiner Werke festmachen, die Klarheit, Transparenz und Stimmigkeit aufweisen. Sein Schaffen ist im Vergleich zu seinen berühmten Zeitgenossen weniger umfangreich, was darauf zurückzuführen ist, dass Victoria seine Werke oft überarbeitete und sie in folgenden Publikationen nochmals drucken ließ; qualitativ gehen sie jedoch keineswegs in der Nachahmung von Palestrina auf (wie oft festgestellt wurde), sondern sind eigenständige und individuelle Kompositionen, die sowohl römische als auch spanische Traditionen aufgenommen haben, wobei der Kontrapunkt viel weniger strikt als bei Palestrina behandelt wird (siehe dazu Zywietz, Sp. 1548f.) Sein erhaltenes Werk umfasst 20 ▸ Messen, 17 ▸ Magnificat-Vertonungen, mehr als 50 ▸ Motetten, 8 mehrchörige ▸ Psalmvertonungen, mehr als 35 überwiegend vierstimmige ▸ Hymnenvertonungen, ▸ Lamentationen, ▸ Responsorien, ▸ Antiphonen, Sequenzen und zwei Passionen.

Seine Messen folgen, mit wenigen Ausnahmen, dem Prinzip der Parodie. Bei diesen Werken lässt sich ebenfalls feststellen, dass bei der Auswahl der Vorlagen streng darauf geachtet wurde, nicht auf profanes Musikgut zurückzugreifen. Victorias Parodietechnik ist vielseitig und frei und weicht von derjenigen seiner Zeitgenossen, zum Beispiel Palestrinas, ab; seine Verfahrensweise lässt sich nicht mit den Parodieregeln von Pietro ▸ Pontio und Pietro ▸ Cerone nachvollziehen. Auch Mehrchörigkeit findet Eingang wie in der neunstimmigen *Missa pro victoria* über Clement ▸ Janequins Chanson *La guerre*, der einzigen Messe mit einer weltlichen Vorlage.

Victorias Motetten sind bei aller Anlehnung an Palestrina stärker durch Textausdeutung, auch unter Aufnahme von Madrigalismen, und freierer Handhabung von Dissonanzen bestimmt. Seine Hymnenzyklen (1581 publ.) sind vor denjenigen Palestrinas (1586) erschienen und vertonen, wie üblich, die geraden Verse, während Palestrina als erster und fast einziger die ungeraden Verse mehrstimmig setzt; beide Sammlungen waren im 17. Jahrhundert beliebt. Die beiden Pange-lingua-Vertonungen zeigen den Unterschied bezüglich der Verwendung der römischen und der spanischen Melodie (»More Hispano«). Seine Lamentationen aus *Officium hebdomadae sanctae* (Rom 1585) sind, den Vertonungen anderer Komponisten vergleichbar, sehr ausdrucksvolle Kompositionen, wohingegen die Passionen des Bandes sehr einfach gehalten sind. – Eine Untersuchung zu Victorias immer wieder hervorgehobener musikgeschichtlicher Bedeutung für die Mehrchörigkeit und die Generalbasspraxis steht noch aus.

Ausgaben:
Thomae Ludovici Victoria Abulensis: Opera omnia, hrsg. von F. Pedrell, 8 Bde. Leipzig 1902–1913, Nachdruck 4 Bde., Ridgewood/New Jersey 1965–1966 • *Tomás Luis de Victoria: Opera omnia* (Monumentos de la música española 25, 26, 30 31), hrsg. von H. Anglès, 4 Bde., Rom 1965–1968.

Literatur:
R. Stevenson, *Estudio biográfico y estilístico de T.L. de Victoria*, in: Revista musical chilena (1966), S. 9ff. • H. Anglès, *Problemas que presenta la nueva edición de las obras de Morales y Victoria*, in: *Festschrift R.B. Lenaerts*, hrsg. von J. Robijns, Löwen 1969 • K. Fischer, *Unbekannte Kompositionen Victorias in der BN in Rom*, in: Archiv für Musikwissenschaft 32 (1975), S. 124–138 • E.C. Cramer, *T.L. de Victoria: A Guide to Research*, Garland 1998 • E.C. Cramer,

Vide, Jacobus
fl. 1405 (?)–1433

Der frankoflämische Komponist Vide war am Hof Philipps des Guten von Burgund tätig. Überliefert sind acht 2- bis 4-stimmige ▶ Rondeaux mit französischem Text.

1405 war er möglicherweise Chorknabe an der Kathedrale von Notre Dame in Paris, später Geistlicher der Diözese Tournai, jedoch kein Priester. Er hatte seit 1410 eine Pfründe an St. Donatian in Brügge inne. Um 1420 hielt er sich wahrscheinlich kurz in Italien auf. 1423 war er am burgundischen Hof als ›valet de chambre‹ angestellt, aber nicht als Sänger der Kapelle; er wurde 1428 höherer Beamter des Hofes (›secrétaire‹). Nach 1433 ist er in Rechnungsbüchern nicht mehr erwähnt.

Vides Lieder zeichnen sich durch kurze, teilweise überlappende Phrasen im für die Zeit typischen Wechsel von jambischen und trochäischen Rhythmen aus. In einigen Stücken wiederholen sich Phrasen (z.B. *Vit encore*), selten treten kleine Imitationen auf. Die Musik korrespondiert mit Betonung, Form und Inhalt des Textes. So enthalten Lieder schmerzreichen Inhalts relativ viele Dissonanzen (z.B. *Amans doublés*). Diese finden sich vor allem im Vorfeld von Klauseln, oft innerhalb kurzer ▶ Fauxbourdon-Wendungen.

Ausgaben:
Rondeaux in: *Les musiciens de la cour de Bourgogne au XVe siècle (1420–1467)*, hrsg. von J. Marix, Paris 1937, Nachdruck Ohio State University Libraries 1976.

Literatur:
W. Arlt, *Der Beitrag der Chanson zu einer Problemgeschichte des Komponierens: ›Las! j'ai perdu […]‹ und ›Il m'est si grief […]‹ von Jacobus Vide*, in: *Analysen. Beiträge zu einer Problemgeschichte des Komponierens. Festschrift für H.H. Eggebrecht zum 65. Geburtstag* (Beihefte zum Archiv für Musikwissenschaft 23), hrsg. von W. Breig, R. Brinkmann und E. Budde, Stuttgart 1984, S. 57–75 • C. Wright, *Vide, Jacobus*, in: *Grove*, Bd. 26, 2001, S. 542–543.

FS

Vihuela

Die Vihuela ist ein gitarrenähnliches Saiteninstrument, welches im 15. und 16. Jahrhundert seine Blütezeit vor allem auf der iberischen Halbinsel und an der europäischen Mittelmeerküste hatte. – Der Begriff ›Vihuela‹ (auch folgende Schreibweisen: vigüela, viyuela, bigüela) wurde vom provenzalischen Wort *viula* abgeleitet und bezeichnete eine Instrumentengruppe, die aus spezifisch abendländischer Entwicklung stammte. Bis zum 16. Jahrhundert unterschied man zwischen mehreren Arten der Vihuela, die je nach ihrer Spielart benannt werden: ›Vihuela de arco‹ (mit einem Bogen gestrichen), ›Vihuela de péndola‹ bzw. ›Vihuela de peñola‹ oder ›Vihuela de púa‹ (mit einem Federkiel angerissen) und ›Vihuela de mano‹ (mit den Fingern gezupft). Ab dem 16. Jahrhundert wurde der Begriff ›Vihuela‹ dann nur noch auf die ›Vihuela de mano‹ angewandt, die auch unter dem Namen ›Vihuela común‹ bekannt wurde.

Die Bauform der Vihuela war nicht einheitlich, daher können nur Tendenzen der Bauart aufgezeigt werden. Der Korpus variierte zwischen kastenförmiger Form und ovalem Zargenkorpus. Der Boden war meist flach oder hatte leicht eingezogene Flanken. Die Decke war entweder mit einem, und dann meist mittig angelegten, oder mehreren, auf der Decke verteilten Schalllöchern versehen. Oft waren ornamentartige Rosetten auf der Vihuela zu finden, und ein in die Decke eingearbeiteter Querriegel diente zur Befestigung der Saiten. Diese Einarbeitungen in der Decke führten dazu, dass Schwingungen sich im Korpus anders entfalteten und die Vihuela sich aufgrund dessen klanglich von der ▶ Gitarre unterschied. Die Größe des Instruments variierte ebenfalls. Im Wesentlichen konnten drei verschiedene Größen bei der Vihuela festgestellt werden: die ›Vihuela mayor‹ (Tenorinstrument), ›Vihuela común‹ (Normalinstrument) und die ›Vihuela discante‹ bzw. ›menor‹ (Diskantinstrument). Die Besaitung der Vihuela war größtenteils sechschörig mit Darmsaiten, zumeist aus Schafsdarm, angelegt. Es fanden sich jedoch auch Instrumente, die fünf- bzw. siebenchörig gebaut waren, diese bildeten aber eine Ausnahme. Die durchschnittliche Anzahl der Bünde lag zwischen 10 und 12. Die Bünde bestanden ebenfalls wie die Saiten aus Därmen und konnten vom Spieler verschoben werden, aber es gab auch bundlose Instrumente.

Die Stimmung der Saiten basierte auf der ›temple común‹ (allgemeine Stimmung), welche vom G oder A ausgehend dann wie folgt verlief: Quart, Quart, Terz, Quart, Quart. Es waren noch andere, von der allgemeinen Stimmung abweichende Möglichkeiten bekannt, die als ›destemples‹ bezeichnet wurden. Diese entwickelten sich bei der Transkription von Werken aus der Vokalmusik. Dabei versuchte man, so weit es ging, an der Originaltonart festzuhalten. Um am Ende des Stückes einen offenen Schlussakkord erklingen zu lassen, mussten die Saiten umgestimmt werden. Dabei wurde entweder eine Saite eines Chores oder ein Chor umgestimmt. Es bestand auch die Möglichkeit, die Stimmung zu verändern, indem die Bünde verschoben wurden, was sich jedoch schwierig gestaltete.

Handschriften und Drucke aus dem 16. Jahrhundert wurden in Spanien oft als Lehrbücher mit Anweisungen zur Spielweise und Stimmung des Instruments konzipiert. Deren große Anzahl beweist die Popularität der Vihuela zur damaligen Zeit, sowohl als Soloinstrument als auch zur Begleitung von Vokalmusik. Bei den Tabulaturen für die Vihuela als Begleitinstrument zeigen Drucke eine Entwicklung von recht autonomer bis zu einer komplexen Begleitung auf, bei der die begleitete Stimme mit dem Instrument sogar eine Mehrstimmigkeit aufweisen konnte. Die letztere erwies sich bei der ▶ Tabulaturnotation als recht schwierig lesbar, da die Stimmführung bei Stimmkreuzung für Laien nicht mehr nachvollziehbar war.

Leider gibt es nur wenige gesicherte Informationen über die Zeit, in der die Vihuela von der fünfsaitigen Gitarre abgelöst wurde, da der Begriff Vihuela weiterhin auch für die Gitarre verwendet wurde.

Literatur:
J. Ward, *The Vihuela de mano and its music*, Diss. New York Univ. 1953 • W. Moser, *La Vihuela. Spanische Musik der Renaissance für Vihuela*, [1979] • A. Corona-Alcalde, *The Viola da mano and the Vihuela, Evidence and Suggestions about their constructions*, in: The Lute 24/1 (1984), S. 3–17 • R. Álvarez, *Los instrumentos musicales en los códigos alfonsinos: su tipología, su uso y su origen. Algunos Problemas iconográficos*, in: Revista de Musicología 10/1 (1987), S. 67–104 • P. Päffgen, *Die Gitarre*, Mainz 1988, S. 53–57 • G. Braun, *Vihuela*, in: *MGG²*, Bd. 7 (Sachteil), (1997), Sp. 1505–1511. • D. Poulton, *Vihuela*, in: Grove, Bd. 19, 2001, S. 757–761.

CHD

Villancico

Im weiteren Sinn zielt der spanische Terminus einerseits auf eine literarische und musikalische Liedform mit einer bestimmten Refrainstruktur, andererseits auf einen Liedtypus in populärem Tonfall, was zusammengenommen Villancico zu einer pauschalen Gattungsbezeichnung für den immensen Bestand an geistlichen landessprachlichen Liedkompositionen vor allem für die Weihnachtszeit prädestinierte, die im iberischen Raum vom späten 16. Jahrhundert bis heute eine große Rolle spielten. Im engeren Sinn wird damit eine mehrstimmige Liedgattung bezeichnet, die seit kurz vor 1500 für einige Jahrzehnte in Spanien florierte. Als solche wurde sie vom Dichter-Komponisten Juan del ▸ Encina etabliert, der in seiner Eigenschaft als Dichtungstheoretiker unter Rückgriff auf eine seit etwa 1460 belegte Benennung den Villancico 1496 formal von der ▸ Canción abgrenzte, damit aber zugleich die Abhängigkeit herausstellte: Im Unterschied zur Canción ist der ›estribillo‹ kürzer und kehrt grundsätzlich als Refrain wieder, der letzte Reim der ›mudanze‹ wird mit dem ersten der ›vuelta‹ verkettet (was die Gedichtform mit der italienischen ▸ Ballata verbindet), die Anzahl der Strophen ist frei und liegt zwischen eins und zwölf.

Der größere Spielraum, der in Formfragen zutage tritt, betrifft auch die anderen Konstituenten der Gattung wie Themen und Stoffe, Spannweite der Ausdruckshaltungen, Verwendungsweise, Besetzungsusancen und musikalische Stilistik, was den vielseitigen und dadurch umgangsmäßigeren Charakter der Gattung ausmacht. Von Anfang an verknüpfte man mit dem Villancico eine schlichte Faktur und – verglichen mit der polyphonen Canción – eine durch scheinbare Anspruchslosigkeit ansprechende Anmutung. Davon profitierten nicht allein Gedichte mit populärer, pastoraler oder spöttischer Thematik, sondern insbesondere auch solche, mit denen Encina Ideen realisierte, die er am humanistisch inspirierten Hof in Alba de Tormes entwickelte und die auch auf Liebesthematik (in meist klagendem Ton) oder politische, moralische und reflexive Sujets anwendbar waren. Mit weitestgehend homophonem drei- oder auch vierstimmigem Satz im ▸ Contrapunctus simplex, der Beschränkung auf die elementaren ▸ Modi Dorisch und Äolisch, geringem, selten über den Sechstonraum hinausgehendem Stimmambitus, modellhaften Harmoniefolgen, fasslicher und mitunter energischer Rhythmisierung, strikter Syllabik sowie enger Korrelation von poetischer und musikalischer Struktur stattete er (nach einem vergleichbaren Vorboten in Pedro de Legartos *Andad pasiones*) in einem umfangreichen selbstgedichteten und -vertonten Korpus den Villancico mit einer sehr direkten Musiksprache aus, die ihn in vielen Kontexten und Funktionen einsetzbar machte, immer aber eine maximale Textverständlichkeit garantierte. Encina selbst durchzog seine Schauspiele mit solchen Liedsätzen, was Dialogstrukturen in den Texten zuarbeitete und konkrete Hinweise auf drei- bzw. vierstimmige Vokaldarbietung (durch aristokratische Akteure) gibt. Daneben war die traditionelle Aufführungsweise mit Solostimme und Lauten-, Vihuela- oder Harfenbegleitung üblich.

Das sich auf annähernd 500 Sätze belaufende, großenteils anonym überlieferte Repertoire ist gebündelt in den um 1500 entstandenen musikalischen Cancioneros erhalten, die damit die Blütezeit der Gattung dokumentieren; als charakteristisches nationales Genre finden sich nur einige wenige Liedsätze in italienischen Sammlungen. Komponisten, deren Villancicos – anders als die Encinas – nicht im Hauptteil des *Cancionero de Palacio*, sondern in seinen zwischen 1500 und 1520 angefertigten Nachträgen auftauchen, bereichern den Satz bezeichnenderweise wieder mit imitatorischen Elementen und kleinteiligerer Kontrapunktik (Pedro de ▸ Escobar, Francisco de ▸ Peñalosa) und bahnten damit den Weg für eine stilistische Umorientierung, die sich in den folgenden Jahrzehnten vollzog. Nicht zuletzt unter den auch in Spanien rezipierten Tendenzen der ▸ Madrigalliteratur und von Madrigalvertonungen wurde die strenge Dichtungsform aufgeweicht, was häufig eine Erweiterung des Refrains oder die Wiederholung von Versen und Strophenteilen mit sich brachte und bis zur Durchkomposition führen konnte. Im gleichen Zuge verbreiteten sich durchgängig textierte Vier- und sogar Fünfstimmigkeit in Verbindung mit einem frei-imitatorischen Satz. Während der retrospektive *Cancionero de Upsala* (ein aus dem Repertoire Ferdinands von Aragón, Herzogs von Kalabrien gespeister Druck *Villancicos de diversos autores*, Venedig 1556, mit Beiträgen von Nicolas ▶ Gombert, Pere Joan Aldomar, Mateu Fletxa d.Ä., Cristóbal de ▶ Morales, Bartolomeu Càrceres) noch die Nähe zum früheren Villancico erkennen lässt, machen bereits einige 1551 publizierte Kompositionen von Juan ▶ Vásquez und vollends die 1589 mit geistlichen Texten und unter der irreführenden Bezeichnung ›villanesca‹ in Venedig publizierten Villancicos Francisco ▶ Guerreros deutlich, dass die Tage der festen Strophenformen auch in der spanischen Musik gezählt waren.

Literatur:
I. Pope, *Musical and Metrical Form of the Villancico*, in: Annales musicologiques 2 (1954), S. 189–214 • D.M. Randel, *Sixteenth-Century Spanish Polyphony and the Poetry of Garcilaso*, in: Musical Quarterly 60 (1974), S. 61–79 • T. Knighton, *The ›a cappella‹ Heresy in Spain: An Inquisition into the Performance of the ›Cancionero‹ Repertory*, in: Early Music 20 (1992), S. 560–581 • P.R. Laird, *Towards a History of the Spanish Villancico*, Pinewood 1997.

NSCH

Villanella

Die rund hundert Jahre lang (von etwa 1530 bis 1630) populäre Liedgattung verdankt ihren Namen der Entstehung in Neapel, wo sie 1537 erstmals in gedruckter Form durch die anonyme Sammlung *Canzone villanesche alla napolitana* dokumentiert wurde. Bezeichnungen variieren in der Folge, wobei sich auch Kurzformen wie ›Villanella‹, ›Villanesca‹ und ›(Canzone) Napolitana‹ durchsetzten.

Die Gattung ist in der Praxis des begleiteten Sologesangs verwurzelt (▶ Cantastorie, ▶ Aria), deshalb ist die genannte Publikation von 1537 in Form von drei Stimmbüchern irreführend und höchstwahrscheinlich nur aus pragmatischen Gründen der traditionellen Druckweise von Einzelstimmen mit Typen geschuldet. Dennoch hat man dieses polyphon anmutende Notierungsformat noch über die Einführung des Kupferstichs und gelegentliche handschriftliche Aufzeichnungsweisen mit einer Gesangsstimme zur ▶ Tabulatur für Zupfinstrument als normales Layout für die Vielzahl der Villanellendrucke des 16. und frühen 17. Jahrhunderts beibehalten. Es war sicher mit dafür verantwortlich, dass die Villanella auch als mehrstimmig-vokale Liedgattung verstanden und so gesungen wurde. Eines der Merkmale des Villanellen-Satzes, Ketten von parallel geführten Dreiklangsakkorden, gehen auf die usuelle Begleitpraxis mit Bundinstrumenten zurück, haben sich aber als Charakteristikum gehalten und wurden später von Thomas ▶ Morley (1597) und Michael ▶ Praetorius (1619) als Ausdruck ihrer »bäurischen« Natur interpretiert. Ein weiteres Indiz der originären Vortragsweise, das gleichwohl als Gattungskennzeichen erhalten blieb, ist die Platzierung der – in der Einstimmigkeit natürlichen – Tenor-Klausel in der Oberstimme, so dass die für Mehrstimmigkeit typische Diskant-Klausel (▶ Klausel) in einer Begleitstimme erscheint.

Die meisten Villanellen handeln zwar wie üblich von Liebesdingen, nehmen diesen Stoff aber von der witzigen oder zumindest heiteren, unbeschwerten oder alltäglichen Seite, obwohl zu allen Zeiten auch ernstere Themen villanellisch bearbeitet wurden. Die gefälligeren Inhalte waren Teil des Gattungsprofils, das die Villanella seit den 1540er Jahren, als Sätze neapolitanischer (z.B. Giovanni da Nola), aber auch oberitalienischer Komponisten (wie Adrian ▶ Willaert) in der Druckmetropole Venedig publiziert wurden, zu einer leichtfüßigen Seitenform des komplexeren ▶ Madrigals gemacht hat. Zu dieser überwiegend freundlichen und unproblematischen, teils schwungvollen Physiognomie tragen weiter der mehr oder weniger homophone Satz bei (wenngleich vor allem die zur Vierstimmigkeit erweiterten Villanellen der Venezianer keine Satzfehler in Form von Parallelen aufweisen und auch die Klauseln gemäß dem vierstimmigen Normsatz verteilt sind), ferner der syllabische, sprachnahe Textvortrag und vor allem die liedhafte Strophenanlage.

Der frühe neapolitanische Typus wandelt die Strophenform des achtzeiligen ▶ Strambotto (mit der Reimform aa aa aa bb oder vier gleichlautenden Reimpaaren) ab, indem jedes Verspaar als Strophe verstanden und mit einem Refrain versehen wird. Daraus resultieren Strophenanlagen wie z.B. abR abR abR ccR (R = Refrain); dabei wurden bei der musikalischen Umsetzung die erste Zeile und der Refrain wiederholt. Die in Oberitalien weiterentwickelte Villanella verzichtete dann seit den 1560er Jahren meistens auf Wiederholungen und auf den Refrain, behält aber den Strophenschematismus bei.

Die absichtlich mit Stereotypen arbeitende Villanella bestand als bewusstes komplementäres Gegenmodell, weniger als Alternative zum Madrigal, mit dem sich die Autoren durch Textzitate und -paraphrasen auch gelegentlich geistreich auseinandersetzten. Als Spiel der musikalisch Gebildeten mit dem Populären war sie nicht nur in Italien höchst erfolgreich, sondern wurde auch in den anderen Ländern rezipiert. Insbesondere in Deutschland erfuhr sie anhaltende Resonanz nach der Einführung durch Ivo de ▶ Vento 1572 und der Popularisierung durch Jacob ▶ Regnarts drei Drucke *Kurtzweilige teutsche Lieder zu dreyen Stimmen. Nach Art der Neapolitanen oder Welschen Villanellen* (1574–1579). Regnart hatte auch die deutschen Liedtexte nach dem italienischen Elfsilbler gegen die deutsche Versmetrik umgebildet.

Literatur:
D.G. Cardamone, *The »Canzone villanesca alla napolitana« and Related Italian Vocal Part-Music: 1537 to 1570*, Diss. Harvard Univ. 1972 • N. Schwindt, *»Philonellae« – Die Anfänge der deutschen Villanella zwischen Tricinium und Napolitana*, in: *Gattungen und Formen des europäischen Liedes vom 14. bis 16. Jahrhundert*, hrsg. von M. Zywietz u.a. (Studien und Texte zum Mittelalter und zur frühen Neuzeit 8), Münster 2005, S. 243–283.

NSCH

Villon, François
* 1431 Paris, † (?) nach 1463

Eigentlich François de Montcorbier oder des Loges, nannte er sich ab 1456 nach seinem Pflegevater Villon. 1452 erwarb er den Magister der Philosophie und war in Studentenunruhen verwickelt, wiederholt musste er aus Paris flüchten, um 1463 verlor sich seine Spur. Seine Lebensdaten sind nur aus Gerichtsakten überliefert.

Von den Dichtungen Villons sind erhalten: *Die Legate* von 1456, dann sein Hauptwerk, *Das Testament*, von 1462, schließlich seine *Gedichte* und *Jargon-Balladen*, die schwierig zu datieren sind. In diesen Dichtungen beschreibt Villon Begebenheiten aus dem Landstreichermilieu, schildert Liebes- und Bordellszenen, lobt und verspottet einzelne Zeitgenossen. Vielfach verkehrt er die mittelalterliche Doktrin der höfischen Liebe komisch ins Gegenteil und verwendet (wohl teils fiktive) autobiographische Elemente. Dennoch wird Villons Autorschaft teilweise angezweifelt. Jean Delahaye vertonte die Ballade *Mort, j'appelle de ta rigueur* aus dem *Testament*.

Ausgaben:
François Villon, *Sämtliche Werke, Zweisprachige Ausgabe*, hrsg. und übersetzt von Carl Fischer, München ²2002.

Literatur:
J. Dufournet, *Villon et sa fortune littéraire*, Bordeaux 1970 • I. Siciliano, *François Villon et les thèmes poétiques du Moyen Age*, Paris 1971 • M. Freeman, *François Villon in his works: The Villain's Tale*, Amsterdam 2000.

RK

Villotta

Die Bezeichnung für Liedsätze mit popularisierendem Tonfall taucht in zwei Zusammenhängen auf: seit Beginn des 16. Jahrhunderts als Sonderform der ▶ Frottola (dort vor allem als ›villotta alla padovana‹, die mit dem kleineren Frottola-Zentrum Padua in Verbindung steht) und ab der Jahrhundertmitte als Spezialfall der ▶ Villanella, wo sie in venezianischen Drucktiteln als ›villotta alla napolitana‹ geführt wird. Gemeinsam ist beiden der meist komische Inhalt und die dialektale Sprache, so dass sie gerne bei halbtheatralischen Zwecken als Bauern- oder Landsknecht-Persiflage eingesetzt wurden. Die strophischen Gedichtvorlagen gehören zu den Refrainformen. Bekannt sind aus der Frühzeit Sätze wie Loyset ▶ Compères *Che fa la ramacina* und *Scaramella*, das in einer textlichen Variante auch von ▶ Josquin Desprez vertont wurde. Spätestens in den 1520er Jahren wurden Refrainzeilen mit Nonsens-Text (z.B. »lilolela«) üblich. Musikalisch handelt es sich immer um lebhafte, vierstimmige Sätze, oft mit Metrum-Wechsel im Refrain.

Literatur:
D.G. Cardamone, *Villotta*, in: *MGG*^{2}, Bd. 9 (Sachteil), 1998, Sp. 1527–1530.

NSCH

Viola da gamba

Mit dem Begriff ›Viola‹ wurde zunächst die mittelalterliche Fidel bezeichnet, wie sie z.B. im *Decamerone* von Giovanni Boccaccio erscheint. Dabei ist zu beachten, dass die ›viola‹ nicht nur ein Streichinstrument, sondern ein Saiteninstrument schlechthin war. Am klarsten wird das auf der Iberischen Halbinsel, wo die zur ▶ ›Vihuela‹ modifizierte Viola einen charakterisierenden Zusatz benötigte: de arco (mit dem Bogen), da mano (mit der [Zupf-] Hand). Diesen Gebrauch finden wir auch in Italien, etwa bei Francesco da Milano (1536): ›viola overo lauto‹, oder Baldassarre ▶ Castiglione, der den Gesang zur Viola erwähnt, mit dem er kein Streichinstrument, sondern die gezupfte Vihuela da mano meint. Der Name ›Viola da gamba‹ bezeichnet ebenfalls einen derartigen Zusatz für ein Streichinstrument, das als ›Beinviole‹ zwischen den Knien gehalten wurde, ein Streichinstrument mit sechs Saiten in Terz-Quart-Stimmung, das zum ersten Mal im frühen 16. Jahrhundert auftaucht.

Streichinstrumente spielten im Mittelalter eine unbedeutende Rolle. Umso revolutionärer war plötzlich das Erscheinen großer Streichinstrumente um 1480, die dazu auch noch in zueinander passenden Familien gebaut wurden. Die Möglichkeit dazu war erst gegeben, nachdem man die Schwierigkeit gemeistert hatte, einen Hals stabil auf ein Corpus aufzusetzen. Bei einem kleinen Instrument ist das ein vergleichsweise geringes Problem, da es ursprünglich aus dem soliden Block ausgestochen wurde, und später immerhin Hals und Corpus noch eine Einheit bildeten (▶ Violine). Dieselbe Technik wurde auch bei großen Instrumenten versucht, insbesondere nördlich der Alpen und in Frankreich; eine Hals-Oberklotz-Einheit wurde stumpf auf das Corpus aufgesetzt. Diese Instrumente unterschieden sich von den Violinen nur insofern, als sie größer waren, mehr Saiten besaßen – fünf oder sechs – und in Quarten, zuweilen mit einer Terz gestimmt wurden. Auf den wenigen Abbildungen, die wir von ihnen kennen, sehen sie ungeschlacht und klobig aus, und sie dürften auch musikalisch den Ansprüchen nicht lange genügt haben, denn sie verschwanden, sobald die italienische ›Lautengambe‹ auf der Bildfläche erschien. Die Frage, ob diese Violen rechtmäßig als Gamben bezeichnet werden können, wird heute ambivalent behandelt. Historisch werden sie ›Gross Geyven‹, ›Violes‹ oder ›Vihuelas de arco‹ genannt, und der heute oft verwendete Begriff von ›Renaissancegamben‹ hat sich eingebürgert. Anders als bei der Violinenfamilie, die bei aller Unregelmäßigkeit der Familienbildung sehr früh eine gewisse Normung ihrer Maße erfuhr, hatte die Gambe bis zu ihrem endgültigen Abtreten im späten 18. Jahrhundert keine festgelegten Normen in Saitenzahl, Proportionen und Bauweise. So ist es auch gewissermaßen legitim, diese frühen Instrumente in Geigenbauweise als Gamben anzusprechen.

Der Nachteil dieser Instrumente lag möglicherweise nicht nur in musikalischem Ungenügen, sondern auch in dem relativ großen Materialverschleiß, und Material war immer teuer und schwer zu beschaffen. Eine stabile Verbindung zwischen Corpus und einem separat dazu zu fertigenden Hals in möglichst sparsamer Bauweise war daher oberstes Erfordernis. Diese war lange bekannt bei einem Instrument, das Europa aus dem Orient übernommen hatte: der ▶ Laute. Hier wurde der Hals durch eine große Leimfläche und sichernde Nägel fest mit dem Corpus verbunden. Die Konstruktion der italienischen Viola da gamba basierte auf diesem Prinzip und ist bautechnisch eine Hybride, wie sie nur in der Renaissance ausgedacht werden konnte: Ihr Konzept verrät professionellen Instrumentenbau auf dem Fundament einer etablierten Technik. Mit der Laute hat diese Gambe ihre Hauptcharakteristika gemeinsam: Kastenbauweise aus dünnen Brettern, plan gehobelt und gebogen, wobei die Decken dieser Instrumente wohl aus Einzelspänen mit Hitze gebogen waren, eine Technik, die sich in ganz Europa bis ins 18. Jahrhundert hielt. An einen Oberklotz wird ein separater Hals angesetzt und ist die Ursache für spitz zulaufende Form der Oberbügel. Entsprechend der Laute wird Sechssai-

Abb. 1: Paolo Veronese, *Hochzeit zu Kana: Violenquartett*.

tigkeit mit Quarten und Terz auf dem Mittelpaar die Norm, womit sich für die Außensaiten ein Abstand von zwei Oktaven ergibt. Ebenfalls analog zur Laute erhält das Instrument Bünde und seitenständige Wirbel. Die a gamba-Haltung ist abgeleitet von der Laute (Abb. 1), und die Unterhand-Bogentechnik folgt arabischen und byzantinischen Traditionen.

Damit wurde ein Instrument geschaffen, das die neuen Erfordernisse nach homogenem Ensemblespiel, vor allem bei gebildeten Laien, effizient erfüllte. Die Ansiedlung der Gambe in gesellschaftlich hohen Kreisen ersieht man schon daraus, dass dieses Instrument nur im Sitzen gespielt werden konnte, während die Instrumente der Professionellen für stehendes Spiel konzipiert waren.

Bis sich die >klassische< Gambe herausbildete, war es ein langer Weg. Die zündende Idee, die Laute zugrunde zu legen, war keineswegs paneuropäisch, sondern dürfte sich irgendwo in einem italienischen Lautenzentrum – z.B. Padua oder Bologna – eingestellt haben.

Wie andere Ensemblegruppierungen bestanden sämtliche frühen Streichinstrumente aus drei Größen, wobei das Mittelinstrument verdoppelt wurde. Sehr bald aber – möglicherweise noch vor anderen Instrumenten – wurde der Gambenapparat um die Verdoppelung der Randinstrumente erweitert, so dass das klassische Gambenensemble bereits um die Mitte des 16. Jahrhunderts aus sechs Mitgliedern bestand. Dass dieses Streichinstrument in so kurzer Zeit eine derartige Karriere machen konnte, hat vielfältige Ursachen: Der Zeitgeschmack wandelte sich grundlegend, weg vom hohen, bläserhaften Ideal des Mittelalters und der Frührenaissance, hin zum tiefen, kammermusikalischen und beweglichen Streicherklang, zum Musizieren gebildeter Laien und der Möglichkeit von Affektausdruck. Allerdings sollte dieser frühe Streicherklang nicht allzu modern vorgestellt werden; denn die Rauhheit des Klanges früher Gamben und Violinen hat immer noch etwas >Schnarrendes<, an Blasinstrumente Gemahnendes. Die Klangrevolution, die sich im 16. Jahrhundert abspielte, bedeutet weniger ein Umlenken in völlig neue Klangvorstellungen als eine graduelle Veränderung in Richtung größerer dynamischer Beweglichkeit.

Die technischen Voraussetzungen waren gegeben, denn Instrumentenbau wurde zunehmend professionell betrieben. Das Konzipieren verschieden großer Instrumente in Familien funktioniert nur, wenn man sich über die theoretischen Voraussetzungen im klaren ist. Saiteninstrumente waren jedoch nicht so klar zu errechnen wie Blasinstrumente; das Hauptmaß in der Proportionalität war die klingende Saitenlänge, und der Rest des Corpus – Wandstärken und Corpusdimensionen – musste durch Probieren ermittelt werden. In der Ikonographie der Zeit findet man bei den Streichinstrumenten einen großen Formenreichtum, der nur damit erklärbar ist, dass man generationenlang experimentierte, bis sich der >klassische< Gambentypus herauskristallisierte mit bündigen Ecken, abfallenden Schultern, flachem Boden mit Knick ungefähr bei einem Fünftel des Corpus, C-Löchern und einem Hals, der ungefähr fünf Achtel der klingenden Saitenlänge betrug.

Ein weiteres Problem bildeten die Saiten. Man kannte Darmsaiten aus dem arabischen Raum, wo diese in Massen hergestellt wurden. Aber bereits im 16. Jahrhundert informieren uns türkische Quellen, dass die abendländischen Saiten in der Qualität den orientalischen überlegen seien, d.h. die Saitenfabrikation war innerhalb weniger Jahrzehnte enorm verbessert worden – ein wichtiges Zeichen für die Wertschätzung, die man inzwischen den Saiteninstrumenten entgegenbrachte. Umso mehr verwundert es, dass die Berechnung der korrekten Saitenstärken offenbar ebenso schwer fiel wie diejenige von Corpus-Proportionen – anscheinend wesentlich schwerer als eine Berechnung der klingenden Luftsäulen bei Blasinstrumenten. Die erste einwandfreie physikalische Untersuchung dazu lieferte erst im 17. Jahrhundert Marin ▸ Mersenne (1636), und auch er bediente sich nicht des Durchmessers, der heute die alleinige Referenz ist, sondern des Umfanges und Gewichtes, wobei er sich bei seinen Berechnungen auf Metallsaiten stützte und Darmsaiten außer ein paar allgemeinen Hinweisen tunlichst vermied. Als organisches Material ist eine Darmsaite kaum exakt zu berechnen; letztendlich bestimmt die Qualität des Ausgangsmaterials, wie hoch und fest eine Darmsaite gedreht werden kann. Von der Dichte der Drehung aber hängt der endgültige Durchmesser ab. So lief bei der Besaitung vieles für weitere Jahrhunderte auf die Empirie hinaus; noch im Jahr 1740 forderte der französische Gambenvirtuose Hubert le Blanc genügend Saiten zur Auswahl, und es erscheint nicht verwunderlich, dass sich Renaissancequellen zu dem Thema sehr vage, wenn überhaupt, äußern.

Wegen der Saitenproblematik waren die Instrumente lang mensuriert; man findet frühe Gambeninstrumente mit extrem langen Hälsen, und die erste Erwähnung eines Ensembles großer Violen durch den italienischen Diplomaten Bernardo Prospero aus dem Jahr 1493 berichtet von der bedeutenden Größe dieser Instrumente (Abb. 2). Lange Mensuren sind toleranter als kurze; sie vertragen eine gewisse Ungenauigkeit. In Verbindung mit diesen langen Mensuren war das Gambenensemble in einer tiefen Lage angesiedelt. Eine Parallele dazu gibt es in der ▸ Posaunenfamilie, mit der die Gambenfamilie oft verglichen wurde, und der sie offenbar auch klanglich so nahestand, dass beide Instrumententypen sich gegenseitig vertreten konnten. Gerade wegen ihrer tiefen Lage erscheint die Gambenfamilie als besonderer Favorit der Renaissance. Der früheste Autor eines Lehrbuches, das sich speziell mit der Gambe befasst, Sylvestro di

Abb. 2: Giacomo oder Giulio Francia, Bologna, Mitte 16. Jahrhundert: Italienisches Gambenconsort des 16. Jahrhunderts.

▸ Ganassi (1542), empfiehlt sogar, den Steg möglichst tief zu setzen. Dabei beruft er sich auf prominente Komponisten wie Adrian ▸ Willaert und Nicolas ▸ Gombert. Der tiefen Lage mancher Instrumentenfamilien entsprach die hohe Lage anderer (▸ Instrumente: Familienbildung), und bei den Gamben dürfte diese besonders willkommen gewesen sein, da sich die Vorliebe auf das Ideal der Männerstimme konzentrierte. Liedbearbeitungen nach 1500 zeigen die Gesangsstimme in der Oberstimme, mit den Unterstimmen im begleitenden Instrument, und ein tiefgestimmtes Ensemble war hier hochwillkommen, vor allem, da ja diese Streicherfamilie durch ihre bläserverwandte Klanglichkeit den Ensembleklang durchsichtig hielt.

1. Deutschland: Martin Agricola, 1528
   Discant: f   a   d¹ g¹ c²
   Alt/Tenor: c f   a   d¹ g¹
   Baß: F c f   a   d¹ g¹

2. Frankreich: Philibert Jambe de Fer 1556
   Discant: e a   d¹ g¹ c²
   Alt/Tenor: H   e a   d¹ g¹
   Baß: E   A d   g   c¹

3. Italien: Gianmaria Lanfranco, 1533
   Discant: d g   c¹ e¹ a¹ d²
   Alto/Tenor: A d g   h   e¹ a¹
   Bass: D G c   e   a   d¹

   Lodovico Zacconi, 1592
   Discant: e a d¹ f#¹ b¹ e²
   Alt/Tenor: A d g   h   e¹ a¹
   Baß: D G c   e   a   d¹

   Scipione Cerreto, 1601
   Discant: d g c¹ e¹ a¹ d²
   Alt/Tenor: G c f   a   d¹ g¹
   Baß: D   G c e   a   d¹

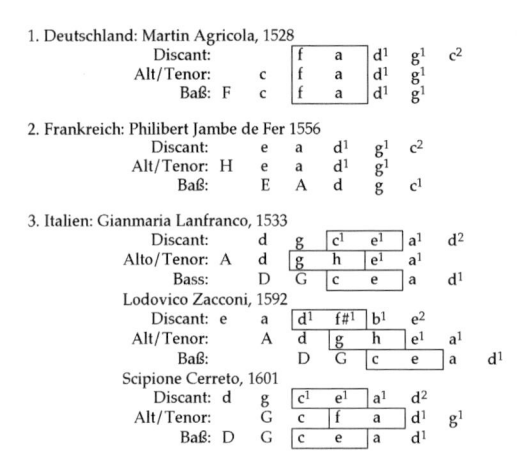

Abb. 3: Stimmungen im 16. Jahrhundert mit umrandeten Terzabständen.

Diese Stimmungen sind allerdings nicht auf moderne Verhältnisse zu übertragen, denn das völlige Fehlen einer allgemeingültigen Referenz – etwa auf einen Orgelstimmton oder den Vokalchor – in den frühen Quellen zeigt an, dass die alten Stimmangaben lediglich nominelle Töne angeben. Stattdessen widmen sich die Autoren (Hans Gerle, Lanfranco, ▶ Ganassi, Jambe de Fer) mit äußerster Sorgfalt dem Einstimmen der Instrumente untereinander. Infolge des Fehlens eines allgemeinen Bezugstones blieben unterschiedliche Stimmungsangaben für ein und dieselben Instrumente nicht aus. So konnte eine Laute aus G oder A gerechnet werden bei gleichbleibendem klingenden Ergebnis, und es hing sowohl von den Musikern selber ab als auch von ihrer Umgebung, wie man die Instrumente einordnete. Die Publikationen von Scipione Cerreto (1601) und Pietro ▶ Cerone (1613) wurden beide in Neapel gedruckt, aber verzeichnen scheinbar Instrumente in unterschiedlichen Lagen: Für Cerreto ist der Bass vom D aus gestimmt und der Rest des Ensembles dementsprechend, und für Cerone vom Kontra-G. Das hat in neueren Zeiten für Verwirrung gesorgt, aber das Rätsel löst sich, wenn man den Kontext der Autoren berücksichtigt. Cerreto war selber Streicher und dachte von einer nominellen Tonhöhe großer Instrumente – für ihn stand die große Bassgambe in D. Cerone war Kapellmeister und Theoretiker, der sich auf die Orgel bezog, und dieselbe Bassgambe stand für ihn entsprechend tiefer. In der Tat sind sämtliche Autoren, die die tiefe Stimmung der Gambenfamilie beschreiben, orgelorientierte Kapellmeister: ▶ Zacconi, Cerone, Adriano ▶ Banchieri und Michael ▶ Praetorius. Diese nominell tiefen Stimmungen werden überhaupt erst im späten 16. Jahrhundert erwähnt und haben daher zu der Annahme geführt, sie seien auch erst dann entstanden, und die moderne Wissenschaft suchte dementsprechend nach dem Punkt, an dem das Gambenensemble um eine Quarte abgesunken sei. Diesen Punkt aber gibt es nicht. Vielmehr ist etwas ganz anderes passiert: Das neue Bewusstsein des ▶ Basso continuo, in engem Verbund mit der Mehrchörigkeit, schaltete Instrumente ein, die bisher im Ensemble wenig zu sagen hatten, nämlich die ›Fundamentinstrumente‹ (Praetorius), um die oft weit auseinander gruppierten Chöre zu koordinieren. Die Angleichung an die Orgel vollzog sich in Stufen: Eine Kombination von Orgel und Vokalensemble ist bereits im 15. Jahrhundert angestrebt; Arnolt ▶ Schlick z.B. gab Ratschläge, wie man auf der Orgel transponieren müsse, um sich an die Sänger anzupassen. Die Organisten waren dergleichen seit hundert Jahren gewöhnt, und damit bildete sich ein ›Acht-Fuß-Kern‹, zu dem alle anderen Instrumente hinauf- oder heruntersteigen mussten. In diesem Kontext findet man zusätzlich zu den drei originalen Größen zuweilen eine Violine als Oberstimme der Gambengruppe. Überhaupt erst in diesem Zusammenhang wurde man darauf aufmerksam, dass die einzelnen Familien keineswegs problemlos untereinander kompatibel waren. Das *Syntagma musicum* von Praetorius ist ein Widerhall dieser mühseligen Versuche, die Instrumente aufeinander auszurichten. Aber es gibt auch einen frühen impliziten

Beleg einer tiefen Stimmung der Gamben: Lanfranco setzte als Bezugshöhe die ▸ Laute für das mittlere Instrument, und da er diese nominell von A aus stimmte, nahm man bisher an, dass er sein Ensemble in D – A – d ansiedelte. Dabei aber wurde übersehen, dass Lanfranco als Bewohner von Brescia sich am ehesten auf die großen paduanischen Lauten bezogen haben muss; erhaltene Exemplare legen eine Saitenlänge dieser Instrumente nahe, die denen einer heutigen Bassgambe entspricht. Wenn also dieses Instrument für Lanfranco die Alt-/Tenor-Referenz bildete, dann ergibt sich ebenfalls ein sehr großes Ensemble. Etwas Ähnliches parallel zur Gambenfamilie spielte sich im Posaunenensemble ab; deren Diskant wurde der Zink, während man sich im Streit um eine ›Diskantposaune‹ wohl mittlerweile so weit geeinigt hat, dass es dieses Instrument nie gegeben hat.

Im Prozess der 8-Fuß-Anpassung gingen Instrumente, die nicht mehr gebraucht wurden, verloren. Andere begannen eine separate Karriere. Für die alte dreiteilige Gambenfamilie bedeutete das, dass der alte Tenor in die neue Basslage rückte und der Bass als kleiner ▸ Violone in die Continuogruppe abwanderte. Diese Transformation lässt sich gut nachweisen in der englischen Übernahme der italienischen ›Viola bastarda‹ als ›Division viol‹. In Italien war die Viola bastarda das Virtuoseninstrument der Familie gewesen und gleichzeitig der Tenor. Die englische Division viol ist ein Bass, aber es ist dieselbe Instrumentengröße. Die Gambenfamilie auf der Schwelle zum Barock ging in den verschiedenen Ländern unterschiedliche Wege. In Italien kam sie vollständig aus der Mode; selbst die Viola bastarda hielt sich nicht mehr lange. Im deutschsprachigen Bereich kam es während des 17. Jahrhunderts zu einer Kombination von Violinen für die oberen und Gamben für die unteren Register (Prinner 1677: Violine – Viola – Altgambe – Bassgambe – Violone). In England wurde überhaupt erst jetzt ein neues Gambenensemble gebildet – das berühmte englische Gambenconsort –, indem eine neue, kleine Diskantgambe in 8-Fuß-Lage konstruiert wurde, für die bisher für das 16. Jahrhundert in Italien und anderswo jeder Beleg fehlt. Diese neue kleine Diskantgambe gehört nicht mehr in die Renaissance; sie wäre auch zu Beginn des 16. Jahrhunderts aus saitentechnischen Gründen kaum möglich gewesen. Diese Annahme erschließt sich aus dem Kontext der Verwendung von Violineninstrumenten. Die ehemals dreisaitige ›Diskantvioletta‹ (Lanfranco 1533) erhielt im Laufe der Zeit eine vierte Saite in der Tiefe, die noch im 17. Jahrhundert selbst von den berühmten Virtuosen weitgehend gemieden wird. Die Bratsche bot ein noch größeres Problem, da ihre Größe – das gilt auch für die großen Renaissancebratschen – rechnerisch zu klein ist für ein Instrument in der Unterquinte zur Violine. Eine 8-Fuß-Diskantgambe steht in der Größe dazwischen, mit einer Besaitung, die oben dünner als die der Violine, und unten dicker als die der Bratsche sein musste. Es liegt auf der Hand, dass zu einer Zeit, in der die europäischen Darmsaiten noch nicht besser waren als die der Türken, ein solches Instrument wenig musikalischen Reiz besaß. Auch die großen englischen Consortisten des Frühbarock verzichten weitgehend auf die problematische tiefste Saite der Diskantgambe, und Praetorius lehnte das Instrument in Bausch und Bogen ab.

Der Gambenapparat wurde zum Lieblingskind der Theoretiker, was das historische Bild etwas verzerrt, denn in der Realität, die nach wie vor von den Professionellen dominiert wurde, kommt ein reines Gambenensemble viel seltener vor, als man nach den Äußerungen der Theoretiker vermuten dürfte. Das Gambenensemble befand sich vorwiegend im Besitz vermögender oder fürstlicher Kreise und erschien selten bei öffentlichen Anlässen wie im Theater oder der Kirche. Die Vorliebe der

Autoren dürfte darauf zurückzuführen sein, dass sich ein Instrument, das in allen Größen in derselben Haltung gespielt werden konnte, und dessen Saitenmensuren proportional ausgereizt werden konnten, ohne dass die Beschränkungen menschlicher Gliedmaßen einen Strich durch die Kalkulation machten, ein willkommenes Experimentierfeld bieten konnte. Gamben und Blockflöten sind die klassischen Ensembles der Spätrenaissance, und gerade sie finden sich am reichhaltigsten in den alten Inventaren.

Literatur:
H. Judenkünig, *Ain schone kunstliche underweisung [...] zu lernen auff der Lautten/ und Geygen*, Wien 1523 • M. Agricola, *Musica instrumentalis deudsch*, Wittenberg 1528, 1529 und 1545 • H. Gerle, *Musica Teusch/ auf die Instrument der grosen vnnd kleinen Geygen/ auch Lautten [...]*, Nürnberg 1532 und 1546 • G.M. Lanfranco, *Scintille di musica*, Brescia 1533, Faksimile hrsg. Von M. Giuseppe, Bologna 1970 • H. Gerle, *Musica und Tablatur, auff die Instrument der klainen und grossen Geygen, auch Lautten [...]*, Nürnberg 1546, Faksimile Genf 1977 • S. Ganassi del Fontego, *Regola Rubertina und Lettione seconda*, Venedig 1542 und 1543, Faksimile hrsg. von G. Vecchi, Bologna 1970; dt. Übersetzung von H. Peters, Berlin 1972 und W. Eggers, Kassel 1974 • D. Ortiz, *El primo libro ne quale si tratta delle glose sopra le cadenze [...] libro secondo*, Rom 1553 (ital. Fassung), Faksimile hrsg. von M. di Pasquale, Florenz 1984; *Trattado de Glosas*, span., ital, engl. dt., hrsg. von A. Otterstedt, übersetzt von H. Reiners, Kassel 2003 • Ph. Jambe de Fer, Epitome musical, Lyon 1556, Faksimile hrsg. von F. Lesure, in: Annales musicologiques Bd. 6 (1958–1963), S. 341–386 • M. Troiano, *Discorsi delli trionfi [...]*, München 1568 • L. Zacconi, *Prattica di musica* Venedig 1592, Faksimile Bologna 1967 • A. Virgiliano, *Il Dolcimelo* (ca. 1600), Faksimile hrsg. von M. Castellani, Florenz 1979 • S. Cerreto, *Della Prattica musica vocale et strumentale opera necessaria a colaro, che di musica si dilettano*, Neapel 1601 • C.P. Cerone, *El Melopeo – Tractado de musica theorica y pratica, Libro 21, Neapel* 1613, Faksimile hrsg. von F.A. Gallo, Bologna 1969 • M. Praetorius, *Syntagma musicum*, Bd. II (*De Organographia*) und III (*Termini musici*), Wolfenbüttel 1619, Faksimile hrsg. von W. Gurlitt, Kassel 1958 • J.J. Prinner, *Musicalischer Schlissl*, 1677, Manuskript; Library of Congress, Washington.

AO

Violine

Die Violine als Diskantinstrument der Familie der Viole da braccio ist seit den Abbildungen im *Syntagma musicum* von Michael ▶ Praetorius (1619) dem heute gebräuchlichen Instrument in Form und Maßen bereits so ähnlich, dass man mehr oder minder bewusst bereit ist, diese Normung als allgemeingültig anzunehmen. Dabei weist bereits sowohl der Begriff ›violino‹, der im frühen 16. Jahrhundert in Italien entstand, als auch der französische ›violon‹ darauf hin, dass es sich dabei um die Verkleinerungsform eines bereits existierenden Instrumentes handelt. Der Begriff ›viola‹ beziehungsweise ›viole‹ war bereits gegen Ende des 15. Jahrhunderts eingeführt und bezeichnete nicht nur Streich-, sondern auch Zupfinstrumente. Der Name ›viola da braccio‹ (Armviole) scheint überhaupt erst nach der Wortbildung ›viola da gamba‹ gebildet worden zu sein, um beide zu unterscheiden. Er taucht zum erstenmal bei Giovanni Maria ▶ Lanfranco (1533) als ›violetta da braccio‹ auf, wenig später bei Sylvestro di ▶ Ganassi (1542/43) und Nicola ▶ Vicentino (1555). Allerdings ist in diesen frühen Quellen nicht klar, ob damit tatsächlich Violinen oder noch ▶ Rebecs gemeint sind. Diese sind seit dem Mittelalter dreisaitig und in Quinten gestimmt gewesen (Hieronymus de Moravia, gest. nach 1271) und wurden diatonisch gegriffen. Die zeitgenössische Nomenklatur für eine Unterscheidung ist uneindeutig. Während Blasinstrumente in alten Inventaren präzise unterschieden werden, fallen ›violini, viole e violoni‹ (Lodovico ▶ Zacconi 1592) scheinbar unterschiedslos zusammen und scheinen sich mehr auf die Größen der Instrumente zu beziehen denn auf eine Differenzierung in Geigen- und Gambentypen. Eine Differenzierung kann man nur annehmen, wo diese ausdrücklich angegeben ist, z.B. in den Münchener Hochzeitsbeschreibungen des Massimo Troiano (1568) oder im *Syn-*

tagma musicum von Praetorius. Die Divergenz der beiden Familien wird aber gerade in den Kompositionen von Praetorius eklatant, denn im Gegensatz zu seinem präzisen Lehrwerk subsumiert er in seinen Musikdrucken unter ›Viole‹ alle möglichen Typen und erklärt sie für austauschbar, mit einer Ausnahme: Für Diskante bevorzugt Praetorius ausschließlich die Violine und schließt die Diskantgambe aus.

Abb. 1: Michael Praetorius, *Syntagma Musicum*, Bd. II: *De Organographia*, Wolfenbüttel 1619, Tafel XXI.

Die Herkunft der Viola da braccio aus Italien wird bis heute selbstverständlich vorausgesetzt. Eine historische Theorie findet sich bereits bei Vincentio ▸ Galilei (*Il Fronimo* 1568), der die Herkunft der Viola da braccio nach Neapel verweist. Seine Schilderung deckt verschiedene Typen ab, die wir heute unterscheiden: sowohl die ▸ Fidel mit Wirbelplatte, eingezogenen Mittelbügeln und (umgekehrten) C-Löchern als auch Violinen mit Randüberstand und f-Löchern. In deutschen Quellen ist die Sachlage noch komplizierter, denn hier wird lediglich unterschieden zwischen großen und kleinen ›Geygen‹, die in Stimmung und Spielweise (da gamba bzw. da braccio) differieren, offenbar aber nicht in der Bauweise, die den oft ungenauen Abbildungen nach zu urteilen in Violinenmanier anstatt in Gamben-/Lautenmanier gebaut waren. Entgegen traditionellen Theorien ist für die spezifische Bauweise der Familie der Viole da braccio dennoch eher der Alpenraum anzunehmen. Der Erste, der eindeutige Violinen modernen Verständnisses beschreibt, ist der französische Autor Philibert Jambe de Fer aus Lyon (1555). Bei ihm ist die Familie mit drei Mitgliedern vollständig: der Violine, der Viola eine Quinte darunter mit zwei Exemplaren im Ensemble und einem Bass zwei Quinten unter der Viola. Alle Instrumente sind viersaitig. Auch verweisen Pariser Inventare des frühen 16. Jahrhunderts auf diese Instrumente, so dass es erscheint, als ob die Ausprägung der Violine/ Viola da braccio viel eher in Frankreich ihren Ursprung nahm und von dort nach Italien eingeführt wurde. Eine besondere Rolle im Geigenbau scheinen dabei die Gegenden der Ardennen und Lothringens gespielt zu haben; noch Marin ▸ Mersenne (1636) spricht vom ›Basse de Lorraine‹, und Pariser Inventare des 16. Jahrhunderts vermelden Instrumente nach der »façon de Lorraine« oder »de Cambrai«. In Italien dagegen findet man im frühen 16. Jahrhundert dreisaitige violinförmige Instrumente, die in Familien gebaut wurden.

Das Violinenensemble war sozial wenig geachtet, da es sich in der Hand gering geschätzter Berufsmusiker befand. Bis ins 17. Jahrhundert hinein gibt es Zeugnisse, dass diese Instrumente von den Spielern selber, oder zumindest von Mitgliedern von Musikerfamilien, gebaut wurden. Das bedeutet, dass die Violinen keinen Eingang fanden in wohlhabende Amateurkreise, die ihre Instrumente bei professionellen Handwerkern bestellten. Die Schmucklosigkeit – noch heute ein Erbteil der Violinenfamilie – hat hierin ihren Ursprung: Es handelt sich um musikalische Gebrauchsgegenstände, die keinem weitergehenden Repräsentationsbedürfnis zu genügen hatten.

Die eigentliche ›Viola‹ ist das Mittelinstrument. Sein Format rückt es in die Nähe zur ▸ Fidel, aus der es ebenso hervorgegangen zu sein scheint wie die ▸ Lira da braccio. Aber diese neue Viola wurde im Unterschied zu ihren Verwandten nunmehr rein melodisch gespielt und in eine neue Familie gruppiert. Diese blieb bis über das 16. Jahrhundert hinaus im buchstäblichen Sinne ein ›itinerantes‹ Instrument, das nicht nur in Prozessionen und Aufzügen im Freien, sondern auch bei Festivitäten in Innenräumen im Laufen gespielt wurde, im Unterschied zur Gambenfamilie, die man selbst in Gegenwart von Fürsten – und zuweilen die Fürsten selbst – sitzend spielte. Im Gegensatz zu ›Alta Capella‹ (▸ Alta musica) der Bläser, die man in der Regel von einer Estrade spielen sieht, befinden sich Streicherensembles meist in unmittelbarer Nähe der Tänzer. Einen Rest dieser Beweglichkeit finden wir noch in den Opern von Claudio ▸ Monteverdi, der ein vierteiliges Ensemble von »Viole da brazzo« einsetzt, dessen Bass nie unter das F geht, und der von einem Bassapparat mit einem großen Streichbass (›basso di viola da gamba‹, ›violone‹, ›basso di viola‹) klanglich gestützt wird.

Seit der Mitte des 16. Jahrhunderts kann man davon ausgehen, dass das Violinenensemble allgemein etabliert war. Die Beweglichkeit des Instrumentes manifestierte sich dabei auch in der lockeren Schulterhaltung. Aufgrund dieser erforderlichen Beweglichkeit galt das da braccio-Spiel ebenso für den Bass, und hier stieß das Ensemble an seine natürlichen Grenzen, denn ein echter Bass lässt sich in dieser Haltung vor der Erfindung der Umspinnung der Saiten mit Metalldraht nicht konstruieren, und dieses Manko ist die Ursache der langwierigen Entwicklung des Violoncellos, die erst um 1700 abgeschlossen war. Man hatte die Wahl zwischen einem Kleinbass in da braccio-Haltung oder einem großen Fundament-Bass, der da gamba oder auf der Erde stehend gespielt wurde und damit seine Beweglichkeit verlor. Eine dritte Möglichkeit, einen großen Bass an einem Band hängend zu spielen, ist öfter dokumentiert (z.B. durch Haken oder Ösen am Halsfuß), aber führte ebenfalls zu verminderten musikalischen Möglichkeiten.

In Frankreich bevorzugte man ein Ensemble mit großem Bass, das zuweilen anscheinend auch in Italien und am Münchner Hof Verwendung fand (Zacconi 1592). Dem gegenüber stand in Italien ein Ensemble mit einem kleinen Bass, der eine Quinte unter der Viola stand. Diese beiden verschiedenen Bassinstrumente haben heute verschiedentlich zu der Vermutung geführt, die Lücke zwischen dem großen Bass und der Viola sei durch eine verlorene Tenorviola in F ausgefüllt gewesen. Doch widerspricht die Quellenlage dieser Vermutung, denn die beiden Bassgrößen erscheinen nie zusammen. Es ist vielmehr wahrscheinlich, dass das Violinenensemble anders als die regelmäßigen Familienbildungen der Epoche bei den Blasinstrumenten oder den ▸ Gamben unregelmäßig gebildet war. Die Lücke zwischen Viola und Violoncello besteht bis heute.

Ein zusätzliches Problem bildete die Stimmung der Bass-Viola da braccio. Diatonisches Greifen der kleineren Instrumente bei Quintstimmung ist seit Hieronymus de Moravia belegt; Lagenwechsel waren noch bis ins frühe 17. Jahrhundert sogar in der virtuosen Violinliteratur selten; einzelne hohe Töne wurden durch Streckung des kleinen Fingers erreicht. Bei einem großmensurierten Bass wird Quintstimmung zum Problem und erfordert Lagenwechsel, und die Suche nach einem geeigneten Bassinstrument hängt nicht nur ab von der Bautechnik, sondern auch von Problemen der

Stimmung und der Spieltechnik. Als Ersatz verfiel man auf fünf- bis sechssaitige Bässe in Quartenstimmung sowie auf die ▸ Viola da gamba, die man geradezu als die Notlösung aus dem Dilemma der Geigenfamilie bezeichnen kann, da sie leichter zu handhaben war. Bezeichnend ist, dass mit dem Abschluss der Entwicklung der Bassvioline in Form des Violoncellos die Gambe obsolet wurde.

In ganz Europa wurde der ziemlich kurze Bogen mit den Fingern auf der Stange und dem Daumen unter den Haaren gefasst, eine Haltung, die sich in einzelnen Ländern – vor allem in Frankreich – bis weit ins 18. Jahrhundert hielt. Diese Bogenhaltung scheint auch für den Bassvertreter gültig gewesen zu sein; jedenfalls wird sie noch 1695 von Georg Muffat erwähnt.

Abb. 2: Der »Untergriff« bei dem Geigenbogen. Abraham De Vries, *Singender Geiger*, Schloßmuseum Gotha.

Gemäß ihrer Herkunft aus der Spielmannstradition bewahrte die Viola da braccio Eigenarten aus dem Eigenbau. Decke und Boden wurden erst allmählich gewölbt; so sind flache Böden noch gegen Ende des 16. Jahrhunderts in den Instrumenten aus der Begräbniskapelle der Wettiner im Dom von Freiberg (Sachsen) erhalten. Vor allem aber die Halsbefestigung deutet auf alte Traditionen. Der Übergang vom Hals ins Corpus ist die vom Saitenzug am höchsten belastete Partie und muss dementsprechend stabil konstruiert werden. Beim Rebec bestanden Hals und Corpus aus einem Stück. Bei einer Trennung von Hals und Corpus muss dieser Angelpunkt verstärkt werden. Bei der Gambe wurde das Problem wie bei der Laute gelöst. Bei der Violine wurde das Halsende stehengelassen und ragte als Oberklotz ins Corpus, wo es mit dem Boden fest verbunden wurde. Die Zargen wurden in eine Nut am Halsfuß eingesetzt. Diese Bauweise bestimmte die Form der Violine: Während die Gambe in den Oberbügeln spitz zuläuft, stoßen bei der Violine die Zargen stumpf auf den Hals. Diese Halsbefestigung ist deutlich zu sehen bei einigen realitätsnahen Darstellungen der Zeit (Abb. 2), denn sie zeigen in der Rückansicht des Instrumentes keinen oder nur einen kleinen Halsfuß. Das änderte sich mit dem Aufkommen der Schule von Cremona (um 1600), in der man die Lautenbauweise mit der Trennung von Hals und Oberklotz übernahm. Genau diese andere Bauweise scheint den Erfolg der neuen Geigen begründet zu haben. Bereits Monteverdi und Heinrich Schütz weisen darauf hin und machten offenbar von diesen Instrumenten Gebrauch. Dennoch blieb die ältere Bauweise vor allem in nordalpinen Gebieten noch Jahrhunderte erhalten.

Die Einheit von Hals und Oberklotz legte den Halswinkel fest. So sind die Stege dieser frühen Violinen niedrig und der Druck auf die Decke entsprechend gering. Das Ergebnis ist ein ziemlich leiser, jedoch scharfer Klang. Für die Violinen des 16. Jahrhunderts gilt das Vorurteil von der Klangstärke der Violine, die sie der Gambe überlegen machte, nicht; der Prozess sich entwickelnder Lautstärke setzte erst mit der Cremona-Konstruktion ein, die es möglich machte, den Halswinkel zu erhöhen. Allerdings wurden die Möglichkeiten, den Druck auf die Decke zu steigern, früh erkannt, und dem senkrechten Hals wurden keilförmige Griffbretter aufgesetzt, die einen höheren Steg ermöglichten.

Lanfranco (1533) gibt als Stimmung für die ›Violette da braccio senza tasti‹ (d.h. ohne Bünde) lediglich relative Verhältnisse an, während er die ›Violoni con tasti‹ mit der Tonhöhe der Laute in Beziehung setzt. Das bedeutet, dass für ihn die Violette senza tasti ein eigenständiges Ensemble bildeten, das mit anderen nicht von vornherein kompatibel war, und dass die Stimmung der Instrumente zueinander eine ausschließliche Sache der Musiker war, ohne die Amateure oder den Theoretiker zu beschäftigen. Diese Schweigsamkeit steht in eklatantem Gegensatz zur genauen Beschreibung von Stimm- und Transpositionsregeln der Amateurinstrumente und wurde sogar noch in der späten Quelle von Pedro Cerone (1611) wiederholt, was durchaus im Einklang mit dem immer noch geltenden ausschließlichen Gebrauch durch die Professionellen steht, auch wenn sich nach 1600 bereits ein fester Bezug zur Stimmtonhöhe zu bilden begann.

Jambe de Fer ist der erste, der Tonnamen mitteilt:

Violine (Dessus de violon): e^2 a^1 d^1 g
Viola (Haut-Contre und Taille de violon): a^1 d^1 g c
Bassgeige (Basse de violon): g c F B_1

Da Jambe de Fer jedoch keine Bezugstöne angibt, handelt es sich bei diesen Angaben um nominelle Tonhöhen, die nicht mit anderen Instrumenten ohne weiteres kompatibel waren, sondern lediglich innerhalb des Ensembles galten. So verwendet er dieselben Tonnamen auch für die ▸ Flöten, von denen man heute weiß, dass sie nicht mit den Streichern zusammenpassten.

Die Angaben in deutschen Quellen betreffen völlig andere Instrumente. Die ›Klein Geygen‹ bei Martin ▸ Agricola und Hans Gerle betreffen dreisaitige ▸ Rebecs, deren Stimmungsangaben relativ zu verstehen sind und die wahrscheinlich ein sehr hoch klingendes Ensemble abgaben.

Anders als die Blasinstrumente waren die Saiteninstrumente in gewissen Grenzen flexibel in der Tonhöhe. Das mag ein Grund dafür sein, dass sich Viole da braccio und da gamba relativ leicht zusammenfanden zu gemeinsamen Ensembles, wobei die Viole da braccio als hohe, und die Viole da gamba bzw. ▸ Violoni als tiefe Gruppe fungierten. Das solistische und virtuose Potential des Diskantmitgliedes – der eigentlichen Violine – wurde sehr bald erkannt, zu Lasten der Viola, die zuweilen völlig aus den Ensembles verschwand. Die Renaissance-Gruppierung von Diskant, zwei Alt-Tenören und Bass wurde bei den Viole da braccio als frühester Familie in einen Apparat aus zwei Diskanten, einem Alt-Tenor und einem Bass verwandelt, so dass mit dem Wegfall der Viola zwei Violinen und ein Bass übrigblieben. Zwischen den beiden Diskanten entwickelte sich ein hierarchisches Gefälle einer ›Ersten‹ und ›Zweiten‹ Violine, wobei der Leiter der Gruppe stets die erste Virtuosenpartie spielte, der von der zweiten sekundiert wurde. Von dieser Konstellation ausgehend begann die Violine eine eigene, oft von der Familie abgespaltene Karriere. Wir finden sie gelegentlich als Diskant-Ergänzung zu einem Gambenensemble, oder als Pendant zum ▸ Zinken. Dieser spielte eine weitaus größere musikalische Rolle als die Streichinstrumente; nicht nur war er ein ausgesprochenes Virtuoseninstrument, sondern scheint auch als erstes Instrument eine feste Beziehung zu den Orgelstimmtönen erhalten zu haben. In dieser Entwicklung dürfte das dreisaitige Instrument der Italiener aufgegeben worden sein zugunsten des viersaitigen mit dem Vorteil, dass es durch die Erweiterung in die Tiefe dem Zinken im Umfang ebenbürtig wurde. Dennoch blieb die tiefste Saite ein Problem, und selbst in der virtuosen Literatur bis hin zum Frühbarock wird sie ebensowenig verwendet wie Lagenwechsel. Daraus wäre zu schließen, dass die frühe Normierung der Diskant-Viola da braccio (Violine), die oft ein Gegenstand der Verwunderung ist und zu Theorien über eine angebliche Naturgegebenheit dieses Instrumentes geführt hat, auf die Tonhöhe des Zinken zurückgeführt werden kann. Im Laufe des 16. Jahrhunderts erhielt das Violinenensemble einen festen Platz im Instrumentarium, und die Professionalität, die vorher ein Nachteil gewesen war, wurde nun zum Vorteil, denn die Beweglichkeit und vergrößerte Klangstärke verschaffte diesen Streichern in der immer noch von Bläsern dominierten öffentlichen Sphäre der Kirchen, Theater oder höfischen Repräsentationsräumen zunehmende Bedeutung.

Während die Zeugnisse eines Gambenensembles mit Violine im Diskant sehr selten sind, finden wir oft ein Violinenensemble mit einer großen Bassgambe, die ab ca. 1600 als ▶ Violone eine vom Rest der Gamben abgespaltene Stellung in der Basso continuo-Gruppe einnahm.

Literatur:
G.M. Lanfranco, *Scintille di musica*, Brescia 1533, Faksimile, hrsg. von G. Massera, Bologna 1970 • S. Ganassi del Fontego, *Regola Rubertina. Lettione seconda*, Venetia 1542 und 1543, Faksimile hrsg. von G. Vecchi, Bologna 1970 • N. Vicentino, *L'antica musica ridotta alla moderna prattica*, Rom 1555, Faksimile hrsg. von E. Lowinsky, Kassel 1959 • Ph. Jambe de Fer, *Epitome musical*, Lyon 1556, Faksimile hrsg. von F. Lesure, in: Annales musicologiques 6 (1958–1963), S. 341–386 • M. Troiano, *Discorsi delli trionfi [...]*, München 1568 • L. Zacconi, *Prattica di musica*, Venedig 1592, Faksimile Bologna 1967 • D.P. Cerone, *El Melopeo – Tractado de musica theorica y pratica. Libro 21*, Neapel 1613, Faksimile hrsg. von F.A. Gallo, Bologna 1969 • M. Praetorius, *Syntagma musicum*, Bd. II (*De Organographia*) und III (*Termini musici*), Wolfenbüttel 1619, Faksimile hrsg. von W. Gurlitt, Kassel 1958 • M. Mersenne, *Harmonie Universelle, contenant La Théorie et la Pratique de la Musique*, Paris 1636, Faksimile hrsg. von Centre National de la Recherche Scientifique, Paris 1965.

AO

Violone

Der italienische Begriff ›violone‹ bedeutet grammatikalisch eine Augmentativform von ›viola‹, der in Italien seit den letzten beiden Jahrzehnten des 15. Jahrhunderts auftritt. Er hat zwei unterschiedliche Bedeutungen, die in chronologischer Folge auftreten.

1. Seit ungefähr 1480 bildete man Großversionen von Streichinstrumenten aus, denen man terminologisch entsprechen musste. Hinter diesen frühen Violoni verbirgt sich in der Regel die Familie der ▶ Viola da gamba, und zwar in allen drei Größen Diskant, Alt/Tenor und Bass, so dass durchaus die scheinbar paradoxe Bezeichnung eines ›soprano di violoni‹ vorkommen kann. In Inventaren oder Besetzungslisten des 16. Jahrhunderts findet man oft Begriffe wie ›viole e violoni‹, womit ein Ensemble aus kleinen und großen Streichinstrumenten und dann spezifischer aus Geigen- und Gambeninstrumenten gemeint ist. Problematisch für heutige Betrachter ist, dass in dieser Zeit zwischen den Familien der ▶ Violinen und Gamben kaum unterschieden wurde, und der Verdacht liegt nahe, dass beide Instrumente – verschieden an Bauweise und Stimmung, aber klanglich verwandt – je nach Bedarf zusammengefasst wurden in ein Ensemble. Die Familien ergänzten sich in ihrer Tonlage, denn die Gamben bewegten sich in einem 10-Fuß-Bereich, während die Violinen im 8-Fuß- oder gar im 6-Fuß-Bereich angesiedelt waren.

Der Gebrauch des Wortes ›Violone‹ für die Gambenfamilie hielt sich in Italien und damit verwandten Zentren das ganze 16. Jahrhundert hindurch, mit Ausläufern bis ins 17. Jahrhundert. Nur allmählich setzte sich in ganz Europa die Bezeichnung ›Viola da gamba‹ durch.

2. Im Zuge der Anpassung an die allgemeingültige 8-Fuß-Lage (Lage des Vokalchores)

wurde das tiefste Instrument des Gambenensembles für die Consortbesetzung obsolet und wandelte sich zum eigentlichen ›Violone‹, einem Halbbass in der Stimmung $G_1 - C - F - a - d - g$, der in der sich in der zweiten Hälfte des 16. Jahrhunderts bildenden Continuogruppe eine eigene Karriere machte. Sehr wenige italienische Quellen erwähnen außerdem einen sechssaitigen 16-Fuß-Violone in Gambenbauweise in der Stimmung $D_1 - G_1 - C - E - A - d^1$; wie weit dieser aber Allgemeingut wurde, ist ungeklärt und nicht sehr wahrscheinlich. Erst seit dem 17. Jahrhundert ist der Violone als tiefes Bassinstrument Allgemeingut, wobei nicht unterschieden wurde zwischen einem Instrument in Gamben- oder in Geigenbauweise. Bei Geigeninstrumenten wurde anscheinend öfter die tiefste Saite weggelassen, so dass der tiefste Ton C mit der sich im 17. Jahrhundert entwickelnden Bassvioline (= Violoncello) identisch war (Hizler 1628), das Instrument aber ein größeres und massiveres Corpus besaß.

Es ist eine heute heftig diskutierte Streitfrage, ob der Violone als 16-Fuß, 10- (oder 12-) Fuß oder aber als 8-Fuß-Instrument aufzufassen sei. Die Meinungen richten sich oftmals nach der persönlichen Position der Diskutanten: So neigen Kontrabass-Spieler zu Theorien einer tiefen Lage, während Cellisten die 8-Fuß-Lage befürworten. Die ambivalenten Aussagen der Quellen begünstigen diese Diskussionen, und es muss – insbesondere für die Musik des 17. Jahrhunderts – sehr sorgfältig im Einzelfall geprüft werden, welches Instrument im Bedarfsfall in Frage kommt.

Literatur:
G.M. Lanfranco, *Scintille di musica*, Brescia 1533, Faksimile, hrsg. von G. Massera, Bologna 1970 • D. Ortiz, *El primo libro ne quale si tratta delle glose sopra le cadenze [...] libro secondo*, Rom 1553 (ital. Version), Faksimile, hrsg. von M. di Pasquale, Firenze 1984 • M. Troiano, *Discorsi delli trionfi [...]*, München 1568 • A. Banchieri, *Conclvsioni nel svono dell'organo*, Bologna 1609, Faksimile Bologna 1969 • M. Praetorius, *Syntagma musicum*, Bd. II (*De Organographia*) und III (*Termini musici*), Wolfenbüttel 1619, Faksimile hrsg. von W. Gurlitt, Kassel 1958 • D. Hizler, *Newe musica Oder singkunst*, Tübingen 1628.

AO

Michael Praetorius, *Syntagma musicum*, Bd. II, *De Organographia*, und III, *Termini musici*, Wolfenbüttel 1619: Vergleich von 2 Violoni.

Virdung, Sebastian [auch Sebastian Grop oder Wentzel Groppen son]
* 19./20. Januar um 1465 Amberg, † unbekannt

Virdung war Musiktheoretiker, Komponist und Theologe. Sein Vater Wenzel Vierdung (auch Wenzel Grop genannt) war zunächst Gastwirt in Amberg und erwarb 1486 das Bürgerrecht in Nürnberg. Sebastian Virdung immatrikulierte sich 1483 an der Universität Heidelberg, wo er wahrscheinlich auch Altist in der kurpfälzischen Hofkantorei war und Privatunterricht bei dem Kapellmeister ▶ Johannes von Soest nahm. 1489 wurde er Pfarrer (»verus pastor«) in Lengenfeld, Herzogtum Neuberg, 1495 nach dem Ausscheiden Johannes von Soests offensichtlich dessen Nachfolger als Kapellmeister am Heidelberger Hofe. 1500 erhielt er die St. Peter-Altarpfründe Burg Stahleck. 1506 war er Sänger der Hofkapelle Stuttgart, wurde jedoch aus den Diensten entlassen: »...sein ere vnd gelimpff angelegen, bei fürsten, herren vnd andern gemeinen person.« 1507–1508 war er Succentor am Münster in Konstanz, ein Amt, das die Verantwortung für die Ausbildung der Chorknaben beinhaltete. Da man mit deren Niveau und Virdungs Umgang mit den ihm anvertrauten Knaben nicht zufrieden war, wurde er auch hier entlassen. Auf dem Augsburger Reichstag 1510 traf Virdung Othmar Luscinius und den Bischof von Straßburg, dem er sein theoretisches Werk *Musica getutscht* widmete. Weitere berufliche Stationen sind nicht bekannt. Seine schwierige charakterliche Disposition wird von verschiedenen Seiten erwähnt und scheint auch der Grund für seine stets nur kurz dauernden Arbeitsverhältnisse zu sein.

Virdungs *Musica getutscht* (*Musik ›verdeutscht‹*) erschien 1511 in Basel und ist die älteste überlieferte systematische Darstellung von Musikinstrumenten (Arnault de Zwolles handschriftlich überliefertes Traktat aus dem 15. Jahrhundert behandelt nur Saiten- und Tasteninstrumente). Sie war zu ihrer Zeit berühmt, wenn sie auch in Bezug auf Vollständigkeit und das Durchhalten einer Systematik kritisiert wurde. Für die Darstellung wählt Virdung die Form des Dialogs, hier zwischen Sebastianus und Andreas Silvanus (seinem Schüler Andreas Waldner). Virdung stellt zunächst die Instrumentenfamilien vor: Er unterscheidet Saiteninstrumente (einschließlich Tasteninstrumente), Blasinstrumente, Schlagwerk. Die Saiteninstrumente teilt er ein in solche mit Tasten, ▸ Clavichord, ▸ Virginal, Clavicimbalum (▸ Cembalo), ▸ Clavicytherium, Lyra, solche mit Bünden, ▸ Laute, »Quintern«, »Groß Geigen« und solche ohne Tasten oder Bünde »Harpffen« (▸ Harfen), Psalterium, Hackbrett, Trumscheit und »clein Geigen«. Unter den Blasinstrumenten nennt Virdung solche mit Fingerlöchern, »Schalmey« (▸ Schalmei), ▸ »Bombardt«, »Schwegel«, »Zwerchpfeiff«, ▸ Flöten, »Euszpfeif«, »Krumhorn« (▸ Krummhorn), »Gemsenhorn«, ▸ »Zincken«, »Platerspil« und solche mit »holen roren die nit geloechert syndt die doch ein mensch erplasen mag...«: »Busaun« (▸ Posaune), Felttrumet, Clareta (▸ Trompete), Thurner Horn. Es folgen »Blasinstrumente« mit Blasebalg wie ▸ Orgel, Positiv, Regal und Portativ. Schließlich finden jene Instrumente Erwähnung, »welche clyngen als hamer uff dem ampos... die gloecklin und zimeln« (▸ Glocken, Schlaginstrumente). Die Illustrationen weisen teilweise grobe Fehler in Darstellung oder Zuordnung auf, wie die »Groß Geigen« ohne Steg oder die »Sackpfeiff« mit Grifflöchern in der Sektion der Blasinstrumente ohne solche. Dennoch sind die Darstellungen wertvolle ikonographische Quellen.

Der zweite Teil der *Musica getutscht* widmet sich Notationsfragen und der Spielweise der verschiedenen Instrumente. Hier liegt ein Schwerpunkt auf der Darstellung verschiedener ▸ Tabulaturen, wobei Virdung die Erfindung der deutschen ▸ Lautentabulatur Conrad ▸ Paumann zubilligt. Arnolt ▸ Schlick kritisierte Virdungs Intavolierungen als zu simpel, da er die in den Oberstimmen üblichen ▸ Diminutionen nicht notiere. Interessant ist der Hinweis darauf, dass z.B. bei der Blockflöte linke und rechte Hand sowohl die oberen als auch die unteren Grifflöcher decken können.

Musica getutscht wurde 1518 von Luscinius ins Lateinische übersetzt, Martin ▸ Agricola bezog sich in seiner *Musica instrumentalis deudsch* 1529 darauf, eine französische Übersetzung erschien 1529, eine flämische 1568.

Vierstimmige Liedsätze Virdungs wurden in Peter ▸ Schöffers Liederbuch veröffentlicht.

Schriften:
S. Virdung, *Musica getutscht*, Basel 1511, Faksimile, hrsg. von Kl.W. Niemöller, Kassel u.a. 1970.

Literatur:
K.W. Niemöller, *Virdung*, in: *Grove*, Bd. 19, 1980, S. 886f. • G. Stradner, *Spielpraxis und Instrumentarium um 1500, dargestellt an Sebastian Virdungs ›Musica getutscht‹ (Basel 1511)*, Wien 1983.

UV

Virelai

Im Gattungssystem der ▶ Chanson des 14. und 15. Jahrhunderts, das wesentlich von poetischen und kompositorischen ▶ Formes fixes gebildet wird, vertritt das Virelai den Typus des einfacheren, ursprünglich vom Tanz geprägten Liedes. Es ist eigentlich ein mittelalterlicher Liedtyp, der noch in den Anfang des 15. Jahrhunderts hineinragt. In der zweiten Jahrhunderthälfte erlebte das Virelai eine Renaissance unter dem Namen ▶ Bergerette, wobei es seinen tanznahen Charakter einbüßte und lediglich an die Strophenform anknüpfte.

Beim mehrgliedrigen Strophenbau des Virelais handelt es sich um eine Ausprägung eines Basistyps (Kanzonenstrophe), der in den romanischen Literaturen seit der hochmittelalterlichen provenzalischen Dichtung in verschiedenen Varianten weit verbreitet war: Einem mehrzeiligen Refrainteil folgt ein in Vers- und Reimstruktur anderer Bauteil, der in sich als stollig-formale Wiederholung angelegt ist; dabei kann der erste Abschnitt musikalisch wie der zweite enden oder, als Zeichen höherer Komplexität, auf einem nicht schlussfähigen Ton (›ouvert‹), der die Repetition der Musikzeile erzwingt, um sie dann in einen Binnenschluss münden zu lassen (›clos‹). Daraufhin wird in einem dritten Teil (›tierce‹) die sprachliche Struktur des Refrains wieder aufgegriffen, aber mit neuem Text gefüllt; das wörtliche Aufgreifen des Refrains als vierter Teil schließt die Strophe ab. Die drei identisch organisierten Teile (1, 3 und 4) werden auf die gleiche Musik vorgetragen, Teil 2 ist musikalisch anders gestaltet. Musikalisch wird somit wesentlich mehr wiederholt als textlich (siehe das Schema im Artikel Bergerette.) Die zeitgenössische Dichtungstheorie geht von einer (in der Realität nicht immer anzutreffenden) dreistrophigen Norm aus, wobei ungeklärt bleibt, ob der Refrain beim Übergang von einer Strophe zur anderen wiederholt wird oder einmal entfällt.

Obwohl das Virelai bereits bei Jehannot de Lescurel in der ersten Hälfte des 14. Jahrhunderts in den Kanon der drei refrainhaltigen Forme-fixe-Typen aufgenommen wurde, war es der Dichter-Komponist Guillaume de ▶ Machaut, der in seinem umfangreichen Œuvre ein hierarchisches System poetisch-musikalischer Formen aus ▶ Ballade, ▶ Rondeau und Virelai etablierte. Seine Herkunft aus dem Tanzlied, die sich auch in der Benennung spiegelt (virer = drehen; Machaut selbst definiert Virelais als »chansons balladées«), verlieh dem Virelai bei aller Subtilität, die ihm Machaut angedeihen ließ, tendenziell den Charakter eines unkomplizierteren, der usuellen Geselligkeitsszene verbundenen Liedes. Inhaltlich werden eher freundliche Töne angeschlagen, kompositorisch herrschen bei bevorzugter Einstimmigkeit klare, von motivartigen Bausteinen geprägte Melodieverläufe vor, die den Text oft syllabisch und in einer direkten, von Bewegung geprägten Rhythmik umsetzen, symmetrische Periodenstrukturen realisieren und auf ein reduziertes Tonartenspektrum zurückgreifen. In seinen späteren Virelais etablierte Machaut einen weiteren Typus, der sich in sprachlicher und musikalischer Hinsicht den komplexen Rondeaux und Balladen durch thematische Orientierung am ▶ Amour courtois, Mehrstimmigkeit, Melismatik, erweiterten Tonvorrat, unvorhersehbare Rhythmik und vielschichtigere Konstruktionen annähern.

Diese beiden kompositorischen Modelle wurden in der Zeit vor und um 1400, als das Virelai als Form bei den Dichtern noch eine gewisse Konjunktur hatte, gelegentlich in einem einzigen Lied kombiniert. Insbesondere der anspruchsvolle Typus wurde mit komplizierten Möglichkeiten, die sich die Ars-subtilior-Komponisten erschlossen, weiterentwickelt. Die Verbindung von extrovertierter Haltung und technischem Raffinesse bildete eine eigene Gruppe sehr lebendiger Virelais aus, die Vorgänge der äußeren Welt, insbesondere Vogelszenen, onomatopoetisch wiedergeben (z.B. Jehan Vaillant, *Par maintes foys*, das ▸ Oswald von Wolkenstein im frühen 15. Jahrhundert als *Der mai mit lieber zal* arrangierte).

Zur Zeit der Frührenaissance spielte das Virelai nur noch eine marginale Rolle, auch prägte es kein einheitliches Gattungsprofil mehr aus. Nach 1420 entstanden kaum noch entsprechende Sätze (das einzige erhaltene Virelai von Gilles ▸ Binchois in einer burgundischen Quelle aus den frühen 1440er-Jahren ist Fragment), so dass die vier Virelais von Guillaume ▸ Dufay, die in Quellen aus der Zeit um 1460 oder später überliefert sind, bereits der Geschichte der Bergerette angehören. David Fallows (*A Catalogue of Polyphonic Songs, 1415–1480*, Oxford 1999) rubriziert die Lieder dieser zweiten Phase gleichwohl, den Begriff Bergerette ablehnend, unter »Virelai«.

Literatur:
L.M. Earp, *Genre in the Fourteenth-Century French Chanson: The Virelai and the Dance Song*, in: *Musica disciplina* 45 (1991), S. 123–141 • Literaturwissenschaftliche Titel in ▸ Forme fixe.

NSCH

Virginal

Virginal ist im heutigen internationalen Sprachgebrauch die Bezeichnung für ein besaitetes Tasteninstrument mit einer Mechanik, die mit derjenigen des ▸ Cembalos identisch ist. Die Abgrenzung zum Cembalo besteht darin, dass beim Virginal die Saiten quer zur Tastenrichtung verlaufen. Das Wirbelfeld befindet sich dabei auf der rechten Seite, die tiefste Saite ist dem Spieler am nächsten.

Henri ▸ Arnault de Zwolle hat als Erster in seinem wahrscheinlich zwischen 1438 und 1446 vermutlich in Dijon geschriebenen Traktat (Ms. F-Pn, lat. 7295, s. *Les traités d'Henri-Arnault de Zwolle et de divers anonymes*, Faks. und kommentierte Übertragung von G. Le Cerf, Paris 1932, R Kassel 1972) eine Skizze hinterlassen (fol. 129bis), die mitsamt der zugehörigen Beschreibung keinen Zweifel aufkommen lässt, dass ein Instrument mit quer verlaufender Besaitung in der ersten Hälfte des 15. Jahrhunderts in Gebrauch war. In dem aufsichtig gezeichneten rechteckigen Korpus ist vermerkt, dass es sich um ein »monocordium sonans ista alte sicut clavisimbalum« (»ein Clavichord, das so laut wie ein Cembalo klingt«) handelt, darunter ist ein Springer abgebildet mit dem Vermerk, dass dieser fest mit der Taste verbunden und mit einem Federkiel versehen ist. Der Arzt und Polyhistor Paulus ▸ Paulirinus spricht in seinem vor 1471 in Pilsen geschriebenen *Liber viginti arcium* (PL-Kj, BJ 257) von einem Instrument mit der Form eines ▸ Clavichordes, das den Klang eines Cembalos und Metallsaiten habe (»Virginale est instrumentum habens formam in modum clavicordii«, fol. 162). Hier ist erstmals der Begriff ›Virginal‹ genannt und wird von der zart klingenden Frauenstimme abgeleitet (»quod uti virgo dulcorat mitibus et suavissimis vocibus«, »weil es wie eine Jungfrau mit einer sanften und überaus lieblichen Stimme besänftigt«). Sebastian ▸ Virdung bildet in seiner *Musica getutscht*, Basel 1511, ein rechteckiges Virginal ab und benennt es auch so (Bg. Bi^r–Bi^v). Im Verlauf des Jahrhunderts bildet sich dann ein ganzes Arsenal von Begriffen heraus: in Italien ›arpicordo‹, aber auch ›clavicordio‹, in Deutschland ›Instrument‹, in England ›virginal‹, ganz abgesehen von den generalisierenden Begriffen wie ›spinetta‹ (in Italien für alle besaiteten Tasteninstrumente, die kleiner als ein Cembalo waren) sowie in England ›virginal‹ für alle besaiteten Tasteninstrumente. Noch im frühen 17. Jahrhundert weiß Michael ▸ Praetorius (*Syntagma musicum*, Teil 2: *De Organographia*, Wolfenbüttel 1619, S. 62) von der Begriffsvielfalt zu berichten. Er weist darauf hin, dass man in Deutschland den Begriff ›spinetta‹ für ein kleines viereckiges Oktavinstrument benutzt, in Italien aber auch für die großen Instrumente. Für England gibt er den Begriff ›Virginall‹ an, für Frankreich ›Espinette‹, während die Niederländer ›Clavicymbel‹ oder ›Virginall‹ verwendeten. Für Deutschland gelte der Begriff ›Instrument‹. Der Abbildungsteil gibt neben dem ›Octavinstrumentlin‹ auch die beiden Haupttypen des Virginals, das polygonale und das rechteckige, wieder. Die terminologische Verlegenheit spiegelt sich in der Beschreibung: ›1.2. Spinetten: Virginal (in gemein Instrument genannt)‹ (Tafel XIV).

Abbildungen polygonaler Instrumente tauchen in Italien kurz nach 1500 in Form von Intarsien im Vatikan und in der Kathedrale von Genua auf. Bis auf wenige Ausnahmen (beispielsweise Giovanni Celestini von 1594) haben die Instrumente nur ein Register. Die Springerreihe verläuft von der linken vorderen Seite nach rechts hinten. Die Springer sind paarweise nebeneinander in jeweils einem Schlitz angeordnet, zupfen aber in entgegengesetzte Richtungen. Bei den italienischen Instrumenten ist der Resonanzboden im Bereich der Schlitze durchgängig an der Unterseite mit einer Leiste verstärkt. Bei den nordeuropäischen Instrumenten wie dem Virginal von Joes Karest (Antwerpen 1548) hilft ein zweiter Boden in Resonanzbodenstärke über den Tasten mit entsprechenden Schlitzen bei der Führung. Diese Bauweise hat einen früheren Beleg im Leipziger ▸ Cembalo des Hans Müller von 1537.

Offensichtlich geht der südniederländische Stil auf deutsche Vorbilder zurück, wenngleich die polygonale äußere Form die Verbindung zu Italien nicht verleugnen kann.

Die Tastenhebel sind beim Virginal im Bass sehr kurz, was zu einer überaus direkten und bisweilen nicht einfachen Spielweise führt. Die Zargen der erhaltenen polygonalen Instrumente sind vorwiegend aus dünnem Zypressenholz gefertigt, Ahorn und Zeder können ebenfalls nachgewiesen werden. Zierleisten schließen die Seitenwände jeweils oben und unten ab. Oft bewahrte man die dünnwandigen Instrumente in bemalten stärkeren Kästen auf. Ein ins Auge fallender charakteristischer Unterschied zwischen italienischen und von Deutschland her beeinflussten flämischen Instrumenten ist die vorspringende (d.h. aus dem Gehäuse herausragende) Tastatur bei ersteren und die einspringende (d.h. im Gehäuse integrierte) Tastatur bei letzteren.

Im selben Jahr wie Karests Virginal entstand Catharina van Hemessens Gemälde einer jungen Frau am Virginal (siehe Abbildung). Es markiert den Beginn einer Bildtradition, die das Instrument im bürgerlichen Rahmen und von Frauenhand gespielt zeigt. Ob der Begriff ›Virginal‹ im Sinne dieser Tradition (siehe auch die Begriffserklärung des Paulirinus) auf lat. ›virgo‹ (Jungfrau) zurückgeführt werden kann, scheint mehr als zweifelhaft, näher liegt der Zusammenhang mit lat. ›virga‹ (Stäbchen), womit der Springer gemeint sein könnte.

Sowohl in Deutschland als auch in den Niederlanden entstehen ab der Mitte des 16. Jahrhunderts zunehmend rechteckige Instrumente mit starken Zargen aus Weichholz. Die Tastatur ist erstmals 1581 in einem Doppelvirginal von Hans Ruckers nach rechts versetzt, wodurch die Saiten mehr in der Mitte angezupft werden, was zu einer entscheidenden Veränderung der Klangfarbe führt. An die Stelle obertöniger Brillanz tritt grundtönige Fülle. Sehr viel später sollte Klaas Douwes die links-

Catharina van Hemessen, *Junge Frau am Virginal* (1648), Wallraff-Richartz Museum Köln.

spieligen Virginale als ›spinetten‹, die rechtsspieligen als ›muselaars‹ bezeichnen (*Grondig ondersoek van de toonen der musijk*, Franeker 1699). Mit einem Tonumfang von C/E–f''' bei der überwiegenden Zahl der italienischen Instrumente, aber auch bei der im Diskant reduzierten Variante des Instruments von Karest (C/E–c''') stand dem Virginal die komplette Tastenmusik der Zeit zur Verfügung.

Literatur:
E.M. Ripin, *On Joes Karest's Virginal and the Origins of Flemish Tradition*, in: Keyboard Instruments: Studies in Keyboard Organology, Edinburgh 1971, ²1977, S. 65–73 • S. Howell, *Paulus Paulirinus of Prague on Musical Instruments*, in: Journal of the American Musical Instrument Society 5/6 (1979–1980), S. 13–20 • M. Velimirovic, *The Pre-English Use of the Term ›Virginal‹*, in: Essays in Musicology in Honor of Dragan Plamenac, hrsg. von G. Reese und R.J. Snow, Pittsburgh 1969, S. 341–352 • A. Huber, *Text- und Bildquellen zum frühen Cembalobau in Österreich*, in: Das österreichische Cembalo. 600 Jahre Cembalobau in Österreich, hrsg. von A. Huber, Tutzing 2001, S. 89–114.

AG

Virginalmusik

Virginalmusik ist die Bezeichnung für das umfangreiche Repertoire für Tasteninstrumente – spezifisch für das ▸ Virginal –, das im letzten Drittel des 16. Jahrhunderts in England entstand und durch die Emigration von Musikern auch in den Niederlanden verbreitet war. Sie nimmt im Œuvre der wichtigsten englischen Komponisten eine zentrale Bedeutung ein. Ein großer Teil ist nur handschriftlich überliefert und die Stücke sind bestimmten Personen gewidmet. Dazu gehört die berühmteste Sammlung, das *Fitzwilliam Virginal Book* (zusammengestellt im ersten Drittel des 17. Jahrhunderts), das 297 Stücke enthält, darunter zahlreiche Kompositionen von William ▸ Byrd, John ▸ Bull, Giles ▸ Farnaby, Orlando ▸ Gibbons, Thomas ▸ Morley, Peter ▸ Philips u.v.a. Weitere bedeutende handschriftliche Sammlungen sind *My Lady Newells Booke* (1591) mit Virginalmusik von Byrd, die von John ▸ Baldwin aufgezeichnet wurde, sowie *Will Forsters Virginal Book* (1624). Die einzige gedruckte Sammlung, *Parthenia or the Maydenhead of the First Musicke that Ever was Printed for the Virginalls* (1612/1613, Fortsetzung 1624/1625) enthielt nur 21 Kompositionen von den »three famous masters« Byrd, Bull und Gibbons. – Das Repertoire der Virginalmusik bestand überwiegend aus ▸ Variationen, aus Tänzen, insbesondere ▸ Pavane und ▸ Galliarde sowie später ▸ Allemande, aus ▸ Fantasien und aus Charakterstücken, die von der ▸ Pariser Chanson inspiriert waren; darunter befanden sich die beliebten *Battles*, *Hunts*, aber auch Naturstimmungen und auf den Komponisten bezogene Stücke wie beispielsweise *Giles Farnaby's Dream*. Die Virginalmusik spielte – wie jüngst gezeigt wurde (Michael Klotz) – eine zentrale Rolle in der Entwicklung einer eigenständigen und von Vokalkompositionen unabhängigen ▸ Instrumentalmusik.

Literatur:
G. Nitz, *Die Klanglichkeit in der englischen Virginalmusik des 16. Jahrhunderts*, Tutzing 1979 • A. Edler, *Gattungen der Musik für Tasteninstrumente, Teil 1: Von den Anfängen bis 1750 (Handbuch der musikalischen Gattungen 7,1)*, Laaber 1997 • M. Klotz, *Instrumentale Konzeptionen in der Virginalmusik von William Byrd*, Tutzing 2005.

ES

Virtu

Tugend ist nach der klassischen aristotelischen Definition ein Zustand der Seele. Nur wenn eine Person ihre Affekte beherrschen oder kultivieren lernt, kann sie mit der Zeit tugendhaft werden. Der Kern der antiken und in der Renaissance zu neuer Aktualität gelangten Tugendlehre bestand in der Überzeugung, dass nur ein bewusst von Jugend an eingeübter moralischer und intellektueller Habitus dem Menschen Halt zu geben vermag sowohl gegenüber dem wechselnden Geschick, das man im Bild der Fortuna verkörpert sah, als auch gegenüber jenen wechselhaften und der Vernunft widerstreitenden Regungen der menschlichen Seele, den ›affectus‹, ›affectiones‹ und ›passiones‹. Dieser Antagonismus der Tugenden und Affekte war eines der großen Themen der Moralphilosophie von der Antike bis in die Neuzeit. Die stärkste Resonanz fand dabei seit dem 14. Jahrhundert die peripatetische Lehre von der Mäßigung der Affekte durch die Vernunft und von der Tugend als dem Mittleren zwischen den Extremen. Deren Wirkung blieb in der Renaissance, ausgehend von Florenz, nicht auf die Moralphilosophie beschränkt, sondern bezog sich auch auf die Dichtung, die Redekunst und die Poetik sowie die Musik, die bildenden Kunst und die Kunsttheorie. Denn keine der Künste konnte letztlich ohne die ▸ Affekte und deren den Leser, Zuhörer oder Betrachter anrührende, doch gleichwohl kalkulierte Evokation auskommen, auch und gerade dann nicht, wenn es galt, erbauend und belehrend auf das Publikum einzuwirken. Während es der aristotelischen Rhetorik – anders als der Poetik – vor allem um eine möglichst kunstgerechte Erregung von Affekten im Zuhörer ging, ohne dass sich damit moralpädagogische Absichten verbanden, kennzeichneten solche erzieherischen Intentionen, die mit dem Bewegen des Gemütes nicht nur erfreuen wollten, sondern damit auch das Ziel der Belehrung verknüpften, in besonderem Maße die römische Rhetorik. Deren Wiederaufleben war daher zweifellos eine der Hauptursachen dafür, dass sich in der Renaissance die Evokation von Affekten zu einem virtuos gehandhabten Instrument künstlerischer Vermittlung ethischer und sozialer Normen entwickelte. Dass unter diesen Normen die Mäßigung der Affekte einen hervorragenden Platz einnahm, machte sie nicht nur zu einem Hauptthema der symbolischen Wertevermittlung, sondern erforderte auch ein neues und vertieftes Reflektieren der ihrer Rolle angemessenen darstellerischen Mittel, eine ihr adäquate Dramaturgie, die der Affektkontrolle im literarischen, musikalischen und bildlichen Kunstwerk nicht weniger als der Affekterregung Rechnung trug. In der bildenden Kunst der Renaissance finden sich unzählige Darstellungen der personifizierten Tugend.

Dass Virtus auch eine Kategorie musikhistorischer Betrachtung zu sein vermag, erhellt sich schon aus der zentralen Bedeutung des Affektbegriffes für die Musik seit dem Mittelalter. So bezieht um 1025 Guido von Arezzo in seinem grundlegenden *Micologus* in seine neu begründete Kompositionslehre für den einstimmigen Gesang über die sprachanaloge Anordnung der musikalischen Elemente hinaus die affektiven Wirkungen ausdrücklich mit ein. Die Mimesis des Textgehaltes soll in eine entsprechende Wirkungsweise der Musik umgesetzt werden. Diese rhetorische Wirkungsabsicht wird in der Renaissance zum entscheidenden Impetus. Mit Berufung auf das VIII. Buch von Aristoteles' *Politik* wird seit Jacobus von Lüttich (um 1340) immer wieder die Macht der Musik mit ihren verschiedenen und wunderbaren ›delectationes‹ auf die menschliche Seele hervorgehoben. Die Extreme des ›Zuviel‹ und des ›Zuwenig‹, die nach Aristotelischer Lehre die Laster bedeuten, stehen der goldenen Mitte entgegen, auf der nach der gleichen Aristotelischen Anschauung zufolge die Tugend zu finden ist. Die Verknüpfung von Affekt und Tugend weist auch für die Musik den Weg. Im Anschluss an Platon sah Gioseffo ▸ Zarlino in der Einheit von Harmonie, Melodie und Rhythmus das Mittel zur Gemütsbewegung. Einerseits bedeutet Vokalmusik, mit der wir es ja im 15. und 16. Jahrhundert noch nahezu ausschließlich zu tun haben, zu allererst Ausdeutung des Textes, d.h. die Darstellung der im Text angelegten Affekte im Medium der Musik, dann aber auch andererseits den richtigen Weg zwischen einem Zuviel als auch einem Zuwenig der Textdarstellung zu finden und so zur Virtù, zur goldenen Mitte zu gelangen.

Literatur:
J. Poeschke u.a. (Hrsg.), *Tugenden und Affekte in der Philosophie, Literatur und Kunst der Renaissance*, Münster 2002 • M. Zywietz, *Affektdarstellung und Affektkontrolle in den »Bußpsalmen« des Orlando di Lasso*, in: dass., S. 95–108.

MZ

Vittorino da Feltre
* um 1378 Feltre, † 2.2.1446 Mantua

Der Humanist, Mathematiker und Pädagoge Vittorino de' Rambaldoni da Feltre gehörte zu den ersten bedeutenden Kennern der antiken Musiktheorie und ihrer handschriftlichen Überlieferung im 15. Jahrhundert. Sein wichtigster Beitrag zur Musikgeschichte der Renaissance bestand neben seiner Sammeltätigkeit von Handschriften antiker griechischer Musiktraktate in der Entwicklung einer modernen humanistischen Pädagogikkonzeption, die dem theoretischen und praktischen Musikunterricht wegen seines besonderen ethisch-moralischen Werts für die Charakterbildung junger Menschen eine Schlüsselrolle im Erziehungscurriculum zuwies. Musikrelevante Schriften aus Vittorinos Feder sind nicht bekannt.

Vittorino studierte von 1396 bis 1415 in Padua die ▸ Artes liberales mit besonderem Schwerpunkt auf den Fächern des ▸ Quadriviums; parallel erwarb er gründliche Kenntnisse in den ▸ Studia humanitatis. Seine Studienzeit fiel in eine Phase reger musikalischer und musiktheoretischer Aktivitäten an der Universität Padua, als dort der Komponist Johannes ▸ Ciconia und der Mathematiker Biagio Pelacani von Parma (1350–1416) wirkten. Seine Ausbildung als Humanist erhielt Vittorino bei dem Petrarca-Schüler Giovanni Conversini, bei Gasparino Barzizza (1360–1431) und Giovanni Guarino Veronese (1374–1460); letzterer erteilte ihm auch Griechischunterricht. Bis 1422 lehrte Vittorino wechselnd an der Universität Padua und an der Schule seines Lehrers Veronese in Venedig Rhetorik und Philosophie, bevor er im Jahre 1423 als Erzieher der Kinder des Markgrafen Gianfrancesco I. Gonzaga (1407–1444) nach Mantua berufen wurde. Dort leitete er bis zu seinem Tode eine mit Unterstützung seines Dienstherrn gegründete Humanistenschule für 30–40 Schüler adliger und bürgerlicher Abkunft, die nach ihrer Unterkunft in der nicht erhaltenen Casa Giocosa der Familie Gonzaga benannt war.

Die pädagogischen Zielsetzungen Vittorinos und seiner Schule waren an den Konzeptionen und Curricula der ▸ Artes liberales, der Studia humanitatis und des Pädagogiktraktats *De ingenuis moribus* (1405) von Pier Paolo Vergerio (1370–1444) orientiert. Im Gegensatz zu anderen italienischen Humanistenschulen und Universitäten des 15. Jahrhunderts genossen in der Giocosa jedoch die mathematisch-naturwissenschaftlichen Fächer des Quadriviums und damit auch die Musiktheorie besondere Aufmerksamkeit. Einen weiteren wichtigen Schwerpunkt dieser Schule bildete der obligatorische Musik-, Kunst- und Sportunterricht, den Vittorino in bewusster Anlehnung an altattische Bildungsideale eingeführt hatte. Das theoretische Fundament des Musikunterrichts an der Giocosa stellte nach Johannes Gallicus Legrense, dem musikgeschichtlich wohl bedeutendsten Schüler Vittorinos, die kritische Lektüre und Interpretation der *De institutione musica* des Boethius dar. Ein weiteres konstitutives Element der neuen humanistischen Musikkonzeption Vittorinos und seiner Schule bestand im obligatorischen Griechischunterricht nach den Methoden der byzantinischen Philologie, der das Studium der antiken griechischen Musiktheorie auf der Grundlage ihrer Originalüberlieferung in Westeuropa erst ermöglicht hat.

Literatur:
N. Giannetto (Hrsg.), *Vittorino da Feltre e la sua scuola, umanesimo, pedagogia, arti*, Firenze 1981 • G. Müller, *Mensch und Bildung im italienischen Renaissance-Humanismus, Vittorino da Feltre und die humanistischen Erziehungsdenker (Saecula spiritalia 9)*, Baden-Baden 1984 • I. Fenlon, *The Status of Music and Musicians in the Early Italian Renaissance*, in: *Le concert des voix et des instruments a la Renaissance*, hrsg. von J.-M. Vaccaro, Paris 1995, S. 57–70 • D. Glowotz, *Byzantinische Gelehrte in Italien zur Zeit des Renaissance-Humanismus, Musikauffassung, Vermittlung antiker Musiktheorie, Exil und Integration* (Schriften zur Musikwissenschaft aus Münster 22), Schneverdingen 2006.

DG

Voix de ville / Vaudeville

In der zweiten Hälfte des 16. Jahrhunderts florierte ein Ableger der französischen ▶ Chanson, der sich durch ausgeprägte Schlichtheit auszeichnete.

Die Benennung (eigentlich »Stimme[n] der Stadt«) geht höchstwahrscheinlich auf eine Verballhornung von »Vallée (Vau) de Vire« zurück, einer Örtlichkeit in der Normandie, die mit einer Tradition von Dichter-Sänger-Wettstreiten (›puys‹) in Verbindung gebracht wird. Auf diese Herkunft ist auch die mutmaßliche Aufführungsweise der Voix de ville zurückzuführen, bei denen sich ein Sänger aus dem Stegreif mit der Laute begleitete. Neben dieser populär bleibenden Erscheinungsform, die ausführlich im 1576 in Paris von Jean de Chardavoine herausgegebenen *Recueil des plus belles et excellentes chansons en forme de voix de ville, tirées de divers autheurs & Poëtes François, tant anciens que modernes* mit 186 sehr unterschiedlichen einstimmigen Singweisen dokumentiert ist, entstanden seit den späten 1540er-Jahren Voix de ville auch als mehrstimmige Sätze. Sie bilden nicht nur wie die monophonen Vertreter hinsichtlich dichterischem Aufwand, Länge und Art der Melodiebildung, sondern auch in ihrer deklamationsgeprägten, streng homophonen Satztechnik eine äußerste Reduktion der auf höfische und städtische Rezipienten zielenden ▶ Pariser Chanson. Bisweilen nehmen sie tanzhaften Charakter an und sind grundsätzlich mehr-, teilweise regelrecht vielstrophig. Sie stellen eine unkomplizierte Variante zur ihrerseits vermehrt zu größeren Gebilden tendierenden Chanson dar. Die Komponisten der verschiedenen Liedtypen überschneiden sich; so enthält Pierre ▶ Certons *Premier livre de chansons* (1552) 16 Voix de ville.

1571 propagiert Adrian ▶ Le Roy ›Air de cour‹ als Nachfolgeterminus, was aus der Retrospektive die Lokalisierung der Gattung im durchaus auch höfischen und gebildeten Milieu beleuchtet, publizierte aber selbst wieder 1573 sein *Premier livre de chansons en forme de vau de ville* mit der Schreibweise, die sich dann im 17. Jahrhundert durchsetzen sollte.

Literatur:
D. Heartz, *Voix de ville: Between Humanist Ideals and Musical Realities*, in: *Words and Music: The Scholar's View*, hrsg. von L. Berman, Cambridge 1972, S. 115–135 • J.-P. Ouvrard, *Populaire ou savante: La chanson en forme de voix de ville vers 1550 et le modèle italien de la poesia per musica*, in: *Meslanges pour le Xe anniversaire du Centre de Musique Ancienne Genève*, Genf 1988, S. 77–89.

NSCH

Vokalpolyphonie

Der Begriff ›klassische Vokalpolyphonie‹ geht auf Knud Jeppesen zurück und wurde von ihm zur Beschreibung des Palestrina-Stils des 16. Jahrhunderts verwendet. Hugo Riemann beschrieb dasselbe Phänomen als ›durchimitierenden Stil‹. Was in älterer Literatur problematischerweise oft als ›Blütezeit‹ oder ›Vollendung‹ betrachtet wird, basiert entwicklungsgeschichtlich auf einer Satzweise, die häufig mit dem Schlagwort ›niederländisch‹ belegt wird, da viele einflussreiche Komponisten des 15. und 16. Jahrhunderts aus dem ▶ frankoflämischen Raum stammten, der im 16. Jahrhundert zu den ▶ Niederlanden gehörte.

In der Entwicklung dieser ›niederländischen Vokalpolyphonie‹ lassen sich zwei Parameter beobachten. Geht man von Kontrapunkt und Dissonanzbehandlung aus, reicht sie zurück bis zu dem stilistischen Einfluß englischer Komponisten ab etwa 1420. Diese mehrstimmige Satzweise zeichnet sich durch lineare, relativ selbständige Stimmführung gepaart mit einer neuen Klanglichkeit (▶ Contenance angloise) aus, wobei im weiteren Verlauf zunehmend einheitsbildende Faktoren wie ▶ Cantus firmus und kanonische Techniken (▶ Kanon) eine große Rolle spielen. Desweiteren lässt sich ab der Josquin-Generation ein Übergang von melodischer Varietas (▶ Variation) hin zur Übernahme motivischer Arbeit beobachten; paarige Imitation bzw. Durchimitation und Soggetto-Bildung werden zur Norm. Teilweise abgelöst wird diese Entwicklung durch das Aufkommen einer neuen Musik um 1600, welche stark mit dem Namen Claudio ▶ Monteverdi verbunden ist. Als kontrapunktisch konservative ›prima pratica‹ sowie unter der Bezeichnung ›stile antico‹ pflanzt sich der strenge Satz jedoch weiter bis in die Barockzeit fort und bleibt vor allem durch den Einfluß des Kontrapunkt-Lehrwerks *Gradus ad Parnassum* von Johann Joseph Fux zumindest in der Kompositionslehre im Grunde bis heute aktuell.

Literatur:
K. Jeppesen, *Kontrapunkt. Lehrbuch der klassischen Vokalpolyphonie*, Wiesbaden 1963 • D. de la Motte, *Kontrapunkt. Ein Lese- und Arbeitsbuch*, Kassel 1981 • H.H. Eggebrecht, *Musik im Abendland. Prozesse und Stationen vom Mittelalter bis zur Gegenwart*, München 1996.

RKF

Volkslied

Für Musik des 15. und 16. Jahrhunderts ist der Begriff gebräuchlich (auch in anderen Sprachen wie ›popular song‹, ›canzone popolare‹, ›chanson populaire‹, vgl. auch ▶ ›chanson rustique‹) und gleichzeitig in besonderem Maße problematisch, da zahlreiche ›Volkslieder‹ im 19. Jahrhundert, insbesondere von Franz Magnus Böhme, als textierte Melodie aus mehrstimmig komponierten Renaissance-Liedsätzen extrahiert und als präexistente, ›im Volke‹, d.h. allgemein bekannte Liedweisen ausgewiesen wurden. In der Geschichtsschreibung wird die Existenz derartiger Lieder als Basis polyphoner Werke dann wiederum bereitwillig als bewusste Reflexion ›volkstümlicher‹ Elemente in der Kunstmusik interpretiert. Diese zirkelschlüssige Annahme betrifft Lieder wie z.B. das französische ▶ *L'homme armé* ebenso wie das deutsche *Ich stund an einem Morgen*, die beide in vielfältigen musikalischen Inkarnationen vorkommen, für die aber keine usuelle, gegebenenfalls einstimmige Existenz vor der mehrstimmigen Überlieferung nachweisbar ist, somit wie in fast allen analogen Fällen die Entstehungsbedingungen der textlichen und musikalischen Substanz, die als Volkslied-Schicht eingeschätzt wird, nicht klar sind. Ebensowenig ist es methodisch unzweideutig eruierbar, in welchem Ausmaß Lieder, die genuin einstimmig überliefert sind oder Merkmale tragen, die als ›volksliedhaft‹ verstanden werden, auf schriftlos kursierendem Liedmaterial beruhen oder aber in stilisierender Absicht hergestellt wurden. Schließlich erfuhren etliche Lieder bereits im 16. Jahrhundert eine umfangreiche, ihre Popularität dokumentierende Rezeption in unterschiedlichsten, teils die Substanz nachhaltig verändernden Existenzformen (notenlose Überlieferung mit und ohne Tonangabe, Kontrafaktur, Instrumentalversion, Bearbeitung, Neukomposition); auch die nachträgliche vereinfachende Isolierung einer Stimme aus einem polyphonen Gewebe ist bereits in zeitgenössischen Drucken belegt. ›Das Volkslied‹ erweist sich damit als Konstruktion.

Die methodischen Komplikationen und Widersprüche einerseits und die Instrumentalisierung der Volkslied-Idee für die Interessen einer nationalen, später nationalistischen Identität (beginnend mit Johann Gottfried Herder am Ende des 18. Jahrhunderts) machen den Begriff als wissenschaftlichen Terminus prekär. Im außerdeutschen Sprachraum wird vom populären Lied häufiger ohne Problematisierung gesprochen, in der deutschen Terminologie ist er heute im Zusammenhang mit Musik des 15. und 16. Jahrhunderts berechtigterweise nur noch als heuristischer Begriff zu verwenden, nachdem ihn die Renaissanceliedforschung (zuerst in der deutschen Philologie seit Mitte des 19. Jahrhunderts, dann in der Musikwissenschaft seit dem 20. Jahrhundert) als typologischen Gegenbegriff zu ursprünglich »Gesellschaftslied«, nachfolgend ▶ »Hofweise« etablierte. Mit dieser starren Dichotomie klassifizierte man polar ein in Wirklichkeit breites und vielfach abgestuftes Spektrum an Liedtypen, die sich hinsichtlich sprachlicher, formaler, melodischer und gegebenenfalls satz- und kompositionstechnischer Gestaltung unterscheiden und ein in sich differenziertes System an bewusst gewählten Stilebenen ausprägen, die man in der Literaturwissenschaft Register nennen würde.

In Abgrenzung zur Hofweise werden bestimmte Eigenschaften mit dem idealtypischen Volkslied verbunden: Die Gedichte kreisen um konkrete, lebensnahe Situationen, die thematisch von Liebes- bis zu Trinkliedern reichen und in handlungs- oder vergleichs- und bilderreicher Sprache durchgespielt werden. Der Verlauf fügt sich meist assoziativ oder sprunghaft, die Syntax tendiert zur Reihung einfach gebauter Sätze bzw. Satzteile, die in Übereinstimmung mit der Verseinheit zu stehen pflegen. In der Formgebung genießt der Volksliedtypus große Freiheit: sowohl in der Versmetrik, in der im Deutschen auf- und abtaktige Verse sowie klingende und stumpfe Kadenzen in zwanglosem Wechsel vorkommen können und Hebungszahl wie auch Versfüllung unschematisch gehandhabt werden, als auch hinsichtlich des Strophenbaus, der in Verszahl und Reimbindung freie Bildungen ebenso wie Vierzeiler und Varianten der achtzeiligen Hildebrandstrophe ermöglicht. Die Anzahl der Strophen ist offen.

Auch in der Vertonung herrscht relativ große Freiheit im Sinne betonter musikalischer Autonomie. Da vom Volksliedtypus wegen des besonderen Augenmerks auf die (einstimmige) Liedweise überwiegend im ▶ Tenorlied die Rede ist und es sich um einen ▶ Cantus-firmus-Satz handelt, ist die Liedmelodie vor allem nach objektiven musikalischen Interessen gestaltet und orientiert sich nicht unbedingt am syntaktischen, deklamatorischen oder gar inhaltlichen Textverlauf. Merkmale wie kleiner Ambitus, überschaubare Phrasenbildung, unprätentiöse Melodik heben den erwünschten populär wirkenden Charakter hervor. Durchkomposition ist üblich. Bei der für den Volksliedtypus charakteristischen Mehrfachbearbeitung der gleichen Melodie durch denselben oder verschiedene Komponisten wird über den melodischen Ausgangsstoff recht frei verfügt, der so zur Materialgrundlage für teils ambitionierte Tonsätze wird. Liedzeilen können durch lange Pausen voneinander getrennt und durch Augmentation oder Diminution modifiziert werden. Rhythmus und Diastematik sind veränderbar und die Melodie fungiert als Konstruktionsbasis eines nicht selten anspruchsvollen kontrapunktischen Gefüges, bei dem die ruhig bewegte Liedmelodie sich deutlich von den umgebenden Stimmen abhebt oder auch durch Imitation oder Kanon in den Satz ausstrahlt.

Literatur:
F.M. Böhme, *Altdeutsches Liederbuch – Volkslieder der Deutschen nach Wort und Weise aus dem 12. bis zum 17. Jahrhundert*, Leipzig 1877 • W. Seidel, *Die Lieder Ludwig Senfls* (Neue Heidelberger Studien zur Musikwissenschaft 2), Bern 1969 • K. Gudewill, *Deutsche Volkslieder in mehrstimmigen Kompositionen aus der Zeit von ca. 1450 bis ca. 1630*, in: *Handbuch des Volksliedes* (Motive. Freiburger folkloristische Forschungen I/II), hrsg. von R.W. Brednich u.a., Bd. 2, München 1975, S. 439–490 • N. Grosch, *Die Altdeutschen Volkslieder des 19. Jahrhunderts – Auf den Spuren einer editorischen Fälschung*, in: *Vom »Wunderhorn« zum Internet – Perspektiven des »Volkslied«-Begriffs und der wissenschaftlichen Edition populärer Lieder*, hrsg. von E. John, Trier (Druck i. Vorb.).
NSCH

Voluntary

Voluntary ist eine englische Gattung für Orgel, die improvisiert wurde oder aus quasi improvisatorischen Kompositionen bestand. Die Stücke wurden innerhalb der Liturgie der anglikanischen Kirche gespielt, entweder zum Offertorium oder nach den Psalmen bzw. der zweiten Lesung in Morning Prayer und Evensong. Frühe Beispiele an Voluntaries finden sich im Mulliner Book (um 1560). Ein präludienartiger Eingangsabschnitt, gefolgt von fugierter Satzweise treten hier bereits auf und bestimmen auch in der Folgezeit die Gattung. Stilistisch stehen sie anderen üblichen Gattungen der Instrumentalmusik nahe wie ▸ Fantasia, ▸ Toccata, ▸ Präludium. *My Lady Nevells Booke* von William ▸ Byrd enthält drei Voluntaries. Voluntaries wurden auch in der zeitgenössischen Theorie beschrieben wie bspw. in Thomas ▸ Morleys *A Plaine and Easy Introduction to Practicall Musick* (1597), hier als relativ leicht zu bewältigende Improvisation: »To make two parts upon a plaine-song is more hard than to make three parts into voluntary«. Die Tradition der Voluntaries wurde bis ins 18. Jahrhundert fortgesetzt und im 19. und 20. Jahrhundert im Zuge der Renaissance alter Musik wiederbelebt.

Literatur:
B. Schilling-Wang, *Voluntary*, in: *MGG²*, Bd. 9 (Sachteil), 1998, Sp. 1763–1766.

Votivantiphon ▸ Antiphon

Votivmesse ▸ Messe

Vulpius, Melchior
* um 1570 Wasungen bei Meiningen, bestattet 7.8.1615 Weimar

Der Komponist, Lehrer und Musikschriftsteller Vulpius bekam 1592 seine erste Stelle als Lehrer im Schleusinger Gymnasiums in Speyer, nachdem er sich zuvor mit geringen geldlichen Mitteln als Anerkennung für seine Kompositionen durchschlagen musste (zu Details siehe Eggebrecht und Braun). 1596 wurde er im Weimarer Stadtkantorat angestellt, wo er u.a.

mit Johann Hermann Schein zusammenarbeitete (1615). – Für sein Selbstverständnis als Komponist und zugleich für seine aufgrund von mindestens 10 Kindern notwendige Sorge um finanzielle Absicherung zeugt, dass er 1601, also vor dem Druck seiner ersten Kompositionen, die kurfürstliche und kaiserliche Schutzfrist für seine Kompositionen beantragte; seine Evangeliensprüche hatten denn auch bis zu vier Auflagen, von deren Verkauf er profitierte. Diese heute noch beliebten insgesamt 55 Evangeliensprüche auf Bibeltexte (*Erster Theil deutscher Sonntäglicher Ev. Sprüche, vom Advent biß auff Trinitas 4v.*, Jena 1612 und *Der ander Theil [...] von Trinitas bis auf Advent 4–5v.*, Jena 1614) enthalten Motetten für das ganze Kirchenjahr; die Satzstruktur wechselt zwischen imitatorischen, teils melismatischen, teils syllabischen Partien und homophonen syllabischen, zwischen vollstimmigen und zwei- oder dreistimmigen Abschnitten, zwischen geradzahligem und Dreiermetrum. Zudem gab er drei Individualdrucke mit insgesamt 138 Motetten heraus (*Cantionum sacrarum*, 1602, 1603, 1610), deren erste beide ebenfalls zum zweiten Mal aufgelegt wurden; unter Verwendung der gleichen Techniken sind sie in ihrer Sechs- bis Achtstimmigkeit anspruchsvoller als die Evangeliensprüche komponiert und wurden von Vulpius vielfach überarbeitet (die zweite Fassung des ersten Buches ist eine verbesserte; siehe Ziegler). *Canticum beatissime Mariae* für 4–6 und mehr Stimmen (1605) enthält 26 Magnificat-Vertonungen, wobei er, wie üblich, nur die geradzahligen Verse mehrstimmig setzte (die ungeradzahligen blieben einstimmig). Vulpius hat zu zwei Sammlungen von ▸ Kantionalsätzen über 30 Beiträge geleistet; zu *Kirchen Geseng vnd Geistliche Lieder D. Martini Lutheri [...]* (1604) hat er das Vorwort verfasst, wahrscheinlich sind nur zwei der 81 Vertonungen von ihm; *Ein schön geistlich Gesangbuch [...]*, 1609) enthält unter 260 Sätzen 31 von Vulpius, darunter *Ach bleib mit deiner Gnade* (Melodie ebenfalls von ihm), *Ein Lämmlein geht und trägt die Schuld* und *Komm her zu mir, spricht Gottes Sohn*.

Ausgaben:
Matthäuspassion, hrsg. von K. Ziebler, Kassel 1934; *12 sonntägliche Evangeliensprüche*, hrsg. von H.-H. Eggebrecht, Kassel 1950; *Deutsche Sonntägliche Evangeliensprüche*, hrsg. von H. Nitsche und H. Stern, Stuttgart-Hohenheim 1960; 12 *Magnificat* (aus *Canticum*, 1605) und *Deus spes nostra 8v.*, in: *Antiquitates musicae in Polonia*, hrsg. von J. Golos und T. Maciejewski, Warschau 1970; zwei Motetten in: Die Motette 220 und 197, Stuttgart-Hohenheim 1968 und 1990.

Literatur:
H.H. Eggebrecht, *Melchior Vulpius. Leben und Werk*, Diss. Jena 1949, sowie *Die Matthäuspassion von M. Vulpius* (1613), in: Die Musikforschung 3 (1950), S. 143–148 • K. Finke, *Musikerziehung und Musikpflege an den gelehrten Schulen in Speyer vom Mittelalter bis zum Ende der freien Reichsstadt* (Mainzer Studien zur Musikwissenschaft 5), Tutzing 1973 • R. Ziegler, *Überarbeitung und Neukonzeption am Beispiel dreier Motetten von M. Vulpius*, in: *Festschrift Heinrich Deppert*, hrsg. von W. Budday, Tutzing 2000, S. 9–73 • W. Braun, *Vulpius*, in: MGG², Bd. 17 (Personenteil), 2007, Sp. 251–254.

Waelrant, Hubert
* um 1517 Antwerpen (?), † 19.11.1595 ebenda

Waelrant ist musikgeschichtlich vor allem als Musikverleger von Bedeutung. Er publizierte in den 1550er Jahren zusammen mit Jan de Laet im wirtschaftlich blühenden Antwerpen eine beträchtliche Anzahl an Sammlungen, die Tilman ▸ Susatos bereits seit den 1540er Jahren etabliertem größeren Unternehmen durchaus Konkurrenz machten. Dazu gehören acht Motettenbände, deren erster 1554 publiziert wurde, mit Werken von Jacobus ▸ Clemens non Papa, Thomas ▸ Crecquillon und weniger bekannten frankoflämischen Komponisten sowie von ihm selbst (*Sacrarum cantionum [...] liber sextus*, 1558); die Bände tragen zum Bild der Motette im frankoflämischen Bereich um die Mitte des 16. Jahrhunderts bei (▸ frankoflämische Musik). Die vier Sammlungen *Jardin musical, contenant plusieurs belles fleurs de chansons [...]* (um 1555/1556) enthalten insgesamt 97 drei- und vierstimmige frankoflämische Chansons (der Typen Chanson courtoise, Chanson grivoise, Chanson spirituelle und narrativer Chanson; Taggart, Bd. 1, S. XV), wiederum mit Kompositionen von Clemens (10), Crecquillon (10) und Waelrant (14), Petit Jan de Latre (5), Jean Louys (4) und von einer Anzahl weniger bekannter, im wesentlichen frankoflämischer Komponisten, die zum Teil in flämischen Städten oder an den Höfen Kaiser ▸ Karls V. beschäftigt waren; hinzu kommen drei französische Komponisten, darunter Clement ▸ Janequin mit zwei Chansons. Dass der relativ wenig bekannte Jean Caulery mit den meisten Kompositionen (17) vertreten ist, ist möglicherweise auf dessen Beteiligung an den Druckkosten zurückzuführen. Die Liedsammlungen bieten eine Auswahl anspruchsvoller frankoflämischer durchimitierender Chansons, deren Auswahl auf Waelrants eigene kompositorische Fähigkeiten verweist. Waelrant ist einer der ersten Komponisten im frankoflämischen Bereich, der sich in größerem Umfang der Komposition von italienischen ▸ Madrigalen widmete, von denen er neun zusammen mit Chansons in dem Individualdruck *Il primo libro de madrigali e canzoni francezi* 1558 publizierte. Weitere 30 Madrigale erschienen 1565 in *La canzon napolitane*, eine große Anzahl blieb unveröffentlicht. Wie seine Lieder im Vergleich mit denjenigen von Clemens und Crecquillon progressiv gestaltet sind, zeichnen sich auch seine Madrigale durch fortschrittliche Kompositionstechniken aus;

sie verbinden niederländische Kontrapunktik mit den neuen italienischen Merkmalen des intensiven Textbezugs, der sich in deklamatorischer und harmonisch reicher und chromatischer Gestaltung offenbart; wahrscheinlich hatte er die italienische Kompositionstechnik durch Orlande de ▸ Lassus bei dessen Antwerpen-Aufenthalt kennen gelernt; Waelrant war selbst wohl nie in Italien, sondern weilte lebenslang in Antwerpen. Berühmt wurde sein Lied *Als ick u vinde / Vorria morire*, das bis ins 20. Jahrhundert in verschiedenen Bearbeitungen erschien. – Waelrant soll zudem an der Erfindung eines neuen Solmisationssystems maßgeblich beteiligt gewesen sein (›Bocedisation‹ oder ›Voces belgiae‹).

Ausgaben:
Madrigali e canzoni francezi, hrsg. von G.R. Hoekstra (Recent Researches in the Music of Renaissance 88), Madison 1991; *Chansons published by Hubert Waelrant and Jean Laet. Jardin musical* Bde. 1–4 (Sixteenth-century Chanson 1-2), hrsg. von T. McTaggart, 2 Bde., New York 1992; *Liber sextus sacrarum cantionum* (Recent Researches in the Music of Renaissance 125), hrsg. von R.L. Weaver, New York 2001.

Literatur:
W. Piel, *Studien zum Leben und Schaffen Hubert Waelrants unter besonderer Berücksichtigung seiner Motetten*, Marburg 1969 • R.L. Weaver, *Waelrant and Laet: Music Publishers in Antwerp's Golden Age*, Warren/Michigan 1995 • T. McTaggart, *Hubert Waelrant's ›Jardin Musical‹ (Antwerp 1556) and the Franco-Flemish Chanson*, Diss. Univ. of Chicago 1998 • E. Schreurs, *Waelrant*, in: *MGG²*, Bd. 17 (Personenteil), 2007, Sp. 271–272.

Wait

Wait ist im 15. und 16. Jahrhundert die englische Bezeichnung für Stadtpfeifer. Sie geht auf die mittelalterlichen Wächter zurück, die an den Toren von Städten oder Burgen die Ankunft von Fremden mit Signalen (meist auf Hörnern gespielt) meldeten. Im Unterschied zu den mittelalterlichen Wächtern waren die späteren Waits keine Wächter mehr, sondern Berufsmusiker, die auch mehrere Instrumente spielen konnten. Üblich waren Schalmeien und Posaunen, eine Gruppe bestand meist aus einer Posaune und zwei oder drei Schalmeien (als ›wayte-pipes‹ bezeichnete Schalmeien benutzten auch die ebenfalls als Waits bezeichneten Wächter von privaten Haushalten). Die Waits spielten als städtische Angestellte bei zeremoniellen Anlässen, durften aber auch als Straßenmusiker auftreten, um zusätzlich Geld zu verdienen. Ab dem 16. Jahrhundert waren die Instrumente der Waits nicht mehr auf die ▸ Alta musica beschränkt, sondern umfassten auch andere Instrumente (z.B. Gamben oder Blockflöten) sowie den Gesang.

Literatur:
L.G. Langwill, *The Waits: a Short Historical Study*, in: Hinrichsen's Musical Year Book 7 (1952), S. 170–183 • R. Rastall, *Wait*, in: *Grove*, Bd. 27, 2001, S. 4–5.

Walter, Johann
* 1496 Kahla (Thüringen), † 25.3.1570 Torgau

Johann Walter gilt als Begründer der deutschen evangelischen Kirchenmusik. Sein *Geystliches gesangk Buchleyn* gehört zusammen mit dem *Achtliederbuch* und dem *Erfurter Enchiridion* zu den ersten, 1524 herausgegebenen Gesangbüchern mit reformatorischen Kirchenliedern.

Er studierte ab 1517 an der Unversität Leipzig; es wird angenommen, dass Georg ▸ Rhau, sein späterer Verleger, oder auch Johannes ▸ Galliculus zu seinen Lehrern gehörten. 1520/1521 wurde er Sänger an der Hofkapelle Friedrichs des Weisen, der in Torgau und Altenburg residierte. 1524 gab er die erste Auflage seines *Geystliche gesangk Buchleyns* heraus. 1524/1525 weilte er mit Conrad Rupsch in Wittenberg als Berater Martin ▸ Luthers bei der Ausarbeitung der *Deuschen Messe* (s. Praetorius, Teil 1, S. 449–453, Bericht). Luther und

Philippe ▸ Melanchthon setzten sich für ihn ein, nachdem die Kapelle 1525 nach dem Tod Friedrichs des Weisen aufgelöst wurde, und bewirkten die Bewilligung einer Dotation. In der Zeit von 1527 bis 1529 erhielt Walter zwei neue Stellungen: Er wurde Schulkantor an der Torgauer Lateinschule und Stadtkantor einer Kantorei aus ehemaligen Kapellsängern der Hofkapelle und Torgauer Bürgern, die als die erste Stadtkantorei gilt, aber auch in den Hofgottesdiensten sang; er leitete sie 20 Jahre lang. 1548 wurde er von dem neuen Herrscher und Eroberer Kurfürst Moritz übernommen und mit der Gründung einer neuen Hofkapelle in Dresden beauftragt, der er sechs Jahre vorstand und die er zu einer Kapelle mit 38 Personen – darunter auch 10 Instrumentalisten – ausbaute. In den theologischen Streitigkeiten blieb er konstant auf der Seite der Gnesiolutheraner. 1554 ließ er sich pensionieren und zog sich nach Torgau zurück, blieb aber nicht nur musikalisch, sondern auch kirchenpolitisch aktiv mit Lehr- und Streitgedichten, Liedtexten, Briefen und Gesprächen (was ihm beinahe den Verlust seiner Pension einbrachte).

Walters Gesangbuch ist eines der bedeutendsten Zeugnisse der reformatorischen Kirchenmusik lutherischer Prägung. Er gab es bis 1551 in sieben überwiegend neu bearbeiteten Auflagen mit einer zunehmenden Anzahl an Gesängen sowie Bearbeitungen von bereits enthaltenen Gesängen heraus (siehe dazu detailliert die Arbeiten von Asper und Blankenburg). Das Buch enthält nicht einstimmige Lieder zum Gemeindegesang, sondern mehrstimmige Sätze, in der ersten Ausgabe überwiegend mit ▸ Cantus firmus im Tenor, der oft auch kanonisch geführt wird; die Sätze sind teils homophon, teils polyphon, wobei ein erster Teil überwiegend vierstimmige deutsche Liedsätze enthält und ein zweiter »Cantiones latinae« von bis zu sechs Stimmen. In höheren Auflagen nimmt die Anzahl der »Cantiones latinae« zu, Zeugnis des Gebrauchs lateinischsprachiger Musik im reformierten Gottesdienst. Walters Kompositionstechnik beruht erstens auf der Praxis mehrstimmiger Bearbeitung lateinischer Propriumsgesänge, zweitens auf dem Tenorlied und drittens auf der Cantus firmus-freien Motette. Walter hat u.a. die lutherschen Lieder *Ach Gott vom Himmel sieh darein, Mit Fried und Freud ich fahr dahin, Wär Gott nicht mit uns diese Zeit* mehrstimmig vertont. – Weitere lateinische Kompositionen sind in Sammeldrucken bei Georg Rhau erschienen, der Walter in jeder seiner Publikationen vertreten haben wollte, andere sind handschriftlich überliefert in den *Torgauer Walter-Handschriften*, die Walter für seine Kantorei anlegte; sie enthalten das Repertoire der mehrstimmigen Musik für die Liturgie des reformatorischen Gottesdienstes, wobei zahlreiche Konkordanzen mit dem *Chorgesangbuch* bestehen. Als Individualdruck erschien 1544 der prunkvolle Kirchweihpsalm *Cantio septem vocum [...]*, der außer dem Text von Psalm 119 eine Huldigung auf den Kurfürsten und eine auf Melanchthon enthält und somit zugleich »Staatsmotette und reformatorisches Bekenntnis« (Stalmann, Sp. 434) ist; des weiteren erschien 1557 ein Magnificat-Zyklus, der wahrscheinlich für Sonntagsvespern am Dresdener Hof entstand. 1566 erschien seine späte Bekenntnissammlung *Erhalt uns Herr bei deinem Wort* mit 17 deutschen und vier lateinischen Kompositionen. Daneben stehen einige Individualdrucke weiterer deutscher Lieder.

Antrieb und Legitimation von Walters musikalischer Arbeit war seine religiöse Anschauung, die sich in seiner Musik manifestierte und deren Funktion er in lutherischer Weise als Lob- und Verkündigungsmusik verstand (Asper, S. 11), wie aus seinen Lehrgedichten *Lob und Preis der löblichen Kunst Musica* (1538) sowie *Lob und Preis der himmlischen Kunst Musica* (1564) hervorgeht. Dabei vertrat er keineswegs das Ideal der Einfachheit und Einstimmigkeit zur Verwirklichung von Textverständlichkeit wie in der anglikanischen Kirche oder im Calvinismus; vielmehr galt ihm gerade kunstvolle mehrstimmige Musik als für religiöse Zwecke von Lob und Verkündigung geeignet, wie denn auch seine mehrstimmigen Lieder bezeugen, von denen einige Melodien erst nachträglich zu Gemeindeliedern wurden. Walter hat somit auch theoretisch den Grundstein zu einer anspruchsvollen evangelischen Kirchenmusik gelegt.

Ausgaben:
Sämtliche Werke, hrsg. von O. Schröder u.a., 6 Bde., Kassel 1943–1970.

Literatur:
U. Asper, *Aspekte zum Werden der deutschen Liedsätze in Johann Walters »Geistlichem Gesangbüchlein« (1524–1551)*, Baden-Baden 1985 • W. Blankenburg, *Johann Walter. Leben und Werk*, aus dem Nachlaß herausgegeben von Friedhelm Brusniak, Tutzing 1991 • L. Lütteken, *Patronage und Reformation. Johann Walter und die Folgen*, in: *Traditionen in der mitteldeutschen Musik des 16. Jahrhunderts*, Göttingen 1999, S. 63–74 • J. Stalmann, *Walter, Familie* in: MGG², Bd. 17 (Personenteil), 2007, Sp. 430–437.

ES

Wannenmacher, Johannes
* um 1485 Neuenburg am Rhein, † vor Juni 1551 Interlaken

Der Chorleiter und Komponist Wannenmacher wurde 1510 Kantor der Sängerschule des Berner Münsters; 1513 wurde er zum Succentor des Chorherrenstifts befördert, im selben Jahr zum Kantor auf Lebenszeit an St. Niklaus in Freiburg im Üchtland (Fribourg) berufen, wo auch Hans ▸ Kotter als Organist angestellt war; 1515 wurde er Stiftskantor. Wannenmacher pflegte den Kontakt zu süddeutschen und deutschschweizerischen Humanisten und Reformatoren, unter anderem auch zu Heinrich ▸ Zwingli und Bonifacius ▸ Amerbach. 1530 wurden Wannenmacher und Kotter wegen ihren Sympathien für die Reformation verhaftet und aus der Stadt vertrieben. Wannenmacher erhielt 1531 eine Stelle als Schreiber in Interlaken. – Wannenmacher wurde von Heinrich ▸ Glarean, zu dem er Kontakte pflegte, sehr geschätzt. Im *Dodecachordon* ist seine Motette *Attendite popule meus* überliefert, die anlässlich des Friedens von Fribourg (1516) zwischen der Eidgenossenschaft und dem König von Frankreich, ▸ Franz I., aufgeführt wurde. Wannenmacher komponierte insbesondere geistliche Musik für sein Kirchenamt (Motetten, Ordinariumssätze). An weltlichen Kompositionen sind die fünfstimmige Motette *Enconomium urbis Bernae* (1535) sowie eine Anzahl Lieder erhalten. Außer im *Dodecachordon* sind seine Kompositionen im Liederbuch von Aegidius Tschudi, in Christoph Piperinus' Handschrift für den Musikunterricht von Amerbachs Sohn und in Heinrich Glareans *Epitome* überliefert. Wannenmachers Kompositionsweise deckt die in der ersten Hälfte des 16. Jahrhunderts übliche Bandbreite von repräsentativen Cantus firmus-Motetten zu freien durchimitierenden Kompositionen mit dem Wechsel von geringstimmigen und vollstimmigen, homophonen und polyphonen Abschnitten ab. Besonders erwähnenswert ist diesbezüglich die umfangreiche fünfteilige Motette *An Wasserflüssen Babylons*, die bis zur Sechsstimmigkeit reicht.

Literatur:
A. Gering, *Johannes Wannenmacher*, in: Schweizerisches Jahrbuch für Musikwissenschaft 6 (1933), S. 127–156 • F. de Capitani, *Music in Bern. Musik, Musiker, Musikerinnen und Publikum in der Stadt Bern vom Mittelalter bis heute*, Bern 1993 • M. Wald, *Wannenmacher*, in: MGG², Bd. 17 (Personenteil), 2007, Sp. 471–473.

Ward, John
* 8.9.1571 Canterbury

Ward stand im Dienst der Familie Fanshawe, auf deren Landsitz Ware Park in Hertfordshire er neben Verwaltungsaufgaben das häusliche Musizieren zu beaufsichtigen hatte und eine herausgehobene Stellung einnahm. In London war er 1624 bis 1631 als »Attorney and Clerk of the King's Remembrancer's Office« tätig.

Ward komponierte Instrumentalmusik (▶ Fantasien und ▶ In nomine-Kompositionen für Violenensemble), zwei ▶ Messen und zahlreiche Verse anthems (▶ Anthem) sowie ▶ Madrigale, die 1613 in einer Henry Fanshawe gewidmeten Sammlung veröffentlicht wurden (*The First Set of English Madrigals to 3, 4, 5 and 6 Parts apt both for Violos and Voyces, with an MorningSong in Memory of Prince Henry*). Die 28 drei- bis sechsstimmigen Madrigale nach Texten von Philip Sidney, Francis Davison, Bartholomew Young, Michael Drayton haben überwiegend melancholischen Charakter, das letzte ist programmatisch dem Angedenken Prinz Heinrichs gewidmet. Die Madrigale sind durch Madrigalismen geprägt – wie beispielsweise das auskomponierte Fliegen auf *Fly not so fast* mit Achteln nur auf *fly* und *fast* – und zeigen ungewöhnliche Dissonanzbehandlung auf.

Literatur:
J. Hammel, *Kadenz und Rhetorik: Studien zu John Wards sechsstimmigen Madrigalen*, Saarbrücken 1995.

ES

Watson, Thomas
* um 1557 London, † 1592 ebenda

Der zu den ›New Poets‹ gehörende Watson, der Sprachen und Literatur sowie Jura studiert hatte, übersetzte Francesco Petrarcas Sonette ins Englische und wurde durch seinen Gedichtzyklus *The ekatompatia* (1582) bekannt. Musikgeschichtlich ist er durch seine Publikation *The First Set of Italian Madrigalls Englished* (1590) von Bedeutung, eine Publikation von Madrigalen, die er zum Teil wahrscheinlich auf seiner Italienreise gesammelt hatte und deren Texte er ins Englische übertrug. Vor seiner Veröffentlichung war bereits *Musica transalpina* (1588) von Nicolas Yonge erschienen, so dass seine Bestrebungen mit der intensiven Rezeption des italienischen Madrigals in England zusammenfielen und sie beförderten. Die Sammlung Watsons enthält hauptsächlich Madrigale von Luca ▶ Marenzio, darin ist aber auch das als erstes gedrucktes englisches Madrigal geltende *This sweet and merry month of May* William ▶ Byrds sowohl in vier- als auch in sechsstimmiger Fassung und jeweils ein Madrigal von Girolamo Conversi, Giovanni Maria ▶ Nanino und Alessandro ▶ Striggio enthalten.

Ausgaben:
The First Set of Italian Madrigalls Englished (Musica Britannica 74), hrsg. von A. Chatterley, London 1999.

Literatur:
J. Kerman, *The Elizabethan Madrigal*, New York 1962.

ES

Weelkes, Thomas
getauft wahrsch. 25.10.1576 in Elsted/Sussex (?), begraben 1.12.1623 London

Weelkes gehört zu den bedeutendsten englischen Madrigalisten und war auch ein namhafter Komponist der englischen Kirchenmusik. – Er war wahrscheinlich Sohn des Pfarrers von Elsted und erhielt, nach Förderung durch höherstehende Persönlichkeiten, 1598 ein Organistenamt am Winchester College. Sein erstes Madrigalbuch erschien 1597, weitere folgten 1598, 1600 und 1608. 1601 oder 1602 wechselte er an die Kathedrale von Chichester als Organist und ›informator choristarum‹, ebenfalls 1602 erhielt er den Bachelor of Music an der Oxford University. Weelkes bezeichnete sich in seinem vierten Madrigalbuch als

›Gentleman of the Chapel Royal‹; da sein Name in den Akten nicht erscheint, wird angenommen, dass er außerordentliches Mitglied der Kapelle gewesen sein könnte. 1617 wurde Weelkes aus seinem Posten wegen Trunksucht entlassen, Anfang der 1620er Jahre jedoch wieder eingestellt.

Weelkes' erste Sammlung *Madrigals to 3.4.5. & 6. Voices* (1597) ist noch relativ traditionell und an niederländisch beeinflusster englischer Kompositionsweise orientiert, indem die dreistimmigen polyphon-imitatorisch gehalten sind, die vier- bis sechsstimmigen die klanglichen Möglichkeiten von Stimmkombinationen nutzen. Weelkes' typische, deutlich textbezogene Kompositionsweise, die italienischen Vorbildern bzw. der italienisierten englischen Tradition Thomas ▸ Morleys der 1590er Jahre folgt, ist ab seiner zweiten Sammlung *Ballets and Madrigals to five Voyces, with one to 6. voyces* (1598) deutlich ausgeprägt, wobei er sich nicht nur, wie immer behauptet wird, an den *Ballet*-Bearbeitungen Morleys, sondern auch an Balletti Giovanni Giacomo ▸ Gastoldis direkt orientierte: Die Sammlung besteht überwiegend aus strophisch zweiteiligen Stücken mit dem typischen »Falala« (bei Weelkes in Anlehnung an Gastoldi auch »Lalala« oder »Nonono«).

In den *Madrigals of 5. and 6. Parts, apt for the Viols and voices* (1600) sind Madrigalismen sehr deutlich ausgeprägt. Besonders herausragend ist das tonmalerisch gehaltene *Mars in a fury* sowie die *Madrigals of five Parts* (1600), deren erstes Lied *Cold Winters Ice is Fled and gone* wohl eine der ersten Kompositionen ist, in der der Winter auf dem Wort »cold« tonmalerisch behandelt ist. In der Verwendung von Chromatismen und innovativen Harmoniefolgen überragt Weelkes viele seiner englischen Komponistenkollegen. Die *Ayeres or Phantasticke Spirites for three voices* (1608) sind strophisch angelegt, die Textausdeutung tritt somit zurück. Weelkes' Beitrag zu Morleys *The triumph of Oriana* bestand aus dem sehr anspruchsvollen imitatorisch gearbeiteten Madrigal *As Vesta was descending*. Er hat zudem, wie Orlando ▸ Gibbons und Richard ▸ Dering, mit dem Consort Song *The cries of London* zu den ›city and country cries‹ beigetragen.

Weelkes' Kirchenmusik ist vermutlich während der Chichester-Zeit entstanden. Nach Brown (S. 180–199) und Long (S. 164) sind zehn ▸ Services bekannt:

1. The First Service to the organs in Gamut (enthält Te Deum, Jubilate, Offertorium, Kyrie, Credo, Magnificat und Nunc dimittis).
2. The Second Service to the organs in D, sol, re (gleiche Sätze wie 1.).
3. Evening Service ›to the organs in F-fa-ut‹.
4. Services ›for trebles‹ (Te Deum, Magnificat und Nunc dimittis).
5. ›Evening Service ›in medio chori‹.
6. Evening Service ›in verse for two countertenors‹.
7. Short Service for four voices (Venite, Te Deum, Jubilate, Magnificat und Nunc dimittis).
8. Service for five voices (Te Deum, Jubilate, Magnificat und Nunc dimittis).
9. Evening Service for seven voices.
10. Jubilate.

Die Services enthalten alle Stücke des Evening service (bis auf die letzte Nummer), einige sind reine Evening Services. Die ersten sechs gehören zur Gattung des Verse Service. Die ersten beiden enthalten das Offertorium, eine Seltenheit in der Zeit. Der siebte Service ist der einzige unter den Services Weelkes wie auch einer der wenigen unter den Services seiner Zeitgenossen, der einen vollen Satz des Venite enthält. Den neunten Service kann man aufgrund seiner Siebenstimmigkeit als einen ›Great‹ Service bezeichnen. Wenn von Weelkes eine relativ hohe Anzahl an Services überliefert ist, so sind sie doch meistenteils unvollständig (Services wurden im 16. Jahrhundert meist nicht gedruckt). Auf jeden Fall hat Weelkes die englische Kirchenmusik in den Services auf eine höhere Ebene gehoben – in ihrer musikalischen Faktur durch die Verwendung einheitlicher Motivik, die den Services Abgeschlossenheit verleiht.

Bemerkenswert sind insbesondere seine ▸ Anthems. Überliefert sind 16 Full Anthems, die kompositorisch und sängerisch anspruchsvoll gestaltet sind und somit wahrscheinlich weniger für den Chor der Chicester-Kathedrale, sondern für private Anlässe oder für die Chapel Royal entstanden (D. Brown, S. XIV). Anthems, die homophon-klanglich beginnen und meist mit Orgelbegleitung gehalten sind (z.B. *All people clap your hands, O Lord grant the King a long life, Rejoice in the Lord*), unterscheiden sich von meist ohne Orgelbegleitung polyphon-imitatorischen Anthems, die in Satzstruktur und Textbehandlung (Wortausdeutung und Wiederholungen) an Madrigale erinnern (z.B. *O Mortal Man, O Lord Arise, O Jonathan*). Ein Anthem hat lateinischen Text (*Laboravi in gemitu meo*), ein weiteres (*Gloria in excelsis Deo*) ist in der ersten Hälfte lateinisch, in der zweiten englisch. Die acht Verse Anthems haben diejenigen William ▸ Byrds als Vorbild. Die solistischen Verse-Abschnitte sind ein- bis dreistimmig, die Chorpartien entweder einfach homophon in starkem Kontrast zu den Verse-Partien oder polyphon in Angleichung an die Verse-Partien gehalten.

Weelkes hat nur ganz wenig Instrumentalmusik komponiert, zwei ▸ Voluntaries und eine ▸ Galliarde für Tasteninstrument sowie einige ▸ Consort-Stücke, darunter drei ▸ In Nomine-Kompositionen.

Ausgaben:
Madrigals und Ayres (The English Madrigal School 9, 10, 11, 12, 13), hrsg. von E.H. Fellowes, London 1913–1921, ²1965–1968; *Service for Trebles*, hrsg. von P. le Huray, London 1962; *Service for Five Voices*, hrsg. von D. Wulstan, London ²1965; *Short Service*, hrsg. von D. Brown, London 1969; *Service in Medio Chori*, hrsg. von D. Brown, Borough Green 1973; *The First Service to the Organs in Gamut*, hrsg. von D. Brown, London 1974 (zweiter und dritter *Service* nicht publ.; *Service in Verse for Two Countertenors*, hrsg. von M. Walsh, Oxford 1990; *Collected Anthems*, hrsg. von D. Brown, W. Collins und P. Huray (Musica britannica 23), London 1966, ²1975; *The Cries of London*, in: *Consort Songs*, hrsg. von P. Brett, London 1967 (Musica Britannica 22), ²1974; *Keyboard Music*, hrsg. von D. Hunter, Clarabricken 1984; *In Nomine* Nr. 1 und *Pavan* Nr. 2, in: *Jacobean Consort Music*, hrsg. von T. Dart und W. Coates, London 1955, ²1962; *In nomine* Nr. 1 und 3, in: *Elizabethan Consort Music*, Bd. 2, hrsg. von P. Doe (Musica Britannica 45), London 1988.

Literatur:
W.S. Collins, *The Anthems of Thomas Weelkes*, Diss. Univ. of Michigan, Ann Arbor 1960 • D.J. Morse, *Word-painting and Symbolism in the Secular Choral Works by Thomas Weelkes, Tudor Composer*, Diss. New York Univ. 1961 • P.L. Huray, *Thomas Weelkes, a Biographical and Critical Study*, London 1969 • K.R. Long, *The Music of the English Church*, London u.a 1971, S. 162–173 • W.S. Collins, *The Reconstruction of Evening Service for Seven Voices by Thomas Weelkes*, in: *Festschrift H. Swan*, hrsg. von G. Paine, New York 1988, S. 93–126 • D. Brown, *Weelkes*, in: *Grove*, Bd. 27, 2001, S. 202–207 • E.A. Arias, *Maps and Music: How the Bounding Confidence of the Elizabethan Age was Celebrated in a Madrigal by Thomas Weelkes*, in: *Early Music America* 9 (2003/2004), S. 28–33 • R. Sandmeier, *Weelkes*, in: *MGG²*, Bd. 17 (Personenteil), 2007, Sp. 635–638.

ES

Wert, Giaches de
* 1535 Flandern (vermutlich Gent), † 6.5. 1596 Mantua

Wert ist einer der bedeutendsten Madrigalkomponisten des 16. Jahrhunderts. – Schon in jungen Jahren kam Wert nach Italien, wo er als Sängerknabe bei der Marchesa della Padulla in Avellino bei Neapel Aufnahme fand. Bereits 1543 kam er nach Rom, wo er zur ›famiglia‹ des Grafen Giulio C. ▸ Gonzaga gehörte. 1552 ist er erstmals für Mantua dokumentarisch belegt, und er scheint Mitte der 1550er Jahre in Ferrara gearbeitet zu haben, dort könnte ihn auch Cipriano de ▸ Rore unterrichtet haben. 1557 heiratete Wert Lucrezia ▸ Gonzaga, die aus einer illegitimen Nebenlinie der Gonzaga stammte und mit der er sechs Kinder hatte. 1563–1565 wirkte Wert in Mailand als Maestro di capilla für die kaiserlichen Gouverneure; 1565 übernahm er die Stelle des Maestro di capilla an der neuerbauten Basilika Santa Barbara in Mantua, wohin er schon 1564 eine Messe geschickt hatte. Bis zu seinem Lebensende wirkte Wert in Mantua, wo er die Gesamtverantwortung für alle Belange der Musikpflege trug. Hochgeehrt und bestens bezahlt in Mantua, lehnte er zahlreiche Angebote nach außerhalb ab.

Giovanni Pierluigi da ▸ Palestrina nannte Wert 1568 in einem Brief einen »virtuoso così raro«, was zugleich einen der frühen Belege für den Begriff ›Virtuose‹ im Kontext von Musik bedeutet. Intensive Kontakte pflegte Wert auch zum Hof der ▸ Este in Ferrara, wohin er oftmals reiste und engen Kontakt mit den Dichtern Giovanni Battista ▸ Guarini und Torquato ▸ Tasso hatte. Gleiches gilt für das berühmte dortige ▸ Concerto delle donne, das neue Maßstäbe für den virtuosen Ensemblegesang setzte. Das glanzvolle höfische Leben in Mantua intensivierte sich noch unter Vincenzo ▸ Gonzaga (seit 1587); die Hofkapelle wurde vergrößert, und Wert verfasste Musik für die ▸ Intermedien, Komödien, Pastoralen und anderen Theaterformen. Werts Briefe (I. Fenlon 1999) zeigen ihn vor allem als geschickten Geschäftsmann.

Das umfangreiche geistliche Schaffen Werts erfuhr keine seinem Madrigalschaffen vergleichbare Verbreitung im Druck, weil es wohl gänzlich für die Eigenliturgie der Hofkirche Santa Barbara in Mantua geschrieben wurde. Diese Kirche plante Guglielmo Gonzaga selbst und stattete sie, mit Genehmigung des Papstes, mit einer eigenen Liturgie aus, zu der auch eine spezifische, melismenärmere Ausprägung des Chorals gehörte. Für diese Liturgie wurden vermutlich die Alternatim-Messen von Wert, Francesco Rovigo, Giovanni Contino, Giovanni Giacomo ▸ Gastoldi und Alessandro ▸ Striggio geschrieben, die Giulio Pellinio als Missae Dominicales 1592 in Mailand veröffentlichte. Die sieben Messen, 15 Psalmen, fünf Cantica und eine Passion sind – wohl den Vorgaben des Herzogs entsprechend – in ▸ Alternatimform geschrieben. Anders als die an Choralvorlagen gebundenen Messen fanden Werts nicht choralgebundene ▸ Motetten weite Verbreitung im Druck. Die beiden ▸ Hymnenzyklen (I-Mc 167 und 168) sind Ausdruck der vermehrten Komposition von Hymnenzyklen und anderen Gattungen der funktionellen liturgischen Mehrstimmigkeit im 16. Jahrhundert. Wert schuf vermutlich auch sie für die Liturgie der Gonzaga-Hofkirche Santa Barbara in Mantua.

Seine elf Bücher mit über 230 fünfstimmigen ▸ Madrigalen, wogegen nur ein Buch mit vierstimmigen Madrigalen existiert, erschienen über den langen Zeitraum von 1558 bis 1595 in Venedig und stellen in sich eine Gattungsgeschichte der zweiten Hälfte des Cinquecento dar. In Mantua (und bei seinen zahlreichen Besuchen auch in Ferrara) setzte Wert sein Madrigalschaffen fort. Seit 1583 genoss das Concerto delle donne des Herzogs von Ferrara für die folgenden 15 Jahre den größten Ruhm bei Höfen und Musikern, und die Orientierung an dessen Virtuosität wird auch bei Wert spürbar. Wert machte wirkungsvoll vom Arioso-Stil der rezitativischen Deklamation Gebrauch, besonders wenn er ihn auf so aufschlussreiche Weise wie in seinen Tasso-Vertonungen verwendete. In völligem Gegensatz dazu teilte Wert die Textzeilen in zwei oder mehrere Teile, ordnete jedem Fragment ein gesondertes Motiv zu und kombinierte dann bis zu vier Motive zu einem äußerst komplexen kontrapunktischen Gefüge, wobei das Ganze durch ein deutliches tonales Schema unterstützt wurde. Er verwendete Chromatik und besonders die Einführung unüblicher melodischer Intervalle und sehr großer Sprünge, um einen hochdramatischen Effekt zu erzielen, der kaum noch innerhalb der Grenzen des traditionellen polyphonen Aufbaus des Madrigals blieb. Die Madrigale Werts bekennen sich auf ganz neue Art zum Dramatischen. Gleichzeitig verfestigt sich in seinen Madrigalen die Darstellung pastoraler Themen und Gegenstände zu musikalischen Elementen im Sinne von Topoi: malende Figuren, homophone Partien im ansonsten polyphonen Satz, Terz- und Sextgänge, homophone Dreistimmigkeit und Anklänge an den späteren Siciliano-Rhythmus. Ohne Zweifel gehört Wert zu den bedeutendsten Madrigalkomponisten der Gattungsgeschichte. In seinen späten Madrigalen vereinigen sich glänzende Virtuosität, suggestive, die Virtuosität in den Dienst nehmende Detaildarstellung und ›Durchführungen‹ eines Motivs oder mehrerer Motive wie in den berühmten Glanzstücken aus dem siebten Madrigalbuch (1581), *Solo e pensoso* oder *Gratie ch'a pochi il ciel largo destino* (beide auf Petrarca-Sonette).

Literatur:
A. Einstein, *The Italian Madrigal*, 3 Bde., Princeton 1949 • C. MacClintock, *Giaches de Wert (1535–1596): Life and Works*, Rom 1966 • I. Fenlon (Hrsg.), *Letters and Documents*, Paris 1999.

MZ

White, Robert
* unbekannt, † November 1574 Westminster

White war von 1554 bis 1562 Sänger am Trinity College in Cambridge, erwarb 1560 den Titel ›bacchalaureus in musica‹ und wurde 1562 ›Magistro Choristarum‹ an der Kathedrale von Ely in der Nachfolge Christopher ▸ Tyes. 1567 ging er wahrscheinlich an die Kathedrale von Chester, 1569 an die Westminster Abtei jeweils in derselben Funktion.

Whites frühes kompositorisches Wirken fiel wahrscheinlich in die Regierungszeit Marias; dieser Phase sind wohl die Mehrzahl der lateinischen Psalmmotetten (10 sind überliefert) sowie einige weitere lateinische Werke (Lamentationen, ein Magnificat, zwei Votivantiphone, vier Fassungen von *Christe, qui lux es et dies*) zuzuordnen. Ein Teil der Motetten könnte aber auch wie die Motetten von William ▸ Byrd, Thomas ▸ Tallis oder Robert ▸ Parsons in der Regierungszeit Elisabeths I. entstanden sein. Die lateinischen Kompositionen (▸ Psalmmotetten, ▸ Votivantiphone) haben sowohl ältere englische Satzstruktur mit Melismatik und Kontrast verschiedener Stimmenzahl als auch kontinentale imitatorische Satzstruktur (darunter *Ad te levavi oculos*), oder sie mischen beides, einige (*Domine, quis habitabit* und *Deus misereatur nostri*) gehören dem ▸ Gymel-Typus an (Mateer, S. XIII). *Miserere mei* und die *Lamentations* (▸ Lamentatio) sind aufgrund ihrer Ausdruckshaftigkeit besonders hervorzuheben. Die vier Vertonungen des liturgischen *Christe qui lux es et dies*, in denen polyphon gesetzte Abschnitte mit dem Choral wechseln, haben verschiedene Techniken von einfacher syllabischer homophoner Struktur zu durchimitiertem Satz mit ▸ Cantus firmus im Treble oder im Tenor. Im ▸ Magnificat wechseln wie üblich einstimmige mit mehrstimmigen (vier- bis siebenstimmigen) Abschnitten. Wie seine Zeitgenossen hat White lateinische Motetten zu englischen Anthems umgearbeitet (erhalten ist ein Abschnitt von *Manus tuae fecerunt me*, der zu *O Lord deliver me* umgearbeitet wurde) und somit die anspruchsvolle Faktur der katholischen Kirchenmusik in Whhites anglikanische transportiert, von der nur einige wenige Anthems und kein Service erhalten ist. Whites Instrumentalmusik (für Consort, Laute, Orgel) umfasst hauptsächlich ▸ Cantus-firmus-Bearbeitungen, darunter sieben ▸ In nomine-Vertonungen sowie zwei Fantasien.

Ausgaben:
Robert White (Tudor Church Music 5), hrsg. von P.C. Buck u.a., Oxford 1926; *The Instrumental Music*, hrsg. von I. Spector, Madison/Wisconsin 1972; Consorts, in: *Elizabethan Consort Music* (Musica Britannica 44), hrsg. von P. Doe, London 1979; *Five-part Latin Psalms*, Bd. 1; *Six-part Latin Psalms*, Bd. 2; *Ritual Music and Lamentations*, Bd. 3, hrsg. von D. Mateer (Early English Church Music 28, 29, 32), London 1983–1986.

Literatur:
D. Helms, *White*, in: *MGG²*, Bd. 17 (Personenteil). 2007, Sp. 850–852.

ES

Wien

Nachdem die Stadt 1221 Stadtrechte erhalten hatte, entwickelte sie sich im 14. Jahrhundert zu einem Wirtschafts- und Kulturzentrum. 1365 entstand unter Herzog Rudolf IV. die Wiener Universität, 1469 wurde die Stadt Bischofssitz. Im 15. und 16. Jahrhundert herrschte in der habsburgischen Residenzstadt Wien ein reges Musikleben, sowohl im kirchlichen, weltlichen als auch im höfischen Bereich. Eine zentrale Musikpflegestätte stellte die Kirche St. Stephan dar. Hier waren ein Kanoniker als Kantor und ein Chorleiter, der die praktische Musikausübung zu besorgen hatte, eingesetzt. Eine Orgel ist in St. Stephan 1334 urkundlich nachgewiesen. Zwei weitere Orgeln wurden zwischen 1391 und 1412 von Jörg Behaim und 1507 von Burkhard Tischlinger gebaut. Zwar ist die Pflege der ▶ Mensuralmusik für die Kantorei erst 1460 bezeugt, allerdings wurde sie zu dieser und vermutlich auch in noch früherer Zeit bereits vorrangig praktiziert. Die schulische Erziehung stand unter kirchlichem Einfluss. Schon für das 13. Jahrhundert ist eine Schule bei St. Stephan genannt, die zunächst unter landesfürstlicher, ab 1296 aber bereits unter bürgerlicher Leitung stand. Die erste erhaltene Wiener Schulordnung, welche den allgemeinen Unterricht, die Unterweisung der Schüler im Gesang sowie deren Einsatz bei Gottesdiensten regelt, stammt aus dem Jahre 1446. In enger Verbindung zu St. Stephan stand die Wiener Universität, die 1385, bereits 20 Jahre nach ihrer Gründung, unter intensiver Mitarbeit aus Paris berufener Professoren reorganisiert wurde. Für die Erlangung von Licentiat und Baccalaureat war der Besuch musikalischer Vorlesungen und Nachweis der Kenntnis darüber vorgeschrieben. Maßgebliche theoretische Autoren waren Boethius und, wohl unter Pariser Einfluss, ▶ Johannes de Muris. Neben theoretischem Wissen wurde von den Studenten auch praktische Musikausübung, besonders im Kirchendienst, verlangt. Bis ins 16. Jahrhundert hinein nahm der Rang der Musik an der Universität jedoch ständig ab. Während die Statuten der Artistenfakultät (▶ Artes liberales) von 1449 noch vier Wochen Musik vorsehen, ist die letzte Erwähnung der Musik im Rahmen der Universitätsreform ▶ Ferdinands I. von 1537 zu finden, bis sie Mitte des 16. Jahrhunderts aus dem Lehrplan gestrichen wurde, um erst im 19. Jahrhunderts wieder als Universitätsfach anerkannt zu werden.

Gegen Ende des 15. Jahrhunderts etablierte sich der Buchdruck in Wien. In der Zeit von 1499 bis 1519 brachte der erste namhafte Drucker Wiens, Johannes Winterburger, nicht weniger als 17 Notendrucke heraus. Mit Simon de Quercus' *Opusculum musices* druckte die Offizin Winterburgers 1509 erstmals eine musiktheoretische Schrift in Österreich. In enger Verbindung mit dem Aufschwung der Wiener Universität unter dem Humanisten Conrad ▶ Celtis zu Beginn des 16. Jahrhunderts stand die Arbeit der Drucker Vietor und Singrenius. Sie druckten Humanistendramen u.a. von Johannes Reuchlin (1514 und 1523) sowie die von Wolfgang Grefinger – Schüler Paul ▶ Hofhaimers und Organist an St. Stephan – vertonten Oden des Aurelius Prudentius (1515). Zudem erstellte Singrenius die ersten Drucke einer deutschen Lautentabulatur, Hans ▸ Judenkünigs *Utilis et compendiaria introductio* (ca. 1515 bis 1519) und *Ain schone kunstliche underweisung* (1523).

Die Musik am Wiener Hof lässt sich in ihren Ursprüngen bis ins 12. Jahrhundert verfolgen. Fahrende Spielleute fanden hier gegen angemessene Dienstleistungen Unterkunft und Brot, galten allerdings laut den Bestimmungen des Wiener Stadtrechts von 1221 als Ehrlose. Um 1288 gründeten die Musiker von Wien die Nikolaibruderschaft als feste Zunftorganisation, welche unter verschiedenen Namen und Formen bis ins 18. Jahrhundert existierte, bis sie mit den übrigen Bruderschaften den Reformen Josephs II. zum Opfer fiel. Unter der Herrschaft der Babenberger war der Wiener Hof vom Ende des 12. bis Anfang des 13. Jahrhunderts ein Zentrum mittelalterlichen Minnesangs; hier wirkte u.a. Reinmar der Alte als dessen führender Vertreter und Lehrer Walthers von der Vogelweide. Auch am Hof der Habsburger als Nachfolger der Babenberger weilten zahlreiche Minnesänger und Sangspruchdichter, einer der letzten im 15. Jahrhundert war Michel ▸ Beheim. Im 15. Jahrhundert wurde wie andernorts auch eine Hofkapelle gegründet, die überwiegend aus frankoflämischen Musikern bestand und der Johannes ▸ Brassart vorstand.

Die Regierungszeit ▸ Maximilians I. (1493–1519) stellt eine Zeit kultureller Blüte dar. Maximilian war ein großer Freund und Förderer von Wissenschaft und Kunst. Er verfasste selbst Schriften zur Jagd- und Kriegskunst sowie Gebetbücher, an deren Gestaltung u.a. Albrecht Dürer und Albrecht Altdorfer beteiligt waren. Maler und Graphiker prägten durch ihre Werke sein Bild und das des Hauses Habsburg. Zudem förderte Maximilian die humanistische Dichtung, ließ aber auch mittelalterliche Heldensagen sammeln (Ambraser Heldenbuch). Der 1497 von Maximilian an die Wiener Universität berufene Humanist Conrad ▸ Celtis bereicherte das Wiener Geistesleben u.a. durch seine wissenschaftliche Gesellschaft *Sodalitas litteraria Danubiana* sowie durch seine Dichtung und Inszenierung lateinischer Festspiele. – Am Hofe Maximilians spielte auch Musik eine wichtige Rolle. Maximilian hatte zunächst zwei Kantoreien, eine burgundische, die er jedoch 1494 seinem Sohn, Philipp dem Schönen, überließ, und eine oberdeutsche. Im Jahre 1498 erfolgte eine Reorganisation der Kapelle in Wien, die nunmehr unter der Leitung des Slowenen Georg Slatkonia stand. Als Hofkomponisten wirkten unter Maximilian I. Heinrich ▸ Isaac und Ludwig ▸ Senfl. Den Organistenposten versah Paul ▸ Hofhaimer, der auch als Orgelbauer und Lehrer auf sich aufmerksam machte. Einer seiner Wiener Schüler ist der spätere Organist an St. Stephan, Wolfgang Grefinger. Jene Musiker beherrschten u.a. die für Österreich besonders wichtige, am Volkslied orientierte Form des Liedes. In der instrumentalen Kammermusik stand die Lautenkunst an erster Stelle, als deren hervorragender Vertreter Hans ▸ Judenkünig in Wien wirkte. – Das Zentrum der Musik in Wien blieb bis ins 18. Jahrhundert die Hofkapelle bzw. der Hof. Die Funktion der Hofkapelle bestand im Wesentlichen in der Repräsentation, sie begleitete den Kaiser häufig auf dessen Reisen. Im Verlauf des 16. Jahrhunderts wurde die führende Rolle frankoflämischer Musiker immer deutlicher. Während schon Maximilians Kapellordnung besonderen Wert auf das »Brabandisch discantieren« legte, stammten unter ▸ Ferdinand I. (reg. 1556–1564) die meisten Mitglieder der Hofkapelle aus dieser Region, z.B. die Kapellmeister ▸ Arnold von Bruck, Pieter Maessins und Jean Castileti-Guyot, die Vizekapellmeister Stephan Mahu und Jacob Buus sowie die Mehrzahl der Sänger.

Nachdem schon unter Maximilian I. humanistische Ideen geistige und kulturelle Neuerungen brachten, war der Wiener Hof Kaiser

▸ Maximilians II. (reg. 1564–1576) geprägt von der Renaissance-Kultur. Künstler, Gelehrte und Wissenschaftler nahmen eine besondere Stellung ein. An seiner ›Hofakademie‹ waren u.a. der Physiker Pietro Andrea Mattioli, der Botaniker Charles de l'Écluse, sowie der Mathematiker Paulus Fabricius, Mitbegründer des Gregorianischen Kalenders, der Bibliothekar Hugo Blotius und der Historiograph Wolfgang Lazius beschäftigt. In dem unter Maximilian errichteten Schloss-Neubau befand sich eine Sammlung seltener Pflanzen und Tiere, die zu seiner Zeit bekannt wurden. Maximilian hielt die Maler und Bildhauer Giulio Licinio, Giuseppe Arcimboldo und Antonio Abondio sowie die Architekten Hermes Schallautzer und Pietro Ferrabosco hoch in Ehren. Er verfügte über eine große Bildersammlung u.a. mit Werken des spanischen Malers Alonso Sanchez Coello, die sich heute immer noch in Wien befinden. Auch Musik spielte am Hofe Maximilians eine bedeutende Rolle. Auswärtige Künstler und Gelehrte jener Zeit (u.a. der bedeutende Musiker Orlande de ▸ Lassus) rühmten die herausragende Qualität der Wiener Hofmusik. Diese wurde in erster Linie von den beiden Kapellmeistern und überragenden Komponisten Jacobus ▸ Vaet und Philippe de ▸ Monte geprägt. Zudem zeugt die Maximilian II. gewidmete fünfbändige Sammlung *Novi atque catholici thesauri musici*, verlegt von Petrus Joanellus in Venedig 1568 bei Antonio ▸ Gardano, von dem außergewöhnlich hohen Niveau der Musikpflege an Maximilians Hof. Diese einzigartige Anthologie stellt hinsichtlich ihres Umfanges und der Qualität der in ihr enthaltenen Kompositionen eine der bedeutendsten Quellen der Musik des 16. Jahrhunderts dar.

Literatur:
O. Wesseley, *Beiträge zur Geschichte der maximilianischen Hofkapelle*, in: Anzeiger der philosophischen historischen Klasse der österreichischen Akademie der Wissenschaften 92 (1955), S. 370 ff. • W. Pass, *Musik und Musiker am Hof Maximilians II.*, Wien 1972 • R. Flotzinger / G. Gruber (Hrsg.), *Musikgeschichte Österreichs, Bd. 1 Von den Anfängen zum Barock*, Graz u.a. 1977 • Schriftleitung / Th. Antonicek, *Wien. I–IV*, in: MGG², Bd. 9 (Sachteil), 1998, Sp. 2003–2007.

MF

Wilbye, John
Getauft 7.3.1574 Diss, † September/November 1638 Colchester

Der Komponist war mindestens seit 1598 bis 1628 im Dienst der Familie Kytson auf Hengrave Hall, die mit Instrumenten und Musikalien reichlich ausgestattet war und großes Interesse an Musik hatte. Dort komponierte er seine Madrigale, die zu den besten in England gehören sollen. 1613 erhielt er zur Pacht eine Schaffarm. Die letzten zehn Jahre nach dem Tod von Elizabeth Kytson verbrachte er in Colchester.

Das Hauptverdienst Wilbyes beruht auf seinen Madrigalen, von denen er zu seinen Lebzeiten zwei Sammlungen veröffentlichte (1598 und 1609). Madrigale aus der ersten Sammlung zeigen den Einfluss von Thomas ▸ Morley und Alfonso ▸ Ferrabosco, wobei er eindringlicher als Morley textausmalende Madrigalismen einkomponiert. Die zweite Sammlung, die an italienischen Vorbildern ausgerichtet ist, wird als eine der besten englischen Madrigalsammlungen angesehen; die Stücke bestechen durch Abwechslungsreichtum, Ausdrucksintensität einerseits und Leichtigkeit andererseits. Sie können laut Titel »*apt both for Voyals and Voyces*« (der in Madrigalsammlungen der Zeit häufiger vorkommt) auch als Solomadrigale mit Instrumentalbegleitung aufgeführt werden. Eines seiner Madrigale (*The Lady Oriana*) wurde in der von Morley herausgegebenen Sammlung *The Triumphes of Oriana* (1601) veröffentlicht. Neben seinen Madrigalen sind einige Anthems und wenig Instrumentalmusik überliefert.

Ausgaben:
The First Set of English Madrigals to 3.4.5. and 6. voices, 1598 und *The Second Set of English Madrigals to 3.4.5. and 6. parts apt both for Voyals and Voyces*, 1609, hrsg. von E.H. Fellowes (The English Madrigal School 6, 7), London 1914, ²1966; *Fantasia a 6*, in: *Jacobean Consort Music*, hrsg. von T. Dart und W. Coates (Musica Britannica 9), London 1955, ²1962; *Five-part Madrigals »apt for both voyals and voices« from the Second Set, 1609*, hrsg. von G. Houle (Viol Consort 53), Albany/Kalifornien 2005.

Literatur:
D. Brown, *John Wilbye*, London 1974 • R. Sandmeier, *Wilbye*, in: *MGG²*, Bd. 17 (Personenteil), 2007, Sp. 910–912.

Wilder [de Vuildre, Vanwilder, Van Wyllender, Welder, Wild, Wildroe, Wylde], Philip van

* um 1500, wahrscheinlich Millam bei Wormhout (Belgien), † 24.2.1553 London

Der niederländische Komponist und Lautenist hatte eine bedeutende Stellung am Hof ▸ Heinrichs VIII. von England inne; er war *Master of the King's Musick* und leitete die Abteilung für weltliche Musik. Laut Francis Tregian kam Wilder um 1520 von den Südniederlanden nach England (GB-Lbl Eg. 3665). Im Stadtregister von London wird er erstmals 1522 erwähnt mit Wohnsitz in der Pfarrei St. Olave. Die königlichen Finanzabrechnungen verzeichnen seinen Namen 1525/1526 unter dem Titel ›mynstrell‹. 1529 ist Wilder als ›lewter‹ (Lautenist) in einer Aufstellung der königlichen Musiker zu finden. Von allen Musikern bezog er das höchste Gehalt. Im selben Jahr wurde er Mitglied im ›Privy Chamber‹ des Königs, einer Gruppe von Höflingen, die Heinrich zur privaten Unterhaltung zur Verfügung standen. Ab 1540 hatte er die einflussreiche Position eines ›Gentleman of the Privy Chamber‹ inne.

Wilder erfüllte nun verschiedenste Funktionen am Hof: Er spielte sowohl bei offiziellen Anlässen als auch bei privaten Zusammenkünften des Königs und erteilte den Kindern des Herrschers Unterricht im Lautenspiel. Als ›Keeper of the Royal Collection of Musical Instruments‹ war er verantwortlich für den Kauf von Instrumenten und Saiten und als ›Master of his highnes singing children‹ kümmerte er sich um die Ausbildung junger Musiker. 1537 heiratete er eine Frau namens Frances. Fünf ihrer Kinder haben überlebt. Am 18. Januar 1553 wurde sein Testament aufgesetzt, aus dem hervorgeht, dass er ein beträchtliches Vermögen hinterließ. Durch seine lange Tätigkeit am Hof hat Wilder die englische Musik seiner Zeit und darüber hinaus stark geprägt.

Seine eigene Musik zeigt sowohl flämische als auch englische Einflüsse. In den sieben lateinischen Motetten herrschen kontinentale Stilistiken wie Kontrapunktik und eine imitierende Textur vor. Die 31 überlieferten Chansons in französischer Sprache zu fünf oder mehr Stimmen greifen zudem auf existierendes Material zurück, was ebenfalls eine flämische Praxis darstellt. Dagegen lehnen sich das zwölfstimmige *Deo gratias* und die Antiphon *Sancte deus* an englische Vorbilder wie z.B. Kompositionen von Thomas ▸ Tallis an. Die Hymne *Blessed art thou* hielt sich lange Zeit im Repertoire der englischen Kirchenmusik. Als einziges Lautenstück ist eine vierstimmige Fantasia überliefert. Des weiteren existiert eine instrumentale *Fantasia con pause et senza pause*, die nach Art der in den Niederlanden beliebten musikalischen Puzzles mit und ohne Pausen gespielt werden konnte.

Ausgaben:
Philip van Wilder. Collected Works, hrsg. von J. Bernstein (Masters and Monuments of the Renaissance 4), New York 1991.

Literatur:
J.M. Ward / J.A. Bernstein, *Van Wilder*, in: *Grove*, Bd. 26, 2001, S. 266–268.

CV

Willaert, Adrian

* um 1490 Umgebung von Roeselare (?),
† 7.12.1562 in Venedig

Willaert war ein vielseitiger Komponist und Pädagoge und gilt als der Gründer der venezianischen Schule.

Nachdem über seinen Geburtsort lange Zeit Uneinigkeit geherrscht hat, wird nun dank ausgiebiger Archivforschung immer klarer, dass der Komponist aus der Nähe von Roeselare stammte. Laut Gioseffo ▸ Zarlino (*Dimostrationi harmoniche*, 1571) zog Willaert nach Paris, um dort Rechtswissenschaften zu studieren. Der Kontakt mit Jean ▸ Mouton, der unter den französischen Königen ▸ Ludwig XII. und ▸ Franz I. Mitglied der Musikkapelle war, soll in ihm das Interesse für das Komponieren geweckt haben. Ab 1515 war Willaert bei der ▸ Este-Familie in Ferrara tätig. Zuerst arbeitete er für Kardinal Ippolito I., der ihn möglicherweise durch einen Agenten in Rom angeworben hatte. Mit Ippolito, der auch Erzbischof von Esztergom war, reiste Willaert 1517 nach Ungarn. Nach dem Tod Ippolitos wurde ›Adriano cantore‹ von Ippolitos Bruder, dem Herzog Alfonso angestellt. Auch nach seiner Anstellung in Venedig pflegte Willaert gute Beziehungen zum Este-Haus. Dies geht u.a. daraus hervor, dass Alfonso II. den kranken Willaert 1562 während eines Staatsbesuches in Venedig in seiner Privatwohnung aufsuchte.

Willaerts Werke finden sich schon früh in italienischen Handschriften (wie z. B. dem Medici-Codex und dem Tarasconi-Manuskript) sowie in gedruckten Anthologien von Ottaviano ▸ Petrucci und Andrea ▸ Antico. Eine sowohl damals als auch im 20. Jahrhundert häufig diskutierte Komposition ist das auf Horaz' *Epistolae* I.5, 16–20 basierende *Quid non ebrietas*. Der gesamte Quintenzirkel wird hier durchlaufen, sodass der als Septim notierte Endakkord eigentlich als Oktave gesungen werden muss. Wie Giovanni ▸ Spataro 1524 berichtet, bereitete dieses enigmatische Werk den Sängern der päpstlichen Kapelle unter Leo X. große Schwierigkeiten. Die Rezeption von Willaerts Œuvre in Rom scheint ohnehin problematisch gewesen zu sein. In einer Anekdote erzählt Zarlino, wie Willaert während eines Besuchs bei der päpstlichen Kapelle eine Aufführung seiner Motette *Verbum bonum et suave* hörte. Nachdem die Sänger, die davon überzeugt waren, dass es sich um ein Werk Josquins handelte, erfuhren, dass Willaert der Komponist war, weigerte man sich, die Motette weiterhin zu singen.

1527 wurde Willaert in der Nachfolge Petrus de Fossis' und Pietro Lupatos durch Vermittlung des Dogen Andrea Gritti zum Kapellmeister der Basilica di San Marco ernannt. Dort blieb er bis zu seinem Tod. Willaert hatte so viele Schüler, zu denen sowohl Flamen als auch Italiener zählten, dass man von einem Willaert-Kreis spricht. Einer von ihnen, Baldassare ▸ Donato, war nicht nur dafür verantwortlich, dass Willaerts Messen und Vespern in Bücher kopiert wurden, sondern er achtete auf Befehl der Prokuratoren auch darauf, dass sein Lehrer ständig mit Komponieren beschäftigt war. Zweimal reiste Willaert nach seiner Heimat Flandern. 1542 besuchte er u.a. Brügge. Zu diesem Anlass komponierte er das fünfstimmige *Laus tibi sacra rubens* zu Ehren des Heiligen Blutes, dem dort eine gleichnamige Kapelle gewidmet ist. Seine zweite Reise (1556–1557) sollte ursprünglich nur wenige Monate dauern, doch Willaert verlängerte seinen Aufenthalt in Flandern, angeblich weil er krank war.

Aus verschiedenen Dokumenten geht hervor, dass Willaert Probleme mit seiner Gesundheit hatte. Er schrieb mehrere Testamente (das erste stammt aus dem Jahr 1549), in denen er sich u.a. über Gicht beklagt. Zu den Testamentsvollstreckern gehörten Marco Antonio Cavazzoni und Gioseffo ▸ Zarlino.

Willaert wurde Zeit seines Lebens in zahlreichen poetischen und prosaischen Texten gepriesen. Berühmt ist u.a. ein Brief des Literaten Andrea Calmo, der Willaerts Musik mit trinkbarem Gold (»aurum potabile«) vergleicht. Nach seinem Tod erschienen fünf ▸ Lamenti. Es handelt sich um Greghesche von Andrea ▸ Gabrieli und Willaerts Neffen Alvise (1564), eine Motette von Cipriano de ▸ Rore (1566) und Madrigale Giovanni Battista ▸ Confortis und Lorenzo Benvenutis (1567).

Die musikhistorische Bedeutung Willaerts kann kaum zu hoch eingeschätzt werden. Er war einer der wichtigsten Polyphonisten in der Generation zwischen dem Tod ▸ Josquin Desprez' und der Blütezeit von Orlande de ▸ Lassus und Giovanni Pierluigi da ▸ Palestrina. Er schrieb Kompositionen in nahezu allen Gattungen und trug in entscheidender Weise zu ihrer Weiterentwicklung bei. Willaert komponierte relativ wenig ▸ Messen – die umfangreichste Sammlung ist der Alessandro de' Medici gewidmete *Liber quinque missarum* aus 1536. Er enthält ausschließlich Parodiemessen auf Motetten von Komponisten, die mit dem Hof des französischen Königs Louis XII. verbunden waren (u.a. Jean ▸ Mouton). Aus einer späteren Zeit stammt die auf der gleichnamigen Motette aus der *Musica Nova* (1559) basierende *Missa Mittit ad virginem*. Die meisten von Willaerts ▸ Hymnen erschienen 1542 in der Sammlung *Hymnorum musica*. Die Struktur des Buches folgt dem liturgischen Kalender. Die Hymnen, die sowohl alternatim als auch durchkomponiert sind, sind meistens kanonisch angelegt oder basieren auf der entsprechenden gregorianischen Melodie. Die in *I sacri e santi salmi* (1555) veröffentlichten doppelchörigen Vesperpsalmen (▸ Psalmvertonungen) wurden an wichtigen Festtagen aufgeführt. Für die ›salmi a versi‹ arbeitete Willaert mit Jacquet de Mantua zusammen.

Willaerts ▸ Motetten erschienen u.a. in zwei Büchern vierstimmiger Werke (Scotto, 1539; 1545 druckte Gardano eine stark revidierte Neuauflage) sowie jeweils einem Buch fünfstimmiger (1539, ²1550) und sechsstimmiger (1542) Stücke. Die Texte basieren nicht nur auf Psalmen, Antiphonen, Sequenzen und Hymnen, sondern auch auf Passagen aus den Evangelien sowie profaner Poesie. In den frühen Werken ist der Einfluss Moutons im imitativen Kontrapunkt, dem Gebrauch von Stimmpaaren sowie einer melismatischen Textunterlegung spürbar. Seit den Motetten aus den Drucken von 1539 wechseln imitative und frei kontrapunktische Passagen einander ab; die Textunterlegung folgt der Deklamation. Einige Werke verwenden Techniken wie ▸ Soggetto cavato, ▸ Cantus firmus und ▸ Ostinato. Den Höhepunkt von Willaerts Motettenschaffen bildet die *Musica Nova* (1559), eine Sammlung mit Motetten und ▸ Madrigalen (s. unten) für vier bis sieben Stimmen. Wie aus zahlreichen Dokumenten hervorgeht, wurden die Stücke ca. 20 Jahre vor ihrer Veröffentlichung komponiert und zirkulierten in einem kleinen Kreis von Mäzenen, Komponisten und Theoretikern. Besonders auffallend sind die tiefen Stimmlagen, der äußerst kompakte Kontrapunkt und die genaue Textunterlegung.

Willaerts früheste Madrigale wurden ab Mitte der dreißiger Jahre veröffentlicht. Die syllabische Textunterlegung, die Verwendung von Kadenzen am Ende jedes Verses sowie Homorhythmie zeigen den Einfluss des ›florentinischen‹ Madrigalstils Philippe ▸ Verdelots und Jacques ▸ Arcadelts. *Qual dolcezza giamai* ist eine Huldigung auf die Sängerin Polissena Pecorina, die in der Entstehungsgeschichte der *Musica Nova* eine wichtige Rolle spielen sollte. Der ab den vierziger Jahren aufkommende neue Madrigalstil gipfelt in der *Musica Nova*. Die Texte basieren (mit einer Ausnahme) auf der Poesie Francesco Petrarcas. Durch die Aufteilung der Madrigale in zwei ›parti‹, den Gebrauch bestimmter ›tonal types‹ sowie die kompakte Textur entsteht eine deutliche Verbindung zu den Motetten in dieser Sammlung.

Die dreistimmige, aus Neapel stammende ▶ Villanella (vgl. z.B. die in Venedig gedruckten Sammlungen Gian Domenico Del Giovane da Nolas) wurde von Willaert bis zur Vierstimmigkeit erweitert. Außerdem ließ er die Melodie der höchsten Stimme vom Tenor singen, sodass melodisch und harmonisch neue Möglichkeiten entstanden. Viele Villanellen wurden für Laute bearbeitet. Schon während seiner Studienzeit bei Mouton komponierte Willaert ▶ Chansons. Neben volkstümlichen, dreistimmigen Liedern, die besonders am Hof Ludwigs XII. beliebt waren, entstanden kanonisch konzipierte Chansons (vgl. die Sammlung *Motetti novi e chanzoni franciose a quatro sopra doi*, 1520). Auch in den fünf- und sechsstimmigen Chansons verwendete Willaert häufig ▶ Kanons.

Im Bereich der instrumentalen Musik spielte Willaert eine Schlüsselrolle bei der Entwicklung des ▶ Ricercars. Lehnte sich dies ursprünglich noch an vokale Vorlagen an, so entstand allmählich ein selbständiges instrumentales Repertoire. Dies geht u.a. aus der Sammlung *Musica nova* (1540) hervor, an der auch Julio Segni, Girolamo ▶ Parabosco und Girolamo Cavazzoni beteiligt waren.

Sowohl zu Lebzeiten als auch nach seinem Tod wurde Willaert in theoretischen Traktaten erwähnt. Noch 1607 nennen ihn Claudio ▶ Monteverdi und dessen Bruder Giulio Cesare in der ›Dichiaratione‹ zu den *Scherzi musicali* den Gipfel der ›prima prattica‹. Die wichtigste und einflussreichste Kodifizierung der Willaertschen Lehre bietet Zarlino (der ab 1541 bei ihm studierte) in *Le istitutioni harmoniche* (1558). Dort werden kontrapunktische Techniken wie Kanon, Cantus firmus usw. mit Beispielen aus Willaerts Œuvre veranschaulicht.

Ausgaben:
Adriani Willaert opera omnia (Corpus Mensurabilis Musicae 3), hrsg. von H. Zenck, W. Gerstenberg, B. Meier, H. Meier und W. Horn, American Institute of Musicology, o.O. 1950ff.; *Adrian Willaert and His Circle: Canzone villanesche alla napolitana and villotte* (Recent Researches in the Music of the Renaissance 30), hrsg. von D. Cardamone, Madison 1978; *Adrian Willaert: The Complete Five and Six-Voice Chansons* (The Sixteenth-Century Chanson 23), hrsg. von J.A. Bernstein, New York und London 1992.

Literatur:
E.E. Lowinsky, *Problems in Adrian Willaert's Iconography*, in: Aspects of Medieval and Renaissance Music: A Birthday Offering to Gustave Reese, hrsg. von J. LaRue, M. Bernstein, H. Lenneberg und V. Yellin, New York 1966, S. 576–594 H. Meier, *Zur Chronologie der* Musica Nova *Adrian Willaerts*, in: Analecta Musicologica 12 (1973), S. 71–96 • A. Newcomb, *Editions of Willaert's* Musica Nova: *New Evidence, New Speculations*, in: Journal of the American Musicological Society 26 (1973), S. 132–145 • I. Bossuyt, *Adriaan Willaert (ca. 1490-1562). Leven en werk. Stijl en genres*, Leuven 1985 • L.H. Lockwood, *Adrian Willaert and Cardinal Ippolito d'Este: New Light on Willaert's Early Career in Italy, 1515–1521*, in: Early Music History 5 (1985), S. 85–112 • G.M. Ongaro, *The Chapel of St. Mark's at the Time of Adrian Willaert (1527-1562): A Documentary Study*, Diss. Univ. of North Carolina at Chapel Hill 1986 • J.A. Owens und R.J. Agee, *La stampa della* Musica Nova *di Willaert*, in: Rivista italiana di musicologia 24 (1989), S. 219–305 • M.Y. Fromson, *Themes of Exile in Willaert's* Musica Nova, in: Journal of the American Musicological Society 47 (1994), S. 442–487 • M. Feldman, *City Culture and the Madrigal at Venice*, Berkeley und Los Angeles 1995 • D.M. Kidger, *The Masses of Adrian Willaert: A Critical Study of Sources, Style and Context*, Diss. Harvard Univ. 1998 • W. Horn, *Adrian Willaerts ›anderer Vesperdruck‹. Bemerkungen zu den Psalmvertonungen in* I sacri e santi salmi che si cantano a Vespro e Compieta, in: Musikalische Quellen. Quellen zur Musikgeschichte. Festschrift für Martin Staehelin zum 65. Geburtstag, hrsg. von U. Konrad, J. Heidrich und H.J. Marx, Göttingen 2002, S. 141–157 • K. Schiltz, »*Giunto Adrian fra l'anime beate«: une quintuple déploration sur la mort d'Adrien Willaert*, in: Musurgia. Analyse et pratique musicales 10 (2003), S. 7–33 • Dies., »*Vulgari orecchie – purgate orecchie«. De relatie tussen publiek en muziek in het Venetiaanse motetoeuvre van Adriaan Willaert* (Symbolae Facultatis Litterarum Lovaniensis B.31), Leuven 2003 • D. Kidger, *Adrian Willaert. A Guide to Research*, New York und London 2005.

KS

Wittenberg

Als 1422 die Askanier, Herzöge und Kurfürsten von Sachsen, ausstarben, übertrug Kaiser ▸ Sigismund das vakante Herzog- und Kurfürstentum dem wettinischen Markgrafen von Meißen Friedrich I. als Herzog und Kurfürsten von Sachsen. 1485 teilten die beiden Brüder Ernst und Albert ihren Besitz: Das ernestinische Sachsen (Wittenberg) behielt die Kurwürde, die albertinische Linie (Leipzig) den Herzogstitel. Friedrich III., der Weise (reg. 1486–1525), der 1490 Wittenberg zur alleinigen Residenzstadt machte, war bestrebt, die Stadt künstlerisch und wissenschaftlich aufzuwerten.

Dieser hochgebildete, künstlerisch ambitionierte und tief religiöse Mann gründete 1490 eine Hofkapelle, die sich am burgundisch-niederländischen Vorbild ▸ Mecheln (Philipp der Schöne) und an der berühmtesten Kapelle der Zeit, der des Kaisers ▸ Maximilian I., orientierte. Im umgebauten Schloss und der Schlosskirche besaß sie ihr Zentrum. Zur Ausgestaltung des Schlosses verpflichtete er kurzfristig bedeutende Künstler seiner Zeit: u.a. Lucas Cranach d.Ä., Albrecht Dürer, Veit Stoß. Gleichzeitig übernahm er die von den Askaniern gegründete Allerheiligenstiftung. Mit einer weiteren Stiftung von 1502 wurde das Stiftskollegium zahlenmäßig erheblich vergrößert und erhielt die Bezeichnung ›Großer Chor‹ (ein Propst als Leiter, 6 Kanoniker, Cantor, Custos, 5 Vikare, Organist, 6 Kapläne, zahlreiche Chorschüler u.v.a.). Mit der Gründung des kleinen Chores 1506 erfuhr die Stiftung eine weitere Vergrößerung (u.a. Dekan, Organist, 3 Kapläne und zahlreiche Chorschüler), so dass die gesamte Stiftung 1520 etwa 95 Mitglieder umfasste. Dem ›Kleinen Chor‹ oblag die musikalische Gestaltung der Marien- und Annenfeste, die übrige Messliturgie dem ›Großen Chor‹, während bei bedeutenden kirchlichen Festen beide Chöre zusammen, oft unter Einbeziehung der Hofkapelle wirkten. Den Höhepunkt der Stiftsfeierlichkeiten bildete das Allerheiligenfest, an dem die gesamte Reliquiensammlung (die drittgrößte Deutschlands) und die zusammengetragenen Kunstschätze ausgestellt wurden. Wallfahrten waren mit dem Erwerb verschiedener Ablässe verbunden, deren bedeutendster der Portiuncula-Ablass (benannt nach einer Kirche in Assisi) gewesen ist. Die musikalischen Fähigkeiten der Stiftschöre werden von Marie Schlüter nicht sonderlich hoch eingeschätzt (vornehmlich einstimmige liturgische Gesänge), während die Sänger und Instrumentalisten der Hofkapelle mehrstimmige ›moderne‹ Musik in ihrem Repertoire hatten. Hofkapellen dienten vornehmlich der Repräsentation des Hofes bei festlichen Anlässen in der eigenen Residenzstadt oder auf den Reisen der jeweiligen Fürsten, u.a. zu den Reichstagen. Im Falle Friedrichs III. war die Kapelle auch Ausdruck seiner persönlichen Frömmigkeit; Repräsentation und individuelle Religiosität verbanden sich. Entscheidende Anstöße zur Entwicklung der Hofkapelle sind der Besuch Friedrichs III. 1494 in Mecheln (Hofkapelle Philipp des Schönen) und der Kathedralkapelle von St. Rombaut und die darauf folgende persönliche enge Beziehung zu Kaiser Maximilian geworden. Er wurde zum besoldeten Rat und 1497 an die Spitze des neu geschaffenen Hofrates ernannt. Ungeklärt ist der Rücktritt Friedrichs von seinen Ämtern und seine Abreise nach Sachsen 1498; ein wichtiges Motiv könnten unterschiedliche Auffassungen über die von Maximilian intendierte Reichsreform gewesen sein. Nach Wittenberg zurückgekehrt, widmete er sich verstärkt landespolitischen Aufgaben und seinen künstlerischen Neigungen, vor allem seiner Hofkapelle. Als musikalische Vorlage dienten bei besonders festlichen säkularen und kirchlichen Anlässen die Jenaer Chorbücher, deren gesamter Bestand (18) aus zwei Gruppen besteht: 10 Pergamentcodices (2, 3, 4, 5, 7, 8, 9, 12, 20, 22) und 8 Papierhandschriften

(21, 30, 31, 32, 33, 34, 35, 36). Die erste Gruppe (+21) stammt aus dem Umfeld der niederländisch-burgundischen Musikkultur. Die wesentlichsten Komponisten sind ▸ Josquin Desprez und Pierre de la ▸ Rue. Die Handschriften 30–36 sind dem Kreis der kurfürstlichen Hofkapelle zuzuschreiben, wobei die Chorbücher 30–33 der Süddeutschen Quellengruppe zugehören, während die Chorbücher 34–36 als Ausdruck der Liturgie der Wittenberger Schlosskirche zuzuordnen sind (Wittenberger Quellengruppe, siehe Heidrich, Einleitung, S. XVIII; Handschrift 34: 168 vierstimmige Kompositionen zu Teilen des Offiziums, Psalmen, Antiphone, Hymnen, Responsorien, ein Magnificat und Messporprium zum Fest der heiligen Anna. Handschrift 35: 92 vierstimmige Messkompositionen, vor allem für das Proprium gedacht, Handschrift 36: 7 Ordinarien, Chorbuch Weimar A: 100 mehrstimmige Kompositionen zum Ordinarium und Proprium, siehe Roediger, Textband). Höchstwahrscheinlich sind die Pergamentcodices dem bibliophilen Kurfürsten geschenkt worden. Sie enthalten durchweg mehrstimmige geistliche Musik, Ordinarien, Proprien, Magnificat-Kompositionen (ausführlich siehe Roediger, Textband). Die Einteilung der Papierhandschriften ist durch genaue Untersuchungen der Einbände, des benutzten Papiers und seiner Wasserzeichen vorgenommen worden. Die Entstehung der ersten Gruppe hängt laut Heidrich mit dem Aufenthalt Friedrichs III. Ende des 15. Jahrhunderts in Süddeutschland zusammen (Bindeorte Augsburg/Nürnberg). Sie enthält zahlreiche Kompositionen Heinrich ▸ Isaacs. – Der Aufenthalt von Mitgliedern der maximilianischen Kapelle in der kursächsischen muss im Falle des Komponisten Isaac verneint werden (Heidrich, S. 294); was den Orgelvirtuosen Paul ▸ Hofhaimer betrifft, sind zwar zahlreiche Kontakte zu Friedrich III. nachweisbar; für einen persönlichen Aufenthalt Hofhaimers in Sachsen sind sie schwerlich heranzuziehen.

Marie Schlüter zählt die Jenaer Chorbücher zur ersten Generation der Wittenberger Handschriften; sie sind in der vorreformatorischen Zeit entstanden, zeigen ein erhebliches Übergewicht burgundisch-niederländischer Komponisten. Die Chorbücher 34 und 35 werden dem Komponisten Adam ▸ Rener zugeschrieben (siehe Heidrich, S. 301–317).

Universität Wittenberg
Durch den Leipziger Vertrag 1485 (Teilung des wettinischen Territoriums) fiel die Universität Leipzig an die albertinische Linie. Kurfürst Friedrich III. gründete 1502 eine neue, dem humanistischen Geist verpflichtete Universität, die Leucorea in Wittenberg, die sich in einigen Jahrzehnten zu einer der größten und wissenschaftlich bedeutendsten Universitäten entwickelte. Sie umfasste zunächst vier Fakultäten: Artistik, Rechtswissenschaft, Theologie und Medizin. Zur Professorengeneration der ersten Stunde zählten Philipp ▸ Melanchthon und Martin ▸ Luther. Die Finanzierung wurde zum Teil durch die Pfründe des seit 1518/1519 ständig an Bedeutung verlierenden und 1536 endgültig aufgelösten Allerheiligenstiftes und des Franziskaner- und Augustinerklosters gedeckt. Während die Musiktheorie in den Anfangsjahren nicht berücksichtigt wurde (siehe Pietsch, S. 148), ist die praktische Musikausbildung, vertreten durch den Organisten Johannes Weinmann († 1542) und wahrscheinlich ▸ Adam von Fulda, in bescheidenem Rahmen betrieben worden (siehe Gurlitt, S. 11). Erst seit 1541 ist eine kontinuierliche musikalische Ausbildung belegt, jedoch zunächst mit dem Schwergewicht auf der ▸ Musica practica und ▸ Musica poetica, um protestantische Pfarrer und Lehrer auszubilden: »Ein Schulmeister muss singen können« (aus Luthers Tischgesprächen).

Auf Weinmann folgte Sixtus ▸ Dietrich, ausgebildet in der Musica speculativa et practica, der 1540–1541, 1543 und 1544 Musikvorlesungen gehalten hat. Er stützte sich in seinen Vorlesungen auf die Traktate Martin Agricolas (*Musica instrumentalis* 1528) und Johann Spangenbergs (1536 *Quaestiones musicae*). Zu seinen Schülern zählten Heinrich ▸ Faber (1551 Vorlesungen zur Musik in Wittenberg), Hermann ▸ Finck, lehrte in Wittenberg. Fabers Traktat *Compendiolum musicae* gehört zu den bedeutendsten musiktheoretischen Abhandlungen des 16. Jahrhunderts.

Beide waren bemüht, wie auch die späteren Universitätslehrer, ein ausgewogenes Verhältnis zwischen Musiktheorie und praktischer Musikausbildung herzustellen und ein Gegengewicht zum musikfeindlichen Calvinismus zu bilden. Hermann Finck, Großneffe des Komponisten Heinrich ▸ Finck, hat in seinem Musiktraktat *Practica musica* alle Fragen der Musiktheorie behandelt: Notenkunde, Solmisation, Metrik, Rhythmik, Kontrapunktik, Instrumentation, Gesang. Zahlreiche Universitätslehrer waren auch kompositorisch tätig und als ›Inspector choralis‹ an der Schlosskirche verpflichtet. Neben der akademischen Lehre spielten auch akademische Feiern (Rektoratsübergabe, Amtseinführung) eine Rolle. Im musikalischen Leben waren Gottesdienst, schulische Ausbildung, kurfürstlicher Hof mit der Universität verbunden.

Mit dem Aufbau einer Universitätsbibliothek hat Friedrich III. seinen Sekretär Georg Spalatin (1484–1545) beauftragt. Da beide gute Kontakte zu den Hochburgen der Druckkunst, u.a. Nürnberg und Augsburg, besaßen, konnte der klösterliche Grundstock an Literatur schnell erweitert werden (Zusammenstellung der Drucke und Handschriften: Schlüter, 187ff.). Da die Bibliothek sich im Privatbesitz des Kurfürsten befand, hat er sie nach der Wittenberger Kapitulation 1547 in seine neue Residenzstadt Weimar mitgenommen und sie 1558 der neu gegründeten ernestinischen Universität Jena überlassen. Die in Wittenberg neu aufgebaute Bibliothek war nicht mehr kurfürstlicher Privatbesitz, sondern Eigentum der Universität und damit allen Lehrenden und Studenten zugänglich (weiteres bei Schlüter, 205ff.). Sie enthalten Drucke aus Wittenberg, u.a. von Johann Mathesius (1504–1565), der in der Tradition Johann ▸ Walters und der bei Georg ▸ Rhau gedruckten *Neuen deutschen geistlichen Gesänge* steht. Dazu kamen Notendrucke aus Antwerpen und Löwen, das heißt, das größte Interesse galt den Kompositionen aus den Niederlanden. Werke protestantischer und katholischer Komponisten wurden gleichwertig behandelt und in den universitären Bibliotheksbestand aufgenommen.

Durch die Veröffentlichung der 95 Thesen Luthers 1517 rückte Wittenberg für einige Jahrzehnte in den Focus der europäischen Geschichte und wurde in die religiösen und politischen Konflikte Europas einbezogen, den schon lange währenden Kampf zwischen Habsburg und Frankreich, die ungelöste Reichsreform (königliche Zentrale gegen die erstarkten Reichsstände), die unheilvolle Verbindung politischen Machtstrebens mit den verschiedenen religiösen Strömungen und die schnell aufbrechenden Zwiste innerhalb des Protestantismus um die reine Lehre: Karlstadt (Andreas [Rudolf] Bodenstein), Thomas ▸ Müntzer, Ulrich ▸ Zwingli, Jean ▸ Calvin, Täufertum u.a.

Nach dem Tode Friederichs III. 1525 folgte sein Bruder Johann der Beständige (reg. 1525–1532), ein eifriger Verfechter der neuen Lehre. Er verlegte die Residenz nach Torgau, löste die Hofkapelle auf und beauftragte Johann ▸ Walter, in Torgau eine stadtbürgerliche Kantorei zu gründen. Sein Nachfolger war Johann Friedrich der Großmütige (Kurfürst 1532–1547, ab 1547 nur noch Herzog). Der Verlust der Kurfürstenwürde an seinen albertinischen Verwandten wurde nach der Niederlage der protestantischen Reichsstände (1547 Schmalkaldischer Bund) gegen den katholischen Kaiser ▸ Karl V. besiegelt (die albertinische

Linie wurde durch die Aussicht auf den Erwerb der Kurfüsten-Würde kurzfristig für die katholische Fraktion gewonnen).

Bei der Umgestaltung Wittenbergs im reformatorischen Glauben wurde 1525 im Allerheiligenstift das kirchliche und musikalische Leben im Sinne einer deutschen protestantischen Ordnung neu geregelt. Justus Jonas, ein überzeugter Protestant, übernahm das Amt des Propstes an der Allerheiligenstiftung: die Chöre verloren weitgehend ihre musikalischen und liturgischen Aufgaben. Stiftungen, Pfründe galten als Ausdruck der Werkgerechtigkeit. Die Stadtkirche erhielt den Status der Hauptkirche Wittenbergs; die Stiftskirche wurde als Filialkirche ihr untergeordnet. Die wenigen reformatorischen Gottesdienste wurden gemäß der neugläubigen Ordnung von bezahlten Sängern und armen Studenten mitgestaltet, bevor das Stift 1536 aufgelöst wurde.

Musik in der Stadtkirche
1523 wurde erstmalig der Pfarrer durch die Gemeinde gewählt, Johannes ▸ Bugenhagen aus Pommern, während bis zu diesem Zeitpunkt das Vorschlagsrecht bei den Stiftsherren lag. Die inhaltlichen Regelungen des Gottesdienstes sind den Kirchenordnungen und Visitationsberichten seit 1528 zu entnehmen. 1526 legte Luther dem Kurfürsten die »Deutsche Messe« vor, eine Gottesdienstordnung »Des Sonntags für die leyen« (Boes, 5–15, in: Jahrbuch 58/59, Bd. 4), der für die Gemeinden ohne Lateinschule gedacht war: Psalmen, deutsche Lieder ersetzten Introitus, Graduale, Credo (»Wir glauben alle an einen Gott«), Sanctus u.a. Zur musikalischen Bearbeitung zog Luther die Komponisten Conrad Rupsch (1475–1530; 1500–1525 Mitglied und Kapellmeister der Hofkapelle) und Johann Walter heran.

Luther und Melanchthon erkannten bald, dass man zur Heranbildung einer neuen Theologengeneration auf die lateinische Sprache an zahlreichen Stellen der Liturgie nicht verzichten könne. Laut der Kirchenordnungen 1528 und 1533 konnten Kyrie, Gloria, Graduale, Praefation in lateinischer Sprache gesungen werden (Boes, 17ff). Damit gewann der Schülerchor der Lateinschule, die erstmalig 1528 erwähnt wird, für die Gestaltung des Gottesdienstes große Bedeutung. Die Leitung des Chores oblag dem Cantor, der gleichzeitig Konrektor war. Er hatte ein möglichst breit gefächertes musikalisches Programm zu vermitteln, in dem Musica practica und ›Ars musica‹ zu vermitteln waren, sowohl in lateinischer Sprache zur Unterstützung des Chores als auch in der deutschen, um den Gemeindegesang zu begleiten. Die Auswahl der Musik hatte dem Verlauf des Kirchenjahres zu entsprechen. Die musikalischen Aufgaben, die der Pfarrer, die Gemeinde, der Chor, die Orgel gemeinsam oder allein zu gestalten hatten, geht aus einem synoptischen Vergleich der Kirchenordnungen 1533, 1543/44, den Berichten von Wolfgang Musculus 1536 (am Sonntag exaudi im Mai 1536) und Sixtus Dietrich im Mai 1543 hervor (Schlüter, S. 54ff.). Alle betonen die Bedeutung des Chores im Ordinarium; nur Sixtus Dietrich berichtet von chorischen Einsätzen bei den Propriumsteilen und dem Wechsel von figuralem und chorischem Gesang. Wolfgang Musculus (1497–1563), Schüler der Humanistenschulen von Colmar und Schlettstadt, mit engen Kontakten zu den Straßburger Reformatoren (u.a. Martin ▸ Bucer), 1531 Pfarrer in Augsburg, 1548 Professor der Theologie in Bern, weilte im Auftrag des Augsburger Rates 1536 in Wittenberg zur Vorbereitung der Wittenberger Konkordie; er erwähnt in seinem Bericht den häufigen Einsatz der Musik, die Bedeutung der Orgel und die lateinische Sprache in den Gesängen. – Martin Bucer suchte vor allem im Abendmahlsstreit zwischen der Auffassung Zwinglis und Luthers zu vermitteln. Luther konnte sich in der Wittenberger Konkordie

(1536) mit seiner Konsubstantiationslehre gegenüber Bucer zunächst durchsetzen, nicht aber endgültig gegenüber den Zwinglianern. Nach Luthers Tod brach der Zwist zwischen den orthodoxen Lutheranern (Gnesiolutheraner) und den Philippisten (Melanchthon neigte in Nuancen der zwinglianischen Auffassung zu) wieder auf. Valentin ▸ Rab (Corvinus) vertonte vor allem Psalmmotetten (Steude, S. 58) und zählte zu den Gnesiolutheranern, während Johann ▸ Reusch ein Anhänger Melanchthons war, der u.a. die *Epitaphia Rhaworum* (1550 bei Rhaus Erben gedruckt) komponierte und auch ein bedeutender Musiktheoretiker war (Steude, S. 39). – Als Ergebnis des Vergleichs der vier Quellen wird Luthers Vorstellung von der variablen Gestaltung des Gottesdienstes bestätigt. Alleiniger Chorgesang, der Wechsel mit der Orgel oder der Gemeinde, Mehrstimmigkeit waren möglich (siehe auch, Ronald-Lee Gould, *The latin figural Mass at Wittenberg 1523–1545*, 1970). Auch er betont den großen formalen Spielraum, die verschiedenen sprachlichen Möglichkeiten, die Luther bei der Gestaltung des Gottesdienstes zuließ. – Im Gegensatz zu Zwingli, Calvin und Karlstadt, welche die Orgeln als »papistisches Teufelswerk« kennzeichneten, hat das Orgelspiel in den Wittenberger Kirchen eine bedeutende Rolle gespielt. Trotz großer Bedenken Luthers – die Orgel galt für ihn der prachtvollen Ausgestaltung der katholischen Messe – hat er als Musikkenner an diesem Instrument festgehalten, das auch zum Lobe Gottes beitragen könne. Im Laufe des 16. Jahrhunderts hat man in Wittenberg immer versucht, bedeutende Musiker für das Amt des Organisten zu gewinnen (Schlüter, S. 74).

Mehrstimmigkeit
Da auf der Wittenberger Lateinschule auch ältere Schüler jenseits der Mutation unterrichtet wurden und auch Lehrer im Chor mitwirkten, bereitete der mehrstimmige Chorgesang keine Schwierigkeiten. Als Notenmaterial dienten die Bestände der Stadtkirchengemeinde (Schlüter, S. 68).

Wittenberger Handschriften
Während Schlüter die Jenaer Chorbücher zur ersten Generation der Wittenberger Handschriften zählt, ist die zweite Generation laut Steude (Untersuchungen, S. 106/107) zum großen Teil durch den Drucker Georg Rhau initiiert worden. Diese Sammlung beruht in vielen Fällen auf seinen persönlichen Interessen. Als Entstehungszeit nimmt Schlüter die Jahre 1540–1548 an, nachdem Rhau gestorben war. Die Zusammenstellung besteht gattungsmäßig zum größten Teil aus Psalm-Motetten; das Ordinarium ist selten vertreten. Außer den bedeutenden Komponisten Ludwig ▸ Senfl und Thomas ▸ Stoltzer, die zu einer älteren Generation zählen, und Johann Walters Choralsätzen handelt es sich um weniger bekannte Autoren aus dem mitteldeutschen Raum: Lukas Bergholtz, Thomas Poppel, Johann Bruckstaller und Stephan Zirler. Sie stehen geschichtlich im Zusammenhang mit der sich abzeichnenden und schließlich 1547 erfolgten Niederlage des mitteldeutschen Protestantismus. Man bittet Gott um Hilfe und Schutz gegenüber den Gottlosen und Trost in auswegloser Lage. Zu dieser zweiten Generation zählen auch Handschriften aus Zwickau, Dresden, Regensburg u.a. und das Chorbuch Weimar B, welches als einziges aus nachreformatorischer Zeit stammt und vermutlich für den evangelischen Gottesdienst in Wittenberg konzipiert wurde. Die Kompositionen folgen dem Ablauf des Kirchenjahres und sind wahrscheinlich von Johannes Bugenhagen und Justus Jonas in Auftrag gegeben worden (Schlüter, S. 138ff.). – Die Kompositionen der dritten Generation der Handschriften überschreiten geographisch den mitteldeutschen Raum und sind nicht zweckgebunden; sie sind weder als Druckvorlagen noch zur musikalischen Gestaltung des

Gottesdienstes gedacht. Gattungsmäßig, stilistisch vielgestaltig, enthalten sie neben geistlicher Musik auch Chansons, Tänze und weltliche Lieder zeitgenössischer Komponisten aus Flandern, Italien, Böhmen und Frankreich.

Wittenberger Musikdrucke
Sie stammen zum großen Teil aus der Druckerei Georg Rhaus / Rhaus Erben, Johann Schwertels, Matthias Welachs und reichen zeitlich bis zum Ausgang des 16. Jahrhunderts. Als Komponisten sind u.a. Martin Agricola, Martin Luther, Sixtus Dietrich, Johann Walter, Hermann Finck mit ihren Werken vertreten. Unter den Autoren der Musiktraktate sind Nicolaus Listenius, Martin Agricola, Johann Reusch, Hermann Finck, Heinrich Faber zu nennen. Georg Rhau gilt nicht nur als erfolgreichster Drucker Wittenbergs, sondern wird auch als vielseitig gebildeter Verleger, Komponist und Musiktheoretiker gerühmt. Sein Ziel war es, ein umfangreiches Kompendium für den evangelischen Gottesdienst und die schulische und studentische Ausbildung zu schaffen.

Das protestantische Kirchenlied
Das ▸ Kirchenlied als Gesang der gläubigen Gemeinde ist während der Reformationszeit entstanden und ein wichtiger Bestandteil des Gottesdienstes geworden. Vorläufer sind Musikformen wie Sequenzen, Leisen, Cantiones und Hymnen gewesen. Martin Luther zählt zu den bedeutendsten Autoren. Es handelt sich zum Teil um Neuschöpfungen, aber auch um die Übernahme bereits vorhandener Melodien. Die Lieder wurden in Gesangbüchern zusammengefasst und durch Rhaus Druckerei den Gemeinden zugänglich gemacht. Johann Walters Chorgesangbuch von 1524 zählt zu den ersten Liederbüchern. Bekannte Beispiele für Luthers Schaffen sind: *Mensch, willst Du leben ewiglich*, *Wir glauben alle an einen Gott*. Neben der Bedeutung der Musik für den Gottesdienst hat Luther stets die Musikpflege in den Familien und vor allen Dingen im Schulunterricht betont. Das mehrstimmige Arrangement hat er Fachleuten, hier vor allem Johann Walter, überlassen.

Literatur:
A. Aber, *Die Pflege der Musik unter der unter den Wettinern und wettinisch Ernestinern*, Bückeburg und Leipzig 1921 • W. Gurlitt, *Johannes Walter und die Musik der Reformationszeit*, in: Lutherjahrbuch 15 (1933), S. 1–112 • K.E. Roediger, *Die geistlichen Musikhandschriften der Universitätsbibliotheken Jena*, 2 Bde., Bd. 1: Text, Bd. 2: Noten (Claves Jenenses 3), Jena 1935 • A. Boës, *Die reformatorischen Gottesdienste in der Wittenberger Pfarrkirche von 1532 an und die »Ordnung der gesenge der Wittenberger Kirchen« von 1543/44*, in: Jahrbuch für Liturgie und Hymnologie 4 (1958/1959) • G. Pietsch, *Zur Pflege der Musik an den deutschen Universitäten bis zur Mitte des 16. Jahrhunderts*, Nachdruck mit Vorwort, Ergänzungen und neuer Literatur, Darmstadt 1971 • W. Steude, *Untersuchungen zur mitteldeutschen Musiküberlieferung und Musikpflege im 16. Jahrhundert*, Leipzig 1978 • J. Heidrich, *Die Deutschen Chorbücher aus der Kapelle Friederich des Weisen. Ein Beitrag zur mitteldeutschen geistlichen Musikpraxis um 1500*, Baden Baden 1993 • M. Schlüter, *Musikgeschichte Wittenbergs im 16 Jahrhundert. Quellenkundliche und sozialgeschichtliche Untersuchungen*, Göttingen 2010.

AME

Wollick, Nicolaus
* um 1480 Serouville (Lothringen), † nach dem 23.5.1541 Nancy

Aus verarmtem Patrizierhaus stammend, immatrikulierte sich Wollick 1498 an der Kölner Universität. Nach Abschluss seines Theologiestudiums wurde er 1507 zum Rektor der Kathedralschule in Metz, 1513 zum Sekretär des Herzogs Anton von Lothringen, später zum Hofhistoriographen ernannt. Seine Hauptschrift, das *Enchiridion musices* (Paris 1512), entsteht aus dem *Opus aureum* (1. Aufl. Köln 1501), das Wollick zusammen mit seinem Lehrer Melchior ▸ Schanppecher verfasst hatte. Für die Umarbeitung hat er – das geht aus den in der Schrift erwähnten Theoretikern hervor – die französische Theorie durchaus zur Kenntnis genommen und studiert, über die er nun jedoch weiter hinausgeht. Hatte er sich schon in der ursprünglichen Konzeption des *Opus aureum* nicht mit einer reinen Kompilation des theoretischen bzw. praktischen Wissens begnügt (das *Opus aureum* stellt in seinem systematischen Ansatz der Wissensvermittlung bereits die neue Form eines Universitätslehrbuchs dar), gelingt ihm durch die im *Enchiridion* aufzufindenden zahlreichen Bezugnahmen auf Franchino ▸ Gaffurio, Johannes ▸ Tinctoris, Jacobus ▸ Faber Stapulensis und Guillaume Guerson und die Einfügung gänzlich neuer Kapitel ein Lehrbuch, das inhaltlich und formal die Werke seiner Vorgänger in Frankreich deutlich und nachhaltig übertrifft.

Ausgaben:
K.W. Niemöller (Hrsg.), *Opus aureum, Köln 1501, pars I/II. Die Musica gregoriana des Nicolaus Wollick* (Beiträge zur rheinischen Musikgeschichte 11), Köln 1955.

Literatur:
K.W. Niemöller, *Nicolaus Wollick (1480–1541) und sein Musiktraktat* (Beiträge zur rheinischen Musikgeschichte 13), Köln 1956 • W. Seidel, *Französische Musiktheorie im 16. und 17. Jahrhundert*, in: *Entstehung nationaler Traditionen. Frankreich, England* (Geschichte der Musiktheorie 9), Darmstadt 1986, S. 4–140 • Ph. Vendrix, *La diffusion de textes théoriques français à la renaissance*, in: *Festschrift Christoph-Hellmut Mahling zum 65. Geburtstag*, Tutzing 1997, S. 1453–1462.

MG

Wyatt [Wyat], Sir Thomas
* 1503 Allington Castle (Kent), † 11.10.1542 Sherborne (Dorset)

Wyatt studierte in Cambridge ab 1516 und war danach im diplomatischen Dienst unter ▸ Heinrich VIII. in Italien und Frankreich tätig. Bis 1535 hatte er bedeutende Ämter inne, 1536 wurde er wegen eines Streits und möglicherweise auch wegen eines Verhältnisses mit Anne Boleyn im Tower eingesperrt. Danach wurde er rehabilitiert und Botschafter am Hof Kaiser ▸ Karls V. in Spanien. 1541 wurde er des Verrats bezichtigt, ein Jahr später von Heinrich VIII. rehabilitiert. – Wyatt war ein bedeutender Vertreter des ▸ Petrarkismus in England, der als erster das Sonett einführte. Seine Gedichte sind in der Sammlung *Songes and Sonettes* 1557 (*Tottles Miscellany*) publiziert, die von Richard Tottel herausgegeben wurde und viele Texte von dem im Untertitel namentlich erwähnten Henry ▸ Howard sowie weiteren Dichtern enthält. Wyatt hat neben Henry Howard, Thomas Sternhold, Philip und Mary Sidney Psalme versifiziert, die vertont wurden. Lieder auf seine Texte befinden sich im Henry VIII Manuskript (BL Additional MS 31,922). Wyatts Gedichte wurden auch von Komponisten des 20. Jahrhunderts vertont.

Ausgaben:
Sir Thomas Wyatt: The Complete Poems, hrsg. von R.Z. Rebholz, Reprint New York 1994.

Literatur:
K. Muir, *Life and Letters of Sir Thomas Wyatt*, Liverpool 1963 • H.C. Slim, *A gift of madrigals and motets*, Chicago 1972 • R. Zim, *English metrical psalms: Poetry as praise and prayer, 1535–1601*, Cambridge 1987 • R.-G. Siemens, *The English lyrics of Henry VIII Manuscript*, Diss. Univ. of British Columbia 1997 • E. Heale, *Wyatt, Surrey and Early Tudor Poetry*, London und New York 1998.

Yonge, Nicholas
* (?) Sussex, † vor 23.10.1619 London

Nicholas Yonge war ein Herausgeber und Sänger, der in London tätig war. Seine 1588 erschienene Sammlung *Musica Transalpina* enthält italienische Madrigale, deren Texte ins Englische übersetzt wurden. Dieser Notendruck, der von William ▶ Byrd unterstützt wurde, gilt als wesentlicher Anstoß für die Rezeption des Madrigals in England sowie für die Entwicklung des englischsprachigen Liedes. 1597 publizierte er einen weniger umfangreichen, aber gleich angelegten zweiten Band mit Madrigalübersetzungen. Insgesamt 20 Nummern von diesen beiden Sammlungen stammen von Alfonso (I) ▶ Ferrabosco, der als Verbindungsglied zwischen Italien und England diente. Die Widmungsvorrede zum ersten Band gibt einen interessanten Einblick in das Musikleben der Zeit.

Als Sänger war Yonge im Chor von St. Paul's Cathedral tätig. In seinem Haus pflegte er in Vorausnahme der typisch englischen ›Music Clubs‹ bzw. ›Music Academies‹ einen privaten Musikzirkel.

Literatur:
L. Macy, *The Due Decorum Kept: Elizabeth Translation and the Madrigals Englished of Nicholas Yonge and Thomas Watson*, in: Journal of Musicological Research 17 (1997), S. 1–21.

ALB

Zabarella, Francesco
* 10.8.1360 Padua, † 26.9.1417 Konstanz

Zabarella war einer der bedeutendsten Theologen und Kanonisten des 14. Jahrhunderts und ein Förderer von Johannes ▸ Ciconia. Er galt als unangefochtene Autorität in diplomatischen und juristischen Missionen und war ab 1397 als Archipresbyter an der Kathedrale von Padua tätig.

Mit der Eroberung Paduas durch Venedig 1406 wurde Zabarella loyaler Unterstützer der neuen Machthaber. Er ist die prägende Figur zur Lösung des Kirchenschismas (1378–1417, ▸ Schisma), u.a. durch die weitverbreitete Schrift *De scismatis*. Ciconia setzte in den isorhythmischen Motetten *Doctorum Principem / Melodia suavissima* und *Ut te per omnes celitus / Ingens alumnus Padue* Zabarella ebenso ein Denkmal, wie ihn zeitgenössische Humanisten in Italien (Poggio Bracciolini) und England (Richard Fleming) posthum ehrten.

Literatur:
Th.E. Morrissey, *Franciscus de Zabarellis (1360–1417) and the Conciliarist Traditions*, Diss. Ithaca/New York 1973 • A. Hallmark, »*Protector, imo verus pater*«: *Francesco Zabarella's patronage of Johannes Ciconia*, in: *Music in Renaissance cities and courts: Studies in honour of Lewis Lockwood*, hrsg. von Jessie Ann Owens, Warren/Michigan 1997, S. 153–168.

AKH

Zacara da Teramo, Antonio [Zacharias de Teramo]
* 2. Hälfte 14. Jh. Teramo, † zw. Mai 1413 und Sept. 1416

Zacara da Teramo war – wahrscheinlich ab 1389 – Schreiber, Kopist und Sänger am päpstlichen Hof in Rom während der Zeit des ▸ Schismas, 1412–1413 im Dienst des Gegenpapstes Johannes XXIII. (1410–1415). – Ein Teil seiner weltlichen Werke, sechs Ballaten und eine Caccia, überliefert im Scquarcialupi-Codex, verweisen auf die Florentiner Trecento-Tradition und haben einfache Faktur. Weitere Lieder aus der späteren römischen Zeit haben literarisch hochwertige Texte, die Zacara da Teramo in ausdrucksvoller musikalischer Gestaltung und mit teilweise extremen wortausdeutenden Mitteln vertonte. – Seine erhaltenen geistlichen Werke bestehen aus Gloria- und Credo-Vertonungen, die zum Teil Parodien seiner Ballaten mit zusätzlichen Erweiterungen sind.

Ausgaben:
Early Fifteenth Century Music (Corpus mensurabilis musicae 11,6), hrsg. von G. Reaney, 1977; *Italian Secular Music* (Polyphonic Music of the Fourteenth Century 10 und 11), hrsg. von W.T. Marrocco, Monaco 1977; *Italian Sacred and Ceremonial Music* (Dass. 12 und 13), hrsg. von K. von Fischer und F.A. Gallo, Monaco 1987.

Literatur:
Antonio Zacara da Teramo e il suo tempo, Kongressbericht Teramo 2002, Lucca 2004 • L. Marchi, *Zacara da Teramo*, in: MGG², Bd. 17 (Personenteil), 2007, Sp. 1282–1285.

Zacconi, Lodovico
* 11.6.1555 Pesaro, † 23.3.1627 Fiorenzuola di Focara

Zacconi war ein vielseitiger Gelehrter, der nicht nur über Musik, sondern auch über andere Themen Traktate schrieb.

Über Zacconis Leben sind wir durch seine handschriftlich überlieferte Autobiographie recht gut informiert. In seinem Geburtsort Pesaro erlernte er 1568 als Augustinernovize den Choral. 1577 wurde ihm von seinem Orden der Umzug zum venezianischen Augustinerkloster San Stefano erlaubt, damit er sich dem Studium der Literatur widmen konnte. Im dortigen, von Ippolito Baccusi geleiteten Chor sang er Tenor und schulte sich in der Technik der musikalischen Verzierungen oder ›gorgie‹. Während seines Aufenthaltes in Venedig studierte Zacconi Kontrapunkt bei Andrea ▸ Gabrieli. In dieser Zeit traf er auch den Theoretiker und damaligen Kapellmeister von San Marco Gioseffo ▸ Zarlino, worüber er im zweiten Teil seiner *Prattica di musica* berichten sollte. Nach einem Aufenthalt in Padua, wo Zacconi Literatur und Theologie studierte, wurde er 1585 als Sänger der Musikkapelle des Erzherzogs Karl von Steiermark in Graz angestellt. Nach dessen Tod diente er Herzog Wilhelm von Bayern und sang in der von Orlande de ▸ Lassus geleiteten Hofkapelle. 1596 widmete er sich erneut seinem Orden und arbeitete als Prediger in Italien und Kreta sowie (ab 1616) als Prior in Pesaro, wo er bis zu seinem Tod bleiben sollte. Er schrieb dort Bücher über Theologie, Musik, Geschichte und Astrologie und verfasste Poesie, Sprüche und Predigten.

Obwohl Zacconi an mehreren Institutionen diente, kennzeichnete Zarlino seine musikalische Bildung als unvollständig. In Graz entschloss Zacconi sich, diese Kritik mit der Schrift *Prattica di musica* zu widerlegen. Dazu ließ er sich u.a. von Francesco Rovigo und Lassus beraten. In dem Traktat werden alle wichtigen Aspekte der Mensuralmusik (Proportionen, Modi usw.) behandelt; vor allem wegen der Auseinandersetzung mit aufführungspraktischen Fragen (z.B. dem ›contrappunto alla mente‹) ist die Schrift von großer musikhistorischer Bedeutung. Viele Ideen daraus werden im zweiten Teil von Michael ▸ Praetorius' *Syntagma musicum* (Wolfenbüttel 1618) sowie in Pietro Cerones *El Melopeo y maestro* (Neapel 1613) wieder aufgegriffen.

Neben seiner *Prattica di musica* stellte Zacconi eine Sammlung von *Canoni musicali* (Pesaro, Biblioteca Oliveriana, Ms. 559) zusammen, in der er – zum Teil sehr komplexe – eigene Kanons sowie solche anderer Komponisten (einige stammen aus dem Anfang des 16. Jahrhunderts) präsentiert und kommentiert. Anhand der Veröffentlichungsliste, die Zacconis *Vita* beigefügt ist, wird deutlich, dass viele seiner Werke, wie z.B. ein Buch Ricercari, die Lösung (in Partiturform) von 100 ›contrappunti‹ Don Fernando de las Infantas' sowie *Lo scrigno musicale* (eine Sammlung von ›artificiose musiche‹) und *Paradigma musicale* verschollen sind.

Schriften:
Prattica di musica utile et necessaria al compositore per comporre i canti suoi regolatamente, Venedig 1592; *Prattica di musica seconda parte*, ebenda 1622; *Vita con le cose avvenute al P. Bacc. Lodovico Zacconi da Pessa* (Pesaro, Biblioteca Oliveriana, Ms. 563).

Literatur:
F. Vatielli, *Un musicista pesarese nel secolo XVI, Ludovico Zacconi*, Pesaro 1904 • Ders., *Di Ludovico Zacconi: notizie su la vita e le opere*, Ebenda 1912 • G. Gruber, *Lodovico Zacconi als Musiktheoretiker*, Habilitationsschrift, Universität Wien 1972 • J. Haar, *A Sixteenth-Century Attempt at Music Criticism*, in: Journal of the American Musicological Society 36 (1983), S. 191–209 • R.I. DeFord, *Zacconi's Theory of Tactus and Mensuration*, in: Journal of Musicology 14 (1996), S. 151–182 • B.J. Blackburn, *Two Treasure Chests of Canonic Antiquities: The Collections of Hermann Finck and Lodovico Zacconi*, in: *Canons and Canonic Techniques 14th-16th Centuries: theory, practice and reception history*, hrsg. von K. Schiltz und B.J. Blackburn, Leuven 2007.

KS

Zarabanda ▸ Sarabande

Zarlino, Gioseffo
* ca. 1517 Chioggia, † 4.2.1590 Venedig

Der Kapellmeister, Musiktheoretiker und Komponist Zarlino erhielt ersten Unterricht bei den Franziskanern seiner Heimatstadt und schlug die Laufbahn eines Geistlichen ein (1539 Subdiakon, 1540 Kaplan an der Scuola di S. Francesco). 1536 ist er als Sänger, 1539/1540 als Organist an der Kathedrale dokumentiert. 1541 wurde Zarlino Schüler von Adrian ▸ Willaert, dem Kapellmeister an S. Marco zu Venedig, und betrieb überdies Studien in Logik, Philosophie und alten Sprachen. 1565 erhielt er als Nachfolger von Cipriano de ▸ Rore das Amt des Markus-Kapellmeisters in Venedig. Im selben Jahr wurde er zum Kaplan an S. Severo gewählt, 1584 ins Domkapitel in Chioggia berufen. Sein Amt als Kapellmeister versah er bis zum Lebensende.

In seinem aus vier Teilen (»Büchern«) bestehenden Hauptwerk *Le istitutioni harmoniche* versucht Zarlino, Theorie (▸ Musica theorica) mit der Praxis (▸ Musica prattica) zu verbinden und somit zu einer neuzeitlichen Reformulierung des boethianischen ›Musicus‹ zu gelangen. Bezeichnend hierfür ist die grundlegende Rolle der Zahl, weshalb Zarlino im ersten Buch, neben traditionellem Beiwerk in ausführlichem Referat (Ursprung, Einteilung der Musik u.a.), eine Zahlen- und Proportionstheorie bietet. Zarlino hebt die Zahl 6 als »vollkommen« hervor und postuliert mit dem so genannten ›Senario‹ den Bestand der musikfähigen Konsonanzen: Alle Intervallproportionen werden als konsonant erklärt, deren Glieder nicht größer sind als 6. Er erweitert somit den traditionellen und längst schon, spätestens seit Ende des 15. Jahrhunderts, in seiner Praktikabilität angezweifelten pythagoreischen Konsonanzen-Kernbestand (Oktave, Quinte, Quarte) um die reinen Intervalle der Terzen (5:4, 6:5) und der großen Sexte (5:3; die kleine Sext 8:5 wird gleichwohl als Konsonanz geduldet). Die hieraus abgeleitete Skala, die Zarlino in Anlehnung an die *Harmonik* des Ptolemäus ›diatonisch-syntonisch‹ nennt, enthält zwei verschiedene Ganztöne (9:8, 10:9) und etliche fragwürdige Binnenintervalle, worauf die Kritik (u.a. Vincenzo ▸ Galilei, *Dialogo*, 1581) bald schon abhob. Zarlino hielt jedoch daran fest, dass die unbegleiteten Vokalstimmen die »wahren und natürlichen« Intervalle des Senario intonierten. Ihm war wohl bewusst, dass etwa Tasteninstrumente hierzu nicht in der Lage sind. Im zweiten Buch, das vor allem von den Intervallen handelt, gibt Zarlino deshalb Anweisungen zur (mitteltönigen) Temperatur von Tasteninstrumenten und entwirft zudem die Struktur eines Cembalos mit 19stufiger Oktave (die Halbtonschritte sind doppelt vertreten).

Die Bücher 3 und 4 der *Istitutioni* sind als Kompositionslehre (Musica prattica) aufzufassen. Buch 3 handelt vom Kontrapunkt und erweist sich als breit dargelegtes Resümee der traditionellen Lehre, demonstriert am zweistimmigen Satz auf der Grundlage der melodischen und harmonischen Konsonanzen des

Senario. Dissonanzen und Chromatik sind als Zutaten zu verstehen. Von einer guten Komposition verlangt Zarlino »varietà« im Hinblick auf die Folge der diatonischen Dreiklänge (»harmonia perfetta«) und der Kadenzbildung. Wirkungsmächtig ist die Darstellung der Imitationstechnik sowie des doppelten Kontrapunkts; Zarlinos diesbezügliche Terminologie wird noch in Johann Gottfried Walthers Lexikon (1732) referiert. Als ein wesentliches Moment, als Gestaltungsgrundlage der Komposition wird der ▸ Soggetto (das ›Subjekt‹) betrachtet. Hierbei ist auch die Wahl des Modus (der Tonart) zu berücksichtigen; Zarlino weist auf zwei Klassen der Modi hin, die sich durch die Terz unterscheiden, und empfiehlt ihren Gebrauch entsprechend dem modernen Dur-Moll-Gegensatz. Mit seiner Tonartenlehre (Buch 4) greift Zarlino die Zwölfzahl der Modi auf, wie sie Heinrich ▸ Glarean (1547) lehrt, doch vermeidet er die griechische Nomenklatur. In den *Dimostrationi* (1571) und sodann in der überarbeiteten Version der *Istitutioni* (1573) ändert er Glareans Modusordnung dahingehend ab, dass er den C-Modus an die erste Stelle setzt; dies begründet er damit, dass dieser mit der aus dem Senario entwickelten Intervallfolge übereinstimmt. Die traditionellen Kadenzpunkte der »Confinales« werden durch die schematische Bildung von Schlüssen auf I., III. und vor allem V. Stufe ersetzt.

In seinen weiteren musiktheoretischen Schriften behandelt Zarlino das Gebiet der spekulativen, zahlenorientierten Grundlagentheorie (*Dimostrationi*, 1571) und Einzelprobleme, zum Teil als Reaktion auf Kritik, insbesondere von Vincenzo Galilei (*Sopplimenti*, 1588); beachtenswert sind die in beiden Werken niedergelegten weiteren Vorschläge zur Temperatur von Tasteninstrumenten sowie zur gleichmäßigen Teilung der Oktave in 12 Halbtöne.

Der kompendiöse Charakter der *Istitutioni* verschaffte Zarlinos Hauptschrift eine überaus weitreichende Wirkung, ungeachtet ihres konservativen Grundzugs, der als Antwort auf die Bestrebungen hin zu chromatischen Systemen gelesen werden kann, wie sie etwa Zarlinos Studienkollege bei Willaert, Nicola ▸ Vicentino, vertrat. Zusammen mit den didaktisch aufbereiteten Fassungen der Zarlino-Schüler Orazio Tigrini und Giovanni Maria ▸ Artusi darf Zarlinos Lehre als maßgebend für die ›prima prattica‹ des 17. Jahrhunderts gelten. Von späteren Musiktheoretikern berufen sich vor allem Jean-Philippe Rameau und Hugo Riemann auf Zarlinos Darlegungen.

Als Komponist von ▸ Motetten und ▸ Madrigalen (zwei Messen und ein Magnificat werden in den *Istitutioni* erwähnt, sind jedoch verschollen) ist Zarlino dem zurückhaltenden Stil verpflichtet, wie er ihn als Lehrer vertrat.

Ausgaben:
Motetten, u.a. in: *Das Chorwerk* 77 und *Recent Researches in the Music of the Renaissance* 14; *Le istitutioni harmoniche*, Venedig 1558, 1561, 1562, 1572, überarbeitete und erweiterte Neuausgabe 1573, Faksimile der Ausgabe von 1558: New York 1965, von 1561: Bologna 1999, von 1573: Ridgewood 1966; Buch 1 und 2 in dt. Übersetzung (M. Fend) als G. Zarlino, *Theorie des Tonsystems* (Ausgabe 1573), Frankfurt am Main etc. 1989 (Europäische Hochschulschriften 36/43); Buch 3 in engl. Übersetzung (G.A. Marco, Cl.V. Palisca) als G. Zarlino, *The Art of Counterpoint* (Ausgabe 1558), New Haven und London 1968; Buch 4 in engl. Übersetzung (V. Cohen) als G. Zarlino, *On the Modes* (Ausgabe 1558), New Haven und London 1983; *Dimostrationi harmoniche*, Venedig 1571, 1578, Faksimile Ridgewood 1966; *Sopplimenti musicali*, Venedig 1588, Faksimile Ridgewood 1966.

Literatur:
H. Zenck, *Zarlinos ›Istitutioni harmoniche‹ als Quelle zur Musikanschauung der italienischen Renaissance*, in: Zeitschrift für Musikwissenschaft 12 (1929/1930), S. 540–578 • R. Flury, *Gioseffo Zarlino als Komponist*, Winterthur 1962 • C. Dahlhaus, *Untersuchungen über die Entstehung der harmonischen Tonalität*, Kassel 1967 • Cl.V. Palisca, *Humanism in Italian Renaissance Musical Thought*, New Haven und London 1985 • Fr. Rempp, *Elementar- und Satzlehre von Tinctoris bis Zarlino*, in: Italienische Musiktheorie im 16. und 17. Jahrhundert (Geschichte der Musiktheorie 7), Darmstadt 1989, S. 39–220 • Cl.V. Palisca, *Zar-

lino, in: *Grove*, Bd. 27, 2001, S. 751–754 • W. Horn, *Zarlino*, in: *MGG²*, Bd. 17 (Personenteil), 2007, Sp. 1348–1354.

TRÖ

Zell, Katharina [geb. Schütz]
* 1497/98 Straßburg, † 1562 ebenda

Katharina Zell, Ehefrau des Reformators Matthias Zell, gehört zu den ›Frauen der Reformation‹, die im 16. Jahrhundert die Anliegen der Reformatoren unterstützten und durch Seelsorge und Katechese nach außen wirkten. Als Laientheologin sah sie ihre erste Aufgabe darin, dem einfachen Volk, Armen und marginalisierten Gruppen – dazu wurden auch Frauen und Kinder gezählt – die neue Lehre eingängig zu vermitteln. Ihr vierteiliges Gesangbuch von 1534–1536 – eine kommentierte Sammlung von Liedern aus reformatorischen Gesangbüchern – bietet den Gläubigen theologisch ›korrekte‹ Gesänge für das gesamte Kirchenjahr und alle Bereiche des täglichen Lebens. Katharina Zells ausführliches Vorwort und ihre Kommentare zu den Liedern zeugen von der prägenden Bedeutung, die das reformatorische Liedgut für das evangelische Glaubensleben besaß.

Literatur:
A. Wolff, *Le recueil de cantiques de Catherine Zell, 1534–1536*, 2 Bde., Diss. Straßburg 1986 • E.A. McKee, *Reforming Popular Piety in Sixteenth-Century Strasbourg. Katharina Schütz Zell and Her Hymnbook*, in: Studies in Reformed Theology and History 2 (1994), S. 1–82 • dies., *Katharina Schütz Zell*, Bd. 1: *The Life and Thought of a Sixteenth-Century Reformer*; Bd. 2: *The Writings. A Critical Edition*, Leiden u.a. 1999 (Studies in Medieval and Reformation Thought 69).

LMK

Zink

Der Zink (ital. Cornetto, fr. Cornet-à-bouquin, sp. Corneta, engl. Cornett) ist ein aus Holz, seltener aus Elfenbein hergestelltes Blasinstrument, das mit einem Kesselmundstück wie ein Blechblasinstrument gespielt wird. Es werden drei Typen unterschieden:

1. Der krumme Zink war der am weitesten verbreitete Typ, von dem sich bis heute ca. 200 Exemplare erhalten haben. Das Instrument wird aus zwei Hälften hergestellt, die zusammen geleimt werden, nachdem die konische Innenbohrung herausgearbeitet wurde. Die äußere Form ist in der Regel achteckig, seltener rund, mit rhombenartigen Verzierungen am oberen Ende. Er ist mit Pergament bezogen und gelegentlich mit Schutzkappen aus Metall an Mundstück- und Schallende versehen. Er verfügt über sechs Grifflöcher an der Vorderseite und eines an der Rückseite. Die erhaltenen Mundstücke sind in der Regel aus Horn oder Elfenbein gefertigt, in historischen Quellen sind auch Mundstücke aus Silber belegt. Meistens ist das Instrument nach rechts gebogen, für eine Haltung mit der rechten Hand unten und der linken Hand oben, einige Instrumente weisen aber auch eine Biegung nach links auf. Das am meisten gespielte Instrument war der Sopranzink in a mit einer Länge von 60 bis 65 cm. Sonderformen sind der Cornettino, der eine Quarte oder Quinte höher stehen konnte (belegt sind aber auch Sekund- und Terzzinken), der Altzink in g sowie Tenorzink in c. Als eine Art Basszink kann der ▸ Serpent bezeichnet werden. – Der Klang des Zink wird in der Regel als trompetenähnlich wahrgenommen, ist insgesamt aber modulationsfähiger als ein Trompetenton.

2. Der gerade Zink (ital. Cornetto diritto) konnte zweiteilig gebaut, mit Leder bezogen und außen achteckig oder auch rund gedrechselt, unbezogen und rund sein. Wie der krumme Zink hat er ein abnehmbares Mundstück. – Manche Zinken des späten 18. und frühen

19. Jahrhunderts sind gedrechselt und mehrteilig, ähnlich wie Traversflöten gebaut.

3. Der stille Zink (ital. Cornetto muto) ist in seiner äußeren Form rund und nicht mit Leder bezogen. Das Mundstück ist direkt aus dem Holz herausgearbeitet. Der Ton des stillen Zink ist leiser und sanfter als der des krummen Zink.

Der Ursprung des Zink liegt in Tierhörnern (ital. Cornetto = kleines Horn), auf denen durch Ausarbeitung eines Mundstückes Naturtöne erzeugt werden konnten. Aus frühmittelalterlichen Bodenfunden sind Tierhörner mit drei bis fünf Grifflöchern bekannt. Bildliche Darstellungen und Beschreibungen in zeitgenössischen Dichtungen legen nahe, dass der Zink mit sieben Grifflöchern seit der Mitte des 14. Jahrhunderts existiert. In bildlichen Darstellungen des frühen 16. Jahrhunderts werden in Deutschland ausschließlich gerade Zinken abgebildet (Sebastian ▸ Virdung, *Musica getutscht*, Basel 1511; Arnolt ▸ Schlick, *Spiegel der Orgelmacher und Organist*, Speyer, 1511; Hans ▸ Burgkmair, *Triumphzug des Kaisers Maximilian* und *Weiskunig* zwischen 1512–1518). Der krumme Zink, dessen Ursprung vielleicht in Italien zu suchen ist, dürfte erst später in Deutschland bekannt geworden sein und stellt spätestens ab dem Ende des 16. Jahrhunderts die am weitesten verbreitete Form dar (Michael ▸ Praetorius, *Syntagma Musicum* II, Wolfenbüttel 1619).

Zur Ausbildung eines Zinkensatzes, ähnlich z.B. dem Blockflötensatz, kam es anscheinend nicht, da die tiefen Instrumente der Zinkfamilie gewisse klangliche Unausgewogenheiten und Stimmungsprobleme aufweisen. In Ensemblemusik des 16. und 17. Jahrhunderts übernimmt der Zink die Rolle der Obertimme im Posaunensatz. In dieser Funktion ist er in zahlreichen Werken der wichtigsten Komponisten des frühen 17. Jahrhunderts vorgeschrieben. In der Kammermusik steht er gleich berechtigt neben der Violine. Ab etwa 1650 ist der Höhepunkt der Verwendung des Zink überschritten, da er den geänderten kompositorischen Ansprüchen, besonders dem Spiel in Tonarten mit vielen Vorzeichen, nicht mehr genügen konnte. Als Stadtpfeiferinstrument bleibt der Zink für das Turmblasen bis weit in das 18. Jahrhundert hinein in Deutschland erhalten, und findet auch weiterhin in der Kirchenmusik Verwendung, wie z.B. in Werken von Johann Sebastian Bach und Georg Philipp Telemann. In der Wiener Hofkapelle gehörte der Zink bis ins späte 18. Jahrhundert zur festen Besetzung des Kirchenorchesters und findet daher auch noch in Christoph Willibald Glucks Oper *Orfeo ed Euridice* Verwendung. In einzelnen Orten wurde der Zink noch bis in

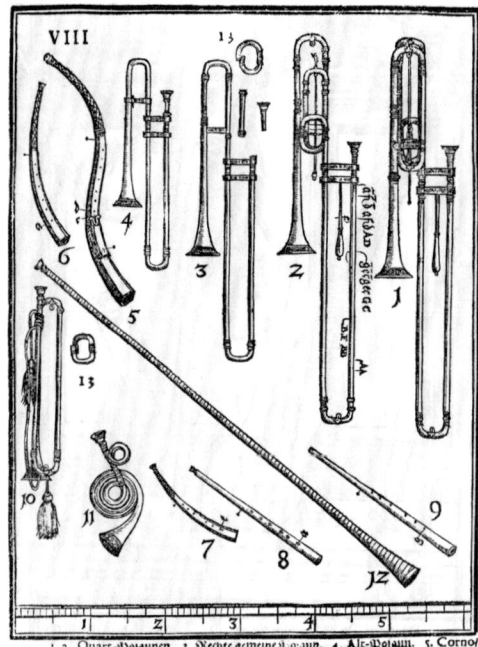

Michael Praetorius, *Syntagma Musicum*, Bd. II: *De Organographia*, Wolfenbüttel 1619, Tafel VIII »Recht Chor Zinck«

die Mitte 19. Jahrhunderts gespielt, wie z.B in Lübeck, wo Joachim Christoph Mandischer den Posten des Ratsmusikers und Türmers der Marienkirche von 1791 bis zu seinem Ruhestand im Jahr 1856 bekleidete. Erste Versuche, den Zink wieder zu erwecken, stammen schon aus dem Ende des 19. Jahrhunderts, als Victor Mahillon für eine Aufführung von Glucks erwähnter Oper einen geraden Zink mit Klappenmechanik konstruieren ließ. Mit den ersten ernsthaften Beschäftigungen mit historischer Aufführungspraxis in den 20er Jahren des 20. Jahrhunderts tritt auch der Zink wieder verstärkt in den Vordergrund. Heute ist der Zink fester Bestandteil von Konzerten in historischer Aufführungspraxis.

Literatur:
G. Karstädt, *Zur Geschichte des Zinken und seiner Verwendung in der Musik des 16.–18. Jahrhunderts*, Diss. Berlin, 1935, Auszüge in: Archiv für Musikwissenschaft 2, 1937, S. 385–432 • F.R. Overton, *Der Zink*, Mainz, 1981 • E.H. Tarr, *Ein Katalog erhaltener Zinken*, in: Baseler Jahrbuch für historische Aufführungspraxis V, Winterthur, 1981 • H. Heyde, *Hörner und Zinken, Katalog des Musikinstrumenten-Museum Leipzig*, Bd. 5, Leipzig 1982 • M. Collver / B. Dickey, *A Catalog of Music for the Cornett*, Bloomington, 1996.

APA

Zirkelkanon ▶ Kanon

Zoilo, Annibale
* um 1537 Rom, † 30.6.1592 Loreto

Aus Rom stammend und vermutlich an einer der basilikalen Musikkapellen ausgebildet, ist Zoilo erstmals als Sänger der Cappella Giulia am Petersdom nachweisbar (9.8.1558 bis Februar 1561). Bevor er am 5.7.1570 als Altsänger Aufnahme in der päpstlichen Kapelle fand, wirkte er als Maestro di capella an S. Luigi dei Francesi (1561–1566) und dem Lateran (1567–1570). Nach seinem Ausscheiden aus der päpstlichen Kapelle (Juli 1577), der er als Komponist verbunden blieb, wurden er und Giovanni Pierluigi da ▶ Palestrina am 25.10.1577 von Gregor XIII. mit der Reform des Graduale betraut, die jedoch bereits ein Jahr später wieder aufgegeben wurde. Gleichzeitig war er für den Kardinal Guglielmo Sirleto sowie das Oratorium SS. Trinità dei Pellegrini tätig und wurde später kurzzeitig Kapellmeister der Kathedrale von Todi (Dezember 1581–Ende 1582), dann der Santa Casa in Loreto (25.9.1584), wo er bis zu seinem Tod wirkte. Auf der Cantoria der Sixtinischen Kapelle hat sich ein Graffito von seiner Hand erhalten. Sein Sohn Cesare (1584 – nach 1622) war ebenfalls Sängerkomponist.

Zoilo zählt zu den charakteristischsten römischen Musikern der 2. Hälfte des 16. Jahrhunderts im Schatten Palestrinas. Seine Karriere spiegelt exemplarisch die Möglichkeiten, die der kurz vor und während des Tridentinums eingeleitete Aufschwung der musikalischen Institutionen in Rom einheimischen Musikern bot.

Stilistisch sind seine geistlichen Kompositionen von den Merkmalen der römischen Schule und namentlich Palestrinas geprägt: Neben der häufigen Verwendung von ▶ Kanontechniken betrifft dies insbesondere eine ausgewogene, klar gegliederte Satzstruktur und den weitgehenden Verzicht auf moderne Elemente wie ▶ Mehrchörigkeit oder ▶ Chromatik. Die ▶ Madrigale sind demgegenüber innovativer und erschienen in verschiedenen zeitgenössischen Sammlungen, darunter den als Leistungsschau der Bruderschaft der Musici di Roma konzipierten *Le gioie* von 1589.

Ausgaben:
8 Responsorien in: *Musica divina*, Bd. 4, hrsg. von K. Proske, Regensburg 1863; 3 Madrigale in: *I musici di Roma e il madrigale*: Dolci affetti *(1582)* e Le gioie *(1589)*, hrsg. von N. Pirrotta und G. Gialdroni (L'Arte Armonica / Musica Palatina 1), Lucca 1993.

Literatur:
H.B. Lincoln, *Annibale Zoilo: the Life and Works of a Sixteenth-Century Italian Composer*, Diss. Northwestern Univ. 1951 • L. Navarrini, *Nuovi cenni biografici su Annibale Zoilo*, in: Anuario Musical 41 (1986), S. 105–133 • N. O'Regan, *Institutional Patronage in Post-Tridentine Rome. Music at SS. Trinità di Pellegrini 1550–1650*, London 1995.

KP

Zunft ▸ Sozialgeschichte

Zwingli, Huldrych [Ulrich]
* 1.1.1484 Wildhaus (Toggenburg), † 11.10.1531 bei Kappel (Kanton Zürich)

Nach dem Besuch der Lateinschulen in Basel und Bern (1494–1498) und einem Theologiestudium an den Universitäten Wien und Basel (1498–1506) wurde der begabte Spross einer angesehenen Bauernfamilie zum Priester geweiht. Im Anschluss wirkte Zwingli zunächst als Leutpriester in Glarus (mitunter zudem auch als Feldgeistlicher, was ihn u.a. auch zur Teilnahme an der Schlacht von Marignano 1515 veranlasste), ab 1516 an der Wallfahrtskirche Maria Einsiedeln und schließlich ab 1519 am Großmünster in Zürich. Wegweisend war für ihn 1516 die Begegnung mit ▸ Erasmus von Rotterdam, der Zwingli in die Welt des christlichen Humanismus einführte und auch mit den Schriften Martin ▸ Luthers bekannt machte. Nach einem kurzen intensiven Gärungsprozess, angestoßen von seiner Pesterkrankung im Jahre 1519 und seiner vertieften Lektüre Augustins und Luthers, verwandelte dieses Gedankengut Zwingli zum radikalen Reformator. Rasch wurde der ebenso unermüdliche wie wortgewaltige Prediger zum Motor der kirchlichen Neuordnung in Zürich und den Schweizer Landen. Für Aufsehen sorgten neben seiner kontroversen Verteidigung eines skandalträchtigen Fastenbrechens in Zürich vor allem seine 1523 an den Bischof von Konstanz gerichtete Forderung nach Abschaffung des Zölibats. Mit der im selben Jahre stattfindenden Ersten Züricher Disputation erhielt Zwingli die volle Rückendeckung des Magistrats: Die von ihm in diesem Zusammenhang vorgelegten 63 Schlussreden (Artikel) bildeten zusammen mit dem *Commentarius de vera et falsa religione* (1525) das theoretische Fundament seiner radikalen Reformtheologie, an deren praktischer Seite er selbst federführend mitwirkte. Im Zuge seiner Neuordnung des Kirchen- und Gemeinwesens nahm Zwingli auch gewalttätige Exzesse in Kauf, insbesondere während des Bildersturms (1524), der Aufhebung der Klöster (1525) und der Verfolgung der Täufer (1527). Das erfolgreiche Zürcher Modell machte bald Schule in Schweizer Landen, 1528 schlossen sich Bern und St. Gallen, 1529 Basel Zwingli an.

Unter anderem wegen abweichender Haltungen in der Abendmahlsfrage kam es zum Bruch mit Luther, der sich auch beim Marburger Religionsgespräch von 1529 nicht beilegen ließ. 1530 legte Zwingli dementsprechend sein konkurrierendes Glaubensbekenntnis auf dem Augsburger Reichstag vor, das zur Grundlage des helvetischen Bekenntnisses wurde.

Um seiner Reformation wider Lutheraner und Katholiken zum Durchbruch zu verhelfen, scheute Zwingli das kriegerische Mittel nicht. 1531 starb er im Zweiten Kappeler Krieg auf dem Schlachtfeld bei einem erfolgreichen Gegenanschlag der katholischen Truppen, denen er im Ersten Kappeler Landfrieden des Vorjahres eine empfindliche Niederlage beigebracht hatte. Sein Reformwerk führte Heinrich Bullinger in Zürich fort.

Zwinglis Haltung zur Musik ist von diametralen Gegensätzen geprägt. Der wohl musikalischste aller Reformer, dessen Sangeskunst und Fähigkeiten im Spiel zahlreicher Instrumente vielfach von Zeitgenossen gerühmt wurden, setzte als Reformator die drakonischsten

Maßnahmen gegen Musik durch. Seine Kirchenordnung von 1525 nahm eine radikale Beschneidung der Liturgie vor. Seiner Überzeugung nach durfte sie einzig Handlungen und Gebete umfassen, die in der Schrift geboten sind. So fielen der liturgischen Reform nicht nur die Abendmahlsfeier, sondern auch sämtliche schmückende und sinnliche Bestandteile zum Opfer – darunter auch die Musik. Jedweder Gesang in den Kirchen wurde verboten und ebenso alle Arten instrumentaler Kirchenmusik. 1528 fielen sämtliche Orgeln einer systematischen Zerstörungsaktion zum Opfer.

Angesichts derartig brachialer Maßnahmen muss betont werden, dass Zwingli, da er selbst versierter Sänger und Instrumentalist war, Musik nicht grundsätzlich ablehnte. Seiner Lesart von Kol 3,16 zufolge war sie zwar als oberflächlicher Sinnenkitzel eine Gefahr für die innere Sammlung der Gemeinde und hatte demzufolge aus der Liturgie zu verschwinden, durfte und sollte aber selbstverständlich außerhalb der Kirche weiterhin gepflegt werden. Theoretische und praktische Kenntnisse in der Musik bildeten einen wesentlichen Bestandteil des Schulcurriculums und der Priester-Ausbildung. Er schrieb sogar selbst eine Reihe von Liedern, darunter gesichert ein Psalmlied (*Hilff, Gott, das Wasser gat mir biss an d'Seel*, Psalm 69, um 1525), ein Pestlied (*Hilff, Herr Gott, hilff in diser Not*, um 1520) und das sogenannte Kappeler Lied (*Herr, nun heb den Wagen selb*, 1529), von denen er seinem Nachfolger Bullinger zufolge auch einige vierstimmig gesetzt haben soll. Diese Lieder wurden nach Zwinglis Tod in reformierten Gesangbücher eingegliedert und als Gemeindelieder (entgegen seiner Absicht) in der Liturgie verwendet.

Ausgaben:
Huldreich Zwinglis sämtliche Werke, hrsg. von E. Egli u.a. (Corpus reformatorum 88–101), Berlin und Zürich 1905–1991; Lieder siehe Jenny.

Literatur:
M. Jenny, *Zwinglis mehrstimmige Kompositionen: ein Basler Zwingli-Fund*, in: Zwingliana 11 (1960), S. 164–182 • F. Blume, *Geschichte der evangelischen Kirchenmusik*, 2. Auflage (unter Mitarbeit von L. Finscher u.a.), Kassel u.a. 1965 • C. Garside, *Zwingli and the Arts*, New Haven 1966 • M. Jenny, *Die Lieder Zwinglis*, in: Jahrbuch für Liturgik und Hymnologie 24 (1969), S. 63–102 • Dies., *Luther, Zwingli, Calvin in ihren Lieder*, Zürich 1983 • Y. Knockaert, *De grote hervormers aan de basis van de huismuziek in de Renaissance*, in: Adem, 23 (1987), S. 77–80 • G. Aeschbacher, *Zwingli und die Musik im Gottesdienst*, in: Reformiertes Erbe: Festschrift für Gottfried W. Locher zu seinem 80. Geburtstag, hrsg. von H.A. Oberman, Bd. 1,1–11 Zürich 1992/1993 • L.P. Wandel, *Voracious Idols and Violent Hands: Iconoclasm in Reformation Zurich, Strasbourg and Basel*, Cambridge 1995.

CTL

Zwolle ▸ Arnault de Zwolle

Personenregister

Das Personenregister verweist nicht auf Seiten, sondern auf Artikel, in denen die Person genannt wird. Fettgedruckte Namen haben einen eigenen Artikel.

Aaron, Pietro ▸ Agricola, Alexander ▸ Bologna ▸ Busnoys ▸ Caron, Firmius ▸ Eloy d'Amerval ▸ Hayne van Ghizeghem ▸ Jacotin ▸ Kontrapunkt ▸ Lanfranco ▸ Mehrchörigkeit ▸ Musiktheorie ▸ Renaissance ▸ Spataro ▸ Venedig
'Abd al-Qadir Marâghî ▸ Osmanisches Reich
Abel, Maître ▸ Frankreich
Abelard, Pierre ▸ Individualismus
Abondio, Antonio ▸ Wien
Accolti, Bernardo ▸ Verdelot
Acquaviva, Claudius ▸ Ratio studiorum
Adam de la Halle ▸ Ballade ▸ Chanson ▸ Rondeau
Adam von Fulda ▸ Astronomie ▸ Barform ▸ Busnoys ▸ Gerson ▸ Hofweise ▸ Humanismus ▸ Kapelle ▸ Leipzig ▸ Messe ▸ Musica coelestis ▸ Musiktheorie ▸ Schanppecher ▸ Wittenberg
Adolf I., Herzog von Kleve ▸ Kleve
Adolf II., Herzog von Kleve ▸ Kleve
Adorno, Prospero ▸ Gaffurio
Adriaenssens (Adriansen), Emanuel ▸ Laute ▸ Planson
Adrichem, Floris van ▸ Sweelinck
Aertsen, Pieter ▸ Genrebild
Agazzari, Agostino ▸ Jesuitenschulen ▸ Lira ▸ Palestrinastil
Agee, Richard ▸ Rore
Agostina Benevoli della Scala, Margherita ▸ Caccini
Agricola, Alexander ▸ Aaron ▸ Augsburg ▸ Brumel ▸ Burgund ▸ Busnoys ▸ Canti Carnascialeschi ▸ Capirola ▸ Cortesi ▸ Crétin ▸ Eloy d'Amerval ▸ Florenz ▸ Forme fixe ▸ Frankoflämische Musik ▸ Frankreich ▸ Frye ▸ Ghiselin ▸ Isaac ▸ Josquin ▸ Kapelle ▸ Karl VIII. ▸ Lemaire de Belges ▸ Ludwig XII. ▸ Lyon ▸ Martini ▸ Maximilian I. ▸ Medici ▸ Motettenchanson ▸ Obrecht ▸ Orto ▸ Petrucci ▸ Rabelais ▸ Rondeau ▸ Schweiz ▸ Sforza
Agricola, Bartholomäus ▸ Königsberg
Agricola, Martin ▸ Binchois ▸ Blockflöte ▸ Bogentantz ▸ Cortesi ▸ Dietrich ▸ Dressler ▸ Druckgraphik ▸ Instrumente: Familienbildung ▸ Ganassi ▸ Gitarre ▸ Harfe ▸ Intavolierung ▸ Joachim a Burck ▸ Kantorei ▸ Listenius ▸ Melanchthon ▸ Mentalitätsgeschichte ▸ Ode ▸ Rebec ▸ Rhau ▸ Viola da gamba ▸ Violine ▸ Virdung ▸ Wittenberg
Agricola, Rudolphus ▸ Barbireau ▸ Celtis ▸ Heidelberg ▸ Johannes von Soest
Agrippa von Nettesheim, Heinrich Cornelius ▸ Conrad von Zabern ▸ Magie ▸ Sphärenharmonie
Ahle, Georg ▸ Rhetorik, musikalische
Aich, Arndt von ▸ Hofweise ▸ Barform ▸ Köln ▸ Signalmusik
Aichinger, Gregor ▸ Augsburg ▸ Erbach ▸ Fugger ▸ Gabrieli, Andrea ▸ Haßler ▸ Innsbruck ▸ Katholische Erneuerungsbewegung
Ainhofer, Ursula ▸ Lassus, Rudolph de
Akademos ▸ Akademie
Al Farabi ▸ Jüdische Musik ▸ Musica coelestis ▸ Musica theorica
Alamanni, Luigi ▸ Layolle ▸ Lyon Alamire ▸ Pipelare
Alamire, Petrus ▸ Andachtsmusik ▸ Brüssel ▸ Niederlande ▸ Rue ▸ Karl V. ▸ Mechelen
Alba, Herzog ▸ Encina
Albert de Gondi ▸ Costeley ▸ Paris
Albert de Rippe ▸ Frankreich ▸ Lyon ▸ Paris
Albert von Brudzewo ▸ Copernicus
Albert, Erzherzog ▸ Philips, Peter
Albert, Heinrich ▸ Eccard ▸ Stobaeus
Alberti, Gasparo ▸ Cori spezzati ▸ Musikerporträt ▸ Mehrchörigkeit ▸ Passion ▸ Scandello
Alberti, Leon Battista ▸ Architektur ▸ Humanismus ▸ Ballata ▸ Bühnenbild ▸ Ferrara ▸ Ficino ▸ Malatesta
Alberto d'Este ▸ Ferrara
Albertus Magnus ▸ Astronomie
Albrecht III. Achilles, Markgraf von Ansbach ▸ Beheim
Albrecht II. Alcibiades, Markgraf von Brandenburg-Kulmbach ▸ Sachs
Albrecht III., bayrischer Herzog ▸ Beheim ▸ München ▸ Paumann
Albrecht IV., bayrischer Herzog Friedrich III. ▸ München ▸ Paumann ▸ Striggio d.Ä.
Albrecht V., bayrischer Herzog ▸ Albrecht II. ▸ Botte-

gari ▸ Cornamuse ▸ Daser ▸ Gabrieli, Andrea ▸ Gabrieli, Giovanni ▸ Galilei, Vincenzo ▸ Gosswin ▸ Guami ▸ Kapelle ▸ Lechner ▸ Monte ▸ München ▸ Musica segreta ▸ Lassus, Orlande de ▸ Rore ▸ Musica reservata ▸ Vento

Albrecht II., deutscher König ▸ Brassart ▸ Friedrich III. ▸ Kapelle

Albrecht VI., Herzog von Österreich ▸ Beheim

Albrecht von Preußen (Brandenburg-Ansbach) ▸ Königsberg ▸ Kugelmann ▸ Krummhorn ▸ Senfl ▸ Stoltzer

Albrecht von Wallenstein ▸ Kepler

Albrechtszoon von Wieringen, Claas ▸ Sweelinck

Alciat(us), Andrea ▸ Emblem ▸ Calvin ▸ Druckgraphik

Alder, Cosmas ▸ Schweiz

Aldobrandini, Cinzio ▸ Marenzio

Aldobrandini, Pietro, Kardinal ▸ Luzzaschi

Aldomar, Pere Joan ▸ Villancico

Aleman, Louis ▸ Bologna

Alençon, Francesco d' ▸ Frankreich ▸ Beaujoyeulx

Alessandro de' Medici ▸ Arcadelt ▸ Willaert

Alessandro d'Este ▸ Vecchi

Alessandro Farnese Kardinal ▸ Brüssel ▸ Farnese ▸ Ferrabosco, Domenico ▸ Merulo ▸ Philips

Alessandro Farnese (Feldherr und Diplomat) ▸ Farnese

Alessandro, Kardinal von Modena ▸ Gesualdo

Alessandro Sforza ▸ Guglielmo Ebreo da Pesaro

Alexander der Große ▸ Neostoizismus ▸ Eyck, Jan van

Alexander Farnese (Paul III.) ▸ Parma

Alexander V., Papst ▸ Bologna ▸ Ciconia ▸ Schisma

Alexander VI. Papst ▸ Kapelle ▸ Karl VIII. ▸ Borgia ▸ Compère ▸ Encina ▸ Este ▸ Karl VIII. ▸ Obrecht ▸ Pico della Mirandola ▸ Rom ▸ Savonarola ▸ Tinctoris

Alexander, Prinz von Litauen ▸ Finck, Heinrich

Alexandre de Clèves ▸ Arcadelt

Alfonso d'Avalos ▸ Festa

Alfonso de Fonseca ▸ Bermudo

Alfonso dalla Viola ▸ Bembo

Alfonso I. d'Este ▸ Bembo ▸ Borgia ▸ Brumel ▸ Dalla Viola ▸ Este ▸ Ferrara ▸ Ghiselin ▸ Marenzio ▸ Tromboncino

Alfonso II. d'Este ▸ Caccini ▸ Cembalo ▸ Concerto delle dame ▸ Dell'Arpa ▸ Este ▸ Berchem ▸ Ferrara ▸ Gesualdo ▸ Isnardi ▸ Luzzaschi ▸ Madrigal ▸ Mantua ▸ Monodie ▸ Monteverdi ▸ Obrecht ▸ Palestrina ▸ Rore ▸ Tizian

Alfonso II. Gonzaga ▸ Tasso

Alfonso I., Herzog von Garfagnana ▸ Ariosto

Alfonso, Kardinal ▸ Escobar

Alfonso X., König Kastilien ▸ Gitarre ▸ Jüdische Musik

Alfonso I. (Alfonso V von Aragon), König von Neapel ▸ Borgia ▸ Cornago ▸ Cornazzano ▸ Domenico da Piacenza ▸ Ferrante I. ▸ Ferrara ▸ Kapelle ▸ Neapel

Alfragus ▸ Astronomie

Algotsson von Skara, Brynold, Bischof ▸ Schweden

Allart, Michel ▸ Frankreich

Alpetragius ▸ Astronomie

Altdorfer, Albrecht ▸ Burgkmair ▸ Prozession ▸ Wien

Altenburg, Detlev ▸ Signalmusik

Altenburg, Johann Ernst ▸ Signalmusik

Altovita, Bernardo ▸ Layolle

Altoviti, Antonio ▸ Lassus, Orlande de

Álvarez de Toledo, García, Herzog von Alba ▸ Spanien

Amadeus VIII. von Savoyen ▸ Le Franc

Amadino, Ricciardo ▸ Monteverdi

Amat, Joan Carlos ▸ Gitarre

Amboise, Bussy d' ▸ Tessier, Guillaume

Ambra, Francesco d' ▸ Akademie ▸ Striggio d.Ä.

Ambros, August Wilhelm ▸ Renaissance ▸ Rezeption der Renaissance ▸ Staatsmotette ▸ Messe

Ambrosino da Pessano ▸ Mailand

Ambrosio, Giuseppe ▸ Guglielmo Ebreo da Pesaro

Ambrosio, Pierpaolo ▸ Guglielmo Ebreo da Pesaro

Ambrosius von Mailand ▸ Hymnus ▸ Te Deum

Amédée VIII. von Savoyen ▸ Frankreich

Amerbach, Bonifacius ▸ Clavichord ▸ Clavicytherium ▸ Erasmus von Rotterdam ▸ Kotter ▸ Schweiz ▸ Wannenmacher

Amerbach, Elias Nikolaus ▸ Polonaise

Amerus ▸ Musica practica

Ammann, Jost ▸ Genrebild

Ammannati, Giulia ▸ Galilei, Vincenzo

Amon, Blasius

Anastasia Sforza ▸ Perugia

Anchieta, Juan de ▸ Escobar ▸ L'homme armé ▸ Romance ▸ Spanien

Ancina, Giovenale ▸ Katholische Erneuerungsbewegung ▸ Neapel ▸ Neri ▸ Oratorium ▸ Orden, religiöse

Andrea Doria, Herrscher von Genua ▸ Genua

Andreini, Virginia ▸ Monteverdi

Andrieu, F. ▸ Ballade

Andrysowicz, Łazarz ▸ Krakau

Aneau, A. ▸ Lyon

Aneau, Barthélemy ▸ Lyon ▸ Sermisy

Anerio, Felice ▸ Gregorianischer Choral ▸ Katholische Erneuerungsbewegung ▸ Philips

Anerio, Giovanni Francesco ▸ Jesuitenschulen ▸ Katholische Erneuerungsbewegung ▸ Oratorium

Angelieri, Giorgio ▸ Merulo

Angermeier, Christoph ▸ Krummhorn

Angleria da Cremona, Camillo ▸ Merulo

Animuccia, Giovanni ▸ Caccini ▸ Dorico ▸ Lassus, Orlande de ▸ Lauda ▸ Neri ▸ Oratorium ▸ Orden, religiöse ▸ Urbino

Animuccia, Paolo ▸ Urbino

Anjou, Familie ▸ Karl VIII.
Anna Boleyn ▸ England
Anna von Bayern ▸ Paumann
Anna von Jülich ▸ Lassus, Orlande de
Anna von Köln ▸ Frauen in der Musikkultur ▸ Köln
Anne de Bretagne ▸ Divitis ▸ Festa ▸ Frankreich ▸ Karl VIII. ▸ Lemaire de Belges ▸ Longueval ▸ Ludwig XII. ▸ Margarete von Österreich ▸ Marot ▸ Maximilian I. ▸ Mouton ▸ Paris ▸ Richafort ▸ Sermisy
Anne de Joyeuse, Herzog von Joyeuse ▸ Beaujoyeulx ▸ Heinrich III. ▸ La Grotte
Anne de Montmorency, Herzog von Monmorency ▸ Heinrich II.
Anne de Beaujeu (de France) ▸ Karl VIII.
Anne de Lusignan, Königin von Zypern ▸ Frankreich
Anne, Königin von England ▸ Affekt ▸ Pedersøn
Annibale Padovano ▸ Guami ▸ Merulo ▸ Musikporträt
Annibale Bentivoglio ▸ Bologna
Anonymus X ▸ Ars subtilior
Anselmi, Giorgio ▸ Enzyklopädien ▸ Parma
Antegnati, Bartolomeo ▸ Mailand
Antegnati, Costanzo ▸ Brescia ▸ Canzone ▸ Stimmung und Temperatur
Antegnati, Familie ▸ Brescia ▸ Orgel
Antegnati, G. ▸ Mantua
Anthonius von Dornstätt ▸ Maximilian I.
Antico, Andrea ▸ Barzelletta ▸ Brumel ▸ Druckgraphik ▸ Frankreich ▸ Frottola ▸ Giunta ▸ Jacotin ▸ Notendruck ▸ Petrucci ▸ Rabelais ▸ Rom ▸ Scott ▸ Willaert
Antigonos, makedonischer Kronprinz ▸ Neostoizismus
Antiquus, Johannes ▸ Druckgraphik
Antoine de Bertrand ▸ Chanson
Antoine de Brabant ▸ Brüssel
Antoine I., Herzog von Lothringen ▸ Frankreich
Antoine von Burgund (Sohn Philips des Guten) ▸ Brüssel
Antonio da Tempo ▸ Ciconia
Antonio de Arena ▸ Branle ▸ Tourdion
Antonio de Lara ▸ Loyola
Antonius de Alemagna ▸ Padua
Apel, Nicolaus ▸ Leipzig
Appenzeller, Benedictus ▸ Brügge ▸ Brüssel ▸ Chanson ▸ Frankoflämische Musik ▸ Susato
Apuleius, Lucius ▸ Pisano
Aquila, Marco dall' ▸ Laute
Aragona, Luigi ▸ Jacotin
Arbeau, Thoinot ▸ Allemande ▸ Bassadanza / Bassedanse ▸ Branle ▸ Canario ▸ Caroso ▸ Courante ▸ Frankreich ▸ Galliarde ▸ Gavotte ▸ Moresca ▸ Passepied ▸ Pavaniglia ▸ Saltarello ▸ Tanz ▸ Tanznotation ▸ Tourdion

Arcadelt, Jacques ▸ Baïf, Jean Antoine de ▸ Ballata ▸ Bembo ▸ Caravaggio ▸ Chanson ▸ Doni
Arcadelt, Jacques ▸ Du Bellay ▸ Epos ▸ Festa ▸ Florenz ▸ Frankoflämische Musik ▸ Frankreich ▸ Gardano ▸ Goudimel ▸ Goulart ▸ Heinrich II. ▸ Jacotin ▸ Kapelle ▸ Layolle ▸ Le Roy & Ballard ▸ Lyon ▸ Madrigal ▸ Marot ▸ Medici ▸ Motette ▸ Ode ▸ Pisano ▸ Rabelais ▸ Rom ▸ Ronsard ▸ Scotto ▸ Willaert
Archilei, Ottavio ▸ Caccini
Archilei, Vittoria ▸ Caccini ▸ Cavalieri ▸ Medici
Arcimboldo, Giuseppe ▸ Wien
Arco, Livia d' ▸ Concerto delle dame
Arena, Antonio de ▸ Galliarde ▸ Tanz
Aretino, Paolo ▸ Passion
Aretino, Pietro ▸ Parabosco ▸ Serlio ▸ Verdelot
Argenti, Agostino ▸ Dalla Viola ▸ Ferrara
Argyropoulos, Johannes ▸ Ficino ▸ Florenz ▸ Konstantinopel ▸ Poliziano
Ariosto, Ludovico ▸ Aria ▸ Ballata ▸ Ballet de cour ▸ Bardi ▸ Bembo ▸ Berchem ▸ Byrd ▸ Caccini ▸ Cantastorie ▸ Desportes ▸ Epos ▸ Ferrara ▸ Madrigal ▸ Porta ▸ Ronsard ▸ Rore ▸ Sozialgeschichte ▸ Tasso
Aristarch von Samos ▸ Kepler ▸ Copernicus
Aristoteles ▸ Architektur ▸ Aristotelische Philosophie ▸ Aristoxenismus ▸ Artes liberales ▸ Astronomie ▸ Della Robbia ▸ Domenico da Piacenza ▸ Effekt ▸ Epos ▸ Guarini ▸ Gaffurio ▸ Magie ▸ Moralphilosophie ▸ Musica poetica ▸ Musica practica ▸ Naturphilosophie ▸ Quadrivium ▸ Salinas ▸ Scholastik ▸ Sphärenharmonie ▸ Virtù
Aristoxenos ▸ Agrippa ▸ Architektur ▸ Aristoxenismus ▸ Galilei, Vincenzo ▸ Glarean ▸ Naturphilosophie
Arlotti, Ridolfo ▸ Luzzaschi
Armagnac, Georges d', Kardinal ▸ Frankreich ▸ Bertrand
Arnault de Zwolle, Henri ▸ Clavichord ▸ Cembalo ▸ Laute ▸ Mersenne ▸ Orgel ▸ Virdung ▸ Virginal
Arne, Thomas ▸ Milton ▸ Shakespeare
Arnold von Bruck ▸ Dietrich ▸ Ferdinand I. ▸ Hofweise ▸ Te Deum ▸ Wien
Arrigoni, Antonioni ▸ Ferrara
Arthopius, Balthasar ▸ Barform
Arthur de Bretagne ▸ Busnoys
Arthur von Wales ▸ Cornysh
Artus, ›Maister‹ ▸ Burgkmair
Artusi, Giovanni Maria ▸ Crecquillon ▸ Danckerts ▸ Monteverdi ▸ Rore ▸ Stimmung und Temperatur ▸ Zarlino
Ascanio, Gioseffo ▸ Lassus, Orlande de
Ascanio Sforza ▸ Borgia ▸ Josquin ▸ Serafino de' Ciminelli dall'Aquila
Ascarelli, Deborah ▸ Jüdische Musik
Ashwell, Thomas ▸ England

Asola, Giovanni Matteo ▸ Katholische Erneuerungsbewegung ▸ Passion
Äsop ▸ Sachs
Attaingnant, Pierre ▸ Bassadanza / Bassedanse ▸ Brumel ▸ Canova da Milano ▸ Certon ▸ Clavichord ▸ Du Chemin ▸ Du Tertre ▸ Fantasia ▸ Frankreich ▸ Fresneau ▸ Galliarde ▸ Heinrich II. ▸ Jacotin ▸ Janequin ▸ Lamentatio ▸ Laute ▸ Lemaire de Belges ▸ Le Roy & Ballard ▸ Longueval ▸ Moderne ▸ Motette ▸ Notendruck ▸ Orgel ▸ Paris ▸ Pariser Chanson ▸ Passereau ▸ Pavane ▸ Rabelais ▸ Romanesca ▸ Sandrin ▸ Soggetto ▸ Susato ▸ Tabulatur ▸ Tourdion ▸ Verdelot
Attey, John ▸ Lautenlied
Atticus ▸ Ioculatores
Augustinus ▸ Luther ▸ Metaphysik ▸ Te Deum ▸ Zwingli ▸ Emblem ▸ Individualismus ▸ Musica coelestis ▸ Pico della Mirandola ▸ Salinas
Aurel, Marc ▸ Neostoizismus
Aurelius Prudentius ▸ Wien
Autels, Guillaume des ▸ Pléiade
Auton, Jean de ▸ Prioris
Aux-Cousteaux, Artus ▸ Du Caurroy
Avalos, Alfonso d' ▸ Ruffo
Avalos, Marie d' ▸ Gesualdo
Avelli, Bischof ▸ Ferrara
Averroes ▸ Astronomie
Avicenna ▸ Musica coelestis
Azzaiolo, Filippo ▸ Beolco ▸ Bergamasca ▸ Bologna
Azzo d'Este VI. d' ▸ Ferrara

Babič, Benedikt ▸ Dubrovnik
Babst, Valentin ▸ Leisentrit
Baccusi, Ippolito ▸ Venedig ▸ Zacconi
Bach, Johann Sebastien ▸ Laute ▸ Allemande ▸ Palestrina ▸ Rhetorik, musikalische ▸ Spruchmotette ▸ Sweelinck ▸ Trompete ▸ Zink
Bacon, Anthony ▸ Geschichte ▸ Naturphilosophie ▸ Neostoizismus ▸ Tessier, Charles
Bacon, Roger ▸ Astronomie ▸ Musica coelestis ▸ Neostoizismus
Bader, Marcus ▸ Konstanz
Baethen, Jacob ▸ Lüttich
Baeza, García de ▸ Cabezón, Antonio de
Baffo, Giovanni Antonio ▸ Cembalo
Baglioni, Familie ▸ Perugia
Baglioni, Braccio ▸ Perugia
Baïf, Jean Antoine de ▸ Académie de Musique et de Poésie ▸ Architektur de ▸ Ballet de cour de ▸ Beaujoyeulx ▸ Bodin de ▸ Caietain ▸ Costeley ▸ Courville ▸ Desportes de ▸ Du Bellay ▸ Du Caurroy ▸ Frankreich ▸ Janequin ▸ Jodelle ▸ Katholische Erneuerungsbewegung ▸ Le Jeune ▸ Mauduit ▸ Moralphilosophie ▸ Musique mesurée ▸ Paris ▸ Planson ▸ Pléiade ▸ Ronsard ▸ Studia humanitatis ▸ Tessier, Guillaume
Baïf, Lazare de ▸ Baïf, Jean Antoine de
Baini, Giuseppe ▸ Rezeption der Renaissance
Bakfark ▸ Frankreich
Bakfark, Bálint ▸ Fantasia ▸ Lyon ▸ Krakau ▸ Moderne ▸ Polen ▸ Ricercar ▸ Ungarn
Balbi, Lodobico ▸ Katholische Erneuerungsbewegung ▸ Orden, religiöse ▸ Ratio studiorum ▸ Vecchi ▸ Venedig
Baldini, Vittorio ▸ Gesualdo ▸ Luzzaschi
Baldung Grien, Hans ▸ Dietrich
Baldwin, John ▸ Bedyngham ▸ In nomine ▸ Ludford
Ballard, Robert ▸ Arcadelt ▸ Attaingnant ▸ Certon ▸ Desportes ▸ Druckgraphik ▸ Du Chemin ▸ Frankreich ▸ Gitarre ▸ Goulart ▸ Goudimel ▸ Heinrich II. ▸ Jacotin ▸ Lassus, Orlande de ▸ Laute ▸ Le Roy & Ballard ▸ Maillard ▸ Mersenne ▸ Paris ▸ Planson ▸ Sandrin ▸ Tessier, Guillaume
Balsamino, Simone ▸ Urbino
Baltazarini (Balthasar de Beaujoyeux) ▸ Frankreich
Balthasar, Abt von Ossegk ▸ Leisentrit
Banchieri, Adriano ▸ Artusi ▸ Basso seguente ▸ Canzone ▸ Diruta ▸ Instrumente: Familienbildung ▸ Generalbass ▸ Guami ▸ Guarini ▸ Madrigalkomödie ▸ Siena ▸ Spagnoletto ▸ Spinett ▸ Viola da gamba
Bannius (Ban, Joan Albert) ▸ Mersenne
Banville, Théodore de ▸ Forme fixe
Banzola, Amabilia ▸ Merulo
Bapst, Valentin ▸ Leipzig
Barbarino, Bartolomeo ▸ Monodie
Barbaro, Daniele ▸ Architektur
Barberii, Melchior de ▸ Canzone ▸ Gitarre ▸ Passereau ▸ Piva
Barberini, Familie ▸ Oratorium
Barbetta, Giulio Cesare ▸ Laute ▸ Padovana
Barbiere, Francisco Asenjo ▸ Spanien
Barbingant ▸ Crétin ▸ Eloy d'Amerval ▸ Martini ▸ Messe ▸ Regis ▸ Trienter Codices
Barbireau, Jacobus ▸ Barbingant ▸ Frankoflämische Musik ▸ Obrecht
Bardi, Giovanni de ▸ Aristoxenismus ▸ Bühnenbild ▸ Camerata fiorentina ▸ Caccini ▸ Cavalieri ▸ Corsi ▸ Epos ▸ Florenz ▸ Galilei, Vincenzo ▸ Humanismus ▸ Intermedium, ▸ Malvezzi ▸ Medici ▸ Mei ▸ Monodie ▸ Monteverdi ▸ Peri ▸ Rore ▸ Strozzi, Piero ▸ Rinuccini ▸ Striggio d.Ä.
Bardi, Pietro ▸ Bardi, Giovanni ▸ Camerata fiorentina
Bargagli, Giralomo ▸ Intermedium ▸ Akademie ▸ Bardi ▸ Bühnenbild ▸ Marenzio ▸ Peri ▸ Vecchi
Bariolla, Ottavio ▸ Canzone
Barley, William ▸ Bandora
Barnus, Romanus ▸ Gaffurio
Barone, Leonora ▸ Musikerporträt

Baronio, Cesare ▸ Neri
Barra, Jean dit Hottinet ▸ Frankreich
Barré, Antonio ▸ Aria ▸ Bembo ▸ Lassus, Orlande de
Bartel, Dietrich ▸ Rhetorik, musikalische
Bartlet, John ▸ Lautenlied
Bartholomaeus de Bononia (Bartolomeo da Bologna) ▸ Ferrara ▸ Messe
Bartoli, Cosimo ▸ Renaissance ▸ Studia humanitatis
Bartoli, Vincenzo ▸ Urbino
Bartolomeo da Bologna ▸ Bartholomaeus de Bononia
Bartolomeo de Selma y Salaverde ▸ Dulzian
Bartolomeo degli Organi ▸ Ballata ▸ Corteccia ▸ Madrigal
Bartolucci d'Assisi, Ruffino ▸ Katholische Erneuerungsbewegung ▸ Mehrchörigkeit
Baryphonus, Henricus ▸ Bergreihen
Barzizza, Gasparino ▸ Vittorino da Feltre
Basile, Adriana ▸ Caccini
Basin, Pierre ▸ Karl der Kühne ▸ Morton
Basiron, Philippe ▸ Bergerette ▸ Chanson ▸ Crétin ▸ Eloy d'Amerval ▸ Frankreich ▸ L'homme armé ▸ Regis
Bassano, Alvise ▸ Bassano
Bassano, Anthony ▸ Bassano
Bassano, Augustine de ▸ Bassano
Bassano, Baptista ▸ Bassano
Bassano, Familie ▸ England ▸ Krummhorn
Bassano, Giovanni ▸ Blockflöte ▸ Diminution ▸ Gabrieli, Giovanni ▸ Ricercar
Bassano, Jasper ▸ Bassano
Bassano, Jerome ▸ Bassano
Bassano, John ▸ Bassano
Bastard, Jean ▸ Frankreich
Baston, Josquin ▸ Kleve
Bataille, Gabriel ▸ Courville ▸ Laute ▸ Tessier, Guillaume
Bathenius, Jacob ▸ Kleve
Bati, Luca ▸ Corsi ▸ Strozzi, Piero
Batory, Stefan ▸ Krakau
Battre, H. ▸ Trienter Codices
Baudin, Clement ▸ Lyon
Bauldeweyn, Noel (Bauldewijn) ▸ Mecheln ▸ Richafort ▸ Caravaggio
Baumann, Jakob ▸ Augsburg
Baumhauer, Wolfgang ▸ München
Baur, Johann ▸ Innsbruck
Bavent, Jean ▸ Lyon
Bayezid I. ▸ Osmanisches Reich
Béatrice d'Aragon ▸ Stokem
Beatrice d'Este ▸ Domenico da Piacenza ▸ Ferrara ▸ Serafino ▸ Sforza
Beatrix von Aragón (Königin von Ungarn) ▸ Corvinus ▸ Messe ▸ Tinctoris ▸ Hofhaimer
Beaujoyeulx, Balthasar de (Baltazarino di Belgioso) ▸ Académie de Musique et de Poésie ▸ Ballet de cour ▸ Heinrich III. ▸ Frankreich
Beaulaigue, Barthélemy ▸ Frankreich ▸ Granjon ▸ Lyon
Beaulieu, Eustorg de ▸ Layolle
Beaulieu, Girard de ▸ Frankreich
Beaulieu, Lambert (oder Girard) de ▸ Baïf ▸ Beaujoyeulx ▸ Desportes ▸ Planson
Beaulieu, Violante Doria de ▸ Frankreich
Beccari, Agostino de' ▸ Dalla Viola ▸ Pastorale
Becchi, Antonio di ▸ Ricercar
Beck, David ▸ Praetorius
Becker, Cornelius ▸ Calvisius
Bedyngham, John ▸ Ballade ▸ England ▸ Frankreich ▸ Messe ▸ Quodlibet
Beeckman, Isaac ▸ Magie
Beethoven, Ludwig van ▸ Rhetorik, musikalische
Behaim, Jörg ▸ Wien
Behaim, Jan ▸ Hofhaimer
Beheim, Michel ▸ Epos ▸ Friedrich III. ▸ Meistergesang ▸ Wien
Bel, Ulrich ▸ Konstanz
Belcari, Feo ▸ Lauda ▸ Medici
Belin, Guillaume ▸ Frankreich ▸ Sermisy
Belin, Julien ▸ Frankreich
Bellac, Jean ▸ Frankreich
Bellavere, Vincenzo ▸ Diruta
Belleau, Rémy ▸ Académie de Musique et de Poésie ▸ Baïf, Jean Antoine de ▸ Du Bellay ▸ Paris ▸ Planson ▸ Pléiade ▸ Ronsard
Bellère, Jean ▸ Phalèse ▸ Cister
Bellermann, Heinrich ▸ Rezeption der Renaissance
Bell'Haver, Vincenzo ▸ Gabrieli, Giovanni
Bellincioni, Bernardo ▸ Sforza
Bellini, Gentile ▸ Venedig
Bellini, Giovanni ▸ Engelsmusik ▸ Genrebild ▸ Giorgione ▸ Lotto ▸ Tizian
Bello, Bartolomea ▸ Isaac
Belot, Jean ▸ Ronsard
Bembo, Antonia ▸ Frauen in der Musikkultur
Bembo, Pietro ▸ Caietain ▸ Desportes ▸ Giustiniana ▸ Lassus, Orlande de ▸ Layolle ▸ Madrigal ▸ Medici ▸ Padua ▸ Petrarkismus ▸ Serafino ▸ Sonett ▸ Urbino
Bendidio, Isabella ▸ Concerto delle dame
Bendidio, Lucrezia ▸ Concerto delle dame ▸ Este ▸ Tasso
Bendusi, Francesco ▸ Perugia ▸ Siena
Benedetti, Giovanni Battista ▸ Aristoxenismus ▸ Naturphilosophie ▸ Rore ▸ Sphärenharmonie
Benedictus de Opitiis ▸ Maximilian I.
Benedictus ▸ Frankreich
Benedikt VIII., Papst ▸ Stabat mater
Benedikt XII., Papst ▸ Avignon ▸ Kapelle
Benedikt XIII., Papst ▸ Avignon ▸ Cesaris ▸ Frankreich ▸ Konstanzer Konzil ▸ Kapelle ▸ Messe ▸ Schisma

Benet, John ▸ Dunstaple ▸ Messe
Benevenutis, Lorenzo ▸ Willaert
Benivieni, Domenico ▸ Ficino
Bentivoglio, Alessandro ▸ Bologna
Bentivoglio, Familie ▸ Burzio ▸ Spataro
Bentivoglio, Vittoria ▸ Concerto delle dame
Beolco, Angelo (Ruzzante) ▸ Pastorale
Berardi, Angelo ▸ Crecquillon
Berchem, Jacquet de ▸ Ariosto ▸ Canzone ▸ Ingegneri ▸ Rabelais
Beredemers, Henry ▸ Schlick
Berengario da Carpi ▸ Anatomie
Berenger, Henry ▸ Paris
Berg, Adam ▸ Daser ▸ Gerlach ▸ Lassus, Orlande de ▸ München
Berg, Alban ▸ Rhetorik, musikalische
Berg, Johann von ▸ Vaet
Berghen, Adriaen van ▸ Niederlande
Bergholtz, Lukas ▸ Wittenberg
Bergier, Nicolas de ▸ Moralphilosophie
Beringen, Godefroy ▸ Bourgeois ▸ Lyon
Beringen, Marcellin ▸ Lyon
Berio, Luciano ▸ Orpheus
Bermudo, Juan ▸ Clavichord ▸ Gitarre ▸ Harfe ▸ Intavolierung ▸ Ludovico ▸ Mandola ▸ Orgel ▸ Tabulatur ▸ Vásquez
Bernard de Clairvaux ▸ Individualismus
Bernardino de Figueroa ▸ Bermudo
Bernardus de Alemagna ▸ Padua
Bernhard, Christoph ▸ Rhetorik, musikalische
Bernoneau, Hilaire ▸ Lemaire de Belges ▸ Frankreich ▸ Ludwig XII.
Berretta, G.B. ▸ L'homme armé
Berry, Herzog von ▸ Trompete
Bertaut, Jean ▸ Planson ▸ Ronsard
Bertrand, Antoine de ▸ Cantique spirituel ▸ Costeley ▸ Du Bellay ▸ Frankreich ▸ Katholische Erneuerungsbewegung ▸ Pléiade ▸ Ronsard ▸ Sonett
Besar, Jean-Baptiste ▸ Augsburg ▸ Bergamasca ▸ Laute ▸ Planson
Bessarion Basileios ▸ Astronomie ▸ Konstantinopel ▸ Regiomontanus
Bessarion, Kardinal ▸ Katholische Erneuerungsbewegung
Besseler, Heinrich ▸ Isomelie ▸ Manierismus ▸ Mentalitätsgeschichte ▸ Messe ▸ Posaune ▸ Renaissance ▸ Rezeption der Renaissance
Bethanio, Fausto ▸ Merulo
Beyssel, Judocus ▸ Barbireau
Bèze, Nicolas de ▸ Bèze, Théodore de
Bèze, Théodor de ▸ Calvinistische Musik ▸ Bourgeois ▸ L'Estocart ▸ Marot
Bianca Cappello de' Medici ▸ Lupi, Livio
Bianca Maria Sforza ▸ Maximilian I.
Bianca Maria Visconti ▸ Domenico da Piacenza
Bianchini, Dominico ▸ Moderne, Jacques ▸ Padovana
Bianchini, Francesco ▸ Lyon
Biber, Heinrich Ignaz Franz ▸ Canario
Bidermann, Familie ▸ Augsburg
Biest, Marten van der ▸ Niederlande
Bigi, Quirinio ▸ Merulo
Bild, Veit ▸ Augsburg
Binchois, Gilles ▸ Ars nova ▸ Ballade ▸ Bedyngham ▸ Brügge ▸ Brüssel ▸ Burgund ▸ Busnoys ▸ Chanson ▸ Chanson rustique ▸ Christine de Pizan ▸ Contenance angloise ▸ Cordier ▸ Crétin ▸ Déploration ▸ Dunstaple ▸ Eloy d'Amerval ▸ England ▸ Eyck, Jan van ▸ Frankreich ▸ Fontaine ▸ Forme fixe ▸ Frankoflämische Musik ▸ Frankreich ▸ Geschichte ▸ Holbein ▸ Kapelle ▸ Kombinative Chanson ▸ Konzilien ▸ Le Franc ▸ Messe ▸ Musikerporträt ▸ Ockeghem ▸ Philipp der Gute ▸ Regis ▸ Renaissance ▸ Rondeau ▸ Stabat mater ▸ Te Deum ▸ Tinctoris ▸ Trienter Codices ▸ Urbino ▸ Virelai
Birker, Caspar ▸ München
Bize, Claude de ▸ Du Bellay
Blacquetot, Jehanne ▸ Costeley
Blancher, M. ▸ Ronsard
Blarer, Ambrosius ▸ Dietrich ▸ Konstanz
Blarer, Thomas ▸ Dietrich
Blessi, Manoli (Molino, Antonio) ▸ Giustiniana ▸ Greghesca
Blitheman, John ▸ In nomine
Blockland, Corneille de ▸ Du Bellay ▸ Lyon ▸ Ronsard
Blondeau, Pierre ▸ Frankreich
Blondet, Abraham ▸ Paris
Blotius, Hugo ▸ Wien
Blum, Michael ▸ Leipzig
Blume, Friedrich ▸ Hymnus ▸ Renaissance ▸ Rezeption der Renaissance
Boccaccio, Giovanni ▸ Bembo ▸ England ▸ Epos ▸ Florenz ▸ Layolle ▸ Sachs ▸ Viola da gamba
Bock, Hans ▸ Genrebild
Bodenschatz, Erhard ▸ Calvisius
Bodin, Jean
Boësset, Antoine ▸ Ballet de cour ▸ Mersenne
Boethius ▸ Adam von Fulda ▸ Agrippa von Nettesheim ▸ Aristoxenismus ▸ Artes liberales ▸ Astronomie ▸ Burmeister ▸ Ciconia ▸ England ▸ Faber Stapulensis ▸ Gaffurio ▸ Gallicus ▸ Johannes de Muris ▸ Luther ▸ Musica coelestis ▸ Musica poetica ▸ Musiktheorie ▸ Naturphilosophie ▸ Pico della Mirandola ▸ Quadrivium ▸ Ramos de Pareja ▸ Ratio studiorum ▸ Ronsard ▸ Scholastik ▸ Tyard ▸ Universität ▸ Vicentino ▸ Vittorino da Feltre ▸ Wien
Boets von Brüssel, Martin ▸ Fugger
Bogart, Jean ▸ Frankreich
Bogart, Pierre ▸ Frankreich
Bogentantz, Bernhard ▸ Köln ▸ Listenius
Böhme, Franz Magnus ▸ Volkslied

Personenregister 663

Boiardo, Matteo Maria ▸ Epos
Bois, Michel du ▸ Lyon
Boldù, Giovanni ▸ Giorgione
Boleyn, Anna ▸ Geschichte ▸ Heinrich VIII. ▸ Wyatt
Bon, Johannes ▸ Konstanz
Bona, Valerio ▸ Brescia
Bonadies, Johannes ▸ Gaffurio ▸ Johannes de Muris
Bonaventura de Brescia ▸ Brescia
Bonhomme, Macé ▸ Lyon
Boni, Guillaume ▸ Bertrand ▸ Chanson ▸ Frankreich ▸ Pléiade ▸ Ronsard ▸ Sonett
Bonifacio, Bartolomeo ▸ Cori spezzati ▸ Venedig
Bonifatius IX., Papst ▸ Schisma
Bonifatius VIII., Papst ▸ Stabat mater
Bonifazio, Dragonetto ▸ Verdelot
Bonini, Severo ▸ Monodie
Boninis, Bonino de' ▸ Brescia
Bonmarché, Jean ▸ Frankreich
Bonnard, Laurent ▸ Frankreich
Bonnel, Pietrequin ▸ Frankreich
Bonnet, Pierre ▸ Air de cour ▸ Frankreich ▸ Noël ▸ Paris ▸ Pléiade ▸ Tessier, Charles
Bononcini, Giovanni Maria ▸ Kapelle
Bonportis, Francesco Antonio ▸ Rhetorik, musikalische
Bonvisi, Gioseffo ▸ Guami
Borbo, Giacomo ▸ Alfonso V. ▸ Ferrante I. ▸ Neapel
Bordier, René ▸ Ballet de cour
Bordini, Francesco ▸ Merulo
Borek, Krysztof ▸ Polen
Borgia, Alonso ▸ Borgia
Borgia, Cesare ▸ Borgia ▸ Encina ▸ Leonardo da Vinci ▸ Serafino
Borgia, Giovanni/Juan ▸ Borgia
Borgia, Familie ▸ Farnese
Borgia, Lucrezia ▸ Bembo ▸ Borgia ▸ Este ▸ Frottola ▸ Tromboncino
Borgia, Rodrigo, ▸ Borgia
Borromeo, Carlo ▸ Katholische Erneuerungsbewegung ▸ Luzzaschi ▸ Mailand ▸ Messe ▸ Ruffo
Borrono, Pietro Paolo ▸ Hausmusik ▸ Romanesca ▸ Schweiz
Borso d'Este ▸ Este ▸ Dalla Viola
Bos, Hans ▸ Niederlande
Bosch, Hieronymus ▸ Geschichte
Bosco, Johannes de ▸ Frankreich
Boscoop, Cornelis ▸ Sweelinck
Bossinensi, Franciscus ▸ Aria ▸ Cantare al liuto ▸ Capirola ▸ Gareth ▸ Petrucci
Bottegari, Cosimo ▸ Aria ▸ Medici ▸ Monodie
Botticelli, Sandro ▸ Medici ▸ Poliziano
Bottrigari, Ercole ▸ Artusi ▸ Dalla Viola ▸ Musiktheorie
Boucher, Nicolas ▸ Chanson rustique
Bourbon, Charles de ▸ Frankreich
Bourdeille, Pierre de, Seigneur de Brantôme ▸ Sandrin

Bourgeois, Loys ▸ Bèze ▸ Calvin, Jean ▸ Calvinistische Musik ▸ Hugenotten ▸ Lyon ▸ Marot
Bournonville, Jean de ▸ Du Caurroy
Bovelles, Charles de ▸ Naturphilosophie
Bovia, Laura ▸ Medici
Bovicelle, Giovanni Battista ▸ Diminution
Boyce, William ▸ Shakespeare
Boyleau, Simon ▸ Mailand
Boyvin, Jean ▸ Scève
Bozzola, Tomaso ▸ Brescia
Bracciolini, Poggio ▸ Zabarella
Brach, Pierre de ▸ Bertrand ▸ Frankreich
Brack, Georg ▸ Hofweise ▸ Ornithoparchus
Braconnier, Jean (Lourdault) ▸ Crétin ▸ Frankreich
Brady, Nicholas ▸ Caecilia
Bragadin, Familie ▸ Berchem
Brahe, Tycho ▸ Kepler
Brahms, Johannes ▸ Eccard ▸ Shakespeare
Bramante ▸ Architektur
Brancaccio, Giulio Cesare ▸ Lassus, Orlande de ▸ Concerto delle dame
Brandolini, Aurelio ▸ Gareth ▸ Pietro Bono
Brandt, Jobst vom ▸ Forster ▸ Heidelberg
Brant, George ▸ Sforza
Brantôme, Pierre de Bourdeilles, Seigneur de ▸ Beaujoyeulx
Brassart, Johannes ▸ Albrecht II. ▸ Frankoflämische Musik ▸ Frankreich ▸ Friedrich III. ▸ Kapelle ▸ Konzilien ▸ Lüttich ▸ Messe ▸ Motette ▸ Rom ▸ Sigismund ▸ Trienter Codices ▸ Wien
Brätel, Ulrich ▸ Finck, Heinrich ▸ Hofweise
Brayssing, Gregoire ▸ Frankreich
Brében, Nicolas de ▸ L'Estocart
Brebis, Giovanni ▸ Ferrara ▸ Hymnus ▸ Mehrchörigkeit
Brebis, Martini ▸ Mehrchörigkeit
Brechtel, Franz Joachim ▸ Canzonetta
Bredemers, Henri ▸ Mecheln
Brenz, Johannes ▸ Te Deum
Breu d. Ä., Jörg ▸ Emblem
Breughel d.Ä., Pieter ▸ Genrebild
Brevio, Giovanni ▸ Ingegneri
Briand, François ▸ Frankreich
Briard, Etienne ▸ Avignon ▸ Frankreich
Briceño, Luis de ▸ Spagnoletto
Bridgewater, Earl of ▸ Milton
Bright, Timothy ▸ Dowland
Brigitta, Heilige ▸ Schweden
Brissac, Charles de ▸ Beaujoyeulx
Britannicus, Jacobus Angelu ▸ Brescia
Brodeau, Jean ▸ Anatomie
Brossard, Sébastien de ▸ Stylus motecticus
Browne, John ▸ Skelton
Brucaeus, Henricus ▸ Burmeister
Brucioli, Antonio ▸ Layolle
Bruckstaller, Johann ▸ Wittenberg

Bruggen, Henry ter ▸ Susato
Bruhier, Antoine ▸ Chanson ▸ Frankreich ▸ L'homme armé ▸ Pariser Chanson
Bruman, Conrad ▸ Hofhaimer
Brumel, Antoine ▸ Agricola, Alexander ▸ Capirola ▸ Cortesi ▸ Crétin ▸ Du Caurroy ▸ Eloy d'Amerval ▸ Este ▸ Forme fixe ▸ Frankoflämische Musik ▸ Frankreich ▸ Hexachord ▸ Kontrapunkt ▸ Ludwig XII. ▸ Lyon ▸ Martini ▸ Messe ▸ Ornithoparchus ▸ Paris ▸ Petrucci ▸ Rabelais ▸ Requiem ▸ Schweiz
Brumel, Jacques ▸ Berchem ▸ Cortesi
Brunelleschi, Filippo ▸ Architektur ▸ Bühnenbild ▸ Dufay ▸ Medici ▸ Sozialgeschichte
Brunet, Pierre ▸ Mandola
Brunetti, Domenico ▸ Monodie
Bruni, Leonardo ▸ Neostoizismus
Bruno, Girodano ▸ Astronomie
Brusca, Pietro ▸ Neapel
Bruyn, Bartel ▸ Köln
Bryennios, Manuel ▸ Aristoxenismus ▸ Gaffurio
Bucer, Martin ▸ Calvin ▸ Straßburg ▸ Wittenberg
Buchanan, George ▸ Belleau ▸ Lyon ▸ Servin
Buchner, Hans ▸ Alternatim ▸ Amerbach ▸ Hofhaimer ▸ Konstanz ▸ Musikporträt
Budé, Guillaume ▸ Calvin, Jean
Bueckelaer ▸ Stilleben mit Musik
Bugenhagen, Johannes ▸ Dänemark ▸ Listenius ▸ Melanchthon ▸ Wittenberg
Bull, John ▸ Blitheman ▸ Dering ▸ Fantasia ▸ Gibbons ▸ In nomine ▸ Instrumentalmusik ▸ Parsons ▸ Pavaniglia ▸ Tomkins ▸ Variation
Bullinger, Heinrich ▸ Zwingli
Buonaccorsi, Biagio ▸ Petrarkismus
Buonaccorsi, Filippo ▸ Layolle
Buonarroti, Michelangelo ▸ Strozzi, Piero
Buondelmonte, Zanobi ▸ Layolle
Buontalenti, Bernardo ▸ Bühnenbild ▸ Camerata fiorentina ▸ Intermedium ▸ Medici ▸ Druckgraphik
Burana, Giovanni Francesco ▸ Gaffurio
Burchiella ▸ Greghesca
Burckhard, Jacob ▸ Mentalitätsgeschichte ▸ Individualismus ▸ Renaissance ▸ Rezeption der Renaissance ▸ Sozialgeschichte
Burette, Jean-Pierre ▸ Moralphilosophie
Burgis, Francisco de ▸ Katholische Erneuerungsbewegung
Burgkmair, Hans ▸ Celtis ▸ Clavichord ▸ Clavicytherium ▸ Fugger ▸ Instrumentalmusik ▸ Maximilian I. ▸ Prozession ▸ Zink
Burke, Peter ▸ Renaissance
Burmeister, Joachim ▸ Affekt ▸ Knöfel ▸ Lassus, Orlande de ▸ Musica poetica ▸ Pevernage ▸ Rhetorik, musikalische ▸ Tonsystem
Burney, Charles ▸ Parabosco
Burtius, Nicolas ▸ Enzyklopädien
Burton, Robert ▸ Dowland
Burton, Simon ▸ Elisabeth I.
Burzio, Niccolò ▸ Gallicus ▸ Musiktheorie ▸ Bologna ▸ Mantua ▸ Parma ▸ Pico della Mirandola ▸ Spataro
Busnoys, Antoine ▸ Adam von Fulda ▸ Ballade ▸ Bergerette ▸ Brügge ▸ Brüssel ▸ Burgund ▸ Canción ▸ Caron ▸ Chanson ▸ Compère ▸ Cousin ▸ Crétin ▸ Eloy d'Amerval ▸ Ferrara ▸ Forme fixe ▸ Frankoflämische Musik ▸ Frankreich ▸ Ghiselin ▸ Joye ▸ Kapelle ▸ Karl der Kühne ▸ L'homme armé ▸ Ludwig XI. ▸ Messe ▸ Molinet ▸ Motette ▸ Obrecht ▸ Ockeghem ▸ Quodlibet ▸ Prioris ▸ Regis ▸ Rondeau ▸ Spanien ▸ Tenormotette ▸ Tinctoris ▸ Trienter Codices
Buus, Jachet ▸ Berchem ▸ Ferdinand I. ▸ Guyot de Châtelet ▸ Parabosco ▸ Sandrin ▸ Venedig ▸ Wien
Buyck, Jacob ▸ Sweelinck
Buysson, Berenguer ▸ Avignon
Byrd, William ▸ Alleluia ▸ Anthem ▸ Browning ▸ Bull ▸ Cabezón ▸ Consort song ▸ England ▸ Fantasia ▸ Ferrabosco, Alfonso I ▸ Frankoflämische Musik ▸ Gibbons ▸ In nomine ▸ Instrumentalmusik ▸ Kapelle ▸ Katholische Erneuerungsbewegung ▸ Kirbye ▸ Messe ▸ Morley ▸ Mundy ▸ Parsons ▸ Part song ▸ Pavane ▸ Savonarola ▸ Service ▸ Sonett ▸ Tallis ▸ Tessier, Charles ▸ Tomkins ▸ Variation ▸ Vautrollier ▸ Verdelot ▸ Victoria ▸ Voluntary ▸ Watson ▸ Weelkes ▸ White

Cabezón, Antonio de ▸ Alternatim ▸ Cembalo ▸ Harfe ▸ Kapelle ▸ Katholische Erneuerungsbewegung ▸ Loyola ▸ Orgel ▸ Pavaniglia ▸ Philipp II. ▸ Spanien ▸ Tabulatur ▸ Variation ▸ Venegas de Henestrosa ▸ Victoria
Cabézon, Hernando de ▸ Cabezón, Antonio de ▸ Venegas de Henestrosa
Cabezón, Juan de ▸ Cabezón, Antonio de
Caccia, Galeotto ▸ Neri
Caccini, Francesca ▸ Ariosto ▸ Caccini ▸ Frauen in der Musikkultur ▸ Medici ▸ Romanesca
Caccini, Giulio ▸ Affekt ▸ Bardi ▸ Bottegari ▸ Buontalenti ▸ Camerata fiorentina ▸ Castiglione ▸ Cavalieri ▸ Chitarrone ▸ Concerto delle dame ▸ Corsi ▸ Eyck, Jacob van ▸ Frankreich ▸ Gesualdo ▸ Heinrich IV. ▸ Intermedium, ▸ Malvezzi ▸ Madrigal ▸ Medici ▸ Milton ▸ Monodie ▸ Monteverdi ▸ Pastorale ▸ Peri ▸ Rhetorik, musikalische ▸ Romanesca ▸ Strozzi ▸ Vasari
Caccini, Lucia ▸ Medici
Caccini, Michelangelo ▸ Caccini
Caccini, Orazio ▸ Caccini
Caccini, Pompeo ▸ Caccini

Caccini, Settimia ▶ Caccini
Cadéac, Pierre ▶ Frankreich
Caen, Hugue de ▶ Certon
Caesar, Julius ▶ Geschichte
Caetani, Familie ▶ Caroso
Cage, John ▶ Rhetorik, musikalische
Caietain, Fabrice Marin ▶ Aria ▶ Baïf ▶ Costeley ▶ Desportes ▶ Du Bellay ▶ Frankreich ▶ Paris ▶ Planson ▶ Pléiade ▶ Sonett ▶ Tessier, Guillaume
Caignet, Denis ▶ Air de cour ▶ Desportes
Cajetan, Kardinal ▶ Luther
Calepino ▶ Enzyklopädien
Calixtus III., Papst ▶ Rom ▶ Borgia
Calmeta, Vincenzo ▶ Serafino
Calmo, Andrea ▶ Parabosco ▶ Willaert
Calvi, Carlo ▶ Tordiglione
Calvin, Jean ▶ Andachtsmusik ▶ Bèze ▶ Bourgeois ▶ Calvinistische Musik ▶ Erasmus von Rotterdam ▶ Frankreich ▶ Geschichte ▶ Greiter ▶ Heidelberg ▶ Hugenotten ▶ Luther ▶ Marot ▶ Schweiz ▶ Straßburg ▶ Wittenberg
Calvisius, Sethus ▶ Astronomie ▶ Burmeister ▶ Humanismus ▶ Kepler ▶ Leipzig ▶ Morley
Cambiers, Albert ▶ Rore
Cambio, Perissone ▶ Bembo ▶ Venedig
Campagnolo, Francesco ▶ Monteverdi
Campanella, Tommaso ▶ Magie
Campion, Thomas ▶ England ▶ Lautenlied ▶ Masque ▶ Part song ▶ Rosseter ▶ Musique mesurée
Canali, Floriano ▶ Brescia
Candid, Peter (Pieter de Witte) ▶ Bildmotette
Canis, Cornelius ▶ Kapelle ▶ Karl V. ▶ Payen
Canisius, Petrus
Canova da Milano, Francesco ▶ Canzone ▶ Fantasia ▶ Laute ▶ Notendruck ▶ Ricercar ▶ Viola da gamba
Cantaldo, Don Salvatore di ▶ Ariosto
Capella, Martianus ▶ Architektur ▶ Artes liberales ▶ Humanismus ▶ Moralphilosophie
Capellanus, Andreas ▶ Cersne
Capello, Bianca ▶ Caccini ▶ Strozzi, Piero ▶ Vecchi
Capetinger, Familie ▶ Frankreich
Capilupi, Gemignano ▶ Vecchi
Capirola, Vincenzo
Capponi, Neri ▶ Rore
Cappucio, Pietro ▶ Gesualdo
Capreoli, Antonio ▶ Brescia
Capuani, Battista ▶ Diruta
Cara, Marchetto ▶ Capirola ▶ Castiglione ▶ Frottola ▶ Lauda ▶ Mantua ▶ Monodie ▶ Orpheus ▶ Petrarkismus ▶ Poliziano ▶ Sforza ▶ Tromboncino
Caracci, Annibale ▶ Caravaggio
Caraccia, Agostino ▶ Druckgraphik
Carafa, Fabrizio ▶ Gesualdo
Caravaggio, Michelangelo Merisi da ▶ Nanino, Giovanni Maria

Carbonichi, Antonio ▶ Sarabande ▶ Spagnoletto ▶ Tordiglione
Càrceres, Bartolomeu ▶ Villancico
Cardan, Jerome ▶ Blockflöte
Cardanus, Hieronymus ▶ Gombert
Cardot, Richard ▶ Burgund
Caresana, Cristoforo ▶ Spagnoletto
Cariani, Giovanni ▶ Poesia und Fantasia
Carissimi, Giacomo ▶ Busnoys ▶ Jesuitenschulen ▶ L'homme armé ▶ Messe ▶ Oratorium
Carlerius (Carlerii), Jacobus ▶ Metaphysik ▶ Tinctoris
Carlerius, Egidius ▶ Gerson
Carlo Emanuele I. ▶ Lucca
Carlo Malatesta da Rimini ▶ Konstanzer Konzil ▶ Malatesta
Carlton, Richard ▶ Spenser
Carmen, Johannes ▶ Cesaris ▶ Contenance angloise ▶ Frankoflämische Musik ▶ Paris
Caro, Annibale ▶ Pisano
Caron, Firminus ▶ Frankreich ▶ L'homme armé ▶ Messe ▶ Regis ▶ Tinctoris
Caron, Jean ▶ Caron, Firminus ▶ Brüssel
Caron, Philippe ▶ Caron, Firmius
Caron, Pierre ▶ Frankreich
Caroso, Fabritio ▶ Ballo/Balletto ▶ Canario ▶ Cascarda ▶ Galliarde ▶ Lupi ▶ Passamezzo ▶ Pavaniglia ▶ Saltarello ▶ Spagnoletto ▶ Tanz ▶ Tanznotation ▶ Tordiglione
Caroubel, Francisco ▶ Krummhorn ▶ Paris ▶ Spagnoletto
Carpentras (Elzéar Genet) ▶ Avignon ▶ Frankoflämische Musik ▶ Frankreich ▶ Hymnus ▶ Ludwig XII. ▶ Pisano ▶ Rabelais
Carrara, Andrea ▶ Padua
Carrara, Familie ▶ Ciconia ▶ Padua
Carrière, Anne ▶ Bertrand
Carrión, Juan de ▶ Harfe
Cartier, Antoine ▶ Paris ▶ Pléiade ▶ Tyard
Carver, Robert ▶ L'homme armé
Caserta, Philippus de ▶ Frankreich
Casserio, Giulio ▶ Anatomie
Cassiodor ▶ Artes liberales ▶ Astronomie ▶ Musica coelestis
Cassola, Luigi ▶ Berchem
Castellanus, Petrus ▶ Petrucci
Castiglione, Baldassare ▶ Bembo ▶ Cortesi ▶ Cortesi ▶ Epos ▶ Frauen in der Musikkultur ▶ Improvisation ▶ Laute ▶ Monodie ▶ Sozialgeschichte ▶ Urbino ▶ Viola da gamba
Castiglione, Giovanni Antonio da ▶ Mailand
Castilet-Guyot, Jean ▶ Wien
Castro, Jean de ▶ Belleau ▶ Frankreich ▶ Kleve ▶ Marot ▶ Pléiade ▶ Ronsard
Casulana, Madalena ▶ Frauen in der Musikkultur
Catelani, Angelo ▶ Merulo
Catharina von Hemessen ▶ Virginal

Catherine de Clermont, Gräfin von Retz ▶ Costeley ▶ Paris
Cato, Diomedes ▶ Polen
Cattanei, Vanozza ▶ Borgia
Cattaneo, Claudia ▶ Monteverdi
Cattaneo, Giacomo ▶ Monteverdi
Cattani da Diacceto ▶ Magie
Caulery, Jean ▶ Waelrant
Cavalcanti, Rafaello ▶ Bottegari
Cavaletta, Orsina ▶ Luzzaschi
Cavalieri, Emilio de ▶ Ballo ▶ Bardi ▶ Caccini ▶ Camerata fiorentina ▶ Generalbass ▶ Intermedium, ▶ Malvezzi ▶ Medici ▶ Oratorium ▶ Peri ▶ Cavalieri
Cavanaugh, Robert W. ▶ Tomkins
Cavassico, B. ▶ Pastorale
Cavazzoni, Girolamo ▶ Alternatim ▶ Katholische Erneuerungsbewegung ▶ Mantua ▶ Passereau ▶ Ricercar ▶ Willaert
Cavazzoni, Marco Antonio ▶ Bembo ▶ Canzone ▶ Instrumentalmusik ▶ Johannes von Lublin ▶ Orgel ▶ Venedig ▶ Willaert
Cavellat, Léon ▶ Paris
Cecchi, Giovanni ▶ Malvezzi
Cecil, Robert ▶ Dowland
Celestini, Giovanni ▶ Cembalo ▶ Virginal
Cellier, Jacques ▶ Costeley
Celliers, Nicolle des (Hesdin) ▶ Frankreich
Cellini, Benvenuto ▶ Dalla Viola ▶ Layolle ▶ Medici
Celtis, Conrad ▶ Agricola, Rudolphus ▶ Augsburg ▶ Baldung ▶ Finck, Heinrich ▶ Friedrich III. ▶ Heidelberg ▶ Hofhaimer ▶ Maximilian I. ▶ Nürnberg ▶ Ode ▶ Öglin ▶ Tritonius ▶ Wien
Censorinus ▶ Astronomie
Cercia, Antoine ▶ Lyon
Cerone, Pietro ▶ Viola da gamba ▶ Violine ▶ Danckerts ▶ Ingegneri ▶ Victoria, Tomás Luis de
Cerones, Pietro ▶ Zacconi
Cerreto, Scipione ▶ Lira ▶ Neapel ▶ Viola da gamba
Cersne, Eberhard von ▶ Cembalo ▶ Clavichord
Certon, Pierre ▶ Aneau ▶ Bertrand ▶ Calvin ▶ Canova da Milano ▶ Chanson ▶ Du Bellay ▶ Du Caurroy ▶ Frankreich ▶ Goudimel ▶ Granjon ▶ Hugenotten ▶ Karl IX. ▶ Le Roy & Ballard ▶ Marot ▶ Paris ▶ Pariser Chanson ▶ Pléiade ▶ Rabelais ▶ Ronsard ▶ Sandrin ▶ Scève ▶ Sermisy ▶ Voix de ville
Cervantes, Miguel de ▶ Sozialgeschichte
Cerveau, Pierre ▶ Air de cour ▶ Frankreich
Cesare d'Este ▶ Bardi ▶ Malvezzi ▶ Vecchi
Cesariano, Cesare ▶ Architektur
Cesaris, Johannes ▶ Contenance angloise ▶ Fontaine ▶ Frankreich ▶ Grenon
Cesena, Pellegrino ▶ Padua
Chalkondyles, Demetrios ▶ Konstantinopel
Champier, Symphorien ▶ Lyon
Champion, Jacques ▶ Mecheln

Champion, Thomas (Mithou) ▶ Frankreich ▶ Certon
Chandieu, Antoine de ▶ L'Estocart
Chandor, Henry ▶ Frankreich
Chandos, Lord ▶ Dowland
Channey, Jean de ▶ Frankreich
Chappuys, Claude ▶ Certon ▶ Janequin ▶ Sandrin ▶ Sermisy
Chardavoine, Auguste ▶ Paris ▶ Voix de ville
Chardavoine, Jean ▶ Belleau ▶ Pléiade
Charles d'Orléans ▶ Frankreich
Charles de Bourbon ▶ Bertrand ▶ Frankreich
Charles de Guise (Charles de Lorraine) ▶ Arcadelt ▶ Belleau ▶ Frankreich ▶ Ferrabosco, Alfonso I. ▶ Ferrabosco, Domenico
Charles de Saint-Marthe ▶ Lyon
Charles d'Orléans ▶ Ballade ▶ Binchois ▶ Christine de Pizan ▶ Eloy d'Amerval
Charlotte von Savoyen ▶ Paris
Charpentier, Marc-Antoine ▶ Caecilia
Charron, Pierre ▶ Neostoizismus
Chartier, Alain ▶ Ballade ▶ Binchois ▶ Christine de Pizan
Chaucer, Geoffrey ▶ England ▶ Pilgertum
Chaynée, Adame de ▶ Guyot de Châtelet
Chesne, Joseph de ▶ Le Jeune
Chevalier, Charles ▶ Frankreich
Chevalier, Jacques ▶ Paris
Chiabrera, Gabriello ▶ Ballata ▶ Caccini ▶ Camerata fiorentina ▶ Corsi ▶ Genua ▶ Madrigal
Chimarrhaeus, Jacob ▶ Felis
Choron, Alexandre Etienne ▶ Rezeption der Renaissance
Christian I., dänischer König ▶ Dänemark
Christian II., dänischer König ▶ Kapelle ▶ Faber
Christian III., dänischer König ▶ Dänemark
Christian IV., dänischer König ▶ Alamire ▶ Dänemark ▶ Dowland ▶ Pedersøn
Christian II., Kurfürst von Sachsen ▶ Haßler
Christine de Pizan ▶ Ballade ▶ Binchois
Christine von Lothringen ▶ Bardi ▶ Bühnenbild ▶ Caccini ▶ Camerata fiorentina ▶ Cavalieri ▶ Corsi ▶ Intermedium, ▶ Buontalenti, ▶ Malvezzi ▶ Marenzio ▶ Medici ▶ Peri ▶ Striggio d.J. ▶ Druckgraphik
Christoph, Herzog von Württemberg ▶ Stuttgart
Chrysoloras, Manuel ▶ Konstantinopel
Churchyard, Thomas ▶ Byrd
Cicero ▶ Artes liberales Bembo ▶ Emblem ▶ Ioculatores ▶ Landino ▶ Messe ▶ Musica coelestis ▶ Musica poetica ▶ Sphärenharmonie
Cicognini, Jacopo ▶ Peri
Ciconia, Johannes ▶ Ballata ▶ Brassart ▶ Frankoflämische Musik ▶ Giustiniana ▶ Krakau ▶ Lüttich ▶ Messe ▶ Motette ▶ Padua ▶ Pevernage ▶ Prosdocimus de Beldemandis ▶ Venedig ▶ Verdelot ▶ Vittorino da Feltre
Ciconia, Johannes ▶ Zabarella

Cimabue ▶ Renaissance
Cini, Francesco ▶ Peri
Cini, Giovanni Battista ▶ Striggio d.Ä.
Cinzio, Giambattiasta Girraldi ▶ Dalla Viola ▶ Ferrara ▶ Rore
Cirvelus, Petrus ▶ Faber Stapulensis
Claes de Criquenzys ▶ Brüssel
Clarke, James ▶ Caecilia
Clarkes, Jeremiah ▶ Shakespeare
Claude de Foix ▶ Frankreich
Claude de France ▶ Paris
Claude-Catherine de Clermont ▶ Paris
Claudia Felicitas, Kaiserin ▶ Frauen in der Musikkultur
Claudianus ▶ Kontrapunkt
Clavijo, Bernardo ▶ Clavichord
Clayton, Thomas ▶ Caecilia
Clemens non Papa, Jacobus ▶ Affekt ▶ Brumel ▶ Burmeister ▶ Caecilia ▶ Calvin ▶ Chanson ▶ Daser ▶ Dressler ▶ Frankoflämische Musik ▶ Gombert ▶ Guyot de Châtelet ▶ Kantorei ▶ Kirchenlied ▶ Knöfel ▶ Köln ▶ Lassus, Orlande de ▶ Lüttich ▶ Maillard ▶ Marot ▶ Messe ▶ Morales ▶ Motette ▶ Payen ▶ Paris ▶ Phalèse ▶ Reprisenmotette ▶ Rogier ▶ Sandrin ▶ Savonarola ▶ Susato ▶ Te Deum ▶ Vaet ▶ Waelrant
Clemens V., Papst ▶ Avignon
Clemens VI., Papst ▶ Avignon ▶ Johannes de Muris ▶ Kapelle ▶ Messe
Clemens VII., Papst ▶ Aretino ▶ Carpentras ▶ Clemens non Papa ▶ Festa ▶ Florenz ▶ Francesco Canova da Milano ▶ Frankreich ▶ Gombert ▶ Kapelle ▶ Katholische Erneuerungsbewegung ▶ Medici (Genève, Robert de) ▶ Rom ▶ Sacco di Roma ▶ Schisma ▶ Verdelot
Clemens VIII., Papst ▶ Anerio ▶ Bardi ▶ Borgia ▶ Este ▶ Ferrara ▶ Rom
Cleophe Malatesta da Pesaro ▶ Malatesta
Clereau, Pierre ▶ Belleau ▶ Bembo ▶ Pléiade ▶ Ronsard ▶ Tyard
Cleve, Johann de ▶ Guyot de Châtelet ▶ Kleve ▶ Messe
Clibano, Jacobus ▶ Brügge
Clibano, Jérôme de ▶ Frankreich
Cobham, Henry ▶ Dowland
Cochlaeus, Johannes ▶ Anonymi ▶ Bogentantz ▶ Glarean ▶ Harfe ▶ Katholische Erneuerungsbewegung ▶ Köln ▶ Kontrapunkt ▶ Listenius ▶ Musiktheorie ▶ Nürnberg ▶ Schanppecher
Cock, Symon ▶ Clemens non Papa ▶ Niederlande
Coclico, Adrian petit ▶ Brumel ▶ Caron ▶ Königsberg ▶ Kontrapunkt ▶ Melanchthon ▶ Montanus ▶ Musica poetica ▶ Rab
Coello, Alonso Sánchez ▶ Cabezón ▶ Wien
Coferato, Matteo ▶ Spagnoletto
Coiter, Volcher ▶ Anatomie
Colet, John ▶ England ▶ Katholische Erneuerungsbewegung

Coligny, François ▶ Frankreich
Coligny, Paul de ▶ Frankreich
Colin, Pierre ▶ Frankreich ▶ Lyon ▶ Martin, Claude ▶ Paris
Colinet de Lannoy ▶ Crétin
Colla, Brüder ▶ Colascione
Collaert, Adrian ▶ Pevernage
Colleoni (Coleone), Bartolomeo ▶ Cornazzano
Colligny, Odo de ▶ Certon
Colombo, Vincenzo ▶ Vicentino
Colonna, Familie ▶ Lantins
Colonna, Francesco ▶ Architektur ▶ Emblem ▶ Poesia und Fantasia
Colonna, Giovanni ▶ Cara
Colonna, Oddo ▶ Konstanzer Konzil
Colonna, Vittoria ▶ Malatesta ▶ Malatesta
Columbus, Christoph ▶ Geschichte
Compasso, Lutio ▶ Galliarde ▶ Tanz
Compère, Loyset ▶ Ballade ▶ Brumel ▶ Chanson ▶ Cortesi ▶ Crétin ▶ Eloy d'Amerval ▶ Faugues ▶ Forme fixe ▶ Frankoflämische Musik ▶ Frankreich ▶ Gaffurio ▶ Gaspar van Weerbeke ▶ Kapelle ▶ Karl VIII. ▶ Lemaire de Belges ▶ L'homme armé ▶ Ludwig XII. ▶ Lyon ▶ Mailand ▶ Maximilian I. ▶ Molinet ▶ Motette ▶ Motettenchanson ▶ Motetti missales ▶ Ornithoparchus ▶ Pariser Chanson ▶ Rabelais ▶ Rondeau ▶ Sforza ▶ Tenormotette ▶ Villotta
Condell, Henry ▶ Shakespeare
Conegliano, Cima da ▶ Engelsmusik
Conforti, Giovanni Battista ▶ Cavalieri ▶ Willaert
Conrad von Zabern ▶ Gregorianischer Choral
Conrad (Remiger?) ▶ Frankreich
Conraidt der Khuir (Hagius, Conrad Rintelius) ▶ Kleve
Conseil, Jean ▶ Rabelais ▶ Rondeau
Constans de Langhebroek ▶ Crétin
Constans, Jacques ▶ Tessier, Guillaume
Constantin, Louis ▶ Ballet de cour
Contarelli, Matteo ▶ Caravaggio
Contarini, Andrea ▶ Venedig
Contarino, Luigi ▶ Felis
Contino, Giovanni ▶ Marenzio ▶ Wert, Giaches de
Contreman, Jacobus ▶ Brügge
Conversi, Girolamo ▶ Bottegari
Conversini, Giovanni ▶ Vittorino da Feltre
Copernicus, Nicolaus ▶ Astronomie ▶ Galilei, Galileo ▶ Geschichte ▶ Kepler ▶ Sozialgeschichte
Copin ▶ Crétin
Coplande, Robert ▶ Allemande
Coppini, Alessandro ▶ Ballata ▶ Machiavelli ▶ Medici
Coprario, John ▶ Fantasia
Copus, Caspar ▶ Arnold von Bruck
Corbetta, Francesco ▶ Sarabande ▶ Spagnoletto
Cordeilles, Charles ▶ Frankreich ▶ Lyon ▶ Lyon
Cordier, Baude
Cordier, Jacques ▶ Ballet de cour

Cordier, Jean ▸ Brügge ▸ Sforza
Corelli, Arcangelo ▸ Courante
Corgna, Fabio della ▸ Musikerporträt
Corkine, William ▸ Lautenlied ▸ Shakespeare
Cornago, Joan ▸ Alfonso V. ▸ Canción ▸ Encina ▸ Kapelle ▸ Neapel ▸ Spanien ▸ Urrede
Cornaro, Alvise ▸ Beolco ▸ Padua
Cornazzano, Antonio ▸ Ballo ▸ Bassadanza / Bassedanse ▸ Domenico da Piacenza ▸ Sforza ▸ Tanznotation
Cornelius, Peter ▸ Gastoldi
Cornet, Severin ▸ Bembo ▸ Mecheln
Cornetto, Gianmaria di ▸ Jüdische Musik
Cornysh, William ▸ England ▸ Part song ▸ Skelton
Corrado de Alemania ▸ Ferrara
Correggio, Antonio Allegri da
Correggio, Niccolò da ▸ Petrarkismus
Corsi, Bardo ▸ Corsi
Corsi, Giovanni ▸ Corsi
Corsi, Jacopo ▸ Camerata fiorentina ▸ Malvezzi ▸ Pastorale ▸ Peri ▸ Rinuccini ▸ Strozzi
Corsi, Lorenzo ▸ Corsi
Corteccia, Francesco ▸ Akademie ▸ Festa ▸ Florenz ▸ Hymnus ▸ Intermedium ▸ Krummhorn ▸ Medici ▸ Parabosco ▸ Passion ▸ Rampollini
Cortesi, Paolo ▸ Gareth ▸ Rom ▸ Serafino
Corvinus, Matthias I., ungarischer König ▸ Friedrich III. ▸ Josquin ▸ Kapelle ▸ Maximilian I. ▸ Messe ▸ Regiomontanus ▸ Stokem ▸ Tessier, Charles ▸ Ungarn
Corysat, Thomas ▸ Venedig
Cosimo de' Medici »il Vecchio« ▸ Ficino ▸ Florenz
Cosimo I. de' Medici ▸ Bardi ▸ Caccini ▸ Corteccia ▸ Festa ▸ Florenz ▸ Landino ▸ Peri ▸ Pisano ▸ Rampollini
Cosimo II. de' Medici ▸ Galilei, Galileo
Costa, Lorenzo ▸ Genrebild
Coste, Gabriel ▸ Lyon
Costeley, Guillaume ▸ Académie de Musique et de Poésie ▸ Bertrand ▸ Frankreich ▸ Noël ▸ Paris ▸ Pléiade ▸ Ronsard
Cotignola, Zaganelli da ▸ Engelsmusik
Cottier, Gabriel ▸ Lyon
Couperin, Louis ▸ Du Caurroy
Courtois, Jean ▸ Frankreich
Courtois, Lambert d.Ä. ▸ Dubrovnik
Courville, Joachim Thibault de ▸ Académie de Musique et de Poésie ▸ Baïf ▸ Beaujoyeulx ▸ Costeley ▸ Desportes ▸ Frankreich ▸ Gombert ▸ Leier ▸ Le Jeune ▸ Musique mesurée ▸ Planson ▸ Paris ▸ Ronsard ▸ Studia humanitatis ▸ Tessier, Guillaume
Cousin, Jean ▸ Frankreich ▸ Ludwig XI.
Coussemaker, Charles-Edmond-Henry de ▸ Anonymi
Coverdale, Myles ▸ Te Deum
Cox, Richard, Bischof ▸ Tye

Coyssard, Michel ▸ Cantique spirituel ▸ Katholische Erneuerungsbewegung ▸ Lyon
Cozenius ▸ Kirchenlied
Cramoisy, Loys ▸ Frankreich
Cranach, Lucas der Jüngere ▸ Baldung ▸ Druckgraphik ▸ Musikerporträt ▸ Rhau ▸ Wittenberg
Cranmer, Thomas ▸ Bucer ▸ Erasmus von Rotterdam ▸ Heinrich VIII. ▸ Service ▸ Tallis ▸ Te Deum
Crassot, Richard ▸ Frankreich ▸ Lyon
Crauß von Ebenfurt, Stephan ▸ Judenkünig
Crecquillon, Thomas ▸ Cabezón ▸ Chanson ▸ Clemens non Papa ▸ Frankoflämische Musik ▸ Gombert ▸ Goulart ▸ Imitation ▸ Kapelle ▸ Karl V. ▸ Köln ▸ Marot ▸ Paris ▸ Payen ▸ Phalèse ▸ Rogier ▸ Sandrin ▸ Susato ▸ Venegas de Henestrosa ▸ Waelrant
Crema, Giovanni Maria da ▸ Layolle
Crétin, Guillaume ▸ Barbingant ▸ Basiron ▸ Brumel ▸ Févin ▸ Frankreich ▸ Fresneau ▸ Ghiselin ▸ Hayne van Ghizeghem ▸ Prioris ▸ Regis
Creutzer, Kunnigunde ▸ Sachs
Crispin van Stappen ▸ Padua
Crispolti, Cesare ▸ Sonett
Crivelli, Arcangelo ▸ Merula
Croce, Giovanni ▸ Bembo ▸ Mehrchörigkeit ▸ Venedig
Croce, Giulio Cesare ▸ Vecchi
Crooke, Helkiah ▸ Anatomie
Crous, Barthélémy de la ▸ Frankreich
Crüger, Johann ▸ Haßler
Cybot, Noël ▸ Paris
Czersen, Ebihirhardus ▸ Cersne
Czeys, Caspar ▸ Ornitoparchus

D'Auxerre, Pierre ▸ Frankreich
D'Estrée, Jehan ▸ Frankreich
Da Nola, Giovanni Domenico ▸ Bembo
Dach, Hans ▸ Sturm
Dach, Simon ▸ Stobaeus
Dachstein, Wolfgang ▸ Calvinistische Musik ▸ Straßburg
Dahlhaus, Carl ▸ Gesualdo
Dalberg, Johan von ▸ Agricola, Rudolphus ▸ Heidelberg
Dall'Aquila, Marco ▸ Aretino
Dalla Casa, Girolamo ▸ Gabrieli, Giovanni
Dalla Viola, Alfonso ▸ Dalla Viola, Familie ▸ Ferrara ▸ Luzzaschi ▸ Pastorale
Dalla Viola, Andrea ▸ Ferrara ▸ Pastorale
Dalla Viola, Familie ▸ Este
Dalla Viola, Francesco ▸ Dalla Viola ▸ Rore
Dalza, Joan Ambrosio ▸ Capirola ▸ Padovana ▸ Pavane ▸ Piva ▸ Ricercar ▸ Variation
Damascenus, Johannes ▸ Dedekind, Euricius
D'Ambra, Francesco ▸ Caccini

Dammonis, Innocentius ▸ Stabat mater
Danckerts, Ghiselin
Dandolo, Francesco ▸ Venedig
Danès, Pierre ▸ Calvin, Jean
Daniel, Jean ▸ Prioris ▸ Sermisy
Dante Alighieri ▸ Landino, Cristoforo ▸ Neostoizismus ▸ Camerata fiorentina
Danyel, John ▸ Browning ▸ Lautenlied
Daser, Ludwig ▸ Lassus, Orlande de ▸ München ▸ Passion ▸ Passionsmotette ▸ Stuttgart
Datheen, Peter (Dathenus) ▸ Calvin ▸ Calvinistische Musik
D'Aurigny, Gilles ▸ Hugenotten
Davantès, Pierre ▸ Bèze, Théodore de ▸ Calvin, Jean ▸ Calvinistische Musik
Davenant, William ▸ Shakespeare
David, Gerard ▸ Brügge
David, Jean ▸ Frankreich
Davies, Peter Maxwell ▸ In nomine
Davison, Francis ▸ Ward
Davit da Civita ▸ Jüdische Musik
Day, John ▸ Anthem
De la Bessée ▸ Frankreich
De la Guerre, Elisabeth Claude Jacquet ▸ Frauen in der Musikkultur
De la Hèle ▸ Messe
Debussy, Claude ▸ Janequin
Dedekind, Euricius ▸ Burmeister
Dedekind, Friedrich ▸ Dedekind, Euricius ▸ Dedekind, Henning
Dedekind, Henning
Degli Organi, Bartolomeo ▸ Layolle
Degrini ▸ Krummhorn
Dehn, Siegfried ▸ Rezeption der Renaissance
Del Carretto, Geronimo ▸ Lupi, Livio
Del Carretto, Maria ▸ Lupi, Livio
Del Giovane da Nola, Gian Domenico de ▸ Beolco ▸ Bottegari ▸ Neapel ▸ Willaert
Del Lago, Giovanni ▸ Kontrapunkt ▸ Mehrchörigkeit ▸ Venedig
Delahaye, André ▸ Frankreich
Delahaye, Antoine ▸ Frankreich
Delahaye, Jean ▸ Villon
Delinet ▸ Frankreich
Dell'Arpa, Abraham ▸ Jüdische Musik
Dell'Arpa, Giovanni Leonardo ▸ Harfe ▸ Neapel
Della Casa, Giovanni ▸ Diminution ▸ Madrigal ▸ Petrarkismus
Della Robbia, Luca ▸ Medici
Della Rovere ▸ Urbino
Delle Palla, Scipione ▸ Neapel
Demantius, Christoph ▸ Franck
Denis, Claude ▸ Paris
Denner, Johann Christoph ▸ Dulzian
Denss, Adrian ▸ Laute
Dentice, Fabricio ▸ Aria ▸ Bottegari ▸ Farnese

Dentice, Luigi ▸ Aria ▸ Dalla Viola ▸ Neapel
Dering, Richard ▸ Bull ▸ Gibbons ▸ Weelkes
Des Masure, Louis ▸ Goudimel ▸ Frankreich
Des Périers, Bonaventure ▸ Lyon
Des Roches, Catherine ▸ Tessier, Guillaume
Descartes, René ▸ Eyck, Jacob van ▸ Mersenne
Deschamps, Eustache ▸ Ballade ▸ Christine de Pizan ▸ Humanismus ▸ Rondeau
Déschamps, P. ▸ Glocken
Desmoulins, Jean ▸ Laute
Despalt, Hubert ▸ Frankreich ▸ Paris
Desportes, Philippe ▸ Académie de Musique et de Poésie ▸ Air de cour ▸ Bertrand ▸ Caietain ▸ Costeley ▸ Du Caurroy ▸ Heinrich III. ▸ Katholische Erneuerungsbewegung ▸ Paris ▸ Pevernage ▸ Ronsard ▸ Tessier, Guillaume
Devereux, Robert ▸ Tessier, Charles
Diane de Poitiers ▸ Heinrich II.
Dias, Bartolomeu ▸ Geschichte
Didier, Jean ▸ Lyon
Diego de Estella ▸ Rhetorik, musikalische
Diego de Fermoselle ▸ Encina
Dietrich, Sixtus ▸ Amerbach ▸ Buchner ▸ Galliculus ▸ Judenkünig ▸ Konstanz ▸ Luther ▸ Melanchthon ▸ Messe ▸ Rab ▸ Rhau ▸ Reusch ▸ Schöffer ▸ Straßburg ▸ Te Deum ▸ Wittenberg
Dietrich, Veit ▸ Nürnberg
D'India, Sigismondo ▸ Caccini ▸ Monodie
Dinstlinger, Burkhard ▸ Hofhaimer
Dintevilles, Jean de ▸ Holbein
Diobono, Pompeo ▸ Beaujoyeulx ▸ Negri
Dircsdochter Puyner, Claesgen ▸ Sweelinck
Diruta, Girolamo ▸ Katholische Erneuerungsbewegung ▸ Merulo ▸ Musiktheorie ▸ Porta ▸ Ungarn
Distler, Hugo ▸ Rezeption der Renaissance
Divitis, Antonius ▸ Brügge ▸ Frankreich ▸ Ludwig XII. ▸ Mechelen ▸ Richafort
DB ugoraj, Wojciech ▸ Krakau ▸ Polen
Dobrucki, Matthäus ▸ Krakau
Dolet, Etienne ▸ Lyon
Domarto, Petrus ▸ Trienter Codices
Domenichino ▸ Harfe
Domenico da Pesaro ▸ Clavichord
Domenico da Piacenza ▸ Ballo ▸ Bassadanza / Bassedanse ▸ Cornazzano ▸ Quadernaria ▸ Saltarello ▸ Tanznotation
Dominicus von Navarra ▸ Copernicus
Don Fernando von Toledo ▸ Ortiz
Donatello ▸ Della Robbia ▸ Padua
Donati, Alessandro ▸ Jesuitenschulen
Donati, Girolamo ▸ Merulo
Donato, Baldassare ▸ Bembo ▸ Mehrchörigkeit ▸ Venedig ▸ Willaert ▸ Guami
Donatus ▸ Artes liberales ▸ Della Robbia
Doni, Antonfrancesco ▸ Aretino ▸ Cambio ▸ Doni ▸ Layolle ▸ Madrigalkomödie ▸ Parabosco ▸ Verdelot

Doni, Giovanni Battista ▶ Bardi ▶ Camerata fiorentina ▶ Mersenne ▶ Rhetorik, musikalische
Donne, Johne ▶ Geschichte
Dorat, Jean ▶ Académie de Musique et de Poésie ▶ Baïf ▶ Bonnet ▶ Du Bellay ▶ Paris ▶ Pléiade ▶ Ronsard
Dorati, Niccolò ▶ Lucca
Doria, Andrea ▶ Negri ▶ Ruffo
Doria, Gian Andrea ▶ Guami
Dorico, Luigi ▶ Dorico
Dorico, Valerio ▶ Rom
Dormato, Petrus de ▶ Messe
Dormoli (Palestrina), Virginia ▶ Palestrina
Dornstädt, Anthonius von ▶ Burgkmair
Dossi, Dosso ▶ Bellini, Giovanni ▶ Genrebild ▶ Poesia und Fantasia
Doublet, Jean ▶ Costeley ▶ Frankreich
Douwes, Claas ▶ Spinett ▶ Virginal
Dowager of Derby ▶ Milton
Dowland, John ▶ Affekt ▶ Campion ▶ Dänemark ▶ England ▶ Eyck, Jacob van ▶ Fantasia ▶ Holborne ▶ In nomine ▶ Krakau ▶ Laute ▶ Lautenlied ▶ Marenzio ▶ Morley ▶ Ornithoparchus ▶ Part song ▶ Pavane ▶ Pilgertum ▶ Rhetorik, musikalische ▶ Tessier, Charles
Dowland, Richard Philip ▶ Holborne
Dowland, Robert ▶ Lautenlied ▶ Tessier, Guillaume
Draghi, Giovanni Battista ▶ Caecilia ▶ Shakespeare ▶ Geschichte
Drayton, Michael ▶ Ward
Dressler, Gallus ▶ Affekt ▶ Bogentantz ▶ Burmeister ▶ Calvisius ▶ Joachim a Burck ▶ Knöfel ▶ Listenius ▶ Melanchthon ▶ Ornithoparchus ▶ Rab ▶ Rhetorik, musikalische
Dryden, John ▶ Caecilia ▶ Shakespeare
Držič, Marin ▶ Dubrovnik
Du Bellay, Joachim ▶ Baïf ▶ Belleau ▶ Académie de Musique et de Poésie ▶ Aneau ▶ Bertrand ▶ Ferrabosco, Domenico ▶ Forme fixe ▶ Janequin ▶ Petrarkismus ▶ Pléiade ▶ Rabelais ▶ Ronsard ▶ Tessier, Guillaume
Du Buisson, Jacques ▶ Frankreich
Du Caurroy, François-Eustache ▶ Baïf ▶ Costeley ▶ Desportes ▶ Frankreich ▶ Heinrich III. ▶ Heinrich IV. ▶ Mersenne ▶ Noël ▶ Paris ▶ Pléiade
Du Chemin, Nicolas ▶ Attaingnant ▶ Bourgeois ▶ Certon ▶ Costeley ▶ Du Tertre ▶ Frankreich ▶ Goudimel ▶ Heinrich II. ▶ Martin, Claude ▶ Paris
Du Chesne, Joseph ▶ L'Estocart
Du Fau, Lancelot ▶ Janequin
Du Faur de Pibrac, Guy ▶ Planson
Du Fouilloux, Jacques ▶ Horn ▶ Signalmusik
Du Guillet, Pernette ▶ Lyon
Du Passage, Jean ▶ Brüssel
Du Sart, Jean ▶ Frankreich
Du Tertre, E(s)tienne ▶ Aneau ▶ Paris ▶ Ronsard ▶ Lyon

Duccio, Agostino di ▶ Della Robbia
Duchié, Jacques ▶ Sozialgeschichte
Dufay, Guillaume ▶ Adam von Fulda ▶ Alamire ▶ Andachtsmusik ▶ Ars nova ▶ Ballade ▶ Bedyngham ▶ Bicinium ▶ Binchois ▶ Bologna ▶ Brassart ▶ Brügge ▶ Brüssel ▶ Burgund ▶ Busnoys ▶ Canzone ▶ Carver ▶ Chanson ▶ Chanson rustique ▶ Contenance angloise ▶ Cordier ▶ Cousin ▶ Crétin ▶ Déploration ▶ Domarto ▶ Dunstaple ▶ Eloy d'Amerval ▶ England ▶ Fauxbourdon ▶ Ferrara ▶ Finck, Hermann ▶ Florenz ▶ Forme fixe ▶ Frankoflämische Musik ▶ Frankreich ▶ Geschichte ▶ Ghiselin ▶ Giustiniana ▶ Grenon ▶ Hymnus ▶ Instrumente: Familienbildung ▶ Isomelie ▶ Isorhythmie ▶ Kanon ▶ Kapelle ▶ Kombinative Chanson ▶ Konstanzer Konzil ▶ Konzilien ▶ Lantins ▶ Le Franc ▶ L'homme armé ▶ Liedmotette ▶ Malatesta ▶ Medici ▶ Motette ▶ Motettenchanson ▶ Moulu ▶ Ockeghem ▶ Padua ▶ Philipp der Gute ▶ Posaune ▶ Regis ▶ Renaissance ▶ Requiem ▶ Rom ▶ Rondeau ▶ Schweiz ▶ Sigismund ▶ Sozialgeschichte ▶ Stimmung und Temperatur ▶ Tinctoris ▶ Trienter Codices ▶ Trompete ▶ Urbino ▶ Virelai
Dugué, Estienne ▶ Frankreich
Dugué, Jean ▶ Frankreich
Dulot, François ▶ Frankreich ▶ Pariser Chanson
Dunstaple, John ▶ Ars nova ▶ Ballata ▶ Bedyngham ▶ Benet ▶ Brassart ▶ Busnoys ▶ Contenance angloise ▶ Crétin ▶ Eloy d'Amerval ▶ England ▶ Fayirfax ▶ Frankoflämische Musik ▶ Frankreich ▶ Frye ▶ Humanismus ▶ Le Franc ▶ Messe ▶ Motette ▶ Power ▶ Quodlibet ▶ Renaissance ▶ Sozialgeschichte ▶ Tinctoris ▶ Trienter Codices
Duprey, Jehan ▶ Lyon
Durand ▶ Ronsard
Durant, Étienne ▶ Ballet de cour
Dürer, Albrecht ▶ Architektur ▶ Baldung ▶ Burgkmair ▶ Celtis ▶ Formschneider ▶ Fugger ▶ Genrebild ▶ Geschichte ▶ Graf ▶ Holbein ▶ Musikerporträt ▶ Notendruck ▶ Prozession ▶ Druckgraphik ▶ Wien ▶ Wittenberg
Dyer, Edward ▶ Byrd

East, Thomas ▶ Kirbye ▶ Tessier, Charles
Ebreo, Giuseppe ▶ Jüdische Musik
Ebreo, Leone ▶ Tyard
Eccard, Johann ▶ Fugger ▶ Joachim a Burck ▶ Königsberg ▶ München ▶ Neusiedler ▶ Stobaeus ▶ Lechner
Eck, Johann ▶ Katholische Erneuerungsbewegung ▶ Luther
Edinton (Lautenist) ▶ Frankreich
Eduard (Edward) III., englischer König ▶ England ▶ Geschichte
Eduard (Edward) IV., englischer König ▶ England

Eduard (Edward) VI., englischer König ▸ Anthem ▸ Elisabeth I. ▸ England ▸ Gibbons ▸ Sheppard ▸ Tallis ▸ Tye
Egenolff, Christian ▸ Straßburg
Egolph von Knöringen, Johann ▸ Glarean
Ehmer, Wilhelm ▸ Agricola, Rudolphus
Eitelfriedrich IV., Graf von Hohenzollern ▸ Haßler ▸ Meiland ▸ Lechner
Eleonora d'Aragona ▸ Ferrara
Eleonora de' Medici ▸ Bardi ▸ Gonzaga
Eleonora di Garzia da Toledo ▸ Caccini
Eleonora von Neapel ▸ Este
Eleonora von Toledo ▸ Corteccia ▸ Festa ▸ Rampollini
Eleonore Magdalena Theresia, Kaiserin ▸ Frauen in der Musikkultur
Eleonore von Kleve ▸ Kleve
Elisabeth I., englische Königin ▸ Byrd ▸ Campion ▸ Chapel Royal ▸ Dowland ▸ England ▸ Ferrabosco, Alfonso I. ▸ Frauen in der Musikkultur ▸ Geschichte ▸ Heinrich VIII. ▸ Morley ▸ Petrarkismus ▸ Philips ▸ Sarum rite ▸ Tallis ▸ Tessier, Guillaume ▸ Tomkins ▸ Trompete ▸ Vautrollier ▸ White
Elisabeth von Burgund ▸ Kleve
Elisabeth von Nassau ▸ Le Jeune
Elisabeth von Österreich ▸ Paris
Elisabeth von York ▸ Heinrich VIII.
Elisabetta Gonzaga ▸ Bembo ▸ Frottola ▸ Urbino
Eloy d'Amerval ▸ Barbingant ▸ Basiron ▸ Brumel ▸ Cousin ▸ Frankreich ▸ Hayne van Ghizeghem
Emanuel Philibert II. von Savoyen ▸ Du Bellay ▸ Ferrabosco, Alfonso ▸ Ferrabosco, Domenico
Emiliani, Pietro, Bischof von Vicenza ▸ Johannes de Lymburgia ▸ Lantins
Emîr-i Hac ▸ Osmanisches Reich
Encina, Juan del ▸ Borgia ▸ Canción ▸ Loyola ▸ Romance ▸ Spanien ▸ Villancico
Engelbert von Auersperg, Wolfgang ▸ Rore
Enoch, Pierre ▸ Goudimel
Enrique (Enricus) de Paris ▸ Encina ▸ Urrede
Entraigues ▸ Ronsard
Epiktet ▸ Neostoizismus
Erard de la Marck ▸ Lüttich
Erasmus von Höritz ▸ Pico della Mirandola ▸ Regiomontanus
Erasmus von Rotterdam ▸ Amerbach ▸ Conrad von Zabern ▸ England ▸ Frauen in der Musikkultur ▸ Glarean ▸ Hausmusik ▸ Katholische Erneuerungsbewegung ▸ Neostoizismus ▸ Obrecht ▸ Zwingli
Erbach, Christian d.J. ▸ Erbach
Erbach, Christian d.Ä. ▸ Augsburg ▸ Fugger ▸ Gumpelzhaimer
Ercole I. d'Este ▸ Brebis ▸ Brügge ▸ Brumel ▸ Cornazzano ▸ Este ▸ Fantasia ▸ Ferrante I. ▸ Ferrara Fogliano ▸ Ghiselin ▸ Josquin ▸ Kapelle ▸ Konstanz ▸ Martini ▸ Obrecht ▸ Passion

Ercole II. d'Este ▸ Dalla Viola ▸ Este ▸ Krummhorn ▸ Rore
Ercole Gonzaga ▸ Gonzaga ▸ Mantua
Erik XIV., schwedischer König ▸ Schweden ▸ Susato
Eriugena ▸ Musica coelestis
Ernst von Bayern ▸ Lüttich ▸ München
Ernst von Habsburg ▸ Vaet
Ernst von Sachsen ▸ Dresden
Eschenbach, Wolfram von ▸ Improvisation
Escobar, Pedro de ▸ Spanien ▸ Villancico
Esquirol, Antoine ▸ Avignon ▸ Frankreich
Esquivel Barabona, Juan de ▸ Messe
Esra, Moshe Ibn ▸ Jüdische Musik
Essenga, Salvatore ▸ Vecchi
Este, Familie ▸ Alberti, Leon Battista ▸ Ariosto ▸ Bardi ▸ Concerto delle dame ▸ Caroso ▸ Cembalo ▸ Dalla Viola ▸ Della Robbia ▸ Domenico da Piacenza ▸ Dufay ▸ Ferrara ▸ Gesualdo ▸ Guarino Veronese ▸ Hellinck ▸ Isaac ▸ Luzzaschi ▸ Martini ▸ Messe ▸ Modena ▸ Nanino, Giovanni Maria ▸ Negri ▸ Porta ▸ Rom ▸ Rore ▸ Sandrin ▸ Striggio d.Ä. ▸ Tizian ▸ Tromboncino ▸ Vecchi ▸ Wert, Giaches de ▸ Willaert
Estienne, Charles ▸ Baïf ▸ Pilgertum
Estocart, Paschal de L' ▸ Calvinistische Musik ▸ Cantique spirituel ▸ Costeley ▸ Frankreich ▸ Hugenotten ▸ Lyon
Estrée, Jean d' ▸ Paris
Étienne de Castel ▸ Christine de Pizan
Eugen IV., Papst ▸ Alberti, Leon Battista ▸ Borgia ▸ Dufay ▸ Farnese ▸ Florenz ▸ Friedrich III. ▸ Kapelle ▸ Lantins ▸ Medici ▸ Rom ▸ Sigismund ▸ Sozialgeschichte
Euklid ▸ Aristoxenismus ▸ Artes liberales ▸ Della Robbia
Eustachio, Bartolomeo ▸ Anatomie
Eustorg de Beaulieu ▸ Lyon
Éverard, P. ▸ Crétin
Evliya Çelebî ▸ Osmanisches Reich
Evrart ▸ Lemaire de Belges
Expert, Henry ▸ Bonnet
Eyck, Jacob van ▸ Blockflöte ▸ Caccini ▸ Diminution ▸ Glocken
Eyck, Jan van ▸ Bellini ▸ Brügge ▸ Engelsmusik ▸ Fidel ▸ Harfe ▸ Holbein ▸ Musikerporträt

Fabbri, Thomas ▸ Brügge
Faber Stapulensis, Jacobus (Lefèvre d'Étaples, Jacques) ▸ Aristoxenismus ▸ Bermudo ▸ Desportes ▸ Enzyklopädien ▸ Hugenotten ▸ Regiomontanus ▸ Paris ▸ Wollick
Faber, Anna ▸ Joachim a Burck
Faber, Heinrich ▸ Augsburg ▸ Bogentantz ▸ Dänemark ▸ Dressler ▸ Gumpelzhaimer ▸ Kapelle ▸ Listenius ▸ Ornithoparchus ▸ Reusch ▸ Wittenberg

Faber, Heyden ▶ Senfl
Faber, Jacob ▶ Holbein
Fabri, Martinus ▶ Ballade ▶ Niederlande
Fabri, Pierre ▶ Bergerette ▶ Busnoys
Fabricius, Elias ▶ Fugger
Fabricius, Georg ▶ Rab ▶ Reusch
Fabricius, Paulus ▶ Wien
Fabris, Martinus ▶ Chanson rustique
Faletti, Girolamo ▶ Rore
Falloppia, Gabriele ▶ Anatomie
Fanshawe, Familie ▶ Ward
Fanshawe, Henry ▶ Ward
Fantini, Girolamo ▶ Trompete
Farel, Guillaume ▶ Calvin
Farnaby, Gilles ▶ Holborne ▶ Variation
Farnese, Familie ▶ Parma
Farrant, Richard ▶ Anthem
Fathullāh al-Şirvānī ▶ Osmanisches Reich
Fattorini, Gabriele ▶ Cavalieri ▶ Diruta
Faugues, Guillaume ▶ Basiron ▶ Caron ▶ Frankreich ▶ L'homme armé ▶ Messe ▶ Regis ▶ Tinctoris ▶ Trienter Codices
Faur de Pibrac, Guy du ▶ Bodin ▶ Moralphilosophie ▶ Frankreich
Fauré, Gabriel ▶ Pavane
Favareo, Joannin ▶ Tessier, Charles
Fayrfax, Robert ▶ England
Fedé, Johannes [Jehan, Sohier, Jehan] ▶ Barbingant ▶ Crétin ▶ Frankreich ▶ Rabelais ▶ Regis
Federico da Montefeltro ▶ Guglielmo Ebreo da Pesaro ▶ Urbino
Federico I. Gonzaga ▶ Gonzaga ▶ Mantua
Federico II. Gonzaga ▶ Gonzaga
Federico, König von Neapel ▶ Gareth
Federighi, Michele ▶ Corteccia
Fedini, Giovanni ▶ Malvezzi ▶ Peri
Feininger, Lionel ▶ Trienter Codices
Feliciani, Andrea ▶ Perugia ▶ Siena
Felis, Stefano ▶ Gesualdo ▶ Köln ▶ Neapel
Felix V., Papst ▶ Frankreich ▶ Le Franc ▶ Messe ▶ Schweiz
Feltre, Morto da ▶ Giorgione
Feltre, Vittorino da ▶ Gallicus ▶ Gonzaga ▶ Mantua ▶ Urbino
Fenaruolo, Girolamo ▶ Cambio
Feragut, Beltrame ▶ Frankreich
Ferdinand de' Medici ▶ Bühnenbild ▶ Cavalieri ▶ Druckgraphik ▶ Florenz ▶ Marenzio ▶ Rinuccini ▶ Striggio d.J.
Ferdinand I., Erzherzog ▶ Amon
Ferdinand I., Kaiser ▶ Arnold von Bruck ▶ Cleve ▶ Finck, Heinrich ▶ Finck, Hermann ▶ Guyot de Châtelet ▶ Hollander ▶ Innsbruck ▶ Kapelle ▶ Karl V. ▶ Musikporträt ▶ Peñalosa ▶ Philipp II. ▶ Vaet ▶ Wien
Ferdinand II., Erzherzog von Österreich (Tirol) ▶ Frauen in der Musikkultur ▶ Innsbruck ▶ Hollander ▶ Kapelle ▶ Neusiedler ▶ Maximilian II., ▶ Regnart ▶ Tafelmusik
Ferdinand II., Kaiser ▶ Fugger ▶ Maximilian II.
Ferdinand II., König von Neapel ▶ Gareth
Ferdinand II. von Aragon ▶ Spanien ▶ Villancico
Ferdinand von Bayern ▶ Lüttich
Ferdinando I. de' Medici ▶ Bardi ▶ Buontalenti ▶ Caccini ▶ Camerata fiorentina ▶ Corsi ▶ Gonzaga ▶ Intermedium ▶ Malvezzi ▶ Peri
Ferdinando I. Gonzaga ▶ Gonzaga ▶ Monteverdi
Ferrante Gonzaga ▶ Gombert ▶ Lassus, Orlande de ▶ Mailand
Fermat, Pierre de ▶ Mersenne
Fermoselle, Diego de ▶ Encina
Fermoselle, Miguel de ▶ Encina
Fernandes, Johannes ▶ Agricola, Alexander
Fernandes, Karolus ▶ Agricola, Alexander
Fernandez, Pedro ▶ Escobar
Ferrabosco d.J. ▶ Masque
Ferrabosco, Familie
Ferrabosco, Alfons I und II ▶ In nomine ▶ Yonge
Ferrabosco, Alfonso I ▶ England ▶ Ferrabosco, Alfonso II ▶ Ferrabosco, Domenico ▶ Morley ▶ Ronsard ▶ Wilbye
Ferrabosco, Annibale ▶ Ferrabosco, Domenico
Ferrabosco, Costantino ▶ Fugger
Ferrabosco, Domenico Maria ▶ Bologna ▶ Ferrabosco, Alfonso I
Ferrabosco, Henry ▶ Ferrabosco, Alfonso II
Ferrabosco, John ▶ Ferrabosco, Alfonso II
Ferragut, Bertrand ▶ Ferrara ▶ Mailand
Ferrante I., König von Neapel ▶ Agricola, Alexander ▶ Cornago ▶ Corvinus ▶ Kapelle ▶ Neapel ▶ Pietro Bono ▶ Tinctoris
Ferrante d'Este ▶ Compère
Ferrari, Benedetto ▶ Merula, Tarquinio
Ferrari, Cherubino ▶ Rhetorik, musikalische
Ferretti, Giovanni ▶ Morley
Ferrier, Michel ▶ Granjon ▶ Lyon
Festa, Costanzo ▶ Arcadelt ▶ Devisenmotette ▶ Florenz ▶ Frankoflämische Musik ▶ Hymnus ▶ Kapelle ▶ L'homme armé ▶ Madrigal ▶ Medici ▶ Messe ▶ Motette ▶ Nanino, Giovanni Maria ▶ Pisano ▶ Rabelais ▶ Rom ▶ Sacco di Roma ▶ Scotto ▶ Senfl ▶ Tenormotette
Fétis, François-Joseph ▶ Frankoflämische Musik ▶ Parabosco ▶ Rezeption der Renaissance
Feuillet, Raoul-Auger ▶ Gigue ▶ Spagnoletto
Fevin, Antoine de ▶ Carpentras ▶ Chanson ▶ Chanson rustique ▶ Crétin, Guillaume ▶ Forme fixe ▶ Frankoflämische Musik ▶ Frankreich ▶ Gascongne ▶ Kontrapunkt ▶ Lamentatio ▶ Ludwig XII. ▶ Mouton ▶ Pipelare ▶ Rabelais ▶ Requiem ▶ Richafort
Févin, Robert de ▶ Févin

Fezandat, Michel ▸ Frankreich ▸ Gitarre ▸ Granjon ▸ Paris
Fiamma, Gabriele ▸ Lassus, Orlande de
Ficino, Marsilio ▸ Agrippa ▸ Effekt ▸ Faber Stapulensis ▸ Florenz ▸ Gaffurio ▸ Katholische Erneuerungsbewegung ▸ Landino ▸ Magie ▸ Medici ▸ Metaphysik ▸ Petrarkismus ▸ Pico della Mirandola ▸ Poliziano ▸ Scève ▸ Scholastik ▸ Squarcialupi
Fieschi, Lorenzo ▸ Genua
Filargo, Pietro ▸ Architektur ▸ Ciconia
Filippo Gagnolanti, Lucia de (Lucia Caccini) ▸ Caccini
Filomarino, Fabrizio ▸ Gesualdo
Finck, Heinrich ▸ Barform ▸ Celtis ▸ Ferdinand I. ▸ Forster ▸ Gombert ▸ Hofweise ▸ Johannes von Lublin ▸ Kapelle ▸ Krakau ▸ Leipzig ▸ Luther ▸ Maximilian I. ▸ Musikporträt ▸ Ornithoparchus ▸ Ott ▸ Renaissance ▸ Stuttgart ▸ Tenorlied ▸ Ungarn ▸ Wittenberg
Finck, Hermann ▸ Brumel ▸ Caron ▸ Fantasia ▸ Finck, Heinrich ▸ Humanismus ▸ Kanon ▸ Le Maistre ▸ Musica poetica ▸ Wittenberg
Finé, Oronce ▸ Paris
Finkel, Wolfgang ▸ München
Finscher, Ludwig ▸ Mentalitätsgeschichte
Fiorini, Gasparo ▸ Lyon
Firminus de Bellavalle ▸ Johannes de Muris
Fischart, Johann ▸ Genrebild ▸ Kirchenlied
Fischer, Blasius ▸ Schweden
Fishburn, Christopher ▸ Caecilia
Fissigara, Tadeo ▸ Gaffurio
Flamengus, Johannes (Fiamengo, Giovanni) ▸ Dubrovnik
Flaminio, Giovanni Antonio ▸ Aaron
Flecha, Mateo der Jüngere ▸ Spanien
Fleming, Paul ▸ Petrarkismus
Fleming, Richard ▸ Zabarella
Fletxa d.Ä., Mateu ▸ Villancico
Fleurs, Matthieu de ▸ Lyon
Flori, Franz ▸ München
Flötner, Peter ▸ Krummhorn
Fludd, Robert ▸ Kepler ▸ Musica coelestis ▸ Sphärenharmonie
Flurschütz, Kaspar ▸ Augsburg ▸ Fugger
Fogliano, Giacomo (Jacopo) ▸ Fogliano ▸ Musica theorica ▸ Scholastik
Fogliano, Lodovico ▸ Astronomie ▸ Frankreich ▸ Galilei, Vincenzo ▸ Kapelle ▸ Musiktheorie ▸ Quadrivium ▸ Regiomontanus
Folengo, Teofilo ▸ Festa ▸ Hayne van Ghizeghem
Folz, Hans ▸ Meistergesang
Fondaco dei Tedeschi ▸ Giorgione
Fontaine, Pierre ▸ Instrumente: Familienbildung ▸ Kapelle ▸ Posaune
Fontanelli, Alfonso ▸ Corsi ▸ Dell'Arpa ▸ Gesualdo ▸ Luzzaschi

Forest, John ▸ Dunstaple ▸ Messe
Forestier, Mathurin ▸ L'homme armé
Forkel, Johann Nikolaus ▸ Frankoflämische Musik ▸ Rhetorik, musikalische
Formé, Nicolas ▸ Du Caurroy ▸ Paris
Formschneider, Hieronymus ▸ Montanus ▸ Nürnberg ▸ Ott
Forster, Georg ▸ Barform ▸ Dietrich ▸ Heidelberg ▸ Hofhaimer ▸ Hofweise ▸ Melanchthon ▸ Montanus ▸ Petreius ▸ Signalmusik ▸ Tenorlied ▸ Tinctoris ▸ Universität
Fortner, Wolfgang ▸ Rezeption der Renaissance
Foscari, Francesco ▸ Venedig ▸ Lantins
Foscarini, Giovanni Paolo ▸ Tordiglione
Fossa, Johannes de ▸ Guyot de Châtelet ▸ Lüttich ▸ München ▸ Vento
Fossis, Pietro de ▸ Venedig ▸ Willaert
Foxer, Enrique (Enrique de Paris ▸ Canción
Fra Mauro ▸ Sphärenharmonie
Franc, Guillaume ▸ Bourgeois ▸ Calvinistische Musik
Francesco Carrara il Novello ▸ Ciconia
Francesco d'Ambra ▸ Intermedium
Francesco I. de' Medici ▸ Bardi ▸ Caccini ▸ Concerte delle dame ▸ Corsi ▸ Florenz ▸ Intermedium ▸ Strozzi ▸ Vecchi
Francesco II. Gonzaga ▸ Cara ▸ Este ▸ Gonzaga ▸ Martini, Johannes ▸ Monteverdi ▸ Orpheus ▸ Peri ▸ Tromboncino
Francesco I. Sforza ▸ Cornazzano ▸ Gaffurio ▸ Mailand ▸ Perugia ▸ Pietro Bono ▸ Sforza, Familie
Francesco II Sforza ▸ Sforza, Familie
Francesco II. Gonzaga (reg. 1484–1519) ▸ Fantasia ▸ Gonzaga, Familie
Francesco Maria I. della Rovere ▸ Urbino
Francesco Maria II. della Rovere ▸ Urbino
Franchois de Gemblaco, Johannes de ▸ Lüttich
Francisco de los Cobos ▸ Narváez
Francisco de Peñalosa ▸ Escobar
Francisco della Torre ▸ Alta musica ▸ Romance
Franciscus von Loriz, Kardinal ▸ Encina
Francisque, Antoine ▸ Laute
Franck, Margaretha ▸ Franck
Franck, Melchior ▸ Quodlibet
Franck, Sebastian ▸ Sachs
Franck, Valentin ▸ Franck
Franco von Köln ▸ Ciconia ▸ Johannes de Muris ▸ Mensuralnotation ▸ Motette
François d'Alençons, Duc ▸ Le Jeune
François de Clermont ▸ Avignon
François de Guise ▸ Janequin
François de Tournon, Kardinal ▸ Frankreich
François von Anjou ▸ Frankreich
Frangipani, Cornelio S. ▸ Merulo
Frank, Bartholomäus Götfried ▸ Schweiz

Franz I., französischer König ▸ Aneau ▸ Calvin ▸ Canova da Milano ▸ Certon ▸ Chanson ▸ Gascongne ▸ Heinrich II. ▸ Hugenotten ▸ Janequin ▸ Karl V. ▸ Layolle ▸ Leonardo da Vinci ▸ Longueval ▸ Lyon ▸ Maillard ▸ Marot ▸ Moulu ▸ Mouton ▸ Paris ▸ Passereau ▸ Pathie ▸ Richafort ▸ Sacco di Roma ▸ Sandrin ▸ Serlio ▸ Sermisy ▸ Sozialgeschichte ▸ Wannenmacher

Franz II. französischer König ▸ Baïf ▸ Frankreich ▸ Ronsard

Franz von Assisi ▸ Neostoizismus

Frascatoro, Girolamo ▸ Magie

Frattini, Filip ▸ Merulo

Frederik I., dänischer König ▸ Dänemark

Frederik III., dänischer König ▸ Dänemark

Frei, Hans ▸ Laute

Freithof, Joachim ▸ München

Frelich, Jakub ▸ Krakau

Frescobaldi, Girolamo ▸ Bergamasca ▸ Canzone ▸ Cembalo ▸ Fantasia ▸ Katholische Erneuerungsbewegung ▸ Phalèse ▸ Rhetorik, musikalische ▸ Ricercar ▸ Romanesca ▸ Spagnoletto

Fresneau, Henry ▸ Ludwig XII. ▸ Lyon

Fresneau, Jean ▸ Crétin ▸ Frankreich ▸ Ludwig XI.

Friderici, Daniel ▸ Haußmann

Friedrich Albrecht von Brandenburg-Ansbach ▸ Königsberg

Friedrich der Weise, Kurfürst von Sachsen ▸ Adam von Fulda ▸ Alamire ▸ Dresden ▸ Hofhaimer ▸ Kapelle ▸ Karl V. ▸ Messe ▸ Rener ▸ Walter ▸ Wittenberg

Friedrich I., Kurfürst von der Pfalz ▸ Beheim ▸ Campion ▸ Heidelberg

Friedrich I., Kurfürst von Sachsen ▸ Wittenberg

Friedrich II., pfälzischer Kurfürst ▸ Heidelberg ▸ Othmayr

Friedrich III., Kaiser ▸ Albrecht VI. ▸ Beheim ▸ Brassart ▸ Celtis ▸ Corvinus ▸ Este ▸ Hofhaimer ▸ Kapelle ▸ Konstanz ▸ Maximilian I. ▸ Paumann ▸ Perugia ▸ Trienter Codices

Friedrich IV., pfälzischer Kurfürst ▸ Heidelberg

Friedrich mit der leeren Tasche ▸ Innsbruck

Friedrich Ulrich, Herzog von Braunschweig ▸ Praetorius

Friedrich von Zollern ▸ Augsburg

Friedrich, Erzherzog von Württemberg ▸ Lechner

Friedrich Wilhelm I. ▸ Königsberg

Fritzsche, Georg ▸ Haßler

Frocastoro, Girolamo ▸ Naturphilosophie

Froissart, Jean ▸ Ballade

Frosch, Johannes ▸ Bourgeois ▸ Schöffer

Frye, Walter ▸ Ballade ▸ Bedyngham ▸ Josquin ▸ Messe ▸ Obrecht

Fuenllana, Miguel de ▸ Gitarre

Fugger, Christoph ▸ Augsburg ▸ Hassler

Fugger, Familie ▸ Alamire ▸ Augsburg ▸ Bassano ▸ Cembalo ▸ Eccard ▸ Haßler ▸ Lassus, Orlande de ▸ Maximilian I.

Fugger, Hans Jakob ▸ Augsburg

Fugger, Jakob I. ▸ Aichinger

Fugger, Jakob II. ▸ Aichinger ▸ Augsburg ▸ Alamire ▸ Eccard ▸ München

Fugger, Marcus II. ▸ Augsburg ▸ Erbach

Fugger, Octavian II. ▸ Augsburg ▸ Haßler ▸ Neusiedler

Fugger, Raymund ▸ Alamire

Fugger, Raymund II. ▸ Augsburg

Fugger, Ursula ▸ Haßler

Fulbert de Chartres ▸ Domarto

Füllsack, Zacharias Philip ▸ Holborne

Furter, Michael ▸ Druckgraphik

Fusoris, Jean ▸ Arnault de Zwolle

Fust, Johann ▸ Gutenberg

Fux, Johann Joseph ▸ Palestrina ▸ Palestrinastil ▸ Rezeption der Renaissance ▸ Vokalpolyphonie

Gabrieli, Andrea ▸ Alternatim ▸ Amon ▸ Ballata ▸ Bembo ▸ Canzone ▸ Diruta ▸ Donato ▸ Erbach ▸ Fugger ▸ Gabrieli, Giovanni ▸ Giustiniana ▸ Greghesca ▸ Haßler ▸ Instrumentalmusik ▸ Katholische Erneuerungsbewegung ▸ Lindner ▸ Mehrchörigkeit ▸ Merulo ▸ München ▸ Ricercar ▸ Sweelinck ▸ Urbino ▸ Variation ▸ Vecchi ▸ Venedig ▸ Willaert ▸ Zacconi

Gabrieli, Giovanni ▸ Aichinger ▸ Augsburg ▸ Diruta ▸ Donato ▸ Fugger ▸ Gabrieli, Andrea ▸ Guami ▸ Haßler ▸ Instrumentalmusik ▸ Katholische Erneuerungsbewegung ▸ Mehrchörigkeit ▸ Merulo ▸ München ▸ Passion ▸ Pedersøn ▸ Posaune ▸ Praetorius ▸ Sinfonia ▸ Stylus motecticus ▸ Vecchi ▸ Venedig

Gaetano, Piero ▸ Humanismus

Gaffurio, Franchino ▸ Aaron ▸ Affekt ▸ Agrippa ▸ Architektur ▸ Astronomie ▸ Basiron ▸ Bermudo ▸ Bogentantz ▸ Bologna ▸ Bourgeois ▸ Brumel ▸ Burzio ▸ Caron ▸ Cochlaeus ▸ Dressler ▸ Druckgraphik ▸ Ferrante I. ▸ Ficino ▸ Finck, Hermann ▸ Glarean ▸ Johannes de Muris ▸ Mailand ▸ Mantua ▸ Mensuralnotation ▸ Mersenne ▸ Messe ▸ Morley ▸ Motette ▸ Motetti missales ▸ Musica coelestis ▸ Musica practica ▸ Musiktheorie ▸ Neapel ▸ Pico della Mirandola ▸ Proportionen ▸ Rhetorik, musikalische ▸ Sforza ▸ Spataro ▸ Sphärenharmonie ▸ Stabat mater ▸ Tinctoris ▸ Wollick

Gaffurio, Vincenzo ▸ Galilei, Vincenzo

Gagliano, Marco da ▸ Ballo ▸ Bardi ▸ Bembo ▸ Corsi da ▸ Peri ▸ Strozzi, Piero

Galeazzo Maria Sforza ▸ Compère ▸ Ferrara ▸ Gaffurio ▸ Mailand ▸ Sforza ▸ Weerbeke

Galen (Claudius Galenus) ▸ Anatomie ▸ Magie ▸ Musica coelestis

Galeotto del Carretto ▸ Bergerette
Galilei, Galileo ▸ Astronomie ▸ Copernicus ▸ Corsi
Galilei, Michelangelo ▸ Galilei, Vincenzo
Galilei, Vincenzo ▸ Aria ▸ Aristoxenismus ▸ Artusi ▸ Bardi ▸ Bottegari ▸ Brumel ▸ Camerata fiorentina ▸ Cantare al liuto ▸ Cavalieri ▸ Corsi ▸ Effekt ▸ Florenz ▸ Fogliano ▸ Galilei, Galileo ▸ Geigenwerk ▸ Guami ▸ Harfe ▸ Humanismus ▸ Intavolierung ▸ Kepler ▸ Laute ▸ Madrigalismus ▸ Medici ▸ Mei ▸ Mersenne ▸ Monodie ▸ Musiktheorie ▸ Naturphilosophie ▸ Padua ▸ Rhetorik, musikalische ▸ Romanesca ▸ Rore ▸ Ruffo ▸ Scholastik ▸ Strozzi ▸ Violine ▸ Zarlino
Gallet, François ▸ Frankreich
Galli, Antonius ▸ Brügge
Galli, Giuseppe ▸ Generalbass
Galliculus, Johannes ▸ Dietrich ▸ Dressler ▸ Leipzig ▸ Messe ▸ Passion ▸ Passionsmotette ▸ Rab ▸ Reusch ▸ Walter
Gallicus Legrense, Johannes ▸ Vittorino da Feltre ▸ Burzio ▸ Laute ▸ Mantua ▸ Parma
Gallus, Georg ▸ Gallus
Gallus, Jacobus ▸ Kantorei ▸ Lamentatio ▸ Messe ▸ Te Deum
Gama, Vasco da ▸ Geschichte
Ganassi del Fontego, Sylvestro ▸ Blockflöte ▸ Dalla Viola ▸ Diminution ▸ Druckgraphik ▸ Instrumente: Familienbildung ▸ Lira ▸ Musiktheorie ▸ Ricercar ▸ Venedig ▸ Viola da gamba ▸ Violine
Gantez, Anibal ▸ Du Caurroy
Garcaeus, Johannes ▸ Hofhaimer
García Álvaro de Toledo ▸ Urrede
Garcilaso de la Vega ▸ Petrarkismus
Gardane, Antoine ▸ Lyon
Gardano, Alessandro ▸ Gardano
Gardano, Angelo ▸ Gardano ▸ Rore
Gardano, Antonio ▸ Arcadelt ▸ Berchem ▸ Bianchini ▸ Cembalo ▸ Clavichord ▸ Frankreich ▸ Gombert ▸ Guyot de Châtelet ▸ Lassus, Orlande de ▸ Marot ▸ Musikerporträt ▸ Scotto ▸ Venedig ▸ Wien ▸ Willaert
Gareth (Cariteo), Benedetto ▸ Cantastorie ▸ Ferrante I. ▸ Petrarkismus
Garlandia, Johannes de ▸ Mensuralnotation
Garnier, Robert ▸ Bertrand ▸ Costeley ▸ Frankreich
Gascongne Mathieu ▸ Franz I. ▸ Frankreich ▸ Ludwig XII.
Gaspare Visconti ▸ Sforza
Gaspar van Weerbeke ▸ Brumel ▸ Crétin ▸ Frankoflämische Musik ▸ Gaffurio ▸ Kapelle ▸ Mailand ▸ Motette ▸ Motetti missales ▸ Orto ▸ Rom ▸ Sforza ▸ Stabat mater ▸ Crétin
Gassendi, Petrus ▸ Mersenne
Gastoldi, Giovanni Giacomo ▸ Balletto vokal ▸ Gonzaga ▸ Guarini ▸ Haßler ▸ Haußmann ▸ Katholische Erneuerungsbewegung ▸ Mantua ▸ Morley ▸ Weelkes ▸ Wert, Giaches de
Gaucquier, Alard du ▸ Kapelle ▸ Maximilian II. ▸ Regnart
Gaultier d'Arras ▸ Estampie
Gaultier, Ennemond ▸ Lyon
Gautier, Denis ▸ Laute
Gazes, Theodoros ▸ Konstantinopel
Gendrot, Thomas ▸ Frankreich
Gennaro, P.J. di ▸ Pastorale
Gensfleisch, Friele ▸ Gutenberg
Gentian ▸ Du Bellay ▸ Pléiade
Georg Friedrich I. von Brandenburg-Ansbach-Kulmbach ▸ Eccard ▸ Königsberg ▸ Meiland
Georg von Österreich ▸ Guyot de Châtelet ▸ Lüttich
Georg, Herzog von Sachsen ▸ Leipzig
Georges d'Armagnac ▸ Avignon
Gérard de Groesbeek ▸ Lüttich
Gerbert, Martin ▸ Anonymi
Gerhard von Cremona ▸ Astronomie
Gerhard, Johann ▸ Haßler
Gerhardt, Paul ▸ Greiter
Gerlach, Dietrich ▸ Gerlach, Katharina
Gerlach, Katharina ▸ Lassus, Orlande de ▸ Lindner ▸ Montanus
Gerle, Conrad ▸ Ganassi ▸ Jüdische Musik
Gerle, Hans ▸ Bianchini ▸ Dietrich ▸ Instrumente: Familienbildung ▸ Formschneider ▸ Judenkünig ▸ Neusiedler ▸ Rebec ▸ Stimmung und Temperatur ▸ Violine
Gero, Jehan ▸ Bembo ▸ Machiavelli
Geron, Bakcheios ▸ Gaffurio
Gerson, Jean Charlier de ▸ Luther ▸ Metaphysik
Gerson, Levi ben ▸ Jüdische Musik
Gervaise, Claude ▸ Allemande ▸ Branle ▸ Frankreich ▸ Paris ▸ Pléiade
Gesner, Conrad ▸ Enzyklopädien
Gesualdo, Don Carlo, Graf von Consa, Fürst von Venosa ▸ Arcadelt ▸ Concerto delle dame ▸ Corsi ▸ Este ▸ Luzzaschi ▸ Manierismus ▸ Marenzio ▸ Neapel ▸ Responsorium ▸ Servin ▸ Tasso ▸ Vicentino
Gesualdo, Alfonsino ▸ Gesualdo
Gesualdo, Antonio ▸ Gesualdo
Gesualdo, Emmanuele ▸ Gesualdo
Gesualdo, Ettore ▸ Gesualdo
Gesualdo, Fabrizio ▸ Gesualdo
Gesualdo, Luigi ▸ Gesualdo
Gesualdo, Polisena ▸ Gesualdo
Ghent, Justus von ▸ Urbino
Gherardesca, Alessandra della ▸ Corsi
Ghersem, Géry de ▸ Philipp II.
Gheyn v.d. ▸ Glocken
Ghirlandaio, Domenico ▸ Medici
Ghiselin alias Verbonnet, Johannes ▸ Agricola, Alexander ▸ Busnoys ▸ Brumel ▸ Crétin ▸ Epos ▸ Este

▸ Frankoflämische Musik ▸ Frankreich ▸ Ludwig XII. ▸ Lyon ▸ Martini ▸ Medici ▸ Morton
Ghizzolo, Giovanni ▸ Monodie
Giaches de Ponte ▸ Bembo
Giacobo della Corna ▸ Brescia
Gianfrancesco I. Gonzaga ▸ Gonzaga ▸ Mantua ▸ Vittorino da Feltre
Gianfrancesco II. Gonzaga ▸ Mantua
Gian Galeazzo Sforza ▸ Leonardo da Vinci ▸ Mailand
Gian Galeazzo Visconti ▸ Ciconia ▸ Mailand
Gibbons, Orlando ▸ Anthem ▸ Bull ▸ Consort song ▸ In nomine ▸ Instrumentalmusik ▸ Service ▸ Tomkins ▸ Variation ▸ Weelkes
Gigler, Andreas ▸ Cleve
Gintzler, Simon ▸ Layolle ▸ Ricercar
Giorgio, Francesco siehe Zorzi
Giorgione ▸ Bellini ▸ Della Robbia ▸ Genrebild ▸ Lotto ▸ Poesia und Fantasia ▸ Verdelot ▸ Tizian
Giotto ▸ Renaissance
Giovanelli, Pietro ▸ Mehrchörigkeit ▸ Nanino, Giovanni Maria ▸ Oratorium
Giovanni de' Medici ▸ Cortesi ▸ Florenz ▸ Isaac ▸ Madrigal
Giovanni del Lago ▸ Enzyklopädien ▸ Johannes de Muris ▸ Spataro ▸ Textunterlegung
Giovanni di Bicci de' Medici ▸ Florenz
Giovanni II. Bentivoglio ▸ Bologna
Giovanni Sforza ▸ Borgia
Giramo, Pietro Antonio ▸ Spagnoletto
Giroldi, Hieronymus ▸ Dulzian
Giuliano de' Salvetti, Fiametta di ▸ Bottegari
Giuliano II de' Medici ▸ Florenz
Giulio della Rovere ▸ Porta
Giulio de' Medici ▸ Verdelot
Giunta, Antonio ▸ Giunta
Giunta, Familie ▸ Antico ▸ Brumel
Giunta, Filippo de ▸ Giunta
Giunta, Jacopo de Francesca ▸ Giunta
Giunta, Luc' Antonio ▸ Giunta
Giustina de Seimeonibus ▸ Berchem
Giustiniani, Leonardo ▸ Ballata ▸ Giustiniana ▸ Lauda
Giustiniani, Vincenzo ▸ Caravaggio ▸ Concerto delle dame
Glarean, Heinrich ▸ Adam von Fulda ▸ Augsburg ▸ Bermudo ▸ Bogentanz ▸ Bourgeois ▸ Brumel ▸ Cochlaeus ▸ Dedekind, Henning ▸ Erasmus von Rotterdam ▸ Gaffurio ▸ Galilei, Vincenzo ▸ Harfe ▸ Humanismus ▸ Josquin ▸ Kontrapunkt ▸ Morley ▸ Mouton ▸ Musiktheorie ▸ Obrecht ▸ Ode ▸ Renaissance ▸ Schweiz ▸ Senfl ▸ Tonsystem ▸ Tyard ▸ Wannenmacher ▸ Zarlino
Gluck, Christoph Willibald ▸ Zink
Godard, Robert ▸ Frankreich
Godeau, Antoine ▸ Desportes
Goethe, Johann Wolfgang von ▸ Petrarkismus
Gogavia, Antonio ▸ Aristoxenismus
Gombert, Nicolas ▸ Brumel ▸ Cabezón ▸ Chanson ▸ Déploration ▸ Finck, Hermann ▸ Frankoflämische Musik ▸ Guyot de Châtelet ▸ Imitation ▸ Innsbruck ▸ Kapelle ▸ Karl V. ▸ Loyola ▸ Maillard ▸ Manierismus ▸ Marot ▸ Messe ▸ Monteverdi ▸ Morales ▸ Motette ▸ Payen ▸ Porta ▸ Rabelais ▸ Reprisenmotette ▸ Rezeption der Renaissance ▸ Rogier ▸ Rue ▸ Spanien ▸ Susato ▸ Villancico ▸ Viola da gamba
Gombosi, Otto ▸ Capirola
Gomółka, Mikolaj ▸ Krakau
Gonet, Valérin ▸ Frankreich
Gonzaga, Familie ▸ Alberti, Leon Battista ▸ Caroso ▸ Concerto delle dame ▸ Ferrara ▸ Gaffurio ▸ Mantua ▸ Marenzio ▸ Monteverdi ▸ Negri ▸ Orpheus ▸ Paumann ▸ Poliziano ▸ Porta ▸ Vittorino da Feltre ▸ Wert, Giaches de
Goodfriend, G. und J. ▸ Druckgraphik
Gori (Palestrina), Lucrezia ▸ Palestrina
Gorlier, Simon ▸ Du Bellay ▸ Frankreich ▸ Granjon ▸ Lyon
Gorzani, Giacomo ▸ Bergamasca ▸ Passamezzo ▸ Laute
Goscalcus ▸ Alfonso V.
Gospigliosi, Giulio ▸ Oratorium
Gosswin, Antonius ▸ Lüttich ▸ Vento
Goudimel, Claude ▸ Andachtsmusik ▸ Bertrand ▸ Calvin ▸ Calvinistische Musik ▸ Chanson spirituelle ▸ Desportes ▸ Du Chemin ▸ Frankreich ▸ Hausmusik ▸ Hugenotten ▸ Le Roy & Ballard ▸ Lyon ▸ Maillard ▸ Martin ▸ Ode ▸ Paris ▸ Pléiade ▸ Ronsard
Goulart, Simon ▸ L'Estocart ▸ Le Jeune
Graciosus de Padua ▸ Padua
Graf, Urs ▸ Baldung ▸ Holbein ▸ Druckgraphik
Graincourt, Nicolas de ▸ Fontaine
Graminäus, Dietrich ▸ Kleve
Granboem, Bernt ▸ Orgel
Grandi, Alessandro ▸ Merula, Tarquinio
Granjon, Robert ▸ Frankreich ▸ Gitarre ▸ Heinrich II. ▸ Lyon ▸ Paris
Gransyre, Dominus Zacharias ▸ Guyot de Châtelet
Granvelle, Kardinal, Erzbischof von Mecheln ▸ Mecheln
Grassi, Orazio ▸ Jesuitenschulen
Grave, Sebald ▸ Paumann
Grazzini, Antonfrancesco ▸ Canti Carnascialeschi
Greban, Arnoul ▸ Frankreich ▸ Geistliches Drama ▸ Paris
Greban, Simon ▸ Geistliches Drama
Grece, Familie ▸ Blockflöte
Grefinger, Wolfgang ▸ Hofhaimer ▸ Hofweise ▸ Wien ▸ Wien
Gregor VIII., Papst ▸ Rom

Gregor IX., Papst ▸ Frankreich
Gregor XI., Papst ▸ Kapelle
Gregor XII. ▸ Konstanzer Konzil ▸ Schisma
Gregor XIII., Papst ▸ Geschichte ▸ Gregorianischer Choral ▸ Katholische Erneuerungsbewegung ▸ Lassus, Orlande de ▸ Neri ▸ Palestrina
Gregor XIV., Papst ▸ Ingegneri ▸ Rom
Greiter, Mathias ▸ Calvinistische Musik ▸ Dietrich ▸ Schweiz ▸ Straßburg
Gremp, J. ▸ Glocken
Grenon, Nicholas ▸ Burgund ▸ Brügge ▸ Brüssel ▸ Cesaris ▸ Dufay ▸ Frankoflämische Musik ▸ Frankreich ▸ Kapelle ▸ Motette ▸ Philipp der Gute
Grevenbroich, Gerhard ▸ Köln
Grévin, Jacques ▸ Bertrand ▸ Frankreich
Grimani, Domenico ▸ Pico della Mirandola
Grimm, Sigismund ▸ Grimm & Wirsung ▸ Augsburg
Gringore, Pierre ▸ Paris
Gritti, Andrea ▸ Architektur ▸ Venedig ▸ Willaert
Groblicz, Martin ▸ Krakau
Groccheo, Johannes de ▸ Musica coelestis ▸ Motetus
Grocyn, William ▸ England
Groote, Aliamus de ▸ Obrecht
Grop, Wenzel (auch Vierdung, Wenzel) ▸ Virdung
Grosseteste, Robert ▸ Moralphilosophie
Grossin, Estienne ▸ Messe ▸ Paris ▸ Trienter Codices
Großmann, Burckhard ▸ Demantius
Grotius, Hugo ▸ Neostoizismus
Grouzy, Nicolas ▸ Frankreich ▸ Pléiade
Gruber, Georg ▸ Haßler
Grundherr, Familie ▸ Paumann
Grünewald, Matthias ▸ Engelsmusik
Gruno, Giordano ▸ Neostoizismus
Gruuthuse, Lodewijk van ▸ Niederlande
Gryphius, Andreas ▸ Petrarkismus
Guami, Gioseffo ▸ Banchieri ▸ Bembo ▸ Canzone ▸ Diruta ▸ Lucca ▸ München
Guami, Francisco ▸ München
Guarini, Alessandro ▸ Luzzaschi
Guarini, Anna ▸ Concerto delle dame
Guarini, Giovanni Battista ▸ Camerata fiorentina ▸ Corsi ▸ Ferrara ▸ Haßler ▸ Luzzaschi ▸ Madrigal ▸ Monodie ▸ Orpheus ▸ Pastorale ▸ Sonett ▸ Wert, Giaches de
Guarino Veronese
Guaynard, Etienne ▸ Lyon
Guédron, Pierre ▸ Ballet de cour ▸ Desportes ▸ Laute ▸ Tessier, Charles
Guerau, Francisco ▸ Spagnoletto
Guéroult, Guillaume ▸ Chanson spirituelle ▸ Granjon ▸ Pevernage ▸ Servin
Guerrero, Francisco ▸ Canción ▸ Chanson spirituelle ▸ Katholische Erneuerungsbewegung ▸ L'homme armé ▸ Mantua ▸ Messe ▸ Morales ▸ Paris ▸ Villancico
Guerson, Guillaume ▸ Humanismus ▸ Wollick

Gueynard, Etienne ▸ Frankreich ▸ Layoll
Guglielmo Ebreo da Pesaro (Giovanni Ambrosio) ▸ Ballo ▸ Bassadanza / Bassedanse ▸ Cornazzano ▸ Ferrante I. ▸ Jüdische Musik ▸ Neapel ▸ Tanznotation ▸ Piva
Guglielmo Gonzaga ▸ Gastoldi ▸ Gonzaga ▸ Isnardi ▸ Mantua ▸ Palestrina ▸ Soriano ▸ Sozialgeschichte
Guidetti, Giovanni ▸ Katholische Erneuerungsbewegung
Guidi, Guido ▸ Anatomie
Guidiccioni, Laura ▸ Cavalieri
Guido Ascanio Sforza ▸ Animuccia
Guido von Arezzo ▸ Adam von Fulda ▸ Bourgeois ▸ Ciconia ▸ Gallicus ▸ Gerson ▸ Hexachord ▸ Musica poetica ▸ Musiktheorie ▸ Solmisation ▸ Virtù
Guidobaldo I. da Montefeltro ▸ Urbino
Guidobaldo II. della Rovere ▸ Urbino ▸ Rore
Guilielmus Monachus ▸ Gymel
Guillaud, Maximilien ▸ Sermisy
Guillaume d'Amerval ▸ Eloy d'Amerval
Guillaume IV., Herzog von Hainault ▸ Binchois
Guillaume, Edmé ▸ Serpent
Guillebert de Metz ▸ Sozialgeschichte
Guilliaud, Maximilien ▸ Martin
Guinati, Antonio ▸ Sforza
Guinet, Roland ▸ Frankreich
Guiniggi, Vincenzo ▸ Jesuitenschulen
Gumpelzhaimer, Adam ▸ Augsburg ▸ Bildmotette
Gustav Wasa, König von Schweden ▸ Schweden
Gutenberg, Johannes ▸ Geschichte ▸ Petrucci ▸ Schöffer
Gutrecht, Matthäus ▸ Musikporträt
Guy XIX., Graf von Monmorency ▸ Frankreich
Guy XVI., Graf von Montmorency ▸ Frankreich
Guy XVII. Graf von Montmorency ▸ Frankreich
Guyon, Jean ▸ Frankreich
Guyot de Châtelet, Jean ▸ Ferdinand I. ▸ Lüttich ▸ Vaet

Haberl, Franz Xaver ▸ Trienter Codices
Habsburg, Haus ▸ Cleve, Johan de ▸ Friedrich III. ▸ Utendal ▸ Rue, Pierre de la ▸ Tizian
Hack, Georg ▸ Franck ▸ Trienter Codices
Hack, Matz ▸ Dänemark
Hacqueville, Jaqueline de ▸ Busnoys
Hadrian VI., Papst ▸ Aretino ▸ Canova da Milano ▸ Carpentras ▸ Festa ▸ Frauen in der Musikkultur ▸ Rom
Hagius, Conrad Rintelius ▸ Kleve ▸ Ulenberg
Haiden, Hans ▸ Haßler
Haiden, Hester ▸ Haßler
Hainhofer, Philipp ▸ Augsburg
Halbhirn, Maria ▸ Senfl
Haller, Johann ▸ Krakau
Han, Ulrich ▸ Notendruck

Händel, Georg Friedrich ▶ Caecilia ▶ Milton ▶ Rhetorik, musikalische
Handl, Jacobus siehe Gallus, Iacobus
Hardenrath, Johannes ▶ Köln
Harer, Peter ▶ Heidelberg
Harnoncourt, Nikolaus ▶ Orpheus
Harscher, Barbara ▶ Sachs
Hasan Cân Çelebî ▶ Osmanisches Reich
Hasprois, Jean Simonde ▶ Frankreich
Haßler, Hans Leo ▶ Augsburg ▶ Balletto vokal ▶ Erbach ▶ Franck ▶ Fugger ▶ Gabrieli, Andrea ▶ Gumpelzhaimer ▶ Joachim a Burck ▶ Katholische Erneuerungsbewegung ▶ Lechner ▶ Sinfonia
Haßler, Isaak ▶ Haßler
Haßler, Jakob ▶ Augsburg ▶ Haßler
Haßler, Kaspar ▶ Haßler
Hätzlerin, Clara ▶ Augsburg
Haucourt, Jean ▶ Frankreich
Hauer, Josef Matthias ▶ Musica coelestis
Haultin, Pierre ▶ Frankreich ▶ Susato
Haußmann, Valentin ▶ Polonaise ▶ Vecchi
Hauville, Antoine de ▶ Du Bellay ▶ Lyon
Hawes, Stephen ▶ England
Haydn, Joseph ▶ Rhetorik, musikalische
Hayne van Ghizeghem ▶ Agricola, Alexander ▶ Bruhier ▶ Burgund ▶ Capirola ▶ Chanson ▶ Compère ▶ Eloy d'Amerval ▶ Frankreich ▶ Kapelle ▶ Karl der Kühne ▶ Laute ▶ Ludwig XII. ▶ Rondeau
Hayne, Gérard ▶ Guyot de Châtelet ▶ Lüttich
Heart, Jean ▶ Paris
Heckel, Wolff ▶ Straßburg
Hecyrus (Christoph Schweher) ▶ Leisentrit
Heinrich der Fromme, Herzog von Sachsen ▶ Leipzig
Heinrich Frauenlob ▶ Meistergesang
Heinrich IV., englischer König ▶ Dunstaple ▶ England ▶ Wilder
Heinrich V., englischer König ▶ Dunstaple ▶ England ▶ Kapelle ▶ Messe ▶ Philipp der Gute
Heinrich VI., englischer König ▶ England ▶ Kapelle ▶ Paris
Heinrich VII., englischer König ▶ England ▶ Fayirfax ▶ Messe ▶ More, Thomas
Heinrich VIII., englischer König ▶ Alamire ▶ Bassano ▶ Blockflöte ▶ Byrd ▶ Capirola ▶ Cornysh ▶ Elisabeth I. ▶ England ▶ Fayirfax ▶ Frankreich ▶ Geschichte ▶ Howard ▶ Kapelle ▶ Karl V. ▶ Kleve ▶ Konzilien ▶ Krummhorn ▶ Mailand ▶ Messe ▶ More ▶ Part song ▶ Sarum rite ▶ Sozialgeschichte ▶ Tallis ▶ Venedig ▶ Wyatt
Heinrich II., französischer König ▶ Aneau ▶ Frankreich ▶ Janequin ▶ Jodelle ▶ Lyon ▶ Medici ▶ Ode ▶ Philipp II. ▶ Serlio ▶ Paris
Heinrich III., französischer König ▶ Académie de Musique et de Poésie ▶ Baïf ▶ Beaujoyeulx ▶ Bodin ▶ Costeley ▶ Desportes ▶ Heinrich IV. ▶ Karl IX.
▶ L'Estocart ▶ La Grotte ▶ Le Jeune ▶ Merulo ▶ Paris ▶ Ronsard ▶ Studia humanitatis ▶ Tyard
Heinrich IV., französischer König ▶ Avignon ▶ Baïf ▶ Beaujoyeulx ▶ Caccini ▶ Corsi ▶ Desportes ▶ Du Caurroy ▶ Geschichte ▶ Heinrich III. ▶ Hugenotten ▶ Lyon ▶ Medici ▶ Messe ▶ Monteverdi ▶ Orpheus ▶ Paris ▶ Peri ▶ Pléiade ▶ Rinuccini ▶ Strozzi ▶ Tessier, Charles
Heinrich I., Herzog von Guise
Heinrich (Julius), Herzog von Braunschweig ▶ Dowland ▶ Othmayr ▶ Praetorius
Heinrich XI., Herzog von Liegnitz, Brieg und Goldberg ▶ Knöfel
Heinrich II., Kaiser ▶ Holbein
Heinrich, Prinz ▶ Ward
Heinrich von Guise ▶ Heinrich III.
Heinrich von Mügeln ▶ Meistergesang
Heinrich von Valois ▶ Desportes
Heintz, Wolfgang ▶ Vehe
Heinz, Wolf ▶ Luther
Hèle (Hêle), Georges de la ▶ Frankreich ▶ Mechelen ▶ Spanien
Hellinck, Lupus ▶ Brügge ▶ Frankoflämische Musik
Helmbold, Ludwig ▶ Eccard ▶ Joachim a Burck
Heminge, John ▶ Shakespeare
Hemmel, Sigmund ▶ Calvin
Hemony, François und Peter ▶ Glocken ▶ Eyck, Jacob van
Henestrosa, Luis Venegas de ▶ Cabezón
Henry, englischer Prinz ▶ Gibbons ▶ Tomkins
Henry, Gauthier ▶ Brüssel
Henry, Michel ▶ Paris ▶ Planson
Herakleides Pontiko ▶ Copernicus
Herault de Servissas ▶ Frankreich
Hérault, Louis ▶ Sermisy
Herben, Matthieu ▶ Lüttich
Herbst, Johann Andreas ▶ Bergreihen
Herder, Johann Gottfried ▶ Kirchenlied ▶ Volkslied
Hérisant, Jehan oder Joseph ▶ Paris
Herman, Nicolaus ▶ Hausmusik ▶ Frauen in der Musikkultur
Hermann tom Ring ▶ Musikerporträt
Hermann von Wied, Kölner Erzbischof ▶ Agrippa
Hermann, Hans ▶ Holbein
Herman, Nicolaus ▶ Andachtsmusik ▶ Haßler ▶ Leisentrit ▶ Melanchthon
Hermansson, Nils ▶ Schweden
Hermolaus ▶ Architektur
Herophilos ▶ Anatomie
Herpol, Homer ▶ Konstanz
Herwart von Hohenburg ▶ Kepler
Herwart, Johann Heinrich ▶ München
Hesdin, Nicole des Celliers d' ▶ Paris ▶ Pariser Chanson ▶ Rabelais
Heß, Johannes ▶ Stoltzer
Heugel, Johannes ▶ Leipzig ▶ Heidelberg ▶ Kassel

Heuwett, Gregorius ▸ Kleve
Heyde, Jören ▸ Schweden ▸ Königsberg
Heyden, Hans ▸ Geigenwerk
Heyden, Sebald ▸ Bourgeois ▸ Brumel ▸ Caron ▸ Glarean ▸ Humanismus ▸ Montanus ▸ Nürnberg ▸ Petreius ▸ Senfl ▸ Tinctoris
Heymair, Magdalena ▸ Frauen in der Musikkultur
Heyns, Cornelius ▸ Brügge
Heyther, William ▸ Nicholson
Hieronymus de Moravia ▸ Fidel ▸ Rebec ▸ Violine
Hieronymus von Prag ▸ Konstanzer Konzil
Hiesse, Jean ▸ Granjon
Hilarius von Poitier ▸ Te Deum
Hildebrand, Christian Philip ▸ Holborne
Hindemith, Paul ▸ Musica coelestis ▸ Rezeption der Renaissance
Hinderbac, Johann ▸ Trienter Codices
Hippokrates ▸ Musica coelestis
Hızır bin ʿAbdullāh ▸ Osmanisches Reich
Hobbes, Thomas ▸ Mersenne
Hoccleve, Thomas ▸ England
Hoffaeuser, Paulus ▸ Katholische Erneuerungsbewegung
Hoffmann von Fallersleben, August Heinrich ▸ Hofweise
Hoffmann, Ernst Theodor Amadeus ▸ Rezeption der Renaissance
Hoffmann, Johannes ▸ Vehe
Hoffmann, Martin ▸ Laute
Hofhaimer, Paul ▸ Amerbach ▸ Augsburg ▸ Barform ▸ Buchner ▸ Burgkmair ▸ Celtis ▸ Clavicytherium ▸ Epos ▸ Forster ▸ Fugger ▸ Hofweise ▸ Instrumentalmusik ▸ Isaac ▸ Judenkünig ▸ Kapelle ▸ Konstanz ▸ Kotter ▸ Martini ▸ Maximilian I. ▸ Messe ▸ Ode ▸ Orgel ▸ Petreius ▸ Schlick ▸ Schweiz ▸ Stomius ▸ Tenorlied ▸ Wien ▸ Wittenberg
Holbein, Ambrosius ▸ Musikerporträt
Holbein, Hans der Jüngere ▸ England ▸ Fugger ▸ Graf ▸ Musikerporträt
Holborne, Anthony ▸ Affekt ▸ Bandora ▸ Cister
Hollander, Christian (Jean de Hollande) ▸ Brügge ▸ Innsbruck ▸ Lupi
Homer ▸ Epos ▸ Poliziano
Honorius III. ▸ Dubrovnik
Hopkins, John ▸ Calvin ▸ Calvinistische Musik ▸ Te Deum
Hör, Clemens ▸ Schweiz
Horapollo ▸ Emblem
Horaz ▸ Arcadelt ▸ Dressler ▸ Du Bellay ▸ Faber ▸ Goudimel ▸ Hofhaimer ▸ Kontrapunkt ▸ Messe ▸ Ode ▸ Ronsard ▸ Tritonius
Horicius, Erasmus ▸ Musica theorica
Horner, Thomas ▸ Königsberg
Hörwart, Familie ▸ Augsburg
Hot, Pierre du ▸ Brüssel

Hothby, John ▸ Burzio ▸ Caron ▸ Johannes de Muris ▸ Lucca ▸ Spataro
Houel, Nicolas ▸ Anatomie ▸ Paris
Hove, Joachim van den ▸ Laute
Howard de Walden, Lord ▸ Dowland
Howard, Henry ▸ England ▸ Wyatt
Howard, Thomas, Herzog von Norfolk ▸ Tallis
Hubert le Blanc ▸ Viola da gamba
Hugier, Michel ▸ Frankreich
Hugo von Hohenlandenberg, Bischof von Konstanz ▸ Konstanz
Hugo von Montfort ▸ Konstanzer Konzil
Hugue de Caen ▸ Certon
Humphrey, Herzog von Gloucester ▸ Dunstaple ▸ England
Hus, Jan ▸ Konstanzer Konzil ▸ Konzilien ▸ Sigismund
Husein Bayqara ▸ Osmanisches Reich
Huszti, Márton ▸ Kapelle
Huygens, Christiaan ▸ Kepler
Huygens, Constantijn ▸ Mersenne ▸ Eyck, Jacob van

Il Chariteo siehe Gareth
Ileborgh, Adam ▸ Instrumentalmusik ▸ Paumann ▸ Präludium
India, Sigismondo d' ▸ Bembo ▸ Palermo
Indy, Vincent d' ▸ Orpheus
Infantada, Herzog von ▸ Mudarra
Infantas, Don Fernando de las ▸ Zacconi
Ingegneri, Marc' Antonio ▸ Bembo ▸ Monteverdi ▸ Responsorium
Ingrassia, Giovanni Filippo ▸ Anatomie
Innozenz IX., Papst ▸ Rom
Innozenz VIII., Papst ▸ Kapelle ▸ Pico della Mirandola ▸ Rom
Ippolita Maria Sforza ▸ Bologna ▸ Cornazzano ▸ Domenico da Piacenza
Ippolito I. d'Este ▸ Ferrara ▸ Willaert
Ippolito II. d'Este, Kardinal ▸ Ariosto ▸ Bruhier
Isaac, Heinrich ▸ Aaron ▸ Agricola, Alexander ▸ Amerbach ▸ Arcadelt ▸ Augsburg ▸ Binchois ▸ Bruhier ▸ Brumel ▸ Busnoys ▸ Canti Carnascialeschi ▸ Cortesi ▸ Fantasia ▸ Festa ▸ Florenz ▸ Forme fixe ▸ Formschneider ▸ Forster ▸ Frankoflämische Musik ▸ Ghiselin ▸ Grimm & Wirsung ▸ Heyden ▸ Hofweise ▸ Individualdruck ▸ Innsbruck ▸ Josquin ▸ Kantorei ▸ Kapelle ▸ Konstanz ▸ Kontrapunkt ▸ Lamentation ▸ Leipzig ▸ Maximilian I. ▸ Mechelen ▸ Medici ▸ Messe ▸ Motette ▸ München ▸ Obrecht ▸ Ornithoparchus ▸ Osmanisches Reich ▸ Petrucci ▸ Poliziano ▸ Renaissance ▸ Rener ▸ Schweiz ▸ Senfl ▸ Sozialgeschichte ▸ Tenorlied ▸ Wien
Isabeau, französische Königin ▸ Christine de Pizan
Isabel de Valois ▸ Philipp II.

Isabel von Bayern ▶ Paris
Isabella de' Medici ▶ Casulana ▶ Malvezzi
Isabella d'Este ▶ Bembo ▶ Bergerette ▶ Cara ▶ Este ▶ Frauen in der Musikkultur ▶ Ferrara ▶ Frottola ▶ Gonzaga ▶ Mantua ▶ Martini ▶ Petrarkismus ▶ Tordiglione ▶ Tromboncino
Isabella die Katholische ▶ Brüssel
Isabella von Aragon ▶ Sforza
Isabella von Kastilien ▶ Escobar
Isabella von Portugal ▶ Binchois ▶ Cabezón ▶ Kapelle ▶ Karl V.
Isabella von Spanien ▶ Romance ▶ Spanien
Isabella von Ungarn ▶ Ungarn
Isabella von Burgund ▶ Faber ▶ Kapelle
Isabelle von Frankreich ▶ Karl der Kühne
Isidor de Sevilla ▶ Artes liberales ▶ Astronomie ▶ Bicinium ▶ Humanismus ▶ Musica coelestis ▶ Musiktheorie
Isnardi, Paolo ▶ Ferrara ▶ Passion
Istrana, Isabella ▶ Frauen in der Musikkultur

Jacob de Senleches ▶ Avignon
Jacobus Corbus de Padua ▶ Padua
Jacobus von Lüttich ▶ Enzyklopädien ▶ Johannes de Muris ▶ Musica coelestis ▶ Musiktheorie ▶ Virtu
Jacopo da Bologna ▶ Lauda
Jacotin ▶ Frankreich ▶ Paris ▶ Rabelais ▶ Sforza
Jacques de Hemricourt ▶ Ciconia
Jacquet de Mantua ▶ Berchem ▶ Mantua ▶ Mehrchörigkeit ▶ Motette ▶ Willaert
Jagiello, Wladislaw ▶ Corvinus
Jagiellończyk, Aleksander ▶ Krakau
Jakob I., englischer König ▶ Tomkins
Jakob IV., englischer König ▶ Servin
Jakobe von Baden ▶ Kleve
Jambe de Fer, Philibert ▶ Blockflöte ▶ Granjon ▶ Hugenotten ▶ Instrumente: Familienbildung ▶ Lyon ▶ Marot ▶ Ode ▶ Rebec ▶ Viola da gamba ▶ Violine
Jamin, Amadis ▶ Caietain ▶ Tessier, Guillaume ▶ Paris
Jan van Covelens ▶ Orgel
Jan von Jassienas ▶ Krakau
Jan von Lublin ▶ Bicinium
Janequin, Clement ▶ Du Bellay ▶ Attaingnant ▶ Baïf ▶ Bertrand ▶ Bourgeois ▶ Certon ▶ Chanson ▶ Chanson spirituelle ▶ Costeley ▶ Francesco Canova da Milano ▶ Frankoflämische Musik ▶ Frankreich ▶ Franz I. ▶ Fresneau ▶ Gibbons ▶ Goudimel ▶ Heinrich II. ▶ Johannes von Lublin ▶ Lassus, Orlande de ▶ Maillard ▶ Marot ▶ Maschera ▶ Messe ▶ Orgel ▶ Paris ▶ Pariser Chanson ▶ Passereau ▶ Pléiade ▶ Rabelais ▶ Rhetorik, musikalische ▶ Ronsard ▶ Sermisy ▶ Tessier, Charles ▶ Victoria, Tomás Luis de ▶ Waelrant
János I., ungarischer König ▶ Ungarn

Janowka, Thomas Balthasar ▶ Rhetorik, musikalische ▶ Stylus motecticus
Jean de Berry, Herzog ▶ Cesaris ▶ Faugues ▶ Frankreich ▶ Kapelle ▶ Power
Jean de Brinon ▶ Martin
Jean de Bruges ▶ Paris
Jean de Castel ▶ Christine de Pizan
Jean de Castro ▶ Bembo ▶ Bicinium ▶ Chanson ▶ Köln ▶ Vento
Jean de Channey ▶ Avignon ▶ Frankreich
Jean de Foix ▶ Janequin
Jean de Lescurel ▶ Chanson
Jean de Lorraine ▶ Paris ▶ Frankreich
Jean de Maletty ▶ Chanson
Jean, Claude Petit ▶ Frankreich
Jeanne d'Arc ▶ Binchois ▶ Eloy d'Amerval ▶ Geschichte ▶ Karl VII.
Jeep, Johann ▶ Haußmann
Jehannot de Lescurel ▶ Virelai
Jenkins, John ▶ Fantasia
Jennens, Charles ▶ Milton ▶ Rhetorik, musikalische
Jenson, Nicolas ▶ Cornazzano
Jeppesen, Knud ▶ Vokalpolyphonie
Jespersøn, Niels ▶ Dänemark
Jean de Hollande siehe Hollander
Joachim a Burck ▶ Eccard ▶ Haßler ▶ Passion ▶ Passionsmotette
Joachim Friedrich, Kurfürst von Berlin ▶ Eccard
Joachim I., Kurfürst ▶ Listenius
Joachim II., Kurfürst ▶ Listenius
Joachim von Watt (Vadian) ▶ Senfl
Joanellus, Petrus ▶ Wien
João (Johann) III., portugiesischer König ▶ Escobar ▶ Milán
João IV., portugiesischer König ▶ Rogier
João de Azevedo ▶ Escobar
Jobin, Bernhard ▶ Straßburg
Jöde, Fritz ▶ Gumpelzhaimer
Jodelle, Etienne ▶ Baïf ▶ Belleau ▶ Pléiade
Johan III., König von Schweden ▶ Schweden
Johann Casimir, Herzog von Sachsen Coburg ▶ Franck
Johann de Cleve ▶ Ferdinand I.
Johann der Beständige, Kurfürst von Sachsen ▶ Wittenberg
Johann Ernst, Herzog von Sachsen Coburg ▶ Franck
Johann Friedrich der Großmütige, Kurfürt von Sachsen ▶ Wittenberg
Johann Georg I., Kurfürst von Sachsen ▶ Haßler ▶ Praetorius
Johann I., Herzog von Kleve ▶ Kleve
Johann II., Herzog von Kleve ▶ Kleve
Johann II., französischer König ▶ Burgund
Johann III., Herzog von Burgund ▶ Kleve
Johann III., Herzog von Finnland ▶ Schweden

Johann ohne Furcht ▶ Brüssel ▶ Burgund ▶ Fontaine, Pierre ▶ Grenon ▶ Kapelle
Johann von Luxemburg ▶ Machaut
Johann von Österreich ▶ Brüssel
Johann Wilhelm, Herzog von Kleve ▶ Kleve
Johanna die Wahnsinnige ▶ Karl V. ▶ Orto
Johanna von Kastilien ▶ Brüssel
Johanna von Navarra ▶ Dunstaple
Johanna von Österreich ▶ Caccini ▶ Intermedium
Johannes contratenorista ▶ Padua
Johannes de Altacuria (Haucourt) ▶ Avignon
Johannes de Bosco (Bosquet) ▶ Avignon
Johannes de Francia tenorista ▶ Padua
Johannes de Garlandia ▶ Choralnotation ▶ Johannes de Muris
Johannes de Grocheio ▶ Astronomie ▶ Estampie
Johannes de Lymburgia ▶ Lüttich ▶ Messe ▶ Motette
Johannes de Muris ▶ Adam von Fulda ▶ Anatomie ▶ Anonymi ▶ Astronomie ▶ Enzyklopädien ▶ Luther ▶ Musica coelestis ▶ Musiktheorie ▶ Prosdocimus de Beldemandis ▶ Regiomontanus ▶ Ugolino de Orvieto ▶ Universität ▶ Wien
Johannes de Quadris ▶ Lamentatio
Johannes de Vaqueiras ▶ Estampie
Johannes II., Herzog von Bourbon ▶ Hayne van Ghizeghem
Johannes Symonis Hasprois ▶ Avignon
Johannes von Damaskus ▶ Othmayr
Johannes von Lublin ▶ Krakau ▶ Orgel ▶ Polen ▶ Präludium
Johannes von Soest ▶ Heidelberg ▶ Kapelle ▶ Kassel ▶ Kleve ▶ Vasari ▶ Virdung
Johannes XXII., Papst ▶ Avignon ▶ Gregorianischer Choral ▶ Palestrina
Johannes XXIII. ▶ Konstanzer Konzil ▶ Bologna ▶ Schisma
John, Herzog von Bedford ▶ Dunstaple ▶ England ▶ Power
John Whethamstede ▶ Dunstaple
Johnson, John ▶ Dowland ▶ Shakespeare
Joly, Simon ▶ Lyon ▶ Savonarola
Jonas, Justus ▶ Türkenpsalm ▶ Wittenberg
Jones, Inigo ▶ Ferrabosco, Alfonso II
Jones, Robert ▶ Lautenlied
Jonson, Ben ▶ Ferrabosco, Alfonso II ▶ Shakespeare
Joseph II., Kaiser ▶ Wien
Josquin Desprez ▶ Aaron ▶ Alamire ▶ Amerbach ▶ Anonymi ▶ Appenzeller ▶ Arcadelt ▶ Augsburg ▶ Ballade ▶ Binchois ▶ Borgia ▶ Brumel ▶ Cabezón ▶ Canova da Milano ▶ Capirola ▶ Chanson ▶ Chanson rustique ▶ Compère ▶ Cortesi ▶ Crétin ▶ Daser ▶ Déploration ▶ Devisenmotette ▶ Du Caurroy ▶ Eloy d'Amerval ▶ England ▶ Epos ▶ Este ▶ Ferrara ▶ Festa ▶ Finck, Heinrich ▶ Finck, Hermann ▶ Fogliano ▶ Forme fixe ▶ Frankoflämische Musik ▶ Frankreich ▶ Frye ▶ Glarean ▶ Gombert ▶ Grimm & Wirsung ▶ Heyden ▶ Humanismus ▶ Individualdruck ▶ Isaac ▶ Jacotin ▶ Johannes von Lublin ▶ Kanon ▶ Kantorei ▶ Kapelle ▶ Kombinative Chanson ▶ Kontrapunkt ▶ Layolle ▶ Le Maistre ▶ Lemaire de Belges ▶ L'homme armé ▶ Ludwig XII. ▶ Ludwig XII. ▶ Luther ▶ Lyon ▶ Mailand ▶ Maillard ▶ Martini ▶ Maximilian I. ▶ Mechelm ▶ Mensuralnotation ▶ Mentalitätsgeschichte ▶ Messe ▶ Molinet ▶ Morales ▶ Morton ▶ Motette ▶ Motettenchanson ▶ Motetti missales ▶ Moulu ▶ Mouton ▶ Obrecht ▶ Ockeghem ▶ Ornithoparchus ▶ Orto ▶ Palestrina ▶ Paris ▶ Pariser Chanson ▶ Passereau ▶ Petrucci ▶ Pontio ▶ Prioris ▶ Psalmmotette ▶ Rabelais ▶ Renaissance ▶ Rezeption der Renaissance ▶ Rhau ▶ Richafort ▶ Rom ▶ Rore ▶ Rue ▶ Savonarola ▶ Schweiz ▶ Senfl ▶ Serafino ▶ Sforza ▶ Soggetto ▶ Sozialgeschichte ▶ Stabat mater ▶ Stoltzer ▶ Susato ▶ Te Deum ▶ Tenormotette ▶ Tonsystem ▶ Vaet ▶ Venegas de Henestrosa ▶ Verdelot ▶ Villotta ▶ Wittenberg
Joye, Gilles ▶ Brügge ▶ Crétin ▶ Kapelle ▶ Karl der Kühne ▶ Karl der Kühne ▶ Musikerporträt ▶ Philipp der Gute ▶ Regis
Juan II. de Aragón ▶ Urrede
Juan, spanischer Prinz ▶ Romance
Judenkünig, Hans ▶ Dietrich ▶ Laute ▶ Neusiedler ▶ Pavane ▶ Wien ▶ Wien
Julius II., Papst ▶ Avignon ▶ Borgia ▶ Compère ▶ Cortesi ▶ Déploration ▶ Encina ▶ Farnese ▶ Obrecht ▶ Rom
Julius III., Papst ▶ Loyola ▶ Palestrina ▶ Rom
Julius Farnese II. ▶ Farnese
Jullet, Hubert ▶ Certon

Kalonymos ben Kalonymos ▶ Jüdische Musik
Kannegiesser, Hans ▶ Kleve
Kant, Immanuel ▶ Neostoizismus
Kapsberger, Girolamo ▶ Chitarrone ▶ Laute
Kapsberger, Hieronymus Johann ▶ Jesuitenschulen
Karest, Joest ▶ Cembalo ▶ Virginal
Kargel, Sixtus ▶ Cister ▶ Straßburg
Karl der Kühne, burgundischer Herzog ▶ Brügge ▶ Brüssel ▶ Burgund ▶ Busnoys ▶ Corvinus ▶ Frye ▶ Geschichte ▶ Ghiselin ▶ Hayne van Ghizeghem ▶ Kapelle ▶ Laute ▶ Ludwig XI. ▶ Ludwig XI. ▶ Lüttich ▶ Mechelm ▶ Messe ▶ Molinet ▶ Pevernage
Karl der Weise ▶ Burgund
Karl Emanuel I., Herzog von Savoyen ▶ Ferrabosco, Alfonso ▶ Ferrabosco, Domenico I
Karl I., englischer König ▶ Gibbons ▶ Tomkins
Karl VII., englischer König ▶ Frankreich
Karl VI., französischer König ▶ Frankreich ▶ Kapelle ▶ Paris

Karl VII., französischer König ▸ Arnault de Zwolle ▸ Busnoys ▸ Frankreich ▸ Geschichte ▸ Ludwig XI. ▸ Philipp der Gute

Karl VIII., französischer König ▸ Agricola, Alexander ▸ Compère ▸ Crétin, Guillaume ▸ Florenz ▸ Frankreich ▸ Fresneau, Jean ▸ Karl VII. ▸ Laute ▸ Ludwig XII. ▸ Lyon ▸ Margarete von Österreich ▸ Maximilian I. ▸ Paris ▸ Prioris ▸ Sozialgeschichte

Karl IX., französischer König ▸ Académie de Musique et de Poésie ▸ Arcadelt ▸ Baïf ▸ Ballet de cour ▸ Beaujoyeulx ▸ Boni ▸ Costeley ▸ Courville ▸ Desportes ▸ Geschichte ▸ Heinrich IV. ▸ Lassus, Orlande de ▸ Le Jeune ▸ Lyon ▸ Maillard ▸ Ronsard

Karl Friedrich von Kleve ▸ Kleve

Karl I., Herzog von Bourbon ▸ Frankreich

Karl I., Herzog von Savoyen ▸ Frankreich

Karl II., Erzherzog von Innerösterreich (Steiermark, Kärnten, Krain, Görz) ▸ Annibale ▸ Cleve ▸ Ferdinand I. ▸ Kapelle Maximilian II. ▸ Merulo ▸ Zacconi

Karl II., Herzog von Lothringen ▸ Frankreich

Karl III., Herzog von Lothringen ▸ Frankreich

Karl V., Kaiser ▸ Arnold von Bruck ▸ Alamire ▸ Appenzeller ▸ Augsburg ▸ Brüssel ▸ Bucer ▸ Cabezón ▸ Canis ▸ Canova da Milano ▸ Chanson ▸ Christine de Pizan ▸ Cornysh ▸ Crecquillon ▸ Farnese ▸ Ferdinand I. ▸ Festa ▸ Florenz ▸ Franz I. ▸ Fugger ▸ Gombert ▸ Heinrich II. ▸ Innsbruck ▸ Kapelle ▸ Kleve ▸ Layolle ▸ Maximilian I. ▸ Maximilian II. ▸ Mecheln ▸ Messe ▸ Morales ▸ Mudarra ▸ Payen ▸ Philipp II. ▸ Prozession ▸ Rore ▸ Rue ▸ Sacco di Roma ▸ Schlick ▸ Senfl ▸ Spanien ▸ Straßburg ▸ Susato ▸ Türkenpsalm ▸ Verdelot ▸ Waelrant ▸ Wittenberg ▸ Wyatt

Karlstadt (Andreas [Rudolf] Bodenstein) ▸ Wittenberg

Kaschendorf, Stephan ▸ Augsburg ▸ Paumann

Kaspar von Megau ▸ Haßler

Kast, Dorothea ▸ Lechner

Katharina de' Medici ▸ Ballet de cour ▸ Beaujoyeulx ▸ Bonnet ▸ Du Caurroy ▸ Ferrabosco, Domenico ▸ Frankreich ▸ Geschichte ▸ Heinrich II. ▸ Karl IX. ▸ Maillard ▸ Paris ▸ Ronsard

Katharina von Aragon ▸ Cornysh ▸ England ▸ Heinrich VIII. ▸ Geschichte

Katharina von Frankreich (Catherine de Valois) ▸ Brüssel

Katlyne van der Meeren ▸ Alamire

Kauffman, Paul ▸ Haußmann

Kavelenz, Johann (Jan van Covelens) ▸ Orgel

Kayser, Hans ▸ Musica coelestis

Keinspeck, Michael ▸ Augsburg ▸ Cochlaeus

Kempis, Thomas a ▸ Andachtsmusik

Kepler, Johannes ▸ Astronomie ▸ Calvisius ▸ Copernicus ▸ Fludd ▸ Galilei, Galileo ▸ Musica coelestis ▸ Rudolf II. ▸ Sphärenharmonie

Kerle, Jacobus de ▸ Augsburg ▸ Frankoflämische Musik ▸ Frankreich ▸ Hymnus ▸ Katholische Erneuerungsbewegung ▸ München

Kiejcher, Bartlomiej ▸ Krakau

Kiesewetter, Raphael Georg ▸ Frankoflämische Musik ▸ Rezeption der Renaissance

Killigrew, Thomas ▸ Shakespeare

Kindlemarsh, Francis ▸ Byrd

King, Henry ▸ Milton

Kinsecker ▸ Blockflöte

Kinsky, Georg ▸ Eyck, Jan van

Kirbye, George

Kircher, Athanasius ▸ Cerone ▸ Enzyklopädien ▸ Ficino ▸ Jüdische Musik ▸ Mersenne ▸ Musica coelestis ▸ Rhetorik, musikalische ▸ Serpent ▸ Stylus motecticus

Kirnberger, Johann Philipp ▸ Haßler

Kleber, Leonhard ▸ Fantasia

Klein, Bernhard ▸ Rezeption der Renaissance

Klingenstein, Bernhard ▸ Cleve

Klug, Joseph ▸ Vehe

Knöfel, Johann ▸ Barform ▸ Heidelberg ▸ Kapelle ▸ Rab ▸ Reusch

Köhler, Johann David ▸ Gutenberg

Kolb, Heinz ▸ Königsberg

Kölderer, Jörg ▸ Burgkmair ▸ Graf

Köler, David ▸ Rab

Konrad von Weinsberg ▸ Beheim

Konrad von Würzburg ▸ Meistergesang

Konstantin I., römischer Kaiser ▸ Konstantinopel

Köpfel (Drucker) ▸ Straßburg

Kotter, Hans ▸ Amerbach ▸ Amerbach ▸ Fantasia ▸ Hofhaimer ▸ Konstanz ▸ Präludium ▸ Schweiz ▸ Wannenmacher

Kraft, Gregor ▸ München

Krantz, Albertus ▸ Sachs

Kraus, Cordula ▸ Haßler

Kriegstein, Melchior ▸ Augsburg

Kugelmann, Christoph ▸ Kugelmann

Kugelmann, Hans ▸ Augsburg ▸ Kriegstein ▸ Kugelmann

Kugelmann, Melchior ▸ Kugelmann

Kugelmann, Paul

Kunigunde, Königin ▸ Holbein

Kytson, Elizabeth ▸ Wilbye

Kytson, Familie ▸ Wilbye

L'Écluse, Charles de ▸ Wien

L'Orme, Philibert de ▸ Serlio

La Chapelle (Gambenspieler) ▸ Frankreich

La Chesnaye, Nicolas de ▸ Académie de Musique et de Poésie

La Croix Du Maine, François ▸ Du Caurroy

La Farge, Pierre de ▶ Lyon
La Grange, Claude de ▶ Paris
La Grotte, Nicolas de ▶ Air de cour ▶ Baïf ▶ Belleau ▶ Du Bellay ▶ Frankreich ▶ Pléiade ▶ Pléiade ▶ Ronsard ▶ Tessier, Guillaume
La Moeulle, Guillaume de ▶ Lyon
La Mothe le Vayer, François ▶ Bocchi
La Noue, François de ▶ Le Jeune
La Noue, Odet de ▶ Le Jeune
La Péruse, Jean de ▶ Pléiade
La Porte, Ambroise de ▶ Ronsard
La Roque, Siméon-Guillaume de ▶ Planson
Labé, Louise ▶ Lyon
Ladislaus V. Postumus, König ▶ Beheim
Laet, Jan de ▶ Waelrant
Lahet, Bernard de ▶ Frankreich
Lakemacher, Anna ▶ Praetorius
Lambardi, Francesco ▶ Monodie
Lambert de Beaulieu ▶ Académie de Musique et de Poésie ▶ Caietain ▶ Frankreich ▶ Leier
Lambertacci, Giovanni Lodovico ▶ Cembalo
Lamoral Graf von Egmont ▶ Rore
Lampeler, Arent ▶ Köln
Lancaster, Haus ▶ England
Landi, Antonio ▶ Medici
Landi, Stefano ▶ Oratorium ▶ Orpheus ▶ Romanesca
Landini, Francesco ▶ Florenz ▶ Landino, Cristoforo ▶ Renaissance ▶ Squarcialupi ▶ Venedig
Landino, Cristoforo ▶ Ficino ▶ Florenz ▶ Medici ▶ Poliziano ▶ Renaissance ▶ Squarcialupi
Lanfranco, Giovanni Maria ▶ Brescia ▶ Instrumente: Familienbildung ▶ Lira ▶ Musikerporträt ▶ Parma ▶ Spataro ▶ Textunterlegung ▶ Venedig ▶ Viola da gamba ▶ Violine
Lang, Matthaeus, Kardinal ▶ Finck, Heinrich ▶ Grimm & Wirsung ▶ Hofhaimer ▶ Isaac ▶ Senfl ▶ Stomius
Lange, Heinrich ▶ Dedekind, Henning
Lannoy, Colinet de ▶ Regis
Lantins, Arnold de ▶ Frankoflämische Musik ▶ Lüttich ▶ Malatesta ▶ Messe
Lantins, Hugo de ▶ Lüttich ▶ Malatesta ▶ Venedig
Lapacino, Filippo ▶ Fantasia
Lapicida, Erasmus ▶ Finck, Heinrich ▶ Heidelberg ▶ Hofweise ▶ Ornithoparchus ▶ Ungarn
Lasson, Matthieu ▶ Frankreich ▶ Pariser Chanson
Lassus, Ferdinand de ▶ Lassus, Orlande de
Lassus, Orlande de ▶ Aichinger ▶ Albrecht V. ▶ Alleluia ▶ Arcadelt ▶ Aria ▶ Augsburg ▶ Baïf ▶ Ballata ▶ Bembo ▶ Berg ▶ Bicinium ▶ Bildmotette ▶ Bottegari ▶ Burmeister ▶ Canova da Milano ▶ Casulana ▶ Clavichord ▶ Concerto delle dame ▶ Costeley ▶ Daser ▶ Du Bellay ▶ Eccard ▶ Engelsmusik ▶ Epos ▶ Ferrabosco, Alfonso I ▶ Fossa ▶ Frankoflämische Musik ▶ Frankreich ▶ Fugger ▶ Gabrieli, Andrea ▶ Gabrieli, Giovanni ▶ Gardano ▶ Geistliches Drama ▶ Gerlach ▶ Gosswin ▶ Goulart ▶ Haßler ▶ Humanismus ▶ Ingegneri ▶ Joachim a Burck ▶ Kapelle ▶ Karl IX. ▶ Katholische Erneuerungsbewegung ▶ Köln ▶ Konstanz ▶ La Grotte ▶ Lamentatio ▶ Lassus, Rudolph de ▶ Le Roy & Ballard ▶ Lechner ▶ Lindner ▶ Lupi, Johannes ▶ Madrigal ▶ Madrigalkomödie ▶ Mailand ▶ Maillard ▶ Mehrchörigkeit ▶ Messe ▶ Montanus ▶ Moresca ▶ Motette ▶ München ▶ Musica poetica ▶ Musica reservata ▶ Musica segreta ▶ Musikerporträt ▶ Neapel ▶ Neusiedler ▶ Palestrina ▶ Paris ▶ Phalèse ▶ Puy ▶ Regnart ▶ Rhetorik, musikalische ▶ Rondeau ▶ Savonarola ▶ Scotto ▶ Senfl ▶ Sozialgeschichte ▶ Stabat mater ▶ Sturm ▶ Susato ▶ Te Deum ▶ Tenorlied ▶ Tessier, Charles ▶ Tonsystem ▶ Ulenberg ▶ Vaet ▶ Vautrollier ▶ Vento ▶ Vicentino ▶ Victoria, Tomás Luis de ▶ Waelrant ▶ Wien ▶ Willaert ▶ Zacconi
Lassus, Rudolph de ▶ Lassus ▶ Ulenberg
Latre, Jean de ▶ Lüttich
Latre, Petit Jan de ▶ Guyot de Châtelet ▶ Kleve ▶ Lüttich ▶ Waelrant
Lattermann, Johann ▶ Franck
Laufenberg, Heinrich ▶ Oswald von Wolkenstein
Laurentius, Andrea ▶ Anatomie
Laurenzi, Filiberto ▶ Merula, Tarquinio
Lautensack, Paul ▶ Othmayr ▶ Nürnberg
Lauze, François de ▶ Branle ▶ Courante
Laval Guy XII., Graf von Montmorency ▶ Frankreich
Lavocat, Pierre ▶ Certon
Lawes, Henry ▶ Milton
Lawes, William ▶ Fantasia ▶ In nomine
Laynez, Diego ▶ Jesuitenschulen
Layolle, Alemanno ▶ Lyon
Layolle, François ▶ Aneau ▶ Bembo ▶ Franz I. ▶ Lyon ▶ Sandrin
Lazius, Wolfgang ▶ Wien
Le Beau, Mathurin ▶ Certon
Le Bel, Firmin ▶ Frankreich
Le Blanc, Didier ▶ Air de cour ▶ Baïf ▶ Belleau ▶ Du Bellay ▶ Frankreich ▶ Pléiade
Le Bouteillier, Jean ▶ Frankreich
Le Breton, Simon ▶ Brüssel
Le Clerc, Antoine ▶ Bourgeois
Le Fèvre de la Boderie, Guy ▶ Kabbalistik ▶ Katholische Erneuerungsbewegung
Le Franc, Martin ▶ Ars nova ▶ Cesaris ▶ Christine de Pizan ▶ Dunstaple ▶ England ▶ Frankreich ▶ Tapissier
Le Gendre, Nicolas ▶ Certon
Le Goff, Jacques ▶ Mentalitätsgeschichte
Le Heurteur, Guillaume ▶ Frankreich ▶ Paris ▶ Pariser Chanson
Le Jeune, Claude ▶ Académie de Musique et de Poésie ▶ Akademie ▶ Andachtsmusik ▶ Baïf ▶ Calvin ▶ Calvinistische Musik ▶ Cantique spirituel ▶ Costeley ▶ Desportes ▶ Du Caurroy ▶ Frankreich ▶ Huge-

notten ▸ Kirchenlied ▸ La Grotte ▸ Le Roy & Ballard ▸ Mauduit ▸ Mersenne ▸ Musique mesurée ▸ Paris ▸ Planson ▸ Pléiade ▸ Savonarola ▸ Druckgraphik
Le Loyer, Pierre ▸ Bertrand
Le Maistre, Matthaeus ▸ Meiland ▸ Daser ▸ Frankoflämische Musik ▸ München ▸ Quodlibet ▸ Scandello ▸ Vento
Le Noir, Michel ▸ Eloy d'Amerval
Le Roux, Jean (Ruffi) ▸ Frankreich
Le Roy & Ballard ▸ Allemande ▸ Air de cour ▸ Arcadelt ▸ Attaingnant ▸ Certon ▸ Cister ▸ Costeley ▸ Druckgraphik ▸ Du Chemin ▸ Frankreich ▸ Ganassi ▸ Gitarre ▸ Goudimel ▸ Goulart ▸ Heinrich II. ▸ Intavolierung ▸ Jacotin ▸ Lassus, Orlande de ▸ Laute ▸ Maillard ▸ Mandola ▸ Paris ▸ Planson ▸ Rore ▸ Sandrin ▸ Tessier, Charles ▸ Tessier, Guillaume ▸ Voix de ville
Le Roy, Adrian ▸ Le Roy & Ballard
Le Roy, Bartholomeo ▸ Neapel
Le Roy, Estienne ▸ Frankreich ▸ Ronsard
Le Vacher, Jacques ▸ Frankreich
Le Vacher, Simon ▸ Frankreich
Leale, Barbara ▸ Cara
Leardini, Alessandro ▸ Merula, Tarquinio
Lechner, Leonhard ▸ Eccard ▸ Gerlach ▸ Gumpelzhaimer ▸ Haßler ▸ Knöfel ▸ München ▸ Nürnberg ▸ Passion ▸ Passionsmotette ▸ Sonett ▸ Spruchmotette ▸ Stuttgart
Lecler, Madeleine ▸ Tessier, Charles
Lefebvre, Guillaume ▸ Frankreich
Legarto, Pedro de ▸ Villancico
Legrand, Jacques ▸ Ballade
Legrant, Guillaume ▸ Fontaine, Pierre
Legrant, Johannes ▸ Trienter Codices
Legrant, Wilhelmus ▸ Paumann
Legrensis, Johannes siehe Gallicus, Johannes
Leighton, William ▸ Consort song
Leisentrit, Johannes ▸ Kirchenlied ▸ Vehe
Lemaire de Belges, Jean ▸ Lyon
Lemlin, Laurentius ▸ Heidelberg ▸ Othmayr ▸ Forster
Lemoine, Kardinal ▸ Molinet
Leo X., Papst ▸ Antico ▸ Aretino ▸ Bembo ▸ Bruhier ▸ Brumel ▸ Canova di Milano ▸ Carpentras ▸ Cembalo ▸ Cortesi ▸ Encina ▸ Festa ▸ Florenz ▸ Frankreich ▸ Gaspar van Weerbeke ▸ Isaac ▸ Jacotin ▸ Karl V. ▸ Katholische Erneuerungsbewegung ▸ Leonardo da Vinci ▸ Medici ▸ Mouton ▸ Peñalosa ▸ Perugia ▸ Pisano ▸ Poliziano ▸ Prozession ▸ Richafort ▸ Rom ▸ Senfl ▸ Venedig ▸ Willaert
Leonardo da Vinci ▸ Franz I. ▸ Gaffurio ▸ Geigenwerk ▸ Geschichte ▸ Poesia und Fantasia ▸ Sforza ▸ Sozialgeschichte ▸ Vasari
Leonardo del Chitarino ▸ Ferrara
Leone di Modena ▸ Jüdische Musik

Leonello d'Este ▸ Domenico da Piacenza ▸ Este ▸ Ferrara ▸ Guarino Veronese ▸ Konzilien
Leoniceno, Niccolò ▸ Gaffurio
Leonora d'Este ▸ Gesualdo
Leonora de' Medici ▸ Gastoldi
Leopold I., Kaiser ▸ Canario ▸ Tordiglione
Leopold, Nicolaus ▸ Maximilian I.
Leopolita, Marcin ▸ Krakau ▸ Polen
Leroy, Guillaume ▸ Frankreich
Leschenet, Didier ▸ Frankreich ▸ Paris
Lescurel, Jehan ▸ Rondeau
Lestainnier, Jean ▸ Payen
L'Estoile, Pierre de ▸ Calvin
Lesure, François ▸ Pariser Chanson
Leto, Pomponio ▸ Cortesi
Levrard, Simon ▸ Scève
Leyden, Lucas van ▸ Druckgraphik
Lhéritier, Jean ▸ Avignon
Licinio, Giuli ▸ Wien
Lidarti, Christian Joseph ▸ Jüdische Musik
Liebert (Libert), Reginald ▸ Konzilien ▸ Messe ▸ Trienter Codices
Lilius, Vincenzo ▸ Krakau
Linacre, Thomas ▸ England
Lindner, Friedrich ▸ Gerlach ▸ Haßler
Lippi, Filippo ▸ Medici
Lipsius, Justus ▸ Neostoizismus
Listenius, Nicolaus ▸ Alberti, Leon Battista ▸ Bogentantz ▸ Bourgeois ▸ Dressler ▸ Faber ▸ Gumpelzhaimer ▸ Melanchthon ▸ Musica poetica ▸ Renaissance ▸ Rhau ▸ Schanppecher ▸ Wittenberg
Lobwasser, Ambrosius ▸ Calvin ▸ Calvinistische Musik ▸ Heidelberg ▸ Hugenotten ▸ Schweiz
Locher, Jacob ▸ Dietrich
Lochner, Stephan ▸ Harfe
Locke, John ▸ Pavane
Locke, Matthew ▸ Fantasia ▸ Shakespeare
Lodovico II. Gonzaga ▸ Gonzaga
Lohet, Simon ▸ Lüttich
Lollio, Alberto ▸ Dalla Viola ▸ Ferrara
Lomazzo, Giovanni Paolo ▸ Architektur
Longueval, Antoine de ▸ Frankreich ▸ Ludwig XII. ▸ Passion ▸ Sermisy
Loqueville, Richard de ▸ Frankreich
Lorenzo de' Medici (Il magnifico) ▸ Arcadelt ▸ Agricola, Alexander ▸ Ballata ▸ Bartolomeo degli Organi ▸ Canti Carnascialeschi ▸ Festa ▸ Ficino ▸ Florenz ▸ Guglielmo Ebreo da Pesaro ▸ Isaac ▸ Landino ▸ Lauda ▸ Mouton ▸ Pico della Mirandola ▸ Poliziano ▸ Savonarola ▸ Tromboncino
Lorenzo de' Medici (Neffe von »Il Magnifico«) ▸ Florenz
Lorenzo di Giacomo ▸ Orgel
Loritz, Franciscus de ▸ Encina
Losinthal, Losy van ▸ Laute
Lossius, Lucas ▸ Burmeister ▸ Melanchthon

Lossy, Jan Willemszoon ▸ Sweelinck
Lotto, Lorenzo
Louis de Ligny ▸ Lemaire de Belges
Louise de Lorraine ▸ Paris
Lourdault siehe Braconnier, Jean
Louvet, Jean ▸ Planson
Louys, Jean ▸ Waelrant
Loyola, Ignatius von ▸ Canisius ▸ Jesuitenschulen ▸ Orden, religiöse
Lublin, Johannes von ▸ Polonaise
Luca da Lendinara ▸ Prosdocimus de Beldemandis
Lucanus ▸ Kontrapunkt
Lucas van Leyden ▸ Genrebild
Lucchesini, Laura ▸ Intermedium
Lucrezia d'Este ▸ Bologna ▸ Urbino
Lucrezia Gonzaga ▸ Wert, Giaches de
Ludford, Nicholas
Ludovico (Harfenist) ▸ Ferdinand I. ▸ Harfe
Ludovico il Moro Sforza ▸ Este ▸ Gaffurio ▸ Leonardo da Vinci ▸ Serafino ▸ Sforza
Ludwig II., hessischer Landgraf ▸ Kassel
Ludwig II., König von Böhmen und Ungarn ▸ Stoltzer ▸ Ungarn
Ludwig III., Herzog von Württemberg ▸ Daser
Ludwig III., Pfalzgraf ▸ Heidelberg
Ludwig IV., Kaiser ▸ München
Ludwig V., pfälzischer Kurfürst ▸ Heidelberg
Ludwig VI., Herzog von Württemberg ▸ Kapelle
Ludwig VI., pfälzischer Kurfürst ▸ Heidelberg ▸ Knöfel
Ludwig XI., französischer König ▸ Arnault de Zwolle ▸ Busnoys ▸ Frankreich ▸ Josquin ▸ Karl VII. ▸ Karl VIII. ▸ Ockeghem ▸ Paris ▸ Regis
Ludwig XII., französischer König ▸ Carpentras ▸ Chanson ▸ Chanson rustique ▸ Compère ▸ Eloy d'Amerval ▸ Festa ▸ Févin ▸ Frankreich ▸ Franz I. ▸ Gaspar van Weerbeke ▸ Jacotin ▸ Josquin ▸ Kapelle ▸ Karl VIII. ▸ Leonardo da Vinci ▸ Longueval ▸ Lyon ▸ Mouton ▸ Paris ▸ Prioris ▸ Richafort ▸ Sermisy ▸ Willaert
Ludwig XIII. französischer König ▸ Ballet de cour ▸ Paris
Ludwig XIV., französischer König ▸ Ballet de cour
Ludwig von Nassau ▸ Le Jeune
Ludwig von Savoyen ▸ Dufay ▸ Frankreich
Ludwig von Württemberg ▸ Lechner ▸ Osiander ▸ Stuttgart
Ludwig, Friedrich ▸ Isorhythmie
Luigi d'Aragon, Kardinal ▸ Cara
Luigi d'Este ▸ Isnardi ▸ Marenzio
Luís de Granada ▸ Rhetorik, musikalische
Luldford, Nicholas ▸ Messe
Lully, Jean-Baptiste ▸ Gavotte ▸ Sozialgeschichte
Lumley, Lord ▸ Byrd
Luntaler, Joachim ▸ Adam von Fulda
Lupato, Pietro ▸ Venedig ▸ Willaert

Lupi, Didier ▸ Cantique spirituel ▸ Chanson spirituelle ▸ Lyon
Lupi, Johannes (Leleu, Jehan) ▸ Cembalo ▸ Certon ▸ Frankoflämische Musik ▸ Frankreich ▸ Friedrich III. ▸ Hellinck ▸ Konzilien ▸ Trienter Codices
Lupi, Livio ▸ Canario ▸ Cascarda ▸ Passamezzo ▸ Tanznotation ▸ Tordiglione
Luscinius, Othmar ▸ Virdung ▸ Humanismus
Lusitano, Vicente ▸ Danckerts ▸ Vicentino
Luther, Martin ▸ Andachtsmusik ▸ Barform ▸ Bruderschaft ▸ Bucer ▸ Bugenhagen ▸ Calvin ▸ Dänemark ▸ Dietrich ▸ Dresden ▸ Dressler ▸ Druckgraphik ▸ Erasmus von Rotterdam ▸ Faber ▸ Finck, Heinrich ▸ Forster ▸ Frauen in der Musikkultur ▸ Galliculus ▸ Gerson ▸ Geschichte ▸ Gregorianischer Choral ▸ Haßler ▸ Josquin ▸ Kantorei ▸ Kirchenlied ▸ Königsberg ▸ Konstanz ▸ Konzilien ▸ Kurrende ▸ Leipzig ▸ Listenius ▸ Lossius ▸ Meistergesang ▸ Melanchthon ▸ Metaphysik ▸ Müntzer ▸ Othmayr ▸ Praetorius ▸ Rab ▸ Rhau ▸ Sachs ▸ Savonarola ▸ Senfl ▸ Spangenberg ▸ Stoltzer ▸ Straßburg ▸ Te Deum ▸ Türkenpsalm ▸ Ulenberg ▸ Vulpius ▸ Walter ▸ Wittenberg ▸ Zwingli
Lützelburger, Hans Frank ▸ Holbein ▸ Graf
Luzzaschi, Luzzasco ▸ Canzone ▸ Cembalo ▸ Diruta ▸ Este ▸ Ferrara ▸ Gesualdo ▸ Luzzaschi ▸ Marenzio ▸ Tasso ▸ Urbino ▸ Verovio ▸ Vicentino
Lydgate, John ▸ England
Lys, F. (Vorname unbekannt) ▸ Lyon

Mace, Thomas ▸ Theorbe
Machaut, Guillaume de ▸ Ars nova ▸ Ballade ▸ Chanson ▸ Christine de Pizan ▸ Krebsgang ▸ Messe ▸ Motette ▸ Power ▸ Virelai
Machiavelli, Guido ▸ Machiavelli
Machiavelli, Niccolò ▸ Bartolomeo degli Organi ▸ Bocchi ▸ Borgia ▸ Canti Carnascialeschi ▸ Geschichte ▸ Layolle ▸ Medici ▸ Petrarkismus ▸ Verdelot
Machielz, Jean ▸ Pléiade ▸ Belleau ▸ Frankreich
Machold, Johann ▸ Türkenpsalm
Macque, Giovanni de ▸ Oratorium
Macrobius ▸ Artes liberales ▸ Astronomie ▸ Sphärenharmonie
Madeleine de la Tour d'Auvergne ▸ Festa ▸ Medici
Maderna, Bruno ▸ Orpheus
Madruzzo, Cristoforo ▸ Marenzio ▸ Scandello ▸ Rore
Maerten de Vos ▸ Bildmotette
Maessens, Pieter ▸ Ferdinand I. ▸ Guyot de Châtelet ▸ Wien
Magdalena, Erzherzogin von Tirol ▸ Frauen in der Musikkultur
Magdelain, Simon ▸ Frankreich
Magny, Olivier de ▸ Bertrand
Magri, Gennaro ▸ Galliarde

Mahillon, Victor ▸ Zink
Mahu, Stefan ▸ Ferdinand I. ▸ Finck, Heinrich ▸ Kapelle ▸ Wien
Maigret, Adam ▸ Frankreich
Mailard de Thérouanne, Gilles ▸ Lyon
Maillard, Jean ▸ Frankreich ▸ Scève
Maistre Jhan ▸ Este
Maistre Pierre ▸ Calvinistische Musik
Malatesta, Familie ▸ Dufay ▸ Lantins
Malcort (Malcourt) ▸ Martini, Johannes
Maler, Luca ▸ Laute
Maletty, Jean de ▸ Du Bellay ▸ Lyon ▸ Ronsard
Malherbe, François de ▸ Desportes ▸ Ronsard
Malin, Nicolas ▸ Dufay ▸ Frankreich
Malory, Thomas ▸ England
Malvezzi, Cristofano ▸ Intermedium ▸ Lucca ▸ Medici ▸ Peri
Malvezzi, Niccolò ▸ Lucca ▸ Malvezzi
Manara, Francesco ▸ Isnardi
Manchicourt, Pierre de ▸ Busnoys ▸ Certon ▸ Frankoflämische Musik ▸ Frankreich ▸ Kleve ▸ Rabelais ▸ Sandrin ▸ Spanien ▸ Susato
Mancinius, Thomas ▸ Joachim a Burck
Mandischer, Christoph ▸ Zink
Manfredi, Barbara ▸ Domenico da Piacenza
Mangeant, Jacques ▸ Frankreich
Mangolt, Gregor ▸ Konstanz
Mangon, Johannes ▸ Köln ▸ Lüttich
Maniates, Maria Rika ▸ Manierismus
Manni, Agosto ▸ Oratorium
Manrique, Alfonso, Kardinal ▸ Morales
Mantegna, Andrea ▸ Bellini, Giovanni
Manual, Guglielmos ▸ Ballo
Manucci, Piero ▸ Lyon
Manuel I., portugiesischer König ▸ Escobar
Manutius, Aldo ▸ Architektur ▸ Bembo
Maque, Giovanni de ▸ Gesualdo ▸ Neapel
Maraschi, Bartholomeus de ▸ Stokem
Marcello, Pietro, Bischof ▸ Ciconia
Marche, Olivier de la ▸ Posaune
Marchetti, Pietro ▸ Brescia
Marchettus da Padua ▸ Ciconia ▸ Enzyklopädien ▸ Gallicus ▸ Musiktheorie ▸ Prosdocimus de Beldemandis ▸ Venedig
Marenzio, Luca ▸ Arcadelt ▸ Baldwin ▸ Ballata ▸ Bembo ▸ Brescia ▸ Burmeister ▸ Concerto delle dame ▸ Dowland ▸ Epos ▸ Haßler ▸ Haußmann ▸ Kapelle ▸ Krakau ▸ Lechner ▸ Lindner ▸ Madrigal ▸ Madrigalismus ▸ Mantua ▸ Medici ▸ Morley ▸ Nanino, Giovanni Maria ▸ Philips ▸ Signalmusik ▸ Soriano ▸ Urbino ▸ Vecchi ▸ Vicentino ▸ Watson
Mareschal, Jean ▸ Lyon
Mareschall, Samuel ▸ Schweiz
Margareta von Parma (auch Margarete von Österreich) ▸ Brüssel ▸ Farnese ▸ Medici ▸ Pevernage ▸ Rore

Margareta von York ▸ Frye
Margarete von Bayern ▸ Mantua
Margarete von Frankreich ▸ Du Bellay
Margarete von Frankreich, Herzogin von Berry ▸ Ferrabosco, Alfonso ▸ Paris
Margarete von Lothringen ▸ Beaujoyeulx ▸ Heinrich III.
Margarete (Margarethe) von Österreich ▸ Alamire ▸ Arnold von Bruck ▸ Brüssel ▸ Chanson ▸ Christine de Pizan ▸ Frankreich ▸ Frauen in der Musikkultur ▸ Ghiselin ▸ Lemaire de Belges ▸ Mecheln ▸ Motettenchanson ▸ Orto ▸ Rondeau ▸ Rue
Margarete von Savoyen (Margherita) ▸ Monteverdi ▸ Peri
Margarete von Valois ▸ Avignon ▸ Beaujoyeulx ▸ Frankreich ▸ Geschichte ▸ Heinrich IV. ▸ Tessier, Charles
Margarete I. von Dänemark ▸ Schweden
Margarete III. von Flandern, Herzogin von Burgund ▸ Burgund
Margarete von Navarra (Margarete von Angoulême) ▸ Ronsard ▸ Sermisy
Margerita Gonzaga ▸ Mantua ▸ Concerto delle dame ▸ Domenico da Piacenza ▸ Ferrara
Margherita de' Medici ▸ Peri
Margherita di Scozia ▸ Busnoys
Marguerite d'Angoulême ▸ Chanson spirituelle ▸ Marot ▸ Sandrin
Marguerite de Vaudemont ▸ La Grotte
Maria de' Medici ▸ Avignon ▸ Caccini ▸ Corsi ▸ Frankreich ▸ Heinrich IV. ▸ Monteverdi ▸ Orpheus ▸ Peri ▸ Rinuccini ▸ Strozzi, Piero
Maria die Katholische (Maria I Tudor), englische Königin ▸ Alleluia ▸ Bucer ▸ Byrd ▸ Elisabeth I. ▸ England ▸ Monte ▸ Philipp II. ▸ Tallis ▸ Tye ▸ White
Maria Katharina von Österreich/Spanien ▸ Lucca
Maria Magdalena von Österreich ▸ Bardi ▸ Caccini ▸ Peri
Maria Sforza ▸ Martini
Maria Stuart ▸ Beaujoyeulx ▸ Ronsard
Maria von Bayern ▸ Frauen in der Musikkultur
Maria von Burgund ▸ Brüssel ▸ Burgund ▸ Busnoys ▸ Friedrich III. ▸ Kapelle ▸ Karl der Kühne ▸ Ludwig XI. ▸ Maximilian I. ▸ Molinet ▸ Stoltzer
Maria von Kleve ▸ Frankreich ▸ Kleve
Maria von Portugal ▸ Cabezón
Maria von Spanien, Kaiserin ▸ Victoria
Maria von Ungarn ▸ Alamire ▸ Appenzeller ▸ Brüssel ▸ Chanson ▸ Frauen in der Musikkultur ▸ Kapelle ▸ Mechelln ▸ Pathie ▸ Utendal
Mariconda, Antonio ▸ Neapel
Marie d'Anjou ▸ Busnoys
Marie, Nicolas de ▸ Frankreich
Marini, Biagio ▸ Affekt
Marino, Giambattista ▸ Madrigal ▸ Monodie
Marlorot, Augustin ▸ Lyon

Marnix, Philip van ▶ Calvinistische Musik
Marot, Clément ▶ Aneau ▶ Ballade ▶ Bèze ▶ Bourgeois ▶ Bucer ▶ Calvin ▶ Calvinistische Musik ▶ Certon ▶ Chanson ▶ Costeley ▶ Desportes ▶ Frankreich ▶ Gombert ▶ Granjon ▶ Heidelberg ▶ Heinrich II. ▶ Hugenotten ▶ Janequin ▶ Maillard ▶ Paris ▶ Pariser Chanson ▶ Pevernage ▶ Pléiade ▶ Rondeau ▶ Sandrin ▶ Sermisy ▶ Straßburg ▶ Te Deum
Marot, Jean ▶ Certo ▶ Jacotin ▶ Marot ▶ Paris
Marri, Ascanio ▶ Perugia ▶ Siena
Marshe, Thomas ▶ Skelton
Marsuppini, Carlo ▶ Landino, Cristoforo
Martelli, Lorenzo ▶ Layolle ▶ Petrarkismus ▶ Verdelot
Martial, Valerius ▶ Arcadelt ▶ Vaet
Martin, Claude
Martin le Franc ▶ Contenance angloise ▶ Kapelle ▶ Renaissance
Martin V., Papst ▶ Avignon ▶ Farnese ▶ Fontaine ▶ Grenon ▶ Kapelle ▶ Konstanzer Konzil ▶ Prozession ▶ Rom ▶ Schisma
Martin, Nicolas ▶ Lyon
Martinelli, Caterina ▶ Monteverdi
Martinengo, Giulio Cesare ▶ Monteverdi
Martinez de Loscoa, Francisco ▶ Neapel
Martini, Bartholomäus ▶ Obrecht
Martini, Francesco ▶ Oratorium
Martini, Giorgio ▶ Architektur
Martini, Johannes ▶ Agricola, Alexander ▶ Barbingant ▶ Brebis ▶ Este ▶ Ferrara ▶ Frankoflämische Musik ▶ Hymnus ▶ Konstanz ▶ Sforza ▶ Trienter Codices
Martoretta, Giandominico ▶ Epos
Marzato, Andrea ▶ Berchem
Marzio, Galeotto ▶ Corvinus
Maschera, Fiorenzo ▶ Brescia ▶ Canzone
Massarano, Jacchino ▶ Jüdische Musik
Massenzio, Domenico ▶ Jesuitenschulen
Massimiliano Sforza ▶ Sforza
Mästlin, Michael ▶ Kepler
Mathesius, Johann ▶ Wittenberg
Matheus de Sancto Johannes ▶ Avignon
Mathieu de Bracle ▶ Brüssel
Mathieu le Juif ▶ Jüdische Musik
Matteo da Perugia ▶ Mailand ▶ Messe ▶ Stimmung und Temperatur
Matteo di Giacomo ▶ Orgel
Mattesi, Nicola ▶ Tordiglione
Matthesius, Johann ▶ Haßler
Mattheson, Johann ▶ Haussmann ▶ Kepler ▶ Musica coelestis ▶ Rhetorik, musikalische
Matthias I., Kaiser ▶ Haßler
Mattioli, Pietro Andrea ▶ Wien
Mauduit, Jacques ▶ Académie de Musique et de Poésie ▶ Baïf ▶ Costeley ▶ Desportes ▶ Frankreich ▶ Mersenne ▶ Moralphilosophie ▶ Musique mesurée ▶ Pléiade ▶ Ronsard
Maximilian I., Herzog von Bayern ▶ München
Maximilian I., Kaiser ▶ Agrippa ▶ Augsburg ▶ Barbireau ▶ Buchner ▶ Burgkmair ▶ Burgund ▶ Busnoys ▶ Celtis ▶ Dresden ▶ Druckgraphik ▶ Ferdinand I. ▶ Franz I. ▶ Friedrich III. ▶ Fugger ▶ Glarean ▶ Graf ▶ Hofhaimer ▶ Innsbruck ▶ Instrumentalmusik ▶ Isaac ▶ Judenkünig ▶ Kapelle ▶ Karl der Kühne ▶ Karl V. ▶ Karl VIII. ▶ Konstanz ▶ Ludwig XI. ▶ Margarete von Österreich ▶ Messe ▶ Molinet ▶ München ▶ Obrecht ▶ Ode ▶ Öglin ▶ Osmanisches Reich ▶ Pfeifen ▶ Posaune ▶ Prozession ▶ Renaissance ▶ Rener ▶ Rue ▶ Schalmei ▶ Schlick ▶ Senfl ▶ Sozialgeschichte ▶ Stuttgart ▶ Trompete ▶ Wien ▶ Wittenberg
Maximilian II., Kaiser ▶ Clemens non Papa ▶ Gabrieli, Andrea ▶ Guyot de Châtelet ▶ Kapelle ▶ Lassus, Orlande de ▶ Leisentrit ▶ Monte ▶ Regnart ▶ Rudolf II. ▶ Striggio d.Ä. ▶ Vaet ▶ Wien
Mayo, Antonio de ▶ Lyon
Mayoul, Nicolas ▶ Brüssel
Mayr, Erasmus ▶ Augsburg ▶ Erbach ▶ Fugger
Mazarin, Jules ▶ Ballet de cour
Mazuel, Jean ▶ Paris
Mazzocchi, Domenico ▶ Milton
McEwen, John Blackwood ▶ Milton
Meckenem, Israel von ▶ Genrebild ▶ Harfe ▶ Druckgraphik
Medici, Familie ▶ Agricola, Alexander ▶ Animuccia ▶ Bardi ▶ Canti Carnascialeschi ▶ Caroso ▶ Cavalieri ▶ Corteccia ▶ Festa ▶ Florenz ▶ Geschichte ▶ Gregorianischer Choral ▶ Isaac ▶ Kapelle ▶ Leonardo da Vinci ▶ Machiavelli ▶ Marenzio ▶ Negri ▶ Peri ▶ Pico della Mirandola ▶ Pisano ▶ Poliziano ▶ Rampollini ▶ Renaissance ▶ Rinuccini ▶ Squarcialupi ▶ Striggio d.Ä. ▶ Strozzi, Piero ▶ Vasari ▶ Verdelot
Medler, Nicolaus ▶ Faber
Medomedes ▶ Galilei, Vincenzo
Mehmed I. ▶ Osmanisches Reich
Mehmed II. ▶ Osmanisches Reich
Mei, Girolamo ▶ Aristoxenismus ▶ Artes liberales ▶ Bardi ▶ Camerata fiorentina ▶ Cavalieri ▶ Galilei, Vincenzo
Meigret, Robert ▶ Frankreich
Meiland, Jacob ▶ Lindner ▶ Passion
Meister der Halbfiguren ▶ Genrebild
Meister Hans ▶ Glocken
Melanchthon, Philipp ▶ Bucer ▶ Bugenhagen ▶ Dressler ▶ Karl V. ▶ Kassel ▶ Listenius ▶ Lossius ▶ Luther ▶ Othmayr ▶ Rab ▶ Reusch ▶ Rhetorik, musikalische ▶ Wittenberg ▶ Walter
Melchior Franck ▶ Bergreihen
Melli, Domenico Maria ▶ Monodie
Melli, Maria ▶ Caccini

Melli, Pietro Paolo ▶ Laute
Mellin de Saint-Gelais ▶ Aneau ▶ Certon ▶ Du Bellay ▶ Frankreich ▶ Franz I. ▶ Janequin ▶ Maillard ▶ Pevernage ▶ Pléiade ▶ Rabelais ▶ Sandrin ▶ Sermisy
Melone, Annibale ▶ Artusi
Memling, Hans ▶ Bellini ▶ Brügge ▶ Engelsmusik ▶ Fidel ▶ Harfe ▶ Joye ▶ Musikerporträt ▶ Obrecht ▶ Stilleben mit Musik
Memo (Memmo), Dionisio ▶ England ▶ Hofhaimer
Mendelssohn, Felix ▶ Rezeption der Renaissance
Menehou, Michel de ▶ Rabelais
Ménéstrier, Claude François ▶ Tanz
Menon, Tuttovale ▶ Merulo
Merchi, Familie ▶ Colascione
Merck, Bartholomäus ▶ Maximilian II.
Merlotti, Familie ▶ Merulo
Merques, Nicholas de ▶ Frankreich ▶ Konzilien ▶ Messe ▶ Trienter Codices
Mersenne, Marin ▶ Blockflöte ▶ Bocchi ▶ Branle ▶ Canario ▶ Colascione ▶ Courante ▶ Du Caurroy ▶ Dulzian ▶ Enzyklopädien ▶ Fludd ▶ Ganassi ▶ Gavotte ▶ Horn ▶ Krummhorn ▶ Lira ▶ Mauduit ▶ Passepied ▶ Posaune ▶ Rackett ▶ Rhetorik, musikalische ▶ Sarabande ▶ Schalmei ▶ Serpent ▶ Signalmusik ▶ Trompete ▶ Tyard ▶ Viola da gamba
Merula, Pellegrino ▶ Merula
Merula, Tarquinio
Merulo, Antonia ▶ Merulo
Merulo, Aurelia Maria ▶ Merulo
Merulo, Claudio ▶ Alternatim ▶ Annibale ▶ Ariosto ▶ Bembo ▶ Canzone ▶ Diruta ▶ Farnese ▶ Gabrieli, Andrea ▶ Gabrieli, Giovanni ▶ Haßler ▶ Musikerporträt ▶ Orgel ▶ Parma ▶ Porta ▶ Ricercar ▶ Sweelinck ▶ Tasso ▶ Vecchi ▶ Venedig ▶ Vento ▶ Verovio
Meshovius, Orlandus ▶ Ulenberg
Messiaen, Olivier ▶ Le Jeune
Messisbugo, Cristoforo ▶ Dalla Viola
Metastasio, Pietro ▶ Petrarkismus
Mevlânâ Celâlü'ddîn Rûmî ▶ Osmanisches Reich
Meuven, Johann Anthonius (Mewen, Johann) ▶ Kleve
Mewes, Gregor ▶ Öglin ▶ Schweiz
Meyer, Gregor ▶ Glarean
Mezari siehe Casulana
Mezzela, Salvatore ▶ Galliarde
Mia, Pierre de ▶ Lyon
Michael von Cesena ▶ München
Michael, Rogier ▶ Calvisius
Michaelis, Georg ▶ Konstanz
Michel l'Hospital ▶ Ronsard
Michel, Jean ▶ Paris
Michelangelo Buonarroti ▶ Geschichte ▶ Farnese ▶ Medici ▶ Pisano
Michele, Albano, Bischof ▶ Padua

Michelet, Jules ▶ Renaissance ▶ Rezeption der Renaissance ▶ Sozialgeschichte
Micheli, Romano ▶ Bildmotette
Michiel, Sebastiano ▶ Aaron
Michielis, Parrisio ▶ Musikerporträt
Middleton, Thomas ▶ Shakespeare
Mielich, Hans ▶ Albrecht V. ▶ Clavichord ▶ Kapelle ▶ Lassus, Orlande de ▶ Rore
Migliorotti, Atalante ▶ Sforza
Miguel de Fermoselle ▶ Encina
Mikołaj Gomółka ▶ Polen
Mikołaj von Radom ▶ Krakau ▶ Polen
Milán, Luis de ▶ Fantasia ▶ Pavane ▶ Romance ▶ Stimmung und Temperatur
Millot, Nicholas ▶ Frankreich ▶ Ronsard
Milton, John ▶ Rhetorik, musikalische
Minervius (Simon Schaidenreisser) ▶ Senfl
Minturno, Antonio ▶ Ballata
Minut, Gabriel de ▶ Bertrand
Mirabelli, Nani ▶ Enzyklopädien
Mithou siehe Campion
Mizler, Lorenz Christoph ▶ Palestrina
Moderne, Jacques ▶ Bassadanza / Bassedanse ▶ Frankreich ▶ Fresneau ▶ Layolle ▶ Lyon ▶ Pariser Chanson ▶ Rabelais ▶ Susato ▶ Tanz
Moermans, Hans ▶ Niederlande
Molière, Jean-Baptiste ▶ Sozialgeschichte
Molinaro, Simone ▶ Gesualdo
Molinet, Jean ▶ Brumel ▶ Busnoys ▶ Chanson rustique ▶ Compère ▶ Crétin ▶ Frye ▶ Gombert ▶ Hayne van Ghizeghem ▶ Josquin ▶ Lemaire de Belges ▶ Ockeghem
Molino, Antonio (Blessi, Manoli gen. Burchiella) ▶ Giustiniana ▶ Greghesca
Molino, Girolamo ▶ Venedig
Moller, Joachim d.Ä. ▶ Joachim a Burck
Mollet, Jean ▶ Frankreich
Molli, Giovanni ▶ Mailand
Molmenti, Pompeo ▶ Parabosco
Möln, Jakob ha-Levi ▶ Jüdische Musik
Molza, Tarquinia ▶ Concerto delle dame ▶ Este
Monachus, Guilielmus ▶ Contenance angloise ▶ Tonsystem
Monantheuil, Henri de ▶ Anatomie
Mönch von Salzburg ▶ Oswald von Wolkenstein ▶ Tenorlied
Monnier (Harfenist) ▶ Frankreich
Montaigne, Michel de ▶ Neostoizismus
Montanus, Johannes ▶ Gerlach ▶ Lassus, Orlande de ▶ Nürnberg ▶ Othmayr ▶ Ott ▶ Regnart
Montanus, Petreius ▶ Nürnberg
Monte, Cristoforo de ▶ Venedig
Monte, Francesco Maria del ▶ Caravaggio
Monte, Johannes de ▶ Ramos de Pareja
Monte, Philippe de ▶ Augsburg ▶ Bembo ▶ Casulana ▶ Felis ▶ Frankoflämische Musik ▶ Frankreich

▸ Fugger ▸ Guarini ▸ Kapelle ▸ Kerle ▸ Köln ▸ Madrigal ▸ Maximilian II. ▸ Messe ▸ Motette ▸ Regnart ▸ Ronsard ▸ Rudolf II. ▸ Scotto ▸ Tasso ▸ Ungarn ▸ Wien

Montefeltro ▸ Urbino

Montesardo, Girolamo ▸ Sarabande ▸ Spagnoletto

Montesquieu, Charles Louis du Secondat ▸ Neostoizismus

Monteverdi, Baldassare ▸ Monteverdi

Monteverdi, Claudio ▸ Akademie ▸ Artusi ▸ Ballata ▸ Ballo ▸ Bardi ▸ Beaujoyeulx ▸ Bembo ▸ Camerata fiorentina ▸ Crecquillon ▸ Epos ▸ Geschichte ▸ Guarini ▸ Imitation ▸ Ingegneri ▸ Jüdische Musik ▸ Lira ▸ Madrigal ▸ Mantua ▸ Marenzio ▸ Milton ▸ Moresca ▸ Orpheus ▸ Pastorale ▸ Peri ▸ Posaune ▸ Rezeption der Renaissance ▸ Rhetorik, musikalische ▸ Rinuccini ▸ Rore ▸ Striggio d. J. ▸ Tasso ▸ Trompete ▸ Venedig ▸ Violine ▸ Vokalpolyphonie ▸ Willaert

Monteverdi, Giulio Cesare ▸ Artusi ▸ Gesualdo ▸ Humanismus ▸ Marenzio ▸ Monteverdi ▸ Renaissance ▸ Rore ▸ Willaert

Monti da Prato ▸ Mailand

Morales, Cristóbal de ▸ Brumel ▸ Dorico ▸ Escobar ▸ Frankoflämische Musik ▸ Gombert ▸ Guerrero ▸ Kapelle ▸ Köln ▸ L'homme armé ▸ Messe ▸ Mouton ▸ Rabelais ▸ Rogier ▸ Rom ▸ Spanien ▸ Villancico

Morales, Pedro de ▸ Guerrero

Morari, Anthoni ▸ München

Morari, Hanibal ▸ München

More, Thomas ▸ England

Morel, Clément ▸ Frankreich

Morescha, Giovanna ▸ Cara

Moretus, Jan ▸ Plantin

Moritz der Gelehrte, hessischer Landgraf ▸ Dowland ▸ Haßler ▸ Kassel ▸ Tessier, Charles

Moritz, Kurfürst von Sachsen ▸ Dresden ▸ Walter

Morlaye, Guillame ▸ Granjon ▸ Allemande ▸ Frankreich ▸ Gitarre ▸ Laute

Morley, Thomas ▸ Anthem ▸ Balletto vokal ▸ Bandora ▸ Brumel ▸ Byrd ▸ Canzonetta ▸ Elisabeth I. ▸ England ▸ Gastoldi ▸ Holborne ▸ Humanismus ▸ Ludford ▸ Nicholson ▸ Parsons ▸ Saltarello ▸ Service ▸ Shakespeare ▸ Tomkins ▸ Villanella ▸ Voluntary ▸ Weelkes ▸ Wilbye

Mornable, Antoine ▸ Frankreich

Mornable, Guillaume ▸ Frankreich ▸ Marot

Morosina, Ambrogina Faustina della Torre ▸ Bembo

Morsolino, Antonio ▸ Monteverdi

Morsselino, Joan Baptista ▸ München

Mortaro, Antonio ▸ Brescia

Morton, Robert ▸ Burgund ▸ Chanson ▸ Ghiselin ▸ Kapelle ▸ Karl der Kühne ▸ Philipp der Gute ▸ Rondeau ▸ Tinctoris

Moscato, Yehuda ben Yosef ▸ Jüdische Musik

Moses von Sizilien ▸ Guglielmo Ebreo da Pesaro

Mosto, Giovanni Battista ▸ Lüttich ▸ Ungarn

Moulin, Jean du ▸ Frankreich

Moulinié, Etienne ▸ Mersenne

Moulins di Charles Ier ▸ Cousin

Moulu, Pierre ▸ Basiron ▸ Hayne van Ghizeghem ▸ Schweiz

Mouton, Charles ▸ Laute

Mouton, Jean ▸ Alberti, Gasparo ▸ Chanson ▸ Du Caurroy ▸ Epos ▸ Festa ▸ Forme fixe ▸ Frankoflämische Musik ▸ Frankreich ▸ Franz I. ▸ Gascongnes ▸ Kapelle ▸ Köln ▸ Layolle ▸ Ludwig XII. ▸ Maillard ▸ Mecheln ▸ Messe ▸ Motette ▸ Moulu ▸ Pariser Chanson ▸ Rabelais ▸ Richafort ▸ Willaert

Mouton, Pierre ▸ Paris

Mozart, Wolfgang Amadeus ▸ Caecilia

Mudarra, Alonso ▸ Escobar ▸ Fantasia ▸ Gitarre ▸ Harfe ▸ Ludovico ▸ Romanesca ▸ Variationen

Muffat, Georg ▸ Violine

Muguet, Louis ▸ Lyon

Mülen, Laurenz von der ▸ Aich, Arnt von

Müller, Hans ▸ Cembalo ▸ Virginal

Mundy, William ▸ Anthem ▸ England ▸ In nomine ▸ Parsons ▸ Savonarola

Münstermann, Johannes ▸ Musikerporträt

Müntzer, Thomas ▸ Bruderschaft ▸ Kirchenlied ▸ Te Deum ▸ Wittenberg

Murad I. ▸ Osmanisches Reich

Muret, Marc-Antoine de ▸ Belleau ▸ Du Bellay ▸ Du Caurroy ▸ Frankreich ▸ Goudimel ▸ Pléiade ▸ Ronsard

Musculus, Wolfgang ▸ Wittenberg

Nachtigall, Konrad ▸ Meistergesang

Nadale, Jérôme ▸ Jesuitenschulen

Naich, Hubert ▸ Lüttich

Nanino, Giovanni Bernardino ▸ Nanino, Giovanni Maria

Nanino, Giovanni Maria ▸ Anerio ▸ Nanino, Giovanni Bernardino ▸ Mantua ▸ Philips ▸ Sonett ▸ Soriano

Narváez, Luis de ▸ Romanesca ▸ Variation ▸ Fantasia

Nasco, Giovanni ▸ Akademie ▸ Bembo ▸ Signalmusik

Navarro, Juan ▸ Esquivel

Nebrija, Antonio de ▸ Encina ▸ Encina

Nefirî Behram Aga ▸ Osmanisches Reich

Negri, Cesare ▸ Branle ▸ Canario ▸ Caroso ▸ Courante ▸ Lupi, Livio ▸ Passamezzo ▸ Pavaniglia ▸ Rhetorik, musikalische ▸ Spagnoletto ▸ Tanz ▸ Tanznotation ▸ Tordiglione

Nenna, Pomponio ▸ Gesualdo ▸ Neapel

Neri, Filippo ▸ Anerio, Felice ▸ Anerio, Giovanni Francesco ▸ Animuccia ▸ Cantique spirituel ▸ Cavalieri

▸ Katholische Erneuerungsbewegung ▸ Lauda ▸ Oratorium ▸ Orden, religiöse ▸ Rom ▸ Soto de Langa ▸ Victoria
Neuber, Ulrich ▸ Lassus, Orlande de ▸ Montanus ▸ Ott ▸ Vaet
Neuburger, Ambros ▸ Senfl
Neufville, Nicolas de ▸ Desportes
Neuschel, Familie ▸ Posaune ▸ Trompete
Neusiedler (Familie)
Neusiedler, Conrad ▸ Augsburg
Neusiedler, Hans ▸ Fantasia ▸ Judenkünig ▸ Laute ▸ Petreius ▸ Polonaise ▸ Romanesca ▸ Tabulatur
Neusiedler, Melchior ▸ Augsburg ▸ Fugger ▸ Straßburg
Newburgh, Hamilton ▸ Milton
Newton, Isaac ▸ Kepler
Neyschl, ›Maister‹ ▸ Burgkmair
Niccolò III d'Este ▸ Este ▸ Ferrara
Nicetas von Remesiana ▸ Te Deum
Nicholson, Richard
Nicolas ▸ Belleau ▸ Du Bellay ▸ Frankreich ▸ Pléiade
Nicolas de Neufville ▸ Marot
Nicolaus de Perugia ▸ Squarcialupi
Niehoff, Hendrik ▸ Orgel
Niehoff, Nikolaus ▸ Köln
Niger, Franciscus ▸ Notendruck
Nijevelt, Zuylen van ▸ Clemens non Papa
Nikolaus V., Papst ▸ Bologna ▸ Friedrich III. ▸ Ramos de Pareja ▸ Rom
Nikolaus von Krakau ▸ Johannes von Lublin
Nikolaus von Kues ▸ Architektur ▸ Copernicus ▸ Prosdocimus de Beldemandis
Nicomachus (Nikomachos von Gerasa) ▸ Musica coelestis ▸ Sphärenharmonie
Ninot le Petit ▸ Ballade ▸ Chanson ▸ Frankreich ▸ Köln ▸ Lyon ▸ Pariser Chanson
Nola, Giovanni da ▸ Villanella
Nono, Luigi ▸ Rhetorik, musikalische
Noordt, Anthoni van ▸ Calvin, Jean
Nora, Pierre ▸ Mentalitätsgeschichte
Norbert, Elias ▸ Sozialgeschichte
Noricus, Johann Hermann ▸ Joachim a Burck
Nucius, Johannes ▸ Affekt ▸ Rhetorik, musikalische
Núñez, Luisa ▸ Cabezón
Nunnebeck, Nienhard ▸ Sachs
Nylandensis, Theodoricus Petri ▸ Schweden

Obrecht, Guillermus ▸ Obrecht
Obrecht, Jacob ▸ Aaron ▸ Arcadelt ▸ Barbingant ▸ Barbireau ▸ Binchois ▸ Brügge ▸ Brumel ▸ Busnoys ▸ Capirola ▸ Cortesi ▸ Ferrara ▸ Finck, Heinrich ▸ Forme fixe ▸ Frankoflämische Musik ▸ Frye ▸ Heyden ▸ Individualdruck ▸ Joye ▸ Kontrapunkt ▸ Leipzig ▸ L'homme armé ▸ Martini, Johannes ▸ Mentalitätsgeschichte ▸ Messe ▸ Morton ▸ Motette ▸ Musikerporträt ▸ Ockeghem ▸ Öglin ▸ Orgel ▸ Passion ▸ Petrucci ▸ Prioris ▸ Rabelais ▸ Rhau ▸ Rue ▸ Tenormotette ▸ Tinctoris ▸ Verdelot
Obrecht, Johannes ▸ Este ▸ Maximilian I. ▸ Mewes
Obrecht, Willem ▸ Obrecht
Ochsenkun, Sebastian ▸ Musikerporträt
Ockeghem, Johannes ▸ Agricola, Alexander ▸ Ballade ▸ Barbingant ▸ Basiron ▸ Bergerette ▸ Binchois ▸ Brügge ▸ Brumel ▸ Busnoys ▸ Cabezón ▸ Canción ▸ Caron ▸ Chanson ▸ Chanson rustique ▸ Compère ▸ Cousin ▸ Crétin ▸ Déploration ▸ Domarto ▸ Eloy d'Amerval ▸ Faugues ▸ Finck, Heinrich ▸ Forme fixe ▸ Frankoflämische Musik ▸ Frankreich ▸ Franz I. ▸ Fresneau ▸ Gerson ▸ Ghiselin ▸ Glarean ▸ Gombert ▸ Humanismus ▸ Josquin ▸ Joye ▸ Kanon ▸ Kapelle ▸ Karl VII. ▸ Karl VIII. ▸ Kombinative Chanson ▸ Lemaire de Belges ▸ L'homme armé ▸ Ludwig XI. ▸ Ludwig XII. ▸ Martini ▸ Mensuralnotation ▸ Mentalitätsgeschichte ▸ Messe ▸ Molinet ▸ Obrecht ▸ Ornithoparchus ▸ Rabelais ▸ Regis ▸ Requiem ▸ Rondeau ▸ Spanien ▸ Tinctoris ▸ Trienter Codices
Ockham, William von ▸ Individualismus
Odington, Walter ▸ Enzyklopädien
Odoardo Farnese ▸ Peri
Odon de Colligny ▸ Certon
Öglin, Erhard ▸ Augsburg ▸ Barform ▸ Egenolff ▸ Hofweise ▸ Ode
Olbracht, Jan ▸ Krakau
Oliviers, François des ▸ Frankreich
Ongaro, Giulio ▸ Venedig
Oosterwijk, Gomer van ▸ Ferrabosco, Alfonso II
Opitiis, Benedictus de ▸ England ▸ Maximilian I.
Ordelaffi, Pino ▸ Domenico da Piacenza
Orestes, Bernhard ▸ Ulenberg
Orff, Carl ▸ Orpheus
Orgler, Heinrich ▸ Augsburg
Orhan I. ▸ Osmanisches Reich
Oridryus und Buysius (Drucker) ▸ Kleve
Oridryus, Johannes ▸ Kleve
Oriola, Pietro ▸ Alfonso V. ▸ Neapel
Oristano von Sardinien ▸ Cerone
Orlandi, Santi ▸ Bermudo ▸ Bourgeois ▸ Dowland ▸ Finck, Heinrich ▸ Monteverdi
Ornithoparchus, Andreas ▸ Galliculus ▸ Heidelberg ▸ Klausel ▸ Leipzig ▸ Musiktheorie
Orologio, Alessandro ▸ Tessier, Charles
Orsini, Familie ▸ Concerto delle dame
Orsini, Virginio ▸ Marenzio
Ortiz, Diego ▸ Diminution ▸ Instrumente: Familienbildung ▸ Fantasia ▸ Folia ▸ Generalbass ▸ Hymnus ▸ Musiktheorie ▸ Neapel ▸ Ricercar ▸ Variation
Orto, Mabrianus de ▸ Borgia ▸ Brüssel ▸ Chanson ▸ Kapelle ▸ L'homme armé ▸ Mecheln ▸ Rom

Orvieto, Ugolino de ▸ Enzyklopädien
Osiander, Andreas ▸ Nürnberg
Osiander, Lucas ▸ Calvin ▸ Calvisius ▸ Haßler ▸ Hymnus ▸ Königsberg ▸ Stuttgart
Osman Gazi ▸ Osmanisches Reich
Osman I. ▸ Osmanisches Reich
Ostendorfer, Michael ▸ Musikerporträt
Oswald von Wolkenstein ▸ Barform ▸ Konstanzer Konzil ▸ Musikerporträt ▸ Tenorlied
Othmayr, Caspar ▸ Bergreihen ▸ Bicinium ▸ Dedekind, Euricius ▸ Forster ▸ Heidelberg ▸ Kirchenlied ▸ Montanus ▸ Musikerporträt ▸ Pevernage
Ott, Hans ▸ Ferdinand I. ▸ Formschneider ▸ Montanus ▸ Tenorlied
Ottavio Farnese ▸ Farnese ▸ Merulo ▸ Parma ▸ Rore
Ottheinrich, Pfalzgraf ▸ Heidelberg
Ottilie von Gersen ▸ Müntzer
Otto, Georg ▸ Dedekind, Henning
Oudin, César ▸ Sarabande
Ouvrard, René ▸ Architektur
Ovid ▸ Byrd ▸ Du Bellay ▸ Greiter ▸ Kontrapunkt ▸ Orpheus ▸ Poesia und Fantasia ▸ Rinuccini

Pacheco, Isabel ▸ Bermudo
Pacoloni, Giovanni ▸ Krakau
Padovano, Francesco ▸ Cembalo
Padulla, Marchesa della ▸ Wert, Giaches de
Paget, Lord Thomas ▸ Philips, Peter
Pagnier, Nicolas ▸ Paris
Pahlèse d.Ä., Pierre ▸ Branle
Paix, Jacob ▸ Imitation ▸ Messe
Paix, Pierre de ▸ Fugger
Paladino, Giovanni Paolo ▸ Frankreich ▸ Lyon
Paladino, Paolo ▸ Moderne
Palaiologos, Theodoros, byzantinischer Kaiser ▸ Malatesta
Paläologen, Kaiserhaus ▸ Konstantinopel
Paleotti, Bernardino ▸ Corteccia
Paleotti, Jacopo ▸ Corteccia
Palestrina, Angelo ▸ Palestrina
Palestrina, Giovanni Pierluigi da ▸ Anerio, Felice ▸ Anerio, Giovanni Francesco ▸ Animuccia ▸ Arcadelt ▸ Ballata ▸ Basso seguente ▸ Bembo ▸ Bottegari ▸ Caecilia ▸ Canzonetta ▸ Dorico ▸ Eccard ▸ Este ▸ Ferrabosco, Domenico ▸ Frankoflämische Musik ▸ Gastoldi ▸ Generalbass ▸ Gombert ▸ Gonzaga ▸ Gregorianischer Choral ▸ Hymnus ▸ Imitation ▸ Ingegneri ▸ Jesuitenschulen ▸ Kapelle ▸ Katholische Erneuerungsbewegung ▸ Lamentatio ▸ L'homme armé ▸ Lindner ▸ Maillard ▸ Mantua ▸ Messe ▸ Monte ▸ Motette ▸ Nanino, Giovanni Maria ▸ Niederlande ▸ Palestrinastil ▸ Perugia ▸ Philipp II. ▸ Philips ▸ Pisano ▸ Porta ▸ Rezeption der Renaissance ▸ Rhetorik, musikalische ▸ Rom ▸ Scotto ▸ Siena ▸ Soriano ▸ Sozialgeschichte ▸ Stabat mater ▸ Vaet ▸ Victoria ▸ Vokalpolyphonie ▸ Wert, Giaches de ▸ Willaert ▸ Zoilo
Palestrina, Iginio ▸ Palestrina
Palestrina, Lucrezia ▸ Palestrina
Palestrina, Rodolfo ▸ Palestrina
Palestrina, Sante ▸ Palestrina
Palla, Scipione de ▸ Aria
Palladio ▸ Architektur
Pallavicino, Benedetto ▸ Jüdische Musik ▸ Mantua ▸ Monteverdi
Pallavicino, Carlo ▸ Gaffurio ▸ Serpent
Palma il Vecchio ▸ Poesia und Fantasia
Palmieri, Francesco ▸ Cavalieri
Paminger, Leonhard ▸ Rotenbucher
Pandolfo II. Malatesta ▸ Malatesta
Pandolfo III. Malatesta ▸ Brescia ▸ Konstanzer Konzil ▸ Malatesta
Panowsky, Erwin ▸ Eyck, Jan van
Pantalus, Bischof von Basel ▸ Holbein
Paolini, Fabio ▸ Magie
Paolo (Tenorista) da Firenze ▸ Ciconia ▸ Squarcialupi
Pape, André ▸ Lüttich
Parabosco, Girolamo ▸ Annibale ▸ Aretino ▸ Doni ▸ Gabrieli, Andrea ▸ Urbino ▸ Venedig ▸ Willaert
Paracelsus Philippus Aureolus Theophrastus ▸ Magie ▸ Musica coelestis
Paran, Antoine ▸ Du Caurroy
Parecho, Francisco ▸ Clavichord
Paris, Gaston ▸ Amour courtois
Parry, Hubert H. ▸ Milton
Parsley, Osbert ▸ In nomine
Parsons, Robert ▸ Anthem ▸ Byrd ▸ Consort song ▸ England ▸ In nomine ▸ White
Pasquin ▸ Crétin
Pasquini, Bernardo ▸ Bergamasca
Passereau, Pierre ▸ Frankreich ▸ Rabelais
Passet ▸ Cesaris
Passetto, Giordano ▸ Cori spezzati
Pasti, Matteo de' ▸ Architektur
Pathie, Jean ▸ Pathie
Pathie, Rogier ▸ Frankreich
Paul II., Papst ▸ Este ▸ Rom
Paul III., Papst ▸ Canova da Milano ▸ Dalla Viola ▸ Farnese ▸ Festa ▸ Loyola ▸ Palestrina ▸ Parma ▸ Rom ▸ Sacco di Roma
Paul IV., Papst ▸ Ferrabosco, Domenico ▸ Palestrina ▸ Rom
Paul V., Papst ▸ Gesualdo ▸ Monteverdi
Paul von Middelburg ▸ Ficino
Pauli, Johannes ▸ Sachs
Paulirinus, Paulus ▸ Arnault de Zwolle ▸ Messe ▸ Polen ▸ Virginal
Paulus de Middelburgh ▸ Petrucci
Paumann, Conrad ▸ Hofhaimer ▸ Instrumentalmusik ▸ Laute ▸ München ▸ Nürnberg ▸ Orgel ▸ Präludium ▸ Tabulatur ▸ Virdung

Paumann, Paul ▸ München
Paumgartner, Anton ▸ Paumann
Paumhauer, Trompetenmacher ▸ Maximilian II.
Pavlovsky, Stanislaus ▸ Gallus
Payen, Nicolas ▸ Kapelle ▸ Spanien
Pecorina, Polissena ▸ Willaert
Pécour, Louis ▸ Gigue
Pedersøn, Mogens
Pedrell, Felipe ▸ Spanien
Pedro de Osma ▸ Ramos de Pareja
Pedron Afán de Rivera ▸ Ortiz
Peiresc, Nicolas ▸ Mersenne
Pelacani, Biagio ▸ Vittorino da Feltre
Peletier de Mans, Jacques ▸ Du Bellay ▸ Pléiade ▸ Sandrin
Pellegrina, Vincenzo ▸ Canzone
Pellinio, Giulio ▸ Wert
Peltz, Elisabeth ▸ Susato
Pembroke, Countess of ▸ Holborne
Peñalosa, Francisco de ▸ Frankoflämische Musik ▸ L'homme armé ▸ Romance ▸ Spanien ▸ Villancico
Penitesi, Ludovico ▸ Guami
Pepping, Ernst ▸ Rezeption der Renaissance
Peraza, Francisco ▸ Clavichord
Pérez de Aguirre, Miguel ▸ Kapelle
Peri, Jacopo ▸ Camerata fiorentina ▸ Cavalieri ▸ Chitarrone ▸ Corsi ▸ Frankreich ▸ Heinrich IV. ▸ Intermedium ▸ Malvezzi ▸ Medici ▸ Medici ▸ Monodie ▸ Monteverdi ▸ Orpheus ▸ Pastorale ▸ Rhetorik, musikalische ▸ Rinuccini ▸ Striggio d.J. ▸ Vasari ▸ Vecchi
Perino Fiorentino ▸ Bartolomeo degli Organi
Perkins, Leeman L. ▸ Renaissance
Perrenot de Granvelle, Antoine ▸ Lassus, Orlande de ▸ Rore
Perrin, François ▸ Lyon
Peruzzi, Baldassare ▸ Serlio
Pervernage, Andreas ▸ Marot
Pesaro, Domenico da ▸ Cembalo
Pesenti, Michael ▸ Frottola ▸ Ode ▸ Poliziano
Pesnot, Charels ▸ Lyon ▸ Servin
Pesori, Stefano ▸ Spagnoletto
Petrarca, Francesco ▸ Bembo ▸ Berchem ▸ Caietain ▸ Cambio ▸ Canzone ▸ Chanson spirituelle ▸ Desportes ▸ Du Bellay ▸ Epos ▸ Frottola ▸ Gastoldi ▸ Individualismus ▸ Labé ▸ Lanfranco ▸ Lassus, Orlande de ▸ Layolle ▸ Madrigal ▸ Malatesta ▸ Marenzio ▸ Monodie ▸ Neostoizismus ▸ Petrarkismus ▸ Petrucci ▸ Porta ▸ Rampollini ▸ Renaissance ▸ Ronsard ▸ Serafino ▸ Sonett ▸ Sozialgeschichte ▸ Spenser ▸ Vecchi ▸ Verdelot ▸ Willaert
Petreius, Johannes ▸ Hofhaimer ▸ Montanus ▸ Schmeltzl
Petri, Adam ▸ Petreius
Petri, Laurentius ▸ Schweden
Petri, Olaus ▸ Schweden

Petrucci, Ottaviano ▸ Antico ▸ Aria ▸ Barzelletta ▸ Bembo ▸ Brumel ▸ Capirola ▸ Cara ▸ Chanson ▸ Egenolff ▸ Févin ▸ Frankreich ▸ Frottola ▸ Gareth ▸ Gaspar van Weerbeke ▸ Geschichte ▸ Ghiselin ▸ Giunta ▸ Giustiniana ▸ Glarean ▸ Individualdruck ▸ Josquin ▸ Lamentatio ▸ Mailand ▸ Mantua ▸ Mewes ▸ Motette ▸ Mündlichkeit ▸ Notendruck ▸ Obrecht ▸ Ode ▸ Orto ▸ Pisano ▸ Poliziano ▸ Rabelais ▸ Ricercar ▸ Rue ▸ Schöffer ▸ Schweiz ▸ Scotto ▸ Sonett ▸ Sozialgeschichte ▸ Straßburg ▸ Tabulatur ▸ Variation ▸ Venedig ▸ Willaert
Peu d'Argent, Martin ▸ Kleve ▸ Köln ▸ Lüttich
Peuerl, Paul ▸ Allemande ▸ Courante ▸ Padovana ▸ Pavane
Peuerbach, Georg Aunpeck von ▸ Astronomie ▸ Regiomontanus
Peutinger, Conrad ▸ Augsburg ▸ Grimm & Wirsung ▸ Senfl
Peverara, Laura ▸ Concerto delle dame ▸ Este ▸ Harfe ▸ Luzzaschi ▸ Tasso
Pevernage, Andreas ▸ Bildmotette
Phalanis, Olivero de ▸ Mailand
Phalèse, Madeleine ▸ Phalèse
Phalèse, Marie ▸ Phalèse
Phalèse, Peter ▸ Niederlande
Phalèse, Pierre I ▸ Frankreich ▸ Phalèse
Phalèse, Pierre II ▸ Frankreich ▸ Phalèse
Phalèse, Familie ▸ Allemande ▸ Bianchini ▸ Cister ▸ Clemens non Papa ▸ Frankreich ▸ Lassus, Orlande de ▸ Laute ▸ Lüttich ▸ Neusiedler ▸ Philips ▸ Romanesca
Philibert de l'Orme ▸ Architektur
Philibert II. von Savoyen ▸ Brüssel ▸ Frankreich ▸ Mecheln
Philidor, André Danican ▸ Paris
Philidor, Familie ▸ Krummhorn
Philipp de Vitry ▸ Machaut
Philipp der Großmütige, hessischer Landgraf ▸ Kassel
Philipp der Gute, burgundischer Herzog ▸ Arnault de Zwolle ▸ Binchois ▸ Brügge ▸ Brüssel ▸ Burgund ▸ Christine de Pizan ▸ Ferrara ▸ Kapelle ▸ Karl der Kühne ▸ Kleve ▸ Le Franc ▸ L'homme armé ▸ Paumann
Philipp der Kühne, burgundischer Herzog ▸ Burgund ▸ Fontaine ▸ Kapelle ▸ Tapissier
Philipp der Schöne, burgundischer Herzog ▸ Agricola, Alexander ▸ Brüssel ▸ Burgund ▸ Gaspar van Weerbeke ▸ Kapelle ▸ Karl V. ▸ Konstanz ▸ Maximilian I. ▸ Mechelen ▸ Molinet ▸ Orto ▸ Paris ▸ Rue ▸ Spanien ▸ Stoltzer ▸ Wien ▸ Wittenberg
Philipp IV., französischer König ▸ Geschichte
Philipp I., pfälzischer Kurfürst ▸ Heidelberg ▸ Schlick
Philipp II., spanischer König ▸ Cabezón ▸ Canis ▸ Cembalo ▸ Cerone ▸ Dell'Arpa ▸ England ▸ Farnese ▸ Heinrich II. ▸ Kapelle ▸ Karl V. ▸ Lassus, Orlande

de ▸ Maximilian I. ▸ Monte ▸ Narváez ▸ Palestrina ▸ Parma ▸ Payen ▸ Plantin ▸ Spanien ▸ Susato
Philipp III., spanischer König ▸ Cerone
Philipp von der Pfalz ▸ Celtis
Philipp von Neuburg, Pfalzgraf ▸ Lassus, Orlande de
Philippe d'Alençon ▸ Ciconia
Philippe de Commynes ▸ Karl der Kühne
Philippe de Vitry ▸ Avignon ▸ Ciconia ▸ Johannes de Muris
Philippe II. de Croÿ ▸ Clemens non Papa
Philippe II. von Navarra, König ▸ Johannes de Muris
Philippe II. ▸ Brüssel
Philips, Peter ▸ Bull ▸ Caccini ▸ Dering
Philomates, Venceslaus ▸ Dressler
Philon von Alexandria ▸ Artes liberales
Phinot, Dominique ▸ Lyon ▸ Mehrchörigkeit ▸ Pléiade ▸ Scève
Picchi, Giovanni ▸ Passamezzo
Piccinini, Alessandro ▸ Chitarrone
Piccolomini, Enea Silvio ▸ Neapel
Picforth ▸ In nomine
Picitone, Angelo da ▸ Ornithoparchus
Pico della Mirandola, Giovanni ▸ Faber Stapulensis ▸ Ficino ▸ Gaffurio ▸ Individualismus ▸ Kabbalistik ▸ Katholische Erneuerungsbewegung ▸ Poliziano ▸ Savonarola
Pier Luigi II. Farnese ▸ Parma
Piero de' Medici ▸ Agricola, Alexander ▸ Isaac ▸ Poliziano ▸ Ninot le Petit ▸ Florenz
Piero della Francesca ▸ Malatesta
Piero di Fais ▸ Gabrieli, Giovanni
Pierre II. von Bourbon ▸ Lemaire de Belges
Piéton, Loyset ▸ Lyon
Pietro Bono de Burzellis (del Chitarino) ▸ Cantastorie ▸ Corvinus ▸ Della Robbia ▸ Este ▸ Ferrara ▸ Giorgione ▸ Laute
Pietro de' Medici ▸ Caccini
Pifaro, Marcantonio del ▸ Passereau
Pifarus, Gallus ▸ Dubrovnik
Piffaro, Bernardo ▸ Tromboncino
Pigna, Giovanni Battista ▸ Rore
Pignet, Jean ▸ Frankreich
Pillehotte, Jean ▸ Lyon
Pin, Louis de ▸ Bertrand
Pindar ▸ Ode ▸ Ronsard
Pinelli, Domenico ▸ Monte
Pipelare, Johannes ▸ Alamire
Pipelare, Matthaeus ▸ L'homme armé ▸ Ornithoparchus
Piperinus, Christoph ▸ Wannenmacher
Pirckheimer, Willibald ▸ Burgkmair ▸ Cochlaeus ▸ Dedekind, Euricius ▸ Nürnberg
Pironet, Nicolas ▸ Frankreich
Pisanello ▸ Alfonso V.
Pisano, Bernardo ▸ Arcadelt ▸ Ballata ▸ Corteccia ▸ Petrarkismus ▸ Petrucci ▸ Rampollini

Pius II., Papst ▸ Neapel ▸ Perugia ▸ Rom
Pius IV., Papst ▸ Nanino, Giovanni Maria ▸ Rom
Pius V., Papst ▸ Rom
Planck, Georg ▸ Luther
Planson, Jean ▸ Air de cour ▸ Belleau ▸ Costeley
Planson, Jean ▸ Frankreich ▸ Paris ▸ Pléiade ▸ Tessier, Charles
Plantagenet, Familie ▸ Frankreich
Plantin, Christoffel ▸ Pevernage ▸ Phalèse
Planudes, Maximos ▸ Konstantinopel
Platina, Bartolomeo ▸ Cortesi
Platon ▸ Agrippa ▸ Akademie ▸ Artes liberales ▸ Astronomie ▸ Bocchi ▸ Della Robbia ▸ Ficino ▸ Jüdische Musik ▸ Kepler ▸ Konstantinopel ▸ Magie ▸ Monodie ▸ Monteverdi ▸ Moralphilosophie ▸ Musica coelestis ▸ Neostoizismus ▸ Renaissance ▸ Ronsard ▸ Scholastik ▸ Sphärenharmonie
Plautus ▸ Ariosto ▸ Ferrara ▸ Jodelle
Playford, John ▸ Caccini ▸ Gigue
Plethon, Georgios Gemistos ▸ Konstantinopel
Plieningen, Dietrich von ▸ Agricola, Rudolphus
Plinius ▸ Sachs
Plontys, Laurentius ▸ Kerle
Plotin ▸ Ficino
Plummer, John ▸ Messe
Plutarch ▸ Guarino ▸ Moralphilosophie ▸ Rhetorik, musikalische ▸ Ronsard ▸ Sachs
Podiebrad, Georg ▸ Corvinus ▸ Friedrich III.
Pogiletti, Alessandro ▸ Passamezzo ▸ Tordiglione
Poictevin, Jean ▸ Frankreich ▸ Hugenotten
Poliziano, Angelo ▸ Artes liberales ▸ Ballata ▸ Canti Carnascialeschi ▸ Festa ▸ Ficino ▸ Florenz ▸ Improvisation ▸ Landino, Cristoforo ▸ Layolle ▸ Mantua ▸ Mouton ▸ Orpheus ▸ Pastorale ▸ Scholastik ▸ Squarcialupi ▸ Verdelot
Poll, Herrmann, auch Magister Armannus ▸ Cembalo
Polling, Lorenz von ▸ München
Ponce de Léon, Luis Cristóbal ▸ Morales
Ponce de León, Pedro ▸ Esquivel
Ponchard, Eugène ▸ Le Jeune
Ponta, Adamus de ▸ Guyot de Châtelet ▸ Lüttich
Pontano ▸ Verdelot ▸ Gareth
Ponte, Adamus de ▸ Kleve
Pontio, Pietro ▸ Hymnus ▸ Kontrapunkt ▸ Messe ▸ Parma ▸ Victoria
Poore, Richard ▸ Sarum rite
Poppel, Thomas ▸ Wittenberg
Porfirio ▸ Architektur
Porphyrios ▸ Architektur ▸ Moralphilosophie
Porta, Costanzo ▸ Diruta ▸ Hymnus ▸ Merulo ▸ Orden, religiöse ▸ Ratio studiorum
Porta, John Baptista ▸ Magie
Portaleone, Abraham ben David ▸ Jüdische Musik
Portet ▸ Frankreich
Porto, Allegro ▸ Jüdische Musik

Posch, Isaac ▸ Allemande ▸ Courante ▸ Padovana
Poseidonios ▸ Artes liberales
Potin, Antoine ▸ Courville ▸ Leier ▸ Ronsard
Poussin, Nicolas ▸ Architektur
Power, Leonel ▸ Bedyngham ▸ Benet ▸ Dunstaple ▸ England ▸ Fayirfax ▸ Frye ▸ Messe ▸ Motette ▸ Trienter Codices
Praetorius, Abraham ▸ Ulenberg
Praetorius, Christoph ▸ Burmeister ▸ Dedekind, Euricius
Praetorius, Michael ▸ Affekt ▸ Augsburg ▸ Balletto vokal ▸ Bandora ▸ Bassano ▸ Blockflöte ▸ Branle ▸ Burmeister ▸ Calvisius ▸ Canario ▸ Clavichord ▸ Cornamuse ▸ Courante ▸ Drehleier ▸ Dresden ▸ Dulzian ▸ Estampie ▸ Instrumente: Familienbildung ▸ Franck ▸ Galliarde ▸ Gavotte ▸ Geigenwerk ▸ Generalbass ▸ Gitarre ▸ Glocken ▸ Haßler ▸ Horn ▸ Joachim a Burck ▸ Jüdische Musik ▸ Konstanz ▸ Kortholt ▸ Krummhorn ▸ Lassus, Orlande de ▸ Lira ▸ Melanchthon ▸ Moresca ▸ Musica ficta ▸ Paris ▸ Passepied ▸ Pavaniglia ▸ Posaune ▸ Quodlibet ▸ Rackett ▸ Saltarello ▸ Schalmei ▸ Stimmung und Temperatur ▸ Stylus moteticus ▸ Trompete ▸ Villanella ▸ Viola da gamba ▸ Violine ▸ Virginal ▸ Zacconi ▸ Zink
Pratensis, Jason ▸ Anatomie
Prati, Carlo ▸ Orgel
Prato, Henricus de ▸ Stokem
Pregent (Vorname unbekannt) ▸ Lemaire de Belges
Presenti, Michele ▸ Orpheus
Preston, Thomas ▸ Orgel
Prevost, G. ▸ Crétin
Primavera, Giovanni Leonardo ▸ Bottegari ▸ Neapel
Prinner, Johan Jakob ▸ Viola da gamba
Prinz Ernst, Bischof von Freising und Lüttich ▸ Gosswin
Prioris, Denis ▸ Frankreich
Prioris, Johannes ▸ Brumel ▸ Chanson ▸ Crétin ▸ Eloy d'Amerval ▸ Forme fixe ▸ Frankreich ▸ Ludwig XII. ▸ Mouton
Priscian ▸ Artes liberales
Prosdocimus de Beldemandis ▸ Astronomie ▸ Enzyklopädie ▸ Johannes de Muris ▸ Musiktheorie ▸ Padua
Proske, Karl ▸ Rezeption der Renaissance
Prospero, Bernardo ▸ Viola da gamba
Prudenziani d'Orvieto, Simon ▸ Rebec
Pseudo-Plutarch ▸ Galilei, Vincenzo
Ptolemäus (Ptolemaios), Klaudios ▸ Artes liberales ▸ Aristoxenismus ▸ Astronomie ▸ Della Robbia ▸ Gaffurio ▸ Galilei, Vincenzo ▸ Kepler ▸ Pico della Mirandola ▸ Regiomontanus ▸ Sphärenharmonie ▸ Zarlino
Pullaer, Louis van ▸ Frankreich ▸ Paris
Pullois, Johannes ▸ Ballade ▸ Frankoflämische Musik ▸ Rom ▸ Trienter Codices

Purcell, Henry ▸ Caecilia ▸ England ▸ In nomine ▸ Pavane ▸ Shakespeare
Pure, Michel ▸ Ballet de cour
Puschmann, Adam ▸ Meistergesang
Puschmann, Hans ▸ Sachs
Puteo, Antonio ▸ Felis
Pyamour, John ▸ Dunstaple
Pythagoras ▸ Artes liberales ▸ Artes mechanicae ▸ Busnoys ▸ Glocken ▸ Pythagoreisches System

Quagliati, Paolo ▸ Diruta
Quercus, Simon de ▸ Wien
Querhammer, Caspar ▸ Vehe
Quickelberg, Samuel ▸ Rhetorik, musikalische
Quiñonez, Francisco ▸ Katholische Erneuerungsbewegung
Quintilian ▸ Artes liberales ▸ Burmeister ▸ Gaffurio ▸ Listenius ▸ Rhetorik, musikalische ▸ Musica poetica

Rab, Valentin ▸ Reusch ▸ Wittenberg
Rabel, Daniel ▸ Ballet de cour
Rabelais, François ▸ Brumel ▸ Festa ▸ Hayne van Ghizeghem ▸ Lyon ▸ Maillard ▸ Passepied ▸ Passereau ▸ Prioris ▸ Sermisy
Raffael ▸ Caecilia ▸ Geschichte
Rafi, Claude ▸ Lyon
Rafi, Familie ▸ Blockflöte
Rainaldus francigena, Prebyter ▸ Padua
Raleigh, Walter ▸ Byrd
Rameau, Jean-Philippe ▸ Mersenne ▸ Zarlino
Ramianis, Ludovico A. ▸ Merulo
Ramos de Pareja, Bartolomé ▸ Agrippa ▸ Aristoxenismus ▸ Astronomie ▸ Bologna ▸ Burzio ▸ Busnoys ▸ Effekt ▸ Enzyklopädien ▸ Fogliano, Lodovico ▸ Gaffurio ▸ Kanon ▸ Musiktheorie ▸ Pico della Mirandola ▸ Ramos de Pareja ▸ Solmisation ▸ Spataro ▸ Sphärenharmonie ▸ Ugolino de Orvieto
Rampollini, Giovanbattista ▸ Rampollini
Rampollini, Mattio ▸ Corteccia ▸ Lyon ▸ Medici ▸ Verdelot
Ramsey, John ▸ Spagnoletto
Rangouse, Jean de ▸ Bertrand
Ranuccio III Farnese ▸ Farnese
Rapin, Nicolas ▸ Du Caurroy
Raquet, Charles ▸ Mersenne
Raselius, Andreas ▸ Haussmann ▸ Heidelberg
Rasi, Francesco ▸ Caccini ▸ Monteverdi
Ratdolt, Erhard ▸ Augsburg ▸ Burgkmair
Rauch von Schrattenbach ▸ Blockflöte
Raupsch, Conrad ▸ Luther
Ravel, Maurice ▸ Pavane
Ravenscroft, Thomas ▸ Browning ▸ Kirbye ▸ Savonarola

Raverii, Alessandro ▶ Canzone
Ravot, Claude ▶ Lyon
Raymundi, Daniel ▶ Bildmotette
Razzi, Serafino (Giovanni) ▶ Lauda ▶ Bartolomeo degli Organi ▶ Neri ▶ Oratorium ▶ Orden, religiöse ▶ Siena
Redford, John ▶ Byrd ▶ Orgel
Regenfuss, Margaretha ▶ Neusiedler
Reginaldus ▶ Frankreich
Regiomontanus, Johannes ▶ Arnault de Zwolle ▶ Astronomie ▶ Copernicus ▶ Galilei, Galileo ▶ Kepler ▶ Quadrivium ▶ Scholastik
Regis, Johannes ▶ Caron ▶ Crétin ▶ Frankoflämische Musik ▶ Frankreich ▶ L'homme armé ▶ Messe ▶ Motette ▶ Obrecht ▶ Tenormotette ▶ Tinctoris
Regnard, François ▶ Chanson ▶ Pléiade ▶ Ronsard
Regnart, Augustin ▶ Regnart
Regnart, Blasius ▶ Fugger
Regnart, Charles ▶ Frankreich
Regnart, François ▶ Frankreich
Regnart, Jacob ▶ Frankoflämische Musik ▶ Frankreich ▶ Innsbruck ▶ Kapelle ▶ München ▶ Passion ▶ Rudolf II. ▶ Utendal ▶ Vento ▶ Villanella
Regnart, Pascasio ▶ Frankreich
Regnault, Jean ▶ Paris
Regnault, Louis ▶ Paris
Regnault, Pierre siehe Sandrin
Regnault Fresnel de Reims ▶ Paris
Regnier, Johan ▶ Schweden
Rehm, Hans ▶ Fugger
Rein, Conrad ▶ Ornithoparchus
Reiner, Jacob ▶ Savonarola
Reiniccius, Reiner ▶ Praetorius
Reinmar der Alte ▶ Wien
Reinmar von Zweter ▶ Meistergesang
Reisch, Gregor ▶ Artes liberales ▶ Dietrich ▶ Enzyklopädien ▶ Musica poetica ▶ Scève ▶ Druckgraphik
Remiger, Conrad ▶ Lemaire de Belges
Rémy, Jean ▶ Lupi, Johannes
Renata von Frankreich ▶ Ferrara
Renata von Lothringen ▶ Daser ▶ Lassus, Orlande de ▶ Rore
René d'Anjou ▶ Frankreich ▶ Josquin
René d'Elbeuf ▶ Belleau
René I., Herzog von Lothringen ▶ Frankreich
René II., Herzog von Lothringen ▶ Frankreich
Renée von Frankreich ▶ Calvin ▶ Dalla Viola
Renée von Lothringen ▶ Cornamuse ▶ Krummhorn
Rener, Adam ▶ Bruhier ▶ Hofweise ▶ Isaac ▶ Messe ▶ Wittenberg
Renvoicy, Richard ▶ Ode
Reomensis, Aurelius ▶ Musica coelestis
Resinarius, Balthasar ▶ Isaac ▶ Leipzig ▶ Responsorium ▶ Rhau
Reson, Johannes ▶ Messe

Respighi, Ottorino ▶ Orpheus
Retz, Comtesse de ▶ Air de cour
Reuchlin, Johannes ▶ Agricola, Rudolphus ▶ Erasmus von Rotterdam ▶ Heidelberg ▶ Jüdische Musik ▶ Kabbalistik ▶ Katholische Erneuerungsbewegung ▶ Melanchthon ▶ Wien
Reusch, Johann ▶ Melanchthon ▶ Rab ▶ Türkenpsalm ▶ Wittenberg
Reusner, Esaias ▶ Sarabande
Rhau, Bernhard ▶ Listenius
Rhau, Georg ▶ Agricola, Alexander ▶ Arnold von Bruck ▶ Bicinium ▶ Dietrich ▶ Galliculus ▶ Leipzig ▶ Liedmotette ▶ Luther ▶ Messe ▶ Passion ▶ Responsorium ▶ Reusch ▶ Stoltzer ▶ Druckgraphik ▶ Walter ▶ Wittenberg
Rhau, Johannes ▶ Brumel
Rhegius, Urbanus ▶ Lossius
Rhodiginus (Richerius) ▶ Enzyklopädien
Ribayaz, Lucas Ruiz de ▶ Spagnoletto
Ribera, Antonio de ▶ Romance
Ricardi, Giacomo ▶ Monteverdi
Riccardi, Riccardo ▶ Strozzi, Piero
Ricci da Montepulciano, Giovanni ▶ Mei
Ricci, Ostilio ▶ Galilei, Galileo
Ricciarda di Saluzzo ▶ Ferrara
Riccio, Teodoro ▶ Königsberg
Richafort, Jean ▶ Chanson ▶ Jacotin ▶ Mecheln ▶ Rabelais ▶ Savonarola ▶ Verdelot
Richard de Bellengues (Cardot) ▶ Brüssel
Richard II., König von England ▶ England
Richard III., König von England ▶ England
Richardus tenorista ▶ Padua
Riche, Penelope ▶ Tessier, Guillaume ▶ Tessier, Charles
Richelieu, Armand-Jean du Plessis ▶ Ballet de cour ▶ Neostoizismus
Richenthal, Ulrich ▶ Konstanzer Konzil
Rid, Christoff ▶ Gumpelzhaimer
Ridolfi, Giovanni Francesco ▶ Mei
Riemann, Hugo ▶ Vokalpolyphonie ▶ Zarlino
Riemenschneider, Tilman ▶ Geschichte
Rinaldo, Lautenist ▶ Este
Rinuccini, Ottavio ▶ Beaujoyeulx ▶ Caccini ▶ Camerata fiorentina ▶ Corsi ▶ Frankreich ▶ Heinrich IV. ▶ Orpheus ▶ Peri ▶ Striggio d.J. ▶ Strozzi, Piero
Ripa, Cesare ▶ Druckgraphik
Rippe, Albert de ▶ Du Bellay ▶ Laute ▶ Ronsard
Robert de Berges ▶ Lüttich
Roberval, Gilles Personne de ▶ Mersenne
Robinson, Thomas ▶ Cister
Roche Chandieu, Antoine de la ▶ Le Jeune
Rochechouart, Gaspard de ▶ Bonnet
Rochefort, Jean de ▶ Frankreich
Rochus von Liliencron ▶ Hofweise
Rocourt, Pierre de ▶ Lüttich
Rodio, Rocco ▶ Aria ▶ Neapel ▶ Orgel
Rodrigo d'Avalos ▶ Festa

Roggenburg, Jörg ▸ Augsburg
Rogier, Nicolas ▸ Mecheln
Rogier, Philippe ▸ Frankreich ▸ Kapelle ▸ Philipp II. ▸ Spanien
Rognoni, Francesco ▸ Cornamuse
Rognoni, Riccardo ▸ Diminution ▸ Mailand
Rollenhagen, Gabriel ▸ Emblem
Romanini, Antonio ▸ Diruta
Romano, Marcantonio ▸ Venedig
Romedenne, Jacques de ▸ Lüttich
Ronsard, Pierre de ▸ Académie de Musique et de Poésie ▸ Air de cour ▸ Baïf ▸ Belleau ▸ Bertrand ▸ Boni ▸ Du Bellay ▸ Bonnet ▸ Caietain ▸ Chanson ▸ Desportes ▸ Du Bellay ▸ Frankreich ▸ Franz I. ▸ Goudimel ▸ Heinrich III. ▸ Humanismus ▸ Jodelle ▸ Karl IX. ▸ Lassus, Orlande de ▸ Mauduit ▸ Musique mesurée ▸ Ode ▸ Paris ▸ Petrarkismus ▸ Pevernage ▸ Pléiade ▸ Richafort ▸ Sonett ▸ Tessier, Guillaume
Rore, Celestinus de ▸ Rore
Rore, Cipriano de ▸ Albrecht V. ▸ Annibale ▸ Arcadelt ▸ Ariosto ▸ Ballata ▸ Bembo ▸ Bottegari ▸ Caecilia ▸ Cambio ▸ Chanson spirituelle ▸ Dalla Viola ▸ Devisenmotette ▸ Este ▸ Farnese ▸ Ferrara ▸ Festa ▸ Frankoflämische Musik ▸ Galilei, Vincenzo ▸ Gardano ▸ Gesualdo ▸ Guami ▸ Humanismus ▸ Ingegneri ▸ Joachim a Burck ▸ La Grotte ▸ Lassus, Orlande de ▸ Lechner ▸ Luzzaschi ▸ Madrigal ▸ Marenzio ▸ Merulo ▸ Monteverdi ▸ München ▸ Musikporträt ▸ Parma ▸ Passion ▸ Pontio ▸ Renaissance ▸ Sandrin ▸ Savonarola ▸ Sonett ▸ Venedig ▸ Vicentino ▸ Willaert ▸ Wert, Giaches de ▸ Zarlino
Rosenberger, Arnold ▸ Susato
Rosseter, Philip ▸ Lautenlied
Rossetti, Biagio ▸ Ruffo
Rossetti, Stefano ▸ Bembo ▸ Epos
Rossi, Bastiano de' ▸ Cavalieri
Rossi, Bernardo ▸ Lotto
Rossi, Madame Europa ▸ Jüdische Musik
Rossi, Salamone ▸ Bergamasca ▸ Jüdische Musik ▸ Monteverdi ▸ Tordiglione
Rota, Andrea ▸ Bologna
Rotenbucher, Erasmus ▸ Bergreihen ▸ Nürnberg
Roth, Christian ▸ Courante
Rouge, Guillaume de ▸ Trienter Codices
Rousseau, Hilaire ▸ Sermisy
Roussée, Jean ▸ Frankreich
Roussel, François ▸ Granjon ▸ Lyon ▸ Ronsard
Rovere, Giulio della ▸ Frankreich
Rovigo, Francesco ▸ Passion ▸ Wert, Giaches de ▸ Zacconi
Rowbotham, James ▸ Gitarre
Rubellus, Michael ▸ Glarean
Rucellai, Cosimo ▸ Petrarkismus
Rucellai, Familie ▸ Verdelot ▸ Machiavelli

Rucellai, Piero ▸ Bartolomeo degli Organi
Ruckers, Familie ▸ Niederlande
Ruckers, Hans ▸ Cembalo ▸ Niederlande ▸ Virginal
Rudolphinger, Johannes ▸ Baldung
Rudel, Jaufré ▸ Amour courtois
Rudolf II., Kaiser ▸ Gallus ▸ Haßler ▸ Kapelle ▸ Kepler ▸ Kerle ▸ Monte ▸ Regnart ▸ Vaet ▸ Vecchi
Rudolph IV., österreichischer Herzog ▸ Wien
Rue, Pierre de la ▸ Alamire ▸ Andachtsmusik ▸ Brumel ▸ Brüssel ▸ Burgund ▸ Chanson ▸ Forme fixe ▸ Frankoflämische Musik ▸ Frankreich ▸ Isaac ▸ Judenkünig ▸ Kanon ▸ Kapelle ▸ Kontrapunkt ▸ Krebsgang ▸ Lamentatio ▸ Lemaire de Belges ▸ L'homme armé ▸ Maximilian I. ▸ Mecheln ▸ Messe ▸ Motette ▸ Obrecht ▸ Ornithoparchus ▸ Orto ▸ Petrucci ▸ Pipelare ▸ Requiem ▸ Rondeau ▸ Tonsystem ▸ Wittenberg
Rueff, Johannes ▸ Gallus
Ruffi (Le Roux, Jean) ▸ Frankreich
Ruffini, Silvia ▸ Farnese
Ruffo, Vincenzo de ▸ Affekt ▸ Ballata ▸ Bembo ▸ Canzone ▸ Doni ▸ Gabrieli, Andrea ▸ Genua ▸ Ingegneri ▸ Katholische Erneuerungsbewegung ▸ Mailand ▸ Messe ▸ Passion
Ruiz de Ribayaz ▸ Canario ▸ Tordiglione
Ruiz, Juan ▸ Gitarre
Ruprecht I., deutscher König (als Ruprecht III. pfälzischer Kurfürst) ▸ Heidelberg ▸ Oswald von Wolkenstein
Rupsch, Conrad ▸ Walter ▸ Wittenberg
Ruscelli, Girolamo ▸ Epos
Ruz(z)ante siehe Beolco, Angelo

Sabbio, Vincenzo ▸ Brescia
Sabina von Bayern ▸ Finck, Heinrich
Sacchetti, Franco ▸ Florenz
Sacerdote, Davide ▸ Jüdische Musik
Sachs, Hans ▸ Genrebild ▸ Meistergesang ▸ Nürnberg
Sachs, Kurt ▸ Jüdische Musik ▸ Orgel
Sadeler, Jan (Johannes) I. ▸ Bildmotette ▸ Engelsmusik ▸ Druckgraphik ▸ Pevernage
Sadeler, Rafael ▸ Monte
Sadler, John ▸ Ludford
Şah Quli ▸ Osmanisches Reich
Saint Gervais ▸ Tourdion
Saint-Gelays, Octavien de ▸ Crétin, Guillaume
Saintier, Jean le ▸ Frankreich
Salco, Arnold ▸ Lüttich
Salinas, Francisco de ▸ Aria ▸ Epos ▸ Fogliano ▸ Musiktheorie ▸ Sphärenharmonie ▸ Stimmung und Temperatur
Salinguerra-Torelli, Familie ▸ Ferrara
Salminger, Sigmund ▸ Augsburg ▸ Kriegstein
Salomon, Jacques ▸ Bertrand

Salutati, Coluccio ▶ Artes liberales ▶ Humanismus ▶ Individualismus ▶ Neostoizismus
Salvadori, Andrea ▶ Peri
Salviati, Antonio ▶ Caccini
Salviati, Cassnadre ▶ Ronsard
Salviati, Francesco ▶ Bianchini
Samin, Andrien ▶ Frankreich
Samin, Vulfran ▶ Frankreich
Sanders van Hemessen, Jan ▶ Poesia und Fantasia
Sandrin, Pierre (Regnault) ▶ Aneau ▶ Certon ▶ Chanson ▶ Clemens non Papa ▶ Frankreich ▶ Franz I. ▶ Fresneau ▶ Goudimel ▶ Kapelle ▶ Layolle ▶ Paris ▶ Pariser Chanson ▶ Pléiade ▶ Rabelais ▶ Rore
Sannazaro, Iacopo ▶ Belleau
Sanseverino, Ferrante ▶ Aria ▶ Neapel
Sansovino, Jacopo ▶ Architektur ▶ Layolle ▶ Serlio
Santa Croce, Francesco ▶ Cori spezzati ▶ Mehrchörigkeit
Santa María, Tomás ▶ Cabezón
Santerre, Pierre ▶ Frankreich
Santiago de Murcia ▶ Spagnoletto
Santini, Fortunato ▶ Rezeption der Renaissance
Santo Croce, Francesco ▶ Cori spezzati
Santucci, Ercole ▶ Spagnoletto
Saracinelli, Ferdinando ▶ Caccini ▶ Peri
Sarto, Andrea del ▶ Layolle
Sarto, Johannes de ▶ Lüttich
Sasso, Pamphilo ▶ Verdelot
Saveur, Joseph ▶ Mersenne
Savoldo, Giovanni Girolamo ▶ Genrebild
Savonarola, Girolamo ▶ Canti Carnascialeschi ▶ Ficino ▶ Florenz ▶ Isaac ▶ Katholische Erneuerungsbewegung ▶ Lauda ▶ Neri ▶ Oratorium ▶ Orden, religiöse ▶ Pico della Mirandola ▶ Verdelot
Savonarola, Michele ▶ Anatomie ▶ Savonarola
Savorgnan, Maria ▶ Bembo
Sayve, Lambert de ▶ Lüttich
Scaliger, Joseph Justus ▶ Humanismus
Scaliger, Julius Caesar ▶ Anatomie ▶ Epos ▶ Humanismus ▶ Spinett
Scandello, Antonio ▶ Le Maistre
Scarati, Aldrovandini ▶ Mouton
Scarlatti, Alessandro ▶ Caecilia
Scève, Maurice ▶ Certon ▶ Lyon ▶ Tyard
Schachinger, Hans ▶ Hofhaimer
Schaidenreisser, Simon ▶ Senfl
Schallautzer, Hermes ▶ Wien
Schanppecher, Melchior ▶ Bogentantz ▶ Cochlaeus ▶ Köln ▶ Leipzig ▶ Wollick
Schaumberg, Peter von ▶ Augsburg
Schede, Melissus ▶ Heidelberg
Schede, Paul ▶ Goudimel
Schedel, Hartmann ▶ Fugger ▶ Leipzig ▶ München
Scheibe, Johann Adolph ▶ Rhetorik, musikalische
Scheidt, Samuel ▶ Bergamasca ▶ Bergreihen ▶ Fantasia ▶ Padovana ▶ Pavane ▶ Pavaniglia ▶ Tabulatur

Schein, Johann Hermann ▶ Allemande ▶ Courante ▶ Krummhorn ▶ Padovana ▶ Pavane ▶ Vulpius
Schentzer, Hans ▶ Buchner ▶ Konstanz ▶ Orgel
Schlegel, Friedrich ▶ Corregio
Schlick, Arnolt ▶ Cantare al liuto ▶ Heidelberg ▶ Hofhaimer ▶ Innsbruck ▶ Johannes von Soest ▶ Laute ▶ Orgel ▶ Schöffer ▶ Stimmung und Temperatur ▶ Viola da gamba ▶ Zink
Schmeltzl, Wolfgang ▶ Quodlibet
Schmelzer, Johann Heinrich ▶ Canario ▶ Tordiglione
Schmidt, Bernhard d.Ä. ▶ Courante
Schmidt, Erhard ▶ München
Schnitzer, Anton ▶ München
Schnitzer, Familie ▶ Blockflöte
Schöffer, Familie ▶ Gutenberg
Schöffer, Peter ▶ Barform ▶ Gutenberg ▶ Hofweise ▶ Holbein ▶ Straßburg ▶ Stuttgart ▶ Virdung
Schön, Erhard ▶ Druckgraphik
Schönauer, Caspar ▶ Gallus
Schongauer, Martin ▶ Burgkmair
Schop, Johann ▶ Affekt ▶ Diminution
Schrott, Peter ▶ Trienter Codices
Schubert, Franz ▶ Jüdische Musik ▶ Shakespeare
Schubiger, Ulrich ▶ Augsburg
Schultheis, Andreas ▶ Praetorius
Schultheis, Michael ▶ Praetorius
Schumann, Valentin ▶ Leipzig
Schürer, Matthias ▶ Baldung
Schütz, Heinrich ▶ Gabrieli, Giovanni ▶ Haßler ▶ Praetorius ▶ Rezeption der Renaissance ▶ Scandello ▶ Sinfonia ▶ Spruchmotette ▶ Violine
Schwaiger, Georg ▶ München
Schweher, Christoph (Hecyrus) ▶ Leisentrit
Schweiger, Jörg ▶ Graf
Sciarrino, Salvatore ▶ Gesualdo
Scotto, Amadio ▶ Scotto
Scotto, Familie ▶ Antico ▶ Arcadelt ▶ Gardano ▶ Lassus, Orlande de ▶ Willaert
Scotto, Girolamo ▶ Scotto ▶ Venedig
Scotto, Melchiorre ▶ Scotto
Scotto, Ottaviano (I) ▶ Scotto
Scotto, Ottaviano (II) ▶ Scotto
Scotus, Duns ▶ Individualismus
Scotus, Michael ▶ Astronomie
Sebastiani, Claudius ▶ Ornithoparchus
Sebastiano del Piombo ▶ Verdelot
Sébillet, Thomas ▶ Rondeau
Segni, Julio ▶ Willaert
Seiffert, Max ▶ Bildmotette
Seld, Georg ▶ Monte
Selîm I. ▶ Osmanisches Reich
Selîm II. ▶ Osmanisches Reich
Sellas, Giorgo ▶ Laute
Sellas, Matteo ▶ Laute
Selnecker, Georg ▶ Haßler
Selve, George de, Bischof ▶ Holbein

Seneca ▶ Artes liberales ▶ Calvin ▶ Lassus, Orlande de ▶ Neostoizismus
Senecterre, Antoine de ▶ Desportes
Senfl, Ludwig ▶ Augsburg ▶ Barform ▶ Celtis ▶ Daser ▶ Devisenmotette ▶ Dietrich ▶ Epos ▶ Formschneider ▶ Forster ▶ Frankoflämische Musik ▶ Grimm & Wirsung ▶ Heyden ▶ Hofhaimer ▶ Hofweise ▶ Isaac ▶ Johannes von Lublin ▶ Judenkünig ▶ Kantorei ▶ Kapelle ▶ Königsberg ▶ Konstanz ▶ L'homme armé ▶ Luther ▶ Maximilian I. ▶ Messe ▶ Motette ▶ München ▶ Ode ▶ Othmayr ▶ Quodlibet ▶ Schweiz ▶ Stoltzer ▶ Tenorlied ▶ Wien ▶ Wittenberg
Serafino de' Ciminelli dall'Aquila ▶ Borgia ▶ Cantastorie ▶ Cortesi ▶ Ferrante I. ▶ Gareth ▶ Orpheus ▶ Petrarkismus ▶ Prioris ▶ Sforza ▶ Sonett
Sereth, Jean ▶ Orden, religiöse
Serlio, Sebastiano ▶ Buontalenti ▶ Bühnenbild
Sermisy, Claudin de ▶ Aneau ▶ Ballade ▶ Bourgeois ▶ Certon ▶ Canova da Milano ▶ Chanson ▶ Chanson rustique ▶ Clemens non Papa ▶ Du Caurroy ▶ Frankreich ▶ Franz I. ▶ Granjon ▶ Jacotin ▶ Kapelle ▶ La Grotte ▶ Layolle ▶ Ludwig XII. ▶ Maillard ▶ Marot ▶ Moulu ▶ Paris ▶ Pariser Chanson ▶ Passion ▶ Rabelais
Serragli, Giovanni ▶ Medici
Servin, Jean ▶ Frankreich ▶ Lyon
Sestola, Girolamo da ▶ Josquin
Seydī ▶ Osmanisches Reich
Sforza, Familie ▶ Domenico da Piacenza ▶ Ferrara ▶ Gaspar van Weerbeke ▶ Guglielmo Ebreo da Pesaro ▶ Leonardo da Vinci ▶ Motetti missales
Shadwell, Thomas ▶ Caecilia ▶ Shakespeare
Shakespeare, William ▶ Arbeau ▶ Consort song ▶ Geschichte ▶ Morley
Sheppard, John ▶ Anthem ▶ Chapel Royal ▶ England ▶ Responsorium ▶ Tye
Sidney, Mary ▶ Wyatt
Sidney, Philip ▶ Holborne ▶ Petrarkismus ▶ Spenser ▶ Tessier, Guillaume ▶ Ward ▶ Wyatt
Sielicki, K. ▶ Krakau
Sieur de Signac ▶ Desportes
Sigismondo d'Este ▶ Festa
Sigismondo Malatesta ▶ Malatesta
Sigismund Báthori, ungarischer Herrscher ▶ Ungarn
Sigismund, bayerischer Herzog ▶ Beheim ▶ Paumann ▶ München
Sigismund (Siegmund) der Münzreiche (Österreich-Tirol) ▶ Innsbruck ▶ Friedrich III. ▶ Hofhaimer ▶ Isaac
Sigismund, Kaiser ▶ Albrecht II. ▶ Brassart ▶ Konstanz ▶ Konstanzer Konzil ▶ Oswald von Wolkenstein ▶ Perugia ▶ Wittenberg
Sigismund III., polnischer König Wasa ▶ Anerio ▶ Kapelle
Sigismund III., schwedischer König ▶ Schweden

Silbereisen, Elisabeth ▶ Bucer
Silva, Andreas de ▶ L'homme armé ▶ Tenormotette
Silvanus, Andreas ▶ Virdung
Silvestro del cornetto ▶ Ganassi
Simon le Breton ▶ Frankreich
Simons, Pierre ▶ Pevernage
Singrenius ▶ Wien
Sirleto, Guglielmo ▶ Zoilo
Siron, Philippe ▶ Brüssel
Sixtus IV., Papst ▶ Heidelberg ▶ Kapelle ▶ Regiomontanus ▶ Rom
Sixtus V., Papst ▶ Caecilia ▶ Katholische Erneuerungsbewegung ▶ Rom
Skelton, John ▶ Cornysh ▶ England
Skeydell, Peter ▶ München
Slatkonia, Georg von ▶ Burgkmair ▶ Kapelle ▶ Innsbruck ▶ Maximilian I. ▶ Wien
Smout, Adriaan Joriszoon ▶ Niederlande
Snitzer, Conrad ▶ München
Sohier, Jehan siehe Fedé
Sohier, Mathieu ▶ Frankreich ▶ Paris
Soillot, Charles ▶ Brüssel
Soldanieri, Niccolò ▶ Florenz
Soldati, Giacomo ▶ Architektur
Soldt, Susanne von ▶ Niederlande
Sommi, Leone de ▶ Jüdische Musik
Sophie Charlotte von Brandenburg ▶ Frauen in der Musikkultur
Sophie Elisabeth von Braunschweig-Lüneburg ▶ Frauen in der Musikkultur
Sordier, Jean ▶ Ludwig XI.
Soret, Nicolas ▶ Paris
Soriano, Francesco ▶ Anerio, Felice ▶ Bildmotette ▶ Gregorianischer Choral ▶ Katholische Erneuerungsbewegung ▶ Mantua ▶ Messe ▶ Passion
Soto de Langa, Francisco ▶ Neri ▶ Orden, religiöse ▶ Oratorium
Spadi, Giovanni Battista ▶ Diminution
Spalatin, Georg ▶ Luther ▶ Wittenberg
Spangenberg, Johann ▶ Rhau
Spataro, Giovanni ▶ Basiron ▶ Bologna ▶ Burzio ▶ Cortesi ▶ Danckerts ▶ Fogliano, Lodovico ▶ Gaffurio ▶ Kontrapunkt ▶ Ramos de Pareja ▶ Renaissance ▶ Urrede ▶ Venedig ▶ Willaert
Spechtshart, Hugo ▶ Pico della Mirandola
Spenser, Edmund ▶ Elisabeth I. ▶ Epos ▶ Petrarkismus
Speth, Johannes ▶ Spagnoletto
Speuy, Henderick ▶ Calvin
Spinacino, Francesco ▶ Canzone ▶ Capirola ▶ Petrucci ▶ Ricercar
Spinetti, Giovanni ▶ Spinett
Spinoza, Baruch ▶ Neostoizismus
Spontoni, Bartolomeo ▶ Bologna
Sporer, Thomas ▶ Baldung ▶ Dietrich ▶ Straßburg
Sprininklee, Hans ▶ Druckgraphik

Squarcialupi, Antonio ▸ Florenz ▸ Landino, Cristoforo ▸ Poliziano
Stabius, Johannes ▸ Burgkmair
Staden, Johann ▸ Courante
Staden, Sigmund Theophil ▸ Augsburg
Stafford, Edward ▸ Dowland
Stamigna, Nicolò ▸ L'homme armé
Stampa, Gaspara ▸ Petrarkismus
Stappen, Crispin van ▸ Frankreich
Statius ▸ Kontrapunkt
Steenberch, Marc ▸ Brüssel
Steffani de Orba ▸ Leipzig
Steiner, Heinrich ▸ Augsburg
Stella, Scipione ▸ Gesualdo ▸ Neapel
Stendal, Adam Ileborgh ▸ Instrumentalmusik
Steno, Michele ▸ Venedig
Stephan III., Herzog von Ingolstadt ▸ München
Stephanus, Charles ▸ Enzyklopädien
Sternhold, Thomas ▸ Calvin, Jean ▸ Calvinistische Musik ▸ Te Deum ▸ Wyatt
Steudel, Johann ▸ München
Stimmer, Tobias ▸ Genrebild
Stobaeus, Johann ▸ Eccard ▸ Königsberg
Stockem, Johannes ▸ Corvinus ▸ Kapelle ▸ Lüttich
Stoltzer, Thomas ▸ Finck, Heinrich ▸ Frankoflämische Musik ▸ Hofweise ▸ Kantorei ▸ Kapelle ▸ Königsberg ▸ Krummhorn ▸ Luther ▸ Messe ▸ Motette ▸ Rab ▸ Reusch ▸ Ungarn ▸ Wittenberg
Stomius, Johannes ▸ Affekt ▸ Hofhaimer
Stonings, Henry ▸ In nomine
Stoquerus, Gaspar (Stocker) ▸ Textunterlegung
Storace, Bernardo ▸ Spagnoletto
Storkopff, Sébastian ▸ Le Jeune
Störmer, Urban ▸ Königsberg
Stoß, Veit ▸ Wittenberg
Stradanus ▸ Druckgraphik
Straten, Peter van der ▸ Rue
Straton, Thomas de ▸ Lyon
Strauss, Richard ▸ In nomine
Strawinsky, Igor ▸ Gesualdo ▸ Rhetorik, musikalische
Striggio, Alessandro d.Ä. ▸ Affekt ▸ Bottegari ▸ Concerte delle dame ▸ Florenz ▸ Generalbass ▸ Intermedium ▸ Madrigalkomödie ▸ Mantua ▸ Medici ▸ Niederlande ▸ Peri ▸ Signalmusik ▸ Tasso ▸ Wert
Striggio, Alessandro d.J. ▸ Orpheus
Strohm, Reinhard ▸ Mentalitätsgeschichte
Strozzi, Familie ▸ Arcadelt
Strozzi, Barbara ▸ Frauen in der Musikkultur
Strozzi, Filippo ▸ Festa ▸ Layolle
Strozzi, Giambattista ▸ Intermedium
Strozzi, Lorenzo ▸ Bartolomeo degli Organi ▸ Layolle
Strozzi, Matteo ▸ Strozzi, Piero
Strozzi, Piero ▸ Bardi ▸ Caccini ▸ Camerata fiorentina ▸ Corsi ▸ Monodie
Strozzi, Ruberto ▸ Rore

Struplerin, Barbara ▸ Schlick
Sturm, Johann ▸ Straßburg
Sturm, Caspar
Suevus, Aquinus ▸ Katholische Erneuerungsbewegung ▸ Orden, religiöse
Suisse, Hans ▸ Orgel
Süleyman I. ▸ Osmanisches Reich
Sulzer, Salomon ▸ Jüdische Musik
Sureau, Hugues ▸ Frankreich
Susanna von Soldt ▸ Hausmusik
Susato, Catheryna ▸ Susato
Susato, Clara ▸ Susato
Susato, Jacob ▸ Susato
Susato, Tylman ▸ Allemande ▸ Bassadanza / Bassedanse ▸ Clemens non Papa ▸ Frankreich ▸ Guyot de Châtelet ▸ Lupi, Johannes ▸ Lüttich ▸ Moresca ▸ Niederlande ▸ Pariser Chanson ▸ Sandrin ▸ Schweden ▸ Waelrant ▸ Frankreich
Süß von Kulmbach, Hans ▸ Baldung
Suys, Hans ▸ Köln
Sweelinck, Dirck Janszoon ▸ Sweelinck
Sweelinck, Jan Pieterszoon ▸ Affekt ▸ Bembo ▸ Calvin ▸ Calvinistische Musik ▸ Desportes ▸ Erbach ▸ Fantasia ▸ Hugenotten ▸ Marot ▸ Niederlande ▸ Pavaniglia ▸ Philips ▸ Variation
Sweys, Liebing ▸ Köln
Swibbertszoon, Pieter ▸ Sweelinck
Sydney, Philip ▸ Byrd
Symons, Susanna ▸ Ferrabosco, Alfonso I
Syropoulos, Sylvester ▸ Konzil von Florenz / Ferrara
Szadek, Tomasz ▸ Polen
Szydlovite ▸ Gerson

Tabourot, Jehan ▸ Frankreich
Taddea de Varro ▸ Cornazzano
Taisnier, Jean ▸ Karl V.
Talavera, Francisco de ▸ München
Tallis, Thomas ▸ Alleluia ▸ Anthem ▸ Byrd ▸ Consort song ▸ England ▸ In nomine ▸ Kapelle ▸ Mundy ▸ Orgel ▸ Parsons ▸ Responsorium ▸ Service ▸ Striggio d.Ä. ▸ Vautrollier ▸ White ▸ Wilder
Tamerlan ▸ Osmanisches Reich
Tansillo, Luigi ▸ Berchem
Tapissier, Jean ▸ Brügge ▸ Burgund ▸ Contenance angloise ▸ Paris
Tasso, Torquato ▸ Ariosto ▸ Ballata ▸ Ballet de cour ▸ Bardi ▸ Camerata fiorentina ▸ Corsi ▸ Epos ▸ Ferrara ▸ Gesualdo ▸ Haßler ▸ Luzzaschi ▸ Madrigal ▸ Monodie ▸ Pastorale ▸ Petrarkismus ▸ Peverara ▸ Porta ▸ Urbino ▸ Wert
Tatar Gazi Giray Han ▸ Osmanisches Reich
Tate, Nahum ▸ Caecilia
Tausen, Hans ▸ Dänemark
Taverna, Santino ▸ Mailand

Taverner, John ▸ Anthem ▸ Chapel Royal ▸ England ▸ In nomine ▸ Kapelle ▸ Mundy ▸ Parsons ▸ Responsorium ▸ Sheppard ▸ Tye
Tavero, Juan, Kardinal von Toldeo ▸ Venegas de Henestrosa
Tebaldeo, Antonio ▸ Bembo ▸ Petrarkismus
Tebaldini, Francesco ▸ Brescia
Tedesco, Leonardo ▸ Este
Telemann, Georg Philipp ▸ Zink
Telesio, Bernardino ▸ Neostoizismus
Terenz ▸ Ariosto ▸ Jodelle
Teresa d'Avila ▸ Orden, religiöse
Terrones del Caño ▸ Rhetorik, musikalische
Terzi, Giovanni Antonio ▸ Padovana
Tessier, Charles ▸ Frankreich
Tessier, Guillaume ▸ Air de cour ▸ Pléiade ▸ Tessier, Charles
Theeus, Lodewijk ▸ Cembalo
Themistios ▸ Gaffurio
Theon von Smyrna ▸ Musica coelestis
Therache, Pierrequin de ▸ Frankreich
Thibaut, Anton Friedrich Justus ▸ Rezeption der Renaissance
Thimoteos von Millet ▸ Musikerporträt
Thimus, Albert von ▸ Musica coelestis
Thomas de Namurco ▸ Lüttich
Thomas Herzog von Clarence ▸ Power
Thomas van Kempen ▸ Agricola, Rudolphus
Thomas von Aquin ▸ Astronomie ▸ Metaphysik ▸ Regis ▸ Scholastik
Thomasset, Thomas ▸ Frankreich
Thomissøn, Hans ▸ Dänemark
Tieffenbrucker, Familie ▸ Laute
Tieffenbrucker, Gaspar ▸ Lyon
Tieffenbrucker, Magno ▸ Chitarrone
Tielke, Joachim ▸ Laute
Tiella, Marco ▸ Archicembalo
Tignosi, Niccolò ▸ Ficino
Tigrini, Orazio ▸ Zarlino
Timurlan ▸ Osmanisches Reich
Tinctoris, Johannes ▸ Aaron ▸ Alberti, Leon Battista ▸ Alfonso V. ▸ Alta musica ▸ Ars nova ▸ Astronomie ▸ Barbingant ▸ Binchois ▸ Burmeister ▸ Busnoys ▸ Caron, Firmius ▸ Chanson rustique ▸ Cister ▸ Compère ▸ Contenance angloise ▸ Cousin ▸ Déploration ▸ Dunstaple ▸ Effekt ▸ Eloy d'Amerval ▸ England ▸ Enzyklopädien ▸ Faugues ▸ Ferrante I. ▸ Finck, Hermann ▸ Frankoflämische Musik ▸ Frankreich ▸ Frye ▸ Gaffurio ▸ Gerson ▸ Gitarre ▸ Humanismus ▸ Imitation ▸ Improvisation ▸ Johannes de Muris ▸ Kanon ▸ Komposition ▸ Kontrapunkt ▸ Laute ▸ L'homme armé ▸ Luther ▸ Melanchthon ▸ Mensuralnotation ▸ Messe ▸ Motette ▸ Mündlichkeit ▸ Musica coelestis ▸ Musica practica ▸ Musiktheorie ▸ Neapel ▸ Obrecht ▸ Ockeghem ▸ Ornithoparchus ▸ Orto ▸ Pevernage ▸ Pietro Bono ▸ Posaune ▸ Power ▸ Proportionen ▸ Regis ▸ Renaissance ▸ Rhetorik, musikalische ▸ Sight ▸ Sozialgeschichte ▸ Sphärenharmonie ▸ Stokem ▸ Variation ▸ Wollick
Tintoretto ▸ Bianchini ▸ Venedig
Tirs, Catharina ▸ Frauen in der Musikkultur
Tischlinger, Burkhard ▸ Wien
Titelouze, Jean ▸ Frankreich ▸ Mersenne
Tizian ▸ Architektur ▸ Aretino ▸ Bellini ▸ Della Robbia ▸ Genrebild ▸ Giorgione ▸ Lotto ▸ Parabosco ▸ Poesia und Fantasia ▸ Serlio ▸ Venedig ▸ Verdelot
Tizzoni, Chiara ▸ Canova da Milano
Todi, Jacopone da ▸ Mouton
Tomás de Santa Maria ▸ Clavichord ▸ Orgel
Tomkins, Thomas ▸ Anthem ▸ Balletto vokal ▸ Consort song ▸ Pavane ▸ Service
Tommaso de Pizzano ▸ Christine de Pizan
Torelli, Giacomo ▸ Ballet de cour
Torresani, Bartolomeo ▸ Mailand
Torri, Vincenzo ▸ Merula, Tarquinio
Torsel, Perinetto ▸ Neapel
Tottel, Richard ▸ Wyatt
Toulouze, Michel de ▸ Bassadanza / Bassedanse ▸ Improvisation ▸ Tanz
Tournes, Jean de ▸ Lyon
Tournon François de, Kardinal ▸ Frankreich ▸ Sermisy
Touront, Johannes ▸ Trienter Codices
Toussaint, Jacques ▸ Baïf
Traditi, Orazio ▸ Corsi
Trapezuntios, Georgios ▸ Astronomie ▸ Konstantinopel
Trasuntino, Alessandro ▸ Cembalo
Trasuntino, Vito ▸ Cembalo
Traxdorff, Heinrich ▸ Orgel ▸ Paumann
Tregian, Francis ▸ Wilder
Trehout, Jacob ▸ Richafort
Treibenreif, Peter siehe Tritonius
Trevisan, Marcantonio ▸ Berchem
Treytzsaurwein, Marx ▸ Burgkmair
Triana, Juan de ▸ Canción
Trichet, Pierre ▸ Rebec
Triller, Valentin ▸ Leisentrit
Trissino, Giulio ▸ Architektur
Tristano Sforza ▸ Domenico da Piacenza
Tristão da Silva ▸ Ramos de Pareja
Tritonius, Petrus ▸ Augsburg ▸ Baldung ▸ Celtis ▸ Egenolff ▸ Hofhaimer ▸ Isaac ▸ Judenkünig ▸ Ode ▸ Öglin ▸ Spangenberg
Troiano, Massimo ▸ Gosswin ▸ Lassus, Orlande de ▸ Madrigalkomödie ▸ München ▸ Rore ▸ Violine
Tromboncino, Bartolomeo ▸ Ariosto ▸ Capirola ▸ Cara ▸ Castiglione ▸ Ferrara ▸ Frottola ▸ Lauda ▸ Mantua ▸ Ode ▸ Orpheus ▸ Pastorale ▸ Petrarkismus ▸ Poliziano

Tromboncino, Ippolito ▸ Bottegari
Tronsarelli, Ottavio ▸ Milton
Trotta, Giovanna ▸ Domenico da Piacenza
Truchsess von Waldburg, Otto ▸ Augsburg ▸ Guami
Tschudi, Aegidius ▸ Wannenmacher
Tucci, Stefano ▸ Geistliches Drama ▸ Lassus, Orlande de
Tugi, Hans ▸ Konstanz ▸ Orgel
Tummler, Walram ▸ München
Turco, Annibale, Graf ▸ Peverara
Turco, Giovanni del ▸ Corsi
Türing, Niklas ▸ Graf
Turnhout, Gerard van ▸ Kapelle
Turnhout, Jean de ▸ Brüssel ▸ Farnese
Tyard, Pontus de ▸ Académie de Musique et de Poésie ▸ Bodin ▸ Fantasia ▸ Franz I. ▸ Lyon ▸ Magie ▸ Musique mesurée ▸ Paris ▸ Pléiade ▸ Scève
Tye, Christopher ▸ Anthem ▸ Chapel Royal ▸ England ▸ In nomine ▸ Service ▸ Sheppard

Uccellini, Marco ▸ Bergamasca ▸ Kapelle
Ugler, F. ▸ Krakau
Ugolino de Orvieto ▸ Ferrara ▸ Johannes de Muris ▸ Musica theorica ▸ Musiktheorie
Ugolino, Baccio ▸ Lira
Ulenberg, Caspar ▸ Kirchenlied ▸ Köln ▸ Te Deum
Ulendal, Alexander ▸ Innsbruck
Ulrich von Brixen, Bischof ▸ Oswald von Wolkenstein
Ulrich, Herzog von Württemberg, Herzog ▸ Finck, Heinrich ▸ Kapelle ▸ Stuttgart
Undervorben, Marx ▸ Laute
Ungarelli, Gasparo ▸ Spagnoletto
Unterholzer, Robert ▸ Finck, Heinrich
Urban VI., Papst ▸ Geschichte ▸ Schisma
Urban VII., Papst ▸ Rom
Urbano (Mönch) ▸ Merulo
Urrede, Juan ▸ Canción ▸ Encina
Ursinus, Caspar ▸ Finck, Heinrich
Ursprung, Otto ▸ Kerle
Utendal, Alexander ▸ Joachim a Burck ▸ Messe ▸ Vento
Utenhove, Jan van ▸ Calvin ▸ Calvinistische Musik

Vaqueras, Bertrandus de ▸ L'homme armé
Vadian (Joachim von Watt) ▸ Senfl
Vaet, Jacobus ▸ Epos ▸ Guyot de Châtelet ▸ Kapelle ▸ Maximilian II. ▸ Messe ▸ Monte ▸ Regnart ▸ Te Deum ▸ Wien
Vagnoli, Virginia ▸ Striggio d.J.
Vaillant, Jehan ▸ Virelai
Vair, Guillaume de ▸ Neostoizismus
Valderrábanos, Enríques de ▸ Romance
Valente, Antonio ▸ Clavichord ▸ Orgel ▸ Romanesca

Valerius ▸ Pavaniglia
Valgulio, Carlo ▸ Moralphilosophie
Valla, Giorgio ▸ Aristoxenismus ▸ Effek ▸ Enzyklopädien
Valla, Lorenzo ▸ Alfonso V. ▸ Glarean ▸ Individualismus ▸ Katholische Erneuerungsbewegung ▸ Neostoizismus
Vallet, Nicolas ▸ Pavaniglia
Valois, Familie ▸ Académie de Musique et de Poésie ▸ Beaujoyeulx ▸ Burgund ▸ Frankreich ▸ Karl VII. ▸ Karl VIII. ▸ Lyon
Van der Noot, Jan ▸ Pevernage
Vanneo, Stefano ▸ Musica theorica
Vaqueras, Bertrandus ▸ Orto
Varchi, Benedetto ▸ Bartolomeo degli Organi
Varro, Marcus Terentius ▸ Artes liberales
Vasari, Giorgio ▸ Buontalenti ▸ Della Robbia ▸ Giorgione ▸ Leonardo da Vinci ▸ Medici ▸ Renaissance ▸ Vasari ▸ Verdelot
Vásquez, Juan ▸ Villancico
Vassal ▸ Rabelais
Vatable, François ▸ Calvin, Jean
Vaumesnil, Guillaume Le Boulanger de ▸ Frankreich
Vecchi, Orazio ▸ Augsburg ▸ Banchieri ▸ Bembo ▸ Bottegari ▸ Canzonetta ▸ Fugger ▸ Gesualdo ▸ Haßler ▸ Haußmann ▸ Hymnus ▸ Kapelle ▸ Lindner ▸ Madrigalkomödie ▸ Modena ▸ Morley ▸ Signalmusik
Vechel, Johannes de ▸ Glocken
Vecoli, Regolo ▸ Lyon
Vega, Lope de ▸ Guerrero
Vehe, Michael ▸ Kirchenlied ▸ Leipzig
Veit, Hans ▸ Posaune ▸ Trompete
Velut, Gillet ▸ Trienter Codices
Venatorius, Thomas ▸ Othmayr
Venegas de Henestrosa, Luis ▸ Fantasia ▸ Harfe ▸ Mudarra ▸ Tabulatur
Venier, Domenico ▸ Cambio ▸ Donato ▸ Parabosco ▸ Venedig
Vento, Ivo de ▸ München ▸ Villanella
Vercruys, Teodor ▸ Musikerporträt
Verdelot, Philippe de ▸ Alberti, Gasparo ▸ Antico ▸ Arcadelt ▸ Aretino ▸ Ballata ▸ Cantare al liuto ▸ Festa ▸ Florenz ▸ Frankreich ▸ Gumpelzhaimer ▸ Kantorei ▸ Machiavelli ▸ Madrigal ▸ Medici ▸ Motette ▸ Paris ▸ Pisano ▸ Rabelais ▸ Rampollini ▸ Renaissance ▸ Sacco di Roma ▸ Savonarola ▸ Scotto ▸ Sonett ▸ Willaert
Verdonck, Cornelis ▸ Belleau ▸ Bildmotette ▸ Du Bellay ▸ Pléiade
Vergerio, Pier Paolo ▸ Artes liberales ▸ Vittorino da Feltre
Vergil ▸ Arcadelt ▸ Artes liberales ▸ Caravaggio ▸ Encina ▸ Epos ▸ Kontrapunkt ▸ Orpheus ▸ Orto ▸ Reusch
Vergil, Polydor ▸ Enzyklopädien

Verità, Marco ▸ Monteverdi
Verjus, J. ▸ Crétin
Vermont, Pernot ▸ Frankreich ▸ Jacotin
Veronese, Giovanni Guarino ▸ Engelsmusik ▸ Este ▸ Ferrara ▸ Vittorino da Feltre
Veronese, Paolo ▸ Musikerporträt
Verovio, Simone ▸ Notendruck
Verrocchio, Andreal del ▸ Leonardo da Vinci ▸ Medici
Vesal, Andres ▸ Anatomie
Vespa, Girolamo ▸ Orden, religiös ▸ Ratio studiorum
Vettori, Pietro ▸ Mei
Viadan, Joachim ▸ Finck, Heinrich
Viadana, Lodovico ▸ Cavalieri ▸ Gastoldi ▸ Generalbass ▸ Lassus Rudolph de ▸ Mantua ▸ Porta ▸ Viadana
Viaera, Frederic ▸ Cister
Vicaria, Hof ▸ Gesualdo
Vicentino, Nicola ▸ Archicembalo ▸ Bertrand ▸ Canzone ▸ Danckerts ▸ Effekt ▸ Improvisation ▸ Mehrchörigkeit ▸ Musica theorica ▸ Musiktheorie ▸ Rom ▸ Textunterlegung ▸ Tonsystem ▸ Violine ▸ Zarlino
Victor von Tavelli ▸ Ferrara
Victoria, englische Königin ▸ Milton
Victoria, Tomás Luis de ▸ Hymnus ▸ Jesuitenschulen ▸ Katholische Erneuerungsbewegung ▸ Mehrchörigkeit ▸ Messe ▸ Morales ▸ Passion ▸ Responsorium ▸ Spanien ▸ Urbino
Victorin, Georg ▸ Erbach ▸ München
Vidal ▸ Capirola
Vide, Jacobus ▸ Brügge
Vietor, Drucker ▸ Wien
Vignola ▸ Architektur
Villalpando, Juan Battista ▸ Architektur
Villequier, Georges de ▸ Bonnet
Villiers, Pierre de ▸ Aneau ▸ Granjon ▸ Lyon ▸ Rabelais ▸ Scève
Villon, François ▸ Sozialgeschichte
Vincenet, Jean ▸ Trienter Codices
Vincenet, Johannes ▸ Ferrante I.
Vincent, Antoine ▸ Lyon
Vincentius, Caspar ▸ Generalbass
Vincentius ▸ Cembalo
Vincenzo da Venafro ▸ Neapel
Vincenzo I. Gonzaga ▸ Bardi ▸ Gastoldi ▸ Mantua ▸ Monteverdi ▸ Tasso
Vinci, Pietro ▸ Palermo
Virchi, Girolamo ▸ Cister
Virchi, Paolo ▸ Cister ▸ Concerto delle dame
Virdung, Sebastian ▸ Augsburg ▸ Blockflöte ▸ Buchner ▸ Clavichord ▸ Clavicytherium ▸ Instrumente: Familienbildung ▸ Ganassi ▸ Gitarre ▸ Glocken ▸ Graf ▸ Harfe ▸ Heidelberg ▸ Horn ▸ Instrumentalmusik ▸ Johannes von Soest ▸ Judenkünig ▸ Kapelle ▸ Konstanz ▸ Musica practica ▸ Musiktheorie ▸ Öglin ▸ Paumann ▸ Posaune ▸ Rebec ▸ Schlick ▸ Schweiz ▸ Stuttgart ▸ Tabulatur ▸ Trompete ▸ Druckgraphik ▸ Virginal ▸ Zink
Virgiliano ▸ Blockflöte ▸ Diminution
Virginia de' Medici ▸ Bardi ▸ Malvezzi
Visconti, Familie ▸ Mailand ▸ Negri
Vissenaeken, Guillaume ▸ Susato
Vitali, Filippo ▸ Caccini ▸ Corsi ▸ Medici
Vitali, Giovanni Battista ▸ Canario ▸ Galliarde ▸ Passamezzo
Vitalis, Venedier ▸ L'homme armé
Vitruv ▸ Alberti, Leon Battista ▸ Architektur ▸ Aristoxenismus ▸ Bühnenbild ▸ Serlio
Vitry, Philippe de ▸ Ars nova ▸ Chanson ▸ Enzyklopädien ▸ Jüdische Musik ▸ Kapelle ▸ Konstanzer Konzil ▸ Motette ▸ Sphärenharmonie
Vittorino da Feltre ▸ Artes liberales
Vivaldi, Antonio ▸ Courante
Vives, Juan Luis ▸ England
Vlattern, Johann von ▸ Kleve
Voegelin, Gotthardt ▸ Heidelberg
Vogt, Mauritius ▸ Rhetorik, musikalische
Von Einem, Gottfried ▸ Rhetorik, musikalische
Vos, Marten de ▸ Druckgraphik
Vostet Breton, Jean ▸ Arbeau
Vreedman, Sebastian ▸ Cister
Vulpius, Melchior ▸ Passion

W. von Kielce ▸ Krakau
Wackenroder, Heinrich ▸ Rezeption der Renaissance
Wäckinger, Regina ▸ Lassus, Orlande de
Wacław von Szamotuły ▸ Krakau ▸ Polen
Waelrant, Hubert ▸ Lüttich
Wagenrieder, Lucas ▸ Hofweise ▸ München
Wagenseil, Johann Christian ▸ Meistergesang
Wagner, Leonhard ▸ Augsburg
Wagner, Richard ▸ Barform ▸ Rezeption der Renaissance ▸ Sachs
Waissel, Matthäus ▸ Laute
Walasser, Adam ▸ Canisius
Waldburg, Gebhard von ▸ Kerle
Waldburg, Truchseß Otto von, Kardinal ▸ Kerle
Walliser, Thomas ▸ Straßburg
Walpole, Henry ▸ Byrd
Walter, Christoph ▸ Königsberg
Walter, Johann ▸ Bugenhagen ▸ Choralmotette ▸ Dietrich ▸ Dresden ▸ Holbein ▸ Kantorei ▸ Kapelle ▸ Kirchenlied ▸ Königsberg ▸ Le Maistre ▸ Luther ▸ Meiland ▸ Messe ▸ Passion ▸ Scandello ▸ Schöffer ▸ Sozialgeschichte ▸ Straßburg ▸ Te Deum ▸ Tenorlied ▸ Wittenberg
Walther von der Vogelweide ▸ Meistergesang ▸ Ungarn ▸ Wien
Walther, Gottfried ▸ Rhetorik, musikalische
Walther, Johann Gottfried ▸ Allemande ▸ Zarlino

Wannenmacher, Johannes ▸ Bicinium ▸ Schweiz
Ward, John ▸ In nomine
Watson, Thomas ▸ Byrd ▸ Morley
Weck, Johann ▸ Amerbach ▸ Kotter ▸ Schweiz
Wecker, Hans Jacob ▸ Schweiz
Weelkes, Thomas ▸ Anthem ▸ Balletto vokal ▸ Byrd ▸ Consort song ▸ Dering ▸ Gibbons ▸ In nomine ▸ Service ▸ Tessier, Charles
Weinmann, Johannes ▸ Wittenberg
Weinreich, Hans ▸ Königsberg
Weinsberg, Hermann ▸ Köln
Weiss, Silvius Leopold ▸ Laute
Weiß, U. ▸ Glocken
Weissel, Georg ▸ Stobaeus
Wenzinger, August ▸ Orpheus
Werckmeister, Andreas ▸ Kepler ▸ Musica coelestis
Werdenstein, Johann Georg ▸ München
Werrecoren, Hermann Matthias ▸ Mailand
Wert, Giaches de ▸ Arcadelt ▸ Aria ▸ Ballata ▸ Bembo ▸ Bottegari ▸ Concerto delle dame ▸ Du Caurroy ▸ Epos ▸ Farnese ▸ Frankoflämische Musik ▸ Gastoldi ▸ Gonzaga ▸ Guarini ▸ Hymnus ▸ Joachim a Burck ▸ Jüdische Musik ▸ Madrigal ▸ Mantua ▸ Marenzio ▸ Merulo ▸ Monteverdi ▸ Passion ▸ Tasso
Wez, Pierre du ▸ Brüssel
White, Robert ▸ Anthem ▸ In nomine
Whitney, Geoffrey ▸ Byrd
Widmannstetter, Johann Albrecht ▸ München
Wied, Hermann von ▸ Köln
Wier, Jörg ▸ Instrumente: Familienbildung
Wietor, H. ▸ Krakau
Wilbye, John ▸ Byrd ▸ England ▸ In nomine
Wild, Sebastian ▸ Geistliches Drama
Wilder, Philip van ▸ England
Wilhelm der Reiche, Herzog von Kleve ▸ Kleve
Wilhelm IV., Herzog von Bayern ▸ Kapelle Karl V. ▸ Senfl
Wilhelm IV., Landgraf von Hessen ▸ Kassel
Wilhelm V., Herzog von Bayern ▸ Daser ▸ Lassus, Orlande de ▸ Lechner ▸ Neusiedler ▸ München ▸ Rore ▸ Tafelmusik ▸ Vento ▸ Zacconi
Wilhelm von Conches ▸ Neostoizismus
Wilhelm von Landshut ▸ Bottegari
Wilhelmi de Grudencz, Petrus ▸ Motette ▸ Polen
Wilkins, Nigel E. ▸ Forme fixe
Willaert, Adrian ▸ Annibale ▸ Antico ▸ Arcadelt ▸ Ballata ▸ Bembo ▸ Beolco ▸ Berchem ▸ Brumel ▸ Cabezón ▸ Cantare al liuto ▸ Cerone ▸ Cori spezzati ▸ Dalla Viola ▸ Devisenmotette ▸ Donato ▸ Doni ▸ Du Caurroy ▸ Epos ▸ Este ▸ Ferrara ▸ Festa ▸ Frankoflämische Musik ▸ Frankreich ▸ Gabrieli, Andrea ▸ Galilei, Vincenzo ▸ Gardano ▸ Gombert ▸ Guami ▸ Humanismus ▸ Improvisation ▸ Jacotin ▸ Johannes von Lublin ▸ Katholische Erneuerungsbewegung ▸ Lanfranco ▸ Lassus, Orlande de ▸ Madrigal ▸ Mantua ▸ Marot ▸ Mehrchörigkeit ▸ Merulo ▸ Messe ▸ Monte ▸ Morales ▸ Motette ▸ Mouton ▸ Mündlichkeit ▸ Musikerporträt ▸ Parabosco ▸ Paris ▸ Porta ▸ Rabelais ▸ Renaissance ▸ Rom ▸ Savonarola ▸ Scotto ▸ Sonett ▸ Venedig ▸ Villanella ▸ Viola da gamba ▸ Zarlino
Willaert, Alvise ▸ Willaert
Willer, Georg ▸ Augsburg
William de la Pole ▸ Binchois
William von Ockham ▸ München
Wilson, John ▸ Shakespeare
Windelin, Philippe ▸ Frankreich
Winterburger, Johannes ▸ Wien
Winterfeld, Carl von ▸ Eccard ▸ Rezeption der Renaissance
Wirsung, Max ▸ Augsburg ▸ Grimm & Wirsung
Wiser, Johannes ▸ Trienter Codices
Wittelsbach, Familie ▸ Daser ▸ Lüttich
Witzel, Georg ▸ Vehe
Władysław II. Jagiełłos ▸ Krakau ▸ Polen
Władysław IV. Wasa, polnischer König ▸ Kapelle
Władysław, polnischer Kronprinz ▸ Merula
Wolf, Hugo ▸ Rhetorik, musikalische
Wolf, Johannes ▸ Ars nova
Wolff, Martin ▸ Hofweise
Wolfgang de Novo domo ▸ Präludium
Wolkenstein, Friedrich von ▸ Oswald von Wolkenstein
Wollick, Nicolaus ▸ Bogentantz ▸ Cochlaeus ▸ Frankreich ▸ Köln ▸ Lüttich ▸ Paris ▸ Schanppecher
Wolmar, Melchior ▸ Bèze, Théodore de
Wolrab, Hans ▸ Leisentrit
Wolrab, Nikolaus ▸ Leipzig ▸ Vehe
Wolsey, Thomas, Bischof ▸ Kapelle ▸ Skelton
Woodcock, Clement ▸ In nomine
Wreede, Johannes siehe Urrede
Wreede, Rolandus de ▸ Urrede
Wüst, Paul ▸ Hofweise
Wyatt, Thomas ▸ England ▸ Howard
Wycliffe, John ▸ Konstanzer Konzil
Wyssenbach, Rudolf ▸ Hausmusik ▸ Schweiz
Wythorne, Thomas ▸ England

Ycart, Bernard ▸ Ferrante I. ▸ Gaffurio ▸ Neapel
Ydeux, Philibert ▸ Lyon
Yonge, Nicholas ▸ England ▸ Ferrabosco, Alfonso I ▸ Morley ▸ Watson
York, Haus ▸ England
Young, Bartholomew ▸ Ward
Ysembart, Jean ▸ Brüssel
Yssandon, Jean ▸ Avignon

Zabarella, Francesco ▸ Ciconia ▸ Padua
Zacara da Teramo, Antonio ▸ Ciconia ▸ Konstanzer Konzil ▸ Messe ▸ Trienter Codices

Zacconi, Lodovico ▸ Cornamuse ▸ Dulzian ▸ Improvisation ▸ Mündlichkeit ▸ Senfl ▸ Viola da gamba ▸ Violine
Zacharias, Nicolaus ▸ Konstanzer Konzil
Zanetti, Gasparo ▸ Canario ▸ Pavaniglia ▸ Tordiglione
Zanetto de Micheli ▸ Brescia
Zängel, N. ▸ Fugger
Zanger, Johann ▸ Finck, Heinrich
Zangius, Nicolaus ▸ Quodlibet
Zaninus de Peraga de Padua ▸ Padua
Zanotti, Camillo ▸ Regnart
Zarlino, Gioseffo ▸ Affekt ▸ Annibale ▸ Architektur ▸ Aria ▸ Aristoxenismus ▸ Artusi ▸ Bardi ▸ Bertrand ▸ Brumel ▸ Burmeister ▸ Calvisius ▸ Cerone ▸ Cori spezzati ▸ Dalla Viola ▸ Diruta ▸ Du Caurroy ▸ Effekt ▸ Epos ▸ Ficino ▸ Fogliano ▸ Gabrieli, Andrea ▸ Gaffurio ▸ Galilei, Vincenzo ▸ Guami ▸ Haßler ▸ Humanismus ▸ Inversio / Umkehrung ▸ Kanon ▸ Kepler ▸ Kontrapunkt ▸ Madrigal ▸ Marenzio ▸ Mehrchörigkeit ▸ Merulo ▸ Messe ▸ Morley ▸ Musica coelestis ▸ Musica practica ▸ Musica theorica ▸ Musiktheorie ▸ Porta ▸ Renaissance ▸ Rhetorik, musikalische ▸ Soggetto ▸ Sonett ▸ Stimmengattungen ▸ Stimmung und Temperatur ▸ Textunterlegung ▸ Tinctoris ▸ Tonsystem ▸ Venedig ▸ Vicentino ▸ Virtù ▸ Willaert ▸ Zacconi
Zarotto, Antonio ▸ Mailand
Zauner, Andreas ▸ München
Zell, Katharina ▸ Frauen in der Musikkultur
Zell, Matthäus (Matthias) ▸ Dietrich ▸ Straßburg ▸ Zell
Zelter, Carl Friedrich ▸ Rezeption der Renaissance
Zenon ▸ Neostoizismus
Zerroen, Anton von ▸ Dulzian
Zignani, Maddalena ▸ Monteverdi
Zirler, Stephan ▸ Heidelberg ▸ Wittenberg
Zoilo, Annibale ▸ Gregorianischer Choral ▸ Katholische Erneuerungsbewegung
Zorzi, Francesco (Giorgio) ▸ Architektur ▸ Kabbalistik
Zuñiga, Antonio de ▸ Vásquez
Zur West, Walter von ▸ Druckgraphik
Zuylen van Nyevelt, Willem ▸ Calvin
Zwick, Johannes ▸ Dietrich ▸ Konstanz
Zwingli, Heinrich ▸ Wannenmacher
Zwingli, Ulrich ▸ Erasmus von Rotterdam ▸ Konstanz ▸ Konzilien ▸ Luther ▸ Schweiz ▸ Wittenberg
Zygmunt I. der Alte ▸ Krakau ▸ Polen
Zygmunt II. August ▸ Krakau ▸ Polen
Zygmunt III. Wasa ▸ Krakau ▸ Merula ▸ Polen